Das Weinlexikon hat sich im Laufe der Jahre auch bei Fachleuten einen guten Ruf erworben und wurde u. a. von Wolfram Siebeck als »das ideale Nachschlagewerk für den Weinfreund« bezeichnet, und in der Zeitschrift ›Essen und Trinken‹ hieß es: »Eine Wohltat für den Wissbegierigen ist das Weinlexikon.« Um diesem Ruf weiterhin gerecht zu werden, ist eine grundlegende Neubearbeitung erfolgt, die den einschneidenden Veränderungen in der Welt des Weines Rechnung trägt.

So haben sich zum Beispiel in vielen Ländern die gesetzlichen Rahmenbedingungen für die Erzeugung und Vermarktung verändert. Außerdem hat in den letzten Jahren eine große Zahl von Weingütern durch die Qualität ihrer Weine auf sich aufmerksam gemacht. Zunehmend spielen auch Weine aus außereuropäischen Ländern – u. a. Australien, Kalifornien und Südafrika – eine wichtige Rolle und werden hier stärker berücksichtigt.

Dr. Horst Dippel, Jahrgang 1942, Studium der Geschichte an den Universitäten Köln, Heidelberg und Göttingen, ist Professor an der Universität Kassel. Er hat mehrere Bücher zum Thema Geschichte sowie zum Thema Wein veröffentlicht. Er ist Mitglied der Commanderie du Bontemps, des Graves et du Médoc und bevorzugt Bordeaux-Weine.

Cornelius Lange, Jahrgang 1963, und *Fabian Lange,* Jahrgang 1965, arbeiten im Team als freie Journalisten für die Wochenzeitung ›Die Zeit‹ und das Magazin ›stern‹ sowie eine Reihe weiterer Tageszeitungen und Fachmagazine. Für die Fernsehsender ARD und Arte produzieren sie innovative Weinreportagen ohne Schunkelromantik und Kitsch. Mit ihren Kolumnen, Reportagen und Berichten haben sie sich einen Namen als kritische, kompetente und unterhaltsame Autoren gemacht. Von den Brüdern Cornelius Lange und Fabian Lange sind acht Bücher zu den Themen Küchenhandwerk, Kochen, Genuss und Wein erschienen.

Unsere Adresse im Internet: www.fischerverlage.de

Das Weinlexikon

Begründet von Horst Dippel
Fortgeführt von Cornelius
und Fabian Lange

Fischer
Taschenbuch
Verlag

2. Auflage: April 2005

Vollständig überarbeitete
und ergänzte Neuausgabe
Veröffentlicht im Fischer Taschenbuch Verlag,
einem Unternehmen der S. Fischer Verlag GmbH,
Frankfurt am Main, Dezember 2003

Satz: Pinkuin Satz und Datentechnik, Berlin
Karten: bitmap, Mannheim
Druck und Bindung: Clausen & Bosse, Leck
ISBN 3-596-15867-2
Printed in Germany

Inhalt

7 Vorbemerkung
9 Zum Gebrauch
13 Lexikalischer Teil
571 Bibliographie

Man schmeckt nur, was man weiß

Die Physis des Menschen ist, was den Geschmackssinn betrifft, nur rudimentär ausgestattet. Sehen und Hören haben in der Hierarchie unserer Wahrnehmung einen weitaus höheren Stellenwert als Riechen und Schmecken – auch wenn uns das Hungergefühl bereits als Neugeborene reflexartig-unbewußt zur süßen Muttermilch führt, unserem Erstkontakt mit der geschmacklich wahrnehmbaren Welt.

Das Süße, Salzige, Saure und Bittere sind die vier angeborenen Geschmacksrichtungen, und dieser eigentlich winzige Ausschnitt bildet die Basis für alle unsere weiteren Exkursionen in den Kosmos des Geschmacks. Wie ein Koordinatensystem weisen diese vier Dimensionen in den unendlichen Raum der erlernbaren Geschmackswelt. Sie kennen zu lernen und zu erkunden ist ein lebenslanger und überaus erfüllender Prozess. Dabei ist der Geschmack als solcher ein Gefühl – er löst Emotionen wie Zuneigung und Abneigung aus, die Teil unserer individuellen (und somit subjektiven) *Erinnerung* werden: Nur wer in seinem Leben Aprikosen gegessen hat, *weiß*, wie sie schmecken. Den Eindruck ihres unverwechselbaren Aromas speichern wir in unserem Gedächtnis und können ihn assoziativ jederzeit abrufen – zum Beispiel, wenn wir an Aprikosen denken oder etwas schmecken, das uns an ihr Aroma erinnert.

So schichtet sich im Laufe unseres Lebens Erinnerung auf Erinnerung. Doch noch lange bleibt unsere Geschmackswelt von unseren unbewussten Reflexen beherrscht – dabei greifen wir so lange auf Gewohntes zurück, bis wir uns von der unbewussten Welt entfernt und emanzipiert haben. Erst dann nehmen wir den Geschmack der Erde, die uns ernährt, in all ihren Facetten bewusst wahr. Wer das Universum des Geschmacks erkundet hat, wird verwundert feststellen, dass gerade jene Dinge Faszination ausüben, die in der unbewusst-reflexartigen Geschmacksphase noch als abstoßend empfunden wurden: Wein zum Beispiel. Der Erstkontakt mit ihm bleibt fast immer in unangenehmer Erinnerung. Doch nach der Gewöhnung an seinen Geschmack empfinden wir durchaus Genuss. Um ihn wirklich zu verstehen, reicht das Trinken alleine nicht, denn man schmeckt nur, was man weiß.

Selbst wer an jedem Tag zehn verschiedene Weine probiert, bleibt ohne Informationen über seine Entstehung letztlich ein Unwissender. Kurz gesagt: Wein ist mehr als Geschmack – Wein ist vor allem Wissen. Und dieses Wissen birgt den Schlüssel zu seinem Mythos. Es anzusammeln und den Zustand des Unbewussten zu verlassen ist die unabdingbare Voraussetzung, um eine Weinpersönlichkeit zu werden.

Einzigartig am Wein ist, dass sein Mythos auf einer grundsätzlich metamorphen Gestalt beruht, die Teil seiner Werdung ist: Die Wurzeln des Rebstocks fördern die Sedimente der Erde mit Hilfe der Sonne, des Regens und des Windes zutage und verwandeln sie in einen höheren Energiezustand. Doch dann beginnt die Zerstörung, ein vom Menschen initiierter und gesteuerter Prozess – die süße Frucht wandelt sich durch die für das menschliche Auge nahezu unsichtbare Hefe in Alkohol und wird zu Wein. Mystisch daran ist nicht der Prozess als solcher, sondern die Tatsache, dass erst die Metamorphose die wahre Größe des Weines zu Tage treten lässt. Die rohe Frucht verschleiert noch den Ort ihrer Herkunft und gibt ihn erst nach der Weinwerdung preis.

Auf Frucht folgt Stein. Die primäre Fruchtigkeit des Weines, die seine Jugend dominiert, weicht sukzessive dem Mineral, seinem eigentlichen *Genius Loci* – dem einzigartigen Ort seiner Entstehung. Nur am Geschmack der Steine kann man seinen Ursprung erkennen und damit seinen Mythos erfahren.

Auf Stein folgt Zeit. Es gibt Weine, die älter werden als der Mensch. Doch vollendet sich Wein erst, wenn er getrunken ist und einem abermaligen, letzten Zersetzungsprozess anheim fällt. In diesem Moment transformiert er seine Energie zu einem Teil unserer Erinnerung. Sie kann uns ein Leben lang begleiten und zu einer unauslöschlichen Erfahrung werden.

Für all dies gibt es ein einziges Wort, es stammt aus dem Französischen und heißt Terroir. Wie der Rebstock, quasi als Medium, einen geschmacklichen Abdruck der Erde erzeugt und sein Terroir erst zu Wein und später zu Erinnerung werden lässt, darüber gibt dieses Buch dem Wissensdurstigen Auskunft.

Unsere Arbeit wäre ohne die Unterstützung vieler wundervoller und einzigartiger Menschen nicht möglich gewesen, denen wir für ihre Inspiration an dieser Stelle danken möchten:

Andreas März, Chefredakteur von Merum, unabhängige Fachzeitschrift für reinen Wein aus Italien, Lamporecchio

Klaus Markert, Meisterkoch im Weinhaus zum Stern, Bürgstadt

Ingrid und Gerhard Theis, Lehrerin und Satelliten-Programmierer, Zipfen

Holger Schmidhuber, Maler und Designer, Wiesbaden

Josko Gravner, der Mahatma des Weines, Oslavia

Reinhard Löwenstein, Winzer, Rieslingdenker und Homme des lettres, Winningen

Walter Strub, Winzer und Spätlese-Spezialist, Nierstein

Ian Bostridge, Tenor und Schubert-Interpret, London

Fabian Lange
Cornelius Lange

Zum Gebrauch

Das Weinlexikon hat sich im Verlauf seiner 25-jährigen Geschichte einen festen Platz in der Weinliteratur erobert. Veröffentlicht wurde es erstmalig vom Amerikaner Frank Schoonmaker (1905–1976). Er legte den Grundstein für seine Erfolgsgeschichte und die mit ihr einhergehende Popularisierung des Themas Wein – weg von einer kleinen Gruppe elitärer Weinkenner – hin zu einer größeren Öffentlichkeit, die mit dem Weinlexikon am Weinwissen partizipieren konnte. Schoonmaker gehörte zu jener Generation von Weinkennern, für die sich die Weinwelt noch aus einigen wenigen Weinstilen zusammensetzte: vor allem Bordeaux, Burgunder, Rheinwein, Champagner, Sherry und Port. Diese hat er mit enormer Wissenstiefe abgebildet – entsprechend standen die klassischen Weinbaugebiete Europas im Vordergrund.

Horst Dippel hat seit 1984 die Federführung des Weinlexikons inne und der ständig wachsenden und sich rapide wandelnden Weinwelt Rechnung getragen. Besonders in dieser Epoche der dramatischen Veränderungen der geopolitischen Situation hat sich auch die Weltkarte des Weines gewandelt: Der Aufbau der Europäischen Union, der Zerfall der Sowjetunion, ein zunehmender weltweiter Tourismus und weitgehend liberalisierter Welthandel – das sind die vier wichtigsten Stichwörter. Zu den klassischen Weinbauregionen kamen immer neue hinzu, die nicht mehr nur als Fußnoten abgehandelt werden konnten, sondern Einträge mit großer Wissenstiefe erforderten: angefangen bei den zahlreichen Appellationen Italiens, bis hin zu Weinbauländern, deren Weine oft erstmalig zu uns kamen wie z. B. Neuseeland, Australien, Chile, aber auch Ungarn oder viele Regionen Spaniens. Der Wissensschatz von Horst Dippel bildet die Grundlage für die nun vorliegende, von Fabian Lange und Cornelius Lange überarbeitete Neuausgabe. Für sämtliche Einträge und deren Erläuterungen sind ab der nun vorliegenden Ausgabe allein diese beiden Autoren verantwortlich.

Dabei wurde in erster Linie der Bedeutung des *Terroirs* Rechnung getragen, denn dieser zentrale Begriff ist besonders hilfreich, um in der modernen Weinwelt den Überblick zu behalten. Die Kenntnis der komplexen Zusammenhänge der Weinentstehung ist mehr den je bedeutsam.

Klima und Geographie

Neu im Weinlexikon ist die stärkere Betonung natürlicher Wachstumsbedingungen, die in den entsprechenden Einträgen vieler Weinbauregionen unter der Überschrift *Klima und Geographie* erläutert und beschrieben werden. Die Bedeutung dieser für die Weinqualität bedeutenden Einzelfaktoren wird mit entsprechenden Stichwörtern gewürdigt wie *Terroir, Topographie, Cool Climate, Hot Climate, Mikroklima, Weinrebe.*

Guter Wein entsteht im Weinberg, nicht im Keller

Nach einer Phase des Technik-Optimismus, die bis in die Mitte der 1990er Jahre angedauert hat, kommt es im Weinbau langsam zu einer Besinnung auf den Weinberg als Geburtsort für die Weinqualität. Nur durch penible Weinbergsarbeit und gewissenhafte Pflege der Rebstöcke bringt er reife, gesunde und konzentrierte Trauben hervor, getreu dem Grundsatz »Nur aus guten Weintrauben entsteht guter Wein«. Dies ist auch für den Weinliebhaber wichtig, der nicht nur wissen möchte, woher ein Wein kommt, sondern auch etwas über die Bedingungen seiner Entstehung erfahren möchte. Der Weinbergsarbeit und den mit ihr verbundenen Techniken und Mitteln widmet das Weinlexikon eine Reihe von neuen Einträgen, wie *Weinrebe, Rebschnitt, Pflanzdichte, Reberziehung, Ertrag, Sonnenlicht, Regen, Weinlese, Konzentration.*

Die Globalisierung des Geschmacks

Ein besonderes Augenmerk gilt dem Phänomen der Globalisierung des Weins. Im Zuge dieser Entwicklung nimmt auf der einen Seite die Qualität der Weine generell zu, auf der anderen werden sie sich aber auch immer ähnlicher.
Folgende Stichwörter befassen sich mit diesem Aspekt: *Flying Winemaker, Authentizität, Typisch, Önologe, internationaler Stil.*

Der Wein zwischen moderner Vinifikationstechnologie und wertkonservativen Traditionalisten

In der Weinwelt ist eine Tendenz unverkennbar: Der moderne, internationale Weinstil, wie er ursprünglich in der neuen Welt entwickelt wurde, setzt zunehmend die traditionellen über Generationen hinweg entwickelten Weinstile der alten Welt unter Druck. Mittlerweile werden überall Weine im internationalen Stil erzeugt, sodass es zu einem harten Konkurrenzkampf auch innerhalb von Weinbaugebieten gekommen ist, dessen Ausgang noch ungewiss scheint. Das Weinlexikon trägt dieser Entwicklung mit aktualisierten und neuen Stichwörtern Rechnung, zum Beispiel *Weinstil, Tradition, Tank, Fass, Maischeerhitzung, Industrie-Wein, handwerklich hergestellter Wein.*

Auswirkungen und Grenzen der Technik

Über die allgemeine Aktualisierung der neuen Auflage hinaus werden im Weinlexikon auch Wein-ethische Fragen beantwortet, die sich zum Beispiel aus dem Einsatz von Vinifikationstechnologien und -strategien wie z. B. *Mostkonzentration, Eichenchips, Aromatisierung, Industrie-Wein* oder *Reinzuchthefen* ergeben: Wann ist Wein noch Wein? Muss Wein um jeden Preis immer besser werden? Wann wird die Grenze zum Kunstprodukt überschritten?

Deutschland, Österreich, die Schweiz und Europa

Als deutschsprachiges Nachschlagewerk hat das Weinlexikon eine Heimat und einen eindeutigen regionalen Kontext. Daher haben wir dem Werk seinen europäischen Schwerpunkt belassen, ihn in gewisser Hinsicht sogar noch verstärkt. Entsprechend wird auch dem deutschsprachigen Raum und seinen Weinbaugebieten mehr Aufmerksamkeit geschenkt.

Die Rolle der Weinkritiker

In der globalisierten Weinwelt drängen immer mehr Weine aus fast allen Kontinenten auf den Markt. Dies führt dazu, dass der Weinliebhaber auf ein zunehmend unüberschaubares Angebot trifft. Immer mehr Weinkritiker und Weinjournalisten versuchen, durch ihre Weinbewertungen dem Weinliebhaber die besten Weine zu empfehlen. Die Vorteile, aber auch Schattenseiten dieser Entwicklung werden in den folgenden Einträgen gewürdigt: *Parker, Johnson, Punkte, Probe, Biber, Drei Gläser.*

Gegenüber den vorangegangenen Ausgaben haben sich auch einige Änderungen ergeben:

Werten und erläutern
Das Weinlexikon bewertet aus gutem Grund nicht die Qualität einzelner Weine, denn ein Weinführer kann und will dieses Buch nicht sein. Dafür wird, wie in den vorangegangenen Ausgaben auch, an bestimmten Punkten deutlich Stellung bezogen und Strukturen, Methoden und Entwicklungen bewertet. Vorgestellt werden allgemein maßgebende Erzeuger und Weine, die der Weinwelt entscheidende Impulse geben oder gegeben haben. Diese Bewertungen geben ausschließlich die Meinung und Sichtweise der beiden Autoren Fabian Lange und Cornelius Lange wieder.

Jahrgangstabellen
Bewusst verzichtet wude auf die Jahrgangstabellen. Die Größe der meisten Weinbaugebiete lässt es aus Sicht der Autoren nicht mehr sinnvoll erscheinen, pauschale Qualitätsbeurteilungen für sie abzugeben. Der Verlauf der Witterung in den Weinbaugebieten ist meist uneinheitlich, und deren Auswirkungen auf die Weinqualität wird man mit generalisierenden Tabellen nicht gerecht. Jahrgangstabellen lassen den Informationssuchenden darüber im Unklaren, welche Parameter ihnen zugrunde gelegt werden: Wer hat was, wann, wie womit gemessen, und wie wurde der Durchschnitt evaluiert? Siehe auch: *Subjektivität, Punkte, Jahrgangstabellen.* Zudem sollte nicht unterschätzt werden, dass Jahrgänge im modernen Weinbau wesentlich geringeren Einfluss auf die Weinqualität ausüben, als dies noch vor 25 Jahren der Fall war. Das professionelle Wissen auf Seiten der Erzeuger, die Verbesserung der Mittel, die fortgeschrittene Rebzüchtung und Klonselektion sowie die weiterentwickelte Technik tragen dazu bei, dass Jahrgangsschwankungen minimiert werden und schlechte Weinjahrgänge praktisch nicht mehr existieren.

So genau wie möglich, so präzise wie nötig
Das Weinlexikon ist kein Lagenkataster, in dem alle Weinberge eines Gebietes aufgeführt sind. Auch wenn grundsätzlich versucht wurde, eine möglichst erschöpfende Bandbreite an Stichwörtern einzuarbeiten, so beschränkt sich die Auswahl von Einzellagen, Weinbauorten und Erzeugern in der Regel auf eine gezielte Auswahl, um in der Fülle der Informationen einen Überblick zu geben, ohne den roten Faden zu verlieren.

Und noch ein Hinweis: Da Wein ein landwirtschaftliches Produkt ist, sind die mit ihm verbundenen Produktionszahlen natürlichen Schwankungen unterworfen. Die Zahlenangaben bezüglich Rebflächen, Erträgen und Produktionsmengen sind – soweit verfügbar – immer gerundet bzw. gemittelt und daher in gewisser Weise zwangsläufig ungenau. Doch sie geben im Vergleich einen guten Eindruck über die jeweiligen Verhältnisse.

Zum Schluss möchten wir Ihnen noch einige interessante Einträge ans Herz legen, von denen wir hoffen, dass Sie Ihnen beim Lesen so viel Freude machen werden wie uns beim Schreiben: *Assoziation, Augentrinker, Fruchtzwerg, Mythos, Preis-Leistungs-Verhältnis, Rausch, Weinfunktion, Weinsammler, Weinsprache.*

A

Aargau Ostschweizer Kanton und Weinbaugebiet mit rund 400 ha. Die Rebflächen sind über das Limmattal, das Reußtal, das Fricktal und beiderseits der Aare verstreut. Überwiegend wird Spätburgunder erzeugt, ferner Müller-Thurgau. Bekannte Weinbauorte: Klingnau, Döttingen und Tegerfelden. Bekannte Lagen: Wettinger Herrenberger und Goldwändler.

Abbazia di Rosazzo Italienisches Weingut der Region → Friuli-Venezia Giulia (Friaul) im Ort Manzano in der DOC Collio Orientali di Friuli. Das Weingut ist in einer alten Abtei aus dem 11. Jahrhundert untergebracht und teilt sich diese Räumlichkeiten mit dem Weingut von Walter Filiputti. Erzeugt werden jährlich auf rund 20 ha Rebfläche etwa 130 000 Flaschen Wein: vor allem Picolit, Pignolo, Pinot grigio, Ribolla Gialla, Sauvignon und Tocai Friulano; außerdem die Cuvées Ronco dei Roseti (Rotwein: ein Bordeauxblend mit roten Rebsorten des Friaul), Ronco delle Acacie (Weißwein: Tocai, Picolit und Verduzzo Friulano) sowie der Süßwein Ronco dell' Abbazia.

Abbeeren Das Trennen der Beeren von den Stielen, auch Entrappen genannt. Vor der → Rotweinbereitung werden die Trauben in der Regel abgebeert, um die Beeren ohne die stark gerbstoffhaltigen Stiele, die Rappen oder Kämme, zu vergären. → Vinifikation

Abboccato Italienische Bezeichnung für → halbtrocken.

ABC Durch den enormen Boom von Chardonnay und Cabernet Sauvignon wird die Weinwelt immer monotoner – auch in Übersee. Immer mehr Weinliebhaber drücken ihre Ablehnung dieser Entwicklung mit dem Slogan *»ABC!«* aus: A*nything but Chardonnay* – alles, bloß kein Chardonnay! Auch: Abkürzung von → *Au bon Climat* (Weingut in Santa Barbara / Kalifornien).

Abgang Der Eindruck, den der Wein beim und vor allem nach dem Schlucken hinterlässt. Je länger und vielfältiger der Abgang, desto besser der Wein. Manche Weine haben einen minutenlangen Abgang. Zusammen mit dem Duft sind der Abgang und der anschließende Nachhall eines der wichtigsten Merkmale für die Qualität des Weins.

Abgebaut Man spricht von einem abgebauten Wein, wenn dieser durch Alterung deutlich an Qualität eingebüßt hat. Der Wein ist dann zwar noch genießbar, macht aber keinen richtigen Spaß mehr, weil er seinen optimalen Trinkzeitpunkt vor allem durch einsetzende → Oxidation überschritten hat.

Abocado Spanisch für → halbtrocken.

Abruzzen Italienische Region östlich von Rom an der Adria gelegen mit rund 33 000 ha Rebfläche, die jährlich rund 344 Millionen l Wein hervorbringt (davon etwa 70 Millionen l DOC-Weine – das entspricht rund 20 %). Der Großteil der Weine wird als Verschnitt, Zusatz oder Tafelwein verarbeitet oder lokal getrunken. Durch viel zu hohe Erträge wird überwiegend einfachster Massenwein erzeugt. Die bergige Landschaft der Abruzzen mit bis zu 3000 m hohen Gipfeln hat bedeutenden Einfluss auf das Klima. Die Temperaturen sind kühler, die Winter lang, und es gibt kaum Ebenen. Insgesamt ist die zurückgebliebene Region noch stark landwirtschaftlich geprägt und liegt im Landesinnern abseits großer Verkehrsachsen. Über 50 000 Betriebe erzeugen Wein, der vor allem von Genossenschaften verarbeitet wird. Der Weinbau findet überwiegend im so genannten *Tendone*-System statt, ein Dachlauben-Erziehungssystem ähnlich der → Pergola, das hohe Erträge fördert. Internationale Rebsorten wie Chardonnay und Cabernet Sauvignon werden kaum angebaut, stattdessen Sorten wie Montepulciano, Trebbiano (Abruzzo und Toscano), Sangiovese und Malvasia. Bekannteste Weine: DOC Montepulciano d'Abruzzo (nicht zu verwechseln mit dem hochwertigen Vino Nobile di Montepulciano) und Trebbiano d'Abruzzo. Bekannte Erzeuger: Nestore Bosco, Avezzano Bove, Cantine Mucci, Farnese Vini, Montori, Nicodemi, Dino Illuminato, Rosciano Marramiero, Sallis Castrum, Valle Martello.

Absetzen Nach dem Pressen enthält weißer Most viele Trubstoffe. Er wird geklärt, indem man die Partikel, häufig unter Verwendung von Hilfsmitteln wie Gelatine und Aktivkohle, zu Boden sinken lässt. Auch durchgegorener Wein enthält Trubstoffe – größtenteils Feinhefe. Diese sinkt nach der Gärung ebenfalls langsam zu Boden und wird durch vorsichtiges Umfüllen (→ Abstich) und/oder Filterung entfernt.

Abstatt Ort bei Heilbronn mit rund 110 ha Rebfläche.

Abstich, Abzug Trennen des Weins von Trubstoffen. Wenn Trubstoffe im Wein zu Boden gesunken sind, wird er von einem Tank oder Fass in ein anderes Behältnis umgefüllt und auf diese Weise vom Trub getrennt. Je seltener der Wein abgestochen wird, desto weniger wird er strapaziert. Man bemüht sich deshalb, den Wein höchstens zweimal abzustechen, um ihm unnötige Bewegung zu ersparen.

AC → AOC

Acacia → Kalifornisches Weingut in den USA im Weinbaugebiet Carneros. Auf rund 30 ha Rebfläche werden auch durch Traubenzukauf etwa 700 000 Flaschen Wein erzeugt, vor allem Pinot noir und Chardonnay. Ein Produzent ungewöhnlich eleganter Weiß- und Rotweine, die die mikroklimatischen Bedingungen der Region sehr gut widerspiegeln.

Acham-Magin Deutsches Weingut mit charmantem Ausschank in Forst, Weinbaugebiet Pfalz. Angebaut wird überwiegend Riesling. Bekannte Lagen: *Forster Pechstein, Ungeheuer* und *Kirchenstück.*

Achkarren Badische Weinbaugemeinde im → Kaiserstuhl mit rund 150 ha Rebfläche. Berühmte Lage: *Schloßberg.* Bekannte Erzeuger: Weingut Michel und Weingut Probst.

Achs, Paul Österreichisches Weingut im Weinbaugebiet → Neusiedlersee. Auf rund 20 ha Rebfläche werden jährlich etwa 65 000 Flaschen Wein erzeugt, davon zu 90 % Rotwein. Rebsorten: vor allem Blaufränkisch, Zweigelt, Spätburgunder, Sankt Laurent und Merlot, ferner Chardonnay. Die Weine wachsen auf lehmigen Sand- und Schotterböden und sind teilweise deutlich vom → Barrique geprägt. Mitglied in der Pannobile-Gruppe. Spitzenwein: Pannobile rot (Cuvée aus Zweigelt, Blaufränkisch und Sankt Laurent).

Acetobacter → Essigsäure

Acqui → Brachetto d'Acqui

Adega Portugiesische Bezeichnung für Weinkellerei. Dient sowohl als Bezeichnung für Familienbetriebe als auch für größere Weinlager. Adega cooperativa: Winzergenossenschaft.

Adelaide Stadt in → Südaustralien

und gleichnamige Weinbauregion. In Adelaide selbst gibt es nur noch im Osten an den Abhängen des Mount Lofty Weinberge. Zur Weinbauregion Adelaide zählen auch das Weinbaugebiet → Southern Vales, das → Barossa Valley und das Gebiet → Clare Valley. → Australien.

Adelmann Deutsches Weingut in Kleinbottwar, Weinbaugebiet Württemberg, im Besitz von Michael Graf Adelmann. Rund 20 ha Rebfläche mit Riesling, Trollinger, Lemberger, ferner Samtrot.

Adeneuer J. J. Deutsches Weingut in Ahrweiler, Weinbaugebiet Ahr. Auf rund 9 ha Rebfläche wird überwiegend Spät- und Frühburgunder angebaut, wobei auch Spitzenrotweine im großen Holzfass vinifiziert werden. Bekannte Lage: *Walpolzheimer Gärkammer*.

Adstringierend Den Mund zusammenziehend. Rotweine mit hohem → Tanningehalt (Gerbstoffe) wirken adstringierend. Nach dem Genuss von adstringierendem Rotwein kann ein pelziges Gefühl auf der Zunge und den Zähnen zurückbleiben, das vom hohen Gerbstoffgehalt oder unreifen Gerbstoffen herrührt (erinnert an Rhabarber). Hochwertige junge Rotweine sind in der Regel adstringierender als gereifte. Ein gewisses Maß an Adstringenz kann aber durchaus als angenehm empfunden werden. Die Rebsorte Nebbiolo z. B. hat von Natur aus viele Gerbstoffe, die in der Jugend adstringierend sind. Das Maß der Adstringenz wird durch die Reife der Gerbstoffe und die Dauer der → Maischegärung beeinflusst. Bei gelungenen Rotweinen spricht man von reifen, seidigen, feinkörnigen Tanninen.

Affentaler Bezeichnung für Weine aus der Umgebung von Bühl. Der Name leitet sich vom Alvetal ab. Wichtigste Rebsorte: Spätburgunder.

Affile Weinbaugemeinde in → Latium, östlich von Rom. Es werden Weine von lokaler Bedeutung erzeugt, z. B. Rotwein aus der Rebsorte Cesanese: DOC Cesanese del Piglio bzw. DOC Cesanese di Affile.

Afrika Für Weinbau ist das afrikanische Klima bis auf wenige Ausnahmen zu heiß. Nur im Norden und Süden werden überhaupt Weine erzeugt. In → Algerien, → Marokko und → Tunesien werden heute überwiegend einfache Verschnittweine für den Export sowie Tafeltrauben produziert. Ganz klar die Nase vorn hat → Südafrika, das zur modernsten und qualitativ führenden Weinbaunation Afrikas aufgestiegen ist.

Ägäische Inseln Griechische Weinbauregion, in deren heißem Klima eine breite Palette unterschiedlichster Weine erzeugt wird. Der bekannteste ist der weiße → Santorin, ein OPAP-Wein, ferner der rote → Paros und der Limnos sowie die trockenen Rot- und Weißweine von → Samos und → Rhodos. Traditionell werden auch die für den Mittelmeerraum typischen → Likörweine produziert.

Agassac, Château d' Französisches *Cru bourgeois*-Weingut im Haut-Médoc mit 35 ha Rebfläche: rund 60 % Cabernet Sauvignon und 40 % Merlot.

Aglianico Süditalienische rote Rebsorte, vermutlich griechischen Ursprungs, die mittlerweile auch außerhalb Italiens an Bekanntheit gewinnt und als eine der besten Rebsorten Süditaliens gilt. Bekannte DOC-Weine: → Taurasi, Aglianico del Vulture und → Canneto. Die beiden Letzteren stammen aus der Provinz Potenza östlich von Neapel, in der → Basilicata meist von vulkanischen Böden der Abhänge des Monte Vulture. Bekannte Erzeuger: D'Angelo, Napolitano sowie Paternoster.

Ägypten Eines der ältesten Weinbauländer der Welt mit geringer Weinproduktion. Außerhalb Ägyptens spielen die Weine keine Rolle mehr.

Ahr Kleiner Fluss, der zwischen Koblenz und Bonn in den Rhein mündet, und das gleichnamige Weinbaugebiet mit rund 520 ha Rebfläche. Wegen des nördlichen Breitengrads ist das Klima der Ahr kühl. Lediglich durch die besonderen mikroklimatischen Bedingungen (schwarzer Schiefer, steile, windgeschützte Lagen) ist Qualitätsweinbau möglich. Ungewöhnlich ist, dass an den steilen Schieferhängen der Ahr traditionell Rotweine angebaut werden, vor allem die Sorten Spätburgunder und Portugieser, ferner Frühburgunder. Bekannte Weinbauorte: → Ahrweiler, → Dernau, → Marienthal, → Mayschoß und → Walporzheim. Bekannte Lagen: *Dernauer Pfarrwingert, Altenahrer Eck, Walporzheimer Gärkammer*.

Ahrweiler Stadtteil von Bad Neuenahr-Ahrweiler. Bekannte Lagen: *Forstberg, Ursulinengarten, Daubhaus*. Bekannte Erzeuger: Staatliche Weinbaudomäne Kloster Marienthal und J. J. Adeneuer.

Aigle Berühmte Weinbaugemeinde der Schweiz in der Region → Chablais des Kantons → Waadt. Eindrucksvoll in einem Tal gelegen, verfügt sie über einige der besten Lagen der Schweiz. Eigene Appellation mit Weißwein aus Chasselas (Gutedel). Bekannte Erzeuger: Hugues Baud, Winzergenossenschaft und Henri Badoux (mit seinem Wein Aigle des Murailles).

Ainé, Paul Jaboulet Domaine Französisches Weingut und Handelshaus an der nördlichen → Rhône in Tain-Hermitage. Bekannt für seine Weine aus der AOC → Hermitage (23 ha Rebfläche) und → Crozes-Hermitage (50 ha Rebfläche). Bekannt für seinen roten Hermitage *La Chapelle* aus alten Reben. Insgesamt 1,5 Millionen Flaschen Wein Jahresproduktion.

Aisne Französisches Département im Nordwesten des Weinbaugebiets Champagne mit rund 2000 ha Rebfläche. Lieferant von Trauben und Grundweinen für die Champagnerproduktion.

Ajaccio Hauptstadt des Départements Corse du Sud und der Region → Korsika. Zugleich eine eigene Appellation der französischen Mittelmeerinsel im Bereich der Westküste mit rund 200 ha Rebfläche, auf der rund 7,5 Millionen l Wein überwiegend auf Granitböden erzeugt werden. Hauptrebsorten: Sciacarello (rot) und Vermentinu (weiß). Bekannte Erzeuger: Dom. Comte Peraldi und Comte Abatucci.

Alambrado Spanischer Ausdruck für die von einem feinen Drahtnetz (Alambre) umspannte Flasche.

Alameda County Kleines, im Südosten von San Francisco gelegenes kalifornisches Anbaugebiet mit rund 680 ha Rebfläche. Weinbaulicher Schwerpunkt: → Livermore Valley südöstlich der San Francisco Bay mit eigener AVA. Rebsorten: Chardonnay, Cabernet Sauvignon, Merlot.

Alba Italienische Stadt im Zentrum des piemontesischen Weinbaus. Berühmt wegen ihrer weißen Trüffel und einiger wichtiger Weine Italiens, die den Namen der Stadt tragen, auch wenn sie nicht in unmittelbarer Nähe des Stadtgebiets wachsen. Rund um Alba liegen die Weinbaugebiete Barbaresco (im Osten), Barolo (im Südwesten), Roero (im Nordwesten). Bekannte Weine: DOCG-Barolo, DOCG-Barbaresco, DOC-Nebbiolo d'Alba, DOC-Dolcetto d'Alba, DOC-Barbera d'Alba und DOC-Roero.

Albalonga → Neuzüchtung, kaum noch im Anbau.

Albana di Romagna DOCG-Weißwein aus der Albanatraube. Wird in der mittelitalienischen Region Emilia-Romagna in den Versionen secco (trocken), amabile (lieblich) und dolce (süß) erzeugt.

Albanien Das unbekannteste Weinbauland Europas. Aufgrund der politischen Entwicklungen in jüngerer Zeit hat der Weinbau Albaniens nur noch geringe Bedeutung.

Albariza Name des außergewöhnlich weißen Kreidebodens von → Jerez in Andalusien, der im Sherry-Gebiet die besten → Finos und → Manzanillas hervorbringt.

Albeisa Traditionelle Flasche aus Alba im Piemont.

Albona Spanische DO auf der Kanareninsel Teneriffa. Auf rund 1000 ha Rebfläche werden jährlich etwa 500 000 l Wein erzeugt. Die Weine werden fast ausschließlich auf der Insel konsumiert – meist von Touristen.

Albugnano Italienische DOC für Rot- und Roséweine aus der piemontesischen Gemeinde Albugnano in der Provinz → Asti. Albugnano wird aus den Rebsorten Nebbiolo (mindestens 85 %), Freisa, Barbera und Bonarda gekeltert. Der Superiore muss mindestens ein halbes Jahr im Eichenfass gelagert haben.

Alcamo DOC-Rot-, Rosé- und Weißweine aus dem westlichen → Sizilien. Der Weißwein wird überwiegend aus der Sorte Catarratto bianco erzeugt, die Roten aus Calabrese und Nero d'Avola.

Alcobaça Kleines Weinbaugebiet (rund 2000 ha) in Mittelportugal mit IPR-Status, das an die Gebiete von Óbidos und Santarém grenzt. Die alte Weinbautradition geht auf die Zisterziensermönche des berühmten Klosters von Alcobaça im 12. Jahrhundert zurück. Die Weißweine, überwiegend aus den Sorten Fernão Pires, Vital, Arinto, Malvasia und Tamarez, und die Rotweine aus Periquita, Baga und Trincadeira werden hauptsächlich von Genossenschaftskellereien produziert.

Aldi Lebensmitteldiscounter. Jährlich gehen rund 20 % aller in Deutschland verkauften Weine bei Aldi über den Ladentisch – damit ist dieses Unternehmen der größte deutsche Weinhändler. Die angebotenen Weine sind in der Regel Millionen-Seller, meist → Industrie-Weine. In Vergleichsverkostungen wird immer wieder festgestellt, dass die Qualität der Aldi-Weine entgegen der landläufigen Meinung wesentlich schlechter ist als ihr Ruf. Meist handelt es sich um einfachste Verschnitte. Doch auch die Weinqualität anderer deutscher Discounter lässt zu wünschen übrig – die Gesetze des Marktes machen es unmöglich, guten Wein zu Dumpingpreisen (unter Umständen unterhalb der Produktionskosten) in Millionenauflage zu erzeugen. Nicht selten ist der Korken teurer als der Inhalt der Flaschen.

Aleatico Italienische Rotweinrebsorte mit ausgeprägtem Muskatgeschmack. Meist werden aus ihr süße, z. T. → gespritete Weine hergestellt, so in der Umgebung von Portoferraio auf → Elba der Aleatico di Portoferraio. Auch in Apulien, Latium und der Toskana werden daraus Weine erzeugt, darunter mit DOC-Status der Aleatico di Puglia aus Apulien sowie der DOC Aleatico di Gradoli aus Latium. Aleatico ist auch in Kasachstan und Usbekistan verbreitet.

Alella Spanische Küstenstadt nördlich von Barcelona in Katalonien, gleichzeitig kleines Weinbaugebiet (rund 400 ha) mit eigener DO. Erzeugt werden hauptsächlich Weißweine aus Pansá blanca (Xarel-Lo) und Garnacha blanca sowie Rotweine aus Ull de Llebre (Tempranillo) und Garnacha negra (Grenache). Angebaut werden auch Trauben für die Schaumweinerzeugung (→ Cava). Die interessantesten Weine wachsen in 100 bis 150 m Höhe.

Alenquer Weinbaugebiet in Mittelportugal mit IPR-Status nördlich von Lissabon. Auf rund 12 000 ha werden Weißweine aus den Sorten Arinto, Fernão Pires, Jampal, Vital und Rotweine aus Periquita, Camarate, Mortágua,

Preto-Martinho und Tinta-Miúda erzeugt.

Alentejo Portugiesisches DOC-Weinbaugebiet im Süden des Landes (ohne die Küstenregion Algarve), südlich des Tejo im Inland zur spanischen Grenze hin gelegen. Diese Region ist für ihr trockenes und heißes Klima bekannt und verfügt über rund 13 000 ha Rebfläche. Seit den 1980er Jahren hat hier ein qualitativer Neuanfang des Weinbaus eingesetzt. Erzeugt wird mehr Rot- als Weißwein, in letzter Zeit verstärkt mit Hilfe ausländischer Investoren. Die Anbauflächen verteilen sich auf die Sub zonen → Borba, → Évora, → Granja-Amareleja, → Moura, → Redondo, → Reguengos und → Vidigueira. Darüber hinaus ist die Region seit Jahrhunderten ein bedeutender Korklieferant.

Alezio DOC für Rosé- und Rotweine aus dem Süden → Apuliens östlich von Gallipoli, hauptsächlich aus der Sorte Negro amaro.

Alföld Ungarische Tiefebene zwischen Donau und Theiß, die mit etwa 90 000 ha nahezu die Hälfte der Rebfläche Ungarns umfasst und in der vor allem Massenwein produziert wird. Die Reben – überwiegend roter Kadarka und weißer Olasz Riesling (Welschriesling) – wachsen auf reinem Sandboden in sommerheißem, trockenem Klima. Das ungarische Weingesetz teilt das Gebiet in die Zonen → Kunság, Hajós-Baja und → Csongrád auf.

Algarve Küstenregion im Süden Portugals und inzwischen eine der europäischen Touristenhochburgen, in der nur wenig Wein erzeugt wird. Auf rund 4000 ha Rebfläche, geteilt in die vier DOC-Gebiete → Lagao, → Lagos, → Portimão und → Tavira, werden kaum qualitativ hochwertige Weine angebaut.

Algerien Nordafrikanisches Weinbauland, dessen Rebfläche die größte Ausdehnung während der 130 Jahre dauernden französischen Kolonialherrschaft erfahren hat. Seitdem ist der Weinbau im Gegendsatz zu Marokko und Tunesien rückläufig und umfasst mit 50 000 ha (inklusive Tafeltrauben) kaum noch ein Fünftel der ehemaligen Rebfläche. Lange Zeit hat algerischer Wein als Verschnitt für südfranzösische Weine gedient oder wurde als billiger Tafel- oder Markenwein auf den Markt gebracht. Hervorzuheben sind die Weinbauregionen Zaccar, Médéa, Ain-Bessem-Bouira, Mitidja, El-Asnam, Oran, Mostaganem, → Mascara – hier wird überwiegend Rotwein erzeugt.

Alghero Italienische DOC auf Sardinien für Rot-, Rosé- und Weißweine sowie Spumante, Frizzante und Passito. Die Weine werden um die Gemeinde Alghero und in sieben weiteren Orten angebaut.

Alicante Mittelspanisches DO-Weinbaugebiet in der gleichnamigen Provinz am Mittelmeer. Die rund 13 000 ha Rebfläche erstrecken sich von der Küste bis in die Hügel der zentralspanischen Hochebene. Die Rebflächen liegen bis 400 m hoch und bestehen aus Kalk-Sand-Lehmböden. Jährlich werden etwa 35 Millionen l Wein erzeugt, vorwiegend Rotweine aus der dunklen Monastrell (Mourvèdre) unter Zusatz von Garnacha, Bobal und weiteren Sorten. Ferner werden Rosé- und Likörweine produziert, darunter der Moscatel Alicante sowie der Fondillon, ein nach dem → Solera-Verfahren hergestellter Wein. Bekannte Erzeuger: Bocopa, Enríque Mendoza, de la Vega, Quilés, Poveda.

Alicante Bouschet Neuzüchtung aus Teinturier du Cher *x* Aramon *x* Grenache, die in der Mitte des 19. Jahrhunderts von dem Botaniker Henri Bouschet entwickelt wurde. Die ertragreiche Rebe, deren Trauben ein tiefrotes Fruchtfleisch haben, wird in Verschnitt mit → Aramon zur Erzeugung von Massenwein in Südfrankreich und Algerien angebaut. Ist auch in Süditalien, Nord- und Südafrika und in Kalifornien verbreitet.

Alighieri, Serègo → Masi

Aligoté Alte französische weiße, ergiebige Rebsorte, die vor allem in → Burgund angebaut wird, wo sie den leichten, jung zu trinkenden AOC Bourgogne Aligoté (→ Bouzeron) hervorbringt, der jedoch, verglichen mit der überwiegenden Mehrheit an burgundischen Weißweinen aus der Rebsorte Chardonnay, eine absolute Nebenrolle spielt.

Alión Spanisches Weingut im Weinbaugebiet → Ribera del Duero – eines der typischen jungen Aufsteiger. Auf rund 100 ha Rebfläche wird aus 100 % Tempranillo ein Crianza erzeugt – im Besitz von → Vega Sicilia.

Alkohol Wichtiger Weinbestandteil. Hefepilze verwandeln durch → Gärung Zucker in Äthylalkohol (C_2H_5OH) und → Kohlensäure. Je nach Zuckergehalt des Mostes, der Art der → Hefen sowie der Temperaturen während der Gärung entstehen 40 bis 140 g/l Alkohol. Wein enthält zwischen 5,5 (dem gesetzlich vorgeschriebenem Minimum) und 18,2 Volumenprozent Alkohol (dem theoretisch durch Gärung erreichbaren Maximum) – Weine mit höherem Alkoholgehalt sind → gespritet. Üblicherweise wird der Alkoholgehalt eines Weines heute in Volumenprozent (%) angegeben: 7,95 g/l entspricht 1 % Alkohol. → Rausch

Man unterscheidet folgende Alkoholangaben:

- Vorhandener Alkoholgehalt: Alkohol, der in einem Erzeugnis enthalten ist.
- → Potenzieller Alkoholgehalt: Alkohol, der nach völliger Vergärung des noch vorhandenen Zuckerrests theoretisch in einem Wein gebildet werden könnte.
- Gesamtalkohol: Summe aus vorhandenem und potenziellem Alkoholgehalt.
- Natürlicher Alkoholgehalt: Gesamtalkoholgehalt eines Erzeugnisses vor jeglicher → Anreicherung.

Alkoholgehalt → Potenzieller Alkoholgehalt

Allegrini Italienisches Weingut in der Region → Veneto, im Ort Fumane (Valpolicella). Erzeugt rund 650 000 Flaschen Wein, vor allem extrem holzbetonte DOC Amarone Classico (40 000 Flaschen), Valpolicella (50 000 Flaschen) und Recioto, außerdem *La Poja* – ein reinsortiger Rotwein aus der Rebsorte Corvina.

Allesverloren Südafrikanisches Weingut im Weinbaugebiet Swartland. Auf rund 180 ha Rebfläche werden vor allem Cabernet Sauvignon, Tinta Barocca und Shiraz erzeugt. Bekannt für Weine im Portwein-Stil, außerdem weiche Shiraz.

Allias Domaine Französisches Weingut an der → Loire im Bereich → Touraine (AOC → Vouvray). Erzeugt auf rund 10 ha Rebfläche trockene, halbtrockene und langlebige restsüße Vouvray.

Almansa Spanisches DO-Weinbaugebiet südwestlich von Valencia mit ca. 8000 ha und 12 Millionen l Wein Jahresproduktion. Liegt in der Region Kastilien-La Mancha im Osten der zentralspanischen Hochebene, auf der hauptsächlich Rotweine aus Monastrell, Garnacha und Tempranillo sowie einige Weißweine aus der Sorte Merseguera angebaut werden. Die Rebflächen liegen in rund 700 m Höhe und verfügen über kalkreiche Böden. Bekannter Erzeuger: Piqueras.

Almaviva Chilenisches Weingut nahe Santiago de Chile im Maipo-Tal. Auf rund 50 ha Rebfläche werden etwa 350 000 Flaschen Wein erzeugt, vor allem Cabernet Sauvignon und Cabernet franc. Eine Kooperation von → Rothschild und Concha y Toro, dem größten Produzenten Chiles. Der Almaviva ist ein Bordeaux-Blend im → internationalen Stil.

Almeirim Größte portugiesische Subzone in der DOC → Ribatejo, ca. 15 000 ha Rebfläche. Die Weißweine werden überwiegend aus den Sorten Fernão Pires, Arinto, Rabo de Ovelha, Tália, Trincadeira das Pratas und Vital erzeugt; die Rotweine aus Periquita, Castelão Nacional, Baga und Tricandeira Preta.

Aloxe-Corton Berühmte Weinbaustadt in → Burgund, deren Weinberge um 700 erstmals erwähnt wurden, rund 130 ha Rebfläche mit rund 600 000 Litern Wein. Die nördlichste Gemeinde der → Côte de Beaune verfügt ungewöhnlicherweise sowohl für Rot- als auch für Weißwein über *Grand cru*-Lagen am → Corton-Hang, dessen kalkhaltige Böden mit Kiesel und Feuerstein durchsetzt sind. Die Weißweine kommen meist als Corton-Charlemagne in den Handel. Die roten Corton dürfen zusätzlich Lagenbezeichnungen wie z. B. *Clos du Roi*, *Bressandes*, *Pougets*, *Renardes* führen. Gleich ob sie aus klassifizierten oder einfacheren Lagen stammen, müssen die Rotweine aus → Pinot noir und die Weißweine aus Chardonnay erzeugt werden. Bekannte Erzeuger bzw. Negociants: Bonneau du Martray, Louis Latour, Chevalier, Tollot-Beaut, Michel Voarick und Antonin Guyon.

Alphart, Karl Österreichisches Weingut im Weinbaugebiet → Thermenregion. Auf rund 11 ha Rebfläche werden jährlich etwa 55 000 Flaschen Wein erzeugt. Rebsorten: vor allem Rotgipfler, Chardonnay, Neuburger (jeweils rund 20 %), ferner Grüner Veltliner und Zierfandler. Die Weine wachsen auf Braunerde und Muschelkalkböden.

Alsace → Elsass

Alsace Grand cru Klassifizierung für elsässische Weinbergslagen. Zugelassen sind nur die vier Rebsorten Riesling, Pinot gris (Grauer Burgunder), Muscat (Muskateller) und Gewürztraminer. Die Produktion von *Grand cru*-Weinen ist an einen zulässigen Höchstertrag gebunden, der 70 Hektoliter pro ha nicht übersteigen darf. Insgesamt rund 50 Lagen mit Rebflächen zwischen 3 und 80 ha in 47 Orten sind als *Grand cru*-Lagen klassifiziert. Zu den bekanntesten zählen *Altenberg* und *Kanzlerberg* in Bergheim, *Eichberg* und *Pfersigberg* in Eguisheim, *Kessler*, *Kitterlé*, *Saering* und *Spiegel* in Guebwiller, *Schlossberg* und *Furstentum* in Kientzheim, *Geisberg*, *Kirchberg* und *Osterberg* in Ribeauvillé, *Schoenenbourg* und *Sporen* in Riquewihr, *Furstentum*, *Mambourg* und *Marckrain* in Sigolsheim, *Rangen* in Thann, *Brand* in Turckheim, *Hengst* in Wintzenheim. Vom Reglement ausgeschlossen ist leider die qualitativ hochwertige Rebsorte Sylvaner bzw. die berühmte Lage *Kaefferkopf*.

Alsheim Weinbauort in → Rheinhessen. Angebaut werden Riesling, Müller-Thurgau sowie weiße und rote Burgundersorten auf rund 600 ha Rebfläche.

Altare, Elio Italienisches Weingut im → Piemont im Ort La Morra – einer der führenden modernen Erzeuger der Region. Produziert auf rund 10 ha Rebfläche etwa 50 000 Flaschen Wein DOCG → Barolo (auch mit Lagenangabe), ferner DOC → Barbera d'Alba sowie Dolcetto und die Langhe-Weine Arborina (Nebbiolo), La Villa (je zur Hälfte Nebbiolo und Barbera) und Larigi (100 % Barbera). Altare verwendet viel neues Holz (Barriques) und erzeugt dunkle, fruchtbetonte Rotweine im → internationalen Stil.

Alter der Rebe Die biologische Uhr bestimmt die Leistungsfähigkeit des Rebstocks. Der erste Ertrag stellt sich oft erst im dritten Jahr ein, bis zum zwanzigsten Jahr trägt er reichlich, oft sogar überreichlich Trauben. Mit zunehmendem Alter verliert der Rebstock jedoch seine Fruchtbarkeit, er beginnt weniger Früchte zu bilden – diese sind aber im Hinblick auf die Konzentration der In-

Die 50 *Grand cru*-Lagen des Elsass

Département Bas-Rhin

Altenberg de Bergbieten	(Bergbieten)	Moenchberg	(Andlau)
Altenberg de Wolxheim	(Wolxheim)	Muenchberg	(Nothalten)
Bruderthal	(Molsheim)	Praelatenberg	(Orschwiller)
Engelberg	(Dalenheim)	Steinklotz	(Marlenheim)
Frankstein	(Dambach-la-Ville)	Wiebelsberg	(Andlau)
		Winzenberg	(Blienschwiller)
Kastelberg	(Andlau)	Zotzenberg	(Mittelbergheim)
Kirchberg de Barr	(Barr)		

Département Haut-Rhin

Altenberg de Bergheim	(Bergheim)	Osterberg	(Ribeauvillé)
Brand	(Turckheim)	Pfersigberg	(Eguisheim)
Eichberg	(Eguisheim)	Pfingstberg	(Orschwihr)
Florimont	(Ingersheim)	Rangen de Thann	(Thann)
Froehn	(Zellenberg)	Rosacker	(Hunawihr)
Furstentum	(Kientzheim)	Saering	(Guebwiller)
Geisberg	(Ribeauvillé)	Schlossberg	(Kaysersberg, Kientzheim)
Gloeckelberg	(Rodern, St-Hippolyte)	Schoenenbourg	(Riquewihr)
Goldert	(Gueberschwihr)	Sommerberg	(Niedermorschwihr, Katzenthal)
Hatschbourg	(Hattstatt)		
Hengst	(Wintzenheim)		
Kanzlerberg	(Bergheim)	Sonnenglanz	(Beblenheim)
Kessler	(Guebwiller)	Spiegel	(Berholtz)
Kirchberg de Ribeauvillé	(Ribeauvillé)	Sporen	(Riquewihr)
Kitterlé	(Guebwiller)	Steinert	(Pfaffenheim)
Mambourg	(Sigolsheim)	Steingrubler	(Wettolsheim)
Mandelberg	(Mittelwihr)	Vorbourg	(Rouffach)
Marckrain	(Brennwihr, Sigolsheim)	Wineck-Schlossberg	(Katzenthal, Ammerschwihr)
Ollwiller	(Wuenheim)	Zinnkoepflé	(Westhalten, Soultzmatt)

haltsstoffe denen von jüngeren Stöcken oft überlegen. Je älter ein Weinstock, desto tiefer reichen seine Wurzeln – mit diesen kann er auch in trockenen Sommerperioden immer noch genug Wasser aus dem Boden ziehen. Ein hohes Rebstockalter ist also ein wichtiger Hinweis auf Weinqualität. Beste Qualitäten liefert der Rebstock ab einem Alter von 30 Jahren. 50 bis 70 Jahre alte Reben sind selten, weil sich die Erträge dann bereits auf so niedrigem Niveau bewegen, dass eine sinnvolle Bewirtschaftung nur noch durch entsprechend hohe Weinpreise gewährleistet werden kann. Alte Rebstöcke tragen kleinere Beeren – besonders bei Rotwein ist dies wichtig, da kleinere Beeren mehr Schale und weniger, dafür konzentrierteren Saft liefern (→ Schale-Saft-Verhältnis) und dunklere Weine ergeben. In Frankreich wird der Wein aus alten Rebstöcken oft mit dem Zusatz → *vieilles vignes* auf dem Etikett gekennzeichnet. Ein Rebstock kann 100 Jahre und älter werden.

Alternative Verschlüsse → Korken

Alterung Wein verändert sich mit zunehmendem Alter, er reift. Doch nicht jeder Wein wird durch Alterung besser, denn die meisten Weine sind dazu gemacht, jung getrunken zu werden. Als Faustregel gilt: Je einfacher ein Wein, desto jünger sollte er getrunken werden. Bei hochwertigen Weinen – egal, ob weiß oder rot – geht der Trend in den letzten Jahren eindeutig hin zum Genuss von jungen Weinen. Unbestritten gibt es jedoch hochwertige Weine, die sich erst nach langer Reifezeit entfalten. Beispielsweise sind ein Barolo, ein *Premier cru* aus dem Bordeaux, ein *Grand cru* aus dem Burgund oder eine Trockenbeerenauslese dafür gemacht, die Trinkreife durch Lagern zu erreichen. Eine Ausnahme bildet Champagner – er sollte innerhalb von zwei Jahren nach dem Degorgieren getrunken werden, da der Überdruck in der Flasche sukzessive entweicht. Solange er im Keller des Erzeugers mit Kronenkorken verschlossen lagert, kann er dort viele Jahre auf der Hefe reifen.

Viele Faktoren entscheiden über die Entwicklung eines Weins, und nur auf die wenigsten von ihnen hat der Weintrinker Einfluss. Boden, Rebsorte, Vinifikation und Weinausbau sind von entscheidender Bedeutung. Ein edelsüßer Weißwein mit hohem Säuregehalt benötigt bis zur Trinkreife viel Zeit. Bei Rotwein sind es die Gerbstoffe, die dem Wein das Rückgrat für eine lange Reifezeit geben.

Ein junger Wein ist von den → Primäraromen der Frucht und Gärung geprägt, ein reifer von weicher Säure und geschliffenen Gerbstoffen sowie Mineralität, den → Sekundäraromen. Ein alter Wein zeigt → Tertiäraromen wie Firntöne und deutliche Oxidation und hat die Farbe deutlich verändert: Rotweine werden braun, Weißweine bernsteinfarben.

Seitdem trockene Weißweine überwiegend in Tanks → reduktiv ausgebaut werden, sollten solche Weine in 5 bis 6 Jahren getrunken werden. Bei Weißweinen aus dem Barrique ist in der Regel eine Lagerung von mindestens fünf Jahren angemessen, manchmal stellt sich der höchste Genuss erst nach 10 oder 15 Jahren ein. Auch natürlich restsüße Weine, z. B. Spätlesen, Auslesen, Beerenauslesen, Trockenbeerenauslesen oder Eisweine, gewinnen durch Reife. → Lagerung, → Keller. Weine, die zu früh altern entwickeln im Übrigen einen → unspezifischen Alterungston.

Altersgeschmack → Firne

Altesino Italienisches Weingut in Montalcino, Toskana. Auf rund 27 ha Rebfläche wird neben DOC-Rosso und DOCG-Brunello di Montalcino eine ganze Reihe von holzbetonten IGT-Weinen (→ Supertoskaner) internationalen Stils aus Cabernet und Sangiovese produziert, z. B.: Palazzo Altesi, Borgo d'Altesi und Rosso di Altesi.

Alto Adige Oberes Etschtal, zur Provinz → Bozen gehörend und italienischer Name für → Südtirol. Weinrechtlich ein 32 Gemeinden der Provinz Bozen umfassendes DOC-Gebiet.

Alvarinho Portugiesische Weißweinrebsorte. Bestandteil des → Vinho verde, aus dem praktisch nur im Gebiet von → Monção sortenreine Weißweine erzeugt werden.

Alvaro Palacios Spanisches Weingut im Weinbaugebiet → Priorato – neues, sehr erfolgreiches Weingut, das aus z. T. sehr alten Reben moderne (und teure) Weine im → internationalen Stil erzeugt:

Las Terrasses, Clos Dofi und den Spitzenwein Clos l'Ermita (Einzellagenwein aus hundertjährigen Garnacha-Rebstöcken).

Ama, Castello di Eines der führenden italienischen Weingüter in der Region → Toskana, DOCG → Chianti Classico. Erzeugt auf rund 80 ha Rebfläche etwa 450 000 Flaschen Wein, darunter auch Einzellagen-Weine der hoch gelegenen Weinberge: *Vigna l'Apparita* (IGT-Merlot), *Bellavista, Bertigna, La Casuccia* (DOCG Chianti Classico), außerdem ein normaler Chianti Classico Castello di Ama sowie Vin Santo und Chardonnay.

Amabile Italienische Bezeichnung für → lieblich.

Amarone Berühmter DOC-Rotwein Italiens aus dem → Valpolicella-Gebiet im Veneto. Wird aus luftgetrockneten, teilrosinierten Trauben der Rebsorten Molinara, Corvina und Rondinella erzeugt. Diese werden den Winter über in gut durchlüfteten oder klimatisierten Lagerhäusern auf Stroh- oder feinen Drahtgeflechten getrocknet, um die Inhaltsstoffe zu konzentrieren (→ Strohwein). Auf diese Weise entsteht ein tiefroter, langsam reifender und sehr langlebiger Rotwein mit mindestens 14 % Alkohol. Vorstufe des Amarone ist der süße → Recioto della Valpolicella. Bekannte Erzeuger: Giuseppe Mizzon, Quintarelli, Guerrieri-Rizzardi, Campagnola, Corteforte, Montresor, Villa Girardi, Allegrini, dal Forno, ferner Masi.

Amboise Französische Stadt an der Loire in der → Touraine, deren Ansicht von einem eindrucksvollen Renaissance-Schloss beherrscht wird. Die in ihrer Umgebung erzeugten Weine kommen durchweg unter der AOC-Bezeichnung → Touraine-Amboise in den Handel. Die Weißweine aus der Chenin blanc-Traube ähneln dem in der Nähe erzeugten → Vouvray. Die Rot- und Roséweine werden aus Malbec, Gamay und gelegentlich aus Cabernet Sauvignon gekeltert.

Ambonnay Eine der 17 *Grand cru*-Gemeinden der → Champagne, in der Montagne de Reims gelegen. Überwiegend wird → Pinot noir angebaut, der hervorragende Grundweine liefert.

American Viticultural Area → AVA

Amerikanische Rebenspezies In Amerika beheimatete Reben der Gattung → *vitis*. Die Rolle von *vitis* bei der Weinbereitung ist unbedeutend, weil die Weine einen so genannten Fuchston aufweisen, der an Seife erinnert. Die Bedeutung der amerikanischen Reben als Lieferanten reblausresistenter Unterlagen (Wurzeln) hingegen ist sehr groß. → Reblauskatastrophe

Amerikanische Hybridreben Gekreuzte Reben aus amerikanischen Arten der Gattung → *vitis*. Auch Kreuzungen amerikanischer Arten mit der europäischen Gattung → *vinifera* sind zwar → Reblaus resistent, aber zur Weinbereitung sind die Trauben dieser Reben ungeeignet, weil die Weine unangenehm riechen und schmecken.

Ammerschwihr Bedeutender Weinbauort im → Elsass, als dessen beste Lagen für Riesling und Gewürztraminer der als → *Alsace Grand cru* klassifizierte *Wineck-Schlossberg* und der nicht klassifizierte *Kaefferkopf* gelten. Rund 350 ha Rebfläche.

Amontillado Eine der vier → Sherry-Arten neben dem → Fino, → Manzanilla und → Oloroso. Der Amontillado ist ein in der → Solera ausgebauter und gereifter Fino mit 16 bis 18 % Alkohol. In Farbe und Bukett liegt er zwischen Fino und Oloroso.

Ampelographie Die Lehre von den verschiedenen Rebsorten, ihrer Herkunft, Beschreibung und wissenschaftlichen Klassifizierung.

Ampuis Kleiner Weinbauort am rechten Rhône-Ufer südlich von Lyon, von dessen steilen und schieferhaltigen Südhängen der berühmte rote → Côte-Rôtie stammt. Bekannter Erzeuger: Michel Ogier, Dom. de la Rosiers, Vernay und Guigal.

Ampurdán-Costa Brava Spanisches DO-Weinbaugebiet in Katalonien an der französischen Grenze gelegen – ca. 3000 ha Rebfläche, auf der überwiegend Rot- und Roséweine vor allem aus den Rebsorten Garnacha und Cariñena erzeugt werden, rund 7 Millionen l Wein Jahresproduktion. Die Weißweine werden hauptsächlich aus Xarel-Lo und Macabeo hergestellt. Außerdem wird ein roter Likörwein namens Garnatxa produziert mit rund 16 % Alkoholgehalt.

Anbaugebiet, bestimmtes Nach dem deutschen Weingesetz von 1994 wird in Deutschland in 13 geographisch bestimmten Anbaugebieten Qualitätswein erzeugt: → Ahr, → Baden, → Hessische Bergstraße, → Franken, → Mittelrhein, → Mosel-Saar-Ruwer, → Nahe, → Rheingau, → Rheinhessen, → Pfalz, → Württemberg, → Saale-Unstrut und → Sachsen. Die Anbaugebiete sind jeweils in → Bereiche unterteilt.

Andalusien Historisch eine der berühmtesten Regionen Spaniens im äußersten Süden des Landes. Bekannt für den hier erzeugten → Sherry und → Málaga. Ferner kommen Condado de Huelva und Montilla-Moriles aus Andalusien.

Andelfingen Weinbaugemeinde im Thurtal im → Zürcher Weinland.

Andlau Weinbauort im → Elsass, Département Bas-Rhin, mit drei → *Grand cru*-Lagen: *Kastelberg*, *Moenchberg* und *Wiebelsberg*. Bekannter Erzeuger: André Ostertag.

Añejo Spanische Bezeichnung für einen gealterten Wein, Gegenstück des → vino novello.

Angélus, Château L' Französisches *Premier Grand cru classé*-Weingut in Saint-Emilion mit rund 24 ha Rebfläche: 50 % Merlot, 45 % Cabernet franc und 5 % Cabernet Sauvignon.

Angerville, Domaine Marquis d' Französisches Weingut im → Burgund in Meursault mit rund 14 ha Rebfläche, davon 11 ha *Premier cru*-Lagen in → Volnay. Bekannt für seinen roten → Burgunder aus Volnay *Clos de Ducs* (2 Hektar) sowie seinen *Premier Cru Champans* (4 ha) – traditionelle Weine, die lange reifen.

Angludet, Château d' Französisches Weingut in der Appellation Margaux (Haut-Médoc), Bordeaux, mit rund 30 ha Rebfläche: 55 % Cabernet Sauvignon, 30 % Merlot, 8 % Petit Verdot und 7 % Cabernet franc.

Anheuser Weitverzweigte Familie aus Bad → Kreuznach, deren Namen eng mit dem Weinbau an der → Nahe verknüpft ist. Bekanntester Erzeuger ist das Weingut Paul Anheuser.

Animalie Geruchseindruck nach Pferdestall, Mist, Fisch, nassem Fell oder Ammoniak, der durch das Bakterium → Brettanomyces hervorgerufen wird und nur in äußerst geringem Maß als angenehm empfunden wird.

Anjou Eine der historischen Provinzen Frankreichs und ein großes, abwechslungsreiches Weinbaugebiet an der → Loire, westlich der Touraine gelegen. Die AOC Anjou gliedert sich in zwei Bereiche: Im Osten bildet Sedimentgestein und Kalktuff die geologische Grundlage für den Weinbau, im Westen Schiefer. Die Region steht klimatisch unter dem Einfluss des Atlantiks und wird durch die Wälder im Südwesten gegen kalte Winde geschützt. Insgesamt werden in der AOC Anjou auf rund 3000 ha Rebfläche rund 16 Millionen l Wein erzeugt. Die Rotweine werden aus Cabernet franc (hier Breton genannt) unter Zusatz von Cabernet Sauvignon gekeltert (mehr als ein Drittel aller Reben sind Cabernet Sauvignon und Cabernet franc). Die

Weißweine des Gebiets werden laut Reglement aus den Rebsorten Chenin blanc (hier Pineau de la Loire genannt), Chardonnay und Sauvignon blanc (mindestens 20 %) erzeugt. Bekannt sind auch die natursüßen, mittels → Botrytis cinerea erzeugten Weißweine aus der Rebsorte Chenin blanc. → Rosé d'Anjou und → Cabernet d'Anjou.

Anjou Gamay Französische AOC an der Loire. Auf rund 300 ha vom Schiefer geprägten Böden werden pro Jahr etwa 1,6 Millionen l Rotwein aus der Rebsorte Gamay produziert.

Anjou-Coteaux de la Loire Französische AOC im Tal der Loire. Auf rund 50 ha Rebfläche werden auf beiden Seiten des Flusses rund 100 000 l Weißwein aus der Rebsorte Chenin blanc erzeugt, die auf den Schiefer- und Kalkböden von Montjean wachsen.

Anjou-Villages AOC für Rotweine aus Cabernet franc und Cabernet Sauvignon, die die besten Weinberge von 46 Gemeinden des Anbaugebietes → Anjou umfasst. Auf rund 300 ha Rebfläche (Schiefer) werden im Schnitt 870 000 l Rotwein erzeugt. Bekannte Erzeuger: de Brize, Domaines les Grandes Vignes, Domaines de Rochelles, Gilles Musset – Serges Roullier, Dom. La Cour d'Ardennay, Robin Diot und Château de Plaisance.

Anjou-Villages Brissac Kleine AOC an der französischen Loire für Rotwein aus der Rebsorte Cabernet franc (mit Zusätzen von Cabernet Sauvignon).
Auf rund 100 ha werden jährlich etwa 470 000 l Wein erzeugt. Die Reben stehen auf schieferhaltigen und kiesigen, leicht zur Loire hin geneigten Flächen. Bekannte Erzeuger: Domaines de Rochelles.

Anreichern Zusetzen von Zucker vor der Gärung zur Erhöhung des Alkoholgehaltes, darf nicht zur Süßung des Weins eingesetzt werden, im Gegensatz zu → Süßreserve. Laut EU-Verordnung darf auf diese Weise der Alkoholgehalt bei Weinen der → Weinanbauzone A um bis zu maximal 4,5 %, in der Zone B bis zu 3,5 % und in der Zone C um höchstens 2 % erhöht werden. In Deutschland und Österreich darf die Anreicherung lediglich bei Tafel- und → Qualitätsweinen erfolgen, nicht aber bei → Prädikatsweinen. In Südafrika (mit Ausnahmen), Italien, Kalifornien u. a. ist das Anreichern mit Zucker verboten. → Chaptalisieren, → Nassverbesserung, → Rektifiziertes Traubenmostkonzentrat.

Anselma Italienisches Weingut in der Region → Piemont in Monforte d' Alba. Erzeugt auf rund 8 ha Rebfläche etwa 50 000 Flaschen Wein, besonders den DOCG → Barolo. Klassischer Erzeuger, dessen einfaches, aber authentisches Ristorante Italia (unter Leitung seiner Tochter Piera) ein Erlebnis der besonderen Art ist.

Anthocyane In den Traubenschalen und im Saft vorkommende rote und blaue Farbstoffe. Diese Pigmente changieren von Rot über Purpur bis Blau, werden durch die alkoholische Gärung aus den Beerenschalen gelöst und färben den Rotwein je nach Farbstärke der Trauben mehr oder weniger intensiv. Dünnschalige Sorten wie Pinot noir oder Nebbiolo enthalten weniger Anthocyane als dickschalige wie Cabernet Sauvignon oder Merlot. Entsprechend unterschiedlich fällt die Farbe von Rotwein aus.

Antinori, Marchesi Italienisches Weinimperium der → Toskana im Besitz der Marchesi Antinori, das zu den großen (und einflussreichen) Weingütern Italiens und der Welt zählt. Inzwischen weltweit agierend, wurde es vom Marchese Piero Antinori gegründet. Zusammen mit seinem Önologen hat er Anfang der 1970er Jahre den → Tignanello aus der Taufe gehoben, den Kultwein Italiens. Mit seinen rund 1000 ha Rebfläche Eigenbesitz (wächst beinahe täglich) werden mit Trauben- und Weinzukauf jährlich etwa 15 Millionen Flaschen Wein erzeugt. Die Repräsentanz der Firma befindet sich noch immer in der Florentiner Altstadt an der Piazza Antinori – doch der Firmensitz selbst ist inzwischen nach Lugano, Schweiz, verlegt worden. Neben dem Flaggschiff Tignanello werden der Solaia (ein Bordeaux-blend, rund 70 000 Flaschen) erzeugt sowie der → Sassicaia, ein Bordeauxblend (rund 250 000 Flaschen), vertrieben. Außerdem werden praktisch alle Weine der Toskana produziert (Chianti, Chianti Classico, Vin Santo, Orvieto Classico) neben einer Reihe nicht-klassischer IGT-Weine. Entsprechend den Anforderungen des Marktes ist die Produktion in eine mehrstufige Qualitätspyramide aufgeteilt, wobei die Flaggschiffe als → Markenweine und Wellenbrecher dienen, in dessen Fahrwasser die unteren Produkte folgen. Antinori ist außerdem an vielen Weingütern in ganz Italien (→ Prunotto, Tormescara, La Braccesca, Pian delle Vigne, Tenuta Belvedere, Castelo della Sala) und in anderen Ländern beteiligt bzw. befinden sich in seinem Besitz (→ Atlas Peak in Kalifornien).

AOC Abkürzung für Appelation d'origine contrôlée; Ursprungsbezeichnung französischer Weine, die nach den EU-Bestimmungen ebenso wie die etwas niedriger angesehene Kategorie der → VDQS-Weine zur Kategorie der → Qualitätsweine (→ VQPRD) gehört. Zur Zeit gibt es in Frankreich etwa 450 AOC-Weine, davon viele winzige Einzellagen-Appellationen wie z. B. → *Montrachet*. Zusammen nehmen sie rund 50 % der Weinbaufläche ein, doch aufgrund der strengeren Bestimmungen machen sie nur knapp 40 bis 45 % der französischen Weinerzeugung aus. Nahezu alle bedeutenden französischen Weine kommen mit einer AOC in den Handel und unterliegen damit der Überwachung durch das Pariser Institut National des Appellations d'Origine des Vins et Eaux-de-Vie (INAO), das für die Bestimmung und Kontrolle der Ursprungsbezeichnungen zuständig ist. Auf diese Weise werden die geographischen Grenzen jeder AOC nach Lage, Gemeinde, Bereich oder Anbaugebiet exakt festgelegt und bestimmt, welcher Wein im jeweiligen Gebiet aus welchen Rebsorten erzeugt werden darf. Dazu gehören auch die Regelung von Pflanzdichte und Rebschnitt, Vinifikations- und Ausbaumethodik, Festsetzung des Mindestmostgewichts sowie die Festlegung der maximalen Erntemenge (*Rendement de base*, → Ertrag). Verglichen mit den Bestimmungen anderer Länder steht das französische System der Erzeugung von Spitzenweinen weniger hinderlich entgegen, als dies anderenorts häufig der Fall ist. Es hat sich über viele Jahrzehnte bewährt, wird als vertrauenswürdig eingestuft und deshalb außerhalb Frankreichs häufig kopiert.

AOVDQS Abkürzung für Appellation d'origine des vins délimités de qualité supérieure, → VDQS

Aostatal → Valle d'Aosta

Apagado Spanische Bezeichnung für »stummgemachten« Most. Indem man Traubenmost reinen Alkohol bis zu einem Gehalt von 16 bis 18 % zusetzt, verhindert man dessen Weitergären. Mit Hilfe dieses Verfahrens behält → Sherry mitunter → Süße und einen höheren Alkoholgehalt. In Frankreich → Muté genannt.

Apéritif Französische Bezeichnung für das vor einer Mahlzeit eingenommene Getränk: Sherry, Champagner, Wermut, Portwein, Marsala, Madeira, Kir, edelsüße Weine oder Cocktails können als Appetitanreger dienen.

Apfelsäure Eine von mehreren, in der → Beere enthaltenen Säuren. Im Gegensatz zur milder empfundenen → Weinsäure bildet sich die schärfere Apfelsäure in der ersten Hälfte der Traubenreife. In der letzten Phase nimmt der Anteil an Apfelsäure deutlich ab, während der Anteil der Weinsäure steigt. Die Apfelsäure kann mittels → malolaktischer Gärung (Milchsäuregärung) von Bakterien in die ebenfalls milder empfundene Milchsäure umgewandelt werden.

Appellation (d'origine) contrôlée → AOC

Aprilia Südlich von Rom in der Provinz → Latium gelegenes Weinbaugebiet um die Stadt Aprilia mit drei DOC-Weinen, die aus Merlot, Trebbiano und Sangiovese di Aprilia gekeltert werden.

Apulien Großes Weinbaugebiet in Südost-Italien, im »Absatz« des italienischen »Stiefels«, mit einer Produktion von jährlich offiziell rund 690 Millionen l Wein auf etwa 100 000 ha Rebfläche und damit neben Sizilien die größte Weinbauregion Italiens.

Geographie und Klima, Weinstile

Im Flachland und den Hochebenen herrscht ein trocken-heißes Klima mit wenig Niederschlag, sodass die Rebflächen z. T. künstlich bewässert werden müssen. Der größte Teil der Erzeugung wird nicht als Flaschenwein in den Handel gebracht, sondern anonym entweder als Mostkonzentrat zur Anreicherung oder als Verschnittwein in nördlicher gelegene Weinbaugebiete geliefert, um schwachen Weinen Kraft und Farbe zu geben. Ein Teil des Weins wird auch destilliert, um der gigantischen Überproduktion Herr zu werden, denn der Absatz wird zunehmend schwieriger, weil der Weinkonsum in Italien seit Jahren kontinuierlich abnimmt.

60 % des Weins werden von Winzergenossenschaften erzeugt. Nur 2 % der Produktion entfallen auf DOC-Wein. Es gibt 25 DOC- und sechs IGT-Prädikate. Als bestes Gebiet gilt die Halbinsel Salento. Hier entstehen alkoholärmere Weine, weil die Nähe des Meeres für nächtliche Abkühlung sorgt. Roséweine wie Salice Salentino, Castel del Monte u. a. sind über die Region hinaus bekannt. Bedeutender ist der Rotwein, darunter die Sorten Primitivo, Negro Amaro, Malvasia nera, Aglianico, Somarello rosso, Bombino nero, Uva di Troia, Aleatico und Ottavianello. Zu den weißen Sorten zählen vor allem Fiano, Falanghina, Bianco d'Alessano und Bombino bianco.

Aquileia In der römischen Kaiserzeit und dem frühen Mittelalter eine der bedeutendsten Städte Italiens, heute nur noch ein kleiner Ort im Isonzodelta, einige km von der Adria entfernt. Weinrechtlich ist Aquileia ein DOC-Gebiet in → Friuli-Venezia Giulia, zu dem 18 Gemeinden der Provinz Udine gehören. Zwölf Rebsorten-Weine und ein Rosé, überwiegend aus Merlot, sind zugelassen.

Aragón Historische Provinz in Nordost-Spanien mit den um die Hauptstadt Zaragoza gelegenen DO-Gebieten → Calatayud, → Campo de Borja, → Cariñena und → Somontano.

Aramon Der Fluch des französischen Midi: Eine rote Hochleistungs-Neuzüchtung, die 30 000 l pro ha hervorbringen kann. Was dann euphorisch Wein genannt wird, ist in Wirklichkeit eine ausdruckslose Flüssigkeit. Zum Glück ist Aramon deutlich rückläufig, aber es sind immer noch um die 50 000 ha im → Languedoc mit ihr bestockt, die Hälfte davon im Département Hérault. Nach der EU-Klassifikation zählt sie nirgendwo im französischen Südosten zu den empfohlenen, sondern nur zu den zugelassenen Rebsorten.

Arbois Französische AOC im Norden des → Jura rund um die Stadt Arbois in 13 Gemeinden. Auf rund 900 ha Rebfläche werden im Schnitt fünf Millionen l Rot-, Rosé- und Weißweine auf vom Ton geprägten und von Kalk durchsetzten Böden erzeugt. Nach → Château-Chalon ist dies die bekannteste Appellation des französischen Jura, unter der insgesamt sechs verschiedene Weine in den Handel gebracht werden dürfen (auch als Arbois Pupillin, falls der Wein aus der benachbarten Gemeinde Pupillin stammt). Zum einen handelt es sich dabei um Weißweine aus der Rebsorte Savagnin (ein enger Verwandter des Traminer), Chardonnay (auch als Melon d'Arbois bezeichnet) und Pinot blanc. Zum anderen sind es Rotweine aus den Rebsorten Ploussard (oder Poulsard), Trousseau und → Pinot noir (Gros noirin). Der ebenfalls zugelassene Roséwein wird durch Vergären von roten und weißen Trauben erzeugt. Aus diesen Sorten wird auch Schaumwein erzeugt und als Arbois Mousseux oder Crémant in den Handel gebracht. Ähnlich dem Château-Chalon, aber bei etwas niedrigeren Anforderungen, darf auch ein → Vin jaune (der berühmteste Wein der Region) aus Savagnin erzeugt werden, der mindestens sechs Jahre im Fass reifen muss. Schließlich darf noch ein Vin de Paille (→ Strohwein) erzeugt werden, wenn die Trauben einen Mindestalkoholgehalt von 18 % aufweisen. Bekannte Erzeuger: Aviet, Dom. Ligier Père et Fils, Desire Petit et Fils, Tissot und die Fruitière de vinicole Pupillin.

Arborea DOC-Gebiet an der Westküste Sardiniens mit Weiß-, Rot- und Roséweinen hauptsächlich aus Trebbiano und Sangiovese. Die zulässige Ertragsobergrenze liegt bei absurden 13 500 l/ha, ein typisches Beispiel für die mitunter fragwürdigen Bestimmungen italienischer DOC-Statuten.

Archanes Auf → Kreta erzeugter Rotwein, sehr ähnlich dem → Peza, der nach den gleichen Regeln erzeugt wird.

Arche, Château d' Französisches 2e *cru classé*-Weingut im → Sauternes mit rund 35 ha Rebfläche: 90 % → Sémillon und 10 % → Sauvignon.
Ferner ein 8 ha großes *Cru* → *bourgeois*-Weingut gleichen Namens in → Ludon, Appellation Haut-Médoc, sowie eines Weingutes im Süden des → Graves.

Arcins Kleiner Weinbauort im Haut-Médoc zwischen → Moulis, → Soussans und Lamarque mit etwa 170 ha Rebfläche. Bekannte Namen: Châteaux d'Arcins, Arnauld, Barreyres.

Arcole Italienische DOC für Rot- und Weißweine, ferner Spumante aus der Region um die Stadt Arcole in der Provinz Verona (insgesamt 16 Gemeinden). Rebsorten: Garganega, Chardonnay, Pinot bianco, Pinot grigio, Cabernet Sauvignon, Cabernet franc, Carmenére und Merlot.

Arcos de la Frontera Das bekannteste der so genannten »weißen Dörfer« des südwestlichen Andalusiens, 30 km östlich von Jerez gelegen. Hier werden Weine erzeugt, die weit über dem südspanischen Durchschnitt liegen.

Arena Bezeichnung für den rötlichen Sandboden im → Sherry-Gebiet mit sehr geringem Kreideanteil. Liefert hohe Erträge, aber keine besondere Qualität. Die besseren Qualitäten stammen von den → Albariza-Böden und zum Teil von den → Barro-Böden.

Argentinien Das fünftgrößte weinerzeugende Land der Welt mit einer Produktion von etwa 1,2 Milliarden l Wein auf rund 210 000 ha Rebfläche. Die Argentinier zählen zu den großen Weinkonsumenten: pro Kopf und Jahr etwa 39 l. Der Hauptanteil der Weinproduktion entfällt auf einfachste Tafelweine, nur etwa 10 % sind Qualitätsweine. Ins Land kam der Weinbau um 1550 mit den spanischen Eroberern, die die Sorte Criolla mitbrachten. Stark beeinflusst wurde er ab 1900 von den Siedlern der dritten Einwanderungswelle, die neue Sorten im Gepäck hatten und den mo-

Argentinische Weinbauregionen

- Das größte und bedeutendste argentinische Weinbaugebiet ist → *Mendoza* mit etwa 70 % Anteil an der Gesamtrebfläche, zwischen 500 und 800 m Höhe an der Grenze zu Chile gelegen. Mendoza besitzt unter allen Gebieten die günstigsten klimatischen und geologischen Voraussetzungen für erfolgreichen Weinbau: kontinentales Klima, Sandböden mit Tonanteil, Sommerregen, wenig Hagel, kaum Frost. Es umfasst das Departement Maipú mit den Regionen Cruz de Piedra, Barrancas, Russel, Coquimbito, Lunlunta und den Maipú-Distrikt sowie das Departement Luján mit den Regionen Carrodilla, Chacras de Coria, Mayor Drummond, Luján, Vistalba, Las Compuertas, Agrelo, Pedriel, Ugarteche, Carrizal, Tres Esquinas, Anchoris, San Martín und San Rafael. Etwa 30 % der Rebfläche Mendozas ist mit roten Sorten bestockt, allen voran Malbec und Tempranilla, gefolgt von Cabernet Sauvignon. In den höheren Lagen bis 1200 m gedeihen weiße Sorten wie Sauvignon blanc und Chardonnay. Die erste Appellation Argentiniens liegt ebenfalls in Mendoza, sie heißt Luján de Cuyo und wurde 1993 mit dem Ziel eingerichtet, das Ansehen der Malbec-Rotweine aufzuwerten.
- → *San Juan* ist zwar das zweitgrößte Weinbaugebiet, liefert aber – von einigen Ausnahmen abgesehen – vorwiegend industrielle Weine für Verschnitte, Mostkonzentrate und Grundweine für Branntwein und Wermut. Der Weinbau ist insgesamt rückläufig.
- → *Salta, Jujuy und Catamarca.* Das größte Potenzial hat Salta; von hier stammen einige sehr gute Weißweine aus der Torrontés Riojano-Traube. Der Weinbau zieht sich bis in eine Höhe von 1500 m hinauf.
- → *La Rioja* ist die älteste Weinbauregion Argentiniens, doch unter heutigen Qualitätsgesichtspunkten gibt es – abgesehen von wenigen Ausnahmen – keinen nennenswerten Wein. Der Weinbau befindet sich auf dem Rückzug.
- → *Rio Negro und Neuquén* liegen in Patagonien und verfügen aufgrund ihrer südlichen Lage über ein kühleres Klima. Diese Tatsache und die kalkhaltigen Böden der Gebiete bringen von deutlicher Säure geprägte Weißweine (Torrontés Riojano, Sémillon) hervor, die sich gut zur Schaumweinherstellung eignen. Beide Gebiete gelten als die potenziell hochwertigsten Weinregionen, in denen die Rebfläche im Gegensatz zu den anderen Gebieten zunimmt.

dernen Weinbau des Landes entwickelten. Er ist durch große Kellereien geprägt, die ihre Trauben von Traubenproduzenten kaufen, in gigantischen Anlagen vinifizieren und über ihre Vertriebsstrukturen in den Handel bringen.

Geographie und Klima

Weinbau wird fast ausschließlich im Westen zwischen dem 23. und 40. Breitengrad betrieben. An den sanften Andenausläufern gibt es zwar gute Böden und ausreichend Sonnenschein, doch reichen die Niederschläge von nur 250 mm im Jahr nicht aus, die Reben ausreichend mit Feuchtigkeit zu versorgen. Aus diesem Grund haben die Pioniere im 16. Jahrhundert ein ausgeklügeltes Bewässerungssystem entwickelt, das bis heute in nahezu unveränderter Form genutzt wird.

Rebsorten

Bis in die Mitte der 1990er Jahre lag der

Schwerpunkt des Weinbaus eindeutig auf den traditionellen hellroten Sorten Criolla Grande, Criolla Chica und Cereza, die zwar gewaltige Erträge garantieren – eine einzelne Traube kann es auf 4 kg Gewicht bringen – aber für mehr als billige Massenware nicht zu gebrauchen sind. Heute dominiert der Rotwein: Die bedeutendste Sorte ist Malbec; die als die argentinische Nationalrebsorte schlechthin gilt, daneben Tempranilla (Tempranillo). Im Zuge der Internationalisierung des Weinbaus spielen inzwischen auch Cabernet Sauvignon, Merlot, Syrah u. a. eine zunehmend wichtigere Rolle, vor allem im Export.

Auch der Anbau weißer Sorten hat in den letzten Jahren deutlich zugenommen: Pedro Giménez, Moscatel del Alejandria, Torrontés, Chenin blanc, Ugni blanc, Sémillon sind die wichtigsten und natürlich Chardonnay.

Arjaoda Portugiesische Bezeichnung für das in Portugal verbreitete Erziehungssystem der Rebe an zwischen Bäumen gespannten Drähten.

Arlay Chateau d' Weingut im französischen Jura im Besitz des Comte de Laguiche. Traditioneller und bedeutender Erzeuger von Vin Jaune (Savagnin), weißem Côtes du Jura (Chardonnay und Savagnin), rotem Côtes du Jura (Pinot noir) sowie dem Corail genannten → Schillerwein aus Pinot noir und Chardonnay. Außerdem ein reinsortiger Chardonnay sowie Vin de Paille (Strohwein) und Macvin blanc und rouge (Pinot noir). Die Reben stehen auf den kalkhaltigen Hängen unterhalb der Burgruine.

Armagnac Weinbrand aus der Region Armagnac in der Gascogne im südwestlichen Frankreich. Destilliert aus Weißweinen der Sorten Ugni blanc, Folle Blanche, Colombard und einer → Hybridrebe namens Baco 22A, die ab 2010 nicht mehr angebaut werden darf und den Charakter des Armagnac prägt.

Armailhacq, Château d' Französisches 5e *cru classé*-Weingut aus → Pauillac im Haut-Médoc, rund 50 ha Rebfläche: 65 % Cabernet Sauvignon, 20 % Merlot und 15 % → Cabernet franc.

Armenien GUS-Republik an der Nordostgrenze der Türkei. Weinbau ist hauptsächlich in den südlichen, meist über 1000 m hoch gelegenen Regionen möglich. Als Teil der transkaukasischen Region zählt Armenien zu den ältesten nachweisbaren Weinbaugegenden der Welt. Bekannt ist das Land für seine alkoholreichen Weine, Branntweine und Likörweine, die nach Art des Sherry, Madeira und Portwein erzeugt werden. Zu sowjetischen Zeiten stark durch genossenschaftliche Produktionsformen geprägt, hat dies bis heute ihre Spuren im armenischen Weinbau hinterlassen. Im internationalen Weingeschäft spielt Armenien eine unbedeutende Rolle.

Arnad-Montjovet Als → Valle d'Aosta-Arnad-Montjovet in den Handel kommender italienischer Rotwein mit DOC-Prädikat, überwiegend aus Nebbiolo. Wird auch als Superiore mit 12 % Alkohol erzeugt.

Arneis Weiße Rebsorte und gleichnamiger Wein aus dem → Piemont in Nordwest-Italien, seit 1989 DOC-Status. Arneis wurde traditionell als Verschnittwein eingesetzt, um die mitunter herben, harten Rotweine aus der Nebbiolotraube zu zähmen. Um 1970 war die Rebsorte fast ausgestorben. Das Interesse an piemontesischen Weißweinen in den 1980er Jahren verhalf ihr zu einem Zwischenhoch als reinsortiger Weißwein.

Aroma Sehr unterschiedlich interpretierter Begriff. Die einen verstehen unter Aroma ausschließlich den Geruch junger Weine. Für den Geruch älterer, in der Flasche gereifter Weine verwenden sie den Begriff Bukett. Andere dehnen den Begriff auf alle Gerüche aus, die ein Wein in seinen Lebensphasen verströmt. Fest steht, dass sich die Aromatik von Wein im Laufe seiner Reife verändert: von fruchtigen, über mineralische bis hin zu den Aromen des Alters.

Aromasorten Reben, deren Trauben deutliche Aromen hervorbringen, werden allgemein als Aromasorten bezeichnet. Manche dieser Sorten gibt es bereits Jahrhunderte, z. B. Muskateller, Rosenmuskateller (ein exzentrischer süßer Rotwein aus Südtirol) und Gewürztraminer (nach Rosen und Litschi duftend). Manche Aromasorten sind auch Neuzüchtungen, z. B. Scheurebe (nach Cassis duftend). Zu den eher neutralen Sorten zählen z. B. Weißer Burgunder, Cortese oder Ugni blanc. Bei Rotweinen werden Aromasorten meist als kleiner Teil in Cuvées verwendet, so u. a. in der Toskana die Sorte Mammolo (wörtlich Veilchen), um z. B. dem Vino Nobile di Montepulciano eine feine Duftnote zu verleihen.

Aromastoffe In der modernen Weinbereitung werden Aromastoffe eingesetzt. Dabei muss man zunächst zwischen legalen und illegalen Mitteln bzw. Methoden unterscheiden. Spezielle → Reinzuchthefen, die im Zusammenspiel mit tiefen Gärtemperaturen besonders fruchtige Weine erzeugen, sind erlaubt – trotzdem werden diese von Verfechtern eines möglichst naturnahen Weinbaus als zweifelhafte Aromastoffe angesehen. Künstliche und naturidentische Aromastoffe werden als Zugabe am Ende der Gärung eingesetzt, um den Geschmack und Geruch von Weinen zu beeinflussen. Während natürliche Aromastoffe (z. B. aus rückgewonnenen Gärgasen) nur schwer nachweisbar und zugelassen sind, sind künstliche Aromastoffe in der Alten Welt verboten, während sie in der Neuen Welt zugelassen sind. Von einheitlichen Regeln in den Weingesetzen der weinbautreibenden Länder der Welt kann daher keine Rede sein. In den USA z. B. ist die Verwendung von Holzchips zum Nachahmen der Aromatik des → Barrique erlaubt, in Deutschland steht dies (noch) unter Strafe.

Arrak Spirituose mit Anisaroma aus dem östlichen Mittelmeerraum, schmeckt ähnlich wie Ouzo oder Raki.

Arrières-Côtes Westlich der Côte d'Or höher gelegene und weniger wertvolle Rebflächen, die weinrechtlich als Bourgogne-→ Hautes-Côtes de Beaune und Bourgogne-→ Hautes-Côtes de Nuits zusammengefasst werden.

Arrope Spanisches → Mostkonzentrat, das durch Einkochen auf ein Fünftel seines ursprünglichen Volumens reduziert wird. Auf diese Weise erhält man eine tiefbraune Flüssigkeit, die nach Karamel schmeckt. Wird als Zuckerungs- und Farbzusatz für billigen Sherry der Kategorien Oloroso und Cream Sherry eingesetzt.

Arroyo Grande AVA-Weinbaugebiet im San Luis Obispo County, Kalifornien.

Arroyo Seco AVA-Weinbaugebiet im Monterey County, Kalifornien.

Arrosée, Château L' Französisches *Grand cru classé*-Weingut in der Appellation → Saint-Emilion mit rund 10 ha Rebfläche: 55 % Merlot, 30 % Cabernet Sauvignon und 15 % → Cabernet franc. Liegt an den Abhängen des Dordogne-Tals.

Arruda Portugiesisches DOC-Weinbaugebiet zwischen Bucelas und Alenquer rund 30 km nördlich von Lissabon. Die Weißweine stammen vor allem aus den Rebsorten Fernão Pires, Jampal und Vital, die Rotweine aus Camarate, Periquita und Tinta Miúda.

Arsac Französische Weinbaugemeinde im Haut-Médoc mit etwa 100 ha Rebfläche, eine von fünf Gemeinden, deren Weine unter der Appellation → Margaux in den Handel gebracht werden dürfen. Aushängeschilder sind Château du Tertre und Château Monbrison.

Artisan Heute nur noch selten gebräuchliche Bezeichnung im → Médoc für Gewächse unterhalb der Ebene der *Crus* → *bourgeois*. Ebenso wie die einst noch darunter eingestuften *Crus* → *paysans* bezeichnet man diese Weine heute in der Regel als *Petits châteaux* oder als *autres Crus*.

Arzuazu Spanisches Weingut im Weinbaugebiet → Ribera del Duero – ein junges, neu gegründetes Unternehmen. Auf rund 150 ha Rebfläche werden moderne, Aufsehen erregende Rotweine erzeugt.

Aserbaidschan GUS-Republik im Kaukasus zwischen Armenien und Kaspischem Meer. Archäologische Funde aus dem 2. Jahrtausend v. Chr. in Form von Traubenkernen und weinbaulichen Geräten belegen, dass Aserbaidschan zu den ältesten Weinbauregionen der Welt zählt. Der Weinbau konzentriert sich heute vor allem auf die Gebiete Kirovabad-Kazakh und Shirvan. 17 Rebsorten (vor allem Rkatsiteli und Pinot noir) sind zugelassen, aus denen neben meist einfachen Rot- und Weißweinen auch Schaum- und Likörweine sowie Branntweine erzeugt werden. Hauptexportmarkt ist Russland.

Asperg Westlich von Ludwigsburg gelegene Kleinstadt im Weinbaugebiet → Württemberg, bekannt durch die oberhalb der Stadt gelegene Festung Hohenasperg. Auf dem aus Gipskeuper bestehenden, bis auf über 350 m ansteigenden *Asperger Berg* wird Weinbau betrieben. Die Württembergische Hofkammer erzeugt hier Rot- und Weißweine.

Asprin(i)o Italienischer DOC-Weißwein aus der gleichnamigen Rebsorte aus der Gegend von Potenza in der Basilicata in Süditalien. Ein Wein gleichen Namens wird auch in Kampanien nördlich von Neapel erzeugt.

Assisi Italienischer DOC-Weißwein in Umbrien rund um die Städte Assisi und Perugia. Auf den Hügellagen in 200 bis 550 m Höhe werden Rot-, Rosé- und Weißweine erzeugt: die Weißen aus Trebbiano, Grechetto und Zusätzen von lokalen Sorten; die Roten aus Sangiovese, Merlot und anderen lokalen Sorten (bis zu 40 %).

Assmannshausen Deutsche Weinbaugemeinde im Rheingau, nördlich von Rüdesheim. Wichtigste Rebsorte ist der Spätburgunder, der in zum Teil spektakulär steilen Lagen wie dem *Assmannshäuser Höllenberg* auf reiner Schieferverwitterung angebaut wird. Der größte Teil des Höllenbergs befindet sich im Besitz der Hessischen Staatsweingüter. Andere bekannte Erzeuger: August Kesseler und Robert König.

Assoziation Wichtige Empfindung beim Schmecken. Wenn ein Wein *nach* Vanille duftet oder *wie* Aprikosen schmeckt, dann sind im Wein weder Vanille noch Aprikosen vorhanden, sondern es handelt sich um einen unbewussten Wahrnehmungsvorgang, bei dem man sich an solche → Geschmacks- bzw. → Geruchseindrücke erinnert. Diese Assoziation kann auch unangenehme Erinnerungen auslösen wie z. B. medizinalen oder animalischen Geruch bzw. Geschmack. Manche Assoziationen, wie z. B. die von Synästhetikern genannten geometrischen Formen oder Farben, sind für andere Weintrinker nicht nachvollziehbar; Ähnliches dürfte für eher private Erinnerungen an Sommernachmittage oder Ferien am Meer gelten. → Weinsprache.

Asti Italienische Stadt südlich von Turin im Zentrum des piemontesischen Weinbaugebietes. Asti ist für seinen Schaumwein, den DOCG → Asti Spumante oder DOC → Moscato d'Asti berühmt. Beide Versionen kommen seit 1994 mit dem DOCG-Prädikat in den

Handel. Asti ist ebenfalls ein wichtiges Handelszentrum für Wermut. Ferner stammen aus der Provinz Asti der → Barbera d'Asti, der Dolcetto d'Asti, der Grignolino d'Asti, der Freisa d'Asti und der Loazzolo (alle mit DOC-Prädikat).

Asti spumante Ein in der Regel süßer DOCG-Schaumwein aus den Provinzen Asti, Cuneo und Alexandria aus der aromatischen Traubensorte Moscato. Jahresproduktion etwa 80 Millionen Flaschen. Der Schaumwein wird seit Mitte des 19. Jahrhunderts produziert, enthält 7 bis 9,5 % Alkohol und wird meistens aus einer Mischung verschiedener Grundweine zusammengestellt. Asti ist nach Soave die mit Abstand größte DOCG Italiens. → Spumante

Ászar-Neszmély Kleines ungarisches Weinbaugebiet westlich von Budapest um die Städte Kisbér und Tata an den sanften Abhängen zur Donauebene. Westlich und südlich liegen die Gebiete von → Pannonhalma-Sokoró bzw. → Mór. Die Böden bestehen aus Mergel und sind mit Lößlehm und Braunerde bedeckt. Es werden überwiegend Welschriesling, Müller-Thurgau, Mädchentraube und etwas Riesling angebaut. Bekannter Erzeuger: Hilltop.

Aszú Ein ungarischer → Ausbruchwein, bei dem dem Grundwein → Tokaji → Szamorodni eine unterschiedliche Menge edelfauler, eingeschrumpfter Beeren beigefügt wird, die ihm seinen charakteristischen Geschmack verleihen. Als Maßeinheit dienen 20 kg fassende → puttonyos (Butten). Je mehr Butten von den gemaischten Beeren zugefügt werden, desto konzentrierter wird der Wein (zwei- bis sechsbuttiger Aszú). Ein dreibuttiger Aszú weist mindestens 60 g/l → Restzucker, ein vierbuttiger 90 g/l, ein fünfbuttiger 120 g/l und der seltene sechsbuttige 150 g/l auf. Aszúweine weisen im allgemeinen einen Alkoholgehalt um 13,5 bis 15,5 % und darüber hinaus einen hohen Extrakt- und Säuregehalt auf. Laut ungarischem Weingesetz dürfen sie erst nach dreijähriger Fasslagerung abgefüllt und in den Handel gebracht werden.

Aszú Eszencia Ein → Tokaji-Wein, der zwischen den → Aszú-Weinen und der → Eszencia liegt. Er muss mehr als die vorgeschriebenen 150 g/l → Restzucker des sechsbuttigen Aszú, aber weniger als die 250 g/l Restzucker der Eszencia aufweisen. Weine dieser Kategorie sind selten und können nur in herausragenden Jahren erzeugt werden. Wegen ihres imposanten Säuregerüsts und Alkoholwerten von 12 bis 13 % sind sie von nahezu unbegrenzter Lebensdauer. Das ungarische Weingesetz schreibt für diese höchst seltenen Weine eine zehnjährige Fass- und eine anschließende fünfjährige Flaschenlagerung vor, sodass sie erst 15 Jahre nach der Ernte in den Handel kommen.

Athos Weinbaugebiet in der östlichen Chalkidike in Nordgriechenland.

Atina Italienische DOC in Latium rund um die Stadt Atina und weitere zehn Gemeinden. Es werden Rotweine aus Cabernet Sauvignon, Syrah, Merlot und Cabernet franc erzeugt, als Riserva mit zwei Jahren Reife, davon ein halbes Jahr im Holzfass.

Atlas Peak Winery Kalifornisches Weingut in den USA im Weinbaugebiet → Napa Valley – ein in den 1980er Jahren begonnenes Gemeinschaftsunternehmen mit Beteiligung von → Antinori. Rund 190 ha Rebfläche und 240 000 Flaschen Produktion, vor allem Cabernet Sauvignon, Chardonnay und Sangiovese. Von der Atlas Peak Winery wurde einer der wenigen Versuche unternommen, die uritalienische Rebsorte Sangiovese auch in Übersee zum Erfolg zu bringen. Das Resultat ist eine Cuvée aus Sangiovese und Cabernet Sauvignon namens Consenso.

Ätna Mit 3274 m Höhe der größte aktive Vulkan Europas an der Ostküste

→ Siziliens. Auf seiner Süd- und Ostflanke befinden sich zwischen Nicolosi und Linguaglossa meist in 500 bis 700 m Höhe ausgedehnte Rebflächen. Die Rot- und Weißweine kommen als Etna DOC in den Handel.

Attika Teil der Weinbauregion Zentralgriechenland und Euböa. Hier ist die Heimat des berühmtesten aller griechischen Weine, des → Retsina, der im Mesoghia-Bereich von bester Qualität ist. Außerdem werden Weißweine aus der Rebsorte Savatiano erzeugt.

Aubance → Coteaux de l'Aubance

Aube Französisches Département östlich von Paris mit etwa 5500 ha Rebfläche, die nach massiven Protesten der Winzer zu Beginn des 20. Jahrhunderts dem Weinbaugebiet → Champagne zugerechnet wurden. Von dort stammt auch der Rosé des Rinceys.

Au Bon Climat Kalifornisches Weingut in der Region → Santa Barbara unter Leitung von Jim Clendenen. Spezialisiert auf die Erzeugung von Chardonnay und Pinot noir. Kaum eigene Rebfläche, überwiegend Zukauf von Trauben. Spitzenwein Chardonnay Bien Nacido Reserve aus gleichnamiger Einzellage.

Aude Nach dem Hérault das französische Département mit der zweitgrößten Rebfläche, die sich heute noch auf etwa 90 000 ha beläuft und damit nur 10 % kleiner ist als die gesamte Deutschlands. Zwei Drittel der Fläche dienen zur Land- und Tafelweinerzeugung, auf dem Rest wachsen vorwiegend AOC-Weine (VDQS-Weine gibt es kaum noch), darunter → Corbières, → Fitou, → Blanquette de Limoux und → Minervois, von den → Coteaux du Languedoc La → Clape und → Quatourze.

Aufbesserung → Anreicherung, → Chaptalisieren.

Aufbinden, aufheften, heften Im Frühling und Sommer werden die jungen Triebe des Rebstocks zwischen zwei Drähte des Erziehungssystems geheftet, indem man diese nach oben klappt und die hängenden Triebe zwischen ihnen fixiert. Dieses Aufbinden hält die Gassen zwischen den Rebzeilen frei und erleichtert dem Weingärtner die Arbeit: Durch das Aufbinden lassen sich Krankheiten besser erkennen, und Fungizide und Herbizide können auf die Triebe und deren Blätter gezielt und effektiv ausgebracht werden. Das Aufbinden organisiert die Laubwand einheitlich und macht einen gleichmäßigen Reifeprozess möglich, weil die Blätter optimal zur Sonne hin ausgerichtet sind und sich nicht gegenseitig beschatten.

Auffüllen Während der Fasslagerung verdunstet kontinuierlich Wein durch die Poren des Holzes, was man als Schwund bezeichnet. Die regelmäßige Kontrolle des Pegels und das Auffüllen der Fässer ist wichtig, um die in Weinkellern allgegenwärtigen Essigbakterien daran zu hindern, unliebsame Spuren im Wein zu hinterlassen. → Acetobacter, → Oxidation. In der Schweiz darf man allen Weinen bis zu 8 % »Auffüllwein« zusetzen. Wo aufgrund des Ausbaus in Stahltanks gar kein Schwund entstehen kann, tut man dies zur Korrektur von Fehlern und Schwächen in Farbe, Geschmack und Duft des Weins.

Aufrühren → Battonage

Aufspriten Das Hinzufügen von Alkohol, um Weine zu verstärken und sie mikrobiologisch zu stabilisieren und um weitere Gäraktivitäten von Hefe oder Bakterien zu unterbinden. Diese können bei Alkoholkonzentrationen über 16 bis 18 % nicht überleben. Ein aufgespriteter Wein ist also, auch wenn er noch unvergorenen Zucker enthält, vor weiterer Gärung geschützt. Der Zeitpunkt des Aufspritens hat entscheidenden Einfluss auf den Weincharakter. Grundsätzlich gilt: Je früher der Alkohol die Gärung eines Weines unterbricht, desto süßer bleibt der Wein. Es gibt eine ganze Reihe von aufgespriteten Weinen, z. B. Sherry, Portwein, Madeira, Marsala, Malaga, Vin doux naturel, Vin jaune.

Auge Bezeichnung für den Knospenansatz an den Trieben eines Rebstocks. → Rebschnitt

Augentrinker Ironische Bezeichnung für Weintrinker, die die Qualität von Rotwein vor allem anhand der Farbe beurteilen, in der irrigen Annahme, dass ein dunkler Rotwein besser sei als ein heller. Dieser weit verbreitete Irrtum hat dazu geführt, dass immer mehr farbstarke Weine erzeugt werden – nicht selten unter Zuhilfenahme von → Maischeerhitzung, → Farb-Enzymen zur Farbausbeute oder Farbpulver aus getrockneten und pulverisierten Beerenschalen. In Deutschland ist dadurch auch der Aufschwung des qualitativ minderbemittelten → Dornfelders ausgelöst worden.

Auktion Zur Versteigerung kommen vor allem hochwertige und lagerfähige bzw. gereifte Weine, die zumeist nur in geringer Stückzahl hergestellt worden bzw. erhalten sind. Dabei handelt es sich zum einen um edelsüße Weine wie Spätlesen, Auslesen, Trockenbeerenauslesen oder Eisweine, die z. B. in den Gebieten Mosel-Saar-Ruwer, Nahe oder Rheingau bereits als Versteigerungsweine erzeugt werden. Zum anderen werden gereifte Weine versteigert, die mehrere Jahre, Jahrzehnte oder sogar Jahrhunderte alt sind. Bei sehr alten Weinen, die ihren → Höhepunkt bereits überschritten haben, steht meist die Leidenschaft des → Weinsammlers im Vordergrund. Traditionell finden Weinauktionen (aus aufgelösten Weinsammlungen) z. B. in London bei Sotheby's statt (→ Broadbent). In Deutschland werden zumeist Jungweine von Erzeugern edelsüßer Spezialitäten in Kleinstauflage z. B. auf Auktionen im Kloster → Eberbach versteigert.

Ausbau Wenn der Traubenmost zu Wein vergoren ist, beginnt der Ausbau des Weins. Dazu gehört als erster Schritt das Trennen des Weins von der Hefe, das so genannte Abstechen, und viele weitere Maßnahmen: → Schwefeln, → Schönen, → Filtrieren, → Auffüllen. Zum Ausbau gehören auch Vorgänge wie der biologische → Säureabbau oder das Ausfällen von → Weinstein durch Kühlung. Zur Erzeugung aromareicher, fruchtintensiver Weine etabliert sich der reduktive Ausbau mehr und mehr. Er wird in Edelstahl-, Kunststoff- oder Betontanks durchgeführt, durch deren Wände Mikrooxidation nicht möglich ist. Der oxidative Ausbau in Holzfässern hingegen wird zur Erzeugung von Weinen eingesetzt, die durch die Mikrooxidation durch die Poren des Holzes Sauerstoff aufnehmen und durch diese Form der »Atmung« einen anderen Charakter erhalten. Der Ausbau kann bei Weinen wie dem Beaujolais Primeur nur wenige Wochen, je nach Wein und Sorte aber auch Jahre dauern. Extreme Ausbauweine sind Portweine, die zum Teil viele Jahrzehnte in den Fässern lagern, ehe sie vom Kellermeister als vollendet eingestuft werden. Im Durchschnitt dauert der Ausbau 6 bis 18 Monate, bis der Wein als neuer Jahrgang in den Verkauf gelangt. In manchen Regionen kann zum Ausbau des Weins auch die Flaschenlagerung zählen: z. B. Bordeaux, Brunello di Montalcino, Rioja Gran Reserva. Sie kann mehrere Jahre in Anspruch nehmen; ihre exakte Dauer ist oft gesetzlich geregelt.

Ausbruch Ein österreichischer Wein aus ausschließlich edelfaulen oder überreifen, auf natürliche Weise eingetrockneten, rosinierten Beeren. Dem Ausbruch darf frisch gekelterter Most oder Wein aus derselben Lage beigegeben werden, wenn er mindestens → Spätlesequalität aufweist. Das Mostgewicht muss mindestens 27° KMW (138,5° → Oechsle) betragen. Auch in Ungarn produziert man Ausbruchweine. Diese müssen mindestens 22 % Zucker enthalten.

Ausdünnen Entscheidende Maßnahme im Weinberg zur Steigerung der Weinqualität. Dabei wird vor der eigentlichen Traubenreife im Sommer ein Teil der Trauben entfernt, um die Erntemenge zu reduzieren. Diese Form der Ertragsreduzierung ist unverzichtbar, um die Weinqualität zu erhöhen, denn durch das Ausdünnen kommt die Energie des Rebstocks nur noch den verbliebenen Trauben zugute, in denen sich mehr Inhaltsstoffe konzentrieren und damit dem Wein einen intensiveren Geschmack verleiht.

Auslese Nach Kabinett und Spätlese ist Auslese die dritte Stufe des deutschen Prädikatssystems, den so genannten Qualitätsweinen mit Prädikat. Als Auslese bezeichnet man sowohl den Reifegrad der Trauben und ihren Zuckergehalt zum Zeitpunkt der Lese als auch den daraus gewonnenen Wein. Bei der Ernte versteht man unter Auslese die Selektion von vollreifen, goldgelben Trauben. Dazu muss die Lesemannschaft in aufwendiger Handarbeit unreife oder verfaulte Beeren aus der Traube herausschneiden. Auslesen können aber auch aus Trauben hergestellt werden, die von Edelfäule (→ Botrytis cinerea) befallen sind. Die Weine fallen meist süß aus und bestechen durch ein sehr fruchtiges Geschmacksbild. Auslesen sind die Vorstufe zu den nächst höheren Klassen des deutschen Prädikatssystems, den Beeren- und Trockenbeerenauslesen, bei denen die Selektion hochreifer Beeren wie auch ihr Preis auf die Spitze getrieben werden. Je nach Rebsorte und Anbaugebiet liegen die Anforderungen an die → Mindestmostgewichte für Ausleseweine zwischen 83° und 105° Oechsle. Auch in Österreich gibt es Ausleseweine, das Mindestmostgewicht liegt dort einheitlich bei 21° KMW, also 105° Oechsle.

Ausone, Château Französisches *Premier cru*-Weingut, das zu den besten in der Appellation → Saint-Emilion im Bordeaux-Gebiet zählt und dessen Reben an den Steilhängen am rechten Dordogne-Ufer wachsen. Rund 7 ha mit je 50 % Merlot und Cabernet franc. Benannt nach dem römischen Dichter und Konsul → Ausonius.

Ausonius Name des römischen Dichters und Konsul Decimus Magnus Ausonius (310 – 394) aus dem römischen Burdigala, heute → Bordeaux. Ausonius war der Erzieher von Kaiser Gratian und Weingutbesitzer in Lucaniacus, dem heutigen → Saint-Emilion. Daran erinnert das Weingut Château Ausone. Ob sich das Weingut des Dichters tatsächlich dort befunden hat, ist ungeklärt. Ausonius verdanken wir eine Beschreibung der Weine der Gironde und ein Gedicht, in dem er die Weine der Mosel preist.

Außenbetrieb Bezeichnung für jenen Teil eines Weinguts, der alle Aufgaben, die im Zusammenhang mit den Arbeiten im Weinberg stehen, umfasst: z. B. Neuanlage, Rodung, Rebschnitt, Anbinden, Ausdünnen, Laubarbeit, Bodenbearbeitung sowie Koordinierung und Durchführung der Lese. In großen, modernen Weingütern teilt man diese Arbeit meist in die Aufgabenfelder Außenbetrieb und Kellerwirtschaft.

Ausstich In Österreich mitunter noch gebräuchliche Bezeichnung für eine Art → Tête de Cuvée, das Ausstechen der besten Fässer. Es soll sich dabei um den besonders gelungenen, wenn nicht gar um den besten Wein eines Gutes handeln.

Australien Der fünfte Kontinent hat im Vergleich zu anderen Ländern der so genannten Neuen Welt eine vergleichsweise junge Weingeschichte. Der Weinbau kam erst vor rund 200 Jahren nach

Australien, als die ersten Reben in der Nähe des heutigen Sydney angepflanzt wurden. Systematischer Weinbau fasste zwischen 1820 und 1840 Fuß. Es gibt eine breite Palette europäischer Rebsorten in Australien, Kreuzungen konnten sich ebenso wenig durchsetzen wie Hybriden. In den zurückliegenden Jahrzehnten hat der dortige Weinbau einen spektakulären Aufschwung genommen, dies sowohl unter quantitativen als auch qualitativen Gesichtspunkten. Die Rebflächen sind in den letzten 20 Jahren auf etwa 150 000 ha angewachsen, 1985 waren es noch knapp 80 000 ha, angesichts der geographischen Lage und den klimatischen Bedingungen des Kontinents kein Wunder. Nach Jahren massenhafter Produktion und überregionaler Weiterverarbeitung beginnt man nun damit, ein regionales Appellationssystem einzurichten, wobei es zunächst darum geht, die Grenzen der einzelnen Gebiete zu definieren – die Geographic Indication.

Anbaugebiete

Die Weinbaubereiche befinden sich fast vollständig an der Südküste Australiens. Im äußersten Südosten beschränkt sich der Weinbau auf eine Fülle unterschiedlich großer Weinbauinseln, im Südwesten sowie in der Nähe von Perth im Westen liegen meist kleinere Gebiete.

- → Neusüdwales
- → Victoria
- → Tasmanien
- → Südaustralien, der größte Weinstaat Australiens
- → Westaustralien
- Kleinere Rebflächen gibt es im Bundesdistrikt von Canberra und in Queensland (→ Karte nach S. 480)

Rebsorten

Vor allem der australische Rotwein findet heute Beachtung. Führend ist die Sorte Syrah, in Australien Shiraz genannt, die großartige Qualitäten hervorbringt. Populär und allerorten anzutreffen ist wie überall auf der Welt inzwischen auch Cabernet Sauvignon. Eine australische Besonderheit ist dabei der Verschnitt von Cabernet Sauvignon mit Shiraz, der hier interessante Ergebnisse zu liefern vermag. Unter den weißen Sorten dominiert heute Chardonnay deutlich vor Riesling, Sémillon und Verdelho. Mit der Verbesserung der önologischen Kenntnisse und der technischen Ausrüstung haben die trockenen Weißweine an Bedeutung gewonnen. Während Riesling vor allem im → Barossa Valley und → Sémillon im → Hunter Valley nach wie vor gepflegt und geschätzt werden, scheint die Zukunft anderen Sorten zu gehören. So nimmt der → Sauvignon blanc an Verbreitung zu, und der vor 1970 in Australien praktisch unbekannte Chardonnay gilt heute als das Aushängeschild australischer Spitzenweißweine.

80 % der australischen Weinerzeugung liegen in den Händen von wenigen großen Unternehmen; als größte gelten: Penfolds Wine Group, Orlando Wyndham Group, BRL Hardy Ltd. und Mildara Blass Ltd.

Austrieb Die Vegetationsperiode beginnt, wenn die Sprossen im Frühling aus den Knospen brechen.

Authentisch, Authentizität Bedeutender Aspekt des Weinbaus, der zur Zeit eine Renaissance erlebt. Nach dem Ende der Technikeuphoriephase, in der → internationale Weine weltweit auf dem Vormarsch waren, wird immer deutlicher, wie sehr authentische Weine das unverwechselbare → Terroir ihrer natürlichen Wachstumsbedingungen widerspiegeln. Zudem sind die mit ihnen verbundenen einzigartigen Vinifikationsmethoden oft ein Ergebnis jahrhundertelanger Entwicklung (→ Weinstil). Nicht immer sind authentische Weine in Mode, gehören jedoch zu den interessantesten Weinen überhaupt, z. B.

→ Malaga, → Banyuls, → Vin jaune, → restsüße Rieslinge von der Mosel.

Autochthone Rebsorten Es gibt in der Weinwelt eine ungezählte Vielfalt von Rebsorten. Nur wenige sind über die Grenzen ihres ursprünglichen Verbreitungsgebietes hinaus in Erscheinung getreten wie z. B. Chardonnay, Sauvignon blanc, Cabernet Sauvignon und Syrah. Diese Reben wachsen überall in der Welt, was inzwischen dazu geführt hat, dass sich eine gewisse Monotonie breit macht. Autochthone Rebsorten sind das genaue Gegenteil: Sie kommen nur in kleinen Gebieten, manchmal nur im Umkreis eines einzigen Dorfes vor, nicht weil sie an anderer Stelle nicht gedeihen würden, sondern weil sie als nicht hinreichend robust, ertragssicher, geschmacklich attraktiv oder haltbar angesehen werden, z. B. die Rebsorte Teroldego im italienischen Trentino, Lagrein in Südtirol oder Elbling an der Mosel. In den letzten Jahren hat es in manchen Weinbaugebieten (vor allem in Italien) einen regelrechten Boom autochthoner Rebsorten gegeben, da diese unbekannten Weine als Alternativen zu den Weltsorten Chardonnay und Cabernet Sauvignon angesehen werden. Leider ist deren Seltenheitsgrad kein Indikator für Qualität, sodass viele autochthone Weine auf den Markt kommen, die eher mit ihrem ungewöhnlichen Namen Aufsehen erregen – besonders wenn es sich um Rotweine aus dem Barrique handelt. In Italien schmecken diese hoch konzentrierten Weine aufgrund ihrer Vinifikation nicht selten den Rebsorten Cabernet Sauvignon und Merlot zum Verwechseln ähnlich. → Authentizität, → Terroir

Auvergne, Côtes d' → Côtes d'Auvergne

Auvernier, Château d' Schweizer Weingut im Weinbaugebiet → Neuenburg. Auf rund 55 ha Rebfläche werden vor allem Neuchâtel blanc aus Chasselas und Pinot gris erzeugt sowie Pinot noir.

Auxerre → Côte d'Auxerre

Auxerrois Weiße Rebsorte aus der Gegend von Auxerre, westlich von → Chablis, die dem Weißen Burgunder ähnelt. In Deutschland ist sie fast nur noch in Baden und dort insbesondere im → Markgräflerland anzutreffen. Auxerrois ist zudem die Bezeichnung für die Hauptrebsorte im Gebiet von Cahors. Dort handelt es sich um eine auch als Cot bezeichnete Rotweinsorte, die in Bordeaux und anderswo Malbec heißt.

Auxey-Duresses Kleine Weinbaugemeinde an der → Côte de Beaune im Burgund, nordwestlich von Meursault mit 170 ha Rebfläche, auf der 620 000 l Weiß- und Rotweine erzeugt werden. Auf den südöstlich ausgerichteten Rebflächen dominiert die Sorte Pinot noir mit rund 70 %, auch Chardonnay wird kultiviert. Es gibt neun *Premier cru*-Lagen in der Appellation. Eines der berühmtesten Weinhäuser Burgunds, die Domaine Leroy, hat hier ihren Sitz.

AVA Amerikanisches System der Herkunftsbezeichnung, mit dem das Federal Bureau of Alcohol, Tobacco and Firearms genau abgegrenzte Weinbaubereiche festlegt, ohne damit Bestimmungen über Rebsorten oder Anpflanz- und Ausbaumethoden zu erlassen. Weine, die unter der Bezeichnung einer AVA in den Handel kommen, müssen zu 75 % aus diesem Bereich stammen. Allein in → Kalifornien sind derzeit an die 60 AVAs festgelegt.

Avelsbach Kleiner Ort an der Mosel, gehört heute zu Trier. Hauptrebsorte ist der Riesling. Bekannte Lagen: *Herrenberg*, *Altenberg*, *Kupp*. Bekannte Erzeuger: Bischöfliche Weingüter und Staatliche Weinbaudomäne Trier.

Avensan Kleiner französischer Weinbauort im Haut-Médoc mit rund 130 ha

Rebfläche zwischen Cantenac, Soussans, Arsac und Moulis-en-Médoc. Bekannte Châteaux: Villegeorge und Citran.

Aversa Italienische DOC in Kampanien zwischen Neapel und Caserta. Es werden Weißweine und Spumante erzeugt – überwiegend aus der Rebsorte Asprin(i)o. Die Bezeichnung Alberata oder Vigneti alberata deutet darauf hin, dass die Reben in historischer Erziehungsform an Bäumen gezogen werden – eine seltene Erziehungsform (Alberate aversana), die das Landschaftsbild prägt, aber qualitätsmindernd ist, da die Reben kaum gepflegt werden können.

Aviet, Lucien Französisches Weingut im → Jura in Montigny-les-Arsures (AOC Côtes de Jura bzw. → Vin Jaune). Traditioneller Erzeuger von Rotweinen (Rebsorte Trousseau, Cuvée des Géologues), Vin jaune und Savagnin.

Avignon Bedeutende historische Stadt im südlichen Rhônetal, von 1309–1376 Sitz des Papstes. Bekannte Weine: → Châteauneuf-du-Pape, → Tavel, → Lirac, → Gigondas. Avignon ist ein wichtiges Weinhandelszentrum.

Avignonesi Italienisches Weingut in der Region → Toskana in der DOCG → Montepulciano. Erzeugt auf rund 100 ha Rebfläche etwa 700 000 Flaschen Wein. Neben dem klassischen DOCG Vino Nobile de Montepulciano (140 000 Flaschen, auch als Rosso und Riserva) werden IGT-Weine aus Cabernet Sauvignon und Merlot erzeugt (Grifi Cabernet und Toro Desiderio). Berühmt ist das Weingut für seine Vin Santo und seinen Vin Santo Occhio di Pernice aus der Sangiovese-Spielart Prugnolo, ein rarer und teurer Süßwein. Der Vino Nobile ist ein eleganter, sanfter Klassiker ohne zu starke Holzeinflüsse.

Avize Weinbauort in der → Champagne, südlich von Epernay. Zusammen mit 16 anderen Gemeinden als *Grand cru* eingestuft. Avize bildet gemeinsam mit Cramant das Zentrum der → Côte de Blancs, an der vor allem Chardonnay angebaut und zu Champagner *Blanc de Blancs* verarbeitet wird.

Ay Weinbauort in der → Champagne, nördlich von Epernay auf dem rechten Marneufer gelegen. Die nach Süden ausgerichteten Weinberge an den Hängen der Montagne de Reims sind überwiegend mit → Pinot noir bestockt und zusammen mit 16 weiteren Orten als *Grand cru* eingestuft.

Ayl Deutscher Weinbauort an der Saar, Weinbaugebiet Mosel-Saar-Ruwer, mit rund 100 ha Rebfläche, von denen etwa 80 ha auf die bekannteste Lage des Ortes, die *Ayler Kupp*, entfällt. Bekannt ist auch der im Alleinbesitz der Bischöflichen Weingüter Trier befindliche *Ayler Herrenberger*.

Azay-le-Rideau Französische Stadt in der → Touraine, dem größten Weinbaugebiet an der Loire. Die Stadt ist bekannt für eines der schönsten Renaissance-Schlösser der → Loire und das Zentrum der Appellation Touraine-Azay-le-Rideau. Unter dieser Bezeichnung kommen etliche Weißweine der Touraine in den Handel, die aus Chenin blanc erzeugt werden und an den → Vouvray erinnern. Zusätzlich wird ein Rosé erzeugt, der überwiegend aus Grolleau sowie aus Anteilen von Gamay, Cot und Cabernet franc besteht.

Azidität → Säure

Azoren Portugiesische Inselgruppe im mittleren Atlantik, deren berühmtes *Hoch* nicht nur das Wetter in den westeuropäischen Weinbaugebieten günstig zu beeinflussen vermag, sondern auf der auch Wein erzeugt wird, der im Gegensatz zu dem *Hoch* die Insel allerdings nur selten verlässt.

B

Bacchus lateinischer Name für Dionysos, den griechischen Weingott. Bacchus heißt auch eine → Neuzüchtung (Silvaner *x* Riesling) *x* Müller-Thurgau: Der Anbau der Sorte ist in Deutschland rückläufig; die Rebfläche bewegt sich zur Zeit bei etwa 3000 ha mit Anbauschwerpunkten in Rheinhessen und Franken. Dort kann er im kühlen, kontinentalen Klima interessante Weine ergeben.

Bacharach Deutsche Stadt am Rhein im Weinbaugebiet → Mittelrhein. Die Reben stehen auf steilen, nach Süden gerichteten Schieferhängen und sind überwiegend mit Riesling bestockt. Bekannte Lagen: *Hahn* und *Posten, Wolfshöhle*. Bekannte Erzeuger: Fritz Bastian, Toni Jost und Dr. Randolph Kauer.

Bad Dürkheim → Dürkheim

Bad Kreuznach → Kreuznach

Badacsony Ungefähr 2500 ha großer Bereich am → Balaton (Plattensee), am klimatisch besonders geschützten Nordufer zwischen Szigliget und Balatonszepezd. Die Weinregion reicht landeinwärts bis Tapolca. Charakteristisch sind die Basaltböden der Gegend, auf denen Weißweine mit lebendiger Säure gedeihen. Den Ruf der Badacsonyer Weine begründete die Rebsorte Kéknyelü (Blaustengler), die heute aufgrund von Anbauproblemen und geringen Erträgen fast ausgestorben ist. Bei Flaschen, die unter diesem Namen in den Handel gebracht werden, handelt es sich in der Regel um Welschriesling. Nach dem neuen Weingesetz ist auch Chardonnay zugelassen. Der Ruf ist gut, die Qualität löst diesen jedoch oft nicht ein. Bekannter Erzeuger: Weingut Szt Orbán.

Baden Das südlichste der deutschen Weinanbaugebiete, das sich auf rund 400 km Länge vom → Bodensee rheinabwärts über den unteren Neckar bis in das untere Taubertal hinein erstreckt und heute mit einer Ertragsrebfläche von etwa 16 000 ha das drittgrößte deutsche Weinbaugebiet ist. Der südwestliche, dem Elsass gegenüberliegende Teil zwischen Basel und Baden-Baden weist das wärmste Klima der deutschen Anbaugebiete auf. Als einziges deutsches gehört es zur → Weinbauzone B der EU, die die höchsten Mindestanforderungen an den Qualitätsweinbau im gesamten Bundesgebiet stellt. Über 85 % der Rebfläche sind mit fünf dominierenden Rebsorten bestockt: Spätburgunder (rund 30 %), Müller-Thurgau (rund 28 %), Grauer Burgunder (rund 9 %), ferner Riesling und Gutedel, Weißer Burgunder, Silvaner und Traminer. Die regionalen Unterschiede sind erheblich.

Anbaugebiete

(→ Karte nach S. 480)

- → Bodensee: überwiegend Spätburgunder und Müller-Thurgau
- → Markgräflerland: rund 50 % Gutedel
- → Kaiserstuhl: vor allem Spätburgunder und Grauer Burgunder
- → Tuniberg: Burgundersorten
- → Breisgau: zu 80 % Müller-Thurgau, Spätburgunder und Grauer Burgunder
- → Ortenau: bekannt für Spätburgunder und Riesling (vor allem → Durbach)
- → Badische Bergstraße, Kraichgau:

Müller-Thurgau, Riesling, Grauer und Weißer Burgunder
• → Tauberfranken: Müller-Thurgau dominiert

Etwa 80 % der badischen Weinernte werden von Winzergenossenschaften verarbeitet. Die größte Europas ist der Badische Winzerkeller in Breisach, ein Betrieb, der den Ertrag von rund 5000 ha Rebfläche aufnimmt und mit über 500 verschiedenen Weinen eine dominierende Stellung einnimmt. Bekannte Weinbauorte: → Achkarren, → Blankenhornsberg, → Bickensohl, → Bischoffingen, → Bühl, → Burkheim, → Durbach, → Fremersberg, → Ihringen, → Istein, → Jechtingen, → Laufen, → Michelfeld, → Müllheim, → Neuweier, → Oberbergen, → Oberrotweil, → Ortenberg, → Tiefenbach, → Waldulm.

Baden (bei Wien) Österreichische Weinbaugemeinde im Weinbaugebiet → Thermenregion mit rückläufigem Weinbau. Heute sind noch rund 250 ha mit Reben bestockt, davon 80 % weiße Sorten. Bekannte Lagen: *Römerberg*, *Goldberg*, *Himmeltau*. Bekannte Erzeuger: Johann Fischer, Friedrich Gleichweit, Robert Tröber.

Badia a Coltibuono → Coltibuono

Badische Bergstraße/Kraichgau Ein Bereich des Anbaugebietes → Baden mit Weinbau im Kraich-, Pfinz- und Enzgau sowie um Heidelberg. Als Böden herrschen Keuper, Muschelkalk, Buntsandstein und Porphyrverwitterungsgestein vor, während sich an den Abhängen zur Rheinebene häufig Lößschichten finden. An den geschützten Abhängen von Odenwald und Nordschwarzwald wird viel Müller-Thurgau, Riesling, Grauer und Weißer Burgunder und zunehmend Rotwein angebaut.

Badischer Winzerkeller → Zentralkellerei

Bag in Box Moderne Gebindeform für schlichte Konsumweine, die in industriellem Maßstab hergestellt werden: Ein weingefüllter Kunststoffbeutel, meist im 4-Liter-Format, befindet sich in einem Umkarton mit Tragegriff und herausklappbarer Zapfvorrichtung. Vorteil: leichter und nicht so zerbrechlich wie Glas; Nachteil: begrenzte Haltbarkeit. Populär in den USA, Australien, Neuseeland, England und Nordeuropa.

Bagnoli Italienische DOC in Venetien bei Bagnoli, Provinz Padua und weiteren 15 Gemeinden. Es werden Rot-, Rosé- und Weißweine erzeugt, ferner Spumante und Passito. Manche Weine werden als Lagenweine (*vigna*) verkauft – diejenigen mit der Zusatzbezeichnung *Classico* stammen aus der Kernzone um Bagnoli di Sopra. Der Rotwein kann auch als Riserva nach zwei Jahren Reifezeit, davon eines im Holzfass, verkauft werden.

Bairrada Portugiesisches Weinbaugebiet mit eigener DOC, das zwischen der Atlantikküste und dem Dão-Gebiet, nördlich von Coimbra mit der berühmtesten Universität des Landes, liegt. In dem zur Küste abfallenden, kalksteinhaltigen Gebiet stehen etwa 15 000 ha Reben. Die weißen Sorten heißen Bical, Maria Gomes (Fernão Pires), Rabo de Ovelha, Arinto und Sercial, aus denen viel Schaumwein hergestellt wird. Die in Portugal sehr häufig angebaute Sorte Baga bringt Rotweine hervor, die den außerhalb Portugals wesentlich bekannteren Dão-Weinen manchmal in Nichts nachstehen. Bekannte Erzeuger: Aliança, Messias, Barrocão, Fonseca, São João.

Balaton Ungarischer Name für den Plattensee, den größten Binnensee Europas. Sein hervorragendes Mikroklima und die vulkanischen Böden bieten dem Weinbau ideale Voraussetzungen. Der Balaton gehört zu den wichtigsten Weinbaugebieten Ungarns, das in folgende Bereiche eingeteilt ist:
• → Badacsony
• → Balatonfüred-Csopak

- Balaton-Felvidék
- → Balatonmelléke
- → Balatonboglár

Balatonboglár Ungarisches Weinbaugebiet am Südufer des → Balaton (Plattensees), weitgehend auf Sandböden gelegen, qualitativ weniger wertvolle Wachstumsbedingungen. Das Gebiet reicht bis Andocs und Marcali. Bekannte Erzeuger: Ottó Legli

Balatonfüred-Csopak Einer der fünf Bereiche des ungarischen Weinbaugebietes → Balaton mit etwa 2500 ha Rebfläche. Das Gebiet liegt am Nordufer des Plattensees von Zánka im Westen bis Balatonalmádi im Nordosten mit dem Zentrum um die Orte Balatonfüred und Csopak. Als wichtigste Rebsorten gelten Welschriesling, Grauer Burgunder, Muskat-Ottonel. Eine Sonderstellung nimmt die rund 200 ha Rebfläche umfassende Halbinsel Tihany mit ihrem herausragenden Klima ein.

Balatonmelléke Wörtlich »Plattenseegegend«. Damit sind die außerhalb des unmittelbaren Seebereichs gelegenen, weit verstreuten Rebflächen gemeint, wo das Mikroklima weniger gut ist. Diese liegen nördlich und westlich des Sees – auf ihnen wird überwiegend die Sorte Welschriesling kultiviert.

Balestard La Tonnelle, Château *Grand cru classé* in der Appellation → Saint-Emilion mit 11 ha Rebfläche: 65 % Merlot, 20 % Cabernet franc, 10 % Cabernet Sauvignon und 5 % Malbec. Bereits vor rund 500 Jahren hat François Villon von »ce divin nectar/Qui porte nom de Balestard« geschwärmt. Auf dem Etikett ist das Gedicht abgedruckt.

Bandol Französische Küstenregion in der Provence westlich von Toulon. Im Hinterland der Badeorte Bandol und Sanary-sur-Mer wird in der AOC Bandol in acht Gemeinden auf rund 1400 ha Rot-, Rosé- und Weißwein erzeugt – insgesamt rund 4,7 Millionen l, überwiegend in Meeresnähe. Die Rot- und Roséweine müssen mindestens aus 50 % Mourvèdre bestehen, sie dürfen → Grenache, Cinsaut und einige andere Sorten wie Syrah und Carignan enthalten. Die Weißweine tragen zur Jahresproduktion nur 5 % bei und werden aus Bourboulenc, Clairette, Ugni blanc und bis zu 40 % Sauvignon blanc bereitet. Bekannte Erzeuger: Dom. de la Tour de Bon, Domaines Ott, Val d'Arenc, Port d'Alon, Château Pradeaux.

Banfi, Villa Italienisches Weingut in der Region → Toskana im Ort Montalcino. Erzeugt auf rund 830 ha Rebfläche etwa 7,5 Millionen Flaschen Wein. Im Boom des Montalcino wurde diese Kellerei erst 1978 gegründet und zählt heute zu den größten Produzenten in der Appellation. Neben DOCG Montalcino und DOC Rosso di Montalcino werden vor allem IGT Weine (→ Supertoskaner) im → internationalen Stil erzeugt, die auf den amerikanischen Markt zugeschnitten sind: schwarz, breit, stark, weich und geschmacklich süß. Weinerzeugung: vor allem DOCG Brunello di Montalcino (500 000 Flaschen), auch als Riserva (70 000 Flaschen) und als Poggio alla Mura; Rosso di Montalcino (300 000 Flaschen) sowie die Spitzenserie der IGT-Weine *Sant'Antimo*: Summus (120 000 Flaschen, Cuvée aus Sangiovese, Cabernet Sauvignon und Syrah), Colvecchio (40 000 Flaschen, Syrah), Fontanelle (120 000 Flaschen, Chardonnay), Tavernelle (150 000 Flaschen, Cabernet Sauvignon). Außerdem Fumaio (220 000 Flaschen Cuvée Chardonnay/Sauvignon blanc), San Angelo (450 000 Flaschen Pinot grigio).

Banyuls AOC im Süden Frankreichs an der spanischen Grenze. Auf rund 130 ha Rebfläche werden zwei Millionen l Banyuls (davon 1,5 Millionen *Grand cru*) erzeugt. Der Likörwein Banyuls wird an der Côte Vermeille, jenem schmalen, malerischen Küstenstreifen um die Orte → Collioure, Port Vendres, Banyuls und Cerbère überwiegend aus Grenache erzeugt. Die Reben stehen auf terrassierten, sonnenüberfluteten Steilhängen (Schiefer) direkt am Mittelmeer und liefern lediglich 2000 l pro ha. Die Trauben werden extrem spät gelesen. Nach den französischen Bestimmungen wird Banyuls als Vin doux naturel bezeichnet, da ein erheblicher Teil seines natürlichen Traubenzuckers dadurch erhalten bleibt, dass dem Wein während der Gärung 5 bis 10 % hochprozentiger Branntwein zugesetzt wird. Auf diese Weise erreicht er mindestens 15 % Alkohol, oft auch mehr, ist ziemlich süß und verfügt über eine rotbraune Farbe.

Es gibt drei Kategorien: Der einfache Jahrgangswein wird jung gefüllt und ist fruchtig. Es folgt der *vin d'assemblage*, der als Verschnitt mehrerer Jahrgänge in den Handel kommt. An der Spitze steht schließlich der so genannte alte Jahrgang, ein gereifter Jahrgangswein. Regulärer Banyuls muss ein Jahr reifen, ein *Banyuls Grand cru* mindestens 30 Monate im Fass liegen, dann entwickelt er seinen charakteristischen, als → Rancio bezeichneten Altersgeschmack. Bekannte Erzeuger: Domaine du Mas Blanc, Domaine la Rectorie, Dom. Vial Magnères.

Barbacarlo Ein italienischer roter DOC-Schaumwein aus dem → Oltrepò Pavese in der südlichen → Lombardei. Barbacarlo wird aus den Sorten Croatina, Uva rara, Ughetta und etwas Barbera in trockener oder süßer Version auch als Frizzante erzeugt. Bekannter Erzeuger: Lino Maga.

Barbaresco Kleines norditalienisches Weinbaugebiet im → Piemont. Aus dem knapp 500 ha umfassenden Anbaugebiet rund um die Gemeinde Barbaresco stammt der DOCG-Rotwein gleichen Namens. Barbaresco ist einer der berühmtesten italienischen Rotweine und wird aus reinem Nebbiolo gekeltert. Die Böden rund um die Stadt sind sehr kalkhaltig und die Hügel um Barbaresco liegen insgesamt etwas niedriger als die der Nachbargemeinde → Barolo. Dadurch fällt der hier erzeugte Wein etwas weicher aus als ein Barolo. Vorgeschrieben ist eine mindestens zweijährige, beim Riserva eine vierjährige Fasslagerung. Bekannte Erzeuger: Bruno Giacosa, → Gaja, Vietti, Ceretto, Prunotto, Renato Ratti, Scarpa, Gigi Rosso, Giovannini Moresco, Castello di Neive, Oddero, Nada Ada, Pio Cesare.

Barbaresco, Produttori del Barbaresco Italienische Winzergenossenschaft in der Region → Piemont, im Ort Barbaresco. Rund 70 Mitglieder, die vor allem DOCG → Barbaresco und DOC → Barbera und Dolcetto erzeugen. Gilt als eine der besten Genossenschaften Italiens.

Barbarossa Beiname, unter dem Kaiser Friedrich I. seines roten Bartes (Barbarossa) wegen seit dem 12. Jahrhundert bekannt ist. Barbarossa ist auch eine Bezeichnung für mehrere italienische Tafelweine aus bislang nicht identifizierten Rebsorten, die in Bertinoro in der → Emilia-Romagna wachsen.

Barbera Rote italienische Rebsorte, nach dem Sangiovese die in Italien am häufigsten angebaute Sorte. Abgesehen von Pflanzungen in Kalifornien, Argentinien und Slowenien liegt ihr Anbauschwerpunkt im Piemont. Nur dort und in Teilen der angrenzenden → Lombardei und → Emilia-Romagna wird sie reinsortig ausgebaut, wobei sie einen säurebetonten erfrischenden Wein ergibt, der in der Regel jung getrunken wird. Barbera reift später als der Dolcetto, aber früher als Nebbiolo. Zwischen diesen beiden Sorten hat sich Barbera als ertragsreiche Rebsorte etabliert – in manchen Jahren entfällt auf sie die Hälfte des im Piemont produzierten Weins. Bekannt sind die DOC-Weine: Barbera d'Alba, Barbera d'Asti, Barbera del Monferrato. Die große Verbreitung der Sorte ergibt sich aber letztlich aus ihrer Eignung als Verschnitt für andere, säurearme Sorten, deren Weinen sie Struktur und Rückgrat zu verleihen vermag. Seit Jahren feilen qualitätsorientierte Erzeuger an einem Barbera ganz anderer Dimension. Dieser neue Weinstil besitzt mehr Alkohol (13,5–14 %), ist dichter und konzentrierter und wird im Barrique ausgebaut. Diese Entwicklung geht vor allem auf den verstorbenen Giacomo Bologna zurück, der mit seinem Bricco dell'Uccellone Aufsehen erregte.

Barca Velha Portugiesischer Rotwein aus dem oberen → Dourotal in → Vila Nova de Gaia. Er wird seit 1951 von dem Portwein-Haus Ferreira aus der Sorte Tinta Roriz (Tempranillo), Tinta Amarela und Touriga Francesca erzeugt, allerdings nur in besten Jahren. Schwache Jahrgänge werden als *Reserva Especial* verkauft. Barca Velha wird mehrere Jahre in 250-Liter-Fässern gelagert, bevor er in den Handel gelangt, und galt lange Zeit als der unumstritten beste Rotwein Portugals.

Barco rabelo Altertümliches, flachgehendes Segelschiff, mit dem man vor dem Zeitalter der Lastwagen den neuen Wein vom oberen Douro zur Mündung in die Stadt Vila Nova de Gaia zur Portweinerzeugung transportierte. Heute nur noch eine Touristenattraktion.

Barco Reale DOC für Rotwein aus der Toskana aus dem Gebiet von → Carmignano. Barco Reale wird ähnlich wie der Carmignano hauptsächlich aus Sangiovese unter Zusatz von Cabernet Sauvignon erzeugt, gilt aber als der früher trinkreife Wein. Bekannter Erzeuger: Tenuta di Cappezzana.

Bardolino Italienischer DOCG-Rotwein, der in der Umgebung des Ortes Bardolino am Südostufer des → Gardasees erzeugt wird. Wie der Valpolicella, der auf ganz anderen Böden etwa 15 km weiter östlich gedeiht, wird der Bardolino vornehmlich aus Corvina, Rondinella, Molinara und ferner Negrara erzeugt. Es ist einer der charakteristischen Regionalweine der Provinz Verona, der über einen moderaten Alkoholgehalt von etwa 12 % verfügt und jung getrunken wird; der Superiore ist etwas gehaltvoller. Als hellroter Rosé erzeugt, kommt er als → Chiaretto in den Handel. Bardolino Classico stammt von den Schuttkegeln rund um Bardolino sowie Garda, Lazise, Affi, Costermano und Cavaion. Bekannte Erzeuger: Guerrieri-Rizzardi, Anselmi, Corte Gardoni, Castelnouvo, Cavalchina, Lamberti, Le Fraghe, Raval und Menegotti.

Barolo Einer der bekanntesten Rotweine Italiens aus der Region → Langhe im Piemont, 15 km südwestlich von Alba. DOCG-Barolo entsteht auf etwa 1200 ha Rebfläche rund um die Dörfer Barolo, La Morra, Castiglione Falletto, Serralunga d'Alba und Monforte und wird ausschließlich aus → Nebbiolo gekeltert. Je nach Boden, Jahrgang und Stil des Erzeugers handelt es sich um komplexe Rotweine mit 13 bis 14 % Alkohol, wobei diejenigen aus Barolo und La Morra in der Regel eleganter und samtiger sind als jene aus Castiglione, Serralunga und Monforte. Nach den DOCG-Bestimmungen muss ein Barolo drei Jahre, eine → Riserva fünf Jahre gelagert werden, davon mindestens zwei Jahre im großen Eichen- oder Kastanienholzfass. Barolo kommt auch mit Lagennamen in den Handel; bekannte Lagen in La Morra: *Rocche* und *Cerequio*; in Barolo: *Cannubi, Sarmaza, Brunate*; in Castiglione Falletto: *Rocche, Monprivato, Villero*; in Monforte d'Alba: *Bussia, Ginestra, Santo Stefano di Perno*; in Serralunga d'Alba: *Vigna Rionda* und *Lazzarito*. Bekannte Erzeuger: Bruno Giacosa, Camerano, Elvio Cogno-Marcarini, Ceretto, Vietti,

Mascarello, Alfredo Prunotto, F.lli Barale, Valentino Migliorini, Renato Ratti, Gigi Rosso, Franco Fiorina, Montanello, Pio Cesare, Oddero.

Barossa Valley Ein sanftes, in → Südaustralien gelegenes Tal mit etwa 6000 ha Rebfläche, 50 km nördlich von Adelaide, das zum Inbegriff des modernen australischen Weinbaus geworden ist, nachdem es dem bis dahin üblichen gespriteten Wein aus Palomino und Pedro Ximénez ein Ende setzte. Da das Barossa Valley für australische Verhältnisse relativ klein ist, die Nachfrage aber umso größer, hat sich eine Reihe von Kellereien niedergelassen, die selbst keine Pflanzungen im Valley besitzen. Sie kaufen ihre Trauben von Produzenten aus anderen Gebieten wie Coonawarra, Riverland, Padthaway, Southern Wales, Langhorne Creek und verarbeiten sie im großen Stil zu Wein. In das Barossa Valley hatte es viele deutsche Auswanderer gezogen, die Riesling pflanzten. Ursprünglich in der Talsohle angebaut, tauchen dort heute zunehmend rote Sorten wie Shiraz, Grenache und Cabernet Sauvignon auf, die in dem trocken-heißen Klima die besseren Weine liefern. Der Riesling findet sich dagegen vermehrt in den kühleren Hanglagen der *East Barossa Ranges*.

Barr Französischer Weinbauort im nördlichen → Elsass mit Riesling und Gewürztraminer. Bekannte Lage: *Kirchberg* → *Grand cru*.

Barrique Name für die im → Bordeaux-Gebiet üblichen Eichenfässer mit 225 l Fassungsvermögen, in denen fast alle wichtigen Rot- und Weißweine des Gebiets ausgebaut werden; 4 Barriques ergeben 1 → Tonneau, die traditionelle Maßeinheit im Bordelais. Durch die Poren des Holzes tritt Luftsauerstoff in den Wein und führt zur so genannten → Mikrooxidation, die der Reifung des Weins förderlich ist. Zusätzlich gibt ein neues Barrique Aromen ab, die vom Ausbrennen der Fässer herrühren, um die Fassdauben bei der Herstellung des Fasses biegen zu können. Dadurch werden auch die Gerbstoffe des Eichenholzes daran gehindert, massiv und direkt in den Wein zu gelangen. Wenn man im Geschmack des Weins Aromen feststellt wie zum Beispiel Rauch, Vanille, Toast, Röstaromen und Kaffee, ist das ein sicherer Hinweis darauf, dass der Wein zu viel Barrique-Geschmack aufgenommen oder ihn noch nicht richtig eingebunden hat. Je nachdem, wie gut abgelagert, hart oder weich, fein- oder grobporig oder wie das Fassholz ausgebrannt ist, ob leicht, mittel oder stark, entfaltet es eine andere Wirkung. Von zentraler Bedeutung ist das Vorgehen des Kellermeisters, der für Fermentationsabläufe, die Qualität des Weins, Art und Dauer sowie Ort der Lagerung, das Nachfüllen, die → Battonage verantwortlich ist.

Ein Barrique kostet um die 500 Euro, was die ohnehin edlen Weine, die in ihr gelagert werden, noch weiter verteuert. Barriquefässer lassen sich nur zwei bis drei Mal verwenden, dann sind sie in gewisser Hinsicht verbraucht. Es handelt sich bei dieser Vinifaktion also um ein besonders kostspieliges Verfahren. Vielleicht ist das der Grund, warum Barrique heute in den Weinbaugebieten der Welt als ein Zauberwort gilt, mit dessen Hilfe der Aufstieg in den Weinadel möglich erscheint. Die Kehrseite: In praktisch allen Weinregionen findet seit vielen Jahren ein regelrechter Barrique-Boom statt, der zu viele holzlastige Weine hervorbringt. Langsam scheinen die meisten Winzer jedoch zu begreifen, dass ein kleiner Wein in der Barrique nicht zu einem großen Wein wird.

Außerhalb des Bordelais, zum Beispiel in Deutschland und Österreich, experimentiert man bei Rot-, aber auch bei etlichen Weißweinen wie Weißem und Grauem Burgunder und Chardonnay mit der Methode des Barriqueausbaus. Nach manchen Anwendungsfehlern und Misserfolgen hat sich dadurch mitunter eine qualitativ bemerkenswerte Verbesserung mancher Weine ergeben. Dabei hat sich auch die Erkenntnis durchgesetzt, dass Riesling sich nicht zum Barriqueausbau eignet, weil seine Frucht darunter leidet.

Der falsche Umgang mit dem Barrique ist ein Problem, das Nachahmen der Barriquearomatik ein weiteres. Denn beim Weinausbau ist man nicht nur in Übersee inzwischen dazu übergegangen, häufig gar keine echten Fässer mehr einzusetzen. Man greift auf getoastete Eichenchips zurück, die man für eine bestimmte Zeit in den Wein gibt, während er im Tank lagert. Andere Kellereien – vor allem in Übersee – machen es sich noch leichter: Um Zeit und Geld zu sparen, verwenden sie Eichenextrakt zum Abschmecken der Weine. → Biber

Barro Spanische Bezeichnung für die eisenhaltigen Lehmböden im → Sherry-Gebiet in Andalusien, die nur einen geringen Kreideanteil aufweisen. Die besten Weine wachsen auf den Kreideböden, dem → Albariza. Der Barro gilt als zweitklassig, bringt aber immer noch deutlich bessere Weine hervor als der → Arena, der Sandboden.

Barsac Französische AOC im Bordeaux-Gebiet, bekannt für edelsüßen Weißwein. Barsac liegt in der Nachbarschaft von Sauternes am linken Garonne-Ufer und ist mit rund 625 ha Rebfläche nach → Sauternes die zweitgrößte AOC, in der rund 1,4 Millionen l Wein erzeugt werden. Die Reben Sémillon, Sauvignon blanc und Muscadelle stehen auf einem Kalk-Sand-Gemisch. Die Weine dürfen auch als AOC Sauternes in den Handel gebracht werden; sie unterscheiden sich aber trotz des ähnlichen Rebsortenverhältnisses und gleicher Vinifikations- und Ausbauarten durch die Böden und ihre Lage deutlich von den Weinen der übrigen vier unter der Appellation Sauternes zusammengefassten Orte. Sie sind schlanker als die klassischen Sauternes, zeichnen sich dafür durch Eleganz aus, die ihre Süße verhalten erscheinen lässt. Bekannte Erzeuger: Château Climens, Châteaux Coutet, Doisy-Daëne, Doisy-Védrines, Nairac, Broustet, Caillou, Suau, Doisy-Dubroca.

Basel-Landschaft Ostschweizer Kanton mit rund 100 ha Rebfläche, auf der Spätburgunder, Müller-Thurgau und Gutedel angebaut werden.

Bas-Rhin Das nördliche der beiden Départements im → Elsass mit rund 5800 ha Rebfläche. Bekannte Orte: → Marlenheim, → Andlau, → Barr, → Dambach-la-Ville, → Goxwiller, → Mittelbergheim, → Molsheim, → Obernai.

Basilicata Arme, nur dünn besiedelte Region im Mezzogiorno mit rund 11 000 ha Rebfläche, in der der Qualitätsweinbau (vor allem im bergigeren Landesinnern) nur eine untergeordnete Rolle spielt. Von 40 Millionen Litern entfallen nur 3 bis 4 % auf DOC-Wein. Der Rest geht als Verschnittware oder Mostkonzentrate in den Norden oder in andere Länder, wo er hochwillkommen ist. Einer der wenigen überregional bekannten DOC-Weine der Basilicata ist der → Aglianico del Vulture, der an den Hängen des Monte Vulture, einem erloschenen Vulkan, gedeiht.

Bassermann-Jordan Deutsches Weingut in Deidesheim, Weinbaugebiet Pfalz. Von diesem Gut nahm Ende des 18. Jahrhunderts der pfälzische Qualitätsweinbau seinen Ausgang. Auf rund 42 ha Rebfläche wird überwiegend Riesling angebaut. Der Weinkeller bezeugt die Geschichte des Weinguts – die Schatzkammer reicht lückenlos bis 1880 zurück. Bekannte Lagen: *Deidesheimer Grainhübel*, *Hohenmorgen* und *Kalkofen*,

Forster Pechstein, Kirchenstück und *Ungeheuer*.

Bastard Süßer Rotwein aus Portugal, der zu Zeiten Königin Elisabeths I. in England sehr beliebt war und von William Shakespeare in ›Maß für Maß‹ und ›Heinrich IV.‹ erwähnt wird. Der Name stammt wahrscheinlich von der roten Bastardo-Rebe, die heute noch in Portugal verbreitet ist.

Basto Spanisch für grob oder gewöhnlich, das Gegenteil von → fino. Minderwertiger → Sherry wurde früher häufig so bezeichnet, was heute kaum noch geschieht, ohne daß auch der minderwertige Sherry verschwunden wäre.

Batailley, Château Französisches 5e *cru classé*-Weingut in der Appellation → Pauillac mit 46 ha Rebfläche, davon 69 % Cabernet Sauvignon, 30 % Merlot und 1 % Petit Verdot.

Bâtard-Montrachet Französische *Grand cru*-Lage im Burgund, im Süden der Côte de Beaune mit einer Fläche von 12 ha, die eine eigene AOC bildet. Eine der besten Lagen für Weißwein, die zu gleichen Teilen in → Puligny-Montrachet und in → Chassagne-Montrachet unterhalb des legendären → *Montrachet* liegt. Der Weißwein gehört zum Besten, was die Region zu bieten hat, und wird aus Chardonnay erzeugt. Die Reben stehen auf sanft geneigtem Terrain mit Ton-Kalkstein-Böden. Bekannte Erzeuger: Domaine Leflaive, Etienne Sauzet.

Bâttonnage Französischer Begriff für das Aufrühren des Hefesatzes, um den im → Barrique reifenden Wein mit Feinhefe zu vermischen, die nach dem Aufrühren langsam wieder zu Boden sinkt. Man hat festgestellt, dass sowohl Weiß- wie Rotweine durch das Aufrühren der abgestorbenen Hefe während der Lagerung eine harmonischere Gesamtaromatik entwickeln. Das Aufrühren soll verhindern, dass negative Einflüsse wie z. B. unangenehm riechender Schwefelwasserstoff die Qualität des auf der Hefe lagernden Weins beeinträchtigt. Schwefelwasserstoff kann sich bilden, wenn die obere Schicht des Hefesatzes verhindert, dass genug Sauerstoff bis nach unten durchdringt. Grundsätzlich gilt ein intensives Hefelager als eine die Qualität des Weins verbessernde Maßnahme.

Baumann, Ruedi Schweizerisches Weingut im Weinbaugebiet Schaffhausen. Erzeugt vor allem Rotweine aus der Rebsorte Pinot noir (80 %), teilweise im Barrique. Einer der führenden Erzeuger der Region.

Béarn, Béarn-Belloq Provinz im äußersten Südwesten Frankreichs, in der Nähe der Atlantikküste an der spanischen Grenze. In der AOC werden auf rund 160 ha Rebfläche auf tonigen Kalk- und Kiesböden der Vorpyrenäen rund 430 000 l Rot-, Rosé- und Weißweine aus überwiegend regionalen Rebsorten erzeugt. Zwei Drittel der Rebfläche sind der Erzeugung von Tafel- und → Landweinen vorbehalten. In Béarn werden auch die AOC-Rotweine → Irouléguy und → Madiran und der weiße → Jurançon erzeugt.

Beaujeu Französische Gemeinde am Westrand des → Beaujolais-Gebietes, als dessen Zentrum sie lange Zeit galt, heute aber an Bedeutung verloren hat. Der Name der Appellation Beaujolais verdankt dem Ort seinen Namen. Die *Hospices de Beaujeu* sind eine etwa mit den → *Hospices de Beaune* vergleichbare Krankenhaus-Stiftung, der bedeutende Rebflächen in der Appellation Fleurie und anderen Gemeinden des Beaujolais gehören, deren Weine unter der Bezeichnung *Hospices de Beaujeu* in den Handel gebracht werden.

Beaujolais Beaujolais ist einerseits die Landschaft im Süden Burgunds, unmittelbar nördlich von Lyon; gleichzeitig einer der bekanntesten und beliebtesten französischen Rotweine, der zu 100 %

aus der Sorte Gamay vinifiziert wird. Es gibt drei Kategorien:

• AOC → *Beaujolais Crus*: zehn dieser Crus stehen an der Qualitätsspitze des Beaujolais;

• AOC → *Beaujolais-Villages*: quasi die Mittelklasse, die sich ringförmig um die crus anordnen;

• AOC *Beaujolais*: bildet die unterste Ebene mit Anbauflächen ganz im Süden.

In dieser letzten AOC Beaujolais werden auf rund 23 000 ha Rebfläche etwa 140 Millionen l Rotwein erzeugt. Die Weinbauflächen befinden sich auf weitgehend flachem Land südlich von Villefranche-sur-Saône. Die Böden bestehen aus Ton und Granit und nicht aus Kalk, wie an der Côte d'Or. Beim AOC Beaujolais handelt es sich um einen einfachen, leichten Rotwein, der auch als *Beaujolais Supérieur* in den Handel kommen darf, wenn er mindestens 10,5 % Alkohol aufweist (→ Karte nach S. 96).

Mit dem Begriff Beaujolais verbindet man aber auch den *Beaujolais primeur* (auch *Beaujolais nouveau*). Dieser mit Hilfe der → Macération carbonique (Kohlensäuregärung) im Schnellverfahren vinifizierte Massenwein darf bereits am dritten Donnerstag im November nach der Lese die dürstenden Kehlen seiner Anhängerschar erfrischen. Heute wird rund die Hälfte der Beaujolais-Erzeugung auf diesem Wege abgesetzt – fast möchte man sagen entsorgt. Diese Entwicklung hat dazu geführt, daß viele mit dem Namen Beaujolais vor allem dieses Schreckgespenst der Turbovinifikation verbinden – die qualitativ hochwertigen *Crus* des Beaujolais haben jedoch nichts mit diesem gemein.

Beaujolais Crus Nur zehn Orten des Beaujolais wurde aufgrund ihrer hervorragenden natürlichen Wachstumsbedingungen für Wein eine eigene Appellation zugesprochen. *Beaujolais Crus*: → Brouilly, → Côte-de-Brouilly, → Chénas, → Chiroubles, → Fleurie, → Juliénas, → Morgon, → Moulin-à-Vent, → Régnié und → Saint-Amour.

Beaujolais primeur → Beaujolais

Beaujolais-Villages Französische AOC für Rot- und Roséweine sowie geringfügige Mengen an Weißwein (aus Chardonnay) im südlichen Burgund – quasi die Mittelklasse des Anbaugebietes Beaujolais. Auf rund 6100 ha Rebfläche im Norden des hügeligen Anbaugebietes werden in 38 Gemeinden jährlich 36 Millionen l Wein aus der Sorte Gamay erzeugt, die auf Kalk-, Granit-, Schiefer- und Gneisböden wächst. Die Weine kommen als AOC-Beaujolais-Villages oder als Beaujolais mit dem Namen der jeweiligen Erzeugergemeinde, z. B. *Beaujolais-Pruzilly* oder *Beaujolais-St.-Vérand*, in den Handel und dürfen nicht mit der Massenware → Beaujolais primeur verwechselt werden.

Beaumes-de-Venise Kleine französische Weinbaugemeinde östlich der Stadt Orange im Département → Vaucluse (Südostfrankreich), die insbesondere für ihren → Muscat de Beaumes-de-Venise bekannt ist. Auf rund 430 ha Rebfläche werden jährlich 1,5 Millionen l leicht → gespriteter → Vin doux naturel, ein likörartiger, süßer Wein voller Aroma, auf Sand-, Mergel- und Tonböden erzeugt. Der übrige Wein des Ortes darf als → Côtes du Rhône-Beaumes-de-Venise in den Handel gebracht werden.

Beaune Kleinstadt in → Burgund mit rund 17 000 Einwohnern und bedeutenden alten Bauwerken, darunter die *Hospices de Beaune*, ein Stift aus dem Jahr 1443. Auch wenn Beaune die politische Macht an Dijon abgeben musste, ist es bis in die Gegenwart der Mittelpunkt des Weinbaus in der Region geblieben. Die großen Handelshäuser haben hier ihren Sitz, darunter Louis Jadot, Louis Latour, Joseph Drouhin, Bouchard Père & Fils und Albert Bichot. Der südliche

Teil der Côte d'Or ist nach Beaune als → Côte de Beaune benannt und bekannt. Die AOC Beaune erzeugt auf 400 ha Rebfläche rund 3 Millionen l überwiegend Rotwein (Pinot noir) und etwas Weißwein (Chardonnay). Die Böden bestehen aus Kalk und Mergel. Von der Gesamtfläche sind 320 ha Rebfläche als rund 40 *Premier cru*-Lagen klassifiziert, darunter u. a. *Les → Grèves, Les Fèves, Les Cents Vignes, Les Marconnets, Bressandes, Cras, Champs Pimont, → Clos des Mouches, → Clos de la Mousse, Clos du Roi, Les Teurons, L'Ecu, Les Vignes Franches, Boucherottes, Epenottes, Avaux, Aigrots.* Bekannte Erzeuger: Jacques Germain, Joseph Drouhin, Louis Jadot, Coron, Tollot-Beaut, Jaboulet-Vercherre, Bouchard Père & Fils, Chanson.

Beauséjour, Château Verbreiteter Weingutname im → Bordeaux-Gebiet. Das bedeutendste von ihnen befindet sich in Saint-Emilion und ist nach seiner Besitzerfamilie als Château Beauséjour Duffau-Lagarrosse benannt. Es besitzt 7 ha Rebfläche: 50 % Merlot und je 25 % Cabernet franc und Cabernet Sauvignon. Offiziell ist es als *Premier cru classé B* eingestuft. Das benachbarte Château Beau-Séjour-Bécot, einst Teil des gleichen Besitzes, mit 19 ha Rebfläche (70 % Merlot und je 15 % Cabernet franc und Cabernet Sauvignon) ist heute nur noch als *Grand cru classé* eingestuft.

Bechtheim Zwischen Alsheim und Worms im Bereich → Wonnegau gelegene Weinbaugemeinde im rheinhessischen Hügelland mit rund 600 ha Rebfläche. Unrühmlich bekannt durch die minderwertigen Weinverschnitte aus der Großlage *Bechtheimer Pilgerpfad.*

Beck, Weingut Österreichisches Weingut im Weinbaugebiet → Neusiedlersee. Auf rund 12 ha Rebfläche werden jährlich etwa 75 000 Flaschen Wein erzeugt, davon zu über 70 % Rotwein. Rebsorten: 25 % Zweigelt, 20 % Blaufränkisch, 10 % Sankt Laurent und 12 % Weißburgunder. Die Weine wachsen auf sandigen Schwemmlandböden. Spitzenweine: Pannobile rot und weiß (Chardonnay und Weißburgunder aus dem Barrique), auch der Neuburger fällt hervorragend aus.

Becker, Friedrich Deutsches Weingut in Schweigen-Rechtenbach, Weinbaugebiet → Pfalz. Auf rund 15 ha Rebfläche, die übrigens auf der elsässischen Seite oberhalb von Weissenburg liegen, wird überwiegend Rotwein aus Spätburgunder, ferner Weißer und Grauer Burgunder produziert.

Becker, J. B. Deutsches Weingut in Walluf, Weinbaugebiet Rheingau. Auf rund 12 ha Rebfläche wird überwiegend Riesling, ferner Spätburgunder angebaut. Traditioneller Erzeuger von trockenen Rieslingen (oft unter 4 Gramm Zucker pro l) und Spätburgundern, der dem großen Holzfass die Treue hält. Bekannte Lage: *Wallufer Walkenberg* (→ erstes Gewächs).

Beere Ein Rebstock bildet Trauben, die aus vielen einzelnen Beeren bestehen. Jede Beere ist mit dem Rebstock durch ein feines Holzgeäst, den so genannten Kämmen, verbunden. Eine Beere besteht aus Beerenhaut, Fruchtfleisch und Kernen.

- Die Haut enthält so genannte Phenole, das sind Farbstoffe (bei Rotwein → Anthocyane), Gerbstoffe (→ Tannine) und zahlreiche Geschmacks- und Aromastoffe.
- Das Fruchtfleisch enthält Wasser, Zucker, Säuren, Pektin, Vitamine und Mineralien, Geschmacks- und Aromastoffe. Bei manchen roten Sorten kann das Fruchtfleisch ebenfalls rote Pigmente enthalten – in der Regel ist es aber farblos.
- Die Kerne bestehen aus Holz und enthalten Gerbstoffe (→ Tannine) sowie geringe Mengen an Ölen.

Die Beere ist ein Speicher von Informationen, die der Rebstock während der Vegetationsperiode sammelt und die sich vor allem aus dem Witterungsverlauf, aber auch aus dem Rebschnitt, der Laubarbeit, Krankheiten und vielen anderen Einflüssen ergeben. Ein verregnetes, kühles Jahr behindert die physiologische Reife der Früchte. Ein heißes, trockenes Jahr verdörrt sie, Spätfrost zerstört den Austrieb, Hagel im August bringt die Beeren zum Platzen, und Fäulnis setzt ein. Diese Ereignisse hinterlassen ihre Spuren, gehen in den Wein ein und lassen deshalb vom Geschmack eines Jahres sprechen: »ein gutes Weinjahr«, »ein schlechtes Weinjahr«.

Beerenauslese Süßweinspezialität. Während bei der → Auslese die reifsten Trauben verarbeitet werden, liegt das Augenmerk bei der Beerenauslese auf einzelnen Beeren. Diese meist edelfaulen (→ Botrytis Cinerea), überreifen, zum Teil geschrumpften und sehr konzentrierten Beeren werden mit viel Aufwand selektioniert. Je nach Anbaugebiet muss dabei ein → Mindestmostgewicht von 110 bis 128° Oechsle erreicht werden; in Österreich mindestens 25° KMW, das entspricht 127° Oechsle. Beerenauslesen sind sehr süß und besitzen einen Reichtum an Düften, Fruchtigkeit und Geschmack, der seinesgleichen sucht. Beeren- und Trockenbeerenauslesen werden auch in anderen Ländern erzeugt. In Österreich siehe → Ausbruch, in Ungarn → Tokajer, in Frankreich → Sauternes, → Barsac, → Coteaux du Layon.

Beerliwein Rotwein der → Ostschweiz aus → abgebeerten, vollständig mit der Maische vergorenen Spätburgundertrauben. Seit dieses Verfahren zu allgemein üblicher Praxis geworden ist, hat die Bezeichnung an Bedeutung eingebüßt.

Begrünung Zwischen den Rebzeilen wachsendes Gras oder eingesäte Grünpflanzen, die der Bodenverbesserung dienen, in der Regel Leguminosen wie Luzerne und Klee, die auf natürliche Weise organische Stoffe wie Stickstoff in den Boden bringen. Begrünung ist kein Zeichen von Nachlässigkeit des Weingärtners, sondern dient der Verbesserung der Weinqualität. Sie wird zur Regulierung des Wasserhaushaltes eingesetzt, denn sie nimmt Niederschläge an der Oberfläche auf und verdunstet sie, sodass Regenwasser nicht in vollem Umfang zu den Wurzeln der Reben vordringen kann. Auf diese Weise wird der Rebstock gezwungen, seine Wurzeln immer tiefer in den Untergrund zu treiben. Tief wurzelnde Stöcke bringen die besseren Weine, weil sie sich in Trockenperioden ausreichend mit Feuchtigkeit versorgen und gut entwickeln können. Weinberge, insbesondere Steillagen, werden auch zur Vermeidung von Bodenerosion durch Wind und Regen begrünt.

Behälter → Fass, → Tank

Beira Interior Nordportugiesisches DOC-Weinbaugebiet mit etwa 7000 ha Rebfläche zwischen Douro, Dão und spanischer Grenze. Erzeugt werden einige helle Rotweine aus den Rebsorten Bastardo, Marufo, Rufete und Touriga Nacional; bekannter ist das Gebiet für seine frischen, mitunter an einen Dão erinnernden Weißwein aus Codo, verschiedenen Arinto-Varianten und Fonte Cal.

Bélair, Château Das bekannteste Weingut dieses Namens ist das *Premier cru classé B*-Weingut in → Saint-Emilion im Bordeaux. Es verfügt über 13 ha Rebfläche, die zu 60 % mit Merlot, 35 % mit Cabernet franc und 5 % mit Cabernet Sauvignon bestockt sind. Rund 15 weitere Güter in Bordeaux tragen diesen oder einen ähnlichen Namen, alle jedoch, ohne sein Niveau zu erreichen, darunter Château de Bel-Air in Lalande-de-Pomerol und Château Bel-Air in Pomerol.

Bel-Air-Marquis-d'Aligre, Château Französisches *Cru* → *bourgeois* in der

Appellation → Soussans im Haut-Médoc mit 17 ha Rebfläche: jeweils ein Drittel Cabernet Sauvignon, Cabernet franc und Merlot einschließlich Petit Verdot.

Belgien Weinbau wird in Belgien nur im Miniaturformat betrieben. Lediglich zwei Betriebe bewirtschaften mehr als vier ha Fläche. Das Klima des Landes schränkt die Möglichkeiten des Qualitätsweinbaus naturgemäß ein, aber man findet passablen Müller-Thurgau und einige andere Spezialitäten aus zweifelhaften Neuzüchtungen wie Optima, die sich mit einer gehörigen Portion Lokalpatriotismus genießen lassen.

Bellavista Italienisches Weingut in der Region → Lombardei, im Ort Erbusco – einer der führenden Erzeuger neben Ca' del Bosco. Erzeugt auf rund 120 ha Rebfläche etwa 700 000 Flaschen Wein, vor allem Schaumwein (DOCG Franciacorta).

Belgrave, Château 5e *cru classé* in der Appellation → Saint-Laurent im Haut-Médoc, unmittelbar an der Grenze zu Saint-Julien gelegen, mit 43 ha Rebfläche: 60 % Cabernet Sauvignon, 35 % Merlot, 5 % Petit Verdot.

Bellegarde → Clairette

Bellet Kleines, 32 ha umfassendes AOC-Gebiet bei Nizza, in dem zu je rund einem Drittel Rosé-, Rot- bzw. Weißwein aus überwiegend lokalen Rebsorten hergestellt wird. Das Bemerkenswerteste an den Weinen von Bellet ist ihre Seltenheit bzw. ihre lediglich regionale Bedeutung, da die jährliche Produktion von 120 000 l komplett in Nizza konsumiert wird.

Bellevue, Château Verbreiteter Weingutname in Frankreich. Allein im → Bordeaux-Gebiet gibt es über ein Dutzend Güter, die diesen oder einen ähnlich klingenden Namen führen. Am bekanntesten ist der *Grand cru classé* aus Saint-Emilion.

Bensheim Gemeinde im deutschen Weinbaugebiet → Hessische Bergstraße mit ungefähr 150 ha Rebfläche und Sitz des zu den Hessischen Staatsweingütern gehörenden Weingut Bensheim. Erzeugt wird überwiegend Riesling. Bekannte Lagen: *Kalkgasse, Kirchberg.* Bekannte Erzeuger: Hessische Staatsweingüter, Weingut der Stadt Bensheim.

Bentonit → Schönen

Berater → Flying Winemaker

Bercher Deutsches Weingut in Vogtsburg-Burkheim, Weinbaugebiet Baden. Auf rund 22 ha Rebfläche wird in den Burkheimer Lagen *Feuerberg* und *Schlossgarten* (Vulkanverwitterung und Lösslehm) überwiegend Spätburgunder (rund 40 %), ferner Grauer Burgunder (15 %), Weißer Burgunder (15 %) sowie Riesling und einige andere Sorten angebaut. Der Spätburgunder wird traditionell auch im großen Holzfass ausgebaut.

Bercy Zwischen Gare de Lyon und der Seine gelegener Teil des 12. Arrondissements von Paris, der einst der Hauptumschlagplatz für die in die Stadt gelieferten Weine war.

Beregnung In manchen Weinbauregionen in Trockenperioden zulässiges und übliches Verfahren der → Bewässerung, z. B. in Südtirol, Wallis, Übersee. Auch Spritzmittel können über die Beregnungsanlage eingebracht werden. Ein in der Installation teures System, mit dem zusätzlich auch Frostschäden vorgebeugt werden kann, indem die empfindlichen Triebe der Rebstöcke mit Wasser besprüht werden, können durch die bei der Vereisung frei werdende Kristallisationsenergie Frostschäden verhindert werden. → Tröpfchenbewässerung

Bergdolt Deutsches Weingut im Weinbaugebiet Pfalz, in Duttweiler. Auf rund 20 ha Rebfläche werden Weißburgunder, Riesling und Spätburgunder, ferner Gewürztraminer angebaut. Bekannte Lagen: *Kirrweiler Mandelberg, Duttweiler*

Kalkberg. Die Rotweine genießen ein hohes Ansehen.

Bereich Ein Bereich ist nach dem deutschen Weingesetz eine Zusammenfassung mehrerer Lagen, aus deren Erträgen Weine hergestellt werden dürfen. Die kleinen → Weinbaugebiete → Ahr und → Rheingau verfügen jeweils nur über einen Bereich, der mit den Grenzen des Anbaugebiets identisch ist. Das lang gestreckte Weinbaugebiet → Baden verfügt hingegen über acht, → Mosel-Saar-Ruwer und → Württemberg über je fünf und die übrigen Gebiete über zwei bis drei Bereiche. Der Zuschnitt der Bereiche orientiert sich nicht an qualitativen oder geographischen Kriterien, sondern an verwaltungstechnisch relevanten Parametern.

Die nächst kleinere Einheit nach dem Bereich ist die → Großlage. Eine Großlage unterteilt sich wiederum in → Einzellagen. Für den Weinliebhaber sind Weine aus Großlagen uninteressant, da es sich meist um einfache Verschnitte minderwertiger Grundweine handelt.

Bergerac Französische Stadt an der → Dordogne östlich von Bordeaux im Perigord. Es gibt fünf Appellationen:

• AOC → *Côtes de Bergerac*: hochwertige, konzentrierte Rotweine,

• AOC → *Côtes de Bergerac Moelleux*: hochwertige, süße Weißweine,

• AOC → *Bergerac*, einfache Rotweine,

• AOC → *Bergerac Rosé*: einfache Roséweine,

• AOC → *Bergerac sec*: trockene Weißweine.

Bergerac AOC, Bergerac Rosé AOC, Bergerac sec AOC Appellationen für die qualitativ einfacheren Bergerac-Weine. Auf rund 8000 ha werden rund 44 Millionen l erzeugt. Als AOC *Bergerac* kommen die Rotweine in den Handel, als Bergerac Rosé die Rosés sowie als Bergerac sec die trockenen Weißweine. Letztere werden zunehmend aus Sauvignon blanc hergestellt, ferner Muscadelle und als Beigabe Ugni blanc. Die Rotweine werden aus Merlot, Cabernet Sauvignon, Cabernet franc, Malbec und Mérille vinifiziert. Die Weine wachsen auf Sand, Mergel, Ton und Kalk. Bekannte Erzeuger: Châteaux de Panisseau, Belingard, La Jaubertie.

Bergerac, Côtes de → Côtes de Bergerac

Bergheim Weinbaugemeinde im südlichen → Elsass im Département Haut-Rhin mit rund 250 ha Rebfläche. *Altenberg* und *Kanzlerberg* sind als → *Grand cru*-Lagen eingestuft.

Bergstraße, Hessische → Hessische Bergstraße

Bergstraße/Kraichgau, Badische → Badische Bergstraße/Kraichgau

Berkelder Südafrikanische Handelskellerei im Weinbaugebiet → Stellenbosch, dem folgende Weingüter bzw. Marken gehören: Fleur du Cap, Grünberger Leroux-Schaumwein, Stellenryck. Vermarktet die Weine von Meerlust, Allesverloren und La Motte.

Berliquet, Château Weingut in → Saint-Emilion, seit 1985 als *Grand cru classé* eingestuft. Auf 9 ha stehen 75 % Merlot, 15 % Cabernet franc und 10 % Cabernet Sauvignon.

Bern → Bielersee

Bernkastel Stadt an der → Mosel im Weinbaugebiet → Mosel-Saar-Ruwer. Insgesamt verfügt Bernkastel-Kues, wie der volle Name lautet, über rund 220 ha Rebfläche. Direkt über dem Ort liegt der *Bernkasteler Doctor*, eine herausragende Lage, die um 1900 die teuerste Weinberglage Deutschlands war. Die von ihm stammenden Rieslinge wachsen auf Schiefer und genießen ein hohes Ansehen, vor allem im Ausland. Weitere bekannte Lagen: *Alte Badstube am Doctorberg* (jene 1,8-ha-Parzelle, die nach jahrelangem Rechtsstreit nicht *Doctor* werden durfte) sowie *Graben*, *Lay*, *Bratenhöfchen*. Bekannte Erzeuger: → Wegeler-Deinhardt, Witwe Dr. Thanisch, Dr. Loosen, Dr. Pauly-Bergweiler.

Bernkastel, Bereich Der größte Bereich des → Weinbaugebiets → Mosel-Saar-Ruwer mit rund 7500 ha Rebfläche, zu dem alle bedeutenden Weinbauorte des Moseltals von Trittenheim bis Traben-Trarbach gehören. Obwohl heute nur noch etwa 55 % der Rebfläche mit Riesling bestockt sind und die Tendenz weiter rückläufig ist, steht noch fast jeder fünfte deutsche Rieslingstock an der Mittelmosel und genießt das Privileg, in einer der schönsten Weinlandschaften der Erde zu wachsen.

Bertani Italienisches Weingut in der Region → Veneto, im Ort Negrar (Valpolicella). Produziert auf rund 200 ha Rebfläche unter Traubenzukauf etwa 1,9 Millionen Flaschen Wein, früher berühmt für seinen Amarone Classico. Erzeugt außerdem u. a. Chardonnay aus dem Barrique, Valpolicella Classico, Bardolino, Lugana und Soave.

Bewässerung In manchen, vor allem in ariden Wüstenregionen übliches System, um den Weinbau überhaupt zu ermöglichen. Heute wird zumeist mit Tröpfchenbewässerung gearbeitet, bei der Schläuche das Wasser direkt zu den Wurzeln führen, um den Wasserverbrauch zu minimieren. Oft wird das benötigte Wasser über weite Strecken herangeführt oder aus tiefen Schichten an die Oberfläche gefördert – mit der Folge, dass der Grundwasserspiegel absinkt und fatale Folgen für die Umwelt entstehen können (z. B. in vielen Weinbaugebieten Kaliforniens). In Deutschland ist die Bewässerung nur bei vorheriger Genehmigung und dem geführten Nachweis erlaubt, dass gravierende Ernteausfälle zu befürchten sind und ernsten wirtschaftlichen Schaden verursachen würden. Bewässert wird heute vor allem, um den Hitzestress der Rebstöcke im Sommer zu mildern, während die Bewässerung früher auch dazu diente, die → Erträge zu erhöhen. → Tröpfchenbewässerung

Bewertungen → Punkte

Beychevelle, Château Französisches 4ᵉ *cru classé* in → Saint-Julien im → Haut-Médoc, Bordeaux. 68 ha Rebfläche: 60 % Cabernet Sauvignon, 30 % Merlot, 8 % Cabernet franc, 2 % Petit Verdot. Zweitwein: Amiral de Beychevelle.

Beyer, Leon Französisches Weingut im → Elsass, in Eguisheim. Auf rund 20 ha Rebfläche werden Gewürztraminer, Riesling, Pinot noir und Muscat erzeugt; etwa 840 000 Flaschen Jahresproduktion.

Bianchelle del metauro Italienische DOC in den Marken im Metaurotal, Provinz Pesaro. Es werden Weißweine aus der Rebsorte Biancello (Biancame) unter Zusatz von Malvasia erzeugt.

Bianco Italienisch für weiß. Namensteil von vielen italienischen DOC-Weißweinen: z. B. Bianco Castel del Monte, Bianco Cirò, Bianco Colli Euganei oder Bianco di Custoza.

Bianco Capena Italienischer Weißwein aus der Umgebung von Capena, nördlich von Rom in → Latium, mit DOC-Status, der aus den Sorten Malvasia, Trebbiano, Bellone und Bombino erzeugt wird.

Bianco dei Colli Maceratesi Italienischer DOC-Weißwein, der in der Provinz Macerata einschließlich der Gemeinde Loreto in den → Marken aus den Sorten Trebbiano, Maceratino, Malvasia und Verdicchio erzeugt wird.

Bianco di Custoza Italienischer Weißwein, der im äußersten Südosten des Gardasees westlich von Verona im → Veneto zumeist aus Trebbiano und Garganega erzeugt wird.

Bianco di Pitigliano Italienischer Weißwein aus dem äußersten Süden der Toskana in der Provinz Grosseto. Laut DOC-Statut wird er aus der Sorte Trebbiano erzeugt mit Zusätzen von Greco, Malvasia und Verdello.

Bianco di Scandiano Italienischer Weißwein von den Abhängen des Apennin in der Provinz Reggio um Scandiano in der → Emilia-Romagna, aus Sauvignon mit Zusätzen von Malvasia und Trebbiano erzeugt. Er kann trocken, süß oder ein *Frizzante* oder *Spumante* sein.

Bianco Pisano di San Torpè Italienische DOC für toskanische Weißweine, die in 15 Gemeinden in den Provinzen Pisa und Livorno erzeugt werden. Rebsorten: Trebbiano und weitere Lokalsorten. Auch als Vin Santo und als Riserva mit vier Jahren Reifezeit.

Bianco Vergine Val di Chiana Zwischen Montepulciano und Arezzo in der Toskana erzeugter DOC-Weißwein aus Trebbiano, Malvasia und Greco.

Biancolella Italienische Rebsorte, aus der auf → Ischia Weißwein erzeugt wird.

Biber Ironisch-liebenswürdiges Symbol, das vom Weinpublizisten Andreas März in seinem Magazin *Merum* (Fachzeitschrift für reinen Wein aus Italien), einer hochgradig seriösen, weil unabhängigen Publikation, etabliert wurde. Ein lächelnder Biber weist auf holzbetonte, holzlastige oder gar verholzte Weine aus dem Barrique hin, die aufgrund ihres epidemischen Auftretens in Italien mittlerweile zu einer Plage geworden sind.

Bickensohl Gemeinde am Kaiserstuhl unweit von Achkarren, rund 100 ha Rebfläche. Bekannte Lage: *Steinfelsen*. Die Weine, insbesondere Spätburgunder, Grauer Burgunder und Müller-Thurgau, kommen fast ausschließlich durch die lokale Winzergenossenschaft in den Handel.

Bielersee Westschweizer Weinbaugebiet am Westufer des Bielersees. Weinbau auf rund 250 ha Fläche, die überwiegend dem Chasselas vorbehalten ist, der nach der malolaktischen Gärung zeitig abgefüllt wird und dadurch natürliche Kohlensäure enthält (→ Sternwein). Seit Beginn der 1980er Jahre bekommt der Chasselas verstärkt Konkurrenz durch Pinot noir (Spätburgunder). Bekannte Orte: Twann, Ligerz, Schafis. Bekannte Lagen: *Chapf, Holde, Kirchrebe.*

Bienvenues-Bâtard-Montrachet Französische *Grand cru*-Lage in Burgund, eine 3,7 ha große Enklave im nördlichen, zum Ort → Puligny-Montrachet gehörenden Teil der Lage *Bâtard-Montrachet*. Erzeugt werden jährlich rund 18 000 l Weißwein aus der Rebsorte Chardonnay, der zu den besten trockenen Weißweinen Frankreichs zählt. Bekannte Erzeuger: Leflaive, Etienne Sauzet.

Bierzo, El Im Westen der Provinz León gelegenes spanisches Weinbaugebiet mit eigener DO. Auf knapp 3000 ha zwischen 450 und 1000 m Höhe wird viel Rotwein aus den Sorten Mencío und Garnacha erzeugt. Die Weißweine aus Doña blanca und Godello fallen schwächer aus. Bekannter Erzeuger: Palacio de Arganza aus Villafranca del Bierzo.

Biferno DOC-Wein aus dem italienischen → Molise, der nahezu in der gesamten Provinz Campobasso, etwa 100 km nördlich von Neapel erzeugt wird. Der Rot- und Roséwein wird vorherrschend aus der Sorte Montepulciano (plus Trebbiano und Aglianico), der Weißwein überwiegend aus Trebbiano (plus Bombino und Malvasia) bereitet. Bei mindestens 13 % Alkohol und nach drei Jahren Lagerung darf der Rotwein als Riserva in den Handel gebracht werden.

Biffar Deutsches Weingut in Deidesheim, Weinbaugebiet Pfalz, mit rund 13 ha Rebfläche, auf der überwiegend Riesling angebaut wird. Er wird traditionell in Holzfässern ausgebaut und gehört zu den besten in Deidesheim und der Pfalz. Bekannte Lagen: *Deidesheimer Grainhübel, Mäushöhle, Kieselberg, Wachenheimer Gerümpel*. Biffar betreibt auch eine Manufaktur für kandierte Früchte. Sie gehören zu den besten ihrer Art – weltweit.

Bikavér Neben dem Tokajer der bekannteste ungarische Rotwein aus der Umgebung von → Eger (Erlau). Wird als *Egri Bikavér* (Erlauer Stierblut) verkauft, in dem heute nicht mehr Kadarka, sondern Blaufränkisch die dominierende Rebsorte ist. Hinzu kommen Cabernet Sauvignon, Portugieser und Merlot.

Bilbainas, Bodegas Spanisches Weingut im → Rioja. Auf rund 300 ha Rebfläche Eigenbesitz werden jährlich etwa 2,4 Millionen Flaschen traditioneller, gerbstoffbetonter Rioja erzeugt, außerdem noch Cava.

Bingen Weinstadt in → Rheinhessen mit rund 1100 ha Rebfläche, an der Einmündung der Nahe in den Rhein gelegen. Die besten Binger Lagen liegen nicht am Rhein, sondern landeinwärts auf den prädestinierten steilen Südlagen des Binger Hausbergs, des *Scharlachbergs*. Die besten Weine liefert hier der Riesling. Bekannte Erzeuger: Villa Sachsen, P. A. Ohler'sches Weingut. Die Lagen und Weine des Stadtteils Bingerbrück auf dem gegenüberliegenden Naheufer gehören zum Anbaugebiet Nahe.

Bingen, Bereich Westlichster der drei Bereiche des Anbaugebietes → Rheinhessen mit etwa 8000 ha Rebfläche. Die besten Rieslinge kommen zumeist aus dem Stadtgebiet von Bingen und dem Scharlachberg. Östlich von Bingen liegt die Rotweinstadt Ingelheim. Die übrigen Weine des Bereichs kommen aus dem westlichen Teil des rheinhessischen Hügellandes.

Binissalem Mallorcas erstes DO-Weinbaugebiet mit einer Rebfläche von 500 ha. Moll unter den weißen bzw. Manto negro und Callet unter den roten gelten als die wichtigsten Rebsorten.

Biologischer Säureabbau → Malolaktische Gärung

Biondi Santi Berühmtes italienisches Weingut in Montalcino. Auf Il Greppo, dem Stammsitz der Familie, wurde der → *Brunello di Montalcino* »erfunden«. Der heutige Inhaber Franco Biondi-Santi pflegt noch immer den kompromisslos traditionellen Stil (keine Barriques, nur große Holzfässer) und erzielt Spitzenpreise für seinen Brunello. Sein Sohn Jacopo hat sein eigenes Weingut Poggio Salvi gegründet, um dort »modernen« Brunello zu machen.

Biowein Ein möglichst naturnaher und umweltschonender Weinbau, der auf Chemie verzichtet und den Einsatz von Schwefel und Kupfer auf das notwendige Minimum reduziert, ist wünschenswert. Weinbau unter Berücksichtigung der Verringerung von Umweltbelastung zu betreiben, ist nicht nur ein ökologisch erstrebenswertes Ziel, sondern auch wichtig, wenn nicht unerlässlich für die Erzeugung von ausgeprägt individuellen Weinen. Schon allein um den Wert der Weinberge dauerhaft zu erhalten, ist ihre Ausbeutung durch Überbeanspruchung in jeder Hinsicht kontraproduktiv. Die Richtlinien für umweltschonenden und biologischen Weinbau dienen in erster Linie zur Schonung der Umwelt. Allein daraus zu folgern, Biowein garantiere Qualität, wäre allerdings naiv, denn Weinqualität entsteht im Weinberg nur durch entsprechende ertragsreduzierende Maßnahmen, die nichts mit den biologischen Produktionsvorschriften zu tun haben, wie z. B. Rebschnitt, grüne Lese und strenge Selektion bei der Ernte. Bei biologisch erzeugtem Wein ist jedoch die Fäulnisgefahr hoch, denn diese kann sich aufgrund des Verzichts auf präventiven Spritzmitteleinsatz leicht ausbreiten.

Angesichts des mit den Richtlinien ökologischer Wirtschaftsweise verbundenen höheren Aufwands greifen immer noch viele Erzeuger zur Chemie. Viele ökologisch wirtschaftende Erzeuger versuchen daher, sich von den konventionell produzierenden Kollegen durch Hinweise auf dem Etikett abzuheben. Bekannte Verbände: Bioland, Ecovin, BÖW (Bundesverband ökologischer Weinbau). Bekannte Erzeuger: Wittmann (Rheinhessen), André Ostertag (Elsass), Nicolas Joly (Loire), Peter Pliger (Südtirol), Leroy (Burgund). → Ökologischer Weinbau

Birkweiler Weinbaugemeinde in der → Pfalz an der südlichen Weinstraße. Rund 150 ha Rebfläche. Bekannte Lage: *Kastanienbusch* mit Buntsandstein und Rotliegendem. Bekannte Erzeuger: Wehrheim, Kleinmann und Ökonomierat Rebholz aus dem benachbarten Siebeldingen.

Bischof Im Gegensatz zum Punsch, zum → Glühwein oder gar zur Feuerzangenbowle, die unter pyrotechnischen Gesichtspunkten sicherlich den Höhepunkt häuslicher Spezialeffekte darstellt, ist der Bischof ein gewürzter Wein, der nicht erwärmt bzw. erhitzt wird. Ein dem originären Weincharakter erheblich zuträglicheres, weil sanfteres Verfahren, und nicht zuletzt deshalb geeignet für die Verwendung besserer Qualitäten, zum Beispiel Spätburgunder: Den Inhalt einer Flasche Rotwein am Vorabend in einen Glaskrug füllen, zwei Esslöffel Rohrzucker, ein drei Zentimeter langes Stück Zimtstange, etwas frisch geriebene Muskatnuss sowie ein daumenlanges Stück Grapefruitschale dazugeben. Über Nacht abdecken und am nächsten Tag durch ein sehr feines Sieb abgießen; mit 14 Grad servieren.

Bischoffingen Weinbaugemeinde am westlichen Rand des → Kaiserstuhls mit rund 200 ha Rebfläche. → Spätburgunder und Grauer Burgunder sind die vorherrschenden Sorten, daneben Weißer Burgunder, Chardonnay, Müller-Thurgau (auch Rivaner genannt). Viel Wein wird von der lokalen Winzergenossenschaft in den Handel gebracht. Bekannte Lagen: *Enselberg* und *Steinbuck* mit Lößböden und vulkanischem Verwitterungsgestein. Bekannter Erzeuger: Karl H. Johner.

Bischöfliche Weingüter Trier Die Weine des → Bischöflichen Priesterseminars, der Hohen → Domkirche und des → Bischöflichen Konvikts tragen zwar jeweils ihr eigenes Etikett, werden aber zusammen in den Kellern der Bischöflichen Weingüter im Zentrum von Trier vinifiziert und in den Handel gebracht. Der Ausbau findet in einem beeindruckenden Holzfasskeller statt, der mit Hunderten von Fässern belegt ist, in denen die Weine noch immer vergären und lagern. Die Weinberge aller drei Güter sowie der zugepachteten Kirchengüter in Oberemmel, Eitelsbach, Waldrach und Trier kommen zusammen auf eine Rebfläche von rund 100 ha.

Bischöfliches Konvikt Katholisches Internat in → Trier, dem knapp 40 ha Weinberge in → Piesport, Ayl (darunter *Herrenberger* im Alleinbesitz), Avelsbach, Kasel und Eitelsbach gehören. Der durch den Wein erwirtschaftete Gewinn kommt der Schülerförderung zugute.

Bischöfliches Priesterseminar Katholisches Seminar in → Trier, das gut 34 ha Rebfläche in hervorragenden Lagen und verstreut über das gesamte Anbaugebiet von Mosel-Saar-Ruwer bewirtschaftet, und zwar in Ayl, Wiltingen, Kanzem, Kasel, Trittenheim, Dhron, Ürzig und Erden. Unter anderem gehört dem Priesterseminar die legendäre Lage Scharzhofberg in Wiltingen/Saar und erzeugt dort neben Rieslingweinen erstklassige Sektgrundweine aus derselben Sorte. Aus dem Erlös werden Theologiestudenten gefördert.

Bitter Eine der vier Geschmacksrichtungen, die die Zunge neben süß, sauer und salzig wahrnehmen kann (scharf als fünfter Geschmack ist umstritten und für den Wein irrelevant). Bitterkeit ist eine in Weinen mitunter anzutreffende Geschmackseigenschaft, die viele Ursachen haben kann. Rotweine können deutlich als bitter empfundene → Tannine enthalten, die nicht qualitätsfördernd sind. Zum anderen können Weine durch extrem trockene Jahre oder bei unsachgemäßem → Ausbau einen bitteren Geschmack erhalten. Ein Hauch Bitterkeit hingegen kann die geschmackliche Komplexität von Wein sehr bereichern. Dabei ist naturgemäß das Maß der entscheidende Faktor.

Bivongi Italienische DOC in Kalabrien rund um Bivongi und acht weitere Gemeinden. Erzeugt werden Rot-, Rosé- und Weißweine aus Greco und Malvasia (Weißwein) und Rotwein aus Galioppo und Greco nero (im Mix mit vielen anderen Sorten – je nach Gusto und was sich in den Weinbergen der Winzer finden lässt). Der Rotwein kann als Riserva nach zwei Jahren Reifezeit angeboten werden.

Blagny Französisches Dorf in → Burgund, dessen Weinberge zwischen den Orten Meursault und Puligny-Montrachet liegen. Weißweine (100 % Chardonnay), die auf gemeindeeigenen Lagen wachsen, werden der AOC Puligny-Montrachet bzw. Meursault zugeschlagen. Die Rotweine (100 % Pinot noir) hingegen gehören zur AOC Blagny und zur AOC Blagny Premier cru. Insgesamt werden auf rund 54 ha Rebfläche, davon 44 ha in der AOC Premier cru, jährlich etwa 28 000 l Pinot noir erzeugt. Die Reben wachsen auf Mergel, Geröll, Ton und Kalk, wobei der Boden des Hangfußes eher tonig ist.

Die Lagen der *AOC Blagny Premier cru*:

- *Hameau de Blagny,*
- *La Garenne* oder *Sur la Garenne,*
- *La Jeunnelotte,*
- *La Pièce sous le Bois,*
- *Sous Blagny,*
- *Sous le Dos d'Ane,*
- *Sous le Puits.*

Blanc de Blancs Dieser Ausdruck wurde in der Champagne für Weine geprägt, die aus Chardonnay bereitet werden, im Unterschied zu jenen weißen Champagnern, die allein aus der roten Sorte Pinot noir (→ Blanc de Noirs) oder aus roten und weißen Trauben erzeugt werden. Blanc de Blancs-Champagner werden vornehmlich an der Côte des Blancs um die Ortschaften Cramant, Le Mesnil und Avize produziert. Aus Marketinggründen wird in anderen Weinbaugebieten auch stiller Weißwein als Blanc de Blancs verkauft.

Blanc-Fumé In der Gegend von → Pouilly-sur-Loire gebräuchliche Bezeichnung für den Sauvignon blanc. Ein Pouilly-Fumé ist immer ein Wein aus der Sorte Sauvignon blanc, während es sich bei den als Pouilly-sur-Loire bezeichneten Weinen um einen Verschnitt aus Sauvignon blanc und Chasselas handelt.

Blanc de Morgex et de la Salle Im italienischen → Valle d'Aosta in den Gemeinden Morgex und La Salle aus dem Blanc de Morgex erzeugter seltener DOC-Weißwein Valle d'Aosta. Die Reben gedeihen in einer Höhe von 1000 bis 1200 m. Bekannter Erzeuger: Alberto Vevey.

Blanc de Noirs Französischer Begriff für Weißwein, der aus roten Trauben erzeugt wird. Durch schonendes Pressen erhält man auch aus den meisten roten Trauben weißen Saft, denn die Farbstoffe sind ausschließlich in der Beerenschale lokalisiert. → Champagner, der aus Weißwein von roten Trauben wie Pinot noir und Pinot meunier bereitet wurde, bezeichnet man als Blanc de Noirs. Im Unterschied zum *Blanc de Blancs* schmecken sie etwas kräftiger. Bekannte Orte für Blanc de Noirs Champagner: Ay, Bouzy, Verzenay, Mailly, Hautvillers.

Blanchots Eine der acht → *Grand cru-*

Lagen von → Chablis mit einer Rebfläche von 12 ha.

Blanck & Fils, Domaine Französisches Weingut in Kientzheim, im → Elsass. Auf rund 35 ha Rebfläche werden vor allem Riesling und Sylvaner (alte Reben) erzeugt. Besitz in den *Grand cru*-Lagen *Fürstentum, Mambourg* und *Schloßberg.*

Blankenhornsberg Ortsteil von Ihringen am → Kaiserstuhl. Sitz des Lehr- und Versuchsguts des Staatlichen Weinbauinstituts Freiburg.

Blanquette de Limoux Südfranzösisches AOC-Gebiet im → Languedoc südlich von Carcassonne mit 900 ha Rebfläche, auf der rund 3,7 Millionen l Weißwein erzeugt werden. Blanquette de Limoux ist auch der Name eines weißen Schaumweins (rund 10 %), der zu mindestens 90 % aus Mauzac (früher Blanquette genannt) und zu maximal 10 % aus Chardonnay und Chenin blanc nach der Méthode champenoise hergestellt wird. Aus Mauzac wird unter der Bezeichnung *Blanquette méthode ancestrale* auch ein restsüßer Wein oder Schaumwein und in geringen Mengen ein trockener Stillwein unter dem Namen *Limoux* erzeugt.

Blauburgunder Rotweinsorte; in der Schweiz und Österreich gebräuchliche Bezeichnung für → Spätburgunder.

Blaufränkisch Österreichische Rotweinsorte. Hochburg ist das → Burgenland mit einer Rebfläche von rund 3000 ha (Tendenz steigend). Vor allem das → Südburgenland verdankt seinen Ruf den Blaufränkisch-Weinen, aber auch das benachbarte ungarische Weinbaugebiet → Sopron ist wegen seines Blaufränkisch (ungarisch: Kékfrankos) bekannt. Blaufränkisch-Weine gibt es auch in Deutschland, und zwar fast ausnahmslos in → Württemberg, allerdings unter dem Namen Lemberger.

Blauschönung → Schönen

Blaustengler → Kéknyelü

Blaye Stadt und große Weinregion im Weinbaugebiet Bordeaux. Nördlich von Bourg auf dem rechten Ufer der Gironde gelegen. Es gibt drei Appellationen:

- *AOC Premières Côtes de Blaye* für die besseren Rotweine, ferner etwas Weißwein,
- *AOC Côtes de Blaye* für einfachere Weißweine,
- *AOC Blaye (auch Blayais)* für die einfachen Rotweine, ferner Weißweine.

Erzeugt werden auf rund 4700 ha Rebfläche rund 26 Millionen l Wein, wobei die Weißweine eine untergeordnete Rolle spielen. Bekannte Erzeuger: Châteaux Bourdieux, Loumède (Louis Raynaud), Pérenne, Sainte-Luce-Bellevue.

Blind Bezeichnung für einen unzureichend geklärten Wein; die nächstgeringere Stufe ist → trüb. Blinde Weine sind infolge von kolloiden oder festen, schwebenden Teilchen nicht klar und gelten als nicht verkehrsfähig. → Niederschlag. Eine leichte Trübung beim Rotwein hingegen kann ein gutes Zeichen sein, da der Erzeuger darauf verzichtet hat, den Wein zu filtern, um mehr Aromastoffe im Wein zu belassen.

Blindprobe Probe eines oder mehrerer Weine, von denen der oder die Verkoster nicht wissen, woher sie stammen. Ziel der Blindprobe ist es, Weine hinsichtlich ihrer Qualität zu beurteilen, ohne von den äußeren Bedingungen ihrer Entstehung (Herkunft, Weingut, Jahrgang, Rebsorte) Kenntnis zu haben. Meist ist den Verkostern ein Parameter bekannt, wie z. B. entweder Rebsorte oder Appellation. Auch bei einer Blindprobe sollte man darauf achten, dass nicht Äpfel mit Birnen verglichen werden, und grundsätzlich mindestens einer der folgenden Parameter als verbindende Grundlage berücksichtigt werden: die Region (Appellation), der Jahrgang, die Rebsorte oder die Lage. In der Praxis bedeutet dies, z. B. eine Reihe von Weinen aus der Appellation Margeaux oder lauter Rieslinge oder Weine aus einer Region oder Lage für eine Blindprobe zusam menzustellen. Es bleibt anzumerken, dass auch die Blindprobe nur einen Versuch darstellt, Subjektivität auszuschalten.

Blindrebe Als Blindrebe oder Blindholz bezeichnet man das Stück eines Weinrebentriebs, das zur vegetativen Vermehrung als Steckling verwendet wird.

Blüte Die Blüten eines Rebstocks sind klein, grün und unscheinbar und werden vom Winzer → Geschein genannt. Weinblüten sind je nach Rebsorte empfindlich gegen Kälte und Nässe, sodass kühles oder anhaltend regnerisches Wetter während der Blütezeit zu erheblichen Mengenverlusten bei der späteren Ernte führen kann. → Verrieseln

Bobal Rote spanische Rebsorte. Wird vor allem in Regionen (Alicante und Utiel-Requena) gepflanzt, die sich der Produktion von großen Mengen widmen oder Mostkonzentrate herstellen: etwa 100 000 ha Anbaufläche.

Boca Italienisches DOC-Weinbaugebiet im → Piemont, nördlich von Gattinara und Ghemme gelegen. Aus dem hier Spanna genannten Nebbiolo sowie Vespolina und Bonarda wird ein Rotwein erzeugt, der nach zwei Jahren Fasslagerung in den Handel kommt.

Bockfließ Österreichische Gemeinde im → Weinviertel, knapp 20 km nordöstlich von Wien gelegen. Rund 120 ha Rebfläche, auf der hauptsächlich Grüner Veltliner erzeugt wird.

Bocksbeutel Flache, bauchige Flasche mit kurzem Hals, die typisch für das Weinbaugebiet → Franken ist. Auch einige Weine aus dem Bereich Ortenau in Baden sowie die Weine von Tauberfranken dürfen in der originellen Flasche vermarktet werden. Immer häufiger flammt die Diskussion auf, ob der Bocksbeutel heute noch zeitgemäß ist. In jedem Fall schenkt man eine Bocksbeutelflasche ein, indem man sie flach hält, um den Wein ruhig ausgießen zu können.

Böckser Jungweine besitzen mitunter den Geschmack oder Geruch von faulen Eiern; sie haben dann einen Schwefel-, Hefe- oder Mistböckser. Auch wenn solche Fehler bei guten Weinen nicht vorkommen sollten, verschwinden sie meist im Laufe der Weinreifung.

Bodega Spanisch für Weinkeller, der in Spanien meist zu ebener Erde liegt. Ferner Bezeichnung für Weinkellerei mit den entsprechenden Einrichtungen. Der Begriff wird auch als Weinschänke gebraucht. Mit Bodega cooperativa bezeichnet man in Spanien eine Winzergenossenschaft.

Boden → Terroir

Bodenarten Neben der Tatsache, dass bestimmte Rebsorten bestimmte Böden bevorzugen, übt der Untergrund einen enormen Einfluss auf die Weinqualität aus. Einzigartige Weine entstehen oft nur durch einen bestimmten Untergrund, in dem die Reben wurzeln. So sind z. B. die Kreideböden der → Champagne für die außerordentliche Qualität des Champagners mitverantwortlich; ebenso entsteht der beste → Sherry auf Kreideböden. In Australien ist die rote eisenhaltige Erde in → Coonawarra (Terra rossa) verantwortlich für den hochwertigen Shiraz-Wein dieser Region, während der Riesling vom → Roten Hang in Nierstein vom roten Tonschiefer profitiert. → Terroir

Bodenheim Gemeinde südlich von Mainz in → Rheinhessen mit rund 500 ha Rebfläche. Bekannte Lagen: *Burgweg*, *Kapelle*, *Westrum*, *Silberberg*. Bekannter Erzeuger: Kühling-Gillot.

Bodensatz Hefe und Trub setzen sich während des Weinausbaus am Boden des Fasses oder Tanks ab. Beides wird durch den → Abstich vom Wein getrennt. Je nach Ausbauart wird dieser Abstich mehrfach wiederholt, oder es wird durch → Schönen, → Filtrieren und/oder → Separieren erreicht, dass der Wein glanzhell in die Flasche kommt. Einen späteren möglichen Bodensatz in der Flasche bezeichnet man als → Depot.

Bodensee, Bereich Kleinster Bereich des Weinbaugebiets → Baden am Nordufer des Bodensees. Rund 450 ha Rebfläche, die sich auf Müller-Thurgau und Spätburgunder, der häufig als → Weißherbst ausgebaut wird, verteilen. Die auch als Seeweine bezeichneten Weine des Bodensees gedeihen in 400 bis 450 m Höhe auf Moränenschotter. Auf dem Vulkankegel des Hohentwiel bei Singen erreicht der Weinbau sogar 570 m Höhe – das ist deutscher Rekord. Bekannte Erzeuger: Staatsweingut Meersburg, Spitalkellerei Konstanz, die Winzergenossenschaften in Meersburg, Hagnau, Reichenau u. a.

Bodensee, Bayerischer Bereich Der bayerische Weinbaubereich bei Lindau am Bodensee umfasst gerade einmal 21 ha. Zwei Drittel der Minifläche sind dem Müller-Thurgau vorbehalten, während für den Spätburgunder 4 ha reserviert sind.

Bodensee, Württembergischer Bereich Der württembergische Weinbaubereich in Kreßbronn am Bodensee umfasst sensationelle 8 ha. Zu der südlichsten württembergischen Weinbaugemeinde gehören auch einige Parzellen (!) bei Ravensburg. Angebaut wird Müller-Thurgau.

Boeckel, Domaine Französisches Weingut in Mittelbergheim im → Elsass mit rund 22 ha Rebfläche, auf denen vor allem Riesling, Gewürztraminer und Sylvaner erzeugt werden – rund eine halbe Millionen Flaschen jährlich. Klassischer Erzeuger.

Bois Bruley, Domaine du Französisches Weingut an der → Loire, AOC Muscadet. Rund 20 ha Rebfläche für Muscadet de Sèvre-et-Maine.

Bolgheri Diese kleine italienische Stadt an der toskanischen Mittelmeerküste ist der Namensgeber der DOC Bolgheri, ein Bereich für ganz normale Weißweine aus Trebbiano und Vermentino sowie für ganz normale Roséweine aus Sangiovese und Canaiolo. Trotzdem genießt der Name Bolgheri bei den Anhängern des italienischen Rebensafts ein hohes Ansehen, denn Bolgheri ist der Geburtsort der → Supertoskaner Sassicaia und Ornellaia vom Weingut Antinori, jenen Weinidolen, denen die italienische Erzeugerszene begeistert nacheifert – denn nichts ist bekanntlich erfolgreicher als der Erfolg. Während die ersten Jahrgänge von Sassicaia noch als Tafelwein etikettiert werden mussten, genießt Sassicaia heute das Privileg einer eigenen DOC, der Appellation Bolgheri Sassicaia.

Bolgheri Sassicaia DOC → Sassicaia

Bollinger Traditionsreiches → Champagnerhaus in Aÿ mit rund 150 ha eigener Rebfläche. Der Bollinger-Stil basiert auf der Verarbeitung von Pinot Noir-Trauben aus Aÿ, deren Most zum Teil in Holzfässern vergoren wird. Die zweite Gärung und das anschließende Hefelager gehen bei Bollinger um viele Jahre über das übliche Maß hinaus. Seine Lagerzeit absolviert der Champagner in naturverkorkten Flaschen. Sie werden nicht wie sonst allgemein branchenüblich mit Kronenkorken versehen. *Vieilles vignes R. D.* (für *Recemment dégorgé*), der *Brut millésimé* und der *Brut* dieses Hauses gehören zu den besten Cuvées und sind eine Klasse für sich. Ganz und gar überirdisch ist der → *Vieilles Vignes Françaises*: ein → *Blanc de Noirs* aus Trauben von ungepfropften Pinot noir-Reben, die von der Reblaus bis heute übersehen worden sind und direkt hinter dem Firmensitz stehen.

Bommes Eine von fünf französischen Gemeinden in der Appellation → Sauternes im Bordeaux. Sie verfügt über rund 300 ha Rebfläche, die zur Süßweinherstellung genutzt werden. Die Hälfte der insgesamt zwölf *Premiers crus* befindet sich in Bommes: Châteaux Sigalas-Rabaud, Rayne-Vigneau, Lafaurie-Peyraguey, Clos-Haut-Peyraguey, La Tour-Blanche und Rabaud-Promis.

Bon Pasteur, Château Le Kleines Weingut in → Pomerol mit 7 ha Rebfläche: 75 % Merlot und 25 % Cabernet franc.

Bonarda Name zweier verschiedener roter Rebsorten. Die »richtige« Bonarda findet sich vor allem im nördlichen → Piemont in der Gegend von Novara, wo sie als Verschnittwein für den DOC-Wein Bramaterra eingesetzt wird. Was hingegen unter dem Namen *Bonarda dell'Oltrepò Pavese* als DOC-Wein in den Handel kommt und als DOC *Bonarda dei Colli Piacentini* in der angrenzenden Emilia-Romagna, ist in Wirklichkeit Wein aus der Rebsorte Croatina, die hier Bonarda genannt wird. Bekannte Erzeuger im Oltrepò Pavese Bonarda DOC: Albani, Bellaria, Doria, La Castaiola, Vanzini.

Bonneau du Martray, Domaine Französisches Weingut im → Burgund in Savigny-lès-Beaune. Rund 9 ha Rebfläche, ausschließlich *Grand cru*-Lagen im → *Corton-Charlemagne*. Die Weine werden traditionell vinifiziert und zeigen viel → Terroir. Erzeugt rund 50 000 Flaschen weißen → Burgunder aus der Rebsorte Chardonnay.

Bonnes Mares Französische *Grand cru*-Lage im Burgund. Von den 15 ha Gesamtfläche gehören 13,5 ha zur Gemeinde → Chambolle-Musigny. Der Rest liegt im Bereich von → Morey-Saint-Denis. Auf leichten Kies-Ton-Böden werden rund 60 000 l Rotwein aus Pinot noir erzeugt. Bekannteste Erzeuger: Comte de Vogüé, G. Roumier, Dujac, Clair-Daü, Joseph Drouhin.

Bonny Doon Vineyards Kalifornisches Weingut bei Santa Cruz. Randall Grahm, eine der schillerndsten Persönlichkeiten im Weingeschäft, ist der Erfinder ungewöhnlicher Weine aus für Kalfornien ungewöhnlichen Rebsorten, die in ungewöhnlich konzentrierter Art vinifiziert und mit ungewöhnlichen Namen in ironisch-sarkastischem Dada-Marketing vertrieben werden. Bekannte Weine: Cardinal Zin, Big House White und Le Cigare Volant.

Bonnezeaux Französische *Grand cru*-Lage an den → Coteaux du Layon am Fluss Loire im → Anjou. Auf rund 106 ha Rebfläche werden jährlich rund 240 000 l Süßwein aus den edelfaulen Beeren der weißen Sorten Chenin blanc erzeugt, dessen Most mindestens 230 g/l Zucker aufweisen muss. Der Wein wächst auf Kiesböden, durchsetzt mit Schiefer. Bekannte Erzeuger: Angeli, Château de Fesles.

Bönnigheim Gemeinde im Weinbaugebiet → Württemberg mit rund 150 ha Rebfläche. Auf schweren Keuper- und Lehmböden werden hauptsächlich rote Sorten und Riesling angebaut. Bekannter Erzeuger: Weingut Dautel.

Bontemps Traditionelle hölzerne Schöpfkelle der Weingüter im Bordeaux, Symbol der *Commanderie du Bontemps de Médoc et des Graves* – der Vereinigung der Weinerzeuger und Weinhändler im Médoc und in den Graves.

Boppard Deutsche Stadt im Weinbaugebiet → Mittelrhein südlich von Koblenz mit rund 150 ha Rebfläche. Beste Lage: Der gewaltige Südhang des *Bopparder Hamm* mit den Einzellagen *Mandelstein, Feuerley, Ohlenberg, Engelstein.* Bekannte Erzeuger: August Perll, Florian Weingart aus dem benachbarten Ort Spay am Rhein.

Borba Portugiesisches IPR-Weinbaugebiet im → Alentejo, 200 km östlich von Lissabon. Bekannt für Rotweine aus den Sorten Periquita, Aragonez, Trincadeira, Alicante Bouschet und Weißweine aus Roupeiro, Rabo de Ovelha, Tamarez, Perrum. Die Zukunft dieses Gebietes begann 1992, als die Rothschild-Familie von Château Lafite eine 50 %ige-Beteiligung an dem traditionsreichen Weingut Quinta do Carmo erwarb, um *den* portugiesischen Spitzenrotwein zu erzeugen. Inzwischen ist das Projekt auf 100 ha ausgedehnt worden.

Bordeaux Französische Hafenstadt an der → Garonne und bedeutendste Stadt in Südwestfrankreich mit rund 650 000 Einwohnern. Einige Kilometer nördlich von Bordeaux vereinigen sich Garonne und Dordogne zur Gironde, nach der das umliegende Département mit der Hauptstadt Bordeaux benannt ist und das gesamte Weinbaugebiet Bordeaux umfasst. Hier befindet sich das größte aller französischen Qualitätsweinbaugebiete mit rund 117 000 ha Rebfläche (→ Karte nach S. 96) – das ist mehr, als ganz Deutschland zusammen zu bieten hat. Im Schnitt werden etwa 600 Millionen l Wein erzeugt – das heißt mehr als 20 Prozent der gesamten französischen AOC-Erzeugung stammen allein aus dem Bordeaux. Bis 1969 kam mehrheitlich Weißwein aus Bordeaux, doch ist ihr Anteil zugunsten der Rotweine auf gut 20 % zurückgegangen. Die Region gliedert sich in zwei Qualitätsebenen:

• AOC Bordeaux bzw. AOC Bordeaux Supérieur (rund 40 % der Gesamtfläche),

• regionale Appellationen wie z. B. Entre-Deux-Mers sowie kommunale Appellationen wie z. B. St-Emilion.

AOC Bordeaux bzw. AOC Bordeaux Supérieur

In der AOC *Bordeaux* und *Bordeaux Supérieur* werden auf rund 50 000 ha Rebfläche jährlich etwa 300 Millionen l Rot- und Weißweine erzeugt: Rotwein wird aus den Sorten Cabernet Sauvignon, Cabernet franc, Merlot, Malbec, Petit Verdot und Carmenère; Weißwein aus Sémillon, Sauvignon und Muscadelle. Bei der Lese müssen die Trauben einen potenziellen Alkoholgehalt von mindestens 10 %, beim AOC Bordeaux Supérieur von 10,5 % aufweisen; der zulässige → Ertrag liegt mit 5000 l pro ha niedriger als in der AOC Bordeaux; dort sind bis zu 6000 l pro ha erlaubt

Die übrigen Appellationen

Das Bordeaux-Gebiet besitzt 57 verschiedene Appellationen, die ein Abbild der Vielfältigkeit dieser Region sind. Unter dem Gesichtspunkt der Qualität ist die Einteilung in *linkes* und *rechtes* Ufer sinnvoll, aber für viele eine Weltanschauung.

• *Linkes Ufer*: gemeint sind das linke Ufer der Flüsse Garonne und Gironde und damit die Regionen → Médoc, → Graves und → Sauternes. Dort befinden sich drei der renommiertesten Bereiche für Rotweine aus dem Médoc, Rotweine und Weißweine aus Graves und süße Weißweine aus Sauternes. Sie sind unterteilt in Gemeindeappellationen wie z. B. → Pauillac, → Margaux, → Pessac-Léognan, → Barsac, die nicht nur das Herkunftsgebiet eingrenzen, sondern auch höhere Anforderungen an Mindestalkoholgehalt und → Ertrag stellen. Der zulässige Grundertrag, der *rendement de base*, schwankt in den Appellationen zwischen 4000 und 6500 l pro ha bei Rot- und Weißweinen und zwischen 2500 und 4000 l pro ha bei süßen Weißweinen. Daneben gibt es weniger prestigeträchtige Randzonen wie z. B. die → AOC Médoc im äußersten Norden oder → Cérons im Süden.

• *Rechtes Ufer*: bezeichnet das rechte Ufer der Dordogne und damit das Libournais, also die Bereiche bzw. Gemeindeappellationen von → Saint-Emil-

Die wichtigsten Appellationen des Bordeaux

Barsac	Haut-Médoc
Blaye bzw. Blayais	Lalande de Pomerol
Bordeaux Clairet	Listrac-Médoc
Bordeaux Côtes de Francs	Loupiac
Bordeaux Haut-Bénauge	Lussac Saint-Emilion
Bordeaux Rosé	Margaux
Bordeaux Sec	Médoc
Bordeaux Supérieur	Montagne Saint-Emilion
Bourg bzw. Bourgeais	Moulis-en-Médoc
Cadillac	Pauillac
Canon-Fronsac	Pessac-Léognan
Cérons	Pomerol
Côtes de Blaye	Premières Côtes-de-Blaye
Côtes de Bordeaux Saint-Macaire	Premières Côtes-de-Bordeaux
Côtes de Bourg	Puisseguin Saint-Emilion
Côtes de Castillon	Sainte-Croix-du-Mont
Entre-Deux-Mers	Saint-Emilion
Entre-Deux-Mers Haut-Benauge	Saint-Estèphe
Fronsac	Saint-Foy Bordeaux
Graves	Saint-George Saint-Emilion
Graves Supérieures	Saint-Julien
Graves de Vayres	Sauternes

ion, → Pomerol und → Fronsac, in denen ausschließlich Rotwein erzeugt wird.
• *Übrige Bereiche*: Bei ihnen handelt es sich im Wesentlichen um die nördlichen Randzonen → Bourg, → Blaye und Castillon (→ Bordeaux-Côtes de Castillon), in denen viel Rotwein erzeugt wird und die kein so hohes Ansehen wie linkes und rechtes Ufer genießen.
• *Bereich zwischen den Flüssen Garonne und Dordogne*: Hier liegt die bekannte Appellation → Entre-Deux-Mers – sie gilt nur für Weißwein. Der dort erzeugte Rotwein muss als AOC Bordeaux vermarktet werden. Eine eigene Appellation für Rotwein, → *Premières Côtes de Bordeaux*, gibt es ausschließlich am südlichen Hang zur Garonne, wo Klima und Geologie vorteilhaft für Rotwein sind.

Im Wesentlichen kommen heute drei Gattungen von Bordeaux-Weinen in den Handel:

• In der einfachsten Kategorie die → Markenweine als Verschnitt unterschiedlicher Provenienzen – meist ein AOC Bordeaux. Der bekannteste von allen ist der → Mouton-Cadet.
• Die unter dem Appellationsnamen in den Handel gebrachten Weine, bei denen es sich um Verschnitte von Kellereien oder Genossenschaften handelt, die innerhalb dieser Appellation angebaut werden, z. B. AOC Saint-Julien oder AOC Saint-Emilion.
• Der → Château-Wein hingegen stammt von einem bestimmten Weingut und ist dort meist auch abgefüllt (→ Mis en bouteille au château). Innerhalb dieser Kategorie gibt es im Médoc, den Graves, Sauternes und Saint-Emilion eine → Klassifizierung durch die Angaben von z. B. *Cru* → *bourgeois*, → *Grand cru classé, Grand cru, Premier grand cru (auch 1er cru), 2er cru, 3er cru , 4er cru oder*

5er *cru.* Dies kann bereits ein ernst zu nehmender Qualitätshinweis sein. Doch entsprechen derartige Hinweise nicht immer dem aktuellen Qualitätsniveau.

Bordeaux-Blend Bezeichnung für die typische Rebsortenmischung im Bordeaux: meist Cabernet Sauvignon, Cabernet franc, Merlot und Petit verdot. In der neuen Welt gebräuchliche Formel, um eine stilistische Verwandtschaft mit den Weinen des Bordeaux anzuzeigen.

Bordeaux Clairet und Rosé Französische AOC für Roséweine in der Appellation Bordeaux. Auf rund 2000 ha werden aus den roten Rebsorten des Bordeaux rund 13 Millionen l Rosé erzeugt. Clairets sind von tieferer Farbe als die Rosés. → Clairet

Bordeaux-Côtes de Castillon Östlich von Saint-Emilion auf dem rechten Ufer der Dordogne gelegener Weinbaubereich mit rund 3000 ha Rebfläche und einer eigenen AOC, deren Bestimmungen denen der allgemeinen Appellation Bordeaux recht ähnlich sind, insbesondere für Bordeaux Supérieur AOC. Es werden rund 17 Millionen l Rotwein erzeugt.

Bordeaux Côtes de Francs Die östlich von Lussac-Saint-Emilion und nördlich der Appellation Bordeaux-Côtes de Castillon gelegene kleine AOC ist die höchstgelegene an der Gironde mit rund 460 ha Rebfläche, auf denen vor allem Rotwein und wenig Weißwein erzeugt wird. Die Böden bestehen hauptsächlich aus Ton, Kalk und Mergel. Wenn die Weißweine mindestens 27 g/l natürlichen Restzucker enthalten, dürfen sie den Zusatz *liquoreux* führen.

Bordeaux Haut-Benauge Traditionsreiches französisches AOC-Gebiet für Weißwein im Bordeaux nördlich von Cadillac mit insgesamt neun Gemeinden: Arbis, Cantois, Escoussans, Gornac, Ladaux, Mourens, Soulignac, Saint-Pierre-de-Bat und Targon. Früher kamen die Weißweine meist als → Entre-Deux-Mers in den Handel, während sie nun über eine eigene Appellation verfügen.

Bordeaux sec Französische AOC. Eine Appellation für die weißen Weine, die an der Gironde auf rund 10 000 ha Rebfläche erzeugt werden: rund 54 Millionen l pro Jahr.

Bordeaux Supérieur Französische AOC. → Bordeaux

Bordelais Französisch für das Bordeaux-Gebiet, die Weinbauregion um die Stadt → Bordeaux.

Borgogno Italienisches Weingut in der Region → Piemont, im Ort Barolo. Erzeugt auf rund 20 ha Rebfläche Eigenbesitz und durch Traubenzukauf etwa 200 000 Flaschen Wein, vor allem klassische DOCG → Barolo (120 000 Flaschen), ferner DOC → Dolcetto d' Alba und Barbera d' Alba.

Boscarelli, Poderi Eines der führenden Weingüter in Montepulciano, Region → Toskana. Erzeugt auf rund 14 ha Rebfläche etwa 70 000 Flaschen Wein: neben dem DOCG Klassiker Vino Nobile de Montepulciano (auch als Rosso Riserva und Einzellagenwein Vigna del Nocio) wird ein → Supertoskaner erzeugt, der Boscarelli (aus dem Barrique, ein reinsortiger Sangiovese). Feine elegante Weine, mit ausgewogenem Holzeinfluss.

Bosco eliceo Italienische DOC in der Emilia-Romagna zwischen Ferrara und Ravenna. Rote Rebsorten: Merlot bzw. Fortana und viele weitere Lokalsorten. Weiße Sorten Sauvignon blanc bzw. Trebbiano Romagnolo. Produziert werden rote und weiße Frizzante.

Botrytis Cinerea In gewissen Weinbaugebieten, vor allem am → Rhein, am → Neusiedlersee, an Teilen der → Loire, im Gebiet von → Sauternes regelmäßig auftretender Pilz. Wenn er im Laufe des Sommers unreife Trauben befällt, tritt die so genannte → Rohfäule ein, die die infizierten Beeren zerstört. Befällt er hingegen im sonnigen und trockenen Herbst die reifen Trauben, wird aus dem Erzfeind plötzlich der beste Freund des Winzers. Seine zerstörerische Macht sorgt in diesem Fall für ein regelrechtes Weinwunder: Botrytis Cinerea perforiert dann die Beerenhaut und bewirkt eine Verdunstung des Wassers aus dem Fruchtfleisch. Auf diese Weise konzentrieren sich der → Zucker und alle anderen Inhaltsstoffe der Beeren. Aus derartigem Lesegut lassen sich hochrangige → Auslesen, → Beerenauslesen, → Trockenbeerenauslesen und französische → vins liquoreux erzeugen. Da diese speziellen Weine aufgrund der enormen Zuckerkonzentration nicht vollständig durchgären, weisen sie eine deutliche Süße auf. Charakteristisch ist auch der spezifische Botrytiston in Geruch und Geschmack. Botrytis in einem trockenen Weißwein ist nicht unbedingt förderlich und mündet häufig in eine medizinale Aromatik. Botrytis in Rotweinen ist schlicht eine Katastrophe, da der Pilz die in den Beerenschalen lokalisierten Farbpigmente und Tannine, die dem Rotwein ihren Charakter geben, ruiniert. Die Ausbreitung des Pilzes kann durch Laubschnitt und Ausdünnen zum raschen Abtrocknen der Trauben und durch den Einsatz von Botrytiziden (Fungizide) bekämpft oder eingedämmt werden. Das Ausmaß an Botrytisbefall ist von Jahr zu Jahr sehr verschieden.

Botticino Unmittelbar nordöstlich von Brescia aus den Sorten Barbera, Schiava, Marzemino und Sangiovese erzeugter Rotwein aus der → Lombardei.

Bouchard Père & Fils Französisches Weingut und Handelshaus in Beaune, → Burgund, heute im Besitz eines Champagnerhauses. Insgesamt knapp 100 ha Rebfläche, davon über 30 ha Premier cru-Lagen (weiß und rot) sowie 3 ha Grand cru-Lagen, u. a. 1 ha im *Grand cru* → *Le Montrachet.*

Bouches-du-Rhône Südostfranzösisches Département am Mittelmeer, zu dem Marseille, Aix-en-Provence, Arles und das Rhône-Delta gehören. Der Weinbau ist stark rückläufig. Heute stehen nur noch 10 000 ha im Ertrag. Bekannte Weine: Cassis – das ideale Getränk zur Bouillabaisse – sowie die Weiß-, Rot- und Roséweine von → Palette und der → Coteaux d'Aix, alle mit eigener AOC. Ferner gehören Teile des Départements zum Anbaugebiet der → Côtes de Provence und zum Landweingebiet Vin de pays des Sables-du-Golfe-de-Lion.

Bouchet Im französischen Libournais (Saint-Emilion, Pomerol, Fronsac) übliche Bezeichnung für die Rebsorte Cabernet franc. Nicht zu verwechseln mit dem Namen des französischen Hybriden-Züchters Henri Bouschet. → Alicante-Bouschet

Bougros Eine der acht → *Grand cru*-Lagen von → Chablis mit 12 ha Rebfläche.

Bouquet → Bukett

Bourg Ort im → Bordeaux-Gebiet. Liegt auf dem rechten Ufer von Gironde und Dordogne, unmittelbar dem Haut-Médoc gegenüber. In den Appellationen Bourg und Côtes de Bourg werden auf 3750 ha Rebfläche rund 23 Millionen l überwiegend Rotwein erzeugt. Sie werden in der Regel aus den Sorten Merlot, Cabernet franc, Cabernet Sauvignon und Malbec vinifiziert. Bekannte Erzeuger: Châteaux de Barbe, Les Heaumes, du Bousquet, Falfas, Eyquem, La Croix de Millorit und Haut-Guiraud.

Bourgeois Nachdem durch die → Klassifizierung von 1855 die Bonität der → Haut-Médoc-Weingüter in fünf Kategorien eingeteilt worden war, hat man im Jahr 1932 weitere 444 Weingüter aus dem gesamten → Médoc als *crus bourgeois* eingestuft. Rund 100 von diesen wurden ausschließlich im Haut-Médoc als *Crus bourgeois supérieurs* bewertet. Die sechs besten dieser 100 bekamen den Status *Crus bourgeois supérieurs exceptionels* eingeräumt. Durch das Syndikat der *Crus bourgeois*-Weingüter des Médoc ist diese Klassifizierung überarbeitet und vereinfacht worden, so dass man heute nur noch von *Crus bourgeois* spricht. Zurzeit gibt es im Médoc etwa 300 *Crus bourgeois*, die zusammen über eine Fläche von 7000 ha verfügen, das sind rund 50 % der Ertragsfläche des Médoc.

Neben den → *Crus classés* erzeugen diese Bourgeois-Güter Weine, die jenen als 5ᵉ *Cru classé* eingestuften Gewächsen oftmals ebenbürtig sind. Bei Weinen unterhalb der Bourgeois-Ebene spricht man heute schlicht von *autres Crus*. Außerhalb des Médoc hat sich der Begriff *Cru bourgeois* bislang noch nicht offiziell durchgesetzt, obwohl es in den Graves seit langem Bestrebungen zu seiner Einführung gibt.

Bourgeoise, Henri Französisches Weingut und Weinhaus an der → Loire in der AOC → Sancerre im Ort Sancerre. Einer der einflussreichsten Erzeuger mit rund 60 ha Rebfläche. Spitzenweine: La Bourgeoise (weiß: Sauvignon blanc; rot: Pinot noir) sowie MD de Bourgeoise. Erzeugt auf 4 ha auch AOC → Pouilly-Fumé.

Bourgogne Französische AOC im → Burgund. Die Appellation Bourgogne stellt die unterste Stufe der burgundischen Weinklassifikation dar, aus ihr kommen die einfachsten Weine der 300 km langen Region in den Handel. Auf rund 2.100 ha Rebfläche werden knapp 20 Millionen l Rot-, Rosé- und Weißweine (40 %) erzeugt. Die Rotweine werden aus Pinot noir, die Weißweine aus Chardonnay vinifiziert. Die dieser AOC zugeschlagenen Rebflächen sind sozusagen die qualitativ weniger guten Restflächen der anderen höherwertigen Appellationen (z. B. Premier cru- oder Village-Weine).

Bourgogne Aligoté Französische AOC für Weißweine aus dem Burgund, die nicht – wie sonst üblich – aus der Rebsorte Chardonnay gekeltert werden, sondern aus der Sorte Aligoté. Es handelt sich um einen säurebetonten frischen Wein, der aber an die außerordentliche Qualität der besseren weißen Burgunder nicht heranreicht. Auf rund 1500 ha werden etwa zehn Millionen l Wein erzeugt.

Bourgogne Côte Chalonnaise Französische Appellation für die 44 Weinbaugemeinden der → Côte Chalonnaise mit → Givry, → Mercurey, → Rully und anderen Gemeinden. In der AOC werden auf 500 ha Rebfläche rund 2,7 Millionen l Wein erzeugt. Das Weinbaugebiet mit seinen Mergel-, Sand- und Tonböden erstreckt sich als 40 km langes und 5 bis 8 km breites Band. Rebsorten: Chardonnay, Pinot noir und Auxerrois.

Bourgogne Haut-Côtes de Beaune Französische AOC im Burgund für Rot- und wenige Weißweine. Auf rund 670 ha Rebfläche werden in den Hanglagen oberhalb der eigentlichen → Côte d'Or an der Haut-Côtes-de-Beaune jährlich 3,7 Millionen l überwiegend Rotwein (Pinot noir) erzeugt.

Bourgogne Haut-Côtes de Nuits Französische AOC im Burgund. Auf rund 660 ha Rebfläche wird überwiegend Rotwein (Pinot noir) angebaut, ferner etwas Chardonnay mit einer jährlichen Produktionsmenge von rund 2,8 Millionen l Wein.

Bourgogne Passe-Tout-Grains → Passe-Tout-Grains

Bourgueil Französischer Ort in der → Touraine westlich von Tours an der → Loire gelegen, bekannt für seine Rotweine, die hauptsächlich aus Cabernet franc, hier Breton genannt, und mit Zusätzen von Cabernet Sauvignon erzeugt werden. In der AOC Bourgueil werden auf 13 000 ha Rebfläche jährlich rund 7,2 Millionen l Wein erzeugt. Die Reben stehen auf Tuff, Kies und Kalkgestein an den Loirehängen. Die Weine sind für eine längere Lager- und Reifezeit bestimmt, bevor sie ihren Höhepunkt erreichen. Bekannte Erzeuger: Audebert, Georges Renou, Jacques Morin, Raphael Galteau, Régis Mureau, Marc Mureau, Lamé-de-Lille und La Dîme.

Bouscaut, Château *Cru classé* aus Cadaujac im → Graves, unmittelbar südlich der Stadt Bordeaux gelegen. 46 ha Rebfläche: 50 % Merlot, 35 % Cabernet Sauvignon, 15 % Cabernet franc bei Rotwein, bei Weißwein 60 % Sémillon und 40 % Sauvignon.

Boutique-Winery Bezeichnung für Weingüter im Miniaturformat, vor allem ein kalifornisches Phänomen. Meist verfügen solche Erzeuger über keine eigene Weinberge, sondern kaufen die Trauben und verarbeiten sie in Scheunen oder Garagen (→ Garagen-Winzer). Diese Weingüter erregen nicht selten besonderes Aufsehen, wenn sie dank guter Kritik (→ Parker) eine stürmische Nachfrage auslösen und ihre Weinpreise in der Folge regelrecht explodieren.

Bouvet-Ladubay Bedeutender französischer Schaumweinerzeuger an der → Loire im Bereich → Anjou. Jahresproduktion rund 2 Millionen Flaschen AOC → Saumur mousseux.

Bouvier Österreichische weiße Rebsorte, die noch auf 500 ha insbesondere im → Burgenland rund um den Neusiedler See angebaut wird. Ergibt bei richtiger Pflege sensationelle Beerenauslesen und Trockenbeerenauslesen. Bekannter Erzeuger: Josef Gangl in Illmitz.

Bouzeron Französische Weinbaugemeinde an der nördlichen Côte Chalonnaise im Burgund, deren ansprechende Weine aus der Rebsorte Aligoté als AOC Bouzeron in den Handel kommen. Auf 60 ha Rebfläche werden rund 330 000 l Weißwein produziert. Die Rebstöcke stehen auf Mergel- und Kalkböden.

Bouzy Bedeutender Weinbauort in der der → Champagne, eine der insgesamt 17 → *Grand cru*-Gemeinden des Gebiets. Auf den Rebflächen steht hauptsächlich Pinot noir, der hier sehr hochwertige Grundweine für den → Champagner liefert. Wie gut der Pinot noir hier ausfällt, zeigt er auch als konventionell ausgebauter Rotwein, als *Bouzy rouge.*

Bowen Estate Australisches Weingut im Weinbaugebiet → Coonawarra. Auf rund 40 ha Rebfläche werden etwa 300 000 Flaschen Wein erzeugt, vor allem Shiraz, Cabernet Sauvignon, Merlot, Cabernet franc und Chardonnay. Ein handwerklich arbeitender Betrieb.

Boyd-Cantenac, Château Französisches *3e cru classé* aus der Appellation → Cantenac mit 18 ha Rebfläche. 67 % Cabernet Sauvignon, 20 % Merlot, 7 % Cabernet franc, 6 % Petit Verdot.

Bozen (Bolzano) Hauptstadt der italienischen autonomen Provinz → Südtirol (Alto Adige). Die Berghänge nordöstlich und -westlich der Stadt sind mit Reben bepflanzt und bringen eine Reihe von Weinen hervor: den roten Sankt Magdalener aus der Sorte Vernatsch, den Bozner Leiten (Colli di Bolzano), ein Rotwein aus der Sorte Schiava (italienische Bezeichnung für Vernatsch), und den weißen Terlaner, die heute alle unter der DOC-Oberbezeichnung Südtiroler (Alto Adige) in den Handel kommen. Weiter südlich von Bozen gedeiht der populäre Rotwein → Kalterersee (Vernatsch). Das Klima der Region profitiert vom geschützten Talkessel rund um die Stadt. Das augenfälligste Merkmal neben dem in jeder Hinsicht alpinen Bergweinbau der Region ist das → Pergola-Erziehungssystem.

Brachetto d'Acqui Ein lieblicher italienischer DOCG-Rotwein, der auch als

→ Frizzante (Perlwein) oder Spumante (→ Schaumwein) in 18 Gemeinden der Provinzen Asti und Alessandria im südlichen Piemont aus der Sorte Brachetto erzeugt wird.

Braida Italienisches Weingut in der Region → Piemont im Ort Rochetta Tanaro – einer der führenden modernen Erzeuger der Region. Ist im Besitz von Giacomo Bologna, einem einflussreichen Önologen. Erzeugt auf rund 27 ha Rebfläche Eigenbesitz und unter Traubenzukauf etwa 350 000 Flaschen Wein, vor allem den berühmten Bricco dell'Uccellone – einen stark holzbetonten Wein aus der Rebsorte Barbara.

Bramaterra Italienischer DOC-Rotwein aus der Gegend von Roasio zwischen Lessona und Gattinara im nördlichen → Piemont. Er wird zu ungefähr zwei Dritteln aus Nebbiolo (hier Spanna genannt) sowie kleineren Zusätzen von Croatina, Bonarda und Vespolina erzeugt und muss mindestens 18 Monate im Fass reifen.

Branaire-Ducru, Château *4e cru classé* aus → Saint-Julien im Haut-Médoc, unmittelbar gegenüber von Château Beychevelle. 50 ha Rebfläche. 65 % Cabernet Sauvignon, 25 % Merlot, 10 % Cabernet franc.

Branco Portugiesisch für weiß. *Vinho Branco:* Weißwein.

Brandig Negativer Geschmackseindruck, hervorgerufen durch einen unharmonisch hervorstechenden Alkoholgehalt des Weins, der deshalb → bitter und unharmonisch schmecken kann.

Brane-Cantenac, Château *2e cru classé* aus → Cantenac im → Haut-Médoc im Bordeaux mit 85 ha Rebfläche. 70 % Cabernet Sauvignon, 15 % Cabernet franc, 13 % Merlot, 2 % Petit Verdot.

Brasilien Wein gedeiht nur im äußersten Süden Brasiliens im Bundesstaat Rio Grande do Sul, der angesichts seiner Entfernung zum Äquator ein gemäßigteres Klima aufweist. Rund 60 000 ha sind mit Reben bestockt, darunter die Sorten Cabernet Sauvignon, Cabernet franc und Merlot, die zum Teil als Tafeltrauben vermarktet werden. Die Produktion beläuft sich jährlich auf rund 300 Millionen l Wein, der außerhalb Brasiliens praktisch keine Rolle spielt. Neben lokalen Erzeugern und Winzergenossenschaften haben sich einige ausländische Investoren niedergelassen, darunter Pedro Domecq aus Spanien und Almadén aus Kalifornien.

Braun Weingut in → Nierstein am Rhein an der so genannten → Rheinfront im Weinbaugebiet Rheinhessen mit 28 ha Rebfläche: vorwiegend Riesling, der in Holzfässern ausgebaut wird. Bekannte Lagen: *Pettenthal*, *Hipping*, *Ölberg*, *Heiligenbaum* und *Orbel*.

Brauneberg Ort an der mittleren Mosel mit etwa 300 ha Rebfläche im Weinbaugebiet Mosel-Saar-Ruwer. Bekannte Lagen: *Juffer*, *Juffer-Sonnenuhr*, *Kammer*. Bekannte Erzeuger: Fritz Haag, Max Ferdinand Richter, Willi Haag.

Breganze Nördlich von Vicenza gelegener Weinbaubereich im norditalienischen → Veneto. Laut DOC-Bestimmungen gibt es 5 Rebsortenweine: Cabernet Sauvignon, Pinot nero, Pinot bianco, Pinot grigio und Vespaiolo sowie die Verschnittweine Bianco und Rosso. Bekannter Erzeuger: Maculan.

Breisgau Mittlerer Bereich des Anbaugebietes → Baden. Der Weinbau zieht sich als Band von Freiburg bis Lahr an den Vorhügeln des Schwarzwaldes und den Abhängen der angrenzenden Seitentäler entlang. Im Glottertal reicht der Weinbau bis auf eine Höhe von 550 m und umfasst insgesamt rund 2000 ha Rebfläche. Die Böden bestehen größtenteils aus Löß. Rebsorten Müller-Thurgau, Spätburgunder und Grauer Burgunder.

Breit Man bezeichnet einen Wein als

breit, wenn es ihm an → Säure und Nuancen, an Struktur und Feinheit mangelt.

Brennwein Als Brennwein bezeichnet man Wein, der zu Weinbrand bzw. → Cognac verarbeitet wird.

Brentano Deutsches Weingut in Winkel im → Rheingau, das fast ausschließlich Riesling anbaut. Das Gut ist auch durch Goethes Verbindung mit der Familie Brentano zu Anfang des 19. Jahrhunderts bekannt geworden.

Brescia Provinz im Osten der → Lombardei in Norditalien und eines der größten Weinbaugebiete der Region.

Brettanomyces Hefespezies, die Trauben besiedelt und auch im Wein vorkommen kann. Dort stößt das von ihr erzeugte animalische Aroma in der Regel aber auf Ablehnung, weil es von den meisten Weintrinkern als äußerst unangenehm empfunden wird. Das starke Auftreten von Brettanomyces und die damit verbundene Animalie im Duft gilt als Weinfehler, der seine Ursache in unzureichender Kellerhygiene hat. Homöopathische Mengen der animalischen Aromatik sind als komplexe Aromafacette im Rotwein durchaus willkommen – nur zu viel darf es nicht sein.

Breuer, Georg Deutsches Weingut in Rüdesheim, Weinbaugebiet Rheingau. Auf rund 24 ha Rebfläche wird überwiegend Riesling angebaut. Bekannte Lagen (teilweise erstes Gewächs – werden aber als solche vom Weingut nicht deklariert): *Rüdesheimer Berg Schlossberg* und *Rottland, Rauenthaler Nonnenberg.*

Bricco dell'Uccellone Ein italienischer Rotwein aus der Sorte Barbera, der von Giacomo Bologna in Rocchetta Tanaro im → Piemont in der Nähe von Asti entwickelt wurde. Einst der einzige Superstar unter den Barbera-Weinen.

Bricout → Champagnerhaus in → Avize. Arbeitet überwiegend auf Chardonnay-Basis.

Brillante Handelsname für einen leicht süßen spanischen Weißwein.

Brindisi Italienische Hafenstadt im Süden → Apuliens, Endpunkt der antiken Via Appia. Ein DOC-Gebiet für Rot- und Roséweine.

Brioche Typisches Weinmerkmal von im → Barrique ausgebauten Weißwein – besonders Chardonnay aus dem → Burgund. Da das neue Eichenfass bei seiner Herstellung von innen geröstet wird (Toasting gibt es in den Klassen low, medium und high), gelangen Röstaromen in den Wein, die eine aromatische Verbindung mit der Mineralität des Chardonnay eingehen.

Brix In den USA übliches Messsystem zur Bestimmung des Traubenzuckergehalts. Ein Grad Brix bezeichnet die Menge von etwa 18 g/l Zucker. → Oechslegrad

Broadbent, Michael (Jahrgang 1927) Anerkannter britischer Weinexperte und unumstritten kenntnisreichster Weinfachmann der Welt. Autor, Wein-Auktionator (bei Christie's) sowie Berater (British Airways) und ein mit Wissen beschlagener Degustator. Niemand dürfte über mehr Erfahrungen mit historischen Weinen verfügen als Broadbent, der sich im Rahmen seiner jahrzehntelangen Studien mit minuziösen Aufzeichnungen zu einem allseits bewunderten Kenner entwickelt hat.

Brochon Französische Weinbaugemeinde an der → Côte d'Or in → Burgund, unmittelbar nördlich von Gevrey-Chambertin. Während die Weine der elf südlich des Ortes gelegenen Lagen mit zusammen 51 ha die Appellation Gevrey-Chambertin führen, kommen die übrigen 42 ha schlicht als → Côte de Nuits-Villages oder als Bourgogne in den Handel.

Brolio, Castello di Berühmtes italienisches Weingut in der Region → Toskana, DOCG Chianti Classico. Auf Castello Brolio wurde in der 1850er Jahren der

→ Chianti »erfunden« – gemeint ist damit die Rezeptur, Sangiovese sowie weitere Rot- und Weißweinsorten miteinander zu verschneiden und für einige Zeit im Holzfass reifen zu lassen. Lange Zeit hat das Weingut von diesem Erbe gezehrt, inzwischen wurde es durch → Önologen runderneuert und produziert glatte, exportfähige Weine im → internationalen Stil. Auf rund 250 ha Rebfläche werden auch durch Traubenzukauf etwa 1,6 Millionen Flaschen Wein erzeugt – vom Chianti Classico rund 800 000 Flaschen. Außerdem Casalferro (Sangiovese), Formulae (Sangiovese), Toricella (Chardonnay) sowie Vin Santo und Einzellagen-Chianti.

Broni Italienische Weinbaugemeinde im → Oltrepò Pavese in der südlichen → Lombardei.

Brouilly Name zweier französischer AOC im Burgund, die zu den zehn *Crus* im Beaujolais gehören:

AOC Brouilly: eine der bekanntesten und flächenmäßig größten *Crus* des → Beaujolais mit rund 1300 ha Rebfläche, auf der jährlich etwa 7,6 Millionen l Rotwein aus der Sorte Gamay erzeugt werden, die auf Granit (im Westen), Quarzsand, tonigem Kalk und Schwemmlandböden (im Osten) wächst. Bekannte Erzeuger: Michaud, Domaine des Grandes Vignes und Domaine de la Combillaty.

AOC → Côte de Brouilly, deren Weine im Beaujolais zu den besten *Crus* zählen. Sie liegt westlich der Sâone auf den Schiefer- und Porphyrhängen am Berg Brouilly. Auf rund 315 ha werden jährlich etwa 1,9 Millionen l Rotwein aus der Sorte Gamay produziert. Bekannte Erzeuger: Thivin, Chavanne, Cotton, Nesme.

Broustet, Château Französches 2e *cru classé*-Weingut in der Appellation → Barsac mit 16 ha Rebfläche für die Süßweinerzeugung: 63 % Sémillon, 25 % Sauvignon, 12 % Muscadelle.

Bruch Trübung oder Veränderung der Farbe von Traubenmost, der meist durch einen Überschuss an metallischen Salzen hervorgerufen wird. Selbst eine nur kurze Berührung mit Kupfer oder Eisen kann bei einem ansonsten gesunden Wein zu Bruch führen.

Bründlmayer Österreichisches Weingut im Weinbaugebiet → Kamptal – einer der führenden Produzenten der Region. Auf rund 65 ha Rebfläche werden jährlich etwa 300 000 Flaschen Wein erzeugt, davon zu über 80 % Weißwein. Rebsorten: vor allem Grüner Veltliner 33 %, Riesling 25 %, ferner Blauburgunder, Sankt Laurent, Chardonnay. Die Weine wachsen auf Kalk- und Lehmböden, teilweise auch auf Lößlehm. Bekannte Lagen: *Zöblinger Heiligenstein, Lamm, Käferberg, Spiegel* und *Dechant.*

Brunello di Montalcino Ein berühmter DOCG-Rotwein aus der → Toskana, dessen Spuren sich bis zum Weingut → Biondi Santi zurückverfolgen lassen. Er wird südlich von Siena in der Umgebung von Montalcino laut Vorschrift der Appellation aus der Rebsorte Brunello (Sangiovese grosso) erzeugt. Für diesen Wein ist eine sechsjährige Lagerung (davon 28 Monate im Holzfass) vorgeschrieben, für eine Riserva sieben Jahre (davon 30 Monate im Holzfass). Ein einfacherer DOC-Rosso di Montalcino (überwiegend aus Sangiovese) darf bereits nach zwei Jahren in den Handel gebracht werden. In den letzten Jahren hat sich die Anzahl der Brunello-Erzeuger sprunghaft erhöht: Waren es 1960 nur elf, sind es heute rund 100. Mit diesem rasanten Anstieg dehnten sich auch die Rebflächen aus: 1960 waren es bescheidene 60 ha, heute sind es 1500 ha – ein exorbitantes Wachstum. Stilistisch handelt es sich beim Brunello um gehalt- und charaktervolle, häufig tanninbetonte Typen, die in ihrer aktuellen, modernisierten Version in jeder Hinsicht als maximierte

Hochleistungsrotweine angesehen werden können. Viele Erzeuger haben mit dem Barrique noch nicht ausreichende Erfahrungen gesammelt. Bekannte Erzeuger: Biondi Santi, Poggio Antico, Argiano, Gianni, Costanti, Case Basse, Barbi, Talenti, Capana, Casanuova delle Cerbaie.

Brut Französisch für roh. Bezeichnung für den Gehalt an Restsüße im → Champagner oder Schaumwein (Sekt), der durch die Dosage bestimmt wird. Es gibt drei Kategorien:

- Brut: 0 bis 15 g Zucker/l
- Extra Brut: 0 bis 6 g Zucker/l
- Brut zéro: ohne Dosage, also weitgehend frei von Zucker.

Auch wenn Brut und Extra Brut keine Garantie für Qualität sind, werden Champagner heute meist als Brut abgefüllt.

BSA → Biologischer Säureabbau

Bual Eine der Rebsorten auf → Madeira und ein aus ihr erzeugter, süßer, goldfarbener Wein, auch Boal genannt.

Bucelas Portugiesisches DOC-Weinbaugebiet rund 20 km nördlich von Lissabon im Trancãotal. Name für die dort erzeugten Weißweine aus der Sorte Arinto, die sich im Aufschwung befindet Bekannte Erzeuger: Camillo Alves und Quinta de Romeira.

Bugey Französisches Gebiet im Département Ain östlich von Lyon. In der VDQS Bugey werden eine Reihe von Rot-, Rosé-, Weiß- und Schaumweinen abgefüllt, die als Vin du Bugey oder Roussette du Bugey (bei bestimmten Weißweinen) in den Handel kommen, manchmal unter dem Zusatz eines Gemeindenamens wie Montagnieu oder Virieu. Auf 450 ha Rebfläche werden rund 2,8 Millionen l Wein überwiegend aus den Rebsorten Gamay, Pinot noir, Poulsard und Mondeuse gekeltert. Bugey war die Heimat des berühmten Gastrosophen Brillat-Savarin.

Buhl, Reichsrat von Deutsches Weingut in Deidesheim, Weinbaugebiet → Pfalz, mit rund 50 ha Rebfläche, auf der überwiegend Riesling angebaut wird. Traditionsreicher und angesehener Erzeuger. Bekannte Lagen: *Deidesheimer Kieselberg, Leinhöhle, Herrgottsacker* und *Forster Pechstein, Kirchenstück, Jesuitengarten* und *Ungeheuer*.

Bühl Stadt an den Hängen des Schwarzwaldes, in der → Ortenau. 200 ha Rebfläche vor allem in Altschweier, Eisental und Neusatz. Bekannte Lage: *Wolfhag*. Zu rund 85 % werden Riesling und Spätburgunder angebaut und größtenteils von der Affentaler Winzergenossenschaft in den Handel gebracht.

Buitenverwachting Südafrikanisches Weingut im Weinbaugebiet → Constantia. Auf rund 120 ha Rebfläche werden etwa 850 000 Flaschen Wein erzeugt, vor allem Chardonnay, Sauvignon blanc, Cabernet Sauvignon und Merlot.

Bukett Das komplexe Zusammenspiel aller Düfte eines Weins.

Bükkalja Ungarisches Weinbaugebiet im Nordosten des Landes. Die Rebflächen liegen an den Hängen des Bükk-Gebirges, das Ungarn und die Slowakei voneinander trennt, und reichen von den Orten Bogács bis Miskolc. Direkt westlich davon liegt das bekanntere Weinbaugebiet Eger.

Bulgarien Balkanstaat mit einer Weintradition, die über 3000 Jahre zurückreicht. Heute hat Bulgarien ungefähr 200 000 ha Rebfläche und produziert 300 Millionen l Wein pro Jahr, überwiegend Rotwein. Neben traditionsreichen Balkansorten wie Kadarka und Mavrud (Mavrodaphne) werden in zunehmendem Maße Cabernet Sauvignon und Merlot sowie Chardonnay angepflanzt. Die Weine werden zu zwei Dritteln exportiert, früher vor allem in die Länder Osteuropas, doch seit den 1990er Jahren kommen sie verstärkt auch auf den westeuropäischen Markt. In letzter Zeit sind viele ausländische Investoren und Berater aktiv.

Bundes-Weinprämierung Gütesiegel der Deutschen Landwirtschafts-Gesellschaft (DLG) für Weine auf Bundesebene. Zuvor müssen die Weine bereits auf Landesebene einen Preis (Kammerpreismünze in Bronze, Silber, Gold) gewonnen haben. Auf Bundesebene wird neben Bronze und Silber der »große Preis« vergeben. Da fast alle zur Prämierung eingereichten Weine einen Preis erhalten, ist diese Auszeichnung für den Weintrinker keine Qualitätsgarantie und daher verzichtbar. Fast alle Spitzenerzeuger nehmen an diesem Wettbewerb nicht teil.

Bündner Herrschaft Weinbaubereich von → Graubünden in der Schweiz, nördlich von Chur um die Gemeinden Fläsch, Maienfeld, Jenins und Malans gelegen.

Burg Layen Gemeinde im Anbaugebiet → Nahe mit rund 200 ha Rebfläche. Bekannte Lagen: *Schloßberg*. Bekannter Erzeuger: Johann Baptist Schäfer.

Burgenland Österreichische Weinbauregion mit den vier Gebieten → Neusiedlersee, → Neusiedlersee-Hügelland, → Mittelburgenland und → Südburgenland. Das Burgenland, im Osten an der Grenze zu Ungarn gelegen, ist mit rund 20 000 ha Rebfläche das zweitgrößte Anbaugebiet Österreichs.

Geographie und Klima, Rebsorten

Im vom Neusiedler See geprägten Klima entstehen einige der großartigsten Süßweine der Welt, wie z. B. der → Ruster Ausbruch oder jene aus dem so genannten Seewinkel bei → Illmitz. Auch die Rotweine der Region machen zunehmend von sich reden. Die wichtigen roten Sorten des Burgenlands heißen Blaufränkisch, Zweigelt und Sankt Laurent, ferner die üblichen Neuzugänge wie Cabernet Sauvignon, Merlot und Syrah, die sich auch im Burgenland großer Beliebtheit erfreuen und die Experimentierfreudigkeit der Winzer beflügeln.

Mit plumper Schwere und charakterloser Süße verleugneten die Burgenländer Weine bis Mitte der 1980er Jahre, dass die Region erheblich bessere Qualität hervorbringen kann. Das hat sich durch die kathartische Wirkung des Glykolskandals von 1985 gründlich geändert. Seitdem überschlagen sich die Winzer regelrecht, sodass es im Burgenland heute viele Betriebe, Genossenschaften und Gruppen (wie die → Pannobile Winzer in Gols) gibt, die allesamt hervorragende Weine machen.

Bürgerspital zum Heiligen Geist

Eines der größten deutschen Weingüter im Weinbaugebiet → Franken. Das Bürgerspital wurde in Würzburg im Jahre 1319 als wohltätige Stiftung gegründet und bewirtschaftet heute unter Leitung von Helmut Plunien rund 120 ha Rebfläche. Seine Weinberge liegen zum großen Teil innerhalb der Stadtgrenzen von Würzburg: *Stein, Stein-Harfe, Innere Leiste, Abtsleite, Pfaffenberg*. Weitere Weinberge befinden sich in Randersacker: *Pfülben, Teufelskeller, Marsberg* und in Thüngersheim, Michelau, Gössenheim, Leinach, Veitshöchheim und Himmelstadt. Anders als in Franken üblich ist der Riesling mit 25 % die Hauptrebsorte des Bürgerspitals, während auf den Müller-Thurgau und die traditionellen Rebe Frankens, den Silvaner, jeweils etwa 20 % entfallen; produziert wird auch etwas Spätburgunder.

Bürgstadt Gemeinde am Main im Weinbaugebiet → Franken. Bekannte Lage: *Centgrafenberg*. Bekannter Erzeuger: Fürst und Stich.

Burgund *La Bourgogne*. Historische Provinz Frankreichs, südöstlich von Paris gelegen, in der einige der berühmtesten Rot- und Weißweine der Welt wachsen, die → Burgunder.

Burgunder Diese Sammelbezeichnung umfasst viele Weine der Region → Burgund, die historisch gesehen das Kernland des ehemaligen selbständigen Herzogtums von Burgund bildete. Im engeren weinrechtlichen Sinne darf sich nur ein kleiner Teil der im Burgund erzeugten Weine Burgunder nennen – die weinrechtlichen Bestimmungen des Gebiets sind also nicht deckungsgleich mit den geographischen Bezeichnungen.
Im Burgund gibt es folgende Weinbaubereiche mit z. T. etlichen AOCs, deren Rebflächen zwischen Dijon und Lyon ein lang gestrecktes Band bilden, das auf den früh besonnten Ost- und Südosthängen ideale Wachstumsbedingungen findet. (→ Karte nach S. 96)
• AOC → Chablis: liegt ganz im Norden als Weininsel nach Westen versetzt. In dieser kühlen Region wird ausschließlich Chardonnay angebaut, der entweder als *Petit Chablis*, *Chablis*, *Chablis Premier cru* oder *Chablis Grand cru* in den Handel kommt.
• → Côte d'Or: das qualitative Herzstück des Burgunds besteht aus den beiden Unterbereichen → Côtes de Nuits und → Côtes de Beaune. Bei den Rebsorten handelt es sich je nach Lage entweder um Chardonnay oder Pinot noir – wobei die Rebsorten nicht angegeben werden, obwohl es sich jeweils um reinsortigen Wein handelt (→ Terroir). Die vielen einzelnen Appellationen bilden ein regelrechtes Mosaik, das in drei Qualitätsstufen eingeteilt ist:
• Die unterste Stufe bilden die Village-Weine aus den Gemeinden dieser Region, z. B. Vosne-Romanée, Beaune, Meursault oder Nuits-Saint-Georges.
• Die mittlere Stufe umfasst die mehreren hundert als *Premier cru* klassifizierten Weinbergslagen.
• Die oberste Stufe bilden die 32 berühmten, als *Grand cru* klassifizierten Weinbergslagen, z. B.: *Clos de Vougeot*, *Corton*, *Montrachet*, *Richebourg* oder *Chambertin*.
• Côte → Chalonnaise: eingeteilt in eine kleine Zahl von Appellationen; angebaut wird überwiegend Chardonnay, ferner Pinot Noir und etwas Aligoté.
• → Mâconnais: eine geringe Anzahl von Appellationen. Hier steht überwiegend Chardonnay, aber auch Pinot blanc, Gamay und Pinot noir.
• → Beaujolais: liegt ganz im Süden der Region und verfügt über ein gutes Dutzend Appellationen. Hier ist die rote Sorte Gamay zu Hause. Auch wenn das Beaujolais in Burgund liegt, werden die Weine nicht als Burgunder, sondern als Beaujolais bezeichnet.

Viele Winzer in Burgund verkaufen ihren Wein an Händler, so genannte → *Négociants*, die ihn als Abfüller unter ihrem eigenen Namen in den Handel bringen. Dieser Wein muss deswegen nicht schlechter sein als eine Domänenabfüllung. Eine Tatsache lässt sich allerdings nicht leugnen: Aufgrund weltweiter Nachfrage nach diesen einzigartigen Weinen kommen heute viele Burgunder in den Handel, deren klangvolle Namen und exorbitante Preise mehr Qualität suggerieren, als sie tatsächlich einlösen.

Burgunder, Blauer In Österreich und der Schweiz gebräuchliche Bezeichnung für die Rebsorte Spätburgunder (Pinot noir).

Burgunder, Grauer Auch Grauburgunder genannt. In Deutschland und Österreich gebräuchliche Bezeichnung für die Rebsorte Pinot gris bzw. Pinot grigio. Früher hieß diese Rebsorte Ruländer, mit dem Namenswechsel ging auch eine veränderte Vinifikation einher: Die Weine sind trockener geworden. Gegenwärtig steigt die Nachfrage nach dieser Sorte, die einen breiten, alkoholreichen Wein erbringt, der wie Chardonnay auch einen Ausbau im Barrique verträgt.

Rund 3000 ha beträgt die Anbaufläche zur Zeit. Ihr Hauptverbreitungsgebiet ist Baden und dort vor allem der Bereich Kaiserstuhl, wo rund jeder dritte Graue Burgunder-Rebstock Deutschlands steht. Der Rest verteilt sich vor allem auf Rheinhessen und Pfalz. In Österreich nimmt sie nur 0,7 % der Rebfläche, rund 500 ha, ein. Im Schweizer Wallis und dem Valle d'Aosta nennt man den Grauen Burgunder Malvoisie, im Elsass Pinot gris → Tokay d'Alsace.

Burgunder, Grüner In der → Wachau anzutreffende Bezeichnung für den → Neuburger.

Burgunder, Weißer Auch Weißburgunder genannt. In Deutschland und Österreich üblicher Name für den Pinot blanc, von dem Ampelographen annehmen, dass er durch Mutation aus dem Pinot gris hervorgegangen ist. Weißer Burgunder ist in der Regel weniger voluminös und eleganter als Grauer Burgunder. Weine aus vollreifem Lesegut eignen sich zum Ausbau im Barrique. Der Weiße Burgunder erfreut sich in Deutschland zunehmender Beliebtheit, sodass seine Rebfläche inzwischen über 1700 ha ausmacht, die sich zur Hälfte in Baden befindet. Der überwiegende Rest steht an der Nahe, in Rheinhessen, in der Pfalz und in Franken. In Österreich sind ihm 4 % der Rebfläche vorbehalten (1900 ha). Im Elsass hat er als Pinot blanc Fuß gefasst. (Übrigens: Als weiße Burgunder werden auch die Weißweine aus dem → Burgund bezeichnet. Doch werden diese paradoxerweise ausschließlich aus der Rebsorte Chardonnay erzeugt.)

Burkheim Kleiner deutscher Weinbauort am westlichen Kaiserstuhl in → Baden mit knapp 130 ha Rebfläche. Rebsorten: Spätburgunder, Weißer und Grauer Burgunder, Riesling. Bekannte Lage: *Feuerberg*. Bekannter Erzeuger: Weingut Bercher.

Bürklin-Wolf Angesehenes deutsches Weingut in Wachenheim, Weinbaugebiet → Pfalz. Auf rund 86 ha Rebfläche wird überwiegend Riesling angebaut. Bekannte Lagen: *Deidesheimer Hohenmorgen, Kalkofen* und *Forster Pechstein, Kirchenstück* und *Ungeheuer.*

Burlotto, Comm. G.B. Italienisches Weingut im → Piemont, im Ort Verduno – einer der führenden klassischen Erzeuger der Region. Erzeugt auf rund 12 ha Rebfläche etwa 70 000 Flaschen Wein, vor allem DOCG → Barolo (auch Lagenweine) und DOC → Nebbiolo d'Alba und Barbera. Manchmal strenge Weine, doch mit Charakter.

Buschenschank In Österreich gebrauchte Bezeichnung für eine → Straußwirtschaft, in der der → Heurige ausgeschenkt wird.

Buttafuoco Italienischer DOC-Rotwein aus der Sorte Barbera mit Zusatz von Croatina, Uva rara und Ughetta. Wird auch als Frizzante im → Oltrepò Pavese in der südlichen Lombardei bei Broni und Canneto Pavese erzeugt. Bekannte Erzeuger: Cantina Storica Montù, Monterucca, Andrea Picchioni. Die beiden anderen Weine der Umgebung von Broni heißen → Barbacarlo und → Sangue di Giuda.

Buzet Französischer Weinbaubereich am linken → Garonne-Ufer, nördlich des Armagnac-Gebietes. Die Weine werden aus den üblichen → Bordeaux-Sorten erzeugt. Die im Handel befindlichen Abfüllungen stammen meist von der Winzergenossenschaft von Buzet. VDQS-Wein: Côtes du Brulbois

C

Cà del Bosco Italienisches Weingut in der Region → Lombardei, im Ort Erbusco – einer der führenden Erzeuger der Region unter Leitung von Maurizio Zanella. Produziert auf rund 100 ha Rebfläche etwa 500 000 Flaschen Wein, vor allem Schaumwein (DOCG Franciacorta) und Chardonnay aus dem Barrique. Gilt als einer der besten (wenn nicht der beste) Schaumweinerzeuger Italiens.

Ca' Rugate Italienisches Weingut in der Region → Veneto, im Ort Brognoligo (Soave). Erzeugt auf rund 18 ha Rebfläche etwa 200 000 Flaschen Wein – vor allem Soave Classico und Monte Alto (aus dem Barrique).

Cabanne, Château La Französisches Weingut in → Pomerol. Rund 10 ha mit 70 % Merlot und 30 % Cabernet franc.

Cabardès Französische AOC nordwestlich von Carcassonne im Languedoc. Auf rund 330 ha Rebfläche werden rund zwei Millionen l Rot- und Roséweine erzeugt. Rebsorten: Grenache noir, Syrah, Merlot und Cabernet Sauvignon.

Cabernet → Cabernet Sauvignon

Cabernet d'Anjou Französische AOC an der → Loire. Auf rund 2700 ha Rebfläche werden rund 15 Millionen l Rosé aus Cabernet Sauvignon und Cabernet franc erzeugt.

Cabernet de Saumur Französische AOC an der → Loire. Auf rund 100 ha von Kreide geprägten Böden werden aus den Rebsorten Cabernet Sauvignon und Cabernet franc etwa 700 000 l Rosé pro Jahr erzeugt.

Cabernet franc Bedeutende rote Rebsorte und einer der Bestandteile der typischen Rebsortenmischung neben Cabernet Sauvignon und Merlot. Die Sorte gilt als Verwandter des Cabernet Sauvignon, wobei sie im Vergleich meist etwas schlanker, weniger tanninbetont und eleganter ausfällt. Cabernet franc treibt früher aus, wird früher reif und neigt zu höheren Erträgen, sodass die Sorte in der Regel dort eingesetzt wird, wo Cabernet Sauvignon keine optimalen Wachstums- und Klimabedingungen vorfindet, z. B. in → Saint-Emilion und → Pomerol (dort wird Cabernet franc Bouchet genannt). In diesen höher gelegenen und somit kühleren Appellationen des Bordeaux würde der anspruchsvollere Cabernet Sauvignon nicht optimal ausreifen. Berühmte Bordeaux-Weine mit hohem Cabernet franc-Anteil (zwischen 35 und 60 %) sind: Châteaux Cheval Blanc, Ausone, Canon, L'Evangile oder La Conseillante. Auch an der Loire, wo der Cabernet franc als Breton heimisch ist, findet diese Sorte ideale Bedingungen. Rotweine, die ganz oder größtenteils aus Cabernet franc erzeugt werden, sind die Appellationen → Bourgueil, → Champigny, → Chinon, → Saint-Nicolas-de-Bourgueil, → Saumur. Außerhalb Frankreichs ist der Cabernet franc in Norditalien, Kalifornien, Neuseeland, Südafrika und Südamerika anzutreffen.

Cabernet Sauvignon Die Rebsorte (Kurzform Cabernet) insbesondere der großen roten Bordeaux aus dem → Médoc und den → Graves schlechthin, aber auch anderer Spitzenweine weltweit. Die Sorte treibt später aus und reift später als Cabernet franc. Die Beeren sind klein, hart, dickschalig und relativ unempfindlich, die Erträge niedrig, zumal die Rebe Wärme und karge Böden bevorzugt. Der aus ihr gewonnene Wein ist tieffarbig, fleischig, tanninreich und sehr langsam reifend. In den Appellationen Médoc macht der Cabernet Sauvignon-Anteil im Rebsortenmix oft 70 %, manchmal sogar 85 % aus.

Kein Wunder also, dass heute überall auf der Welt, wo Bordeaux als der beste Rotwein angesehen ist, Cabernet Sauvignon angepflanzt wird. Das gilt in besonderem Maß für Übersee, doch auch für viele Weinregionen der alten Welt: Südfrankreich, Spanien, Italien sowie für Österreich, die Balkanländer und Griechenland. In den trocken-heißen Klimata in Übersee hat der Cabernet Sauvignon oft die Rolle der Referenzrebsorte übernommen. Dort ist dies im Hinblick auf fehlende Erfahrung und Weinbautradition durchaus verständlich und nachvollziehbar.

In Weinbauregionen der alten Welt jedoch wirkt sich der Vormarsch des Cabernet Sauvignon nicht selten problematisch aus. So verdrängt er beispielsweise in der Toskana zunehmend die klassische Rebsorte Sangiovese, da die Weine aus Cabernet Sauvignon von Weinkritikern (unverständlicherweise) höher bewertet werden. Auch in anderen italienischen Regionen wie Valpolicella wird immer öfter Cabernet verwendet. Die geschmackliche Dominanz der Sorte übertönt jedoch die feinen Aromen der klassischen Weine dieser Region, sodass nicht selten das Typische verloren geht. Doch es gibt auch gegenläufige Entwicklungen. In Österreich zum Beispiel besinnt man sich nach einer langen Phase der Neuanpflanzung von Cabernet Sauvignon wieder zunehmend auf die tradierten Rebsorten wie Blaufränkisch oder Sankt Laurent, um der sich ausbreitenden geschmacklichen Uniformität Einhalt zu gebieten. In Deutschland ist der Cabernet Sauvignon als Rebsorte zwar seit einigen Jahren zugelassen, doch sind die Ergebnisse aufgrund der klimatischen Bedingungen enttäuschend.

In Südafrika, Chile, Argentinien, Neuseeland und insbesondere Australien und Kalifornien ist Cabernet Sauvignon die am meisten angepflanzte rote Rebsorte, die inzwischen einige bedeutende Weine hervorgebracht hat. Dabei handelt es sich nicht immer um reinsortige Cabernet Sauvignon-Weine, doch ist ihr Anteil stets ausschlaggebend.

Cabernet-Neuzüchtungen In der Württembergischen Forschungsanstalt Weinsberg gezüchtete Kreuzungen mit Cabernet Sauvignon. Es wurde sowohl interspezifisch gekreuzt als auch innerhalb von Vitis vinifera, z. B. Cabernet Sauvignon *x* Dornfelder. Ein Produkt wurde auf den Namen Cabernet-Doria getauft. Da es nur selten gelingt, wirklich gute → Neuzüchtungen zu kreieren, werden sich vermutlich auch diese Neulinge ins endlose Heer ihrer gescheiterten Vorgänger einreihen.

Cabinet Bis 1971 gebräuchliche deutsche Bezeichnung für hochwertige Weine meist im Auslesestil, die im so genannten Cabinet-Keller gelagert wurden, bevor sie – häufig erst nach mehreren Jahren – als eine Art Reserve in den Verkauf kamen. Entwickelt wurde der Cabinet-Wein im 19. Jahrhundert in Kloster → Eberbach, wo mancher Spitzen-Riesling bis zu 20 Jahren in Fässern gelagert wurde. 1971 wurde Cabinet als Bezeichnung in seiner ursprünglichen (unpräzisen) Bedeutung verboten. Stattdessen wurde das weinrechtlich geregelte Prädikat → Kabinett eingeführt und hemmungslos ausgeschlachtet, da ein Kabinett-Wein nicht im Entferntesten an einen historischen Cabinet aus der Zeit vor 1971 heranreicht. Galt der Cabinet früher als die qualitative Quintessenz des Weinjahres, rangiert Kabinett heute am unteren Ende der Qualitätsskala – unterhalb der Prädikate Spätlese und Auslese.

Cabrières In Frankreich bei Clermont-l'Hérault im → Languedoc aus Carignan, Grenache, Cinsaut u. a. Sorten erzeugter Roséwein, manchmal auch Rotwein. Wird unter der AOC → Coteaux du Languedoc in den Handel gebracht.

Cabrières, Domaine de Weingut in Châteauneuf-du-Pape.

Cacc'e mmitte di Lucera DOC-Rotwein aus der Umgebung von Lucera im Nordwesten → Apuliens. Wird aus Uva di Troia, Montepulciano, Sangiovese und Malvasia nera unter Zufügung von 15 bis 30 % weißen Sorten wie Trebbiano, Bombino und Malvasia erzeugt.

Cacchiano, Castello di Italienisches Weingut in der Region → Toskana im Chianti Classico – ein guter Erzeuger echter Chiantis unter Leitung von Barone Ricasoli-Firidolfi. Auf rund 35 ha Rebfläche werden etwa 100 000 Flaschen Wein produziert: DOCG Chianti Classico (auch als Riserva), IGT Rosso (als klassischer Chianti mit Weißwein-Anteil) sowie der → Supertoskaner »RF« aus dem Barrique.

Cadet-Piola, Château Französisches *Grand cru classé*-Weingut in → Saint-Emilion mit 7 ha Rebfläche: rund 50 % Merlot, 30 % Cabernet Sauvignon, 20 % Cabernet franc, ferner Malbec.

Cadillac Kleine französische Weinbaugemeinde im Bordeaux an der → Garonne. Die AOC Cadillac hat rund 280 ha Rebfläche, auf der rund 690 000 l Wein erzeugt werden, und umfasst 22 Gemeinden. Die Appellation liegt gegenüber den Bereichen von Cérons und Barsac. Meist handelt es sich um süße, aus edelfaulen Beeren erzeugte Weißweine, die jenen des benachbarten → Sauternes ähneln und aus den Sorten Sémillon, Sauvignon blanc und Muscadelle bereitet werden. Außerdem werden Vins liquoreux erzeugt. Sehr viel umfangreicher ist die Erzeugung von trockenen Weißweinen, die als *Bordeaux AC* in den Handel kommen, und zunehmend auch von Rotweinen, die sich *Premières Côtes de Bordeaux* AC nennen dürfen.

Cahors Stadt im Südwesten Frankreichs im Département Lot und ein gleichnamiger Wein. Im 16. Jahrhundert soll er berühmter gewesen sein als der → Bordeaux und galt als Inbegriff französischen Rotweins schlechthin. Sein Wiederaufstieg begann in den 1960er Jahren; inzwischen macht seine Qualität wieder von sich reden. In der AOC werden auf rund 4200 ha Rebfläche 25 Millionen l Rotwein erzeugt. Der Wein wird zu 70 % aus der Sorte Malbec erzeugt, die hier als Auxerrois oder Cot bezeichnet wird; der Rest entfällt auf Merlot und Tannat. Die Böden bestehen aus Quarz, Ton und eisenhaltigem Sand.

Caillou, Château Französisches *2e cru classé*-Weingut im Bordeaux in der Appellation → Barsac. Der edelsüße Weißwein wird auf rund 15 ha aus 90 % Sémillon und 10 % Sauvignon blanc erzeugt.

Calabria → Kalabrien

Calatayud Spanisches DO-Weinbaugebiet in → Aragón, westlich von Cariñena gelegen. Es wird überwiegend Rotwein insbesondere aus Garnacha erzeugt, ferner Rosé und Weißwein (überwiegend bis reinsortig aus Viura).

Caldaro → Kalterer See (Lago di Caldaro)

Caliterra Chilenisches Weingut im Valle del Rapel. Auf rund 100 ha Rebfläche Eigenbesitz und durch Traubenzukauf von rund 500 ha werden etwa 7 Millionen Flaschen Wein erzeugt. → Mondavi ist zur Hälfte an Caliterra beteiligt – heute steht die Produktionsmenge in Chile an 9. Stelle. Erzeugt werden im industriellen Maßstab Cabernet

Sauvignon, Merlot, Chardonnay und Sauvignon blanc. → Markenweine

Calon-Ségur, Château Französisches 3e *cru classé*-Weingut im Bordeaux in der Appellation → Saint-Estèphe im Haut-Médoc. Rund 55 ha Rebfläche: 65 % Cabernet Sauvignon, 25 % Merlot und 10 % Cabernet franc.

Caluso Italienische Stadt in → Piemont, nördlich von Turin, und Herkunft zweier DOC-Weine, dem Erbaluce di Caluso, ein aus Erbaluce erzeugter trockener Weißwein, sowie dem Caluso passito, der aus luftgetrockneten Trauben besteht und erst nach fünfjähriger Reifezeit in den Handel gebracht werden darf. Wenn ihm zusätzlich Alkohol zugefügt wird, darf er als Liquoroso bezeichnet werden.

Calvi Stadt auf der französischen Mittelmeerinsel → Korsika und einer der sieben Bereiche des Vin de Corse, als Vin de Corse-Calvi im Handel.

Camensac, Château de Französisches 5e *cru classé*-Weingut in der Appellation → Saint-Laurent im Haut-Médoc. Rund 60 ha Rebfläche mit 60 % Cabernet Sauvignon und je 20 % Merlot und Cabernet franc.

Campania → Kampanien

Campi flegrei Italienische DOC in Kampanien in der Nähe von Neapel, umfasst sechs Gemeinden.

Campidano di Cagliari Landschaft im Süden → Sardiniens, nordwestlich von Cagliari und ein bedeutendes Weinbaugebiet der Insel. Viele sardische Weine stammen von dort: Girò, Malvasia, Monica, Moscato, Nasco und Nugarus (als DOC-Weine alle mit dem Zusatz di Cagliari) sowie der DOC Campidano di Terralba, ein Rotwein, weitgehend aus der Rebsorte Bovale.

Campidano di Terralba Italienischer DOC-Rotwein aus Sardinien, der in den Provinzen Cagliari und Oristano aus den Rebsorten Bovale Sardo und Bovale di Spagna (unter Zusatz weiterer regionaler Sorten) erzeugt wird.

Campo de Borja Spanisches DO-Weinbaugebiet in → Aragón, westlich von Zaragoza gelegen, rund 10 000 ha Rebfläche. Erzeugt werden Rotweine aus Garnacha, Reserva-Qualitäten aus Tempranillo sowie einige Weißweine aus Macabeo.

Campo Fiorin Lage im → Valpolicella-Gebiet. Von dort stammen Rotweine, die ihrem geschmacklichen Charakter nach zwischen Valpolicella und Amarone liegen.

Campo Viejo, Bodegas Bedeutendes spanisches Weingut im → Rioja – einer der größten Produzenten. Auf rund 500 ha eigener Rebfläche und durch Zukauf werden jährlich etwa 24 Millionen Flaschen Wein erzeugt: weiße und rote → Crianza Campo Viejo sowie der Spitzenwein Marqués de Villamagna Gran reserva.

Caña Ein zylindrischer, hoher und enger Weinbecher in → Andalusien, aus dem traditionellerweise → Manzanilla getrunken wird.

Canavese Italienische DOC in Kampanien in der Provinz Neapel – umfasst rund zehn Gemeinden. Es werden Rotweine (vor allem Piedirosso und Palumino) und Weißweine aus Lokalreben erzeugt. Die Roten kommen auch als Riserva nach zwei Jahren Lagerreife in den Verkauf.

Candia dei Colli Apuani Ein hauptsächlich aus der Rebsorte Vermentino erzeugter, meist trockener Weißwein von den Ausläufern der Apuanischen Alpen in der Umgebung von Massa in der nordwestlichen Toskana.

Canelli Weinbauort nahe Asti in → Piemont. Es werden DOCG- → Moscato d'Asti und DOC-Moscato d'Asti Spumante erzeugt.

Canicatti Ort und Weinbaubereich im südlichen → Sizilien zwischen Caltanisetta und Agrigent, in der rote und weiße Tafelweine erzeugt werden.

Cannellino Frascati DOC-Bezeichnung für einen süßlichen → Frascati.

Cannonau Auf → Sardinien gebräuchliche Bezeichnung für die Rebsorte Grenache noir, eine der dort verbreitetsten roten Rebsorten, aus der Rot- und Roséwein erzeugt werden und als Cannonau di Sardegna den → DOC-Status führen.

Cannstatt Stadtteil von → Stuttgart, eigentlich Bad Cannstatt. Bekannte Lagen: *Cannstatter Zuckerle*. Hauptsorten: Riesling und Trollinger.

Canon, Château Französisches *Premier grand cru classé B*-Weingut im Bordeaux in der Appellation → Saint-Emilion. Rund 18 ha Rebfläche mit rund 55 % Merlot, 40 % Cabernet franc, ferner Malbec und Cabernet Sauvignon. Château Canon heißt auch ein Weingut in Fronsac mit der Appellation Canon-Fronsac, dessen Wein aus 75 % Merlot und 25 % Cabernet franc erzeugt wird.

Canon-Fronsac Französische Gemeindeappellation im Bordeaux für die besseren Hanglagen von → Fronsac, aus der in der Regel die besten Weine von Fronsac und Saint-Michel-de-Fronsac kommen. Auf 300 ha Rebfläche werden jährlich rund 1,6 Millionen l Rotwein erzeugt. Die Weine werden ähnlich jenen von Pomerol und Saint-Emilion überwiegend aus Merlot, zumeist mit einem mehr oder weniger großen Anteil von Cabernet franc erzeugt. Die Böden bestehen aus kalkigem Untergrund mit Tonauflage, und Sandsteinverwitterung. Bekannte Weingüter: Château Canon, Châteaux Canon-Moueix, Moulin-Pey-Labrie, Canon-de-Brem.

Canon-La-Gaffelière, Château Französisches *Grand cru classé*-Weingut in → Saint-Emilion mit rund 19 ha: 60 % Merlot, 35 % Cabernet franc und 5 % Cabernet Sauvignon.

Canon-Moueix, Château Französisches Weingut in → Fronsac mit der Appellation → Canon-Fronsac. Wein aus rund 70 % Merlot und 30 % Cabernet franc.

Cantemerle, Château Französisches 5e *cru classé*-Weingut in → Macau (Appellation → Haut-Médoc/Bordeaux) mit rund 56 ha Rebfläche: je 40 % Cabernet Sauvignon und Merlot sowie 20 % Cabernet franc.

Cantenac Französischer Weinbauort im → Haut-Médoc/Bordeaux, unmittelbar südlich von → Margaux, zu dessen Appellation es gehört. Rund 400 ha Rebfläche mit acht klassifizierten Gütern: Châteaux Brane-Cantenac, Palmer, d'Issan, Cantenac-Brown, Boyd-Cantenac, Kirwan, Prieuré-Lichine und Pouget. Hinzu kommen einige *Crus bourgeois*, darunter Châteaux d'Angludet, Pontac-Lynch und Martinens.

Cantenac-Brown, Château Französisches 3e *cru classé*-Weingut im Bordeaux in der Appellation → Cantenac (Haut-Médoc) mit rund 30 ha Rebfläche: 70 % Cabernet Sauvignon, 25 % Merlot und 5 % Cabernet franc. Zweitwein: Canuet.

Cantina Sociale Italienisch für → Winzergenossenschaften

Canzem → Kanzem

Capalbio Italienische DOC in der → Toskana (Provinz Grosseto) rund um Capalbio und vier weitere Gemeinden. Es werden Rot-, Rosé- und Weißweine auf Hügel- und Hanglagen erzeugt. Rebsorten: Trebbiano Vermentino und Vin Santo (Weißwein); Sangiovese und Cabernet Sauvignon (Rotwein). Auch als Riserva mit zwei Jahren Lagerung, davon ein halbes Jahr im Holzfass.

Capezzana, Tenuta di Italienisches Weingut in der Region → Toskana, DOCG Carmignano. Erzeugt auf rund 90 Hektar Rebfläche etwa 600 000 Flaschen Wein. Bekannt für seinen

→ Carmignano – ein Chianti, der traditionell rund 20 % Cabernet Sauvignon enthält –, sowie für seine Vin Santo (auch als Riserva). Spitzenwein ist der holzbetonte Villa di Capezzana (DOCG Carmignano), ferner wird erzeugt: Barco Reale di Carmignano.

Capri Mittelmeerinsel im Golf von Neapel. Dort werden Rotweine zu mindestens 80 % aus Piedirosso und Weißweine überwiegend aus Falanghina und Greco, ferner Biancolella erzeugt, beide mit DOC-Status.

Capriano del Colle In der → Lombardei gelegene Weinbaugemeinde südlich von Brescia. Der dort erzeugte DOC-Wein wird als Rosso überwiegend aus Sangiovese und Marzemino erzeugt, während der Weißwein als reinsortiger Trebbiano in den Handel kommt.

Carbonnieux, Château Französisches *Cru classé*-Weingut in der Gemeinde → Léognan im Bereich Graves. Rotwein aus rund 60 % Cabernet Sauvignon, 30 % Merlot und ferner Cabernet franc, Malbec, Petit Verdot. Trockener Weißwein aus rund 65 % Sauvignon und 35 % Sémillon.

Carcavelos Kleines DOC-Weinbaugebiet in Portugal, westlich von Lissabon gelegen. Es werden Rot- und Weißweine gekeltert, die als → gespritete Likörweine halbtrocken bis süß ausfallen und nach zweijähriger Mindestlagerzeit in den Handel kommen.

Carema Italienische Gemeinde nördlich von Turin im → Piemont. Dort wird Rotwein aus Nebbiolo erzeugt, der nach vierjähriger Lagerung, davon zwei im Holzfass, in den Handel gebracht wird.

Carianne Französische Weinbaugemeinde im unteren Rhône-Tal, etwa 40 km nordöstlich von Avignon. Die Rot-, Weiß- und Roséweine werden unter der Appellation → Côtes-du-Rhône-Villages verkauft.

Carignan Ertragreiche rote Rebsorte, die im französischen Midi, in Spanien, Algerien und Kalifornien weit verbreitet ist. Bei vielen bekannten Weinen des Languedoc, in geringerem Maße auch der Provence, stellt sie den führenden Anteil.

Carignano del Sulcis Aus Carignano, der italienischen Bezeichnung für Carignan, erzeugte Rot- und Roséweine, die an der Südwestküste → Sardiniens und den ihr vorgelagerten Inseln erzeugt werden; tragen den DOC-Status. Nach über einjähriger Lagerung darf der Rotwein mit der Bezeichnung *invecchiato* in den Handel gebracht werden.

Cariñena Spanische Bezeichnung für die Rebsorte Carignan und großes DO-Weinbaugebiet in → Aragón, südlich von Zaragoza gelegen, mit rund 20 000 ha Rebfläche. Erzeugt wird überwiegend Rotwein, meist aus Garnacha; höhere Qualitäten (Crianza, Reserva und Gran Reserva) mit Anteilen von Tempranillo, ferner Cariñena und Mazuela.

Carmenère Rebsorte im Bordeaux-Gebiet, die wahrscheinlich mit den Cabernet-Sorten verwandt ist. Wird außer im Médoc nur in den geringeren Appellationen zugelassen und spielt heute für die Erzeugung der Spitzenweine praktisch keine Rolle mehr.

Carmes-Haut-Brion, Château Les Französisches Weingut in → Pessac, einem Stadtteil von Bordeaux. Auf 4 ha werden 60 % Merlot, 20 % Cabernet Sauvignon und Cabernet franc kultviert.

Carmignano Italienischer Rotwein mit DOCG-Status. Wird an den Ausläufern des Monte Albano (Montalbano) westlich von Florenz in der Toskana erzeugt, hauptsächlich aus Sangiovese und (traditionell) Cabernet. Eine leichtere Version wird unter dem Namen → Barco Reale produziert.

Carnuntum Österreichisches Weinbaugebiet östlich von Wien. Bekannte Weinbauorte: Prellenkirchen, Hainburg,

Bruck an der Leitha, Göttelsbrunn und Höflein. Um Prellenkirchen wird viel Rotwein aus Blaufränkisch erzeugt, während um Göttelsbrunn und Höflein zunehmend Welschriesling angebaut wird.

Caronne-Sainte-Gemme, Château Französisches *Cru* → *bourgeois*-Weingut im Bordeaux in → Saint-Laurent (Appellation → Haut-Médoc). Rund 40 ha Rebfläche mit 70 % Cabernet Sauvignon, 30 % Merlot, ferner Petit Verdot.

Carrascal Eine der größten und besten Lagen des Sherry-Gebietes, nördlich der Stadt → Jerez. Die kreidehaltigen → Albariza-Böden bringen feinsten Sherry hervor.

Carso Gebiet im äußersten Nordosten Italiens, benannt nach dem landschaftsprägenden Karst (italienisch: Carso), in den Provinzen Triest und Gorizia in → Friuli-Venezia Giulia, wo Rot- und Weißweine mit DOC-Status erzeugt werden.

Cartaxo Portugiesisches IPR-Weinbaugebiet, südwestlich von Santarém gelegen, das zweitgrößte Weinbaugebiet des → Ribatejo mit rund 10 000 ha Rebfläche. Es werden Weiß- und Rotweine erzeugt – die weißen überwiegend aus Fernão Pires, Arinto, Tália und Trincadeira das Pratas, die roten vor allem aus Castelão Nacional, Periquita, Preto Martinho und Trincadeira Preta – darunter auch charaktervolle und tanninreiche → Garrafeira-Weine.

Casa Blanca, Domaine du Französisches Weingut im → Roussillon im Ort Banyuls. Erzeugt AOC → Banyuls (auch als gereiften Jahrgangswein) und AOC Collioure (zusammen rund 6 ha Rebfläche), die auf schwarzen Schieferböden in steilen → Terrassenlagen über dem Meer wachsen. Überaus traditionelle Weine, die in großen Holzfässern reifen – klassisch, elegant und fein.

Cassis Fischerort an der französischen Mittelmeerküste östlich von Marseille, in dessen Umgebung – oft in Meeresnähe – Rot-, Rosé- und Weißweine auf 170 ha Rebfläche erzeugt werden, jährlich rund 570 000 l. Der Weißwein (Anbauschwerpunkt) besteht aus den Sorten Ugni Blanc, Sauvignon blanc, Clairette und Marsanne, die Rotweine aus Grenache, Mourvèdre, Cinsaut und Carignan.

Unter Cassis versteht man auch den Duft schwarzer Johannisbeeren. Dieses Aroma ist ein häufig auftretendes Qualitätsmerkmal von verschiedenen roten und weißen Weinen der Sorten Cabernet Sauvignon, Merlot, Scheurebe, Sauvignon blanc und Riesling.

Castagneto Carducci Ort an der toskanischen Küste. Rund um Castagneto werden Weine aus Cabernet Sauvignon, Cabernet franc, Merlot und Sangiovese erzeugt. Bekannteste Rotweine Sassicaia und Ornellaia; außerdem werden auch Weißweine erzeugt.

Casteggio Weinbauort im → Oltrepò Pavese in der südlichen Lombardei, in dem Rot- und Weißweine sowie Spumante (Sekt) erzeugt werden.

Castel del Monte Jagdschloss des Hohenstaufen-Kaisers Friedrich II. westlich von Bari, → Apulien. Es werden Rosato (Rosé) aus Bombino nero erzeugt sowie Rotweine aus Uva di Troia, Bombino, Montepulciano und Sangiovese, die auch als Riserva (Il Falcone) in den Handel kommen.

Castel San Lorenzo Italienische DOC in → Kampanien und in mehreren Gemeinden der Provinz Salerno. Es werden Rot-, Rosé- und Weißweine erzeugt. Rebsorten: Barbera (auch als Riserva), Sangiovese (als Rosso mit Zusätzen weiterer lokaler Sorten) sowie als Weißwein aus den Sorten Trebbiano, Malvasia und Moscato (auch als Spumante).

Castell Kleiner deutscher Weinbauort im Bereich Steigerwald in → Franken und Weingut in der gleichnamigen Stadt. Im Besitz des deutschen Bleistiftkönigs

Ferdinand Graf Castell. Auf rund 65 ha Rebfläche werden überwiegend Silvaner und Müller-Thurgau angebaut. Bekannte Lage: *Casteller Schlossberg.*

Castellare Italienisches Weingut in der Region → Toskana im Ort Montalcino. Erzeugt auf rund 23 ha Rebfläche etwa 150 000 Flaschen Wein: vor allem eleganter DOCG → Chianti Classico ohne spürbaren Holzeinfluss (rund 90 000 Flaschen – auch als Riserva und Einzellage: Vigna il Poggiale) und als IGT → Supertoskaner den *I Sodi di San Niccolò* aus dem Barrique.

Casteller Italienischer DOC-Rot- und Roséwein aus dem Trentiner Etschtal, erzeugt aus Schiava, Merlot und Lambrusco.

Castelli di Jesi Italienisches → DOC-Gebiet um die mittelalterliche Geburtsstadt des Hohenstaufen-Kaisers Friedrich II., westlich von Ancona gelegen. Es werden Rosso Piceno und Verdicchio dei Castelli di Jesi erzeugt.

Castelli Romani Bezeichnung für DOC-Weißweine und Rotweine von den Albaner Bergen südöstlich von Rom aus mehreren Gemarkungen.

Castello di Ama Weingut in Gaiole im Gebiet des Chianti Classico. Die Weine werden zum Teil nach Lagen benannt: *La Cassucia, Bellavista, Bertinga* und *San Lorenzo.*

Castello di Roncade Weingut im → Piavetal im Veneto. Rotweine aus Cabernet Sauvignon, Merlot, Malbec und Petit Verdot.

Castelo Rodrigo Nordostportugiesisches IPR-Weinbaugebiet mit ca. 3000 ha Rebfläche zwischen Duoro und Pinhel gelegen. Auf den Schieferböden werden vor allem Weißweine mit guter Säurestruktur aus Codo, verschiedenen Arinto-Varianten, Fonte Cal u. a. Sorten erzeugt sowie auch Rotwein überwiegend aus Bastardo, Marufo, Rufete und Touriga Nacional.

Cava Spanisch für → Keller und zugleich Bezeichnung für in Spanien und Portugal nach der → Méthode champenoise erzeugte Schaumweine. 90 % der in Spanien nach einer Herstellungsgarantie (Denominación específica) erzeugten Cava-Schaumweine stammen aus → Penedés.

Cave Französisch für → Keller, womit sowohl ein unterirdischer Lagerraum für Wein als auch ein Weinvorrat gemeint sein kann. Bezeichnungen wie *Mis en bouteille dans nos caves* zeigen an, dass es sich nicht um → Erzeugerabfüllungen handelt. Ein *caviste* ist ein Weinhändler im Sinne eines Weinfachgeschäftes.

Cecchi Italienisches Weingut in der Region → Toskana im Chianti Classico. Einer der ganz großen Erzeuger und Abfüller in der Region, der auf rund 250 ha Rebfläche Eigenbesitz und Traubenzukauf jährlich etwa 8 bis 10 Millionen Flaschen Wein erzeugt – allein vom Chianti Classico etwa 1,3 Millionen Flaschen.

Cellatica Italienischer DOC-Rotwein, der bei Brescia in der → Lombardei erzeugt wird. Rebsorten: Schiava, Barbera und Marzemino.

Cépage Französisch für Rebsorte.

Cepparello Ein Rotwein des italienischen Weinguts Isole e Olena im Gebiet des → Chianti Classico. Reinsortig aus Sangiovese erzeugt.

Cerasuolo In Italien des Öfteren verwendete Bezeichnung für eine besondere Art von Roséweinen mit kirschroter Farbe, die kurz maischevergoren und dann abgepresst werden.

Ceretto Italienisches Weingut in der Region → Piemont in San Cassiano; erzeugt auf rund 90 ha Rebfläche etwa 600 000 Flaschen: DOCG → Barolo (auch Lagenweine) und DOC → Barbaresco (auch als Lagenweine), ferner Langhe-Weine aus Cabernet Sauvignon und Nebbiolo.

Cérons Französische Weinbaugemeinde am linken Ufer der Garonne, unterhalb von Barsac, gegenüber von Cadillac mit rund 100 ha Rebfläche. Zusammen mit Podensac und Illats bildet Cérons einen eigenen Weinbaubereich im Bordeaux-Gebiet. Die AOC steht für edelsüße Weißweine im → Sauternes-Stil – pro Jahr etwa 240 000 l. Zu einem knappen Drittel werden Rotweine erzeugt, die ebenso wie die trockenen oder lieblichen Weißweine als Appellation Graves bzw. Graves supérieures in den Handel kommen.

Certan, Château Französisches Weingut im Bordeaux in der Appellation → Pomerol. Ein Nachbar von Château Pétrus und Vieux Château Certan. Rund 7 ha Rebfläche mit 70 % Merlot und 30 % Cabernet franc.

Certan de May, Château Kleines französisches Weingut im Bordeaux in der Appellation → Pomerol. Rund 70 % Merlot, 25 % Cabernet franc sowie Cabernet Sauvignon und Malbec.

Cerveteri Zwischen Rom und Civitavecchia in → Latium erzeugte Rot- und Weißweine mit DOC-Status. Der Rotwein wird aus Sangiovese, Montepulciano, Canaiolo, Carignan und Barbera erzeugt, der Weißwein überwiegend aus Trebbiano und Malvasia.

Cesanese Italienische Rotweinsorte, die in den drei Weinbaugemeinden Affile, Piglio und Olevano Romano angebaut wird, alle drei mit DOC-Status.

Cesare, Pio Italienisches Weingut in der Region → Piemont in Alba. Produziert auf rund 45 ha Rebfläche rund 350 000 Flaschen Wein, darunter 80 000 Flaschen DOCG → Barolo, außerdem Barbaresco, aber auch moderne im Barrique ausgebaute Rotweine.

Chablais Schweizer Weinregion im Kanton → Waadt in der Westschweiz mit rund 500 ha Rebfläche. Es wird überwiegend Chasselas (dort auch Dorin genannt) erzeugt. Die Region erstreckt sich von Villeneuve am Ostzipfel des Genfer Sees bis in das obere Rhône-Tal nach Bex. Die Weinberge liegen meist auf voralpinen Schuttkegeln. Bekannte Weinbauorte: → Yvorne und → Aigle.

Chablis Kleinstadt im Département Yonne südöstlich von Paris. Das Chablis gehört zu den nördlichsten Weinbaugemeinden Burgunds und umfasst 17 Ortschaften. Aufgrund des nördlichen Breitengrades ist der Chablis ein fruchtiger, säurebetonter Weißwein. Nach einem langen Niedergang seit dem Ende des 19. Jahrhunderts erlebt der Weinbau im Chablis wieder eine Blüte – zurzeit stehen ca. 6800 ha im Ertrag. Vor allem außerhalb Frankreichs ist der Wein begehrt: 90 % der Produktion gehen ins Ausland. Die Weine werden zu 100 % aus → Chardonnay bereitet und kommen unter vier unterschiedlichen AOC-Bezeichnungen in den Handel:

- AOC *Chablis* → *Grand cru* ist die qualitative Spitze der Region. Rund 100 ha Rebfläche auf einem einzigen Südhang oberhalb von Chablis sind klassifiziert. Die Namen der sechs Lagen erscheinen durchweg auf dem Etikett (mit der Angabe *Chablis Grand cru*). Jährlich werden rund 550 000 l erzeugt.
- AOC *Chablis Premier cru* ist die mittlere Ebene. 40 klassifizierten Einzellagen mit 735 ha Rebfläche, auf der jährlich rund 4,5 Millionen l Weißwein erzeugt werden.
- AOC *Chablis* ist die untere Ebene. Auf rund 2800 ha Rebfläche werden jährlich etwa 16 Millionen l Wein produziert.
- AOC → *Petit Chablis* ist die Kategorie für die einfachste Qualität, die von den umliegenden Lagen stammt. Diese Erweiterung wurde 1998 beschlossen, sodass heute rund 3500 ha Rebfläche in klimatisch ungünstigen Bereichen im Ertrag stehen, was der Qualität nicht förderlich sein dürfte.

Chablis *Premier cru*-Lagen

Les Beauregards	Les Landes et Verjuts
Berdiot	Les Lys
Beauroy	Mélinots
Butteaux	Mont de Milieu
Chapelot	Montée de Tonnerre
Chatains	Montmains
Chaume de Talvat	Morein
Côte de Bréchain	Pied d'Aloue
Côte de Cuissy	Roncières
Côte de Fontenay	Sécher
Côte de Jouan	Troesmes
Côte de Léchet	Vaillons
Côte des Prés Girots	Vaucoupin
Côte de Savant	Vaugiraut
Côte de Vaubarousse	Vau Ligneau
Les Epinottes	Vau de Vey
Les Forêts	Vaulorent
Fourchaume	Vaupulent
Les Fourneaux	Vaux Ragons
L'Homme Mort	Vosgros

Aufgrund des Klimas kann ein Chablis dünn ausfallen, in den besten Jahren hingegen aromatisch und stahlig, ausdrucksvoll mit einer Nuance Feuersteingeschmack. Bekannte Erzeuger bzw. Händler: J. Moreau, Domaine de l'Eglantière, Robert Vocoret, René Dauvissat, Domaine A. Long-Depaquit, Domaine de la Maladière, Domaine Laroche, Jean Collet, Château Grenouille.

Chablis Grand cru Französische AOC für die besten Lagen im → Chablis. Auf rund 100 ha kalkreichen Böden werden jährlich etwa 550 000 l Chablis Grand cru erzeugt. Die sieben Lagen befinden sich rund um den Ort Chablis, auf rund 150 m Höhe in optimaler Exposition. Die vorteilhaften Böden und das kühle Klima bieten der Rebsorte Chardonnay beste Wachstumsbedingungen.

Chablis Grand cru-Lagen

- Blanchot
- Bougros
- Les Clos
- Grenouilles
- Les Preuses
- Valmur
- Vaudésir

Chablis Premier cru Französische AOC für die herausragenden Lagen im → Chablis – eine Stufe unterhalb der Klassifikation *Grand cru*. In acht Gemeinden auf rund 730 ha Kalkböden (150 bis 200 m hoch gelegen) werden pro Jahr etwa 4,5 Millionen l Chablis Premier cru erzeugt. Als bekannteste Lagen gelten: *Montée de Tonnerre, Mont de Milieu, Les Fôrets, Fourchaume und Vaillons.*

Chacolí de Guetaria Spanisches DO-Gebiet im Küstenbereich des Baskenlands (baskisch Geratiako Txakolina), westlich von San Sebastian gelegen. Es werden vor allem Weißweine aus den Rebsorten Hondarrabi Zuri und Hondarrabi Beltza erzeugt.

Chai Französische Bezeichnung für das in der Regel oberirdische Weinlager eines Weingutes, während → cave eher

Keller im Sinne der Handelskellerei oder des privaten Weinkellers meint, ohne dass allerdings beide Begriffe strikt voneinander getrennt werden. Der *maître du chai* ist der Kellermeister.

Chaintré Eine von fünf Gemeinden im → Mâconnais, deren Weißweine als → Pouilly-Fuissé im Handel sind und aus Chardonnay erzeugt werden.

Chalon → Côte Chalonnaise

Chalone Kalifornisches Weingut bei Monterey mit eigener AVA. Das Gut liegt atemberaubend am Fuß des Pinnacle-Monuments, einem mehrere hundert Millionen Jahre alten Bergrest, der sich mit seinen dunkelroten Spitzen weithin sichtbar über das Salinas-Valley erhebt. Im für die Region ungewöhnlich kühlen Klima wachsen auf bewässerten Rebanlagen geschmacklich eher burgundische Weine: Chardonnay und Pinot noir, aber auch Pinot blanc und Chenin blanc.

Chambave Rote und weiße Rarität aus dem → Valle d'Aosta. Der Rotwein stammt aus Petit Rouge, Dolcetto, Gamay und Pinot nero, der Weißwein wird aus Moscato bereitet, er kann auch als → Passito in den Handel kommen. Alle drei Weine verfügen über den DOC-Status *Valle d'Aosta*.

Chambertin Eine der berühmtesten Rotweinlagen der Welt im französischen → Burgund, im Süden der Gemeinde → Gevrey-Chambertin. Rund 13 ha Rebfläche, die rund 48 000 l Rotwein (Pinot noir) ergeben und die sich 15 Erzeuger teilen. Im Norden grenzt sie an die qualitativ vergleichbare Lage → *Clos de Bèze*, die oft als *Chambertin-Clos de Bèze* etikettiert wird. Im Süden liegt die → *Grand cru*-Lage → *Latricières-Chambertin* und im Osten der → *Charmes-Chambertin*. Nur wenig weiter entfernt sind → *Mazoyères-Chambertin*, → *Griotte-Chambertin*, → *Chapelle-Chambertin*, → *Mazis-Chambertin* und → *Ruchottes-Chambertin*. Nicht zu verwechseln mit dem qualitativ einfacheren Gevrey-Chambertin, einem → Village-Wein. Der Dichter Alexandre Dumas schrieb über den Chambertin: »Nie sonst erscheint einem die Zukunft so rosig, als wenn man sie durch ein Glas Chambertin betrachtet.« Bekannte Erzeuger/Negociants: A. Rousseau, Rossignol, Clair-Daü, Camus, Jadot, Damoy, Bertagna, Tortochot und Trapet.

Chambertin – Clos de Bèze → Clos de Bèze

Chambéry Französische Stadt östlich von → Lyon im Département Savoie (Savoyen). In ihrer Umgebung wird Vin de Savoie bzw. der Roussette de Savoie erzeugt, und zwar in den Orten Apremont, Abymes, Arbin, Ayze, Montmélian, St-Jean-de-la-Porte.

Chambolle-Musigny Berühmter französischer Ort in Burgund an der → Côte d'Or. Rund 200 ha Rebfläche, die rund 650 000 l Rotwein aus der Sorte Pinot noir ergeben. Ursprünglich hieß die Gemeinde nur Chambolle, wurde aber mit dem Namen seiner besten Weinlage *Musigny* geschmückt. Es werden fast ausschließlich Rotweine aus Pinot noir erzeugt. Bekannte *Grand cru*-Lagen: *Musigny* und → *Bonnes Mares*. Diese werden ohne Zusatz des Gemeindenamens etikettiert. Die rund 60 ha *Premier cru*-Lagen werden mit dem Zusatz Chambolle-Musigny verkauft, z. B: *Les Amoureuses*, *Les Charmes*. Unter dem Namen der Gemeinde wird der *Chambolle-Musigny* abgefüllt und bildet die Basis der Qualitätspyramide. Bekannte Erzeuger/Negociants: Comte de Vogüé, Roumier, Dujac, Jean Brunot, Maurice Sigaut, Joseph Drouhin, Clair-Daü.

Chambrieren Das Erwärmen von Rotwein von Keller- auf Trinktemperatur.

Champagne Provinz Frankreichs, östlich von Paris gelegen, französisch *La Champagne*. Herkunftsgebiet des berühmtesten Schaumweins der Welt, des → Champagners.

Champagner Französisch *Le Champagne.* Nach dem Gesetz ein Schaumwein, der nur in der → Champagne aus genau festgelegten Rebsorten (Pinot → Meunier, Pinot noir und Chardonnay) und nach bestimmten Verfahren, der → Méthode champenoise, erzeugt werden darf. Jeder andere Wein dieser Art aus einem anderen Herkunftsgebiet oder aus anderen Rebsorten oder nach einem anderen Herstellungsverfahren darf nur als Schaumwein, Sekt, Cremant oder *vin mousseux* bezeichnet werden.

Auf rund 30 000 ha Rebfläche werden jährlich 245 Millionen l Wein erzeugt. Rund 80 % der Rebfläche befinden sich im Département → Marne, das sich auf drei Bereiche südlich von → Reims verteilt (→ Karte nach s. 96).

• 1. Die → Montagne de Reims mit körperreichen, eher schweren Weinen aus Pinot noir.

• 2. Die unmittelbar nördlich von → Epernay gelegene → Vallée de la Marne mit weicheren und runderen Weinen meist aus Pinot noir und Pinot meunier.

• 3. Die südlich von Epernay gelegene → Côte des Blancs mit fast ausschließlich Chardonnay, der elegante und feine, doch weniger komplexe Grundweine ergibt.

Die restlichen 20 % befinden sich überwiegend in den Départements → Aube und → Aisne. Das extrem kontinentale und daher kühle Klima der Champagne ist ideal für die Erzeugung von Champagner-Grundweinen, da die lebendige Säure diesen Eleganz und Vitalität verleiht. Doch das Wichtigste sind die Böden: Der beste Champagner stammt von der berühmten blendend weißen Kreideformation, die unter einer 20 bis 50 cm dicken Schicht Mutterboden liegt. Auf dieser geologischen Besonderheit befinden sich die bedeutendsten Lagen der Champagne, die pauschal klassifiziert sind und deren Qualität sich im Preis der Trauben ausdrückt. So gibt es 17 Grand cru-Gemeinden, deren Trauben mit 100 % des festgesetzten, seit 1990 frei ausgehandelten Preises bezahlt werden, darunter → Verzenay, → Sillery, → Mailly, → Bouzy, → Ambonnay, → Ay, → Avize, → Cramant, Le → Mesnil u. a. Rund 40 Gemeinden sind als Premiers crus mit 90–99 % eingestuft, d. h. ihre Trauben erzielen 90–99 % des festgesetzten Preises. Dazu gehören → Mareuil-sur-Ay, → Dizy-Magenta, → Hautvillers u. a. Die restlichen rund 250 Champagner-Dörfer erzielen zwischen 80 und 89 % des offiziellen Preises. Der zulässige Hektarertrag und potenzielle Mindestalkoholgehalt wird jedes Jahr vom *Comité interprofessionnel* festgelegt.

Weingüter und Produzenten

Rund zwei Drittel aller Champagner entfallen auf die großen Champagnerhäuser, von denen es derzeit rund 150 gibt. Zusammen besitzen sie rund 12 % der Rebfläche, während sich die übrigen 88 % auf etwa 14 000 Winzer verteilen. Diese liefern ihre Trauben an die großen Häuser, sind in Winzergenossenschaften oder -vereinigungen zusammengeschlossen oder erzeugen eigenen Champagner. Da der Champagner aber im Wesentlichen ein Markenwein ist, haben die großen Häuser den Vorteil der größeren Lager und bessere finanzielle Möglichkeiten gegenüber kleineren Weingütern, die auf ihr eigenes Lesegut angewiesen sind und von Jahrgangsschwankungen sehr viel stärker betroffen sein können. Bekannte Champagnerproduzenten: Krug, Bollinger, Roederer, Pol Roger, Taittinger, Pommery, Moët et Chandon, Veuve Clicquot, Laurent-Perrier, Deutz & Geldermann, Abel Lepitre, Henriot, Piper-Heidsieck, Heidsieck Monopole, Besserat de Bellefon, Charles Heidsieck, Charbaut, Bricout, Lanson, Paillard, Per-

Champagner – Vinifikation

Aus 150 kg Trauben darf nicht mehr als 100 l Most gepresst werden, der zu Grundwein vergoren wird (es sei denn, es soll ein Rosé-Champagner erzeugt werden, dann werden die roten Trauben kurz an der Maische angegoren, bevor sie abgepresst und zu Ende vergoren werden). Hierbei entscheidet sich schon wesentlich die Qualität des späteren Champagners, nämlich ob nur der Most der ersten Pressung, die sogenannte *cuvée* verwandt wird (wie in den besten Häusern üblich), oder ob auch der Most der zweiten und dritten Pressung (*taille*) benutzt wird. Je nach Pressdruck werden mehr Bitterstoffe herausgelöst, die im Champagner störend wirken. Nach der Gärung des Grundweins (erste Gärung genannt) findet die sogenannte *assemblage* statt, das Verschneiden verschiedener Sorten, Lagen und Jahrgänge, je nach der Hausmarke des Herstellers und der Art des angestrebten Erzeugnisses, ob als Jahrgangsverschnitt, als Jahrgangswein (g *millésimé*), ob als → Blanc de Blancs (ausschließlich aus dem Chardonnay), als → Blanc de Noirs (allein aus Pinot noir und Pinot meunier) oder als *cuvée de prestige* (die Spitzencuvée, der beste Wein des Hauses).

Nun beginnt das eigentliche Champagnerverfahren, die *Méthode champenoise*, im Deutschen als → Flaschengärung bezeichnet. Der → Stillwein, denn das ist er ja bislang, wird auf Flaschen gefüllt und erhält dabei jeweils die → *liqueur de tirage*, d. h. ein Gemisch aus Wein, Zucker und Hefe für die Durchführung der zweiten Gärung in der Flasche. Daher erhält der Champagner seine Kohlensäure, der die Voraussetzung für jenen im Glas sich bildenden Schaum (*mousse*) ist. Die Hefe setzt den Zucker in Alkohol und Kohlendioxid um. Nach der Gärung stirbt die Hefe ab, während sich die Kohlensäure im Laufe der Lagerzeit in der Flüssigkeit bindet. Je länger der Champagner auf der Hefe liegt, desto feiner wird das Mousseux. Die Lagerzeit muss mindestens ein Jahr (bei Jahrgangs-Champagner mindestens drei Jahre) betragen, wobei in manchen Häusern längere Lagerzeiten üblich sind. Um den Hefetrub aus den Flaschen zu entfernen, werden sie mit dem Hals nach unten in ein → Rüttelpult gestellt und die Hefe durch → Rütteln zum Korken getrieben. Früher geschah dies von Hand, heute erledigen Maschinen diese Arbeit.

Wenn sich die Hefe am Korken abgesetzt hat, wird der Wein → degorgiert, d. h., der Flaschenhals wird vereist, die Flasche dann geöffnet und der Pfropfen durch den Druck der Kohlensäure herausgepresst. Zu diesem Zeitpunkt ist der Champagner völlig trocken. Bevor er nun endgültig verkorkt wird, erhält der Wein je nach angestrebtem Süßungsgrad die → *liqueur d'expedition*, die so genannte → *Dosage*. Völlig trockener Champagner bleibt ohne Dosage, was dann als *Dosage zéro*, → *Extra brut* oder *Sans Dosage* auf dem Etikett vermerkt wird. Die Geschmacksangabe erscheint auf dem Etikett. Ebenfalls auf dem Etikett finden sich jeweils, meist etwas versteckt, einige Buchstaben, die über die Herkunft des Champagners Aufschluss geben: So bedeutet N.M. = Hauptmarke eines Handelshauses; M.A. = Zweitmarke eines Handelshauses; R.M. = Champagner eines selbständigen Winzers oder Weinguts; C.M. = Champagner einer Winzergenossenschaft; R.C. = Marke eines Genossenschaftswinzers und S.R. = Marke einer Winzervereinigung.

rier-Jouet, Ruinart, Mumm, Ayala, de Venoge, Joseph Perrier, Canard-Duchêne, Mercier, de Castellane. Bekannte Kleinbetriebe: Paul Bara, Henri Mandois, Lilbert-Fils, Leclerc-Briant, Agrapart, Pierre Gimonnet, Vranken.

Champagner gewinnt nach dem Degorgieren in der Flasche nicht mehr an Qualität und sollte innerhalb von 2 Jahren getrunken werden.

Champet, Domaine Emile Französisches Weingut an der nördlichen → Rhône in Ampuis mit rund 3 ha in der AOC → Côte Rotie. Erzeugt schwere, gerbstoffhaltige Rotweine – zählt zu den führenden Produzenten.

Champigny Französische Weinbaugemeinde südöstlich von Saumur im Tal der → Loire. Dort wird überwiegend Cabernet franc angebaut, der unter der Bezeichnung AOC → Saumur-Champigny in den Handel gebracht wird.

Chamusca Portugiesisches IPR-Weinbaugebiet im → Ribatejo, östlich von Santarém mit rund 2200 ha Rebfläche. Es werden hauptsächlich Rotweine aus Periquita, Castelão Nacional, Trincadeira Preta u. a. Sorten erzeugt sowie etwas Weißwein, überwiegend aus den Sorten Fernão Pires, Tália, Trincadeira das Pratas, Vital und Arinto.

Chanson Père & Fils Französisches Weingut und Handelshaus in Beaune, → Burgund mit rund 44 ha Rebfläche, davon über 20 ha Premier cru. Erzeuger traditioneller roter → Burgunder mit langer Holzfasslagerung.

Chanzy-Daniel, Domaine Französisches Weingut in Chagny, → Burgund (→ Côte Chalonnaise). Rund 25 ha Rebfläche in Bouzeron, Rully und Mercurey. Erzeugt vor allem außergewöhnlichen Aligoté (in Bouzeron) sowie weiße und rote (Rully Rouge) → Burgunder.

Chapelle-Chambertin Eine der kleineren von insgesamt acht *Grand cru*-Lagen von → Gevrey-Chambertin im französischen → Burgund mit rund 6 ha Fläche. Es werden jährlich 20 000 l Rotwein aus der Sorte Pinot noir erzeugt. Dieser Weingarten liegt unmittelbar unterhalb des berühmten *Clos de Bèze* und nördlich von *Griotte-Chambertin*. Die Fläche ist stark zersplittert; 12 Eigentümer teilen sich diese Lage. Bekannte Erzeuger: Clair-Daü, Louis Trapet, Pierre Damoy, Drouhin-Laroze.

Chapitre Französisch für Kapitel, womit auch das Mönchs- oder Domkapitel gemeint sein kann. Heute ist diese Bezeichnung häufig in Lagen- oder Weingutnamen zu finden. Vor der Französischen Revolution verfügten diese kirchlichen Kapitel vielfach über Weinbergsbesitz, der z. T. noch heute im Namen auftaucht, z. B. als *Clos du Chapitre.*

Chapoutier, Domaine M. Französisches Weingut und Weinhandelshaus an der nördlichen → Rhone im Ort Tain l'Hermitage – einer der großen und führenden Erzeuger. Rund 75 ha Rebfläche Besitz, davon 30 ha in der AOC → Hermitage, 3 ha in der AOC Côte Rotie und 30 ha Châteauneuf-du-Pape. Durch Traubenzukauf werden insgesamt jährlich rund 1 Millionen Flaschen Wein (überwiegend in biologisch-dynamischer Wirtschaftsweise) erzeugt – allesamt klassische, konservative → Terroir-Weine. Spitzenwein ist der Hermitage *Le Pavillon.*

Chaptalisieren Französischer Begriff für das → Anreichern von Most vor der → Gärung mit → Kristallzucker zur Erhöhung des → Alkoholgehaltes im Wein. Benannt nach dem Chemiker und Minister unter Napoleon I., Jean-Antoine Chaptal. In der → Weinbauzone A darf der Alkoholgehalt durch Chaptalisierung um bis zu 3,5 % (in außergewöhnlich ungünstigen Jahren bis 4,5 %), in der Zone B bis 2,5 % (bzw. 3,5 %) und in der Zone C bis 2 % erhöht werden. Besonders in kühlen Klimazonen kann das Chaptalisieren sinnvoll sein, denn durch die Anreicherung des Mosts mit Kristallzucker bleibt der Wein in seiner Aromatik unverändert, er wird lediglich alkoholreicher. Rebsorten wie z. B. Chardonnay, Riesling und Pinot noir profitieren durch die Anreicherung. In Italien darf der Wein nur mit Traubenmostkonzentrat angereichert werden, um auf diese Weise die Weinüberschüsse der südlichen Anbauzonen abzubauen. Hierdurch wird der Wein in seiner Aromatik allerdings empfindlich verändert und verliert seinen typischen Charakter. Als moderne Alternative zur Chaptalisation oder Anreicherung mit Traubenmostkonzentrat setzt sich immer mehr die → Mostkonzentration durch, ein physikalisches Verfahren.

Charavin, Domaine Didier Französisches Weingut an der südlichen → Rhône im Ort Rasteau. Erzeugt auf rund 17 ha Rebfläche AOC Côte du Rhône Villages aus den Rebsorten Grenache, Syrah, Carignan. Der Wein reift z. T. noch in alten Holzfässern und wird nicht gefiltert.

Charbaut → Champagnerhaus in Epernay. Produziert Brut und Rosé sowie *Certificate millésimé*.

Chardonnay Eine der populärsten weißen Rebsorten der Welt. Bringt vor allem trockene Weißweine hervor und dient zur Champagnergrundwein-Herstellung. Klassisches Zentrum des Chardonnay-Anbaus ist Burgund. Von hier stammen die Weißweine der → Côte d'Or. Weltbekannt sind die Lagenweine → *Meursault* und → *Montrachet*. Im südlichen Burgund, an der → Côte Chalonnaise und im → Mâconnais, wird Chardonnay traditionell angebaut, ebenso im → Chablis.

Chardonnay wird heute auf der ganzen Welt kultiviert und häufig in Barriques ausgebaut. In Deutschland befindet sich die Sorte erst seit wenigen Jahren im Anbau. In Österreich dagegen ist er seit langem in der Steiermark unter dem Namen Morillon bekannt, in der Wachau als Feinburgunder. In Italien wiederum hat der Chardonnay ebenso Hochkonjunktur wie in Spanien. Vor allem aber in Kalifornien und Australien ist die Sorte unaufhaltsam auf dem Vormarsch und zurzeit die am meisten angepflanzte weiße Rebsorte.

Fest steht, dass der Chardonnay seinen Erfolg den Wachstumsbedingungen im kühlen Klima Burgunds verdankt. Fest steht auch, dass er im heißen Klima Australiens und Kaliforniens ganz andere Weine hervorbringt: Dort fallen sie breit, schwer und alkoholisch aus, im Burgund dagegen elegant, mineralisch und säurebetont. Ob diese grundverschiedenen Weine der alten und der neuen Weinwelt stilistisch überhaupt miteinander vergleichbar sind, ist noch eine ganz andere Frage.

Charlemagne → Karl der Große

Charlemagne, Corton- → Corton-Charlemagne

Charmes Lagenname in → Burgund. Ist in den Gemeinden Meursault (*Les Charmes*), Chambolle-Musigny (*Les Charmes*) und Gevrey-Chambertin anzutreffen. Doch nur in Letzterer hat die Lage *Grand cru*-Status, sodass der Wein ausschließlich mit → *Charmes-Chambertin* etikettiert wird.

Charmes-Chambertin Französische → *Grand cru*-Lage im → Burgund. Zusammen mit der heute kaum noch etikettierten Lage → *Mazoyères-Chambertin* werden auf 32 ha Rebfläche jährlich 125 000 l Rotwein aus der Sorte Pinot noir erzeugt. Die Lage befindet sich unterhalb von *Chambertin* bzw. neben → *Latricières-Chambertin*. Bekannte Erzeuger: A. Rousseau, Tortochot, Camus.

Chassagne-Montrachet Französische Gemeinde in → Burgund, in der Nähe der südlichen Ausläufer der → Côte d'Or.

Chassagne hat Anteil an den Lagen → *Montrachet* und → *Bâtard-Montrachet*, während der nur 1,6 ha große → *Criots-Bâtard-Montrachet* ganz in Chassagne liegt. Insgesamt rund 300 ha Rebfläche, auf denen 1,5 Millionen l Wein erzeugt werden. Chassagne besitzt außerdem eine Vielzahl von *Premier cru*-Lagen. Zu rund 40 % wird Weißwein aus Chardonnay produziert. Von den 19 *Premier cru*-Lagen sind die besten für Weißwein: *Caillerets, Chevenottes, Morgeot*. Beim Rotwein dominieren die Lagen *Clos Saint-Jean, La Boudriotte, La Maltroie, Morgeot*. Der schlicht als *Chassagne-Montrachet* deklarierte Wein ist ein Village-Wein und stammt von nicht klassifizierten Lagen. Bekannte Erzeuger: Domaines Delagrange-Bachelet, Duc de Magenta, André Ramonet.

Chasse-Spleen, Château Französisches Weingut im Bordeaux, in der Appellation → Moulis (Haut-Médoc). Rund 72 ha Rebfläche mit rund 55 % Cabernet Sauvignon, 35 % Merlot und ferner Petit Verdot und Cabernet franc. Zweitwein: *L'Ermitage de Chasse-Spleen*.

Chasselas Weiße Rebsorte, die in Deutschland als → Gutedel bekannt und hier vor allem im → Markgräflerland und im übrigen Baden anzutreffen ist. Als Chasselas ist sie die meist angebaute Rebsorte der Schweiz, dort auch Fendant, Dorin oder Perlan genannt. Bekannteste Weine dort: → Chablais, → Aigle, → Lavaux, → Dézalay. In keinem anderen Weinbauland spielt der Chasselas eine qualitativ vergleichbare Rolle. Im Elsass wird Chasselas als Verschnittwein für den → Edelzwicker eingesetzt.

Chasseloir, Château de la Französisches Weingut an der → Loire, AOC Muscadet. Rund 25 ha Rebfläche – Spitzenwein aus 100 Jahre alten Reben, der Muscadet *Comte Leloupe de Chasseloir*.

Château Heute vor allem im → Bordeaux-Gebiet verwendeter Ausdruck für jedwedes Weingut einschließlich seiner meist in unmittelbarer Nähe bzw. mehr oder weniger geschlossen um die Gebäude gruppierten Rebflächen. Noch bis weit in das 20. Jahrhundert war der Begriff auf mittelalterliche Burgen bzw. früh neuzeitliche Adelssitze beschränkt. Heute verbirgt sich hinter dem Namen Schloss oft nicht mehr als ein Bauerngehöft. In Frankreich darf der Name *Château* auf dem Etikett lediglich verwendet werden, wenn das Gut über eine eigene Rebfläche verfügt, von der der Wein stammt. Dabei muss der Wein nicht auf dem Gut abgefüllt werden. Ist er dies jedoch, dann erfüllt er die Kriterien für eine → Erzeugerabfüllung: *Mis(e) en bouteille(s) au château.*

Château-Chalon Ein ausgefallener Weißwein mit geringer Produktionsmenge. Er gehört zur Familie der so genannten gelben Weine (→ Vin jaune) aus dem französischen → Jura und stammt aus dem Ort Château-Chalon sowie drei Nachbargemeinden. Auf 45 ha Rebfläche werden im Schnitt 200 000 l Wein erzeugt. Ausschließlich aus der Rebsorte Savagnin bereitet, muss er nach einer langsamen Vergärung mindestens sechs Jahre lang, ohne aufgefüllt zu werden, in Eichenholzfässern reifen. Dadurch findet eine allmähliche Oxidation statt, bis der Wein einem extrem trockenen spanischen Sherry oder Montilla ähnelt, allerdings mit höherem Säure- und geringerem Alkoholgehalt. Unter den Weintrinkern hat er nur eine kleine Schar begeisterter Anhänger. Vergleichbarer Wein im Jura: Vin jaune, Arbois oder L'Etoile. In den Handel kommt der Wein in einer besonderen Flasche, der sog. → Clavelin.

Château-Grillet Französische AOC an der Rhône. Südlich von Lyon bei Vienne liegt am rechten Rhôneufer eine terrassierte Steillage, die ausschließlich mit der

Rebsorte Viognier bestockt ist und zum Weingut Château-Grillet gehört. Auf rund 3,5 ha Rebfläche mit sandigem Ton werden jährlich nur rund 90 000 Flaschen erzeugt. Dieser berühmte Weißwein mit feinen Heu- und Aprikosendüften ist aufgrund seiner geringen Produktionsmenge besonders begehrt. Die umgebenden Weinberge der AOC → Condrieu sind ebenfalls mit Viognier bestockt und liefern einen ähnlichen, allerdings weniger exklusiven Wein.

Chateaumeillant Französische VDQS südlich von Bourges. Auf rund 73 ha Rebfläche entstehen im Jahr rund 400 000 l Rot- und Roséweine aus den Rebsorten Gamay, Pinot noir und Pinot gris.

Châteauneuf-du-Pape AOC-Weinbaugebiet im unteren → Rhônetal nördlich von → Avignon mit rund 3200 ha Rebfläche, auf der 11 Millionen l Wein produziert werden. Die Ruine des Papstpalastes, die der Stadt ihren Namen gab, war im 14. Jahrhundert der Sitz der damaligen aus Frankreich stammenden Päpste. Die Reben wachsen auf einer Hochebene, von der man einen weiten Ausblick auf die Rhône und ihre fruchtbare Landschaft hat. Der Boden ist übersät mit grobem Flusskies und kleinen Flusssteinen und ist außer für Weinbau unfruchtbar.

Aus dem Châteauneuf-du-Pape kommen jährlich rund 10 Millionen l Wein, davon 98 % Rot- und 2 % Weißwein. 13 verschiedene Rebsorten sind für den roten Châteauneuf erlaubt – mehr als in allen anderen französischen AOC-Weinen: Grenache, Syrah, Mourvèdre, Cinsaut, Picpoul, Terret noir, Counoise, Muscardin, Vaccarèse, Picardan, Clairette, Roussanne und Bourboulenc. Tatsächlich wird aber heute meist kaum die Hälfte für den Verschnitt verwandt, zumeist Grenache, Syrah, Mourvèdre und Cinsaut.

Die Rotweine zeichnen sich durch ihren für französische Verhältnisse recht hohen Alkoholgehalt aus – sie enthalten in der Regel 14 % Alkohol. Zu den bekannten Gütern gehören: Châteaux Fortia, de Beaucastel (z. T. auch als Domaine de Beaucastel), la Nerte, Domaine de Vieux Télégraphe, Châteaux Rayas, Mont-Redon, Clos des Papes, Domaines de Beaurenard, de Nalys, de Cabrières, Château des Fines Roches, Domaines de la Solitude, de Père Caboche, Château Vaudieu, Clos de L'Oratoire de Pape, Domaine de la Font du Loup u. a.

Da leider immer noch sehr viel mehr Châteauneuf-du-Pape in den Handel kommt, als dort selbst in den üppigsten Jahren wachsen kann, sollte man Billigangeboten gegenüber skeptisch sein und sich an verlässlichen Namen orientieren.

Chatelain, Jean-Claude Französisches Weingut an der → Loire in der AOC → Pouilly-Fumé im Ort St-Andelain. Auf rund 20 ha Rebfläche werden verschiedene Lagenweine und Cuvées (auch aus alten Reben) erzeugt.

Chatenoy, Domaine de Französisches Weingut an der → Loire in der AOC → Menetou-Salon. Auf rund 30 ha Rebfläche wird jährlich bis zu einer halben Million Flaschen Wein (weiß, rot und rosé) erzeugt.

Chatillon-en-Diois Rot-, Rosé- und – sehr selten – Weißwein aus dem östlichen → Rhônetal, nahe dem Weinbauort → Die.

Chaves IPR-Weinbaugebiet im Norden Portugals, unmittelbar an der spanischen Grenze in der Provinz → Trás-os-Montes gelegen. Auf rund 3000 ha werden Rot- und Weißweine überwiegend aus den Sorten Bastardo, Tinta Carvalha, Tinta Amarela bzw. Boal, Codega, Gouveio (Verdelho), Malvasia Fina erzeugt.

Chavignol Weinbaugemeinde in der Appellation Sancerre im östlichen → Loire-Tal. Als ihre beste Lage gilt *Les*

Monts Damnés. Berühmt ist der Ort auch für seine *Crottins de Chavignol* – kleine, runde Ziegenkäse in unterschiedlichen Reifestufen.

Cheilly-les-Maranges Weinbaugemeinde im äußersten Süden der → Côte d'Or in Burgund. Die Rotweine kommen unter der AOC-Bezeichnung → *Maranges* in den Handel.

Chénas Weinbaugemeinde des → Beaujolais mit 280 ha Rebfläche und eine der zehn *Crus* des → Beaujolais. Es werden rund 1,6 Millionen l Wein produziert. Der südliche Bereich der Weinberge ist Teil der angesehenen Appellation des Beaujolais → Moulin-à-Vent. Die übrigen Weine der Gemeinde werden überwiegend als einfacher *Chénas* in den Handel gebracht, können aber auch mit Lagennamen auf den Markt kommen.

Chenin blanc Weiße Rebsorte der → Loire (wird auch als Pineau de la Loire bezeichnet). In der → Touraine und dem → Anjou werden praktisch alle bedeutenden Weißweine aus ihr gewonnen: z. B. → Savennières, → Vouvray, → Bonnezeaux, → Coteaux du Layon. Auch außerhalb Frankreichs ist die Sorte anzutreffen, so in Kalifornien und Südafrika (dort auch Steen genannt), wo sie eine der meist angebauten Rebsorten ist. Der Chenin blanc ist ein typischer → Cool Climate-Wein. Im kühlen Klima eignet sich die Rebsorte auch für elegante → natürlich restsüße Weine, während sie im → Hot Climate alkoholreiche und breitere Weine ergibt.

Cherreau-Carré Französisches Handelshaus an der → Loire für AOC Muscadet. Jährlich werden rund 4 Millionen Flaschen → Muscadet verkauft.

Cheval Blanc, Château Französisches *Premier cru*-Spitzenweingut im Bordeaux in der Appellation → Saint-Emilion. Rund 40 ha Rebfläche mit rund 60 % Cabernet franc, 35 % Merlot und etwas Malbec und Cabernet Sauvignon.

Chevalier-Montrachet Französische *Grand cru*-Lage in → Burgund, rund 8 ha Rebfläche, auf der 35 000 l Weißwein (Chardonnay) erzeugt werden. Hangaufwärts unmittelbar oberhalb des berühmten → *Montrachets* befindet sich diese Lage ganz im Bereich der Gemeinde → Puligny-Montrachet. Der steinige Boden ist kalkhaltig und karg. Bekannte Erzeuger: Domaines Leflaive, Louis Jadot.

Cheverny Bereich an der → Loire, aus dem Rot-, Rosé- und Weißweine kommen: AOC *Cheverny* kann sowohl ein Rot- oder Roséwein, überwiegend aus Gamay mit größeren Anteilen von Pinot noir und ferner Cabernet franc sein, als auch ein Weißwein aus Sauvignon blanc mit Zusätzen von Chardonnay und Chenin blanc. AOC *Cour-Cheverny* ist ein Weißwein, der ausschließlich aus der Rebsorte Romorantin bereitet wird. Auf 380 ha Rebfläche werden rund 2,1 Millionen l Wein produziert.

Chianti Italienischer DOCG-Wein aus der → Toskana. Chianti ist ein Rotwein, der sich aus den Rebsorten Sangiovese als Basis, ferner Canaiolo nero, Mammolo und Colorino bzw. Merlot und Cabernet Sauvignon und den weißen Sorten Trebbiano und Malvasia zusammensetzen kann. Nach dreijähriger Lagerung kann der Wein auch als Riserva in den Handel gebracht werden.

Ursprünglich war die Kernzone des Chianti auf die Hügel zwischen Florenz und Siena beschränkt, das Gebiet der heutigen DOCG → Chianti Classico. Früher wurde er in einer strohumflochtenen Flasche, dem *fiasco*, in den Handel gebracht. Im Gegensatz zum Chianti Classico aus der Ursprungszone darf der einfachere Chianti aus vielen Bereichen der Toskana kommen, deren Weine entweder schlicht als Chianti in den Handel gebracht werden oder mit dem Namenszusatz der Region, z. B. Chianti Colli Senesi oder Chianti Colline Pisane. Allen

Chianti-Weinen und dessen Verwandten wie z. B. Brunello di Montalcino ist gemeinsam, dass sie zum überwiegenden Teil aus der Rebsorte Sangiovese gekeltert werden.

Chianti Classico Italienische Herkunftsbezeichnung für einen DOCG-Chianti, der aus der klassischen Anbauzone mit rund 7000 ha Rebfläche zwischen Florenz und Siena stammt. Das Chianti Classico liegt in zwei Provinzen. Provinz Florenz mit den Orten Greve, Barberino Val d'Elsa, San Casciano und Tavernelle Val di Pesa.

Provinz Provinz Siena mit Castellina in Chianti Gaiole, Radda, Castelnuovo Berardenga und Poggibonsi.

Die Weinberge mit ihren überwiegend aus Galestro bestehenden Böden (ein mergelartiger Kalkstein) liegen bis zu 550 m hoch, wodurch sich die Vegetationsperiode verlängert. Deshalb werden die Weine aromatischer als jene aus den niedriger gelegenen, wärmeren und dadurch früher reifen Chianti-Regionen. In dieser von Olivenhainen, Wäldern und Feldern durchzogenen Hügellandschaft wird überwiegend → Sangiovese angepflanzt, der beim Chianti Classico 75 bis 100 % ausmacht. Zugelassen sind bis zu 25 % andere rote Rebsorten wie Canaiolo nero und nicht klassische Chianti-Sorten wie z. B. Cabernet Sauvignon, Merlot und Syrah. Nach dreijähriger Lagerung kann der Wein als → Riserva in den Handel gebracht werden.

Hinter diesen nüchternen Daten verbirgt sich ein so tief greifender Wandel, dass es heute kaum noch möglich erscheint, verbindlich zu bestimmen, was ein Chianti Classico ist. Zurzeit arbeiten die meisten Produzenten daran, einen → internationalen Wein zu erzeugen und möglichst viel Cabernet, Merlot oder Syrah unter starkem Barrique-Einfluss zu verwenden. Nur noch eine Minderheit verwendet ausschließlich autochthone Rebsorten oder reinen Sangiovese. Chianti Classico ist für viele Weingüter heute nur noch einer unter vielen Weinen, wie z. B. den so genannten → Supertoskanern, die immer mehr Aufmerksamkeit der Winzer absorbieren und damit das Kerngeschäft – den Sangiovese (wörtlich: Blut des Jupiter) vernachlässigen. Die Folgen dieser Entwicklung sind nicht mehr zu übersehen, längst haben sie vielen regionaltypischen Weinen ihren Stempel aufgedrückt. Mancherorts ist der Sangiovese nur noch ein regionales Zitat in der Zusammensetzung des bekanntesten Weins Italiens. Dies führt dazu, dass die Identität dieser einzigartigen Weinregion leidet und die dort erzeugten Weine letztlich immer austauschbarer werden.

Bekannte Erzeuger: Castello di Ama, Riecine, Castello dei Rampolla, Isole e Olena, Colle, Castello di Querceto, Castellare, Le Fonti, Rientine, La Massa, Badia a Coltibuono, Le Cinciole.

Chianti putto Eine im Sprachgebrauch eingebürgerte Bezeichnung für einen DOCG-Chianti, der nicht aus dem Chianti-Classico-Gebiet stammt und eine Banderole des Putto-Konsortiums (eine Vereinigung von Chianti-Winzern) trägt, deren Markenzeichen eine goldene Putte (*putto*) ist. Die Banderole des im Chianti Classico ansässigen Konsortium *Gallo nero* ziert dagegen ein schwarzer Hahn.

Chiarello, Chiaretto Bezeichnung für Roséweine vom Ufer des Gardasees, meist ein als Rosé vinifizierter → Bardolino.

Chiavennasca Lokale Bezeichnung für die Rebsorte Nebbiolo im Weinbaugebiet des → Valtellina.

Chiclana Weinbaugemeinde im Süden des → Sherry-Gebietes, südöstlich von Cádiz; ihr voller Name lautet Chiclana de la Frontera.

Chile Das älteste und nach Argentinien

wichtigste Wein erzeugende Land Südamerikas, in dem bereits um 1550 Weinbau betrieben wurde. Das Zentrum des Weinbaus liegt zwischen dem 32. und 36. Breitengrad; rund 85 % des chilenischen Weinbaus entfallen auf die Zentral- und die südliche Zentral-Zone. Als das beste Gebiet gilt das Maipo-Tal unmittelbar südlich der Hauptstadt Santiago, aus der seit langem bedeutende chilenische Rotweine aus den klassischen → Bordeaux-Sorten Cabernet Sauvignon, Cabernet franc, Merlot, Malbec und Petit Verdot kommen. Als Weißwein-Sorten werden vor allem Chardonnay, Sémillon und Sauvignon blanc angepflanzt. Chilenische Weine können bei einer Mindestlagerzeit von 4 Jahren das Prädikat Reservado, bei mindestens 6 Jahren → Gran vino führen. Da die → Reblaus nie bis Chile vorgedrungen ist, wird ausschließlich → wurzelechter Anbau betrieben. In letzter Zeit wird von kalifornischer und europäischer Seite kräftig investiert, die ganze Weinlandschaft ist im wahrsten Sinne des Wortes im Umbruch.

China Seit Ende der 1980er Jahre wird in den chinesischen Weinbau investiert und die Rebfläche stark ausgedehnt. China ist das mit Abstand größte Weinland Asiens. Weinbau wird insbesondere zwischen dem 32. und 44. Breitengrad betrieben, wobei das bedeutendste Gebiet die Bohai-Region mit Hebei und Shandong und den Stadtregionen Beijing und Tianjin ist. Angepflanzt werden in der Regel europäische Rebsorten. Viele Weine kommen als Joint ventures mit ausländischen Partnern unter Marken- oder Rebsortennamen in den Handel, gelangen aber kaum nach Europa.

Chinon Französischer Ort an der Vienne in der Appellation → Touraine an der Loire. Der AOC-Rotwein Chinon wird aus der Rebsorte Cabernet franc erzeugt (dort Breton genannt), der gleichnamige AOC-Weißwein aus der Rebsorte Chenin blanc. Insgesamt stehen rund 2000 ha Rebfläche in Ertrag, die rund 10 Millionen l Rot-, Rosé- und Weißweine ergeben. Die Böden variieren von Kalk-Tuff-Hängen und Feuersteinton über Schwemmland sowie Sandböden nördlich von Chinon. Bekannte Erzeuger: Phillipe Alliet, Couly-Dutheil, Charles Joguet, Georges Farget, Jean-Maurice Raffault, Olga Raffault und Château de la Grille.

Chipiona Kleine Weinbaugemeinde an der spanischen Atlantikküste im → Sherry-Gebiet. Auf den sandigen → Arena-Böden wird Moscatel angepflanzt.

Chiroubles Französische Weinbaugemeinde im → Beaujolais und eine der zehn *Crus* des Gebiets. Auf rund 370 ha Rebfläche werden jährlich rund 2 Millionen l Rotwein aus der Rebsorte Gamay erzeugt. Die Böden bestehen hauptsächlich aus Sandböden mit Granit und auch Porphyr. Bekannte Erzeuger: Cheysson, Raousset, Duboef.

Chivite, Bodegas Julián Spanisches Weingut im Weinbaugebiet → Navarra – das größte und führende in der Region. Auf rund 250 ha eigener Rebfläche werden elegante Weine erzeugt: die Basisweine Gran Feudo (Jóvenes und Crianza; die Rotweine aus 70 % Tempranillo und 30 % Garnacha), die Spitzenweine Chivite (Reserva und Gran reserva) sowie Viña marcos aus der Einzellage *Arinzano*.

Chorey-lès-Beaune Französische Weinbaugemeinde nördlich von → Beaune in Burgund mit knapp 140 ha Rebfläche, meist in Flachlagen mit Schwemmlandböden, die etwa 650 000 l überwiegend (97 %) Rotwein aus der Sorte Pinot noir und etwas Weißwein aus der Sorte Chardonnay ergeben. Die Rotweine sind im Allgemeinen weniger hochwertig als die aus dem benachbarten Beaune oder Aloxe-Corton. Sie werden meist als → Côte de Beaune-Villages verkauft.

Chorherrenstift Klosterneuburg Österreichisches Weingut in der Nähe von Wien mit rund 100 ha Rebfläche, noch heute im Klosterbesitz. Mehrheitlich wird Weißwein vor allem aus den Sorten Grüner Veltliner, Weißburgunder und Riesling erzeugt; außerdem werden die roten Sorten Sankt Laurent und Zweigelt angebaut.

Christmann Eines der führenden Pfälzer Weingüter in Gimmeldingen, Pfalz. Auf rund 14 ha Rebfläche wird in Lagen wie dem *Ruppertsberger Reiterpfad, Königsbacher Idig* und *Ölberg* sowie *Deidesheimer Hohenmorgen* vor allem Riesling (mehr als 65 %) und Spätburgunder (etwa 20 %) angebaut.

Christoffel Erben Deutsches Weingut in Ürzig, Weinbaugebiet Mosel-Saar-Ruwer. Auf rund 3 ha Rebfläche wird ausschließlich Riesling (meist wurzelecht) angebaut. Bekannte Lagen: *Erdener Treppchen, Ürziger Würzgarten*. Spezialist für restsüßen Riesling.

Churchill Portugiesischer Portweinproduzent – einer der jüngsten Erzeuger (benannt nach dem Namen der Gründerin). Gute Late-bottled-Vintages sowie Einzellagen-Ports *Quinta de Agua Alta*.

Chusclan Französische Gemeinde in der Appellation → Côtes du Rhône-Villages auf dem rechten Rhône-Ufer, westlich von Orange gelegen. Es werden Rot-, Rosé- und Weißweine produziert.

Cigales Spanisches DO-Weinbaugebiet unmittelbar nördlich von Valladolid, in dem drei Rosés erzeugt werden (Rosado Cigales, Rosado Cigales Nuevo und Rosado Cigales Crianza) sowie ein Rotwein aus Tempranillo (dort als Tinto del pais bezeichnet). Ergänzungssorten sind vor allem Garnacha bzw. einige weiße Sorten, die zumindest 20 % in den Rosés ausmachen müssen.

Cilento Italienische DOC in → Kampanien in der Provinz Salerno. Es werden Rot-, Rosé- und Weißweine erzeugt.

Cinque terre Region in → Ligurien, benannt nach den fünf Gemeinden Monterosso, Vernazza, Corniglia, Manarola und Riomaggiore nordwestlich von La Spezia. Auf den steil zum Meer abfallenden terrassierten Hängen zwischen den Ortschaften wächst der gleichnamige Wein der Region. Er wird zu mindestens 60 % aus Bosco erzeugt mit Zusatz von Vermentino und Albarola. Als *sciacchetrà* ist er ein süßer Likörwein mit mindestens 17 % Alkohol.

Cinsault, Cinsaut Wichtige rote und dickschalige Rebsorte Südfrankreichs, die meist für Verschnitte verwendet wird, so im Châteauneuf-du-Pape, im Tavel und vielen anderen Rot- und Roséweinen des → Midi – gilt aber nicht als hochwertiger Bestandteil. In Südafrika ist die Kreuzung Pinotage zu finden.

Circeo Italienische DOC in → Latium rund um die Gemeinde San Felice Circeo und weiteren vier Gemeinden. Erzeugung von Rot-, Rosé- und Weißweinen aus Trebbiano, Malvasia (Weißwein) sowie Merlot (Rosso) und Sangiovese (reinsortig) erzeugt, teilweise auch als Frizzante.

Cirò DOC-Gebiet in → Kalabrien an der Küste des Ionischen Meers. Dort werden Rot- und Roséweine vor allem aus Gaglioppo erzeugt. Die Rotweine können nach mehrjähriger Lagerung auch als Riserva in den Handel kommen. *Cirò bianco* wird aus Greco mit bis zu 10 % Trebbiano erzeugt. Bekannter Erzeuger: Winzergenossenschaft Caparra & Siciliani. Der Cirò sollte nicht mit dem Girò aus Sardinien verwechselt werden.

Cissac Französische Weinbaugemeinde im → Haut-Médoc im Bordeaux-Gebiet, westlich der Gemeindegrenze zwischen Pauillac und Saint-Estèphe mit rund 270 ha Rebfläche.

Cissac, Château Französisches Weingut in → Cissac mit 55 ha Rebfläche: 65 % Cabernet Sauvignon, 20 % Merlot, 10 % Cabernet franc, 5 % Petit Verdot. Das Gut ist als *Cru bourgeois* eingestuft.

Citran, Château Französisches *Cru bourgeois*-Weingut im → Haut-Médoc mit rund 92 ha Rebfläche: 60 % Merlot, 35 % Cabernet Sauvignon, 5 % Petit Verdot.

Clair, Domaine Bruno Französisches Weingut im → Burgund im Ort Marsannay mit rund 18 ha Rebfläche, davon ein halber ha im *Grand cru Clos de Bèze.* Erzeugt vor allem roten → Burgunder, aber auch etwas Weißwein in biologisch-dynamischer Wirtschaftsweise.

Clairet Vor Jahrhunderten übliche französische Bezeichnung für den leichten roten Bordeaux – in Ableitung von diesem Namen bezeichnet man in England noch heute umgangssprachlich den roten Bordeaux als → Claret. Heute ist ein *Bordeaux clairet* ein leichter roséartiger Wein, der in der Regel nach dem so genannten *Saigner*-Verfahren zumeist aus Cabernet Sauvignon erzeugt wird, bei dem die Schalen nur rund 24 Stunden mit dem Most vergären, der Most dann abgelassen wird und ohne Schalenkontakt zu Clairet weitergärt. Er ist farbintensiver und gehaltvoller als ein Rosé, aber nicht für lange Lagerung gedacht.

Clairette In Südfrankreich (→ Provence, → Languedoc) verbreitete weiße Rebsorte mit hohem Ertrag. Vielfach wird sie als Zusatzsorte verwendet, so beim → Bandol, → Cassis, → Coteaux d'Aix. Drei Weine, die ausschließlich bzw. großenteils aus ihr erzeugt werden, kommen mit eigener AOC in den Handel: → Clairette de Bellegarde, → Clairette de Die und → Clairette du Languedoc.

Clairette de Bellegarde Südöstlich von Nîmes um die Gemeinde Bellegarde aus der Rebsorte Clairette erzeugter Weißwein. Rund 40 ha Rebfläche, die etwa 230 000 l Weißwein ergeben.

Clairette de Die Aus der Umgebung von → Die in Südostfrankreich am Rande der Alpen stammender AOC-Schaumwein. Auf rund 1200 ha Rebfläche werden jährlich 7 Millionen l Weißwein aus den Sorten Clairette und mindestens 75 % Muscat à petits grains erzeugt. Der Most wird gärend in Flaschen gefüllt, in denen er weiter gärt, bis ein → Restzucker von mindestens 35 g/l zurückbleibt. Nach frühestens vier Monaten wird das Depot durch → Degorgieren, nach dem → Transvasierverfahren oder einer anderen Methode entfernt.

Schaumweine, die nach dem → Champagnerverfahren mit einer 2. Flaschengärung erzeugt werden und allein aus der Clairette blanche stammen, kommen als → Crémant de Die in den Handel, die Stillweine als → Coteaux de Die.

Clairette du Languedoc Weißer AOC-Wein, der nordöstlich von → Béziers aus der Rebsorte Clairette hergestellt wird. Auf rund 90 ha Rebfläche werden jährlich etwa 330 000 l Weißwein erzeugt. Der Rotwein des Gebietes trägt die Bezeichnung → Coteaux du Languedoc.

Clape, La Weinbaugebiet unterhalb von Narbonne in den → Coteaux du Languedoc. Es werden Rot-, Rosé- und ferner Weißweine erzeugt. Bekannter Erzeuger: Château Rouquette-sur-Mer.

Clare Valley Rund 150 km nördlich von → Adelaide gelegenes kleines Weinbaugebiet in Südaustralien mit ähnlichen Böden wie im → Barossa Valley, jedoch heißerem Klima. Das Weinbaugebiet ist bekannt für seine anmutige Hügellandschaft. Die Weine wachsen auf roten und ockerfarbenen Kalksteinböden, wobei in höheren Lagen (zwischen 400 und 500 mn) die Weißweine überwiegen. Noch immer wird viel Riesling angebaut sowie ein Drittel Shiraz und Cabernet Sauvignon. Bekannte Erzeuger: Barry, Grosset, Leasingham, Skillogalee,

Die beiden Weingürtel

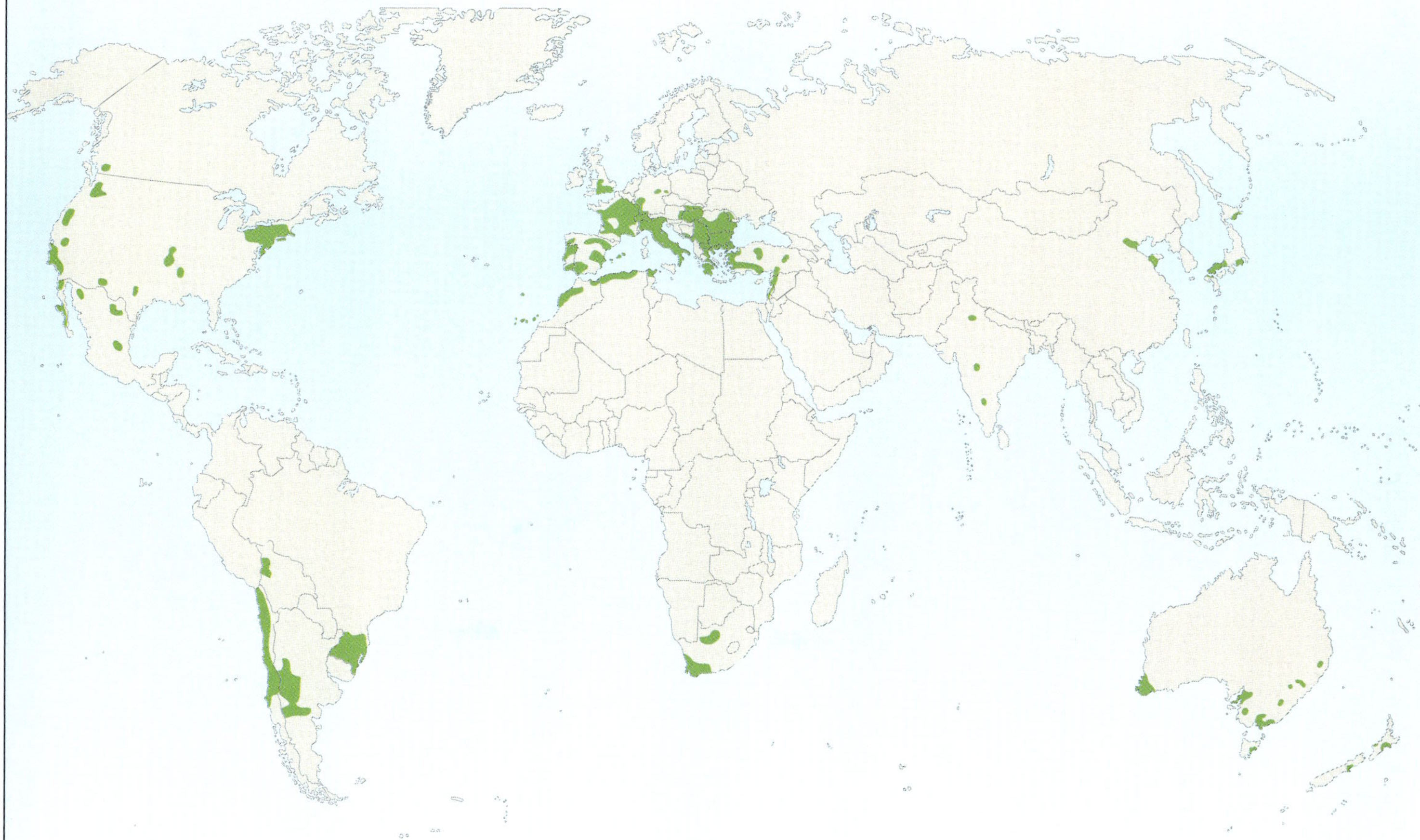

Frankreich – Weinanbaugebiete

Bordelais
Soulac
Gironde
Médoc
Lesparre-
Médoc
Saint Estèphe
Pauillac
St Julien
Blayais
Blaye
Listrac-Médoc
Moulis-en-Médoc
Margaux
St-André
de Cubzac
Haut
Médoc
Lalande-de-Pomerol
Fronsac
Pomerol
Libourne
Saint-Émilion
Sainte-Foy-
la-Grande
Saint-Émilion
Bordeaux
Dordogne
Entre-Deux-Mers
Pessac-Léognan
Arcachon
Graves
Barsac
Sauternes
Langon
Garonne
Marmande
Kommunale AOC
Bordeaux
20 km

Burgund
Auxerre
Chablis
Chablis
Paris
Lyon
Chablis
Chablis Grand und Premier Cru
Chablis
Petit Chablis
Côte de Nuits
Côte de Nuits
Hautes Côtes de Nuits
Côte de Beaune
Côtes de Beaune
Hautes Côtes de Beaune
Côte Chalonnaise
Mâconnais
Pouilly-Fuissé
Mâcon-Villages
Mâcon
Beaujolais
Beaujolais-Villages
Beaujolais
20 km
Dijon
Saône
Côte de Nuits
CÔTE D'OR
Nuits-St-Georges
Côte de Beaune
Beaune
Givry
Côte Chalonnaise
Chalon-sur-Saône
Mâconnais
Saône
Mâcon
Beaujolais
Rhône
Lyon

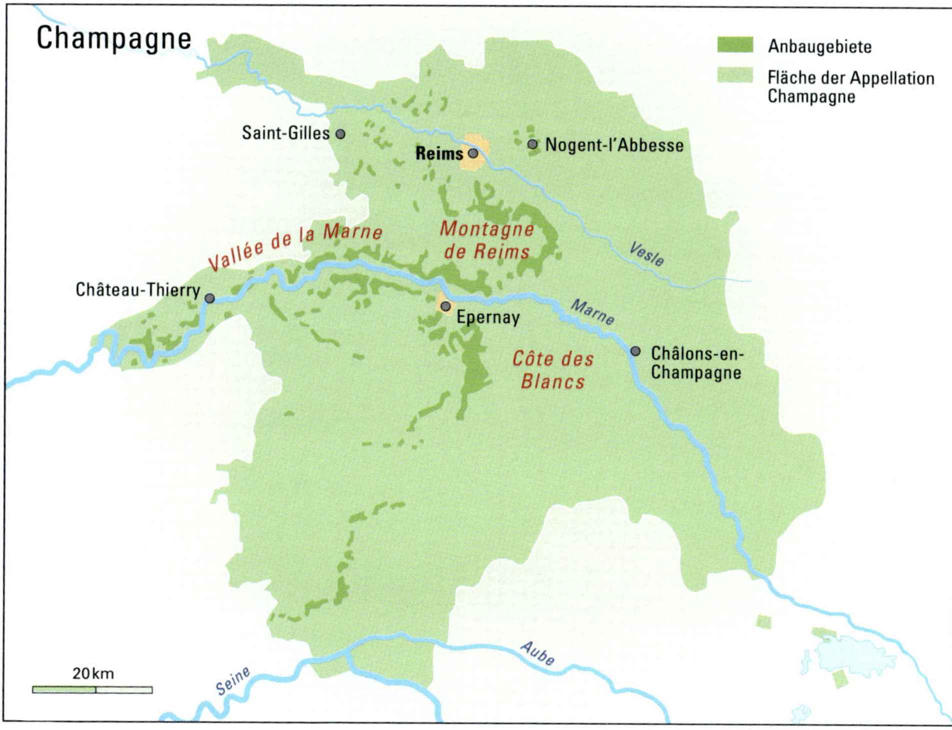
Champagne
Anbaugebiete
Fläche der Appellation Champagne
Saint-Gilles
Reims
Nogent-l'Abbesse
Vallée de la Marne
Montagne de Reims
Vesle
Château-Thierry
Epernay
Marne
Côte des Blancs
Châlons-en-Champagne
20 km
Seine
Aube

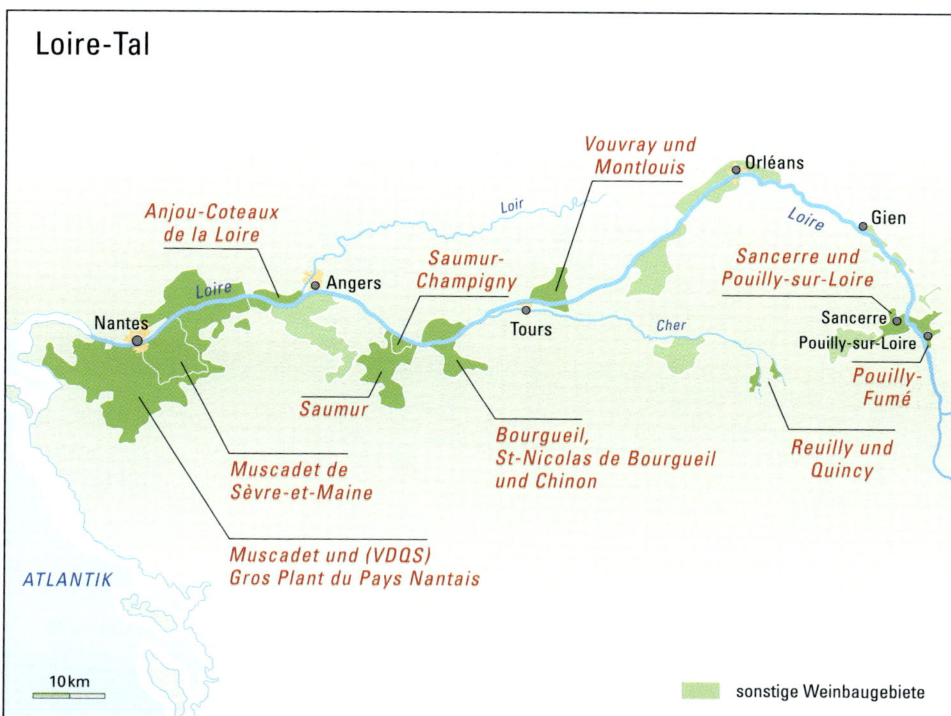
Loire-Tal
Vouvray und Montlouis
Orléans
Loir
Anjou-Coteaux de la Loire
Loire
Gien
Saumur-Champigny
Sancerre und Pouilly-sur-Loire
Angers
Loire
Nantes
Tours
Cher
Sancerre
Pouilly-sur-Loire
Pouilly-Fumé
Saumur
Bourgueil, St-Nicolas de Bourgueil und Chinon
Reuilly und Quincy
Muscadet de Sèvre-et-Maine
Muscadet und (VDQS) Gros Plant du Pays Nantais
ATLANTIK
10 km
sonstige Weinbaugebiete

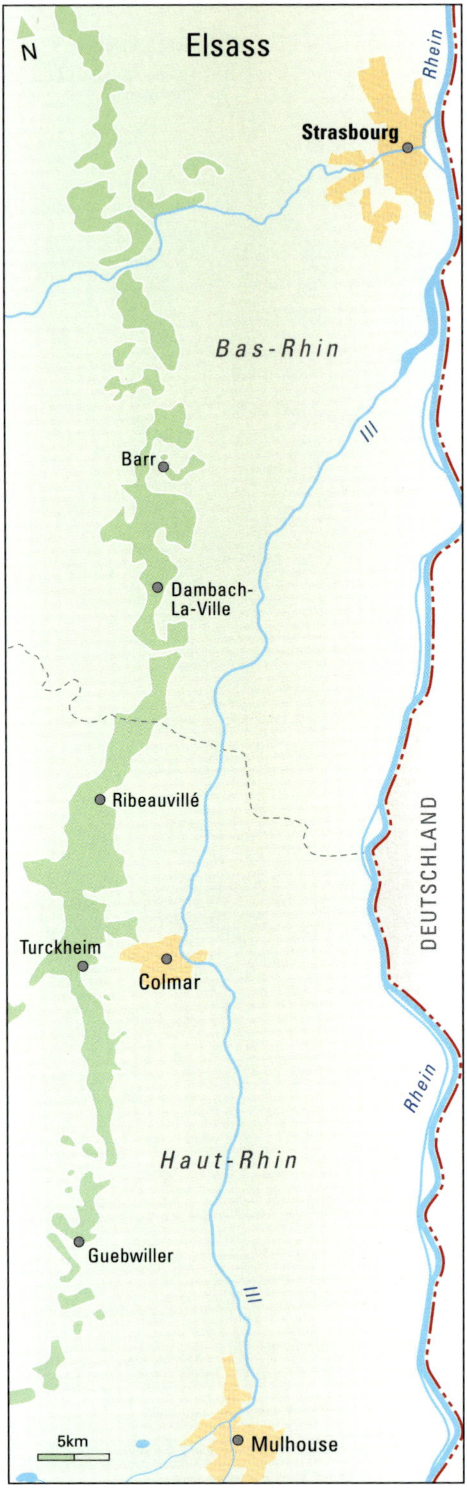
Elsass
N
Strasbourg
Rhein
Bas-Rhin
Ill
Barr
Dambach-
La-Ville
Ribeauvillé
DEUTSCHLAND
Turckheim
Colmar
Haut-Rhin
Rhein
Guebwiller
Ill
Mulhouse
5km

Rhône-Tal
Rhône
Lyon
Côte Rôtie
Vienne
Condrieu
Château Grillet
St-Joseph
Hermitage
Crozes-
Hermitage
Cornas
Valence
Rhône
Montélimar
Gigondas
Châteauneuf-
du-Pape
Orange
Vacqueyras
Tavel
Muscat de
Beaumes-
de-Venise
Avignon
Nîmes
Côtes du
Lubéron
Rhône
Aix-en-
Provence
Marseille
20km
Mittelmeer

Italien – Weinanbaugebiete

Österreich, Schweiz – Weinanbaugebiete

Knappstein, Mitchell, Petaluma und Pikes.

Claret Alte englische Bezeichnung für Rotwein. In England selbst wird traditionellerweise roter Bordeaux als *Claret* bezeichnet. In Australien meint man damit einen Verschnitt aus Cabernet Sauvignon und Shiraz.

Clarete In Spanien, insbesondere im Gebiet der → Rioja, gebräuchliche Bezeichnung für einen leichten Rotwein; entspricht dem → Clairet.

Clarke, Château Französisches Weingut in → Listrac-Médoc im Haut-Médoc (Bordeaux-Gebiet) mit rund 140 ha Rebfläche: 45 % Merlot, 40 % Cabernet Sauvignon, 10 % Cabernet franc, ferner Petit Verdot.

Classic Neue Bezeichnung im deutschen Weinrecht. Classic-Wein darf bis zu 15 g/l → Restzucker enthalten und rangiert somit als Zwischenstufe zwischen den Ausbaustufen trocken (bis 9 g/l Zucker) und halbtrocken (bis 18 g/l Zucker). Diese weitere Variante der ohnehin schon hochkomplexen Bezeichnungen für Ausbaustufen (trocken, halbtrocken, lieblich) und Prädikate (Kabinett, Spätlese, Auslese) trägt allerdings nicht zur Klarheit bei. Im Gegenteil: Die meisten Erzeuger bieten jetzt noch einen weiteren Wein in ihrem oft unübersichtlichen Programm an und verbringen viel Zeit damit, ihren verdutzten Kunden die neuen Spielregeln zu erklären.

Classico Italienische Bezeichnung für den ursprünglichen Kernbereich eines Anbaugebietes, z. B. → Chianti Classico, → Valpolicella Classico, → Soave Classico. Im Zuge der Schaffung gesetzlich definierter Appellationen und deren zum Teil hemmungsloser Ausdehnung wurde der gute Name auf die umliegenden neuen Rebflächen übertragen, wo aufgrund der ungünstigeren, oft ungenügenden Anbaubedingungen schlechtere Qualitäten produziert werden. In der Folge leidet vor allem der Ruf der Classico-Zonen – und mit ihnen der Ruf der gesamten Anbauzone.

Clavelin Kurze dicke Spezialflasche mit einem Fassungsvermögen von 0,62 l, wie sie für die → Vins jaunes (→ Côtes du Jura, → Arbois, L'→ Etoile und → Château-Chalon) traditionellerweise üblich und auch gesetzlich vorgeschrieben ist.

Clerc-Milon, Château Französisches 5e *cru classé* in → Pauillac im Haut-Médoc mit 29 ha Rebfläche: rund 70 % Cabernet Sauvignon, 20 % Merlot und 10 % Cabernet franc.

Clevner Bezeichnung für je nach Gebiet sehr verschiedenartige Rebsorten und die aus ihnen erzeugten Weine. In Baden, zumal in der Ortenau, meint man damit die Sorte Traminer, in Württemberg hingegen Frühburgunder. Während man in der Ostschweiz Klevner schreibt und Spätburgunder meint, trägt in Österreich eine Spielart des Weißen Burgunders diesen Namen. Im Elsass bezeichnet Clevner oder Klevener je nach Erzeuger Pinot blanc, Auxerrois oder einen Verschnitt aus beiden.

Climat Besonders in Burgund gebräuchliche Bezeichnung, die der deutschen → Einzellage (österreichisch: → Ried) entspricht.

Climens, Château Französisches *Premier cru*-Weingut im → Barsac mit rund 30 ha, die zu 98 % mit Sémillon und zu 2 % mit Sauvignon bestockt sind und aus denen → edelsüße Weine erzeugt werden. Zweitwein: *Les Cyprès.*

Clinet, Château Französisches Weingut im → Pomerol mit rund 7 ha Rebfläche, die zu 60 % mit Merlot, 25 % Cabernet Sauvignon und 15 % Cabernet franc bestockt sind.

Clos Ursprünglich ein mit einer Mauer umfriedeter Weinberg in Frankreich, wie z. B. der → *Clos de Vougeot.* Heute wird diese Bezeichnung großzügiger angewandt, darf aber im Zusammenhang mit dem Namen eines Weins nur auf dem Etikett stehen, wenn der Wein von einem definierten *Clos* (Weinberg) stammt.

Clos, Les Berühmte französische *Grand cru*-Lage in → Chablis, eine von den acht besten unter dieser Bezeichnung eingestuften Lagen und mit 26 ha die größte. Ein 2,4 ha großer Teil von ihr ist unter dem Namen *Clos des Hospices* bekannt.

Clos de Bèze Eine der größten *Grand cru*-Rotweinlagen in → Burgund, deren 15 ha sich in der Gemeinde → Gevrey-Chambertin unmittelbar nördlich der Lage → *Chambertin* befinden. Ihre Weine (aus der Rebsorte Pinot noir) dürfen als Chambertin in den Handel gebracht werden, sind aber zumeist als Chambertin-Clos de Bèze etikettiert. Bekannte Erzeuger: A. Rousseau, Clair-Daü, Pierre Damoy, Faiveley.

Clos Blanc Französische *Premier cru*-Rotweinlage (Rebsorte: Pinot noir) in → Pommard.

Clos du Chapitre Name mehrerer französischer Weinlagen, von denen vor allem zwei Erwähnung verdienen: die eine (*Premier cru*) liegt in → Fixin im Norden der Côte de Nuits (Alleinbesitz der Domaine Pierre Gelin), von der ein roter Burgunder stammt; die andere ist mit Chardonnay bestockt und befindet sich in → Viré nördlich von Mâcon im Alleinbesitz der Domaine Jacques Dépagneux.

Clos des Corvées Herausragende Lage von → Premeaux am südlichen Ende der → Côte de Nuits in Burgund. Der Rotwein (Pinot noir) kommt unter der Appellation → Nuits-Saint-Georges in den Handel.

Clos des Goisses Ein großartiger, 6 ha umfassender Weinberg an einem Steilhang über der Marne bei → Mareuil-sur-Ay in der → Champagne, der zu 70 % mit Pinot noir und zu 30 % mit Chardonnay bestockt ist. Aus ihnen werden Grundweine für Champagner erzeugt, einer der wenigen, die unter dem Lagennamen in den Handel kommen.

Clos Haut-Peyraguey, Château *Premier cru classé* im → Sauternes und Weingut in → Bommes mit 15 ha Rebfläche: 83 % Sémillon, 15 % Sauvignon und 2 % Muscadelle für die Erzeugung von süßen Weißweinen.

Clos des Jacobins, Château *Grand cru classé* aus → Saint-Emilion mit 7 ha Rebfläche: 50 % Merlot, 45 % Cabernet franc und 5 % Cabernet Sauvignon.

Clos des Lambrays *Grand cru*-Lage (Rotwein aus der Rebsorte Pinot noir) im Burgund mit rund 9 ha in der Gemeinde → Morey-Saint-Denis. Auf Böden mit hohem Mergelanteil und tonigem Kalk werden jährlich etwa 30 000 Liter Rotwein erzeugt.

Clos du Mesnil Knapp 2 ha große Lage in Le → Mesnil-sur-Oger an der → Côte des Blancs in der Champagne. Kommt als Lagenchampagner in den Handel: *Clos du Mesnil.*

Clos des Mouches *Premier cru*-Lage in → Beaune in Burgund, von der sowohl Rotwein (Pinot noir) als auch Weißwein (Chardonnay) kommt.

Clos de la Mousse Ausgezeichnete *Premier cru*-Rotweinlage in → Beaune in Burgund. Erzeuger: Bouchard Père & Fils.

Clos de l'Oratoire Französisches Weingut in → Saint-Emilion, Bordeaux.

Clos de l'Oratoire des Papes Französisches Weingut in → Châteauneuf-du-Pape.

Clos des Papes, Domaine Französisches Weingut an der südlichen → Rhône im Ort → Châteauneuf-du-Pape. Rund 35 ha Rebfläche, die wuchtigen, kraftvollen und langlebigen Châteauneuf-du-Pape ergeben; rund 120 000 Flaschen im Jahr.

Clos de la Perrière Rotweinlage (Pinot noir) in → Fixin in Burgund.

Clos René, Château Französisches Weingut in → Pomerol mit 15 ha Rebfläche: rund 60 % Merlot, 30 % Cabernet franc und 10 % Malbec.

Clos de la Roche *Grand cru*-Rotweinlage in → Morey-Saint-Denis in Burgund mit rund 17 ha, auf der Pinot noir wächst. Jährlich werden rund 60 000 l Wein erzeugt. Boden: Felsiges Gestein mit einer kalkreichen, dünnen Oberschicht in 250 bis 300 Metern Höhe. Bekannte Erzeuger: Armand Rousseau, Dujac, Georges Lignier.

Clos du Roi Name zweier Rotweinlagen (Pinot noir) in Burgund: → *Corton-Clos du Roi Grand cru* in → Aloxe-Corton sowie *Premier cru*-Lage in → Beaune, etikettiert als *Beaune Clos du Roi.*

Clos Saint-Denis *Grand cru*-Rotweinlage (Pinot noir) in → Morey-Saint-Denis in Burgund mit rund 7 ha. Bekannte Erzeuger: Dujac, Georges Lignier u. a.

Clos Saint-Jacques *Premier cru*-Rotweinlage (Pinot noir) in → Gevrey-Chambertin. Bekannter Erzeuger: Armand Rousseau.

Clos Saint-Jean Rotweinlage in → Chassagne-Montrachet, eine Rotweinenklave in der überwiegend für Weißwein bekannten Umgebung.

Clos de Tart *Grand cru*-Lage in → Morey-Saint-Denis in Burgund mit rund 8 ha Rebfläche, auf der jährlich rund 23 000 l Pinot noir erzeugt werden. Der Weinberg liegt auf 250 bis 300 m Höhe, der Boden besteht aus magerem Kalk mit Geröll. Bekannter Erzeuger: Mommessin.

Clos de Vougeot Weltberühmte *Grand cru*-Lage in Burgund, mit rund 51 ha die größte an der → Côte d'Or, auf der jährlich 190 000 l Rotwein (Pinot noir) erzeugt werden. Im 12. Jahrhundert von Zisterziensermönchen begründet, teilen sich heute über 80 verschiedene Besitzer diese relativ große *Grand cru*-Lage – ein Puzzle aus 100 Parzellen. Daher ist die Qualität stark schwankend. Bekannte Erzeuger: Jacques Prieur, Champy, Grivot, Lamarche, Joseph Drouhin, Engel, Faiveley, Bertanga, Noëllat, Drouhin-Laroze. Die besten Weine stammen aus dem oberen Teil der Lage, der an den → *Musigny* und den → *Grands Echézeaux* grenzt. Das Château de Vougeot mit seinen massiven alten Weinpressen befindet sich im Besitz der burgundischen Weinbruderschaft Chevaliers du Tastevin.

Coastal Region Zwischen Küste und erster Bergkette gelegene Weinbauregion → Südafrikas mit 300 Jahre alter Weinbautradition. Durch den Einfluss des Atlantik hat die Region ein ausgeglichenes, nicht zu heißes Klima. Coastal Region (Kuustreek) ist der Oberbegriff für die beiden Untergebiete Durbanville und Constantia.

Codorníu Spanischer und zweitgrößter Schaumweinproduzent der Welt, in der Region → Penedès ansässig. Es werden rund 35 Millionen Flaschen Cava (Sekt) pro Jahr erzeugt, von denen jeweils 10 Millionen Flaschen in den Kellern reifen. Der Firmensitz befindet sich in einem sehenswerten Anwesen aus dem Fin-de-siècle und verfügt über angeblich 20 km lange Kelleranlagen. Neben den Spitzen-Cavas *Codorníu 1551* (benannt nach dem Gründungsjahr) und *Jaume Cordoníu* werden vor allem einfache Basis-Cava erzeugt.

Cognac Südwestfranzösisches Weinbaugebiet, liegt zu fast gleichen Teilen in den Départements Charente und Charente-Maritime. Die dort angebauten Weine werden ausschließlich für die Erzeugung von Cognac bzw. von Eau-de-vie de Cognac oder Eau-de-vie des Charentes verwendet. Diese Weine werden aus Ugni blanc (hier auch Saint-Emilion des Charentes genannt), Colombard und anderen weißen Rebsorten erzeugt. Da der Boden des Gebiets ebenso kreidereich wie der in der → Champagne ist, führen diese Bereiche die Bezeichnung *Grande fine champagne* und *Grande champagne*. Um sie herum liegt der nicht mehr so kreidereiche Bereich der *Petite champagne*. Nördlich daran grenzt der kleine Bereich der *Borderies*. Kreisförmig um diese Kernbereiche wiederum liegen der *Fins Bois* und schließlich der *Bons Bois*, in denen die Böden fett und kaum noch kreidehaltig sind. Als *Fine champagne* deklarierte Cognacs kommen aus der *Grande* und der *Petite champagne*, wobei der Anteil der Weine aus der *Grande champagne* mindestens 50 % ausmachen muss.

Coing, Château du Französisches Weingut an der → Loire, AOC Muscadet mit rund 40 ha Rebfläche. Vinifiziert wird auch Muscadet in neuen Eichenfässern (→ Barrique).

Colares Unmittelbar am Atlantik gelegenes portugiesisches Weinbaugebiet mit eigener DOC westlich von Lissabon. Die Rebstöcke werden in den Sanddünen in 3 m tiefen Löchern eingepflanzt, wo sie in den darunter liegenden Schichten aus Kalk, Kreide und Basalt wurzeln. Der Rotwein wird zu mindestens 80 % aus Ramisco erzeugt, der Weißwein aus Malvasia mit kleineren Zusätzen von Arinto und anderen lokalen Sorten. Rote wie weiße Colares müssen mindestens drei Jahre in großen Fässern der *Adega Regional*, einer einzigartigen Kontrollinstanz, gelagert werden, bevor sie die Vermarkter zurückerhalten.

Colheita Portugiesische Bezeichnung für Jahrgang.

Colle Picchioni Italienisches Hügelgebiet südöstlich von Rom an den Ausläufern der Albaner Berge in → Latium. Es werden Rotweine vor allem aus Cabernet Sauvignon, Cabernet franc und Merlot erzeugt sowie Weißweine aus Malvasia mit Zusätzen von Trebbiano, Greco und Bellone.

Colli Albani Italienisches DOC-Wein aus den Albaner Bergen südöstlich von Rom in → Latium. Es wird Weißwein aus Malvasia und Trebbiano erzeugt.

Colli Altotiberini Italienische DOC-Bezeichnung für Rot- und Weißweine aus neun Gemeinden im oberen Tibertal, nördlich von Perugia, in → Umbrien. Die Rotweine werden hauptsächlich aus Sangiovese und Merlot, die Weißweine aus Trebbiano und Malvasia erzeugt.

Colli Amerini Italienische DOC in Umbrien rund um die Stadt Terni und weiteren Gemeinden im Umland. Es werden Rot-, Rosé- und Weißweine aus Trebbiano und Malvasia (für Weißwein) sowie Sangiovese und Montepulciano, Barbera, Merlot, Cilieglio und Canaiolo erzeugt. Der Merlot kann nach zwei Jahren Alterung, davon ein halbes Jahr im Holzfass, als Riserva verkauft werden.

Colli Aretini Italienische DOCG östlich des → Chianti Classico-Gebietes in der Toskana. Die meisten Lagen sind an den Abhängen des Valdarno gelegen. Name der gleichnamigen DOCG *Chianti dei Colli Aretini*. Der Wein darf nach mindestens 2 Jahren Alterung als Riserva verkauft werden.

Colli Berici Italienische DOC, südlich von Vicenza gelegener, 27 Gemeinden umfassender Weinbaubereich des → Veneto. Die Weinberge liegen teilweise auf Steilhängen oberhalb von Vicenza. Es werden Rot-, Rosé- und Weißweine aus den Sorten Garganega, Tocai Italico, Sauvignon, Pinot bianco, Chardonnay, Merlot, Tocai Rosso (auch als Barbarano bezeichnet) und Cabernet Sauvignon erzeugt, ferner auch Spumante.

Colli Bolognesi Südlich von Bologna gelegenes DOC-Gebiet, entweder mit dem Zusatz *Monte San Pietro* oder *Castelli Medioevali* – oder beidem. Es werden Rot- und Weißweine aus Barbera, Cabernet Sauvignon, Chardonnay,

Merlot, Pignoletto, Pinot bianco, Riesling italico und Sauvignon blanc erzeugt.

Colli di Conegliano Italienische DOC im Veneto für die Stillweine der DOC Prosecco di Conegliano e Valdobbiadene. Das wenige, was dort nicht als Spumante oder Frizzante endet, wird zu Rot- und Weißwein sowie Passito verarbeitet. Die Weißweine werden aus verschiedenen lokalen Sorten, aber auch aus Kerner, Weißem Burgunder und Riesling vinifiziert, die Rotweine aus Cabernet franc, Cabernet Sauvignon, Marzemino und Merlot.

Colli Euganei Italienische DOC in 17 Gemeinden in den Euganeischen Hügeln in der Provinz Padua im → Veneto. Es werden fünf Rebsorten-Weine aus Cabernet Sauvignon, Merlot, Moscato, Pinot bianco und Tocai erzeugt.

Colli Fiorentini Anmutige Hügellandschaft um Florenz, für viele der Inbegriff der toskanischen Landschaft. Weinrechtlich ist sie das Ursprungsgebiet des italienischen → Chianti dei Colli Fiorentini DOCG. Bekannte Erzeuger: La Querce, Torre a Decima, Torricino u. a. gelten als führende Erzeuger.

Colli di Imola Italienische DOC in der → Emilia-Romagna, in der Nähe von Bologna. Rund um das Formel-1-Mekka Imola werden in insgesamt sechs Gemeinden Rot- und Weißweine erzeugt, ferner auch Frizzante und Riserva.

Colli Lanuvini Zwischen den DOC-Zonen Colli Albani, Velletri und Aprilia gelegener kleiner italienischer Weinbaubereich im Süden der Albaner Berge in → Latium. Es werden Weißweine vor allem aus Malvasia und Trebbiano erzeugt.

Colli di Luni Italienische DOC im Grenzbereich von → Ligurien und → Toskana für Weiß- und Rotwein. Rote Rebsorten: Sangiovese, Canaiolo, Pollera nera und weitere Verschnittsorten; weiße Sorten: Vermentino und Trebbiano.

Colli Maceratesi Italienische DOC in den → Marken rund um Loreto in der Provinz Ancona. Es werden Weiß- und Rotweine erzeugt. Der Bianco ist ein Mix aus lokalen Sorten (auch als Spumante und Passito), der weiße Ribona entsteht aus der Rebsorte Maceratino (ebenfalls als Passito und Spumante). Der Rosso wird aus Sangiovese, Cabernet Sauvignon und Cabernet franc hergestellt. Es gibt ihn auch als Riserva.

Colli Martani Italienische DOC in → Umbrien rund um Perugia. Es werden Weiß- und Rotweine erzeugt. Die weißen aus Trebbinao, Malvasia, Grechetto (mit Zusatz von Todi aus der gleichnamigen Stadt); die Rotweine aus Sangiovese, auch als Riserva mit zwei Jahren Reifezeit.

Colli Morenici Mantovani del Garda Italienische DOC in der → Lombardei. Es werden Rot-, Rosé- und Weißweine in sechs Gemeinden der Provinz Mantua auf den Hügeln südöstlich des Gardasees erzeugt. Rebsorten: Rossanella und Merlot bzw. Trebbiano, Garganega und weitere Sorten. Der Rosé darf als Chiaretto vermarktet werden.

Colli Orientali del Friuli Hügeliger Weinbaubereich des Friauls (→ Friuli-Venezia Giulia), das nordwestlich des Collio liegt und über hervorragende Lagen verfügt. Es werden verschiedene DOC-Weine aus den Rotweinsorten Cabernet, Merlot, Refosco, Schiopettino und Pignolo und aus den Weißweinsorten Pinot bianco, Pinot grigio, Ribolla gialla, Sauvignon blanc, Tocai und Verduzzo erzeugt, außerdem Süßweine aus der Picolit. Bekannte Erzeuger: Abbazia di Rosazzo, Livio Felluga, Girolamo Dorigo.

Colli di Parma Südlich von Parma in der → Emilia-Romagna gelegene Weinbauzone mit drei DOC-Weinen aus den roten Sorten Barbera, Bonarda und Croatina, sowie zwei DOC-Weißweine aus Malvasia und Sauvignon blanc. Auch Schaumweine.

Colli Perugini Italienisches DOC-Anbaugebiet in der Nähe von Perugia in → Umbrien. Es werden Rot-, Rosé- und Weißweine teilweise als Spumante erzeugt, ferner → Vin Santo.

Colli Pesaresi Italienische DOC in den → Marken, die sich über ein weitläufiges Territorium und 30 Gemeinden zwischen Pesaro und Urbino erstreckt. Es werden Rot-, Rosé- und Weißweine erzeugt: die Rotweine überwiegend aus Sangiovese, die Weißweine im Wesentlichen aus Trebbiano bzw. Biancame.

Colli Piacentini DOC-Bezeichnung für eine Reihe von Weinen aus der Provinz Piacenza in der → Emilia-Romagna, die aus den roten Rebsorten Barbera, Bonarda, Pinot nero bereitet werden, sowie Weißweine aus Malvasia, Pinot grigio, Sauvignon und anderen.

Colli della Sabina Italienische DOC in den Provinzen Rieti und Rom, wo in 25 Gemeinden alle Spielarten (Frizzante und Spumante) von Rot-, Rosé- und Weißweinen erzeugt werden: Trebbiano und Malvasia für Weißweine und Sangiovese und Montepulciano für Rotweine.

Colli di Scandiano e di Canossa Italienische DOC in der → Emilia-Romagna rund um Reggio Emilia und weitere 14 Gemeinden. Es werden Rot-und Roséweine aus (z. B. Lambrusco, Cabernet Sauvignon und Marzemino) und Weißweine (z. B. aus Malvasia, Chardonnay und Pinot bianco) erzeugt – Lambrusco als Frizzante; die Rotweine kommen auch als Riserva auf den Markt.

Colli Senesi Italienische Hügellandschaft in der → Toskana in der Umgebung von Siena, in der Chianti dei Colli Senesi DOCG produziert wird. Bekannte Erzeuger: Pietrafitta, La Lellera, Montenidoli.

Colli Tortonesi Im Südosten des → Piemont um die Gemeinde Tortosa gelegene DOC-Zone. Es werden Rotweine aus Barbera und Weißweine aus Cortese erzeugt.

Colli del Trasimeno Rot- und Weißweine mit DOC-Status, die in → Umbrien rings um den Trasimener See produziert werden. Die Rotweine vorwiegend aus Sangiovese, die Weißweine aus Trebbiano.

Colline di Levanto Italienische DOC in → Ligurien rund um La Spezia und in vier weiteren Gemeinden. Erzeugt wird Weißwein aus Vermentino, Albarola und Bosco und Rotwein aus Sangiovese und Ciliegiolo und einigen lokalen Sorten.

Colline Lucchesi DOC-Bezeichnung für Weiß- und Rotwein aus der Umgebung von Lucca in der → Toskana. Der Weißwein wird aus den Rebsorten Trebbiano, Greco, Vermentino und Malvasia erzeugt, während der Rotwein aus Sangiovese, Canaiolo, Trebbiano, Vermentino, Malvasia, Ciliegino und Colorino gekeltert wird.

Colline Novaresi Italienische DOC in → Piemont in der Provinz Novara. Es werden Rotweine aus den Sorten Nebbiolo, Uva Rara, Vespolina, Croatina, Bonarda, Barbera produziert, ferner ein Bianco aus der Rebsorte Erbaluce.

Colline Pisane Anbaugebiet für Chianti, zwischen Pisa und Volterra im Hügelland der → Toskana: Chianti delle Colline Pisane DOCG. Bekannte Erzeuger: Cempini Meazzuoli, Piedivilla, Gaslini, Salvadori.

Colline Saluzzesi Italienische DOC in → Piemont in der Provinz Cuneo rund um die Stadt Saluzzi und weiteren acht Gemeinden. Es werden Rotweine aus den Sorten Pelaverga, Nebbiolo und Quagliano erzeugt, ferner ein roter Spumante aus der Sorte Quagliano.

Collio Der Weinbaubereich im Friaul (→ Friuli-Venezia Giulia) in der hügeligen Umgebung von Gorizia/Görz, unmittelbar an der slowenischen Grenze.

Das Gebiet wird auch als Collio Goriziano bezeichnet. Erzeugt werden Weißweine mit DOC-Status aus Chardonnay, Malvasia, Picolit, Pinot bianco, Pinot grigio, Sauvignon, Tocai sowie einige Rotweine aus den Sorten Cabernet franc, Cabernet Sauvignon und Merlot. Bekannte Erzeuger: Josko Gravner, Jerman, Schiopetto, Gradnik, Francesco Pecorari (San Leonardo), Felluga.

Collioure Französische AOC am Mittelmeer bei Banyuls, nahe der spanischen Grenze. Auf rund 400 ha Rebfläche werden Rot- und Roséweine aus den Rebsorten Grenache Noir, Mourvédre, Syrah, Carignan, Cinsault und Grenache gris (für Rosé) erzeugt – rund 1,5 Millionen l jährlich. Die Böden sind vom Schiefer, die Weinberge deutlich durch das mediterrane Klima geprägt. Bekannte Erzeuger: Domaine de la Casa Blanca, Domaine du Mas Blanc.

Colombard Weiße Rebsorte, die in den Départements Charente und Charente-Maritime angepflanzt und zur Herstellung von → Cognac verwendet wird.

Coltibuono Italienisches Weingut im Chianti Classico (in Gaiole di Chianti). Hauptsitz in der ehemaligen Abtei Badia e Coltibuono. Auf rund 60 ha Rebfläche sowie mittels 60 % Traubenzukauf werden jährlich rund 1,3 Millionen Flaschen erzeugt: Chianti Classico Selezione (250 000 Flaschen), Chianti Classico Riserva (60 000), Chianti Classico (150 000) sowie der Barriquewein Sangioveto (35 000). Die Chianti Classico lagern in großen Holzfässern, z. T. in den Kellern der historischen Abtei aus dem 12. Jahrhundert. Eines der führenden Weingüter der Toskana, das hervorragende Weine erzeugt – die besten mit gefühlvollem und vorsichtigem Holzeinsatz.

Commandaria → Zypern

Conca de Barberá DO-Weinbaugebiet in → Katalonien, unweit von Tarragona. Dort werden vor allem Grundweine für die Schaumweinproduktion im nahen Penedés erzeugt, aber auch Weiß- und Rotweine aus den Sorten Macabeo, Parellada und Tempranillo.

Concha y Toro, Viña Größtes Weingut in → Chile. Auf rund 3000 Hektar Rebfläche im Eigenbesitz und durch Traubenzukauf in allen Weinbauregionen Chiles werden vor allem Cabernet Sauvignon, Merlot, Chardonnay, Pinot noir Syrah, Sauvignon blanc und Malbec erzeugt. Die Jahresproduktion liegt bei rund 130 Millionen Flaschen. Einfachste Weine: Casiliero del Diablo, gefolgt von Marqués de Casa Concha und an der Spitze die Private Reserve.

Condado de Huelva DO-Weinbaugebiet im äußersten Südwesten Spaniens an der portugiesischen Grenze. Es wird Weißwein erzeugt und → *vinos generosos* nach dem → Soleraverfahren, ähnlich dem Sherry. Überwiegend wird Zamela, ferner Palomino (auch Listán genannt), Moscatel und Garrido fino angepflanzt.

Condrieu Französische AOC an der → Rhône, südlich von Lyon. Auf rund 100 ha werden ausschließlich Weißweine aus der Sorte Viognier erzeugt (jährlich etwa 250 000 l). Die Weinberge am rechten Rhône-Ufer sind ähnlich steil wie die der benachbarten Côte Rôtie, die Böden bestehen aus Sand und Ton. Bekannte Erzeuger: François Villard, Paul Multier, Georges Vernay.

Conegliano Weinbaugemeinde nördlich von Treviso im → Veneto. In der DOC → Prosecco di Valdobbiadene e Conegliano wird ein ungemein populärer Schaumwein aus der Prosecco-Traube erzeugt, der überwiegend als → Frizzante oder → Spumante in den Handel kommt. Meist haben diese Schaumweine eine erhebliche → Dosage.

Conseillante, Château La Französisches Weingut im → Pomerol, das auf rund 12 ha Rotweine erzeugt. Die Flächen sind zu 65 % mit Merlot, 30 % Cabernet franc und 5 % Malbec bepflanzt.

Consejo Regulador Aufgrund des spanischen Weingesetzes eingerichtete Aufsichts- und Überwachungsbehörde zur Durchsetzung der gesetzlichen Bestimmungen für die Erzeugung von DO-Weinen.

Constantia und Durbanville Ältestes Weinbaugebiet Südafrikas in der Umgebung von Kapstadt, Name der beiden Untergebiete des Weinbaugebietes der → Coastal Region. Bekanntes Weingut: Groot Constantia.

Conterno, Aldo Italienisches Weingut in der Region → Piemont, im Ort Monforte d' Alba. Erzeugt auf rund 25 ha Rebfläche etwa 170 000 Flaschen Wein, vor allem DOCG → Barolo (auch mit Lagenangabe) und DOC → Barbera d'Alba. Einer der führenden, traditionell arbeitenden Winzer, der gerbstoffbetonte, langlebige Weine erzeugt.

Der Bruder Giacomo Conterno erzeugt in derselben Gemeinde ebenfalls äußerst klassische Barolo auf 15 ha Rebfläche.

Contessa Entellina Italienische DOC in Sizilien rund um die Gemeinde Contessa Entellina in der Provinz Palermo. Es werden Rot-, Rosé- und Weißweine erzeugt – auch als Süßweine und Vendemmia tardiva (Spätlese).

Controguerra Italienische DOC in den Abruzzen rund um den Ort Controguerra und vier weitere Gemeinden in der Provinz Teramo. Es werden Rot-, Rosé- und Weißweine aus lokalen Sorten produziert, auch als Spumante, Frizzante und Passito.

Cool Climate Die Weinwelt lässt sich aufgrund klimatischer Bedingungen in die beiden Klimaregionen → Hot Climate und Cool Climate einteilen. Auf der Nordhalbkugel liegen die kühleren Weinbauregionen und stehen meist unter kontinentalem Klimaeinfluss. Hierzu zählen z. B. alle Weinbaugebiete Deutschlands und Österreichs sowie in Frankreich die Loire, das Burgund, das Jura, die Champagne, das Elsass; in Italien das Piemont, Südtirol und teilweise das Friaul; in Übersee sind es die Weinbaugebicte Kanadas sowie Washington State und Oregon. Eine Sonderstellung nimmt das Bordeaux ein. Seine Lage auf einem relativ südlichen Breitengrad ließe es eigentlich zur Hot-Climate-Region zählen, jedoch sorgt der Einfluss des Atlantiks besonders in der Reifeperiode im September dort für ein ausgeglichenkühles Gesamtklima. Auf der Südhalbkugel gehören die südlichen Weinbauzonen Chiles, Argentiniens sowie Tasmanien und Neuseeland zu Cool-Climate-Regionen.

Auch in Hot-Climate-Regionen gibt es mikroklimatisch bevorzugte Gebiete, die über ein überraschend kühles Mikroklima verfügen. Diese liegen meist an der Küste oder in kühleren Höhenlagen (z. B. Teile des Chianti Classico oder Carneros in Kalifornen). → Topographie, → Terroir.

Coonawarra Südaustralisches Weinbaugebiet im äußersten Südosten. Bedingt durch sein kühles Klima weist es eine für Australien ungewöhnlich lange Reifeperiode auf. Ein 15 km langes und 200 bis 1500 m breites Band wird als *Terra rossa* von Coonawarra bezeichnet, das praktisch vollständig mit Reben bepflanzt ist, vor allem mit Cabernet Sauvignon, ferner Riesling. Bekannte Erzeuger: Wynns, Penfolds, Lindemans, Mildara, Leconfield, Rosemount.

Copertino Italienischer DOC-Rot- und Roséwein aus der Umgebung von Copertino im Süden → Apuliens überwiegend aus der Sorte Negro amaro. Kommt nach zweijähriger Lagerung als Riserva in den Handel. Bekannter Erzeuger: Barone Bacile di Castiglione.

Corbières Französische Weinlandschaft im → Midi südlich der Aude im gleichnamigen Département. In der AOC Corbières werden auf rund 12 000 ha Rebfläche rund 55 Millionen l Rot-, Rosé- und Weißweine erzeugt. Von den 87 Weinbaugemeinden führen 39 die Bezeichnung Corbières Supérieures. Die AOC-Weine werden aus Carignan, Syrah, Mourvèdre, ferner Grenache, Lladoner Pelut, Picpoul noir, Terret und Cinsaut erzeugt. Bei den Weißweinen werden die Sorten Bourboulenc, Grenache blanc, Macabeo, Clairette, Muscat, Picpoul blanc und Terret gepflegt. Neun Gemeinden im Süden des Gebietes dürfen ihre Weine unter der Bezeichnung → Fitou in den Handel bringen und → Rivesaltes und → Muscat de Rivesaltes produzieren. Bekannter Erzeuger: Château St-Auriol.

Corbin, Château Französisches *Grand cru classé* in → Saint-Emilion, ähnlich Château Figeac einst eine große Domäne, die im Laufe der Jahrhunderte zerstückelt wurde, sodass es heute eine ganze Reihe von Gütern mit Corbin als Namensteil gibt, so z. B. Châteaux Grand-Corbin-Despagne, Corbin-Michotte, Gran-Corbin, Haut-Corbin und Grand-Corbin-Manuel.

Corgoloin Südlichste Weinbaugemeinde der → Côte de Nuits in Burgund. Die Weine werden meist als → Côte de Nuits-Villages oder schlicht als Bourgogne in den Handel gebracht.

Cori Südöstlich von Rom und den Albaner Bergen gelegener kleiner italienischer DOC-Bereich. Es werden Weißweine der Sorten Malvasia und Trebbiano und Rotweine aus Montepulciano, Nero buono und Cesanese erzeugt.

Corison Winery Kalifornisches Weingut in den USA im Weinbaugebiet → Napa Valley. → Boutique-Winery mit nur rund 8 ha Rebfläche nahe Opus One und 30 000 Flaschen Produktion, vor allem Cabernet Sauvignon und Cabernet franc. Kleine Menge – stürmische Nachfrage – hohe Preise.

Cornas AOC für Rotwein im → Rhônetal. Auf rund 94 ha Rebfläche werden jährlich rund 630 000 l Rotwein der Sorte Syrah erzeugt. Die Weine wachsen auf Hängen und terrassierten Steillagen auf Granitsand sowie teilweise Kalkböden. Bekannte Erzeuger: Domaine Durand, Auguste Clape, Marcel Juge, Robert Michel.

Corse Französischer Name für die Mittelmeerinsel → Korsika. Fast der gesamte auf der Insel erzeugte Wein wird unter der Appellation AOC → *Vin de Corse* abgefüllt. Ausgenommen sind die AOC → Ajaccio und → Patrimonio sowie jene Gebiete, die ihren Namen der AOC-Bezeichnung *Vin de Corse* hinzufügen dürfen: → Sartène, → Porto Vecchio, Figari, Coteaux du Cap-Corse und Calvi.

Cortaillod Westschweizer Weinbaugemeinde im Kanton → Neuenburg, in dem überwiegend Weißwein aus der Sorte Chasselas erzeugt wird, ferner Rot- und Roséwein aus Pinot noir.

Cortese Im → Piemont verbreitete Weißweinsorte, deren bekanntester Wein der Gavi ist. Ergibt meist neutrale, einfache Weine, die unter den Bezeichnungen DOCG-Cortese di Gavi, DOCG-Gavi und als folgende DOC-Weine in den Handel kommen: Cortese dei Colli Tortonesi, Cortese dell'Alto Monferrato, Cortese dell'Oltrepò Pavese (Letztere aus der Lombardei). Auch im Bianco di Custoza ist Cortese enthalten.

Corton Berühmte *Grand cru*-Lage für Rot- und Weißweine an der → Côte de Beaune in Burgund mit rund 160 ha Rebfläche, auf der jährlich rund 380 000 l Rotwein aus Pinot noir und 10 000 l Weißwein aus Chardonnay erzeugt werden. Der Wein wächst auf teilweise sehr unterschiedlichen → Terroirs und Böden: oben überwiegen harter Kalkstein, unten braune Böden, in der Mitte eine kalkhaltige aus Muscheln bestehende, teilweise überdeckte Kalkschicht. Der Hang insgesamt umfasst 230 ha Größe, von dem 170 ha in → Aloxe-Corton, 30 ha in → Pernand-Vergelesses und weitere rund 30 ha in → Ladoix-Serrigny liegen. Auf dem Etikett wird neben dem Namen des Hangs (Corton) noch die Einzellage angegeben, da diese Rückschlüsse über den Charakter des Weins und der Rebsorte zulässt. Die Rotweine (Pinot noir) kommen unter folgenden Bezeichnungen in den Handel: *Le Corton* (die Herzparzelle), *Corton-Bressandes*, *Corton-Clos du Roi*, *Corton-Renardes*, *Corton-Pougets*, *Corton-Le Rognet*. Der Weißwein aus Chardonnay ist nahezu ausschließlich als → Corton-Charlemagne etikettiert. Bekannte Erzeuger: Bonneau du Martray, Chandon de Briailles, Faiveley, Louis Jadot, Laleure-Piot, Joseph Drouhin, Louis Latour, Prince de Merode, Bouchard Père & Fils, Chevalier, Thénard, Bouzereau-Gruère.

Corton-Charlemagne Französische AOC. *Grand cru*-Lage im → Burgund, nördlich von Beaune. Auf der rund 300 m hoch gelegenen Spitzenlage (es ist die höchste *Grand cru*-Lage Burgunds) wird auf rund 50 ha ausschließlich Chardonnay angebaut – eine Besonderheit, da in dieser Gegend sonst der Rotwein dominiert. Die jährliche Produktion liegt bei rund 220 000 Litern.

Cortona Italienische DOC in der → Toskana rund um die Stadt Cortona (Provinz Arrezzo). Die Weinberge liegen im Chiana-Tal, wo Rot- und Roséweine aus Sangiovese (im Chianti-Mix) sowie Weißweine aus Trebbiano, Chardonnay, Grechetto, Pinot bianco und Sauvignon hergestellt werden. Neben weißem Vin Santo – drei Jahre Reifezeit, als Riserva fünf – wird auch ein *Vin Santo* aus der roten Sorte Sangiovese produziert: Vin Santo Occhio di Pernice.

Coruche Portugiesisches IPR-Weinbaugebiet im Südosten des → Ribatejo östlich von Lissabon. Es werden hauptsächlich Rotweine aus den Sorten Periquita, Preto Martinho, Trincadeira Preta u. a. Sorten erzeugt und etwas Weißwein aus Fernão Pires, Tália, Trincadeira das Pratas und Vital.

Corvina In Norditalien, besonders im → Bardolino- und → Valpolicella-Gebiet verbreitete rote Rebsorte, die einen leichten Wein liefert und daher durchweg mit anderen Sorten verschnitten wird.

Corvo Marke des italienischen Weinguts Duca di Salaputra in → Sizilien – einem der einflussreichsten Erzeuger. Das Weingut gehört zum Likörkonzern Saronno. Aus ausschließlich zugekauften Trauben werden rund 10 Millionen Flaschen Wein erzeugt: Corvo Bianco (2,5 Millionen Flaschen – vor allem aus Cataratto), Corvo Rosso (3 Millionen Flaschen – vor allem aus Nero d' Avola) sowie der Spitzenwein namens Duca Enrico (130 000 Flaschen aus Nero d' Avola).

Cos d'Estournel, Château Französisches *2ᵉ cru classé*-Weingut in → Saint-Estèphe im Haut-Médoc mit rund 56 ha Rebfläche: 60 % Cabernet Sauvignon, 38 % Merlot und 2 % Cabernet franc. Zweitwein: *Les Pagodes de Cos d'Estournel.*

Cos Labory, Château Französisches *5ᵉ cru classé*-Weingut in unmittelbarer Nachbarschaft von Château Cos d'Estournel in → Saint-Estèphe im Haut-Médoc mit 15 ha Rebfläche: 40 % Cabernet Sauvignon, 30 % Merlot, 25 % Cabernet franc und 5 % Petit Verdot.

Cosecha Spanische Bezeichnung für → Jahrgang.

Cosechero Spanisch für Winzer oder Weingutsbesitzer.

Costa d'Amalfi Italienische DOC in → Kampanien an der herrlichen Küste in der Nähe von Amalfi. In den Steillagen mit maximal 650 m Höhe werden Rot-,

Rosé- und Weißweine erzeugt: der Bianco aus Falanghia, Biancolella und einigen Lokalsorten; der Rotwein aus Piedirosso, Sciascinoso, Aglianico und einem unübersichtlichem Allerlei aus lokalen Sorten.

Coste della Sesia Italienische DOC in → Piemont in 18 Gemeinden der Provinzen Vercelli und Biella längs des Flusses Sesia. Es werden Rot-, Rosé- und Weißweine aus Erbaluce und Rotweine aus Nebbiolo, Uva rara, Croatina, Vespolina und Bonarda erzeugt.

Costers del Segre DO-Weinbaugebiet in der Provinz Lérida im Nordosten Spaniens mit den vier Bereichen Raimat, Artesa (nordöstlich von Lérida), Vall de Riu Corb und Les Garrigues (beide südöstlich von Lérida gelegen). Über ein Drittel der gesamten Rebfläche befindet sich im Besitz des Sektherstellers Codorníu. Neben Sektgrundweinen aus einheimischen Sorten Macabeo, Parellada, Xarel-Lo, Garnacha blanca und Chardonnay werden Rotweine aus Cabernet Sauvignon, Merlot, Tempranillo produziert.

Costières de Nîmes Französisches AOC-Gebiet (rund 3300 ha Rebfläche) im Département → Gard. Die Jahresproduktion von etwa 22 Millionen l Wein wird in 23 Gemeinden zwischen Nîmes und dem → Rhônedelta erzeugt: Rot- und Roséweine aus Terret noir und Carignan sowie Cinsaut, Counoise, Grenache, Mourvèdre und Syrah, Weißweine aus Bourboulenc, Clairette, Grenache blanc und Ugni blanc. Die Weine wachsen auf Geröll, Kies und Sandböden, überwiegend Schwemmland, das Klima ist mediterran geprägt, die östlichen Weinberge liegen beinahe auf Meereshöhe. Bekannte Erzeuger: Châteaux de Belle-Coste, La Tulerie, Domaines Bellefontaine, St-Bénézet, des Consuls, de la Roche.

Cotat, Domaine Französisches Weingut an der → Loire in der AOC → Pouilly-Fumé. Bedeutender Erzeuger neben Dagueneau in der Appellation. Der Spitzenwein wächst auf dem steilsten Weinberg der Region: La Grand Côte – ein extrem traditioneller, in alten Holzfässern ausgebauter Wein, der sehr gut altert und seine ganze Mineralität erst nach Jahren zeigt.

Côte, La Weinbaugebiet des Kantons → Waadt. Die Rebflächen liegen an den Abhängen zum Genfer See zwischen Lausanne und Genf. Angebaut wird überwiegend Chasselas (auch als Dorin bezeichnet). Bekannte Regionen: Mont sur Rolle, Féchy, Vinzel, Luins.

Côte d'Auxerre Rot-, Rosé- (Clairet) und Weißweine aus den Gemeinden Augy, Auxerre-Vaux, Quenne, Saint-Bris-le-Vineux und Teilen von Vinceleottes im Département → Yonne, nahe bei Chablis. Die Weine sind stark durch das kühle, kontinentale Klima geprägt und kommen als Bourgogne-Côte d'Auxerre in den Handel.

Côte de Beaune Berühmter französischer Weinbaubereich, südlicher Teil der → Côte d'Or in Burgund – jenes lang gezogene, von Nord nach Süd verlaufende Band von Rebflächen an den sanften Abhängen zum Saône-Tal, von dem alle berühmten → Burgunder kommen. Aufgrund ihrer natürlichen Voraussetzungen (Ost- und Südosthänge, kalkhaltige Böden, insgesamt ausgeglichenes Klima) verfügt die Côte de Beaune über ideale Wachstumsbedingungen.

Im Unterschied zur nördlich gelegenen → Côte de Nuits liefert die Côte de Beaune vor allem Weißweine der Rebsorte Chardonnay (z. B. *Montrachet, Meursault, Corton*) und Rotweine der Rebsorte Pinot noir (z. B. Pommard, Volnay, Beaune, *Corton*). Allgemein genießt die Côte de Beaune ein höheres Ansehen für ihre Weißweine als für ihre Rotweine.

Insgesamt ist der Begriff Côte de Beaune eher ein geographischer als ein weinrechtlicher Begriff, der nur auf dem Etikett genannt wird, wenn der Wein aus nicht klassifizierten Lagen stammt, so bei der AOC *Côte de Beaune.* Sie gilt für Rot- und Weißweine (40 %) und fasst einige Gemarkungen bei Beaune zusammen – allesamt nicht klassifizierte Weinberge. Auf rund 50 ha Rebfläche werden jährlich etwas 110 000 l Wein aus den Rebsorten Chardonnay (Weißwein) und Rotwein (Pinot noir) vinifiziert. Der Ortsname und die Lagenbezeichnung darf der Appellation hinzugefügt werden.

Unter der Bezeichnung *Côte de Beaune-Villages* (rund 3200 ha) sind vor allem Rotweine weniger bekannter Orte wie z. B. Cheilly und Sampigny zusammengefasst. Schließlich existiert noch die Appellation *Bourgogne-* → *Hautes-Côtes de Beaune* für einfachere Weine aus klimatisch weniger günstigen Lagen.

Côte des Blancs Südlich von Epernay gelegener Bereich in der → Champagne mit den Orten → Cramant, → Avize, Le → Mesnil. An der Côte des Blancs wird Chardonnay erzeugt, kein Pinot noir – daher der Name.

Côte de Brouilly Appellation und *Crus* des → Beaujolais an den Abhängen des Mont Brouilly. In den Gemeinden Odénas, Saint-Lager, Cercié und Quincié werden rund 320 ha Gamay auf Böden aus Granit und Schiefer angebaut und jährlich rund 1,8 Millionen l Rotwein erzeugt. Der Kernbereich der Côte de Brouilly verfügt über bessere Lagen als der umliegende, schlicht → Brouilly genannte Bereich.

Côte Chalonnaise Französische Weinbauregion in Südburgund, praktisch der Übergangsbereich von der Côte d'Or zum Mâconnaise. Das an der Côte d'Or noch gleichmäßig von Nord nach Süd reichende Rebenband ist – wie überall in Südburgund – immer wieder unterbrochen: Nur an den optimal besonnten Seiten der zahlreichen Hügel finden sich Rebhänge. In der Appellation → Bourgogne Côte Chalonnaise liegen 44 Weinbaugemeinden. Aus den Orten → Mercurey und → Givry kommt nahezu ausschließlich Rotwein der Sorte Pinot noir. Im Norden des Bereichs, in → Rully, wird Weißwein aus Chardonnay und Rotwein erzeugt. Im Chalonnais werden ferner die Sorten Aligoté und Bouzeron kultiviert sowie Schaumweine (vor allem in Rully) und → Passe-Tout-Grains (eine Mischung aus Gamay und Pinot noir) erzeugt.

Côte de Nuits Französischer Weinbaubereich im → Burgund, nördliche Hälfte der → Côte d'Or. und benannt nach der Stadt Nuits-Saint-Georges. Die Rotweine der Côte de Nuits haben den weltweiten Ruf des Burgunders begründet. Weißwein aus der Rebsorte Chardonnay wird nur in geringem Umfang in → Musigny, → Clos de Vougeot und in → Nuits-Saint-Georges erzeugt. Der Weinbaubereich erstreckt sich von → Fixin im Norden bis → Corgoloin im Süden, dem Übergang zur → Côte de Beaune. Das schmale Band der Rebflächen ist selten mehr als 800 m breit. Hier entstehen auf den besten als *Grand cru* klassifizierten Einzellagen so berühmte Weine wie z. B. → *Chambertin,* → *Bonnes Mares,* → *Clos de Vougeot,* → *Grands Echézeaux,* → *Richebourg* und → *Romanée-Conti.*

Die Bezeichnung Côte de Nuits ist eher ein geographischer als ein weinrechtlicher Begriff, der nur auf dem Etikett genannt wird, wenn der Wein aus gewöhnlichen, nicht klassifizierten Lagen stammt. Die AOC → Côte de Nuits-Villages (insgesamt 310 ha) erstreckt sich über die Gemeinden Fixin, Brochon, Premeaux, Comblanchien und Corgoloin. Die Appellation Bourgogne-→ Hautes-Côtes de Nuits bezieht sich auf die minderwertigeren, weil höher gelegenen Lagen der Arrières-Côtes oberhalb der eigentlichen Côte de Nuits.

Côte de Nuits Village Französische AOC für fünf Gemeinden am Rand der → Côte de Nuits, im Norden Fixin und Brochon, im Süden Prissey, Comblanchien und Corgoloin. Überwiegend wird Rotwein (Pinot noir) kultiviert, ferner in geringen Mengen Weißwein (Chardonnay). Auf rund 160 ha Rebfläche werden pro Jahr etwa 620 000 l Wein erzeugt, der überwiegend auf Kalkböden bzw. Mergel und kalkhaltigen Böden wächst.

Côte d'Or Département in → Burgund mit insgesamt rund 9000 ha Rebfläche. Mit der Bezeichnung Côte d'Or (deutsch: goldener Hang/Küste) sind die sanft zum Saône-Tal abfallenden Hänge gemeint, die sich südlich von Dijon über eine Länge von rund 50 km von Norden nach Süden erstrecken und auf denen einige der besten Weine Frankreichs erzeugt werden. Westlich davon sind die Hänge steiler und höher, deshalb für Weinbau ungeeignet – bis auf die Rebinseln der → Arrières-Côtes. Östlich davon liegt die Flussebene, deren Böden für den Weinbau allerdings zu fruchtbar sind. Nur die kargen Kalk- und Braunerdeböden der Côte d'Or bieten optimale Bedingungen für den Weinbau.

Man unterteilt das Gebiet in zwei Bereiche:

- → Côte de Nuits,
- → Côte de Beaune.

Im Reich der Côte d'Or geben die Rebsorten → Pinot noir für Rotwein und → Chardonnay für Weißwein den Ton zusammen an, wobei in der nördlichen Côte de Nuits der Rotwein überwiegt, in der südlich gelegenen Côte de Beaune hingegen Weißwein. Etwa in der Mitte beider Bereiche liegt der Weinberg → *Corton*, der einzige *Grand cru* Burgunds für Rot- und Weißweine.

Die Qualitätseinstufung der Weine von der Côte d'Or gilt als kompliziert. Sie ist das Ergebnis einer jahrhundertelangen Entwicklung, in der sich nicht nur die individuellen Wachstumsbedingungen jeder Einzellage widerspiegeln, sondern auch erbrechtliche Regelungen. Nicht ohne Grund werden diese Einzellagen auch → *Climat* genannt: Jedes Climat verfügt über spezifische Böden sowie mikroklimatische und geographische Bedingungen, die von Lage zu Lage wechseln können – entsprechend wechselt auch die Wahl der Rebsorten.

Côte Roannaise Französische AOC in der Umgebung von Roanne an der oberen → Loire. Auf rund 170 ha Rebfläche (Granitsand) werden jährlich 900 000 l Rot- und Roséweine aus der Rebsorte Gamay erzeugt.

Côte Rôtie AOC für Rotwein, der südlich von Lyon an den steilen Südhängen (Côte Rôtie, deutsch: gerösteter Hang) über der → Rhône wächst. Die eindrucksvoll terrassierten Hänge sind in 52 *quartiers* oder Kleinstlagen eingeteilt, die in zwei Bereichen zusammengefasst sind – der *Côte Brune* und *Côte Blonde*. Die Böden der *Côte Brune* (Glimmerschiefer) sind dunkler als die der *Côte Blonde* (Gneis). Auf rund 200 ha Rebfläche werden etwa 700 000 l Rotwein aus der Sorte Syrah erzeugt. Um den Wein duftiger zu machen, darf bis zu 20 % der Weißweinsorte Viognier beigegeben werden. Bekannte Erzeuger: Michel Ogier, Guigal, Robert Jasmin, René Rostaing, Bernard Burgaud, Albert Dervieux, Henri Minot, Chapoutier, Jaboulet, Vidal-Fleury.

Coteaux d'Aix-en-Provence Französische AOC für Rot-, Rosé- und Weißweine aus der Umgebung von Aix-en-Provence in der → Provence. Auf rund 3500 ha Rebfläche werden jährlich 8 Millionen l vor allem Rosé (70 %) erzeugt. Die Rot- und Roséweine werden aus den Sorten Grenache, Carignan, Cabernet Sauvignon, Cinsaut, Mourvèdre und Syrah erzeugt, die Weißweine aus Ugni blanc, Sauvignon blanc, Sémillon und

Qualitätseinstufung der Lagen an der Côte d'Or

- Die oberste Kategorie bilden die als *Grand cru* klassifizierten Lagen. Diese *Großen Gewächse* umfassen heute 30 Weine mit eigenen Appellationen, die die Produktionsbedingungen individuell festsetzen. In dieser Kategorie wird auf dem Etikett schlicht der Lagenname ohne Ortsangabe genannt, so z. B. → *Corton* oder → *Montrachet* mit dem Zusatz *Grand cru*.
- Die darunter liegende Kategorie bilden die mit dem Klassifizierungszusatz *Premier cru* bzw. *1er cru* versehenen, *ersten Gewächse*. Immerhin 561 solcher Lagen gibt es, und sie alle führen außer dem Lagennamen auch den Ortsnamen auf dem Etikett: z. B. *Chassagne-Montrachet »Les Charmes«*. In Fällen von *Premier cru*-Lagenmischungen wird nur der Ortsname mit dem Zusatz *Premier cru* genannt: z. B. *Chassagne-Montrachet Premier cru*.
- Die darunter liegende Kategorie umfasst alle nicht klassifizierten Lagen – die so genannten kommunalen Appellationen. Sie sind am Ortsnamen mit dem Zusatz *Village* auf dem Etikett zu erkennen, z. B. *Santenay-Village* oder *Meursault-Village*. Eine Lage darf zwar genannt werden, aber natürlich ohne Klassifizierungszusätze, die den exklusiven Kategorien *Grand cru* und *Premier cru* vorbehalten sind.
- Die unterste Qualitätsebene bildet die Kategorie mit der schlichten Bezeichnung *Bourgogne*. In ihr sind alle nicht klassifizierten Lagen außerhalb des hochwertigen Kernbereichs zusammengefasst.

Clairette – den typischen Reben des → Midi. Bekannte Erzeuger: Domaine de Trévallon, Châteaux Vignelaure und Pigoudet. Es gibt noch einen weiteren AOC-Wein aus der Umgebung von Les Baux mit dem Namen *Coteaux d'Aix-en-Provence-les-Baux-de-Provence*, für dessen Rot-, Rosé- und Weißweine die gleichen Bedingungen wie für den Coteaux d'Aix-en-Provence gelten.

Coteaux d'Ajaccio → Ajaccio

Coteaux d'Ancenis → Nantes

Coteaux de l'Aubance Kleiner französischer Weinbaubereich, südlich der → Loire in der historischen Provinz Anjou gelegen. Auf rund 200 ha Rebfläche (Schieferböden) werden jährlich etwa 460 000 l Weißwein aus der Sorte Chenin blanc produziert. Weitere Rot- und Weißweine kommen unter der Appellation *Anjou* bzw. Roséweine als Cabernet d'Anjou, Rosé d'Anjou oder Rosé de la Loire auf den Markt. Die Rotweine aus Cabernet franc und Cabernet Sauvignon werden als Appellation Anjou-Villages vermarktet.

Coteaux du Cap Corse → Vin de Corse

Coteaux Champenois Französische AOC in der → Champagne für weiße, rote und roséfarbene stille Weine aus den Rebsorten Chardonnay und Pinot noir und Pinot meunier. Pro Jahr werden nur rund 70 000 l erzeugt.

Coteaux de Die AOC-Prädikat für die Weißweine aus dem Gebiet → Clairette de Die aus der Rebsorte Clairette blanche.

Coteaux du Giennois Französische AOC in der Nachbarschaft von Sancerre und Pouilly-Fumé an der Loire. Auf den Kalk-, Mergel- und Tonböden mit Feuerstein werden auf rund 140 ha etwa 800 000 l überwiegend Rot und Roséweine, aber auch Weißweine hergestellt. Die Roten werden aus Pinot noir und Gamay, die Weißen aus Sauvignon blanc vinifiziert und ähneln stilistisch denen der benachbarten Appellation.

Coteaux du Languedoc AOC-Zone für Rot- und Weißweine im → Languedoc zwischen Nîmes und Narbonne. Auf rund 10 000 ha Rebfläche werden jährlich rund 6,5 Millionen l Weißwein und 48 Millionen l Rot- und Rosewein erzeugt. Zwölf ausgewiesene Gebiete dürfen ihren Namen der Bezeichnung Coteaux du Languedoc hinzufügen: → Cabrières, La → Clape, → Montpeyroux, → Quatourze, → Picpoul de Pinet, La Méjanelle, Pic-Saint-Loup, Saint-Christol, Saint-Drézéry, Saint-Georges-d'Orques, Saint-Saturnin und Vérargues. Die Rotweine werden aus den Rebsorten Carignan, Grenache, Syrah, Mourvèdre und Cinsaut erzeugt, die Weißweine aus den Sorten Bourboulenc, Grenache blanc, Clairette, Picpoul, ferner Carignan blanc, Macabeo und Ugni blanc.

Coteaux du Layon Weinbaubereich der → Loire, im Tal des Nebenflusses Layon. Auf rund 1800 ha Rebfläche werden jährlich etwa 5 Millionen l Weißwein erzeugt. Die Weine wachsen auf Schiefer, Vulkangestein und Konglomeraten. Als Coteaux du Layon werden Weißweine aus der Rebsorte Chenin blanc bezeichnet, deren Beeren bei der Lese häufig von der Edelfäule → Botrytis cinerea befallen sind und zu → natürlich restsüßen Weinen verarbeitet werden. Als *Grands crus* klassifiziert sind → *Bonnezeaux* und → *Quarts de Chaume*. Weitere qualitativ führende Orte sind → Rochefort-sur-Loire, Beaulieu-sur-Layon, Saint-Aubin-de-Luigne, → Rablay, → Faye-d'Anjou, Chaume und Saint-Lambert-du-Lattay, die ihre Weine als Coteaux du Layon-Villages in den Handel bringen dürfen. Die Rot- und Roséweine werden aus Cabernet franc und Cabernet Sauvignon bereitet und als → Cabernet d'Anjou und → Rosé d'Anjou gehandelt.

Coteaux du Loir Kleiner französischer Weinbaubereich (rund 70 ha Rebfläche mit 250 000 l) entlang des Loir, einem Nebenfluss der → Loire. Es werden Rot-, Rosé- und Weißweine aus den üblichen Rebsorten der Loire erzeugt.

Coteaux de la Loire Name für zwei gesetzlich definierte Weinbaubereiche an der → Loire. Der eine liegt bei Nantes und ist bekannt für seinen → Muscadet des Coteaux de la Loire. Der andere befindet sich bei Angers im Anjou, dort wird aus der Sorte Chenin blanc der Weißwein → Anjou-Coteaux de la Loire erzeugt. Der bekannteste Wein mit eigener Appellation heißt → Savennières.

Coteaux du Lyonnais Französische AOC für Rot-, Rosé- und Weißweine aus dem Département Rhône in der Umgebung von → Lyon. Aus den Rebsorten Gamay bzw. Chardonnay und Aligoté werden auf 320 ha Rebfläche rund 2 Millionen l Wein erzeugt. Die einfachen Weine werden in der Region getrunken.

Coteaux de Pierrevert Französische AOC für Rot-, Rosé- und Weißweine aus dem Südwesten des Départements Alpes de Haute-Provence. Auf rund 380 ha Rebfläche werden rund 1,4 Millionen l Wein erzeugt. Die Rotweine werden aus den Sorten Carignan, Cinsaut, Grenache und Mourvèdre vinifiziert, die weißen aus Clairette, Marsanne, Picpoul, Roussanne und Ugni blanc.

Coteaux du Quercy Französische VDQS-Region für Rot- und Roséweine, die auf rund 500 ha Kalk- und Molasseböden in der Nähe von Quercy (Südwestfrankreich) erzeugt werden – jährlich etwa 2,3 Millionen l Wein aus den Rebsorten Cabernet franc, ferner Tannat, Côt, Gamay und Merlot.

Coteaux de Saumur → Saumur

Coteaux de Touraine → Touraine

Coteaux du Tricastin Französische AOC für Rot-, Rosé- und Weißweine im Weinbaubereich des Rhône-Tals im Département → Drôme. Auf rund 2600 ha Rebfläche werden etwa 11 Millionen l überwiegend Rotwein (95 %) aus den Sorten Grenache, Cinsaut, Mourvèdre, Syrah und Carignan erzeugt.

Coteaux Varois Französische AOC für Rot-, Rosé- und Weißweine in der → Provence. Auf rund 1900 ha Rebfläche werden jährlich etwa 3 Millionen l überwiegend Rosé- (30 %) und Rotwein (25 %) in 28 Gemeinden nördlich von Toulon erzeugt. Der Rotwein besteht aus Grenache, Syrah, Mourvèdre und einem Anteil Cabernet Sauvignon; der Rosé wird vor allem aus Grenache und Cinsaut – der Weißwein aus Clairette, weißem Grenache, Rolle, Sémillon und Ugni blanc erzeugt.

Coteaux du Vendômois Französische AOC mit rund 130 ha Rebfläche für Rot-, Rosé- und Weißweine westlich von Vendôme im Tal des → Loir nördlich von Tours. Jahresproduktion etwa 850 000 l überwiegend Rotwein: die Rot- und Roséweine aus Pineau d'Aunis, Gamay, Cabernet franc und Pinot noir; die Weißweine aus Chenin blanc.

Côtes d'Agly Weinbaubereich in Südfrankreich nördlich von Perpignan im Département Pyrénées-Orientales. Es werden die aufgespriteten Süßweine → Grand Roussillon und → Rivesaltes erzeugt, hauptsächlich aus Grenache, Muscat und Malvoisie, die mindestens 15 % Alkohol enthalten müssen. Die trockenen Weine des Bereichs kommen unter der Bezeichnung *Vin de pays des vals d'Agly* in den Handel.

Côtes d'Auvergne Französische VDQS-Weine aus dem Departement Puy-de-Dôme. In 52 Gemeinden wird auf 350 bis 500 Metern Höhe überwiegend Gamay angebaut, ferner Pinot noir und Chardonnay und daraus Rot-, Rosé- und Weißweine für den Alltagsgebrauch vinifiziert. Die Böden bestehen aus tonigem Kalk und vulkanischem Geröll. Auf rund 330 ha werden rund 1,7 Millionen l Wein pro Jahr erzeugt. Diese mittelfranzösische Region, deren Weinbau dichter an der nördlichen Rhone im Zentralmassiv bei Clermont-Ferrand als am Loire-Becken liegt, wird als ein Teil der Loire-Region eingestuft. Die Namen Boudes, → Chanturgues, Châteaugay und Corent dürfen der Bezeichnung Côtes d' Auvergne zugefügt werden. Andere Weine der Region führen die Bezeichnung → Côte Roannaise, → Côtes du Forez bzw. → Saint-Pourçain sur Sioule.

Côtes de Bergerac, Côtes de Bergerac Moelleux Französische AOC mit rund 1400 ha Rebfläche, auf der jährlich etwa 10 Millionen l Rot- und Weißweine erzeugt werden. Um die große AOC → Bergerac qualitativ differenzieren zu können, hat man diese beiden Appellationen geschaffen. Die AOC Côtes de Bergerac ist dem Anbau hochwertiger Rotweine aus den Sorten Cabernet Sauvignon, Cabernet franc, Merlot und Malbec vorbehalten; die AOC Côtes de Bergerac Moelleux ist für die Produktion von restsüßen Weißweinen eingerichtet worden. → Moelleux ist die französische Bezeichnung für liebliche Weine. Diese werden hier aus den Sorten Sémillon, Sauvignon blanc und Muscadelle erzeugt – Massenträger Ugni blanc ist inzwischen nicht mehr zugelassen. Die Böden sind ein Konglomerat aus Mergel, Kalk, Ton und Sand.

Côtes de Blaye → Blaye

Côtes de Bordeaux Weinrechtlich nicht verankerte, doch im Sprachgebrauch übliche zusammenfassende Bezeichnung zweier Weinbaubereiche im → Bordeaux. Der nördlichere ist der → *Premières Côtes de Bordeaux* – von dort kommen Rotweine und einige halbtrockene bis süße Weißweine, z. T. unter der Appellation Cadillac. Die trockenen Weißweine werden als Bordeaux oder Bordeaux supérieur in den Handel gebracht. Bekannte Orte: Cadillac, Quinsac, Cenac, Latresne, Carignan,

Yvrac, Sainte-Eulalie. Der südlichere Bereich heißt Côtes de Bordeaux-Saint Macaire. In dieser Appellation sind nur trockene und süße Weißweine zugelassen.

Cotes de Bourg Französische AOC für Rot- und Roséweine aus der Region Bordeaux am rechten Ufer von Dordogne und Gironde rund um die Zitadelle von Bourg. Auf einem Hang aus tonigem Kalk, Sand und Lehm mit einer kiesigen Oberfläche werden überwiegend Rotweine aus den Rebsorten Merlot, Cabernet Sauvignon, Cabernet franc und Malbec produziert; die Weißweine überwiegend aus Sauvignon blanc. Auf rund 3700 ha Rebfläche werden etwa 23 Millionen l Wein pro Jahr erzeugt.

Côtes du Brulhois Französische AOC für Rot- und Roséweine, die südöstlich von Agen aus den Sorten Cabernet franc, Cabernet Sauvignon, Fer, Merlot, Cot und Tannat erzeugt werden. Auf rund 250 ha Rebfläche wachsen jährlich etwa 1 Million l Wein. In der Weinbauzone Lavilledieu werden auf rund 60 ha Rebfläche rund 200 000 l Rotwein auf kiesigen Lehmböden erzeugt.

Côtes de Buzet → Buzet

Côtes de Canon-Fronsac Bezeichnung für die Hanglagen von → Fronsac un Saint-Michel-de-Fronsac. → Canon-Fronsac

Côtes de Castillon → Bordeaux-Côtes de Castillon

Côtes de Duras Französische AOC für Rot-, Rosé- und Weißweine, die zwischen Entre-Deux-Mers und Bergerac im südwestfranzösischen Département Lot-et-Garonne liegt. Es werden auf rund 1750 ha Rebfläche etwa 11 Millionen l Wein erzeugt. Der Weißwein kann auch → restsüß sein. Die Weine wachsen auf den höher gelegenen Schwemmlandterrassen.

Côtes du Forez Französische AOC im Département → Loire für Rotwein aus der Rebsorte Gamay. Auf rund 200 ha Rebfläche werden jährlich etwa 750 000 l Weine aus den → Bordeaux-Sorten erzeugt.

Côtes de Francs Bordeaux → Bordeaux-Côtes de Francs

Côtes du Frontonnais Südwestfranzösische AOC für Rot- (80 %) und Roséweine, nördlich von Toulouse. In insgesamt 20 Gemeinden der Départements Haute-Garonne und Tarn-et-Garonne werden die Weine hauptsächlich aus Négrette und einer Reihe weiterer Rebsorten erzeugt und kommen als Côtes du Frontonnais, Côtes du Frontonnais-Fronton oder Côtes du Frontonnais-Villaudric in den Handel. Auf rund 1800 ha Rebfläche werden etwa 11 Millionen l Wein erzeugt, der auf Schwemmlandböden und Kies wächst.

Côtes du Jura Französische AOC des französischen → Jura – auf diese entfallen die meisten der dort erzeugten Weine, sofern sie nicht wie → Château-Chalon, → Arbois oder L'→ Etoile über eine eigene Appellation verfügen. Auf rund 640 ha Rebfläche werden rund 3,3 Millionen l Rot-, Rosé- und Weißweine erzeugt, die auf den Abhängen der Juraberge wachsen. Außerdem werden Schaumweine, → Vins jaunes und Strohweine produziert. Die weißen Côte du Jura weisen oft einen charakteristischen Geschmack auf, der dem Sherry ähnlich ist. Bekannte Erzeuger: Château d'Arlay, Jean Macle, Berthet-Bondet, Chalandard, Mossu, Reverechon, Fruitiere Vinicole de Pupillin.

Côtes du Luberon Französische AOC für Rot- (50 %), Rosé- (30 %) und Weißweine (20 %), die in der Hügellandschaft östlich von → Avignon erzeugt werden. Auf rund 3700 ha Rebfläche werden in 36 Gemeinden jährlich 18 Millionen l Wein erzeugt. Die Rotweine werden aus Grenache, Syrah und Mourvèdre sowie ferner auch aus Cinsaut und Carignan vinifiziert, die Weißweine aus Ugni blanc, Grenache, Clairette und Borboulenc. Bekannte Erzeuger: Château de la Canorgue, Château de l'Isolette, Dom. de Mayol.

Côtes de la Malepère Südwestlich von Carcassonne im Département → Aude erzeugte VDQS-Rot- und Roséweine aus Cinsaut, Grenache, Merlot und einer Reihe anderer Sorten. Auf rund 515 ha Rebfläche werden jährlich etwa 4 Millionen l Rotwein erzeugt.

Côtes du Marmandais Französische AOC für Weine aus Südwestfrankreich zwischen Entre-Deux-Mers und dem Agenais. Auf rund 1400 ha Schwemmland und Kiesterrassen werden etwa 9 Millionen l Rot-, Rosé- und Weißweine pro Jahr erzeugt, die Roten aus den Sorten Merlot, Cabernet franc, Cabernet Sauvignon, Cot, Abouriou, ferner Syrah und Gamay; die Weißen überwiegend aus Sauvignon, ferner Sémillon, Muscadelle und Ugni blanc.

Côtes de Meliton Nordgriechisches Weinbaugebiet auf der Chalkidike, in dem Rot-, Rosé- und Weißweine erzeugt werden.

Côtes de Millau Französische VDQS-Region in der Nähe von Aveyron (Südwestfrankreich) mit rund 40 ha Rebfläche, auf der pro Jahr rund 150 000 l Rot-, Rosé- und Weißweine erzeugt werden. Die Weine wachsen auf Sedimentböden in mediterranem Klima. Rote Rebsorten: Syrah, Gamay, Cabernet Sauvignon und Fer-Servadou; weiße Rebsorten: Chenin blanc und Mauzac.

Côtes de Montravel → Montravel

Côtes de Provence Große AOC-Anbauzone im Süden Frankreichs, bestehend aus 83 Gemeinden, die zum größten Teil im Département → Var liegen und auf rund 19 000 ha Rebfläche jährlich rund 87 Millionen l Rot-, Rosé- und Weißweine erzeugen. Je nach Boden unterscheidet man mehrere Bereiche: die aus Schiefer und Granit bestehenden Abhänge von *Maures* und *Estérel*, das Kalkplateau des oberen Var aus dem Trias und der Jura mit seinem Terrassenweinbau; schließlich das westlich davon gelegene Massiv von *Sainte-Victoire* mit seinem eigenen Klima und den tonhaltigen Sandsteinböden.

In der Provence wird überwiegend Rosé angebaut – allerdings mit sinkender Tendenz. Cinsaut, Mourvèdre, der autochthone Tibouren und natürlich Grenache gehören zu den Klassikern der Region, von denen Letztere die am häufigsten angepflanzte Rebsorte ist. Weinbaurechtlich wird verstärkt der Syrah gefördert, auch Cabernet Sauvignon findet unter den Rotweinen immer größere Verbreitung. Beim Weißwein, der in der Provence nur eine Nebenrolle spielt, sind die Sorten Clairette und Ugni blanc, doch auch Sémillon und Vermentino anzutreffen. Bekannte Erzeuger: Château Sainte-Roseline, Domaine de la Croix, Castel de Roubine, Domaine Richeaume, Domaine de la Courtade.

Côtes du Rhône Französisches Weinbaugebiet, das südlich von → Lyon beginnt und bis Vienne und → Avignon im → Rhône-Tal reicht. In diesem abwechslungsreichen Weinbaugebiet werden auf rund 42 000 ha Rebfläche rund 225 Millionen l Wein erzeugt – vom einfachsten Tischwein bis zum hochwertigen Rotwein; Weißwein wird nur in geringen Mengen (2 %) produziert. Die Appellation Côtes du Rhône erstreckt sich über 200 km Länge und ist nach Bordeaux die zweitgrößte und eine der ältesten regionalen Appellationen Frankreichs. Dazu gehören rund 160 Gemeinden der sechs Départements Ardèche, Drôme, Gard, Loire, Rhône, Vaucluse.

Aufgrund der uneinheitlichen Geographie des weiträumigen Gebietes fällt der Charakter der Weine sehr unterschiedlich aus. Die wichtigsten Rebsorten für Rot- und Roséwein sind Grenache, Syrah, Mourvèdre und Cinsaut, Carignan, für Weißwein Clairette, Marsanne, Roussanne und Bourboulenc, Viognier. Die meisten Côte du Rhône-Weine stammen vom Unterlauf des Flusses. Aufgrund des großen Anbaugebietes gibt es viele Produzenten, die gute Weine erzeugen: z. B. Château Fonsalette, Léstagnol, Jaume, Dom. Viret, Dom. Réméjeanne, Rouge Garance, Santa Duc, de la Janasse, Dom. Charvin.

Côtes du Rhône-Villages Herausgehobene Qualitätsstufe für rund 100 Gemeinden an der südlichen Rhône innerhalb des Weinbaugebiets AOC → Côtes du Rhône. Einige davon dürfen ihren Namen an Côtes du Rhône-Villages anhängen, z. B. *Côtes du Rhône-Villages-Rasteau*. Dazu gehören u. a. auch → Cairanne, → Chusclan, → Laudun, → Vacqueyras. Die übrigen Gemeinden liegen in den vier Départements Ardèche, Drôme, Gard, Vaucluse. Das Klima ist ausgeprägt mediterran, der Weinbau findet auf Geröllterrassen und kiesigen Hängen statt. Es werden auf 6700 ha fast ausschließlich Rotweine produziert. Rebsorten und bekannte Erzeuger → Côtes du Rhône.

Côtes du Roussillon Französisches AOC-Gebiet im Département Pyrénées-Orientales, südlich von Perpignan gelegen. Auf rund 5400 ha Rebfläche werden jährlich etwa 23 Millionen l Rot-, Roséweine aus Carignan erzeugt, während Syrah, Mourvèdre, ferner Cinsaut und Grenache für den Rest aufkommen. Der Weißwein (6 %) besteht aus Macabeo und Tourbat.

Côtes du Roussillon-Villages Französische AOC für Rotweine aus 28 Orten innerhalb der → Côtes du Roussillon, darunter die Ortschaften Caramany, Latour-de-France, Lesquerde und Tautavel. Auf rund 3000 ha Rebfläche werden rund 10 Millionen l Wein erzeugt. Rebsorten → Côtes du Roussillon.

Côtes de Saint-Mont Französische VDQS in den Pyrenäen an der spanischen Grenze bei Saint-Mont, im Anschluss an die AOC → Madiran. Auf rund 750 ha Rebfläche werden pro Jahr rund fünf Millionen l Rot-, Rosé- und Weißweine auf Schwemmland und kiesigen Böden erzeugt – vor allem von der Genossenschaft in Plaimont. Die Rotweine werden aus Tannat, Cabernet Sauvignon, Cabernet franc und Merlot, die Weißweine aus Clairette, Arufiac, Courbu und Manseng vinifiziert.

Côtes de Toul Französische AOC-Weinbauregion in der Umgebung Toul, Provinz → Lothringen. An den Hängen der französischen Mosel (*Moselle*) werden auf rund 100 ha Rebfläche etwa 540 000 l leichter Rot-, wenig Weiß- und sehr häufig Roséwein, hier als → *Vin gris* bezeichnet, erzeugt. *Vin gris* wird vornehmlich aus Gamay, die Rotweine aus Pinot meunier und Pinot noir erzeugt.

Côtes de Ventoux Französische AOC-Weinbauregion an den Abhängen des → Ventoux in der → Provence. Auf rund 7700 ha Rebfläche werden rund 33 Millionen l vor allem Rot-, aber auch Weiß- und Roséweine erzeugt. Die Böden der Region sind oft auffällig rot – meist handelt es sich um Schwemmlandböden.

Côtes du Vivarais Französische AOC an der südlichen Rhône in den Departements Ardèche und Gard. Auf rund 650 ha Rebfläche werden pro Jahr rund zwei Millionen l Rot-, Rosé- und Weißweine hergestellt, die auf tonigen Kalkböden wachsen. Die Rotweine werden aus Grenache und Syrah, die Weißweine aus Grenache, Clairette und Marsanne vinifiziert.

Coufran, Château Weingut im → Haut-Médoc in Saint-Seurin-de-Cadourne mit rund 60 ha Rebfläche: 85 % Merlot, 15 % Cabernet Sauvignon.

Coulée de Serrant, Château de la Französisches Weingut an der → Loire im Bereich Anjou-Saumur im Ort Savennières. Gehört dem ehrgeizigen Nicholas Joly, der auf 7 ha Rebfläche im *Coulée de Serrant* (AOC Savennières-Coulée de Serrant) in biologisch-dynamischer Anbauweise knapp 20 000 Flaschen jährlich erzeugt.

Coulée de Serrant, Savennières Weinberg im Gebiet von → Savennières (im Anjou) an der Loire mit eigener AOC. Auf rund 19 ha Rebfläche wird ausschließlich die weiße Rebsorte Chenin blanc angebaut, bei einer Jahresproduktion von rund 21 000 l. Der felsige Steilhang aus sandigem Schiefer oberhalb der Loire setzt sich aus drei Parzellen zusammen: dem Grand Clos de la Coulée an der westlichen Flanke sowie dem Clos du Château und Les Plantes. Diese Lage ist von einer Mauer eingefasst und befindet sich im Alleinbesitz von Nicholas Joly, dem Besitzer von Château de la Roche-aux-Moines. Er produziert in biologisch-dynamischer Wirtschaftsweise sehr langlebige und hochwertige Weine.

Couly-Dutheil, Domaine Großes französisches Weingut an der → Loire im Bereich → Touraine (AOC → Chinon), handelt auch mit anderen Weinen der Loire. Rund 74 ha Rebfläche im Chinon. Spitzenweine: *Clos d'Olive, L'Echo.* → Barrique-Wein *Cuvée Crescendo.*

Coupé Französisch für → verschnitten. Ein *vin de coupage* ist ein → Verschnittwein.

Cour-Cheverny → Cheverny

Coutet, Château Französischer *Premier cru* aus → Barsac mit 36 ha Rebfläche für die Produktion von edelsüßem Weißwein: 75 % Sémillon, 20 % Sauvignon blanc, der Rest Muscadelle. Zweitwein: *Cuvée Madame.* Château Coutet heißt auch ein Weingut in Saint-Emilion.

Couvent des Jacobins Französischer *Grand cru classé* aus → Saint-Emilion mit 9 ha Rebfläche: 65 % Merlot, 30 % Cabernet franc, 5 % Cabernet Sauvignon. Zweitwein: *Château Beau-Mayne.*

Cova da Beira Portugiesisches IPR-Weinbaugebiet unmittelbar südöstlich des → Dão-Gebietes. Erzeugt werden Weißweine aus den Rebsorten Pérola, Rabo de Ovelha und Rotweine aus den Sorten Jaen, Marufo, Periquita, Rufete und Tinta Amarela.

Cramant Eine von 17 *Grand cru*-Gemeinden an der → Côte des Blancs in der Champagne südlich von Epernay. Die dort erzeugten Grundweine werden aus Chardonnay bereitet.

Cream Sherry Ein zur Gruppe der → *Dulces* zählender, sehr stark aufgesüßter → Oloroso. Guter Cream Sherry entsteht durch Zugabe von → Pedro Ximénez-Wein. Häufiger ist jedoch die Süßung durch ordinären *Mosto* → *apagado,* einen → gespriteten Traubenmost. Bekannte Erzeuger: Don Zoilo, Gonzalez Byass, Williams & Humbert, Wisdom & Warter, Croft und Terry.

Crémant Bezeichnung für einen Schaumwein nach der → Méthode champenoise, der über einen etwas geringeren Kohlensäuredruck verfügt als Champagner. Crémants werden zwar auch in der Champagne erzeugt, die meisten kommen aber aus den Appellationen Burgund, Elsass, Loire, Jura und heißen daher *Crémant de Bourgogne, Crémant d'Alsace, Crémant de Loire.*

Crépy Französisches AOC-Gebiet südlich des Genfer Sees im Département Haut-Savoie (→ Savoyen). Auf rund 72 ha Rebfläche werden aus der Rebsorte Chasselas jährlich rund 220 000 l Weißwein erzeugt, der auf Gletschermoränen wächst.

Criadera Spanisch für Schule oder Baumschule. Darunter versteht man aber auch die Reifegebäude in → Jerez, in denen der → Sherry als junger Wein nach seinen Grundtypen sortiert und einige Zeit gelagert wird. Anschließend kommt er in die → Solera, in der er verschnitten wird und reift.

Crianza → Viño de crianza

Criots-Bâtard-Montrachet Knapp 2 ha große *Grand cru*-Lage in → Chassagne-Montrachet, auf der weißer Burgunder aus der Rebsorte Chardonnay kultiviert wird. Bekannter Erzeuger: Delagrange-Bachelet.

Crochet, Domaine Lucien Französisches Weingut an der → Loire in der AOC → Sancerre, im Ort Sancerre. Auf rund 20 ha Rebfläche werden weißer (Sauvignon blanc) und etwas roter Sancerre (Pinot noir) erzeugt. Spitzenwein: *Cuvée Prestige.*

Croix, Chateau de la Französisches Weingut in → Pomerol mit rund 13 ha Rebfläche. Viele Châteaux und Domaines in Frankreich tragen diesen Namen.

Croix-de-Gay, Château La Französisches Weingut in → Pomerol mit 12 ha Rebfläche: Rund 80 % Merlot, 15 % Cabernet Sauvignon und 5 % Cabernet franc. Spitzencuvée: *Château La Fleur-de-Gay.*

Croizet-Bages, Château Französisches 5ᵉ *cru classé* aus → Pauillac im Haut-Médoc mit 21 ha Rebfläche: rund 60 % Cabernet Sauvignon, 30 % Merlot und 10 % Cabernet franc.

Crozes-Hermitage Französische AOC für Rot- (90 %) und Weißweine (10 %) im dem → Rhône-Tal. Die Weine stammen aus 11 Gemeinden nördlich, südlich und östlich der kleinen, sehr angesehenen Appellation → Hermitage. Die Rotweine entstehen aus Syrah, die Weißweine aus Roussanne und Marsanne. Auf rund 1200 ha Rebfläche werden etwa 5,7 Millionen l Wein erzeugt. Die Böden bestehen aus Granitverwitterung, Kies und Kalk. Bekannte Erzeuger: Belle, Dom. du Colombier, Château Curson, Graillot.

Cru Französisch für *Wachstum* oder *Gewächs.* Cru bezeichnet die → Lage und den von ihr stammenden Wein, unabhängig von den Schwankungen der Jahrgänge, also einen Wein von gewachsener Qualität, der sich aufgrund seiner konstanten natürlichen Vorzüge vom Durchschnitt abhebt. Darüber hinaus können manche Lagen mit einem exklusiven Prädikat klassifiziert werden – so gibt es in → Burgund, im → Elsass, in der → Champagne und der → Provence *Grand cru-*, *Premier cru-* und → *Cru classé*-Lagen.

In → Bordeaux hingegen hat Cru eine umfassendere Bedeutung. Dort versteht man darunter den individuellem Besitz von Rebflächen mit zugehörigem Weingut plus den dort erzeugten Wein. Die Weingüter mit ihren Weinen sind dort in den Appellationen → Médoc, → Graves, → Sauternes und → Saint-Emilion klassifiziert.

Cru bourgeois → Bourgeois

Cru classé Qualitätseinstufung (→ *Cru*) der meisten Spitzenweine im → Bordeaux-Gebiet. In folgenden Appellationen sind die führenden Weine wie folgt klassifiziert:

- Im → Haut-Médoc wurden die Weingüter bereits 1855 klassifiziert. Diese Festlegung wurde nur 1973 ein einziges Mal zur Aufstufung von Château → Mouton-Rothschild korrigiert. Die Spitzengewächse sind in fünf *Crus classés* eingeteilt, obwohl unterhalb der ersten Stufe auf dem Etikett meist nur *Grand cru classé* steht: *Premiers crus classés, Deuxièmes (2ᵉˢ) crus classés, Troisièmes (3ᵉˢ) crus classés, Quatrièmes (4ᵉˢ) crus classés* und *Cinquièmes (5ᵉˢ) crus classés.*
- Im → Sauternes und → Barsac sind die → Spitzengewächse in *Premier cru classé supérieur, Premiers crus classés* und *Deuxièmes crus classés* klassifiziert.
- In → Saint-Emilion unterscheidet man zwischen *Premiers crus classés* und *Grands crus classés.*

• In den → Graves gibt es nur die Kategorie *Crus classés*.

Für die übrigen Bordeaux-Bereiche gibt es keine offizielle Klassifizierung.

Crusius, Dr. Deutsches Weingut in Traisen, Weinbaugebiet → Nahe. Auf rund 12 Rebfläche wird überwiegend Riesling und etwas Weißer Burgunder angebaut. Bekannte Lagen: die herausragende *Traiser Bastei*, ferner *Traiser Rotenfels*, *Schloßböckelheimer Felsenberg*.

Cruzeau, Château de Französisches Weingut in den → Graves in St. Médard-d'Eyrans mit 40 ha Rebfläche: rund 60 % Cabernet Sauvignon, 40 % Merlot für Rotwein und 90 % Sauvignon blanc und 10 % Sémillon für Weißwein.

Csongrád Südungarisches Weinbaugebiet am Westufer der Theiß zwischen Csongrád und der serbischen Grenze. Die Reben – überwiegend roter Kadarka und Olasz Riesling (Welschriesling) – wachsen auf reinem Sandboden; sommerheißes, trockenes Klima.

Cuis *Premier cru*-Gemeinde in der → Champagne, südlich von Epernay an der nördlichen → Côte des Blancs gelegen. Es werden rote und weiße Trauben erzeugt, aber insgesamt dominiert der Chardonnay.

Curé-Bon Château Französisches *Grand cru classé* in → Saint-Emilion mit 5 ha Rebfläche: rund 90 % Merlot und je 5 % Cabernet Sauvignon und Malbec.

Cussac Offiziell Cussac-Fort-Médoc. Kleiner französischer Weinbauort im → Haut-Médoc südlich von Saint-Julien. Bekannte Erzeuger: Châteaux Lanessan, Tour-du-Haut-Moulin, Beaumont und Lamothe-de-Bergeron.

Custoza → Bianco di Custoza.

Cuvée Verschnitt verschiedener Weine aus unterschiedlichen Rebsorten, Fässern oder Lagen, bei Champagner auch verschiedener Jahrgänge. Viele der angesehensten Weine der Welt sind Cuvées, z. B. fast alle klassifizierten roten → Bordeauxweine. Bei ihnen spricht man in der Regel statt von *Cuvée* von *Assemblage*. Burgunder hingegen sind immer reinsortige Weine, die ihre Komplexität einer einzigen Sorte verdanken.

CVNE, Bodegas Spanisches Weingut im → Rioja. Auf rund 600 ha eigener Rebfläche und durch Zukauf werden jährlich etwa 5 bis 6 Millionen Flaschen Wein in zwei Linien erzeugt: Imperial und Viña Real Reserva. Gilt als sehr guter Erzeuger.

D

DAC *Districtus Austria Controllatus.* Hinter diesem lateinischen Begriff steht der österreichische Versuch, ein Appellationssystem entsprechend der französischen → AOC zu etablieren. Auf diese Weise soll die Identität typischer Weine einer Region gefördert werden, z. B. der Grüne Veltliner aus dem Weinviertel, seit kurzem der erste DAC-Wein Österreichs.

Dagueneau, Didier Französisches Weingut an der → Loire in der AOC → Pouilly-Fumé im Ort St-Andelain. Auf rund 13 ha Rebfläche werden vier verschiedene Pouilly-Fumé erzeugt. Spitzenprodukt: *Silex* – ein Kultwein, der in neuen Eichenfässern gärt und ausgebaut wird. Gilt als der führende Erzeuger in der Region.

Dal Forno, Romano Italienisches Weingut in der Region → Veneto, im Ort Illasi. Erzeugt auf rund 12 ha Rebfläche etwa 25 000 Flaschen Wein, vor allem Valpolicella Classico und Amarone. Dal Forno ist ein Extremist, der extreme Weine zubereitet: bereits sein »einfacher« Valpolicella ist so konzentriert, dass er Diskussionen auslöst. Und sein Amarone ist mit teilweise 17 % Alkohol schwarz, dicht, sirupartig konzentriert und nahezu undurchdringlich – und scheint kaum trinkbar. Extreme Weine für Extremisten.

Dalle Valle Vineyards Kalifornisches Weingut in den USA im Weinbaugebiet → Napa Valley. → Boutique-Winery mit nur rund 10 ha Rebfläche und sehr geringer Produktion, vor allem Cabernet Sauvignon (rund 75 % der Rebfläche), außerdem Cabernet franc und Sangiovese. Cuvée: Maya Red. Gute Presse, extreme Preise.

Dalmatien Kroatischer Küstenabschnitt an der Adria von Rijeka bis Dubrovnik. Aus Dalmatien stammen Weißweine wie Bodanusa, Posip und Marastina sowie Rotweine meist aus der Sorte Plavac, z. B. Dingac, Opol, Plavina und Postup. Die Region ist auch bekannt für ihren delikaten Likörwein Prosek.

Dalsheim → Flörsheim-Dalsheim

Dambach-la Ville Mit rund 400 ha Rebfläche die größte Weinbaugemeinde des → Elsass im Département → Bas-Rhin. Die Lage *Frankstein* ist als → *Alsace Grand cru* eingestuft. Es werden vor allem Riesling und Gewürztraminer erzeugt.

Dame-Blanche, Château La Name, unter dem der Weißwein von Château du Taillan, nahe Blanquefort, verkauft wird, und eines der wenigen Weingüter des → Haut-Médoc, die Weißwein erzeugen. Da die Appellation *Haut-Médoc* ausschließlich für Rotweine gilt, kann Château La Dame Blanche nur als Bordeaux supérieur in den Handel kommen.

Dame Jeanne Ein größerer Glasballon unbestimmten Fassungsvermögens für Wein, mitunter mit Weide oder Stroh umflochten oder von einem Holzgestell umgeben, der früher eine große Rolle als Fermentationsgefäß und Transportbehälter spielte. Sehr große Bordeaux-Flaschen wie → Jeroboams oder → Impérial werden mitunter als *Dames Jeannes* bezeichnet. Das italienische Äquivalent heißt *Damigiane.*

Damigiane → Dame Jeanne

Dão Seit 1908 bestehendes portugiesisches DOC-Weinbaugebiet, nordöstlich von Coimbra in der Hügellandschaft um die Stadt Viseu gelegen, das von bis zu 2000 m aufsteigenden Bergketten umschlossen ist. Diesen Bergen und den Granitböden verdankt das Dão seine Besonderheit. Neben dem Portweingebiet ist das Dão die bekannteste Weinbauregion Portugals, in der überwiegend Rotweine erzeugt werden. Qualitativ überragend ist die Sorte Touriga Nacional, ergänzt durch Alfrocheiro Preto, Tinta Pinheira, Jaen, Bastardo und Tinta Roriz (Tempranillo). Der Wein kommt zum Teil als → Garrafeira oder – häufiger – als → Reserva auf den Markt. Weißweine basieren auf den Sorten Arinto, Borrado das Moscas, Cercial, Barcelo, Encruzado und Verdelho. Bekannte Erzeuger: Meia Encosta, Dom Teodósio, Grão Vasco, José Marques Agostinho, Conde de Santar, Alexandro Magno, Aliança, Porta dos Cavaleiros, Messias.

Dassault, Château Französisches *Grand cru classé*-Rotweingut in → Saint-Emilion mit 23 ha Rebfläche: 65 % Merlot, 20 % Cabernet franc und 15 % Cabernet Sauvignon.

Daumas Gassac, Mas de Französisches Weingut im Département → Hérault, → Languedoc, im Gassac-Tal gelegen und durch ein kühles Mikroklima geprägt. Der Rotwein wird überwiegend aus Cabernet Sauvignon erzeugt, der Weißwein ist eine Mischung aus Chardonnay, Viognier und weiteren regionalen Rebsorten des Midi.

Dautel, Weingut Deutsches Weingut in Bönnigheim im Weinbaugebiet → Württemberg, von dem auf rund 12 ha Rebfläche jährlich etwa 90 000 Flaschen Wein erzeugt werden. Rebsorten: rund 25 % Riesling, 20 % Lemberger, je 12 % Trollinger und Spätburgunder, ferner Weißburgunder und Schwarzriesling. Bekannte Lagen: *Bönnigheimer Sonnenberg, Wurmberg.* Böden: Muschelkalk und Keuper in z. T. historischen → Terrassenlagen.

Dauvissat, René & Vincent Domaine Französisches Weingut in der AOC → Chablis (Burgund) im Ort Chablis. Rund 9 ha Rebfläche, davon etwa 3 ha *Grand cru*-Lagen, der Rest *Premier cru.* Die Weine werden im Holzfass ausgebaut.

Dauzac, Château Französisches 5e *cru classé*-Rotweingut im → Haut-Médoc in der Ortschaft Labarde-Margaux. Rund 48 ha Rebfläche: 65 % Cabernet Sauvignon, 30 % Merlot und 5 % Petit Verdot. Zweitwein: La Bastide Dauzac.

Debrö Weinbaugemeinde im Weinbaugebiet um Gyöngyös an den Abhängen des → Mátragebirges nordöstlich von Budapest. Bekannt für ihren Weißwein Hárslevelü (Debröer Lindenblättriger).

Deckrotwein Ausdruck für farbintensive Rotweine. Oft Neuzüchtungen wie Dornfelder oder Dunkelfelder, die zur Aufbesserung farbschwacher Rotweine (z. B. Portugieser) verwendet werden. In letzter Zeit werden in Deutschland Deckrotweine zunehmend reinsortig ausgebaut. Ihre schwarzrote Farbe übt anscheinend eine magische Anziehungskraft aus und lässt vergessen, dass es mit der geschmacklichen Ausdrucksfähigkeit dieser Weine nicht weit her ist.

Degorgieren Letzter Schritt in der Champagner- bzw. Sektherstellung. Bei der → Méthode champenoise wird das Hefedepot im Flaschenhals entfernt, nachdem es sich durch das Rütteln und das anschließende Vereisen dort abgesetzt hat. Beim Öffnen der Flasche presst der Druck den gefrorenen Hefepfropfen hinaus. → Champagner

Degustation → Probe

Deidesheim Weinstadt im Weinbaugebiet → Pfalz. Gemeinsam mit den benachbarten Gemeinden Forst und Wachenheim bedeutender Erzeuger von Riesling. Zu den wichtigsten Lagen zählen: *Hohenmorgen, Grainhübel, Leinhöhle, Kieselberg, Kalkofen, Mäushöhle, Herrgottsacker*. Die Bezeichnung *Deidesheimer Hofstück* hingegen ist ein unseliger, irreführender → Großlagenname ohne qualitative Bedeutung. Bekannteste Erzeuger: Biffar, Bassermann-Jordan, Bürklin-Wolf, Wegeler-Deinhard, Buhl.

Deinhard → Wegeler-Deinhard.

Deinhard, Weingut Dr. Deutsches Weingut in Deidesheim, Weinbaugebiet → Pfalz, von dem auf rund 30 ha Rebfläche jährlich etwa 200 000 Flaschen Wein erzeugt werden. Rebsorten: 80 % Riesling. Bekannte Lagen: *Deidesheimer Kalkofen, Grainhübel, Mäushöhle* und *Kieselberg*. Böden: Buntsandstein, Lößlehm, toniger Sand. Erzeuger traditioneller Rieslinge aus dem großen Holzfass.

Deiss, Domaine Marcel Französisches Weingut in Bergheim, → Elsass. Auf rund 20 ha Rebfläche werden vor allem Gewürztraminer und Riesling erzeugt. Besitz in den *Grand cru*-Lagen *Schoenenburg* und *Altenberg*. Produziert auch etwas → Strohwein.

Dekantieren Das Umfüllen von Wein aus der Flasche in ein anderes Gefäß – meist in eine gläserne Karaffe. Aus zwei Gründen kann das Dekantieren sinnvoll sein: um Wein vor dem Trinken zu belüften. Unter dem Einfluss von Sauerstoff kann sich der Wein entfalten und sein Aroma freigeben – nicht nur Rotwein, wie allgemein angenommen, auch Weißwein kann davon profitieren. Letztlich ist das Dekantieren eine Art Stilfrage. Manche Weintrinker sind der Überzeugung, dass dadurch die Frucht des Weins leiden würde. Unbestritten ist jedoch bei jungen, gerbstoffreichen Rotweinen, dass sie vom Belüften profitieren. Solche Weine können durchaus einen halben Tag vorher in eine Karaffe umgefüllt werden.

Ein anderer – und klassischer – Grund für das Dekantieren ist das Trennen des Weins von dem in der Flasche gebildeten → Depot. Besonders bei ausgereiften Rotweinen, die nicht gefiltert wurden, setzen sich im Laufe der Jahre feine Trubstoffe am Boden ab. Diese würden selbst bei vorsichtigem Einschenken ins Glas gelangen und einen unangenehmen – meist bitteren – Geschmackseindruck hervorrufen. Dieses Depot wird entfernt, indem der Wein vorsichtig in eine Karaffe umgefüllt wird. Auch wenn diesem Grund des Dekantierens in der Weinliteratur eine große Rolle zugemessen wird, so spielt er im Alltag des Weintrinkers kaum eine Rolle, denn die wenigsten Weine entwickeln überhaupt ein Depot – entweder weil sie zu früh getrunken werden oder bei ihrer Abfüllung gefiltert wurden.

Schließlich gibt es alte Rotweine, die man trotz ihres Depots lieber nicht dekantieren sollte, da sie wegen ihrer greisenhaften Statur der massiven Sauerstoffzufuhr nicht standhalten würden. → Oxidiert.

Dekantierkörbchen Korb, in der Regel aus Metall oder Holz, französisch *panier*, in dem eine Weinflasche auf dem Tisch in nahezu waagerechter Lage ruht, um das Aufwirbeln des → Depots möglichst zu vermeiden. Es hat daher wenig Sinn, Weine in einem Dekantierkörbchen zu servieren, die gar kein Depot besitzen.

Delesvaux, Domaine Philippe Französisches Weingut an der → Loire im Bereich → Anjou im Ort St-Aubin-de-Luigé. Rund 18 ha Rebfläche, auf der vor allem Chenin blanc (AOC Anjou blanc), aber auch Cabernet franc und Cabernet Sauvignon produziert werden (ein leichter AOC Anjou rouge). Erzeugt auch eine → Sélection Grains Nobles.

De Loach Winery Kalifornisches Weingut in den USA im Weinbaugebiet → Sonoma Valley (Russian River Valley). Auf rund 140 ha überwiegend eigener Rebfläche werde etwa 1 Million Flaschen erzeugt, vor allem Cabernet Sauvignon, Merlot. Spitzenweine: Chardonnay und Cabernet Sauvignon Russian River Valley.

Delorme, Domaine Französisches Weingut im → Burgund im Ort Chagny (→ Côte de Chalonnaise). Rund 65 ha Rebfläche – bekannt für weißen (Chardonnay) und roten (Pinot noir) → Rully. Erzeugt außerdem rund 500 000 Flaschen Schaumwein Crémant de Bourgogne.

Demi-Sec Französisch für → halbtrocken.

Denominação de Origem Controlada → DOC

Denominación de Origen → DO

Denominación de Origen Calificada → DOC

Denominazione di Origine Controllata → DOC

Denominazione di Origine Controllata e Garantita → DOCG

Depot Auch Niederschlag genannte Ausscheidungen des Weins in der Flasche. Beim Rotwein besteht das Depot aus Schwebeteilchen, die unangenehm bitter schmecken können und sich beim Altern des Weins am Boden absetzen. Bei Weißweinen findet sich oft ein Depot in Form von → Weinstein, der sich in kristalliner Form absetzt, aber farb- und geschmacklos ist. Während der Weinstein allein aus ästhetischen Gründen nicht mit eingeschenkt werden sollte, verhindert man das Eingießen von Teilen des Rotweindepots am wirkungsvollsten durch das → Dekantieren des Weins.

Dernau Deutscher Weinbauort an der → Ahr mit rund 135 ha Rebfläche. Bekannte Lage: *Pfarrwingert*. Es wird vorrangig Spätburgunder, ferner Frühburgunder angebaut. Bekannter Erzeuger: Meyer-Näkel.

Desmirail, Château Französisches 3e *cru classé*-Rotweingut in der Appellation → Margaux im Haut-Médoc mit Rebflächen in Cantenac und Arsac, zusammen derzeit 18 ha: 70 % Cabernet Sauvignon, 23 % Merlot, 7 % Cabernet franc, ferner Petit Verdot.

Dessertwein Früher ein gebräuchlicher Begriff für süße Weine, die man traditionellerweise zum Dessert reichte. In der EU sind derartige Weine heute rechtlich als Likörweine definiert. In einem weiter gefassten Sinn werden auch → Auslesen, → Eisweine, Ausbruch, → Beeren- und → Trockenbeerenauslesen als Dessertweine angesehen. Trotz der Bezeichnung sind diese Weine nur selten als Begleiter eines Desserts geeignet.

Deutsches Weinsiegel → Weinsiegel

Deutschkreutz Österreichische Weinbaugemeinde im → Mittelburgenland mit rund 750 ha Rebfläche. Es überwiegen die roten Sorten Blaufränkisch und Zweigelt, ferner Sankt Laurent und Cabernet Sauvignon. Bekannte Erzeuger: Gesellmann, Igler.

Deutschland Als Weinbauland kann Deutschland auf eine Epoche zurückblicken, in der seine Weine im Ausland begehrt und teuer waren. Die guten Transportmöglichkeiten über den Rhein und seine Nebenflüsse waren ein entscheidender Wettbewerbsvorteil, der es den Erzeugern in früheren Jahrhunderten leicht machte, ihre Weine zu exportieren (Gleiches gilt z. B. auch für den französischen Bordeaux und den portugiesischen Portwein). Doch der Rhein ist nicht nur eine bedeutende Wasserstraße, sondern bietet dem Weinbau auch klimatische Vorteile.

Klima und Geologie

Der Rebanbau ist in Deutschland fast

ausschließlich auf den Südwesten beschränkt. Im Tal des → Rheins und seiner wichtigsten Nebenflüsse sowie den beiden Weinenklaven Saale-Unstrut und Sachsen befinden sich rund 100 000 ha Rebfläche, auf denen jährlich etwa 1 Milliarde l überwiegend Weißwein (auch als Schaumwein) erzeugt wird. Angesichts der nördlichen Lage mit seinem relativ kühlen, deutlich kontinentalen Klima gedeihen Reben in Deutschland nur in besonders bevorzugten Lagen. Die Flusstäler bieten dafür besonders gute Voraussetzungen, denn die Flüsse wirken klimaregulierend und auf den oft steilen, nach Norden immer steileren Hängen fallen die Sonnenstrahlen praktisch senkrecht auf den Boden, was zu einer erhöhten Wärmesumme führt. Enge Flussschleifen wie z. B. an der Mosel und am Neckar bieten Schutz vor Wind und wirken zusätzlich noch wie Parabolspiegel. Hinzu kommt, dass in den nördlichen Anbaugebieten (Mosel, Saar, Ruwer, Ahr und Mittelrhein) die Reben auf oftmals schwarzem Schiefer wachsen – der dunkle Stein speichert die Sonnenenergie und strahlt die Wärme auch nachts an die Trauben ab. Die Summe dieser mikroklimatischen Faktoren sind wichtige Grundvoraussetzungen, damit Qualitätsweinbau im kühlen Klima des Nordens erfolgreich sein kann. Die südlicheren Anbaugebiete wie Baden oder die Pfalz profitieren ebenfalls von ihrer geschützten Lage im Flusstal des Rheins, das mit den Höhenzügen von Haardt und Vogesen auf der einen Seite und dem Schwarzwald auf der anderen vor kalten Winden geschützt ist.

Neben dem schwarzen, grauen und blauen Schiefer gibt es noch eine Vielzahl weiterer Bodentypen, so z. B. den roten Tonschiefer an der Rheinfront bei Nierstein sowie in Bingen oder Lößlehm bzw. vulkanischen Tuff am Kaiserstuhl. Alle diese Bodentypen prägen den Wein wesentlich und sorgen für die Vielzahl an deutschen Terroirs.

Rebsorten

Im Laufe der Jahrhunderte haben sich bestimmte Rebsorten als ideale Partner für die mitunter schwierigen Wachstumsbedingungen erwiesen. An erster Stelle steht der Riesling – er wird auf rund 22 % der Rebfläche kultiviert und nimmt quantitativ und qualitativ den ersten Rang ein. Der → Silvaner ist ebenfalls eine Rebsorte für das eher kühle Klima, er ist mit rund 7 % vertreten und bringt in den besten Lagen das Terroir perfekt zum Ausdruck. Die quantitative Nummer zwei ist der Müller-Thurgau – mit rund 20 % und fallender Tendenz ist er auf dem Rückzug.

Der → Riesling ist die deutsche Rebsorte schlechthin – auch wenn er im Norden häufiger als im Süden angebaut wird, weil sich dort die warmen Tage und kühlen Nächte sowie die lange Vegetationsperiode in besonders feinen Fruchtaromen äußern. Im Süden Deutschlands ist es oft schon zu warm für ihn – deshalb nehmen dort Rebsorten wie Grauer und Weißer Burgunder und Gutedel zu. Auch Rotweinsorten sind im Süden vermehrt zu finden: An qualitativ und quantitativ erster Stelle der Spätburgunder mit rund 8 %, gefolgt von Portugieser (5 %) und Dornfelder (4 %). Trotz des zunehmenden Rotweinanbaus ist Deutschland unbestritten ein Weißweinland, das mit dem Riesling über eine Sorte verfügt, die sich unter den besten der Welt und in den Herzen der Weingenießer einen allgemein anerkannten Spitzenplatz erobert hat.

Die derzeitge Situation hat sich erst nach zahlreichen, teilweise extremen Pendelausschlägen in der Vergangenheit eingestellt – insbesondere nachdem frühere Fehlentwicklungen korrigiert wor-

Die Weinbaugebiete (→ Karte nach S. 480)

Sechs der dreizehn deutschen Weinbaugebiete liegen am Rhein. Dem Flussverlauf folgend sind dies von Süd nach Nord:

- → *Baden*
Die Rebflächen sind über 400 km verstreut und die Rebsorten so zahlreich wie die Weinstile verschieden sind. Die Bereiche → Kaiserstuhl und → Ortenau genießen nach wie vor das höchste Ansehen.
- → *Hessische Bergstraße*
Dieses kleine Anbaugebiet schließt nördlich an Baden an.
- → *Pfalz*
Das zweitgrößte deutsche Anbaugebiet, dessen bekannteste Weinbaugemeinden im nördlichen Teil zwischen → Kallstadt und → Neustadt liegen. Aber auch der Süden macht qualitativ zunehmend von sich reden.
- → *Rheinhessen*
Größtes Anbaugebiet, bekannt für seinen Riesling von der → Rheinfront um → Nierstein. Im Hügelland werden erst in den letzten Jahren verstärkt überregional anerkannte Weine erzeugt.
- → *Rheingau*
Qualitativ herausragendes Anbaugebiet am Rhein zwischen → Hochheim und → Lorch.
- → *Mittelrhein*
Zwischen Rheingau und Mosel gelegen mit den bekannten Weinbauorten Bacharach und Boppard.

Von den verbleibenden Gebieten liegen an fünf Nebenflüssen des Rheins:

- → *Württemberg*
Der Weinbau konzentriert sich um den Neckar. Über 55 % Rotweinanteil.
- → *Franken*
Die Weine werden überwiegend im Maintal um → Würzburg erzeugt und in → Bocksbeuteln abgefüllt.
- → *Nahe*
Kleines, aber vielfältiges Weinbaugebiet an der Nahe entlang mit unterschiedlichsten Bodenverhältnissen.
- → *Mosel-Saar-Ruwer*
Was den Wein angeht, wichtigster Nebenfluss des Rheins (samt dessen Nebenflüssen Saar und Ruwer) mit weltberühmtem Riesling.
- → *Ahr*
Kleines Rotweingebiet (rund 80 % Rotweinanteil) unweit von Bonn.
- → *Saale-Unstrut und* → *Dresden*
Diese beiden Gebiete umfassen knapp 400 ha Rebfläche an den Flüssen Saale, Unstrut und Elbe.

den sind: In den 1960er bis 1980er Jahren galt es als Zeichen von Modernität, → Neuzüchtungen wie → Müller-Thurgau, → Morio-Muskat, → Faber und → Huxelrebe anzupflanzen, die von den Weinbauschulen propagiert wurden. Diese oft qualitativ minderwertigen Rebsorten brachten einen regelrechten Weinsee an süßlichen, austauschbaren Weinen hervor, der viele Weintrinker abstieß und dazu brachte, auf ausländischen Wein umzusteigen. Auch wenn ein Großteil dieser minderwertigen Rebsorten wieder aus den Lagen verschwunden sind, laboriert die deutsche Weinwirtschaft noch heute an den Folgen herum, die sich in mangelnder Akzeptanz im Binnenmarkt niederschlagen.

Der sich seit einigen Jahren vollziehende Rotweinboom sorgt für eine vermehrte Nachfrage nach deutschen Rotweinen. Angebaut werden jedoch nicht nur qualitativ hochwertige (und für den Winzer kapriziöse) Rebsorten wie Spätburgunder, sondern vor allem Neuzüchtungen wie Dornfelder und andere neuartige Kreuzungen. Der Grund für diesen Boom ist auch der Fassweinpreis für Dornfelder, der pro l bis zu 2,– Euro betragen kann (und damit um ein Vielfaches über dem Riesling liegt). Welcher Winzer kann da der Verlockung widerstehen, eine zwar minderwertige Rebsorte zu pflanzen, die aber ein Vielfaches an Geld bringt. Es bleibt zu hoffen, dass sich diese aus den Fugen geratene Preisstruktur wieder auf ein normales Maß einpendelt und der Dornfelder eine Fußnote in der Weinbaugeschichte bleibt – ein Schicksal wie Optima, Faberrebe, Albalonga oder Siegerrebe wird ihm nicht erspart bleiben.

Stile

Das kühlere deutsche Klima sorgt in den Trauben besonders in den nördlichen Anbaugebieten für höhere Fruchtsäurewerte und einen niedrigeren Zuckergehalt im Vergleich zu den Weinländern des Südens. Der in den Trauben enthaltene Zucker vergärt nicht immer vollkommen zu Alkohol, sodass die Weine über eine mehr oder weniger hohe Restsüße verfügen können, wie z. B. an Mosel, Saar und Ruwer. Die spät geernteten Trauben ergeben kühle Moste, die in den kalten Kellern nur langsam zu gären beginnen. Es kann sein, dass die Gärung von selbst stehen bleibt (oder durch Abkühlen gestoppt wird) und die Weine dann auf natürliche Weise eine gewisse Restsüße behalten (→ Gärung). Die Süße kann allerdings auch von der gesetzlich erlaubten Zugabe von → Süßreserve herrühren – ein weniger sportliches Verfahren. Deutsche Weine, die durchgegoren sind, enthalten im Vergleich zu südlichen Weinbauregionen oft weniger Alkohol. Doch Alkohol allein ist keine Qualitätsfrage. Wichtig ist die Balance zwischen allen Weinkomponenten wie Alkohol, Säure, Extrakt, Aromen und eventuelle Restsüße. Das deutsche Weingesetz versucht diesen Stilen Rechnung zu tragen, indem es Qualitätskategorien auf der Basis des → Mostgewichts, also des Zuckergehalts der Trauben bei der Lese, verbindlich definiert.

Das Weingesetz

Auf einem deutschen → Etikett ist manchmal eine verwirrende Fülle von Informationen zu finden. Neben der Prüfnummer (bei allen Qualitätsweinen) erscheint der Hinweis auf die Qualitätsstufe, das Jahr, die Rebsorte sowie eine geographische Herkunftsangabe, d. h., neben dem jeweiligen Anbaugebiet wird eine Lage genannt. Die weingesetzliche Einteilung in → Qualitätswein und → Prädikatswein findet auf der Basis der Mostgewichte nach dem Grundsatz statt: Je süßer die Trauben bei der Lese, desto besser die spätere Weinqualität. Doch das ist nur zum Teil richtig. Wichtige Grundvoraussetzungen übersieht das deutsche Weingesetz. Es schenkt dem → Mostgewicht der Trauben mehr Beachtung als der ebenfalls qualitätsbestimmenden Bodenqualität, den Säure- und Extraktwerten oder der physiologischen Reife. Auch dem → Ertrag wird praktisch keine Beachtung geschenkt: So kommt es, dass Deutschland mit die höchsten Hektarerträge (rund 10 000 l pro ha) weltweit hat. In Ländern wie Österreich und Frankreich werden im Gesetz verbindliche Höchsterträge genannt.

Auf dem Etikett wird oftmals auch eine Geschmacksrichtung angegeben, wobei in der Praxis Einstufungen wie → trocken oder → halbtrocken genannt werden. Findet sich keine Angabe, handelt es sich meist um Abfüllungen mit einem höheren Restzuckergehalt – so immer bei Trockenbeerenauslesen. Diese edelsüßen Weine spielen in der Produktionsmenge jedoch nur eine geringe Rolle, genießen traditionell jedoch eine extrem hohe Reputation – nicht zuletzt wegen ihrer Haltbarkeit (50 Jahre sind keine Seltenheit, 100 Jahre und mehr durchaus möglich) und der Spitzenpreise, die für sie bezahlt werden. Schließlich sollte noch erwähnt werden, dass die Deutschen an der Weltspitze im Pro-Kopf-Verbrauch von Schaumweinen stehen. Dieser wird zum Teil in Deutschland produziert, zu großen Teilen jedoch importiert.

Die letzten Jahre

Während in Frankreich und Italien eine jahrhundertealte Verbindung zwischen Wein und Essen besteht, ist dies in Deutschland nicht unbedingt der Fall. In den letzten Jahren hat sich jedoch ein deutlicher Wandel vollzogen, die mit einer Veränderung der Trinkgewohnheiten einhergegangen und auch Ausdruck einer verstärkten Genussbereitschaft ist. Der deutsche Wein nimmt dabei eine besondere Rolle ein: Sein geringerer Alkoholgehalt und die damit verbundene Eleganz machen ihn zu einem guten Essenspartner – besonders in einer Zeit sich wandelnder Küchenstile.

Deutschland ist ein ungewöhnliches Weinland: Durchschnittlich gehen rund 15 % der Weine in den Export. Der Rest wird im Inland getrunken. Doch Otto Normalverbraucher trinkt nur zu 40 % deutschen Wein – der weitaus größere Teil wird importiert –, so ist Deutschland der größte Weinimporteur der Welt. Dies hat zur Folge, dass der deutsche Wein im eigenen Land nur einen ungewöhnlich geringen Bekanntheitsgrad hat und in der Folge die Preise am Boden liegen. Diese wiederum zwingen viele kleine Betriebe zur Aufgabe, da sie nicht kostendeckend produzieren können. Trotzdem hat es in den vergangenen 20 Jahren eine deutliche Zunahme an Spitzenerzeugern gegeben. Diese gehen z. T. neue, ganz eigene Wege: Viele Spitzengüter haben die Eingangsmostgewichte für die jeweiligen Qualitätsstufen (→ Kabinett, → Spätlese) deutlich über das gesetzliche Minimum angehoben. Immer mehr verzichten ganz auf diese Kategorien. Zusätzlich haben viele Erzeuger erkannt, dass die Erträge für höhere Qualität deutlich reduziert werden müssen: von 10 000 l pro ha auf nur noch 5000 bis 4000 oder weniger. Mehr und mehr Erzeuger gehen außerdem dazu über, die Etiketten zu vereinfachen, und füllen auch nicht mehr jeden Wein unter einer möglichst blumigen Lagenbezeichnung ab, sondern nennen nur noch die Rebsorte und den Namen des Erzeugers – oftmals unter Verwendung eines Rückenetiketts, das alle weingesetzlichen Vorschriften enthält. Bei Vergärung und Ausbau wird technologisch zunehmend aufgerüstet, computergesteuerte Gärtanks sind praktisch Standard in deutschen Weinkellern. Doch viele Spitzenerzeuger haben die großen Holzfässer wiederentdeckt und fördern mit ihnen Einzigartigkeit statt klinisch-steriler Uniformität. Auch das Barrique hat sich als Ausbaumedium vor allem bei Rotweinen und den Burgundersorten durchgesetzt, und die anfänglichen Kinderkrankheiten sind, wenn auch noch nicht völlig auskuriert, so doch wenigstens überwunden. Nicht mehr jeder hervorragende deutsche Wein ist grundsätzlich ein Weißwein. Gerade bei der Rotweinerzeugung gibt es qualitativ beachtliche Steigerungen, wenn auch der Aufstieg hart und steinig bleiben dürfte und nur wenige Erzeuger ihr Ziel erreichen. Insgesamt schenkt man dem Rotwein heute mehr Beachtung, und die Ausdehnung der Rebfläche in den letzten Jahren ist praktisch ausschließlich den roten Sorten zugute gekommen, deren Flächenanteil sich innerhalb der letzten Jahre von 11 auf 20 % erhöht hat.

Das deutsche Weingesetz definiert Qualität vor allem als rein technisches Kriterium der formalen Fehlerfreiheit, ohne wirkliche Anreize zur Steigerung des Niveaus zu geben. Während die einen Erzeuger das Korsett der weingesetzlichen Vorschriften abstreifen, um eigene Wege zu gehen, orientiert sich das Gros der Erzeuger weiterhin eng an den Vorgaben und macht in der Hoffnung auf Besserung jeden Trend mit (→ Classic und → Selection). So öffnet sich die Qualitätsschere immer weiter: Während manche Spitzenbetriebe bis zu 50,– Euro für ihre besten Weine verlangen, bleiben viele Erzeuger auf ihren wesentlich preiswerteren Weinen sitzen.

Deutschlandsberg Österreichischer Ort in der → Weststeiermark, bekannt für die roséfarbene Regionalspezialität Schilcher. In unmittelbarer Nähe liegt der kleine Ort Wildbach, der der Sorte Blauer Wildbacher, aus dem der Schilcher erzeugt wird, seinen Namen gegeben hat. Bekannte Erzeuger: E. & M. Müller, Gernot Mahler.

Deutsch-Schützen Österreichische Weinbaugemeinde im Weinbaugebiet → Südburgenland, im Pinkatal nahe der ungarischen Grenze. Bekannt für Rotweine aus der Sorte Blaufränkisch. Bekannte Erzeuger: Weingüter Krutzler, Schützenhof (Körper-Faulhammer), Wachter und Wiesler.

Deutz & Geldermann Champagnerhaus, in → Ay ansässig. Spitzencuvée: *William Deutz.*

Deutzerhof, Weingut Deutsches Weingut in Mayschoss, Weinbaugebiet → Ahr, das auf rund 10 ha Rebfläche jährlich etwa 70 000 Flaschen Wein erzeugt – überwiegend Rotwein. Rebsorten: 70 % Spätburgunder, ferner Riesling und Portugieser. Bekannte Lagen: *Altenahrer Eck, Mayschosser Mönchberg.* Böden: Schieferverwitterung und Löß. Führender Erzeuger an der Ahr mit gefühlvollem Holzeinsatz – viele Rotweine werden in neuen bzw. gebrauchten Barriques ausgebaut.

Dézaley Lage in der → Lavaux, östlich von Lausanne. Auf den steil zum Genfer See abfallenden Terrassen wird → Chasselas erzeugt – ursprünglich von Zisterziensermönchen angelegt. Bekannte Erzeuger: Weingut der Stadt Lausanne mit seinen Einzellagen *Clos des Abbayes* und *Clos des Moines.* Außerdem: Testuz, Bovard, Fonjallaz und Dubois.

Dezize-les-Maranges Französische Weinbaugemeinde am Südzipfel der Côte d'Or in → Burgund. Gemeinsam mit den Orten Cheilly-les-Maranges und Sampigny-les-Maranges bildet sie die Appellation → Maranges mit einem Drittel *Premier cru*-Rebflächen.

Dhron Deutscher Weinbauort an der → Mosel zwischen Trittenheim und Piesport. Beste Lage: *Hofberger* in einem Seitental der Mosel – angebaut wird vor allem Riesling.

Diabetikerwein Gesetzlich vorgesehene Bezeichnung für durchgegorene, trockene Weine, die – anders als ihr Name nahe legen könnte – nicht aus der Apotheke oder aus dem Reformhaus stammen. Es handelt sich dabei um trockene Weine oder solche, die mit weniger als 20 g/l unvergorenem Zucker (davon maximal 5 g Glucose, der Rest darf bis zu 15 g Fructose sein), höchstens 12 % Alkohol und maximal 40 mg/l freier und 150 mg/l gesamter schwefliger Säure ausgebaut werden. Entscheidend bei restsüßen Weinen ist, ob die Süße im Wein von natürlicher Restsüße herrührt oder von später zugefügter → Süßreserve, da Letztere Glucose enthält (die Glucose wird bei der Gärung von den Hefen als Erstes in Alkohol umgewandelt). Deshalb sollten sich Diabetiker immer nach den genauen Analysewerten bzw. der Ausbaumethodik erkundigen, um festzustellen, ob ein Diabetikerwein tatsächlich für sie geeignet ist.

Die Französischer Ort und Weinbaubezirk östlich des → Rhône-Tals, der für seinen Schaumwein, den → Clairette de Die, bekannt ist. Aus Die stammen auch

Rot-, Rosé- und Weißweine, so der → Chatillon-en-Diois.

Dienheim Deutsche Weinbaugemeinde im Weinbaugebiet → Rheinhessen, am Rhein südlich von Oppenheim gelegen. In Dienheim endet die für Weinbau besonders prädestinierte → Rheinfront und geht in die Wormser Ebene über. Rund 600 ha sind mit Reben bestockt, allen voran Riesling, aber auch viele andere Rebsorten. Bekannte Legen: *Kreuz, Falkenberg, Herrenberg* und *Tafelstein*. Bekannte Erzeuger: Braun (Nierstein), Stallmann-Hiestand (Uelversheim) und Dr. Becker (Ludwigshöhe).

Dijon Größte Stadt im französischen Burgund im Département → Côte d'Or. Trotz seiner rund 150 000 Einwohner ist Dijon für den Weinhandel weniger bedeutend als die ungleich kleineren Orte Nuits-Saint-Georges und Beaune. Nach einem französischen Bonmot ist Dijon die Hauptstadt von *La Bourgogne* (der Provinz), Beaune dagegen von *Le Bourgogne* (dem Wein). Die früher zu Dijon gehörende *Côte de Dijon* gehört heute zur südlich anschließenden → Côte de Nuits.

Dionysos Griechischer Gott des Weins und des Natursegens, dessen lateinischer Name → Bacchus lautet.

Dipoli, Peter Italienisches Weingut in der Region → Südtirol in Neumarkt. Erzeugt auf rund 4 ha Rebfläche etwa 25 000 Flaschen Wein aus den Rebsorten Merlot, Cabernet Sauvignon und Sauvignon blanc (Voglar). Spitzencuvée: Iugum. Peter Dipoli ist ein Urgestein, der sich wortgewaltig für die klassischen Weine Südtirols einsetzt, aber selber lieber moderne erzeugt.

Direktträger Bezeichnung für wurzelechte Rebstöcke im Gegensatz zu den heute verbreiteten Pfropfreben. Da die → *Vinifera*-Sorten jedoch seit der → Reblaus-Krise allgemein in Form von Pfropfreben angepflanzt werden, bezeichnet man als Direktträger heute die reblausresistenten Kreuzungen aus *Vinifera* und amerikanische Reben, die so genannten → Hybriden.

Dizy Französische *Premier cru*-Gemeinde in der → Champagne an der Marne gegenüber von Epernay. Alle drei für → Champagner zugelassenen Rebsorten werden angepflanzt.

DO *Denominación de Origen.* Kontrollierte Herkunftsbezeichnung spanischer → Qualitätsweine in Analogie zum französischen → AOC- und dem → VQPRD-System. In der Hierarchie darüber befindet sich die Kategorie der → DOC-Weine.

DOC Abkürzung der weinrechtlichen Bezeichnung in den Ländern Italien, Portugal und Spanien, die sich am französischen → AOC-System (das bereits in den 1930er Jahren geschaffen wurde) orientieren:

Denominazione di Origine Controllata Kontrollierte Ursprungsbezeichnung italienischer → Qualitätsweine. Die Bestimmungen regeln zwar Dinge wie Gebietsgrenzen, Rebsorten, Pflanzmethoden, Hektarerträge und Vinifikationsmethoden. Dennoch trägt die Bezeichnung nur wenig zur Qualitätsentwicklung der italienischen Weine bei. Zum einen ist der Weinstil der einzelnen Weinbauregionen zu wenig entwickelt und die Dynamik zu groß, zum anderen sind die Bestimmungen oder die Bereitschaft der Produzenten oft zu lasch, um einen einheitlichen (und unverwechselbaren) Stil durchzusetzen. Die Anzahl an DOC ist schier unermesslich, es gibt zur Zeit rund 300 DOC in Italien, doch jede DOC enthält oft eine Vielzahl weiterer Weintypen wie z. B. Spumante, Frizzante, Bianco, Rosso und Rebsortenweine (In der DOC Oltrepò Pavese sind es z. B. allein über 70!). Um die Unzulänglichkeiten des DOC-Systems zu beseitigen, hat man ein »garantiertes« System, die → DOCG

(Denominazione di Origine Controllata e farantita), geschaffen, das die qualitative Spitze der italienischen Weine umfassen soll. Zusammen treffen die Qualitätsweine beider Kategorien nur auf rund 25 % der italienischen Weinernte zu. Das bedeutet, der weitaus größte Teil der in Italien produzierten Weine wird als anonymer Tafelwein vermarktet.

Ferner gibt es in Italien noch die unterhalb von DOC angeordnete Kategorie → IGT, die die Gruppe jener Weine umfasst, die keinen DOC-Status besitzen – entsprechend dem französischen → VQPRD-System. In dieser Kategorie werden auch jene Spitzenweine vermarktet, die außerhalb des gesetzlich definierten DOC-Rahmens erzeugt werden – z. B., weil in ihnen nicht zugelassene Rebsorten verwendet werden.

Denominación de Origen Calificada Oberste Kategorie spanischer Qualitätsweine: Das Gebiet muss genau kartographiert und die Weingüter mit ihren Weinen exakt erfasst sein. Der Wein darf nur in Flaschen verkauft werden, und der Traubenpreis muss den des nationalen Durchschnitts um mindestens das Doppelte übersteigen. Darüber hinaus sind Ausbaubestimmungen genau festgelegt. Das erste spanische Weinbaugebiet mit DOC war das → Rioja.

Denominação de Origem Controlada Oberste Kategorie des portugiesischen Qualitätsweinsystems. Umfasst Weine kontrollierten Ursprungs nach dem Vorbild der französischen → AOC-Bestimmungen.

DOCG *Denominazione di Origine Controllata e Garantita.* Oberste Qualitäts- und Garantiestufe für eine wachsende Zahl italienischer → Qualitätsweine. Sie gilt inzwischen für folgende Weine: → Albana di Romagna, → Asti, → Asti Spumante, → Barbaresco, → Bardolino Superiore und Bardolino Classico, → Barolo, → Brunello di Montalcino, → Brachetto d'Acqui, → Carmignano, → Chianti (einschließlich aller Unterregionen), → Chianti Classico, Cortese die Gavi, → Franciacorta, → Gattinara, → Gavi, → Ghemme, → Montefalco, Montepulciano d'Abruzzo, Colline Teramane, → Moscato d'Asti, Ramadolo, → Recioto di Soave, → Taurasi, → Torgiano, → Valtellina, Vermentino di Gallura, → Vernaccia di San Gimignano und → Vino Nobile di Montepulciano.

Gegenüber den DOC-Bestimmungen bringen diese Dekrete einige verschärfte Auflagen mit sich: DOCG-Weine dürfen nur nach vorangegangener geschmacklicher Prüfung durch die jeweiligen Konsortien der Weinbaugebiete und ausschließlich auf Flaschen gefüllt in den Handel gebracht werden und müssen die rote nummerierte DOCG-Schutzbanderole tragen. Doch diese Qualitätsstufe hat nicht die erhoffte Wirkung gebracht, denn nur bei sehr wenig DOCG-Weinen ist mit der Zuordnung zur DOCG-Kategorie tatsächlich eine Preis- und Qualitätssteigerung einhergegangen. Und auch nicht alle der besten Weine Italiens tragen den DOCG-Status (z. B. nicht der → Amarone della Valpolicella). Deshalb ist der DOCG-Status leider keine Garantie für einen hochwertigen Wein.

Doisy-Daëne, Château Französisches 2e *cru classé*-Weingut in → Barsac. Rund 14 ha Rebfläche mit rund 85 % Sémillon und 15 % → Sauvignon. Neben süßem Barsac wird auch ein trockener Weißwein erzeugt.

Doisy-Dubroca, Château Französisches 2e *cru classé*-Weingut in Barsac mit rund 3,5 ha Rebfläche mit 90 % Sémillon und 10 % Sauvignon. Befindet sich im Besitz von Château → Climens.

Doisy-Védrines, Château Französisches 2e *cru classé*-Weingut in Barsac. Rund 20 ha Rebfläche mit rund 80 % Sémillon und 20 % Sauvignon, aus denen süße Weißweine erzeugt werden.

Dolce Italienische Bezeichnung für süß.

Dolceacqua → Rossese di Dolceacqua

Dolcetto Italienische Rotweinsorte, die besonders im südlichen → Piemont weit verbreitet ist und – anders als ihr Name nahe legen könnte – trockenen Rotwein liefert. Qualitativ wird der Dolcetto aufgrund seines genetischen Potenzials nach Nebbiolo und Barbera nur als die dritte rote Rebsorte des Piemonts angesehen. Der Wein wird in etlichen Gemeinden der Regionen Langhe und Monferrato erzeugt – der bekannteste ist Dolcetto d'Alba. Ferner gibt es noch Dolcetto d'Ovada, Dolcetto di Diano d'Alba, Dolcetto di Dogliani, Dolcetto delle Langhe Monrealesi, Dolcetto d'Asti und Dolcetto d'Acqui – alle mit DOC-Status. Bekannte Erzeuger: Bruno Giacosa, Mario Savigliano, Vietti, Giovanni Accomasso, Quinto Chionetti, San Fereolo, San Romano, La Guardia, Renato Ratti, Giuseppe Mascarello, Giacomo Conterno und Gigi Rosso.

Dôle Schweizerische Bezeichnung für eine Rotwein-Cuvée aus dem gebirgigen und felsigen → Rhônetal im Schweizer Kanton → Wallis aus Pinot noir und Gamay. Weine, die nicht den gesetzlichen Reifeanforderungen des Dôle entsprechen, kommen als → Goron in den Handel. Der so genannte Dôle blanche ist ein aus den gleichen Trauben wie Dôle vinifizierter Wein, nur dass er zu einem hellen Rosé (auch → Œil de Perdrix genannt) verarbeitet wird.

Dom Perignon Mönch und Kellermeister der Abtei von → Hautvillers in der → Champagne (1670–1715), der Legende nach der »Erfinder« des Champagners. Tatsächlich jedoch hat Dom Perignon den Schaumwein nicht »erfunden«, sondern war ein wichtiger Vorarbeiter auf dem Weg zum Champagner: Als einer der fähigsten und einfallsreichsten Weinexperten seiner Zeit, experimentierte er mit den damals in Frankreich aufkommenden Flaschenverschlüssen aus → Korken und stellte durch Verschneiden von Weinen verschiedener Herkunft aus roten und weißen Trauben eine → Cuvée her.

Die Abtei von Hautvillers ist ein architektonisch sehenswertes Kloster, von dem aus man einen herrlichen Blick über die Rebflächen von Epernay und das Tal der Marne hat. Heute ist sie im Besitz des berühmten Champagnerhauses Moët et Chandon, dessen Spitzencuvée den Namen Dom Perignon trägt, dessen Denkmal übrigens im Hof der Abtei zu sehen ist.

Domaine de l'Eglise, Château du Französisches Weingut in → Pomerol, das auf 7 ha rund 90 % Merlot und 10 % Cabernet franc anbaut.

Domaine des Schistes Französisches Weingut im Weinbaugebiet → Roussillon, einer der führenden Betriebe der Appellation. Weine: *Cuvée Tradition, Les Terrasses* (Spitzenwein), ferner *Maury Vintage* (fassgereifter süßer Likörwein).

Domäne Deutsche Bezeichnung für ein Weingut, das sich meist im Besitz des Staates oder traditionell im Besitz einer Adelsfamilie befindet. Es ist auch eine Bezeichnung für einen umfangreichen, breit gestreuten Besitz, z. B. der staatlichen Weinbaudomänen.

Domäne Wachau Österreichische Winzergenossenschaft im Weinbaugebiet → Wachau – eine der führenden Genossenschaften Europas, in der ein strenges Qualitätskonzept konsequent umgesetzt worden ist. Rund 550 ha Rebfläche (rund 40 % des gesamten Gebietes), die von rund 700 Mitgliedern bewirtschaftet werden. Die Produktion beläuft sich auf etwa 3 Millionen Flaschen Wein jährlich. Rebsorten: vor allem Grüner Veltliner und Riesling, ferner Chardonnay und Pinot noir. Die Weine wachsen auf Urgesteinsverwitterungsböden. Bekannte Lagen: *Loibenberg, Kellerberg* und *1000-Eimerberg*. Außerdem wird eine Cuvée namens Terrassen erzeugt. Der Qualitätsstandard dieser Genossenschaft ist rundum beeindruckend.

Domdechant Werner'sches Weingut Deutsches Weingut im Weinbaugebiet → Rheingau im Ort Hochheim am Main. Auf rund 13 ha Rebfläche werden jährlich etwa 90 000 Flaschen Wein erzeugt. Rebsorten: Knapp 100 % Riesling. Bekannte Lagen: *Hochheimer Domdechanet, Stein, Hölle* und *Kirchenstück*. Böden: Lehm und Löß, teilweise mit Kalk. Traditioneller Erzeuger von Rieslingen aus dem großen Holzfass.

Domenq, Bodegas Spanisches Weingut im → Rioja, gehört zum gleichnamigen Sherry-Produzenten. Auf rund 350 ha Rebfläche werden jährlich etwa 7 Millionen Flaschen Wein erzeugt – darunter der Spitzenwein Marqués de Arienzo (von → Crianza bis → Gran reserva).

Domina Rote → Neuzüchtung aus Portugieser und Spätburgunder. Ursprünglich als → Deckrotwein gezüchtet, ergibt sie farbintensive Weine geringer Qualität.

Dominique, Château La Französisches → *Grand cru classé*-Weingut in → Saint-Emilion in unmittelbarer Nachbarschaft zu Château → Cheval Blanc. Rund 18 ha Rebfläche mit 80 % Merlot, 15 % Cabernet franc, 5 % Cabernet Sauvignon und Malbec.

Dominius Estate Berühmtes kalifornisches Weingut in den USA im Weinbaugebiet → Napa Valley. Rund 50 ha Rebfläche und etwa 200 000 Flaschen Produktion unter der Leitung des französischen → Weingutbesitzers Christian Moueix vom Château Petrus. Spitzenwein ist der Kultwein Dominius, ein extrem gerbstoffbetonter Rotwein aus Cabernet Sauvignon, Cabernet franc und Merlot.

Domkirche, Hohe Deutsches Weingut in Trier, Teil der Bischöflichen Weingüter. Rund 26 ha Rebfläche mit Lagen in Wiltingen (darunter rund 8 ha am → *Scharzhofberg*). Es wird fast nur Riesling produziert. Die Weine werden ebenso wie die des Bischöflichen Konvikts und die des Bischöflichen Priesterseminars in Trier überwiegend in großen Holzfässern ausgebaut.

Donauland Österreichisches Weinbaugebiet mit rund 3500 ha Rebfläche westlich von Wien. Bekannte Weinbauorte: → Wagram, Traismauer und Herzogenburg sowie Klosterneuburg. Im gesamten Gebiet dominiert der Grüne Veltliner, neben dem eine breite Palette anderer, meist weißer Sorten angepflanzt wird.

Donauland-Carnuntum Alte Bezeichnung dieser beiden früher zusammengehörigen Weinbaugebiete in Österreich.

Donnafugata, Tenuta di Italienisches Weingut in → Sizilien – einer der bedeutenden Erzeuger. Erzeugt auf rund 90 ha Rebfläche und durch Traubenzukauf etwa 1,3 Millionen Flaschen Wein, darunter der erfolgreiche Donnafugata Bianco (rund 500 000 Flaschen aus den Rebsorten Ansonia und Cataratto) und Rosso (300 000 Flaschen aus Nero d'Avola). Spitzenwein: Contessa del Entellina (als Weiß- und Rotwein).

Donnaz Italienischer DOC-Rotwein aus dem → Piemont. Genau heißt er *Valle d'Aosta Donnaz* und wird im unteren → Valle d'Aosta aus mindestens 85 % → Nebbiolo erzeugt.

Dönnhoff, Weingut Berühmtes deutsches Weingut im Weinbaugebiet → Nahe in Oberhausen. Auf rund 13 ha Rebfläche werden jährlich etwa 90 000 Flaschen Wein erzeugt. Rebsorten: 75 % Riesling, ferner Weiß- und Grauburgunder. Bekannte Lagen: *Oberhäuser Brücke,*

Niederhäuser Herrmannshöhle. Böden: Grauschiefer, Porphyr, Vulkanverwitterung. Führender Erzeuger an der Nahe, berühmt für seine äußerst langlebigen Rieslinge und Eisweine.

Donnici Italienische DOC-Rot- und Roséweine aus → Kalabrien. Wächst auf den Hängen um Cosenza und wird aus den Sorten Gaglioppo und Greco nero mit einem Zusatz von mindestens 20 % weißer Sorten (Malvasia, Mantonico, Pecorello) erzeugt.

Dopff, Domaine, »Au Moulin« Französisches Weingut in Riquewihr, → Elsass, das auf rund 70 ha Rebfläche knapp 30 Millionen Flaschen Wein erzeugt. Besitz in den *Grand cru*-Lagen *Schoenenberg* sowie *Eichberg de Turckheim*.

Dopff & Irion, Domaine Französisches Weingut und Handelshaus in Riquewihr im → Elsass, einer der größten Produzenten. Insgesamt werden rund 20 Millionen Flaschen Wein erzeugt bzw. vermarktet.

Dordogne Fluss in Südwestfrankreich. Nördlich der Stadt → Bordeaux bildet er durch die Vereinigung mit dem Fluss → Garonne einen breiten, den Gezeiten ausgesetzten Mündungstrichter – die → Gironde. Außerdem der Name eines weiter östlich gelegenen Départements mit einer Rebfläche von rund 15 000 ha, von der eine Reihe Rot- und Weißweine kommen, z. B.: → Bergerac, → Montravel, → Monbazillac, → Rosette, → Pécharmant.

Dorigo, Girolamo Italienisches Weingut in der Region → Friuli-Venezia Giulia (Friaul) im Ort Buttrio (DOC Collio Orientali di Friuli). Erzeugt auf rund 30 ha Rebfläche Eigenbesitz etwa 100 000 Flaschen Wein unter seinem Namen sowie eine zweite Linie einfacherer Weine aus zugekauften Trauben. Die Spitzenweine stammen aus den Lagen *Montsclapade* sowie *Ronc di Juri*. Produziert werden vor allem Chardonnay, Refosco, Bordeaux-blends, Pinot grigio, Tocai Friulano und auch ein Spumante. Die Süßweine des Gutes sind berühmt, doch überbewertet. Dorigo verfolgt einen maximal → internationalen Weinstil mit extrem viel Holz und süßer Frucht. In den USA und Italien ist er damit ausgesprochen erfolgreich.

Dorin Schweizer Weißwein aus dem Waadtland. Dort übliche Bezeichnung für Weine aus der Sorte → Chasselas. Spitzenweine dürfen das Gütezeichen Terravin tragen. Im Allgemeinen sind diese Weine zusätzlich mit einer Ursprungsbezeichnung versehen.

Dornfelder Deutsche Rotwein-Neuzüchtung aus → Helfensteiner und → Heroldrebe, die in der Forschungsanstalt Weinsberg in Württemberg als → Deckrotwein entwickelt wurde. Dornfelder wird heute überwiegend in der Pfalz angebaut, tritt vermehrt aber auch in Rheinhessen, Württemberg und vielen anderen Weinbaugebieten auf. Der Dornfelder ergibt einen tiefdunklen, ins Blauviolette tendierenden Wein, da auch das Fruchtfleisch Pigmente besitzt. Leider hat sich die Rebsorte weniger als Cuvée-Bestandteil durchgesetzt, sondern wird zunehmend reinsortig ausgebaut. Zurzeit ist der Dornfelder unter den deutschen roten Sorten diejenige mit den größten Zuwachsraten im Anbau – sodass man von einem regelrechten Dornfelder-Boom sprechen kann. Trotz dieser Nachfrage, die ihre Ursache in der enormen Farbintensität des Weins hat, ist das genetische Potenzial des Dornfelders jedoch gering – wirkliche Qualität bringt er nicht hervor.

Dorsheim Deutscher Weinbauort im Anbaugebiet → Nahe mit rund 100 ha Rebfläche. Bekannte Lagen: *Goldloch und Pittermännchen*, überwiegend mit Riesling bestockt. Bekannte Erzeuger: Kruger-Rumpf (Münster-Sarmsheim) und Joh. Bapt. Schäfer.

Dosage Zusatz bei der → Schaumwein- bzw. → Champagnerproduktion. Es gibt zwei Formen von Dosage: Fülldosage bzw. Versanddosage. Fast immer ist mit der Bezeichnung Dosage die Versanddosage gemeint.

Die Fülldosage wird den Grundweinen zugefügt, um die zweite Gärung einzuleiten: Sie besteht aus unvergorenem, angegorenem oder konzentriertem Most oder aus Wein und Zucker sowie dem Zusatz von Hefe. Dann beginnt die Gärung, nach deren Ende jeder Schaumwein zunächst trocken ist.

Danach kommt die Versanddosage ins Spiel – sie wird auch *liqueur d'expédition* genannt und besteht aus Most, Wein, Zucker oder einer Mischung daraus (gegebenenfalls mit Zusatz eines Weindestillats, des so genannten Esprit de Cognac). Je nach Höhe des Zuckeranteils kommt der Schaumwein dann als → Extra Brut, → Brut, → Extra trocken, → Trocken, → Halbtrocken oder als süßer Schaumwein (meist ohne Bezeichnung) in den Handel. Wird kein Zucker zugesetzt, dann nennt sich der Schaumwein → Sans Dosage oder Brut zéro.

Auch die in Deutschland praktizierte Beimischung von → Süßreserve zum → Stillwein wird mitunter als *Dosage* bezeichnet, ebenso wie der erlaubte künstliche Zusatz von → Kohlensäure.

Douro Einer der drei großen Flüsse Portugals, deren Quelle in Spanien liegt: der spanische Tajo, portugiesisch Tejo, der Duero (Spanien) bzw. Douro (Portugal) und der nördliche Grenzfluss Miño, portugiesisch Minho. Der Duero hat dem spanischen Weinbaugebiet → Ribera del Duero seinen Namen gegeben. In dieser Weinbauregion werden die international bekannten Weine Torremilanos, → Esquera und Vega Sicilia erzeugt. Dem Flusslauf folgend reihen sich die spanischen Weinbaugebiete → Rueda und → Toro aneinander.

Auf portugiesischer Seite beginnt das Gebiet des → Portweins, der aufgrund seiner eigenen Vinifikations- und Ausbaumethoden unter einer eigenen DOC-Regelung in den Handel kommt. Bei dem als Vinho do Douro bzw. einfach als Douro vermarkteten Rot- und Weißwein handelt es sich um etwa die Hälfte der Ernte, die nicht zur Erzeugung von Portwein verwendet wird. Der Rotwein wird aus den Sorten Tinta Roriz (Tempranillo), Amarela und Touriga Francesca erzeugt; Bastardo, Mourisco Tinto, Tinta Barroca, Tinta Francisca, Tinto Cão und Touriga Nacional sind weitere im Duoro zugelassene Rotweinsorten. Die weniger bedeutsamen Weißweine werden aus Donzelinho, Esgana Cão, Folgazão, Gouveio (Verdelho), Malvasia Fina, Rabigato und Viosinho erzeugt. Bekannte Erzeuger: Niepoort, Ferreira (mit dem Wein → *Barca Velha*), Carvalho, Ribeiro & Ferreira, Borges & Irmão.

Doux Französische Bezeichnung für → süß.Während man in Frankreich die süßen Weine von → Sauternes und → Anjou als *Vins liquoreux* bezeichnet, versteht man unter dem *Vin doux naturel* einen süßen aufgespriteten Wein, wie er in Teilen Südfrankreichs, darunter im → Roussillon, → Languedoc und in der → Provence, erzeugt wird.

Dow Portugiesischer Portweinproduzent – gehört zum Portwein-Multi Symington. Bekannt für trockeneren Stil und Einzellagen-Ports wie z. B. *Bomfim*. Gilt als sehr guter Erzeuger gereifter Ports.

Draceno Rote, weiße und roséfarbene Tafelweine aus dem Südwesten Siziliens.

Drehverschluss → Korken

Drei Gläser Italienisch: Tre biccheri. Auszeichnung des einflussreichen italienischen Weinführers Vini d'Italia aus dem Verlag Gambero Rosso, der in Zusammenarbeit mit der Organisation Slow Food herausgegeben wird. Jährlich werden rund 25 000 Weine verkostet (→ Probe), davon rund 14 000 vorgestellt und 250 Weine mit der Höchstnote Tre bicchieri (Drei Gläser) prämiert. Weingüter, die eine solche Auszeichnung erhalten, können ihren Wein innerhalb kürzester Zeit verkaufen. Der Einfluss dieses Weinführers ist inzwischen enorm – nicht selten hängt Wohl und Wehe der Erzeuger vom Ausgang der Prämierung ab. Umstritten ist besonders die unverhohlene Bevorzugung von Weinen mit deutlichem → Holzgeschmack – eine Grundvoraussetzung, um die Drei-Gläser-Prämie zu gewinnen. (→ Biber). Kritisch zu beurteilen ist außerdem die Förderung von Önologen durch Gambero Ross, der diese zu den Stars der italienischen Weinszene hochstilisiert (→ Flying Winemaker). Sie sind für die ungebremste Ausbreitung des → internationalen Weinstils in Italien verantwortlich, wodurch → authentische und traditionelle Weine unverdientermaßen in den Hintergrund gedrängt werden.

Dresden, Bereich Kleines deutsches Weinbaugebiet in → Sachsen zwischen Radebeul und Pillnitz.

Drôme Südostfranzösisches Département auf dem linken → Rhôneufer südlich von → Lyon mit rund 16 000 ha Rebfläche. Die bekanntesten Weine sind → Hermitage und → Crozes-Hermitage. Ferner → Coteaux du Tricastin, → Haut-Comtat, → Clairette de Die, → Chatillon-en-Diois.

Drouhin, Maison Joseph Französisches Handelshaus im → Burgund im Ort Beaune, verfügt auch über eigene Rebflächen: insgesamt 60 Hektar *Premier* und *Grand cru*-Lagen in ganz Burgund.

Druet, Domaine Piere-Jacques Französisches Weingut an der → Loire im Bereich → Touraine (AOC → Bourgueil sowie AOC → Chinon). Erzeugt auf rund 20 ha Rebfläche verschiedene Cuvées im Bourgueil: *Vaumoreau, Le Grand Mont, Boisselées* sowie *Les Cents.*

Dry Englische Bezeichnung für → trocken. Ein als *dry* bezeichneter → Champagner oder → Schaumwein ist geschmacklich eher → süß, da er einen → Restzuckergehalt von 17 bis 35 g/l aufweisen darf. Als → *extra dry* deklariert, liegt er bei 12–20 g/l Restzucker.

Dubœuf, Georges Französisches Weingut und Handelshaus im → Beaujolais im Ort Romanèche-Thorin. Einer der größten und führenden Händler von Beaujolais und Beaujolais Cru, z. B. AOC → Moulin-à-Vent.

Ducru-Beaucaillou, Château Französisches *2e cru classé*-Weingut in → Saint-Julien im → Haut-Médoc. 48 ha Rebfläche mit rund 65 % Cabernet Sauvignon, 25 % Merlot, 5 % Cabernet franc und 5 % Petit Verdot.

Duft → Geruch

Dugat, Domaine Französisches Weingut im → Burgund im Ort Gevrey-Chambertin. Erzeuger moderner roter → Burgunder vor allem aus nicht-klassifizierten Dorflagen.

Duhart-Milon, Château Französisches *4e cru classé*-Weingut in → Pauillac im Haut-Médoc, an das Weingut Château → Lafite grenzend. Auf 44 ha sind rund 60 % Cabernet Sauvignon, 20 % Merlot und 20 % Cabernet franc angepflanzt.

Dulce Spanische Bezeichnung für süß. Bei → Likörweinen bezeichnet man mit *Dulces* die Kategorie der besonders süßen Weine wie z. B. beim → Sherry den → Pedro Ximénez, den → Cream Sherry und den → Moscatel.

Dunkelfelder Rote → Neuzüchtung aus unbekannter Kreuzung. Ursprünglich als → Deckrotwein eingesetzt. Wird heute in vielen Anbaugebieten, allerdings nur in geringem Umfang kultiviert. Die farbintensiven, geschmacklich eindimensionalen Weine deuten auf ein geringes genetisches Potenzial dieser Sorte hin.

Durbach Deutsche Weinbaugemeinde in → Baden in der Ortenau mit rund 300 ha Rebfläche. Bekannte Lagen: *Schloßberg*, *Plauelrain*, *Steinberg*, *Kochberg*. Bekannt für seine Rieslinge (auch Klingelberger genannt) sowie Spätburgunder und Traminer (Clevner). Bekannte Erzeuger: Andreas Laible, Gräflich Wolff Metternich'sches Weingut, Markgräflich Badisches Weingut Schloss Staufenberg, Heinrich Männle.

Durchrieseln → Verrieseln.

Durfort-Vivens, Château Französisches 2e *cru classé*-Weingut in → Margaux im → Haut-Médoc mit 20 ha Rebfläche. Rund 80 % Cabernet Sauvignon, 10 % Cabernet franc und 10 % Merlot.

Dürkheim, Bad Deutsche Weinbaugemeinde in der → Pfalz mit etwa 900 ha Rebfläche. Es werden vor allem die Rebsorten Riesling und Portugieser (mit fallender Tendenz) erzeugt. Bekannte Lagen: *Michelsberg*, *Spielberg*, *Rittergarten*, *Hochbenn*. Die Ortsteile → Ungstein und → Leistadt verfügen ebenfalls über sehr gute Lagen. Bekannte Erzeuger: Darting, Fuhrmann-Eymael, Karl Schaefer, Bassermann-Jordan, Fitz-Ritter.

Dürnstein Österreichische Weinbaugemeinde in der → Wachau mit rund 200 ha Rebfläche. Auf den steil über der Donau aufsteigenden Terrassenlagen werden auf Urgesteinsböden vor allem Riesling und Grüner Veltliner erzeugt, die hier Spitzenqualitäten erbringen. Bekannte Lagen sind *Kellerberg* und der *Schütt*. Des Weiteren gibt es kleinere wie den *Schreiberberg*, *Liebenberg*, *Himmelstiege* und *Flohhaxn*. Bekannte Erzeuger: Freie Weingärtner Wachau (auch Domäne Wachau) sowie F. X. Pichler, Emmerich Knoll, Wolfgang Bäuerl (alle drei aus Loiben), Johann Schwarz und Franz Schmidl.

E

e Der Buchstabe e auf einem Etikett weist darauf hin, dass die Flaschengröße den EG-Richtlinien über das angegebene Nennvolumen entspricht.

Eberbach, Kloster Bedeutendes deutsches Kloster im → Rheingau. Gegründet von Benediktinern im Jahr 1135, kurz darauf vom Zisterzienser-Orden unter Bernhard von Clairvaux übernommen. Die Mönche standen in engem Austausch mit der Abtei Clairvaux in → Burgund. Dort hatten die Mönche bereits einen hohen Kenntnisstand über Weinbergpflege und Weinbereitung erworben und den ersten Teil des berühmten Weinbergs → Clos de Vougeot angelegt. Auch in der Nähe von Kloster Eberbach haben die Zisterzienser einen besonderen Weinberg angelegt und später mit einer Mauer umgeben: den → *Steinberg.*

Wie überall in Europa trugen die Mönche wesentlich zur technischen Entwicklung im Weinbau bei. Ihre Klöster waren ein agronomisches Innovationszentrum, denen die Verantwortung für einen Großteil des europäischen Weinbaus über Jahrhunderte oblag. Das Kloster Eberbach im Rheingau entwickelte sich schon bald zum wichtigsten Zentrum des deutschen Weinbaus und Weinhandels. Der Orden unterhielt eine Filiale in Köln und eine kleine Handelsflotte, mit der sie den Weintransport auf dem Rhein organisierten. Noch heute zeugen mehrere riesige Doppel-Weinpressen aus dem 17. und 18. Jahrhundert des Klosters vom technologischen Vorsprung des Ordens. Mit diesen leistungsfähigen Pressen, sie wurden bis in die 1950er Jahre genutzt, konnten die Weintrauben schnell verarbeitet werden, was für die Weinqualität von größter Bedeutung ist. Im Jahr 1803 wurde das Kloster säkularisiert und gehört heute einschließlich der umfangreichen Ländereien dem Land Hessen. Die von den Zisterziensern errichteten, zum Teil 850 Jahre alten Gebäude sind hervorragend erhalten. Im Kloster Eberbach befindet sich auch der so genannte → Cabinet-Keller, in dem die besten Weine über Jahre und Jahrzehnte gelagert wurden, bevor sie in den Handel kamen. Die bis 1971 verwendete Bezeichnung »Cabinet« meint ursprünglich einen solchen Reserve-Wein höchster Qualität. Danach wurde der Begriff durch das neu geschaffene Prädikat → Kabinett ausgeschlachtet. Heute befindet sich im Kloster Eberbach auch die Schatzkammer der Hessischen → Staatsweingüter, deren Bestand bis ins Jahr 1793 zurückreicht.

Echézeaux, Les → *Grand cru*-Lage für Rotwein (Pinot noir) im französischen → Burgund in der Côte de Nuits mit eigener AOC. Eine der größten *Grand cru*-Lagen Burgunds mit rund 37 ha Rebfläche, auf denen ausschließlich Pinot noir angebaut wird. Jährlich werden auf den Mergelböden mit kiesiger Deckschicht rund 120 000 l Wein erzeugt. Die Nachbarlagen heißen *Clos de Vougeot* und *Vosne-Romanée.*

Ecu Domaine de l' Französisches Weingut an der → Loire (AOC Muscadet) mit rund 17 ha Rebfläche. Spitzencuvée Muscadet *Hermine d' Or.*

Edelfäule Der Edelfäulepilz → Botrytis Cinerea tritt besonders bei feuchtem, warmem Herbstwetter auf und befällt die reifen Trauben in Form von Grauschimmel, der die Beerenhäute porös macht. Dabei verdunstet das in den Beeren enthaltene Wasser, die Beeren schrumpfen ein. Auch wenn die Trauben verschimmelt aussehen, kann dieser Effekt für bestimmte Weine sehr begehrt sein: die Inhaltsstoffe, vor allem Zucker, Extrakt und Säuren konzentrieren sich. Der Zuckergehalt kann dabei bis auf 45 % ansteigen. Der aus diesen extrem konzentrierten Trauben gewonne Most ist ideal für hochwertige → Auslesen, → Beerenauslesen und Trockenbeerenauslesen sowie für die *vins liquoreux*: edelsüße Weine aus den französischen Gebieten → Sauternes und → Anjou. Botrytisierte Weine sind oft sehr süß, weil die Hefe aufgrund der hohen Konzentration den Zucker nicht vollständig vergärt. Sie weisen zudem den charakteristischen Botrytiston in Geruch und Geschmack auf. Diese Weine gelten als sehr wertvoll, weil sie jahrzehntelang haltbar sind. Die edelsüßen Weine aus Deutschland (z. B. Auslesen von der Mosel und aus dem Rheingau), vom österreichischen Neusiedlersee (z. B. Ruster Ausbruch), dem ungarischen Tokaj sowie die französischen Sauternes zählen zu den herausragenden Beispielen dieser speziellen Weinkultur.

Bei trockenen Weißweinen wirkt starker Botrytisbefall qualitätsmindernd, denn sie vergreisen frühzeitig und weisen zudem einen in der Regel als unangenehm empfundenen bitteren Geschmack sowie einen medizinalen Geruch auf. Botrytis bei Rotweinen ist generell eine Katastrophe, weil der Pilzbefall Farbe, Tannine und das Fruchtaroma zerstört. Durch einen entsprechenden Laubschnitt kann man die Belüftung der Trauben fördern, um die Verdunstung von Tau und Regen zu beschleunigen, denn Feuchtigkeit unterstützt die Ausbreitung von Botrytis. Auch durch den Einsatz von Spritzmitteln (Fungizide) kann man das Auftreten der Edelfäule eindämmen bzw. verhindern.

Edelstahlkronenkorken → Korken

Edelzwicker Typischer elsässischer Weißwein. Ein schlichter, keinesfalls edler → Verschnittwein meist aus den Rebsorten Gutedel und Silvaner, seltener auch Riesling. Kommt überwiegend in Literflaschen auf den Markt.

Ediger-Eller Deutscher Ort an der → Mosel im Bereich Zell/Untermosel mit rund 200 ha Rebfläche. Bekannte Lagen: *Höll, Feuerberg, Pfaffenberg, Eltzhofberg.*

Eger (Erlau) Stadt in Ungarn. Gleichzeitig der Name des umliegenden Weinbaugebiets an den Südausläufern des Bükk-Gebirges mit rund 2500 ha Rebfläche. Die Böden bestehen aus Lehm und Rhyolith-Tuff. Bekannte Weine: der rote Egri Bikavér (Erlauer Stierblut) aus der Sorte Kekfrankos (Blaufränkisch) und der Weißwein aus der Sorte Leányka (Erlauer Mädchentraube).

Eglise, Clos L' Weingut in → Pomerol mit rund 6 ha Rebfläche: 50 % Merlot, 30 % Cabernet Sauvignon und 20 % Cabernet franc. Nicht zu verwechseln mit dem *Château Clos de l'Eglise* in → Lalande-de-Pomerol.

Eglise-Clinet, Château L' Weingut in → Pomerol, rund 5 ha Rebfläche mit 80 % Merlot, 15 % Cabernet franc und 5 % Malbec. Zweitwein: *La Petite Eglise.*

Eguisheim Französischer Ort im → Elsass mit rund 250 ha Rebfläche, südlich von Colmar im Département Haut-Rhin gelegen. Bekannte Lagen: *Grand cru de Eichberg* und *Pfersigberg.* Bekannter Erzeuger: Léon Beyer.

Ehrenfelser Deutsche → Neuzüchtung aus Riesling *x* Silvaner. Ihr Anteil ist wie bei fast allen Neuzüchtungen rückläufig.

Eiche Eines der wichtigsten Hölzer zur Herstellung von Fässern (→ Fass). Das harte, grundsätzlich feinporige und gerbstoffhaltige Holz der Eiche eignet sich aufgrund seiner Eigenschaften am besten, auch wenn Akazie oder Kastanie (häufig in Italien) oder sehr selten Redwood (Holz des amerikanischen Mammutbaums) verwendet wird. Grundsätzlich unterscheidet man zwei Fasstypen: große Fässer und kleine → Barriques. Bei großen Fässern (zwischen 500 und 30 000 l Inhalt) kommt der Herkunft und Art des Eichenholzes keine große Bedeutung zu, da sie vor dem Ersteinsatz mit viel Wasser gespült werden, bevor sie mit Wein in Kontakt kommen. Danach sind sie oft jahrzehntelang in Gebrauch. Dadurch gibt das Holz bei der Weinlagerung fast keine Geschmacks- und Aromastoffe mehr ab.

Die viel kleineren Barriques (zwischen 200 und 250 Litern Inhalt) hingegen werden bei der Herstellung im Innern getoastet, bis das Holz oberflächlich verkohlt ist. Dies hat zur Folge, dass der im Barrique gelagerte Wein nicht nur durch → Mikrooxidation beeinflusst wird, sondern auch durch die dabei hervorgerufene spezielle Aromatik. Typisch ist das Toast- und Vanille-Aroma des Barriques. Insgesamt werden Barriques nur zwei bis vier Mal eingesetzt, danach ist ihr Eichenholz ausgelaugt und gibt kaum noch Gerbstoffe ab. Die Wahl des Eichenholzes hat entscheidenden Einfluss auf die Qualität des Weins: Je nachdem, wo das Eichenholz gewachsen ist, wird es groß- oder engporig sein – so gilt amerikanische Eiche als ausgesprochen großporig, hat weniger Gerbstoffe und bringt eine süßliche Geschmackskomponente in den Wein. In Frankreich sind das Limousin, Allier, Nivernais und die Vogesen bekannte Herkunftsgebiete für hochwertige Fasseiche. Sie liefern besonders engporige Qualitäten, weil die Bäume dort an Nordhängen auf kargen Böden nur langsam wachsen.

Doch trotz der großen Popularität des Barrique ist es kein Allheilmittel für die Herstellung hervorragender Weiß- oder Rotweine. Es kommt auf das Feingefühl des Winzers an, dem Wein die richtige Holzdosis mitzugeben. Gute Weine haben nur einen leichten Barriqueton, der sich im Laufe der Weinreifung in das Gesamtgeschmacksbild integriert. Steht die Barrique-Aromatik jedoch im Vordergrund, dann ist der Wein verholzt oder vom Holz dominiert. Solche Weine entwickeln keine Harmonie.

Eichennoten Aromen, die durch die Lagerung im → Barrique entstehen: Vanille, Toast, Kaffee, Rauch u. v. a. Diese können auch durch → Eichenchips oder Eichenessenz hervorgerufen sein.

Eichenchips, Eichenessenz Weinaromen bei billigen Markenweinen vor allem aus Übersee. Diese gelangen durch den Einsatz von getoasteten Eichenchips oder Eichenessenz in den Wein, die den begehrten Geschmackseindruck lediglich simulieren – und nicht durch eine zeitaufwendige, teure Lagerung im Barrique. Dieses Verfahren ist im Grunde genommen eine künstliche Aromatisierung und damit bereits ein Schritt hin zum industriellen Kunstprodukt, das mit dem Mythos des Naturprodukts Wein nichts zu tun hat.

Eimer In Österreich früher gebräuchliches Hohlmaß (56 l), heute mitunter noch als Lagenname verwandt, wie etwa beim *1000-Eimer-Berg* in Spitz.

Einaudi, Poderi Luigi Italienisches Weingut in der Region → Piemont im Ort Dogliani. Erzeugt auf rund 33 ha Rebfläche etwa 180 000 Flaschen Wein, vor allem DOCG → Barolo (auch Lagenweine), sowie weitere Rot- und Weißweine wie Barbera, Dolcetto und Moscato. Die Weine werden in großen Holzfässern ausgebaut.

Einzellage Oft einfach nur Lage genannt. Eine bestimmte Rebfläche, die in Deutschland als solche im Lagenkataster eingetragen sein muss. Mit wenigen Ausnahmen haben diese Einzellagen mindestens 5 ha Größe. Die rund 2600 verschiedenen Lagen haben eine statistische Durchschnittsgröße von 40 ha, die größte misst 460 ha, während die kleinsten weniger als 1 ha aufweisen können: *Walporzheimer Gärkammer* (0,68 Hektar), *Ürziger Goldwingert* (0,26 Hektar), *Brauneberger Kammer* (0,5 Hektar), *Niersteiner Goldene Luft* (0,6 Hektar). Mit dem deutschen Weingesetz von 1971 sind Zehntausende dieser kleinen und Kleinstlagennamen verschwunden. Dies hat zu einer Vereinfachung geführt, jedoch sind im gleichen Zug häufig exzellente Kleinlagen auf ganze Berghänge ausgedehnt worden, wie etwa *Graacher Himmelreich*, *Escherndorfer Lump* und *Waldulmer Pfarrberg*. Die dort erzeugten Weine können das Niveau der Ursprungsgemarkung naturgemäß nicht mehr erreichen. Die ebenfalls eingeführten so genannten → Großlagen haben stark zum Imageverlust der Lagen beigetragen: Unter irreführenden Großlagennamen dürfen Verschnitte von Massenweinen verschiedenster Herkunft verkauft werden: z. B. *Niersteiner Gutes Domtal* oder *Wiltinger Scharzberg*. Weine dieser Bezeichnung dürfen aus mehreren umliegenden Gemeinden und minderwertigen Lagen stammen. Der in Österreich übliche Ausdruck für Einzellage ist Ried. Im französischen Burgund heißt sie → Climat.

Die Lage hat bedeutenden Einfluss auf die Weinqualität. Je nach → Topographie, → Mikroklima und Bodenverhältnissen bestimmt sie das unverwechselbare → Terroir eines Weins. Allerdings ist sie nur eine von mehreren Grundvoraussetzungen für hervorragende Weine – ebenso wichtig ist die Arbeit des Winzers, die Genetik des Rebstocks etc.

Einzelstockerziehung System der Rebkultur, die vor allem in Steillagen angewendet wird. Jeder Rebstock wird an einem einzelnen Holzpfahl angebunden.

Eisacktaler (Valle Isarco) Italienische DOC-Bezeichnung Südtiroler Eisacktaler (Alto Adige Valle Isarco). Diese DOC gilt für mehrere Rebsortenweine aus den neun Gemeinden des engen Eisacktals in Norditalien. Zwischen Brixen und Klausen, nordöstlich von → Bozen werden vor allem Weißweine aus den Rebsorten Müller-Thurgau, Grauer Burgunder (italienisch Pinot grigio), Silvaner, Gewürztraminer (italienisch Traminer aromatico), Veltliner und → Kerner, ferner der Klausner Leitacher erzeugt.

Eisenberg Österreichische Weinbaugemeinde im Weinbaugebiet → Südburgenland. Bekannt für Weine aus der Sorte Blaufränkisch.

Eisenstadt Hauptstadt des österreichischen Burgenlandes und mit rund 760 ha Rebfläche eine der größten Weinbaugemeinden des Weinbaugebietes → Neusiedlersee-Hügelland. Bekannte Erzeuger: Klosterkellerei der barmherzigen Brüder, Hans Moser, Tinhof.

Eiswein Kategorie im deutschen und österreichischen Weingesetz. Für Eiswein müssen die Trauben sowohl zum Zeitpunkt der Lese als auch bei ihrer Kelterung (Pressung) gefroren sein. Vorgeschrieben sind mindestens –7° C. Das in den Beeren enthaltene Wasser kristallisiert bei diesen Minusgraden zum größten Teil aus, nur der in den Trauben enthaltene Zucker bindet nicht kristallisiertes Wasser sowie die enthaltenen Fruchtsäuren. Der Saft von gefrorenen

Trauben lässt sich nur unter entsprechendem Druck herauspressen – aus diesem Grund werden für die Eisweinkelterung meist besonders leistungsfähige Spindelpressen verwendet. Das Ergebnis ist eine geringe Mengenausbeute, da ein Großteil des Wassers in den gefrorenen Trauben zurückbleibt. Dafür jedoch entsteht ein stark zuckerhaltiger Most mit extrem hohen Säurewerten. Laut Gesetz muss Eiswein in Deutschland dem Mostgewicht von Beerenauslesen entsprechen und je nach Anbaugebiet mindestens 110–128° → Oechsle aufweisen. In Österreich muss er mindestens 25° KMW° = 127° Oechsle messen. Gelungene Eisweine haben einen so genannten Eiston, der geschmacklich an Gefrorenes erinnert.

Die Eisweinlese findet praktisch immer am frühen Morgen statt, da die Temperaturen dann am niedrigsten sind. Grundsätzlich ist ein früher Frost möglichst im November der Eisweinqualität besonders zuträglich. Kommt der Frost hingegen erst im Januar, dann entstehen nur selten frische und elegante Eisweine, weil die Trauben durch die Witterung gelitten haben und die Fäulnis dann oft fortgeschritten ist. Außerhalb Deutschlands und Österreichs wird Eiswein noch in Kanada produziert. In den frostfreien Regionen, z. B. Kaliforniens, wird so genannter → Kryowein aus in Kühlhäusern künstlich eingefrorenen Trauben hergestellt. Dieses Verfahren mag vielleicht clever sein, aber das Ergebnis ist mit echtem Eiswein nicht vergleichbar.

Eitelsbach Deutscher Ort an der Ruwer, einem Nebenfluss der Mosel, heute ein Stadtteil von Trier. Die berühmten steilen Weinberge gehörten früher einem Kartäuserkloster, das 1811 aufgelöst wurde. Ein Großteil der Rebfläche (ca. 19 ha) ist heute im Besitz der Familie Tyrell vom Weingut Karthäuserhof. Es wird fast ausschließlich Riesling erzeugt, der als *Eitelsbacher Karthäuserhofberg* in den Handel kommt. Auch die Lage *Marienholz* genießt ein hohes Ansehen.

Elba Italienische Insel im Tyrrhenischen Meer, der Küste der → Toskana vorgelagert. Der rote DOC-Wein besteht zu mindestens 75 % aus Sangiovese und der Weißwein zu 90 % aus Trebbiano, hier Procacino genannt, unter Zusatz von Malvasia und anderer Sorten. Daneben gibt es Spumante und die Rarität Aleatico di Portoferraio, einen in der Umgebung der Stadt Portoferraio erzeugten roten Likörwein. Bekannte Erzeuger: Acquabona, Tenuta la Chiusa.

Elbtal → Sachsen

Elbling Weiße Rebsorte, die zu hohen Erträgen neigt. Wird auch Alben oder Kleinburger genannt und soll schon in römischen Zeiten kultiviert worden sein. Angeblich wurde sie *vitis alba* (weiße Rebe) genannt, sprachlich wurde daraus im Laufe der Jahrhunderte Elbling. Der neutrale Wein mit hohen Säurewerten wird fast ausschließlich im Gebiet von → Mosel-Saar-Ruwer und dort vor allem in den Bereichen Obermosel, Moseltor und Zell/Untermosel angebaut. Elbling dient auch zur Erzeugung von Grundweinen für die Schaumweinproduktion. Zurzeit sind rund 1000 ha mit Elbling bestockt.

Eleganz Wichtiges geschmackliches Weinmerkmal, im Gegensatz zu Kraft und Volumen. Eleganz bezeichnet eine feine Geschmacksfülle, die weniger von einzelnen, deutlich hervortretenden starken Merkmalen herrührt, sondern von einer Vielzahl von Geschmackseindrücken, die in einer gegenseitigen Wechselwirkung stehen. Es gibt Weine, die von Natur aus zu Eleganz neigen, so z. B. Weine aus der Rebsorte Spätburgunder (Pinot noir, → Burgunder).

El Monte → Monte, El

Eloro Italienische DOC in → Sizilien

für Rosé- und Rotweine in sechs Gemeinden in der Provinz Syrakus. Die Weine werden aus folgenden Sorten bereitet: Nero d'Avola, Frappato, Pignatello, Pachino (auch als Riserva nach zwei Jahren Lagerung, davon sechs Monate im Holzfass). Der Rosso und Rosato (Rosé) wird aus einer Mischung dieser Rebsorten bereitet.

Elsass Ostfranzösisches Weinbaugebiet an den Abhängen der Vogesen. Die Weinberge liegen bis auf einen winzigen Teil im nördlichen Weißenburg nahezu ausschließlich zwischen Mülhausen und Straßburg in den beiden Départements → Haut-Rhin und → Bas-Rhin (→ Karte nach S. 96). Im Elsass wird zu 95 % Weißwein erzeugt, zwischen 1 und 1,5 Millionen Hektoliter auf 14 500 ha Rebfläche. Die wenigen Rot- und Roséweine stammen aus der Sorte Pinot noir (Spätburgunder). Sieht man einmal vom → Edelzwicker ab, der ein Verschnittwein in der Regel aus Silvaner und Chasselas ist, werden fast alle elsässischen Weine reinsortig erzeugt. Folgende Sorten sind zugelassen: Riesling (rund 25 %), Pinot blanc (rund 20 %), Gewürztraminer (rund 16 %), Pinot gris (auch Tokay Pinot gris; rund 12 %), Sylvaner (Silvaner; rund 10 %), Pinot noir (als Rotwein und als weißer Rosé; rund 9 %), Muskat (aus Muskateller und Muskat-Ottonel; rund 3 %), Klevner (Auxerrois; rund 2 %) und Chasselas (rund 2 %).

Neben den AOC-Weinen des Elsass aus nicht klassifizierten Anbaugebieten gibt es die AOC → *Alsace Grand cru* für rund 50 Lagen mit insgesamt 585 ha Rebfläche. Eine Lage wird nur selten auf dem Etikett angegeben. Die als *Vendanges tardives*, eine Art Spätlese, deklarierten Weine dürfen lediglich aus den Sorten Gewürztraminer, Pinot gris, Riesling und Muscat erzeugt werden. Gewürztraminer und Pinot gris müssen einen Zuckergehalt im Most von 243 g/l, die beiden übrigen von 220 g/l aufweisen und dürfen nicht angereichert werden. Von diesen Reben kann auch eine → Beerenauslese, *Sélection de grains nobles*, erzeugt werden, wenn die Zuckerwerte bei 279 bzw. 256 g/l gelegen haben.

Die herausragenden Weinbauorte in geographischer Reihenfolge von Nord nach Süd sind: Marlenheim, Molsheim, Obernai, Goxwiller, Barr, Mittelbergheim, Andlau, Dambach-la-Ville, Bergheim, Ribeauvillé, Hunawihr, Zellenberg, Riquewihr, Mittelwihr, Sigolsheim, Kientzheim, Kaysersberg, Ammerschwihr, Katzenthal, Turckheim, Wintzenheim, Eguisheim, Husseren-les-Châteaux, Westhalten, Guebwiller.

Elstertal Teil des deutschen Weinbaugebietes Sachsen, der kleinste und nördlichste von drei Bereichen, deren wenige ha sich im Wesentlichen im Tal der Schwarzen Elster bei Jessen befinden.

Eltville Deutscher Weinbauort im → Rheingau mit rund 240 ha Rebfläche ohne die benachbarten Orte → Hattenheim, → Erbach, → Rauenthal und Martinsthal. Bekannte Lage: *Sonnenberg*. Bekannte Erzeuger: Langwerth von Simmern, Fischer Erben, Koegler, Hessische Staatsweingüter. In Eltville wird sehr viel Schaumwein erzeugt: Schloss Vaux, Matthäus Müller.

Emilia-Romagna Norditalienische Region mit der Hauptstadt Bologna. Im nördlichen Bereich erstreckt sich die weite Po-Ebene, im Süden schließen sich höhere Hügel bzw. die Ausläufer des Apennin an. In der Emilia-Romagna wird viel Wein erzeugt; leider tritt Quantität nur zu oft an die Stelle von Qualität, vor allem in der fruchtbaren, intensiv genutzten Po- und Küstenebene. Im Hügelland sind die Klimabedingungen für den Weinbau besser. Auf den rund 60 000 ha Rebfläche der Emilia-Romagna wird etwa ein Achtel des gesamten italienischen Weins überwiegend von Genossenschaften erzeugt, rund 711 Millionen l Wein (davon rund 60 % Rotwein). Dem gegenüber stehen 19 DOC- bzw. ein DOCG-Wein, die nur rund 10 % der Gesamtproduktion ausmachen. Die Bedeutendsten sind: Albana (der einzige DOCG-Wein) bzw. Sangiovese und Trebbiano di Romagna in den Provinzen Bologna, Forli und Ravenna und die Bologneser, Piacenteser und Parmeser Weine (→ Colli Bolognesi, → Colli Piacentini, → Colli di Parma) sowie der aus der gleichnamigen Sorte erzeugte Perlwein Lambrusco aus den Provinzen Módena und Reggio. Ein Großteil des Weins wird zu Verschnitten verarbeitet.

Emrich-Schönleber, Weingut Deutsches Weingut im Weinbaugebiet → Nahe im Ort Monzingen. Auf rund 15 ha Rebfläche werden jährlich etwa 110 000 Flaschen Wein erzeugt. Rebsorten: 80 % Riesling, ferner Grau- und Weißburgunder. Bekannte Lagen: *Monzinger Frühlingsplätzchen*. Böden: Schiefer und Basalt.

Encostas de Aire Mittelportugiesisches IPR-Weinbaugebiet in der nördlichen Estremadura mit 10 000 ha Rebfläche um die Stadt Leira. Es werden hauptsächlich Rotweine aus den Sorten Periquita, Baga, Trincadeira Preta sowie Weißwein aus Fernão Pires, Arinto, Malvasia, Tamarez und Vital erzeugt.

Encostas da Nava Nordportugiesisches IPR-Weinbaugebiet mit rund 1500 ha Rebfläche, zwischen den ungleich größeren Gebieten Douro im Norden und dem Dão-Gebiet im Süden gelegen. In der gebirgigen Region mit ihren meist aus Schiefer bestehenden Böden werden Weißweine aus den Sorten Malvasia und ferner Folgasão und Gouveio (Verdelho) erzeugt sowie Rotweine aus den Sorten Touriga Francesa mit möglichen Ergänzungen durch Touriga Nacional, Mourisco Tinto und Tinto Amarela.

Enclos, Château L' 10 ha großes Weingut in → Pomerol mit rund 80 % Merlot, 20 % Cabernet franc sowie etwas Malbec.

Enfer d'Arvier Italienischer DOC-Rotwein aus dem → Valle d'Aosta, der als *Valle d'Aosta Enfer d'Arvier* DOC in den Handel kommt und zu 85 % aus der Lokalsorte Petit Rouge erzeugt wird.

Engel, Domaine René Französisches Weingut im → Burgund im Ort Vosne-Romanée. Rund 7 ha Rebfläche, darunter 1,5 ha *Grand cru* im → *Clos Vougeot* sowie im *Echézeaux*. Erzeugt klassische, feine rote → Burgunder.

England Angefangen mit den Römern, die den Rebstock in England etablierten, hat es bis zum Beginn des 17. Jahrhunderts viel Weinbau in diesem Land gegeben. Seit Anfang der 1950er Jahre erlebt der englische Weinbau eine bescheidene Renaissance. Zuerst waren es spleenige Lords, die mit dem Weinbau kokettierten. Mittlerweile jedoch stehen auf mikroklimatisch privilegierten Flächen in Südengland und Wales insgesamt rund 1000 ha unter Reben, die mit frühreifen und ertragssicheren Sorten bestockt sind: Müller-Thurgau, Hybride Seyval blanc, Madelaine angevine, Schwarzriesling (Wrotham Pinot), Huxelrebe, Reichensteiner, Schönburger. Ferner ein wenig Pinot noir und Chardonnay, die insgesamt bis zu 20 000 Hektoliter Wein im Jahr ergeben. Als Weintrinker wie als Weinpublizisten haben sich die Engländer einen Namen gemacht, ihre Leistungen als Produzenten sollte man jedoch nicht überschätzen.

Enkirch Deutscher Weinbauort moselabwärts von Traben-Trarbach gelegen mit rund 210 ha Rebfläche. Bekannte Lage: *Batterieberg* und *Herrenberg*. Bekannte Produzenten: Immich und Adolf Jung.

Entrappen Das Abtrennen der Beeren von den Traubenstielen (Rappen) wird als Entrappen, in Österreich als Rebeln bezeichnet. → Abbeeren.

Entre-Deux-Mers Wörtlich *Zwischen*

zwei Meeren. Ein Weinbaugebiet im → Bordeaux, das zwischen den Flüssen Garonne und Dordogne liegt und rund 23 000 ha Rebfläche umfasst. Im Entre-Deux-Mers wird zwar überwiegend Rotwein angebaut, dieser muss aber als *Bordeaux* oder *Bordeaux supérieur* in den Handel gebracht werden, weil die AOC Entre-Deux-Mers ausschließlich für Weißwein gilt.

Die AOC Entre-Deux-Mers umfasst rund 1500 ha Rebfläche, auf der Sémillon, Sauvignon blanc und Muscadelle angebaut werden. Auf den Schwemmlandböden des Gebietes werden jährlich rund zehn Millionen l Wein erzeugt – wobei die Tendenz hin zu Rotwein geht, da die Erzeuger hierfür bessere Preise erzielen. Ein Entre-Deux-Mers ist immer ein frischer, einfacher Weißwein, selten ein wirklich hervorragender weißer Bordeaux, wie er in anderen Appellationen erzeugt wird.

Die umliegenden Appellationen → Premières Côtes de Bordeaux, → Bordeaux-Haut-Benauge, → Graves de Vayres, → Sainte-Foy-Bordeaux gelten auch für Rotweine. Angesichts der unterschiedlichen Böden und Ausbauarten sind die Weißweine leichter als jene der → Graves. Bekannte Erzeuger: Châteaux Bonnet, Latour-Laguens, Guibon, de la Rouergue, Goumin, Pinasse, La Blanquerie, du Gua, La France, Quinsac, Vignol, Seguin und Turcaud.

Entre-Deux-Mers Haut-Benauge → Bordeaux-Haut-Benauge

Entsäuerung Reduzierung der Säure im Wein, um diesen milder zu machen. Gerade bei trockenen Weinen kann zu viel Säure die Ausgeglichenheit und Bekömmlichkeit einschränken. Der Säurewert des Weins hängt vom Witterungsverlauf, von der physiologischen Reife und nicht zuletzt von der Rebsorte ab. So bildet ein Riesling von Natur aus mehr Säure als ein Grauer Burgunder.

In Österreich dürfen weiße Qualitätsweine nicht unter 4,5 g/l Säure, rote nicht unter 4 g entsäuert werden. Die beiden wichtigsten Verfahren sind dabei der biologische → Säureabbau (→ Malolaktische Gärung), bei der im Anschluss an die alkoholische Gärung bei Temperaturen um 15° C Milchsäurebakterien einen Säureabbau initiieren. Diese verwandeln die im Wein enthaltene Äpfelsäure in die milder empfundene Milchsäure. Die Malolaktische Gärung ist besonders wichtig bei der Rotweinbereitung. Bei Weißweinen wird sie seltener angewendet.

Entsäuerung kann auch auf chemischem Weg stattfinden: Durch Zusatz von Kalziumkarbonat wird Kaliumtartrat gebunden, Kohlendioxid entweicht und weinsaurer Kalk wird ausgeschieden. Das so genannte Malitex-Verfahren zur Entsäuerung ist ein sehr massiver und qualitätsmindernder Eingriff: Eine Partie des Weins wird völlig, die andere mit ihr zu vermischende, überhaupt nicht entsäuert. → Säuerung.

Epernay Französische Stadt an der Marne in der → Champagne, neben Reims eines der beiden Zentren für → Champagner. Die Stadt ist komplett von einem regelrechten Labyrinth von Tunneln, Gängen und Kellern unterminiert, die den kreidehaltigen Boden der Stadt durchziehen und insgesamt mehrere hundert Kilometer lang sein sollen. Einige der bekanntesten Champagner-Häuser haben hier ihre Keller: Pol Roger, Moët et Chandon, Perriet-Jouët, de Venoge, de Castellane und Mercier.

Als Weinbauort ist Epernay weniger bekannt. Seine Rebflächen sind auf der Qualitätsskala mit 88 % eingestuft und gehören damit nicht zur Spitze. Die Lagen gehören teilweise zur → Côte des Blancs. Am gegenüberliegenden Marneufer befinden sich die Orte → Ay, → Hautvillers und die des → Vallée de la Marne.

Epirus Griechische Provinz im äußersten Nordwesten des Landes, mit 1300 ha eine der kleinen Weinbauregionen des Landes. Erzeugt wird ein roter Katoi de Metsovo, ferner der weiße → Zitsa.

Erbach Deutscher Weinbauort im → Rheingau, nahe Eltville. Erbach hat rund 270 ha Rebfläche, die nahezu ausschließlich dem Riesling vorbehalten ist, und verfügt über einige der angesehensten Lagen, allen voran der renommierte *Marcobrunn*, dann *Siegelsberg*, *Honigberg*, *Michelmark*, *Hohenrain* und *Steinmorgen*. Die Lage *Rheinhell* auf einer Insel im Rhein ist zwar originell, bringt aber keine vergleichbaren Weine hervor. Bekannte Erzeuger: Langwerth von Simmern, Schloß Reinhartshausen, Schloss Schönborn und die Hessischen Staatsweingüter.

Erbaluce Vor allem im italienischen → Piemont angepflanzte weiße Rebsorte von mittlerer Qualität. Bekannte daraus erzeugte DOC-Weine: *Erbaluce di Caluso*, ein trockener Weißwein, sowie der *Caluso passito* und der *Caluso passito liquoroso*.

Erden Deutscher Weinbauort an der → Mosel mit teilweise extremen Steillagen. Rund 120 ha Rebfläche. Bekannte Lagen: *Treppchen*, *Prälat*, *Herrenberg*. Bekannte Erzeuger: Robert Eymael (aus Ürzig), Dr. Loosen, Dr. Pauly-Bergweiler, das Bischöfliche Priesterseminar, Dr. Weins-Prüm Erben.

Erhitzungsnote → Maischeerhitzung

Erlau → Eger

Ermitage Heute nur noch selten benutzte Schreibweise für → Hermitage; außerdem ein Schweizer Weißwein aus dem Kanton → Wallis aus der Rebsorte Marsanne.

Errázuriz, Viña Weingut in → Chile im Aconcagua-Tal nördlich von Santiago de Chile. Auf rund 450 ha Rebfläche werden ohne Traubenzukauf rund 3 Millionen Flaschen Wein erzeugt. Gilt als das Spitzenweingut Chiles. Angebaut werden vor allem Syrah, Cabernet Sauvignon, Merlot, Pinot noir und Chardonnay, die z. T. mit natürlichen → Hefen vergären. Spitzenweine sind Don Maximiano Reserve (der wohl teuerste chilenische Wein) und Seña.

Erste und Neue Italienische Winzergenossenschaft in der Region → Südtirol, im Ort Kaltern. Erzeugt auf rund 320 ha Rebfläche etwa 2,8 Millionen Liter Wein, von denen rund eine Million als Flaschenwein gefüllt werden: vor allem Gewürztraminer, Chardonnay, Pinot bianco, Lagrein, Cabernet Sauvignon und Merlot. Spitzenweine: Puntay.

Erstes Gewächs → Rheingau

Ertrag Der Ertrag wird meist im Verhältnis von geernteter Menge in Hektoliter (1 hl = 100 l) auf einem Hektar (10 000 Quadratmeter) angegeben.

Der Ertrag ist einer der wichtigsten qualitätsbestimmenden Faktoren im Weinbau. Das Maß aller Dinge bildet dabei der Rebstock, dessen qualitative Leistungsfähigkeit begrenzt ist. Wenn er viele Trauben trägt, verteilt er seine Kraft auf viele Früchte. Diese können dann vielleicht viel Zucker enthalten, der daraus bereitete Wein aber wird wenig konzentriert sein. Trägt derselbe Rebstock weniger Früchte, kann er seine Leitung auf diese wenigen Früchte konzentrieren, sodass auch der aus ihnen bereitete Wein intensiver und qualitätsvoller wird. Diese Relation wird als das → Menge-Güte-Gesetz bezeichnet. Es ist der Winzer, der mit seinen steuernden Eingriffen für eine Steigerung der Qualität sorgen kann. Vereinfacht gesagt: → Ertragsreduktion sorgt für Qualitätssteigerung – je weniger Früchte der Winzer am Rebstock belässt, desto besser wird der Wein (sofern er eine Untergrenze nicht unterschreitet).

In Zahlen ausgedrückt bedeutet das: Ein Ertrag über 100 Hektoliter pro Hektar

Maßnahmen zur Reduzierung des Ertrags

Um ihren eigenen Qualitätsansprüchen gerecht zu werden, beschränken Qualitätsfanatiker unter den Winzern ihre Erträge freiwillig – die gesetzlichen Regelungen sind für sie irrelevant.

- Durch das Belassen von nur einer Bogrebe beim → Rebschnitt (→ Reberziehung) wird der Fruchtansatz minimiert.
- Das Ausdünnen nach dem Fruchtansatz. Durch Ausbrechen noch nicht ausgebildeter Trauben reduziert sich die spätere Erntemenge.
- Verzicht auf Mineraldünger: Keine oder nur organische Düngung begrenzt Wuchskraft und Leistungsfähigkeit des Rebstocks – er bildet weniger und kleinere Trauben aus.
- → »Grüner Herbst«: Ausschneiden von halbreifen Trauben im letzten Drittel der Vegetationsperiode Ende August. Bei Rotwein kurz nach der Verfärbungsphase.
- Traubenschnitt: Bei manchen Rotweinen werden die so genannten »Traubenschultern« entfernt, da dieses Anhängsel später reift als der »Grundzylinder«.
- Die biologische Uhr der Rebstöcke: Je älter ein Rebstock ist, desto weniger Ertrag bringt er, dafür steigt die Weinqualität. Ab einem Alter von 20 Jahren geht die Leistung spürbar zurück – also lassen qualitätsorientierte Winzer ihre Rebstöcke altern.
- Erhöhen der Pflanzdichte: Eng gepflanzte Rebanlagen (bis zu 10 000 Stöcke pro ha) sorgen dafür, dass die Rebstöcke sich gegenseitig Konkurrenz machen und tiefer wurzeln. Jeder Rebstock produziert dann weniger Trauben (im Extremfall nur eine einzige), die aber sind vorzüglich.
- Die Klonauswahl: Durch die Wahl von Rebzüchtungen, die von Natur aus ertragsschwach sind und/oder kleinbeerige Trauben entwickeln, legt der Winzer schon bei der Auswahl seiner Reben den Grundstein für hohe Weinqualität.

(hl/ha) kann nur durchschnittlichen bis unterdurchschnittlichen Wein ergeben. Qualität entsteht erst bei rund 80 hl/ha abwärts. Weiße Spitzenweine werden meist unter einem Ertrag von rund 50 hl/ha, rote unterhalb etwa 40 hl/ha erzeugt. Bei edelsüßen Weinen kann der Ertrag noch darunter liegen: zwischen 25 und 15 hl/ha.

Bei der Errechnung des Ertrags ist die → Pflanzdichte entscheidend. Geringe Pflanzdichte: unter 3000 Stöcke, hoch: 6500 Stöcke, extrem hoch: 10 000 Stöcke pro Hektar. Je höher die Pflanzdichte, desto stärker wird der Konkurrenzdruck unter den einzelnen Reben und umso gehaltvoller werden die Trauben. Konkurrierende Rebstöcke wurzeln tiefer, um sich Standortvorteile zu verschaffen. Tief greifende ausgedehnte Wurzelsysteme sorgen für eine stressfreie, gleichmäßige, oberflächenwasserunabhängige Versorgung der Reben mit Feuchtigkeit und allen anderen wichtigen Nährstoffen.

Die Weingesetze der verschiedenen Weinbauländer und -regionen regeln z. T. die zulässigen Ertragsobergrenzen, allerdings nicht immer unter Berücksichtigung der Pflanzdichte, doch sind diese gesetzlichen Bestimmungen mitnichten eine Qualitätsgarantie für den Konsumenten. In Frankreich regelt das *rendement de base* die zulässigen Ertragsobergrenzen. Die tatsächlichen Höchsterträge (*Plafond limite de classement*) werden alljährlich festgesetzt und können die Grunderträge je nach Jahr um 10, 20 oder gar 60 % übersteigen.

Ertragsreduzierung → Ertrag

Erzeugerabfüllung Hinweis darauf, dass der Wein vom Erzeuger abgefüllt wurde. Dies gilt auch für Winzergenossenschaften, wenn das Lesegut von Mitgliedern dieser Genossenschaften stammt. Zugekaufte Trauben, Most oder Wein, die von einer Kellerei weiter behandelt oder auch nur abgefüllt werden, dürfen nicht als Erzeugerabfüllung deklariert werden, sondern müssen mit dem Namen oder Code des Abfüllers versehen sein. Die Erzeugerabfüllung bzw. die zulässige Bezeichnung → Gutsabfüllung entspricht dem französischen *Mis en bouteille à la propriété* (*au château, au domaine, par les producteurs réunis*) oder einfach *Mise d'origine*, dem italienischen *Imbottigliato del viticoltore* (*all'origine, dalla cantina sociale, dai produttori riuniti*), dem spanischen *Embotellado en origen* (*en propriedad, en la explotación agraria, por el cosechero, por el productor, por la cooperativa*) bzw. dem englischen → *Estate bottled.*

Escherndorf Deutscher Weinbauort am Main, nordöstlich von → Würzburg, mit rund 140 ha Rebfläche. Bekannte Lage: *Escherndorfer Lump*, eine steil über dem Main aufsteigende Südlage. Ferner: *Fürstenberg* und *Berg*. Angebaute Sorten: Vor allem Silvaner und Riesling. Bekannte Erzeuger: Horst Sauer, Juliusspital (Würzburg), Hermann Schäffer, Michael Fröhlich, Rainer Sauer und Vogelsburg.

Essig Ein Wein mit Essigstich (flüchtige Säure) gilt gemeinhin als fehlerhaft, wobei zunächst der Grad der wahrnehmbaren → Essigsäure entscheidend ist, denn die Toleranzschwelle der Weintrinker gegenüber flüchtigen Säuren ist sehr unterschiedlich. Zu viel flüchtige Säure im Wein macht aus ihm unweigerlich Essig – ein Vorgang den die Winzer naturgemäß fürchten wie der Teufel das Weihwasser.

Weinessig entsteht, wenn Wein während seiner Lagerung Sauerstoffkontakt hat und von Essigsäurebakterien infiziert wird, die in der Luft vorkommen oder von Fruchtfliegen übertragen werden – der Wein wird essigsauer. Im Verlauf dieser Reaktion wird ein Teil des Alkohols auch zu Äthylacetat umgewandelt, das ein fruchtiges Geschmacksbild liefert. Die Komponenten Essigsäure und Äthylacetat bestimmen die Qualität eines Essigs.

Essig kann nicht nur aus Wein, auch aus Apfelwein, Obstwein, Spirituosen und Getreide (Reis) hergestellt werden. Ob und inwieweit der Geschmack von Essig an Speisen den Weingenuss tangiert, liegt wiederum im Ermessen des individuellen Weingenießers – doch ist ein überhöhtes Maß an Essig dem Genuss nicht förderlich, weil der Wein durch zu viel Säure im Essen seinen Wohlgeschmack einbüßt.

Essigsäure CH_3COOH entsteht aus Acetaldehyd bzw. durch Oxydation des Äthylalkohols mit Essigbakterien und zählt zu den flüchtigen Säuren, von denen jeder Weißwein zwischen 0,3 und 0,6 g/l, als Essigsäure berechnet, enthält. Beim Wein kann Essigsäure in geringem Umfang durchaus ein zuträgliches Geschmacksdetail sein. Neigt der Wein jedoch zum Essigstich, dann sind in einem Weißwein mehr als 0,8 g/l und in einem Rotwein mehr als 1,2 g/l flüchtige Säure enthalten. Dies ist immer ein Anzeichen für schlechte oder unsachgemäße Verarbeitung oder mangelhaftes Lesegut.

Esino Italienische DOC in der Region → Marken in der Provinz Ancona. Es werden Weiß- (auch Frizzante) und Rotweine erzeugt: die weißen aus Verdicchio und lokalen Sorten, die roten aus Sangiovese und/oder Montepulciano.

Estagnol, Château de l' Französisches Weingut an der südlichen → Rhône im Ort St-Paul-Trois-Château. Rund 80 ha Rebfläche in der AOC Côte du Rhône.

Rebsorten: Syrah, Carignan, Grenache, Cinsaut, Mourvèdre.

Eszencia Tokajer Essenz. Bezeichnung für den außergewöhnlichsten aller → Tokajer, die *Tokaji eszencia*, die im Unterschied zu *Tokaji* → *Aszú* und → *Aszú eszencia* ausschließlich aus dem → Vorlauf der lediglich aufgeschichteten, aber nicht gepressten Trockenbeeren erzeugt wird. Nur der von allein abtropfende Saft wird zu Eszencia verarbeitet. Die deutliche Säurestruktur sowie die Süße von mindestens 250 g/l Zucker ist bei diesem Verfahren enorm. Angesichts der minimalen Mengen, die überhaupt erzeugt werden, ist *Tokaji eszencia* ein einzigartiger Wein. Im Gegensatz zur *Aszú eszencia* darf die Eszencia bereits nach dreijähriger Fasslagerung in den Handel gebracht werden.

Est! Est!! Est!!! di Montefiascone Italienischer DOC-Wein aus der Umgebung von Montefiascone in → Latium, nördlich von Rom. Dieser Weißwein wird überwiegend aus den Sorten Trebbiano mit 20 % Zusatz von Malvasia erzeugt. Der Name stammt aus dem Lateinischen und heißt wörtlich *Ist – Ist – Ist*. Der Überlieferung nach soll im Mittelalter ein deutscher Kaufmann, der gerne Wein trank, seinen Kammerdiener auf einer Reise nach Rom zur Quartiersuche vorausgeschickt haben. Nebenbei sollte er seinem Herrn Informationen über gute Weine hinterlassen. Überall, wo der Wein gut genug war, um Station zu machen, sollte er an die Tür ein *EST* schreiben. In Montefiascone angekommen, fand er den Wein so außergewöhnlich, dass er gleich dreimal *EST* anschrieb. Sein Herr soll diese Meinung geteilt haben, denn in seiner Begeisterung hat er sich – so die Legende – an dem Wein zu Tode getrunken. Ähnliche Euphorieanfälle neueren Datums sind nicht bekannt geworden (und sind aufgrund der Qualität des Weins auch nur schwer vorstellbar). Dennoch profitiert der Absatz des Est! Est!! Est!!! von dieser netten Anekdote erheblich.

Estate bottled Englische und international gebräuchliche Bezeichnung für → Erzeugerabfüllung.

Estournel → Cos d'Estournel, Château

Estufa Portugiesisch für *Gewächshaus*. Bezogen auf Wein meint es einen Platz (auf dem Dachboden eines Hauses), wo z. B. der → Madeira unmittelbar nach seiner Erzeugung sich selbst überlassen wird, damit er in der dortigen Wärme seinen typischen Geschmack entwickeln kann.

Etikett Nach der Abfüllung erhält die Weinflasche zur Identifikation ein Etikett. Dabei gibt das Etikett lediglich Auskunft über die »harten Fakten«, also geographische, weinrechtliche und ggf. technische Aspekte des Weins. Die »weichen Faktoren«, also den subjektiv empfundenen Geschmack des Weins, kann man aus diesen Informationen nicht oder nur in ganz geringem Umfang ableiten. Die Gestaltung eines Etiketts versucht zwar in manchen Fällen diesen weichen Faktoren gerecht zu werden, aber Rückschlüsse aus der Designqualität auf die Weinqualität zu ziehen ist vergebens. Ein wie auch immer gestaltetes Etikett sagt nichts über den Inhalt der Flasche aus – eher schon etwas über das ästhetische Empfinden eines Produzenten – oder über die Qualität seiner Design-Agentur.

Je nach Weinbaugebiet und Land sind bestimmte Bezeichnungen verbindlich vorgeschrieben bzw. zulässig: in Deutschland und Österreich die amtliche Prüfnummer, Alkoholgehalt, Qualitätsstufe, → Jahrgang, Rebsorte und vieles mehr. Grundsätzlich lässt sich sagen, dass die entscheidende Information über die Weinqualität der Name des Produzenten ist. Ein guter Produzent sorgt für eine gute Weinqualität.

Etikettensprache der wichtigsten Anbaugebiete

• *Bordeaux*: Die Wichtigste Information auf dem Etikett ist der Name des Château. Wobei das Wort »Château« nicht Schloss, sondern Weingut meint. Die Angabe der Appellation ist eine Hilfe, um eine Identifikation von Herkunft und Stil des jeweiligen Weins zu ermöglichen. In manchen Fällen kann die Angabe der Appellation auch etwas darüber sagen, ob es sich um einen Rotwein (z. B. Pomerol) handelt, einen trockenen Weißwein (z. B. → Entre-Deux-Mers) oder einen edelsüßen Wein wie z. B. → Sauternes oder → Barsac. Unter dem Namen mancher Appellation werden sowohl Weiß- als auch Rotweine in den Handel gebracht, z. B. im Léognon. Hier hilft nur ein prüfender Blick auf den Flascheninhalt – und die Kenntnis, ob der Name der Appellation für trockene oder süße Weine steht. Übrigens: Der oder die Namen der verwendeten Rebsorte ist auf Bordeaux-Etiketten grundsätzlich nicht zu finden.
In manchen Appellationen des Bordeaux gibt es darüber hinaus einen Klassifizierungszusatz auf dem Etikett, der in Zusammenhang mit dem Namen des Château genannt wird, z. B. → *Premier grand cru* oder → *Cru classé*.

• *Burgunder*: Neben dem Namen des Erzeugers oder Abfüllers (Winzer oder Negociant) ist die Angabe der Lage auf dem Etikett entscheidend: Die Lagenklassifikation → *Grand cru* bildet dabei die qualitative Spitze im Burgund, sie ist nur wenigen Weinen vorbehalten. Die nächste Stufe stellt die Klassifikation *Premier cru* (*1er cru*) dar. Bei *Grand cru* und *Premier cru* wird der Name der Lage angegeben, ein wichtiger Hinweis auf die genaue geographische Herkunft des Weins. Bleiben noch die nichtklassifizierten Weine aus den Gemeindelagen (die so genannten Village-Weine): Sie sind am fehlenden Klassifizierungszusatz *Grand cru* und *Premier cru* zu erkennen. Auch beim Burgunder wird die Rebsorte auf dem Etikett nicht deklariert: Es kann sich sowohl um Weißwein (fast immer Chardonnay) als auch um Rotwein (fast immer Pinot noir) handeln. Auch hier gibt praktisch nur der Blick in die Flasche genaue Auskunft.

• *Deutsche Weine*: Das deutsche Weingesetz gibt vielfältige und verwirrende Möglichkeiten, einen Wein zu deklarieren. Neben der Angabe des Erzeugers kann die Rebsorte (z. B. Riesling), der Jahrgang, der Name der Gemeinde, die Einzellage, die Geschmacksrichtung (trocken oder halbtrocken) und die Qualitätsstufe (Qualitäts- oder Prädikatswein) angegeben werden. Grundsätzlich gilt fast immer: Die Angabe »trocken« bedeutet, dass der Wein 9 g/l Zucker oder weniger enthält und damit weitgehend durchgegoren, also geschmacklich trocken ist. Fehlt die Angabe trocken oder halbtrocken, dann enthält der Wein über 18 g/l Zucker. Die so genannten → Prädikate geben nur darüber Auskunft, wie süß die Trauben zum Zeitpunkt der Lese waren: von weniger zuckerhaltig (Kabinett) über sehr zuckerhaltig (Auslese) und extrem zuckerhaltig (Trockenbeerenauslese). Zu alledem gesellen sich seit einigen Jahren noch die Begriffe → Classic und → Selection, die für einen bestimmten Weinstil stehen. Der Gesetzgeber konnte sich allerdings nicht dazu durchringen, andere Bezeichnungen zu streichen, sodass die ursprünglich beabsichtigte Vereinfachung des Bezeichnungsrechts tatsächlich nicht eingetreten ist. Im Gegenteil, nunmehr stehen noch zwei weitere Etikettentitel zur Verfügung.

Die Ausnahmen: Immer mehr qualitätsorientierte Erzeuger verzichten darauf, die Möglichkeiten des Weingesetzes voll auszuschöpfen, und reduzieren die Angaben auf das Wesentliche. Immer seltener finden sich Lagenbezeichnungen auf den Etiketten, vor allem wenn der Wein aus schwachen oder mittelmäßigen Lagen stammt. Um hervorragende Lagen kenntlich zu machen, ist im Rheingau kürzlich ein Klassifizierungssystem eingeführt worden, das analog zu den elsässischen Bestimmungen die besten Lagen als → *erstes Gewächs* bezeichnet. In vielen anderen Weinbaugebieten Deutschlands wird fieberhaft an entsprechenden Klassifikationen gearbeitet.
Manche Erzeuger arbeiten mit Rebsortenmischungen – vor allem bei Rotweinen. In solchen Fällen kann ein Phantasiename (z. B. »Casanova«) die einzelnen Rebsortennamen ersetzen.
Auch auf die Nennung des Geschmacksbildes trocken, halbtrocken und süß wird zunehmend verzichtet: Ein trockener Wein ist derjenige ohne einen solchen Hinweis – wie fast überall. Die Prädikate stehen oft ebenfalls auf der Abschussliste: besonders bei trockenen Weinen wird auf die Differenzierung zwischen den irreführenden und geschmacklich nur selten nachvollziehbaren Unterschieden zwischen → Kabinett, → Spätlese oder → Auslese verzichtet. Nur bei Spezialitäten wie den edelsüßen Weinen geben viele Erzeuger das Prädikat Auslese bis Trockenbeerenauslese an und machen sie dadurch eindeutig als natürlich restsüße Weine kenntlich.
Immer mehr Produzenten verwenden inzwischen zwei Etiketten: Das kleinere Rückenetikett nennt alle vom Weingesetz vorgeschriebenen Angaben, das Vorderetikett dagegen beschränkt sich auf die für den Konsumenten wirklich wichtigen Angaben.
In den sonstigen Weinbaugebieten der Alten Welt, z. B. in Frankreich, Italien, Spanien und Portugal, steht der Name der Appellation seit langem für einen definierten Weinstil – und damit auch für die verwendeten Rebsorten in den jeweiligen Weinregionen dieser Länder. Wenn es diesen Weinstil nicht gibt, wird die Rebsorte auf dem Etikett angegeben.

• Regionen wie z. B. → Sancerre, → Rioja, → Barolo, → Château Chalon, → Chianti Classico und → Porto sind Gebiete, in denen sich über Jahrhunderte hinweg ein Weinstil entwickelt hat, der den Namen der Appellationen symbolisiert, regelrecht mit ihr verschmolzen ist. In solchen Fällen schreiben die Appellations-Bestimmungen exakt vor, welche Rebsorten und Vinifikationsverfahren zugelassen sind – und welche nicht. Ein paar Beispiele: Ein Sancerre wird aus der Rebsorte Sauvignon blanc gekeltert, deren Trauben aus den Appellationsgrenzen des Sancerre stammen müssen. Ebenso verhält es sich mit einem Rioja, nur dürfen hier laut Bestimmung mehrere Rebsorten verwendet werden; auch die Lagerdauer im Fass ist geregelt. Beim Barolo hingegen handelt es sich um einen reinsortigen Rotwein (aus der Sorte Nebbiolo), der mehrere Jahre im Fass reifen muss. Der ungewöhnliche Château Chalon darf nur aus der Sorte Savagnin bereitet werden und muss für viele Jahre in Fässern reifen, die nicht nachgefüllt werden dürfen. Man sieht – in klassischen Weinregionen haben sich über Jahrzehnte hinweg die unterschiedlichsten (teilweise recht bizarren) Bestimmungen entwickelt. Immer jedoch gilt eines bei den Etiketten solcher Weine: Der Name der Appellation steht für den Weinstil – der Name des Erzeugers steht für die Qualität.

• Bleiben noch die Regionen ohne traditionellen Weinstil. In den Weinbaugebieten der Neuen Welt hat sich noch kein dauerhafter Weinstil etabliert, da der moderne Weinbau dort erst seit wenigen Jahren für qualitativ hochwertige Weine sorgt. Nicht zuletzt deshalb wird in der Neuen Welt so gut wie immer die Rebsorte genannt. Neben dem Erzeuger, dem Namen des Anbaugebietes und dem Jahrgang (und sehr selten dem Namen des Weinbergs) wird sonst aber nichts näher bestimmt.

Grundsätzlich lassen sich zwei Prinzipien erkennen: Je detaillierter die Kenntnis des → Terroirs in den klassischen Weinbaugebieten (also der natürlichen Wachstumsbedingungen) ist, desto detaillierter fallen oft auch die Angaben auf den Etiketten aus. Nicht selten sind sie derart detailreich, dass sie für ›normale Menschen‹ unverständlich sind und eher Irritation auslösen, statt der Information zu dienen. Dies wird leicht als arrogant empfunden, ist aber nichts anderes als ein Ausdruck jahrhundertelanger Weinevolution.

Unter dem Gesichtspunkt der Einfachheit sind die Etiketten der Neuen Welt vorbildlich – sie bringen mit ihrer Simplizität aber auch zum Ausdruck, dass dort noch wenig Wissen über Terroir existiert. In Europa und in Deutschland im Speziellen ist der nachvollziehbare Wunsch zu spüren, dass die Erzeuger ihre Etiketten entrümpeln und sich auf die wesentlichen Angaben konzentrieren.

Etna → Ätna

Etoile, L' Kleine AOC im französischen → Jura. Im Jahresdurchschnitt werden auf 73 ha Rebfläche rund 270 000 l Weißwein sowie → *Vin jaune* und → *Vin de paille* und Schaumwein produziert. Für den *Vin jaune* ist allein die Lokalsorte Savagnin zulässig; die anderen Weine dürfen auch Chardonnay enthalten. Bekannte Erzeuger: Dom. Montbourgeau, Cat. de Etoile, Pirou, Geneletti.

Etoile, Cave Cooperative Banyuls L' Französische Winzergenossenschaft im → Rousillon im Ort Banyuls. Erzeugt extrem traditionelle AOC → Banyuls, Banyuls *Grand cru* und AOC → Collioure auf rund 170 ha Rebfläche – rund 400 000 Flaschen jährlich. Die Weine reifen teilweise in Holzfässern unter freiem Himmel. Die Reben wachsen auf steilen Schiefer- → Terrassen über dem Meer. Spitzenwein der 18-jährige *Banyuls Selection Vieux.*

Etoile, Château de l' Französisches Weingut im → Jura im Ort l'Etoile (in der gleichnamigen AOC). Erzeugt vor allem Schaumwein, aber auch → Vin jaune sowie Côtes de Jura.

Etsch (Adige) Norditalienischer Fluss durch die Weinbaugebiete → Südtirol, → Trentino und → Valpolicella. Er fließt durch Verona und mündet südlich von Venedig in die Adria.

Etschtaler (Valdadige) Weitläufige DOC-Bezeichnung, die sich über insgesamt 75 Gemeinden der Provinz → Bozen, des → Trentino bis in die Provinz → Verona erstreckt. Die Bezeichnung umfasst sowohl Weißweine als auch Rotweine und Weißweinverschnitte des gesamten Etschtals. Daneben gibt es eine ganze Reihe sehr viel enger gefasster Ursprungsbezeichnungen, die den Potenzialen der Region eher gerecht werden. Bekannte Erzeuger: Kuenhof (Peter Pliger), Klosterkellerei Neustift.

Etyek Weinbaugebiet in Ungarn westlich von Budapest an der Grenze zur Slowakei – kein zusammenhängendes Gebiet. Das Klima profitiert von der Nähe zur Donau.

Euböa → Zentralgriechenland und Euböa

Evangile, Château L' Weingut in → Pomerol mit knapp 13 ha Rebfläche. Rund 65 % Merlot und 35 % Cabernet franc (dort Bouchet genannt).

Évora Portugiesische Stadt im → Alentejo, umgeben vom gleichnamigen IPR-Weinbaugebiet mit rund 500 ha Rebfläche. Es werden vor allem Rotweine aus den Sorten Periquita, Trincadeira, Aragonez und Tinta Caiada erzeugt sowie Weißweine überwiegend aus den Sorten Roupeiro, Arinto und Tamarez mit möglichen Zusätzen von Rabo de Ovelha.

Exceptionnel Klassifizierungsbezeichnung von → *Cru bourgeois*-Weingütern aus dem Jahr 1932, als sechs Güter und ihre Weine unmittelbar unterhalb der Ebene der → *Crus classés* eingeordnet wurden. Es sind die Châteaux: d'Angludet, Bel-Air-Marquis-d'Aligre, Chasse-Spleen, La Couronne, Moulin-Riche und Villegeorge. Chasse-Spleen und Angludet gelten als herausragend.

Exposition Die Ausrichtung des Weinbergs zur Sonne übt entscheidenden Einfluss auf die Weinqualität aus. Nach Süden bzw. Südosten ausgerichtete Weinberge (gilt für die Nordhalbkugel) verfügen über bessere Klimabedingungen, da die Sonne dort länger scheint und die → Reifeperiode verlängert wird. West- bzw. Südwestlagen sind den Winden meist stärker ausgesetzt, die überwiegend aus Osten kommen und nicht selten Kaltluft mit sich führen. Außerdem ist die Wärmesumme solcher → Lagen niedriger. Lagen, die wie Amphitheater ausgerichtet sind, sammeln und speichern die Sonnenenergie zusätzlich und verfügen über sehr gute mikroklimatische Voraussetzungen. → Topographie.

Extra brut Bezeichnung eines → Champagners oder Schaumweins, der weitgehend ohne → Dosage abgefüllt wird, damit unter 6 g/l Zucker aufweist und so zur trockensten Kategorie zählt. Sans Dosage oder brut nature bedeuten, dass der Schaumwein praktisch keinen Restzuckergehalt hat.

Extra dry Bezeichnung eines → Champagners oder Schaumweins mit einem → Restzuckergehalt zwischen 12 und 20 g/l Zucker – auch extra trocken genannt.

Extra trocken → extra dry.

Extrakt Auch als zuckerfreier Extrakt bezeichnet: Jene Stoffe, die bei der Destillation des Weines zurückbleiben, also vor allem Glycerin, Asche, feste stickstoffhaltige Verbindungen, Gerb- und Farbstoffs sowie Säure. Von diesem Wert wird der eventuell verbleibende Restzucker abgezogen. Ein hoher Extraktgehalt ist ein Indiz für hohe Qualität, da solche Weine viele wichtigen geschmacklichen Inhaltsstoffe und eine höhere → Konzentration aufweisen. Ein Rebstock kann so viel Extrakt im Laufe der Vegetationsperiode aus dem Boden gelöst haben, dass der Wein sogar leicht salzig schmecken kann (z. B. bei der Petit Arvine im schweizerischen Wallis). Deutsche Weine haben in der Regel zwischen 20 und 25 g/l zuckerfreien Extrakt. Liegt er höher, bedeutet es, dass der Wein gehaltvoller – und damit meistens besser ist.

F

Faber Deutsche → Neuzüchtung aus Weißem Burgunder *x* Müller-Thurgau. Stark im Rückgang begriffen, da die Sorte nur über ein geringes Qualitätspotenzial verfügt.

Faiveley, Domaine Französisches Weingut im → Burgund im Ort Nuits-St.-Georges. Über 100 ha Rebfläche, darunter 30 ha Alleinbesitz in Nuits (*Clos de la Maréchals*) sowie 7 ha *Clos des Myglands* und einige *Grand cru*-Lagen. Verarbeitet auch zugekaufte Trauben.

Falerio dei Colli Ascolani Italienische DOC für Weißweine, die im Hügelland der südlichen → Marken bei Ascoli Piceno wachsen und überwiegend aus Trebbiano unter Zusatz von Malvasia und Pinot bianco erzeugt werden.

Falerno Berühmter Wein der römischen Antike, von Plinius und Horaz gelobt, da manche Jahrgänge angeblich noch nach hundert Jahren trinkbar waren. Er soll bei Formia in → Latium und im angrenzenden → Kampanien an der Küste nördlich von Neapel angebaut worden sein, wo auch heute noch Reben wachsen. Der weiße DOC-Wein Falerno del Massico erinnert mit seinem Namen an diesen Wein.

Falkenstein Österreichische Weinbaugemeinde im Norden des → Weinviertels nahe der tschechischen Grenze mit rund 200 ha Rebfläche. Erzeugt wird fast ausschließlich Weißwein: Grüner Veltliner und Welschriesling. Bekannte Erzeuger: Heinrich Salomon, Jauk, Luckner.

Faller, Domaine (Domaine Weinbach) Französisches Weingut in Kaysersberg im → Elsass. Auf rund 25 ha Rebfläche werden vor allem Riesling (rund 10 ha) und Gewürztraminer erzeugt sowie die *Cuvée Theo* aus Riesling und Gewürztraminer; 170 000 Flaschen Jahresproduktion. Besitz in den *Grand cru*-Lagen *Schloßberg* und *Fuerstentum*. Einer der traditionellen Spitzenerzeuger – sehr langlebige Weine.

Fara Italienischer DOC-Rotwein aus einem kleinen Gebiet im Norden → Piemonts, erzeugt aus den Sorten Nebbiolo (dort Spanna genannt) sowie etwas Vespolina und → Bonarda. Er ähnelt den in der Nähe produzierten DOCG-Rotweinen → Gattinara und → Ghemme. Bekannter Erzeuger: Dessilani.

Farbe Die Farbe eines Weins lässt sich am besten beurteilen, wenn man das Weinglas leicht nach hinten geneigt vor einen weißen Hintergrund hält. Sie ist aber nur eines unter vielen Indizien für die Weinqualität, wird aber meist überschätzt. Viel wichtiger sind Geruch, Geschmack und Nachhall. Ursache für die Farbe eines Weins sind die in den Schalen der → Beeren enthaltenen Farbstoffe. Die Farbe eines Weißweins reicht von Blassgelb über Strohgelb bis Goldgelb und wird durch folgende Faktoren beeinflusst:

- *Lesezeitpunkt*: Je früher die Trauben gelesen werden, desto weniger Farbstoffe enthalten sie.
- *Rebsorte*: Manche Sorten wie Grauburgunder und Gewürztraminer enthalten nicht nur grüne und gelbe Pigmente, sondern auch rötliche.

• *Verarbeitung*: Während der → Maischestandzeit (maceration peliculaire) kommt der Most in Kontakt mit den Beerenhäuten und nimmt dadurch mehr Farbstoffe auf.
• *Ausbau*: Ein im Barrique ausgebauter Wein erhält durch den Kontakt mit neuem Eichenholz auch eine dunklere Farbe. Ein stark oxidativ ausgebauter Wein tendiert von Bernsteingelb bis ins Bräunliche, z. B. Tokajer, Sherry, Vin jaune.

Insgesamt lässt das Maß der Pigmentierung von Weißwein keine Rückschlüsse auf seine Qualität zu: Ein heller Weißwein ist nicht schlechter als ein dunkler. Leicht bernsteinfarbene oder braune Schattierungen deuten an, das der Wein deutlich oxidiert ist. Süße Weißweine weisen dagegen oft mehr Farbe auf und können goldgelb ausfallen, während eine Brauntönung ein (zu weit) fortgeschrittenes Alter signalisiert.

Bei Rotweinen befinden sich die Farbpigmente, die so genannten Antocyiane, vorwiegend in der Beerenhaut, teilweise aber auch im Fruchtfleisch. Je nach Menge der in der Beere enthaltenen Pigmente kann ein Rotwein heller (siehe auch → Rosé) oder dunkler ausfallen. Von roten Trauben mit farblosem Fruchtfleisch (z. B. Spätburgunder) lässt sich auch ein weißer Wein keltern (→ Weißherbst).

Die Farbe eines Rotweins reicht von Blassrot und hellem Ziegelrot bis zu undurchdringlichen, schwarz-violetten Tönen. Ein leicht trüber Rotwein deutet übrigens darauf hin, dass er nicht gefiltert wurde. Ausschlaggebende Faktoren:
• *Lesezeitpunkt*: Spät gelesene Rotweintrauben, die leicht rosiniert sind, enthalten weniger Wasser. Durch den höheren Schalenanteil verändert sich das Schale-Saft-Verhältnis, der Wein wird dunkler.
• *Fäulnis*: Bei Trauben, die von Botrytis befallen sind, werden die Farbstoffe zerstört, der Wein tendiert bereits in der Jugend ins Bräunliche.
• *Rebsorte*: Dünnschalige Rebsorten (z. B. Nebbiolo) enthalten weniger Farbstoffe als dickschalige (z. B. Cabernet Sauvignon). Rebsorten wie Dornfelder enthalten Pigmente nicht nur in der Schale, sondern auch im Fruchtfleisch.
• *Verarbeitung*: Die Trauben werden angepresst, um einen Teil des Fruchtsafts zu entfernen und so das Schale-Saft-Verhältnis zu verbessern. Durch die → Maischegärung wird die Farbe des Rotweins ebenfalls beeinflusst: Je länger diese dauert, desto mehr Farbstoffe werden herausgelöst – der Rotwein wird dunkler. In Württemberg ist das Verfahren der (unseligen) → Maischeerhitzung weit verbreitet: Durch kurzes Aufkochen der Maische versucht man, eine hohe Farbstoffausbeute zu erreichen. Auch durch den Einsatz von speziellen Enzymen, die die Farbstoffe herauslösen und verstärken, kann die Weinfarbe beeinflusst werden (ein immer weiter um sich greifendes Verfahren).
• *Ausbau*: Ein mehrere Jahre im Holzfass ausgebauter Rotwein verliert durch Mikrooxidation einen Teil seiner Farbstoffe oder die Farbstruktur verändert sich ins Bräunliche.
• *Gesetzlich erlaubte Färbung*: Durch Zusatz von → Deckrotwein kann die Farbe des Weins dunkler werden. Auch durch die Zugabe von Farbpulver in Form von Extrakten aus Beerenschalen ist eine Beeinflussung der Farbe möglich.

Die Intensität der Farbe lässt vor allem Rückschlüsse auf die Rebsorte und den Ausbaustil zu. Ein Spätburgunder wird naturgemäß immer heller sein als ein Cabernet Sauvignon. Das bedeutet aber keinesfalls, dass Spätburgunder schlechter ist. Rotweine, die in ihrer Jugend deutlich ins Violette tendieren, enthalten viele Pigmente. Diese beeinflussen den Geschmack des Weins und können ihn »tintig« schmecken lassen. Schwarzrote Weine (z. B. die französischen vins noirs aus dem → Cahors) stammen meist aus heißem Klima und haben im Glas nicht selten einen transparenten Rand, der auf einen hohen Alkoholgehalt schließen lässt. Mit dem → Altern nehmen orangefarbige Ränder und schließlich Brauntöne zu, wobei → Spätburgunder im Alter eine rötlichbraune Tönung, die sog. → Pelure d'oignon, annehmen.

Die Farbe der Roséweine reicht von Rosa bis Orange. Deutscher Roséwein und → Weißherbst sowie französischer → vins gris weisen eine sehr helle Rosatönung auf, während die Rosés aus → Apulien schon nahezu in Purpurrot übergehen.

Farb-Enzyme Werden zur maximalen Farbausbeute bei der Rotweinbereitung eingesetzt. Es handelt sich um Enzyme, die während der Gärung die Beerenschalen zersetzen, um aus diesen in kurzer Zeit eine maximale Farbausbeute zu erhalten – ein grundsätzlich fragwürdiges Verfahren, das vor allem dazu dient, Rotweine für → Augentrinker herzustellen.

Färbertraube Bezeichnung von roten Trauben, deren Beeren rotes Fruchtfleisch enthalten und häufig als → Deckrotweine verwendet werden, um hellfarbige Weine dunkler zu färben. In Frankreich sind diese Sorten unter dem Begriff → Teinturier bekannt. Meist handelt es sich bei diesen Sorten um Züchtungen oder → Kreuzungen, so z. B. die → Neuzüchtungen Dunkelfelder, Dornfelder oder Deckrot.

Fargues Kleinste der vier Gemeinden in der französischen AOC → Sauternes mit rund 200 ha Rebfläche. Bekannte Weingüter: Rieussec, Château de Fargues, Château → Romer-du-Hayot.

Fargues, Château de Französisches Weingut in der Appellation Sauternes im Bordeaux, in → Fargues. Rund 10 ha Rebfläche mit 80 % Sémillon und 20 % Sauvignon.

Faro Italienischer DOC-Rotwein aus Messina auf → Sizilien. Wird vorwiegend aus den Rebsorten Nerello und Nocera bereitet.

Fass In Fässern wird Wein vergoren, ausgebaut, gelagert und – vor der Serienproduktion von Glasflaschen – transportiert, wie bereits der Grabstein eines römischen Weinhändlers aus dem 3. Jahrhundert nach Christi beweist, auf dem ein mit Weinfässern beladenes Schiff zu sehen ist. Im Gegensatz zur zunächst noch von den Römern verwendeten Amphore weist das Fass bei der Lagerung des Weins zwei Vorteile auf. Neben der besseren Raumausnutzung im Keller oxidiert der Wein nicht so schnell, da er durch die ovale Fassform selbst bei nicht vollständiger Füllhöhe kaum in Luftkontakt gerät.

Als Fassholz eignet sich am besten → Eiche; in Europa werden auch Kastanie und Akazie verwendet. Holzfässer benötigen allerdings viel Pflege; sie müssen intensiv gereinigt werden, da sie sonst mikrobiologisch außer Kontrolle geraten. Bakterien oder z. B. die gefürchtete Hefe → Brettanomyces können sich einnisten und zu massiven Fehltönen im Wein führen. In Betrieben, die ihren Fassbestand sorgfältig pflegen, können große Eichenfässer über 80 Jahre und länger verwendet werden.

Beim Weinausbau kommen je nach Region unterschiedliche Fassgrößen zum Einsatz, die von 50 Litern (bei → Vino Santo) bis 30 000 Liter Inhalt reichen. Bekannte Fassgrößen → Tabelle.

Ein kleines Barrique mit 225 l Fassungsvermögen wird den Wein einer stärkeren → Mikrooxidation aussetzen, weil die Holzoberfläche im Verhältnis zum Inhalt viel größer ist als z. B. bei einem 1000-l-Fass. Die Fassgröße hat also

Weinbaugebiet	Bezeichnung des Fasses	Inhalt in Liter
Rheingau	Halbstück	600
	Stück	1200
Mosel	Fuder	1000
Elsass	Foudre	1000
Champagne	Pièce	205
Chablis	Feuillette	136
Beaujolais	Pièce	216
Burgund	Pièce	228
Bordeaux	Barrique	225
Sherry	Bota	500
Portwein	Pipe	534
Tokajer	Göncer Fass	136
Kalifornien	Barrel	188

einen Einfluss auf den Weingeschmack – je größer das Fass, desto geringer ist der Sauerstoffeinfluss durch die Poren des Holzes.

Ein hochwertiger Rotwein braucht zum optimalen Ausbau unbedingt eine Holzfasslagerung, damit seine Gerbstoffe optimal reifen und sich in den Wein integrieren. Ein Rotwein aus dem Tank wird niemals eine komplexe Struktur erhalten, weil die fehlende Mikrooxidation den Wein aromatisch stets verschlossen schmecken lässt. Ein Weißwein hingegen kann auch ohne Fasslagerung Spitzenqualität erreichen. Letzlich ist es eine Frage des Stils, ob ein Winzer einen fruchtbetonten, → reduktiven Weißwein anstrebt oder einen fassgereiften Wein.

Zur Zeit sind drei Tendenzen zu erkennen:

- Das Holzfass als Lagerbehälter befindet sich weltweit auf dem Rückzug – besonders das große Holzfass wird aufgrund des Pflegeaufwands von preisgünstigen und pflegeleichten Edelstahltanks verdrängt.
- In der Spitzenweinproduktion hochwertiger Rotweine (und teilweise auch Weißweine wie Chardonnay) erobert das Barrique weltweit immer mehr Weinkeller.
- Manche Spitzenwinzer, die Barriques ablehnen, setzen wieder vermehrt auf große Holzfässer bis 3000 l Inhalt. Einige arbeiten bei Weißweinen auch mit Kühlsystemen, die in das Fass eingehängt werden. Normalerweise schließt der Einsatz von Holzfässern im Gegensatz zu Edelstahltanks eine Kühlung aus.

Fassgeschmack Im engeren Sinn bedeutet Fassgeschmack einen Fehlton, der von einem schlecht gepflegten und somit unsauberen → Fass herrührt und sich in einem dumpfen bis faulen und muffigen Ton im Wein bemerkbar machen kann. Durch Fassausbau kann aber auch ein positiver → Holzgeschmack in den Wein gelangen, der dezent an Vanille oder Toast erinnert, wenn es sich um ein → Barrique handelt.

Fassprobe → Probe von Weinen, die noch nicht in Flaschen gefüllt sind und im Fass lagern. Es handelt sich bei ihnen um unfertige, noch junge Weine. Fassproben können dennoch einen ungefähren Eindruck über die zu erwartende Qualität liefern – dabei kommt es allerdings auf den Zeitpunkt der Degustation an. Rotweine, die sich gerade im → biologischen Säureabbau befinden, riechen z. B. nach nassen Strümpfen oder Sauerkraut; Weißweine, die noch auf der Hefe liegen, riechen deutlich nach Gär- und Hefearomen. Solche Weine mit → Punkten zu bewerten wäre unseriös.

Fasstrichter Trichter mit einem langen, durchlöcherten Rohr, um bei der Einfüllung des Weins die Aufwirbelung des Fassinhalt zu verhindern.

Fasswein Weine, die nicht als Flaschenweine verkauft werden, kommen als Fassweine auf den Markt. Früher wurde der überwiegende Teil aller erzeugten Weine als Fasswein vermarktet – heute ist es bei höherwertigen Weinen genau umgekehrt. Die → Preise für einfache Fasswein-Qualitäten liegen teilweise unterhalb der → Produktionskosten der Erzeuger (z. B. beim Riesling von der Mosel und in Rheinhessen). Nur in machen Regionen hat sich ein traditioneller Fassweinmarkt auch für Spitzenqualitäten gehalten, z. B. im → Burgund, wo noch immer viele Winzer ihre Weine an Händler (Negociants) verkaufen, die diese dann unter ihrem eigenen Namen abfüllen und in den Handel bringen. Fasswein kann auch in die Essigproduktion gehen, zu Industriealkohol destilliert oder im Rahmen der Vernichtung von Überschussproduktion in der → Zwangsdestillation enden (z. B. in Sizilien, Apulien, Spanien).

Faugères Französischer Ort nördlich von Béziers und Pézenas und gleichnamige AOC im Département Herault. Auf rund 1800 ha Rebfläche werden jährlich etwa acht Millionen l Rot- und Roséweine aus den Sorten Grenache noir, Syrah, Mourvèdre, Carignan und Cinsault erzeugt. Die Reben wachsen auf z. T. sehr steilen Schieferhängen in 250 m Höhe dieser vom mediterranen Klima geprägten Region. Bekannte Erzeuger: Saint Antonin, Ancienne Merceris und Château Chenaie.

Faul Fehlton bei Jungweinen, der mitunter an faule Eier erinnert und → Böckser genannt wird. In der Regel verschwindet dieser Fehler mit der weiteren Entwicklung des Weins.

Fäulnis Eine der großen Gefahren des Weinbaus. Bis auf wenige Ausnahmen lässt sich hochwertiger Wein ausschließlich aus Trauben ohne Fäulnis erzeugen – getreu dem Grundsatz: Guter Wein entsteht aus guten Trauben. Die Ausnahme bildet die so genannte → Edelfäule (Botrytis): Von diesem Schimmelpilz befallene Trauben zerstören die Beerenhaut, sorgen für Wasserverdunstung und bringen edelsüße Weine (z. B. Beerenauslesen und Trockenbeerenauslesen) mit hoher → Konzentration hervor.

Bei allen anderen Weinen ist Fäulnis eine Gefahr, da gesunde Trauben eine unerlässliche Qualitätsvoraussetzung sind: Bei Rotweinen bewirkt sie eine Braunfärbung und bei trockenen Weißweinen medizinale und bittere Duft- und Geschmacksnuancen. Faule Trauben (besonders solche mit Graufäule) müssen daher bei der → Weinlese aussortiert werden (→ Selektion) – dies geht nur von Hand. Bei Maschinenlese muss eine so genannte Negativselektion stattfinden, bei der schlechte Trauben herausgeschnitten werden, bevor die am Stock verbliebenen gesunden mit dem Vollernter abgerüttelt werden.

Jeder Winzer versucht möglichst reife Trauben zu erzeugen und geht dabei – besonders in kühl-feuchten Klimazonen – zwangsläufig das Risiko der Fäulnis ein; in trocken-heißen Klimaregionen ist die Fäulnisgefahr ungleich geringer. Ideale Reife ist also immer eine Gratwanderung zwischen → Unreife und Überreife, die das Risiko der Fäulnis in sich trägt. Bei rigoroser Selektion lassen sich die negativen Auswirkungen der Fäulnis zwar eindämmen bzw. ganz vermeiden; die Konsequenz sind aber erhöhte Kosten und ein verminderter → Ertrag.

Faustino, Bodegas Spanisches Weingut im → Rioja, seit 1860 im Familienbesitz. Auf rund 500 ha Rebfläche werden jährlich etwa 7 Millionen Flaschen Wein erzeugt, darunter der Basiswein Faustino V, sowie die Gran reserva Faustino I und der Spitzenwein Faustino de Autor.

Faverges Schweizer Weinbaudomäne am Nordufer des Genfer Sees im Waadtland. Sie befindet sich im Besitz des Kantons → Freiburg, der hier → Chasselas erzeugt.

Favorita Italienische Weißweinsorte aus dem Süden → Piemonts, die in der Umgebung von Alba angebaut wird.

Faye-d'Anjou Einer der sieben Orte der französischen Appellation → *Coteaux du Layon-Villages*, bekannt für seine süßen, z. T. durch → Edelfäule gewonnenen Weißweine.

Federspiel Von der Vereinigung → Vinea Wachau geschaffene und kontrollierte Bezeichnung für trockene Weine im Kabinettbereich mit einem Alkoholgehalt zwischen 10,8 und maximal 12,3 %. Zugelassen sind alle Qualitätsweißweinsorten der Wachau. Der Name Federspiel soll an die einstige, in der Wachau betriebene Falkenjagd erinnern. Die über dem Federspiel liegende Kategorie heißt → Smaragd, die darunter → Steinfeder.

Federweißer Deutsche Bezeichnung für den in abklingender Gärung befindlichen, trüben Weinmost (in Österreich Sturm, in der Schweiz Sauser, in Süddeutschland Suser genannt), der kaum Hefezellen enthält und besonders vitaminreich ist. In der Schweiz wird *Federweiß* als Bezeichnung für den weiß gekelterten → Weißherbst verwandt.

Fehler Als Naturprodukt ist Wein bei nicht sachgemäßer Behandlung vielerlei Gefahren ausgesetzt, die seine Qualität erheblich mindern, ihn sogar ungenießbar machen können. Dazu zählen verschiedene Trübungen des Weins durch Eiweiß, → Hefe, Eisen, Kupfer, ferner der → Böckser, jener Geruch nach faulen Eiern. Schließlich kann der Wein eine ganze Reihe von Geschmacksfehlern aufweisen, u. a. → Schimmel-, → Fass- oder → Korkgeschmack. In allen Fällen liegt eine fehlerhafte Behandlung von Trauben, Most, beim Ausbau und der Flaschenlagerung vor.

Nicht alle als Fehler empfundenen Geruchs- und Geschmacksmerkmale werden als solche angesehen. So wird ein geringes Maß an → Brettanomyces (und der damit verbundene → animalische Duft) in manchen Weinbaugebieten akzeptiert, in anderen strikt abgelehnt. Ablagerungen farbloser Kristalle, der so genannte → Weinstein, leichtes → Mousseux bei Weißweinen sowie das bei älteren Rotweinen mitunter auftretende → Depot gelten nicht als Weinfehler.

Feinburgunder Österreichische Bezeichnung in der → Wachau für einen nicht in Barriques ausgebauten → Chardonnay.

Felluga, Livio Italienisches Weingut der Region → Friuli-Venezia Giulia (Friaul) in Brazzano di Cormons. Erzeugt werden auf rund 135 ha Rebfläche etwa 700 000 Flaschen DOC Collio Orientali und Collio. Felluga gehörte zu den Qualitätsweinpionieren des Friaul – heute ist er einer der größten Privaterzeuger, der immer mehr Rotwein produziert. Rebsorten: Refosco, Pinot grigio, Tocai Friulano, Picolit, Sauvignon, Cabernet Sauvignon, Ribolla Gialla Chardonnay. Außerdem die Cuvées bzw. IGT-Weine: Rosazzo Bianco Terre Alte (Weißwein-Cuvée), Rosazzo Rosso (Merlot), Vertigo (Rotwein-Cuvée) und Shàris (Weißwein-Cuvée).

Marco Felluga ist der Bruder von Livio und erzeugt in Gradisca d'Isonzo DOC Collio auf rund 130 ha Rebfläche, etwa 750 000 Flaschen jährlich.

Fendant Im → Wallis gebräuchliche Bezeichnung für Weißweine aus der

Sorte → Chasselas, die in der Westschweiz am weitesten verbreitet ist und an den felsigen Hängen des Rhônetals angebaut wird.

Fernandez, Alejandro Bodegas Berühmtes spanisches Weingut im Weinbaugebiet → Ribera del Duero. Auf rund 60 ha Rebfläche wird der berühmte Rotwein → Pesquera (aus 100 % Tempranillo als Jóven und Crianza) erzeugt.

Fernão Pires Weiße portugiesische Rebsorte, die nahezu im ganzen Land anzutreffen ist. Obwohl aus ihr auch sortenreine Weißweine erzeugt werden, erreicht sie keine Spitzenqualität. In der Bairrada ist sie als Maria Gomes bekannt.

Ferreira, A. A. Portugiesischer Portweinproduzent – einer der ältesten und größten Erzeuger mit eigenem Rebbesitz (gehört zum → Mateus-Rosé-Multi Sogrape). Spitzen-Ports: *Dona Antónia Personal Reserve* und *Duque de Bragança Tawny*. Außerdem Einzellagen-Ports wie z. B. *Quinta de Leda* und *Do Seixo*.

Ferrière, Château Französisches *3e cru classé*-Weingut in der Appellation → Margaux im → Haut-Médoc mit 8 ha Rebfläche. Rund 50 % Cabernet Sauvignon, 30 % Merlot, 20 % Petit Verdot und Cabernet franc.

Fetzer Vineyards Kalifornisches Weingut in den USA im Mendocino County. Auf rund 300 ha eigener Rebfläche und überwiegendem Traubenzukauf werden etwa 35 Millionen Flaschen Wein erzeugt, vor allem Chardonnay Cabernet Sauvignon, Zinfandel, Merlot, Sauvignon blanc und Syrah. Riesiger Betrieb, der als Massenweinerzeuger arbeitet. Basisweine werden als Bel Arbor bezeichnet, eine Stufe darüber liegen Eagle Peak und Sun Dial, dann folgt Barrel Select und ganz oben die Reserve.

Feuersteingeschmack Mineralischer Geschmack, vor allem bei Puilly-fumé und Chablis anzutreffen, aber auch bei vielen anderen Weißweinen, die einen hohen Mineralstoffanteil aufweisen.

Feuillette Eichenfass mit einem Inhalt von lediglich 136 Litern, in dem früher Chablis-Weine gelagert wurden. Heute ist die Feuillette weitgehend durch die übliche → Pièce aus Burgund verdrängt worden, die über ein Fassungsvermögen von 228 Litern verfügt.

Fiano di Avellino Italienischer Weißwein aus der gleichnamigen Sorte aus der Umgebung von Avellino in → Kampanien. Bekannte Erzeuger: Mastroberardino, Feudi San Gregorio, Vega.

Fiasco Bastumwundene, bauchige Flasche, früher üblich für Weine aus dem Chianti: Heute ist der Fiasco so gut wie verschwunden und wird nur noch im Chianti verwendet. In der Kernregion Chianti Classico ist sie nicht mehr erlaubt und durch die braune Bordeaux-Flasche ersetzt worden.

Fiefs Vendéens Französische VDQS-Weinbauregion, in der Rot- (rund 40 %), Rosé- (rund 45 %) und Weißwein (rund 15 %) erzeugt werden. Die Region teilt sich in die folgenden vier Gebiete:

- Brem-sur-Mer: hier wird überwiegend Weißwein produziert
- Mareuil: vor allem Rot- und Roséweine
- Pisotte: überwiegend Rot- und Roséweine
- Vix: überwiegend Rot- und Roséweine.

Vom Stil erinnern die Weine geschmacklich an die der Loire. In insgesamt 19 Gemeinden des Département Vendée südlich von → Nantes werden auf etwa 400 ha Rebfläche jährlich rund 2,2 Millionen l Wein aus den folgenden Rebsorten erzeugt: für Rotwein Gamay noir und Pinot noir, ferner Cabernet franc und Cabernet Sauvignon; für Weißwein Chenin blanc (mindestens 50 %), Chardonnay, Sauvignon blanc (Vix) und Melon de Bourgogne (Pisotte). Außerdem in Brem: Grolleau gris.

Fieuzal, Château de Französisches

Cru classé-Weingut (nur für Rotwein) im Bereich Graves, in der Appellation → Léognan mit rund 30 ha Rebfläche. Rotwein: 60 % Cabernet Sauvignon, 30 % Merlot und 10 % Cabernet franc sowie Petit Verdot. Ferner: 7 ha für Weißwein: 50 % Sauvignon blanc und 50 % Sémillon;

Figari Einer der sieben Bereiche auf der französischen Insel → Korsika für den *Vin de Corse*, dessen Weine unter der Appellation *Vin de Corse-Figari* in den Handel kommen. Im Süden der Insel gelegen.

Figeac, Château *Premier cru classé* im französischen → Saint-Emilion, in der Nachbarschaft von Château Cheval Blanc. Der Wein wächst auf kieshaltigen Böden (Graves-Saint-Emilion). 40 ha sind in einem für diesen Bereich unüblichen Rebsortenverhältnis bestockt: 35 % Cabernet Sauvignon, 35 % Cabernet franc und 30 % Merlot. Mehrere Güter der Umgebung weisen mit ihrem Namen darauf hin, dass sie alle einst Teil von Figeac waren: Châteaux La Tour-Figeac, La Tour-du-Pin-Figeac-Moueix, Yon-Figeac, La Tour-du-Pin-Figeac, Petit Figeac, Cormeil-Figeac, Grand Barrail-Lamarzelle-Figeac und Gros Figeac.

Filhot, Château Französisches *2e cru classé*-Weingut im → Sauternes, das lange im gleichen Besitz wie Château d'Yquem war. Auf rund 70 ha werden rund 60 % Sémillon, 35 % Sauvignon und 5 % Muscadelle angebaut.

Filiputti, Walter Italienisches Weingut in der Region → Friuli-Venezia Giulia (Friaul) in einer Abtei aus dem 11. Jahrhundert in Rosazzo (DOC Collio Orientali del Friuli) – dort hat der ehrgeizige Walter Filiputti in den 1980er Jahren einen Weinberg mit Pignolo-Stöcken angelegt, der ihn berühmt gemacht hat. Seine Weine werden mit viel Holzeinsatz erzeugt – so auch die Süßweine: gelobt aber überbewertet.

Fillette Wörtlich übersetzt: kleines Mädchen; an der Loire und vor allem in der Touraine bezeichnet man damit eine halbe Flasche Wein.

Filtrieren Das Klären von Most oder Wein mit Hilfe von Filtern, Separatoren oder Zentrifugen. Ein zu starkes Filtrieren kann dem Most oder Wein wertvolle qualitätsentscheidende Inhaltsstoffe und etliche, feine Substanzen entziehen. Spitzenweine werden nicht oder nur ganz leicht filtriert. Ein umsichtiger Kellermeister gibt den Weinen immer genug Zeit, damit sich die Trubstoffe absetzen können und der Wein vorsichtig abgezogen werden kann. Dennoch nimmt allein aus ökonomischen Gründen die Praxis des Filtrierens zu, nicht zuletzt aus Angst vor etwaigen Reklamationen, der Wein sei nicht absolut glanzhell. Etliche Weine werden *sterilfiltriert*, um alle Bakterien zu entfernen und den Wein früh füllen zu können – ein ökonomisch begründeter Vorteil, der jedoch die Lebensdauer eines Weins entscheidend verkürzt.

Filzen Deutscher Weinbauort an der → Saar unterhalb von → Kanzem mit rund 50 ha Rebfläche. Bekannte Lagen: *Urbelt* und *Herrenberg*. Bekannter Erzeuger: Edmund Reverchon.

Fines Roches, Château des Französisches Weingut im Gebiet von → Châteauneuf-du-Pape.

Finger Lakes Weinbaugebiet der USA im Westen des Staates → New York gelegen und bekannt für seine → Schaumweine. Während in der Vergangenheit nahezu ausschließlich amerikanische Rebsorten aus der Art *Labrusca* sowie → Hybriden angepflanzt wurden, werden heute vor allem Riesling und Chardonnay kultiviert.

Fino Neben dem → Amontillado und dem → Oloroso eine der drei Grundkategorien des spanischen Sherry. Abgesehen vom → Manzanilla ist der Fino der hellste, leichteste und meistgetrunkene Sherry mit in der Regel 16–16,5 % Alkohol. Sein Aroma rührt von der → Flor-Hefe im Fass her, die sich während der Gärung und Lagerung an der Weinoberfläche absetzt. Wie alle Sherrys wird der Fino in der → Solera verschnitten und reift dort (je nach Erzeuger in der Regel 5 bis 6 Jahre), bevor er auf den Markt kommt. Bekannte Erzeuger: Hijos de Agustín Blázquez (Marke: Carta Blanca), A. R. Valdespino (Inocente), Garvey (San Patricio), Emilio Martin Hidalgo (Panesa), Gonzalez Byass (Tio Pepe), Sanchez Romate (Marismeño, Cristal), Croft (Delicado), José Pemartin (Viña Pemartin), Marques de Real Tesoro (Ideal), Osborne (Quinta), Wisdom & Warter (Olivar), Luis Caballero (Pavon), Pedro Domecq (La Ina) sowie Diez Merito (Don Zoilo).

Fiorano Italienischer Weiß- und Rotwein aus der unmittelbaren Nähe von Rom.

Firne Alterungston von Weißwein – ein stumpfer, leicht oxidativ anmutender Geschmack. Firne kann bereits nach wenigen Jahren einsetzen, absolute Spitzenweine zeigen auch nach Jahrzehnten nicht die geringste Spur davon. Früher galt Firne als nicht qualitätsmindernd, heute wird sie jedoch jedoch von vielen Weintrinkern als störend empfunden, weil sie die Frucht und Frische eines Weins tangiert.

Fitou Französischer AOC-Rotwein aus dem → Midi, südlich von Narbonne, der in neun Gemeinden des → Corbières-Gebietes erzeugt wird. Auf rund 2500 ha Rebfläche werden etwa 10 Millionen l Rotwein erzeugt. Rebsorten: Carignan, Grenache, Lladoner pelut, Mourvèdre und Syrah, ferner Cinsaut, Terret und Macabeo. Der Wein muss mindestens neun Monate in Holzfässern lagern. Bekannte Erzeuger: Château Nouvelles, Dom. Bertrand-Berge, Comerade, Lérys und Prieure du Château de Segure.

Fitz-Ritter, Weingut Deutsches Weingut in Bad Dürkheim, Weinbaugebiet → Pfalz. Auf rund 20 ha Rebfläche werden jährlich etwa 150 000 Flaschen Wein erzeugt. Rebsorten: 70 % Riesling, je 5 % Spätburgunder und Gewürztraminer. Bekannte Lagen: *Ungsteiner Herrenberg*.

Fixin Französischer Weinort im Burgund, an der → Côte de Nuits gelegen, mit rund 130 ha Rebfläche mit Kalk- und Mergelböden, auf der rund 400 000 l Wein (überwiegend Pinot noir) produziert wird. Bekannte Erzeuger: Bouchard Aine et Fils, Regis Bouvier, Pierre Gelin und Philippe Joliet. *Premiers crus*-Lagen: Arvelets, Clos de la → Perrière (gilt als Top-Lage), → Clos du Chapitre, Clos Napoléon, Hervelets.

Flagey-Echézeaux Französische Weinort im Burgund, an der → Côte de Nuits gelegen. Beste Lagen des dort angebauten Rotweins: *Grands crus* → *Grands Echézeaux* und → *Echézeaux*, die ohne den Gemeindenamen in den Handel kommen. Da die übrigen Weine des Ortes das Anrecht auf die Appellation Vosne-Romanée haben, erscheint der Name Flagey-Echézeaux so gut wie nie auf Weinetiketten.

Flasche Wein kommt heute praktisch nur noch in Glasflaschen in den Handel (Ausnahmen: Kartonwein, → Bag in Box). Flaschen haben im Bereich der EU 0,75 Liter Inhalt, wenn es sich um das Standardformat handelt. In der Schweiz sind teilweise noch 0,7-Liter Flaschen üblich. Ferner gibt es als gängige Formate die 1-Liter-Flasche sowie in Österreich den so genannten Doppler, eine 2-Liter-Flasche mit Kronenkorken oder Drehverschluss.

Die Etablierung der Glasflasche war einer der entscheidenden Schritte auf dem Weg hin zum qualitätsvollen Wein – schließlich ist sie die perfekte Verpackung, um Wein über Jahrzehnte lagern zu können. Weinflaschen sind oft aus braunem oder grünem Glas – die Färbung ist hilfreich, um schädlichen Lichteinfluss zu verhindern. Das wenig temperaturleitende Glas ist absolut geschmacksneutral, dicht, hart, dauerhaft und leicht zu sterilisieren und – der Wein lässt sich in kleinen Portionen lagern. Die Bedeutung der Flasche wird deutlich, wenn man sie einmal mit den früher üblichen Behältnissen wie Ziegenhaut oder einem großen und unhandlichen Fass vergleicht. Diese Entwicklung hat entscheidend zur allgemeinen Verbreitung des Weins beigetragen – insbesondere seit Glasflaschen industriell hergestellt werden und somit äußerst preisgünstig geworden sind.

Im Lauf der Zeit haben sich viele verschiedene Flaschenformen entwickelt, die für eine bestimmte Herkunft stehen. Zum Teil sind diese Formen gesetzlich geschützt.

- Im → Bordeaux sind zylindrische Flaschen üblich: dunkelgrün für Rot- und trockene Weißweine, farblos für süße Weine aus dem → Sauternes, seltener auch für trockene weiße → Graves-Weine.
- Im → Burgund sind traditionellerweise die bauchigeren und olivgrünen Burgunderflaschen üblich.
- In Deutschland und im Elsass wird der Wein je nach Anbaugebiet in verschiedenfarbige, kegelförmige Schlegelflaschen gefüllt: Im Rheingau wird traditionell der braune Flaschentyp verwendet, an der Mosel der grüne; im Elsass heißt sie Flûte d'Alsace. Die Weine Frankens hingegen kommen in den flachen, bauchigen braunen oder grünen → Bocksbeuteln in den Handel.

International hat sich die Bordeauxflasche durchgesetzt – sie wird mit geringen Abwandlungen fast überall auf der Welt verwendet. Daneben gibt es überall Spezialflaschen: der → Clavelin im französischen Jura; natürlich die klassische → Champagnerflasche in der Champagne und die Keulenflasche in der → Provence. Viele Weinbaugebiete (und auch einzelne Weingüter) haben sich geschützte Flaschenformen entwickeln lassen, z. B. die Albeisa in Piemont für Barolo und Barbaresco sowie die neue Rheingauflöte – eine unselige turmalinblaue Flasche, deren Tage allerdings gezählt sein dürften. Sie hat nie die Herzen der Winzer und Weinfreunde erobert – es ist bis heute ein Rätsel, warum sie eingeführt wurde.

Für den Wein ist die Flaschenform gleichgültig. Allerdings wird der Weintrinker, der häusliche Kellerwirtschaft betreibt, Wert darauf legen, dass sich die Flaschen gut stapeln lassen. Nicht ganz belanglos ist hingegen die Größe des Flascheninhalts: Je kleiner die Flasche, umso rascher altert der Wein. Daher füllt man hochwertige Weine gerne in Übergrößen mit mehrfachem Inhalt der 0,75-Liter-Standardflasche ab: Magnum = 2 Flaschen, Double-Magnum = 4 Flaschen, Jeroboam = 6 Flaschen, Impériale = 8 Flaschen, Salmanazar = 12 Flaschen, Balthasar = 16 Flaschen, Nebuchadnezar = 20 Flaschen. Im Leben des sterblichen Weintrinkers spielen diese Übergrößen so gut wie keine Rolle. Für ihn dürfte die so genannte »halbe« Flasche mit 0,375 Liter Inhalt interessant sein, wenn eine ganze Flasche zu viel ist. → Korken, → alternative Verschlüsse, → Bag in box.

Flaschengärung Bei der Erzeugung von → Champagner oder → Schaumwein nach der → Méthode champenoise findet die zweite Gärung in der Flasche statt, indem dem vergorenen → Grundwein Hefe und Zucker zugefügt und damit eine erneute Gärung eingeleitet wird. Die dabei entstehende Kohlensäure bleibt auch nach dem → Degorgieren in der Flasche erhalten. Alle bedeutenderen Schaumweine auf der Welt werden nach diesem Verfahren erzeugt. → Großraumgärung oder → Transvasierverfahren.

Flaschenreife Nachdem der Wein in die Flasche gefüllt wurde, beginnt die Zeit der Flaschenreife. Manche Weine gewinnen dadurch, viele jedoch nicht. Die Dauer der Reifeentwicklung hängt von den Lagerbedingungen ab, vor allem aber von der Weinqualität, die durch Rebsorte, Wachstumsbedingungen, Vinifikation und natürlich durch das Talent des Erzeugers bestimmt wird.

Flein Deutscher Weinbauort in → Württemberg, südlich von → Heilbronn. Rund 180 ha Rebfläche mit bekannten Lagen wie: *Eselsberg*, *Altenberg* und *Sonnenberg*. Es werden Trollinger, Riesling, Gewürztraminer und Lemberger angebaut. Bekannter Erzeuger: Winzergenossenschaft Flein-Thalheim.

Flétriwein Schweizer Weinbezeichnung im → Wallis für aus überreifen, eingeschrumpften Trauben erzeugten Wein mit natürlicher Restsüße (→ Luxuswein). Die → Edelfäule tritt in der trockenen Gebirgslandschaft nur vergleichsweise selten ein.

Fleur-de-Gay, Château La Spitzenwein des französischen Weinguts *Châteaux la Croix de Gay* im Pomerol aus der Parzelle La Fleur (rund 2 ha), allein aus der Sorte Merlot gekeltert.

Fleur-Pétrus, Château La Französisches Weingut in → Pomerol. Rund 13 ha mit 80 % Merlot und 20 % Cabernet franc.

Fleurie Französische Weinbaugemeinde im → Beaujolais – eines der zehn → *Crus* mit rund 900 ha Rebfläche auf Granitschutt mit hohem Mangangehalt. Jährlich werden rund 5 Millionen l Rotwein aus der Sorte Gamay erzeugt. Der Wein kommt als AOC-*Fleurie* in den Handel und gilt als der femininste aller Beaujolais Crus. Bekannte Erzeuger: Dom. de Chaffangeons, Chapelle des Bois, Chignard, Dom. de la Treille, Point du Jour, Dom. du Haut-Poncie und Clos des Grands Fers.

Floc de Gascogne AOC für Likörweine in der Gascogne, der Heimat des Branntweins Armagnac.

Flor Spanisch für *Blume*, mit der in der Weinerzeugung im → Sherry-Gebiet eine besondere → Hefe gemeint ist. Dieser *velo de flor* bildet sich in den nur zu drei Vierteln gefüllten Fässern bald nach der → Gärung bestimmter Weine als eine 1–2 cm dicke Schicht, die auf der Oberfläche schwimmt und entscheidenden Einfluss auf Bukett und Aroma des Weins hat. Eigentümlicherweise bildet er sich aber nur auf den leichteren Weinen, die dadurch zu → Finos und → Amontillados werden, während er bei den schwereren → Olorosos nicht auftritt. Auch beim → Manzanilla und in → Montilla-Moriles und beim französischen → Château-Chalon kommt dieser natürliche Flor vor, eine verwandte Hefe gibt es im Gebiet von → Tokaj.

Flörsheim-Dalsheim Deutscher Weinbauort im rheinhessischen Hügelland, westlich von Worms gelegen. Rund 600 ha Rebfläche, die besten davon auf Kalkböden. Bekannte Erzeuger: Schales, Göhring und Keller.

Flüchtige Säure → Essig → Essigsäure

Flûte Französisch für Flöte; als *Flûte d'Alsace* bezeichnet man die schlanke, hohe Schlegelflasche, die außer im Elsass beim Crépy, Château-Grillet, dem Côtes de Provence (rot und rosé), Cassis, Jurançon, Rosé de Béarn und dem Tavel (rosé) verwendet werden darf. Außerhalb Frankreichs findet man sie bei etlichen Weinen in Deutschland und Österreich, aber auch in Norditalien (Soave u. a.). Schließlich gibt es noch die Champagner-Flûte, ein schlankes Sektglas mit oder ohne Stiel.

Flying Winemaker Englische Bezeichnung für Weingutsberater, die in aller Welt tätig sind – meist mit abgeschlossenem Studium der Önologie. Berühmte Beispiele sind Giacomo Tachis (Italien) und Michel Rolland (Frankreich). Diese Berater haben bei der Spitzenweinproduktion enormen Einfluss auf den Geschmack und Stil der Weine. Nicht selten sorgen sie für eine zunehmende Uniformität der Weine – ob sie nun in Frankreich, Italien, Kalifornien, Südafrika oder Australien erzeugt worden sind. Ihre Aufgabe wird zumeist darin gesehen, einen möglichst marktgängigen, modernen Weinstil zu kreieren: bei weißen Sorten entweder in Edelstahl kühl vergorene Weißweine oder solche aus dem Barrique bzw. bei → Industrie-Weinen durch Einsatz von → Eichenchips. Rote Sorten werden meist gekühlt vergoren und zeichnen sich durch enorme Frucht und deutlichen → Holzgeschmack aus und sind stets jung trinkbar.

Fogarina Rote italienische Rebsorte und der daraus in der Provinz Reggio in der → Emilia-Romagna erzeugte lokale Rotwein.

Folle Blanche In Frankreich früher weit verbreitete weiße Rebsorte, die man heute fast nur noch an der → Loire in der Umgebung von → Nantes findet. Dort ist sie unter dem Namen *Gros Plant* bekannt und liefert den herben, säurereichen *Gros Plant du pays nantais*. Einst im Gebiet von Cognac weit verbreitet, ist sie inzwischen durch den Ugni blanc ersetzt worden, da sie als → Pfropfrebe auf den dortigen kalkhaltigen Böden nicht sonderlich gut gedeiht. Auch im Armagnac-Gebiet, wo sie *Piquepoule* oder *Picpoul* heißt, hat sie ihre einstige Bedeutung verloren.

Fonbadet, Château Französisches *Cru → bourgeois* aus der Appellation → Pauillac im Bereich Haut-Médoc. Rund 20 Rebfläche mit 60 % Cabernet Sauvignon, 15 % Cabernet franc, ferner Merlot, 6 % Petit Verdot und Malbec.

Fonroque, Château Französischer *Grand cru classé* aus → Saint-Emilion. Rund 18 ha mit 75 % Merlot, 20 % Cabernet franc und 5 % Cabernet Sauvignon.

Fonsalette, Château → Rayas, Château

Fontanafredda Italienisches Weingut in Serralunga d' Alba im → Piemont, einer der größten Erzeuger in der Region. Erzeugt auf rund 100 ha Rebfläche Eigenbesitz und durch Traubenzukauf etwa 6 bis 7 Millionen Flaschen Wein, vor allem DOCG → Barolo und → Barbaresco, außerdem noch alle weiteren piemontesischen Weine wie z. B. Barbera, Dolcetto und Gavi. Teilweise werden die Weine im Barrique ausgebaut, teilweise auch in großen Holzfässern.

Fonterutoli, Castello di Italienisches Weingut in der Region → Toskana in Montalcino. Erzeugt auf rund 70 ha Rebfläche etwa eine halbe Millionen Flaschen Wein – vor allem moderne und holzbetonte Rotweine im → internationalen Stil. Das Weingut repräsentiert die Moderne im Chianti Classico wie kein anderes und gewinnt so eine → Drei-Gläser-Trophäe nach der anderen. Neben DOCG Chianti Classico auch ein → Supertoskaner: Siepi, eine Cuvée aus 50–90 % Merlot und 10–50 % Sangiovese.

Foradori Führendes Weingut in der italienischen Region → Trentino in Mezzolombardo. Erzeugt auf rund 20 ha Rebfläche und unter Traubenzukauf etwa 220 000 Flaschen Wein. Berühmt für seinen → autochthonen Teroldego Rotaliano und den Spitzenwein Granato (100 % Teroldego). Weitere Weine: Ailpana (Syrah), Kaanar (Bordeaux-Blend mit Syrah), Myrto (Weißweincuvée). Ferner werden Chardonnay und Pinot bianco erzeugt.

Força-Real, Domaine Französisches Weingut im → Roussillon im Ort Millas.

Erzeuger von modernem, glatten Côte de Roussillon in drei Qualitätsstufen. Die Basis bilden Vin-de-Pays-Weine aus zugekauften Trauben bzw. Grundweinen (Força), gefolgt von den Weinen der Domaine: Mas de Garrique und Le Haut de Força-Real.

Forez → Côtes du Forez

Forschungsanstalt Geisenheim Angeschlossen an die Fachhochschule Wiesbaden, unterhält die 1872 gegründete Forschungsanstalt ein Institut für Weinbau und Reben sowie eines für Önologie und Getränkeforschung. Sie verfügt über 75 ha Freilandversuchsflächen, davon 24 ha Weinbergsbesitz in Geisenheim und → Rüdesheim. 1882 wurde hier von Prof. Müller-Thurgau die nach ihm benannte, bis heute erfolgreichste → Neuzüchtung entwickelt.

Forst Deutscher Weinbauort in der → Pfalz. Rund 200 ha Rebfläche mit vielen herausragenden Lagen, die überwiegend mit Riesling bepflanzt sind. Beste Lagen: *Kirchenstück*, *Jesuitengarten*, *Ungeheuer* und *Pechstein*. *Forster Mariengarten* ist hingegen nur der Name einer → Großlage. Bekannte Erzeuger: Eugen Müller, Georg Mosbacher, Acham-Magin. Aus Deidesheim: Dr. Deinhard, Bassermann-Jordan, von Buhl. Aus Wachenheim: Bürklin-Wolf.

Fortia, Château Französisches Weingut in → Châteauneuf-du-Pape mit rund 30 ha, auf denen Rotwein erzeugt wird. Sein einstiger Besitzer Baron Le Roy de Boiseaumarié hat in den 1920er Jahren das französische AOC-System begründet.

Forts de Latour, Les Zweitwein von Château → Latour.

Foudre Französische Bezeichnung für → Fuder, ein großes Fass unbestimmten Inhalts; im Elsass allerdings wie an der → Mosel 1000 l.

Fourchaume Mit 34 ha eine der größten *Premier cru*-Lagen des → Chablis.

Fourtet, Clos Französisches *Premier grand cru classé B* in → Saint-Emilion mit 18 ha Rebfläche: 70 % Merlot, 20 % Cabernet franc und 10 % Cabernet Sauvignon.

Foxgeschmack → Fuchston

Frais Französisch für *frisch* im Sinne eines frischen, jungen Weins, z. B. → Beaujolais. Wird auch in der Bedeutung *gekühlt* verwendet. *Servir très frais* auf den Etiketten etlicher französischer Weißweine bedeutet, dass der Wein gut gekühlt serviert werden soll. Das sollte man aber nur bei einfachsten Weinen tun, da zu viel Kälte den Geschmack feiner Weine unterdrückt.

Franciacorta Italienische DOCG in der Provinz → Brescia für Schaumweine, die nach dem → Champagnerverfahren erzeugt werden und als die besten Erzeugnisse dieser Art in der Region und weit darüber hinaus gelten. Sie werden in 21 Gemeinden südlich des Iseo-Sees erzeugt. Bekannte Erzeuger: Barboglio de Gaioncelli, Bellavista, Ca' del Bosco, Cavalleri, Uberti, Villa.

Franken Deutsche Weinbauregion; mit rund 5500 ha Ertragsrebfläche eines der kleineren Weinbaugebiete Deutschlands. In der vom kontinentalen Klima geprägten Region sind mikroklimatisch bevorzugte Lagen eine wichtige Grundvoraussetzung. Erzeugt werden überwiegend Weißweine, allen voran Müller-Thurgau (mit durchaus interessanten Qualitäten) und Silvaner sowie Riesling und selten Rieslaner. Die Weinbauflächen Frankens liegen fast alle am Main oder in dessen Nähe, wobei sie sich im Umfeld von Würzburg besonders konzentrieren (→ Karte nach S. 480).

Frankenweine werden traditionell in die → Bocksbeutelflasche gefüllt. Die trockenen fränkischen Weine haben in der Regel weniger als 4 g/l Restzucker – damit weniger als sonst in Deutschland üblich, die Obergrenze liegt hier sonst bei 9 g/l. Die Orte Klingenberg und Bürgstadt sind qualitativ auffällige Rotweininseln im fränkischen Weißweinmeer. Hier entstehen interessante Früh- und Spätburgunder.

Franken ist in die vier Bereiche → Mainviereck, → Maindreieck, → Steigerwald und Bayerischer Bodensee unterteilt (wobei Letzterer mengenmäßig eine marginale Rolle spielt). Die bedeutendsten Weinbauorte sind: → Bürgstadt, → Castell, → Escherndorf, → Homburg, → Hörstein, → Iphofen, → Klingenberg, → Nordheim → Randersacker, → Thüngersheim, → Volkach und → Würzburg. In Würzburg sind drei bedeutende Großgüter zu finden – Staatlicher Hofkeller, Juliusspital und Bürgerspital –, deren Anbauflächen über das gesamte Anbaugebiet verteilt sind. → Steinwein

Frankenland, Badisches Frühere Bezeichnung des Bereichs → Tauberfranken.

Frankenstein, Weingut Freiherr zu Deutsches Weingut im Weinbaugebiet → Baden in Offenburg. Auf rund 14 ha Rebfläche werden jährlich etwa 80 000 Flaschen Wein erzeugt. Rebsorten: 40 % Riesling, 20 % Grauburgunder, 15 % Spätburgunder, ferner Müller-Thurgau. Böden: Granitverwitterung, Gneis und Lößlehm.

Frankland River Subregion im Weinbaugebiet → Westaustralien

Frankreich Die wunderbare Welt der führenden Weinbaunation lässt sich nicht allein in nüchternen Zahlen ausdrücken, doch sie geben einen wichtigen Einblick. Frankreich ist nach Italien mengenmäßig das zweitgrößte Wein erzeugende Land der Erde: Rund 5 Milliarden l Wein werden in Frankreich pro Jahr produziert, also rund jede fünfte Flasche Wein, die auf dem Globus getrunken wird. Zwar geht die Gesamtrebfläche in Frankreich zurück (zur Zeit liegt sie bei rund 900 000 ha) – doch bedeutet diese Zahl nicht immer einen bedauernswerten Qualitätsverlust, da überwiegend unrentable und minderwertige Rebflächen aufgegeben werden. Vor gut 100 Jahren war die Weinbaufläche noch nahezu dreimal so groß.

Die beiden Weinbauzonen

- In den kühleren Gebieten des Nordens liegen die Weinbauflächen meist in Flusstälern oder deren Nähe. Dies hat mikroklimatische Gründe, denn die Temperaturen sind dort ausgeglichener. Man kann diese Linie ungefähr zwischen Bordeaux und Avignon als südliche Grenze definieren und die Linie Paris–Straßburg als nördliche. Weiter im Norden sind die Temperaturen zu kühl, um gute Weine zu ergeben, deshalb findet dort kein nennenswerter Weinbau statt. Ausnahme: die → Champagne.
- In den wärmeren Gebieten des Südens ist das Klima mediterran geprägt und insgesamt wärmer. Hier bieten die mikroklimatischen Bedingungen der Flusstäler keine Vorteile mehr – im Gegenteil, es kann von Nutzen sein, mit dem Weinbau auf die Bergkuppen auzuweichen, da alle 100 m Höhe die Durchschnittstemperatur um ein halbes Grad Celsius ansteigt. Das wiederum bedeutet ein kühleres Mikroklima, somit eine längere Vegetationsperiode, und davon profitiert die Weinqualität, da die Trauben Zeit haben auszureifen und viel Aroma zu entwickeln.

Rebflächen

- Ein Großteil der französischen Rebflächen befindet sich im südlichen → Midi: rund 300 000 ha. 30 % der Weinbaufläche verteilen sich auf die Départements → Hérault, → Aude, → Gard und Pyrénées-Orientales.
- Im Südwesten befinden sich rund 130 000 ha im → Bordeaux-Gebiet im Département Gironde. 80 000 ha dienen der Cognac-Erzeugung. 55 000 ha vertei-

Die Qualitätshierarchie

Frankreich besitzt viele Weinbaugebiete. Diesen ist jeweils ein Platz in einer streng hierarchisch geordneten Qualitätspyramide mit insgesamt vier Kategorien zugewiesen:

- Als unterste Ebene sind jene Gebiete definiert, in denen lediglich → Tafelweine produziert werden dürfen. Hier herrschen die am wenigsten strikten Vorschriften (rund 20 % aller Weine).
- In der nächsten Ebene werden jene Gebiete definiert, die nur Landweine (→ vin de pays) produzieren dürfen (rund 25 % aller Weine).
- Darüber befindet sich die Gruppe der Gebiete mit den so genannten → VDQS-Weine (rund 1 % aller erzeugten Weine, etwa 20 Gebiete).
- Die Spitze bildet der → AOC-Bereich für Weine mit einer kontrollierten Herkunftsbezeichnung. Es gibt mehrere Hundert verschiedene AOC-Weine (rund 45 000 ha, 40 % der erzeugten Weine). Der Rest wird für die Branntweinproduktion, z. B. → Cognac, → Armagnac, verwendet oder zu Industriealkohol destilliert (rund 15–20 %).

Innerhalb dieser höchsten Stufe gibt es noch eine weiter gehende Differenzierung, die einer bestimmten Lage oder einem Gebiet (z. B. der Champagne oder dem → Burgund) die prestigeträchtigen → Klassifikationen → *Premier cru* und → *Grand cru* zuordnet. In allen diesen Kategorien regeln präzise gesetzliche Vorschriften, welche Rebsorten angepflanzt, wie hoch der → Ertrag pro ha sein darf, welche Mindestqualität der Most aufweisen muss und welche Weinbau- und Vinifikationsverfahren praktiziert werden müssen oder dürfen. Dieses Qualitätssystem wird von der → INAO, dem *Institut National des Appellations d'Origine*, überwacht und kontrolliert. Weil es kein statisches System ist (Wein lebt und verändert sich), werden natürlich beständig Änderungen und Anpassungen vorgenommen. Dennoch liegt diesem System das feste Prinzip der gewachsenen Qualität zugrunde und trägt damit der Erkenntnis Rechnung, dass Boden- und Klimabedingungen einzigartige und keinesfalls beliebige, die Weinqualität determinierende Faktoren sind.

len sich über sechs weitere Départements.

- An dritter Stelle rangiert die → Provence, insbesondere mit den Départements → Var, → Vaucluse und → Bouches-du-Rhône. Gut 100 000 ha stehen hier unter Reben.
- An vierter Stelle mit rund 80 000 ha folgt → Burgund einschließlich nördlicher und mittlerer → Rhône.
- Rund 60 000 ha entfallen auf das → Loire-Gebiet einschließlich des Centre.
- In der → Champagne befinden sich rund 22 000 ha.
- Etwa 15 000 ha befinden sich im → Elsass.
- Auf → Korsika gibt es rund 7000 ha Rebfläche.

Statistisch gesehen trinken Franzosen etwa 57 l Wein pro Kopf und Jahr. Sie trinken natürlich französischen Wein, so wie sie auch in Frankreich Urlaub machen. Der Wein gehört hier seit Jahrhunderten zum Alltag, und er wird in erster Linie zum Essen getrunken. So hat sich eine genaue Kenntnis von der Harmonie zwischen dem Wein und der Speise entwickelt (die manchem heute als starr erscheinen mag). Zu einem Munster gehört ein Glas Gewürztraminer, zu Gänsestopfleber Sauternes, zum Ziegen-Crottin Sancerre und zum Bœuf Bourgi-

Weinbaubereiche Frankreichs (→ Karte nach S. 96)

Frankreich gliedert sich in die folgenden Weinbaubereiche, die jeweils über eine Vielzahl von Appellationen verfügen können:

Alsace (Elsass)	Jura
Beaujolais	Languedoc
Bordelais (Bordeaux-Gebiet)	Valle de la Loire (Tal der Loire)
Bourgogne (Burgund ohne das Beaujolais)	Provence
Champagne	Vallée du Rhône (Rhône-Tal)
Corse (Korsika)	Roussillon
Est (Ostfrankreich)	Savoie (Savoyen)
	Sud-ouest (Südwestfrankreich)

gnon roter Burgunder. Vom einfachen Landwein bis hin zum Spitzenwein passen französische Weine zum französischen Essen und werden von den Produzenten bewusst als Essensbegleiter angesehen. Dadurch unterscheiden sie sich maßgeblich von den starken und undurchdringlichen, alkoholsüßen Weinen aus Übersee, die zwar eindrucksvoll und mächtig sind, aber ob sie wirklich zum Essen passen, ist eine andere Frage.

Franzen, Weingut Deutsches Weingut in Bremm, Weinbaugebiet → Mosel-Saar-Ruwer, das auf rund 6 ha Rebfläche jährlich etwa 50 000 Flaschen Wein erzeugt. Rebsorten: 75 % Riesling, ferner Frühburgunder. Bekannte Lagen: *Bremmer Calmont* (zählt zu den steilsten Lagen der Welt), *Neefer Frauenberg*. Böden: Schieferverwitterung. Einer der führenden Erzeuger trockener Weine an der Mosel, der sich als Erneuerer einen Namen gemacht hat. Reinhold Franzen zeigt, was die steilen → Terrassenlagen hergeben, wenn man bereit ist, das letzte aus ihnen (und sich) herauszuholen.

Frappato Italienische Rotweinsorte aus dem Gebiet von Vittoria auf → Sizilien, die für den → Cerasuolo di Vittoria verwendet wird.

Frappé Bezeichnung für einen so stark gekühlten Wein, dass das Glas beim Einschenken beschlägt. So ein Wein ist viel zu kalt – außer bei großer Sommerhitze.

Frascati Italienische Weinbaugemeinde in den Albaner Bergen südöstlich von Rom. Erzeugt wird Weißwein aus dem in → Latium üblichen Verschnitt aus Malvasia und Trebbiano und kommt meist trocken (*Secco* oder *Asciutto*) in den Handel, seltener als *Amabile, Dolce* oder *Cannellino* (sehr süß aus eingetrockneten Trauben). Ab 11,5 % darf er zusätzlich die Bezeichnung → Superiore tragen. Bekannte Erzeuger: Zandotti, Fontana Candida (*Vigneti Santa Teresa*), Villa Simone, Colli di Catone (*Colle Gaio*). Der echte Frascati ist ein Wein, der in der Region getrunken werden muss, da er nur begrenzt haltbar ist.

Frecciarossa (wörtlich: roter Pfeil) Italienische rote und weiße → DOC-Weine aus der Umgebung von Casteggio im → Oltrepò Pavese in der südlichen → Lombardei.

Freiburg Westschweizer Kanton (Fribourg) mit rund 100 ha Rebfläche, die sich fast ausschließlich am Mont Vully befinden, der Rest liegt bei Cheyres am Neuenburger See und einer Domäne in der → Lavaux. Weißwein basiert überwiegend auf Chasselas, während die wenigen Rotweine meist aus Pinot noir und Gamay erzeugt werden.

Freinsheim Deutsche Stadt in der → Pfalz, an der Mittelhaardt bei Kallstadt gelegen. Rund 350 ha Rebfläche, davon rund 40 % Riesling.

Freisa Italienische Rotweinsorte des → Piemont, die zu einem DOC-Schaumwein namens *Freisa d'Asti* sowie zu *Freisa di Chieri* und *Freisa d'Alba* verarbeitet wird. Meist trocken, selten süß als → Frizzante oder → Spumante.

Freixenet Der größte Schaumweinproduzent der Welt ist in der spanischen Region → Penedés ansässig. In der eindrucksvollen Art-deco-Anlage werden rund 65 Millionen Flaschen → Cava (Sekt) produziert, darunter der Massenwein *Carta Nevada* und *Cordón negro*. Spitzensekte sind *Brut Barocco, Freixenet Vintage, Cuvée* DS sowie der Top-Cava *Reserva Real*.

Frescobaldi, Marchesi de' Italienisches Weingut in der Region → Toskana mit Sitz in Florenz. Frescobaldi ist neben → Antinori eines der großen Weinimperien Italiens, das auf rund 800 ha Rebfläche etwa 6 Millionen Flaschen Wein erzeugt. Zu Frescobaldi gehören die Weingüter Luce in Montalcino (ein Gemeinschaftsunternehmen mit → Mondavi), die die IGT-Weine Luce und Lucente (rund 150 000 Flaschen) erzeugen – zwei Weine aus den Rebsorten Sangiovese und Merlot im → internationalen Stil, die mit ihrem Namen und Etikett vollständig auf den amerikanischen Markt zugeschnitten sind. Beteiligt ist das Frescobaldi-Imperium an der bedeutenden Tenuta dell'→ Ornellaia (→ Bolgheri – 400 000 Flaschen) sowie an den Weingütern Castelgiocondo (Montalcino – 800 000 Flaschen), Tenuta Castiglione (Colli Fiorentini) und Attems (Friaul – 150 000 Flaschen).

Frescobaldi ist einer der Großen im Chianti Rùfina und Pomino – hier werden die Brot-und-Butterweine DOCG Chianti Rùfina *Rèmole* (Cuvée aus Sangiovese und Cabernet Sauvignon – 1,5 Millionen Flaschen) sowie *Montesodi* und *Nipozzano* erzeugt. Außerdem wird noch der DOC Pomino (Bianco und Rosso) produziert – neben einer langen Reihe weiterer Weine.

Freyburg Zentrum des Weinbaugebietes → Saale-Unstrut. Die terrassierten Steillagen der Region bestehen meist aus Muschelkalk.

Friaul → Friuli-Venezia Giulia

Fribourg Schweizer Kanton → Freiburg

Friedrich-Wilhelm-Gymnasium Deutsches Weingut und Stiftung in Trier. Mit rund 36 ha Weinbergbesitz an Mosel und Saar, u. a. in Bernkastel, Dhron, Graach, Oberemmel, Trittenheim und Zeltingen, auf dem überwiegend Riesling wächst.

Friuli-Venezia Giulia Friaul – nordostitalienische Weinbauregion. Im Norden schirmen die Alpen das Gebiet gegen Kaltluft ab, der Süden steht deutlich unter dem adriatisch beeinflussten Klima. Qualitativ besonders hochwertige Weine liefert die den Alpen vorgelagerte Hügelkette an der slowenischen Grenze bei der Stadt Gorizia (Görtz). In den dortigen Regionen Collio und Colli Orientali del Friuli, (Collio = Hügel) herrschen lehmhaltige Böden vor, auf denen eine Vielzahl z. T. → autochthoner Rebsorten wächst. Die Weine von hier genießen das höchste Ansehen.

Im istrischen Weinbaubereich → Carso gibt es nur eine Hand voll angesehener Erzeuger. In den übrigen Gebieten → Isonzo, → Aquileia, → Latisana und vor allem im ausgedehnten → Grave del Friuli wird überwiegend einfachster Massenwein aus Pinot grigio erzeugt. Insgesamt verfügen 40 % der im Friaul erzeugten Weine über einen DOC-Status. Jährlich werden rund 110 Millionen l Wein auf rund 19 000 ha erzeugt (davon 47 % Rotwein).

Friuli Annia Italienische DOC im Friaul in der Provinz Udine mit acht Gemeinden. Rotwein wird aus Merlot, Cabernet franc, Cabernet Sauvignon, Refosco dal Peduncolo rosso (alle Roten sind auch für den Rosso und den Rosato zugelassen) erzeugt; Weißwein aus Tocai Friulano, Pinot bianco (Weißer Burgunder), Pinot grigio (Grauer Burgunder), Verduzzo friulano, Sauvignon, Chardonnay und Malvasia.

Frizzante Italienische Bezeichnung für einen leicht schäumenden → Perlwein, wobei dieses Schäumen meist das Ergebnis einer teilweisen Gärung in der Flasche ist. Etliche italienische Weine (vor allem rote) werden in Flaschen gefüllt, bevor die Hauptgärung beendet ist. Zu diesem Zeitpunkt enthalten sie noch einen Rest unvergorenen Traubenzucker, der in der Flasche (oft nicht vollständig) vergärt. Dadurch fallen diese Weine leicht schäumend aus und enthalten meist auch ein wenig Restsüße. Manche Erzeuger versetzen den Wein einfach mit Kohlensäure. Siehe auch → Prosecco, → Barbacarlo, → Freisa, → Lambrusco.

Fronsac Französischer Weinbauort an der Dordogne, drei Kilometer westlich von Libourne gelegen, im Zentrum eines Weinbaubereichs mit rund 3300 ha Rebfläche. Weniger bedeutsam sind die rund 2300 ha im so genannten → Fronsadais.

Beim Ort Fransac an der Dordogne liegen zwei Appellationen: Die Weine der besseren Hanglagen mit ihren Ton-Kalk-Böden liegen im Kerngebiet und kommen als AOC → *Canon-Fronsac* auf den Markt, die übrigen umliegenden 800 ha dagegen als AOC *Fronsac*. Hierbei handelt es sich um (weniger gute) Rebflächen in der Flussebene und oberhalb der Hänge gelegene Lagen, auf denen rund 4,5 Millionen l Wein erzeugt werden. Die Weine werden überwiegend aus Merlot vinifiziert mit unterschiedlich hohen Anteilen von Cabernet franc und anderen Sorten. Bekannte Weingüter in Fronsac: Châteaux de La Rivière, Haut-Carles, Fontenil, Lariveau, Dalem, Moulin Haut-Laroque, La Vieile Cure und Richelieu.

Fronsadais Die Gemeinden im Hinterland von → Fronsac, die keinen Anteil an den Appellationen *Fronsac* und → *Canon-Fronsac* haben. Der hier erzeugte Wein darf nur als → Bordeaux oder Bordeaux Supérieur in den Handel gebracht werden mit einer einzigen Ausnahme: Château Mayne-Vieil in Galgon.

Frontignan Französische Stadt an der Mittelmeerküste. Der in ihrer Umgebung erzeugte goldfarbene, süße Muskatellerwein ist ein gespriteter Likörwein und wird aus der Sorte Muscat doré de Frontignan bereitet.

Fronton Hauptort der → Côte du Frontonnais.

Frost Reben sind während der Vegetationsperiode frostempfindlich. Die Ausbreitung der Rebkulturen nach Norden ist dadurch auf den Vegetationszeitraum zwischen → Austrieb (meist gegen Ende April) und → Lese begrenzt. Im Frühjahr und Frühherbst kann eventuell auftretender Frost den Reben zusetzen. Schon wenige Grad unter dem Gefrierpunkt können die Vegetation beenden. Ob sie den noch ungeernteten Trauben schaden, hängt von ihrem Reifezustand ab: Sind sie zu diesem Zeitpunkt noch nicht ausgereift, kann die Ernte erheblich dezimiert werden. Reifen Trauben schadet Frost hingegen praktisch nicht. Wenn die Temperaturen tief genug sind, lässt sich aus ihnen sogar ein → Eiswein erzeugen. Während der Winterruhe sind die Reben unempfindlich und überstehen kurze Kälteperioden bis minus 25° C. Zu den besonders frostharten Sorten zählt der Riesling, weil er im Winter kaum Zellwasser im Rebholz einlagert.

Frucht → fruchtig

Fruchtfleisch Fleischiger und saftiger Inhalt der → Beere.

Fruchtig Typisches Merkmal in Duft und Geschmack vor allem von jungen Weinen. Die Fruchtaromatik eines Weins kann durch die Vinifikation verstärkt werden, z. B. durch gekühlte Vergärung, die Verwendung von Reinzuchthefen (→ Hefe) und das volle Ausschöpfen der zulässigen Obergrenze von 9 g/l Zucker im Wein. Dieser Typus Wein entspricht mit seiner Überbetonung primärer, fruchtbetonter Elemente dem derzeitigen Modetrend. Solche → Fruchtzwerge schmecken in ihrer Jugend vielleicht gut, aber allzu oft verblassen sie schon nach kurzer Zeit. Wirklich gute Weine zeigen ihre ganze Schönheit erst im sekundären Stadium, wenn die Frucht der Mineralität und den Reifearomen Platz einräumt. Fruchtigkeit ist eine positive Eigenschaft, doch sollte man sie nicht auf Kosten anderer Merkmale des Weins überbewerten.

Fruchtzwerg Immer mehr Weißweine werden durch die zunehmend in die Keller einziehende Kältetechnik extrem kalt und mit kälteresistenter Reinzuchthefe vergoren, die Temperaturen verträgt, bei denen »normale« Hefe bereits abstirbt. Solche Weine strotzen nur so vor Fruchtaromen in ihrer Jugend – so sehr, dass sie unweigerlich an Fruchtzwerge erinnern.

Frühburgunder, Blauer Rotweinsorte, vermutlich als Mutation aus dem Blauen → Spätburgunder entstanden und somit zur → Pinot-Familie gehörend – ein Wein mit hohem Qualitätspotenzial. Er wird in Deutschland wieder vermehrt angebaut, da sein bis zu zwei Wochen früherer Austrieb in der Regel eine höhere Reife gewährleistet. Kultiviert wird er in Württemberg (dort Clevner genannt), aber auch in Bürgstadt (Franken) sowie an der Ahr.

Frühreif Auf den nördlichen Weinbau bezogen, sind damit jene Rebsorten gemeint, deren Trauben früh reifen – meist schon im September. Oft ein Charakteristikum von → Neuzüchtungen. Frühreif kann aber auch bedeuten, dass ein Wein in der Flasche vorzeitig vergreist ist.

Fuchston Bezeichnung eines typischen (an Seife erinnernden) Geschmacks → amerikanischer Weine und bestimmter interspezifischer Kreuzungen (→ Hybriden).

Fuder Das traditionelle Eichenfass an Mosel-Saar-Ruwer mit rund 1000 l Fassungsvermögen. → Fass

Fuissé Die bekannteste der fünf → Pouilly-Fuissé-Gemeinden im Mâconnaise, im Süden von → Burgund gelegen.

Funchal Hauptstadt der portugiesischen Insel → Madeira, in der die meisten Madeira-Weine gelagert und von dort in alle Welt verschifft werden.

Furmint Ungarische Weißweinsorte, aus der → Tokajer bereitet wird. Unverschnitten kann sie auch in → Tokaj, → Badacsony, → Somló u. a. Gebieten als *Tokaji Furmint, Badacsonyi Furmint* in den Handel kommen. Auch in Österreich wird der Furmint kultiviert, so in Rust am Neusiedlersee.

Fürst, Weingut Deutsches Weingut im Weinbaugebiet → Franken im Ort Bürgstadt. Auf rund 15 ha Rebfläche werden jährlich etwa 100 000 Flaschen Wein erzeugt. Rebsorten: 40 % Spätburgunder, je 15 % Silvaner, Riesling und Weißburgunder, ferner Frühburgunder und Traminer. Erzeugt auch einen hervorragenden Weißwein im → gemischten Satz (Riesling und Silvaner). Bekannte Lagen: *Bürgstadter Centgrafenberg, Volkacher Karthäuser*. Böden: Buntsandstein mit Ton- und Lehmauflage, Muschelkalk. Paul Fürst ist ein Filigran-Vinifikateur mit einem besonderen Händchen für Weine aus dem großen Holzfass bzw. Rotweine (besonders der autochthone Frühburgunder) mit perfektem Holzeinsatz: ein führender Erzeuger.

Furth Österreichische Weinbaugemeinde im → Kremstal mit knapp 300 ha Rebfläche. Oberhalb von Furth liegt das Benediktinerstift und gleichnamige Weingut Göttweig.

G

Gabiano Italienischer Rotwein mit DOC-Status, der im Monferrato Casalese in → Piemont erzeugt wird. Rebsorten: Barbera, ferner Freisa und Grignolino. Nach mindestens zweijähriger Lagerung und mit 12,5 % Alkohol darf er als *Riserva* in den Handel gebracht werden.

Gaffelière, Château La Französisches *Premier grand cru classé B*-Weingut in → Saint-Emilion mit 22 ha Rebfläche, die zu 65 % mit Merlot, 25 % Cabernet franc und 10 % Cabernet Sauvignon bestockt sind.

Gager, Josef Österreichisches Weingut im Weinbaugebiet → Mittelburgenland. Auf rund 18 ha Rebfläche werden jährlich etwa 100 000 Flaschen Rotwein erzeugt: vor allem je 30 % Blaufränkisch und Cabernet Sauvignon, 20 % Zweigelt und 15 % Merlot. Die Cuvée *Quattro* besteht aus Cabernet Sauvignon, Blaufränkisch, Zweigelt und Merlot; *Cablot* aus Cabernet Sauvignon und Merlot.

Gaillac Französische Stadt am Tarn, etwa 50 km nordöstlich von Toulouse in Südfrankreich. Das gleichnamige Weinbaugebiet liegt an der Scheide zwischen atlantischem und mediterranem Klima. In der AOC Gaillac werden Rot-, Rosé- und Weißweine (auch als Schaumwein: *Gaillac mousseux*) an den Kalkabhängen des rechten Tarnufers mit ihrem fast mediterranen Klima auf rund 3000 ha Rebfläche (pro Jahr etwa 20 Millionen l) produziert. Der Weißwein vom linken Ufer mit seinen Granitböden steht eher unter atlantischem Klimaeinfluss und wird aus den Sorten Mauzac mit Zusatz von Len de l'El und Sauvignon erzeugt (neben einer Reihe autochthoner Rebsorten), der Rot- und Roséwein aus den Sorten Fer (auch Braucol genannt), Duras, Gamay und Syrah mit Zusätzen von Cabernet Sauvignon, Cabernet franc und Merlot. Die als *Gaillac* bezeichneten Weine können über eine deutliche Restsüße verfügen. Bekannte Erzeuger: Dom. de Balages, Clement Termes, Dom. d'Esausses, Dom. de Ginestre, Dom. de Labarthe, Miramond, Montels, Château Palvie und Rene Rieux.

Gaja Weingut im → Piemont mit rund 60 ha Rebfläche in der Umgebung von Alba und einer jährlichen Produktion von etwa 300 000 Flaschen Wein. Erzeugte Weine: DOCG Barbaresco; die Einzellagen-Weine DOC Nebbiolo Sorì San Lorenzo, Sorì Tildìn, Sperss und Costa Russiz. Außerdem der Chardonnay Gaja & Rey, der Barbera Sitorey, der Cabernet Sauvignon Darmagi und die Cuvée Sito Moresco (Nebbiolo, Barbera, Merlot). Gaja ist auch im Besitz der Handelsmarke Gromis sowie der Weingüter Marengo-Marenda (Piemont, Barolo), Pieve di Santa Restituta (Toscana, Montalcino) sowie in Bolgheri.

Angelo Gaja hat mit seinen aufsehenerregenden Weinen den kometenhaften Aufstieg des Piemonteser Weinbaus ausgelöst. Er und seine Weine genießen in Italien heute regelrechten Kultstatus. Während sich Gaja zu Beginn seiner Karriere unzweifelhaft um den Aufstieg der Region verdient gemacht und außergewöhnliche Weine geschaffen hat, die lange Zeit ihresgleichen gesucht haben, hat der Betrieb in der letzten Zeit eine programmatische Wendung vollzogen. Dem Ansehen des Barbaresco hatte Gaja ursprünglich dadurch verholfen, dass er als Erster in der Region Weine aus Einzellagen abgefüllt hat, zum Beispiel aus dem *Sorì San Lorenzo* und *Sorì Tildìn*. Lange Jahre hat er diese Weine als Barbaresco verkauft und den Vorschriften des Konsortiums entsprochen, diese Weine aus 100 Prozent Nebbiolo zu erzeugen.

Neuerdings jedoch verzichtet Gaja bei einem Teil seiner Weine auf die DOCG-Bezeichnung Barbaresco bzw. Barolo und stuft sie zu DOC Langhe Nebbiolo ab. Hierdurch ist er nun in der Lage, seine Weine durch einen höheren Anteil an Cabernet Sauvignon gefälliger und exportfähiger zu machen sowie die Dauer der Fasslagerung und Flaschenreifung zu verkürzen, da das Konsortium beim Barbaresco mindestens zwei und beim Barolo drei Jahre Alterung vorschreibt. Kurz gesagt, der Name Gaja ist ihm wichtiger als der Name der Appellation (Barbaresco) und seine bewährten Produktionsbedingungen.

Diese Neuerungen werden wohl nicht ohne Wirkung bleiben, da Gaja die traditionelle Vinifikation in Frage stellt. Seine Vorbildfunktion kann dazu führen, dass viele Erzeuger es ihm gleichtun und somit die Zukunft des wahren Barbaresco und Barolo als reinsortiger Nebbiolo auf dem Spiel steht. Die Folge wäre eine deutliche Veränderung des Weinstils: Bereits 20 Prozent Cabernet machen den Wein gefällig und zerstören ein einzigartiges und ausgependeltes Aromengefüge, das nur ein reinsortiger Nebbiolo hervorbringt.

Galatina Italienische DOC für Rot-, Rosé- und Weißweine in → Apulien: Rosé- und Rotweine werden aus der Rebsorte Negroamaro (mit lokalen Zusätzen – auch als Riserva mit 2-jähriger Lagerung) erzeugt, die Weißweine aus Chardonnay (mit weiteren Zusätzen – auch als Frizzante).

Galestro Italienischer Weißwein aus dem → Chianti-Gebiet in der Toskana, der hauptsächlich aus der weißen Rebsorte Trebbiano erzeugt wird. Es handelt sich dabei um eine Art Resteverwertung jener Trauben, die früher im toskanischen Rotweinklassiker Chianti Verwendung fanden; weiße Sorten sind jedoch dafür seit einigen Jahren nicht mehr zugelassen.

Gallisieren → Nassverbesserung

Gallo, E & J Kalifornisches Weingut in den USA – das größte Weingut der Welt. Auf schätzungsweise 3000 ha Eigenbesitz und durch Traubenzukauf in ganz Kalifornien werden schätzungsweise 700 Millionen Flaschen Wein erzeugt. Das Familienunternehmen Gallo ist ein Phänomen und eng mit dem Erfolg des Industrieweins verbunden. Die Trauben werden in zwei gigantischen Kellereien in Modesto verarbeitet (wohl ein Drittel der kalifornischen Traubenproduktion landet bei Gallo), in denen sich bis zu 4 Millionen l Wein fassende Tanks befinden. Der jährliche Geschäftsumsatz soll 1 Milliarde US-Dollar übersteigen. In Europa tritt Gallo mit einer Reihe von Markenweinen auf (z. B. mit Turning Leaf – einer Premiumlinie, die überwiegend mit → Eichenchips aromatisiert wird) und konkurriert mit → Mondavi um die Regalplätze der global agierenden Discounter. Dabei konzentrieren sie sich erfolgreich nicht auf die untersten Regalböden, sondern um das relativ hochpreisige Mittelsegment. Die Weine sind fehlerfrei – aber eben mit all jenen Mitteln erzeugte Industrieweine, die eine industrielle Produktion möglich macht und fordert.

In ihrem Spitzenweingut Gallo Sonoma werden ganz andere Weine erzeugt: Dort wachsen auf 1200 ha eigener Rebfläche Chardonnay, Cabernet Sauvignon, Merlot und Zinfandel – aus den besten Trauben produzieren sie hochpreisige Weine in kleiner Auflage, die gezielt das Spitzensegment besetzen sollen. Für diese Produktion wurde eigens die AVA Northern Sonoma geschaffen. Die Weine werden vorzugsweise an die Spitzengastronomie in aller Welt geliefert und von Sterneköchen beworben (die für das ihnen zufallende Werbebudget sicherlich dankbar sind), um damit auch den eher schwachen Basisweinen zu Ansehen zu verhelfen. Ungewöhnlich dabei ist vor allem, dass der betagte Julio Gallo noch selbst im Geschäft tätig ist und auf Kooperationen mit anderen Produzenten (wie z. B. → Mondavi mit Rothschild) verzichtet.

Galluccio Italienische DOC für Rot-, Rosé- und Weißweine, die in sechs Gemeinden der Provinz Caserta, → Kampanien, erzeugt werden: Rotweine aus Aglianico (plus Zusätze – auch als Riserva mit einjähriger Holzfasslagerung) und Weißweine aus Falanghina.

Gamay Französische Rotweinsorte, mit der in Frankreich rund 34 000 ha bestockt sind. 60 % davon finden sich allein im → Beaujolais-Gebiet, wo Gamay praktisch die alles dominierende Rebsorte ist und auf den Granit- und Lehmböden dieser Region optimale Bedingungen vorfindet. In Verbindung mit Pinot noir taucht der Gamay im *Bourgogne* → *Passe-Tout-Grains* und auch im → Dôle genannten Wein des Wallis auf. Außerhalb des Beaujolais findet man den Gamay in Frankreich vor allem an der Loire, dort in der → Touraine sowie in den Rotweingebieten der Côtes d'→ Auvergne, der → Côtes du Forez, der → Côte Roannaise. Außerhalb Frankreichs ist Gamay kaum anzutreffen. Auch der bulgarische *Gamé* ist kein Gamay, sondern ein Kékfrankos (auch Blaufränkisch bzw. Lemberger genannt).

Gambellara Italienischer DOC-Weißwein des → Veneto, der in der gleichnamigen Weinbaugemeinde in der Nähe von → Soave produziert wird. Er besteht überwiegend aus der Sorte Garganega mit einem möglichen Zusatz von Trebbiano. Als trockener Wein mit mindestens 11,5 % Alkohol darf er die Bezeichnung → *Superiore* führen. Ferner gibt es einen *Passito, Recioto di Gambellara* und *Spumante*, selten auch *Vin santo di Gambellara* mit mindestens 14 % Alkohol.

Gambero Rosso Verlag des einflussreichen italienischen Weinführers Vini d'Italia. → Drei Gläser

Gamlitz Österreichischer Weinbauort der → Südsteiermark. Auf rund 330 ha Rebfläche werden die Sorten Weißburgunder, Muskateller und Grauer Burgunder kultiviert. Bekannte Erzeuger: Lackner-Tinnacher, Sattlerhof, Walter Skoff und Peter Skoff.

Garagenwinzer Kleinsterzeuger, die meist auf wenigen ha Rebfläche unter einfachsten Bedingungen (manchmal auch unter ausschließlichem Zukauf von Trauben) hochwertige Weine produzieren. Solche Erzeuger erregen nicht selten einen hohen Grad an Aufmerksamkeit, wenn sie von Weinjournalisten wie z. B. → Parker entdeckt und hoch bewertet werden. Die damit schlagartig ausgelöste Nachfrage und das winzige Angebot sorgt über Nacht für explodierende Preise, die weit über dem Gebietsdurchschnitt liegen können. So schön diese Weine auch sein mögen – die Bedeutung der Garagenwinzer ist grundsätzlich auch problematisch zu sehen, da es sich bei ihren Weinen meist um → internationale Weine mit wenig → Authentizität handelt, die zwar den Kritikern gefallen, deren Erfolg aber das langsam gewachsene Gefüge von Weinregionen wie z. B. in

Frankreich oder Spanien auf den Kopf stellen kann.

Gard Das viertgrößte französische Weinbaudépartement mit rund 60 000 ha Rebfläche (fast so viel wie Österreich und die Schweiz zusammen), die sich vom unteren → Rhône-Tal bis weit in den → Midi erstreckt. Am bekanntesten sind die AOC-Roséweine → Tavel und → Lirac. Es wird aber auch viel AOC-→ *Côtes-du-Rhône* und *Côtes-du-Rhône-Villages* (z. B. Chusclan, Laudun) erzeugt, ferner → Clairette de Bellegarde, → Costières-de-Nîmes sowie rund ein Dutzend Landweine (Vin de pays).

Gardasee Der größte der oberitalienischen Seen ist bekannt für sein mildes Klima. Am lang gestreckten Südrand werden Reben angepflanzt, aus denen eine Reihe von Rot-, Rosé- und Weißweinen erzeugt wird. Der bekannteste ist der DOCG-→ Bardolino bzw. Bardolino Classico. Vom Westufer kommen weniger Weine, vor allem DOC → Riviera del Garda (Bresciano). Am Südufer wird sehr viel Weißwein erzeugt, vor allem der → Lugana und der → Bianco di Custoza (beide DOC).

Gardine, Château de la Französisches Weingut an der südlichen → Rhône im Ort Châteauneuf-du-Pape. Rund 70 ha Rebfläche für AOC Châteauneuf-du-Pape und AOC Côte du Rhône/Villages. Der Wein liegt mehrere Jahre im Fass; ein insgesamt eher eleganter als kraftvoller Wein.

Garganega Italienische weiße Rebsorte mit eher mittlerem Potenzial, die vor allem im → Veneto anzutreffen und deren bekanntester Wein der DOC-→ Soave ist. Die folgenden Weine werden ebenfalls aus oder mit Garganega vinifiziert: Gambellara, Garganega dei Colli Berici, Colli Euganei Bianco, Bianco di Custoza.

Garnacha Spanischer Name für die Sorte → Grenache, die häufigste Rebsorte Spaniens.

Garonne Größter Fluss Südwestfrankreichs, der bei Luchon in den Pyrenäen entspringt und dann über Toulouse nach → Bordeaux fließt, um sich nördlich davon mit der → Dordogne zum Mündungstrichter der → Gironde zu vereinigen. Charakteristisch für die Garonne sind die bis zu zehn m tiefen Kiesablagerungen, die in urgeschichtlicher Zeit entstanden sind. In den Weinbaugebieten → Sauternes, → Barsac und den Graves (insbesondere in → Léognan und → Pessac) bis in den südlichen Haut-Médoc (→ Margaux) und an anderen Orten sind diese Ablagerungen aus schneeweißem Kies aus der erdgeschichtlichen Günzperiode (vor etwa 1 bis 1,3 Millionen Jahren) anzutreffen.

Garrafeira Portugiesisch für Flaschenkeller. Davon abgeleitet wurde das Prädikat für portugiesische Rot- und z. T. auch Weißweine. Laut Gesetz muss der Rotwein mindestens drei Jahre, der Weißwein mindestens zwei Jahre im Keller gereift sein (davon ein Jahr auf der Flasche), bevor er die Bezeichnung Garrafeira führen darf. In der Regel sind diese Weine noch älter, bevor sie auf Flaschen gefüllt werden. Wenn es auch heißt, dass die besten Garrafeira-Weine aus dem → Ribatejo stammen, so sind sie in der Praxis oft ein übergebietlicher Verschnitt. Heute muss die Herkunft auf dem Etikett angegeben werden. Bekannte Erzeuger: C. Vinhas (Ribalta), Aliança, Dom Teodósio, Carvalho – Ribeiro & Ferreira und Messias.

Gärung Zentraler Vorgang der Weinentstehung, bei der → Hefe den im Most enthaltenen Zucker in → Alkohol und → Kohlensäure umwandelt – so wird Traubenmost zu Wein. Obwohl die Gärung seit Menschengedenken bekannt ist, hielt man sie für einen spontanen physikalischen Vorgang, bis Louis Pas-

Weißweingärung

Die Fermentation von Weißwein verläuft nach grundsätzlich anderen Regeln als beim Rotwein. Bei Weißwein wird in der Regel nur der Most vergoren, der nach der Lese so schnell wie möglich aus den Trauben gepresst wird.

Rotweingärung

Bei Rotwein wird auf die Farbausbeute der Beerenschalen und auf den Transfer der → Tannine in den Wein besonderer Wert gelegt. Dazu wird Rotwein in der → Maischegärung z. T. mehrere Wochen lang mit den Traubenschalen vergoren und erst danach abgepresst. Schließlich gibt es noch die → Malolaktische Gärung. Bei ihr wird nicht Zucker in Alkohol und Kohlensäure, sondern Apfelsäure in Milch- und Kohlensäure umgesetzt – ein vorwiegend bei Rotwein übliches Verfahren.

teur 1857 den Nachweis führte, dass sie von der → Hefe als lebendem Organismus bewirkt wird.

Gärung ist ein fundamentaler Zersetzungsprozess, der bei vielen Lebensmitteln eine Rolle spielt. Die einem teilweisen Verfallsprozess preisgegebenen Ausgangsprodukte durchlaufen eine Metamorphose, aus der sie mit völlig verändertem Geschmack, Duft und Haltbarkeit hervorgehen. Die elementaren Grundlagen der menschlichen Ernährung basieren auf Nahrungsmitteln, die durch Fermentation überhaupt erst entstehen: So verwandeln sich Grundprodukte wie z. B. Most, Getreide, Milch, Sojabohnen, Kohl und Fleisch in Wein, Bier, Brotteig, Käse, Sojasoße, Sauerkraut und Salami.

Bei der modernen Weinbereitung spielt die Gärung eine wichtige Rolle. Ihre Kenntnis und genaue Steuerung ist von großer Bedeutung, da die Erzeuger bei der Gärung nichts dem Zufall überlassen wollen. Entsprechend wird die Temperatur in den Gärbehältern kontrolliert, erwärmt oder abgekühlt, um einen zügigen Gärbeginn und eine völlige Vergärung sicherzustellen. Bei der alkoholischen Gärung wird die Gärtemperatur bei Rotweinen zwischen etwa 28 und 32 Grad gehalten, bei Weißweinen zwischen 15 und 22 Grad. Diese Temperaturen sind ideal, um die Frische und die Aromastoffe im Wein zu erhalten. Je höher der Zucker- oder → Botrytisgehalt, desto langsamer kommt die Gärung in Gang und desto länger kann sie dauern. Sie kann auch zum Stillstand kommen, ohne dass aller Zucker vergoren wurde. Solche Weine haben eine → natürliche Restsüße, die aber nicht immer erwünscht ist. An der → Mosel oder im französischen → Vouvray dagegen sind natürlich restsüße Weine durchaus gewollt. Sie können lediglich 5,5 % Alkohol enthalten (das gesetzlich vorgeschriebene Minimum) – z. B. Trockenbeerenauslesen.

Die alkoholische Gärung kann auch vorzeitig abgebrochen werden:

- durch Abkühlen des Weines, bis die Gärhefe ihre Aktivität wegen Unterkühlung einstellt (das gängigste Verfahren);
- durch starke Filtration, bei der die Hefezellen komplett vom Wein getrennt werden;
- durch die Zugabe von → Schwefel (eine früher angewandte Methode), doch die dafür notwendigen Mengen stehen aus heutiger Sicht in einem krassen Gegensatz zur Bekömmlichkeit des Weins;

• durch → Aufspriten mit hochprozentigem Alkohol, um die Hefezellen abzutöten (ein z. B. beim Portwein übliches Verfahren).

Theoretisch kann durch reine Hefegärung bei einem entsprechenden Zuckergehalt ein natürlicher Alkoholgehalt von maximal 18 % entstehen, doch in der Praxis wird dies fast nie erreicht.

Gassmann, Domaine Rolly Französisches Weingut im → Elsass, im Ort Dambach-la-Ville. Auf rund 30 ha Rebfläche werden rund 800 000 Flaschen Wein erzeugt – vor allem Riesling, Gewürztraminer und Pinot gris.

Gattinara Italienischer DOCG-Rotwein aus dem Norden → Piemonts, der aus der Sorte → Nebbiolo unter Zusatz von bis zu 10 % Bonarda erzeugt wird. Er kommt ausschließlich aus der Gemeinde Gattinara in der Provinz Vercelli, muss mindestens 12 % Alkohol aufweisen und vier Jahre gelagert sein (davon zwei Jahre im Eichen- oder Kastanienfass). Geschmacklich ähnelt er dem Barbaresco. Bekannte Erzeuger: Nervi, Antoniolo, Monsecco, Travaglini.

Gauby, Domaine Französisches Weingut im → Roussillon in Calce – der Spitzenerzeuger der Region, vermarktet seine Weine teilweise als Vin de Pays. Rund 45 ha Rebfläche. Spitzenwein: *Muntada* (100 % Grenache); *Domaine Gauby* (Weißwein und Rotwein) aus alten Reben im gemischten Satz; *La Soula* (Rotwein vom Granit); *Clos de la Orri* (ein Wein aus alten Reben, Grenache und Macabeu). Erhabene, kräftige und doch sublime Weine. Enorm niedrige → Erträge (z. T. unter 1500 l pro ha).

Gaudichots, Les Französische *Grand cru*-Lage im Burgund in der Nachbarschaft von *La → Tâche*, die 1936 mit dieser vereinigt wurde, sodass die von dort stammenden Weine seither als *La Tâche Grand cru* AOC in den Handel kommen. Außerdem Sammelname für ein Dutzend über → Vosne-Romanée verstreute Parzellen (zusammen weniger als 1 ha), deren Weine heute in der Regel als *Vosne-Romanée Premier cru* AOC auf den Markt kommen, da – um Missverständnisse zu vermeiden – von dem Namen Les Gaudichots für die Weine kaum noch Gebrauch gemacht wird.

Gavi Italienischer DOCG-Weißwein aus der Umgebung der Stadt Gavi in → Piemont. Wird aus der Sorte → Cortese erzeugt und kommt auch als Cortese di Gavi in den Handel. Aus der Appellation um Gavi wird er *Gavi di Gavi* genannt.

Gay, Château Le Französisches Weingut in → Pomerol mit 7 ha Rebfläche: je 50 % Merlot und Cabernet franc.

Gazin, Château Französisches Weingut in → Pomerol mit rund 23 ha Rebfläche: 75 % Merlot, 20 % Cabernet franc und 5 % Cabernet Sauvignon. Ferner gibt es folgende Güter, die Gazin im Namen führen: Château Gazin in Léognan (Graves) und Château du Gazin in Saint-Michel-de-Fronsac (Canon-Fronsac).

Gedersdorf Österreichische Weinbaugemeinde östlich von Krems im → Kremstal. Rund 300 ha Rebfläche mit zu zwei Dritteln Grünem Veltliner. Bekannte Erzeuger: Weingut Mantlerhof.

Geisenheim Deutsche Stadt im → Rheingau mit rund 430 ha Rebfläche, auf der überwiegend Riesling wächst. Bekannte Lagen: *Rothenberg*, *Kläuserweg*, *Mäuerchen*. Geisenheim ist außerdem Sitz der → Forschungsanstalt für Wein- und Gartenbau. Bekannte Erzeuger: Johannishof (H. H. Eser), Wegeler-Deinhard, Schloß Schönborn (in Hattenheim).

Geiztrauben Kleine, nicht entwickelte Trauben an den Geiztrieben, die sich erst im Laufe des Sommers herausbilden und nicht ausreifen. Sie werden im Sommer ausgebrochen (ausgegeizt), um den Stock nicht unnötig zu belasten.

Geltz-Zilliken, Weingut Forstmeister → Zilliken, Weingut Forstmeister Geltz.

Gemischter Satz Historische Kulturform im Weinbau. Unterschiedliche Rebsorten, die nebeneinander im gleichen Weinberg stehen, werden im gemischten Satz gemeinsam gelesen und ausgebaut – früher eine Art Versicherung gegen Wetterkapriolen und Weinkrankheiten. Wurden z. B. Riesling, Silvaner und Gewürztraminer bunt durcheinander in die Weinberge gepflanzt, so trug ein Teil der Reben wegen der unterschiedlichen Blüte- und Reifezeiten stets Früchte. Im modernen Weinbau gilt diese Anbauform als überholt, weil sich die Reifeentwicklung im reinen Satz viel besser kontrollieren lässt, ist deshalb so gut wie verschwunden. Selbst dort, wo Weine aus verschiedenen Rebsorten erzeugt werden, wie z. B. in den Weinbauregionen Bordeaux, Chianti oder Rioja, werden diese Sorten getrennt angepflanzt, gelesen und vergoren. Erst danach, oft auch erst nach weiteren Monaten getrennten Weinausbaus, findet der → Verschnitt oder die *Assemblage* statt. Wenige Weingüter verfügen noch über Restbestände von Weinbergen, die im gemischten Satz gepflanzt sind. Solche Weine können durchaus spannend sein.

Genazzano Italienische DOC für Weiß- und Rotweine in → Latium in der Provinz Rom, die in sechs Gemeinden erzeugt werden: der Weißwein aus den Sorten Malvasia di Candia, Bellone, Bombino, Trebiano Tosano und Pinot Bianco, der Rotwein aus Sangiovese, Cesanese und lokalen Sorten.

Genève → Genf

Genf Großstadt am Genfer See, außerdem Schweizer Weinbaugebiet mit rund 1400 ha. Wein, Rebsorten und Anbaumethoden ähneln denen des benachbarten Frankreichs. Auf rund der Hälfte der Rebflächen wird Rotwein vor allem aus Gamay und Pinot noir angebaut, ferner Cabernet Sauvignon und Cabernet franc. Der Anteil des Chasselas (hier Perlan genannt) beim Weißwein geht zurück; weitere weiße Rebsorten sind Aligoté, Chardonnay und Müller-Thurgau. Bedeutendster Weinbaubereich ist das rechts der Rhône gelegene *Mandement* mit den Sorten Satigny, Peissy und Dardagny. Die Weine kommen überwiegend aus Genossenschaftskellereien.

Genossenschaften → Winzergenossenschaften

Georgien Unabhängige Republik in der Gemeinschaft Unabhängiger Staaten. Am Schwarzen Meer gelegen mit gemäßigtem bis subtropischem Klima; Hauptstadt Tiflis (Tbilisi). Der am nördlichen Rand des Landes verlaufende Höhenzug schirmt es gegen kalte Nordwinde aus dem benachbarten Russland ab. Viele Besonderheiten verdeutlichen, dass in Georgien seit über 5000 Jahren Trauben kultiviert werden. Noch heute findet man Spuren dieser jahrtausendealten Weinkultur, so z. B. die Verwendung in die Erde eingegrabener Tonamphoren. Georgien ist auch die Heimat der Wildrebe – ein weiteres Indiz für die Bedeutung des Weinbaus in dieser Region. Die Ur-Rebe Vitis-vinifera silvestris ist der Ursprung hunderter verschiedener Sorten, von denen nur rund 40 für den Weinbau offiziell zugelassen sind.

Die größte Weinbauregion Georgiens liegt nicht – wie man erwarten würde – am Schwarzen Meer, sondern in Kachetien, ganz im Südosten des Landes, rund 300 km im Landesinnern an der Grenze zu Russland und Aserbaidschan. Im gemäßigten Klima der Täler von Alazani und Iori wird auf insgesamt rund 100 000 ha Weinbau betrieben. Neben einer Reihe einheimischer Sorten wie Rkatsiteli und Saperavi befinden sich auch bekannte wie Aligoté, Cabernet Sauvignon, Pinot noir und Chardonnay im Anbau. Außerdem wird viel Schaum- und Likörwein erzeugt.

Geratiako Txakolina → Chacolí de Guetaria

Gerbsäure, Gerbstoff → Tannin

Geropiga Ein sirupartiges Traubenmostkonzentrat, das weniger erlesenen → Portweinen beigegeben wird, um ihnen zu → Süße und Körper zu verhelfen.

Gers Französisches Département im Südwesten mit gut 20 000 ha Rebfläche, deren Weine größtenteils zu Armagnac destilliert werden. Außerdem ragen kleinere Teile des Madiran- wie des Côtes du Brulhois-Gebietes in das Département hinein. Ansonsten werden Land- und Tafelweine erzeugt sowie der VDQS-Wein *Côtes de St-Mont.*

Geschein Blütenstand der Weinrebe. Die Weinblüte verläuft unscheinbar.

Geschmack Die Gesamtheit der Eindrücke, die ein Wein im Mund, also auf der Zunge und am Gaumen, hinterlässt. Man kann den Weingeschmack subjektiv oder objektiv betrachten: Bei der subjektiven Beurteilung geht es um die wesentliche Frage, ob der Wein einem gefällt oder nicht bzw. festzustellen, ob einem ein Wein als angenehm oder unangenehm erscheint.

Bei dem Versuch, einen Wein objektiv zu beurteilen, geht es um andere, ebenfalls wichtige Fragen: z. B. zu prüfen, ob ein Wein nach Sorte, Herkunft, Jahrgang und Ausbau typisch und einwandfrei ist – oder aber ob er atypisch, unsauber oder fehlerhaft ausfällt. Z. B. mag ein Hefegeschmack in einem frisch gefüllten Wein durchaus berechtigt sein, ein Boden-, Eichen- oder Alterungston je nach Wein sogar positiv sein. Hingegen zählen muffiger Fass- oder Korkgeschmack zu den erheblichen Fehlern.

Gespritet Weine, deren tatsächlicher Alkoholgehalt nicht das ausschließliche Ergebnis der → Gärung ist, sondern durch den Zusatz von Weingeist, Branntwein oder reinem → Alkohol künstlich erhöht wurde. Hierdurch wird die Gärung gestoppt und ein Teil unvergorener Restzucker kann im Wein enthalten sein. Die folgenden Weine sind gespritet: → Portwein, → Sherry, → Madeira, → Marsala sowie bei den französischen Likörweinen, die → *Vins doux naturels.* In Deutschland und Österreich ist dieses Verfahren nicht zulässig.

Gevrey-Chambertin Eine der berühmtesten Weinbaugemeinden der Welt, in Frankreich an der → Côte de Nuits (Burgund) gelegen. Auf den rund 500 ha rund um den kleinen burgundischen Ort (darunter 50 ha von → Brochon, die zur Appellation Gevrey-Chambertin zählen) wird auf Kalksteinkies, hangabwärts mit Ton vermischt, ausschließlich Rotwein aus Pinot noir erzeugt. Wie viele andere Orte der → Côte d'Or, so hat auch Gevrey dem Ortsnamen den seiner berühmten Weinlage hinzugefügt: der → *Chambertin.*

Tatsächlich verfügt Gevrey über mehr *Grand cru*-Lagen als jeder andere Ort an der Côte d'Or, die allein unter ihrem Lagennamen in den Handel kommen. In der darunter liegenden Premier cru-Klasse werden jährlich rund 250 000 l Rotwein aus Pinot noir erzeugt. Die unterste Kategorie bilden die Village-Weine (rund 1,4 Millionen l Rotwein aus Pinot noir), sie werden auf flachgründigen Lagen erzeugt und lediglich als *Gevrey-Chambertin* abgefüllt.

Bekannte Erzeuger von Village und *Premier cru*-Weinen: A. Rousseau, Charlopin-Parizot, Ph. Rossignol, Louis Trapet, Pierre Damoy, Clair-Daü, Faiveley, Dujac, Domaine des Varoilles, Drouhin-Laroze, Camus und Tortochot.

Gewürztraminer Weiße Rebsorte, Spielart des → Traminers, die – wie der Name bereits sagt – besonders aromatische und würzige Weine ergibt. Der Gewürztraminer ist eine → Aromasorte

Gevrey-Chambertin

Grand cru-Lagen	
→ *Chambertin*	→ *Mazis-Chambertin*
Chambertin- → *Clos de Bèze*	→ *Griotte-Chambertin*
→ *Latricières-Chambertin*	→ *Ruchottes-Chambertin*
→ *Charmes-Chambertin*	→ *Chapelle-Chambertin*
(oder → *Mazoyères-Chambertin*)	

Premier cru-Lagen	
Au Closeau	*Combe aux Moines*
Aux Combottes	*Craipillot*
Bel Air	*En Ergot*
La Bossière	*Estournelles-Saint-Jacques*
Les Cazetiers	*Fonteny*
Champeaux	*Les Goulots*
Champonnet	*Issarts*
Cherbaudes	*Lavaux Saint-Jacques*
Clos des Varoilles	*Petite Chapelle*
Clos du Chapitre	*Petits Cazetiers*
Clos Prieur	*La Perrière*
→ *Clos Saint-Jacques*	*Poissenot*
Les Corbeaux	*La Romanée*

und duftet deutlich nach gelben Rosen und Litschi. Er ist vor allem im Elsass und in Deutschland (dort häufig in der Südpfalz und in Baden) anzutreffen. Außerdem wird er in Südtirol (dort gibt es eine Ortschaft mit dem Namen Tramin) und in Österreich angebaut. Der Gewürztraminer mit seinen rosafarbenen Beeren macht es den Winzern beim Anbau nicht leicht, da er nicht sonderlich ergiebig ist und in manchen Jahren sogar ganz ausfällt.

Gezuckert → Anreichern

Ghemme Italienisches Dorf im Piemont, aus dessen Umgebung der gleichnamige DOCG-Wein stammt. Er wird aus den Rebsorten → Nebbiolo (60–85 %), Vespolina und Bonarda erzeugt und gilt als einer der Besten des Nordpiemonts. Wie der benachbarte DOCG Gattinara darf er erst nach vierjähriger Lagerung (davon mindestens drei Jahre im Fass) in den Handel gebracht werden. Bekannte Erzeuger: Antici Vigneti di Cantalupo, Alberto und Maurizio Alunno.

Giacosa, Bruno Italienisches Weingut in Neive im → Piemont, – einer der führenden klassischen Erzeuger der Region. Erzeugt auf rund 15 ha Rebfläche Eigenbesitz und Traubenzukauf etwa 500 000 Flaschen Wein, vor allem DOCG → Barbaresco sowie Barolo (jeweils auch Lagenweine) und andere Rot- und Weißweine der Region. Die Weine sind sehr dauerhaft, kraftvoll und haben einen festen bis harten Kern, also das maximale → Terroir des Piemonts.

Gien Französische Stadt an der → Loire, stromaufwärts von Orléans gelegen. Heute wird nur noch wenig Wein angebaut, der unter der AOC → *Coteaux du Giennois* in den Handel kommt. Es werden Rot-, Rosé- und etwas Weißwein produziert, Rotwein aus den Sorten Gamay und Pinot noir, Weißwein aus Sauvignon und Chenin blanc.

Gigondas Französischer Weinbauort in Südfrankreich am Fuße des Mont → Ventoux nordöstlich von Avignon. In der AOC Gigondas werden auf rund 1250 ha Rebfläche (Sandböden und Schwemmland mit Kies) jährlich etwa 4,3 Millionen l Rot- und eine kleine Menge Roséweine erzeugt – überwiegend aus den Sorten Grenache, wobei Syrah, Mourvèdre und Carignan als Ergänzungssorten zugelassen sind. Der Rotwein muss einen natürlichen Alkoholgehalt von mindestens 12,5 % Alkokol aufweisen. Bekannte Erzeuger: Domaines Saint-Gayan, Santa Duc, des Pallières, Cayron, Santa Duc, Romane Machotte, le Péage, Moulin de La Gardette, de Longue Toque, de Montmirail und Les Goubert.

Gimmeldingen Deutscher Weinbauort in der → Pfalz an der Mittelhaardt, Ortsteil von Neustadt, mit rund 140 ha Rebfläche, die zu rund einem Drittel mit Riesling bestockt ist. Unter der Großlagenbezeichnung *Gimmeldinger Meerspinne* werden einfache Weine vermarktet. Bekannte Erzeuger: Weingut Christmann.

Gioia del Colle Italienische DOC-Weinbauregion in → Apulien südlich von Bari. Es werden Rot-, Rosé- und Weißweine auf der Basis von Primitivo bzw. Trebbiano und weiteren Sorten erzeugt. Ein allein aus Primitivo erzeugter Rotwein darf als *Primitivo di Gioia* in den Handel gebracht werden (auch als *Amabile*). Zusätzlich wird noch ein süßer und gespriteter Aleatico erzeugt.

Gipsen Beimengung von Calciumsulfat oder Gips zu den Trauben vor der Gärung, um die Gesamtsäure zu erhöhen und die Farbe und Klarheit des Weins zu verbessern: ein bei der Erzeugung von Sherry und einigen anderen Weinen durchaus übliches Verfahren, das im Rahmen gewisser Grenzen in Spanien und den USA gesetzlich zulässig, in Deutschland aber verboten ist.

Girò di Cagliari Italienischer Rotwein, der auf → Sardinien im Campidano aus der gleichnamigen Rebsorte erzeugt wird. Nach zweijähriger Lagerung kann er als *Riserva* in den Handel kommen. Durch Alkoholzusatz aufgespritet wird er als *Liquoroso* angeboten, wobei sowohl die trockene Version (*dry*) als auch die süße (*Dolce naturale*) zulässig ist, und an einen leichten Portwein erinnert.

Gironde Größtes französisches Weinbaudépartement mit rund 115 000 ha Rebfläche. Insgesamt gibt es über 40 einzelne AOC, die das Gebiet in → Médoc, → Graves, → Sauternes, → Saint-Emilion, → Pomerol und eine Fülle weiterer Bereiche unterschiedlicher Größe und Bedeutung aufteilen. Der Name des Départements rührt von der weiten Mündung der Gironde her, die durch den Zusammenfluss von Garonne und Dordogne unterhalb von Bordeaux gebildet wird. Einige der besten Rotweine der Welt kommen vom linken Ufer der Gironde.

Giscours, Château Französisches *3e cru classé* in der Appellation → Labarde-Margaux (Bereich Haut-Médoc). Insgesamt 73 ha Rebfläche: rund 30 % Merlot, 60 % Cabernet Sauvignon, der Rest setzt sich aus Cabernet franc und Petit Verdot zusammen.

Givry Französische Gemeinde im südlichen Burgund in der Nähe von Mercurey, an der → Côte Chalonnaise gelegen. In der AOC Givry werden auf rund 280 ha Rebfläche etwa 1,1 Millionen l überwiegend Rotwein aus der Rebsorte Pinot noir, ferner 17 % Weißwein aus der Rebsorte Chardonnay erzeugt. Der Wein wächst auf braunen Kalk- und Mergelböden – es gibt 15 *Premier cru*-Lagen. Bekannte Erzeuger: Dom. de la Ferté, Michel Sarrazin, Baron Thénard und Emile Voarick.

Glacier Ein herb-trockener Weißwein aus den Kellern der Alpenhochtäler bei Sierre im Schweizer Kanton → Wallis, auch Gletscherwein genannt.

Glanzhell Bezeichnung für einen Wein, der absolut klar ist.

Glas Ein gutes Weinglas ist mehr als ein Trinkgefäß, es ist eine unerlässliche Grundvoraussetzung, um Wein schmecken und genießen zu können. Anders gesagt: Wer beim Weinglas spart, spart am falschen Ende. Ein Weinglas besteht aus Kelch, Stiel und Fuß.

Der Weinkelch dient vor allem dazu, dass sich die Aromen voll entfalten können. Der Kelch sollte kristallklar, farblos und ungeschliffen sein und – möglichst groß, denn je größer der Kelch, desto leichter kann man die Gerüche und Düfte des Weins differenziert wahrnehmen. Er sollte aber nicht V-förmig sein, da sich bei dieser Form die Aromen vorzeitig verflüchtigen.

Der Stiel dient dazu, das Glas anzufassen. Das Weinglas am Kelch zu greifen, sieht nicht nur plump aus, sondern hat auch den Nachteil, dass sich der Wein schneller erwärmt.

Der Fuß schließlich dient zum Abstellen des Glases.

Es gibt immer mehr Glashersteller, die eine Vielzahl an unterschiedlichen Glasformen anbieten – manche produzieren für jeden Wein ein eigenes Glas. Die vielen verschiedenen Kelchformen haben im Wesentlichen alle einen Sinn, doch wäre es Unsinn, sich alle zu kaufen. Vernünftiger ist es, sich auf drei, vielleicht vier verschiedene Glastypen zu beschränken:

Das tulpenförmige Chardonnay-Standardglas ist für fast alle Weine geeignet.

Ein Glas mit noch größerem Kelch für hochwertige Rotweine ist darüber hinaus sinnvoll, um die vielfältigen Aromen wahrnehmen zu können.

Schließlich fehlt noch ein schlankes und hohes Champagnerglas – schon ist die Grundausrüstung perfekt.

Mittlerweile gibt es von vielen Herstellern sehr gute Kristallgläser, die ihr Geld allemal wert und für wirklichen Weingenuss unerlässlich sind. Diese oft auch mundgeblasenen Gläser spült man bei niedriger Temperatur am sichersten im Geschirrspüler.

Glasflasche → Flasche

Gleichenstein, Freiherr zu Deutsches Weingut in Oberrotweil, Weinbaugebiet → Baden. Auf rund 24 ha Rebfläche werden jährlich etwa 150 000 Flaschen Wein erzeugt. Rebsorten: je 30 % Spät- und Weißburgunder, 20 % Grauburgunder. Böden: Vulkanverwitterung und Lößlehm. Bekannte Lagen: *Oberrotweiler Eichberg, Henkenberg Käsleberg* und *Achkarrener Schloßberg*.

Gletscherwein → Glacier

Gleukometer → Mostwaage

Gloria, Château Französisches *Cru bourgeois*-Weingut im Bordeaux, Appellation → Saint-Julien. Rund 44 ha Rebfläche mit 65 % Cabernet Sauvignon, 25 % Merlot und je 5 % Cabernet franc und Petit Verdot.

Glühwein Mit Gewürzen wie Zimtrinde, Orangenschale, Zitronenschale, Sternanis, schwarzer Pfeffer, Muskatblüte und Gewürznelken aromatisierter und erwärmter Rotwein. Weißwein eignet sich wie Rotwein für Glühwein. Doch immer gilt: nicht kochen und so wenig Zucker wie möglich einsetzen. Gewürzte Weine können auch kalt genossen werden: → Bischof

Glykos Griechische Bezeichnung für → süß. *Oinos glykos* bedeutet Süßwein.

Gobelsburg Österreichische Gemeinde im Weinbaugebiet → Kamptal, Teil der Stadt → Langenlois. Rund 300 ha

Rebfläche. Bekannter Erzeuger: Fred Loimer.

Gojer Italienisches Weingut in der Region → Südtirol, im Ort Bozen (Sankt Magdalena). Erzeugt auf rund 4 ha Rebfläche etwa 30 000 Flaschen Wein, vor allem Lagrein und Sankt Magdalener – alles Weine mit Eleganz.

Golfo del Tigullio Italienische DOC für Rot-, Rosé- und Weißweine, die in 35 Gemeinden in → Ligurien und in der gleichnamigen Stadt erzeugt werden. Weißweine (auch ein Passito aus getrockneten Trauben) werden aus den Sorten Vermentino, Bianchetta Genovese, Rotweine aus Ciliegiolo und Dolcetto vinifiziert.

Gols Österreichische Stadt am Neusiedlersee mit rund 1700 ha Rebfläche, Hochburg für Rotwein, der an den sanften Hängen im heißem Klima des Steppensees hervorragend gedeiht. Rebsorten: Zweigelt, Blaufränkisch, Cabernet Sauvignon, Merlot, Sankt Laurent. Traditionell wird aber auch Weißwein angebaut: Grüner Veltliner, Welschriesling, Neuburger und weitere Rebsorten. Bekannte Erzeuger: Achs, Beck, Nittnaus, Heinrich, Stiegelmar. → Pannobile

Goron Schweizer Rotwein aus dem → Wallis aus den Sorten Pinot noir und Gamay, der nicht die Mindestanforderungen für den Dôle (81–86° Oechsle je nach Jahrgang) erfüllt hat.

Göttweig, Stift → Furth

Goudron Französisch für *Teer*. Ein hervorragender, körperreicher Rotwein aus einem sehr guten Jahrgang kann in seiner Jugend goudron haben, d. h. er hat einen → Teergeschmack (*goût de goudron*), z. B. ein Barolo oder Amarone.

Goulburn Valley → Victoria

Goumenissa Roter OPAP-Wein aus dem Norden Griechenlands, unweit von Naoussa, der aus der Sorte Xynomavron hergestellt wird. Bekannter Erzeuger: Boutari.

Goût de Terroir Französisch für Bodengeschmack. Bezeichnung für einen deutlich mineralischen Geschmackston, der vom Standort der Reben und vom Boden des Weinbergs herrührt. → Terroir

Governo Historisches Vinifikationsverfahren für den → Chianti. Dabei wurden etwa 10 % der gelesenen Trauben (meist Weißwein) zunächst angetrocknet, dann im November gepresst und dem gärenden Chianti zugesetzt. Bis zum Frühjahr lagerte der Wein in Bottichen. Ein Teil der entstehenden → Kohlensäure blieb dabei in gebundener Form im Wein zurück und verlieh ihm Frische, die sich durch ein leichtes Prickeln auf der Zunge bemerkbar machte. Beim Chianti Classico wird das Governo-Verfahren nicht mehr angewendet, und selbst beim Chianti nur noch in äußerst seltenen Fällen.

Goxwiller Französische Weinbaugemeinde im nördlichen → Elsass, bekannt für Weißweine.

Graach Deutscher Weinbauort am rechten Ufer der → Mosel zwischen Bernkastel und Wehlen mit rund 120 ha Rebfläche. Die imposanten Steillagen bestehen aus Schiefer und sind praktisch ausschließlich mit Riesling bepflanzt. Bekannte Lagen: *Domprobst*, *Himmelreich* und *Josephshöfer*. Bekannte Erzeuger: Joh. Jos. Prüm, Wegeler-Deinhard, Dr. Thanisch, Dr. Pauly-Bergweiler, Willi Schaefer, S. A. Prüm Erben, Studert-Prüm.

Graf Hardegg, Schloßweingut Österreichischer Produzent im Weinbaugebiet → Weinviertel. Auf rund 45 ha Rebfläche werden jährlich etwa 210 000 Flaschen Wein erzeugt, davon 30 % Rotwein. Rebsorten: Grüner Veltliner (40 %), außerdem je 10 % Riesling, Weißburgunder, Merlot, Spätburgunder und ein kleiner Teil Viognier. Die Weine wachsen auf kalkhaltigen Böden. Der »V« ist ein stark vom Barrique geprägter Viognier. Einer der führenden Betriebe im Weinviertel mit kristallinen Weißweinen und elegantem Spätburgunder.

Graham & Co, W. & J. Portugiesischer Portweinproduzent im Besitz des Portwein-Multi-Konzerns Symingtons. Die Ports sind eher süß und voll und stammen aus der eigenen Quinta dos Malvedos. Bekannt für Late-bottled-Vintages sowie 10 und 20 Jahre alte Tawnie-Ports.

Grampians → Victoria

Gran Feudo → Chivite, Bodegas Julián

Gran reserva Höchste Stufe spanischer → Qualitätsweine (*vinos de calidad*, VC). So bezeichnete Rotweine müssen mindestens 24 Monate im Fass (Weiß- und Roséweine sechs Monate) und anschließend 36 Monate in der Flasche gelagert werden (Weiß- und Roséweine 42 Monate), bevor sie unter dieser Bezeichnung in den Handel gebracht werden dürfen.

Gran vino Chilenische Weinbezeichnung für die höchste Qualitätsstufe. Die Weine müssen mindestens sechs Jahre lagern, die mit kürzerer Lagerzeit heißen *Reservado*.

Grand cru Wörtlich *Großes Gewächs*. Eine qualitative Einstufung innerhalb einer Klassifikation in ausgewählten französischen Weinbauregionen. Die einzelnen Bezeichnungen haben je nach Weinbauregion eine unterschiedliche Bedeutung:

Im Elsass sind rund 50 Lagen offiziell als → *Alsace Grand cru* eingestuft – mit ergänzenden Bestimmungen über Rebsorten, → Ertrag und → Mindestmostgewicht.

In der → Champagne sind die 17 qualitativ führenden Orte mit dem Prädikat *Grand cru* versehen, sie liegen in der Klassifikation über den als Premier cru eingestuften Ortschaften.

Im Burgund sind die 32 besten Lagen als *Grand cru* klassifiziert (und ihr Wein erscheint ohne zusätzliche Ortsangabe, nur mit dem Lagennamen im Handel); sie liegen im Rang ebenfalls über den als Premier cru klassifizierten Lagen.

Im → Bordeaux ist es andersherum: Dort befinden sich die als *Grand cru classé* eingestuften Weingüter in der Klassifikation unterhalb der als *Premier cru* bzw. *Premier cru classé* eingestuften Weingüter.

Grand Poujeaux Französische Gemeinde in der Appellation → Moulis im Haut-Médoc. Sie befindet sich auf einem ungefähr 25 m hoch ansteigenden Kiesplateau, auf dem die herausragendsten Châteaux der Gemeinde liegen: Chasse-Spleen, Poujeaux und Maucaillou.

Grand-Puy-Ducasse, Château Französisches 5e *cru classé* im Bordeaux in der Appellation → Pauillac (Haut-Médoc). Rund 36 ha Rebfläche: 70 % Cabernet Sauvignon und 30 % Merlot. Zweitwein: *Château Artiges-Arnaud*.

Grand-Puy-Lacoste, Château Französisches 5e *cru classé* im Bordeaux in der Appellation → Pauillac (→ Haut-Médoc) mit rund 44 ha Rebfläche: 70 % Cabernet Sauvignon, 25 % Merlot, 5 % Cabernet franc. Zweitwein: *Lacoste-Borie*.

Grand Roussillon Französische Appellation für Likörwein (*Vin doux naturel)* aus den Départements Pyrénées-Orientales und Aude. Die meisten kommen unter den Appellationen → Banyuls, → Maury oder → Rivesaltes in den Handel.

Grand Vin Französische weinrechtliche Bezeichnung ohne Festlegung von eindeutigen Kriterien. Ihr Gebrauch lässt daher keinerlei Rückschlüsse auf die etwaige Qualität zu.

Grande Rue, La Französische *Grand cru*-Weinberglage im Burgund. Die winzige, nur 1,6 ha umfassende Lage im Alleinbesitz der Domäne Henry Lamarche befindet sich inmitten von → Vosne-Romanée als ein schmaler, lang gestreckter

Streifen – daher der Name Grande Rue (deutsch: große Straße); erzeugt werden 5700 l Pinot noir. Im Norden grenzt sie an → *Romanée-Conti* und *La* → *Romanée*, im Süden an *La* → *Tâche*.

Grands Echézeaux, Les Französische *Grand cru*-Lage im Burgund beim Ort Flagey-Echézeaux an der → Côte de Nuits. Die Lage zwischen → *Echézeaux* und → *Clos de Vougeot* könnte für den dort auf rund 9 ha erzeugten Pinot noir kaum günstiger sein. Jährlich werden auf tonigen Kalkböden rund 25 000 l Rotwein produziert.

Grange Hermitage, Grange Berühmter australischer Rotwein von Penfolds, der die Spitze einer Qualitätspyramide bildet, deren Basis Wein im industriellen Maßstab ist. Inzwischen heißt der Wein nur noch *Grange* und wird seit 1951 aus aus der Rebsorte Shiraz (Syrah) erzeugt. Ein Teil der Trauben kommt aus dem Barossa Valley, ein anderer aus Adelaide bzw. aus dem → Clare Valley.

Granja-Amareleja Südostportugiesisches IPR-Weinbaugebiet im → Alentejo mit rund 1200 ha nahe der spanischen Grenze. Es wird vor allem Rotwein aus den Sorten Moreto, Periquita, Trincadeira und kleineren Zusätzen anderer Sorten erzeugt, außerdem Weißwein aus den Sorten Manteúdo, Roupeiro und Rabo de Ovelha.

Grans-Fassian, Weingut Deutsches Weingut in Leiwen, Weinbaugebiet → Mosel-Saar-Ruwer. Auf rund 10 ha Rebfläche werden jährlich etwa 75 000 Flaschen Wein erzeugt. Rebsorten: 90 % Riesling. Böden: Devonschieferverwitterung. Bekannte Lagen: *Trittenheimer Apotheke, Leiwener Laurentiuslay, Piesporter Goldtröpfchen.*

Grantschen Deutscher Weinbauort nahe Weinsberg im Weinbaugebiet → Württemberg, in dem überwiegend Rotwein erzeugt wird. Bekannte Lage: *Wildenberg.*

Graubünden Ostschweizer Kanton mit 400 ha Rebfläche. Die Weingärten befinden sich in der Bündner Herrschaft in den vier Gemeinden Fläsch, Maienfeld, Jenins und Malans. Die Rebflächen liegen überwiegend auf Schutthalden von Wildbächen, den so genannten Rüfen, und profitieren vom Auftreten des warmen Föhns, der sich als eine Art »Traubenkocher« auswirkt. Typische Weine: Completer aus Malans, Riesling *x* Sylvaner (Müller-Thurgau), Pinot gris und Beerliwein (aus Spätburgunder).

Grauburgunder → Burgunder, Grauer

Grave à Pomerol, Château La Französisches Weingut im Bordeaux, Appellation → Pomerol mit rund 8 ha Rebfläche: 90 % Merlot und 10 % Cabernet franc.

Grave del Friuli Italienisches Weinbaugebiet, Teil des Friauls (→ Friuli-Venezia Giulia) und der mit Abstand größte DOC-Bereich im fruchtbaren Schwemmland der Po-Ebene. Die Weinbauflächen ziehen sich auf beiden Seiten des Flusses Tagliamento von der Grenze zum Veneto bis zu den Colli Orientali del Friuli. Unter anderem werden folgende Rebsorten angebaut: Cabernet franc, Cabernet Sauvignon, Chardonnay, Merlot, Pinot bianco, Pinot grigio, Pinot nero, Refosco und → Verduzzo. Schwerpunkt der Produktion: Massenweine für die Discounter – vor allem Pinot grigio.

Graves Französischer Weinbaubereich im → Bordeaux. Das *Graves* (französischer Begriff für Kies) liegt als lang gezogener Bereich auf dem linken Garonne-Ufer und reicht von der Stadt Langon im Süden bis zur Stadt Bordeaux. Insgesamt sind rund 3000 ha mit Reben bestockt, die sich ungleichmäßig verteilen und nur noch die Reste eines vor 100 Jahren wesentlich ausgedehnteren Weinbaugebiets darstellen. Insgesamt werden rund 17,5 Millionen l Weiß- und Rotweine als

Weingut	*Gemeinde*
Crus classées en rouge	
Château Bouscaut	Cadaujac
Château Carbonnieux	Léognan
Domaine de Chevalier	Léognan
Château Fieuzal	Léognan
Château Haut-Bailly	Léognan
Château Haut-Brion	Pessac
Château Malartic-Lagravière	Léognan
Château La Mission Haut-Brion	Talence
Château Olivier	Léognan
Château Pape-Clément	Pessac
Château Smith-Haut-Lafitte	Martillac
Château La Tour Haut-Brion	Talence
Château La Tour-Martillac	Martillac
Crus classées en blanc	
Château Bouscaut	Cadaujac
Château Carbonnieux	Léognan
Domaine de Chevalier	Léognan
Château Couhins	Villenave-d'Ornon
Château Couhins-Lurton	Villenave-d'Ornon
Château Laville-Haut-Brion	Talence
Château Malartic-Lagravière	Léognan
Château Olivier	Léognan
Château La Tour-Martillac	Martillac

Graves und rund 2 Millionen l als *Graves Supérieures* erzeugt.

Das Graves umfasst mehrere Appellationen:

- → Pessac-Léognan umfasst etwa ein Viertel des Gebietes und bildet eine eigene → AOC,
- → Sauternes und → Barsac befinden sich im Süden und sind mit ihren edelsüßen Weinen ebenfalls ein eigenständiges AOC-Gebiet.
- → Cérons liegt ebenfalls im Süden – die von dort stammenden Weine dürfen auch als *Graves* bezeichnet werden.

Insgesamt werden rund 60 % Rotwein (→ Bordeaux-blend) und 40 % Weißwein (Sémillon, Sauvignon blanc) erzeugt, wobei sich die Weine aus dem nördlichen und südlichen Graves qualitativ deutlich unterscheiden: Während in Pessac-Léognan im Norden überwiegend Rotwein sowie eine Reihe vielfach hervorragender und z. T. großer Weißweine erzeugt werden, sind die Rot- und Weißweine der südlichen Gebiete eher durchschnittlich und kommen unter der Appellation Cérons oder als *Graves supérieures* mit mindestens 12 % Alkohol in den Handel. In der Praxis nehmen vor allem die im Süden des *Graves* gelegenen Weingüter das Recht in Anspruch, sich *Graves* nennen zu dürfen.

Obwohl der Bordeaux-Wein historisch seinen Ursprung im Umland von Bordeaux im Gebiet der heutigen Graves hat, wurde 1855 lediglich ein einziges Gut von dort offziell klassifiziert, und zwar Château Haut-Brion, der alte und unbestrittene Grandseigneur der Graves, dessen Rotwein als *Premier cru classé* auf eine Stufe mit den berühmten Châteaux Lafite, Latour und Margaux gesetzt wurde. Erst 1959 ist eine offizielle Klassifizierung der wichtigsten Graves-Weingüter, getrennt nach Rot- und Weißwein eingeführt worden, die jedoch ausschließlich Güter der nördlichen Graves, also der heutigen Appellation Pessac-Léognan aufführt. (Weingüter → Tabelle, Seite 186). Ferner sind folgende Weingüter erwähnenswert: Im Norden die Châteaux La Louvière, Haut-Gardère und → Larrivet-Haut-Brion, → Rochemorin, de → Cruzeau, de France, Haut-Bergey, Pontac-Montplaisir und Baret, im Süden Châteaux Magence, Ferrande, de Chantegrive, de Portets, Roquetaillade, Piron und Domaine de Gaillat.

Bekannt ist die Region auch für ihren weißen Graves, doch außer den hoch gerühmten weißen Graves der Weingüter Haut-Brion, Laville und Chevalier haben es nur wenige Güter geschafft, sich an die Spitze emporzuarbeiten.

Graves-Saint-Emilion Teil der französischen Appellation → Saint-Emilion. Keine weinrechtliche Bezeichnung, sondern der Name für einen rund 60 ha großen Abschnitt im äußersten Westen der Appellation mit stark kieshaltigen Böden. Daher wird dieser Bereich Graves (französisch für Kies) genannt. Man führt die Existenz dieses Kieses in Saint-Emilion wie in Pomerol darauf zurück, dass an dieser Stelle in urgeschichtlicher Zeit das Flussbett der Isle verlief. Heute mündet dieser Fluss einige Kilometer weiter westlich in die Dordogne. In diesem besonderen Abschnitt liegen einige der besten Weingüter des Saint-Emilion und damit des Bordeaux: Châteaux Cheval Blanc, Figeac und einige kleinere Güter, die Figeac im Namen führen.

Graves de Vayres Französischer AOC-Weinbaubereich auf dem linken → Dordogne-Ufer mit rund 600 ha Rebfläche, auf der 75 % Rotweine und 25 % Weißweine erzeugt werden – im Jahr rund 3,5 Millionen l Wein. Die Appellation liegt innerhalb des Gebiets Entre-deux-Mers, verfügt aber über eine eigene AOC. Die Rot- und Weißweine wachsen auf Kies- und Sandböden und sind durchschnittlicher Qualität. Rebsorten: → Bordeaux. Bekannte Erzeuger: Châteaux Bel-Air, Goudichaud und de Barre.

Gravina Italienische DOC für Weißweine (auch Spumante) aus → Apulien. Rebsorten: Malvasia, Greco di Tufo.

Gravner, Josko Italienisches Weingut in der Region → Friuli-Venezia Giulia (Friaul) in Oslavia bei Gorizia (Görz) an der slowenischen Grenze. Josko Gravner gehört zu den großen Weinpersönlichkeiten dieser Erde. Ende der 1970er Jahre begann sein Stern zu steigen, als er unerhört konzentrierte und moderne Weißweine erzeugte. Bis in die 1990er Jahre waren er und seine in Stahltank und Barrique vinifizierten DOC-Collio Weine everybodys darling und gewannen einen → Drei-Gläser-Preis nach dem anderen. Doch dann vollzog Gravner eine harte Kehrtwende: Er verwarf seine bisherige Methodik, schlug die Fliesen von den Wänden, verkaufte Tanks, Computer und Barriques – und wurde fortan von der Kritik als Verrückter geschmäht. In Georgien, dem Ursprung des Weins, fand er, was er suchte: riesige Tonamphoren, die er in die Erde gräbt, um darin die Weißweine bis zu sieben Monate auf den Schalen gären und reifen zu lassen (natürlich ohne Temperaturkontrolle). Anschließend kommen seine Weine für mehrere Jahre mit der Feinhefe in große Holzfässer, bevor er sie fast ohne Schwefel abfüllt. Diese Weine suchen ihresgleichen, sie sind sanft, fein und ungeheuer weich – androgyn pendelnd zwischen Rot und Weiß, von einer faszinierenden Januskӧpfigkeit. Nicht nur weil Gravner mutig ist und scheinbar aus Prinzip alles anders macht, sondern weil seine Bemühungen wirklich Früchte tragen, gehört er ohne Frage zu den großen Weinmachern und Wegbereitern neuer Ideen.

Great Southern Weinbaugebiet in → Westaustralien

Great Western Australisches Weinbaugebiet, rund 200 km nordwestlich von Melbourne in → Victoria gelegen. Es herrscht ein relativ kühles Klima vor. Die Böden sind mager.

Grechetto Italienische weiße Rebsorte aus → Umbrien; in der Toskana unter dem Namen Pulcinculo und in Latium als Greghetto bekannt.

Greco (»Die Griechische«) Italienische Weißweinrebe, besonders in Süditalien verbreitet. Aus ihr werden z. B. erzeugt: der weiße → Cirò, → Greco di Bianco (ein Likörwein) und → Greco di Tufo.

Greco di Bianco Italienischer DOC-Likörwein, der um die Ortschaft Bianco an der Südostküste → Kalabriens aus der Sorte Greco bianco erzeugt wird. Vor der Gärung lässt man die Trauben an der Luft eintrocknen, sodass der Wein einen theoretischen Gesamtalkoholgehalt von 17 % aufweist, von dem 14 % tatsächlich erreicht werden müssen. Bekannte Erzeuger: Umberto Cerratti.

Greco di Tufo Ein aus → Greco bianco erzeugter DOC-Weißwein aus der Gemeinde Tufo und sieben weiteren Ortschaften der Provinz Avellino in → Kampanien. Bekannte Erzeuger: Michele Mastroberardino, Terredora, Vadiaperti, Die Meo und Vega.

Grenache Eine der verbreitetsten roten Rebsorten der Welt, die ursprünglich wohl aus Spanien stammt, wo sie noch heute angebaut wird und als Garnacha z. B. im Rioja vorkommt. In Frankreich ist sie eine der verbreitetsten Rebsorten des Midi geworden und kommt bei steigender Tendenz inzwischen auf rund 90 000 ha. Man findet sie auch im → Châteauneuf-du-Pape, → Gigondas und → Côtes du Rhône und als Rosé vinifiziert im → Tavel und → Lirac. In der Toskana tritt sie vereinzelt als Alicante und auf Sardinien als Cannonau auf. Auch in Kalifornien kommt sie vor. In Australien wird sie zwar so gut wie nie auf dem Etikett genannt, umso häufiger aber ist sie in den Weinbergen anzutreffen. Nach dem Syrah nimmt sie dort bei den roten Sorten den zweiten Platz ein. Von Haus aus ist die Grenache, ein echter Massenträger mit mäßigen Weinen. Das hat ihre Verbreitung sicherlich gefördert, doch bei rigoroser Begrenzung des → Ertrags und einem intelligenten Verschnitt mit anderen Sorten vermag sie gute Weine hervorzubringen. Im Übrigen gibt es auch einen weißen Grenache, aus dem unterschiedliche Weißweine, z. B. Likörwein (*Vin doux naturel*) wie → Rivesaltes, produziert werden.

Grenouilles Französische *Grand cru*-Lage im Burgund in der Appellation → Chablis mit rund 9 ha Rebfläche.

Grèves, Les Französische *Premier cru*-Lage im Burgund in → Beaune.

Griechenland Wein spielt in den klassischen Werken der griechischen Antike, in Literatur und Kunst, eine große Rolle – entweder in Abbildungen von Rebstöcken und Weintrauben oder in Zitaten der antiken griechischen Literatur. Wein war im historischen Griechenland nicht nur ein fester Bestandteil des Lebens, sondern auch die Grundlage eines religiösen Kults, bei dem → Dionysos, der Gott des Weins, verehrt wurde. Die Griechen waren es schließlich auch, die den Wein in der abendländischen Kultur verankert haben – und durch die Kolonisierung des Mittelmeerraums zu seiner Verbreitung beitrugen. Doch das war einmal. Im Vergleich mit allen anderen Weinbau treibenden Mittelmeerstaaten

Geographie und Weinbau-Appellationen

In Nordgriechenland ist das Klima wegen der Berge kühler als in den anderen Landesteilen. Gesamtwirtschaftlich gesehen ist die Region unterentwickelt. Dem Weinbau bietet sie aber so gute Voraussetzungen, dass 1971 die erste Appellation eingerichtet wurde: Naoussa, etwa 50 km westlich von Thessaloniki. Hier wird traditionell Rotwein produziert, der in den kühleren Höhenlagen zwischen 200 und 350 Metern wächst. Weitere Appellationen sind das benachbarte Amyntaio (vorwiegend Weißwein), Goumenissa (vorwiegend Rotwein) sowie Cotes de Meliton (überwiegend Rotwein) auf der Halbinsel Sithonia.
In Zentralgriechenland ist das Klima in den Bergen ebenfalls kühler. So wird in der Appellation Zitsa nahe der albanischen Grenze überwiegend Weißwein angebaut, während die Weißweine aus der Appellation Ankhialios stärker vom Klima des nahen Meeres geprägt sind.
Auf dem Peloponnes ist es wesentlich heißer und trockener. Hier gibt es drei Appellationen: Mantinia im Landesinnern, in Nemea, in der Nähe von Korinth, klettern die Reben auf 800 m Höhe und liefern Rotweine der Agiorgitiko-Traube sowie trockene und süße Weißweine. In Patras schließlich wächst viel Rotwein und der schwere rote Süßwein aus der Sorte Mavrodaphne hat es in sich.
Auf den Inseln finden sich mehrere Appellationen. Hier ist das Klima im Sommer heiß, trocken und dem Weinbau nicht gerade zuträglich. Teilweise zieht sich der Weinbau an die Nordhänge zurück, wo die Sonne nicht so erbarmungslos vom Himmel sticht. Auf Kreta wird von allen Inseln der meiste Wein produziert. Auf Kefallonia im Ionischen Meer wird traditionell Weißwein angebaut, auf den Ägaischen Inseln wiederum viel Likörwein, so z. B. in den Appellationen von Lemnos, Samos und Paros. Bleiben noch Rhodos (Weißwein) und Santorin mit seinem trockenen Wein aus der Assyrtiko-Rebe.

der EU bildet Griechenland weinbautechnisch und qualitativ heute das Schlusslicht.

Zur Zeit liegt die Rebfläche Griechenlands bei rund 130 000 ha, auf denen rund 380 Millionen l Wein produziert werden (noch einmal fast die gleiche Fläche dient der Erzeugung von Korinthen, Sultaninen und Tafeltrauben). Der Weinbau ist zu einem guten Teil in Privathand, es gibt viele Klein- und Kleinstproduzenten, die eine große Zahl unterschiedlicher autochthoner Rebsorten kultivieren. Ein wichtiger Teil der Weinerzeugung entfällt auf den → Retsina, dessen Anteil zwar zurückgeht, aber immer noch groß ist. Traditionell ist Griechenland ein Weißweinland – Rotwein hat hier kaum Tradition. Das mag an der erfrischenden Wirkung des Weißweins in der Sommerhitze liegen.

50 % des griechischen Flaschenweins werden von wenigen Unternehmen in den Handel gebracht: Kourtakis, Achaia Clauss, Cambas, Boutari und Tsantalis.

Weinrecht

Griechenland hat sein Weinrecht an die EU-Vorgaben angepasst. Heute gibt es in Griechenland wie in allen anderen Weinbauländern der EU Qualitätsweine aus festgelegten Appellationen (→ OPAP, OPE), Vin de Pays (Landweine), Tafelweine und Markenweine. Rund 15 % der Fläche entfallen auf Qualitätsweine, zwei Drittel davon für Weißwein. Der größte Teil aller griechischen Weine kommt heute aus den Weinbauregionen → Zentralgriechenland und Euböa, → Peloponnes und → Kreta. Der Anteil der übrigen sechs Regionen → Ägäische Inseln, → Thessalien, → Makedonien und → Ionische Inseln ist stark rückläufig.

Grignolino Italienische Rotweinsorte des Piemont. Sie wird verstärkt in der Gegend von Asti als DOC-Wein angebaut und kommt auch als DOC Grignolino del Monferrato Casalese auf den Markt. Da die Traube nur äußerst wenig Farbe abgibt, ist Grignolino (bis zu 10 % Freisa als Zusatz sind zugelassen) von mehr oder weniger hellem Rubinrot. Bekannte Erzeuger: Giacosa, Nuova Cappelletta, Gaudio, Scarpa, Rabezzana.

Grillet, Château → Château Grillet

Grinzing Österreichischer → Heurigenort, Stadtteil von Wien (XIX. Bezirk). Aus Grinzing kommen vor allem Grüner Veltliner, Rheinriesling und Weißer Burgunder. Der Großteil der Weine wird an Ort und Stelle in den Heurigen-Lokalen konsumiert.

Griotte-Chambertin Französische 2,7 ha große → *Grand cru*-Lage im Burgund, auf der rund 11 000 l Rotwein aus der Sorte Pinot noir erzeugt werden. Die Böden bestehen aus Kalk mit Kiesauflage, der Weinberg ist nach Osten ausgerichtet und liegt in der Gemeinde → Gevrey-Chambertin in der Nachbarschaft von → *Chambertin*. Bekannter Erzeuger: Joseph Drouhin.

Grippat, Domaine Jean-Louis Französisches Weingut an der nördlichen → Rhône im Ort Tournon. Bekannt für seine Weine aus der AOC → Hermitage (vor allem Weißwein auf rund 2 ha Rebfläche) und → St-Joseph (rund 3 ha). Erzeugt nur 25 000 Flaschen im Jahr.

Grolleau, Groslot Französische Rotweinsorte. Vor allem an der Loire in den Appellationen → Anjou und → Touraine anzutreffen. Ihr Most ist weniger farbintensiv, dünner und säurebetonter als der des → Gamay, mit dem sie meist verschnitten wird, vor allem für den → *Rosé d'Anjou*. Insgesamt geht ihr Anbau zugunsten von Gamay und Cabernet franc deutlich zurück.

Groot Constantia Südafrikanisches Weingut im Weinbaugebiet → Constantia. Auf rund 100 ha Rebfläche werden etwa 550 000 Flaschen Wein erzeugt, vor allem Cabernet Sauvignon, Merlot, Shiraz, Pinotage, Chardonnay, Chenin blanc und Sauvignon blanc.

Groppello Italienische Rotweinsorte, die insbesondere in der → Lombardei am Südwestufer des → Gardasees verbreitet ist. Die Weine kommen entweder als Groppello oder als DOC → Riviera del Garda Bresciano in den Handel.

Gros Plant Bezeichnung für die Rebsorte → Folle blanche, die um → Nantes an der unteren Loire kultiviert und aus der der *Gros Plant du pays nantais* erzeugt wird.

Gros Plant du pays nantais → Nantes

Groslot → Grolleau

Großhöflein Österreichische Weinbaugemeinde im Burgenland am Fuße des Leithagebirges. Gehört zum Weinbaugebiet → Neusiedlersee-Hügelland und hat rund 300 ha Rebfläche. Hauptrebsoten: Blaufränkisch und Zweigelt. Bekannte Weingüter: Römerhof (Anton Kollwentz), Leberl.

Großlage Weingesetzlicher Begriff. Im Gegensatz zur Einzellage, die ein Ausdruck Jahrhunderte andauernder Entwicklung des Weinanbaus ist, ist die Großlage nur ein weinrechtliches Kunstprodukt. In einer Großlage werden Lagen aus vielen z. T. weit auseinanderliegenden Orten zusammengefasst. Für den Konsumenten bedeutet dies, dass auf den Etiketten von Großlagenweinen zwar – wie bei den Einzellagen – ein wohlklingender Lagenname angegeben ist, der Wein in der Realität aber ein Billigverschnitt ist. Eine Großlage ist also nicht mit einer → Einzellage vergleichbar.

Ein Wein z. B. aus der Großlage *Niersteiner Gutes Domtal* darf aus vielen Gemeinden stammen, die weit im rheinhessischen Hügelland verstreut liegen. Aber nur eine einzige von den 28 zur Großlage Gutes Domtal gehörenden Einzellagen liegt tatsächlich in Nierstein. Meistens enthält dieser Wein keinen einzigen Tropfen Niersteiner – die vollmundige Angabe auf dem Etikett ist also hochgradig irreführend, wenn nicht gar Verbrauchertäuschung. Die Folge ist, dass aufgrund der miserablen Qualität der meisten Großlagenweine (sie werden in der Regel von Großkellereien abgefüllt) darunter das Ansehen der echten Lagenweine bzw. jener Weinbauorte leidet, deren Namen auf dem Etikett missbraucht werden. Schließlich kann der Laie nicht unterscheiden, was Groß- und was Einzellage ist. Wer einmal von dubiosen Weinen wie *Niersteiner Gutes Domtal, Binger St. Rochuskapelle* oder *Rauenthaler Steinmächer* abgeschreckt wurde, steht den namengebenden Orten skeptisch gegenüber, obwohl sie hervorragende Weine von den Einzellagen liefern, z. B.: *Niersteiner Oelberg, Binger Scharlachberg* und *Rauenthaler Baiken*.

Hinzu kommt, dass die Weinbaufunktionäre bei der Erfindung der Großlagen nicht eben zimperlich waren und z. B. den Klang der weltberühmten Lage *Scharzhofberg* imitierten, als sie die Phantasiebezeichnung → *Wiltinger Scharzberg* ins Leben riefen.

Großraumgärung Billiges und schnelles Verfahren zur Schaumweinerzeugung und dem aufwendigeren Champagner-Verfahren qualitativ weit unterlegen: Sie wird in großen Drucktanks durchgeführt, und der fertige Schaumwein wird dann unter Druck in Flaschen abgefüllt. → Transvasierverfahren

Gruaud-Larose, Château Französisches 2e *cru classé*-Weingut im Bordeaux in der Appellation → Saint-Julien (→ Haut-Médoc) mit 76 ha Rebfläche: 65 % Cabernet Sauvignon, 20 % Merlot, 10 % Cabernet franc und 5 % Petit Verdot.

Grumello Norditalienischer DOCG-Rotwein aus dem → Valtellina (Veltlin) bei Sondrio im Norden der → Lombardei, der überwiegend aus 70 % Nebbiolo (dort Chiavennasca genannt) erzeugt wird aus dem Unterbereich Grumello stammt und als Valtellina superiore »Grumello« in den Handel kommt. Bekannter Erzeuger: Ar.Pe.Pe.

Grundwein Generelle Bezeichnung für Wein, der zur Erzeugung von → Schaumwein einer zweiten → Gärung unterzogen wird. Solche Weine müssen bestimmte Eigenschaften aufweisen (nicht zu viel Alkohol, deutliche Säure, keinerlei Bitterstoffe); deshalb werden Grundweine speziell für die Schaumweinbereitung erzeugt.

Grundzylinder Die Weintraube wird nicht überall gleichmäßig reif. Der so genannte Grundzylinder reift am gleichmäßigsten, während die → Schultern (seitlich abgehende Nebentrauben) und die untere Spitze ungleichmäßig reifen und von qualitätsbesessenen Winzern abgeschnitten werden. Diese Form der → Ausdünnung ist besonders arbeitsaufwendig und lohnt sich nur für absolute Spitzenqualität.

Grüner Herbst → Ausdünnen

Grüner Veltliner → Veltliner

Gsellmann & Gsellmann Österreichisches Weingut im Weinbaugebiet → Neusiedlersee. Auf rund 22 ha Rebfläche werden jährlich etwa 125 000 Flaschen Wein erzeugt, davon zu über 80 % Rotwein. Die Weine werden überwiegend im Barrique ausgebaut. Böden: Lehm-Löß-Gemisch bzw. Schwarzerde. Bekannte Lagen: *Gabarinza, Spiegel*. Mitglied in der Vereinigung Pannobile.

Guardiolo, Guardia Sanframondi Italienische DOC für Rot-, Rosé- und Weißweine, die in → Kampanien auf bis zu 600 m hohen Hügeln in der Provinz Benevento erzeugt werden: die Weißweine hauptsächlich aus Malvasia und Falanghina (auch als Bianco und Spumante), die Rotweine aus Sangiovese und Aglianico.

Guebwiller Französische Weinbaugemeinde im südlichen → Elsass mit rund 120 ha Rebfläche. Insgesamt vier Lagen sind als → *Alsace Grand cru* eingestuft: *Kessler*, *Kitterlé*, *Saering* und *Spiegel*. Bekannter Erzeuger: Domaine und Handelshaus Schlumberger (mit großem Besitz in den *Grand cru*-Lagen).

Guerrieri-Rizzardi, Conti Eines der besten Weingüter in der italienischen Region → Veneto in Bardolino, das auf rund 110 ha Rebfläche etwa 700 000 Flaschen Wein erzeugt. Berühmt für seinen feinen Bardolino Classico (auch aus der Einzellage Tacchetto), Amarone Classico (auch aus der Einzellage Calcarole) und Soave Classico. Traditionelle Weine, solide, fein, mit Hand und Fuß. Das Weingut legt besonderen Wert auf den Erhalt und die Wiederherstellung der landschaftstypischen → Terrassenlagen aus Kalkstein im Valpolicella.

Guigal, Domaine E. Französisches Weingut und Weinhandelshaus in Condrieu, spezialisiert auf die Weine der nördlichen → Rhone, einer der großen und führenden Erzeuger. Rund 12 ha Rebfläche Besitz, zusätzlich rund 50 ha Zukauf. Bekannt für seine holzbetonten Weine aus dem → Barrique, auf den amerikanischen Markt zugeschnitten: AOC → Côte Rotie, AOC → Condrieu, AOC → Hermitage. Berühmt für seine Einzellagenweine der Côte Rotie: *La Mouline, La Landonne, La Turque*.

Guiraud, Château Französisches *Premier cru classé*-Weingut im Bordeaux, Appellation → Sauternes – erzeugt werden Süßweine. Rund 100 ha Rebfläche mit 60 % Sémillon, 40 % Sauvignon, ferner Muscadelle. Gilt nach Château d'Yquem als eines der besten Güter im Sauternais.

Gumpoldskirchen Österreichische Weinbaugemeinde mit 420 ha Rebfläche im Weinbaugebiet → Thermenregion. Es werden die lokalen Weißweinsorten Rotgipfler und Zierfandler kultiviert (zusammen rund 30 % der Rebfläche). Bekannte Lagen: *Wiege, Spiegel, Kramer, Sonnberg, Goldknöpfl, Rasslerin, Grimmling*. Bekannte Erzeuger: Leopold und Manfred Biegler, Franz Kurz, Schellmann, Freudorfer, Landwirtschaftliche Fachschule (Weinbauschule), Heinrich Leitner, Weingut des Stifts Melk, Tiel und Harald Zierer.

Gündelbach Deutscher Ort im Weinbaugebiet → Württemberg, östlich von Maulbronn gelegen und heute zu Vaihingen gehörend. Kultiviert wird Riesling, Lemberger, Trollinger und Schwarzriesling. Bekannte Lagen: *Gündelbacher Steinbachhof* und *Wachtkopf*. Bekannter Erzeuger: Württembergische Hofkammer.

Gundelsheim Deutsche Weinbaugemeinde in → Württemberg, nördlich von Heilbronn am Neckar gelegen. Die Lage *Himmelreich* hat rund 30 ha Rebfläche und befindet sich weitgehend im Besitz der Lehr- und Versuchsanstalt Weinsberg.

Gunderloch, Weingut Deutsches Weingut im Weinbaugebiet → Rheinhessen im Ort Nackenheim. Auf rund 13 ha Rebfläche an der → Rheinfront werden jährlich etwa 90 000 Flaschen Wein erzeugt. Rebsorten: 80 % Riesling. Bekannte Lagen: *Nackenheimer Rothenberg, Niersteiner Pettental* und *Hipping*. Böden: roter Tonschiefer.

Guntersblum Deutscher Weinbauort zwischen Alsheim und Ludwigshöhe in

→ Rheinhessen mit rund 500 ha Rebfläche.

Guntramsdorf Österreichischer Weinbauort im Gebiet → Thermenregion bei Gumpoldskirchen. Bekannt für die Sorten Neuburger, Rotgipfler und Zierfandler; ferner Rotweinerzeugung.

Gutedel Weiße Rebsorte, die früher sehr viel weiter verbreitet war. In Deutschland sind derzeit rund 1400 ha mit ihr bestockt, die sich fast ausschließlich im → Markgräflerland in → Baden befinden. Das wichtigste Anbaugebiet ist heute die → Westschweiz, wo er als → Chasselas praktisch konkurrenzlos ist (→ Dézaley, → Yvorne, → Chablais). Auch in Frankreich und → Kalifornien ist die Sorte vereinzelt anzutreffen. Gutedel ist auch als Tafeltraube beliebt.

Gütezeichen → Weinsiegel

Gutsabfüllung In Deutschland und in der Provinz Bozen zulässige Bezeichnung; bedeutungsgleich mit → Erzeugerabfüllung.

Gutturnio dei Colli Piacentini Italienischer Rotwein aus der → Emilia-Romagna, der in neun Gemeinden des Anbaugebietes der DOC → Colli Piacentini in der Provinz Piacenza erzeugt wird. Rebsorten: Barbera, Croatina, Bonarda und Pinot nero.

Guyot Weitverbreitetes Reberziehungssystem, das von Jule Guyot im 19. Jahrhundert propagiert wurde. Dabei werden nur ein bis zwei Fruchtruten angeschnitten, die jeweils sechs bis zehn Augen (Knospen) behalten, aus denen sich im folgenden Vegetationsjahr das neue Rebholz entwickelt. In Deutschland wird ein verwandtes System angewendet, bei der die Rebe an einem Drahtrahmen emporwächst und die Triebe durch Drähte geheftet (festgehalten) werden.

H

ha Hektar

Haag, Weingut Fritz Deutsches Weingut im Weinbaugebiet → Mosel-Saar-Ruwer im Ort Brauneberg. Auf rund 8 ha Rebfläche werden jährlich etwa 70 000 Flaschen Wein erzeugt. Böden: Schieferverwitterung. Rebsorten: 100 % Riesling. Bekannte Lagen: *Brauneberger Juffer-Sonnenuhr, Juffer.* Zählt zu den führenden Erzeugern restsüßer Rieslinge.

Haag, Weingut Willi Deutsches Weingut im Weinbaugebiet → Mosel-Saar-Ruwer im Ort Brauneberg. Auf rund 4 ha Rebfläche werden jährlich etwa 30 000 Flaschen Wein erzeugt. Böden: Schieferverwitterung. Rebsorten: 100 % Riesling. Bekannte Lagen: *Brauneberger Juffer-Sonnenuhr, Juffer.*

Haart, Weingut Reinhold Deutsches Weingut im Weinbaugebiet → Mosel-Saar-Ruwer im Ort Piesport. Auf rund 6 ha Rebfläche werden jährlich etwa 50 000 Flaschen Wein erzeugt. Böden: Tonschieferverwitterung. Rebsorten: 100 % Riesling. Bekannte Lagen: *Piesporter Goldtröpfchen, Domherr, Kreuzwingert.*

Haas, Franz Italienisches Weingut in der Region → Südtirol im Ort Montan – einer der führenden Erzeuger Südtirols. Erzeugt auf rund 20 ha Rebfläche etwa 130 000 Flaschen Wein, vor allem aus den Rebsorten Gewürztraminer, Pinot bianco, Chardonnay, Pinot nero, Lagrein sowie Rosenmuskateller. *Istante* ist ein Bordeaux-blend mit Südtiroler Rebsorten, *Manna* eine herrliche Weißweincuvée. Seine Spätburgunder und Chardonnays gehören zu den besten Italiens – stets verfolgt Franz Haas einen gefühlvollen Barrique-Einsatz.

Hagel Im Weinbau eine große Gefahr und je nach Zeitpunkt ein Schrecken für jeden Winzer. Hagelstürme, die in den meisten Weinbaugebieten keineswegs selten sind, können innerhalb weniger Minuten katastrophale Schäden anrichten und der Ernte schweren Schaden zufügen oder sogar vernichten, indem sie die Trauben zum Aufplatzen bringen. Darüber hinaus besteht die Gefahr, dass die Hagelkörner Auswirkungen auf die Ernte der folgenden Jahre haben können, da das Rebholz sehr empfindlich ist. Wird es durch Hagel zerstört, bricht die Vegetation ab, und erst ein neuer Austrieb im Folgejahr liefert Früchte. Bei starkem Hagel kann der Rebstock so stark geschädigt sein, dass er abstirbt. Selbst leichte Hagelschauer im Spätsommer fordern ihren Tribut, da sie die Beerenhäute beschädigen und der Fäulnis Tür und Tor öffnen und den so genannten Hagelgeschmack *(Goût de grêle)* hervorrufen können, den z. B. viele 1983er in Pomerol aufweisen.

Hajós-Baja Südungarisches Weinbaugebiet links der Donau zwischen Hajós und Baja und im Osten an das Gebiet von Kunság angrenzend.

Halbstück Ein Fass mit 600 Liter Inhalt, das traditionell vor allem im Rheingau gebräuchlich ist (war), wo es als Ergänzung des doppelt so großen, 1200 l fassenden → Stückfasses dient. Der Inhalt des Halbstücks entspricht rund 800 Flaschen.

Halbtrocken Weinrechtliche Bezeichnung in Deutschland und Österreich für Weine, deren Restzuckergehalt den für trockene Abfüllungen zulässigen Wert übersteigt. In der EU liegt die Höchstgrenze für Wein, der als trocken bezeichnet werden darf, bei 12 bzw. 18 g/l, wenn der Restzuckergehalt den Gesamtsäuregehalt um nicht mehr als 10 g/l übersteigt. Dieser Definition liegt die Idee zugrunde, dass sich Süße und Säure in einer bestimmten Balance befinden sollen: Ein Wein mit mehr Säure verträgt auch mehr Restsüße, ohne deshalb süß zu schmecken. Der Restzuckergehalt kann laut Gesetz durch den Zusatz von → Süßreserve oder Gärstopp erreicht worden oder durch natürlichen Gärungsstillstand (→ Gärung) bedingt sein. Letzteres ergibt unter qualitativen Gesichtspunkten die hochwertigsten Weine. Bei → Schaumweinen bezeichnet halbtrocken einen Restzuckergehalt zwischen 33 und 50 g/l. In Deutschland hat halbtrockener Wein einen Restzuckergehalt zwischen 10 und 18 g/l, in → Franken beginnt halbtrocken z. T. bereits ab 5 g/l. Die Bezeichnung halbtrocken wird immer seltener gebraucht; in den anderen EU-Weinbauländern sprich man von abboccato, demi-sec, imixeros, medium dry, meio seco, semiseco.

Halbturn Österreichische Gemeinde mit rund 530 ha Rebfläche im Weinbaugebiet → Neusiedlersee. Es werden an Weißweinen Welschriesling, Weißer Burgunder, Grauer Burgunder und an Rotweinen Blaufränkisch, Zweigelt, Sankt Laurent, ferner Cabernet Sauvignon und Merlot erzeugt. Bekannter Erzeuger: Schloßkellerei Halbturn.

Hallau Ostschweizer Gemeinde mit nahezu 150 ha Rebfläche im Klettgau, Kanton Schaffhausen. Zu etwa 80 % wird Blauburgunder angepflanzt, dessen Weine zu den typischen Ostschweizer Rotweinen gehören. Die Abfüllungen des benachbarten Oberhallau dürfen ebenfalls als *Hallauer* in den Handel gebracht werden. Bekannter Erzeuger: Ruedi Baumann.

Hallgarten Deutsche Gemeinde im → Rheingau mit etwa 210 ha Rebfläche. Ähnlich wie Rauenthal und Kiedrich liegt Hallgarten nicht direkt am Rhein, sondern hügelaufwärts. Bekannte Lagen sind *Schönhell*, *Würzgarten*, *Hendelberg* und *Jungfer*, die z. T. nur einen Steinwurf weit vom berühmten → *Steinberg* entfernt liegen und auf denen überwiegend Riesling angebaut wird. Bekannte Erzeuger: Fürst Löwenstein, Weingut Prinz.

Hammel SA, Schweizerische Kellerei im Weinbaugebiet → Waadtland mit rund 70 ha Rebfläche. Produziert und vertreibt den Spitzenwein Yvorne de L'Ovaille aus dem Chablais.

Handlese → Weinlese

Handwerklich hergestellte Weine Hochwertige Weine mit → Terroir sind immer Weine, die unter großem Aufwand mit viel Handarbeit hergestellt werden. Solche Weine haben ihren → Preis, da die Produktionskosten wesentlich höher sind als bei → Industrieweinen, die an Discounter und Supermärkte geliefert werden und meist Verschnitte bzw. Massenerzeugnisse sind. Handwerklich hergestellte Weine sind nicht automatisch gut – aber jeder wirklich gute Wein, der → Authentizität besitzt, ist handwerklich hergestellt.

Haptik Eigenschaften eines Weins, die im Mundraum wahrgenommen werden und nicht unmittelbar mit Duft oder Geschmack verknüpft sind, z. B. Viskosität (flüssig, zähflüssig, ölig, cremig) oder Adstringenz (pelzig).

Hardy's Zweitgrößtes australisches Weingut im Weinbaugebiet → Südaustralien (McLaren Vale). Auf rund 3000 ha eigener Rebfläche und durch Traubenzukauf werden etwa 150 Millionen Flaschen Wein im industriellen Maßstab erzeugt, vor allem Shiraz, Cabernet Sauvignon, Merlot, Chardonnay und Sauvignon blanc.

Harlan Estate Kalifornisches Weingut in den USA im Weinbaugebiet → Napa Valley. Nur rund 15 ha Rebfläche und 50 000 Flaschen Produktion: Cabernet Sauvignon, Cabernet franc, Merlot, Petit Verdot. Die Rebflächen liegen oberhalb des legendären *Martha's Vineyard*. Einer der begehrtesten und teuersten Erzeuger der Region.

Harmonie Wichtiges Merkmal eines Weins. Wenn alle Duft- und Geschmacksbestandteile zu einem Ganzen verschmelzen, sich ergänzen und verstärken – wenn sie also miteinander harmonieren, dann ist das ein Qualitätsmerkmal ersten Ranges. Bei einem jungen Wein kann es sein, dass er die volle Harmonie noch nicht erreicht hat, die sich erst im Alter durch → Flaschenreife einstellt.

Haro Spanischer Ort am Oberlauf des Ebro. Einige Dutzend → Bodegas haben hier ihren Sitz in Haro ebenso wie die staatliche *Estación de viticultura y enología*.

Hárslevelü Ungarische Weißweinsorte (Lindenblättriger), die in Ergänzung zu → Furmint und Muskateller den berühmten Tokajer hervorbringt. Sie wird auch unverschnitten ausgebaut, der angesehenste Hárslevelü kommt aus → Debrö.

Hattenheim Deutsche Weinbaugemeinde im → Rheingau mit rund 250 ha Rebfläche. Viele berühmte und hervorragende Weinlagen befinden sich hier bzw. gehören teilweise zur Gemeinde: *Nußbrunnen, Wisselbrunnen, Mannberg*. Auch ein Teil des → *Erbacher Marcobrunn* gehört zu Hattenheim, ebenso die so genannte Ortslage *Steinberg*. Im Hattenheimer Restaurant Weinhaus zum Krug kann man das Reifepotenzial dieser Rieslinge kennen lernen. Bekannte Erzeuger: Langwerth von Simmern, Schloss Schönborn, Schloß Reinhartshausen, Hessische Staatsweingüter (in Eltville), Hans Lang.

Haugsdorf Ort im → Pulkautal im niederösterreichischen Weinbaugebiet → Weinviertel mit etwa 600 ha Rebfläche (gemeinsam mit dem benachbarten Jetzelsdorf). Im Gegensatz zu den übrigen Gemeinden des Gebietes wird zu über zwei Drittel Rotwein erzeugt, nahezu ausschließlich aus der Sorte Blauer Portugieser, der hier überdurchschnittliche Qualität und in seinen Spitzen ein beachtliches Niveau erreicht. Bekannter Erzeuger: Josef Lust.

Hauptlese Bis 1993 war in Deutschland die so genannte Herbstordnung gültig, in der jede Weinbaugemeinde Beginn und Ende der Lese nach Reifezustand und Witterungsverlauf bindend festlegte. Falls erforderlich, fand eine genehmigte → Vorlese statt, auf die Haupt- und → Spätlese folgten.

Haut Französisch für *hoch*. In Verbindung mit Bereichs- oder ähnlichen Namen ist damit ein höher gelegenes Gebiet gemeint – nicht aber eine Qualitätsangabe. So ist der Wein von der Hautes-Côtes de Nuits nicht besser als der von der Côte de Nuits; es verhält sich hier sogar umgekehrt, da die höheren Lagen mikroklimatisch weniger begünstigt sind. Auch der Bas-Armagnac liefert einen besseren Branntwein als der Haut-Armagnac. Die Weine des Haut-Médoc wiederum sind durchweg denen des Médoc überlegen.

Haut-Bages-Libéral, Château Französisches 5e *cru classé* in der Appellation → Pauillac (Haut-Médoc) mit 28 ha Rebfläche. 75 % Cabernet Sauvignon, 22 % Merlot und 3 % Petit Verdot.

Haut-Bailly, Château Französisches *Cru classé* in der Appellation → Léognan in den Graves mit 28 ha Rebfläche: rund 60 % Cabernet Sauvignon, 30 % Merlot und 10 % Cabernet franc. Zweitwein: *La Parde de Haute-Bailly.*

Haut-Batailley, Château Französisches 5ᵉ *cru classé* in der Appellation → Pauillac (Haut-Médoc), das vor rund einem halben Jahrhundert aus der Teilung von Château → Batailley entstanden ist und seither vom Besitzer von Château → Ducru-Beaucaillou geleitet wird. 20 ha Rebfläche mit rund 65 % Cabernet Sauvignon, 25 % Merlot und 10 % Cabernet franc. Zweitwein: *La Tour d'Aspic.*

Haut-Benauge → Bordeaux-Haut-Benauge

Haut-Brion, Château Berühmtes französisches *Premier cru classé*-Weingut in der AOC Pessac (Graves). Als Einziges im Graves wurde es für würdig befunden, in die Klassifikation von 1855 aufgenommen zu werden (die Übrigen liegen alle im Médoc). Das Gut liegt unmittelbar hinter der Stadtgrenze von Bordeaux auf einer eindrucksvollen Kieskuppe und verfügt über die besten Lagen im Graves. Rund 43 ha Rebfläche sind mit 55 % Cabernet Sauvignon, 25 % Cabernet franc und 20 % Merlot bestockt. Auf 4 ha wird Weißwein erzeugt (aus Sémillon und Sauvignon blanc – je 50 %).

Haut-Gardère, Château Französisches Weingut im Bordeaux, AOC → Léognan (Graves). 20 ha Rebfläche mit rund 60 % Cabernet Sauvignon, 35 % Merlot und 7 % Cabernet franc, für die Weißweine 60 % Sauvignon und 40 % Sémillon.

Haut Marbuzet, Château Französisches *Cru bourgeois*-Weingut im Bordeaux in der AOC Saint-Estèphe (Haut-Médoc). Rund 70 ha Rebfläche mit 50 % Cabernet Sauvignon, 40 % Merlot und 10 % Cabernet franc. Moderner Weinstil, deutlich durch das Barrique geprägt.

Haut-Médoc Französisches Weinbaugebiet im Bordeaux, eines der bedeutendsten der Welt. Es liegt auf dem linken Ufer der Gironde und Garonne entlang der halbinselartigen Landzunge, die von der Girondemündung abgeschnitten wird. Im Norden schließt sich das Weinbaugebiet → Médoc an. Die Böden sind mehr oder weniger kieshaltig, teils sandig, zum Norden hin wird der Kies gröber und gelber. Insgesamt gibt es im Haut-Médoc rund 7500 ha Reben – gut die Hälfte gehören zu den folgenden Einzelappellationen:

- → Saint-Estèphe
- → Pauillac
- → Saint-Julien
- → Margaux
- → Moulis
- → Listrac-Médoc

Die übrigen rund 4500 ha Rebfläche gehören zur AOC Haut-Médoc – dort werden jährlich etwa 25 Millionen l Rotwein aus den Bordeaux-Sorten Cabernet Sauvignon, Cabernet franc, Merlot, Petit Verdot und Malbec erzeugt. Der Cabernet Sauvignon dominiert, da er im perfekten Klima des Haut-Médoc sehr gut reift. Die wenigen Weißweine des Haut-Médoc hingegen kommen als Bordeaux AOC in den Handel. Im Haut-Médoc wurde 1855 die → Klassifizierung vorgenommen, bei der die besten Weingüter qualitativ eingestuft wurden (siehe Tabelle). In der AOC Haut-Médoc selbst sind die folgenden Weingüter als Cru classés eingestuft:

- *3ᵉʳ crus* – Château La Lagune
- *4ᵉʳ crus* – Château La Tour-Carnet
- *5ᵉʳ crus* – Château Belgrave, Château Camensac, Château Cantmerle.

Je weiter im Norden die Weine wachsen, desto langlebiger und kerniger sind sie, während die weiter südlich gewachsenen feiner und eleganter ausfallen. In der Regel müssen die Spitzenweine 10 bis 15 Jahre reifen.

Haut Montravel → Montravel

Haut Poitou Französische VDQS-Weine, die zu den Loire-Weinen gerechnet werden. Die vereinzelten Rebflächen

Weingut	*Gemeinde*
Premiers crus classés	
Château Lafite	Pauillac
Château Latour	Pauillac
Château Margaux	Pauillac
Château Mouton-Rothschild	Pauillac
Deuxième crus classés	
Château Rausan-Ségla	Margaux
Château Rauzan-Gassies	Margaux
Château Léoville-Las Cases	St-Julien
Château Léoville-Poyferré	St-Julien
Château Léoville-Barton	St-Julien
Château Durfort-Vivens	Margaux
Château Gruaud-Larose	St-Julien
Château Lascombes	Margaux
Château Brane-Cantenac	Cantenac-Margaux
Château Pichon-Longueville (Baron)	Pauillac
Château Pichon-Lalande	Pauillac
Château Ducru-Beaucaillou	St-Julien
Château Cos d'Estournel	St-Estèphe
Château Montrose	St-Estèphe
Troisième crus classés	
Château Kirwan	Cantenac-Margaux
Château d'Issan	Cantenac-Margaux
Château Lagrange	St-Julien
Château Langoa-Barton	St-Julien
Château Giscours	Labarde-Margaux
Château Malescot-Saint-Exupéry	Margaux
Château Cantenac-Brown	Cantenac-Margaux
Château Boyd-Cantenac	Margaux
Château Palmer	Cantenac-Margaux
Château La Lagune	Ludon-Haut-Médoc
Château Desmirail	Margaux
Château Calon-Ségur	St-Estèphe
Château Ferrière	Margaux
Château Marquis d'Alesme-Becker	Margaux
Quatrième crus classés	
Château Saint-Pierre	St-Julien
Château Talbot	St-Julien
Château Branaire-Ducru	St-Julien
Château Duhart-Milon	Pauillac
Château Pouget	Cantenac-Margaux
Château La Tour-Carnet	St-Laurent-Haut-Médoc

Weingut	*Gemeinde*
Château Lafon-Rochet	St-Estèphe
Château Beychevelle	St-Julien
Château Prieuré-Lichine	Cantenac-Margaux
Château Marquis de Terme	Margaux
Cinquième crus classés	
Château Pontet-Canet	Pauillac
Château Batailley	Pauillac
Château Haut-Batailley	Pauillac
Château Grand-Puy-Lacoste	Pauillac
Château Grand-Puy-Ducasse	Pauillac
Château Lynch-Bages	Pauillac
Château Lynch-Moussas	Pauillac
Château Dauzac	Labarde-Margaux
Château d'Armailhacq (von 1956–1989 als Château Mouton-Baron[ne]-Philippe)	Pauillac
Château du Tertre	Arsac-Margaux
Château Haut-Bages-Libéral	Pauillac
Château Pédesclaux	Pauillac
Château Belgrave	St-Laurent-Haut-Médoc
Château Camensac	St-Laurent-Haut-Médoc
Château Cos Labory	St-Estèphe
Château Clerc-Milon	Pauillac
Château Croizet-Bages	Pauillac
Château Cantemerle	Macau-Haut-Médoc

(rund 440 ha), auf denen rund 3,3 Millionen l Wein erzeugt werden, sind zwischen Acker- und Weideland verstreut. Rebsorten für Weißweine: Sauvignon und Chardonnay, für Rotweine: Gamay und Cabernet franc.

Haut-Rhin Französisches Département, das den südlichen Teil des → Elsass umfasst. Rund 8000 ha sind an den Ausläufern der bewaldeten Vogesen mit den für die Region charakteristischen Sorten bepflanzt.

Haut-Sauternes Weinrechtlich nicht geschützte Bezeichnung für → Verschnittweine aus den höher gelegenen Teilen von → Sauternes.

Hautes-Côtes de Beaune Weinbaugebiet im französischen Burgund. Oberhalb der → Côte de Beaune liegender Teil der Arrières Côtes mit stilistisch leichteren Pinot-Noir-Rotweinen (Weißweine spielen praktisch keine Rolle). Sie stammen aus 29 Gemeinden mit zusammen rund 500 ha Rebfläche und kommen als → *Bourgogne-Hautes-Côtes de Beaune* in den Handel.

Hautes-Côtes de Nuits Weinbaugebiet im französischen Burgund. Oberhalb der südlichen → Côte de Nuits gelegener Teil der Arrières Côtes mit rund 480 ha Rebfläche, verteilt auf 18 Gemeinden. Es werden überwiegend Rotweine erzeugt, nur zu 10 % Weißweine aus der Rebsorte Chardonnay. Sie kommen als → *Bourgogne-Hautes-Côtes de Nuits* in den Handel.

Hautvillers Französische Weinbaugemeinde in der → Champagne; als *Premier cru* mit 93 % eingestuft – d. h., seine Trauben erzielen einen um 7 % geringeren Preis als die des unweit gelegenen *Grand cru*-Ortes Ay. In Hautvillers wird überwiegend Pinot Meunier und Pinot noir angepflanzt. In der Abtei von Hautvillers führte → Dom Perignon vor nahezu 300 Jahren seine berühmten Experimente durch, weshalb man diese Abtei auch als Geburtsstätte des Champagners bezeichnet.

Hazienda Monasterio Spanisches Weingut im Weinbaugebiet → Ribera del Duero – ein Kultweingut im Besitz des Dänen Peter Sissek, der hier extreme Weine zu extremen Preisen im → internationalen Stil braut: so den Pingus von einer Versuchsanlage. Aus Tempranillo mit Zusätzen von Cabernet Sauvignon und Merlot werden Reserva erzeugt.

Hefe Einzellige Mikroorganismen, von denen einige (Sacccharomyces ellipsoideus) den Traubensaft zum Gären bringen und ihn dadurch in Wein verwandeln. Bei diesem Prozess wird der Zucker in die Produkte Alkohol und CO_2 zersetzt (→ Gärung), und zwar durch die von Hefe gebildeten Fermente. Je nach Hefekultur setzt die Gärung bei unterschiedlichen Temperaturen ein. Für die Erzeugung von einzigartigen Qualitätsweinen ist die Hefe von fundamentaler Bedeutung.

Reinzuchthefe

Winzer, die einen zügigen und problemlosen Gärverlauf anstreben, setzen ihren Weinen so genannte Reinzuchthefen zu. Dabei handelt es sich um im Labor gezüchtete Hefestämme, die genetisch identische Eigenschaften besitzen. Reinzuchthefen können ein vom Winzer gewünschtes Duft- oder Geschmacksbild erzeugen, so zum Beispiel exotische Duftnuancen wie Mango oder Ananas. In jedem Fall verändern Reinzuchthefen den Charakter und Geschmack des Weins. Manche Winzer züchten eigene Hefestämme, die sie ihrem Most im Herbst zusetzen.

Natürliche Hefe

Hefe kommt praktisch überall vor. Auch in den Weinbergen bevölkert sie Blattwerk und Trauben der Rebstöcke. Winzer, die den Most nur unter Zuhilfenahme dieser natürlichen Hefen vergären, gehen ein größeres Risiko ein, da sie warten müssen, bis sich die Hefe eine Population im Most aufgebaut hat, die stark genug ist, die Gärung von allein in Gang zu setzen. Daher kann es vorkommen, dass der Most langsam oder (schlimmstenfalls) gar nicht zur Gärung gelangt oder sich unerwünschte Hefestämme vermehren, die fehlerhafte Weine erzeugen. Die Vergärung mit natürlichen Hefen verläuft unregelmäßig – je nach Phase sind andere Hefestämme für die Gärung verantwortlich. Manche Weine können auch stehen bleiben, d. h., sie gären nicht vollständig durch und behalten einen Rest unvergorenen Zucker. Doch bei allen Unwägbarkeiten mit natürlichen Hefen ist es unbestritten, dass die so gewonnenen Weine vielfältiger, feiner und interessanter schmecken.

Lagerung auf der Hefe

Die Hefe ist die Mutter des Weins – sie begleitet ihn sein Leben lang, vom Weinberg in den Keller, bei der Gärung, Fassreifung und auch in der Flasche. Das Lagern des Weins auf den abgestorbenen Hefezellen (Sur lie) erzeugt angenehme Aromen. In kleinen Fässern, besonders Barriques, wird die Hefe bei der Lagerung regelmäßig aufgerührt, um dem Wein eine feinere Aromatik zu verleihen. In der Regel sinkt die Hefe nach dem Absterben zu Boden. Es gibt aber auch Weine, bei denen sie nach oben steigt und eine schwimmende Schicht bildet, die so genannte → Florhefe. Diese natürlicherweise auftretende Hefe bildet sich z. B.

bei → Fino- und → Amontillado-Sherry, Tokajer und Vin jaune.

Filtern
Hochwertige Weine – vor allem Rotweine – werden kaum oder gar nicht gefiltert, da ein leichter Trub und das Belassen einer minimalen Menge an Hefezellen dem Geschmack förderlich ist. Ein Ausfiltrieren der natürlichen Hefen aus dem Most stellt einen massiven und für die Qualität des späteren Weins nachteiligen Eingriff dar.

Hefig Geschmacksmerkmal von jungen Weinen, aber auch reifere Weine können deutlich nach → Hefe schmecken, z. B. der → *Muscadet sur lie* mit seinem → *Goût de lie*, aber auch Sekt und Champagner, die mitunter Jahre auf der Feinhefe gelagert worden sind.

Heger, Weingut Deutsches Weingut im Weinbaugebiet → Baden in Ihringen. Auf rund 17 ha Rebfläche werden jährlich etwa 110 000 Flaschen Wein erzeugt. Böden: Vulkanverwitterung und Lößlehm. Rebsorten: je 25 % Spätburgunder und Riesling, 20 % Grauburgunder, 15 % Weißburgunder. Bekannte Lagen: *Ihringer Winklerberg, Achkarrer Schloßberg.*

Heidsieck, Charles → Champagnerhaus in → Reims. Spitzencuvée: *Royal Charles.*

Heidsieck Monopole In → Reims ansässiges → Champagnerhaus. Spitzencuvée: *Diamant bleu.*

Heilbronn Deutsche Stadt im Weinbaugebiet Württemberg mit rund 550 ha Rebfläche. Bekannte Lagen: *Wartberg, Stiftsberg* und *Stahlbühl.* Rebsorten: überwiegend Trollinger, Schwarzriesling und Riesling.

Heiligenstadt Ortsteil von Wien, einer der berühmtesten → Heurigenorte im 19. Bezirk. Ludwig van Beethoven hat hier reichlich Wein genossen.

Heimersheim Deutscher Ort im Weinbaugebiet → Ahr, Stadtteil von Bad Neuenahr-Ahrweiler, mit rund 70 ha Rebfläche. Bekannte Lagen: *Landskrone.* Bekannter Erzeuger: Toni Nelles.

Heinrich, Gernot Österreichisches Weingut im Weinbaugebiet → Neusiedlersee. Auf rund 22 ha Rebfläche werden jährlich etwa 270 000 Flaschen fast ausschließlich Rotwein erzeugt. Die Weine wachsen auf sandigen Lehmböden und Schotter. Spitzenweine: *Salzberg* und *Gabarinza* aus den gleichnamigen Einzellagen. Außerdem wird aus zugekauften Trauben die pfiffige Cuvée Red (ein Landwein ohne Jahrgang) erzeugt. Mitglied in der Pannobile-Gruppe.

Heitz Wine Cellars Kalifornisches Weingut in den USA im Weinbaugebiet → Napa Valley. Rund 150 ha Rebfläche – berühmt für seinen Cabernet Sauvignon, die auch in *Martha's Vineyard* sowie im *Trailside Vineyard* angebaut werden.

Hektar Flächenmaß. 1 Hektar (ha) entspricht 10 000 Quadratmeter. In Europa wird die Größe von Rebflächen in der Regel in ha angegeben. Nach dem deutschen Weingesetz muss eine → Einzellage mindestens 5 ha umfassen, wobei jedoch begründete Ausnahmeregelungen zulässig sind.

Hektoliter Raummaß. 1 Hektoliter (hl) entspricht 100 l. In Europa wird die Weinerzeugung normalerweise in Hektoliter angegeben. Gesetzlich vorgeschriebene Ertragsbegrenzungen beziehen sich auf die Menge pro Fläche, also Hektoliter pro → ha (hl/ha). → Ertrag, → Menge-Güte-Gesetz.

Henriot → Champagnerhaus in → Reims. Spitzencuvées: Blanc de Blancs *Réserve Baron Philippe de Rothschild.*

Henschke Australisches Weingut im Weinbaugebiet → Südaustralien (Barossa Valley; Firmensitz im Eden Valley). Berühmter Erzeuger, der auf rund 100 ha Rebfläche etwa 500 000 Flaschen Wein erzeugt, vor allem Shiraz, Cabernet Sauvignon, Merlot, Chardonnay, Riesling und Sauvignon blanc. Einer der führenden, traditionell arbeitenden Erzeuger der Region, dessen Shiraz aus der Einzellage *Hill of Grace* legendär ist.

Heppenheim Deutsche Stadt an der → Hessischen Bergstraße. Bekannte Lagen: *Steinkopf*, *Centgericht*, *Maiberg*. Bekannter Erzeuger: Hessische → Staatsweingüter.

Hérault Französisches Département im → Midi um Béziers und Montpellier an der französischen Mittelmeerküste gelegen. Mit zurzeit rund 100 000 ha Rebfläche ist das Hérault nach dem Weinbaugebiet Gironde das zweitgrößte Weinbaudépartement Frankreichs. Erzeugt werden hier die AOC-Likörweine Frontignan, Lunel und St-Jean-de-Minervois, die Weißweine Clairette du Languedoc, Picpoul de Pinet und Faugères, Saint-Chinian sowie die Mehrzahl der → Coteaux du Languedoc und ein Teil der Minervois-Weine. Zusammen machen diese AOC-Weine jedoch gerade einmal rund 10 % der Rebfläche des Hérault aus – der Rest wird als einfacher Tafel- oder Landwein vermarktet. Über 50 % der Gesamterzeugung sind Vin de pays, die verbleibenden rund 40 % sind schlichte Tafelweine, vielfach aus minderwertigen Rebsorten (Aramon, Alicante Bouschet), die gar nicht erst auf den Markt kommen, sondern in der Regel destilliert werden.

Hermitage Auch Ermitage oder L'Hermitage genannt, ein seit Jahrhunderten berühmter französischer Wein aus dem → Rhônetal, der 75 km südlich von Lyon auf einem einzigen, terrassenförmig angelegten, extrem steilen Weinberg wächst. Einer Legende nach soll die dort angebaute Syrahrebe aus der persischen Stadt Shiraz von einem Kreuzfahrer nach Frankreich gebracht worden sein, der sich in Hermitage als Eremit (daher der Name) niederließ und auf dem Berg eine kleine Kapelle errichtete. Dieser einzigartige Weinberg liegt an einer Windung der Rhône, ist optimal nach Süden exponiert und umfasst eine Rebfläche von etwa 120 ha mit Böden aus Granitverwitterung, Kies, Löß, Sand und Kalk. Jährlich werden rund 480 000 l Wein erzeugt, davon rund 20 % Weißwein aus den Rebsorten Roussanne und Marsanne und 80 % Rotwein aus der Sorte Syrah. Der rote Hermitage zählt zu den berühmtesten Weinen Frankreichs. Offiziell gibt es folgende 18 Lagen: Beaumes, Les Bessards, La Croix, La Croix de Jamanot, Les Diognières, Les Diognières et Torras, Les Greffieux, Les Gros des Vignes, L'Hermite, L'Homme, Maison Blanche, Le Méal, Les Murets, Péléat, La Pierrelle, Les Roucoules, Les Signaux und Varogne. Sie erscheinen allerdings nur selten auf dem Etikett, das neben der Appellation in der Regel nur den Namen des Weinguts trägt. Bekannte Erzeuger: Gérard Chave, Henri Sorrel, M. Chapoutier, Paul Jaboulet, Jean-Pierre Brotte, die Winzergenossenschaft von Tain l'Hermitage.

Der Name Hermitage wurde in Australien auch als Synonym für den Syrah verwendet: Ältere Jahrgänge des berühmtesten australischen Weins hießen → Grange Hermitage. In Südaustralien gibt es noch den White Hermitage, bei dem es sich jedoch in Wirklichkeit um Wein aus der Rebsorte Trebbiano handelt. In Südafrika bezeichnet man die Sorte Cinsaut irreführend als Hermitage.

Heroldrebe → Neuzüchtung aus Portugieser x Lemberger. Befindet sich auf dem Rückzug.

Herrenberg, Weingut – Bert Simon Deutsches Weingut im Weinbaugebiet → Mosel-Saar-Ruwer im Ort Serrig. Auf rund 18 ha Rebfläche werden jährlich etwa 100 000 Flaschen Wein erzeugt. Böden: Schiefer, ferner Grauwacke. Rebsorten: 80 % Riesling. Bekannte Lagen:

Serriger Herrenberg und *Würtzberg* (Alleinbesitz).

Hessen, Weingut Prinz von → Prinz von Hessen, Weingut

Hessische Bergstraße Das drittkleinste unter den deutschen Weinbaugebieten. Auf rund 450 ha Rebfläche, meist an den Abhängen des Odenwalds zwischen Darmstadt und Weinheim, werden vorwiegend weiße Rebsorten angepflanzt, darunter 60 % Riesling, 15 % Müller-Thurgau und 7 % Silvaner. Das Gebiet unterteilt sich in die → Bereiche → Starkenburg, das die Weinlagen an der Bergstraße umfasst, und Umstadt als winzige Weinbauinsel im Odenwald östlich von Darmstadt. Die wichtigsten Weinbauorte des Anbaugebietes sind → Heppenheim und → Bensheim. Die zu den Hessischen Staatsweingütern gehörende Domäne Bensheim verfügt über 8 % der gesamten Anbaufläche. Daneben gibt es meist kleinere Betriebe und Winzergenossenschaften.

Heuriger In Österreich übliche Bezeichnung für den neuen Wein (Heurig = diesjährig), der ähnlich dem Beaujolais → Primeur bereits ab dem 11. November des Erntejahres in → Buschenschenken, die ebenfalls Heurige genannt werden (→ Wien), ausgeschenkt wird. In der Regel sind es frische, knackige Weißweine aus der Sorte Grüner → Veltliner, die in ihrer Jugend den größten Trinkgenuss verheißen und sich mit Mineralwasser vermischt hervorragend als Durstlöscher eignen.

Heyl zu Herrnsheim Deutsches Weingut in Nierstein im Weinbaugebiet → Rheinhessen. Rund 24 ha mit vielen Steillagen an der → Rheinfront. Rebsorten: rund 70 % Riesling, ferner Silvaner und Weißburgunder. Lagen: *Brudersberg* (im Alleinbesitz), *Pettental*, *Hipping* und *Oelberg*.

Heymann-Löwenstein, Weingut Deutsches Weingut im Weinbaugebiet → Mosel-Saar-Ruwer im Ort Winningen. Auf rund 12 ha Rebfläche werden jährlich etwa 80 000 Flaschen Wein erzeugt. Böden: Devonschiefer mit unterschiedlichen Einlagen (Blaufüßer Lay, Laubach, Roth Lay). Rebsorten: 95 % Riesling. Bekannte Lagen: *Winninger Uhlen* und *Röttgen*, *Hatzenporter Kirchberg* und *Stolzenberg*. Der mit Abstand führende Erzeuger trockener Rieslinge an der Mosel. Reinhard Löwenstein erforscht wie kein anderer die → Terroirs an der Mosel. → Terrassenmosel

Hippe Rebmesser mit scharfem, gebogenem Ende, das schon zur Zeit der Römer zum Lesen der Trauben und zum → Rebschnitt verwendet wurde. Heute von pneumatisch oder elektrisch betriebenen Scheren bzw. Maschinen abgelöst.

Hirtzberger, Franz Österreichisches Weingut im Weinbaugebiet → Wachau. Auf rund 17 ha Rebfläche werden jährlich etwa 130 000 Flaschen Wein erzeugt, vor allem Grüner Veltliner (45 %) und Riesling (40 %). Die Weine wachsen auf Urgesteinsböden. Bekannte Lagen: *Honivogl*, *Axpoint*, *Singerriedl* und *Hochrain*. Einer der führenden Betriebe der Wachau.

Hochdrucktanks, Drucktanks Mit einem Betriebsdruck von 8 bar werden derartige Tanks vielfach zur gezügelten → Gärung verwandt, um deren Verlauf exakt kontrollieren und ggf. abbrechen zu können, damit → Restzucker und → Aroma erhalten bleiben. Außer in Deutschland, hier z. T. auch bei Rotwein, werden diese Tanks u. a. auch von Gütern in → Sauternes verwendet. Der Druck entsteht durch bei der Gärung frei werdendes Kohlendioxid, das nicht entweichen kann.

Hochfarbig Ältere Bezeichnung für einen mehr oder weniger stark → oxidativen, wenn nicht gar oxidierten, gold bis goldbraun gewordenen Weißwein, der seine Frische in der Regel verloren hat.

Hochgewächs → Riesling Hochgewächs

Hochheim Deutsche Stadt im → Rheingau am Main gelegen mit rund 270 ha Rebfläche. Als beste Lagen gelten *Domdechaney* und *Kirchenstück*, während der *Königin Viktoria Berg* (benannt nach der englischen Königin, die diesen Wein besonders schätzte) am bekanntesten ist. Zu über 80 % wird Riesling angepflanzt. Bekannte Erzeuger: Domdechant Werner'sches Weingut, Franz Künstler, Schloss Schönborn (in Hattenheim), Hessische Staatsweingüter (in Eltville).

Hock Englische Bezeichnung für → Rheinwein, ähnlich wie Claret der englische Name für rote Bordeaux ist. Das Wort ist durch die verkürzte Wiedergabe von »Hochheimer«, dem Lieblingswein der englischen Königin Victoria, entstanden. Ebenso leitet sich die Bezeichnung »Sparkling Hock« aus Hochheim ab, weil Rheingauer Sekt vor mehr als 100 Jahren in England sehr geschätzt war, das Wort Hochheim für einen Briten allerdings unaussprechlich ist.

Hoensbroech, Weingut Marquis zu Deutsches Weingut im Weinbaugebiet → Baden im Ort Michelfeld. Auf rund 17 ha Rebfläche werden jährlich etwa 125 000 Flaschen Wein erzeugt – der Betrieb ist für seine Weißburgunder bekannt. Böden: Lößlehm und Mergel. Rebsorten: 35 % Weißburgunder, je 15 % Riesling und Grauburgunder, ferner Spätburgunder.

Hofkammer, Württembergische Deutsches Weingut in → Württemberg mit rund 42 ha Rebfläche im Besitz der Herzöge von Württemberg. Lagenbesitz im *Stettener Brotwasser*, *Maulbronner Eilfingerberg* mit *Eilfingerberg Klosterstück* und *Gündelbacher Steinbachhof* (alle Alleinbesitz) sowie Anteile am *Mundelsheimer Käsberg*, *Untertürkheimer Mönchberg* und *Asperger Berg*. Sitz von Verwaltung und Kellerei ist das Schloß Monrepos in Ludwigsburg.

Hofkeller, Staatlicher Deutsches Weingut in Würzburg mit rund 150 ha Rebfläche, die über ganz → Franken verstreut ist. Der 1128 gegründete Staatliche Hofkeller ist eines der größten deutschen Weingüter und integraler Bestandteil der Bayerischen Landesanstalt für Weinbau und Gartenbau, zu der auch das Lehrweingut Veitshöchheim gehört. Rebsorten: rund 25 % Riesling, 20 % Silvaner und Müller-Thurgau. Beste Lagen: in Würzburg *Innere Leiste* und *Stein*, in Randersacker *Pfülben* sowie weitere in Thüngersheim, Marktheidenfeld und Hörstein. Die Weine werden überwiegend in Holzfässern direkt in der Würzburger Atstadt unter der großartigen Residenz ausgebaut.

Hofstätter Italienisches Weingut in der Region → Südtirol in Tramin – einer der führenden Produzenten Südtirols. Erzeugt auf rund 45 ha Rebfläche Wein aus den Rebsorten Blauburgunder, Cabernet Sauvignon, Lagrein, Vernatsch, Chardonnay, Gewürztraminer, Müller-Thurgau und Kerner. Konzentrierte Weine mit Kraft. Spitzenweine: Villa Barthenau.

Hohenlohe-Öhringen, Weingut Fürst zu Deutsches Weingut in Öhringen, Weinbaugebiet → Württemberg. Auf rund 20 ha Rebfläche werden jährlich etwa 200 000 Flaschen Wein erzeugt. Rebsorten: 50 % Riesling, je 15 % Lemberger und Spätburgunder, ferner Weißburgunder und Trollinger. Bekannte Lagen: *Verrenberger Verrenberg*. Böden: Muschelkalk und Keuper. Bekannte Weine: *Ex flammis orior* und *In scenio* (Rotweincuvées).

Hölle In Deutschland häufig vorkommende Lagenbezeichnung, z. B. *Aßmannshäuser Höllenberg* oder *Hochheimer Hölle*. Hölle steht allerdings nicht für die Hölle als Antipode des Himmels in der Religion, sondern ist eine Lautverschiebung von Halde, bezeichnet also einen Hang bzw. Steilhang.

Holzgeschmack Ein im Holzfass ausgebauter Wein kann, bedingt durch ein unzureichend gepflegtes Fass, einen muffigen Geschmack annehmen, den → Fassgeschmack. Ein Wein kann aber auch durch langes Lagern in einem einwandfreien → Fass oder → Barrique einen Holzgeschmack annehmen, der nicht fehlerhaft, sondern beabsichtigt ist. Im letzteren Fall sind die Merkmale des Fass-Ausbaus ein Zeichen für Qualität, wenn der Holzgeschmack gut in die übrigen Geschmackskomponenten eingebunden ist. → Eichennoten

Homburg Deutscher Ort am Main im Weinbaugebiet → Franken, westlich von Würzburg mit rund 50 ha Rebfläche. Bekannte Lage: *Kallmuth*, eine Steillage über dem Main mit Buntsandstein anstelle des sonst in Franken dominierenden Muschelkalks. Bekannter Erzeuger: Fürstlich Löwensteinsches Weingut.

Horitschon Österreichische Gemeinde im → Mittelburgenland mit hohem Rotweinanteil. Rund 420 ha Rebfläche sind mit den Rebsorten Blaufränkisch (über 60 %), Zweigelt und Sankt Laurent bepflanzt sowie mit den Importen Cabernet Sauvignon und Merlot. Bekannte Erzeuger: Iby, Kerschbaum und Lehrner.

Horizontalprobe → Probe einer Reihe von unterschiedlichen Weinen gleichen Jahrgangs mit vergleichbaren Eigenschaften. Die Vergleichbarkeit ist bei Horizontalproben wichtig, daher sollte grundsätzlich mindestens einer der folgenden Parameter berücksichtigt werden: die Region (Appellation), die Rebsorte oder die Lage: z. B. verschiedene Weine aus der Appellation Margeaux aus dem Jahrgang 1998; eine Reihe 1971er edelsüßer deutscher Rieslinge oder verschiedene Rieslinge des Jahrgangs 2001 aus der Einzellage Erbacher Marcobrunn. Die Horizontalprobe kann verdeckt, d. h. als → Blindprobe ohne Kenntnis der Weinherkunft oder offen erfolgen. → Vertikalprobe

Hörstein Deutsche Weinbaugemeinde in → Franken nordwestlich von Aschaffenburg mit rund 35 ha Rebfläche in der Lage *Abtsberg* mit Urgesteinsboden (im Alleinbesitz des Staatlichen Hofkellers).

Hospices de Beaune Auch Hôtel Dieu genannt – ein bekanntes christliches Hospiz in der französischen Stadt → Beaune in → Burgund. An jedem dritten Sonntag im November findet eine Weinversteigerung statt, bei der der Wein noch im Jahr der Ernte im Fass verkauft wird. Seit seiner Gründung im Jahre 1443 bis in die Gegenwart gelangte das Hospiz durch Schenkungen in den Besitz exzellenter Weinbergslagen, vor allem an der → Côte de Beaune (seit 1977 erstmals auch an der → Côte de Nuits), sodass es von den Erlösen der Weinauktionen den größten Teil seiner Ausgaben bestreiten kann. Die Versteigerung bestimmt maßgeblich das Preisniveau des gesamten neuen Burgunderjahrgangs. Der Wein jeder einzelnen Lage gelangt getrennt zur Versteigerung, wobei die verschiedenen Provenienzen naturgemäß sehr unterschiedliche Preise erzielen.

Der Weinbergsbesitz des Hospizes umfasst derzeit etwa 60 ha, die sich auf 38 Lagen verteilen, die heute um die 700 → *pièces* (Fässer zu 228 l) ergeben. Seit 1970 gibt es ein einheitliches Etikett für die Weine der Hospices de Beaune, auf dem der Name der *Cuvée* mit der dazugehörigen AOC und der Abfüller (Käufer) vermerkt sind.

Hospices de Nuits Französisches Hospiz in → Nuits-Saint-Georges, das – ähnlich den weit berühmteren → Hospices de Beaune – Stiftungen in Form von Rebflächen erhalten hat und die dort erzeugten Weine unter seinem Namen auf den Markt bringt. Viele dieser Weine kommen aus den besten Lagen von Nuits.

Hospitien, Vereinigte Deutsches Weingut in → Trier im Weinbaugebiet → Mosel-Saar-Ruwer mit rund 55 ha Rebfläche, 1805 durch Napoleon gegründet. Auch das mittelalterliche Jakobus Hospital gehört dazu, das nachweislich bereits 1464 den Riesling-Anbau an der Mosel pflegte. Bewirtschaftete Lagen: In Serrig (*Schloß Saarfelser Schloßberg* im Alleinbesitz), in Wiltingen (*Kupp, Braune Kupp* und *Braunfels* sowie *Scharzhofberg* und *Hölle* im Alleinbesitz), in Kanzem (*Altenberg*), in Trier (*Augenscheiner* im Alleinbesitz), in Piesport (*Schubertslay, Goldtröpfchen* und *Domherr*), in Bernkastel (*Alte Badstube am Doctorberg*), in Graach (*Domprobst, Himmelreich*), in Wehlen (*Sonnenuhr*), in Zeltingen (*Sonnenuhr*), in Ürzig (*Würzgarten*) und in Erden (*Prälat*).

Hot Climate Die Weinwelt lässt sich aufgrund klimatischer Bedingungen in die beiden Klimaregionen → Cool Climate und Hot Climate einteilen. Auf der Nordhalbkugel liegen die heißeren Weinbauregionen auf südlichen Breitengraden. Hierzu zählen z. B. Spanien, Portugal, Griechenland sowie in Frankreich die südliche Rhône, die Provence, das Languedoc, das Roussillon; in Italien die Toskana, ganz Süditalien; in Übersee ist es das Weinbaugebiet Kalifornien. Eine Sonderstellung nimmt das Bordeaux ein. Seine Lage auf einem relativ südlichen Breitengrad lässt es eigentlich zu einer Hot-Climate-Region zählen, jedoch sorgt der Einfluss des Atlantiks besonders in der Reifeperiode im September dort für ein ausgeglichen kühles Gesamtklima. Auf der Südhalbkugel zählen fast ganz Chile und Argentinien sowie Australien und Südafrika zum Hot Climate.

Auch in Cool-Climate-Regionen gibt es → mikroklimatisch bevorzugte Gebiete, die über überraschend warmes Mikroklima verfügen: z. B. verfügt die Weinbauregion → Neusiedlersee im österreichischen Burgenland im Sommer über ein ausgesprochen heißes Mikroklima, ebenso der deutsche → Kaiserstuhl. → Topographie, → Terroir.

Hövel, Weingut Deutsches Weingut im Weinbaugebiet → Mosel-Saar-Ruwer im Ort Konz-Oberemmel an der Saar. Auf rund 10 ha Rebfläche werden jährlich etwa 50 000 Flaschen Wein erzeugt. Rebsorten: 100 % Riesling. Bekannte Lagen: *Oberemmeler Hütte* (Alleinbesitz), *Scharzhofberger*. Böden: Devonschieferverwitterung.

Huber, Weingut Deutsches Weingut im Weinbaugebiet → Baden im Ort Malterdingen. Auf rund 18 ha Rebfläche werden jährlich etwa 120 000 Flaschen Wein erzeugt – überwiegend Rotwein. Böden: Muschelkalkverwitterung. Rebsorten: 70 % Spätburgunder, 10 % Weißburgunder, ferner Grauburgunder. Bekannte Lagen: *Hecklinger Schlossberg, Malterdinger Bienenberg*. Führender Erzeuger in Baden.

Hudelot-Noëllat, Domaine Französisches Weingut im → Burgund im Ort Vougeot. Rund 10 ha Rebfläche, darunter die *Grand Cru*-Lage *Romanée Saint Vivant*. Erzeugt äußerst traditionelle rote → Burgunder: klassisch, langlebig, dauerhaft und verschlossen.

Hudson Fluss im Staat → New York in den USA, an dessen Ufern seit 150 Jahren vereinzelt Weinbau betrieben wird. Angepflanzt werden einheimische Rebsorten, → Hybriden und einige → *Vinifera*-Sorten.

Huët Domaine Bedeutendes französisches Weingut an der → Loire im Bereich → Touraine (AOC → Vouvray). Erzeugt in biologischer Wirtschaftsweise trockene, halbtrockene und restsüße (*moelleux*) Vouvray – auch als Schaumweine. Einer der führenden Erzeuger der Region.

Hugel & Fils, Domaine Französisches Weingut in Riquewihr im → Elsass; bedeutender Erzeuger. Auf rund 45 ha Rebfläche werden klassische Weine (Riesling, Gewürztraminer, Tokay-Pinot Gris) erzeugt. Verarbeiten auch zugekaufte Trauben, insgesamt rund 1,2 Millionen Flaschen Jahresproduktion.

Hügelheim → Müllheim

Hügelland, Rheinhessisches Teil der deutschen Weinbauregion → Rheinhessen. Rund 80 % der Rebfläche liegen nicht am → Rhein, sondern in seinem sanften Hinterland, das sich, von einigen Ausnahmen abgesehen, erst im Laufe der letzten Jahrzehnte zu einem mehr und mehr geschlossenen Weinbaugebiet entwickelt hat. Die fetten Böden der Rheinhessischen Ebene sind für den Weinbau weniger geeignet. Die steileren und besseren Lagen sind um die Orte → Bechtheim, → Flörsheim-Dalsheim, → Westhofen und → Flomborn zu finden.

Hülsenmaischung → Kaltmazeration

Hunawihr Französischer Ort im → Elsass, nordwestlich von Colmar zwischen Riquewihr und Ribeauvillé gelegen. Beste Lage: *Rosacker* → *Alsace Grand cru*.

Hunter Valley Eines der ältesten Weinbaugebiete in → Australien, rund 150 km nördlich von Sydney in → Neusüdwales gelegen. In der Umgebung von Pobolkin und Rothbury stehen rund 2600 ha unter Reben. Das Klima ist warm und trocken. Rebsorten: Sémillon (auch als *Hunter Riesling* bezeichnet) sowie bei Rotweinen Shiraz und Cabernet Sauvignon. Bekannte Erzeuger: Arrowfield, Mount Pleasant, Rosemount, Tyrell's, Rothbury, Wyndham.

Hupfeld, Weingut Deutsches Weingut im Weinbaugebiet → Rheingau im Ort Hochheim. Auf rund 12 ha Rebfläche werden jährlich etwa 100 000 Flaschen Wein erzeugt. Böden: sandiger Lößlehm. Rebsorten: 90 % Riesling. Bekannte Lagen: *Hochheimer Königin-Victoria-Berg, Winkeler Jesuitenberg* und *Hasensprung*.

Husseren-les-Châteaux Französische Gemeinde im → Elsass nahe Colmar. Bekannt für die drei Schlossruinen auf dem Gipfel eines steilen, mit Reben bestandenen Berges. Bekannter Erzeuger: Kuentz-Bas.

Huxelrebe Deutsche → Neuzüchtung aus Gutedel *x* Courtillier musqué. Wird überwiegend in Rheinhessen und in der Pfalz angebaut. Wie fast alle Neuzüchtungen auf dem Rückzug. Die Huxelrebe kann jedoch als edelsüß ausgebaute Variante interessante Ergebnisse bringen.

Hybriden Aus so genannten interspezifischen → Kreuzungen zwischen amerikanischen und europäischen Rebsorten entstandene Reben, um die Widerstandsfähigkeit der amerikanischen → *Vitis*-Sorten gegen Pilzkrankheiten und → Reblaus mit der Qualität der europäischen *Vitis* → *Vinifera* zu verbinden. Im Gegensatz zu den → Neuzüchtungen aus *Vinifera*x *Vinifera* einerseits und den heute allgemein üblichen → Pfropfreben andererseits handelt es sich hierbei um → Direktträger, da diese Reben gegen die durch die Reblaus übertragenen Infektionskrankheiten resistent sind. An die Qualität der reinsortigen Vinifera-Reben reichen sie jedoch nicht heran. Der Anbau von Hybriden ist in Deutschland verboten.

I

Iby Österreichisches Weingut im Weinbaugebiet → Mittelburgenland. Auf rund 23 ha Rebfläche werden jährlich etwa 100 000 Flaschen Rotwein erzeugt: vor allem Blaufränkisch 50 % und Zweigelt 25 %. Böden: sandiger Lehm und Schotter. In den Lagen *Dürrau* und *Hochäcker* wachsen reinsortige Blaufränkisch.

Igler, Hans Österreichisches Weingut im Weinbaugebiet → Mittelburgenland. Auf rund 23 ha Rebfläche werden jährlich etwa 130 000 Flaschen Wein erzeugt – fast ausschließlich Rotwein. Rebsorten: vor allem Blaufränkisch 60 %. Spitzenwein: Cuvée Vulcano. Einer der herausragenden Betriebe der Region.

IGT Abkürzung für Indicazione Geografica Tipica, Kategorie italienischer Weine, die laut EU-Richtlinien dem → Landwein oder → *Vin de pays* entsprechen. Laut Gesetz sind sie qualitativ zwischen → Tafelwein (→ *Vino da tavola*) und → Qualitätswein (→ DOC) einzuordnen.

Die Starrheit der DOC-Bestimmungen Italiens schließt mitunter selbst hervorragende Weine von diesem Status aus. Daher werden viele der so genannten → Supertoskaner und Weine, die nicht nach den Richtlinien der DOC bzw. → DOCG bereitet sind, heute als IGT-Weine (vorher als Tafelweine) vermarktet. Bei IGT-Weinen kann es sich daher auch um äußerst teuren Spitzenwein handeln.

Ihringen Deutscher Ort am → Kaiserstuhl mit rund 560 ha Rebfläche. Beste Lagen: *Winklerberg*, ferner *Fohrenberg* und *Doktorgarten*. Rebsorten: Riesling, Grauer Burgunder, Spätburgunder. Bekannte Erzeuger: Dr. Heger, Stigler, Gebr. Müller.

Illmitz Österreichische Gemeinde im Weinbaugebiet → Neusiedlersee, im so genannten Seewinkel gelegen. Rund 1000 ha Rebfläche und einer der wärmsten Weinbauorte Österreichs. Es werden überwiegend weiße Rebsorten angebaut, die aufgrund der hohen Luftfeuchtigkeit des Sees regelmäßig von → Botrytis cinerea heimgesucht werden und zu herausragenden → Beeren- und → Trockenbeerenauslesen vinifiziert werden. Bekannte Erzeuger: Josef Gangl, Alois Kracher, Haider, Lang, Opitz, Rosenhof, Schwarz.

Imbottigliato all'origine (dal produttore, dal viticoltore) Italienische Bezeichnung für → Erzeugerabfüllung

Imiglykos Griechische Bezeichnung für → lieblich, wie man sie vor allem bei einfachen griechischen Rotweinen aus Makedonien findet, die unter diesem Namen gehandelt werden.

Imixeros Griechische Bezeichnung für → halbtrocken.

Impériale Bezeichnung für eine Weinflasche mit einem Fassungsvermögen von sechs Litern, entspricht acht Standardflaschen. Sie kommt bei guten Jahrgängen zur langen Lagerung und langsamen Reifung für roten Bordeaux gelegentlich zum Einsatz.

Imprägnierung Zusatz von → Kohlensäure unter Anwendung von Druck, um einem Wein moussierende Eigenschaften zu verleihen. Auf diese Weise erzeugte Getränke müssen die Bezeichnung »Schaumwein mit zugesetzter Kohlensäure« (→ *vin mousseux gazéifié, vino spumante gassificato*) tragen. Qualitativ sind derartige Weine nicht mit echten → Schaumweinen zu vergleichen, da sie nicht durch eine zweite → Gärung entstehen. Der perlende Schaum (*mousse*) dieser Weine ist viel gröber und im Glas längst nicht so haltbar.

INAO → Appellation (d'Origine) contrôlée

Indicação de proveniência regulamentada → IPR

Indre Nebenfluss der → Loire südlich von Tours. Die Mehrzahl der an ihren Ufern erzeugten Rot-, Rosé- und Weißweine kommt mit der Appellation → *Touraine* in den Handel. Ferner auch der Name eines mittelfranzösischen Départements mit etwa 1300 ha Rebfläche, aus dem der VDQS-Wein Valençay kommt. Bedeutender ist das Département Indre-et-Loire mit der Hauptstadt Tours und gut 10 000 ha Rebfläche in den AOC-Appellationen → Bourgueil, → Chinon, → Montlouis, → Saint-Nicolas-de-Bourgueil und → Vouvray sowie die Weine der *Touraine*.

Industriewein Der Großteil der weltweit erzeugten Weine wird im industriellen Maßstab produziert bzw. verarbeitet, sind also das Gegenteil von → handwerklich hergestellten → authentischen Weinen mit → Terroir. Die Rebanlagen der Industrieweine liegen meist in der Ebene und können mit Maschinen gepflegt, bearbeitet und geerntet werden. Die Trauben werden in riesigen Produktionsanlagen vinifiziert und je nach Anbauregion mit allen möglichen Hilfsstoffen behandelt wie z. B. → Eichenchips, Farbpulver aus getrockneten Beerenschalen, → Mostkonzentraten, Zusatz von Aromastoffen, Säure bzw. Entsäuerung, um einen immer gleichen Normgeschmack zu erreichen. Es kann sich aber auch oft um einfachste Verschnitte verschiedener Anbaugebiete und Erzeuger handeln, die als → Markenweine in den Handel kommen. Solche Weine können sehr preiswert sein, da die → Produktionskosten ungleich niedriger sind als bei handwerklich hergestellten Weinen. Auch wenn sie unbedarften Weintrinkern bei oberflächlichem Genuss schmecken mögen, so wird doch spätestens im direkten Vergleich mit handwerklich hergestellten Weinen deutlich, dass ihre Qualität minderwertig ist.

Inferno Italienischer DOCG-Rotwein aus dem → Valtellina (Veltlin), östlich von Sondrio in der Lombardei, der hauptsächlich aus der Rebsorte Nebbiolo (hier Chiavennasca genannt) erzeugt wird.

Ingelheim Deutsche Stadt am Rhein und ehemalige Kaiserpfalz im Weinbaugebiet → Rheinhessen mit rund 600 ha Rebfläche. In Ingelheim wird traditionell Rotwein erzeugt, vor allem aus den Sorten Portugieser und Spätburgunder. Bekannte Lagen: *Pares* und *Sonnenberg*. Bekannter Erzeuger: Weingut Neuß.

Inocente → Macharnudo

Internationale Rebsorten Eine kleine Anzahl bestimmter Rebsorten hat es im Zuge der weltweiten Ausbreitung des Weinbaus geschafft, fast überall angepflanzt zu werden. Das gilt insbesondere für die Sorten Chardonnay, Cabernet Sauvignon und Merlot, basierend auf dem Renommee der aus ihnen erzeugten »Original-Weine«. Dazu zählen die hoch bezahlten Weißweine Burgunds aus der Rebsorte Chardonnay, wie z. B. die Weinlegende *Le Montrachet*, und die angesehenen Rotweine des Bordeaux aus den Rebsorten Cabernet Sauvignon, Cabernet franc und Merlot, die als die besten Weine der Welt gelten.

Die enorme Ausbreitung dieser Sorten hat auf der einen Seite dazu geführt, dass die Weltmarktpreise wegen des Überangebots z. B. für Chardonnay fallen, auf der anderen Seite zieht es die Verbreitung neuer, bisher »unverbrauchter« Rebsorten nach sich, wie z. B. Syrah oder Viognier – Letztere war vor 20 Jahren beinahe ausgestorben.

Im Gegenzug besinnen sich immer mehr Weinbauregionen auf ihre → autochthonen Rebsorten, um in der Weinwelt wieder an Profil zu gewinnen. Leider werden diese jedoch nicht selten mit deutlichem → Holzgeschmack vinifiziert und erreichen dadurch keine wirkliche → Authentizität.

Internationaler Weinstil Im Zuge der Ausbreitung → internationaler Rebsorten verbreitet sich weltweit auch ein einheitlicher → Weinstil. Bei Weißwein bedeutet dies z. B. entweder eine gekühlte Vergärung mit Reinzuchthefen (→ Gärung), die zu überdeutlichen Frucht- und Gäraromen führt; oder es handelt sich um in → Barriques ausgebauten Wein, der mit gerösteten → Eichenchips oder Eichenholzessenzen in Tanks aromatisiert wurde.

Internationaler Weißwein wie z. B. Chardonnay weist 13 bis 14 % Alkohol (manchmal sogar 15 %), Vanillearoma sowie Duft und Geschmack von reifer Banane und/oder Melone auf; ein Kritiker hat solche Weine treffend als Spargel mit zerlassener Butter bezeichnet.

Internationale Rotweine wie z. B. Cabernet Sauvignon oder Merlot verfügen über einen noch stärkeren → Holzgeschmack, sind grundsätzlich von undurchdringlich dunkler Farbe und erinnern geschmacklich an Rumtopf, Kaffee, Zedernholz und kalten Rauch. Aber es gibt auch Weine aus → autochthonen Rebsorten, die geschmacklich international wirken und somit austauschbar sind, z. B. moderner Lagrein aus Südtirol, → Supertoskaner, moderner Tempranillo aus Spanien oder Weißweine aus dem Friaul.

Internationale Weine verfügen grundsätzlich über massive Frucht, wirken durch ihren hohen Alkoholgehalt und deutliche Reifearomen geschmacklich süß (auch wenn sie durchgegoren sind) und sind dazu gedacht, jung getrunken zu werden. Sie orientieren sich am Massengeschmack und an der Tatsache, dass in → Proben stets die »dicksten« Weine gewinnen, während elegante → authentische meist schlechter abschneiden. Insofern ist das auch das Verhalten der Kritiker → Parker, → Drei-Gläser, die internationale Weine bevorzugen, »kritisch« zu beurteilen. Dennoch scheinen sich zumindest Spitzenweinerzeuger wieder auf das Wesentliche zu besinnen: auf Individualität.

Ionische Inseln Griechische Weinbauregion, die die Inseln im Ionischen Meer (an der griechischen Westküste) umfasst, mit einer Fülle meist lokaler Weine. Am bekanntesten dürften die → Likörweine von Kephallonia und der weiße → Robola und der rote Tafelwein → Monte Nero sein.

Iphofen Deutsche Stadt im Anbaugebiet → Franken mit rund 300 ha Rebfläche im Bereich → Steigerwald. Beste Lagen: *Julius-Echter-Berg* mit Gipskeuperböden, ferner *Kronsberg* und *Kalb.* Rebsorten: Riesling und Silvaner. Bekannte Erzeuger: Würzburger Juliusspital (Würzburg), Weingut Wirsching und Weingut Ruck. (→ Großlage: *Iphöfer Burgweg*)

IPR Abkürzung für Indicação de proveniência regulamentada und Bezeichnung der portugiesischen Qualitätsweine, die in etwa der französischen → VDQS-Kategorie entspricht und unter der Stufe der → DOC-Weine liegt.

Irancy Französische Gemeinde im Norden von → Burgund, 15 km südwestlich von → Chablis. Bekannt für Rot-

und Roséweine aus der Rebsorte Pinot noir, die rund um die Orte Irancy, Cravant und Vincelottes auf etwa 250 ha Rebfläche (Mergel- und Kalkböden mit Schotter) erzeugt werden (jährlich rund 650 000 l Rotwein) und als *Bourgogne Irancy* AOC in den Handel kommen. Die Weine dürfen auch mit den Einzellagenbezeichnungen *Côte du Motier, Les Cailles, Boudardes, Vauchassy, Les Mazelots, Les Bessys* und *La Paltotte* verkauft werden.

Irouléguy AOC-Wein aus dem französischen Baskenland. Nicht weit von Biarritz um die Stadt Saint-Jean-Pied-de-Port werden an den Abhängen der Westpyrenäen auf etwa 190 ha pro Jahr rund 700 000 l Weiß- (rund 10 %), Rot- und Roséweine aus Cabernet Sauvignon, Cabernet franc und Tannat erzeugt. Bekannte Erzeuger: Arretxea, Brana und Abotia.

Ischia Italienische Insel im Golf von Neapel, Teil der Region → Kampanien und eigenes DOC-Gebiet für zwei Weißweine und einen Rotwein. Der *Ischia bianco* wird überwiegend aus der Sorte Forastera, ferner Biancolella und weiteren lokalen Sorten erzeugt. Der *Ischia Bianco superiore* hat einen Mindestalkoholgehalt von 12 %. Der *Ischia rosso* schließlich wird überwiegend aus Guarnaccia und Piedirosso, ferner Barbera erzeugt – bei einem Alkoholgehalt um 12 %. Bekannter Erzeuger: D'Ambra.

Isole e Olena Bedeutendes italienisches Weingut in der Region → Toskana im Chianti Classico – und einer der führenden Erzeuger. Paolo de Marchi erzeugt auf rund 40 ha Rebfläche etwa 200 000 Flaschen Wein: 180 000 Flaschen authentischer DOCG Chianti Classico sowie an der Spitze der IGT-Qualitätspyramide aus → Supertoskanern der *Ceparello* (ein reinsortiger Sangiovese), der Syrah (das Steckenpferd von Paolo de Marchi), der Cabernet Sauvignon, der Chardonnay (wächst auf einer kühleren Nordlage) und schließlich ein Aufsehen erregender Vin Santo. Paolo de Marchi gehört zu jenen Erzeugern im Chianti, die intensiv auf der Suche nach dem → Terroir der Region sind – eine ehrenwerte Arbeit.

Isonzo Italienisches DOC-Gebiet in → Friuli-Venezia Giulia, mit 21 Gemeinden im Isonzotal unterhalb des → Collio gelegen. Rebsorten: überwiegend Pinot bianco, Pinot grigio, Riesling renano, Sauvignon, Tocai, Traminer aromatico (Gewürztraminer) und Verduzzo. Bei den Rotweinen: Merlot und Cabernet Sauvignon und Cabernet franc, ferner Pignolo. Die Weine des Isonzo gelten als weniger hochwertig als die des benachbarten → Collio.

Israel Wein ist in Israel erzeugt worden, soweit die Geschichtsquellen zurückreichen, wenn auch mit einer jahrhundertelangen Unterbrechung in der islamischen Zeit. Der Neubeginn fand vor gut 100 Jahren statt, als 1886 Baron de Rothschild bei Richon Le Zion Rebstöcke anpflanzen und südöstlich von Tel Aviv eine Kellerei errichten ließ. Von Weinbau in modernem Sinn kann jedoch erst seit Gründung des Staates Israel im Jahre 1948 gesprochen werden.

Heute stehen rund 5000 ha unter Reben, und es werden im Durchschnitt der letzten Jahre gut 12 Millionen l Wein erzeugt, von dem nahezu ein Fünftel exportiert wird, hauptsächlich in die Vereinigten Staaten.

Die Rebflächen liegen über das ganze Land verstreut, darunter die wichtigsten bei Richon Le Zion (nahe Tel Aviv) und Zichron Jacob (südöstlich von Haifa), kleinere bei Jerusalem und weiter südlich bei Lachish, Ashkelon und Beersheva. Doch die international reputiertesten Weine kommen heute von den Golan-Höhen zwischen dem Berg Hermon und dem See Genezareth zwischen 400 und

1200 m Höhe (Golan Heights Winery, 280 ha). In dem warmen, trockenen Klima werden Rotweine vornehmlich aus Carignan, Grenache, Alicante Bouschet, Weißweine aus verschiedenen Muskat-Sorten, Clairette u. a. bereitet. Aber auch Cabernet Sauvignon, Malbec, Sauvignon, Sémillon, Chardonnay, Ugni blanc u. a. Sorten sind vertreten.

Die Weine werden in ungefähr zwanzig Kellereien, meistens Genossenschaften, erzeugt. Die größte und wichtigste Genossenschaft ist die Carmel Wine Co. oder, korrekter, die *Société Coopérative vigneronne des Grandes Caves*. Im Allgemeinen sind die Weine ordentlich und gefällig, mitunter etwas lieblich, doch selten außergewöhnlich.

Issan, Château d' Französisches Bordeaux-Weingut, 3e *Cru classé* in der Appellation → Cantenac-Margaux im Haut-Médoc mit rund 30 ha Rebfläche: 75 % Cabernet Sauvignon und 25 % Merlot.

Istein Deutscher Ort im Weinbaugebiet Baden, im Süden des → Markgräflerlandes. Rund 20 ha Rebfläche in der Lage *Kirchberg*. Rebsorten: Gutedel, Spätburgunder sowie Weißer und Grauer Burgunder. Bekannter Erzeuger: Schloßgut Istein.

Italien ist nicht nur das größte Wein erzeugende Land der Erde, sondern auch das vielfältigste. Während die klimatischen Bedingungen im Norden durch die Alpen geprägt sind, steht der Süden ganz unter dem Einfluss des mediterranen Klimas: Sizilien liegt fast auf demselben Breitengrad wie Nordafrika. Besonders die roten Sorten profitieren davon. Allerdings folgt daraus bereits die erste qualitative Einschränkung: Italien ist im Wesentlichen ein Rotweinland. Das ist es historisch schon immer gewesen – und wird es auch trotz neuester technologischer Errungenschaften auch weiterhin bleiben. Denn nur im kühleren Norden sind die klimatischen Bedingungen für die Weißweinproduktion wirklich ideal. »Im Süden brauchte der Mensch eigentlich nur einen Rebzweig in die Erde zu stecken – der Rest geschah automatisch«, wie es Luca Orsini, ein bekannter Winzer aus dem Chianti Classico, ausdrückt.

Wer das Weinbauland Italien verstehen will, sollte es zunächst mit den Augen eines Meteorologen betrachten. Italien lässt sich in drei klimatische Zonen gliedern (→ Karte nach S. 96)

Der Norden

Die Alpen schirmen die italienische Po-Ebene sichelförmig gegen die kalten Winde aus dem Norden ab. Den Alpen vorgelagert ist fast immer eine flachere Hügelkette, die dem Weinbau ideale Bedingungen bietet. Hier klettern die Weinberge oft mehrere hundert Meter hoch, sodass mit jeden hundert Höhenmetern die Durchschnittstemperatur um ein halbes Grad Celsius fällt. In diesen kühlsten Klimabereichen wachsen die besten Weißweine und auch viele der faszinierenden Rotweine dieses Landes. Die bekanntesten sind Barolo und Barbaresco, Valtellina, die Weine Südtirols, Valpolicella, Soave, Prosecco di Valdobbiadene sowie die Weißweine des Friauls (aus der Hügellandschaft Collio).

In der eigentlichen Po-Ebene selbst ist das Land sehr fruchtbar und ideal für den Anbau von Reis, Mais und sonstigem Getreide. Für den Weinbau sind die Böden in der Regel zu fett, zu feucht und das Klima zu heiß, um wirklich einzigartige Weine hervorzubringen. Die bekanntesten Weine dieser Ebene sind Lambrusco und Grave del Friuli.

Am südlichen Rand der Po-Ebene, zur Grenze der Toskana, verläuft der Apennin-Höhenzug. Auch hier wächst viel Wein, der im Export aber keinen so klangvollen Namen hat. Das Potenzial dieser Region ist bei weitem noch nicht ausgeschöpft.

Mittelitalien

Viele der berühmtesten Weine Italiens sind durch das günstige Klima Mittelitaliens geprägt. Sie stammen fast alle aus der Toskana. Hier scheint die Sonne länger, und die Durchschnittstemperaturen sind höher – so hoch, dass die besten Weine seit Jahrhunderten auf den am höchsten gelegenen Weinbergen erzeugt werden, wo die Trauben nicht so schnell reifen und deshalb mehr Aroma entwickeln können: Chianti Classico, Brunello di Montalcino und Vino Nobile di Montepulciano. Der spätere Austrieb der Reben, die niedrigeren Durchschnittstemperaturen, das kühlere Mikroklima, der beständige Wind und die mageren Böden sind das »Geheimrezept« dieser Weine.

Doch auch in den tiefer gelegenen Bereichen wächst viel Wein: Im Chianti und auch in der Region Bolgheri, aus der der berühmte Sassicaia herkommt, ist es heißer, und die Reife setzt früher ein.

Im benachbarten Umbrien dominiert der Orvieto und ergibt meist nicht mehr als belanglosen Massenwein. Weiter im Süden, etwa auf der Höhe von Rom, wächst der Montepulciano di Abruzzo. Rom selbst hat in seiner Nähe den Frascati zu bieten – einen einfachen Weißwein, typisch für Italien –, leicht, weich und mit niedrigen Säurewerten, aber nicht aufregend. Das Klima ist hier zu heiß, die Traubenreife setzt zu früh ein. Dadurch besitzen die Beeren wenig Säure und Aroma und können an die komplexen Weißweine des italienischen Nordens und die Frankreichs nicht heranreichen.

Der Süden und die Inseln

Ganz im Süden ist es vor allem heiß – das bereitet den Reben in trockenen Sommern Stress. Rotweinsorten bereitet das in der Regel weniger Probleme als Weißweinen. Südlich von Neapel gibt es daher keinen bemerkenswerten Weißwein, aber enorm viel Rotwein – so viel, dass dieser selten in Flaschen gefüllt und verkauft, sondern fast hauptsächlich zu Verschnittweinen verarbeitet wird oder gleich in den Destillationsprogrammen der EU verschwindet.

Doch es gibt rühmliche Ausnahmen: Auf bis zu 750 Meter Höhe klettern die Weinberge, auf denen einer der besten Rotweine Süditaliens, der Aglianico del Vulture, kultiviert wird. Bekannt sind auch die aus der Rebsorte Primitivo, der die sengende Sonne wenig ausmacht, gewonnenen Weine, die rund um die Stadt Manduria in Apulien erzeugt werden.

Bleiben noch die Inseln: Sizilien ist durch seinen Marsala berühmt geworden – auch wenn dieser Wein heute kaum noch getrunken wird. Süße Likörweine sind zwar nicht mehr in Mode. Dennoch gehört der gespritete Marsala zum Besten, was die Region weintechnisch zu bieten hat. In Sizilien steht und fällt die Weinqualität mit dem Mikroklima – genau wie im hohen Norden. Nur suchen die Winzer dort nicht die geschützten Flusstäler, sondern die exponierten Höhenzüge, manchmal sogar die Nordseiten, um den Reifeprozess hinauszuzögern. In Sardinien wächst der Cannonau (in Frankreich Grenache genannt), der im kühleren Klima der Höhenlagen eigentlich mehr gute Weine hervorbringen müsste, als es derzeit der Fall ist.

Die Zahlen

Auch in den Zahlen spiegelt sich die enorme Vielfalt Italiens wider. An Rebfläche hat Italien immerhin rund 900 000 ha zu bieten (wobei diese Zahl nur geschätzt ist, da es in Italien aus politischen Gründen kein verbindliches Rebflächenkataster gibt). In der Weinproduktion liegt das Land mit einer Jahresproduktion von rund 5,5 Milliarden l

Weingesetz

Wie in einer Pyramide werden die einzelnen Weinbauregionen klar in vier Qualitätsebenen gegliedert:

- *Tafelwein*: Die unterste Ebene ist den einfachsten Weinen mit den geringsten Vorschriften vorbehalten. Tafelweine dürfen nicht mit Jahrgangsangabe auf den Markt kommen.
- *IGT*: Die zweitunterste Ebene bilden die IGT-Weine. Sie umfasst in rund 120 Kategorien alle typischen Weine aller Regionen – wobei damit de facto jeder produzierte Wein deklariert werden kann, der einen Jahrgang tragen soll. In der Praxis bedeutet dies, dass sowohl einfachste Massenweine darunter fallen als auch die so genannten → Supertoskaner und ihre Verwandten aus anderen Regionen. Es sind Weine, die entweder nicht in die beiden darüber liegenden Kategorien passen oder passen sollen, da in ihnen z. B. nicht zugelassene Rebsorten verwendet werden oder die Vinifikation von den vorgeschriebenen Standards abweicht. Wie auch immer – diese Weine können zu den teuersten Italiens zählen.
- *DOC*: Weine mit geschützter Ursprungsbezeichnung müssen aus bestimmten, gesetzlich definierten Anbauzonen stammen und aus bestimmten Rebsorten in bestimmter Art und Weise vinifiziert werden. Es gibt in dieser Kategorie mehrere Hundert DOC-Weine, die z. T. nur von einem einzigen Erzeuger produziert werden. Die z. T. rigiden, z. T. weichen DOC-Vorschriften haben dazu geführt, dass manche Winzer ihre Weine deklassifizieren und als IGT-Weine (früher als Tafelweine) verkaufen. Der Grund dafür ist einfach: Sind die Durchschnittspreise zu niedrig, stufen die Winzer ihre Weine ab und umgehen damit das negative Image z. B. eines einfachen Chianti oder Valpolicella. Sie können den Wein dann oft teurer verkaufen, weil sie ihren eigenen Namen aufs Etikett setzen.
- *DOCG*: Mit der garantierten und kontrollierten Ursprungsbezeichnung dürfen sich rund 20 Weine Italiens schmücken. Darunter sind so wohlklingende Weine wie Barolo und Brunello di Montalcino zu finden – aber auch unbekannte wie Albana di Romagna. Im Gesetz ist zwar vorgeschrieben, dass die zuständigen Konsortien die Produktionsmenge der Weine kontrollieren – was in der Praxis aber so gut wie unmöglich ist. Auch wenn die schmucken roten Schutzbanderolen Kontrolle und Rechtmäßigkeit suggerieren, so wird doch oft mehr verkauft, als tatsächlich produziert wird.

– etwa ein Fünftel der gesamten Erzeugung weltweit – an der Spitze.

Allein rund eine Milliarde l Wein produziert Apulien – Wein, der nur selten in die Flasche kommt, dafür aber umso häufiger als Mostkonzentrat oder Verschnittwein Verwendung findet oder als Industriedestillat endet. Auch Sizilien, Veneto und Emilia-Romagna tragen ihren Teil zum italienischen Weinsee bei: Zusammen mit Apulien produzieren diese Regionen rund 2,5 Milliarden l Wein, also etwa die Hälfte der Gesamtproduktion Italiens. Dass die Weine dieser Regionen kaum jemand kennt, liegt daran, dass sie alle mehr oder weniger das Schicksal jener Apuliens teilen.

In der Toskana wiederum werden offiziell rund 100 Millionen l Chianti erzeugt – inklusive Chianti Classico. Das mutet im Vergleich verschwindend wenig an und weist auf ein anderes Problem hin. Da sich der Chianti relativ gut und für einen angemessenen Preis verkaufen lässt, ein Sangiovese di Romagna aber nicht, fließt viel anonymer Wein (meist per Tanklastzug) in Regionen, wo der Durchschnittspreis höher ist. So wird verschnitten und gemischt, so gut es eben geht, ohne dabei allzu negativ aufzufallen. So hilft die Sonne des Südens auch den weniger begünstigten Regionen Italiens ein wenig nach. Ein Nachweis dieser Trickserei ist dabei so gut wie unmöglich: Der geographische Ursprung lässt sich nur bedingt nachweisen.

Das italienische Weingesetz ist für die Kategorisierung der italienischen Weinerzeugung in großen Bereichen ungeeignet, weil qualitativ hochrangige Weine von der Einstufung als Qualitätswein oft ausgeschlossen werden, weil die Bestimmungen zu starr und manche Erzeuger in einem positiven Sinn zu dynamisch sind. Berühmtestes Beispiel ist der erste »Supertoskaner« → Tignanello im Gebiet des → Chianti classico. Da dieser aus einem anderen Rebsatz und nach abgewandeltem Vinifikationsverfahren hergestellt wird, darf er nur als IGT-Wein (früher Tafelwein) vermarktet werden. Dies ist kein Einzelfall, sodass man sich zu der Behauptung hinreißen lassen könnte, die eigentlichen Qualitätsweine sind nicht selten die IGT-Weine. Wichtiger als der Name des Gebiets oder Weins ist daher in allen Fällen der des Erzeugers oder Abfüllers. Angesichts der unbestreitbaren Dynamik des italienischen Weinbaus und der Defizite der Weingesetzgebung steht vor allem der Name des Erzeugers für die Weinqualität – ganz gleich, wie der Wein heißt und sein rechtlicher Status auch sein mag. Die Folge davon ist allerdings eine kaum noch zu überblickende und ständig weiter ausufernde Fülle von Prestigeweinen spektakulärer Qualität, die aber oft nur in einer Größenordnung von wenigen tausend Flaschen abgefüllt werden – sei es aus Spielerei oder Nachahmungstrieb.

Qualität und Ertrag

Die qualitativ führenden Weinbauregionen des Landes sind derzeit zweifellos Piemont, Toskana und Südtirol, teilweise aber auch Friaul, Giulia, Lombardei und Veneto. So stammen 90 % aller DOC-Weine aus Nord- und Mittelitalien. In den anderen Anbaugebieten, vor allem im Süden, wird enorm viel Wein angebaut, selten aber Qualitätswein vermarktet. Wie in anderen Wirtschaftsbereichen lässt sich auch hier ablesen, dass es ein wirtschaftliches und soziales Gefälle von Nord nach Süd gibt. Auch die äußerst unterschiedlichen durchschnittlichen Hektarerträge in den einzelnen Regionen spiegeln dies wider:

- Emilia-Romagna und Abruzzen zwischen 100 und 140 Hektoliter/ha (hl/ha),
- Veneto, Trentino-Alto Adige, Apulien und Veneto jeweils um 100 hl/ha,
- Marken, Sizilien, Friuli-Venezia Giulia, Latium und die Lombardei etwa 60 bis 80 hl/ha,
- Piemont, Kampanien, Ligurien, Molise, Umbrien, Toskana und Valle d'Aosta zwischen 40 und 60 hl/ha,
- Kalabrien, Basilicata und Sardinien unter 40 hl/ha.

Aktuelle Trends und Entwicklungen

Statistisch gesehen trinkt ein Italiener rund 55 l Wein pro Kopf und Jahr – er gehört damit immer noch zur Weltspitze (nach den Luxemburgern und Franzosen). Noch vor dreißig Jahren lag diese Zahl bei über 90 Litern: Wein wurde als Lebensmittel – oft mit Wasser verdünnt – getrunken, weniger als Genussmittel, ob auf dem Feld bei harter Arbeit oder bei den Mahlzeiten. Wein spielt heute zwar immer noch eine Rolle im Alltag, aber mit zunehmender Qualität und steigenden Durchschnittspreisen ist nicht selten auch der Alkoholgehalt gestiegen. Wein ist heute ein kulturelles Genussmittel – wie inzwischen fast überall auf der Welt.

In diesem Zusammenhang scheint noch ein Wort über die gegenwärtige Situation des italienischen Weins angebracht. Im Allgemeinen wird man feststellen können, dass die durchschnittliche italienische Küche junge Weine bevorzugt. Es gibt daher nur vergleichsweise wenig Weißwein, der länger als fünf Jahre reifen kann. Selbst die besten Weißweine des Collio werden heute wie fast überall in Italien streng → reduktiv im Stahltank ausgebaut, sodass eine längere Lagerung keine geschmacklichen Vorteile bringt. Diese Entwicklung wird durch den Modetrend zu frischen, »leichten« und mehr und mehr ausdruckslosen Weißweinen gefördert. Selbst der im Südosten Piemonts produzierte → Cortese kann in seiner heute gängigen Form qualitativ kaum überzeugen, während der → Malvasia als bedeutende, uralte Qualitätssorte, die diesen Modetrends nicht entspricht, sich überall auf dem Rückzug befindet. Angesichts dieser Einstellung und der allgemein praktizierten modernen Vinifikations- und Ausbautechniken stellt auch die Hinwendung zum → Chardonnay, die fortschreitende »chardonizzazione« und die »barriquaggio«, die Barrique-Manie, keine wirkliche Gegenbewegung dar, da es an Bewusstsein für gehaltvolle, strukturierte, nuancenreiche, sich langsam entwickelnde, komplexe Weißweine weitgehend fehlt.

Ganz anders stellt sich die Situation beim Rotwein dar. Zwar werden auch Rotweine in Italien traditionellerweise durchweg jung getrunken, und in der Tat gewinnen nur wenige von ihnen wirklich durch längeres Lagern. Zurzeit findet jedoch ein tief greifender Wandel statt: zum einen hin zu den internationalen Sorten Cabernet Sauvignon und Merlot – zum anderen aber auch die Rückbesinnung auf die autochthonen Sorten wie Lagrein, Teroldego und Pignolo. Doch alle diese Weine kopieren den weichen, glatten und holzbetonten Rotweinstil, um den Anschluss an die internationale Rotweinspitze zu finden. Die Vielfalt nimmt ab – auch wenn man mit der häufig betonten Rückbesinnung auf autochthone Rebsorten das Gegenteil beteuern will: So hat der Chianti Classico durch die zugelassene Verwendung von Cabernet Sauvignon und Merlot (bis 25 Prozent) seinen traditionellen Charakter einbüßen müssen – ein geringer Anteil Merlot genügt, um den feinen Charakter des schwierig zu kultivierenden, aber einzigartig feinsinnigen Sangiovese zu übertünchen. Gleiches gilt für den Barolo – auch hier gibt es eindeutige Bestrebungen, Cabernet Sauvignon als Zusatz zu legitimieren, genau wie im Valpolicella.

Die dynamische Weinlandschaft Italiens ist wahrscheinlich stärker als andere Länder von Bewertungen durch Kritiker und Journalisten abhängig – entsprechend wird der Stil der erzeugten Weine den internationalen Vorstellungen angepasst. Bleibt zu hoffen, dass sich bei den gegenwärtigen Korrekturen doch die jahrtausendealte Erkenntnis durchzusetzen vermag, dass Wein letztlich nicht für Journalisten und Kritiker gemacht wird, sondern vor allem dazu da ist, in Verbindung mit Essen genossen zu werden. Und gerade dies ist die große Stärke der traditionellen italienischen Weine, die in Vergleichsproben mitunter eher unscheinbar wirken, aber in Verbindung mit einem entsprechenden Essen ihre ganze Schönheit offenbaren.

J

Jadot, Maison Louis Französisches Weingut und Handelshaus im → Burgund im Ort Beaune. Rund 60 ha eigene Rebfläche – weiße (*Corton-Charlemagne* und *Chevalier-Montrachet*) und klassische rote → Burgunder.

Jahrgang Das Weinrecht bezeichnet damit die Weinernte und den aus ihr erzeugten Wein eines bestimmten Jahres. Da Weinqualität in erheblichem Maß von den klimatischen Bedingungen eines Jahrgangs bestimmt wird, ist er von großer Bedeutung. Die meisten Weine werden daher jahrgangsweise ausgebaut, abgefüllt und ihr Jahrgang auf den Etiketten genannt. Es gibt aber Ausnahmen, z. B. → Champagner, → Sherry, → Marsala und → Portwein. Bei diesen werden im Regelfall mehrere Jahrgänge miteinander verschnitten, um über die Jahre hinweg eine gleich bleibende Qualität zu gewährleisten. Nur besondere Champagner (Champagne millésimé) oder Portweine werden ausschließlich aus einem Jahrgang bereitet.

Der Mythos des Jahrgangs liegt vor allem in der Vergangenheit begründet. Früher wurde der Lesezeitpunkt festgelegt, und die Winzer ernteten, was das Jahr hergab: gute wie schlechte Trauben. Entsprechend fiel der Wein aus: In Jahren mit viel Fäulnis alterte er schnell, in Jahren mit hohen Erträgen war er dünner, in Jahren mit niedrigem Ertrag und trockenem Herbst konnte der Wein außergewöhnlich ausfallen. In den so genannten Jahrhundert-Jahrgängen sind sogar sensationelle Qualitäten möglich, ohne dass der Winzer dafür mehr als sonst im Weinberg zu arbeiten brauchte. Solche phantastischen Jahre waren in Deutschland z. B. 1921, 1953, 1959, 1971 und 1976. Dagegen gab es Katastrophenjahre wie z. B. 1965, in denen der Wein fast überall wegen Fäulnis bei extrem geringer Reife missriet. Doch seitdem hat sich viel geändert – nicht nur das Klima –, sondern vor allem das Wissen, wie man einen Jahrgang und den Ertrag steuert. Der Jahrgang ist zwar immer noch wichtig, hat aber insgesamt an Bedeutung verloren, weil die Weinqualität mit der zur Verfügung stehenden Technik, modernem Pflanzenschutz und durch akribische Qualitätsarbeit des Winzers heute ebenso beeinflusst wird wie durch das Wetter. »Es gibt keine schlechten Jahre mehr, sondern nur noch schlechte Winzer.« Diese Aussage gewinnt in dem Maße an Gültigkeit, wie das Know-how in Weinbau und Weinbereitung zunimmt.

Jahrgangstabellen
Für den Weintrinker kann der Jahrgang wichtig sein, da er einen Hinweis auf das Alter des Weins gibt und die daraus resultierende Lebenserwartung. Doch nicht alle Weine altern gleich gut – Weine aus manchen Jahren können in der Jugend herrlich und viel versprechend sein, aber im Alter bauen sie ungewohnt schnell ab und enttäuschen. Den umgekehrten Fall gibt es auch – manche Weine wirken in ihrer Jugend abweisend, entwickeln sich aber nach einer gewissen Lagerzeit ausgesprochen positiv. Aus diesem Grund haben sich so genannte Jahr-

gangstabellen etabliert. Sie können eine erste hilfreiche Ergänzung bei der Beurteilung eines Weins sein – verführen jedoch dazu, Pauschalurteile zu fällen. Wer z. B. meint, um einen 1995er Barolo einen Bogen machen zu müssen und stattdessen auf den 1996er oder 1997er zu setzen, dem können wunderbare Weinerfahrungen entgehen, denn ein 1995er Barolo kann herrlich offen und filigran, von geradezu hinreißend morbidem Charme sein, während z. B. der 1997er viel dicker, schwerfälliger und breiter ausfällt. Außerdem kann es sein, dass in einem schwierigen Jahr nur ein Teil eines Weinbaugebiets tatsächlich negativ betroffen ist: So kann es in einem bestimmten Teil des Gebietes ganz furchtbar in die Ernte geregnet haben, in anderen wiederum nicht. Das deutsche Weinbaugebiet Baden beispielsweise ist mehrere hundert km lang – aus diesem Grund sind pauschale Jahrgangsbeurteilungen hier fast immer ungenau bis unzutreffend. Daher generelle Rückschlüsse auf die Qualität aller Weine der Region/Appellation zu ziehen, wäre Unsinn.

Jahrgangssekt Der Standardsekt oder -schaumwein kommt ebenso wie der normale Champagner als Jahrgangsverschnitt ohne Angabe eines Jahrgangs in den Handel. Dagegen beansprucht der *Champagne* → *millésimé* ebenso wie der Jahrgangssekt für sich, eine höhere Qualität darzustellen.

Jahrgangstabelle → Jahrgang

Jamek, Josef Österreichisches Weingut in der → Wachau mit Sitz in Joching und Lagen in Weißenkirchen (*Klaus, Achleiten, Zwerithaler* u. a.) sowie in Dürnstein, Wösendorf und Joching. Auf den rund 20 ha Rebfläche dominiert der Riesling mit 40 %, gefolgt vom Grünen Veltliner. Eines der führenden Weingüter der Wachau.

Jamet, Domaine Französisches Weingut an der nördlichen → Rhône in Ampuis. Kleiner Erzeuger mit rund 7 ha in der AOC → Côte Rotie, der zu den führenden Produzenten zählt.

Japan Auf den japanischen Inseln werden auf mehr als 20 000 ha Rebfläche (davon 1000 ha *Vinifera*-Reben) jährlich rund 60 Millionen l Wein erzeugt. Die Japaner sind große Weinliebhaber, obwohl sie pro Kopf und Jahr nur 3 l Wein trinken – der Konsum beschränkt sich auf die wohlhabende Mittelschicht, die bereit ist, viel Geld auszugeben. Der Weinbau konzentriert sich auf die japanische Hauptinsel Honshu. Am Fujiyama, westlich von Tokio, wird seit Jahrhunderten Wein kultiviert – Koshu heißt die Rebsorte. Doch die meisten Weinbauflächen befinden sich im Süden bei Nagano und Yamanashi, rund 200 km von Tokio entfernt; die Reben wachsen auf Kiesel- und Vulkanböden. Etwas Weinbau wird auch im Norden auf der Insel Hokkaido betrieben. Seitdem ausländische Investoren die Weinbaubetriebe beraten, wird der japanische Weinbau forciert, wobei noch immer die → amerikanischen Hybridreben dominieren, die am Ende des 19. Jahrhunderts nach der Öffnung Japans ins Land kamen und sich nach allgemeiner Auffassung besser eignen als europäische Reben. Grundsätzlich problematisch bleibt das Klima: Japan liegt im Pazifik und wird durch das Klima des asiatischen Kontinents geprägt. Aufgrund der hohen Regenwahrscheinlichkeit und der Taifune während der Lesezeit ist Fäulnis ein kontinuierlich auftretendes Problem. Ein anderes ist die Tatsache, dass die meisten im Inland erzeugten Weine mit ausländischen Importweinen verschnitten werden. Glücklicherweise muss dies inzwischen auf den Etiketten deklariert werden.

Jasmin, Domaine Robert Französisches Weingut an der nördlichen → Rhône in Ampuis. Bekannt für seine

Weine aus der AOC → Côte Rotie; rund 5 ha Rebfläche mit alten Reben. Erzeugt rund 14 000 Flaschen traditionellen Côte Rotie mit langer Fasslagerung.

Jasnières Ein sehr seltener französischer AOC-Weißwein, der auf 45 ha Rebfläche um die Orte Lhomme und Ruillé im Bereich der → Coteaux du Loir nördlich von Tours erzeugt wird (jährlich rund 200 000 l). Dabei handelt es sich um die dürftigen Überreste eines einstigen Weinbaugebiets, in dem aus Chenin blanc ein trockener Weißwein mit → Feuersteingeschmack erzeugt wird, der auf tonigem Kalk wächst und gut altert. Bekannte Erzeuger: Gigou, de Rycke und Boulay.

Jau, Château de Französisches Weingut im → Roussillon in Rivesaltes. Rund 220 ha Rebfläche, die einen reduktiven AOC Côte de Roussillon aus Syrah, Grenache, Carignan und Mourvèdre liefern, der mittels → Macération carbonique erzeugt wird.

Jechtingen Deutsche Gemeinde am Nordwestrand des → Kaiserstuhls im Weinbaugebiet → Baden mit rund 175 ha Rebfläche. Bekannte Lage: *Eichert*. Bekannte Erzeuger: Dominant ist wie meist in Baden die örtliche Winzergenossenschaft; außerdem: Weingut Bercher im benachbarten Burkheim, Franz Keller in Oberbergen.

Jerez Spanische Stadt im Südwesten → Andalusiens, nahe der Atlantikküste, der Geburtsort des *Jerez*, → *Xérès* oder → *Sherry* (alle drei Schreibweisen sind offiziell zulässig). Die besten seiner gut 18 000 ha Rebflächen liegen nördlich und westlich von Jerez (→ Carrascal, → Macharnudo); dort finden sich die blendend weißen → Albariza-Böden, denen die Stadt ihren Reichtum verdankt. In Jerez und an ihren Rändern finden sich Kellereien der weltbekannten Sherry-Häuser, die z. T. ganze Stadtviertel einnehmen. Bekannte Erzeuger: Gonzalez Byass, Pedro Domecq, A. R. Valdespino, Diez-Merito, Emilio Martin Hidalgo, Garvey, Emilio Lustau, John Harvey, Sanchez Romate, Wisdom & Warter, Williams & Humbert, Sandeman.

Jermann, Vinnajoli Italienisches Weingut in der Region → Friuli-Venezia Giulia (Friaul) in Villanova di Farra. Erzeugt auf rund 43 ha Rebfläche etwa 300 000 Flaschen Wein. Jermann ist ein Modernist, ein Ferraristi, ein Turbovinifikateur, der sich in seinem eigenen Glanz sonnt. Mit seinen IGT-Weinen, denen er Phantasie-Namen gibt, erregte er schon früh Aufsehen und ist auch wirtschaftlich mehr als erfolgreich. Sein Spitzenwein *Vintage Tunina* (Weißwein-Cuvée aus Sauvignon, Chardonnay, Ribolla Gialla, Malvasia und Picolit) wird immerhin in knapp 100 000 Flaschen Auflage produziert. Mit seinem *Dreams* (aus Chardonnay) ist er erstmals in die internationalen Wein-Charts gelangt.

Jeroboam Flasche mit 4,5 l Fassungsvermögen, das entspricht dem Inhalt von sechs normalen → Flaschen. Roter Bordeaux besserer Jahrgänge wird z. T. in diesen Flaschen gelagert. Sie werden auch für Champagner benutzt, der jedoch zu diesem Zweck aus normalen Flaschen, in denen die Gärung erfolgte, umgefüllt wird, was sich in der Regel nachteilig auf die Lagerfähigkeit auswirkt.

Jesi Mittelalterliche Stadt Italiens unweit den → Marken, Geburtsort Kaiser Friedrichs II. von Hohenstaufen. In den 26 umliegenden Gemeinden wird ein trockener Weißwein, der → Verdicchio di → Castelli di Jesi, produziert.

Jesuitengarten In den deutschen Weinbaugebieten häufiger anzutreffender Lagenname; der berühmteste ist der → *Forster Jesuitengarten*, der zu den besten Lagen der → Pfalz gehört und zum größten Teil im Besitz des Weingutes Bassermann-Jordan ist. Aber auch in → Winkel (Rheingau), → Marienthal

(Ahr), → Königsbach (Pfalz), Pellingen und Waldrach (beide im Gebiet Mosel-Saar-Ruwer) gibt es einen *Jesuitengarten.*

Joching Österreichische Gemeinde, in der → Wachau zwischen Weißenkirchen und Wösendorf gelegen, mit rund 85 ha Rebfläche. Bekannte Lagen: *Pichlpoint, Kollmintz, Stein am Rain.* Rebsorten: Riesling und Grüner Veltliner sowie auch rote Sorten wie St. Laurent und Blauburgunder (Spätburgunder). Bekannte Erzeuger: Weingut Josef Jamek, Schmelz, Holzapfel, Eigl sowie Karl Mayr.

Johannisberg Deutscher Ort im → Rheingau. Auf rund 120 ha Rebfläche wird überwiegend Riesling angebaut. Die Weine wachsen auf den Lagen *Klaus, Vogelsang, Schwarzenstein, Goldatzel, Hansenberg, Hölle* und *Mittelhölle.* Diese liegen rund um das Schloss → Johannisberg genau auf dem 50. Breitengrad, der als nördliche Grenze des Weinbaus gilt. Bekannte Erzeuger: Weingut Johannishof (H. H. Eser), Weingut Prinz von Hessen, Schloss Schönborn. Außerdem ist Johannisberg die im → Wallis gebräuchliche Bezeichnung für die Rebsorte Silvaner.

Johannisberg, Bereich Geographisch identisch mit dem Anbaugebiet → Rheingau und umfasst alle seine → Groß- und → Einzellagen.

Johannisberg Riesling Name für den echten Riesling in → Kalifornien.

Johannisberg, Schloss Weingut im Rheingau. Einst berühmt für seine hervorragenden Rieslinge, heute rund 35 ha Rebfläche (100 % Riesling), der in der weithin sichtbar zum Rhein hin abfallenden und optimal nach Süden exponierten Lage *Schloss Johannisberger* wächst. Um 1100 als Benediktinerabtei gegründet, von 1716 bis 1803 den Fürstäbten von Fulda gehörend, wurde das Gut 1816 Fürst Metternich geschenkt. Im Jahre 1775 wurden auf Schloss Johannisberg die ersten → Spät- und Auslesen in Deutschland erzeugt.

Johannishof, Weingut Deutsches Weingut im Weinbaugebiet → Rheingau im Ort Johannishof. Auf rund 18 ha Rebfläche werden jährlich etwa 125 000 Flaschen Wein erzeugt. Rebsorten: Fast 100 % Riesling. Böden: Löß und Lößlehm, Schieferverwitterung. Bekannte Lagen: *Johannisberger Hölle* und *Klaus, Rüdesheimer Berg Rottland.*

Johner, Weingut Deutsches Weingut im Weinbaugebiet → Baden im Ort Bischoffingen. Auf rund 18 ha Rebfläche werden jährlich etwa 110 000 Flaschen Wein erzeugt. Rebsorten: 30 % Spätburgunder, 25 % Grauburgunder, 20 % Weißburgunder. Böden: Vulkanverwitterung und Lößlehm. Bekannt für seine modernen, im Barrique ausgebauten Weiß- und Rotweine – ein führender Erzeuger in Baden.

Johnson, Hugh Englischer Weinautor und -kritiker, der mit seinen zahlreichen Publikationen wesentlich zur Popularisierung und Ausbreitung der Weinkultur beigetragen hat. In seinem jährlich aktualisierten Weinführer bewertet er (mit zahlreichen Ko-Autoren) die wichtigsten Weine der ganzen Welt. Dabei benotet er nicht einzelne Weine nach Punkten, wie z. B. sein amerikanischer Kollege Robert → Parker. Johnson bewertet die Leistungen der Weingüter mit bis zu fünf Sternen, wobei die Schwankungen über Jahre hinweg sehr behutsam erfolgen. Voraus geht eine wohl ausgewogene, distanzierte Form der Beobachtung, auf deren Grundlage er den Ausschlag zum Fallen oder Steigen ermittelt. Diese eher grobe Einschätzung lässt einen Interpretationsspielraum zu, der den nichtmessbaren Faktoren des Weins eher gerecht wird als eine nur scheinbar präzise, scharfrichterliche Bewertung in Form von bis zu 100 Punkten.

Leider jedoch orientiert sich der internationale Weinhandel ausschließlich an den Bewertungen einzelner Weine wie bei Parker oder dem italienischen Weinführer Vini d'Italia, der mit seinen ebenfalls jährlich herausgegebenen → Drei-Gläser-Benotungen für einzelne Weine ein kurzatmiges (und naives) Auf und Ab erzeugt.

Josephshof Deutsches Weingut mit rund 13 ha bei Graach an der Mosel im Weinbaugebiet Mosel-Saar-Ruwer, das überwiegend Riesling erzeugt. Bekannte Lagen: *Josephshöfer.*

Jost, Weingut Deutsches Weingut im Weinbaugebiet → Mittelrhein im Ort Bacharach. Auf rund 9 ha Rebfläche werden jährlich etwa 70 000 Flaschen Wein erzeugt. Rebsorten: 85 % Riesling, 15 % Spätburgunder. Böden: Devonschieferverwitterung. Bekannte Lagen: *Bacharacher Hahn, Wolfshöhle.*

Joguet, Domaine Charles Französisches Weingut an der → Loire im Bereich → Touraine (AOC → Chinon). Erzeugt auf rund 15 ha Rebfläche aus z. T. alten Reben verschiedene Cuvées, die z. T. im Barrique reifen. Einer der führenden Erzeuger im Chinon.

Jolivet, Domaine Pascal Französisches Weingut an der → Loire in der AOC → Sancerre, im Ort Sancerre. Auf je 8 ha Rebfläche werden Sancerre und AOC → Pouilly-Fumé erzeugt. Spitzenwein: die Cuvée aus alten Reben.

Jóven Spanische Bezeichnung für einen jungen Wein, der noch nicht oder nur kurz ausgebaut worden ist, sich also nur relativ kurz im → Tank oder → Fass befand.

Jugoslawien → Serbien

Juliénas Eine der bedeutendsten französischen Weinbaugemeinden im → Burgund. Der dort und in drei weiteren Gemeinden (Pruzilly, Emeringes und Jullié) erzeugte AOC-Rotwein aus der Rebsorte Gamay wächst auf rund 600 ha Rebfläche, das ergibt jährlich etwa 3,5 Millionen l Wein. Juliénas ist einer der zehn → *Crus* des → Beaujolais. Der Wein wächst auf Granit und Schieferböden mit Tonanteilen.

Juliusspital, Weingut Deutsches Weingut im Weinbaugebiet → Franken in der Stadt → Würzburg. Auf rund 125 ha Rebfläche werden jährlich etwa 1 Millionen Flaschen Wein erzeugt. Rebsorten: 40 % Silvaner, je 20 % Müller-Thurgau und Riesling. Böden: Muschelkalk, Lehm und Gipskeuper. Bekannte Lagen: *Würzburger Stein, Iphöfer Julius-Echter Berg, Randersackerer Pfülben.* Die Weine reifen traditionell in großen Holzfässern.

Jumilla Mittelspanisches DO-Weinbaugebiet, im Hinterland von → Alicante in den Provinzen Murcia und Albacete gelegen. Rund 43 000 ha Rebfläche. Im trocken-heißen Klima wird überwiegend Rotwein aus der Sorte Monastrell erzeugt, außerdem Weißwein aus den Sorten Airén, Merseguera sowie Pedro Ximénez. In letzter Zeit macht die Region mit modernen Weinen im Bordeaux-Stil auf sich aufmerksam.

Jung Als jung bezeichnet man Wein, der seinen optimalen Trinkzeitpunkt noch nicht erreicht hat und erst durch Altern seine Qualität verbessern kann. Wie lange diese Phase der Jugendlichkeit beim Wein dauert, hängt von vielen Faktoren ab: Herkunft, Rebsorten, Jahrgang, Vinifikation, Ausbauart und Lagerung. Z. B. kann ein edelsüßer Riesling oder ein roter Spitzen-Bordeaux im Alter von vier Jahren noch sehr jung sein, und ein sechsjähriger Jahrgangsportwein ist geradezu noch ein Baby. Dagegen befindet sich mancher dreijährige Rosé oder Muscadet bereits im Greisenalter, während ein dreijähriger Beaujolais nouveau oder Vino novello bereits das Zeitliche gesegnet haben dürfte.

Jungfernbeeren Manche Beeren bleiben infolge mangelhafter oder ausbleibender Befruchtung klein und kernlos. Diese »unterentwickelten« Beeren nennt man jungfräuliche oder parthenokarpe Beeren, im Französischen → *Millerands*, im Englischen *Shot berries*. Da sie gewöhnlich sehr süß sind, können sie qualitativ durchaus zur Verbesserung des Weins beitragen.

Jungfernwein Der erste Wein aus einem neu angelegten oder neu bestockten Weinberg. Nicht selten übertrifft die Qualität der ersten Ernte die der nachfolgenden drei, vier Jahre.

Jungwein Der durch die Vergärung des Mosts entstandene, noch auf der Hefe liegende Wein vor dem ersten → Abstich.

Jura Bergkette, Département und Weinbaugebiet in Ostfrankreich an der Schweizer Grenze. Die Rebflächen des DOC-Weinbaugebiets erstrecken sich über rund 75 km von Norden nach Süden und liegen jenen der Côte d'Or gegenüber. Der Weinbau konzentriert sich auf ein langes schmales Band an den Hängen. Das Klima ist deutlich kontinental geprägt, weshalb sich die Lese oft bis in den November hineinzieht. Die → autochthonen Rebsorten heißen Ploussard, Trousseau (beide rot) und Savagnin und stehen auf Kalk- und Mergelböden sowie auf Ton. Es werden auf rund 1900 ha pro Jahr rund 9 Millionen l Wein erzeugt: → Arbois (Weiß-, Rot- und Roséwein), → Côtes de Jura (Weiß- und Rotwein) sowie → Château-Chalon (→ *Vin jaune*) und L'→ Etoile.
In allen vier Appellationen wird auch → Strohwein (*Vin de paille*) erzeugt.

Im Schweizer Kanton Jura spielt der Weinbau praktisch keine Rolle: Nur 2 ha sind mit Reben bestockt.

Jurançon Französisches AOC-Weinbaugebiet im Südwesten, in der Nähe der Stadt Pau am Rande der Pyrenäen. Auf rund 1000 ha Rebfläche werden jährlich etwa 1 Million l trockener und 3,5 Millionen l restsüßer von → Botrytis geprägter Weißwein aus den Rebsorten Gros Maseng, Petit Maseng sowie Courbu erzeugt. Die Anbaufläche liegt den Pyrenäen vorgelagert, die die Region vor den kalten Winden des Atlantiks schützen. Bekannte Erzeuger: Bellevue, Cabarrouy, Bordenanve, Cauhape, Larroude, Cinquau und Dom. du Bellegarde.

Jurtschitsch (Sonnhof) Österreichisches Weingut im Weinbaugebiet → Kamptal. Auf rund 55 ha Rebfläche werden jährlich etwa 350 000 Flaschen Wein erzeugt, davon zu 30 % Rotwein. Rebsorten: Grüner Veltliner (40 %), Riesling (15 %) und Chardonnay (10 %). Die Weine wachsen auf Lößlehm und Urgesteinsböden. Bekannte Lagen: *Zöbinger Heiligenstein, Steinhaus, Loiserberg* und *Spiegel*. Es werden auch hochwertige Auslesen erzeugt. Einer der führenden Erzeuger der Region mit wuchtigen, mineralischen Weinen.

Just-Marienhof Österreichisches Weingut im Weinbaugebiet → Neusiedlersee-Hügelland. Auf rund 5 ha Rebfläche werden jährlich etwa 30 000 Flaschen überwiegend edelsüße Prädikatsweine erzeugt. Rebsorten: vor allem Neuburger, Gewürztraminer und Bouvier. Die Weine wachsen auf Muschelkalk und lehmigen Sandböden. Ein extrem traditioneller Betrieb, der nicht in jedem Jahr Spitzenweine erbringt.

K

Kabinett Nach dem deutschen → Weingesetz die niedrigste Stufe der → Qualitätsweine mit Prädikat, das heißt zwischen einfachen → Qualitätsweinen und → Spätlesen eingestuft. Je nach Anbaugebiet und Rebsorte schwankt das vorgeschriebene → Mindestmostgewicht zwischen 67° und 85° → Oechsle. Der Wein darf nicht durch → Zucker → angereichert werden.

Ursprünglich war diese Kategorie für leichte Weine mit rund 9 bis 10,5 % potenziellem → Alkohol gedacht, doch da das Gesetz keine Obergrenzen beim Mostgewicht vorschreibt, hat sich in Deutschland daraus leider kein echter Weinstil mit Wiedererkennungswert entwickelt. Fast nur an Mosel, Saar und Ruwer findet man bei Qualitätswinzern Weine, die dieser Kategorie wirklich gerecht werden: leichte, meist restsüße Rieslinge mit sehr wenig Alkohol, die sich ideal im Sommer trinken lassen. In den anderen Weinbaugebieten ist der Kabinett so etwas wie eine Notlösung, die die Winzer gebrauchen, um darin alle nicht → chaptalisierten Weine unterzubringen, die sie aus Marketinggründen nicht als Spätlese vermarkten wollen, sodass man heute viele Kabinettweine mit 12,5 % Alkohol vorfindet. Traditionell wurden bis 1971 mit *Cabinet* die besten Weine des Cabinet-Kellers, dem Lager für besonders hochwertige Reserve-Weine, bezeichnet, an die die heute als Kabinett bezeichneten Weine bei weitem nicht heranreichen.

In Österreich ist ein Kabinettwein ein gehobener Qualitätswein, der nicht angereichert ist, als Most mindestens 17° → KMW (entspricht 83,5° Oechsle) gewogen hat, nicht mehr als 9 g/l unvergorenen Zucker und 12,9 % Gesamtalkohol aufweist.

Kadarka Rotweinsorte, vermutlich mazedonischen Ursprungs, die auf dem gesamten Balkan verbreitet und insbesondere in Rumänien, Bulgarien, Serbien und Albanien anzutreffen ist. Einige der bedeutendsten aus ihr erzeugten Weine stammen vermutlich aus Ungarn, auch wenn sie heute für den *Egri* → *Bikavér* (Erlauer Stierblut) nicht mehr die gleiche prominente Rolle spielt wie früher. Bekannte Weine: *Szekszárdi Kadarka* und *Villányi Kadarka*.

Kaefferkopf Berühmte französische Einzellage im → Elsass. Der Kaefferkopf zählt allerdings nicht zu den → Alsace Grand crus, da hier z. T. noch Weinbau im → gemischten Satz betrieben wird und einige Rebflächen nach Norden exponiert sind.

Kaffee Typisches Weinmerkmal von im → Barrique ausgebauten Weiß- und Rotweinen. Da das neue Eichenfass bei seiner Herstellung von innen stark geröstet wird, gelangen diese Röstaromen in den Wein. Kann auch durch → getoastete Holzchips imitiert worden sein.

Kahmhefe Sprosspilze, die sich auf dem bereits vergorenen Wein bilden können und Alkohol und organische Säuren angreifen mit dem Ergebnis, dass der Wein ungenießbar wird. Die Bildung dieser lästigen Pilze verhindert man durch regelmäßiges → Auffüllen des Fasses, um die Entstehung eines Luftraumes über dem Wein zu vermeiden. → Flor.

Kaiserstuhl Deutsches Weinbaugebiet mit rund 4400 ha Rebfläche im Anbaugebiet → Baden. Eines der besten Weinbaugebiete Deutschlands, vor allem durch die Böden (Vulkangestein und Löß) und das Klima (trocken und sehr warm). Der Kaiserstuhl ragt aus der fruchtbaren Oberrheinischen Tiefebene als ehemaliger Vulkankegel heraus, hier werden die höchsten Bodentemperaturen in deutschen Weinbergen gemessen. In den 1970er Jahren wurden in einer an Gigantomanie grenzenden Flurbereinigung bedauerlicherweise die historischen Südabhänge terrassiert und so das historische Terroir massiv gestört. Erst jetzt, rund 30 Jahre später, kommen die Weine wieder an ihre historische Qualität heran. Es wird zu zwei Dritteln Spätburgunder, ferner Grauer Burgunder kultiviert. Bekannte Weinbaugemeinden: → Achkarren, → Bickensohl, → Bischoffingen, → Burkheim, → Ihringen (einschließlich des Ortsteils → Blankenhornsberg), → Jechtingen, → Oberbergen, → Oberrotweil.

Kalabrien Italienische Region an der »Stiefelspitze« Italiens. Die Region ist von Wasser umgeben und von hohen Durchschnittstemperaturen geprägt. Hier reifen die Trauben schnell – oft zu schnell für den Qualitätsweinbau. Im Landesinnern ist es hügelig bis bergig, und auf den lockeren Böden aus Lehm und Kalkstein findet der Weinbau bessere Bedingungen vor: Das Klima ist frei von sommerlichen Extremwerten. In Kalabrien gibt es 12 DOC- und 13 IGT-Weine, der bekannteste ist der → Ciró. Auf rund 25 000 ha Rebfläche werden jährlich rund 88 Millionen l Wein erzeugt (davon 92 % Rotwein). Außerdem werden Rot- und Roséweine aus der Sorte Gaglioppo erzeugt, so die DOC-Weine Melissa, Savuto, Donnici, Pollino und Lamezia. Bekannter Erzeuger: Odoario.

Kalifornien US-Staat an der pazifischen Westküste. Kalifornien ist der mit Abstand bedeutendste Weinbaustaat der USA: Auf rund 140 000 ha werden jährlich etwa 1,6 Milliarden l Wein erzeugt – das entspricht etwa 85 % der gesamten amerikanischen Weinernte. Kalifornien ist damit heute nach Italien, Frankreich, Spanien, Argentinien und Portugal eines der größten Weinbaugebiete der Erde. Im Weinkonsum jedoch sind die Kalifornier eher bescheiden: Ihr Verbrauch liegt bei knapp 7 l pro Kopf und Jahr.

Der Weinbau wurde in Kalifornien zu Beginn des 19. Jahrhunderts durch Franziskanermönche eingeführt, doch begann seine Blüte erst in der zweiten Hälfte des 19. Jahrhunderts – nach ihrem Höhepunkt zu Beginn des 20. Jahrhunderts welkte sie rasch wieder dahin: Die → Prohibition von 1919 bis 1933 bedeutete das Ende dieses prosperierenden Wirtschaftszweigs. Doch auch nach ihrer Aufhebung laborierte die gesamte amerikanische Weinwirtschaft an den Folgen und lag bis in die 1970er Jahre am Boden. Es wurde vorrangig billige Massenware (meist → gespriteter Wein) erzeugt, um den Durst nach → Alkohol zu stillen, weniger, um Qualitätsweine zu produzieren. Erst Ende der 1970er Jahre begann mit → Opus One der kolossale Aufschwung des kalifornischen Weinbaus. Heute ist die Weinproduktion ein wichtiger landwirtschaftlicher Produktionszweig des Staates geworden: 1978 gab es um die 300 Weingüter in Kalifornien, heute sind es über 1000 – mit steigender Tendenz. Der amerikanische Binnenmarkt ist groß und durstig genug, um den Großteil der kalifornischen Weinproduktion zu trinken. Nur rund 3 bis 4 % des Weins geht in den Export.

Klima

Aufgrund des südlichen Breitengrads

kommt der Sunshine-State Kalifornien in den Genuss von reichlich Sonne. Das aride Klima im Landesinnern setzt dem Qualitätsweinbau allerdings enge Grenzen: Meist ist es zu heiß, fast immer zu trocken. Wäre da nicht der mildernde Einfluss des Pazifiks, gäbe es das kalifornische Weinwunder nicht, denn seine kühlen Winde und Nebel sorgen für ein ideales Mikroklima, in dem sich die Reifeperiode verlängert und aromareiche Trauben entstehen können. Doch sind diese vorteilhaften Wachstumsbedingungen auf meist kleine Bereiche beschränkt – auf dem weitaus größten Teil der Weinbauflächen ist es entschieden zu heiß, um hohe Qualitäten zu erzeugen.

Geographie und Weinbauregionen:
Kalifornien ist in fünf Weinbaugebiete unterteilt, wobei jedes einzelne in Verwaltungsgebiete, die so genannten counties, gegliedert ist. In diesen counties gibt es gegenwärtig etwa 80 Regionen mit → AVA-Status (American Vinicultural Areas), einer engeren, spezifizierten Ursprungsbezeichnung aufgrund klimatischer und geographischer Gegebenheiten (die bedeutendste AVA ist → Napa Valley).

Die fünf Weinbaugebiete:

- *North Coast*: die bekannteste und qualitativ wichtigste Region nördlich von San Francisco. In Pazifiknähe existieren hervorragende Mikroklimata.
- *Central Coast*: zwischen San Francisco und Los Angeles. In einigen Gebieten sind die mikroklimatischen Bedingungen ideal für elegante Weine dieses relativ weit im Landesinnern gelegenen Weinbaugebiets.
- *Southern California*: östlich von Los Angeles und nördlich von San Diego. Für hochqualitativen Wein zu heiß.
- *Central Valley*: fast 75 % der kalifornischen Rebfläche. Hier wird die große Masse an Trauben für die Industriewein-Produktion erzeugt.
- *Sierra Foothills*: das kaum 1000 ha umfassende Gebiet östlich von Sacramento, eine Weininsel im Norden mit regionaler Bedeutung.

Die besten Weine kommen in der Regel aus den kühleren Zonen der *Bay Area* San Franciscos, allen voran aus Napa Valley, Sonoma County und Mendocino. Auch aus Monterey County, San Luis Obispo County, Santa Barbara County, Santa Clara County und Santa Cruz County lassen immer wieder mit Spitzenweinen von sich hören (→ Tabelle).

Rebsorten und Weinstile
Wurden früher eher qualitativ minderwertige Artenweine mit den Namen *Chablis*, *Moselle* oder *Sauterne* erzeugt, strebt der kalifornische Spitzenweinbau inzwischen nach eigenständiger Qualität. Heute sind 55 % mit roten und 45 % mit weißen Rebsorten bestockt, der Menge nach: Chardonnay mit rund 20 %, Colombard 16 %, Cabernet Sauvignon 12 %, Zinfandel 11 %, Chenin blanc 8 % und Sauvignon blanc, Grenache, Merlot und Pinot noir jeweils 4 %. Der Rest entfällt auf rund 70 Sorten wie Sangiovese, Muscat, Riesling und Syrah. In Kalifornien bestätigt sich der globale Trend hin zum Rotwein – dies hat auch mit der angeblich gesundheitsförderlichen Wirkung des Rotweinkonsums zu tun.

Kalifornien steht für Weine mit deutlichem → Holzgeschmack. Seitdem das → Barrique in den 1970er Jahren eingeführt wurde, ist die Nachfrage nach holzbetonten Weinen ungebrochen – wobei der Großteil dieser → Industrieweine mit Hilfe von → Eichenchips erzeugt wird. In der Folge dieser (weinkulturell umstrittenen) Entwicklung erwartet der durchschnittliche amerikanische Weinkonsument heute, wenn er z. B. einen Chardonnay kauft, stets ein vanillebetontes Geschmacksbild und Toast bzw. Röstaromen. Grundsätzlich fallen die Weine alkoholstark aus (13 bis 16 %). Die

Kalifornien: American Vinicultural Areas (→ Karte nach S. 480)

North Coast
Alexander Valley (Sonoma)
Anderson Valley (Mendocino)
Atlas Peak (Napa)
Chalk Hill (Sonoma)
Clear Lake (Lake)
Dry Creek Valley (Sonoma)
Guenoc Valley (Lake)
Howell Mountain (Napa)
Knights Valley (Sonoma)
Los Carneros (Napa, Sonoma)
Mount Veeder (Napa)
Napa Valley (Napa)
North Coast
Northern Sonoma (Sonoma)
Oakville (Napa)
Potter Valley (Mendocino)
Redwood Valley (Mendocino)
Russian River Valley (Sonoma)
Rutherford (Napa)
Saint Helena (Napa)
Solano County Green Valley (Solano)
Sonoma Coast (Sonoma)
Sonoma Mountain (Sonoma)
Sonoma Valley (Sonoma)
Spring Mountain District (Napa)
Stag's Leap District (Napa)
Suisun Valley (Solano)
Wild Horse Valley (Napa, Solano)

Central Coast
Arroyo Grande (San Luis Obispo)
Arroyo Seco (Monterey)
Carmel Valley (Monterey)
Chalone (Monterey, San Benito)
Edna Valley (San Luis Obispo)
Lime Kiln Valley (San Benito)
Livermore Valley (Alameda)
Monterey (Monterey)
Mount Harlan (San Benito)
Pacheco Pass (San Benito)
Paicines (San Benito)
Paso Robles (San Luis Obispo)
San Benito (San Benito)
San Lucas (Monterey)
Santa Clara Valley (Santa Clara)
Santa Cruz Mountains (San Mateo)
Santa Maria Valley (San Luis Obispo)
Santa Ynez Valley (Santa Barbara)
York Mountain (San Luis Obispo)

Southern California
Cucumonga Valley (Yolo)
Lodi (San Joaquin)
Madera (Madera, Fresno)

Central Valley
Lodi (San Jaquin)
Madera (Madera, Fresno)
Clarksburg (Clarksburg)

Sierra Foothills
Shenandoah Valley (Almador, El Dorado)
El Dorado (El Dorado)
Fiddletown (Amador)
North Yuba (Yuba)

kalifornischen Spitzenweine können außerordentlich aromatisch, fruchtbetont und reif ausfallen – wobei die Rotweine durch besonders ausgereifte, weiche Tannine brillieren. Doch → handwerklich erzeugte Spitzenweine machen nur einen kleinen Teil der Weinproduktion aus und liegen deutlich über den → Preisen europäischer Weine, während die große Masse der preiswerten Weine ausschließlich im industriellen Maßstab erzeugt wird und eher breit und eindimensional ausfällt.

Weingesetz
Das kalifornische Weingesetz macht nur wenige Vorschriften und erlaubt das → Chaptalisieren (davon wird allerdings praktisch nie Gebrauch gemacht) sowie die Säuerung von Wein. Nicht verboten ist außerdem der Einsatz von Vinifikationstechniken wie → Mostkonzentration, Entalkoholisierung, Verdünnung

mit Wasser, Aromatisierung mit Eichenchips sowie Farb- und Tanninpulver. Die Weine müssen bei Angabe der Rebsorte zu 75 % aus ihr bestehen, ein Zusatz von 25 % anderer Rebsorten ist erlaubt. Ist die Herkunft angegeben, müssen 75 % der Trauben von dort stammen – der Rest darf anderer Herkunft sein.

Kallstadt Deutsche Stadt im Weinbaugebiet → Pfalz, nördlich von Bad Dürkheim mit knapp 300 ha Rebfläche. Der Riesling ist mit über 40 % die führende Sorte, doch auch der Spätburgunder wird verstärkt angebaut. Bekannte Lagen: *Saumagen*, *Annaberg*, *Steinacker* und *Kronenberg*. Die Großlage heißt *Kallstadter Kobnert*. Bekannte Erzeuger: Koehler-Ruprech und Gg. Henninger IV.

Kalterersee (Lago di Caldaro) Kleiner See im italienischen → Südtirol in der Nähe von → Bozen, in dessen Umgebung der Rotwein Kalterer See aus der Sorte Vernatsch (italienisch: → Schiava grossa, auch Schiava gentile und Schiava grigia bei erlaubten Zusätzen von maximal 15 % Pinot nero und Lagrein) produziert wird. Während in der qualitativ hochwertigen Kernzone im günstigen Mikroklima des Bergsees sehr angenehme Weine erzeugt werden können, wurden sowohl der Name als auch die Herkunft des populären Weins auf rund 20 Gemeinden ausgedehnt: Das zulässige Anbaugebiet reicht über die Provinz Bozen hinaus bis weit ins Trentino hinein, sodass heute weit über 20 Millionen l Kalterer See erzeugt werden. Von einem Terroir-Wein kann unter diesen Umständen keine Rede mehr sein. Und selbst die *Classico*-Variante aus neun Kerngemeinden darf noch in der weiteren Umgebung erzeugt werden, die zwar nicht vom Mikroklima des Sees profitiert, aber durch diesen »Image-Transfer« ihre Absatzprobleme beseitigt. Hat der Kalterer See ein halbes Prozent mehr als den vorgeschriebenen Mindestalkoholgehalt, darf er als *Classico* das Prädikat *Superiore* führen. Und wenn er mindestens 11 % aufweist, darf er das Prädikat *Auslese* (italienisch *Scelto*) tragen – eine Bezeichnung, die nichts mit einer deutschen oder österreichischen Auslese zu tun hat.

Kammerpreismünze → Bundesweinprämierung

Kammgeschmack Herber bis bitterer Beigeschmack von Weinen, bei deren Lesegut die grünen Traubenstiele (Kämme) zerrieben oder zerquetscht wurden, wodurch das in ihnen enthaltene → Tannin in den Most und damit in den Wein gelangt.

Kampanien Süditalienische Region um Neapel mit rund 42 000 ha Rebfläche, in der um die 180 Millionen l Wein (davon 59 % Rotwein) erzeugt werden. In der Antike war der nördliche Teil Kampaniens gemeinsam mit dem angrenzenden Gebiet → Latium Ursprungsgebiet des sagenumwobenen Falerno, der angeblich auf den Hängen des Vesuv wuchs. Das wasserreiche Land ist fruchtbar und ideal für Landwirtschaft – schon in der Antike war es der Garten Roms. Auch der Weinbau reicht weit zurück – er wurde von den Griechen eingeführt, die ihn rund um ihre Kolonie Nea-Polis (Neu-Stadt, heute *Napoli*) begründeten.

Im Landesinneren ist Kampanien bergig, davor hügelig und am Tyrrhenischen Meer flach. Das Klima an der Küste ist mediterran und im Innern kontinental geprägt – dort aber aufgrund des südlichen Breitengrads immer noch eine *Hot-Climate-Region*. Es gibt einen DOCG-Wein, den Taurasi, 19 DOC- und neun IGT-Weine. Die besten Weinbauflächen liegen im Landesinnern, wo das Klima ausgeglichener ist und die Vegetationsperiode länger. In der Provinz Caserta im Norden hat die uralte Erziehungsform namens *Alberata* überlebt: Die Reben der Sorte Asprinio werden an

Bäumen, die als Stützen dienen, erzogen (dieser Wein hat sogar eine eigene DOC). In Kampanien werden folgende Weine erzeugt: der rote DOCG → Taurasi, der weiße → Fiano di Avellino sowie → Lacryma Christi del Vesuvio, → Greco di Tufo, → Per' è Palummo, → Biancolella, → Ischia, → Capri, → Ravello, → Solopaca, → Gragnano und → Vesuvio (alle DOC).

Kamptal Österreichisches Weinbaugebiet mit rund 4200 ha Rebfläche. Es dominieren Löß- und Lehmböden. Bekannte Lage: *Zöbinger Heiligenstein* mit Urgesteinsböden. Rebsorten: Riesling und Grüner Veltliner, ferner Chardonnay. Bekannte Erzeuger: Weingut Jurtschitsch, Loimer, Bründlmayer, Dolle, Osberger sowie Schloss Gobelsburg.

Kanada Auf rund 7000 ha baut das Land, das man eher mit Eishockey als mit Weinbau in Verbindung bringt, Reben an. Jährlich werden von etwa 200 Betrieben etwa 34 Millionen l Wein erzeugt. Es gibt vier Provinzen, in denen Wein produziert wird: Ontario, British Columbia, Québec und Nova Scotia. Geprägt ist der Weinbau Kanadas durch harte Frostperioden im Winter, die den Rebstöcken zusetzen und dadurch nicht selten auch den Austrieb im Frühling verzögern. Der Sommer reicht in der Regel aus, um die Trauben zur Reife zu bringen, wobei sich nach wie vor extrem winterharte Hybridreben der größten Beliebtheit erfreuen: Seyval blanc und Vidal für Weißwein, Maréchal Foch und Baco noir für Rotwein. Doch in den letzten 20 Jahren haben auch in Kanada Vinifera-Reben wie der populäre Chardonnay, Riesling, Gamay, Pinot noir und sogar Cabernet Sauvignon und Cabernet franc Einzug gehalten – ein Zeichen für steigendes Qualitätsbewusstsein der kanadischen Weinliebhaber und Winzer, die sich intensiv mit den mikroklimatischen Bedingungen ihres Landes beschäftigen. Das wichtigste Anbaugebiet liegt in Ontario in der Nähe der Großen Seen zwischen dem Erie- und dem Ontario-See, die im Sommer Wärme speichern und im Herbst abgeben und somit die Vegetationsperiode verlängern. 80 % der kanadischen Rebstöcke stehen hier. Der Riesling ergibt hier knackige Weine, ähnlich wie an den → Finger Lakes im benachbarten US-Staat New York. Ontarios und damit Kanadas Wein-Spezialität Nr. 1 ist aber der Eiswein – kein Land der Erde produziert mehr davon. Den Polarfrost als ihren größten Feind machen die Winzer in dieser stilistischen Disziplin zu ihrem Verbündeten. *Icewine* keltern sie in jedem Jahr entweder aus der französischen Hybridrebe Vidal oder dem Riesling. In British Columbia, viele tausend Meilen westlich, findet Weinbau vor allem im Okanagan Valley statt, auf etwa 500 ha Rebfläche. Rund 350 km östlich von Vancouver machen sich die Erzeuger den positiven Klima-Einfluss des Okanagan Lakes zunutze, der in einem lang gestreckten Taleinschnitt liegt, um in der ansonsten eher unwirtlichen Gegend die Trauben überhaupt zur Reife zu bringen – ohne Bewässerung ist das aber nicht möglich, denn Teile des Tals gelten als Wüste. Die Rebsorten sind vorwiegend weiß, und ihre Weine fallen rassig, knackig und säurebetont aus: Sauvignon blanc, Riesling, Pinot blanc, Chardonnay und als rote Sorte Pinot noir.

In der Provinz Québec wird Weinbau nur im Miniaturformat betrieben. Rund 100 ha Reben stehen hier, deren Weine meist direkt von den Produzenten an die Touristen verkauft werden.

In der Provinz Nova Scotia setzt der Weinbau auf so originelle wie seltene Sorten – Michurnitz und Severnyi aus Russland – sowie auf die in Kanada recht verbreitete Hybridrebe Maréchal Foch.

Kanarische Inseln Zu Spanien gehörende Inselgruppe im Atlantik westlich von Marokko, die vor allem Tafelweine erzeugt, rund 6 Millionen l, eine Menge, die längst nicht für alle Touristen ausreicht, sodass der Wein außerhalb der Inselgruppe kaum anzutreffen ist. Mittlerweile gibt es zehn DO-Weine, darunter auf Teneriffa → Tacoronte-Acentejo, Valle de Güimar, Abona, Ycoden Daute-Isora, Valle de la Orotava, auf den anderen Inseln – El Hierro, La Palma, Lanzarote und Gran Canaria – der Lentiscal.

Kanitz, Weingut Graf von Deutsches Weingut in Lorch, Weinbaugebiet → Rheingau. Auf rund 14 ha Rebfläche werden jährlich etwa 70 000 Flaschen Wein erzeugt. Rebsorten: 90 % Riesling, ferner Spätburgunder. Böden: Quarzit, Schieferverwitterung, sandiger Lehm. Bekannte Lagen: *Lorcher Kapellenberg, Krone, Bodental-Steinberg.*

Kanonekop Südafrikanisches Weingut im Weinbaugebiet → Stellenbosch. Auf rund 140 ha Rebfläche werden etwa 300 000 Flaschen Wein vor allem aus Cabernet Sauvignon und Pinotage erzeugt. Bekannt für seine Spitzenweine Paul Sauer (Bo-Blend) und Pinotage aus niedrigen → Erträgen wie CWG Auction Reserve. Ein traditionell arbeitender Betrieb.

Kante, Edi Italienisches Weingut in der Region → Friuli-Venezia Giulia (Friaul) im Ort Duino-Aurisina (DOC Friuli-Carso). Kante ist ein im positiven Sinne Besessener, der unter den unwirtlichen Bedingungen im istrischen Karst neue Weinberge anlegt (dafür lässt er den Mutterboden mit LKWs anfahren), um dort erstklassige, konzentrierte, manchmal mineralisch-salzige Weine zu erzeugen: Ribolla gialla (Vitovska), Pinot grigio, Picolit, Tocai Friulano, Sauvignon und Merlot. Sein selbst gebauter Keller ist eine Reise wert.

Kantflasche Bezeichnung für eine Flasche, aus der durch einen schadhaften oder minderwertigen → Korken oder durch unsachgemäße Lagerung Wein ausgelaufen ist, wodurch der Wein über kurz oder lang ungenießbar zu werden droht.

Kantza Trockener griechischer Weißwein mit eigener Appellation OPAP, der auf rund 65 ha östlich von Athen in → Attika aus der Sorte Savatiano erzeugt wird. Bekannter Erzeuger: Cambas.

Kanzem Deutscher Ort an der Saar. Trotz seiner nur 75 ha Rebfläche ist Kanzem bekannt für seine Steillage *Altenberg*, in der auf Schieferböden fast ausschließlich Riesling angebaut wird. Bekannte Erzeuger: Weingut von Othegraven, Bischöfliches Priesterseminar, Edmund Reverchon, Reinert sowie die Vereinigten Hospitien.

Kanzler Alzeyer → Neuzüchtung aus Müller-Thurgau *x* Silvaner. So gut wie nicht mehr im Anbau.

Karaffe Glasgefäß. Man verwendet Karaffen für Weine, die vor dem Servieren → dekantiert werden, damit der Wein (in der Regel Rotwein, aber auch Weißwein) belüftet wird. Seltener dekantiert man den Wein in eine Karaffe, um ihn von seinem eventuell vorhandenen → Depot zu trennen. Noch bis vor wenigen Jahrzehnten wurden in Frankreich einfache Weine nicht auf Flaschen gefüllt, sondern in den Gaststätten und Restaurants vom Fass in Karaffen abgezapft und offen ausgeschenkt. Derartige Weine bezeichnete man pauschal als *Vins de carafe*. Kleine Karaffen nennt man *carafon*.

Karl der Große (Charlemagne) Frankenkönig und Kaiser (742–814), von dem man sagt, dass er die ersten Reben auf Schloss → Johannisberg anpflanzen ließ, nachdem er von seiner auf dem gegenüberliegenden Rheinufer bei → Ingelheim befindlichen Pfalz beobachtet hatte, dass der Schnee dort eher als auf den umliegenden Hängen schmolz. Auch in Burgund soll ihm ein Weinberg gehört haben, und zwar in Aloxe-Corton, der heute noch → *Corton-Charlemagne* heißt; im Jahr 775 stiftete er einen Teil davon der Abtei Saulieu.

Karlsmühle, Weingut Deutsches Weingut im Weinbaugebiet → Mosel-Saar-Ruwer im Ort Mertesdorf an der Ruwer. Auf rund 13 ha Rebfläche werden jährlich etwa 70 000 Flaschen Wein erzeugt. Rebsorten: 90 % Riesling. Böden: Tonschiefer. Bekannte Lagen: *Lorenzhöfer Felslay, Mäuerchen.*

Karthäuserhof, Weingut Deutsches Weingut im Weinbaugebiet → Mosel-Saar-Ruwer im Ort Trier-Eitelsbach (Ruwer). Auf rund 20 ha Rebfläche werden jährlich etwa 150 000 Flaschen Wein erzeugt. Rebsorten: 90 % Riesling. Böden: Devonschieferverwitterung. Bekannte Lagen: *Eitelsbacher Karthäuserhofberg.* Die Weine werden in → Tanks ausgebaut – moderne, frische und fruchtbetonte Rieslinge mit großem Reifepotenzial.

Karthäuserhofberg Deutsche Weinlage und das dazugehörige Weingut an der Ruwer in → Eitelsbach.

Kasachstan Ein Land, in dem wegen extremer Winterkälte, Hochgebirgslage oder Trockenheit nur klimatische Randzonen im Süden und Südosten für Weinbau geeignet sind. Etwa 25 000 ha Rebfläche dienen dem Weinbau. Neben einheimischen Sorten werden auch *Vinifera*-Sorten angebaut wie Pinot noir, Aligoté, Cabernet Sauvignon und Muskat. Geschätzt werden die in der Umgebung von Alma-Ata (Almaty) hergestellten Schaumweine.

Kasel Deutscher Ort im Weinbaugebiet Mosel-Saar-Ruwer, am Flüsschen Ruwer gelegen. Auf den rund 60 ha Rebfläche (Tendenz fallend) wird auf den Lagen: *Nies'chen, Kehrnagel, Hitzlay, Herrenberg* fast nur Riesling produziert. Bekannte Erzeuger: Kaseler Winzergenossenschaft, Reichsgraf von Kesselstatt, Bischöfliches Konvikt, Bischöfliches Priesterseminar, Karlsmühle, Erben von Beulwitz, Bert Simon und Christoph von Nell.

Katalonien Spanische Weinbauregion im Nordosten des Landes, zu dem die Metropole Barcelona gehört. Katalonien verfügt über rund 90 000 ha Rebfläche, die sich auf 12 DO-Weinbaugebiete verteilt: → Penedés (überwiegend Grundweine für die Schaumweinerzeugung, Weißweine und einige Rotweine) sowie die Gebiete → Priorato, → Tarragona, → Terra Alta und → Costers del Segre. In Letzterem wird viel Weißwein erzeugt, darunter liebliche bis süße Likörweine sowie Rotweine überwiegend aus Cabernet Sauvignon und Ull de Llebre (Tempranillo). Nördlich von Barcelona liegen die beiden kleinen Gebiete → Alella und → Ampurdán-Costa Brava an der Küste; dort werden Weiß-, Rosé- und Rotweine produziert.

Katzenthal Kleine französische Weinbaugemeinde im → Elsass oberhalb von Colmar zwischen Ammerschwihr und Turckheim gelegen. Bekannte Lagen: *Florimont, Sommerberg* und *Wineck-Schlossberg* sind als *Alsace Grand cru* eingestuft; ferner liegt ein Teil des *Kaefferkopfs* auf Katzenthaler Terrain. Bekannte Erzeuger: Jean-Marc Bernhard, Jean-Paul Ecklé, Klur-Stoecklé.

Kaub Deutsche Stadt am → Mittelrhein, berühmt durch seine Pfalz auf einer Insel im Rhein. Bekannte Lagen: *Backofen* und *Roßstein.* Bekannte Erzeuger: Peter Josef Bahles, Weingut Sonnenhang (Fetz).

Kauer, Weingut Deutsches Weingut im Weinbaugebiet → Mittelrhein in Bacharach. Auf rund 3 ha Rebfläche werden jährlich etwa 20 000 Flaschen Wein erzeugt. Rebsorten: 100 % Riesling. Böden: Tonschieferverwitterung. Bekannte Lagen: *Bacharacher Kloster, Fürstenthal* und *Wolfshöhle.* Führender Erzeuger biologisch produzierter Rieslinge.

Kaysersberg Französische Gemeinde

im → Elsass, der Geburtsort von Albert Schweitzer. Rund 60 ha Rebfläche mit viel Riesling und Gewürztraminer. Beste Lagen: die steil abfallenden Weinberge *Schlossberg* und *Bixkoepfle* sowie der *Clos des Capucins*. Bekannte Erzeuger: Salzmann Thomann, Domaine Weinbach (Colette Faller), ferner die Winzergenossenschaft Kientzheim-Kaysersberg.

Kékfrankos Ungarische Bezeichnung für die Sorte → Blaufränkisch (Lemberger). Sie wird sowohl im Gebiet von Sopron als auch in Villány-Siklós und Szekszárd sowie auf der Tihany-Halbinsel im zum Balaton gehörenden Bereich Balatonfüred-Csopak angebaut.

Kéknyelü Weiße ungarische Rebsorte, deutsch *Blaustengler*. Wegen der Anbauprobleme (sie ist einhäusig und kann daher nur in Verbindung mit anderen Sorten angepflanzt werden) und ihres geringen Ertrags heute selbst in ihrer angestammten Gegend am Balaton fast vollständig verschwunden. Der unter *Badacsonyi Kéknyelü* in den Handel gebrachte Wein ist meist Welschriesling.

Keller Ort zur Weinbereitung, Vergärung, zum Ausbau und zur Lagerung von Wein, der sich in Deutschland, Österreich und der Schweiz üblicherweise unter der Erde befindet. Ein Keller regelt das Klima auf natürliche Weise: geringere Temperaturen in der Herbstzeit und hohe Luftfeuchtigkeit – beides ist für die Weingärung und den Ausbau sowie die Flaschenlagerung von entscheidender Bedeutung. In Frankreich und den Mittelmeerländern sind unterirdische Keller nicht die Regel, da dort die Vergärung und der Weinausbau auch oberirdisch stattfindet. Heute werden viele Weinkeller überall auf der Welt oberirdisch errichtet und klimatisiert – diese sind eigentlich keine Keller im engeren Sinne mehr.

Unter Keller versteht man auch einen Flaschenkeller zum Lagern von Weinen. Idealerweise verfügt ein solcher Keller über eine konstante Temperatur von 10 bis 12° C, ist gut belüftet und vibrationsfrei und hat eine deutliche Luftfeuchtigkeit, da das → Altern des Weins umso behutsamer vor sich geht, je kühler der Keller ist. Doch auch wenn moderne Behausungen Keller mit solchen Eigenschaften nicht mehr bieten, kann Wein problemlos gelagert werden, wenn die Temperaturschwankungen zwischen Winter (8° C) und Sommer (18° C) lediglich 10° C betragen – unter solchen Bedingungen kann Wein immer noch viele Jahre unbeschadet gelagert werden. Die Flaschen müssen liegen, um ein Austrocknen des → Korkens zu verhindern.

Keller, Weingut Bekanntes deutsches Weingut im Weinbaugebiet → Rheinhessen im Ort Flörsheim-Dalsheim. Auf rund 13 ha Rebfläche werden jährlich etwa 120 000 Flaschen Wein erzeugt. Rebsorten: 40 % Riesling, je 30 % Weiß- und Grauburgunder. Böden: Lehm mit Ton, teilweise Mergel. Bekannte Lagen: *Dalsheimer Hubacker*. Große Bandbreite an Weinen – meistens opulent und fruchtbetont.

Kellereiabfüllung Im Unterschied zur → Erzeugerabfüllung bezeichnet die Kellereiabfüllung einen Wein, der nicht vom Abfüller in eigener Regie geerntet und/oder ausgebaut, sondern als fertiger Wein gekauft und in Flaschen gefüllt wurde. Der französische Ausdruck für Kellereiabfüllung lautet *Mis en bouteille dans nos caves*.

Kellergasse In Österreich, Ungarn und auch Slowenien vorkommende Weinbauarchitektur, meist am Rand eines Ortes, zu den Weinbergen hin. Kellergassen bestehen aus vielen (manchmal bis zu hundert) aneinander gebauten Häuschen, meist mit bunten Holztüren, die den sichtbaren, oberen Teil bilden. Von diesen gelangt man in die unterirdischen Keller, die meist in sandige Böden gegraben sind – oftmals ohne Gewölbe. Manche Kellergassen stehen unter Ensemble- bzw. Denkmalschutz.

Kellermeister Hat die alleinige Verantwortung über alle Schritte der Weinverarbeitung im Keller. Der Kellermeister ist kein Winzer, da dieser in Personalunion Weingutsbesitzer ist und die Aufsicht über Weinberge (den so genannten → Außenbetrieb) und Keller hat. Meist haben nur größere Weingüter einen Kellermeister. Der → Winemaker hingegen hat ein anderes Selbstverständnis und andere, zusätzliche Aufgaben.

Kelter Weinpresse. Seit Menschengedenken benutzte, in den verschiedensten Arten und Formen existierende Vorrichtung zum Auspressen des Saftes aus den Beeren vor (bei Weißwein) bzw. nach der Gärung (bei Rotwein). Die Wahl der Kelter ist für die Weinqualität ebenso wichtig wie das richtige Fingerspitzengefühl bei ihrer Anwendung: Zu viel Druck bearbeitet die Schalen und beschädigt die Kerne und löst dadurch Bitterstoffe heraus. Heute werden überwiegend pneumatische Pressen eingesetzt, bei denen ein in einer Stahltrommel liegender Kunststoffsack mit Druckluft aufgeblasen wird und so sanften, aber nachhaltigen Druck auf die Trauben ausübt. Die Spindel- oder Korbpressen früherer Zeiten werden vor allem noch in der Champagne und für die Rotweinproduktion sowie zum Keltern von gefrorenen Trauben (Eiswein) eingesetzt.

Keppoch → Südaustralien (South Australia)

Kerner Aus der württembergischen Versuchsanstalt Weinsberg stammende → Neuzüchtung aus Trollinger *x* Riesling. Der Kerner bringt bei sorgfältigem Anbau qualitativ zufrieden stellende Ergebnisse und wird vor allem in Deutschland, aber auch im Südtiroler Eisacktal kultiviert. Zurzeit sind in Deutschland rund 7000 ha angepflanzt, das entspricht etwa 7 % der Rebfläche – damit steht er auf Platz fünf der Rebsorten. Meist wird er für einfache Verschnittweine verwendet.

Kesseler, Weingut August Deutsches Weingut im Weinbaugebiet → Rheingau im Ort Aßmannshausen. Auf rund 19 ha Rebfläche werden jährlich etwa 100 000 Flaschen Wein erzeugt. Rebsorten: 50 % Spätburgunder, 40 % Riesling. Böden: Phyllit-Schiefer, Schiefer. Bekannte Lagen: *Aßmannshäuser Höllenberg, Rüdesheimer Berg*. Führender Erzeuger von sublimen Rotweinen im Rheingau.

Kesselstatt, Weingut Reichsgraf von Deutsches Weingut im Weinbaugebiet → Mosel-Saar-Ruwer im Ort Morscheid. Auf rund 60 ha Rebfläche werden jährlich etwa 400 000 Flaschen Wein erzeugt. Rebsorten: 100 % Riesling. Böden: Devonschieferverwitterung. Bekannte Lagen: *Wehlener Sonnenuhr, Berncasteler Doctor, Piesporter Goldtröpfchen, Scharzhofberger*.

Kiedrich Deutscher Weinbauort im → Rheingau, liegt in den Hügeln zwischen Hallgarten und Rauenthal mit rund 170 ha Rebfläche, auf denen überwiegend Riesling kultiviert wird. Bekannte Lagen: *Gräfenberg, Wasseros, Sandgrub*. Bekannte Erzeuger: Weingut Robert Weil, Hessische Staatsweingüter, Oetinger, Prinz von Hessen und Geschwister Bibo Erben (Kötherhof).

Kientzheim Französischer Ort im → Elsass zwischen Ammerschwihr, Kaysersberg und Sigolsheim mit rund 190 ha Rebfläche, darunter die Lagen *Schlossberg* und *Furstentum* (gemeinsam mit Sigolsheim), die als *Alsace Grand cru* eingestuft sind. Der Ort hat einen Namen für seine gehaltvollen Gewürztraminer und Tokay-Pinot gris. Bekannte Erzeuger: André Blanck & Fils, Paul Blanck (Domaines des Comtes de Lupfen) sowie die Winzergenossenschaft Kientzheim-Kaysersberg.

Kinheim Deutscher Ort an der Mosel im Weinbaugebiet → Mosel-Saar-Ruwer, nahe Erden auf der linken Flussseite gelegen. Rund 120 ha Rebfläche mit Riesling auf Schieferverwitterung. Bekannte Lage: *Hubertuslay* und *Römerhang*.

Kirgisistan Etwa 10 000 ha Rebfläche. Bereits in der Sowjetunion war das Land bekannt für die Schaumweinkellerei von Frunse (heute Bischkek) sowie für die Erzeugung von Likörweinen. Es werden verstärkt Pinot noir, Chardonnay und Welschriesling angepflanzt. Ferner werden Tafeltrauben und Rosinen erzeugt.

Kirwan, Château Französisches *3e Cru classé*-Weingut aus der Appellation → Cantenac-Margaux (Haut-Médoc). Auf rund 34 ha werden 40 % Cabernet Sauvignon, 30 % Merlot, 20 % Cabernet franc und 10 % Petit Verdot angebaut. *Zweitwein*: *Les Charmes de Kirwan*.

Kiste (engl. case) Vor allem in England und Amerika übliche Einheit, um die Produktion von Weingütern zu definieren: 1 Kiste enthält 12 Flaschen.

Klassifikation In Frankreich können bestimmte Weinbergslagen (z. B. im Burgund), Ortschaften (z. B. in der Champagne) oder auch Weingüter (z. B. im Bordeauxgebiet) klassifiziert sein, das heißt, ihnen wird aufgrund überdurchschnittlicher natürlicher Wachstumsbedingungen eine höhere Qualitätsklasse zugesprochen. Die Bezeichnungen für derartige Klassifizierungen können sehr verschieden sein: *Grand* →*cru*. Auch in Deutschland (im Rheingau) gibt es klassifizierte Weinbergslagen: → Erstes Gewächs.

Klassifizierung von 1855 Im → Bordeaux wurde 1855 eine Reihe von Weingütern in bestimmten Appellationen klassifiziert. → Klassifikationen der wichtigsten Weingüter hat es dort seit dem 18. Jahrhundert wiederholt gegeben. Doch keine von ihnen hat die Bedeutung jener aus dem Jahre 1855 erlangt, denn sie erfolgte im Auftrag des französischen Staates: Napoléon III. beauftragte die Handelskammer von Bordeaux damit, für die Weltausstellung in Paris 1855 eine Klassifizierung der Weine des Gebietes vorzunehmen. Das Ungewöhnliche daran war, dass nicht nur die Immobilie – der Weinberg – klassifiziert wurde, sondern neben dem Weinberg und der Appellation das Weingut selbst und mit ihm eben auch veränderliche Parameter wie z. B. die Variable des Faktors Mensch, Keller, Weinausbau, Weinstil und Rebsortenspiegel. Die Klassifizierung von 1855 war nie sakrosankt gedacht; dennoch wird sie in der Weinszene als ehernes Gesetz angesehen.

Die Klassifizierung der Bordeaux-Weine von 1855 entsprach natürlich den damaligen Vorstellungen. Die Vertreter des federführenden Bordelaiser Weinhandels berücksichtigten weder → Saint-Emilion noch → Pomerol noch das Gebiet der → Graves (mit der Ausnahme von Château → Haut-Brion). Diese Regionen verfügten damals, was den Wein anbelangte, über kein besonderes Ansehen. Allein die besten Rotweine des → Haut-Médoc erschienen den Schöpfern vor 150 Jahren klassifizierungswürdig. 61 Gewächse verdienten es nach ihrer Überzeugung, herausgehoben zu werden:

- 3 *Premiers crus classés* (1. Gewächse: Châteaux Lafite, Latour und Margaux plus Haut-Brion aus den Graves),
- 15 *Deuxièmes crus classés* (2. Gewächse),
- 14 *Troisièmes crus classés* (3. Gewächse),
- 11 *Quatrièmes crus classés* (4. Gewächse) und
- 18 *Cinquièmes crus classés* (5. Gewächse) (genaue namentliche Aufstellung: → Haut-Médoc, Tabelle).

Nur ein einziges Mal ist diese Klassifizierung, und auch nur in einem einzigen Fall, korrigiert worden, nämlich 1973, als per Dekret des französischen Landwirtschaftsministers Château → Mouton-Rothschild von dem ersten Platz der 2. Gewächse in die Gruppe der *Premiers crus* angehoben wurde.

Noch eine zweite Klassifizierung wurde 1855 durchgeführt – die der süßen Weißweine von → Sauternes und → Barsac, die 22 (durch Teilungen heute 27) Güter umfasst.

- Als *Premier cru supérieur classé* wurde das Weingut Château d'→ Yquem eingestuft und damit noch über die roten Spitzengewächse des Haut-Médoc gestellt, als
- *Premiers crus classés* wurden 11 Weingüter und als
- *Deuxièmes crus classés* 15 Weingüter klassifiziert.

Auch diese Klassifizierung gilt bis heute unverändert weiter (→ Sauternes für die genaue namentliche Aufstellung).

Kleinbottwar Deutscher Weinbauort nordöstlich von Ludwigsburg im Weinbaugebiet → Württemberg. Rund 63 ha Rebfläche. Bekannte Lagen: *Süßmund*, *Oberer Berg* (Alleinbesitz Weingut Adelmann) sowie *Götzenberg*.

Klein Constantia Südafrikanisches Weingut im Weinbaugebiet → Constantia. Auf rund 80 ha Rebfläche werden etwa 400 000 Flaschen Wein erzeugt, vor allem Sauvignon blanc, Cabernet Sauvignon und Chardonnay. Bekannt für seinen fetten Sauvignon blanc.

Kleinklima → Mikroklima

Klettgau Weinbaugebiet im Schweizer Kanton → Schaffhausen, mit rund 350 ha Rebfläche größtes zusammenhängendes Weinbaugebiet der Gemeinden Hallau (einschließlich Oberhallau), Wilchingen, Trasadingen, Osterfingen und Gächlingen. Es wird überwiegend Rotwein aus der Rebsorte Blauburgunder erzeugt.

Klevner Regionale Bezeichnung für ganz unterschiedliche Rebsorten, die mitunter auch Clevner oder Klävner geschrieben wird:

- in Baden, insbesondere um Durbach, ist damit ein Traminer gemeint,
- im Elsass wird damit im Falle des *Clevner de Heiligenstein* die Rebsorte roter Savagnin bezeichnet, der nur in Heiligenstein kultiviert wird, während der Klevner dort einen Weißen Burgunder meint,
- in Österreich ist mit Klevner ebenfalls Weißer Burgunder gemeint,
- in der Ostschweiz wiederum bezeichnet man damit den Spätburgunder,
- im benachbarten Württemberg steht die Bezeichnung für Frühburgunder.

Klimazonen → Hot Climate → Cool Climate

Klingelberger In der Ortenau und insbesondere um Durbach gebräuchliche Bezeichnung für die Sorte Riesling. Der Name stammt von einer historischen Durbacher Lage.

Klingenberg Sehenswerte deutsche Stadt am Main im Weinbaugebiet → Franken. Verfügt über außerordentliche → Steillagen und historische → Terrassenlagen. Die Weine wachsen auf rotem Buntsandstein – es werden traditionell Rotweine erzeugt. Bekannte Erzeuger: Kühn, Städtisches Weingut.

Klöch Österreichische Gemeinde des Weinbaugebietes → Süd-Oststeiermark mit rund 175 ha Rebfläche. Bekannte Lage: *Klöcher Berg* mit seinen roten vulkanischen Böden. Erzeugte Weine: Welschriesling, Weißer Burgunder, Riesling, Sauvignon blanc, Traminer und Gewürztraminer. Bekannter Erzeuger: Josef Simmerl (aus dem benachbarten Halbenrain).

Klon Vegetativer Nachkomme von Mutterstöcken mit (je nach Zuchtziel) besonderen Eigenschaften, z. B. Gesundheit, Widerstandsfähigkeit, Ertragsstärke oder Farbstärke. Klone stellen die höchste Stufe der Selektion im → Pfropfrebenanbau dar. Diese Selektion kann unter zwei Gesichtspunkten erfolgen:

• Maximierung der Quantität (leider sehr häufig)
• Verbesserung der Qualität, dabei naturgemäß unter strikter Begrenzung des Ertrags (das bessere Zuchtziel)

Klone haben aufgrund ihrer genetischen Identität vollkommen identische Eigenschaften – z. B. gleichzeitige Blüte, identische geschmackliche Dispositionen, gleiche Trauben- und Beerengröße. Beim Pinot noir z. B. ist zurzeit der burgundische Klon 777 entwickelt worden, der besonders kleine und lockerbeerige Trauben trägt, die weniger fäulnisanfällig sind.

Neben allen unbestritten positiven Eigenschaften hat die Verwendung von Klonen den Nachteil, dass mit ihrer Verbreitung eine gewisse Geschmacksuniformierung einhergeht. Übrigens: Ein Klon ist *keine* geklonte Pflanze – sie wird vermehrt, indem selektierte Blattspitzen einer einzigen Mutterpflanze abgeschnitten, in Nährlösung herangezogen werden, um schließlich eine eigene, vollständige Pflanze hervorzubringen. Auf diese Weise erhält man einen genetisch identischen Pool.

Klosterneuburg Österreichische Gemeinde im Weinbaugebiet → Donauland nahe Wien. Rund 200 ha Rebfläche auf klimatisch von der Donau beeinflussten Südlagen: *Franzhauser*, *Rothäcker*, *Steinriegl* sowie *Fensterl*. Klosterneuburg ist Sitz der Höheren Bundeslehr- und Versuchsanstalt für Wein- und Obstbau. Bekannte Erzeuger: → Chorherrenstift Klosterneuburg, Zimmermann.

Klosterneuburger Mostwaage Ende des 19. Jahrhunderts von August Wilhelm Freiherr von Babo entwickeltes Gerät zur Bestimmung des → Mostgewichts nach dem prozentualen Anteil des → Zuckers im → Most, angegeben in °KMW. Anders als in Deutschland oder der Schweiz, wo nach einem anderen Verfahren die Angaben in Grad → Oechsle erfolgen, wird seither in Österreich die Bestimmung nach dem von Babo entwickelten Verfahren durchgeführt. Zum Vergleich dieser Angaben mit jenen der Oechslewaage müssen diese mit dem Faktor 5 (exakt 4,98) multipliziert bzw. durch ihn dividiert werden: So entsprechen 20° KMW ungefähr 100° Oechsle (Oe) bzw. 135° Oe ungefähr 27° KMW.

Kloster Neustift Italienisches Weingut in der Region → Südtirol in Brixen. Erzeugt auf rund 45 ha Rebfläche Eigenbesitz und unter Traubenzukauf etwa 400 000 Flaschen Wein vor allem aus den Rebsorten Müller-Thurgau, Gewürztraminer, Kerner, Sylvaner, Sauvignon, Vernatsch Rosenmuskateller, Chardonnay und Lagrein. Spitzencuvées: Praepositus weiß und rot. Erzeugt außerdem St. Magdalener. Konzentrierte, kühl vergorene Weine, manchmal regelrecht salzig-mineralisch. Der Rosenmuskateller gehört zu den faszinierendsten Süßweinen Italiens. Das Weingut ist in Stiftsbesitz und liegt direkt in der sehenswerten Abtei.

KMW → Klosterneuburger Mostwaage

Knebel, Weingut Deutsches Weingut in Winningen, Weinbaugebiet → Mosel-Saar-Ruwer. Auf rund 7 ha Rebfläche werden jährlich etwa 50 000 Flaschen Wein erzeugt. Rebsorten: 95 % Riesling. Böden: Devonschieferverwitterung. Bekannte Lagen: *Winninger Uhlen* und *Röttgen*.

Knipperlé Auch Ortlieber oder Räuschling genannte weiße Rebsorte, die in früheren Zeiten im Elsass und in der Ostschweiz weit verbreitet war, aber angesichts ihrer großen Fäulnisanfälligkeit in beiden Gebieten inzwischen nahezu vollständig verschwunden ist.

Knipser, Weingut Deutsches Weingut im Weinbaugebiet → Pfalz im Ort Laumersheim. Auf rund 20 ha Rebfläche werden jährlich etwa 120 000 Flaschen Wein erzeugt. Rebsorten: 30 % Spätburgunder, 25 % Riesling, ferner Sankt Laurent, Syrah, Cabernet Sauvignon. Böden: sandiger Lehm, teilweise mit Kies. Bekannt für seine Rotweine – teilweise aus Rebsorten im → Versuchsanbau.

Knoll, Emmerich Österreichisches Weingut im Weinbaugebiet → Wachau. Auf rund 14 ha Rebfläche werden vor allem Weißweine erzeugt: Grüner Veltliner (45 %), Riesling (40 %), ferner Chardonnay und Muskateller. Die Weine wachsen auf Gneis und Urgesteinsböden. Bekannte Lagen: *Loibenberg, Schütt, Kreutles, Kellerberg.* Es werden auch hochwertige Prädikatsweine erzeugt, die mit enormer Mineralität zu den besten und langlebigsten der Wachau zählen.

Knyphausen, Weingut Baron zu Deutsches Weingut in Erbach, Weinbaugebiet → Rheingau. Auf rund 22 ha Rebfläche werden jährlich etwa 130 000 Flaschen Wein erzeugt. Rebsorten: rund 100 % Riesling. Böden: Lößlehm, teilweise Mergel mit Glimmer. Bekannte Lagen: *Erbacher Steinmorgen, Hohenrain, Siegelsberg* und *Marcobrunn, Hattenheimer Wisselbrunnen.*

Kocher-Jagst-Tauber, Bereich Nördlichster Bereich des Anbaugebiets → Württemberg in Deutschland mit rund 500 ha Rebfläche, die sich weitgehend auf Lagen in den drei Flusstälern von Kocher, Jagst und Tauber verteilt. Anders als in den beiden großen Bereichen Württembergs (Württembergisch Unterland und Remstal-Stuttgart) wird überwiegend Weißwein erzeugt. Weikersheim ist der bekannteste Ort.

Kochwein Umgangssprachlich häufig benutzter Begriff für mehr oder weniger ungenießbare Weine (tot, alt, abgestanden, Kork), die sich jedoch angeblich noch in der Küche verwenden lassen. Doch eine gute Küche kann allein aus guten Ausgangsprodukten hervorgehen. Daher sollten nur trinkbare Weine verwendet werden, egal ob es sich um Madeira, Sherry oder Marsala, Riesling, Burgunder oder Barolo handelt. Nur so kann sich die Verbindung von Wein und Essen in ihrer ganzen Faszination darstellen. Man sollte in der Regel den gleichen oder mindestens einen vergleichbaren Wein, den man in der Küche verwendet hat, auch zum Essen reichen. Durch das Erhitzen verdunstet der im Wein enthaltene Alkohol. Korkiger Wein kann nur unter der Bedingung verwendet werden, dass dieser erhitzt wird, denn glücklicherweise wird der störende Korkgeschmack bei Temperaturen über 70 Grad zerstört.

Kohlendioxid Auch als Kohlensäure (CO_2) bezeichnet, entsteht in großen Mengen bei der → Gärung und ebenfalls beim biologischen → Säureabbau. Kohlendioxid hat die Eigenschaft, sich über einen längeren Zeitraum in Flüssigkeit zu binden – wie zum Beispiel bei Mineralwasser oder Schaumweinen. Auch Stillweine enthalten Kohlendioxid – es ist ein natürlicher Inhaltsstoff des Weins (zwischen 0,0 und 0,5 g/l). Bei sehr jungen Weinen kann sich Kohlendioxid als feine Luftbläschen, die sich am Glasrand bilden, optisch zeigen. Auf der Zunge lösen sie ein dezentes Prickeln aus, die Weine wirken frischer. Solche Erscheinungen sind ein positives Merkmal und immer ein Zeichen für eine behutsame Behandlung des Weins, da dieser nur minimal bewegt wurde und das in ihm gebundene Kohlendioxid nicht entwichen ist. Weine, die lange auf der Hefe gelagert wurden (→ Sternwein, → Vin sur lie), enthalten oft ein erhöhtes Maß Kohlendioxid.

Aufgrund des Trends hin zu jungen und frischen Weiß- und Rotweinen (z. B. → Beaujolais → primeur) setzt man vielen Weinen bei der Abfüllung eine geringe CO_2-Dosage zu, was laut Weinverordnungen bis zu einem Höchstwert von 2 g/l erlaubt ist, um diese künstlich frischer erscheinen zu lassen. Verfechter dieser Methode füllen heute grundsätzlich helle Rot- wie Weißweine, aber auch plumpere, säurearme Weine mit einem Kohlensäuregehalt von 1 bis 1,5 g/l ab. Gleiches gilt für die → Schaumweinerzeugung: Je länger der Wein in der Flasche auf der Hefe lagert, desto besser ist sein Kohlendioxid in die Flüssigkeit gebunden, und umso feiner ist das Mousseux eines Schaumweins. Große Perlen sind ein Zeichen für kürzere Lagerzeiten.

Kohlensäure → Kohlendioxid

Kohlensäuregärung → Macération carbonique

Köhler-Ruprecht, Weingut Deutsches Weingut im Weinbaugebiet → Pfalz im Ort Kallstadt. Auf rund 13 ha Rebfläche werden jährlich etwa 100 000 Flaschen Wein erzeugt. Rebsorten: 60 % Riesling, 20 % Spätburgunder, ferner Weißburgunder, Chardonnay, Grauburgunder. Böden: Sandiger Lehm, Kies, Kalkgeröll. Bekannte Lagen: *Kallstadter Saumagen, Steinacker* und *Kronsberg*. Führender Erzeuger langlebiger, nicht → chaptalisierter Weine aus dem großen Holzfass. Die Weißweine strotzen vor Mineralität und sind in der Jugend sehr verschlossen, die Spätburgunder reifen teilweise jahrelang in Barriques.

Kok(k)ineli Griechisch für Rosé, jedoch auch die Bezeichnung für leicht geharzten, fast ziegelroten → Retsina-Rosé. Wie auch beim weißen Retsina dürfte der Beste aus Attika stammen.

Königsbach Deutscher Ort im Weinbaugebiet → Pfalz, südlich von Deidesheim auf den sanften Abhängen der Mittelhaardt gelegen, heute ein Stadtteil von → Neustadt. Rund 100 ha Rebfläche mit der Spitzenlage *Idig*. Ferner die Lagen *Jesuitengarten, Ölberg* und *Reiterpfad*. Bekannte Erzeuger: Christmann, Reichsrat von Buhl (in Deidesheim).

Konzentration Wichtige Grundvoraussetzung für hohe Weinqualität. Die Konzentration analytisch messbarer Inhaltsstoffe wie z. B. → Extrakt, → Säure und → Alkohol ist dabei ebenso wichtig wie die der nicht messbaren, z. B. Aroma, Duft und Eleganz. Konzentration ist nur erreichbar durch entsprechende Maßnahmen im Weinberg, wie z. B. Reduzierung des → Ertrags, da sich die Inhaltsstoffe des Bodens in weniger Trauben konzentrieren, statt sich auf viel Ertrag verteilen zu müssen. Unter bestimmten Bedingungen kann durch die → Mostkonzentration (ein technisch-physikalisches Verfahren) die Konzentration künstlich gesteigert werden. Dieses ist jedoch unter Wein-ethischen Gesichtspunkten durchaus kritisch zu beurteilen.

Korken Aus der Rinde der Korkeiche gewonnener Weinverschluss. Seit dem 16. Jahrhundert wird der Korken verwendet – war es doch das optimale Material, um Weinflaschen dauerhaft zu verschließen: robust, elastisch, wasserundurchlässig und so gut wie luftdicht. Kein anderes Material passte sich dem Hals der Weinflasche so perfekt an, verhinderte das Auslaufen des Weins, erlaubte aber zugleich über Jahre hinweg eine Reifung des Weins mittels minimaler Oxidation. Nur hervorragende Korken von einwandfreier Qualität können diese Entwicklung gewährleisten – die besten Korken zählen mindestens sieben Jahresringe oder mehr und sind mindestens 4,5 cm lang. Doch selbst die besten Korken halten nicht ewig und müssen nach etwa 25 Jahren erneuert, d. h., der Wein muss dann umgekorkt werden, denn ein verbrauchter Korken lässt den Wein schnell verderben, weil er seine Rückstellkraft verloren hat.

Ein Korken kann die folgenden Merkmale aufweisen:

- Sitzt ein Korken lose in der Flasche, so ist das ein Zeichen, dass er ausgetrocknet oder zu alt ist.

• Trockene Korken, die sich schwer ziehen lassen, deuten auf zu trockene Weinkeller hin oder sind vom Hersteller fehlerhaft ausgerüstet (z. B. mit Lack beschichtet worden, der die Haftung im Flaschenhals verstärken soll). Auf die Weinqualität muss das keine negativen Auswirkungen haben, aber es kann dazu führen, dass der Korken beim Öffnen der Flasche zerbröselt und Korkkrümel in den Wein gelangen.
• An der Oberseite unter der Kapsel schimmelige oder schwarze Korken haben keine negativen Auswirkungen auf die Weinqualität.
• Mehlaufwurf auf der Oberseite signalisiert das Vorhandensein einer Korkmotte. Lässt man sie ungestört, besteht nach wenigen Jahren die Gefahr, dass sie sich durch den Korken hindurchgefressen hat und der Wein zu viel Luft bekommt und verdirbt. Mit Insektenstrips kann man sich im Allgemeinen hinreichend vor Korkmotten schützen.
• Vollkommen durchnässte Korken sind ein Hinweis auf eine unzureichende Korkqualität und einen möglicherweise dadurch vorzeitig gealterten Wein.
• Ein Champagnerkorken, der nach dem Öffnen mit dem unteren, im Flaschenhals befindlichen Teil zylindrisch zuläuft und sich nicht mehr spreizt, hat seine Elastizität verloren. Hierdurch kann das restliche Kohlendioxid entweichen und der Champagner verderben. Die restlichen Flaschen derselben Charge sollten bald getrunken werden.
• Ein muffig riechender Korken und ein entsprechend riechender und schmeckender Wein schließlich macht den Wein ungenießbar.
• Fehlerhafte Korken

Korkige Weine sind in letzter Zeit immer häufiger anzutreffen, da die Korkqualität aufgrund der steigenden Nachfrage an Flaschenweinen beständig sinkt. Manchmal kann es sein, dass ganze Weinchargen verkorkt sind. Die Korkproduzenten versuchen zwar in letzter Zeit, neue Verfahren zu entwickeln, um den Korkschmecker in den Griff zu bekommen, aber alle Versuche sind bisher mehr oder weniger fehlgeschlagen. Der Korkschmecker ist auf eine mikrobakterielle Verunreinigung des Korkens zurückzuführen.

Die historisch gerechtfertigte Verwendung eines Korkens ist aus heutiger Sicht nicht mehr rundum vertretbar. Aus diesem Grund werden vermehrt → alternative Verschlüsse eingesetzt, wie z. B. Silikonpfropfen, Schraubverschlüsse und Edelstahl-Kronenkorken. Besonders bei einfachen Weinen, die schnell, meist in Jahresfrist getrunken werden (es handelt sich dabei um den Löwenanteil der Weinproduktion), wäre eine Verwendung von alternativen Verschlüssen sehr wünschenswert. So z. B. hat sich in der Schweiz der Drehverschluss sogar bei teuren Spitzenweinen durchgesetzt. Doch eine dauerhafte Durchsetzung am Markt wird sich nur einstellen, wenn die Weintrinker bereit sind, auf das gewohnte »Plopp« zu verzichten bzw. Silikonpfropfen nicht als dem romantischen Ritual der Weinzeremonie abträglich zu betrachten.

Mit dem zunehmenden Verbrauch von Naturkork geht aber eine generelle Verschlechterung der Korkqualität einher. Die Korkschmecker-Rate geht nach oben, weil die Korkindustrie immer öfter Chargen angeboten bekommt und verarbeitet, die sie nicht annehmen und verarbeiten sollte. Noch nie ist mehr Wein in den Ausguss gekippt oder mit dem nagenden Zweifel getrunken worden, ob der Wein nun korkt oder einfach nur komisch schmeckt.

Vor diesem Hintergrund ist es nur verständlich, dass der Silikonpfropfen oder andere Verschlusssysteme (Kronenkorken aus Edelstahl) als Alternative zum unsicheren Naturkork mehr und mehr Anhänger findet. Zuerst verachtet, dann belächelt, bahnt sich Silikon nun den Weg in immer mehr Keller und löst dort zunächst das Problem von Korkgeschmack bei den einfachen Weinen. Eine offene Frage ist allerdings, ob sich mit Silikon verschlossene, zur Lagerung vorgesehene Weine auf Dauer vorteilhaft entwickeln. Versuchsreihen sollen hier eine Antwort bringen.

Korkenzieher Hilfsgerät zum Herausziehen des Korkens aus der Weinflasche. In seiner einfachsten Form ist es ein schlichtes, gezogenes Stahlgewinde, das an irgendeiner Art von Griff befestigt ist. Der wichtigste Bestandteil eines Korkenziehers ist sein Gewinde, das die Form einer offenen Spirale haben sollte, durch deren so genannte Seele sich ein Streichholz stecken lässt. Die Spirale sollte in eine scharfe Spitze münden. Heute gibt es eine schier unüberschaubare Vielfalt an Korkenziehern. Fest sitzende Champagnerkorken sollte man nicht mit einem Korkenzieher, sondern mit einer *Champagnerzange* entfernen.

Korkgeschmack Unangenehm muffiger Geruch und Geschmack des Weins, der durch einen mangelhaften, mikrobakteriell infizierten Korken in den Wein gelangt. Die Intensität eines Korkschmeckers kann von leicht bis stark reichen. Die versteckten Korkschmecker sind die hinterhältigsten, weil sie nicht zweifelsfrei identifizierbar sind, den Weingeschmack jedoch wesentlich beeinträchtigen. Siehe auch → Korken.

Korkschmecker → Korkgeschmack

Körper Geschmackliches Wesensmerkmal eines Weins. Oft wird der Körper mit → Alkohol gleichgesetzt. Doch ein körperreicher Wein muss nicht zwangsläufig viel Alkohol besitzen, wohl aber einen relativ hohen → Extraktgehalt.

Korsika Französische Mittelmeerinsel (→ Corse), deren Weinbau in jüngster Zeit qualitativ an Bedeutung gewonnen hat, seitdem moderne Gärverfahren hier Einzug gehalten haben, während er quantitativ, wie überhaupt im französischen Süden, rückläufig ist. Heute stehen rund 10 000 ha unter Reben, von denen jährlich rund 1,3 Millionen l Weißwein und 9 Millionen l Rotwein erzeugt werden. Dies sind meist Landweine (*Vin de pays de l'Ile de Beauté*) und Tafelweine – während auf knapp einem Sechstel der Gesamtfläche AOC-Weine erzeugt werden. Sie kommen entweder unter der allgemeinen Appellation *Vin de Corse* in den Handel oder einer der sieben Unterregionen, von denen → Ajaccio, → Patrimonio, → Porto Vecchio und → Sartène qualitativ als die bedeutendsten gelten. Zu gut 90 % handelt es sich dabei um Rot- und Roséweine aus einheimischen Sorten wie Sciaccarello und Nielluccio oder südfranzösischen Sorten (darunter Cinsaut, Carignan, Grenache). Die Weißweine werden vorwiegend aus Vermentino, Malvasia sowie einheimischen Sorten erzeugt.

Die gebirgige Geographie der Insel sorgt für vielfältiges Klima: Im Osten wird in der Ebene viel Weinbau betrieben – das Klima ist hier deutlich mediterran geprägt. Im Westen ist die Küste gebirgiger, hier dominieren Granitböden. Im Landesinnern sind die Temperaturen ausgeglichener. Im Norden dominieren Schieferböden. Grundsätzlich ist das Klima relativ feucht.

Kracher Berühmtes österreichisches Süßweingut im Weinbaugebiet → Neusiedlersee. Auf rund 20 ha Rebfläche werden jährlich etwa 40 000 l edelsüßer Wein der Extraklasse erzeugt. Das Rebsortenspektrum reicht von 40 % Welschriesling und 30 % Chardonnay über Scheurebe bis zu Muskat-Ottonel. Die Weine wachsen auf Schotter- und Sandböden in Seenähe. Kracher ist der wohl weltweit bekannteste Weinmacher Österreichs –

seine legendären Weine sind vor allem in Übersee heiß begehrt. Er produziert zwei Weinlinien ab Beerenauslese aufwärts: die Serie *Zwischen den Seen* umfasst Süßweine aus dem Tank, Weine mit dem Zusatz *Nouvelle Vague* werden gekonnt wagemutig im Barrique ausgebaut. Alle Weine sind dicht und tief schürfend.

Kraichgau → Badische Bergstraße/ Kraichgau

Krank Einen Wein, der sich momentan nicht in seinem gewohnten Geschmacksbild präsentiert, bezeichnet man als *krank*. Diese Eigenschaft kann durch Irritationen bei Abfüllung (→ füllkrank) und Transport o. Ä. hervorgerufen sein und verliert sich in der Regel nach einigen Wochen wieder. Im eigenen Interesse sollte man daher frisch gefüllten oder transportierten Weinen eine Genesungsphase gönnen.

Krems Österreichische Stadt an der Donau am Rand des Weinbaugebiets → Kremstal. In den Gemeinden Stein, Rehberg, Gneixendorf, Landersdorf und Hollenburg werden rund 820 ha Rebfläche bewirtschaftet, davon rund zwei Drittel Grüner Veltliner. Die besten Lagen befinden sich westlich des Flusses Krems auf Urgesteinsverwitterungsböden, die topographisch und geologisch eigentlich noch zur → Wachau gehören und im Stadtteil Stein liegen (*Kögl, Hund* und *Pfaffenberg*), auch wenn sie als Kremser Lagen etikettiert werden.

Bei den übrigen Kremser Lagen wie *Wachtberg, Kremsleithen, Kraxen, Sandgrube* und *Weinzierlberg* handelt es sich meist um meterdicke Lößböden. Bekannte Erzeuger: Franz Aigner, Baron Geymüller, das Weingut der Stadt Krems, Salomon-Undhof und Walzer.

Kremstal Österreichisches Weinbaugebiet mit rund 2500 ha Fläche rund um die Stadt → Krems. Die Böden bestehen hauptsächlich aus Löß und Lehm, jedoch gibt es in den Gemeinden → Stein und Senftenberg Urgesteinsterrassen mit einem hohen Anteil Riesling. Weitere bekannte Orte sind Furth (mit Palt), Gedersdorf, Rohrendorf. Hier dominiert der Grüne Veltliner.

Kreta Bedeutendste griechische Insel mit rund 12 500 ha Rebfläche, auf der mehrere OPAP-Weine erzeugt werden, darunter → Archanes und → Peza. Ferner kommt der traditionelle Wein Heraklion aus dem Bezirk der gleichnamigen Stadt. Die Mehrzahl der übrigen Inselweine ist von eher lokaler Bedeutung. Auf weiteren 33 000 ha werden Rosinen (nahezu ausschließlich Sultaninen) erzeugt.

Kretzer Im deutschsprachigen → Südtirol gebräuchlicher Name für die Weinbereitung aus roten Trauben nach dem für weiße Trauben üblichen Verfahren (→ Süßdruck, → Weißherbst). Der bekannteste und beste der so erzeugten Roséweine ist der → Lagrein Kretzer.

Kreuznach, Bad Deutsche Stadt im Weinbaugebiet → Nahe mit rund 850 ha Rebfläche. Bekannte Lagen: *Brückes, Rosenheck, Kahlenberg, Hinkelstein, Narrenkappe, Steinberg, Krötenpfuhl,* in denen überwiegend Riesling angebaut wird. Bekannte Erzeuger: Paul Anheuser, Plettenberg.

Kreuzungen In der Kreuzungszüchtung unterscheidet man zwei Arten von Kreuzungen:

- Kreuzungen innerhalb der gleichen Art, d. h. → *Vinifera x Vinifera*-Sorten, z. B. Riesling *x* Silvaner, die so genannte → Neuzüchtungen ergeben, deren verbreitetste in Deutschland der → Müller-Thurgau ist;
- interspezifische Kreuzungen zwischen zwei verschiedenen Arten, also etwa *Vinifera x Riparia*, die die so genannten → Hybriden hervorbringen und mit denen die Züchtung pilzresistenter → Direktträger beabsichtigt ist.

Neben der Kreuzungszüchtung ist die Erhaltungszüchtung, d. h. der Erhalt von alten Sorten durch Klonenselektion (→ Klon), von weitreichender Bedeutung. Bekannte Institute für Rebzüchtung befinden sich in Deutschland in Alzey, Freiburg, Geilweilerhof, Geisenheim, Weinsberg und Würzburg.

Kreydenweiss, Domaine Französisches Weingut in Andlau im → Elsass. Auf rund 12 ha Rebfläche werden in biologisch-dynamischer Wirtschaftsweise sehr langlebige und konzentrierte Weine erzeugt, die oft extrem langsam gären und lange auf der Hefe liegen: Riesling, Gewürztraminer, Grauburgunder (Pinot gris) und auch Cuvées. Jahresproduktion rund 70 000 Flaschen Wein. Besitz in den *Grand Cru*-Lagen *Moenchberg, Kastelberg, Wiebelsberg* – z. T. sehr alte Reben. Einer der führenden Erzeuger.

Krim → Ukraine

Kroatien Weinbauland in Südosteuropa, dessen rund 60 000 ha Rebfläche sich in zwei deutlich voneinander getrennte Regionen aufteilt: einerseits das so genannte Kontinentalkroatien, das sich im Inland von Zagreb zwischen Drau und Save bis zur Donau erstreckt, andererseits die Adriaküste mit Istrien und Dalmatien. Beide Regionen sind von der Rebfläche her nahezu gleich groß, in klimatischer und stilistischer Hinsicht unterscheiden sie sich jedoch stark voneinander. Kontinentalkroatien bringt meist Weißwein hervor, ähnlich seinem Nachbarn Slowenien, wobei das Donaugebiet um Osijek und Vukovar mit Weinen der Sorten Welschriesling (Graševina), Sauvignon blanc, Chardonnay, Traminer, Sémillon, Weißer Burgunder u. a. den besten Namen hat. Stilistisch orientiert sich die Region an mitteleuropäischer Tradition.

Der Küstenstreifen von Istrien bis Dubrovnik einschließlich der Inseln liefert Rot- und Weißwein, wobei der Norden verstärkt auf die Bordeaux-Trauben Cabernet Sauvignon und Merlot sowie Teran (Refosco), Malvasia, Gamay und Pinot noir setzt, während der südliche Teil nach wie vor von vielen traditionellen einheimischen Reben geprägt ist: Als hochwertig einzustufen sind die roten Sorten Babic und Plavac-Mali, die die Rotweine Dingač und Postup liefern. Oft werden auch delikate, portweinartige Weine wie Prošek aus ihnen gekeltert. Die Weißweintrauben der Inseln heißen Pošip, Grk und Vugava, die zum Teil immer noch im traditionellen, stark oxidativen Stil ausgebaut werden – doch nach dem Untergang Jugoslawiens in den Wirren des Bürgerkriegs scheint auch hier eine neue Zeit anzubrechen: Investoren erneuern die Anlagen. Auf dem Festland spielt die weiße Sorte Marastina eine wichtige Rolle, sie taucht aber auch auf den Inseln (Hvar, Korčula) auf und wird zu weißem Prošek verarbeitet.

Krug Französischer Produzent von Marken-→ Champagner. Ein eher kleines Haus in → Reims, das folgende Weine produziert: die *Grande Cuvée* ohne Jahrgang, den *Brut millésimé* (auch *Krug Vintage* genannt), den *Krug Rosé* und den *Clos du Mesnil Brut Blanc de Blancs millésimé*, ein Champagner aus einer Lage, einer Rebsorte (Chardonnay) und einem Jahr.

Krutzler Österreichisches Weingut im Weinbaugebiet → Südburgenland. Auf rund 10 ha Rebfläche wird praktisch ausschließlich Rotwein erzeugt: 80 % Blaufränkisch, ferner Zweigelt, Cabernet Sauvignon und Merlot. Die Weine wachsen auf Lehm- und Glimmerschieferböden sowie Schotter. Spitzenwein: *Perwolff* – eine Cuvée aus Blaufränkisch und 10 % Cabernet Sauvignon.

Kryowein Künstlich hergestellter → Eiswein (*Kryo* – griechisch für Eis), indem die Trauben in Kühlhäusern gefroren und schließlich gepresst werden. Es handelt sich um ein Verfahren, das vor allem in Übersee angewendet wird, um süße Weine zu erzeugen. Meist fehlt diesen jedoch das typische Aroma der Trauben, die in natürlichen Frost geraten sind. Bei diesen, z. B. deutschen Eisweinen, spielt die → Edelfäule mitunter eine Rolle, die ihnen eine Note verleiht, die jene aus der Tiefkühlkammer vermissen lassen. In Deutschland ist die Herstellung von Kryoweinen verboten.

Kuenhof Italienisches Weingut in Brixen, Region → Südtirol – einer der interessantesten Produzenten in Südtirol. Erzeugt auf rund 5 ha Rebfläche etwa 25 000 Flaschen Weißwein aus den Rebsorten Gewürztraminer, Veltliner, Sylvaner und Riesling – Spitzenwein *Kaiton* (Riesling). Inhaber Peter Pliger ist ein gefühlvoller Vinifikateur, der seine Weine ausschließlich in großen Holzfässern vergärt und ausbaut. Sie zählen zu den filigransten Italiens.

Kühling-Gillot, Weingut Deutsches Weingut im Weinbaugebiet → Rheinhessen im Ort Bodenheim. Auf rund 9 ha Rebfläche werden jährlich etwa 70 000 Flaschen Wein erzeugt. Rebsorten: 40 % Riesling, je 10 % Portugieser und Spätburgunder. Bekannte Lagen: *Oppenheimer Sackträger, Herrenberg, Niersteiner Pettental.*

Kühlung Wichtiges Verfahren bei der Vinifikation. In den letzten Jahrzehnten hat die Kühltechnik Einzug in die Keller gehalten. Im Prinzip ist den mit der Weinbereitung beschäftigten Menschen die positive Wirkung von Kälte bei Gärung und Lagerung von Wein schon immer bekannt gewesen. Nicht zuletzt aus diesem Grund hat die Weinbereitung traditionell in eingegrabenen Amphoren und später in unterirdischen Räumen stattgefunden, denn ein Keller ist vor allem eines: kühl. Konnte man die Erdkälte traditionellerweise als natürlichen Faktor nutzen, so besteht heute die Möglichkeit, durch computergesteuerte Kühltechnik einzelne Gebinde, Fässer oder Edelstahltanks gezielt mit künstlicher Kälte anzusteuern, um den Gärverlauf individuell zu beeinflussen. Ohne die Segnungen moderner Kühltechnik und Klimatisierung der Vinifikationsgebäude wäre Weinbau in vielen Ländern der Neuen Welt, die häufig bei sehr hohen Temperaturen Wein bereiten, nicht denkbar, bzw. die Ergebnisse von Gärung und Vinifikation würden sich fundamental von dem unterscheiden, was im Allgemeinen unter einem frischen, fruchtigen und eleganten Wein verstanden wird. Bei der Gärung verwandeln Hefezellen Zucker in Alkohol und Kohlendioxid. In diesem Prozess entsteht auch Wärme, die bis zu einem bestimmten Grad förderlich und notwendig ist, damit die Gärung überhaupt stattfinden kann – besonders in großen Gärbehältern entwickelt sich eine hohe Gärtemperatur. Wird der gärende Wein allerdings zu warm, kann das Geschmacksbild des Weins Schaden nehmen. Durch die austretenden Gärgase riecht es im Keller dann zwar verlockend, doch wird dem Wein dabei viel von seinem Aroma entzogen, d. h., je wärmer eine Gärung ist, desto höher ist auch der Aromaverlust. Um dies zu vermeiden, setzt der Winzer heute auf künstliche Kühlung, um den Gärverlauf zu kontrollieren. In der Regel stehen dafür Edelstahltanks mit Kühlschlangen oder Kühlplatten in den Kellern, durch die ein Kältemittel zirkuliert oder kaltes Wasser, das in einer Zentraleinrichtung vorgekühlt wird. Aber auch Holzfässer können im Innern gekühlt werden. Während der Gärung kann es dabei nicht mehr zu einer unerwünschten Erwärmung kommen; die Gärung wird vom Kellermeister nach seinen Vorstellungen kontrolliert und gesteuert. Dauer und Temperatur der Gärung haben einen entscheidenden Einfluss auf die geschmacklichen Dimensionen des fertigen Weins. Als Faustregel gilt: Je kühler und langsamer die Gärung verläuft, desto fruchtiger der Wein.

Aber alles hat seine Grenzen: Für besonders tiefe Gärtemperaturen sind Reinzuchthefen entwickelt worden, die noch aktiv sein können, wo andere »natürliche Hefen« ihren Dienst versagen. Solche extrem kalt vergorenen Weine versprühen zwar ein hohes Maß an »exotischer« Aromatik in ihrer Jugend, doch mangelt es ihnen im Laufe der fortschreitenden Reife meistens an Komplexität, Finesse und Vitalität. Ihr Reiz besteht vor allem in einer aufgesetzten, mitunter penetranten Primäraromatik. Als Dauerläufer haben solche Weine noch nicht von sich reden gemacht.

Kühn, Weingut Deutsches Weingut im → Rheingau in Oestrich. Auf rund 15 ha Rebfläche werden jährlich etwa 100 000 Flaschen Wein erzeugt. Rebsorten: 85 % Riesling, ferner Spätburgunder. Böden: toniger Lehm, teilweise mit Kies. Bekannte Lagen: *Oestricher Lenchen* und *Doosberg.* Erzeuger von modernen, im Stahl ausgebauten Rieslingen: enorm fruchtbetont und vital.

Kunság Ungarisches Weinbaugebiet im Gebiet zwischen Donau und Theiß in der weiten Alföld-Ebene. Hier wird vor allem Massenwein produziert. Die Reben – überwiegend roter Kadarka und Olasz Riesling (Welschriesling) – wachsen auf reinem Sandboden in einem sommerheißen, trockenen Klima.

Künstler, Weingut Deutsches Weingut im Weinbaugebiet → Rheingau in Hochheim am Main. Auf rund 26 ha Rebfläche werden jährlich etwa 150 000 Flaschen Wein erzeugt. Rebsorten: 85 % Riesling, ferner Spätburgunder. Böden: toniger und sandiger Lehm. Bekannte Lagen: *Hochheimer Hölle, Kirchenstück, Domdechaney.*

Kurz → Abgang

KWV 1918 in Südafrika gegründete *Koperatiewe Wijnbouwers Vereniging van Zuid Afrika*, der heute rund 70 Winzergenossenschaften des Landes angehören mit Sitz in Paarl nördlich von Kapstadt: eine Dachorganisation der südafrikanischen Genossenschaften, die den Großteil des südafrikanischen Weinbaus kontrolliert. Tatsächlich handelt es sich um eine marktbeherrschende, inzwischen private Organisation zur Marktregulierung, die zwar kein Exportmonopol besitzt, tatsächlich aber die Ausfuhr südafrikanischer Weine zum überwiegenden Teil abwickelt und 80 % des südafrikanischen Wein- und Spirituosenmarktes beherrscht. Hauptprodukte sind einfache Tischweine, Brandy und Mostkonzentrat. Darüber hinaus widmet sich die Organisation der Forschung, Ausbildung, Beratung und dem Marketing. Die KWV hat zwar erhebliche Verdienste im Bereich der Weinwirtschaft vorzuweisen, doch ihr Beitrag zur modernen südafrikanischen Qualitätsweinerzeugung war und ist eher gering, denn der größte Teil der Spitzenqualität des Landes wird von privatwirtschaftlich organisierten Erzeugern produziert, die aus eigenen Trauben Wein keltern und ihn selbst vermarkten.

L

Labarde Französische Weinbaugemeinde im Bordeaux (Haut-Médoc) mit rund 130 ha Rebfläche, deren Weine zur Appellation → Margaux gehören. Bekannte Erzeuger: Châteaux Giscours, Dauzac und Siran.

Labégorce, Château Französisches *Cru Bourgeois* in der Appellation → Margaux im Haut-Médoc mit rund 38 ha Rebfläche: 55 % Cabernet Sauvignon, 40 % Merlot und 5 % Cabernet franc.

Labégorce-Zédé, Château Französisches *Cru Bourgeois* in der Appellation → Margaux im Haut-Médoc mit 25 ha Rebfläche: 50 % Cabernet Sauvignon, 35 % Merlot, 10 % Cabernet franc und 5 % Petit Verdot. Zweitwein: *Domaine Zédé.*

Labrusca Eine der Reben Nordamerikas, die *Vitis Labrusca*, mit ausgesprochenem → Fuchston. Man trifft sie noch im Osten und Mittleren Westen der Vereinigten Staaten an.

Lackner-Tinnacher Österreichisches Weingut im Weinbaugebiet → Südsteiermark. Auf rund 16 ha Rebfläche werden jährlich etwa 100 000 Flaschen Wein erzeugt, davon zu über 90 % Weißwein. Rebsorten: 25 % Sauvignon blanc, 20 % Welschriesling, je 15 % Chardonnay und Weißburgunder, ferner Grauburgunder und Muskateller sowie Traminer und Riesling. Die Weine wachsen auf sandigen Böden, teilweise mit Lehm. Die Weinberge liegen zwischen 400 und 500 m hoch. Der führende Spitzenwinzer der Region mit mineralischen, ausgereiften Weinen, die nicht zu kalt vergoren scheinen.

Lacrima di Morro d'Alba In sechs Gemeinden der Provinz Ancona in den → Marken aus der Rebsorte Lacrima erzeugter italienischer DOC-Rotwein.

Lacryma Christi del Vesuvio Italienische DOC-Weine, die in → Kampanien an den Abhängen des Vesuvs wachsen und höhere Qualitätsanforderungen (12 % Alkohol, geringerer Ertrag) erfüllen müssen als die einfachen → Vesuvio. Der rote wird aus der Sorte Piedirosso und Zusätzen von Sciascinoso und Aglianico erzeugt, der weiße aus Coda di pe und Anteilen von Verdeca, Falanghina und Greco. Bekannte Erzeuger: Fabbrocini und Mastroberardino.

Ladoix Französische AOC im Burgund an der → Côte de Nuits. Erzeugt werden Rotweine aus der Rebsorte Pinot noir und Weißweine aus Chardonnay (rund 15 %), auf etwa 140 ha Rebfläche rund 450 000 l Wein. Die besten Lagen sind als *Ladoix Premier cru* klassifiziert (rund 14 ha Rebfläche; sieben Einzellagen). Der Wein wächst auf Kalk, Kies und rötlich braunem Untergrund mit Feuerstein.

Ladoix-Serrigny Französische Gemeinde im Burgund an der → Côte de Beaune mit rund 160 ha Rebfläche, darunter der *Aloxe-Corton Premier cru* bzw. *Corton* und *Corton-Charlemagne.* Einfacher Wein aus Ladoix wird häufig als *Côte de Beaune-Villages* verkauft.

Ladoucette, de → Nozet, Château du

Lafaurie-Peyraguey, Château Französisches *Premier cru* in der Appellation → Sauternes mit 20 ha Rebfläche: 80 % Sémillon, 15 % Sauvignon und 5 % Muscadelle. Zweitwein: *La Chapelle de Lafaurie*.

Lafite-Rothschild, Château Berühmtes französisches *Premier cru*-Weingut im Bordeaux in der Appellation → Pauillac. Lafite oder Lafite-Rothschild (beide Namen sind korrekt) gilt als das Nonplusultra aller roten Bordeaux-Weine. Berühmt ist Lafite auch für seinen runden Barrique-Lagerkeller (chai) und seine Kooperationen mit überseeischen Partnern. In einer der spektakulärsten Transaktionen der Weingeschichte ging das über 300 Jahre alte Weingut 1868 für 4,4 Millionen Francs in den Besitz von Baron James de Rothschild über, dessen Familie es noch heute gehört. Rund 90 ha stehen unter Reben, davon 70 % Cabernet Sauvignon, etwa 20 % Merlot und 10 % Cabernet franc. Zweitwein: *Carruades de Lafite*.

Lafleur, Château Französisches Weingut in der Appellation → Pomerol, mit rund 5 ha Rebfläche: 60 % Merlot und 40 % Cabernet franc. Extrem gerbstoffbetonte Rotweine, die eine lange Reifezeit benötigen. Gilt als einer der Spitzenerzeuger im Pomerol. Zweitwein: *Les Pensées de Lafleur* (leicht zu verwechseln mit Gütern sehr ähnlichen Namens, so z. B. mit dem benachbarten Château La Fleur-Pétrus).

Lafões Portugiesisches IPR-Weinbaugebiet südlich des → Douro zwischen den größeren und bekannteren Gebieten des Vinho Verde, Dão und der Bairrada im bergigen und feuchten Norden des Landes. Auf rund 1000 ha werden überwiegend Rotweine aus den Sorten Amaral, Jaen, Tourigo (Touriga Nacional) erzeugt sowie in geringen Mengen Weißweine aus Arinto, die stilistisch an Vinho Verde erinnern.

Lafon-Rochet, Château Französisches 4e *cru classé* in der Appellation → Saint-Estèphe im Haut-Médoc. Rund 44 ha Rebfläche: 80 % Cabernet Sauvignon und 20 % Merlot. Zweitwein: *Numéro 2*.

Lafond, Domaine de Claude Französisches Weingut an der → Loire in der AOC → Reuilly. Auf rund 25 ha Rebfläche wird einer der führenden Weine der kleinen Appellation erzeugt: der *Clos de Messieurs*.

Lage Geographische Herkunftsbezeichnung für einen Wein – dabei kann es sich sowohl um eine → Einzellage als auch um eine → Großlage handeln. Aufgrund der großräumigen Herkunft von Wein aus Großlagen dürften eigentlich keine Lagenamen verwendet werden. → Ried, → Climat

Lageder, Alois Italienisches Weingut in der Region → Südtirol, im Ort Magreid. Erzeugt auf rund 20 ha Rebfläche Eigenbesitz und unter Zukauf von 400 ha etwa 1 Million Flaschen Wein aus den folgenden Rebsorten: (in Klammern stehen die Namen der Spitzenweine der jeweiligen Rebsorte) Cabernet Sauvignon (Löwengang und Cor Römigberg), Chardonnay (Löwengang), Gewürztraminer, Lagrein, Pinot bianco, Pinot nero/Blauburgunder (Krafuss), Merlot, Grauburgunder (Benefizium Porer), Riesling, Müller-Thurgau, Sauvignon. Einer der erfolgreichsten Weinmacher Südtirols, der trotz der enormen Mengen feine Weine erzeugt.

Lagern Wein, der nicht zum unmittelbaren Konsum bestimmt ist, sollte in einem → Keller gelagert werden, der eine möglichst konstante Temperatur und hohe Luftfeuchtigkeit gewährleistet. Wie lange Weine lagern sollten, ist schwer zu sagen, da dies von zu vielen Parametern (Temperatur, Temperaturschwankungen, Feuchtigkeit, Vorbesitzer, Korkzustand usw.) abhängig ist.

Lago di Caldaro → Kalterersee

Lago di Corbara Italienische DOC in → Umbrien für Rotweine, die in Gemeinden bei der Stadt Orvieto wachsen.

Der Rosso wird aus Cabernet Sauvignon, Merlot und Pinot nero vinifiziert (unter Zusatz von Aleatico, Barbera, Cabernet franc, Canaiolo, Cesanese, Ciliegiolo, Colorino und Montepulciano). Außerdem werden Cabernet Sauvignon und Merlot angebaut.

Lagoa Portugiesisches DOC-Weinbaugebiet mit etwa 2000 ha Rebfläche, das größte in der → Algarve. Die Weißweine werden aus Crato Branco erzeugt, die Rot- und Roséweine aus den Sorten Negra Mole, Monvedro und Periquita. Sie können trocken bis süß sein.

Lagos Portugiesisches DOC-Weinbaugebiet, das südwestlichste Europas, im Westen der → Algarve gelegen, mit abnehmender Rebfläche. Bestockt sind nur noch rund 500 ha mit weißen (hauptsächlich Boal Branco) und roten Sorten (Periquita, Negra Mole).

Lagrange, Château Französisches *3e Cru classé*-Weingut in der Appellation → Saint-Julien im Haut-Médoc mit rund 113 ha Rebfläche: 70 % Cabernet Sauvignon und 30 % Merlot. Im Besitz des japanischen Getränkekonzerns Suntory.

Lagrein → Autochthone, rote Rebsorte, die in Südtirol beheimatet ist und vor allem am Talboden rund um Bozen (teilweise mitten im Stadtgebiet) hervorragende Weine hervorbringt. Wurde sie früher meist als Lagrein Kretzer (Rosé) ausgebaut, wird heute häufig ein äußerst dunkler Rotwein aus ihr erzeugt. Leider allzu oft im → internationalen Stil.

Im Sankt Magdalener wird sie in Verbindung mit der Rebsorte Vernatsch traditionell zu einem leichten, delikaten und gut trinkbaren Rotwein verarbeitet. Bekannte Erzeuger: Gögglhof (Franz Gojer), Muri-Gries, Kloster Neustift.

Lagrein Kretzer (Lagrein Rosato) Ein in → Südtirol in 32 Gemeinden der Provinz Bozen aus Lagrein bereiteter Roséwein mit dem DOC-Prädikat Alto Adige (Südtiroler). Das klassische Anbaugebiet liegt in der unmittelbaren Umgebung von Bozen (Gries und Bozen-Dorf). In den letzten Jahren hat der Lagrein einen Höhenflug als Rotwein erlebt, der dazu geführt hat, dass die meisten Winzer heute kaum noch Roséweine produzieren. Bekannter Erzeuger: Muri-Gries in Bozen.

Lágrima Spanischer Wein, häufig süß, der nur aus dem → Vorlauf, nicht aus mechanisch gepressten Trauben bereitet werden darf. Am bekanntesten ist der → Málaga Lágrima, aber auch Pedro Rovira in Terra Alta erzeugt einen vorzüglichen trockenen, weißen Vino de Lágrima.

Lagune, Château La Französisches *3e cru classé*-Weingut in der Appellation → Médoc, im Haut-Médoc, das südlichste aller klassifizierten Güter dieser Appellation und nur 10 km vom Graves entfernt. Rund 64 ha Rebfläche: 55 % Cabernet Sauvignon und je 20 % Cabernet franc und Merlot sowie 5 % Petit Verdot.

Laible, Weingut Deutsches Weingut im Weinbaugebiet → Baden im Ort Durbach. Auf rund 8 ha Rebfläche werden jährlich etwa 50 000 Flaschen Wein erzeugt. Rebsorten: 60 % Riesling, 15 % Spätburgunder, ferner Gewürztraminer und weiße Burgundersorten. Bekannte Lagen: *Durbacher Plauelrain*. Böden: Granitverwitterung.

Lalande-de-Pomerol Randbereich von → Pomerol (ein so genannter Satellit), zusammen mit dem früher eigenständigen Néac; rund 1000 ha Rebfläche, auf der 5,6 Millionen l Rotwein überwiegend aus der Sorte Merlot erzeugt wird. Die Weine wachsen auf Ton, Kies und Sand und können kleineren Pomerols vergleichbar sein. Bekannte Erzeuger: Tournefeuille, Siaurac, Bel-Air, de la Commanderie und Perron.

Lamarque, Château de Französisches *Cru → bourgeois*-Weingut in Lamarque, der Appellation → Médoc (Haut-Médoc), unweit von Moulis; eindrucksvolles mittelalterliches Château. Rund 45 ha Rebfläche: 55 % Cabernet Sauvignon, 25 % Merlot, 15 % Cabernet franc und 5 % Petit Verdot. Zweitwein: *Donjon de Lamarque.*

La Massa Italienisches Weingut in der Region → Toskana im Chianti Classico – einer der kompromisslosen Modernisten der Region. Erzeugt auf rund 30 ha Rebfläche etwa 120 000 Flaschen Wein, vor allem den DOCG Chianti Classico (rund 50 000 Flaschen) sowie den Spitzenwein Chianti Classico Giorgio Primo – einen deutlich holzbetonten → Supertoskaner. Der Inhaber, Giampaolo Motta, ist gebürtiger Neapolitaner und träumt von einem Château im Bordeaux – entsprechend sind seine Merlot-Reben mit denen von Château Petrus und seine Cabernet-Sauvignon-Reben mit denen von Mouthon-Rothschild identisch. Den Sangiovese, die Rebe der Toskana hingegen, hält er für genetisch minderwertig – eine streitbare These.

Lambrays → Clos des Lambrays

Lambrusco Italienische Rebsorte und der aus ihr bereitete schäumende rote DOC-Schaumwein (vor allem → Frizzante), der in der → Emilia-Romagna rund um Modena erzeugt wird. Es gibt folgende DOC- und IGT-Lambrusco:

- *Lambrusco di Sorbara DOC*: aus Sorbara in der Provinz Modena – rund 1200 ha, etwa 10 Millionen l;
- *Lambrusco Grasparossa di Castelvetro DOC*: rund um Castelvetro in der Provinz Modena – rund 800 ha, etwa 8 Millionen l;
- *Lambrusco Salamino di Santa Croce DOC*: rund um Santa Croce in der Provinz Modena – rund 1000 ha, etwa 9 Millionen l;
- *Lambrusco Reggiano DOC*: aus der Provinz Reggio – rund 2400 ha, etwa 12 Millionen l;
- *Colli di Scandiano e Canossa Lambrusco DOC*: in der Provinz Reggio – rund 50 ha, etwa 400 000 l;
- *Lambrusco di Modena IGT*: aus der Provinz Modena – rund 38 Millionen l;
- *Lambrusco dell' Emiglia IGT*: aus der Region Emilia – etwa 56 Millionen l;
- *Lambrusco IGT* und *Lambrusco DOC*: aus der Region Emilia – rund 133 Millionen l;
- *Lambrusco Mantovano DOC*: aus den Provinzen Mantua/Lombardei – rund 230 ha, etwa 2,5 Millionen l.

Lambrusco wird meistens lieblich (amabile) ausgebaut – seltener trocken. In der Region finden sich einige gute Lambrusco, von denen nur wenige exportiert werden; als bester gilt der Lambrusco di Sorbara. Beste Erzeuger: Bellei Francesca, Caprari, Cavicchioli, Ceci, Medici Ermete, Dall'Asta, Rinaldini, Zucchi.

Lamezia Italienischer DOC-Rotwein aus → Kalabrien, der in der Umgebung von Lamezia Terme westlich von Catanzaro aus den Sorten Nerello, Gaglioppo und Greco nero erzeugt wird.

Lamothe, Château Name zweier benachbarter, ehemals zusammengehöriger französischer Güter in der Appellation → Sauternes. Beide sind als 2e *Cru classé* eingestuft: Lamothe (Despujols) mit rund 8 ha Rebfläche: 70 % Sauvignon und je 15 % Sémillon und Muscadelle; Lamothe (Guignard) mit rund 15 ha Rebfläche: 90 % Sémillon und je 5 % Sauvignon und Muscadelle. (Nicht zu verwechseln mit etwa einem Dutzend anderer → Bordeaux-Weingüter, die einen ganz ähnlichen Namen tragen.)

Landau Deutsche Stadt im Weinbaugebiet → Pfalz mit rund 2000 ha Rebfläche. Unter dem Gesichtspunkt der Weinqualität dürfte Godramstein der bedeutendste Stadtteil sein. Bekannter Erzeuger: Weingut Münzberg mit rund 11 ha Rebfläche.

Landes Französisches Département im

Südwesten von → Bordeaux, eine flache, sandige, nur spärlich besiedelte Landschaft mit ausgedehnten Kiefernwäldern und gut 3100 ha Rebfläche. Bekannt als Herkunftsgebiet des Tursan sowie des *Vin de Pays des Landes*. Außerdem wird etwas Côtes de Saint-Mont und Armagnac sowie Tafelwein erzeugt.

Landesanstalt, Bayerische, für Weinbau und Gartenbau → Hofkeller, Staatlicher

Landesweingut Kloster Pforta Deutsches Weingut im Weinbaugebiet → Saale-Unstrut bei Bad Kösen. Überwiegend wird Müller-Thurgau, ferner Weißer Burgunder und Riesling erzeugt.

Landwein Laut EU-Recht ein gehobener → Tafelwein mit geographischer Ursprungsbezeichnung, entsprechende Bezeichnung in anderen Ländern: → vin de pays, → vino con indicazione geografica tipica, → vino de la tierra, → vinho regional. In Deutschland gibt es derzeit 17 Landweine, z. B.: Pfälzer Landwein, Südbadischer Landwein, Schwäbischer Landwein, Anhaltiner Landwein und Sächsischer Landwein. Die Bedeutung des deutschen Landweins ist nicht annähernd so groß wie die des italienischen oder französischen.

Lanessan, Château Französisches *Cru* → *bourgeois*-Weingut in → Cussac im Haut-Médoc mit 43 ha Rebfläche: 75 % Cabernet Sauvignon, 20 % Merlot, 5 % Petit Verdot und Cabernet franc.

Lang, Weingut Deutsches Weingut im Weinbaugebiet → Rheingau in Eltville-Hattenheim. Auf rund 18 ha Rebfläche werden jährlich etwa 130 000 Flaschen Wein erzeugt. Rebsorten: 80 % Riesling, 12 % Spätburgunder. Böden: Lehm mit Kies, Sand und Löß. Bekannte Lagen: *Hattenheimer Wisselbrunnen* und *Hassel*.

Langenlois Nordöstlich von Krems gelegene niederösterreichische Kleinstadt inmitten des Weinbaugebietes → Kamptal. Um die Gemeinden → Zöbing, → Gobelsburg, Mittelberg, Reith und Schiltern befinden sich rund 1900 ha Rebfläche. Bekannte Lagen: *Spiegel*, *Berg-Vogelsang*, *Steinhaus*, *Dechant* und *Kirchengarten*. Angebaut werden vor allem Grüner Veltliner und Riesling. Bekannte Erzeuger: Loimer und Jurtschitsch sowie Bründlmayer.

Langenlonsheim Deutscher Weinbauort im Weinbaugebiet Nahe mit rund 300 ha Rebfläche. Bekannte Lagen: *Königsschild*, *Löhrer Berg* und *Rothenberg*, auf denen der Riesling die besten Ergebnisse bringt. Bekannte Erzeuger: Bürgermeister Schweinhardt, Sitzius, Tesch.

Langhe Italienischer Weinbaubereich im → Piemont mit 94 Gemeinden – es werden Rot- und Weißweine erzeugt. Aus der Hügellandschaft, die sich im Anschluss an das → Monferrato südlich von → Alba bis nach Cuneo erstreckt, stammen einige der berühmtesten Weine Italiens, die aus der Rebsorte → Nebbiolo erzeugt werden: Barolo, Barbareso und Nebbiolo d'Alba, ferner der → Dolcetto d'Alba und der → Barbera d'Alba.

Die DOC-Weine mit dem Zusatz Langhe werden aus den roten Sorten Nebbiolo, Dolcetto, Freisa und Favorita, die weißen aus Chardonnay und Arneis vinifiziert. Die in den DOCG-Gebieten erzeugten Weine, z. B. Barolo und Barbaresco, die nicht als solche auf den Markt kommen, werden als DOC Langhe Nebbiolo vermarktet. Dabei kann es sich um Weine aus hochwertigen Lagen handeln.

Langoa-Barton, Château Französisches 3e *cru classé*-Weingut in der Appellation → Saint-Julien im Haut-Médoc mit rund 20 ha Rebfläche: 70 % Cabernet Sauvignon, 15 % Merlot, 10 % Cabernet franc und 5 % Petit Verdot. Zweitwein: *Lady Langoa*.

Languedoc Einstige französische Provinz an der Mittelmeerküste von der Rhône bis jenseits Narbonne. Heimat der Weine des → *Midi*, aus dem die meisten französischen Tafel- und Landweine (→ vin de pays) stammen. Statistisch gesehen steht jeder dritte französische Rebstock in den drei Départements → Hérault, → Aude und → Gard, insgesamt rund 280 000 ha Rebfläche, die ein Viertel bis ein Drittel der französischen Weinernte hervorbringen, je nach Jahrgang etwa 2 Milliarden l Wein. Neben einer Fülle bestenfalls gefälliger Tafelweine – vieles davon geht gleich nach der Ernte in die Destillation – werden im Languedoc rund die Hälfte der französischen Tafelweine und nahezu drei Viertel der französischen Landweine überhaupt erzeugt (rund 58). 18 % der Rebfläche dient der Erzeugung von AOC- und einigen VDQS-Weinen. Bekanntester AOC-Wein: → Coteaux du Languedoc, meist ein Rotwein aus Rebsorten wie Cabriéres, Montpeyroux und Quatourze, ferner → Corbières, → Minervois, → Clairette de Languedoc, → Faugères und → Fitou. Der → Blanquette de Limoux ist ein Schaumwein aus dem Languedoc, außerdem werden noch süße → Muskatellerweine erzeugt, so die gespriteten Muscat de → Frontignan, → Lunel und Mireval.

Langwerth von Simmern, Weingut Deutsches Weingut im Weinbaugebiet → Rheingau im Ort Eltville. Auf rund 26 ha Rebfläche werden jährlich etwa 170 000 Flaschen Wein erzeugt. Rebsorten: rund 100 % Riesling. Böden: Mergel, Löß mit Kalk, sandiger Lehm. Bekannte Lagen: *Erbacher Marcobrunn, Rauenthaler Baiken, Hattenheimer Wisselbrunnen, Nußbrunnen* und *Mannberg.*

Lanson Französisches → Champagnerhaus in → Reims mit den Marken: *Brut Black Label* und *Brut millésimé Red Label.*

Larcis-Ducasse, Château Französisches *Grand cru classé*-Weingut in der Appellation → Saint-Emilion mit rund 12 ha Rebfläche: 65 % Merlot, 25 % Cabernet franc sowie 10 % Cabernet Sauvignon.

Larmande, Château Französisches *Grand cru classé*-Weingut in der Appellation → Saint-Emilion. Rund 24 ha Rebfläche: 65 % Merlot, 30 % Cabernet franc und 5 % Cabernet Sauvignon. Zweitwein: *Château de Templiers.*

Larose-Trintaudon, Château Französisches *Cru* → *bourgeois*-Weingut in der Appellation → Saint-Laurent im Haut-Médoc. Rund 170 ha Rebfläche: 60 % Cabernet Sauvignon und je 20 % Merlot und Cabernet franc. Zweitwein: *Larose St-Laurent.*

Larrivet-Haut-Brion, Château Französisches Weingut in der Appellation → Léognan in den Graves. Auf rund 43 ha Rebfläche werden 55 % Cabernet Sauvignon und 45 % Merlot angebaut; erzeugt wird auch Weißwein.

Lascombes, Château Französisches 2e *Cru classé* in der Appellation → Margaux im Haut-Médoc mit rund 96 ha Rebfläche: 70 % Cabernet Sauvignon und 30 % Merlot. Zweitwein: *Château Segonnes.*

Latisana Italienisches DOC-Weinbaugebiet in → Friuli-Venezia Giulia um die Stadt Latisana und elf weitere Ortschaften am linken Ufer des unteren Tagliamento. Für die Erzeugung von DOC-Weinen sind u. a. die Weißweinsorten Chardonnay, Pinot bianco, Pinot grigio, Sauvignon, Tocai, Traminer aromatico und Verduzzo und die vier Rotweinsorten Merlot, Cabernet Sauvignon und Cabernet franc sowie Refosco zugelassen. Zusätzlich gibt es einen Rosé.

Latium Italienische Region um Rom mit etwa 60 000 ha Rebfläche, die jährlich etwa 300 bis 400 Millionen l Wein hervorbringt. Latium steht in der Rangfolge der größten Weinproduzenten Italiens an fünfter Stelle und produziert traditionell Weißwein, meist aus den Sorten Malvasia und Trebbiano. Dabei handelt es sich überwiegend um am Ort selbst konsumierte Tafelweine. Nur einige der DOC-Weine genießen überregionale Bedeutung, z. B. → Castelli Romani, → Frascati, → Marino, → Colli Albani, → Velletri, → Colli Lanuvini, → Cori und → Zagarolo. In einigen Gemeinden östlich von Rom wird aus der Sorte Cesanese Rotwein bereitet.

Aus dem Latium stammen auch die Rot- und Weißweine der DOC → Cerveteri und → Aprilia sowie der bekannte, aber einfache → Est! Est!! Est!!! di Montefiascone.

Latour, Château Weltberühmtes französisches *Premier cru classé*-Weingut in der Appellation → Pauillac. Zusammen mit den Châteaux → Lafite, → Margaux und → Mouton befindet es sich in der Spitzenklasse. Rund 60 ha Rebfläche mit 75 % Cabernet Sauvignon sowie je 10 % Cabernet franc und Merlot und je 5 % Petit Verdot und Malbec. Es werden etwa 180 000 l Wein pro Jahr erzeugt. Der Wein wird weitgehend traditionell vinifiziert und ein erheblicher Teil davon für den Zweitwein des Hauses *Les →Forts de Latour* verwendet. Viele Bordeaux-Weingüter führen den Namen Tour oder La Tour – doch nur Château Latour führt im Etikett den stilisierten Turm, gekrönt von einem Löwen.

Latour, Maison Louis Französisches Weingut und bedeutendes Export-Handelshaus im → Burgund im Ort Beaune. Rund 50 ha Rebfläche. Besitzt knapp 20 ha *Grand cru Corton* (roter → Burgunder). Bekannt für seine haltbaren Weißweine (vor allem *Corton-Charlemagne*).

Latour à Pomerol, Château Französisches Weingut in der Appellation → Pomerol mit rund 8 ha Rebfläche: 80 % Merlot, 15 % Cabernet franc und 5 % Malbec.

Latricières-Chambertin Französische Weinbergslage mit 7,5 ha in → Gevrey-Chambertin, Burgund. Offiziell als *Grand cru* eingestuft und nach *Chambertin* und *Clos de Bèze* einer der besten Rotweine Burgunds. Die Lage liegt unmittelbar südlich von *Chambertin* und hat die gleiche Exposition und praktisch identische Bodenverhältnisse.

Laubenheim Deutscher Ort im Weinbaugebiet → Rheinhessen; Stadtteil von Mainz mit rund 140 ha Rebfläche an Hängen, die zum Rhein hin abfallen. Auch ein kleiner Weinbauort im Weinbaugebiet → Nahe zwischen Langenlonsheim und Münster-Sarmsheim mit rund 100 ha Rebfläche. Bekannte Lagen: *St. Remigiusberg*, *Karthäuser* und *Krone*.

Laudun Französische Gemeinde auf dem Westufer des unteren → Rhône-Tals, nördlich von Tavel und Lirac. Seine Rot-, Rosé- und Weißweine kommen als AOC *Côtes-du-Rhône-Villages* in den Handel; die weißen gelten als die besten.

Laufen Deutsche Ortschaft im Weinbaugebiet Baden, im → Markgräflerland nördlich von Müllheim gelegen. Rund 120 ha Rebfläche, auf der überwiegend Gutedel, Weißer und Grauer Burgunder, Spätburgunder und Riesling angebaut werden. Bekannte Erzeuger: Hartmut Schlumberger, Friedhelm Schlumberger sowie Wendelin Brugger.

Laurent → Sankt Laurent

Laurent Perrier Französischer Champagnerproduzent mit Sitz in Tours-sur-Marne. Mengenmäßig absolut dominant ist der normale → *Brut*, ferner werden *Ultra Brut sans sucre* und die Spitzencuvée *Grande Siècle* ohne Jahrgang erzeugt.

Lausanne Schweizer Stadt am Nordufer des Genfer Sees mit städtischem Weingut, in dessen Besitz sich in → *Dézaley* die Lagen *Clos des Abbayes* und *Clos des Moines* befinden. Es werden trockene Weißweine aus der Schweizer Paradesorte Chasselas erzeugt, ferner in Mont sur Rolle (*Abbaye de Mont*) ein Chasselas von der → Côte. Lausanne ist Sitz einer Weinbauversuchsanstalt; eine zweite befindet sich in Wädenswil.

Lavaux Schweizer Weinbauregion im

→ Waadt am Genfer See, eindrucksvoll zwischen Lausanne und Montreux gelegen. Auf unzähligen schmalen Terrassen an den steilen Hängen der Monts de Lavaux wird vorwiegend Chasselas (Gutedel) angebaut, der hier optimale Bedingungen vorfindet. Weinbauorte: → Dézaley sowie die Appellationen Lutry, Villette, Epesses, Calamin, → Saint-Saphorin, Chardonne und Vevey. Einige von ihnen bringen auch Rotweine aus Gamay und Pinot noir (Blauer Burgunder) hervor.

Laville Haut-Brion, Château Französischer Weißwein aus dem Bordeaux, ein *Cru classé* in den → Graves. Wird von Château La → Mission Haut-Brion erzeugt. Auf 6 ha stehen 60 % Sémillon und 40 % Sauvignon.

Lavilledieu Nordwestlich von Toulouse in Südfrankreich erzeugter VDQS Rot- und Weißwein.

Layon Im → Anjou kleiner Nebenfluss der Loire, bekannt für seine süßen Weißweine, → Coteaux du Layon.

Lazio → Latium

Leányka Ungarische Rebsorte mit der deutschen Bezeichnung *Mädchentraube*, die einen delikaten, weichen und leicht süßlichen Weißwein liefert, in → Eger als *Egri Leányka* (Erlauer Mädchentraube) bezeichnet.

Le Casalte Italienisches Weingut in der Region → Toskana in Montepulciano – der führende Erzeuger in der DOCG. Es werden auf rund 12 ha Rebfläche etwa 40 000 Flaschen Wein erzeugt, neben einer kleinen Menge Weißwein vor allem bemerkenswert authentische DOCG Vino Nobile di Montepulciano (14 000 Flaschen), Rosso di Montepulciano (16 000 Flaschen) und in besonderen Jahren eine Riserva (bis zu 20 000 Flaschen). Allesamt Weine, die das Terroir (muschelkalkhaltige Böden in bis zu 400 Metern Höhe) zum Ausdruck bringen.

Le Cinciole Italienisches Weingut in der Region → Toskana im Chianti Classico. Erzeugt auf rund 12 ha Rebfläche etwa 45 000 Flaschen Wein – einer der besten Erzeuger von → authentischem Chianti Classico, der in über 400 Metern Höhe auf hartem Mergel, dem typischen Galestro, wächst und in großen Holzfässern reift. Neben rund 30 000 Flaschen Chianti Classico wird in guten Jahren eine Riserva aus dem Barrique erzeugt, der Petrosco. Luca Orsinis Weine zeichnen sich durch eine elegante Transparenz aus, weil er auch auf Farbextraktionsverfahren wie z. B. die Verwendung von → Farb-Enzymen verzichtet.

Leflaive, Domaine Französisches Weingut im → Burgund im Ort Meursault. Besitz in den *Premier Cru*-Lagen *Clavoillon, Folatières, Pucelles* sowie den *Grand Crus Bâtard-, Bienvenue-Bâtard-, Chevalier* → *Montrachet* und *Le Montrachet* (alles Weißwein der Rebsorte Chardonnay). Die Weine werden in biologisch-dynamischer Wirtschaftsweise erzeugt.

Lehr- und Versuchsanstalt für Wein- und Obstbau Weinsberg, Staatliche → Staatliche Lehr- und Versuchsanstalt für Wein- und Obstbau Weinsberg

Lehrner, Paul Österreichisches Weingut im Weinbaugebiet → Neusiedlersee. Auf rund 20 ha Rebfläche werden jährlich etwa 80 000 Flaschen Wein erzeugt, davon zu über 90 % Rotwein. Rebsorten: vor allem Blaufränkisch (70 %). Neben reinsortigen Weinen werden die Cuvées Paulus sowie Claus (Blaufränkisch und Zweigelt) erzeugt. Bekannte Lagen: *Dürrau* und *Hochäcker*.

Leibnitz Österreichische Gemeinde und Bezirkshauptstadt in der → Südsteiermark an den südöstlichen Ausläufern des → Sausal. Im Ortsteil Silberberg befindet sich die Land- und forstwirtschaftliche Fachschule Fachrichtung Weinbau und Kellerwirtschaft. Bekannte Erzeuger: Weinbauschule Silberberg, Bischöfliches Weingut in Seggauberg.

Leicht Ein Begriff mit zweierlei Bedeutung: ein Wein mit relativ niedrigem Alkoholgehalt (z. B. → Kabinett von der Mosel). Da solcher Wein naturgemäß leicht ist und über Finesse, Frucht und Charme verfügt, ist leicht hier als ein Kompliment zu verstehen. Leicht kann auch bedeuten, dass Wein nur einen schwachen Körper besitzt, z. B. durch einen schlechten Jahrgang, zu hohe Hektarerträge oder Fehler bei der Vinifikation.

Leinsweiler Kleine deutsche Stadt im Weinbaugebiet → Pfalz an der Südlichen Weinstraße mit rund 110 ha Rebfläche. In Leinsweiler lebte der Maler Max Slevogt. Bekannter Erzeuger: Weingut Siegrist.

Leistadt Deutscher Ort nördlich von Bad → Dürkheim, zu dessen Stadtgebiet es heute gehört. Rund 130 ha Rebfläche. Bekannte Lage: *Kirchenstück*.

Leitz, Weingut Deutsches Weingut im Weinbaugebiet → Rheingau in Rüdesheim. Auf rund 7 ha Rebfläche werden jährlich etwa 50 000 Flaschen Wein erzeugt. Rebsorten: 95 % Riesling. Böden: Schieferverwitterung und sandiger Lehm. Bekannte Lagen: *Rüdesheimer Berg Schloßberg, Roseneck, Rottland* und *Klosterlay.* Führender Erzeuger im Rheingau, produziert klassische Rieslinge, die z. T. in großen Holzfässern vergären.

Lemberger (Limberger) Deutsche Bezeichnung für den → Blaufränkisch. In Deutschland sind rund 1000 ha Rebfläche, vorwiegend in → Württemberg, bestockt. Die spät reifende Rotweinsorte stammt vermutlich aus den Donauländern, wo sie vermehrt angebaut wird.

Leodagger Kleine Gemeinde im niederösterreichischen → Weinviertel, unweit von Pulkau mit rund 120 ha Rebfläche.

Léognan Französische Gemeinde im Graves, rund 20 km südlich von Bordeaux gelegen und Teil der Appellation → Pessac-Léognan. Auf rund 325 ha Rebfläche (sie gehören zu den besten Weinbergsböden des Graves) werden vor allem Rot-, aber auch Weißweine gekeltert. Bekannte Erzeuger: Domaine de Chevalier sowie die Châteaux Haut-Bailly, Fieuzal, Malartic-Lagravière, La Louvière, Haut-Gardère, Larrivet-Haut-Brion, Carbonnieux und Olivier.

León Nordspanische Provinz um die Stadt gleichen Namens. Vor allem rund um León und Villafranca del → Bierzo im äußersten Westen der Provinz an der Grenze zu Galicien wird in dem nicht mehr ganz so heißen und etwas feuchteren Klima Weinbau betrieben. Bekannte Erzeuger: Bodegas Palacio de Arganza in Villafranca, deren Rotweine aus der Sorte Mencía erzeugt werden. Ferner wird die Weißweinsorte Palomino angebaut, die hier Jerez genannt wird.

Léoville-Barton, Château Französisches 2e *Cru classé* in der Appellation → Saint-Julien im Haut-Médoc mit rund 36 ha Rebfläche: 75 % Cabernet Sauvignon, 15 % Merlot sowie je 5 % Cabernet franc und etwas Petit Verdot; traditioneller Rotwein. Die Weine werden auf dem im gleichen Besitz befindlichen Château → Langoa-Barton vinifiziert und ausgebaut. Léoville-Barton befindet sich seit rund 170 Jahren im Besitz der Familie Barton.

Léoville-Las Cases, Château Französisches 2e *cru classé*-Weingut in der Appellation → Saint-Julien im Haut-Médoc. Rund 90 ha Rebfläche: 65 % Cabernet Sauvignon, 18 % Merlot, 14 % Cabernet franc und 3 % Petit Verdot. Zweitwein: *Clos de Marquis.*

Léoville-Poyferré, Château Französisches 2e *cru classé*-Weingut in der Appellation → Saint-Julien im Haut-Médoc. Rund 68 ha Rebfläche: 65 % Cabernet Sauvignon, 30 % Merlot und 5 % Cabernet franc. Zweitwein: *Château Moulin Riche.*

Lepitre, Abel Kleines französisches Champagnerhaus. Erzeugte Weine: → *Crémant* und die Spitzencuvée *Prince A. de Bourbon-Parme.*

Leroy, Maison Berühmtes französisches Weingut und Handelshaus im → Burgund im Ort Meursault. Zu 50 % beteiligt am Besitz der Domaine de la Romanée-Conti. Rund 14 ha Rebfläche, in *Grand Cru-* und *Premier Cru-*Lagen. Die weißen wie roten → Burgunder sind sagenumwoben und werden biologisch-dynamisch erzeugt.

Les Baux de Provence Französische AOC südlich der Stadt Saint-Rémy-de-Provence am Rand der Alpilles. Auf rund 320 ha Rebfläche werden pro Jahr 850 000 l Rot- und Roséweine aus den Rebsorten Grenache, Syrah, Mourvèdre, Cinsaut, Carignan und Cabernet Sauvignon erzeugt.

Lese → Weinlese

Lessini-Durello Italienisches DOC-Gebiet um Lessini im → Veneto, angrenzend an Soave und Gambellara, in dem aus der Sorte Durello ein trockener Weißwein erzeugt wird.

Lessona Italienischer DOC-Rotwein aus der Provinz Vercelli im → Piemont. Lessona wird aus Nebbiolo (hier Spanna genannt) mit Zusätzen von Bonarda und Vespolina erzeugt. Nach zweijähriger Lagerung darf er in den Handel gebracht werden. Bekannte Erzeuger: Ormezzano und Sella.

L'Etoile → Etoile, L'

L'Etoile, Cave Cooperative Banyuls → Etoile, Cave Cooperative Banyuls, L'

Leutschach Österreichische Weinbaugemeinde in der → Südsteiermark mit knapp 80 ha Rebfläche. Bekannte Lage: *Pößnitzberger Römerstein.* Es wird fast ausschließlich Weißwein erzeugt. Bekannte Erzeuger: Weingut Muster, Riegersburg, Eduard Tscheppe.

Levante Traditionelle Bezeichnung für die spanische Mittelmeerregion um → Valencia. Dazu gehören die DO-Gebiete Valencia, → Utiel-Requena, → Alicante, → Jumilla und → Yecla.

Leverano Italienisches DOC-Gebiet in → Apulien, südwestlich von Lecce im Salento gelegen. Es werden Rot-, Rosé- und Weißweine produziert. Erstere stammen aus der Sorte Negro amaro, manchmal mit Zusätzen von Malvasia (rot wie weiß), Montepulciano und Sangiovese. Der Rotwein darf nach zweijähriger Lagerung und mit mindestens 12,5 % Alkohol als *riserva* in den Handel gebracht werden.

Libanon Ungeachtet des langjährigen Bürgerkriegs in diesem Land am östlichen Mittelmeer wird in seinem christlichen Nordteil nach wie vor auf rund 3000 ha Weinbau betrieben – vor allem im relativ kühlen Bekaa-Tal. Sein in Europa berühmtester Wein ist der rote Château Musar, aber auch Château Ksara und Kefraya.

Libourne Französische Stadt an der → Dordogne, etwa 30 km östlich von Bordeaux. Weinhandelszentrum insbesondere für Wein aus den Appellationen → Saint-Emilion, → Pomerol und → Fronsac.

Liebfrauenmilch Deutscher Markenwein, der vor allem in den Export geht. Es handelt sich dabei fast immer um einfachste Verschnitte, die von Großkellereien erzeugt werden. Diese kaufen Fassweine der Rebsorten Müller-Thurgau, Kerner, Silvaner oder seltener Riesling aus vielen Anbaugebieten zusammen: meist Rheinhessen, Pfalz und Nahe. Er muss mindestens 60° Oechsle aufweisen und süß sein. Es handelt sich also um eine Art Resteverwertung – und stellt in gewisser Hinsicht die letzte Stufe vor der Zwangsdestillation dar.

Ursprünglich war die *Liebfrauenmilch* ein Riesling-Wein aus dem Klostergarten um die Liebfrauenkirche in → Worms (heute heißt diese Lage *Liebfrauenstift-*

Kirchenstück) und galt noch im 19. Jahrhundert als der beste Wein Rheinhessens. Doch sein Ruhm wurde ihm zum Verhängnis, denn von Geschäftemachern wurde der wohlklingende Name immer kaltblütiger ausgeschlachtet, bis er zu einem der billigsten Massenweine der Welt verkam und seit 1971 auch im Weingesetz verankert ist. In vielen Ländern (England, Skandinavien, USA) gilt dieser Wein immer noch als Synonym für Wein aus Deutschland. Traurig, aber wahr! Auf der Lage *Liebfrauenstück-Kirchenstück* wird noch heute Wein erzeugt: Weingut Gutzler (aus Gundheim) und → Heyl zu Herrnsheim (Nierstein).

Lieblich Geschmackskategorie für Weine, deren → Restzuckergehalt den der Kategorie → halbtrocken übersteigt und in Österreich, Deutschland und den übrigen EU-Ländern maximal 45 Gramm pro l erreicht. Keine wirklich glückliche Bezeichnung, die auch nie auf Etiketten auftaucht.

Liechtenstein Fürstentum am Hochrhein zwischen dem Ostschweizer Kanton Sankt Gallen und dem österreichischen Bundesland Vorarlberg mit Weinbau im Miniaturformat. Die Weine, meist aus der Sorte Blauer Burgunder (Pinot noir), ähneln jenen der angrenzenden Ostschweiz.

Lieser Deutscher Ort an der Mosel bei → Bernkastel im Weinbaugebiet Mosel-Saar-Ruwer. Rund 200 ha Rebfläche. Bekannte Lagen: *Schloßberg*, *Süßenberg* und *Niederberg-Helden*. Bekannter Erzeuger: Schloss Lieser.

Lieser, Weingut Schloß Deutsches Weingut im Weinbaugebiet → Mosel-Saar-Ruwer im Ort Lieser. Auf rund 7 ha Rebfläche werden jährlich etwa 50 000 Flaschen Wein erzeugt. Rebsorten: 100 % Riesling. Böden: Schieferverwitterung. Bekannte Lagen: *Lieser Niederberg Helden, Schloßberg, Graacher Domprobst* und *Himmelreich*.

Lignier, Domaine Französisches Weingut im → Burgund im Ort Gevrey-Chambertin. Rund 9 ha Rebfläche, darunter zum Teil *Grand Cru- (Clos de la Roche)* und *Premier Cru*-Lagen (rote → Burgunder). Erzeugt eher dunkle und fruchtbetonte Rotweine.

Ligurien Italienische Region zwischen Ventimiglia und La Spezia, malerische Küstenlandschaft mit Wein- und Olivenanbau. Nach dem Valle d'Aosta die kleinste Weinbauregion Italiens mit knapp 5000 ha Rebfläche (der Anbau ist insgesamt rückläufig), auf denen jährlich rund 15 Millionen l Wein erzeugt werden (davon 40 % Rotwein). Nur wenige Weine führen das DOC-Prädikat: Cinque terre, Colli di Luni (beide um La Spezia), Rossese di Dolceacqua und Riviera Ligure di Ponente (beide an der Riviera). Der größte Teil der Erzeugung ist nur von lokaler Bedeutung, z. B. Polcevera, Barbera di Linero und Coronata. Das Klima ist mediterran geprägt, der Weinbau findet zum Teil noch auf Steilterrassen statt, die schwierig zu bewirtschaften sind. In Ligurien werden noch viele autochthone Rebsorten wie z. B. Pigato, Lumassina und Sciatacchetrà angebaut.

Likörwein Wein mit mindestens 12 % natürlichem → Alkohol, der durch Anwendung von Kälte oder durch Zusatz von Alkohol oder konzentriertem Traubenmost einen Gesamtalkoholgehalt von mindestens 17,5 % und höchstens 22 % (tatsächlicher Alkoholgehalt mindestens 15 %) aufweist. Likörweine sind z. B.: → Sherry, → Madeira, → Portwein, → Marsala und → Banyuls. Nicht alle Likörweine sind → süß, so ist z. B. der Sherry meist ein trockener Wein.

Limberger, Blauer → Lemberger

Limoux Französische Stadt in Südfrankreich im Département → Aude. In der gleichnamigen AOC wird auf rund 60 ha Rebfläche etwa 180 000 l Weißwein erzeugt, der als *Limoux* in den Handel kommt. Rebsorten: Mauzac, Chardonnay und Chenin blanc. Schaumweine: *Crémant de Limoux* (mit mindestens 70 % Mauzac-Anteil) sowie *Blanquette de Limoux* (in traditioneller Flaschengärung).

Lindemans Einer der größten Weinerzeuger Australiens, gehört zum gigantischen → Southcorp-Konzern, der die Weinwelt Australiens dominiert. Es werden überwiegend → Industrieweine wie z. B. der Markenwein Chardonnay BIN 65 erzeugt.

Lindenblättriger → Hárslevelü

Lipari Italienische Insel vor Sizilien, die größte der Liparischen bzw. Äolischen Inseln. Nach der griechischen Mythologie hat hier Äol, der Gott des Westwindes, seinen Sitz. Auf den Inseln (besonders auf → Salina) wird aus der Sorte Malvasia *Malvasia delle Lipari* erzeugt, je nach Erzeuger und Verfahren ein nahezu trockener, alkoholreicher Weißwein bzw. als *Passito* ein süßer Likörwein. Bekannter Erzeuger: Carlo Hauner.

Liqueur Im allgemeinen Sprachgebrauch ein alkoholhaltiges süßes Getränk. In der speziellen Weinterminologie wird der Begriff allerdings in ganz anderer Weise verwendet.

Bei der Herstellung von Schaumwein, einschließlich Champagner, spielt *liqueur* in zweierlei Form eine Rolle:

- *liqueur de* → *tirage* (Tiragelikör): eine Mischung aus Wein, Zucker und (meist) Hefe, die dem Grundwein zur Einleitung der zweiten Gärung in der Flasche (oder dem Tank) beigegeben wird.
- *liqueur d'expédition* (Versanddosage oder einfach → Dosage): Zuckerlösung, die dem Schaumwein beim → Degorgieren oder vor der Flaschenabfüllung beigegeben wird und den Grad der Süße bestimmt.

Das Wort *liqueur* (oder seine Ableitung) wird auch noch in anderem Zusammenhang gebraucht: Bei von Natur aus süßen → Likörweinen wie → Beeren- und → Trockenbeerenauslesen bezeichnet man in Frankreich damit den im Wein enthaltenen unvergorenen Traubenzucker. So kann man die Angabe finden, ein bestimmter Wein enthalte z. B. 14 % Alkohol und 4 % *liqueur*, also potenziellen, nicht vergorenen Alkohol. In Frankreich werden daher derartige Weine (Sauternes, Anjou) als → *vins liquoreux* bezeichnet.

Davon unterschieden werden die eigentlichen *vins de liqueur* (Likörweine), bei denen es sich fast immer um → gespritete Weine handelt (Banyuls u. a.). Diese Weine werden in Frankreich als → *vins doux naturels* bezeichnet.

Liquoreux → Vin liquoreux

Liquoroso In Italien wird ein → gespriteter → Likörwein als *vino liquoroso* bezeichnet. Im Gegensatz dazu handelte es sich bei einem → *Passito* um einen → süßen, aus halbgetrockneten Trauben (ohne Alkoholanreicherung) bereiteten Wein.

Lirac Französische Stadt im unteren → Rhônetal nördlich von Tavel (gegenüber von Châteauneuf-du-Pape). In der AOC Lirac werden auf rund 700 ha Rebfläche etwa 2,9 Millionen l Rot- (rund 80 %), Rosé- (15 %) und Weißweine (5 %) erzeugt. Bekannt für Roséweine aus der Sorte Grenache (unter Zusatz von Cinsaut, Mourvèdre, Syrah und anderen Sorten). Die Rotweine werden überwiegend aus Syrah unter Zusatz von Grenache, Mourvèdre, Cinsault und Carignan vinifiziert.

Lison-Pramaggiore Italienische DOC-Region im → Veneto in den Provinzen Pordenone, Treviso und Venezia. Es werden Rotweine aus den Sorten Cabernet franc, Cabernet Sauvignon, Merlot und Refosco und Weißweine aus Chardonnay, Pinot bianco, Pinot grigio, Riesling italico, Sauvignon, Tocai und Verduzzo erzeugt.

Listrac-Médoc Französisches AOC-Gebiet in der Gemeinde Listrac, einer Nachbargemeinde von Moulis im Haut-Médoc. Rund 650 ha Rebfläche zwischen Saint-Julien und Margaux, auf der rund 3,8 Millionen l Rotwein im Bordeaux-Stil (→ Bordeaux-blend) erzeugt werden. Eine der sechs → Médoc-Gemeinden mit eigener Appellation, die nicht über klassifizierte Gewächse verfügt, wohl aber über eine größere Zahl *Crus* → *bourgeois*. Bekannte Erzeuger: Châteaux Fourcas-Hosten, Fourcas-Dupré, Clarke, Fonréaud, Ducluzeau, Lestage und Sémeillan.

Livermore Stadt in Kalifornien, 65 km südöstlich von San Francisco im → Alameda County gelegen. Im umgebenden Livermore Valley in der Bay Area werden auf 700 bis 800 ha Sémillon, Chardonnay und Cabernet Sauvignon erzeugt. Bekannte Erzeuger: Concannon und Wente Bros.

Livon Italienisches Weingut in der Region → Friuli-Venezia Giulia (Friaul) in Dolegnano (Collio). Erzeugt auf über 120 ha Rebfläche etwa 700 000 Flaschen Wein. Einer der Großen der Region. Es werden alle Rebsorten des Friauls vinifiziert – überwiegend reduktive Weißweine, aber auch holzbetonte aus dem → Barrique, die Spitzenweine *Braide Alte* (Weißwein-Cuvée) und *Tiare Mate* (überwiegend Merlot).

Lizzano Italienische DOC in → Apulien für Rot-, Rosé- und Weißweine, die in der Provinz Taranto erzeugt werden. Rebsorten: Negro romano, Malvasia nera, Montepulciano, Sangiovese und Bombino nero.

Loazzolo Italienischer DOC-Weißwein aus → Piemont, der in der Provinz Asti erzeugt wird. Ein süßer Wein aus relativ spät gelesenen Trauben – auch als *Vendemmia tardiva* deklariert. Bekannter Erzeuger: Forteto della Luja.

Loché Französischer Ort im → Burgund, südlich von Mâcon gelegen. In Vinzelles, Fuissé und Pouilly wird aus der Sorte Chardonnay der → Pouilly-Loché erzeugt.

Locorotondo Italienische Stadt in → Apulien, in deren Umgebung trockene DOC-Weißweine aus den Sorten Verdeca und Bianco d'Alessano erzeugt werden.

Logroño Spanische Stadt im Norden des Landes im Weinbaugebiet La → Rioja. Bekannte Erzeuger: Marqués de Murrieta, Olarra, Franco Españolas und Campo Viejo.

Loiben Österreichische Gemeinde in der → Wachau, eigentlich Ober- und Unterloiben. Auf den terrassierten Lagen *Schütt*, *Loibenberg* und *Steinertal* wird Riesling und Grüner Veltliner angebaut. Bekannte Erzeuger: Emmerich Knoll, Granner, Leo Alzinger, Wolfgang Bäuerl, Franz Xaver Pichler und Paul Stierschneider.

Loimer, Fred Österreichisches Weingut im Weinbaugebiet → Kamptal. Auf rund 21 ha Rebfläche werden jährlich etwa 130 000 Flaschen Wein erzeugt, davon zu 95 % Weißwein. Rebsorten: 55 % Grüner Veltliner, 25 % Riesling, 10 % Chardonnay, 5 % Grauburgunder sowie 5 % Spätburgunder. Die Weine wachsen auf Löß und Gneis. Bekannte Lagen: *Spiegel, Käferberg, Seeberg*. Das Weingut Loimer ist vorbildlich in Architektur und Design – aber auch die Weine sind exzellent und gehören zu den besten und eigenständigsten der Region. Die Lagenweine werden im großen Holzfass ausgebaut und vergären mit natürlicher Hefe.

Loir, Le Kleiner Fluss in Frankreich nördlich der → Loire, Nebenfluss der Sarthe, mit einst ausgedehnterem Weinbau, darunter als bester Wein der selten gewordene → Jasnières. Weitere heute ebenfalls nur noch in geringem Umfang erzeugte Weine sind die → Coteaux du Loir und → Coteaux du Vendômois.

Loire, La Der längste und zugleich einer der schönsten Flüsse Frankreichs sowie Überbegriff einer Reihe von Weinbauregionen. Auf rund 1000 km Länge fließt die Loire von ihrer Quelle im Massif Central bis zu ihrer Mündung in den Atlantik bei → Nantes durch eine Reihe Provinzen an berühmten Schlössern vorbei. Die Loire ist, wenn auch mit Unterbrechungen und unterschiedlicher Konzentration, auf insgesamt über 300 km Länge von Reben begleitet. Diese zum Teil sehr unterschiedlichen Weinbauregionen werden unter dem Sammelbegriff Loire zusammengefasst.

Geographie und Klima

Aufgrund ihrer relativ nördlichen Lage stehen die Weinbaugebiete der Loire deutlich unter kühlem, kontinentalem Klimaeinfluss, der nur im Bereich der Flussmündung im Gebiet Muscadet durch den wärmeren Golfstrom gemildert wird. Ansonsten stellen Spätfröste eine Gefahr für den Weinbau dar.

Rebsorten

Die weitläufige Weinbauregion *Vallée de la Loire* – meist Kalkböden – umfasst rund 65 000 ha, auf denen die unterschiedlichsten Rot-, Rosé-, Weiß- und Schaumweine einschließlich edelsüßer Weißweine *(vins liquoreux)* erzeugt werden und die das kühle Klima des nördlichen Breitengrades widerspiegeln. Die Weißweine sind säurebetont, stahlig, elegant, teilweise unter Botrytis-Einfluss, und eignen sich besonders für die Herstellung von Schaumwein. In den zahlreichen Appellationen der Loire herrschen jeweils andere Rebsorten vor: Unter den weißen dominieren Chenin blanc, Melon de Bourgogne und Sauvignon blanc, ferner Pinot gris und Chardonnay; der Rotwein wird überwiegend aus dem im Vergleich zum Cabernet Sauvignon früher reifenden Cabernet franc bereitet, ferner Cabernet Sauvignon, Gamay und Malbec. Die → autochthonen Rebsorten der Loire wie Pineau d'Aunis, Grolleau und die seltene Arbois spielen eine immer geringere Rolle.

Appellationen

Am bekanntesten sind die Weine aus den Appellationen Sancerre und Pouilly-Fumé sowie der Muscadet. Diese Weine werden auch in größerem Maßstab exportiert. Entsprechend dem Flussverlauf zählen folgende Appellationen zur Loire, wobei hier die bedeutsamsten der vier Zonen aufgeführt werden:

Obere Loire
→ Pouilly-Fumé
→ Sancerre
→ Ménétou-Salon
→ Quincy
→ Reuilly
→ Cheverny

Touraine
→ Montlouis
→ Vouvray
→ Bourgueil
→ Chinon

Anjou-Saumur
→ Saumur
→ Bonnezeaux
→ Savannières
→ Anjou
→ Anjou-Villages-Brissac

Pays Nantais (Loiremündung)
→ Gros Plant du Pays Nantais
→ Muscadet

(→ Karte nach S. 96)

Lombardei Norditalienische Region mit der Großstadt Mailand. Auf rund 27 000 ha Rebfläche werden etwa 130 Millionen l Wein erzeugt. Die Rebfläche verteilt sich im wesentlichen auf drei weit voneinander entfernte Weinbaubereiche:

• → Valtellina: bei Sondrio, östlich des Comer Sees dicht an der Schweizer Grenze. Vor allem DOCG-Rotweine aus der Sorte Nebbiolo. Der Wein wächst auf Steilterrassen in alpinem Klima.
• Provinz Brescia: Im Osten der Lombardei werden Rot-, Weiß-, Rosé- und Schaumweine erzeugt, am West- und Südufer des Gardasees und im → Franciacorta, Letzteres bekannt für DOCG-Weine, meist Spumante. Die besten Weinbauflächen liegen vor allem auf den der Poebene vorgelagerten Hügeln, die die Grundweine für die Spumante-Produktion liefern.
• → Oltrepò Pavese: eine Hügellandschaft im Süden der Provinz Pavia jenseits des Pos rund um die Städte Broni und Casteggio. Hier werden Weiß- und Rotweine erzeugt. Die Reben wachsen in der Ebene und an den Ausläufern des Apennin.

Weniger bedeutend sind die Weine der Provinzen Bergamo und Mantua. Insgesamt verfügt die Lombardei über 3 DOCG-, 12 DOC- und 12 IGT-Weinbaubereiche. Am hochwertigsten sind die Weine des Franciacorta und Valtellina.

Loosen, Dr. Weingut in Bernkastel. Auf rund 11 ha des Betriebes mit den Lagen *Erdener Treppchen, Wehlener Sonnenuhr* und *Ürziger Würzgarten* wird praktisch nur Riesling angebaut.

Lopez de Heredia Spanisches Weingut im → Rioja – der führende traditionelle Erzeuger, der mit traditioneller Weinbereitung arbeitet. Es werden jährlich etwa 1,7 Millionen Flaschen Wein erzeugt, darunter der klassische Viña Cobillo, Viña Bosconia und das langlebige Flaggschiff Viña Tondonia: Weine wie Felsen in der Brandung.

Lorch Deutsche Stadt am Rhein, nördlich von Aßmannshausen und unter weinrechtlichen Aspekten Teil des → Rheingaus, obwohl die Weine (ebenso wie der Schiefer-Quarzit des Bodens) deutlich in Richtung → Mittelrhein weisen. Rund 180 ha Rebfläche und 90 ha im benachbarten Lorchhausen. Bekannte Lagen: *Krone, Pfaffenwies* und *Bodental-Steinberg*. Bekannte Erzeuger: von Kanitz, Altenkirch und Troitzsch.

Lorchhausen → Lorch

Loreley Bei St. Goarshausen steigt dieser 130 m hohe Schieferfelsen am Rhein nahezu senkrecht auf und zwang die Rheinschiffer früher zu halsbrecherischen Manövern; die Loreley ist seit Heinrich Heine der Inbegriff der Rheinromantik. Seit 1990 Name des Bereichs, der alle in Rheinland-Pfalz gelegenen Rebflächen des Anbaugebietes → Mittelrhein umfasst, also das gesamte Anbaugebiet mit Ausnahme jener 20 ha, die zu Nordrhein-Westfalen gehören und den Bereich Siebengebirge bilden. Der Bereich Loreley umfasst rund 650 ha, darunter → Bacharach, → Kaub, → Oberwesel und → Boppard. Es wird überwiegend → Riesling angebaut.

Los Vascos, Viña Weingut in → Chile im Maipo-Tal. Auf rund 350 ha Rebfläche und durch Traubenzukauf werden etwa 3,5 Millionen Flaschen Wein erzeugt, vor allem der Bordeaux-Blend Los Vascos – ein Standardwein, der vom Mythos → Rothschild profitiert, da dieses Weingut seit 1980 Partner ist.

Lothringen Einstige französische Provinz mit noch geringen Resten eines einst ausgedehnteren Weinbaus. Die Rot- und Weißweine des Départements → Moselle aus der näheren und weiteren Umgebung von Metz kommen als AOC *Vins de Moselle* in den Handel. Erzeugt werden Rot-, Weiß- und Roséweine – letztere sind bekannt als → *Vins gris* des Département Meurthe-et-Moselle, die vor allem in der Umgebung von Toul erzeugt werden und als → *Côtes de Toul* angeboten werden.

Louis, Michel & Fils Domaine Französisches Weingut in der AOC → Chablis

(Burgund) im Ort Chablis. Rund 17 ha Rebfläche, davon etwa 3 ha *Grand Cru*-Lagen. Die Weine werden in Tanks ausgebaut.

Loupiac Französische Gemeinde am rechten Ufer der → Garonne gegenüber von Barsac mit rund 416 ha Rebfläche, auf der jährlich etwa 1,4 Millionen l edelsüßer Weißwein erzeugt wird. Wie im benachbarten Sauternais werden hier mittels → Edelfäule süße Weißweine erzeugt, die den → Sauternes-Weinen ähneln, allerdings ohne deren Qualität zu erreichen. Die Weine wachsen auf tonigem Kalk und Kiesböden. Der innerhalb der Appellation erzeugte Rotwein kommt als Bordeaux in den Handel.

Louvière, Château La Französisches Weingut in der Appellation → Léognan in den Graves. Rund 55 ha Rebfläche: 70 % Cabernet Sauvignon, 20 % Merlot, 10 % Cabernet franc für Rotwein, 85 % Sauvignon und 15 % Sémillon für Weißwein.

Löwenstein Deutsches Weingut im → Rheingau. Besitzt Lagen in → Hallgarten (Weingut Fürst Löwenstein), rund 22 ha, überwiegend Riesling, etwas Spätburgunder. In → Franken ist Fürst Löwenstein ebenfalls in vielen weit verstreuten Lagen begütert. In Winningen an der Mosel gibt es das Weingut → Heymann-Löwenstein.

Löwenstein, Weingut Fürst Deutsches Weingut im Weinbaugebiet → Franken im Ort Wertheim-Rosenberg. Auf rund 28 ha Rebfläche werden jährlich etwa 200 000 Flaschen Wein erzeugt. Rebsorten: 40 % Silvaner, 20 % Spätburgunder, 18 % Müller-Thurgau, 10 % Riesling. Böden: Muschelkalk, Buntsandstein.

Lubéron Französische Hügelkette am Nordufer der Durance östlich von Avignon. Es werden rote, rosé und insbesondere weiße AOC-Weine erzeugt, die als → Côtes du Lubéron in den Handel kommen. Außerdem werden Landweine unter der Bezeichnung *Vin de pays du Vaucluse* erzeugt.

Luce → Frescobaldi, Marchesi de'

Ludon Französische Gemeinde in den südlichen Ausläufern des Haut-Médoc mit rund 115 ha Rebfläche. Bekannte Erzeuger: Château La Lagune, ein *3e cru classé*, sowie Château d'Agassac.

Ludwigshöhe Deutscher Ort in → Rheinhessen mit rund 130 ha Rebfläche. Bekannter Erzeuger: Weingut Dr. Becker.

Lugana Italienisches Weinbaugebiet in der → Lombardei am Südufer des → Gardasees. Es wird ein schlichter trockener Weißwein aus der Sorte → Trebbiano di Lugana (mit Zusatz von 10 % anderen Sorten) erzeugt. Bekannte Produzenten: Ca' di Frati und Zenato.

Lugny Französische Gemeinde im Burgund bei → Mâcon, in der Weißweine aus der Sorte Chardonnay erzeugt werden.

Lukanien → Basilicata

Lunel Französischer Ort im Département → Hérault nahe der Mittelmeerküste. Neben Frontignan, Mireval und – weiter im Landesinneren – Saint Jean de Minervois wird dort ein süßer → Muskatwein erzeugt. Die Rebflächen liegen zwischen Nîmes und Montpellier und umfassen rund 320 ha, auf denen jährlich rund 1 Million l *Muscat de Lunel* erzeugt werden. Der Wein aus den Rebsorten Muscat à Petits grains wächst auf Rebflächen mit Kiesböden, Sand und Ton, die flach zum Meer hin abfallen und deutlich vom mediterranen Klima geprägt sind.

Luneau-Papin Domaines Pierre Französisches Weingut an der → Loire (AOC → Muscadet). Auf rund 35 ha Rebfläche werden Muscadet, Muscadet de Sèvre-et-Maine sur lie sowie Einzellagenweine erzeugt. Spitzenwein: *Le »L« d' Or.*

Lungarotti Italienisches Weingut in

der Region → Umbrien, in Torgiano – der mit Abstand bedeutendste Erzeuger der Region. Erzeugt auf rund 300 ha Rebfläche und durch Traubenzukauf etwa 2,5 Millionen Flaschen Wein. Das Gut verfügt über die eigene DOC Torgiano, wo weiße und rote Einzellagenweine erzeugt werden, der *Monticchio* (ein Chianti-Typ) und *Torre di Giano* (aus Trebbiano und Grechetto).

Lussac-Saint-Emilion Französische Weinbauregion im Bordeaux, einer der so genannten Satelliten der Appellation → Saint-Emilion mit rund 1450 ha Rebfläche, auf der jährlich etwa 8,5 Millionen l Rotwein erzeugt werden, insgesamt rund 215 verschiedene Produzenten. Die Weine wachsen auf tonigen Kalkhängen, Kies und sandigem Ton. Bekannte Erzeuger: Châteaux du Lyonnat, de Lussac, Barbe-Blanche und Tour-de-Grenet.

Lützkendorf, Weingut Deutsches Weingut in Bad Kösen,Weinbaugebiet → Saale-Unstrut. Auf rund 11 ha Rebfläche werden jährlich etwa 65 000 Flaschen Wein erzeugt. Rebsorten: rund 40 % Silvaner, 25 % Riesling, 13 % Weißburgunder. Böden: Kalk und Ton, Gipskeuper. Bekannte Lagen: *Karsdorfer Hohe Gräte.* Führender Erzeuger an Saale und Unstrut.

Lutzmannsburg Österreichische Gemeinde im → Mittelburgenland. Auf rund 150 ha Rebfläche werden auf Löß-Lehmböden fast ausschließlich Rotweine aus Blaufränkisch erzeugt, ferner Zweigelt, Sankt Laurent und Cabernet Sauvignon. Bekannter Erzeuger: Weingut Weber.

Luxemburg Nachdem die Mosel Frankreich verlassen hat, bildet sie auf 42 km Länge die Grenze zwischen Deutschland und Luxemburg. Während auf dem rechten Ufer die Bereiche Moseltor und Obermosel des Anbaugebietes Mosel-Saar-Ruwer liegen, befindet sich auf dem linken Ufer das luxemburgische Weinbaugebiet mit insgesamt rund 1300 ha Rebfläche (einschließlich der Rebflächen an der Sauer), von der etwa 16 Millionen l im Jahresdurchschnitt gewonnen werden. Wird auf der deutschen Seite fast nur Elbling angebaut – in Luxemburg bei rückläufiger Tendenz mit rund 18 % zweitstärkste Sorte –, so entfallen in Luxemburg auf den hier Rivaner genannten Müller-Thurgau 40 % der Anbaufläche. Mit annähernd 10 % steht der Auxerrois an dritter Stelle, dicht gefolgt vom Riesling, außerdem Gewürztraminer, Pinot blanc und Pinot gris. Sie alle liefern frische, eher leichte, in der Regel herbe Weißweine.

70 % der Produktion wird von Genossenschaften verarbeitet. Luxemburgische Qualitätsweine tragen die *Marque nationale* (M. N.) und können durch Zusätze wie *Vin classé*, *Premier cru* oder *Grand premier cru* gekennzeichnet sein. Die wichtigsten der 33 luxemburgischen Weinbaugemeinden heißen Remich, Grevenmacher, Wormeldange, Schwebsange, Bech-Kleinmacher, Wintrange, in denen zusammen rund 600 Haupt- und Nebenerwerbswinzer tätig sind.

Der Luxemburger kann statistisch gesehen den Titel *Größter Weintrinker der Welt* für sich in Anspruch nehmen: Er konsumiert rund 70 l im Jahr – die Weine werden praktisch alle im eigenen Land getrunken. Bekannte Erzeuger: Aly Duhr, Bastian, Massard, Château de Schengen.

Luxuswein In der Schweiz Bezeichnung für süße Weine mit über 13 % natürlichem, nicht → gespritetem Alkohol und natürlichem, nicht zugesetztem → Restzucker. Im Tessin als Vino di lusso bezeichnet.

Lynch-Bages, Château Französisches 5e *Cru classé* in der Appellation → Pauillac im Haut-Médoc. Rund 80 ha Rebfläche: 75 % Cabernet Sauvignon, 15 % Merlot und 10 % Cabernet franc.

Lynch-Moussas, Château Französisches 5e *Cru classé*-Weingut in der Appellation → Pauillac im Haut-Médoc mit rund 24 ha Rebfläche: 75 % Cabernet Sauvignon und 25 % Merlot.

Lyon Französische Großstadt am Zusammenfluss von → Saône und → Rhône gelegen. Da ihre Bürger zu den größten Konsumenten des unweit der Stadtgrenzen erzeugten → Beaujolais gehören, heißt es auch, Lyon liege in Wirklichkeit an drei Flüssen: der Saône, der Rhône und dem Beaujolais.

Lyonnais → Coteaux du Lyonnais

M

Mäander Eigentlich ein altgriechisches Zierband, benannt nach einem kleinasiatischen Fluss. Gleichzeitig charakteristischer Flussverlauf mit vielen engen Flussschleifen wie z. B. die Mosel. Deren Mäander haben für den Weinbau mikroklimatische Bedeutung, da der Wind im engen Flusstal gebremst wird und die wie Amphitheater geformten Hänge optimal besonnt werden können.

Macabeo Spanische Weißweinsorte, die vor allem in Katalonien in → Penedés angebaut wird: Rund 50 000 ha sind mit ihr in Spanien bestockt, doch wird sie auch an der Mittelmeerküste vom Ebro bis zur Rhône kultiviert. In Südfrankreich stehen rund 7000 ha. Neben Weißweinen werden aus ihr auch → Schaumweine (in Penedés) und teilweise Likörweine (→ Banyuls, → Maury, → Rivesaltes) erzeugt – in den meisten Fällen wird sie dabei mit anderen Sorten verschnitten. In Rioja und Navarra ist sie inzwischen die wichtigste Weißweinsorte, dort allerdings unter der Bezeichnung Viura.

Macau Französische Gemeinde im Bordeaux und eine der südlichsten des → Haut-Médoc mit rund 120 ha Rebfläche. Ihre Weine kommen unter der Appellation Haut-Médoc in den Handel. Bekannte Erzeuger: Château Cantemerle, ferner Château Maucamps.

Maccabéo → Macabeo

Macedon Ranges → Victoria

Macération carbonique Kohlendioxid-Gärung. Gärverfahren, das insbesondere zur Erzeugung des → Beaujolais → primeur, zunehmend aber auch bei anderen französischen Rotweinen, darunter auch mancher → Châteauneuf-du-Pape, angewendet wird. Dabei werden die Trauben möglichst unverletzt in einen mit CO_2 gefüllten Gärbehälter zur so genannten interzellularen Vergärung gegeben. Während der einsetzenden Gärung entwickelt sich in den Zellen → Kohlendioxid, die Beeren platzen auf, und Farbstoff aus den Schalen wird freigesetzt. Zwar ist die Farbausbeute auf diese Weise geringer als nach üblicheren Verfahren (→ Maischegärung, → Remontage, → Pigeage), doch zeichnen sich die so erzeugten Weine durch eine besondere Frische und Fruchtigkeit aus, dank der sie bereits in sehr jungem Zustand genossen werden können.

Macération peliculaire → Maischestandzeit

Macharnudo Berühmte Lage *(pago)* im spanischen → Sherry-Gebiet, nordwestlich von → Jerez gelegen. Sie befindet sich auf den berühmten → Albariza-Böden und zählt mit dem *Carrascal* zu den besten des Gebietes. *Inocente* ist ein Teil dieser Lage, von der der gleichnamige exzellente Fino (der einzige mit einer Lagenbezeichnung) stammt.

Macle, Domaine Französisches Weingut im → Jura im Ort Château → Chalon (AOC Côte de Jura bzw. Château Chalon). Einer der besten Erzeuger ausdrucksstarker → Vins Jaunes sowie Côtes de Jura.

Mâcon Französische Stadt an der → Saône im Süden → Burgunds. Zugleich AOC-Bezeichnung für etliche Rot-, Rosé- und Weißweine des → Mâconnais. Auf rund 3300 ha Rebfläche werden jährlich etwa 4,9 Millionen l Rotwein und 1,1 Millionen l Weißwein erzeugt – das Anbaugebiet misst rund 50 km in der Länge und etwa 15 km in der Breite. Rot- und Roséweine dürfen nur aus Gamay und Pinot noir (Letzterer spielt mengenmäßig allerdings kaum eine Rolle), Weißweine ausschließlich aus Chardonnay bereitet werden. Der Rotwein kommt häufig als *Mâcon Supérieur* in den Handel, während der Weißwein meist als → *Mâcon-Villages* verkauft wird. Vom Charakter her ähneln die Rotweine denen des Beaujolais. Die Böden des Gebietes bestehen aus Sand, Ton und Kies und sind oft mit Feuersteinknollen durchsetzt.

Mâcon-Villages Französische AOC für Weißweine aus der Rebsorte Chardonnay im südlichen → Burgund. Auf rund 3800 ha Rebfläche werden etwa 18 Millionen l Weißwein erzeugt, der auf kalkhaltigen Böden wächst. Die Hügel des Mâconnais liegen südlich der Côte d'Or, genießen jedoch nicht deren Ansehen. Auf dem Etikett wird entweder die Bezeichnung *Mâcon-Villages* oder Mâcon plus Gemeindename (z. B. *Mâcon-* → *Lugny* oder *Mâcon-* → *Viré*) angegeben. Bekannte Erzeuger: Merlin, Vincent (in Fuissé), Bonhomme.

Mâconnais Französisches Weinbaugebiet im Süden → Burgunds im Département Saône-et-Loire, im Bereich der Stadt → Mâcon gelegen. Im Schnitt werden rund 30 Millionen l AOC-Weine erzeugt, drei Viertel davon Weißwein. Fast alle Weine werden unter den Bezeichnungen *Mâcon*, *Mâcon Supérieur* oder *Mâcon-Villages* angeboten.

Die bedeutendsten Weine des Gebiets (ausnahmslos weiß) kommen aus einem halben Dutzend Gemeinden im Süden des Mâconnais: → Pouilly-Fuissé, → Pouilly-Loché und → Pouilly-Vinzelles. Sieben weitere, um diese herum gelegene Gemeinden dürfen ihre Weißweine unter der Appellation → Saint-Véran verkaufen.

Maculan Italienisches Weingut in der Region → Veneto in Breganze. Erzeugt rund 350 000 Flaschen Wein: vor allem Cabernet Sauvignon, Chardonnay, Merlot und Sauvignon sowie die Spitzenweine Fratta (aus Cabernet Sauvignon) und Crosara (aus Merlot). Deutlich durch das Barrique beeinflusste, moderne Weine.

Macvin du Jura Französische AOC für gespritete Likörweine im französischen → Jura. Auf rund 36 ha Rebfläche werden etwa 170 000 l süßer, in der Regel weißer, selten roter Macvin erzeugt. Der Wein wird meist aus Chardonnay, Savagnin (weiß), den roten Lokalsorten Poulsard und Trousseau, aber auch aus Pinot noir (rot) erzeugt. Dieser Wein entsteht, indem die Gärung durch Zugabe von Tresterschnaps (*marc* – daher der Name des Ma(r)cvin) gestoppt wird. Der Marc muss aus demselben Betrieb wie der Wein stammen und 18 Monate im Barrique gereift sein. Der Macvin muss anschließend ein Jahr lang im Barrique lagern und gerät erstaunlich komplex, ist süß und hat einen angenehm erfrischenden Säuregehalt, weshalb er zu vielen Desserts eine glänzende Figur abgibt.

Mädchentraube Deutsche Bezeichnung für die ungarische → Leányka, die vor allem im Gebiet von → Eger angepflanzt wird.

Madeira Im Atlantik gelegene portugiesische Insel, seit rund 500 Jahren wegen ihrer Weine berühmt. Madeira ist ein → gespriteter Wein mit eigener DOC, der seinen hohen Alkoholgehalt von 18 bis 20 % dem Zusatz hochwertigen Branntweins verdankt. Obwohl der Madeira ähnlich wie → Sherry in so genannten → Soleras gelagert und verschnitten wird (Jahrgangs-Madeira wird nur noch in sehr begrenzter Zahl erzeugt), erinnert das Herstellungsverfahren mehr an das des → Marsala. Der typische Madeira-Geschmack rührt daher, dass der Wein einige Monate lang bei hohen Temperaturen in Spezialräumen, den → Estufas, gelagert wird, wodurch er seinen ganz spezifischen Charakter bekommt.

Das Wort *Madeira* bezeichnet nicht einen einzelnen, sondern eine ganze Skala von verschiedenen Weinen einer Kategorie. Diese reicht von sehr trocken bis sehr süß, von strohfarben bis tiefgold, durch alle Preis- und Güteklassen hindurch.

In der Küche gehört Madeira zu vielen klassischen Gerichten: Madeira-Gelee zu kaltem Fleisch, Ochsenschwanzsuppe, Ochsenzunge oder Kalbsnieren mit Sauce Madeira. Als → Apéritifs oder → Likörweine stellen die besten Madeiras herausragende Raritäten dar, die sehr teuer sein können. Madeira ist seit Jahrhunderten bekannt und begehrt – besonders in England. Allerdings geht seine Nachfrage stark zurück wie weltweit bei allen oxidativen Süßweinen.

Madeira wird heute nach Rebsorten in vier Grundtypen eingeteilt:

- trockener → *Sercial:* Er erinnert etwas an → Fino Sherry, hat aber einen anderen, oft sehr pikanten Duft und einen eigentümlichen Charakter;
- → *Verdelho:* in der Regel ein wenig süßer als der Sercial, doch im Charakter ähnlich;
- → *Bual:* ein süßer, schwerer Wein zum Dessert oder zum Käse;
- → *Malmsey:* mit sehr süßer Frucht und fast ölig.

Daneben gibt es andere, heute weniger bekannte Weine, darunter einen mit dem schönen Namen → *Rainwater*, der fast bedeutender wegen der mit seinem Namen verknüpften Anekdoten ist, denn als Wein.

Da es sich beim Madeira ähnlich wie beim → Portwein oder Sherry um standardisierte Markenweine handelt, ist für die Qualität des Weines der Name des Erzeugers bzw. Abfüllers (häufig mit Firmensitz in London) entscheidend. Bekannte Erzeuger: Cossart Gordon & Co., Henriques & Henriques, Rutherford & Miles, Lomelino, Barbeito, Leacock und Casa dos Vinhos da Madeira.

Maderisierung Starke Oxidation von Wein am Ende seiner Lebenserwartung. → Rahnwerden

Madiran Französischer AOC-Rotwein aus Südwestfrankreich, der in → Béarn nördlich von Pau und Tarbes erzeugt wird. Rund 1300 ha Rebfläche, auf der etwa 7 Millionen l oft tanninreicher Rotwein produziert wird, der auf tonigen und von Kies durchsetzten Kalkböden wächst. Die führende Rebsorte ist der Tannat, ergänzt durch Fer-Servadou, Cabernet franc und Cabernet Sauvignon. Bekannte Erzeuger: die Châteaux d'Aydie, Bouscassé, Barréjat, Montus, Berthoumieu, Peyros.

Magdelaine, Château Französisches *Premiers grands crus classés-B*-Weingut in der Appellation → Saint-Emilion. Die Weinberge liegen an den Abhängen (Côtes) zum → Dordognetal: rund 11 ha Rebfläche mit 80 % Merlot und 20 % Cabernet franc. Stilistisch gleicht der Wein eher einem Pomerol.

Magence, Château Französisches Weingut im Bordeaux in den südlichen → Graves, in Saint-Pierre-de-Mons, das Rotweine und Weißweine erzeugt. Rund 37 ha Rebfläche: 40 % Cabernet Sauvignon, 30 % Cabernet franc und 30 % Merlot für Rotwein bzw. 64 % Sauvignon blanc und 36 % Sémillon für Weißwein.

Magnum Weinflasche mit dem doppelten Fassungsvermögen einer normalen → Flasche, also 1,5 l. Da Weine umso langsamer reifen, je größer die Flasche ist, werden Weine mit einem großen Lagerpotenzial auch in Magnum-Flaschen abgefüllt.

Mähren Östlicher Landesteil der → Tschechischen Republik mit heute ungefähr 15 000 ha Weinbau. Die Rebflächen befinden sich im Wesentlichen zwischen der Thaya und Brünn (Brno). Es werden fast ausschließlich Weißweine, meist aus den gleichen Rebsorten wie im benachbarten österreichischen → Weinviertel, erzeugt.

Maienfeld Schweizer Gemeinde im Kanton → Graubünden mit etwa 80 ha Rebfläche. Unter Föhneinwirkung reifen am Oberlauf des → Rheins Rotweine aus Blauem Burgunder (Pinot noir). Bekannte Lagen: *Schloss Salenegg* und *Pola*.

Mailberg Österreichischer Ort im Weinbaugebiet → Weinviertel mit rund 300 ha Rebfläche. Zu zwei Dritteln wird Grüner Veltliner angebaut. Bekannte Lagen: *Hundschupfen* und *Rosenpoint*. Bekannte Erzeuger: Josef Zens, Schlossweingut des Malteser Ritterordens.

Mailly Französische Gemeinde in der → Champagne. Eine der 17 *Grand cru*-Gemeinden an der → Montagne de Reims, bekannt vor allem für seine aus Pinot noir gewonnenen → Blanc de noirs- → Grundweine.

Maindreieck Deutsche Weinbauregion mit rund 4000 ha Rebfläche im Weinbaugebiet → Franken. Der Kernbereich des Anbaugebietes befindet sich um die Stadt → Würzburg. Auf Muschelkalkböden wachsen hier die bekanntesten fränkischen Weißweine aus → Silvaner, Riesling und → Müller-Thurgau, ferner Weißer und Grauer Burgunder sowie → Traminer und ferner → Rieslaner. Bekannte Weinbauorte: Würzburg, → Randersacker, → Escherndorf, → Homburg, → Thüngersheim, Frickenhausen, Sommerhausen, Volkach.

Mainviereck Deutsche Weinbauregion mit rund 275 ha Rebfläche im Weinbaugebiet → Franken. Westlichster und kleinster der drei fränkischen Weinbaubereiche mit vielen verstreuten Einzellagen, darunter → Hörstein, nordwestlich von Aschaffenburg mit seinen Urgesteinsböden. In → Bürgstadt, Klingenberg und Großheubach dominieren rote Buntsandsteinböden, auf denen neben Weißweinen (Riesling und Silvaner) auch Rotweine wachsen (Spät- und Frühburgunder). 30 % der Rebfläche des Bereichs sind mit roten Sorten bestockt, während Müller-Thurgau 40 % und Silvaner 10 % erreichen.

Mainz Deutsche Stadt am Rhein – Landeshauptstadt von Rheinland-Pfalz. Sitz der Mainzer Weinbörse und des Deutschen → Weininstituts (DWI). Als Weinbaugemeinde spielt es heute jedoch nur noch dank seiner Ortsteile → Laubenheim, Ebersheim und Hechtsheim eine Rolle, in denen sich zusammen rund 260 ha Rebfläche befinden, während die einstigen rechtsrheinischen Stadtteile Kostheim und Kastel mit ihren 60 ha Rebfläche heute zu → Wiesbaden in Hessen gehören.

Maire, Henri Französisches Weingut im → Jura im Ort Arbois (AOC Côtes de Jura bzw. → Vin Jaune). Größter Erzeuger der Region, kleinere Produzenten bieten oft feinere Qualitäten.

Maische Most und Beerenschalen. Siehe auch → Traubenmaische

Maischeerhitzung Umstrittenes → Rotwein-Vinifikationsverfahren, vor allem in Deutschland im Weinbaugebiet → Württemberg verbreitet. Bei dieser Technik handelt es sich um einen geschlossenen Heiz- und Kühlkreislauf, bei der die Traubenmaische (also Most und Schalen) vor der Gärung kurzzeitig (meist einige Minuten lang) auf über 90 Grad erhitzt und anschließend rasch wieder abgekühlt wird. Alternativ wird die Maische für einige Stunden auf 60 Grad erwärmt und anschließend abgekühlt (die Bezeichnung »Erwärmung« ist dabei allerdings ein Euphemismus, denn auch 60 Grad sind eine Erhitzung und ein deutlicher Eingriff in das Aromengefüge eines Weins). Durch die hohen Temperaturen werden die vor allem in der Haut der → Beere angesiedelten Pigmente (→ Farbe) schlagartig freigesetzt, und der Most wird rot. Die Maische wird nach der Abkühlung gepresst, anschließend geht der rote Most in Gärung über. Als negativer Nebeneffekt des zeit- und damit geldsparenden Verfahrens bildet sich jedoch die so genannte Erhitzungsnote – ein Geruch und Geschmack von gekochten Erdbeeren. In Württemberg werden auf diese Weise fast der gesamte Trollinger und sogar hochwertige Rotweine verarbeitet. Dabei kann es passieren, dass die Qualitätswein-Prüfungsgremien vor allem Weinen mit Erhitzungsnote die Verkehrsfähigkeit attestieren, ohne sie stufen sie den Wein als fehlerhaft ein – Ironie des Schicksals.

Anwendung

Die Maischeerhitzung wird vor allem in kühleren Regionen angewendet, wo Fäulnis ein Problem darstellt, da die farbliefernden Pigmente (→ Anthocyane) in der Beerenhaut vor allem durch Schimmelpilze (→ Botrytis) gefährdet sind. Bei ungenügender Traubenqualität (z. B. bei Maschinenernte) würde eine normale → Maischegärung einen unangenehmen Medizinalton im Wein sowie eine bräunliche Färbung nach sich ziehen.
Mit der Maischeerhitzung wird der Teufel mit dem Beelzebub ausgetrieben: Zwar wird die Mikrobiologie der Pilze abgetötet und weniger negative Aromen an den Wein abgegeben, doch dafür wird der Wein durch die Erhitzungsnote verfälscht. Die Alternative heißt: hartnäckige → Selektion, gesunde Trauben ernten und diese in normaler Maischegärung ohne Erhitzung oder Erwärmung verarbeiten.

Maischegärung Im Gegensatz zu Weißweinen, deren Gärung fast immer ohne Schalen und Kerne vonstatten geht, entstehen Rotweine in der Regel durch Maischegärung. Zunächst werden die Beeren → entrappt, dabei platzen sie auf, und der in ihnen enthaltene Saft tritt in Kontakt zu den Beerenschalen. Die daraufhin einsetzende Gärung des Mostes zusammen mit den Schalen und Kernen bezeichnet man als Maischegärung. Dabei entsteht → Alkohol, der als Lösemittel die in den Schalen lokalisierten roten Pigmente, die → Anthocyane, herauslöst, um dem ursprünglich weißen Saft der Beeren nach und nach eine rote Farbe zu geben. Je länger eine Maischegärung dauert, desto mehr Farbstoffe gehen in den Wein über. Die Kunst bei der Maischegärung ist es, den Zeitpunkt abzupassen, an dem ein hinreichendes Maß an Farbigkeit erreicht ist – bei einer gleichzeitig harmonischen Tannin- bzw. Gerbstoffstruktur. Überschreitet der Kellermeister diesen Zeitpunkt, kann es sein, dass der Rotwein gerbig (d. h. zu gerbstoffhaltig) wird, schlimmstenfalls auch ungenießbar. Um die Farbstoffe und Tannine der Beerenschalen möglichst optimal in den Wein zu überführen, haben sich verschiedene Verfahren der Maischegärung herausgebildet. Immer ist bei ihnen eine mechanische Bearbeitung der Maische notwendig, denn die aufsteigenden Gärgase, das → Kohlendioxid, tragen die Beerenschalen an die Oberfläche des gärenden Weines. Dort bilden sie den sog. Tresterhut, der zusammenklumpt und sich somit einer weiteren Herauslösung von Farb- und Gerbstoffen entzieht. Aus diesem Grund muss die Maische von Zeit zu Zeit mechanisch bearbeitet werden – entweder durch die klassische → Pigeage per Hand im offenen Gärbottich oder durch das so genannte automatische Überschwallverfahren (Remontage), bei dem ein Teil des

Weins aus dem geschlossenen Gärbehälter abgezogen und von oben wieder zugegeben wird. Bei diesem Prinzip sinkt der Tresterhut ab und wird durch die in den Behälter eingezogenen Querstreben aufgebrochen und wieder im Wein verteilt. Wie oft, wie intensiv und in welchem Rhythmus dies geschieht, liegt im Ermessen und im Erfahrungsschatz des Kellermeisters begründet. Grundsätzlich lässt sich aber sagen, dass Rotweine, die mehrere Jahre in Holzfässern lagern, mehr Gerbstoffe brauchen, um bei dieser Prozedur zu gewinnen. Die Maischegärung wird allgemein als einer der zentralen qualitätsbestimmenden Faktoren bei der Rotweinbereitung angesehen.

Maischestandzeit Vinifikationsverfahren (auf Französisch Macération pelliculaire). Wird bei Rotweinen und Weißweinen angewendet, wobei die kühlen, gemahlenen (und in der Regel → abgebeerten) Trauben einige Stunden bis Tage auf der Maische stehen, um Aromastoffe zu extrahieren. Die Gärung kann aufgrund der Kühlung (oder kalten Außentemperaturen) noch nicht beginnen; zum Schutz vor Oxidation wird manchmal Kohlensäure oder Stickstoff eingesetzt. Meist gelangen in geringem Umfang Bitterstoffe in den Wein, was von den Befürwortern der Maischestandzeit als zusätzliche Aromafacette gewünscht, von den Gegnern aber strikt abgelehnt wird.

Maitz, Wolfgang Österreichisches Weingut im Weinbaugebiet → Südsteiermark. Auf rund 7 ha Rebfläche werden jährlich etwa 50 000 Flaschen Wein erzeugt, darunter Sauvignon blanc, Muskateller, Traminer, Grauburgunder, Morillon (Chardonnay), Weiß- und Grauburgunder, Welschriesling und 10 % Rotweinsorten. Die Rebflächen liegen rund um das Anwesen (mit einem hervorragenden Gutsausschank) auf Süd- und Südostlagen. Besonders die eleganten, mineralischen Sauvignon blancs und Traminer zeigen exemplarisch, dass im kontinentalen Klima der Steiermark hervorragende Weine wachsen.

Maiwein Weißwein, der mit dem Würzkraut → Waldmeister aromatisiert und im Mai ausgeschenkt wird. Sorgt wegen des Gehalts an Cumarin für 1A-Kopfschmerzen, wenn der Waldmeister in den Wein geworfen und zu lange ausgelaugt wird. Sinnvoller ist es, das Kraut (es darf noch nicht geblüht haben) zu einem Bündel zu schnüren und, an einen Kochlöffel gebunden, den man auf das Bowlengefäß legt, mehrere Stunden über dem Wein schweben zu lassen. Mit einem Tuch abdecken. Der Duft des Waldmeisters paart sich so auf elegante Weise mit dem Wein. Nur ein guter Wein ergibt einen guten Maiwein: z. B. restsüßer Riesling Kabinett von der Mosel.
→ Glühwein, → Bischof.

Makedonien Nordgriechische Weinbauregion, deren Weinbaufläche heute auf weniger als 10 000 ha zusammengeschrumpft ist, jedoch qualitativ unverändert die bemerkenswertesten Weine des Landes hervorbringt. Bekannte Rotweine: Château Carras, Goumenissa, Naoussa, Côtes de Meliton und Amynteon. Weißweine: Athos und Côtes de Meliton.

Málaga Stadt und Provinz an der südspanischen Mittelmeerküste und der von dort stammende → gespritete Wein mit eigener DO in der Provinz Andalusien. Auf rund 830 ha Rebfläche werden jährlich etwa 4 Millionen l Wein erzeugt. Die Appellation reicht von der Küste bis 50 km ins Landesinnere.

Geographie und Klima

Die Rebflächen reichen von der Küste bis in 700 m Höhe, wo die Böden lehmhaltiger sind; überall findet sich aber auch Kreidegestein, teils im Untergrund. Aufgrund der unterschiedlichen Höhe fällt das Klima entweder mediterran (um Malaga) bis kontinental aus.

Rebsorten und Weinstile
Der Wein wird überwiegend aus den Sorten Pedro Ximénez, an der Küste aber auch aus Moscatel (weniger hochwertig) bereitet. Die Trauben werden vollreif gelesen und an der Sonne getrocknet, bis sich die Inhaltsstoffe in den rosinenartigen Beeren weiter konzentrieren. Der Málaga kann trocken (sehr selten) bis sehr süß ausfallen und hell bis nahezu schwarz sein, wobei sein Alkoholgehalt zwischen 15 und 23 % schwankt – im Idealfall ist es ein wunderbar schokoladiger Wein, dessen feine Säure extrem lange nachwirkt. Als bester gilt der → Lágrima. Andere Typen werden nach Rebsorten entweder als Pedro Ximen oder Moscatel und/oder je nach Süßungsgrad als Cream, sweet bezeichnet. Der Wein wird in → Soleras gelagert und z. T. mit alten Weinen verschnitten. Ein guter Málaga erinnert an einen guten Sherry oder Montilla. Einer der großen alten Weine dieser Welt, der unterzugehen droht – nur noch acht Produzenten. Bekannte Erzeuger: Scholtz Hermanos (inzwischen Konkurs), Larios, Lopez Hermanos, ferner Bacarles und Pérez Texeira.

Malans Schweizer Gemeinde im Kanton → Graubünden (→ Bündner Herrschaft). Zum Weinbaugebiet zählen Fläsch, Maienfeld und Jenins: rund 75 ha Rebfläche, auf denen Blauer Burgunder (Spätburgunder) erzeugt wird. Die in Malans kultivierte Rebsorte Completer (auf 0,3 ha) ist ein typisches Schweizer Kuriosum.

Malartic-Lagravière, Château Französisches *Cru classé*-Weingut im Bordeaux in der Appellation → Léognan (Graves) mit rund 21 ha Rebfläche: 45 % Cabernet Sauvignon, 30 % Cabernet franc und 25 % Merlot. Seit 1992 wird auch ein Weißwein aus 90 % Sauvignon und 10 % Sémillon erzeugt.

Malbec Rote französische Rebsorte, auch als Cot, Pressac oder Auxerrois bezeichnet. Aus ihr wird der »schwarze Wein« *(vin noir)* von → Cahors erzeugt. Die Anbaufläche ging lange zurück (zz. sind es rund 5000 ha), doch trifft man sie gegenwärtig wieder häufiger bei Qualitätswinzern an. Im Bordeaux-Gebiet wird sie als Ergänzungssorte angebaut, doch selbst der Cahors wird kaum noch zu mehr als 70 % aus ihr erzeugt. Auch in anderen Teilen Südwestfrankreichs ist sie vertreten. Ihre größte Verbreitung dürfte sie heute in Argentinien haben, wo rund 30 000 ha mit ihr bestockt sind; auch in Chile und Australien ist sie vertreten.

Malconsorts Französische *Grand cru*-Lage im → Burgund. Auf rund 6 ha in → Vosne-Romanée ist sie die südliche Fortsetzung der *Grand cru*-Lage *La* → *Tâche*. Dort wird Rotwein aus Pinot noir erzeugt.

Malescot-Saint-Exupéry, Château Französisches 3e *Cru classé* in der Appellation → Margaux (Haut-Médoc). Rund 24 ha Rebfläche: 50 % Cabernet Sauvignon, 35 % Merlot, 10 % Cabernet franc und 5 % Petit Verdot.

Malle, Château de Französisches 2e *cru classé*-Weingut im Bordeaux in der Gemeinde → Preignac, Appellation → Sauternes. Rund 50 ha Rebfläche: 75 % → Sémillon, 22 % → Sauvignon und 3 % → Muscadelle für die Produktion von weißem Süßwein. Der Rotwein wird als Graves unter der Bezeichnung Château de Cardaillan verkauft. Sehenswert ist das Schloss aus dem frühen 17. Jahrhundert, das an florentinische Palazzi erinnert.

Malmsey Alte englische Bezeichnung für die Rebsorte Malvasia und den aus ihr erzeugten besonderen Madeira.

Malolaktische Gärung In Frankreich oft nur als die *malolactiques*, in Italien als *malolatica* bezeichnet. Ausdruck für die so genannte Apfel-Milchsäure-Gärung, bei der es sich in Wirklichkeit nicht um eine → Gärung, sondern um einen biologischen → Säureabbau handelt. Dabei wird die als strenger empfundene Apfelsäure in die mildere Milchsäure umgewandelt und → Kohlendioxid gebildet, wodurch der Eindruck einer Gärung entsteht. Der Wein kann dabei zeitweise einen Sauerkrautton aufweisen, der aber wieder verfliegt. Weißweine erhalten eine milchig-buttrige Komponente, die von der Milchsäure herrührt. Siehe auch → Apfelsäure und → Nachgärung

Malta Inselstaat im Mittelmeer südlich von Sizilien, auf der Höhe von Tunis. Malta hat rund 300 000 Einwohner und ist eines der am dichtesten besiedelten Länder der Welt, das jährlich von Millionen Touristen besucht wird. Die Rebflächen in Malta tendieren gegen null. Der in Malta patriotisch als *maltesisch* deklarierte Wein der Marke San Paolo wird zu einem Großteil von Großkellereien aus Trauben oder importierten Grundweinen hergestellt, auch wenn die Malteser felsenfest glauben, er sei in ihrem Land gewachsen. Auf der Nachbarinsel Gozo gibt es den hervorragenden Essigproduzenten Velsons, der in Mgarr einen traditionellen maltesischen Essig aus heimischen Trauben zu bereiten weiß.

Maltroye, Château de la Französisches Weingut im → Burgund im Ort Meursault. Rund 13 ha Rebfläche, vor allem Weißweinlagen, aber auch etwas Rotwein (*Premier cru Santenay Comme*). Erzeugt etwas *Grand cru* → *Bâtard Montrachet*, insgesamt feine und elegante weiße Burgunder.

Malvasia Eine alte Weißwein-Rebsorte; es gibt auch eine rote, aber weniger bedeutende Variante, etwa als → *Südtiroler Malvasia* oder *Malvasia di Casorzo d'* → *Asti* bzw. *Malvasia di Castelnuovo Don Bosco*, die beide aus → Piemont stammen. Ursprünglich soll sie aus Griechenland von den → Ägäischen Inseln stammen. Sie ist heute aber auch in Italien und den meisten übrigen Ländern des Mittelmeers verbreitet und auf → Madeira, in → Südafrika und → Kalifornien zu finden. Aus Malvasia werden zwei verschiedene Weinarten bereitet:

- Einmal handelt es sich dabei um normalen, durchweg trocken vinifizierten Wein, z. B. den weißen → Fiorano, den *Malvasia del* → *Collio*, → *Vino Santo, Malvasia di* → *Carso* und *Malvasia istriana dell'* → *Isonzo*. Die Sorte dient auch als Verschnitt in Weiß- und Rotweinen, z. B. früher beim → Chianti, auch → Governo.
- Zum anderen werden aus Malvasia → gespritete → Likörweine bereitet; die Engländer nennen diese auch → Malmsey. Sie sind meist außerordentlich süß und schwer, golden bis bernsteinfarben, von großem Bukett und sehr lagerfähig. Der berühmteste unter ihnen ist der → Madeira; in Italien gibt es den *Malvasia delle* → *Lipari, Malvasia di Bosa* und *Malvasia di Cagliari* sowie die teilweise süßen *Malvasia dei* → *Colli di Parma* und *Malvasia dei* → *Colli Piacentini*, die dem Madeira vergleichbar sind.

Trotz dieser eindrucksvollen Zahl von Weinen und ungeachtet der erheblichen Qualität der Rebsorte befindet sich Malvasia auf dem Rückzug – in Italien wie in Spanien (so z. B. bei weißem → Rioja, wo sie der weniger bedeutenden → Viura weichen muss). In Italien kommt an ihrer Stelle zunehmend der pflegeleichte → Trebbiano zum Einsatz. Die Zahl wirklich bemerkenswerter italienischer Weißweine entwickelt sich bei einer Fortsetzung dieser Tendenz gegen null; ausgenommen die Weine aus Südtirol und Teilen des Friaul.

Malvasia delle Lipari → Lipari

Malvasia di Bosa Italienischer DOC-Weißwein aus → Sardinien aus der Malvasia-Traube: *Dolce naturale secco* (trocken mit mindestens 15 % Alkohol), *Liquoroso dolce naturale* und *Liquoroso secco* bzw. *dry* mit mindestens 17,5 % Alkohol.

Malvasia di Cagliari Italienischer DOC-Weißwein aus den Provinzen Cagliari und Oristano in → Sardinien aus der Malvasia-Traube: *Dolce naturale secco* (trocken mit mindestens 15 % Alkohol), *Liquoroso dolce naturale* und *Liquoroso secco* bzw. *dry* mit mindestens 17,5 % Alkohol (als Riserva nach 2 Jahren Lagerung).

Malvasia di Casorzo Italienischer DOC-Rotwein aus dem → Piemont, der aus der Malvasia-nero-Traube bereitet wird; auch als Spumante und restsüßer Passito aus am Rebstock rosinierten Trauben mit mindestens 15 % Alkohol.

Malvasia di Castelnuovo Don Bosco Italienischer DOC-Rotwein aus dem → Piemont, der aus der Malvasia-di-Schierano-Traube bereitet wird; auch als Frizzante und Spumante.

Malvoisie Französische Bezeichnung für die Sorte → Malvasia. Im Département Pyrénées Orientales werden aus ihr im Zusammenspiel mit anderen Trauben die delikaten wie bekannten → Likörweine → Banyuls, → Grand Roussillon, → Maury und → Rivesaltes erzeugt. Im benachbarten Département → Aude ist Malvoisie das Synonym für den weißen Bourboulenc.

Im Schweizer → Wallis und im italienischen → Valle d'Aosta ist Malvoisie die gebräuchliche Bezeichnung für die Sorte Pinot gris (Grauer Burgunder), aus dem – um die Verwirrung komplett zu machen – im Valle d'Aosta ebenfalls Likörweine erzeugt werden, darunter der berühmte *Malvoisie de Nus*.

Mancha, La Zentralspanische Hochebene – die *meseta* –, das baumlose, trockene Hochland Castilla-La Mancha, rund 700 m über dem Meeresspiegel. La Mancha ist die Heimat von Don Quijote und das Zentrum des spanischen Weinbaus mit rund 700 000 ha Rebfläche, von der ungefähr die Hälfte der spanischen Weinproduktion stammt. Der Löwenanteil dieser Erzeugung wird zu Weinbrand und Industriealkohol destilliert oder zu Weinessig und zu Mostkonzentrat (→ Arrope) weiterverarbeitet. Für die Qualitätsweinerzeugung ist das riesige Gebiet in rund neun → DOs bzw. in eine VdiT (Landwein) eingeteilt.

Klima und Geographie

Die riesige Region liegt zwischen 500 bis 650 m hoch. Im Sommer werden Rekordtemperaturen erreicht, im Winter kann es bitterkalt sein. Die Böden bestehen aus Sand und Lehm, teilweise auch aus weißem oder rötlichem Kalk. Die Reben stehen in weitem Abstand und sind äußerst niedrig.

Rebsorten und Weinstile

Was als La Mancha in den Handel kommt, sind meist einfache Weißweine aus den Sorten Airén, Macabeo, Pardilla und Verdoncho sowie Rotweine aus Cencibel (Tempranillo), Garnacha und Moravia, wobei die beliebten Roséweine häufig als → Rotling erzeugt werden. Traditionellerweise sind sie die typischen madrilenischen Karaffenweine, die man auch als *Vinos tradicionales de La Mancha* bezeichnet. Es gibt aber auch sehr günstigen Exportwein sowie vereinzelte Spitzenweinerzeuger. Aufgrund der Dynamik dieses riesigen Gebiets gibt es keine typischen Gebietsmerkmale; ähnlich wie in Italien herrscht hier ein mehr oder weniger kreatives Chaos, das auf der einen Seite moderne Barriqueweine internationalen Stils hervorbringt, auf der anderen Seite viel austauschbaren Massenwein. Durch größere Sorgfalt, bessere Verfahren und Anwendung moderner önologischer Erkenntnisse werden höhere Qualitäten erzielt, deren Ergebnisse als die *nuevos vinos de La Mancha* Aufmerksamkeit erlangt haben. Bekannte Erzeuger: Altosa, Ayuso, Cueva del Granero, Julián Santos, Torres Fiiso, Vinícola de Castilla.

La Mancha	
Anbaugebiet	*Rebfläche*
DO La Mancha	(rund 175 000 ha Rebfläche)
VdiT (Landwein) → Manchuela	(rund 75 000 ha Rebfläche)
DO → Valdepeñas	(rund 30 000 ha Rebfläche)
DO → Vinos de Madrid	(rund 12 000 ha Rebfläche)
DO → Mondejar	(rund 3000 ha Rebfläche)
DO → Yecla	(rund 12 000 ha Rebfläche)
DO → Almansa	(rund 7600 ha Rebfläche)
DO → Jumilla	(rund 42 000 ha Rebfläche)
DO → Méntrida	(rund 13 000 ha Rebfläche)

Manchuela Riesiges Gebiet in der Region → La Mancha in der zentralspanischen Hochebene. Auf rund 75 000 ha Rebfläche werden überwiegend Fassweine erzeugt, seltener Flaschenweine. Klima, Geographie, Weinstile und Rebsorten → La Mancha. Bekannte Erzeuger: Coop Iniestente.

Mandement Weinbauregion am Genfer See, geschlossenster und wichtigster der drei → Genfer Weinbaubereiche mit rund 600 ha Rebfläche. Die beiden übrigen Bereiche, die so genannten *Rive gauche*, befinden sich zwischen See und Arve bzw. zwischen Rhône und Arve. Mandement liegt westlich von Genf mit → Satigny als größter Weinbaugemeinde der Schweiz. Russin, Dardagny und Peissy sind ebenfalls von Bedeutung.

Mandrolisai Italienischer DOC-Rotwein aus → Sardinien, der in der Provinz Nuoro aus Bovale Sarda, Cannonau (Grenache) und Monica erzeugt wird; auch als Superiore mit 12,5 % Alkohol.

Manincor, Tenuta Italienisches Weingut in der Region → Südtirol, im Ort Kaltern. Erzeugt auf rund 35 ha Rebfläche konzentrierte Weine aus den Rebsorten Cabernet Sauvignon, Merlot, Goldmuskateller, Vernatsch (auch einen Kalterer See aus hundertjährigen Rebstöcken). Spitzenweine: Cuvée Sophie (Weißwein: Chardonnay und Sauvignon blanc), Cuvée Cassiano (Rotwein: Cabernet Sauvignon und Merlot), Lieben Aich (Sauvignon blanc), Mason di Mason (Pinot nero), Castel Campan (Merlot).

Mannersdorf Österreichische Gemeinde im Weinbaugebiet → Weinviertel an der slowakischen Grenze. Rund 80 ha Rebfläche mit überwiegend Grünem Veltliner, ferner Gewürztraminer und Welschriesling. Bekannter Erzeuger: Roland Minkowitsch.

Männle, Weingut Deutsches Weingut im Weinbaugebiet → Baden in Durbach. Auf rund 6 ha Rebfläche werden jährlich etwa 40 000 Flaschen Wein erzeugt. Rebsorten: 60 % Spätburgunder, ferner Weißburgunder und Scheurebe. Böden: Granitverwitterung. Bekannte Lagen: *Durbacher Plauelrain*.

Mantinia Trockener griechischer weißer OPAP-Qualitätswein, der auf knapp 1000 ha im Zentrum des → Peloponnes aus den Sorten Moschofilero und Asponda erzeugt wird.

Mantlerhof Österreichisches Weingut im Weinbaugebiet → Kremstal. Auf rund 14 ha Rebfläche werden vor allem Grüner Veltliner (50 %), die Spezialität Roter Veltliner (15 % Malavsier), Riesling (20 %) sowie Chardonnay erzeugt, ferner etwas Merlot. Die Weine wachsen auf den typischen meterdicken Lößterrassen der Region und gehören zu den besten des Gebiets. Außerdem werden edelsüße Prädikatsweine, z. B. Eisweine und Trockenbeerenauslesen, erzeugt.

Manzanilla Offiziell ein → Sherry, praktisch jedoch ein eigener → Fino, der in → Sanlúcar de Barrameda am Atlantik aus der Sorte → Palomino erzeugt wird. In der Regel werden die Trauben nicht angetrocknet, dadurch enthält der Most weniger Zucker und mehr Säure, sodass der Alkoholgehalt meist bei 15,5 % liegt und damit niedriger als beim Fino ist. Der Wein hat ein nussartiges und fast etwas salziges Aroma und dazu eine erfrischende Säure. Bekannte Erzeuger: Herederos de Argüeso (Marke: San Leon), Antonio Barbadillo (Solear, Eva, Barbadillo u. a.), Hijos de Rainera Pérez Marin (La Guita), Sanchez Romate (Viva La Pepa) und Vinicola Hidalgo (La Gitana).

Maranges Französische AOC-Region im → Burgund zwischen der Côte de Beaune und Côte Chalonnaise, im Norden des Départements Saône-et-Loire. Die Weine wachsen rund um Cheilly-les-Maranges, Dezize-les-Maranges und Sampigny-les-Maranges. Auf rund 150 ha Rebfläche werden fast ausschließlich Rotweine aus Pinot noir erzeugt, rund 860 000 l, sowie rund 20 000 l Weißwein aus der Sorte Chardonnay. Die Weine wachsen auf Kies-, Ton- und Kalkböden mit Granitanteilen.

Es gibt sieben *Premier cru*: *Clos de la Boutière, Clos de la Fussière, La Fussière, Le Clos des Loyères, Le Clos des Rois, La Croix aux Moines, Le Clos Roussots.*

Marc Französische Bezeichnung für → Trester (ausgepresste Trauben; italienisch Grappa); der daraus erzeugte Tresterbranntwein heißt *Eau-de-vie-de-Marc*. In der Champagne außerdem eine Maßeinheit für 4000 kg Trauben, die Menge also, die eine der dort verwendeten Pressen auf einmal verarbeiten kann.

Marche → Marken

Marchesi di Barolo Italienisches Weingut in Barolo, Region → Piemont. Erzeugt auf rund 40 ha Rebfläche Eigenbesitz sowie mit zugekauften Trauben von rund 140 ha etwa 1,2 Millionen Flaschen Wein: vor allem DOCG → Barolo (auch Lagenweine), → Barbareso, → Gavi und DOC → Barbera sowie Dolcetto.

Marcillac Kleines französisches AOC-Weinbaugebiet östlich von → Cahors. Erzeugt wird vor allem Rotwein aus der Sorte Fer Servadou mit geringen Zusätzen von Cabernet franc, Cabernet Sauvignon und Merlot.

Marcobrunn Berühmte deutsche Lage im → Rheingau, als Erstes Gewächs klassifiziert. Der Name ist von dem schlichten klassizistischen Brunnen abgeleitet, dem Gemarkungsbrunnen (daraus wurde Marcobrunnen), der an der Grenze zwischen den Gemeinden → Erbach und → Hattenheim steht. Die Lage heißt weinrechtlich *Erbacher Marcobrunn*. Bekannte Erzeuger: → Langwerth von Simmern, Hessische Staatsweingüter, Schloss Schönborn, Schloss Reinhartshausen.

Mardon, Domaine Französisches Weingut an der → Loire in der AOC → Quincy. Auf rund 15 ha Rebfläche wird einer der führenden Weine (100 % Sauvignon blanc) der kleinen Appellation erzeugt.

Mareuil-sur-Ay Französische Weinbaugemeinde in der → Champagne, mit 99 % eingestuft (gegenüber den 100 % des benachbarten → Ay). Es werden Grundweine überwiegend aus Pinot noir, doch auch aus Pinot Meunier und Chardonnay erzeugt. Beste Lage des Ortes: *Clos des Goisses*.

Margaux Berühmte französische Gemeinde im → Bordeaux, Region → Haut-Médoc. Von hier stammen einige der besten Rotweine der Welt. Die AOC Margaux ist die südlichste und größte Appellation im Médoc und umfasst außer Margaux die Nachbarorte → Arsac,

→ Cantenac, → Labarde und → Soussans, zusammen rund 1300 ha Rebfläche, auf der aus den Rebsorten Cabernet Sauvignon, Cabernet franc, Merlot und Petit Merlot jährlich etwa 7 Millionen l Rotwein erzeugt werden. Nur die besten Rebflächen sind Teil der AOC Margaux, die eingesprengten Reste zählen zur weniger hochwertigen AOC Haut-Médoc. Ein Drittel der klassifizierten Gewächse des Haut-Médoc kommt unter dieser AOC in den Handel. Die besten Weine wachsen auf gut drainierten Kieskuppen, den so genannten croupes, die zu den besten des Bordelais gehören. Der Rest wächst auf Kalkstein, Ton und Sand. Seit der → Klassifizierung von 1855 besitzt Margaux den wohl herausragendsten Ruf im Bordeaux.

Die Cru classés des Margaux:

- *1er cru*: Château Margaux
- *2e cru*: Châteaux Brane-Cantenac, Durfort-Vivens, Lascombes, Rauzan-Ségla, Rauzan-Gassies
- *3e cru*: Boyd-Cantenac, Cantenac-Brown, Desmirail, Ferrière, Giscours, Issan, Kirwan, Malescot-Saint-Exupéry, Marquis d´Alesme-Becker, Palmer
- *4e cru*: Châteaux Marquis de Terme, Pouget, Prieuré-Lichine
- *5e cru*: Châteaux Dauzac, Château du Tertre

Margaux, Château Berühmtes französisches *Premier cru classé*-Weingut im Bordeaux, in der Appellation → Margaux. Rund 84 ha Rebfläche: 75 % Cabernet Sauvignon, 20 % Merlot und 5 % Petit Verdot und Cabernet franc. Zweitwein: *Pavillon rouge du Château Margaux.* Auf 12 ha wird der Weißwein *Pavillon blanc du Château Margaux* aus der Sorte Sauvignon blanc erzeugt.

Marget, Weingut Emil Deutsches Weingut im Weinbaugebiet → Baden im Ort Müllheim. Rebsorten: 50% Gutedel, ferner Weißburgunder, Silvaner und Grauburgunder.

Margret River Weinbaugebiet in → Westaustralien

Marienthal Deutsche Gemeinde im Weinbaugebiet → Ahr, rund 55 ha Rebfläche. Bekannte Lage: *Klostergarten.* Es wird fast ausschließlich Spätburgunder angebaut. Sitz der Staatlichen → Weinbaudomäne Kloster Marienthal.

Marienthal, Staatliche Weinbaudomäne Deutsches Weingut im Weinbaugebiet → Ahr im Ort Marienthal. Auf rund 20 ha Rebfläche werden jährlich etwa 100 000 Flaschen Wein erzeugt – überwiegend Rotwein. Rebsorten: 70% Spätburgunder, ferner Portugieser. Bekannte Lagen: *Walporzheimer Kräuterberg, Marienthaler Klostergarten* (Alleinbesitz). Böden: Schieferverwitterung, Lößlehm.

Marino Italienische DOC in → Latium nahe Rom für Weißweine, die überwiegend aus den Rebsorten Malvasia und Trebbiano erzeugt werden; auch als Spumante und Superiore mit 11,5 % Alkohol.

Marken (Italienisch Marche). Italienische Weinbauregion an der Adria rund um Ancona. Die Topographie dieser mittelitalienischen Weinbauregion ist durch den gebirgigen Apennin geprägt; viele Reben stehen auf Hanglagen mit kalkhaltigen Böden. Auf rund 25 000 ha Rebfläche werden jährlich etwa 170 Millionen l Wein erzeugt, nur ein Teil davon ist DOC-Wein, so z. B. die Weißweine Verdicchio dei → Castelli di Jesi und Verdicchio di → Matelica. Ferner → Falerio dei Colli Asolani oder der → Bianchello del Metauro (außerhalb ihrer Herkunftsgebiete sind sie kaum bekannt). Und als Rotweine die DOC- → Rosso Piceno, → Rosso Cònero, → Sangiovese dei Colli Pesaresi; außerdem die beiden → Spumante → Vernaccia di Serrapetrona und Verdicchio Pian delle Mura.

Der größte Teil der erzeugten Weine wird jedoch als Fasswein bzw. Tafelwein verarbeitet und gehandelt, obwohl das

Potenzial der Weinberge und der roten Rebsorten Montepulciano d'Abruzzo bzw. Sangiovese vergleichsweise hoch ist.

Markenwein Meistens Verschnittweine mit jahrgangsunabhängigem, konstantem Geschmack. Traditionell sind → Champagner bzw. → Sherry Markenweine, die meist ohne Jahrgang und nähere geographische Herkunftsangabe in den Handel kommen. In den letzten zwanzig Jahren wurden immer mehr Markenweine in den Handel gebracht, die von Großproduzenten in Millionenauflage erzeugt und im globalen Maßstab vertrieben werden. Meist segelt ein Aufsehen erregender Spitzenwein als Flaggschiff vorneweg, der mit viel Geld und Marketing beworben wird. In dessen Fahrwasser folgt eine ganze Reihe von weniger aufregenden bis banalen Markenweinen. Bekanntestes Beispiel ist die Rothschild-Gruppe im französischen Bordeaux-Gebiet mit ihrem teuren Spitzenwein → Mouton-Rothschild, in dessen Windschatten der einfache Massenwein → Mouton-Cadet vermarktet wird. Nach dem gleichen Muster wird heute in der gesamten Weinwelt gearbeitet: In den USA wird Mondavis »Qualitätspyramide« von seinem kalifornischen Rotwein-Mythos → Opus One gekrönt. Darunter vermarktet der Konzern eine ganze Reihe Markenweine, deren Qualität immer wieder zu Diskussionen Anlass gibt. Penfolds in Australien produziert seinen Grange als Flaggschiff – dahinter segelt die so genannte → Bin-Reihe als Millionenseller in die Kaufhausregale. In Italien geht → Antinori nach dem gleichen Prinzip vor: Tignanello als Aushängeschild mit Image-Transfer-Funktion für die einfachen bis schlichten Massenweine des Hauses. Aus Deutschland ist im Ausland kaum ein Spitzenwein bekannt; dafür die klebrig-süße → Liebfrauenmilch, die zum Schreckgespenst für das Ansehen des deutschen Weins im Ausland verkommen ist.

Markgräflerland Deutsche Weinbauregion im Weinbaugebiet → Baden, zwischen Freiburg und Basel. Rund 3000 ha Rebfläche überwiegend auf Löß-, Lehm- oder Kalkböden, manche davon in privilegierten Südlagen auf bis zu 500 m Höhe ansteigend. Der Gutedel ist die traditionell dominierende Rebsorte, gefolgt von Rotweinen (überwiegend Spätburgunder) und Müller-Thurgau sowie Weißer und Grauer Burgunder. Bekannte Orte: → Müllheim (einschließlich Hügelheim), → Istein und → Laufen.

Marlenheim Französische Gemeinde im nördlichen → Elsass, westlich von Straßburg, mit der *Grand cru*-Lage *Steinklotz*. Im Gegensatz zum übrigen Elsass wird in Marlenheim überwiegend Pinot noir angebaut, der auch zu Rosés verarbeitet wird. Bekannte Erzeuger: Fritsch, Laugel, Philippe Lorentz (Traenheim), Mochel (Traenheim), Mosbach, Schmitt (Traenheim).

Marmandais Französische AOC-Weinbauregion an der → Garonne, im Département Lot-et-Garonne mit rund 1800 ha Rebfläche. Erzeugt rund 4 Millionen l Rot- bzw. Roséwein und rund 200 000 l Weißwein, die Rot- und Roséweine aus den im Bordeaux üblichen Rebsorten und einigen weiteren, den Weißwein überwiegend aus der Sorte Sauvignon blanc. Die Weine kommen als → *Côtes du Marmandais* in den Handel.

Marne Französischer Fluss und Département im Norden des Landes mit rund 21 000 ha Rebfläche, das Zentrum des → Champagners.

Marokko Nordwestafrikanischer Staat mit etwa 50 000 ha Rebfläche (davon rund 14 000 für die Weinerzeugung), auf denen jährlich rund 30 Millionen l Wein produziert werden, die in steigendem Maße in den Export gehen, nur noch ein kleiner Teil bleibt im Lande selbst.

Marokko hat inzwischen einige französische Investoren ins Land geholt, um den Weinbau zu modernisieren und eine entsprechende Weingesetzgebung zu initiieren: In rund 14 AOGs (entsprechend der französischen AOC) sind Anbaugebiete und Rebsorten definiert. Zumeist liegen diese in Höhen bis zu 600 m, wo die Weinberge vom kühleren Klima des Atlantiks profitieren. Die 14 AOGs von Westen nach Osten: Doukkala, Sahel, Zenatta, Zaer, Chellah, Zemmour, Guerrouane, Beni m´tir, Gharb, Zerhoun, Sais, Beni-Sadden, Berkane und Angad. Neben Rotweinen wird auch Vin gris (Rosé) erzeugt.

Marque Französisch für Marke; *marque déposée* bedeutet eingetragenes Warenzeichen. Ein *vin de marque* ist ein → Markenwein, der einen besonderen Weintyp mit einer weitgehenden Konstanz repräsentiert. Champagner und andere Schaumweine sind in aller Regel *vins de marque*. Auch in Bordeaux nimmt die Erzeugung von Markenweinen ständig zu, z. B. Mouton-Cadet. Likörweine sind in der Regel ebenfalls Markenweine, sie alle tragen in Frankreich meist das AOC-Prädikat.

In Luxemburg hingegen entspricht die *Marque nationale* dem deutschen → Qualitätswein b. A. bzw. der französischen → AOC.

Marqués de Murrieta Spanisches Weingut im → Rioja, das zweitälteste Weingut in der Region und ein Flaggschiff für Qualität. Auf rund 150 ha Rebfläche Eigenbesitz wird zunehmend der Bedarf an eigenen Trauben gedeckt. Spitzenwein: Castillo Ygay (wird nur in guten Jahren erzeugt): sehr langlebige, komplexe Rotweine mit hohem Potenzial.

Marqués de Riscal Spanisches Weingut im → Rioja, die älteste Bodega der Region. Es werden jährlich etwa 3 Millionen Flaschen Wein erzeugt, darunter die überraschend Bordeaux-typischen Barón de Chirel (rund 50 % Cabernet Sauvignon). Trotz des Cabernet-Sauvignon-Anteils in den Weinen zählen sie zu den traditionellen Riojas.

Marquis-d'Alesme-Becker, Château Französisches *3e Cru classé*-Weingut im Bordeaux in der Appellation → Margaux (Haut-Médoc). Rund 7 ha Rebfläche: 40 % Cabernet Sauvignon, 30 % Merlot, 20 % Cabernet franc und 10 % Petit Verdot.

Marquis-de-Terme, Château Französisches *4e Cru classé*-Weingut im Bordeaux in der Appellation → Margaux (Haut-Médoc). Rund 34 ha Rebfläche: 50 % Cabernet Sauvignon, 30 % Merlot, 15 % Cabernet franc und 5 % Petit Verdot.

Marsala Gespriteter italienischer DOC-Wein mit einem Alkoholgehalt von 16–20 %, der bernsteinfarben, gelegentlich trocken, meist jedoch süß ist und leicht an Sherry erinnert; benannt nach der gleichnamigen Hafenstadt an der Westküste Siziliens, aus deren Umgebung er kommt. »Erfunden« haben ihn in der zweiten Hälfte des 18. Jahrhunderts Engländer, die preiswerten Ersatz für die in ihrer Heimat beliebten spanischen und portugiesischen → Likörweine (Portwein) suchten.

Marsala wird aus den Sorten Grillo, Cataratto und Inzolia erzeugt. Je nach Herstellungsverfahren spricht man von *Concentrato*, *Sifone* oder *Mosto cotto* (Letztere dürfen für die besseren Sorten nicht verwandt werden). Man unterscheidet vier Gruppen von Marsala:

- *Marsala fine*: mindestens einjährige Lagerung und 17 % Alkohol,
- *Marsala superiore*: mindestens zweijährige Lagerung und 18 % Alkohol,
- *Marsala superiore riserva*: mindestens vierjährige Lagerung und 18 % Alkohol,
- *Marsala vergine* (*Marsala soleras*): mindestens fünfjährige Lagerung und 18 % Alkohol.
- *Marsala vergine riserva* (*Marsala vergi-

ne stravecchio): mindestens zehnjährige Reife und 18 % Alkohol.

Bekannte Erzeuger: F.lli de Vita und Sala Spanò, die ungespritete und trockene im → Soleraverfahren gereifte Marsala erzeugen.

Marsannay Französische Gemeinde im Burgund, im Norden der → Côte de Nuits. In der AOC werden in drei Gemeinden (Chenôve, Marsannay-la-Côte und Couchey) auf rund 200 ha Rebfläche jährlich etwa 850 000 l Rotwein aus Pinot noir und 140 000 l Weißwein aus Chardonnay erzeugt. Die AOC ist auch bekannt für ihren aus Pinot noir bereiteten Roséwein. Die Weine wachsen oberhalb der *Grand cru*-Weinberge auf kalkhaltigen Böden mit Kies und Schotter in überwiegend östlicher, teilweise südlicher Exposition in 250 bis 320 m Höhe.

Marsanne Französische Weißwein-Rebsorte, vor allem an der Rhône und in Südfrankreich verbreitet. Wird vor allem zusammen mit der Rousanne verarbeitet, z. B. im weißen Saint Joseph.

Martigny Stadt in der Schweiz südöstlich des Genfer Sees im Unter-Wallis mit steilen Rebbergen in Martigny-Combe.

Martillac Französischer Ort im Weinbaugebiet Bordeaux, im → Graves gelegen. Rund 175 ha Rebfläche, bekannter für seine Rot- als für seine Weißweine. Teil der Appellation → Pessac-Léognan. Bekannte Erzeuger: Châteaux La Tour-Martillac, Smith-Haut-Lafitte, Rochemorin, La Garde, Haut-Nouchet, Ferran und Domaine de la Solitude.

Martina Franca Eine der vielen süditalienischen DOCs, die zwar gesetzlich definiert sind, aber im Weinbau nur eine geringe Rolle spielen, da ihr Wein überwiegend als IGT- und Tafelwein vermarktet wird. Die Appellation liegt in → Apulien nördlich der Stadt Taranto um die Gemeinden Martina Franca, Alberobello und Ostuni. Dort werden Weißweine aus den gleichen Sorten wie der Locorotondo erzeugt: Verdeca, Bianco d'Alessano, Fiano, Bombino, → Malvasia; es gibt ihn auch als *Spumante*.

Marzemino Italienische Rebsorte, die im → Veneto und → Trentino verstärkt angebaut wird: DOC Marzemino del Trentino. Meist ein farbstarker, kerniger Rotwein mit einer gewissen Deftigkeit. Bekannte Erzeuger: De Tarczal, Gaierhof, Letrari.

Mas Amiel Französisches Weingut im → Roussillon in der AOC → Maury, führender Erzeuger in der Appellation. Früher Erzeuger traditioneller süßer Likör-Rotweine aus der Rebsorte Grenache, die früher in Glasballons ein knappes Jahr unter freiem Himmel gelagert wurden, um die Weine dem Licht und der Wärme der Sonne auszusetzen und zu oxidieren. Anschließend kamen die Rotweine in riesige, 30 000 l fassende Holzfässer, um dort mehrere Jahre bis Jahrzehnte gelagert zu werden, bis sie → rancio waren: eine Art Wein-Gesamtkunstwerk. Heute werden überwiegend trockene Rotweine erzeugt, teilweise auch moderne reduktive rote Likör-Süßweine mit der → Macération carbonique; nett, aber glatt. Rund 140 ha Rebfläche. Die Zukunft der traditionellen Maury-Weine ist ungewiss.

Mas Blanc, Domaine du Französisches Weingut im → Roussillon im Ort Banyuls. Erzeugt AOC → Banyuls (10 ha Rebfläche) und AOC Collioure (4 ha Rebfläche), die auf schwarzen Schieferböden auf steilen → Terrassenlagen über dem Meer wachsen. Der Collioure wird aus Mourvèdre, Syrah und etwas Grenache erzeugt, der Banyuls ist ein fast reinsortiger Grenache noir.

Mascara In → Algerien in der Nähe von Oran erzeugter, sehr körper- und alkoholreicher (13–15,5 %), tieffarbiger, fast schwarzer und voller Rotwein (selten Rosé- oder Weißwein); durch diese Eigenschaften vor allem im nördlichen Europa geschätzter → Deckrotwein.

Mascarello, Bartolo Italienisches Weingut im → Piemont, im Ort Barolo. Bartolo Mascarello ist ein unbeugsamer Traditionalist, seine Weine legendär. Erzeugt auf 5 ha Rebfläche klassische und traditionelle DOCG → Barolo, insgesamt 30 000 Flaschen (davon 20 000 Barolo, der Rest Barbera). Die Weine stammen aus seinen Lagen im *Cannubi, San Lorenzo, Rué* und *Rocche*. Baut ausschließlich in großen Holzfässern aus.

Maschinenlese → Weinlese

Masi Italienisches Weingut in der Region → Veneto, im Ort Gargagnago (Valpolicella). Einer der größten Erzeuger der Region, produziert auf rund 160 ha Rebfläche und unter Traubenzukauf etwa 2 Millionen Flaschen Wein, darunter Bardolino, Soave, Valpolicella Classico, Recioto, Amarone (Lagen: Costasera, Campolongo di Torbe, Mazzano) sowie den Barriquewein *Toar* aus der Rebsorte Corvina. Masi ist auch im Besitz des Weinguts von Serègo Alighieri (30 ha Rebfläche) – einem direkten Nachfahren von Dante: Dort wird hervorragender Amarone erzeugt (Spitzenwein: *Vaio Armaron*).

Massenträger → Rebsoren, die auf sehr hohen → Ertrag hin gezüchtet wurden.

Masson → Kalifornisches Weingut in den USA im Weinbaugebiet Monterey. Erzeugt rund 45 Millionen Flaschen Wein – vor allem Massenweine in krugartigen Flaschen.

Masson-Blondelet, Domaine Französisches Weingut an der → Loire in der AOC → Pouilly-Fumé im Ort Pouilly-sur-Loire. Auf rund 18 ha Rebfläche werden rund 70 000 Flaschen Puilly-Fumé erzeugt. Spitzenwein: *Tradition Cullus*.

Mastroberadino Italienisches Weingut in → Kampanien, der größte private und bedeutendste Erzeuger der Region. Erzeugt auf rund 150 ha Rebfläche und durch Traubenzukauf etwa 3 Millionen Flaschen Wein, darunter die DOC-Weine Greco di Tufo (rund 1 Million Flaschen), Fiano di Avellino, Vesuvio Lacryma Christi und den DOCG-Wein Taurasi.

Mataró Ergiebige spanische Rotweintraube, in Frankreich als → Mourvèdre bekannt.

Matelica Italienischer Ort in den → Marken, in dessen Umgebung der DOC-Weißwein → Verdicchio di Matelica erzeugt wird. Bekannte Erzeuger: Belisario und La Monacesca.

Mateus Markenname für den meistverkauften, mit Kohlensäure versetzten Roséwein der Welt. Wird in Portugal in Millionenauflage erzeugt und in eine Bocksbeutelflasche abgefüllt: eine Art portugiesische → Liebfrauenmilch.

Matino Italienische DOC-Region für Rot- und Roséweine im äußersten Süden → Apuliens, in der Nähe von Gallipoli gelegen. Diese werden überwiegend aus der Rebsorte Negro amaro erzeugt, wobei der Zusatz von bis zu 30% Malvasia nera und Sangiovese erlaubt ist. Die Weine ähneln in der Regel jenen der benachbarten DOC-Gebiete des → Salento.

Mátraalja Nordungarisches Weinbaugebiet am Rande des Mátra-Mittelgebirges mit ausgedehntem Weinbau an seinen Südhängen; rund 10 000 ha sind mit Reben bepflanzt.

Bekannte Weine: *Abasári Rizling* (Welschriesling von Abasár) und der süße *Debröi Hárslevelü* (Debröer Lindenblättriger). Der Kadarka ist im Verschwinden begriffen, Chardonnay, Sauvignon und auch Cabernet Sauvignon treten an seine Stelle.

Maucaillou, Château Französisches *Crus bourgeois*-Weingut in der Appellation → Moulis-en-Médoc. Rund 50 ha Rebfläche: 56 % Cabernet Sauvignon, 35 % Merlot, 7 % Petit Verdot und 2 % Cabernet franc.

Maulbronn Stadt in → Württemberg, berühmt für ihre am besten erhaltene mittelalterliche Klosteranlage Deutschlands, ein Zisterzienserkloster aus dem 12. bis 14. Jahrhundert, zu dessen Besitz einst die Lagen *Maulbronner Eilfingerberg* und *Eilfingerberg Klosterstück* (rund 17 ha) gehörten. Heute im Besitz der Württembergischen Hofkammer.

Maupertuis Frühere Bezeichnung eines bestimmten Teils des → *Clos de Vougeot*, heute nicht mehr gebräuchlich.

Maury Im französischen → Roussillon westlich von Perpignan um die Gemeinde Maury gelegenes Weinbaugebiet. In der AOC werden auf rund 1000 ha Rebfläche etwa 2,7 Millionen l Rotwein erzeugt (Weißwein nur in homöopathischen Mengen). Die Weine wachsen in imposanter Landschaft auf schwarzem Schiefer. Es werden vor allem aus der Sorte Grenache noir mit Zusätzen anderer weißer wie roter Sorten jährlich an die vier Millionen l eines süßen, gespriteten Likörweins (*vin doux naturel*) erzeugt. Die Weine kommen als *Maury* oder als *Maury* → *Rancio* in den Handel; z. T. in Glasballons in der Sonne gelagert, bevor sie im Fass reifen. Bei den Muscat-Weinen ist der Ertrag auf 2800 bis 3000 l pro ha beschränkt. Bekannter Erzeuger: Mas Amiel.

Mautern Österreichischer Weinbauort in der → Wachau, auf dem rechten Ufer der Donau gegenüber dem Kremser Stadtteil Stein gelegen. Auf rund 180 ha Rebfläche werden vor allem Riesling und Grüner Veltliner kultiviert. Bekannte Erzeuger: Nikolaihof und Gerald Graf (Mauternbach).

Mavrodaphne Griechischer Name für eine der bekanntesten Rotweinsorten des Balkans und des östlichen Mittelmeerraumes, die in anderen Ländern gewöhnlich als Mavroud bezeichnet wird. Aus ihr werden in Griechenland auf Kephalonia bekannte Likörweine kontrollierter Ursprungsbezeichnung, aber auch Tafelweine wie der *Monte Nero* erzeugt. Der Mavrodaphne aus Patras ist ein mehr oder minder süßer Wein, der an einen leichten Portwein erinnert.

Maximin Grünhaus Sitz des deutschen Weinguts Von Schubert – ein Ortsteil der Stadt Mertesdorf im Weinbaugebiet → Ruwer (Mosel-Saar-Ruwer). Zum Weingut gehören die Alleinbesitz-Lagen *Maximin Grünhäuser Bruderberg, Herrenberg* und *Abtsberg* (zusammen rund 29 ha Rebfläche). Herrenberg und Abtsberg gelten als die besten Lagen des Weinguts. Die Rieslinge zählen zu den besten der Ruwer und leisten durch ihr Renommee einen wichtigen Beitrag nicht nur zur Erhaltung des Weinbaus an der Ruwer, sondern sind auch wichtige Weinbotschafter für Riesling aus Deutschland, der – wenn er wie hier nach allen Regeln der Kunst – klassisch in Holzfässern, restsüß und mit moderatem Alkoholgehalt ausgebaut wird, zu den liebenswürdigsten, geschmackvollsten und haltbarsten Weißweinen dieses Planeten gehört.

Mayschoß Deutscher Ort im Weinbaugebiet → Ahr mit rund 140 ha Rebfläche. Bekannte Lage: *Mönchberg*. Hier wird vor allem Riesling angebaut, dann erst der ansonsten an der Ahr vorherrschende Spätburgunder. Bekannter Erzeuger: Deutzerhof (Wolfgang Hehle).

Mazis-Chambertin Französische 9 ha große *Grand cru*-Lage der Ortschaft Gevrey-Chambertin in → Burgund, unmittelbar nördlich des → *Clos de Bèze* gelegen. Es wird Rotwein der Sorte Pinot noir erzeugt, jährlich etwa 33 000 l, der auf mit Kies durchsetzten, flachgründigen Kalkböden wächst. Bekannte Erzeuger: A. Rousseau und Tortochot.

Mazoyères-Chambertin Französische *Grand cru*-Lage in → Burgund, rund 19 ha in der Ortschaft → Gevrey-Chambertin, an der Gemeindegrenze zu Morey-St. Denis gelegen. Es wird Rotwein der Sorte Pinot noir erzeugt, der meist unter dem Namen → *Charmes-Chambertin* in den Handel gebracht wird. Die Böden sind kalk- und kieshaltig.

McLaren Vale → Südaustralien

Mecsekalja Ungarisches Weinbaugebiet an den Ausläufern des Mecsek-Höhenzugs im Südwesten Ungarns nördlich der Stadt Pécs (Fünfkirchen), an dessen Südhängen Wein angebaut wird. Das Weinbaugebiet ist in mehrere Teile verstreut, dazu gehört auch die an der Donau liegende Hügellandschaft östlich von Pécs. In der Regel werden Weißweine erzeugt: *Pécsi Olaszrizling* (Pécser Welschriesling), *Pécsi Cirfandli* (Pécser Zierfandler), *Mecseki Rizling* (Mecseker Riesling), Furmint und Weißer Burgunder. Der Trend geht zu Rotweinen, an die Stelle von Kadárka und Kékfrankos (Blaufränkisch) treten Cabernet Sauvignon und Merlot.

Medium Englische Bezeichnung, die ohne den Zusatz *dry* (*medium dry*, entsprechend → halbtrocken) tatsächlich *medium sweet* und damit → lieblich meint, z. B. bei → Sherry.

Médoc Bedeutendes französisches Rotweinanbaugebiet: ein schmaler, bis zu 10 km breiter Streifen, der sich auf etwa 75 km Länge nördlich von → Bordeaux längs der → Garonne und → Gironde erstreckt. Hauptrebsorten: Cabernet Sauvignon (rund 50% der Anbaufläche), gefolgt von Cabernet franc, Merlot, Malbec, Petit Verdot und Carmenère. Das Gebiet teilt sich in zwei Bereiche.

- Im unteren Médoc, nördlich von → Saint-Seurin-de-Cadourne gelegen, wächst auf sandigen, weniger kieshaltigen Böden nahezu ein Drittel des Gesamtertrags. Die Weine erreichen nicht ganz die Qualität des südlichen Gebiets. Bekannte Orte: Bégadan, Saint-Christoly-Médoc, Blaignan, Saint-Yzans-de-Médoc, Ordonnac und Saint-Germain-d'Esteuil. In der AOC Médoc werden auf rund 5000 ha jährlich um die 30 Millionen l Rotwein erzeugt, der wenige erzeugte Weißwein darf lediglich die Appellation *Bordeaux* bzw. *Bordeaux Supérieur* führen. Bekannte Erzeuger (überwiegend *Crus bourgeois*): Châteaux La Tour-de-By, Potensac, Loudenne, Patache-d'Aux, La Tour-Haut-Caussan, La Cardonne, Les Ormes-Sorbet, La Tour-Saint-Bonnet, Saint-Christophe, Laujac, La Tour-Seran und du Castéra.
- → Haut-Médoc: das im Süden anschließende Gebiet. Die dort erzeugten Weine sind bekannter, teurer und gelten als hochwertiger. Es gibt sechs Gemeinden mit eigener AOC: → Listrac-Médoc, → Margaux, → Moulis, → Pauillac, → Saint-Estèphe und → Saint-Julien, mit ihren weltberühmten Châteaux.

Um die Hierarchie klar zu machen: Der schon als hochwertig anzusehende AOC *Médoc* wird in der Qualitätsskala vom *Haut-Médoc* übertroffen. Über diesem rangieren wiederum die oben genannten sechs Gemeindeappellationen mit ihren zum Teil → klassifizierten Châteaux. Doch auch der schlichteste *Médoc* stammt noch aus einem der besten Rotweingebiete Frankreichs.

Meerlust Südafrikanisches Weingut im Weinbaugebiet → Stellenbosch. Auf rund 160 ha Rebfläche werden etwa 700 000 Flaschen Wein erzeugt, vor allem Cabernet Sauvignon, Cabernet franc, Merlot, Pinot noir und Chardonnay. Eines der ältesten Güter in Südafrika, seit 1776 im Familienbesitz. Rubicon ist ein Bordeaux-Blend.

Mehltau Name zweier verschiedener Rebkrankheiten, die im europäischen Weinbau regelmäßig auftreten.

- *Peronospora viticola*: falscher Mehltau oder Blattfallkrankheit. Von einem Virus oder Schimmelpilz hervorgerufene Rebkrankheit, die an Blättern, Blüten und jungen Trauben auftritt und zu großen Ertragsausfällen bis hin zum Totalverlust der Ernte führen kann. Sie wurde um die Mitte des vorigen Jahrhunderts aus Amerika nach Europa eingeschleppt und richtete fast noch verheerenderen Schaden als die → Reblaus an, die einige Jahre später die Rebbestände verwüstete. Die Krankheit wird durch organische Fungizide (bei weißen Rebsorten) bzw. Kupferpräparate (bei roten) der so genannten Bordelaiser Brühe, *bouille bordelaise*, bekämpft.

• *Oïdium*, *Uncinula necator*: echter Mehltau, wird besonders durch wechselhafte Witterung begünstigt. Führt zum so genannten Samenbruch. Vorbeugende Bekämpfung durch → Schwefel möglich.

Meio doce Portugiesische Bezeichnung für → lieblich.

Meio seco Portugiesische Bezeichnung für → halbtrocken.

Meißen, Bereich Deutscher Weinbaubereich im Weinbaugebiet → Sachsen. Im Elbtal nordwestlich von Dresden gelegen und weltberühmt für sein Meißner Porzellan. Doch auch der Wein von den Steillagen oberhalb der Elbe verdient Beachtung, ist aber aufgrund seiner nördlichen Lage stärker als andere deutsche Weinbaugebiete Jahrgangsschwankungen unterworfen. Meißen ist Sitz der Sächsischen Winzergenossenschaft, von der über ein Drittel aller Weine des Gebietes stammen.

Melini Italienisches Weingut in der Region → Toskana in Poggibonsi, einer der Großen der Region: erzeugt auf rund 150 ha Rebfläche Eigenbesitz und durch Traubenzukauf etwa 7 Millionen Flaschen Wein, davon knapp eine halbe Million Flaschen DOCG Chianti Classico.

Melissa Italienisches DOC-Gebiet in → Kalabrien in unmittelbarer Nachbarschaft der Stadt → Cirò. Die Weißweine werden aus Greco bianco mit Zusätzen von Trebbiano und Malvasia bereitet. Der Rotwein kann mit weißen Sorten verschnitten werden.

Melnik Stadt in der → Tschechischen Republik, nördlich von Prag an der Elbe gelegen. Rund um die Stadt werden auf etwa 500 ha Rebfläche Weiß- und Rotweine erzeugt. Rebsorten: Riesling, Silvaner, Müller-Thurgau, rote und weiße Pinotsorten und Portugieser.

Melon Weiße Rebsorte mit leichtem → Muskatgeschmack, die im unteren → Loiretal inzwischen mit rund 11 000 ha verbreitet ist und als → Muscadet bezeichnet wird, aus der der gleichnamige Wein stammt. Ursprünglich kommt sie aus Burgund, wo sie heute praktisch nicht mehr anzutreffen ist.

Mendocino AVA-Weinbaugebiet in den USA, das nördlichste → Kaliforniens. Rund 150 km nördlich von San Francisco gelegen mit heute rund 5000 ha Rebfläche, die sich auf drei verschiedene Bereiche verteilen: im Osten das *Anderson Valley*, in Küstennähe vor der Berggkette gelegen, ist für kalifornische Verhältnisse kühl; hier gedeihen die Sorten Chardonnay, Riesling und Gewürztraminer. Die Champagnerhäuser Roederer und Pommery haben zu Beginn und Mitte der 1980er Jahre Profit gewittert und investiert. Weiter im Westen, im Zentrum der AVA liegt *Mendocino* mit dem Anbauschwerpunkt; geschützt durch pazifische Einflüsse durch die bis zu 900 m hohen Berge werden hier auf fruchtbaren Böden in großer Wärme weiche Rotweine aus den Sorten Cabernet Sauvignon, Petite Sirah und Zinfandel produziert. *Lake County* liegt noch etwas weiter westlich um den Clear Lake und liefert vor allem weiche Rotweine. Bekannte Erzeuger: Fetzer, Parducci, Edmeades (Kendall Jackson), McDowell Valley.

Mendoza Größte weinerzeugende Provinz → Argentiniens mit etwa 185 000 ha der Rebfläche des Landes, das sind rund 70 %. Die Rebflächen liegen am Fuße der Anden unweit der chilenischen Grenze. Angebaut werden hauptsächlich französische und italienische Rebsorten: Malbec, Bonarda, Merlot, Syrah, Cabernet, Lambrusco, Pinot noir, Barbera bei den roten Sorten; Pedro Ximénez, Chenin blanc, Sémillon, Palomino, Riesling und Chardonnay sind die wichtigsten weißen.

Menetou-Salon Französischer Ort in der Nähe von Bourges in Mittelfrankreich, in dem jährlich etwa 400 000 l AOC-Wein auf rund 370 ha Rebfläche erzeugt werden. Mehrheitlich handelt es sich dabei um Weißwein (70 %) aus der Rebsorte Sauvignon blanc. Der Rest entfällt auf Rot- und Roséweine aus Pinot noir. Die Reben stehen auf kalkhaltigem Mergel mit Muschelkalk.

Menge-Güte-Gesetz → Ertrag

Méntrida Spanisches Weinbaugebiet im Norden der Provinz Toledo mit eigener DO, rund 40 km südwestlich von Madrid in der spanischen Hochlandebene (die Meseta). Rund 13 000 ha Rebfläche und 10 Millionen l Wein Jahresproduktion. Klima und Geographie → La Mancha.

Es werden traditionell hauptsächlich aus den Rebsorten Garnacha und Cencibel farbintensive, körper- und alkoholreiche Rotweine erzeugt, zum Teil unter der Bezeichnung *Tinto doble pasta* mit 14 bis 18 % Alkohol – meist Verschnittweine für andere Regionen. Neuerdings gibt es Versuche mit Cabernet Sauvignon und Merlot mit längerer Fasslagerung. Insgesamt eine rückständige, wenig entwickelte Weinregion – trotz (oder wegen) der Nähe zu Madrid. Bekannte Erzeuger: El Barro, Poveda, Cooperativa San Isidro, Winzergenossenschaft in Escalona.

Meo-Camuzet, Domaine Französisches Weingut im → Burgund in Vosne-Romanée. Lagenbesitz in Nuits sowie einige *Grand Cru* im *Corton, Le Richebourg* und *Clos Vougeot*.

Meran (Merano) Italienischer Kurort in → Südtirol, aus dem der *Meraner Hügel* (*Meranese di Collina*) kommt, der auch als *Meraner Burggräfler* (*Meranese Burgravio*) bezeichnet wird. Dieser DOC-Rotwein wird mit der Oberbezeichnung Südtiroler (Alto Adige) vermarktet. Er wächst überwiegend auf Moränenschotter, wird aus verschiedenen Spielarten des Vernatsch (→ Schiava) bereitet und ist von rubin- bis granatroter Farbe.

Mercurey Französischer Ort in → Burgund, nordwestlich von Chalon-sur-Saône, sowie Name des von dort sowie der angrenzenden Gemeinde St-Martin-sous-Montaigu stammenden Rotweins der → Côte Chalonnaise. Der AOC Mercurey (überwiegend Rotwein aus Pinot noir) ist einem Burgunder von der Côte de Beaune durchaus vergleichbar. Zusätzlich wird in geringem Maß (15 % der Produktion) Weißwein aus der Sorte Chardonnay erzeugt. Auf rund 530 ha Rebfläche werden jährlich etwa 2,5 Millionen l Rotwein hergestellt. Die Weine wachsen auf hellen Kalkböden (dort vor allem Chardonnay), rotem Ton, Mergel und Mergel-Ton-Gemisch, teilweise von Kies durchzogen.

Es gibt 29 *Premier cru*-Lagen, darunter *Les Crêts, Le Clos du Roy, Clos Barats* (Mergelböden), *Sazeney* und *Les Croichots*. Bekannte Erzeuger: M. Juillot, Suremain, Jouennes d'Herville, Faiveley, E. Voarick und F. Protheau.

Merlara Italienische DOC in → Venetien für Weiß- und Rotweine, die in mehreren Gemeinden der Provinzen Padua und Verona wachsen. Der Bianco (auch als Spumante) wird überwiegend aus Tocai Friulano erzeugt, der Rosso aus Merlot, Cabernet franc, Cabernet Sauvignon, Carmenère und Marzemino. Außerdem gibt es folgende Rebsortenweine: Malvasia, Tocai, Cabernet, Cabernet Sauvignon, Marzemino frizzante und Merlot.

Merlot Hochwertige Rebsorte, die vor

allem im → Bordeauxgebiet kultiviert wird. Dort spielt sie eine fast so bedeutende Rolle wie der Cabernet Sauvignon, wenn auch eine andersartige: Merlot verleiht den Rotweinen Weichheit, Frucht, Geschmeidigkeit und Charme. Eine frühreife, recht ergiebige Sorte, die weniger adstringierende und meist auch weniger haltbare Weine als der Cabernet Sauvignon liefert. Das rechte Ufer, vor allem die AOC → Pomerol und → Saint-Emilion, gilt als der für sie geeignetste Bereich, so besteht ein Château Pétrus nahezu vollständig und ein Château Magdelaine zu ca. 80 % aus Merlot. Auf dem linken Ufer, dem → Médoc, wird sie traditionell nur als Zusatz verwendet, um den oft ungestümen, würzigen Cabernet Sauvignon zu glätten. Ihr Anteil im Rotwein nimmt jedoch immer mehr zu, weil sie nun einmal weich, samtig und fruchtig ist und mit diesen Eigenschaften genau jene »internationalen« Rotweine hervorbringt, die zurzeit so gefragt sind. Dieser Trend wird von vielen mit Unbehagen und Sorge betrachtet, weil spannungsgeladene Weine unzweifelhaft interessanter sind als »entspannte«.

Auch außerhalb des Bordeauxgebietes trifft man heute in zunehmendem Maße auf den Merlot. Dies gilt für den gesamten französischen Südwesten und den → Midi. Insgesamt sind heute in Frankreich über 65 000 ha mit dieser Erfolgssorte bestockt. Im Nordosten Italiens, an den → Colli Berici, am → Piave, in → Lison-Pramaggiore, im → Collio wie überhaupt in → Friuli-Venezia Giulia (→ Aquileia, → Colli Orientali del Friuli, → Grave del Friuli) trifft man heute überall auf Merlot, aber auch in → Aprilia in → Latium und in → Umbrien. In Italien hält der Merlot zunehmend Einzug als Verschnittsorte, um die traditionellen Weine wie z. B. den Chianti Classico weicher und gefälliger zu machen, mit der Konsequenz, dass der klassische Weinstil der Regionen dadurch verzerrt wird.

In der Schweiz ist der Merlot heute die Rebsorte des → Tessins. Auch in Rumänien, Bulgarien und Argentinien findet man ihn, besonders in → Kalifornien und in Südafrika ist er unaufhaltsam auf dem Vormarsch.

Mersault, Château de Französisches Weingut im → Burgund im Ort Meursault. Rund 60 ha Rebfläche, vor allem weiße → Burgunder verschiedener *Premier cru*-Lagen in Meursault. Beliebte Kellerei für Besichtigungen.

Mesland Französischer Ort im → Loiretal zwischen Blois und Tours, bekannt für seine AOC-Rot- und Roséweine aus den Sorten Gamay, Cabernet franc, Cabernet Sauvignon und Malbec. Sie kommen als *Touraine-Mesland* in den Handel. Die Jahresproduktion liegt bei rund 1,2 Millionen l, davon 10 % einfacher Weißwein aus Chenin blanc und Sauvignon blanc. Bekannter Erzeuger: Château Gaillard.

Mesnil-sur-Oger, Le Einer der 17 *Grand cru*-Orte an der französischen → Côte des Blancs in der → Champagne, ebenso wie Cramant, Avize und Oger. Es wird ausschließlich Chardonnay angepflanzt, aus dem ein → *Blanc de Blancs*-Grundwein produziert wird, darunter der von der Lage → *Clos du Mesnil* (Champagnerhaus → Krug).

Meßmer, Weingut Deutsches Weingut im Weinbaugebiet → Pfalz im Ort Burrweiler. Auf rund 25 ha Rebfläche werden jährlich etwa 210 000 Flaschen Wein erzeugt. Rebsorten: 50 % Riesling, 15 % Spätburgunder, 10 % Weißburgunder, 6 % Sankt-Laurent. Bekannte Lagen: *Burrweiler Schloßgarten, Altenforst* und *Schäwer*. Böden: Lehm, Löß, Schiefer.

Messwein Qualitätswein beliebiger Herkunft und Stufe, in der katholischen Kirche bei der heiligen Messe verwandt. Ihre Erzeugung hat streng nach den kirchlichen Geboten von Reinheit, Natürlichkeit und Alkoholgehalt zu erfolgen.

Métaireau et ses Vignerons d'Art, Louis Französische Vereinigung von acht Winzern an der → Loire (AOC → Muscadet), die ihre Weine gemeinsam abfüllen und vermarkten. Es wird Muscadet sowie der Spitzenwein *Cuvée LM* und *Number One* erzeugt.

Méthode champenoise Bezeichnung für Schaumweinerzeugung nach dem klassischen Champagnerverfahren durch → Flaschengärung. Jeder Schaumwein, der sich → Champagner nennen darf, muss nach diesem Verfahren erzeugt werden. Alle herausragenden Schaumweine der Welt bedienen sich dieser Methode, deren Bezeichnung außerhalb der → Champagne jedoch verboten ist und sich deshalb in der Regel »Flaschengärung nach dem traditionellen Verfahren« nennt.

Methusalem Flasche mit einem Fassungsvermögen von acht normalen → Flaschen, entsprechend 6 l.

Metsovo Griechischer Ort im Südosten von → Epirus an den Abhängen des Pindusgebirges, aus dessen Umgebung der Rotwein Katoi de Metsovo kommt.

Meunier Eigentlich → Pinot meunier, Variante des → Pinot noir, als dessen Verwandter er gilt. Er findet sich heute im → Loiretal in der Umgebung von Beaugency, vor allem aber in der → Champagne, wo er mit einem Flächenanteil von 44 % die quantitativ führende der drei → Champagnersorten ist (Pinot noir 30 %, Chardonnay 26 %). Hier liefert er einen lebendigen Grundwein, der zwar nicht die Tiefe und Langlebigkeit des Pinot noir erreicht, jedoch vielen Champagnern eine fruchtige Komponente gibt. In Champagnern, die für ein langes Leben konzipiert sind, spielt er hingegen kaum eine Rolle. In → Burgund und im → Elsass ist er heute praktisch ausgestorben. Hingegen findet er sich in Deutschland unter dem Namen Müllerrebe bzw. → Schwarzriesling, mit der rund 2200 ha bestockt sind. In → Württemberg mit 90 % der deutschen Anbaufläche vertreten, ist der Schwarzriesling dort die zweitwichtigste Rotweinsorte.

Meursault Berühmte französische Weinbaugemeinde an der → Côte de Beaune in → Burgund. Die Weine aus Meursault thronen zusammen mit jenen aus → Gevrey-Chambertin (Rotwein aus Pinot noir) an der Spitze der → Côte d'Or. Auf rund 400 ha, davon 130 ha *Premiers crus*, wird zu 94 % Weißwein erzeugt. Meursault ist die am meisten Weißwein erzeugende Gemeinde an der Côte d´Or; jährlich werden etwa 1,8 Millionen l Weißwein aus Chardonnay und 83 000 l Rotwein aus Pinot noir bereitet. Die besten Rebflächen (Mergelböden) liegen in der Regel in der Hangmitte, sind östlich bis südlich ausgerichtet und als *Premiers crus* eingestuft (insgesamt 17): so z. B. die besten Lagen *Perrières* (17 ha), *Genevrières* (17 ha), *Charmes* (28 ha), *Blagny* (2 ha), *La Pièce-sous-le-Bois* (11 ha), *Dos d'Ane* (3 ha), *Poruzot* (10 ha), *Jennelotte* (5 ha), *Bouchères* (4 ha) und *Goutte d'Or* (6 ha). Die weißen Meursaults werden aus Chardonnay erzeugt. Bekannte Produzenten: Ampeau, Comtes Lafon, Javillier, Morey, Matrot, Michelot, J.-C. Monnier, Château de Meursault, Prieur und Ropiteau.

Mexiko Bereits um 1520 wurden im mittelamerikanischen Mexiko Reben gepflanzt. Doch heute stehen wegen des heißen Klimas nur noch verhältnismäßig wenig Reben im Ertrag (rund 41 000 ha), deren Früchte zu einem erheblichen Teil nicht der Erzeugung von Wein dienen, sondern als Tafeltrauben und Rosinen vermarktet werden. Trotzdem verfügen elf Bundesstaaten über ausgewiesene Weinbaugebiete, allen voran die langgestreckte Halbinsel Baja California, die vom kühlen Pazifik klimatisiert wird. Der Weinkultur des Landes steht die mexikanische Trinkkultur (vor allem Bier und Schnaps) ebenso im Wege wie die Schutzzölle der USA. Für Mexiko ist es praktisch unmöglich, Qualitätsweine nach dort zu exportieren.

Meyer-Näkel, Weingut Deutsches Weingut im Weinbaugebiet → Ahr im Ort Dernau. Auf rund 15 ha Rebfläche werden jährlich etwa 110 000 Flaschen Wein erzeugt, überwiegend Rotwein. Rebsorten: 75 % Spätburgunder, ferner Frühburgunder und Riesling. Böden: Schieferverwitterung, teilweise mit Lößlehm. Führender Erzeuger an der Ahr. Bekannte Lagen: *Dernauer Pfarrwingert, Bad Neuenahrer Sonnenberg, Walporzheimer Kräuterberg.*

Meyney, Château Französisches *Cru bourgeois*-Weingut aus der Appellation → Saint-Estèphe (Haut-Médoc). Rund 48 ha Rebfläche: 70 % Cabernet Sauvignon, 24 % Merlot, 4 % Cabernet franc und 2 % Petit Verdot.

Michelfeld Kleiner deutscher Ort im Kraichgau, Bereich Badische Bergstraße/ Kraichgau, südöstlich von Heidelberg im Weinbaugebiet → Baden. Bekannte Erzeuger: Reichsgraf und Marquis zu Hoensbroech.

Midi Bezeichnung für → Languedoc und → Roussillon. Zwischen Nîmes und spanischer Grenze mit den Départements → Gard, → Hérault, → Aude und Pyrénées Orientales bilden 320 000 ha Rebfläche das Reich der *Vins du Midi*, die eine breite Palette mit einer immensen Fülle einfacher → Tafelweine und → Landweine liefern sowie eine Reihe AOC-Weine (→ Coteaux du Languedoc, → Corbières, → Minervois, → Faugères, → Fitou, → Collioure) bis hin zu Schaumweinen (→ Blanquette de Limoux) und → Likörweinen (→ Banyuls, → Frontignan, → Maury) und einer Hand voll VDQS-Weinen.

Mikroklima Für den Weinbau ist nicht nur das Klima einer Region bedeutsam, sondern meist ebenso die mikroklimatischen Verhältnisse. Diese werden im Wesentlichen durch → Topographie, → Lage, Boden, Nähe von Gewässern, Nebel und Windverhältnisse bestimmt. In manchen Regionen ist der Weinbau nur aufgrund des Mikroklimas möglich, z. B. an der Saar. Meist verfügen Weine, die in besonderem Mikroklima wachsen, über besonderes → Terroir.

Mikrooxidation Einflussfaktor bei der Weinreifung. Die Lagerung in Fässern ermöglicht den Weinen eine behutsame Mikrooxidation. Durch die feinen Holzporen gelangt in geringen Mengen Sauerstoff an den Wein, dieser wird hierdurch sehr behutsam und geregelt oxidiert. Feine Mikrooxidation ist für hochwertige Rotweine und auch bei Weißweinen ein wichtiges Qualitätsmerkmal. In Stahltanks findet kein Sauerstoffaustausch statt, daher auch keine Mikrooxidation, es sei denn, er wird künstlich belüftet.

Mileage Englisch für Reichweite. Bezeichnet die Erinnerungsleistung von Wein: Besonders gute Weine haben eine große Mileage, weil man sich im Idealfall ein Leben lang an sie erinnert. Weine, die man nach dem Trinken sofort wieder vergisst, haben keine Mileage:

- Je länger man sich an einen guten Wein erinnert, desto größer ist seine Mileage.
- Je größer die Mileage, desto größer der Wein.

Millerands Durch → Verrieseln hervorgerufene kleine und kernlose, doch sehr süße Beeren an einer ansonsten normal entwickelten Traube. Im Deutschen werden sie als jungfräuliche Beeren bezeichnet. Ihr vermehrtes Auftreten erfreut den Winzer, denn sie reduzieren zwar die Quantität, steigern aber die Qualität, besonders bei Rotwein, da sich das Schale-Saft-Verhältnis zugunsten eines höheren Schalenanteils verändert. Der Wein fällt insgesamt dichter und reicher aus.

Millésimé Französisch für: »mit Jahrgangsangabe versehen«. Ein → *Champagne millésimé* ist ein Jahrgangschampagner.

Mindestmostgewicht → Mostgewicht

Minervois Französisches Weinbaugebiet im → Midi, durch die Aude von Corbières getrennt. Umfasst 45 Gemeinden des Départements → Aude und 16 des Départements → Hérault nordwestlich von Narbonne. In der AOC werden auf einer Fläche von 4500 ha jährlich insgesamt etwa 22 Millionen l Wein, davon 90 % Rotwein erzeugt – überwiegend aus den Rebsorten Grenache, Lladoner pelut, Carignan (abnehmender Anteil), Syrah und Mourvèdre. Der AOC-Weißwein besteht aus den Sorten Grenache blanc, Bourboulenc, Macabeo, Marsanne, Roussanne, Vermentino und einigen anderen ergänzenden Sorten. Die Weine wachsen in der Regel auf sanften Hügeln mit Kalkböden, die über das Gebiet verstreut sind. Im Süden des Weinbaugebiets stehen die Reben auf kiesigen Böden, die mit Mergel und Sandstein durchsetzt sind. Die AOC *Minervois-La-Livinière* umfasst fünf Gemeinden, in denen hochwertige Rotweine aus Grenache, Syrah und Mourvèdre erzeugt werden. Bekannte Erzeuger: Château du Donjon, de Violet, Fabas.

Minuty, Château Französisches *Crus classé*-Weingut an der → Côtes de Provence in der Nähe von Saint-Tropez. Der Schwerpunkt der Produktion liegt vor allem auf Rosé- und Weißweinen.

Mischsatz → Gemischter Satz

Mischung → Verschnitt

Mis(e) en bouteille(s) au Château (domaine, à la propriété, par les producteurs réunis) Angabe auf französischen Weinetiketten, entspricht → Erzeugerabfüllung, → Gutsabfüllung.

Misox → Graubünden, → Südschweiz

Mission Rote Rebsorte in den USA, die erste durch den Franziskanerorden im späten 18. Jahrhundert nach → Kalifornien eingeführte europäische → *Vinifera*-Sorte. Mission ist möglicherweise eine Spielart der Pais aus Chile. Heute gibt es in Kalifornien noch etwa 1000 ha Mission, deren Trauben in der Regel zur Erzeugung eines süßen → Dessertweins dienen. Hingegen sind in Chile mit der Pais heute noch an die 40 000 und in Argentinien in der Variante Criolla etwa 100 000 ha bestockt.

Mission Haut-Brion, Château La Berühmtes französisches *Cru classé*-Weingut im Bordeaux, in → Talence in den → Graves gelegen. An der Straße von Bordeaux nach Arcachon gegenüber von Château → Haut-Brion gelegen, zu dessen Besitz es seit 1983 gehört. Es wurde im 17. Jahrhundert von der Religionsgemeinschaft der *Prêcheurs de la Mission* gegründet. Seine 12 ha sind zu 50 % mit Cabernet Sauvignon, 40 % Merlot und 10 % Cabernet franc bestockt. Besonders gehaltvoller Wein mit langer Reifezeit, einem *Premier cru* durchaus vergleichbar. Zweitwein: *La Chapelle de La Mission.*

Mittelbergheim Französische Gemeinde im → Elsass mit rund 170 ha Rebfläche, in der Nähe von Barr im Département → Bas-Rhin gelegen. Die Lage *Zotzenberg* ist als → *Alsace Grand cru* eingestuft. Bekannte Erzeuger: Seltz, Brandner, Dolder, A. Gilg, J. Rieffel und Boeckel.

Mittelburgenland, Weinbaugebiet Österreichisches Weinbaugebiet im Burgenland. Das Anbaugebiet grenzt südlich an das Neusiedlersee-Hügelland und hat rund 2000 ha Rebfläche. Klimatisch profitiert die Region vom warmen, panonischen Klima des Neusiedlersees und wird durch eine Hügelkette von kalten Winden abgeschirmt. Die Böden bestehen überwiegend aus Lehm, teilweise mit Kalkanteilen. Über zwei Drittel (mit steigender Tendenz) sind mit roten Sorten bestockt, allen voran mit dem dominierenden Blaufränkisch, gefolgt vom Zweigelt und internationalen Sorten wie Cabernet Sauvignon und Merlot. In der Region gibt es eine große Zahl engagierter Erzeuger, die dem österreichischen Rotwein zu neuem Ansehen verhelfen. Bekannte Orte: → Horitschon, → Deutschkreuz, → Lutzmannsburg, Neckenmarkt, Oberpullendorf. Bekannte Erzeuger: Igler, Gager, Kerschbaum, Lehrner, Winzergenossenschaft Horitschon, Gesellmann, Winzerkeller Neckenmarkt.

Mittelhaardt – Deutsche Weinstraße, Bereich Deutscher Weinbaubereich im Anbaugebiet → Pfalz mit rund 10 000 ha Rebfläche. Die Mittelhaardt ist der nördliche der beiden Pfälzer Bereiche. Es wird überwiegend Riesling angebaut, die qualitativ bedeutendste Sorte, ferner Müller-Thurgau und andere Neuzüchtungen. Knapp 30 % (mit steigender Tendenz) sind roten Sorten vorbehalten: überwiegend Portugieser, ferner Spätburgunder und Dornfelder. Bekannte Weinbauorte: → Forst (85 % Riesling), → Deidesheim, → Ruppertsberg, → Wachenheim, Bad → Dürkheim, → Ungstein, → Kallstadt, → Leistadt, → Königsbach, → Freinsheim und → Gimmeldingen – allesamt an der eigentlichen Mittelhaardt, einem Höhenzug gelegen, während der früher als → Unterhaardt bezeichnete nördlichste Teil des Gebiets diesem Bereich unter dem Zusatz »Deutsche Weinstraße« zugeschlagen worden ist, obwohl seine Weißweine den Rang der Spitzengewächse der Mittelhaardt nur selten erreichen.

Mittelmosel → Bernkastel, Bereich

Mittelrhein Eines der kleinsten deutschen Weinbaugebiete und das einzige in den alten Bundesländern mit seit Jahrzehnten rückläufiger Rebfläche, derzeit noch rund 520 ha, auf der jährlich etwa 3,3 Millionen l Wein (davon knapp 90 % Weißwein) erzeugt werden (mit einem Durchschnittsertrag von rund 6000 l pro ha). Das Gebiet erstreckt sich vor allem auf dem linken Rheinufer von der Mündung der → Nahe, auf dem rechten von der hessischen Landesgrenze bis vor die Tore Bonns – mit vielen Unterbrechungen, sodass es sich mittlerweile auf vier Weinbauinseln konzentriert: → Bacharach und → Oberwesel auf der linken bzw. → Kaub und St. Goarshausen auf der rechten Rheinseite sowie → Boppard und Leutesdorf. Das Anbaugebiet ist in die Bereiche → Loreley und → Siebengebirge aufgeteilt, von denen Letzterer mit seinen 20 ha im Bundesland Nordrhein-Westfalen liegt. 70 % der Fläche sind mit Riesling bestockt sowie jeweils 7 % Spätburgunder und Müller-Thurgau. Die Lagen sind überwiegend Steilhänge an beiden Ufern des Stroms und in einigen günstig exponierten Seitentälern, darunter dem der Lahn, wo der Weinbau heute nur noch eine Nebenrolle spielt. Weitere Rebsorten: Müller-Thurgau und Spätburgunder. Bekannte Weinbauorte: → Bacharach, → Boppard, → Kaub und → Oberwesel.

Mittelwihr Französischer Ort im Zentrum des Weinbaus im → Elsass unmittelbar nördlich von Colmar mit gut 200 ha Rebfläche. Der *Mandelberg*, dessen nordöstliche Ausläufer zum benachbarten Beblenheim gehören, ist als → *Alsace Grand cru* eingestuft. Bekannter Erzeuger: Preiss-Henny.

Mizzon, Giuseppe Italienisches Weingut in der Region → Veneto, im Ort Pedemonte. Erzeugt auf rund 4 ha Rebfläche etwa 10 000 Flaschen Wein, vor allem DOC Valpolicella Classico, → Recioto und Amarone. Giuseppe Mizzon arbeitet in den hochwertigen → Terrassenlagen aus Kalkstein, wo seine z. T. 80 Jahre alten Rebstöcke wachsen, die einzigartige und eigenwillige Amarone ergeben, die in extrem traditioneller Weise vinifiziert werden; dadurch sind Qualitätsschwankungen möglich.

Moelleux Französische Bezeichnung für mild. Wird für Weine verwendet, die über eine gewisse → Restsüße verfügen – im Gegensatz zu liquoreux für Weine aus edelfaulen Trauben (→ Edelfäule).

Moët et Chandon Das weltweit wohl bekannteste → Champagnerhaus mit Sitz in → Epernay. Erzeugte Weine: → *Brut, Brut* → *millésimé* und die Spitzencuvée → *Dom Perignon.*

Moldawien Mit 250 000 ha Rebfläche bezogen auf den Wein der größte Nachfolgestaat der Sowjetunion. Wurde einst in großem Maße → Hybridenanbau betrieben, so haben sich hier längst stärker als irgendwo sonst in der ehemaligen UdSSR westliche Sorten und Ausbaumethoden durchgesetzt, sodass Welschriesling, Cabernet Sauvignon, Aligoté u. a. *Vinifera*-Sorten in zunehmendem Maße angebaut werden, aus denen neben Likörweinen (meist im Süden) frische, fruchtige, trockene Rot- und Weißweine (in der Regel im Norden) erzeugt werden, darunter der *Romanesti*, ein dem Bordeaux ähnlicher Rotwein aus Cabernet Sauvignon, Merlot und Malbec.

Molinara Eine der Rotweinsorten, die im italienischen Veneto für die Erzeugung von → Valpolicella und → Bardolino verwendet wird (neben Corvina und Rondinella).

Molise Italienische Regionen, in Süditalien an der Adria gelegen. Das Gebiet befindet sich zwischen den Abruzzen und der Küste. Das Terrain ist überwiegend hügelig bis bergig; in den höheren Lagen (bis zu 800 Metern) profitiert der Weinbau vom ausgeglicheneren, etwas kühleren Klima. Mit rund 7600 ha Rebfläche (rund 80 % Rotwein) und jährlich etwa 35 Millionen l Wein ist die Molise eine der kleinsten Weinregionen Italiens. Inzwischen gibt es drei DOC-Weine, den jeweils roten, rosé und weißen *Biferno* bzw. *Pentro d'Isernia.* Ferner gibt es noch den *Montepulciano del Molise* und den weißen wie roten *Ramitello.*

Molitor, Weingut Deutsches Weingut im Weinbaugebiet → Mosel-Saar-Ruwer in Bernkastel-Wehlen. Auf rund 25 ha Rebfläche werden jährlich etwa 200 000 Flaschen Wein erzeugt. Rebsorten: 90 % Riesling. Böden: Schieferverwitterung. Bekannte Lagen: *Zeltinger Sonnenuhr, Schloßberg, Wehlener Sonnenuhr, Graacher Domprobst.*

Molsheim Kleine französische Gemeinde nahe Straßburg im nördlichen → Elsass mit einigen herausragenden Weinen, insbesondere von der als *Alsace Grand cru* eingestuften Lage *Bruderthal.* Bekannte Erzeuger: Klingenfus, Neumeyer, Weber.

Monbazillac Französische AOC für edelsüße Weißweine (→ *vins liquoreux*), die östlich von Bordeaux im Département → Dordogne aus den gleichen Rebsorten wie die → Sauternes-Weine (Sémillon, Sauvignon und Muscadelle) erzeugt werden. Zwar erreichen sie selten deren Qualität, doch verfügen sie über einen ähnlichen Grundcharakter. Südlich von Bergerac auf rund 2500 ha Rebfläche werden auf den sanft abfallenden Hügeln um die 4,3 Millionen l Süßwein pro Jahr produziert, der seinen Charakter dem für → Edelfäule günstigen Klima verdankt. Es gibt 120 Erzeuger, darunter Château Tirecul la Gravière, Bellevue, Poulvère, Clos Fontindoule und La Grande Maison.

Monbousquet, Château Französisches *Grand Cru classé*-Weingut aus → Saint-Emilion, mit rund 30 ha Rebfläche: 50 % Merlot, 40 % Cabernet franc und 10 % Cabernet Sauvignon. Zweitwein: *Château Caperot.*

Monbrison, Château Französisches

Cru bourgeois-Weingut in → Arsac in der Appellation → Margaux. Rund 17 ha Rebfläche: 45 % Cabernet Sauvignon, 35 % Merlot, 15 % Cabernet franc und 5 % Petit Verdot. Zweitwein: *Château Cordet.*

Monção Kleines Weinbaugebiet im äußersten Norden Portugals, gilt als Unterregion des → Vinho-Verde-Gebietes, ist jedoch noch kein eigentlicher → *vinho maduro*. Die besten Weißweine stammen aus der hervorragenden, doch sehr ertragsschwachen Rebsorte Alvarinho. Bekannter Erzeuger: Palacio de Brejoeira.

Mönch, Grauer In Ungarn übliche Bezeichnung für den → Pinot gris (Grauer Burgunder). Ungarisch: → Szürkebarát.

Mondavi Ein Name, der in enger Verbindung mit der kalifornischen Weinbaugeschichte des 20. Jahrhunderts steht. Die erste Generation wanderte aus Italien ein und begann tatkräftig an einem eigenständigen Weinstil zu arbeiten, weitab von den damals in Kalifornien üblichen Verschnitten. Nach dem Ende der Prohibition leitete eine Reihe von wichtigen Entscheidungen den Aufstieg des Familienunternehmens zu einem Imperium ein. Die wichtigste war der Umzug aus dem heißen → Central Valley in das kühlere und für die Produktion von differenzierten, reinsortigen Weinen besser geeignete → Napa Valley. Es folgte eine nachhaltige Auseinandersetzung mit der Frage, ob die Rebsorte Cabernet Sauvignon in Kalifornien kultiviert und, wenn ja, wie sie ausgebaut werden müsste, um eine eigenständige, für die Identität der Region erkennbare Handschrift zu tragen. Das Ergebnis ist ein Rotwein, der in Kalifornien seit dem Ende der 1970er Jahre für Schlagzeilen sorgte, da er in geschickt inszenierten Proben alteingesessene Bordelaiser Château aus dem Rennen schlug: → Opus One. Robert Mondavi schuf ihn in Kooperation mit Baron Philippe de Rothschild und errichtete eigens für diesen amerikanischen Wunderwein eine moderne Kellerei. Dieses Aushängeschild kalifornischer Weinqualität ist der Vermarktungsmotor für heute nahezu 80 Millionen Flaschen Wein, die die Familie (nach Vater Cesare, dann Sohn Robert und heute von den Enkeln Michael, Tim und Marcia) jährlich produziert und im globalen Maßstab vertreibt. Darunter Markenweine mit einer Auflage im zweistelligen Millionenbereich, deren Qualität allerdings Lichtjahre von Opus One entfernt ist.

Mondavi, Winery Robert Berühmtestes kalifornisches Weingut in den USA im Weinbaugebiet → Napa Valley, gegründet von Robert → Mondavi. Rund 1300 ha Rebfläche Eigenbesitz mit allen bedeutenden Rebsorten. Durch Traubenzukauf werden rund 80 Millionen Flaschen erzeugt, vor allem die Massenweine *Woodbridge* aus dem heißen Central Valley (allein 60 Millionen Flaschen), gefolgt von der höheren *Twin Oaks*-Reihe. Darüber sind die Appellations-Weine angesiedelt, wiederum gefolgt von der *Coastal*-Serie, während an der Spitze die *Private Reserve* thront. Mondavi besitzt bzw. hat Beteiligungen auch an Opus One (Napa), Byron (Santa Barbara), Caliterra und Errazuriz (beide Chile) und Luce (Italien).

Mondéjar Spanische DO in Kastilien-La Mancha rund 40 km südöstlich von Madrid, mit rund 3000 ha Rebfläche und 1,4 Millionen l Wein Jahresproduktion. Im extrem heißen und trockenen Klima der spanischen Hochebene (→ La Mancha) werden fast nur Massenweine aus den Rebsorten Malvar, Airén (weiß) und Tempranillo (rot) produziert, ferner Cabernet Sauvignon und Merlot. Bekannter Erzeuger: Mariscal.

Mondeuse Französische Rotweinsorte, die in → Savoyen und dem oberen → Rhônetal östlich von → Lyon verbreitet ist und einen kräftigen Rotwein sowie

Rosé liefert, aber nur noch wenig angebaut wird. Es existiert auch eine allerdings weniger interessante weiße Variante. Beide kommen in den meisten *Vins du* → *Bugey* vor. Möglicherweise ist die rote Mondeuse mit der nordostitalienischen → Refosco aus dem Friaul identisch.

Monferrato Italienischer DOC-Weinbaubereich im → Piemont zwischen Turin und Genua in den Provinzen Asti und Alessandria. In mehr als 100 Gemeinden werden DOC-Weine aus den roten Rebsorten Barbera (Barbera del Monferrato, Barbera d'Asti), Freisa und Dolcetto angebaut, ebenso Chiaretto (Rosé aus Barbera) und Rosso. Weißwein wird aus der Sorte Cortese gekeltert. Das Monferrato zählt zu den bedeutenden italienischen Weinbaubereichen – der *Barbera del Monferrato* ist der bekannteste Wein der Region.

Monica Rotweinrebe und der aus ihr auf → Sardinien bereitete AOC-Wein, darunter der AOC-Monica di Sardegna und der im → Campidano erzeugte Monica di Cagliari, ein schwerer, meist süßer Rotwein, auch als *liquoroso* mit 17,5 % Alkohol, der an einen leichten Portwein erinnert.

Moniga del Garda Ort am Südwestufer des → Gardasees, aus dem ein Rosé bzw. → Chiaretto unter der DOC-Bezeichnung → Riviera del Garda in den Handel kommt.

Monopol Nichts sagende Bezeichnung, die bisweilen zusammen mit einem Markennamen auf Etiketten erscheint, aber kein Hinweis auf Herkunft oder Qualität des Weines ist. Bei französischen Weinen bedeutet der Zusatz *Monopole* hinter einer Lagebezeichnung, dass sich diese im Alleinbesitz des Erzeugers befindet.

Monreale Italienische DOC in → Sizilien (Provinz Palermo) für Rot-, Rosé- und Weißweine. In mehreren Gemeinden – darunter die Mafia-Hochburg Corleone – werden 19 verschiedene DOC-Weine erzeugt, die eher von regionaler Bedeutung sind.

Mont-de-Milieu Französische *Premier cru*-Lage in der Appellation → Chablis im Burgund mit rund 34 ha, zwischen Fyé und Fleys gelegen. Ebenso wie der → *Montée de Tonnerre* steht der von dort kommende Wein einem *Chablis Grand cru* kaum nach.

Mont-Redon, Château Größtes Weingut von → Châteauneuf-du-Pape mit rund 85 ha Rebfläche. Unter dem Zweitetikett *Vignoble Abeille* wird ein weiterer roter Châteauneuf erzeugt.

Mont sur Rolle Gemeinde an der Schweizer → Côte im Kanton → Waadt. Es werden fast ausschließlich Weißweine aus der Sorte Chasselas (hier Dorin genannt) erzeugt. Bekannter Erzeuger: Weingut der Stadt → Lausanne mit seiner Alleinbesitzlage *Abbaye de Mont*.

Montagne de Reims Nordöstlicher Bereich der französischen → Champagne, dessen berühmteste Weinbauorte → Ambonnay, → Bouzy, → Mailly, → Verzenay heißen. Es wird hauptsächlich Pinot noir angepflanzt, aus dessen → Grundweinen der → *Blanc de Noirs* erzeugt wird.

Montagne-Saint-Emilion Ortschaft im Bordeaux, im Nordosten an Saint-Emilion grenzend. In dieser AOC werden auf rund 1500 ha Rebfläche jährlich etwa 9 Millionen l Rotwein produziert, die auf tonigen Kalkböden, Lehm und Kies wachsen. Die Weine des Gebiets gelten als nicht so ausgezeichnet wie die aus → Saint-Emilion. Es gibt rund 250 Erzeuger, die bekanntesten sind: Châteaux Roudier, Maison-Blanche, de Musset, des Tours, Calon, Montaiguillon, Plaisance und La Bastienne. Die Weine der ehemals selbständigen Nachbargemeinde → Parsac-Saint-Emilion – nach wie vor eine eigene Appellation – werden heute praktisch ausnahmslos als Montagne-

Saint-Emilion etikettiert, während die von → Saint-Georges-Saint-Emilion von diesem Recht kaum Gebrauch machen.

Montagnieu Französischer Ort im oberen → Rhônetal zwischen Lyon und Genf, dessen Wein ebenso wie der aus Virieu-le-Grand, Manicle, Machuraz und Cerdon als *Vin du* → *Bugey* bezeichnet wird. Angebaut werden Rosé-, Weiß- und seltener VDQS-Rotweine.

Montagny Französischer Ort im Burgund. In der AOC, die im Süden der Côte Chalonnaise liegt, werden auf rund 270 ha Rebfläche rund 1,4 Millionen l Weißwein aus der Rebsorte Chardonnay erzeugt. Neben *Rully* zählen diese zu den bekanntesten Weißweinen der → Côte Chalonnaise. Die Appellation erstreckt sich auf Montagny, Buxy und zwei kleinere Gemeinden. Die Reben stehen auf 250 bis 500 m Höhe in östlich bis südöstlich ausgerichteten Lagen. Die Böden bestehen vornehmlich aus Mergel und Mergel-Kalk-Gemisch. Es gibt neun *Premier cru*-Lagen: *Les Coères, Montcuchot, Les Chaniots, Les Bonneveaux, Vignes sur le Cloux, Les Burnins, Les Vieux Châteaux, Les Bordes, Les Platières*. Bekannte Erzeuger: Louis Latour, ferner die Winzergenossenschaft von Buxy.

Montalbano Italienische Hügellandschaft in der → Toskana zwischen Florenz und Pistoia. Der bekannteste dort erzeugte Wein ist der → Carmignano, zugleich Ursprungsgebiet des → Chianti Montalbano, der jedoch nicht den Rang eines → Chianti Classico erreicht. Bekannter Erzeuger: Tenuta di Capezzana.

Montalcino Italienische Stadt südlich von Siena, die malerisch und weithin sichtbar 500 m hoch auf einem Berghügel thront. An dessen Abhängen, und inzwischen leider auch in der Ebene, wird der berühmte DOCG-Rotwein → Brunello di Montalcino erzeugt, ferner der DOC-Rosso di Montalcino und eine Reihe überwiegend teurer Rotweine, die nicht nach den AOC-Regeln erzeugt werden und daher als IGT-Weine (früher Tafelweine) vermarktet werden müssen.

Montbourgeau, Domaine de Französisches Weingut im → Jura in l'Etoile (in der gleichnamigen AOC). Erzeugt hervorragende → Vin Jaune sowie reinsortigen Savagnin und Chardonnay.

Mont d'Or, Domaine du Schweizer Weingut im Weinbaugebiet → Wallis. Berühmt für seine extravagante Lage, den Mont d'Or, der exponiert nach Süden auf einem kleinen Berg in der Mitte des Rhônetals liegt. Auf rund 25 ha Rebfläche werden auch edelsüße Johannisberger genannte Silvaner und beachtliche Syrahs sowie Pinot noirs erzeugt.

Monte, El Spanische DO auf der Insel Gran Canaria mit rund 450 ha Rebfläche. Die Rebflächen konzentrieren sich auf den Nordosten der Insel und um Las Palmas in 300 bis 800 m Höhe auf vulkanischen Böden in den typischen Erdsenken, um die Reben vor dem Wind zu schützen. Angebaut wird eine enorme Vielfalt an Rebsorten; der bekannteste Wein ist jedoch der so genannte Bergwein. Bekannter Erzeuger: San Juan del Mocanál (Santa Brígida).

Montecarlo In dieser italienischen DOC in der Toskana (Provinz Lucca) werden in vier Gemeinden (Montecarlo, Altopascio, Capannori und Porcari) Weiß-, Rot- und Süßweine (Vin Santo) erzeugt: Bianco aus Trebbiano, Sémillon, Pinot grigio, Vermentino; Rosso aus Sangiovese, Canaiolo nero, Ciliegiolo, Colorino, Malvasia nera, Syrah, Cabernet franc, Cabernet Sauvignon und Merlot (auch als Riserva mit zwei Jahren Alterung). Der Vin Santo muss drei Jahre lagern, als Riserva vier Jahre.

Montecarlo Bianco Italienischer DOC-Weißwein der → Toskana aus der Gegend von Lucca. Wird überwiegend aus Trebbiano und Zusätzen von Sémillon, Pinot grigio bzw. bianco, Vermentino, Sauvignon und Roussanne bereitet. Bekannte Erzeuger: Michi, Buonamico und Teso.

Montecompatri-Colonna Italienische DOC-Weißweine, die in → Latium rund um die Orte Montecompatri und Colonna (beide Namen können auch allein genannt werden) sowie einigen umliegenden Gemarkungen im Bereich der → Castelli Romani erzeugt werden. Rebsorten: Malvasia (bis zu 70 %) und Trebbiano (nicht unter 30 %).

Montecucco Italienische DOC in der → Toskana an den Ausläufern des Monte Amiata in der Provinz Grosseto. Erzeugt werden Bianco und Rosso, außerdem Sangiovese und Vermentino.

Montée de Tonnerre Französische *Premier cru*-Lage in der Appellation → Chablis im Burgund, rund 6 ha groß. Sie liegt in Fyé und gilt als eine der besten *Premier cru*-Lagen.

Montefalco Italienischer Ort in → Umbrien zwischen Perugia und Spoleto mit den DOCG-Rotweinen *Montefalco rosso* (aus Sangiovese mit etwas Trebbiano und Sagrantino) und *Sagrantino di Montefalco* (überwiegend aus dunkler Sagrantino), die als die hochwertigsten Rotweine Umbriens gelten. Es gibt ihn auch als leicht süßen *passito*. Bekannter Erzeuger: Tardioli.

Montefiascone Kleine Stadt nördlich von Rom am Bolsena-See, aus der der sagenumwobene → Est! Est!! Est!!! di Montefiascone kommt.

Montello e Colli Asolani Italienisches DOC-Gebiet im → Veneto nördlich von Treviso. Aus Cabernet und Merlot werden Rotweine, aus Chardonnay, Pinot grigio und Prosecco Weißweine erzeugt. Bekannter Erzeuger: Venegazzu.

Montepulciano Zum einen die italienische Stadt in der → Toskana und Namensteil des dort erzeugten Weins. Die Stadt thront ähnlich wie Montalcino auf einem weithin sichtbaren Hügel – rund 450 m hoch. Zum anderen ist Montepulciano der Name einer Rebsorte und gibt damit zu vielfältigen Verwechslungen (und den damit unausweichlich verbundenen Enttäuschungen) Anlass.

- Der rund um die Stadt erzeugte Rotwein → Vino Nobile de Montepulciano wird überwiegend aus der Rebsorte → Sangiovese erzeugt (unter Verwendung weiterer Sorten, doch kein Montepulciano).
- Die rote Rebsorte Montepulciano kommt reinsortig oder verschnitten bei folgenden Weinen zum Einsatz: → Montepulciano d'Abruzzo, Montepulciano del → Molise, Montepulciano di → Basilicata, Montepulciano del Nevola, → Rosso Cònero, → Rosso Piceno sowie etliche weitere Weine aus den → Marken, → Apulien, → Latium, → Umbrien und anderen Weinbauregionen des Landes.

Montepulciano d'Abruzzo Italienische DOC-Rot- und Roséweine, die in den → Abruzzen aus der Rebsorte → Montepulciano (mit bis zu 15 % Zusatz von → Sangiovese) in den Provinzen Chieti, L'Aquila und Pescara erzeugt werden. Der Rosé wird auch als → Cerasuolo bezeichnet, der Rosso heißt Montepulciano d'Abruzzo. Bekannte Erzeuger: Edoardo Valentini, Emidio Pepe, Camillo Montori und Cornacchia.

Monteregio di Massa Marittima Italienische DOC in der → Toskana in der Provinz Grosseto in Massa Marittima und weiteren 7 Gemeinden: Rosso (überwiegend Sangiovese), Rosato, Bianco, Vermentino und Vin Santo (sowohl als Riserva als auch als Rosé aus Sangiovese).

Monterey County Weinbaugebiet der USA im Staat → Kalifornien in der Küstenregion südlich von San Francisco im Bereich Central Coast. Das sich auf rund hundert Meilen erstreckende Salinas Valley reicht im Norden bis zur Monterey Bay, die wie ein Kaltlufttrichter wirkt, der für kühlen Einfluss in diesem ausgesprochen trockenen und heißen Landstrich sorgt. Zurzeit sind rund 15 000 ha Rebfläche im Ertrag, hauptsächlich im Salinas Valley gelegen, über deren Eignung geteilte Ansichten herrschen. Die Reifeperiode ist durch das vom Pazifik beeinflusste Klima enorm lang – teilweise von Februar bis Dezember – und lässt die Trauben sehr ungleichmäßig reifen. Im Monterey County sind Traubenerzeuger mit z.T. mehreren tausend ha Rebfläche ansässig, die künstlich bewässert wird. Früher waren die Weine der Region wegen ihres krautigen Charakters (aufgrund von Unreife) regelrecht gefürchtet; deshalb haben sich die qualitätsorientierten Betriebe in den wesentlich begünstigteren Bergregionen etabliert. Das Klima ist im Süden für Chardonnay, Viognier, Chenin blanc, Pinot blanc und Gewürztraminer geeignet, während die Rotweine, von wenigen herausragenden Pinot noir abgesehen, weniger überzeugen. Bekannte Erzeuger: Chalone (mit eigener AVA), Jekel (in der AVA Arroyo Seco) und Monterey Vineyard und der Dada-Weinfreak Randall Grahm von → Bonny Doon Vineyards.

Monterosso Val d'Arda dei Colli Piacentini Italienischer DOC-Weißwein aus der → Emilia-Romagna von den → Colli Piacentini, der aus Malvasia, Moscato, Trebbiano und einigen anderen Sorten erzeugt wird. Er kann sowohl trocken als auch lieblich sein und auch als *frizzante* in den Handel kommen.

Monterrei Spanische DO in Galicien mit rund 3000 ha Rebfläche und 800 000 l Jahresproduktion. Die Appellation liegt an der portugiesischen Grenze. Obwohl der Atlantik nur 50 km entfernt ist, verfügt die Region über ein relativ heißes Klima. In der kleinen DO gibt es nur 4 Bodegas, die Verdello, Dona branca, Monstruosa und Palomino anbauen. Die Weine werden praktisch nicht exportiert. Bekannte Erzeuger: Ladairo, Ribeira del Támega.

Montescudaio Name für Rot- und Weißweine, die in der Nähe von Volterra in der → Toskana erzeugt werden: Rotwein aus Sangiovese u. a. Sorten, darunter weißer Trebbiano und Malvasia; Weißwein, den es auch als *Vin Santo* gibt, aus Trebbiano, Malvasia und Vermentino. Die Weine sind angenehm, aber selten aufregend.

Montesodi → Chianti Rùfina des Weinguts → Frescobaldi.

Montevertine Italienisches Weingut in der Region → Toskana im Chianti Classico. Erzeugt auf rund 9 ha Rebfläche etwa 60 000 Flaschen Wein, davon als Flaggschiff den IGT- → Supertoskaner *Le Pergole Torte*, ein reinsortiger Sangiovese aus einer Einzellage (rund 20 000 Flaschen), der das Weingut berühmt gemacht hat.

Monthélie Französische Gemeinde mit eigener AOC im → Burgund an der Côte de Beaune zwischen Volnay, Meursault und Auxey-Duresses gelegen. Auf rund 117 ha Rebfläche werden überwiegend Rotweine aus Pinot noir (jährlich etwa 500 000 l) erzeugt, die zu den besten der weniger bekannten Burgunder gehören und vielen → Pommards überlegen sind. Es werden auch Weißweine erzeugt (etwa 40 000 l). Die Weine wachsen auf Kalk, Mergel und tonhaltigen Böden. Es gibt 11 *Premier cru*-Lagen mit insgesamt 31 ha Rebfläche: *La Cas Rougeot, Les Champs Fulliots, Le Château Gaillard, Le Clos Gauthey, Les Duresses, Le Meix Bataille, Les Riottes, Sur la Velle, La Taupine, Le Village (Monthélie), Les Vignes Rondes.*

Montilla-Moriles Spanische DO in Andalusien zwischen Cordoba und Malaga gelegen, rund 70 km vom Mittelmeer entfernt – rund 40 mal 40 km groß. Auf kärglichen Kalkhügeln mit insgesamt rund 13 000 ha werden jährlich rund 65 Millionen l sherryartiger → Likörwein rund um die Orte Montilla und Los Moriles erzeugt. Früher wurde ein Großteil dieses Weines nach → Jerez gebracht und kam dort als → Sherry in den Handel, und zwar als → *Amontillado*, was so viel bedeutete wie Sherry nach Art des Montilla. Inzwischen sind Montilla-Moriles und Jerez längst zu einer DO geworden, sodass der Wein in der Region unter eigenem Namen produziert wird.

Klima und Geographie

Die Weinberge liegen zwischen 300 und 700 m Höhe mit extrem trocken-heißem Klima. Bodenarten: *Alberos* (→ Albariza) aus kreideweißer Erde, die für hochwertige Weinqualität sorgt; *Ruedos*: sandige Böden an der Grenze der Region. Die besten 3000 ha sind als *Superior* klassifiziert.

Rebsorten und Weinstile

Es dominiert die Rebsorte → Pedro Ximénez. Nachdem der Most in Edelstahltanks vergärt ist, wird er teilweise noch in übermannsgroßen irdenen Krügen, den → Tinajas, gelagert, in denen er bis zum folgenden Sommer verbleibt, wobei er sich dank der → Florhefe in → Finos und → Olorosos teilt – genau wie beim Sherry. Zur Reife kommt er dann in die → criadera und später in die → solera. Da der Montilla-Moriles kaum → gespritet wird, ist er mit einem Alkoholgehalt von ca. 15 bis 16 % leichter als der Fino Sherry. Ein normaler Montilla ist ein sehr heller, trockener Wein, der vielleicht nicht an einen erstklassigen Fino Sherry oder einen → Manzanilla heranreicht, dafür aber leichter und angenehmer zu trinken ist. Er wird gekühlt serviert, sowohl als → Apéritif als auch zum Essen, besonders zu *Mariscos* (Meeresfrüchte). Außerdem werden leichte, fruchtbetonte Weißweine sowie Dessertweine aus angetrockneten Trauben produziert. Bekannte Erzeuger: Alvear, Aragón, Carbonell, Cobos, Montulia, Conde de la Cortina, Crismona, Chiaccio, Toro Albala und Pérez Barquero.

Montlouis Französische Weinbaugemeinde an der → Loire, gegenüber von → Vouvray. In der AOC werden auf rund 400 ha Rebfläche etwa 1,5 Millionen l Weißwein aus der Sorte Chenin blanc (Pineau de la Loire) erzeugt – diese sind denen von Vouvray qualitativ vergleichbar. Die Weine wachsen im atlantischen Klima und können trocken, halbtrocken oder restsüß ausfallen; außerdem wird noch etwas Schaumwein (*Montlouis mousseux*) produziert.

Montpellier Französische Stadt mit rund 200 000 Einwohnern im Département → Hérault im Zentrum des Weinbaugebiets → Languedoc. In Montpellier liegt eine der bedeutendsten französischen Ausbildungs- und Forschungsstätten für Wein und Weinbau.

Montpeyroux Französische AOC-Rot- und Roséweine aus dem → Midi, aus der Hügellandschaft westlich von → Montpellier, Teil der → Coteaux du Languedoc.

Montrachet Berühmte französische *Grand cru*-Lage an der → Côte de Beaune in Burgund. Auf rund 8 ha wird ausschließlich Chardonnay angebaut. Der nach dem Weinberg benannte Weißwein Montrachet zählt zu den renommiertesten und teuersten trockenen Weißweinen der Welt. Erzeugt werden rund 32 000 l jährlich. Der *Montrachet* gehört je zur Hälfte zu den Gemeinden → Puligny-Montrachet und → Chassagne-Montrachet; auch einige weitere exzellente Lagen in der Nachbarschaft tragen diesen Namen: → *Chevalier-Montrachet*, → *Bâtard-Montrachet*, → *Bienvenues-Bâtard-Montrachet* und → *Criots-Bâtard-Montrachet*. Er stammt angeblich vom lateinischen *Mons rachicensis*, aus dem dann die Kurzform *Mont-Rachat* oder Kahler Berg wurde. Tatsächlich ist der nach Südosten ausgerichtete Hügel mit seinen Kalkböden oberhalb der mageren und steinigen Weinlagen auch heute noch so gut wie kahl und nur mit wenigen armseligen Sträuchern bewachsen.

Der Wein muss einen natürlichen Mindestalkohol von 12 % erreicht haben und darf bis auf maximal 14,5 % → chaptalisiert werden. Als → Ertrag sind 40 Hektoliter pro ha zulässig. Der Marquis de Laguiche (Joseph Drouhin) ist heute der größte Besitzer im *Montrachet*, gefolgt von Thénard und Bouchard Père & Fils sowie der Domaine de la Romanée-Conti, René Fleurot und Jacques Prieur.

Montravel Französisches Weinbaugebiet im Département → Dordogne westlich von Bergerac, im Süden und Westen an das Bordeauxgebiet grenzend. Die insgesamt rund 380 ha Rebfläche verteilen sich auf drei AOC-Bereiche:

- der eigentliche Montravel im Dordognetal (rund 300 ha Rebfläche mit 1,7 Millionen l Weißwein Jahresproduktion); ein trockener Weißwein aus Sémillon, Sauvignon und Muscadelle;
- die sich anschließenden Hänge der Côtes de Montravel (rund 60 ha mit 100 000 l jährlich);
- den dahinter liegenden höheren Teilen des Haut-Montravel (rund 40 ha Rebfläche mit 350 000 l Jahresproduktion).

Bei den beiden Letzteren handelt es sich um restsüße Weine (8 bis 50 g/l → Restzucker bei einem tatsächlichen Alkoholgehalt um 12–13 %), die aus den Rebsorten Sémillon, Sauvignon und Muscadelle erzeugt werden.

Mont-Redon, Domaine Französisches Weingut an der südlichen → Rhône in → Châteauneuf-du-Pape. Rund 100 ha Rebfläche, die langlebige Weine der AOC Châteauneuf-du-Pape ergeben, darunter auch ein Weißwein.

Montrose, Château Französisches *2ᵉ cru classé*-Weingut im Bordeaux in der Appellation → Saint-Estèphe (Haut-Médoc). Rund 63 ha Rebfläche mit 65 % Cabernet Sauvignon, 25 % Merlot und 10 % Cabernet franc. Zweitwein: *La Dame de Montrose*.

Montus, Château Französisches Weingut im → Madiran, im Ort Maumusson. Erzeugt auf rund 60 ha Rebfläche den Spitzenwein Montus zu 100 % aus der Rebsorte Tannat. Die → Maischegärung dauert bis zu fünf Wochen, der Wein reift anschließend ein Jahr in neuen → Barriques; entwickelt sich nur langsam. Zweitwein aus 70 % Tannat sowie Cabernet Sauvignon und Fer.

Monzingen Deutscher Ort an der oberen → Nahe mit rund 190 ha Rebfläche. Die bekanntesten Lagen sind *Halenberg*, *Rosenberg* und *Frühlingsplätzchen*. Bekannte Erzeuger: Emrich-Schönleber, Bamberger.

Mór Ungarisches Weinbaugebiet etwa 60 km westlich von Budapest vor allem im Osten der gleichnamigen Stadt gelegen. Die Rebflächen liegen in einem weiten Tal zwischen den Bergen von Bekonys und Vértes. An den Süd- und Südwesthängen des Vértes befinden sich die besten Rebflächen. Böden: Dolomit, Kalkstein und Mergel, aber auch Löß und Lehm. Mór ist vor allem für seinen Weißwein *Móri Ezerjó* (Morer Tausendgut) aus der Sorte Ezerjó bekannt. Weitere Rebsorten: Traminer und Lényka. Bekannter Erzeuger: Bozóky.

Mörbisch Österreichischer Ort im Weinbaugebiet → Neusiedlersee-Hügelland, südlich von Rust am Neusiedlersee gelegen. Auf rund 700 ha Rebfläche werden überwiegend Weißweine erzeugt. Bekannte Erzeuger: Martin Fiedler (Weingut Eschenhof), Franz Schindler.

Moreau & Fils Domaine Französisches Weingut in der AOC → Chablis (Burgund) im Ort Chablis. Größtes Gut in der Appellation, rund 70 ha Rebfläche, davon 50 ha Petit Chablis sowie etwa 10 ha *Grand cru*-Lagen. Rund 4,5 Millionen Flaschen Jahresproduktion.

Morellino di Scansano Italienischer DOC-Rotwein aus der Traube Sangiovese (im Süden der → Toskana Morellino genannt), der in der Maremma erzeugt wird. Diese Region ist neuerdings bekannt für ihre IGT- → Supertoskaner. Bekannte Erzeuger: Banti, Motta und Sellari Franceschini.

Morey & Fils, Domaine Albert Französisches Weingut im → Burgund in Meursault. Rund 12 ha Rebfläche, vor allem bekannt für seine weißen → Burgunder aus Chassagne Montrachet. Erzeugt auf 6 ha Rebfläche aber auch rote Burgunder (Santenay → auch *Premier Cru*). Bernard Morey ist ein Cousin und hat ähnlichen Lagenbesitz.

Morey-Saint-Denis Französischer Ort in → Burgund an der → Côte de Nuits, aus dem einige bekannte Rotweine aus der klassischen roten Burgundersorte Pinot noir stammen. Die AOC verfügt insgesamt über rund 130 ha Rebfläche, auf der etwa 400 000 l Rotwein und 17 000 l Weißwein aus Chardonnay erzeugt werden. Die Reben stehen auf tonigem Kalk und Mergel. Zu den besten Lagen der Gemeinde gehört ein Teil der *Grand cru*-Lagen von → *Bonnes Mares*, der → *Clos de la Roche*, → *Clos Saint-Denis*, → *Clos de Tart* und → *Clos des Lambrays*. Ihre Weine kommen unter dem Lagennamen in den Handel. Daneben gibt es eine Reihe angesehener *Premier cru*-Lagen (insgesamt 20), darunter z. B. *Clos de la Bussière*, *Clos des Ormes* und *Clos Sorbès*. Der als *Morey-St-Denis* etikettierte Wein wächst überwiegend auf Kiesböden. Der in kleinen Mengen erzeugte Weißwein aus Chardonnay wächst in der Lage *Monts-Luisants*. Bekannte Erzeuger: Dujac, Mommessin, G. Roumier, Tortochot, Ponsot, Pierre Amiot und Georges Lignier.

Morgeot Französische *Premier cru*-Lage in → Burgund an der Côte de Beaune im Süden von → Chassagne-Montrachet. Diese ist z. T. identisch mit *Abbaye de Morgeot* und *Clos de la Chapelle*. Bekannt für seine vorzüglichen Weißweine aus Chardonnay; zugleich eine der hochwertigsten Rotweinlagen (Pinot noir) der Gemeinde.

Morgon Französische Gemeinde im → Burgund, AOC mit rund 1000 ha Rebfläche in Villié-Morgon, auf der jährlich etwa 6,4 Millionen l Rotwein aus der Sorte Gamay erzeugt werden. Einer der besten *Crus* des → Beaujolais und dabei zugleich einer der am wenigsten typischen, der mit der Zeit eine auffallende Ähnlichkeit mit den Burgundern der Côte d'Or annimmt – sie *morgonnisieren*. Die besten Hanglagen bestehen aus Granitverwitterungs- und Schieferböden. Die sechs *climats* (Lagen) heißen: *La Côte de Py, Les Micouds, Les Grands Cras, Les Charmes, Corcelette, Douby*. Bekannte Erzeuger: Château de Bellevue, Desvignes, Pizey.

Moriles, Los → Montilla-Moriles

Morillon Österreichisches Synonym für → Chardonnay, vor allem im Weinbaugebiet → Südsteiermark.

Morio-Muskat Deutsche → Neuzüchtung mit stark rückläufiger Tendenz. Die Hälfte der Rebfläche befindet sich in der → Pfalz (dort wiederum zu drei Vierteln an der Südlichen → Weinstraße), die andere Hälfte in → Rheinhessen. Insgesamt werden noch rund 900 ha kultiviert, Tendenz deutlich fallend. Was sie an Qualität vermissen lässt, gleicht sie durch ihre enormen → Erträge aus.

Mornington Peninsula → Victoria

Mortet, Domaine Denis Französisches Weingut im → Burgund in Gevrey-Chambertin. Erzeugt eher moderne, in ihrer Jugend offene rote → Burgunder, darunter etwas *Grand Cru* und einige *Premier Cru*, meist aus → ertragschwachen Pinot-noir- → Klonen.

Mosbacher, Weingut Deutsches Weingut in Forst, Weinbaugebiet → Pfalz. Auf rund 14 ha Rebfläche werden jährlich etwa 120 000 Flaschen Wein erzeugt. Rebsorten: 90 % Riesling. Böden: Buntsandsteinverwitterung, Basalt, Kalkstein und Ton. Bekannte Lagen: *Forster Ungeheuer, Pechstein, Freundstück, Deidesheimer Mäushöhle, Kieselberg.*

Moscadello di Montalcino Italienischer weißer Süßwein. Wird im Weinbaugebiet → Montalcino zu mindestens 85 % aus → Moscato bianco erzeugt; Moscadello di Montalcino kommt auch als *frizzante* oder *liquoroso* in den Handel.

Moscatel Portugiesischer → gespriteter Muskatellerwein, der südöstlich von Lissabon in der Nähe von → Setúbal erzeugt wird und als hochwertiger → Muskat-Likörwein gilt. Er ist bernsteinfarben bis fast schwarz und meist sehr süß; er erinnert an alte *Málaga*. Bekannter Erzeuger: Fonseca.

Moscatel ist außerdem eine in Spanien weit verbreitete Rebsorte, aus der reinsortig oder verschnitten eine ganze Reihe von Weinen erzeugt wird, von denen der bekannteste der in → Málaga aus dem Moscatel erzeugte → Likörwein Málaga ist.

Moscatello Italienische Variante der → Muskattraube, besonders in → Montalcino in der → Toskana. Wird auch Moscadello genannt.

Moscato Italienische Bezeichnung für den in vielen Regionen des Landes verbreiteten weißen → Muskateller (exakt *Muscat blanc à petits grains*) und die aus ihm bereiteten verschiedenen Weine.

- Selten handelt es sich um trockene DOC-Weißweine wie *Moscato nobile del Cónero, Goldmuskateller, Moscato di Chambave* oder → Dògoli.
- Häufiger wird die Sorte zu → Schaumweinen verarbeitet, allen voran DOCG *Moscato d'* → *Asti* → *spumante*, ferner Moscato aus dem → Oltrepò Pavese, *Moscato del Vulture* und *Moscato di Sardegna* (alle DOC). Letztere können auch zu süßen Likörweinen verarbeitet werden.
- Süße → Likörweine: DOC-Weine *Apianae, Moscato di Cagliari, Moscato di Strevi, Moscato di Tempio, Moscato di Villa Fontane, Moscato di Pantelleria, Moscato Trentino*, aber auch *Gold-* bzw. *Rosenmuskateller* (*Moscato giallo* bzw. *rosa*) aus → Südtirol.
- → Gespriteter → *liquoroso*: z. B. einige DOC-Moscatoweine von Pantelleria; von → der Insel Elba stammen der *Moscato di Sorso-Sennori*, der *Moscato di Trani* und der *Moscato di Noto*.

Moscato d'Asti Italienische DOCG für Perl- und Schaumweine im Piemont rund um die Stadt Asti. → Moscato

Mosel Unter dem Gesichtspunkt des Weins bedeutendster Nebenfluss des → Rheins, der in seinem Verlauf eine Reihe von sehr unterschiedlichen Weinbaugebieten durchzieht, einmal das französische Weinbaugebiet → Lothringen mit den → Côtes de Toul, dann das Weinbaugebiet von → Luxemburg und schließlich in Deutschland das bedeutendste von allen, das Weinbaugebiet → Mosel-Saar-Ruwer.

Mosel-Saar-Ruwer Viertgrößtes deutsches Weinbaugebiet mit einer Rebfläche von 10 300 ha entlang einem der schönsten Flusstäler Deutschlands, dem etwa 200 km langen Moselverlauf zwischen → Trier und Koblenz. Außerdem umfasst es an der Obermosel sowie an den Unterläufen von → Saar und → Ruwer einige ha auf dem unteren deutschen Ufer der Sauer. Das gesamte Gebiet ist in fünf Bereiche unterteilt (→ Karte nach S. 480):

- → Bernkastel
- → Saar-Ruwer (beide qualitativ führend)
- → Zell/Untermosel (Terrassenmosel)
- → Obermosel
- → Moseltor (bereits im Saarland gelegen)

Klima und Geologie

Die Region verfügt über eine Vielzahl klassischer Weinlagen, auf denen seit Jahrhunderten, z. T. seit römischer Zeit, Wein erzeugt wird. Als Boden dominiert und prägt der Schiefer die Weine – oft findet der Weinbau auf extrem steilen Hängen statt (einige der steilsten Weinbergslagen der Welt befinden sich hier, z. B. in Bremm der *Bremmer Calmont*), die außer für den Rebanbau für jede andere Kulturpflanze ungeeignet sind. Die engen Moselschleifen bieten den Lagen besonderen Schutz vor kalten Winden und exponieren die Weinberge wie in Parabolspiegeln optimal in die Sonne. Der oftmals dunkle, glänzende Schiefer speichert die einfallende Sonnenenergie und strahlt sie nachts an die Reben ab. Am Tag reflektiert das glänzende Gestein die Sonne zusätzlich, ebenso wie der nahe Fluss – ideale Voraussetzungen für den spät reifenden Riesling, der die Hauptrebsorte der Region ist.

Diese natürlichen Bedingungen haben viele einzigartige Terroirs geschaffen. Bereits vor mehr als hundert Jahren wurde ein Lagenkataster angefertigt. Die preußischen Steuerbehörden haben die Weinberge im Jahr 1897 in Bonitätsklassen eingeteilt und daraus die zu zahlende Steuer errechnet. Diese frühe Form der Lagenklassifikation dient heute als Grundlage für ein in Vorbereitung befindliches Klassifizierungssystem neuer Art. Reinhard → Löwenstein aus Winningen ist ein leidenschaftlicher Vorreiter dieser Entwicklung, die zwar umstritten, aber notwendig ist, um dem Weinbau in dieser extremen Kulturlandschaft ein seiner Einzigartigkeit angemessenes Ansehen zu verleihen. Es bleibt zu hoffen, dass an der Mosel aus den Fehlern des Rheingaus gelernt wird und nur der wirklich unbestritten beste Teil der Weinberge klassifiziert wird – in Verbindung mit rigorosen Ertragsbeschränkungen.

Die besten Lagen liegen zwischen → Trittenheim und → Traben-Trarbach, → Serrig und → Kanzem, → Kasel und → Eitelsbach, → Zell und → Winningen. Die in dieser Region erzeugten Weine können äußerst aromatisch und komplex, von eleganter Feinheit, mineralischer Tiefe, von bemerkenswerter Ausdruckskraft und Langlebigkeit sein.

Rebsorten

Jährlich werden an der Mosel rund 90 Millionen l fast ausschließlich (95 %) Weißwein erzeugt – das entspricht einem hohen Durchschnittsertrag von rund 9000 bis 10 000 l pro ha. Zurzeit sind an Mosel-Saar-Ruwer rund 55 % der Rebflächen mit Riesling bestockt, gefolgt von 18 % Müller-Thurgau, 8 % Elbling und 7 % Kerner. Die Qualitätsanforderungen im Weingesetz sind sehr niedrig definiert, es reichen 50° Oechsle für einen Riesling- oder → Elbling- → QbA-Wein, für eine Riesling- → Spätlese bereits 10 % theoretischer Alkohol statt der sonst in Deutschland üblichen 11,4 %.

Bekannte Weinbauorte

Die natürlichen Wachstumsbedingungen an Mosel, Saar und Ruwer sind unbestreitbar großartig. Folgende Orte bringen das Potenzial am deutlichsten zum Ausdruck:

- *Bereich Bernkastel:* → Trittenheim, → Neumagen, → Dhron, → Piesport, → Wintrich, → Brauneberg, → Lieser, → Bernkastel, → Graach, → Wehlen, → Zeltingen, → Ürzig, → Erden, → Kinheim, → Traben-Trarbach, → Enkirch und → Pünderich.
- *Saar:* → Serrig, → Saarburg, → Ayl, → Ockfen, → Wawern, → Wiltingen, → Oberemmel, → Niedermennig, → Kanzem und → Filzen.
- *Ruwer:* → Avelsbach, → Kasel, → Maximin Grünhaus und → Eitelsbach.
- *Zell/Untermosel (Terrassenmosel):* → Neef, → Ediger-Eller, → Valwig, → Pommern und → Winningen.

Bewertung
Die Bewirtschaftung der vielen steilen Hänge ist nur mit hohem Kosten- und Arbeitsaufwand möglich, zudem ist der durchschnittliche Weinbaubetrieb an der Mosel ein Klein- bis Kleinstbetrieb. Hierdurch gerät der Weinbau immer stärker unter Druck. Dies bedeutet schlimmstenfalls die Aufgabe von Steillagen und das Ausweichen in die »bequemen« Moselebenen, die früher von den Winzern bewusst gemieden wurden, und das Pflanzen von im Vergleich zum Riesling qualitativ minderwertigen Sorten und → Neuzüchtungen. Das unausweichliche Ende wäre der Verfall von Ansehen und Preisen bis hin zum wirtschaftlichen Ruin vieler Betriebe. Dem kann nur gegengesteuert werden, wenn ein breiteres weininteressiertes Publikum ein Bewusstsein dafür entwickelt, dass die Mosel unvergleichliche Weine hervorbringt.

Erste Anzeichen dafür gibt es. Viele Güter haben das Problem erkannt und konzentrieren sich wieder mit aller Kraft auf den hochwertigen Riesling. Um das Potenzial der besten Lagen erneut auszuschöpfen, findet eine Reduzierung der Hektarerträge statt; die Vinifikationstechniken und der Weinausbau werden verbessert. Schließlich gibt es keinen vergleichbaren Spitzenwein auf der Welt, der noch zu so zivilen Preisen verkauft wird.

Moselle Französische AOC in Lothringen an der luxemburgischen Grenze mit nur noch 22 ha Rebfläche, auf der jährlich rund 160 000 l leichte Rot-, Rosé- und Weißweine aus Müller-Thurgau, Pinot noir und weiteren Rebsorten erzeugt werden.

Moseltaler Deutscher Qualitätswein aus dem → Anbaugebiet → Mosel-Saar-Ruwer. Moseltaler darf aus den Rebsorten Riesling, Müller-Thurgau, Elbling oder Kerner erzeugt werden, hat zwischen 15 und 30 g/l → Restzucker und mindestens 7 g/l Säure. Rebsorten dürfen nicht genannt werden. Bei diesem Wein handelt es sich letztlich um einen → Liebfrauenmilch-Weintyp.

Moseltor Kleinster der fünf Bereiche des → Anbaugebietes → Mosel-Saar-Ruwer und 80 ha Rebfläche im Saarland, insbesondere in der Großgemeinde Perl nahe der französischen und luxemburgischen Grenze. Zwei Drittel der Fläche sind mit Elbling bestockt, der Rest entfällt auf Müller-Thurgau, Grauer Burgunder und Auxerrois. In der Regel handelt es sich bei den Weinen um leichte, frische und säurebetonte Weine.

Mossé, Château Französisches Weingut im → Roussillon in Ste-Colombe-de-la-Commanderie. Früher wurden vor allem süße, gereifte Likörweine, AOC Rivesaltes, erzeugt, die z. T. hundert Jahre in großen Holzfässern lagerten, bevor sie abgefüllt wurden. Noch erhältliche Jahrgänge z. B. 1900, 1921, 1947. Erzeugt heute vor allem Rotweine (AOC → Côte du Roussillon). Sehr guter Erzeuger traditioneller Rivesaltes sowie hervorragender, transparenter Rotweine, darunter ein Vin de Pays aus hundertjährigen Carignan-Rebstöcken: *Le Carignan.*

Most Noch nicht vergorener oder in → Gärung befindlicher Traubensaft wird so lange als Most bezeichnet, bis → Wein daraus geworden ist.

Mostgewicht Alkoholische Potenz des → Mostes in Form von Naturzuckergehalt; wird in Deutschland und der Schweiz in Grad → Oechsle, in Österreich nach der → Klosterneuburger → Mostwaage berechnet. In Deutschland sind als Kriterien für die einzelnen Qualitäts- und Prädikatsstufen bestimmte Mindestmostgewichte gesetzlich vorgeschrieben, die von Anbaugebiet zu Anbaugebiet und je nach Rebsorte schwanken. Während ein Grauer Burgunder in → Ihringen am Kaiserstuhl in Baden mit

83° Oechsle sich nicht einmal → Kabinett nennen darf (dafür sind 85° vorgeschrieben), gilt ein Riesling mit 83° Oechsle in → Bernkastel an der Mosel bereits als → Auslese. Kabinett ist also nicht gleich Kabinett, nicht einmal innerhalb eines Anbaugebietes. Das ist nicht nur bei Kabinettweinen, sondern auch bei allen anderen → Prädikatsweinen der Fall. Dass man außerdem in kleinen Jahren die ohnehin sehr niedrigen Mindestmostgewichte noch um einige Grad herabsetzen darf, ohne dass diese Manipulation ihren Niederschlag in der Nomenklatur findet, ist eine aus Sicht des Weintrinkers fragwürdige Situation.

Mostkonzentrat → Traubenmostkonzentrat

Mostkonzentration Modernes Vinifikationsverfahren, um Traubenmost Wasser zu entziehen, bei gleichzeitigem Erhalt aller anderen Inhaltsstoffe. Ziel ist es, konzentriertere Weine zu erhalten, als dies unter natürlichen Bedingungen möglich gewesen wäre. Die Anreicherung des Traubenmosts lässt sich durch drei verschiedene physikalisch-technische Verfahren erreichen:

- *Umkehrosmose*: Mit hohem Druck wird der Most durch eine semipermeable Membran gepresst, die nur Wassermoleküle hindurchlässt. Dieses Verfahren kann nur bei weißen Mosten angewendet werden, da Farbstoffe die Membran verstopfen würden.
- *Kryo-Extraktion*: Der Most wird an tiefgekühlten Metallplatten vorbeigeführt. Wasser gefriert an ihnen und kann dem Most entzogen werden.
- *Vakuumverdampfung*: Dem Most wird in einem Unterdruckraum Wasser entzogen. Dieses verdampft wegen des um rund 1 bar reduzierten Drucks bereits bei etwas über 20 Grad Celsius. Der aufsteigende Wasserdampf kondensiert an den Wänden des Kessels und wird abgeführt. Gilt als relativ behutsames Verfahren.

Bei allen drei Verfahren wird nicht die gesamte Mostmenge, sondern nur ein kleinerer Teil bearbeitet und anschließend mit dem restlichen Most zurückverschnitten. Bei Rotweinmosten wird in der Regel der weiß gepresste Most aufkonzentriert. Bei der Anwendung der Mostkonzentration ist in Deutschland das gleichzeitige → Chaptalisieren (das Anreichern des Mostes mit Kristallzucker) verboten. Mostkonzentrierter Wein darf hierzulande nur als Qualitätswein, nicht aber als Prädikatswein deklariert werden.

Die Mostkonzentration hat sich in der gesamten Weinwelt einen festen Platz erobert und ist aus vielen Betrieben, die hochpreisige Prestigeweine anbieten, als Sicherheitstechnologie für jahrgangsunabhängige Weinqualität nicht mehr wegzudenken: In verregneten Jahren kann ein Teil des Wassers auf diese Weise entzogen werden. Besonders im Bordeaux, im Piemont, Südtirol, Veneto, Friaul und auch der Toskana sowie in Übersee spielt die Mostkonzentration eine große Rolle. Aber auch in guten Jahren wird von der Mostkonzentration Gebrauch gemacht. Doch so verlockend ihr Einsatz ist, aus schlechten Mosten lassen sich keine guten Weine konzentrieren, da die Mostkonzentration alle Inhaltsstoffe konzentriert, also auch Säure oder Fehlaromen.

Die Anwendung der Mostkonzentration ist umstritten, besonders in Deutschland, wo es dem Prinzip des → Prädikatsweins diametral entgegensteht: Mostkonzentrierte Weine lassen sich analytisch nicht nachweisen; von natürlicher Reife am Stock im Sinne von Spätlese, Auslese usw. kann nicht mehr die Rede sein. Schließlich wirft die Anwendung der Mostkonzentration noch die Frage auf: Ist ein jahrgangsunabhängiger, also witterungsunabhängiger Wein überhaupt noch Wein im Sinne eines natürlichen Produkts, das seine Einzigartigkeit und Erkennbarkeit in allererster Linie unterschiedlichen Wachstumsbedingungen verdankt? Diese Frage wird von Winzern und Weingenießern unterschiedlich beantwortet. Die Befürworter sehen in ihr eine sinnvolle Möglichkeit, unter allen Umständen gleichmäßige Qualität zu erzeugen – also Jahrgangsschwankungen auszugleichen, die z. B. durch Regenfälle im Herbst entstehen. Außerdem stellen sie zu Recht den Einsatz von Rübenzucker zur Chaptalisation in Frage, denn sie entziehen dem Wein lediglich etwas auf physikalischem Wege (d. h. Wasser) und setzen nichts hinzu (d. h. Rübenzucker). Ihre Gegner hingegen halten einen solchen massiven technischen Eingriff für nicht vertretbar und lehnen die Mostkonzentration kategorisch ab.

Mostwaage Vor rund 150 Jahren von dem Goldschmied und Erfinder Ferdinand Oechsle erfundener Aräometer zur Bestimmung der Dichte des → Mostes. Oechsles Erfindung beruht auf der Erkenntnis, dass Zucker schwerer als Wasser ist. So ging er bei der Gradeinteilung seiner Waage vom spezifischen Gewicht reinen Wassers aus: Besitzt der Most das spezifische Gewicht 1,075, zeigt die Oechslewaage 75° an. In reale Zahlen umgerechnet, bedeutet dies, dass der Zuckergehalt 15,7 % beträgt, wie ihn die → Klosterneuburger Mostwaage anzeigt.

Mit dem → Refraktometer können diese Messungen zur Bestimmung des Reifegrads der Trauben heute bereits im Weinberg vorgenommen werden, sodass sich schon vor der Lese der potenzielle Alkoholgehalt recht genau einschätzen lässt.

Moulin du Cadet, Château Französisches *Grand cru classé* aus → Saint-Emilion mit rund 5 ha Rebfläche: 75 % Merlot und 25 % Cabernet franc.

Moulin des Carruades Zweitwein des französischen Château → Lafite-Rothschild; bereits 1932 als *Cru bourgeois* eingestuft.

Moulin-à-Vent Französische AOC im → Burgund; einer der zehn *Crus* des → Beaujolais mit einem Anbaugebiet von 650 ha Rebfläche, auf der jährlich 3,8 Millionen l Rotwein aus Gamay produziert werden. Die Rebflächen liegen auf den Abhängen eines kegelförmigen Berges, auf dem eine alte Windmühle steht, die der Lage ihren Namen gibt; die Böden setzen sich aus Granitverwitterung mit Mangananteil zusammen. Die Rebflächen gehören zu Teilen → Romanèche-Thorins und → Chénas, deren Weine allgemein als die besten Beaujolais gelten. Auf dem Etikett kann der Name der Lage *(climat)* angegeben sein. In Romanèche sind es insgesamt 9 Lagen; in Chénas stammen die besten Weine aus den Lagen *La Rochelle, Les Carves, Champagne* und *Les Joies*. Bekannte Erzeuger: R. Siffert, Chauvet Frères, Château des Jacques, Hospices in Romanèche, Dubœuf und Louis Jadot.

Moulinet, Château Französisches Weingut in → Pomerol mit rund 18 ha Rebfläche: 50 % Merlot, 40 % Cabernet franc und 10 % Cabernet Sauvignon.

Moulis-en-Médoc Französischer Ort im Bordeaux, in → Haut-Médoc zwischen Margaux und Listrac-Médoc mit eigener AOC; rund 360 ha Rebfläche und 3 Millionen l Rotwein Jahresproduktion. Der Weinbau konzentriert sich auf ein etwa 12 km langes und 500 m breites Band mit Kies-, Kalk- und Tonböden. Zwar verfügt der Ort über keine klassifizierten Châteaux, doch dürften zumindest Château Chasse-Spleen, Château Poujeaux und Château Maucaillou dem Qualitätsniveau eines *Cru classé* entsprechen. Außerdem gibt es eine Reihe *Crus bourgeois*, z. T. mit dem Anhang → *Grand-Poujeaux* als Hinweis auf ihre Lage auf dem so bezeichneten höher gelegenen Kiesplateau von Moulis, der besten Lage des Ortes. Bekannte Erzeuger: Château Dutruch Grand Poujeaux, Chasse-Spleen.

Mount Barker Subregion im Weinbaugebiet → Westaustralien

Moura Portugiesische Subzone in der DOC → Alentejo, zwischen Beja und der spanischen Grenze gelegen. Auf mehr als 1100 ha werden Rotweine aus den Sorten Alfrocheiro, Moreto, Periquita und Trincadeira sowie Weißweine überwiegend aus Antão Vaz, Fernão Pires, Roupeiro und Rabo de Ovelha erzeugt.

Mourvèdre In Südfrankreich verbreitete rote Rebsorte, die vermutlich aus Spanien stammt, wo sie als *Mataró* bekannt ist. Im → Languedoc, in der → Provence und im → Châteauneuf-du-Pape wird sie häufig als zusätzliche Qualitätsrebe eingesetzt. Reinsortig wird sie nur selten ausgebaut. In Südfrankreich ist sie mit über 3000 ha vertreten und gilt dort als qualitätsverbessernde Zusatzsorte. Man findet sie auch in Australien, ferner in Kalifornien.

Mousseux Französisch für schäumend. *Vins mousseux* sind ganz allgemein *alle* Schaumweine (auch → Crémant genannt) unabhängig vom Herstellungsverfahren (→ Champagnerverfahren, → Großraumgärung, → Transvasierverfahren oder → Imprägnierung: (Zusatz von Kohlendioxid zum Wein unter Druck). In der Praxis jedoch wird Champagner in Frankreich nie als *Vin mousseux* bezeichnet, sondern als eine Klasse für sich betrachtet.

Laut Weingesetz dürfen nur die nachfolgend aufgeführten *Vins mousseux* das AOC-Prädikat führen: → *Anjou mousseux*, → *Arbois mousseux*, → *Blanquette de Limoux*, → *Bordeaux mousseux*, → *Bourgogne mousseux*, → *Clairette de Die*, → *Côtes du Jura mousseux*, *L'* → *Etoile mousseux*, → *Gaillac mousseux*, → *Montlouis mousseux*, → *Saint-Péray mousseux*, → *Saumur mousseux*, → *Seyssel mousseux*, → *Touraine mousseux*, *Vin de Savoie (Ayze) mousseux* und → *Vouvray mousseux*, während es unter den VDQS-Weinen lediglich den *Vin de* → *Bugey (Cerdon) mousseux* gibt.

Der Begriff Mousseux wird auch bei Stillweinen verwandt, wenn sich besonders bei Jungweinen das im Wein enthaltene → Kohlendioxid leicht am Glasrand oder auf der Zunge niederschlägt.

Moût Französisch für → Most.

Mouton-d'Armailhacq, Château Französisches 5e *cru classe*-Weingut aus der Appellation → Pauillac (Haut-Médoc). Von 1977 bis 1989 als Château Mouton-Baronne-Philippe geführt.

Mouton-Cadet Bekannter → Markenwein des → Bordeaux. Wurde in den 1930er Jahren als Zweitwein von Château → Mouton-Rothschild ins Leben gerufen und ist heute der verbreitetste Markenwein des Bordeaux, von dem rund 15 Millionen Flaschen weltweit pro Jahr verkauft werden. Dieser recht einfache Wein profitiert vom Ruf des Namens Rothschild.

Mouton-Rothschild, Château Weltberühmtes französisches Bordeaux-Weingut in der Appellation → Pauillac. Bei der → Klassifizierung von 1855 wurde es an der Spitze der 2es *crus classés* eingestuft, seit 1973 nimmt es offiziell den Rang eines *Premier cru* ein und steht damit heute auf einer Stufe mit Lafite, Latour und Margaux.

Auf rund 70 ha werden 85 % Cabernet Sauvignon, 10 % Cabernet franc und 5 % Merlot kultiviert und jährlich um die 200 000 l Rotwein erzeugt. Der Wein ist in seiner Jugend verschlossen, mitunter abweisend, weil mit mächtigem Tannin ausgerüstet, und braucht viel Zeit, um sich zu entwickeln. Baron Philippe de Rothschild lässt den Wein seit Jahrzehnten (ab 1945 jährlich) mit dem Bild eines zeitgenössischen Künstlers gestalten.

Moutonne, La Französische *Grand*

cru-Lage innerhalb der ebenfalls als *Grand cru* eingestuften Lage → *Vaudésir* in → Chablis. Die rund 2 ha große Enklave wird in offiziellen Auflistungen der *Grand cru*-Lagen nicht berücksichtigt und befindet sich im Alleinbesitz der Domaine Long-Depaquit.

Muga, Bodegas Spanisches Weingut im → Rioja. Auf rund 35 ha eigener Rebfläche und durch Zukauf werden jährlich etwa 600 000 Flaschen Wein erzeugt, darunter der langlebige und hochwertige Prado Enea und Torre Muga: überraschend leichte und transparente Weine.

Mulderbosch Südafrikanisches Weingut im Weinbaugebiet → Stellenbosch. Auf rund 35 ha Rebfläche werden etwa 150 000 Flaschen Wein erzeugt, vor allem Chardonnay und Sauvignon blanc sowie ein roter Bordeaux-Blend.

Müller, Weingut Deutsches Weingut in Spay, Weinbaugebiet → Mittelrhein. Auf rund 8 ha Rebfläche werden jährlich etwa 75 000 Flaschen Wein erzeugt. Rebsorten: 85% Riesling, ferner Spätburgunder. Böden: Devonschieferverwitterung. Bekannte Lage: *Bopparder Hamm*.

Müller, Weingut Egon Berühmtes deutsches Weingut im Weinbaugebiet → Mosel-Saar-Ruwer im Ort Wiltingen (Saar). Auf rund 8 ha Rebfläche werden jährlich etwa 45 000 Flaschen Wein erzeugt. Rebsorten: knapp 100 % Riesling. Böden: Schieferverwitterung. Bekannte Lage: *Scharzhofberg*. Führender Erzeuger rest- und edelsüßer Rieslinge in Deutschland, der jährlich Spitzenpreise erreicht – seine Weine zählen zu den teuersten der Welt. Die Spitzenweine gelten als nahezu unsterblich.

Müller, Weingut Gebrüder Deutsches Weingut in Breisach, Weinbaugebiet → Baden. Auf rund 10 ha Rebfläche werden jährlich etwa 90 000 Flaschen Wein erzeugt. Rebsorten: 50 % Spätburgunder, 30 % Weißburgunder, 10 % Grauburgunder. Böden: Vulkanverwitterung und Lößlehm. Bekannte Lage: *Ihringer Winklerberg*.

Müller-Catoir, Weingut Deutsches Weingut in Neustadt-Haardt, Weinbaugebiet → Pfalz. Auf rund 20 ha Rebfläche werden jährlich etwa 140 000 Flaschen Wein erzeugt. Rebsorten: 60 % Riesling, 13 % Rieslaner, ferner Grauburgunder, Weißburgunder, Gewürztraminer, Spätburgunder. Böden: Ton, lehmiger Kies. Bekannte Lagen: *Haardter Herrenletten, Bürgergarten* und *Herzog, Mußbacher Eselshaut*.

Müller-Thurgau Von Prof. Hermann Müller aus dem schweizerischen → Thurgau 1882 in → Geisenheim durchgeführte Kreuzung. Es ist nicht ganz geklärt, ob es eine Kreuzung aus Riesling *x* Silvaner oder Riesling *x* Chasselas ist, denn obwohl in der Zwischenzeit zahllose Kreuzungsversuche mit Riesling und Silvaner gemacht worden sind, hat man aus ihnen nie wieder eine der Müller-Thurgau ähnliche Rebe kreuzen können. Dies gelang bisher nur innerhalb von zwei Riesling-Varianten.

• In Deutschland steht der Müller-Thurgau (auch Rivaner genannt) mit rund 19 000 ha (rund 18 % der Rebfläche) an zweiter Stelle des deutschen Rebsortenspiegels. Der Anbau ist wie bei den meisten Neuzüchtungen zurzeit rückläufig. Ihre größte Verbreitung findet sie in → Rheinhessen (5300 ha), → Baden (3800 ha) und der → Pfalz (3600 ha), ihre höchsten Flächenanteile erreicht sie in → Franken (knapp 40 %) und Baden (23 %).

• In Österreich ist sie mit rund 5000 ha die vierthäufigste Rebsorte, besonders populär ist sie im → Kamptal und in der → Süd-Oststeiermark.

• Auch in Luxemburg (hier heißt die Sorte → Rivaner), der Schweiz (Riesling *x* Silvaner), der Tschechischen Republik, der Slowakei, in Norditalien (Südtirol), in England und vielen anderen Ländern

(z. B. Neuseeland) wird sie häufig angebaut.

Typisch für Müller-Thurgau ist hoher Ertrag, frühe Reife und ein blasses Geschmacksbild, das mit einem leichten Muskat-Ton hinterlegt ist. Gerade in Deutschland hat die Sorte den Riesling zeitweilig stark verdrängt, weil sie generell früh reif wird und höhere → Mostgewichte bringt; das Mostgewicht ist laut Weingesetz das einzige und entscheidende Kriterium dafür, welches Prädikat ein Wein tragen darf. Je früher man einen Wein also als Spät- oder Auslese lesen darf, desto besser, dachte man in der Hochkonjunktur des Müller-Thurgau. Inzwischen ist der Riesling wieder die meist angebaute Rebsorte, die die besten Weißweine Deutschlands hervorbringt.

Müllerrebe → Meunier, → Pinot meunier, → Schwarzriesling

Müllheim Deutscher Ort im Weinbaugebiet → Baden, im → Markgräflerland. Rund 140 ha Rebfläche (ohne Ortsteile), zusammen mit seinem größten Ortsteil Hügelheim (60 ha Rebfläche) bekannt für Gutedel und rote wie weiße Burgunderweine. Bekannte Erzeuger: Hermann Dörflinger (Müllheim), Emil Marget (Hügelheim), beide traditionsreiche Güter; das über 200 Jahre alte Weingut Marget ist geradezu ein Synonym für Tradition und kompromisslos traditionellen Weinausbau.

Mundelsheim Deutscher Ort im Weinbaugebiet → Württemberg, am Neckar zwischen Stuttgart und Heilbronn gelegen, mit rund 180 ha Rebfläche. Bekannt für seinen Trollinger aus dem terrassierten Steilhang *Käsberg*. Bekannte Erzeuger: Württembergische Hofkammer.

Mundgefühl Manche Weine verursachen ein spezifisches Mundgefühl, meist aufgrund ihrer Viskosität. Diese wird beeinflusst durch den Gehalt an → Restzucker, Farb- und Gerbstoffen, → Extrakt.

Münster-Sarmsheim Deutscher Ort im Weinbaugebiet → Nahe mit rund 180 ha Rebfläche. Bekannte Lagen: *Dautenpflänzer, Pittersberg* und *Kapellenberg*; es wird vor allem Riesling, Silvaner, Weißer Burgunder und Grauer Burgunder angepflanzt. Bekannte Erzeuger: Kruger-Rumpf und Göttelmann.

Münzberg, Weingut Deutsches Weingut in Landau-Godramstein, Weinbaugebiet → Pfalz. Auf rund 12 ha Rebfläche werden jährlich etwa 100 000 Flaschen Wein erzeugt. Rebsorten: 30 % Weißburgunder, 20 % Riesling, 15 % Spätburgunder, je 10 % Silvaner und Grauburgunder. Böden: Kalkböden, teilweise mit Lehm- und Tonauflage. Führender Pfälzer Erzeuger von Weißburgunder in Deutschland.

Muri-Gries Italienisches Weingut in Bozen, Region → Südtirol, gehört zum Klosterkonvent in Gries. Berühmt für seine feinen Rosenmuskateller, Goldmuskateller und seinen holzbetonten Lagrein. Die Keller befinden sich in einer ehemaligen Kirche direkt in Bozen.

Murrieta, Marqués de → Marqués de Murrieta

Musar, Château Im christlichen Nordteil des Libanon wird Wein angebaut; einer der bekanntesten Erzeuger ist das Château Musar, das nicht selten in einem Atemzug mit herausragenden Bordeaux-Weinen erwähnt wird. Auf rund 130 ha Rebfläche bei Ghazir nördlich von Beirut wird 50 % Cabernet Sauvignon, 45 % Cinsaut und 5 % Syrah angebaut. Leiter ist Serge Hochar.

Muscadelle Weiße Rebsorte, die im Südwesten Frankreichs auf rund 5600 ha angebaut wird. Sie wird nicht eigenständig oder reinsortig ausgebaut, sondern insbesondere im → Bordeaux-Gebiet, u. a. in → Monbazillac und → Montravel, in einer Größenordung von rund 5 bis 10 % mit Sémillon und Sauvignon blanc verschnitten, um den süßen → *vins li-*

quoreux – → Sauternes, → Barsac, → Loupiac und → Cadillac – einen leichten Muskatgeschmack zu verleihen.

Muscadet Französische AOC im unteren → Loire-Tal in der Umgebung von → Nantes. Der Name des Weins ist ein wenig irreführend, denn er wird nicht aus der Rebsorte Muscat bereitet, sondern aus → Melon, der vor etwa 300 Jahren aus Burgund importiert wurde, als der bis dahin an der Loire-Mündung kultivierte Muscat erfror. Auf rund 13 000 ha werden jährlich etwa 70 Millionen l leichter, frischer und trockener Weißwein erzeugt, die deutlich vom kühlen Atlantikklima geprägt sind. Die Weinbauflächen liegen rund um die Loire-Mündung am Atlantik auf Sandböden mit Kies, Granit, Gneis und Glimmerschiefer.

Der Wein kommt unter vier AOC-Bezeichnungen in den Handel:

- Muscadet (rund 1900 ha Rebfläche mit 11 Millionen l Weißwein),
- Muscadet → Coteaux de la Loire auf den Hängen der Loire (mit rund 320 ha Rebfläche),
- AOC Muscadet-Côtes de Grand-Lieu rund um den Grandlieu-See (mit rund 350 ha Rebfläche),
- Muscadet de Sèvre et Maine: 23 Gemeinden; der bedeutendste von allen sowohl nach Quantität als auch nach Qualität (rund 11 000 ha Rebfläche mit 54 Millionen l).

Ein Teil dieser Weine wird als *Vin sur lie* für ungefähr sechs Monate auf der Hefe belassen und dann mit einem ganz leichten natürlichen Gehalt an → Kohlendioxid auf die Flasche gefüllt und als *Sur lie* etikettiert.

Bekannte Erzeuger: Louis Métaireau, Domaine de Chasseloir, Guilbaud, Château de Gillieres, Château du Cléray, Marquis de Goulaine, Domaine de la Frutière, Domaine de L'Hyvernière und Château La Berrière.

Muscat d'Alsace Weißwein aus dem → Elsass, ein Verschnitt von Muskateller mit Muskat-Ottonel, meist im Verhältnis 30 zu 70. Bekannte Erzeuger: Kuentz-Bas und Gustave Lorentz.

Muscat de Beaumes-de-Venise → Beaumes-de-Venise, Muscat de

Muscat de Frontignan Französische AOC für meist edelsüße Weißweine aus der Muscat-Traube im Département Hérault nahe der Stadt Frontignon. Auf rund 800 ha Rebfläche werden jährlich etwa 2,4 Millionen l Weißwein produziert. Der Wein wächst auf Kiesböden und Schwemmland in Meeresnähe und ist deutlich durch das mediterrane Klima geprägt. Erzeugt wird überwiegend gespriteter Likörwein mit mindestens 185 g/l Restzucker, ferner ein moderner, im Barrique ausgebauter trockener Weißwein.

Muscat de Lunel → Lunel

Muscat de Mireval Französische AOC für gespriteten Weißwein aus der Rebsorte Mucat blanc à petits grains, die auf rund 260 ha Rebfläche nahe der Stadt Montpellier in zwei Gemeinden (darunter Mireval) angebaut wird; jährlich etwa 780 000 l Wein. Die Reben stehen auf Kalkgeröllböden aus dem Jura und Miozän. Der gespritete Likörwein Vin doux naturel soll im 13. Jahrhundert in Montpellier erfunden worden sein.

Muscat de Rivesaltes → Rivesaltes

Muscat de Saint-Jean-de-Minervois Französische AOC für gespriteten Weißwein aus der Rebsorte Mucat blanc à petits grains, die auf rund 160 ha Rebfläche im Département Hérault in der Gemeinde Saint-Jean-de-Minervois angebaut wird. Erzeugt werden jährlich etwa 500 000 l Likörwein. Die Reben stehen auf Kalkgeröllböden in 280 Metern Höhe.

Muscat du Cap Corse Französische AOC für Weine auf der Insel → Korsika. Der Wein wird aus Muscat blanc à petits grains vinifiziert, entsprechend den Vorschriften der Appellationen → Patrimonio und → Vin de Corse-Coteaux du Cap Corse. Der Most muss mindestens 252 g/l Zucker enthalten. Während der Gärung wird der Wein auf 21,5 % Alkohol → aufgespritet, damit ein → Restzucker von mindestens 95 g/l im Wein erhalten bleibt. Auf rund 80 ha Rebfläche werden jährlich 200 000 l Likörwein erzeugt. Der Wein wächst zwischen Felsen auf Schieferböden und Granit.

Musigny Französische *Grand cru*-Lage im Burgund in → Chambolle-Musigny. Auf rund 10 ha Rebfläche, die unmittelbar an den → *Clos de Vougeot* grenzt, werden jährlich rund 28 000 l eines der angesehensten roten Burgunder (aus Pinot noir) erzeugt, neben rund 1200 l *Musigny Blanc* (aus Chardonnay). Bekannte Erzeuger: Domaine Comte Georges de Vogüé, G. Roumier und Clair-Daü.

Muskat Tafel- und Keltertraube, von der Dutzende von Varianten existieren; sie unterscheiden sich voneinander in der Farbe (Blassgelb bis Dunkelblau), Qualität (erstklassig bis schlecht), Ertrag (sehr ergiebig bis unergiebig). Alle weisen jedoch – unterschiedlich stark ausgeprägt – jenen typischen, unverwechselbaren Muskatgeschmack und -geruch auf, und zwar sowohl als Traube und Wein. Man findet sie im gesamten Mittelmeerbereich, in Portugal, im Elsass, in Österreich, Ungarn, ebenso in Kalifornien, Südamerika, Südafrika und Australien. Die aus ihr bereiteten Weine reichen von trockenen Weißweinen über – häufig süße – Schaumweine bis hin zu Likörweinen, wobei die Qualität dieser Weine je nach Variante und Vinifikation von belanglos bis bemerkenswert reichen kann. Es gibt die folgenden Spielarten bzw. Verwandten in der Muskat-Familie: → Muskateller, → Muskat-Ottonel, Muscat blanc à petits grains, Muscat d'Alexandrie. Die folgenden Weine werden unter anderen aus Muskat-Trauben bereitet: → Moscatel, → Moscato, → Muscadelle, Muscat de → Beaumes-de-Venise, → Muscat de Frontignan, Muscat de → Lunel, → Muscat de Mireval, Muscat de → Rivesaltes, → Muscat de Saint-Jean-de-Minervois.

Muskat-Ottonel Eine üppigere Variante des Muskateller, qualitativ jedoch weniger bedeutend als dieser. In Deutschland ist sie inzwischen nahezu ganz verschwunden, während sie es in Österreich bei deutlichem Rückgang auf etwa 800 ha bringt, die sich fast ausschließlich in den Weinbaugebieten → Neusiedlersee und → Neusiedlersee-Hügelland im → Burgenland befinden. Auch im → Elsass ist sie verbreiteter als der Muskateller.

Muskat-Sylvaner In Österreich (vor allem in der → Südsteiermark) gebräuchliche Bezeichnung für den → Sauvignon blanc, deren 200 ha sich vor allem in der Südsteiermark und im Gebiet → Neusiedlersee befinden.

Muskat-Trollinger Mutation oder Kreuzung, die den Charakter des → Trollingers mit dem Bukett des → Muskatellers verbindet. Vereinzelt in → Württemberg (Weingut Adelmann) angebaut.

Muskateller Eine der ältesten → *Vinifera*-Sorten mit zahlreichen Varianten (→ Moscatel, → Moscato, → Muscadelle, → Muskat), vor allem im Mittelmeerraum verbreitet. In Deutschland wird der Muskateller nur vereinzelt in der → Pfalz, → Baden und in → Württemberg angebaut. Zurzeit sind in Deutschland rund 100 ha bestockt. In Österreich ist er rückläufig und bringt es auf rund 140 ha, 60 % davon in der → Steiermark. Die insgesamt geringe Wertschätzung des Muskatellers entspricht dem Trend der Zeit. Doch der Muskateller ist ein charaktervoller Wein mit hohem Alterungspotenzial. Auch im → Elsass wird der Muskateller angebaut (siehe → *Muscat d'Alsace*).

Muster, Josef Österreichisches Weingut im Weinbaugebiet → Südsteiermark. Auf rund 8 ha Rebfläche werden jährlich etwa 40 000 Flaschen Wein erzeugt, darunter Welschriesling, Morillon (Chardonnay), Sauvignon blanc, Zweigelt und Muskateller. Insgesamt werden 30 % Rotweine produziert; die Weißweine werden dem Lagenpotenzial jedoch eher gerecht. Von der Lage Sgaminegg stammt der im → Barrique ausgebaute Morillon (Chardonnay).

Muté Französische Bezeichnung für stumm gemachten Most, dessen Gärung durch Zusatz von hochprozentigem Branntwein (oder reinem Alkohol) unterbrochen wird. Dieses Verfahren wird oft bei der Erzeugung von → Apéritifs oder → Likörweinen angewandt, um den Weinen Süße und einen höheren Alkoholgehalt zu geben. In Deutschland ist dieses Verfahren nicht zugelassen.

Mythos Handwerklich hergestellte Weine mit → Terroir lassen den Mythos des Weins deutlich erkennen – ganz im Gegensatz zu industriell hergestellten Markenweinen. Der Mythos eines Weins wird umso größer, je mehr man über die Hintergründe seiner Entstehung – also über sein Terroir – weiß. Dies kann die Individualität eines Weins sein, seine spezifischen (vielleicht sogar einzigartigen) Wachstumsbedingungen oder ein berühmter Winzer. Auch der → Preis mancher Weine wird vom Mythos entscheidend beeinflusst. Weintrinker, für die der Mythos eines Weins ausschließlich in seinem Preis und außerordentlichen Ruf liegt, bezeichnet man als Etikettentrinker.

N

Nachgärung Nach der eigentlichen → Gärung, bei welcher der in den Trauben enthaltene Zucker in → Alkohol und → Kohlendioxid umgewandelt wird, kann eine so genannte Nachgärung einsetzen:

- Sie kann durch einen im Wein verbliebenen Zuckerrest ausgelöst werden, der dann in Alkohol verwandelt wird. Im schlimmsten Fall geschieht das in der Flasche, häufiger jedoch im Fass, wenn die Temperaturen im Frühjahr zu steigen beginnen.
- Häufiger handelt es sich jedoch um eine zweite Gärung, die auch als → Malolaktische Gärung oder biologischer Säureabbau (BSA) bezeichnet wird.

Letztere findet im Fass oder Tank entweder direkt im Anschluss an die alkoholische Gärung statt oder im Frühjahr, wenn Bakterien im Wein enthaltene Apfelsäure in Milchsäure umwandeln. Bei diesem Vorgang wird biologisch Säure abgebaut – der Wein schmeckt milder –, und es wird Kohlendioxid freigesetzt, was den Eindruck einer Gärung hervorruft. Diese Nachgärung kann von selbst einsetzen oder durch gezielten Zusatz von Bakterien initiiert werden. Voraussetzung dafür sind höhere Temperaturen, sodass sich der biologische Säureabbau (ohne künstliche Erwärmung) meist erst im Frühjahr im Fass vollzieht.

Bei fast allen Rotweinen wird der Säureabbau angestrebt, weil bei ihnen die Apfelsäure als störend empfunden wird, nicht jedoch bei allen Weißweinen. Besonders in Deutschland wird darauf verzichtet, da er bei säurebetonten Weißweinen wie Riesling weniger empfehlenswert ist: Der Charakter dieser Weine lebt von einem intensiven Säurespiel. Eine Ausnahme bildet der schweizerische Chasselas (Gutedel); bei diesem wird fast immer eine malolaktische Gärung eingeleitet. Weiß- wie Rotweine, die im → Barrique ausgebaut werden (z. B. Chardonnay, Cabernet Sauvignon), durchlaufen ebenfalls so gut wie immer einen biologischen Säureabbau. Die sich dadurch ergebende Säurestruktur passt gut zu den Fassaromen des Weins.

Nachhall → Abgang

Nackenheim Deutscher Ort im Weinbaugebiet → Rheinhessen mit rund 150 ha Rebfläche. Das höchste Ansehen genießt die unmittelbar an der → Rheinfront gelegene Lage *Rothenberg* mit ihrem roten Tonschiefer, gefolgt vom *Engelsberg*. Diese Lagen grenzen unmittelbar an die Weinberge → Niersteins. Auf dem Rothenberg wird vor allem Riesling angebaut. Nackenheim und das Weingut Gunderloch sind durch Carl Zuckmayers »Der fröhliche Weinberg« zu literarischem Ruhm gelangt.

Nahe Deutsches Weinbaugebiet mit rund 4300 ha Rebfläche, die sich von Bingerbrück entlang der Nahe (die bei → Bingen in den → Rhein mündet) bis Kirn, in die Seitentäler des Soonwaldes und in die Täler von Alsenz und Glan erstreckt. Jährlich werden rund 31 Millionen l Wein erzeugt, davon rund 17 % Rotweine; Durchschnittsertrag etwa 7400 l pro ha. Die Böden sind höchst unter-

Nahe	
Ort	***Bekannte Lagen***
→ Münster-Sarmsheim	*Dautenpflänzer, Pittersberg*
→ Dorsheim	*Pittermännchen, Goldloch*
→ Laubenheim	*Karthäuser, St. Remigiusberg*
→ Langenlonsheim	*Löhrer Berg, Königsschild, Rothenberg*
→ Guldental	*Hipperich*
→ Bretzenheim	*Pastorei, Rosenheck*
Bad → Kreuznach	*Kahlenberg, Krötenpfuhl, Brückes*
→ Winzenheim (Stadtteil von Bad Kreuznach)	*Roseneck*
Bad → Münster	*Felseneck*
→ Traisen	*Bastei, Rotenfels*
→ Norheim	*Dellchen, Kirschheck, Kafels*
→ Niederhausen	*Felsensteyer, Rosenheck, Kertz, Klamm, Hermannshöhle*
→ Oberhausen	*Brücke*
→ Monzingen	*Frühlingsplätzchen, Halenberg*
→ Schloßböckelheim	*Kupfergrube, Felsenberg, Königfels, In den Felsen*
→ Roxheim	*Höllenpfad, Mühlenberg*
→ Wallhausen	*Johannisberg, Hasensprung*
→ Altenbamberg	*Schlossberg, Rotenberg, Kehrenberg*

schiedlich; Rotliegendes, Porphyr, Schiefer, Quarzit, Kies, Löß und Lehm wechseln sich ständig ab. Die Erdgeschichte hat hier im besten Sinne des Wortes Kapriolen geschlagen. Auf diesen Böden entsteht eine große Vielfalt von Weincharakteren, die von Lage zu Lage, mitunter von Parzelle zu Parzelle wechseln. Fast alle im deutschen Weinbau irgendwo auftretenden Grundtypen von Wein lassen sich auf kleinstem Raum an der Nahe wiederfinden. Sehenswert ist die Weinlandschaft der oberen Nahe allemal: die senkrecht aufragende Traiser Bastei ist die höchste Felswand nördlich der Alpen.

Rebsorten und Weinstile

An der Nahe wird überwiegend Weißwein angebaut. Galt noch Anfang der 1970er Jahre in etwa die Formel 30 % Riesling, 30 % Silvaner, 30 % Müller-Thurgau, so wird heute 26 % Riesling, 18 % Müller-Thurgau (rückläufig) und 9 % Silvaner angebaut. Die verbleibenden 47 % der Rebfläche sind mit Kerner, Scheurebe, Bacchus, Faber und einer Vielzahl weiterer Sorten bestockt, mit zunehmendem Rotweinanteil, während die → Neuzüchtungen zurückgehen. Unter den roten Sorten überwiegen Spätburgunder und Portugieser. In letzter Zeit geht der Trend weg vom »Probierstübchen der Nation« hin zum Riesling und zu den weißen und roten Burgundersorten.

Das Weinbaugebiet Nahe ist eine Konstruktion des Weingesetzes von 1971 – zuvor wurden die dort erzeugten Weine vor allem als Fassweine gehandelt oder kamen als *Rheinwein* in den Handel. Im Bewusstsein der Weintrinker ist das Anbaugebiet Nahe weniger bekannt als andere in Deutschland, obwohl es dort eine Vielzahl guter Weine in sehr unterschiedlichen Stilrichtungen zu finden gibt. Die Rebflächen befinden sich mehrheitlich in der Hand kleiner Erzeuger, während kaum mehr als ein Dutzend Betriebe über mehr als 25 ha Rebfläche verfügen, deren Besitz oft über das gesamte Gebiet verstreut liegt. In letzter Zeit wird an einer Lagenklassifikation gearbeitet, in der die vorhandenen Spitzenlagen im Sinne eines *Grand cru* klassifiziert werden sollen.

Nahetal, Bereich Bereichsname für das gesamte Nahetal, anstelle der beiden vormals getrennten Bereiche Bad → Kreuznach und → Schloßböckelheim.

Nairac, Château Französisches 2e *Cru classé*-Weingut der Appellation → Barsac mit rund 16 ha Rebfläche: 90 % Sémillon, 6 % Sauvignon und 4 % Muscadelle, aus denen edelsüße Weine im Stil eines → Sauternes erzeugt werden.

Nantes Französische Stadt in der unteren Bretagne nahe der → Loire-Mündung. Auf den sanft abfallenden Hügeln ihrer Umgebung, besonders südöstlich der Stadt, wird der trockene weiße → Muscadet erzeugt. Darüber hinaus kommen zwei VDQS-Weine aus dem *pays nantais*: nordöstlich von Nantes der *Coteaux d'Ancenis* (leichte Rot- und Roséweine, selten Weißweine) und südlich der Stadt der *Gros Plant du pays nantais*, ein Weißwein aus der hier als Gros plant bezeichneten → Folle blanche.

Naoussa Nordgriechische Stadt in → Makedonien, westlich von Thessaloniki, und der in ihrer Umgebung aus der Sorte Xynomavron erzeugte OPAP-Rotwein. Bekannte Erzeuger: Boutari und Tsantalis.

Napa Valley Tal im US-Bundesstaat → Kalifornien, rund 80 km nördlich von San Francisco. Innerhalb der umfassenden AVA Napa Valley liegt ein knappes Dutzend weiterer AVAs, die im engeren Sinne Sub-Appellationen sind. Das Napa Valley ist rund 50 km lang und 5 km breit. Der Weinbau beginnt zwar schon südlich der Stadt Napa, doch der weitaus größere Teil liegt nördlich von ihr und zieht sich über viele Kilometer hinauf bis zum Ort Calistoga im Norden. Das Klima dieser Region ist ausgesprochen vielschichtig:

- Der Süden ist kühler, da er sich stärker zum kalten Wasser des Pazifiks öffnet: ideal für Weißweinsorten wie Chardonnay.
- Im Norden wird es aufgrund der zunehmenden Entfernung vom Pazifik insgesamt immer wärmer, sodass hier vor allem rote Rebsorten anzutreffen sind: z. B. Cabernet Sauvignon. Hier befinden sich die AVAs Yountville, Stags Leap, Oakville, Rutherford, Saint Helena und Spring Mountain.
- Die Weinbaubereiche in der flachen Talsohle sind qualitativ nicht sehr hochwertig, da die Durchschnittstemperaturen hier viel höher sind und die Böden oft sehr fruchtbar.

Das Napa Valley ist das Zentrum des kalifornischen Weinbaus und das bekannteste Weinbaugebiet der USA. Weinbau wird im Napa Valley seit rund 150 Jahren betrieben, doch sein weltweiter Ruhm ist wesentlich jüngeren Datums. Heute stehen ungefähr 15 000 ha unter Reben (was nur rund 5 % der kalifornischen Weinbaufläche entspricht), mit steigender Tendenz. Die Sorten Chardonnay und Cabernet Sauvignon dominieren und bringen einige der bekanntesten Weine der Neuen Welt hervor. Die übrige Fläche teilen sich vor allem die Sorten Zinfandel, Merlot, Pinot noir, Sauvignon blanc und Chenin blanc.

Die Böden dieser von Erdaktivitäten betroffenen Region sind sehr vielfältig; manchmal wechseln sie alle paar Meter. Die Rebpflanzungen des Napa Valley mit seinen rund 300 Weingütern und rund

1000 Traubenerzeugern (beides liegt häufig in getrennten Händen) haben sich diesen Verhältnissen noch nicht angepasst. Die Bedingungen der → Terroirs zu erkennen und auch in der Wahl der Rebsorten abzubilden, ist innerhalb von 30 Jahren nicht möglich. Hinzu kommt, dass Lagen praktisch nie angegeben werden (eine der wenigen Ausnahmen ist z. B. *Martha's Vineyard*), die Weine daher oft ein Verschnitt vieler unterschiedlicher Einzellagen sind. Inzwischen ist der reinsortige Ausbau der Weine zu einem allgemein anerkannten Standard geworden. Im Allgemeinen enthalten sie sehr viel Alkohol (13 bis 15 %).

Die heute bekanntesten Weine des Napa Valley haben Anfang der 1970er Jahre für enormes Aufsehen gesorgt, als sie im Vergleich mit berühmten französischen Châteaux besser abschnitten, → Opus One und Dominus sind die bekanntesten von ihnen. Die meisten Weingüter im Napa Valley erzeugen qualitativ sehr unterschiedliche Weine vom Spitzengewächs über Basiswein zum Industriewein (→ Markenwein). Bekannte Erzeuger: Heitz Cellars, Robert Mondavi, Stag's Leap Wine Cellars, Château Montelena, Matanzas Creek, Sterling Vineyards, Caymus Vineyards, Freemark Abbey, Monticello Cellars, Château Woltner, Stony Hill Winery, Mount Veeder Winery, Acacia Winery, Burgess Cellars, Schramsberg Vineyards, Chandon, Clos du Val, Mayacamas Vineyards, Joseph Phelps Vineyard, Villa Mt. Eden, Rutherford Hill, Cuvaison, William Hill, Congress Springs, Flora Springs und Newton.

Nardò Italienische AOC für Rot- und Roséwein aus → Apulien, der in der Umgebung von Nardò im → Salento aus den Sorten Negro amaro und Malvasia nera erzeugt wird.

Nasco Alte italienische Rebsorte, aus der auf → Sardinien im → Campidano der DOC-Wein Nasco di Cagliari hergestellt wird: ein Weißwein, der sowohl trocken als auch halbtrocken, süß oder *liquoroso* sein kann.

Nase Umschreibung für den allgemeinen Geruchseindruck eines Weines.

Nassverbesserung Historische Form der → Anreicherung von Weinen mit einer 10 %igen Zucker-Wasser-Lösung, die der Alkoholsteigerung diente, aber auch zur Verdünnung des Weins führte. Ein Verfahren aus dem 19. Jahrhundert, seit 1984 in Deutschland verboten.

Naturweine Alte Bezeichnung für Weine, die nicht → chaptalisiert (zur Alkoholsteigerung mit Zucker angereichert) sind.

Natürliche Restsüße → Restsüße

Naumburg Deutsche Kreisstadt an der Saale gegenüber der → Unstrutmündung südlich von Halle und berühmt für seinen romanisch-gotischen Dom. Naumburg liegt im Bereich des Weinbaugebietes → Saale-Unstrut. Bekannte Lagen: *Sonneck* und *Steinmeister*.

Navarra Alte spanische Provinz in den westlichen Pyrenäen mit eigener DO südlich von Pamplona: rund 14 000 ha Rebfläche mit 55 Millionen l Wein Jahresproduktion (weitere 15 000 ha werden äußerst extensiv genutzt). Die Appellation grenzt an Rioja und liegt im Nordosten Spaniens. Die Appellation selbst misst rund 80 km in Nord-Süd- und 40 km in Ost-West-Richtung.

Klima und Geographie

Geographisch lässt sich Navarra in fünf Unterbereiche aufteilen:

- Tierra Estrella Valdizarbe im Norden (rund 550 m hoch gelegen)
- Tierre de Estrella im Westen
- Ribera Alta im Zentrum
- Baja Montaña im Osten
- Ribera Baja im Süden (rund 250 m hoch)

Die Böden bestehen aus Lehm, Kies mit Kalk sowie Kreide. In Ribera Alta dominieren Schwemmlandböden, in Ribera Baja hingegen Sandböden. Das

Klima ist im Süden trocken-heiß, während im Norden atlantische Einflüsse spürbar sind und das Klima kühler und feuchter ausfällt. Insgesamt liegen die qualitativ besten Bereiche daher im Norden der Appellation.

Rebsorten und Weinstile

Navarra war bekannt für seine Roséweine (Rosados) aus der Rebsorte Garnacha (über 50 % der Anbaufläche), doch sind die Rotweine der Region heute viel populärer – sie werden aus den gleichen Rebsorten Tempranillo (rund 25 % der Anbaufläche), Graciano und zunehmend Cabernet Sauvignon wie die Rioja-Weine erzeugt. Inzwischen gelten die hervorragenden Rotweine der Region neben Ribera del Duero als größte Konkurrenz für den Rioja. Die Bodegas kaufen meist Trauben aus der ganzen Region und verarbeiten sie zu Verschnitten. Bekannte Erzeuger: Malumbres, Chivite, Bemonte, Camilo Castilla, Guelbenzu, Arnótegui, Irache, Marco Real, Ochoa, Bodega de Sarría, Irache, Cenalsa, Muga und die Vinicola Navarra.

Néac Früher eigene Appellation im Bordeaux-Gebiet, heute Teil von → Lalande-de-Pomerol.

Nebbiolo Herausragende italienische Rotweinsorte, eine der besten der Welt. Der Name wird von *nebbia* (Nebel) abgeleitet: Der Nebbiolo gedeiht nämlich dort am besten und liefert auch die bedeutendsten Weine, wo im September morgens häufig Nebel herrscht, wie in den Hügeln des → Piemont und im Norden der → Lombardei. Hier bringt sie so illustre Weine wie → Barolo, → Barbaresco, → Gattinara, → Ghemme, → Lessona, → Valtellina hervor, die meist reinsortig aus Nebbiolo erzeugt sind. Darüber hinaus gewinnt man aus Nebbiolo sehr beachtliche Rotweine, die meist einfach unter dem Namen der Sorte in den Handel gebracht werden, von denen der → Nebbiolo d'Alba der bekannteste ist: kraftvoll und tanninbetont mit markanter Säure. Bekannte Erzeuger: Giacosa, Vietti und Scarpa.

Der Nebbiolo ist wenig ergiebig und gedeiht am besten in Hang- bzw. Steillagen vor allem in den Hauptanbaugebieten Barolo und Barbaresco. Von dort kommend verleiht er den aus ihm bereiteten Weinen Körperreichtum, ein lebhaftes Säurespiel und einen hohen Alkoholgehalt (13,5 bis 14,5 %). Weine aus der Rebsorte Nebbiolo reifen langsam und sind enorm haltbar.

Nebbiolo d'Alba Italienische DOC in → Piemont für Rotweine aus der Rebsorte → Nebbiolo.

Nebel Dieser hat in vielen Weinbaugebieten maßgeblichen Einfluss auf das → Mikroklima und auf die Bildung von → Botrytis (Edelfäule).

- In den Weinbauregionen Südkaliforniens (→ Santa Barbara) sind Morgennebel für milderes Klima verantwortlich, da diese den Einfall von Sonnenlicht vermindern und dadurch niedrigere Durchschnittstemperaturen bewirken.
- Im → Barologebiet sorgen die Spätherbstnebel (Nebel – italienisch *Nebbia*, davon leitet sich der Name der Rebsorte → *Nebbiolo* ab) ebenfalls für kühleres Mikroklima und spätere Lese sowie besonders aromatische Weine.
- Im Weinbaugebiet Neusiedlersee sorgen Herbstnebel für die Bildung von Edelfäule (→ Bootrytis), was die Erzeugung von edelsüßen Weinen fördert.
- Im Sauternes, Barsac und Tokay sorgt die Mündung eines kühlen Flusses in einen wärmeren für Nebel, der in der Reifeperiode Botrytis auslöst.

Nebuchadnezar Flasche mit dem Fassungsvermögen von 20 normalen → Flaschen, entsprechend 15 l. Sie wird nur sehr selten zur Lagerung besonderer Weine eingesetzt.

Neckar, Oberer, Bereich Wenige Hektar großer Bereich mit verstreuten Parzellen in und um Tübingen, Rottenburg und Reutlingen.

Neckarzimmern Deutscher Ort am Neckar unterhalb von → Gundelsheim. Nicht zuletzt durch die Burg Hornberg bekannt, die sich im 16. Jahrhundert im Besitz von Götz von Berlichingen befand. Gehört zum Bereich → Württembergisch Unterland des Anbaugebietes → Württemberg. Bekannter Erzeuger: Freiherrl. von Gemmingen-Hornberg'-sches Weingut.

Neckenmarkt, Winzerkeller Österreichische Genossenschaft im Weinbaugebiet → Mittelburgenland. Wird zur Zeit von Alois → Kracher beraten. Neu ist das Acht-Trauben-Programm: Pro Stock werden höchstens acht Trauben belassen, um die → Konzentration zu fördern. Die Weinlinie Vitis Unitis (verschiedene Cuvées aus Blaufränkisch und Zweigelt) sowie der Spitzenwein Potius Magica, ein Rotwein im → internationalen Stil, zeugen von dem neu eingeschlagenen Weg: Diese Weine sind von überraschender Weichheit, Konzentration und bieten viel Trinkvergnügen, vor allem aber zeigen sie, wie groß das in den österreichischen Winzergenossenschaften schlummernde Potenzial ist.

Nederburg Weingut in Südafrika, in der Stadt → Paarl. Heute ist Nederburg mit seinen 1000 ha Teil der Cape Wine & Distillers Group. Im Großmaßstab wird vor allem Cabernet Sauvignon sowie Chardonnay, Chenin blanc, Shiraz und Riesling erzeugt, ferner die Beerenauslese *Edelkeur* aus der Sorte Chenin blanc.

Neef Kleiner deutscher Ort an der → Mosel im Bereich → Zell/Untermosel mit etwa 90 ha Rebfläche. Als beste Lage gilt der steile *Frauenberg*. Bekannter Erzeuger: Weingut Franzen in Bremm.

Negly, Château de la Französisches Weingut im → Languedoc. Spitzenerzeuger extrem konzentrierter (und teurer) Rotweine, die mit minimalen → Erträgen erzeugt werden. Vergärung in offenen Bottichen und langer Ausbau in Barriques.

Négociant Französisch für Weinhändler. Noch heute wird ein guter Teil der im → Burgund erzeugten Weine nicht von den Winzern selbst, sondern von Négociants vermarktet, die die fertigen Weine aufkaufen und unter ihrem Namen in den Handel bringen. Meist bestehen seit Generationen feste Beziehungen zwischen Erzeuger und Händler. Die Weinqualität des Négociants muss nicht schlechter sein als Weine, die von den Erzeugern direkt vermarktet werden.

Negrar Italienischer Ort inmitten des → Valpolicella Classico-Gebietes, aus dessen Umgebung einige der besten Weine dieses Gebietes kommen. Bekannte Erzeuger: Bertani, Bussola, Le Ragose, Quintarelli.

Negrara In Norditalien verbreitete Rotweinsorte, die z. B. zur Erzeugung der Weine → Bardolino und → Valpolicella verwendet wird.

Negri, Nino Italienisches Weingut in der Region → Lombardei, im Ort Sondrio (Valtellina). Erzeugt auf rund 40 ha Rebfläche Eigenbesitz und unter Traubenzukauf etwa 800 000 Flaschen Wein, vor allem DOCG → Valtellina Superiore (Rebsorte: Nebbiolo).

Negro amaro In Süditalien verbreitete Rotweinsorte, besonders im → Salento wird sie für den *Patriglione* verwandt.

Neil Ellis Wines Südafrikanisches Weingut im Weinbaugebiet → Stellenbosch. Auf rund 80 ha Rebfläche und durch Zukauf werden etwa 500 000 Flaschen Wein aus vielen Weinbauregionen erzeugt, vor allem Cabernet Sauvignon, Merlot (beide zusammen 50 % der Rebfläche), Shiraz, Pinotage, Chardonnay und Sauvignon blanc. Gilt als einer der führenden Erzeuger.

Neipperg Kleiner Weinbauort in → Württemberg mit der Lage *Schlossberg*, auf dem die Burg Neipperg thront.

Neipperg, Graf von Deutsches Weingut in → Württemberg mit Lagen in → Neipperg und → Schwaigern. Auch Besitz im Bordeaux, in der Appellation Saint-Emilion (Château → Canon-La-Gaffelière).

Nelles, Weingut Deutsches Weingut im Weinbaugebiet → Ahr in Heimersheim. Auf rund 6 ha Rebfläche werden jährlich etwa 40 000 Flaschen Wein erzeugt, überwiegend Rotwein. Rebsorten: 50 % Spätburgunder, ferner Riesling, Grauburgunder und Portugieser. Böden: Schieferverwitterung, Lößlehm.

Nemea Griechischer Ort auf dem → Peloponnes südwestlich von Korinth. Seine Historie reicht bis in die Antike zurück. In der Umgebung wird auf rund 1500 ha vor allem die Rebsorte Agiorgitiko angebaut und aus ihr einer der bekanntesten OPAP-Rotweine erzeugt, auch als *Herkulesblut* oder *Lion de Nemea* bezeichnet. Bekannte Erzeuger: A. Parparoussis, lokale Winzergenossenschaft, Cambas (auch Cava Cambas) und Achaia Clauss.

Nenin, Château Bedeutendes französisches Weingut im Bordeaux in der Appellation → Pomerol. Rund 26 ha Rebfläche: 50 % Merlot, 30 % Cabernet franc und 20 % Cabernet Sauvignon.

Nerthe, Château La Französisches Weingut im Gebiet von → Châteauneuf-du-Pape, seit langem bekannt für seine roten und weißen Weine aus der Appellation.

Neuanlagen Bezeichnung für neu angelegte Rebflächen, entweder Wiederbepflanzung alter, zuvor gerodeter Rebflächen oder Bepflanzung von Flächen, die weinbaulich bisher nicht genutzt wurden. → Pflanzrecht

Neuburger Österreichische weiße Rebsorte, die vor allem in den Gebieten → Neusiedlersee, → Neusiedlersee-Hügelland und → Thermenregion angebaut wird. Gegenwärtig sind rund 1400 ha mit ihr bestockt. Die dickschaligen Trauben enthalten ungewöhnlich viel Gerbstoffe, eine bisher unterschätzte Sorte, aus der sich mehr machen ließe. Bekannter Erzeuger: Weingut Beck in Gols.

Neuchâtel → Neuenburg

Neue Eiche → Barrique

Neuenburg Schweizer Weinbaugebiet am Neuenburger See (dort der nordöstliche Teil) und → Bielersee. Auf Kalkböden wird der Chasselas (Gutedel) als weiße Hauptsorte kultiviert und daraus ein Weißwein mit der Bezeichnung *Neuenburger* (bzw. franz. *Neuchâtel*) erzeugt. Typisch ist sein hoher Kohlensäuregehalt, der aus dem biologischen → Säureabbau (so genannte → Sternweine) herrührt. Auf einem guten Viertel der Rebfläche, meist im Boudry-Bezirk gelegen, wird die Sorte Pinot noir kultiviert und zu Rotwein und Rosé (→ Œil-de-perdrix) verarbeitet. Bekannte Erzeuger: Château d´Auvergnier, Cortaillod, Boudry Bevaix und Gorgier.

Neumagen Deutscher Ort an der → Mosel. Bekannt durch das berühmte Neumagener Weinschiff (jetzt im Landesmuseum Trier): der Grabstein eines römischen Weinhändlers. Die rund 145 ha Rebfläche an der → Mittelmosel liegen zwischen Trittenheim und Dhron. Bekannte Lagen: *Sonnenuhr*, *Laudamusberg*, *Rosengärtchen*, *Nußwingert*. Bekannter Erzeuger: Weingut Sankt Urbans Hof.

Neus, Weingut Deutsches Weingut im Weinbaugebiet → Rheinhessen in Ingelheim. Auf rund 13 ha Rebfläche werden jährlich etwa 80 000 Flaschen Wein erzeugt, überwiegend Rotwein. Rebsorten: 60 % Spätburgunder, 20 % Portugieser, 10 % Riesling. Böden: Löß, Lehm, teilweise Kalk. Bekannte Lagen: *Ingelheimer Sonnenberg* (Alleinbesitz), *Pares* und *Horn*. Erzeuger traditioneller, im großen Holzfass ausgebauter Rotweine.

Neuseeland Obwohl in diesem Nachbarland → Australiens seit über 150 Jahren Reben angepflanzt werden, hat der Weinbau dort erst in den letzten dreißig Jahren eine größere Bedeutung gewonnen, als man die Vorzüge der Weine aus vergleichsweise kühlem Klima erkannte. Heute stehen rund 13 000 ha unter Reben, von denen im Schnitt 60 Millionen l Wein von rund 350 Weinbaubetrieben erzeugt werden. Hinter diesen nüchternen Zahlen verbirgt sich ein beispielloser Aufstieg: Noch in den 1960er Jahren betrug die Weinbaufläche Neuseelands lediglich 500 ha, 1990 bereits 6000, sie ist also in 40 Jahren um das 24fache gewachsen und hat sich in den letzten zehn Jahren immerhin verdoppelt.

Klima und Weinbaugebiete

Die Weinbaugebiete sind auf beide Inseln Neuseelands verteilt. Während auf der nördlichen Insel aufgrund ihrer Nähe zum Äquator wärmere Durchschnittstemperaturen herrschen, steht die südliche Insel deutlicher unter dem kühlen pazifischen Klima und dem Einfluss der bis zu 3700 m hohen Berge. Insgesamt sind die Inseln je über 1000 km lang – entsprechend vielfältig sind die Klimata. Grundsätzlich ist zu bemerken, dass Neuseelands Weinbaugebiete das kühlste Klima der Neuen Welt aufweisen. Ganz im Süden ähnelt es dem Deutschlands.

Weinbauregionen Neuseelands

Nordinsel
Auckland/Northland
Waikato
Gisborne
Bay of Plenty
Hawkes Bay
Wellington

Südinsel
Nelson
Marlborough
Canterbury
Otago

Die herausragenden Gebiete Neuseelands sind Marlborough (im äußersten Nordosten der Südinsel) und Hawkes Bay. Aufgrund des *cool climate* bringen die weißen Sorten die überzeugendsten Weine hervor, die eine lebendige Säurestruktur aufweisen. Neben der Sorte Müller-Thurgau (lange Zeit die Nummer 1) wird jetzt viel Chardonnay und in den letzten Jahren zunehmend die Sorte Sauvignon blanc kultiviert – der neue Star am neuseeländischen Weinhimmel.

Unter den roten Sorten gewinnt der Merlot an Boden; seine frühe Reife bringt bessere Ergebnisse als der vergleichsweise spät reifende Cabernet Sauvignon. Der zukünftige Rotweinstar Neuseelands könnte jedoch der Pinot noir werden. Er bringt im kühlen Klima zunehmend interessantere Ergebnisse.

Insgesamt ist Neuseeland stark durch weinbauliche Großbetriebe geprägt – der Gigant Montana beherrscht den Markt. Wie oft in der Neuen Welt gibt es auch in Neuseeland eine weit verbreitete Trennung von Traubenproduktion und Weinkellerei, sodass die meisten Weine als Markenweine exportiert werden. Bekannte Erzeuger: Cooks, Villa Maria, Giesen Wine Estate, Matua Valley, Cape Mentelle (Cloudy Bay), Esk Valley, Nobilo (das größte Familienweingut Neuseelands).

Neusiedlersee, Weinbaugebiet

Österreichischer Steppensee im nördlichen → Burgenland und das nach ihm benannte Weinbaugebiet. Es erstreckt sich auf der nördlichen und östlichen Seite des Sees bis zur ungarischen Grenze und schließt die Parndorfer Heide sowie den Seewinkel ein. Im Norden findet Weinbau vor allem auf dem sanften Hang des so genannten Heidebodens statt, im Osten auf dem scheinbar endlosen flachen Schwemmland des Sees. Überall herrschen sandige, gut entwässerte Böden vor. Insgesamt sind rund

9500 ha Rebfläche mit Sorten wie Grüner Veltliner, Weißer Burgunder, Chardonnay, Welschriesling, Muskat-Ottonel und Neuburger bepflanzt. Doch auch hier nehmen die roten Sorten von Jahr zu Jahr zu: Cabernet Sauvignon, Merlot, Sankt Laurent, Blaufränkisch und Zweigelt.

Das trockene, sommerheiße Klima macht oft eine Bewässerung der Rebanlagen nötig und sorgt für ein enormes Reifepotenzial der Trauben. Das ist gut für edelsüße Weine, die wegen der hohen Luftfeuchtigkeit durch die Wasserverdunstung des Sees im Herbst hier leichter als fast irgendwo sonst auf der Welt entstehen – ideale Voraussetzungen für die Bildung von → Botrytis und damit für → Beerenauslesen, → Trockenbeerenauslesen. Ferner wird als Spezialität auch → Strohwein erzeugt. Auch die trockenen Weißweine finden gute Wachstumsbedingungen. Auch für bestimmte Rotweinsorten wie Blaufränkisch und Zweigelt ist das Klima ideal, für Cabernet Sauvignon aber ist es oft zu heiß, sodass die Trauben zwar viel Zucker entwickeln, aber eigentlich doch nicht richtig reif sind. Setzt die Reife später ein, sind sie zwar *physiologisch* ausgereift, doch dafür entstehen oft Karamell- oder Marmeladentöne – ein Teufelskreis, den nur wenige Erzeuger zu durchbrechen wissen. Auch der immer noch angebaute Pinot noir macht Schwierigkeiten: Da er in der Reifeperiode kühle Nächte benötigt, um seine Eleganz voll zum Ausdruck zu bringen, ist es ihm am See entschieden zu heiß, und er fällt breit und schwer aus. Ansonsten herrschen insgesamt ideale Bedingungen für den Weiß- (z. B. edelsüße Weine, weiße Burgundersorten, Chardonnay und Neuburger) und Rotweinanbau (z. B. für die Sorten Sankt Laurent, Blaufränkisch, Merlot), wie sie nur in den wenigsten europäischen Weinbaugebieten existieren. Bekannte Weinbauorte: → Gols, Weiden am See, → Halbturn und → Illmitz. Bekannte Erzeuger: Pöckl, Stiegelmar, Haider, Heiss, Opitz, Rosenhof, Pannobile-Gruppe, Kracher, Gangl.

Neusiedlersee-Hügelland, Weinbaugebiet Westlich vom Neusiedlersee gelegenes Weinbaugebiet, das sich zwischen Leithagebirge und Neusiedlersee erstreckt. Auf den sanft ansteigenden Hügeln werden auf rund 6000 ha Rebfläche vor allem trockene Weiß- und Rotweine angebaut, weiter im Süden rund um die Stadt Rust an der ungarischen Grenze auch edelsüße Weißweine. Die Abhänge des Leithagebirges bestehen aus kristallinen Gesteinsschichten und sind oft mit Kalk oder Löß bedeckt. In den flacheren Lagen in Seenähe herrschen Sand- und Lehmböden vor. Auf letzteren gedeihen hochwertige Prädikatsweine wie Beerenauslese, Trockenbeerenauslese und Eiswein am besten. Eine Spezialität ist der für die Region bekannte edelsüße Ruster → Ausbruch. Derzeit zählen → Eisenstadt, → Großhöflein, → Mörbisch, → Oggau, → Rust, → Sankt Margarethen sowie Schützen am Gebirge zu den führenden Weinbauorten. Bekannte Erzeuger: Weingut Prieler (Schützen), Ernst Triebaumer und Weingut Schandl (beide Rust).

Neustadt Deutsche Stadt im Weinbaugebiet → Pfalz, an der Deutschen → Weinstraße gelegen, und die größte Weinbaugemeinde Deutschlands: Rund um die Stadt befindet sich ein knappes Zehntel der pfälzischen Rebfläche, etwa 2100 ha. Die bedeutendsten Lagen mit Buntsandstein-, Lößlehm-, Kalk- und tonigen Sandböden finden sich in den Ortsteilen → Königsbach, → Gimmeldingen, Diedesfeld, Haardt, Duttweiler und Mußbach. Bekannte Erzeuger: Weingut Weegmüller, Weingut Müller-Catoir und Weingut Bergdolt.

Neusüdwales (New South Wales) Australischer Bundesstaat an der Südostküste des Kontinents und ältestes Weinbaugebiet Australiens (seit 1788). Heute gibt es rund 14 000 ha Rebfläche, die jährlich um die 150 Millionen l Wein ergeben. Sémillon, Chardonnay und Shiraz sind die führenden Rebsorten. Als bedeutendster Bereich gilt seit langem das etwa 150 km nördlich von Sydney gelegene → Hunter Valley. Andere Gebiete sind Riverina, Rooty Hill und Mudgee.

Neuweier Deutscher Ort im Weinbaugebiet → Baden, gehört heute zur Stadt Baden-Baden. Auf 160 ha Rebfläche werden neben der Hauptrebsorte Riesling auch Burgundersorten kultiviert. Bekannte Lagen: *Neuweierer Mauerberg* und *Schloßberg*. Bekannte Erzeuger: Schloßweingut Neuweier und Weingut Nägelsförst.

Neuweier, Weingut Schloss Deutsches Weingut im Weinbaugebiet → Baden in Baden-Baden, Ortsteil Neuweier. Auf rund 10 ha Rebfläche werden jährlich etwa 70 000 Flaschen Wein erzeugt. Rebsorten: 90 % Riesling, ferner Spätburgunder. Böden: Granit- und Porphyrverwitterung. Bekannte Lagen: *Neuweierer Schloßberg*.

Neuzüchtungen → Kreuzungen aus → *Vinifera x Vinifera*-Sorten, so genannte intraspezifische Rebzüchtungen – im Gegensatz zu den interspezifischen Kreuzungen mit → Amerikanerreben. Die älteste (und erfolgreichste) deutsche Neuzüchtung ist der → Müller-Thurgau. In den letzten hundert Jahren wurden immer wieder neue Kreuzungen erprobt. Insbesondere in den 1960er und 1970er Jahren waren diese ausgesprochen erfolgreich, da in dieser Epoche ein in seinen Konsequenzen kaum bedachter Übergang stattfand: weg von den Klassikern wie Riesling, Silvaner, weiße und rote Burgundersorten hin zu zahllosen neuen Rebzüchtungen namens → Morio-Muskat, → Optima, → Domina, Dornfelder, → Faber, → Helfensteiner, → Kerner, → Scheurebe, → Bacchus, → Siegerrebe, → Kanzler, → Müller-Thurgau und viele andere. Besonders in den Weinbaugebieten → Rheinhessen, → Franken, → Nahe und der → Pfalz fand ein massiver Kahlschlag zugunsten dieser Neuzüchtungen statt. Zuchtziel war fast immer eine frühe Reife, die hilfreich ist, um viel Zucker zu bilden (→ Mostgewicht), um damit fast jedes Jahr → Spätlesen zu erzeugen, bei gleichzeitig hohen und sicheren Erträgen, oft noch gepaart mit fast aufdringlichem Duft und pikantem Aroma. All diese vermeintlich positiven Eigenschaften verleiteten die Produzenten oft auch noch dazu, ihre besten Lagen mit Neuzüchtungen zu bepflanzen.

Damit einher ging ein deutlicher Profilverlust, denn schon bald war jeder zweite Rebstock in Deutschland eine Neuzüchtung. In der Folge fielen neben der Weinqualität auch die Preise ins Bodenlose; das Ansehen des deutschen Weinbaus wurde durch dieses leichtsinnige Experiment massiv und dauerhaft geschädigt. Mittlerweile ist der fatale Trend glücklicherweise wieder rückläufig, denn inzwischen hat eine Rückbesinnung auf die klassischen Sorten eingesetzt, denen Deutschland seit Jahrhunderten seinen exzellenten Ruf als Erzeuger unverwechselbarer und wichtiger Weine verdankt. So greift eine zunehmende Zahl von Gütern bei Neupflanzungen wieder selbstverständlich auf Riesling, Burgundersorten und Silvaner zurück.

Nur sehr wenige Neuzüchtungen haben bewiesen, dass sie passable Weine hervorzubringen in der Lage sind. Der Müller-Thurgau z. B. kann einen guten Alltagswein ergeben, auch Scheurebe und Kerner können gute, mitunter feine Weine hervorbringen; doch die Mehrzahl der Neuzüchtungen konnten Riesling, den Burgundern, Traminer, Silvaner oder Muskateller nie das Wasser reichen. Das genetische Potenzial von Faber, Helfensteiner oder Kanzler ist dafür schlicht zu begrenzt. Kritisch zu sehen ist die in letzter Zeit verstärkte Konjunktur von roten Neuzüchtungen wie → Dornfelder. Letzterer ist von den Zuwachsraten her gesehen der Star unter den zurzeit gepflanzten roten Sorten (zz. 5500 ha, rund 5,3 %) mit deutlich steigender Tendenz, doch obwohl er vor allem nur rot ist, scheint er sich trotzdem in die Herzen vieler Deutscher einzuschmeicheln. In den übrigen traditionsreichen Weinbauländern Europas haben Neuzüchtungen für den Qualitätsweinbau nie eine auch nur annähernd vergleichbare Rolle wie in Deutschland gespielt.

New York State Mit ungefähr 13 000 ha Rebfläche der drittgrößte Weinbaustaat der → USA nach → Kalifornien und → Washington. Es gibt etwa 150 Weinbau treibende Betriebe. Allerdings werden auf 8000 ha nur Trauben für Saft und Gelee erzeugt. Etwa 80 % der Fläche liegen im Bereich der Seenregion → Finger Lakes, der Rest im Tal des → Hudson, auf der Halbinsel Long Island vor New York City und am Lake Erie an der Grenze zu Kanada. Das Klima ist atlantisch kühl und wegen langer Frostzeiten entsprechend schwierig für den Weinbau. Neben einheimischen → *Labrusca*-Sorten werden zunehmend europäische → *Vinifera*-Sorten (Chardonnay, Riesling, Gewürztraminer, Pinot noir, Merlot und Cabernet Sauvignon) und neu gezüchtete → Hybriden erfolgreich angebaut.

Niagara Peninsula In → Kanada in der Provinz Ontario zwischen dem Erie- und dem Ontariosee gelegenes Hauptweinbaugebiet des Landes. Auf rund 4400 ha werden von etwa 90 Betrieben ähnlich dem benachbarten New York State → *Labrusca*-, einige → *Vinifera*-Sorten und »neue« → Hybriden angebaut. Die langen und kalten Winter können dem Weinbau schwer zusetzen. Die Region hat aus der Not eine Tugend und sich mit Eiswein einen Namen gemacht. In letzter Zeit wird verstärkt Chardonnay und Riesling angebaut.

Niebaum-Coppola Estate Winery Kalifornisches Weingut in den USA im Weinbaugebiet → Napa Valley. Gehört dem Star-Regisseur Francis Ford Coppola. Rund 80 ha Rebfläche: Cabernet Sauvignon, Cabernet franc, Merlot, Zinfandel. Spitzenwein: Rubicon (ein Bordeaux-Blend).

Niederhausen Deutscher Ort im Weinbaugebiet → Nahe mit rund 120 ha Rebfläche, als deren bekannteste Lagen *Felsensteyer, Rosenheck, Kertz, Klamm* und *Hermannshöhle* gelten, die überwiegend mit → Riesling bestockt sind und deren Weine zu den besten der Nahe zählen. Bekannte Erzeuger: Dönnhoff, Mathern.

Niedermennig Deutscher Ort zwischen → Saar und → Mosel mit ungefähr 110 ha Rebfläche, gehört heute zu Konz. Bekannte Lage: *Herrenberg*.

Niederösterreich Österreichisches Bundesland und Zentrum des österreichischen Weinbaus mit rund 32 000 ha Rebfläche, entspricht etwa 60 % der Gesamtrebfläche des Landes.

Weinbaugebiete Niederösterreichs

Wachau
Kremstal
Kamptal
Traisental
Donauland
Weinviertel
Carnuntum
Thermenregion

Unter qualitativen Gesichtspunkten nimmt die → Wachau dank ihrer Urgesteinsverwitterungsböden, auf denen hochwertiger Riesling und Grüner Veltliner gedeihen, heute den ersten Rang ein, gefolgt von → Kremstal und → Kamptal. Die → Thermenregion ist für ihre Weißweine um → Gumpoldskirchen und die Rotweine von Bad → Vöslau bekannt. In → Donauland und → Carnuntum herrschen wie auch im → Weinviertel Lößböden vor. Letzteres ist das größte österreichische Weinbaugebiet, das bis an die tschechische Grenze reicht und bislang durch eher ungleichmäßige Qualität aufgefallen ist. Allerdings ist hier kürzlich die erste → DAC des Landes ins Leben gerufen worden; sie soll neue Impulse geben. Durch seine unterschiedlichen klimatischen und geologischen Bedingungen verfügt Niederösterreich insgesamt über die wohl breiteste Weinpalette in Österreich. Insgesamt dominieren Grüner Veltliner, Riesling und Welschriesling.

Niederschlag → Depot

Niederwalluf Weinort im → Rheingau, Ortsteil von → Walluf.

Nieeport & Co Ltd. Portugiesischer Portweinproduzent – einer der kleinsten der Branche, noch im Familienbesitz in der fünften Generation. Bekannt für Colheita sowie Einzellagen-Port *Quinta do Passadouro* und Late-bottled-vintage. Erzeugt auch höchst eigenwillige, faszinierende Rotweine (Batuta).

Nierstein Deutsche Stadt am Rhein im Weinbaugebiet → Rheinhessen. Seit Jahrhunderten berühmt für → Riesling vom → Roten Hang mit seinen Tonschieferböden, dem so genannten »Rotliegenden«. Rund um Nierstein wird der Riesling auf etwa 870 ha überwiegend in Steil- und Hanglagen an der → Rheinfront kultiviert, deren Böden aus der Permzeit stammen und rund 250 Millionen Jahre alt sind. Die bekanntesten Lagen heißen: *Brudersberg, Pettenthal, Hipping, Ölberg, Heiligenbaum, Orbel* und *Glöck*. Die Lagen *Findling, Bildstock, Hölle, Paterberg und Brückchen* genießen ebenfalls ein hohes Ansehen.

Leider hat die den Konsumenten irreführende → Großlage *Niersteiner Gutes Domtal* dazu beigetragen, den Ruf der Niersteiner Weine in Misskredit zu bringen. Die unter diesem Namen vermarkteten Weine kommen praktisch nicht aus Nierstein, denn lediglich eine einzige unbedeutende Niersteiner Lage wird dieser Großlage zugerechnet. Insgesamt umfasst sie 15 Gemeinden, sodass der abgefüllte Wein in aller Regel und entgegen seinem Namen nicht aus Nierstein stammt. Es handelt sich – wie bei der → Liebfrauenmilch – um einen belanglosen Wein. Das einzigartige Ansehen des Niersteiner Rieslings ist durch diese Entwicklung und die so genannte → Süße Welle zwar geschädigt worden, doch wird diese Episode eine Fußnote der Geschichte bleiben. Der augenfälligste Beweis dafür ist die (Rück-)Besinnung vieler Erzeuger auf den Riesling, der als einzig geeignete Sorte in der Lage ist, das legendäre Niersteiner Terroir in extrem langlebigen Weinen darzustellen.

Die Großartigkeit der Niersteiner Rieslinge wird überzeugend von folgenden Betrieben zum Ausdruck gebracht: J. und H. A. Strub, → Heyl zu Herrnsheim, → St. Antony, → Braun, → Balbach, Schmitt, G. A. Schneider und H. Seebrich.

Nierstein, Bereich Mit rund 10 000 ha Rebfläche größter und qualitativ hochwertigster der drei Bereiche des deutschen Weinbaugebiets → Rheinhessen. Seine besten Weine sind durchweg Rieslinge, die von der → Rheinfront um → Nierstein, → Nackenheim, → Oppenheim und einigen benachbarten Orten stammen. Über einen guten Namen verfügen ebenfalls → Laubenheim, → Bodenheim, → Dienheim, → Guntersblum, → Ludwigshöhe, → Alsheim sowie noch → Selzen und → Uelversheim. Letztere gehören bereits zum rheinhessischen → Hügelland mit seinen schwereren Böden, die vor allem dafür verantwortlich sind, dass die von ihnen stammenden Weine in der Regel nicht den Rang der Spitzengewächse der Rheinfront erreichen.

Nigl Österreichisches Weingut im Weinbaugebiet → Wachau. Auf rund 25 ha Rebfläche werden jährlich etwa 140 000 Flaschen Wein erzeugt. Rebsorten: vor allem Grüner Veltliner und Riesling (je 40 %), ferner Spätburgunder und Chardonnay. Die Weine wachsen auf Urgesteinsböden und Löß. Bekannte Lagen: *Piri, Hochäcker* und *Kremsleithen*. Der Zusatz Privat steht für die Cuvées aus verschiedenen Lagen, während die Spitze der Qualitätspyramide die Einzellagenweine bilden. Chardonnay wird im Barrique ausgebaut.

Nittnaus Österreichisches Weingut im Weinbaugebiet → Neusiedlersee. Auf rund 22 ha Rebfläche werden jährlich etwa 150 000 Flaschen Wein erzeugt, davon rund 10 % Weißwein. Rebsorten: vor allem Zweigelt (30 %), Blaufränkisch (22 %), ferner Spätburgunder, Cabernet Sauvignon und Sankt Laurent. Die Weine wachsen auf lehmigem Sand, Lehm, Kalk und Schotterböden. Spitzenweine: Cuvée Comondor (Merlot, Cabernet Sauvignon und Syrah), Pannobile rot (Zweigelt und Blaufränkisch), Pannobile weiß und die Weißwein-Cuvée Heideboden. Auch die edelsüßen Prädikatsweine sind hervorragend, insgesamt einer der führenden Winzer der Region.

Noah Minderwertige weiße Rebsorte aus dem Osten der → USA, die Ende des 19. und in der ersten Hälfte des 20. Jahrhunderts in → Burgund und vielen anderen Teilen Europas in größerem Umfang wegen ihrer Resistenz gegen die → Reblaus angebaut wurde. Heute ausgestorben.

Nobling → Neuzüchtung aus → Silvaner *x* → Gutedel. Qualitativ minderwertig. Zurzeit unter 100 ha mit abnehmender Tendenz.

Nordheim Deutsche Gemeinde im Weinbaugebiet → Franken, am Main gelegen. Es wird überwiegend Müller-Thurgau, Silvaner und Riesling erzeugt. Bekannte Lagen: *Nordheimer Vögelein* und *Kreuzberg*. Die Weinberge bestehen aus Muschelkalk z.T. mit Flugsandauflage. Bekannte Erzeuger: Weingut Braun, Glaser-Himmelstoß (in Dettelbach).

Norheim Deutscher Ort im Weinbaugebiet → Nahe mit rund 85 ha Rebfläche. Es wird überwiegend Riesling erzeugt. Beste Lagen: *Dellchen, Kirschheck* und *Kafels*. Bekannte Erzeuger: Crusius, Mathern.

Nosiola Seltene italienische Rebsorte, aus der im → Trentino Weißwein erzeugt wird, der in seiner Jugend durch Frische und Frucht besticht. Bekannte Erzeuger: Fanti, Sorni.

Nostrano Im schweizerischen → Tessin nach wie vor anzutreffende Bezeichnung für Weine aus → autochthonen Rebsorten, im Gegensatz zu → Americano oder → Hybridenwein, z. B. der Sorte → Isabella, und für Weine aus eingeführten → *Vinifera*-Sorten, darunter der heute fast 90 % der Rebfläche einnehmende → Merlot. Der meiste Nostrano (weniger als 6 % der Gesamterzeugung) stammt nach wie vor aus der Sorte Bondola, die einen rauen, gerbstoffreichen, erdigen Rotwein ergibt, der fast nur noch zum Hausgebrauch gekeltert wird. Wenn überhaupt im Handel, wird er durchweg als *Colli del Ticino* etikettiert.

Nozet, Château du Französisches Weingut an der → Loire in der AOC → Pouilly-Fumé im Ort Pouilly-sur-Loire. Auf rund 65 ha Rebfläche werden verschiedene Lagenweine und Cuvées erzeugt, jährlich (auch durch Traubenzukauf) rund 1 Million Flaschen. Spitzencuvée: *Baron de L.*

Nuits-Saint-Georges Berühmte französische Weinstadt im → Burgund, an der → Côte de Nuits, der sie ihren Namen gab. In dieser AOC werden auf rund 300 ha Rebfläche jährlich 1,4 Millionen l Rotwein aus Pinot noir erzeugt, Weißwein nur in den Lagen *Perrière* und *Clos Arlot* (insgesamt lediglich rund 20 000 l). Doch nicht alle erzeugten roten Burgunder aus Nuits-Saint-Georges machen ihrem Namen auch tatsächlich Ehre. Zu den besten *Premier cru*-Lagen (einschließlich von → Premeaux, dessen Weine unter der gleichen Appellation in den Handel gebracht werden) zählen *Les Saint-Georges, Les Vaucrains, Les Pruliers, Les Cailles, Les Boudots,* → *Clos des Corvées, Les Porrets, Clos des Argillières, Les Perdrix, Château Gris, Clos de Thorey, La Richemone, Les Murgers, Clos de la Maréchale, Clos Arlot.* Bekannte Erzeuger: Bruck, J. Chauvenet, R. Chevillon, Faiveley, H. Gouges, Hospices de Nuits, Labouré-Roi und Lupé-Cholet.

Nuragus di Cagliari Italienischer DOC-Weißwein, einer der ältesten und heute wohl verbreitetste Weißwein → Sardiniens, der vor allem im → Campidano hauptsächlich aus der Rebsorte Nuragus erzeugt wird, dessen Name an die »Nuraghi«, jene rätselhaften, prähistorischen Steintürme als Zeugen einer untergegangenen Kultur erinnert.

Nußdorf Österreichischer Stadtteil von Wien im 19. Bezirk der Stadt. Bekannter → Heurigenort mit in letzter Zeit wieder besseren Weinen.

Nusston Meist an Walnüsse oder Haselnüsse erinnernder angenehmer Geschmack oder Aroma, das von einer langen Reifung der Weine und der damit verbundenen → Mikrooxidation herrührt. Anzutreffen bei den → Vin Jaunes, Château Chalon sowie beim → Sherry.

O

Oaked Oak – englisch für Eiche. Hinweis auf zumeist amerikanischen Weinetiketten (meist bei → Markenweinen, die im Discounter verkauft werden), der suggerieren soll, der Wein sei in Eichenfässern ausgebaut worden. In Wirklichkeit werden solche Weine in der Regel aber in riesigen Stahltanks ausgebaut und mit gerösteten Chips aus Eichenholz aromatisiert. Ein derart industriell imitierter Barriquewein kann viel billiger hergestellt werden als ein echter, da → Barriques teuer sind (rund 500 Euro das Stück) und sie nur dreimal verwendet werden können.

Oberbergen Deutscher Ort am → Kaiserstuhl im Weinbaugebiet → Baden mit rund 170 ha Rebfläche, darunter die Lage *Baßgeige*. Es werden Grauer und Weißer Burgunder, Spätburgunder und Riesling erzeugt.

Oberemmel Deutscher Ort an der → Saar im Weinbaugebiet Mosel-Saar-Ruwer, der in einem Seitental des Flusses bei → Wiltingen liegt. Rund 210 ha stehen unter Reben, vor allem Riesling. Beste Lagen: *Rosenberg*, *Agritiusberg*, *Hütte*, *Raul*. Bekannte Erzeuger: → Kesselstatt und von Hövel.

Oberhaardt → Weinstraße, Südliche

Oberhausen Name zweier kleiner Weinbauorte im Anbaugebiet → Nahe, von denen der kleinere an der Appel liegt. Im Zusammenhang mit Wein ist jedoch fast immer das Oberhausen an der Nahe gemeint, eine kleine Ortschaft, die malerisch am Fluss liegt und durch eine steinerne Brücke mit dem bekannten → Niederhausen verbunden ist. Insgesamt gehören rund 50 ha Rebfläche zur Gemeinde, von denen die beste und bekannteste die Lage *Brücke* ist (im Alleinbesitz von Weingut Dönnhoff); es wird überwiegend Riesling kultiviert. In direkter Nachbarschaft liegt die größtenteils zu → Niederhausen gehörende Lage *Hermannshöhle*, deren Rang die auf dem rechten Naheufer gelegenen Lagen *Leistenberg* und *Kieselberg* nicht erreichen; auch hier wird überwiegend Riesling angebaut. In Oberhausen ist das zurzeit angesehenste Weingut der Nahe zu finden: Hermann → Dönnhoff.

Oberloiben → Loiben

Obermosel Westlicher Bereich von → Mosel-Saar-Ruwer, reicht entlang der → Mosel von der Grenze des Saarlandes bis zur → Saar-Mündung und liegt → Luxemburg gegenüber. Insgesamt rund 1000 ha Rebfläche. Ähnlich dem südlich anschließenden → Moseltor erreicht der Bereich im Allgemeinen qualitativ nicht das Niveau der übrigen Bereiche des → Anbaugebietes, was nicht allein klimatische Gründe hat, sondern auch auf die weit verbreitete Rebsorte → Elbling zurückzuführen ist, die in den meisten deutschen Weinbaugebieten überhaupt nicht mehr anzutreffen ist, hier aber rund 90 % der Rebfläche einnimmt. Die Weine werden angesichts ihres neutralen, säurereichen Charakters zu einem erheblichen Teil als Sektgrundweine verwendet.

Obernai Französische Stadt im nördlichen → Elsass südwestlich von Straßburg unterhalb des Klosters Saint Odile gelegen. Insgesamt verfügt der Ort über rund 65 ha Rebfläche, darunter die terrassierte Lage *Clos-Sainte-Odile*. Bekannte Erzeuger: Blanck et Fils, Domaine du Clos Sainte Odile, Seilly.

Oberrotweil Deutscher Ort im Weinbaugebiet → Baden am → Kaiserstuhl. Rund 360 ha Rebfläche, darunter die bedeutenden Lagen *Eichberg*, *Kirchberg* und *Henkenberg*. Angebaut wird überwiegend Grauer Burgunder und Spätburgunder. Bekannte Erzeuger: Salwey sowie Freiherr von Gleichenstein.

Oberwesel Deutsche Stadt am Rhein im Weinbaugebiet → Mittelrhein mit malerischem Stadtbild. Rund 90 ha Rebfläche mit den Lagen *Ölsberg* und *St. Martinsberg*. Bekannte Erzeuger: Lanius-Knab und Lambrich.

Óbidos Mittelportugiesisches DOC-Weinbaugebiet in der Estremadura, nördlich von Lissabon mit rund 13 000 ha Rebfläche. Die bekanntesten Weine des Gebiets sind heute die Weißweine von *Gaeiras* aus der Nähe der pittoresken Stadt Óbidos. Sie werden hauptsächlich aus der Sorte Vital mit möglichen Zusätzen von Arinto, Fernão Pires und Rabo de Ovelha erzeugt, während die Rotweine des Gebietes vor allem aus Periquita und möglichem Verschnitt mit Bastardo, Camarate und Tinta Miúda stammen.

Objektivität → Subjektivität

Ochoa, Bodegas Spanisches Weingut im Weinbaugebiet → Navarra, eine verhältnismäßig kleine Familienbodega. Überwiegend durch Zukauf von Trauben werden 800 000 Flaschen traditioneller Navarra erzeugt: neben Likör- und Weißwein vor allem Reserva und Gran reserva aus rund 75 % Tempranillo und 25 % Cabernet Sauvignon.

Ockfen Deutscher Ort an der → Saar mit rund 75 ha Rebfläche auf überwiegend steilen Schieferverwitterungsböden, die zu rund 90 % mit Riesling bestockt sind. Das Aushängeschild des Ortes ist die Lage *Bockstein*, daneben als einzige weitere Lage der *Geisberg*, dessen Weine nicht ganz das Format des Bocksteins erreichen. Dem Verlauf der Saar folgend ist Ockfen qualitativ der erste herausragende Weinbauort. Bekannte Erzeuger: Weingüter Dr. Fischer, Forstmeister Geltz/Zilleken, Dr. Wagner, St. Urbanshof, Reverchon und Klostermühle.

Oddero, Fratelli Italienisches Weingut in der Region → Piemont, im Ort La Morra – einer der führenden klassischen Erzeuger der Region. Produziert auf rund 65 ha Rebfläche etwa 300 000 Flaschen Wein, vor allem DOCG → Barolo (viele verschiedene Lagenweine) sowie unter anderem Barbera und Dolcetto.

Oechslegrad Die Höhe des Zuckergehalts eines → Mostes wird in Deutschland und der Schweiz in Grad Oechsle (° Oe) angegeben. Für den deutschen → Qualitätswein und die jeweiligen → Qualitätsweine mit Prädikat sind – nach Rebsorten und Anbaugebieten getrennt – unterschiedliche → Mindestmostgewichte vorgeschrieben. Nach der allgemein angewandten Gilbert'schen Formel lässt sich daraus der potenzielle Alkoholgehalt errechnen, z. B. 76° Oe = 10,0 % Alkohol, 100° Oe = 13,8 % Alkohol. Das Mostgewicht ist nur einer von vielen Parametern, die über die Weinqualität entscheiden; mindestens ebenso wichtig sind der Gesundheitszustand der Trauben, der → Extraktgehalt sowie die Säurewerte und die physiologische Reife, die einen wichtigen Einfluss auf die Aromatik des Weins ausübt.

Œil de Perdrix Wörtlich Rebhuhnauge. In der Schweiz gebräuchliche Bezeichnung für etliche Rosé- (→ Süßdruck-) Weine, wie sie insbesondere in → Neuenburg u. a. Kantonen aus der Rebsorte → Pinot noir erzeugt werden. In Frankreich gibt es kaum noch jene blassrosa bis bronzefarbenen Roséweine, die man früher dort ebenfalls als *Œil de Perdrix* bezeichnete.

Oestrich Deutscher Ort im Weinbaugebiet → Rheingau. Rund 450 ha Rebfläche mit den Lagen *Lenchen*, *Doosberg* und *Klosterberg*. Da sie relativ flach geneigt sind, genießen sie nicht ganz den Ruf der großen Lagen des Rheingaus; angebaut wird überwiegend Riesling. Bekannte Erzeuger: Kühn, Wegeler-Deinhard, Querbach sowie Schloss Schönborn (in Hattenheim).

Offida Italienische DOC für Weiß- und Rotweine in der Region → Marken, in der Provinz Ascoli Piceno: Rosso aus der Sorte Montepulciano, ferner Cabernet Sauvignon; der Pecorino aus der gleichnamigen Rebsorte; der Passerina aus Passerina und weiteren Zusätzen (auch als Spumante, Passito und Vin Santo).

Oggau Österreichische Gemeinde im → Burgenland, zum Weinbaugebiet → Neusiedlersee-Hügelland gehörig, mit rund 480 ha Rebfläche. Die Weine ähneln denen der benachbarten Stadt → Rust. Bekannte Erzeuger: Haus Marienberg und Thometitsch.

Ogier, Domaine Michel Französisches Weingut an der nördlichen → Rhône. Aufstrebender Kleinbetrieb in Ampuis, der weiche AOC → Côte Rotie erzeugt.

Ohio Bundesstaat der → Vereinigten Staaten, aus dem vor dem Bürgerkrieg die geschätztesten amerikanischen Weine, allerdings ausschließlich aus einheimischen Reben der → *Labrusca*-Art, kamen. Heute rund 650 ha Rebfläche und 50 Erzeuger.

Ohler'sches Weingut, Kommerzienrat P.A. Deutsches Weingut im Weinbaugebiet → Rheinhessen in Bingen. Rebsorten: überwiegend Riesling, ferner Grauburgunder. Böden: roter Tonschiefer. Bekannte Lagen: *Binger Scharlachberg, Schloßberg-Schwätzerchen.*

Oidium → Mehltau

Oinos Griechisch für Wein.

Oinos topikos Griechische Bezeichnung für → Landwein. Neben dem Retsina fallen darunter seit 1989 eine wachsende Zahl von Weinen.

Ojaj Vineyard Kalifornisches Weingut in den USA im Weinbaugebiet → Santa Barbara. Kauft Trauben von rund 10 ha Rebfläche und erzeugt etwa 40 000 Flaschen Wein, vor allem Chardonnay, Pinot noir, Syrah in einem Holzschuppen. Spitzenweine sind der extrem konzentrierte Pinot noir und der Syrah aus den Einzellagen *Roll Ranch, Thompson Vineyard, Pisoni Vineyard* und *Bien Naciedo.*

Ökologischer Weinbau → Biowein

Olaszrizling Ungarische Bezeichnung für den → Welschriesling.

Olevano Romano Östlich von Rom in → Latium aus der Rebsorte → Cesanese erzeugter Rotwein: *Cesanese di Olevano Romano.*

Olivier, Château Französisches *Cru classé*-Weingut in der Appellation → Léognan (Graves) mit rund 36 ha Rebfläche: 65 % Cabernet Sauvignon und 35 % Merlot für den Rotwein und 70 % Sémillon, 25 % Sauvignon und 5 % → Muscadelle für den auf fast der Hälfte der Rebfläche erzeugten Weißwein.

Oloroso Neben dem → *Fino* der zweite Grundtyp des spanischen → Sherry (→ Jerez). *Oloroso* bedeutet wörtlich *etwas, das gut riecht.* Ein guter alter Oloroso besitzt tatsächlich ein stark ausgeprägtes, meist walnussartiges Bukett wie kaum ein anderer Wein der Welt. Oloroso-Weine haben eine tiefere Farbe als Finos, sind dunkelgold bis tief bernsteinfarben, körper- und alkoholreich (18–20 %). Sie sind aus Most entstanden, auf dem sich keine → Flor-Hefen gebildet haben, die den Finos ihren besonderen Charakter verleihen, werden aber ebenso wie diese in → Soleras gelagert. Von Natur aus sind sie absolut trocken, doch sieht man im Handel öfter gesüßte, in der Regel weniger gute Abfüllungen. Es gibt auch → *Cream Sherry*, der nichts anderes als ein stark gesüßter Oloroso ist. Als trockene → Likörweine gehören Olorosos zu den eindrucksvollsten und bemerkenswertesten Sherrys. Bekannte Erzeuger: Diez Merito (Marke: Victoria Regina), A. R. Valdespino (Solera 1842), Garvey (Ochavico), Osborne (Bailen), Pedro Domecq (Rio Viejo), Emilio Lustau (Lustau), Gonzalez Byass (Apostoles), Emilio Martin Hidalgo (Gobernador) und Wisdom & Warter (Merecedor).

Oltrepò Pavese Italienischer Weinbaubereich in der → Lombardei, südlich von Pavia jenseits des Po (daher Oltre-Pò) gelegen. Dieser große Bereich liegt an den Ausläufern des Apennin: und in der Ebene. In insgesamt 37 Gemeinden, darunter → Casteggio und → Broni, werden zehn verschiedene DOC-Weine (rote wie weiße einschließlich Schaumweine) erzeugt, darunter → Bonarda, → Barbacarlo, → Buttafuoco, → Sangue di Giuda, → Pinot nero, → Monsupello und → Frecciarossa. Trotz der großen Produktionsmenge sind die Weine kaum bekannt; die Nähe zur Metropole Mailand sorgt dafür, dass ein Großteil des Weins in den Kofferräumen der wohlhabenden und durstigen Mailänder verschwindet, die dort am Wochenende regelmäßig einfallen. Auch im übrigen Italien ist das Oltrepò Pavese relativ unbekannt, da nur wenig Wein in die Gastronomie und den Handel, geschweige denn in den Export gelangt. Insgesamt dürfen laut DOC im Oltrepò Pavese 72 (!) verschiedene Weine vermarktet werden – ein weiteres, typisches und tragisches Beispiel für das unüberschaubare italienische DOC-System, das an sich selbst zu scheitern im Begriff ist. Am bedeutendsten in diesem Gebiet sind die DOC Oltrepò Pavese Buttafuoco, Spumante, Bonarda und Sangue di Giuda. Am vertrauenswürdigsten sind folgende Erzeuger: Isimbarda, Le Fracce, Vercesi del Catsellazzo, Marchesi di Montalto, Verdi Bruno, Andrea Picchioni, Anteo, Cantina Storica Montù, CS La Versa, Bellaria, Albani, La Costaiola, Vanzini, Monterucco.

Önologie Wissenschaft vom → Wein.

Önothek Eine umfassende Sammlung von Weinen einer Region oder eines Landes als Überblick über die Erzeugung, zum Zwecke des Vergleichs und des Kaufs, wie es sie heute besonders in Italien (dort heißt sie *Enoteca*), Österreich und Kalifornien vielerorts gibt. Der Vorteil ist, dass sich der Weinliebhaber einen Überblick über die Produktion eines einzelnen Erzeugerbetriebs, der Weine einer Gruppe von Winzern, einer Gemeinde, einer Region oder eines ganzen Weinbaugebiets, vielleicht sogar der ganzen Welt (Weinmuseum Vinopolis in London) verschaffen kann; der Nachteil ist, dass ein persönlicher Kontakt zum Produzenten nicht möglich ist.

OPAP Abkürzung für griechische Weine gehobener Qualität mit Ursprungsbezeichnung (*Onomasia Proelevseos Anoteras Poiotetos*). Häufig sind diese Weine außerhalb Griechenlands mit dem entsprechenden französischen Aufdruck etikettiert: *Appellation d'Origine de Qualité supérieure*. Entsprechend den französischen → AOC-Bestimmungen stammen diese Weine von festgelegten Anbauflächen und Rebsorten bei vorgeschriebenen Höchsterträgen, Mindestzuckergehalten und önologischen Verfahren. Die Herstellung unterliegt staatlichen Kontrollen. Gegenwärtig gibt es als süße OPAP-→ Likörweine: → Zitsa, → Nemea, → Santorin und Dafnes; als trockene griechische OPAP-Weine im Wesentlichen: → Archanes, → Côtes de Meliton, → Goumenissa, → Kantza, → Mantinia, → Naoussa, → Nemea, → Paros, → Patras, → Peza, → Rhodos, → Robola de Cephalonie und → Zitsa.

OPE Abkürzung für griechische Weine mit kontrollierter Ursprungsbezeichnung (*Onomasia Proelevseos Elegchomeni*), außerhalb Griechenlands meist mit der französischen Bezeichnung → *Appellation d'Origine contrôlée* etikettiert. Die Bestimmungen entsprechen im Wesentlichen denen der → OPAP-Weine. Gegenwärtig gibt es acht OPE-Weine, so die → Likörweine aus → Mavrodaphne- bzw. → Muskattrauben, die auf dem → Peloponnes, den → Ägäischen bzw. → Ionischen Inseln erzeugt werden.

Oporto Englischer Name für → Porto. Ferner der ungarische Name einer seit dem 18. Jahrhundert, ausgehend von → Villány im äußersten Süden des Landes, heimisch gewordenen Rotweinsorte. Sie wurde aus Österreich eingeführt und bezeichnet den Blauen → Portugieser.

Oppenheim Deutsche Stadt am Rhein, im Weinbaugebiet → Rheinhessen, südlich von Nierstein gelegen mit rund 200 ha Rebfläche. Bekannte Lagen: *Sackträger*, *Kreuz*, *Zuckerberg* und *Schützenhütte*. Diese Lagen verfügen nicht über die roten Tonschieferböden des benachbarten Nierstein und erreichen nicht deren herausragende Qualität. Die Oppenheimer Rieslinge sind insgesamt fülliger als die Niersteiner. Bekannt ist Oppenheim auch durch den → Großlagennamen *Oppenheimer Krötenbrunnen*, der außer Teilen von Oppenheim zwölf weitere Gemeinden und deren schlechteste Lagen umfasst. Meist werden unter diesem Namen Massenweine vom Schlage einer → Liebfrauenmilch verkauft und belasten dadurch den Namen Oppenheim.

Bekannte Erzeuger: Dr. Heyden, Bürgermeister Karl Koch Erben, Louis Guntrum.

Optima Eine von zahlreichen → Neuzüchtungen, gewonnen aus → Silvaner *x* → Riesling *x* → Müller-Thurgau, doch ungeachtet ihres euphorischen Namens keinesfalls die beste Rebsorte, auch wenn viele Winzer in der Hochphase der → Süßen Welle auf ihre Fähigkeit, hohe Mostgewichte zu erreichen, hereinfielen. Eine feine differenzierte Frucht wie die des Rieslings liefert sie nie. Zurzeit rund 180 ha Rebfläche – doch die Sorte befindet sich heute (zum Glück) auf dem Rückzug und wird aller Wahrscheinlichkeit nach bald in der Asservatenkammer der staatlichen Weinbauschulen landen.

Opus One Kalifornischer Kult-Rotwein vorwiegend aus Cabernet Sauvignon mit Zusätzen von Cabernet franc und Merlot. Wird im → Napa Valley beim Örtchen Oakville erzeugt (rund 250 000 Flaschen pro Jahr). Opus One ist ein 1979 von dem Kalifornier Robert → Mondavi und Baron Philippe de → Rothschild aus dem → Bordeaux gegründetes Gemeinschaftsunternehmen. Der Wein hat für viel Aufregung gesorgt, als er in seinen ersten Jahren viele Bordeaux-Klassiker vom Thron stieß. Der Wein ist viel Bordeaux-ähnlicher in seinem Charakter als die Mehrzahl der kalifornischen Weine. Dieses interkontinentale Joint Venture wurde zum Vorbild für viele weitere, die seitdem wie Pilze aus dem Boden schießen und von dessen Erfolg träumen.

Orange Französische Stadt im unteren → Rhônetal nördlich von Avignon. Berühmt für seine römische Vergangenheit als *Arausio* und die imposanten Ruinen aus dieser Zeit. Die Fürsten von Oranien, später die Könige von Holland und England, hatten ihren Stammsitz in diesem Ort. Im Süden liegt die AOC → Châteauneuf-du-Pape, im Osten bzw. Nordosten → Gigondas, → Cairanne, → Vacqueyras, → Rasteau, → Côtes du Ventoux, im Südwesten → Tavel und → Lirac.

Orcia Italienische DOC in der Region → Toskana (Provinz Siena). Diese Appellation ist nach dem Fluss Orcia benannt, an dessen Ufern und Hängen in 13 Gemeinden Weiß- und Rotweine erzeugt werden: Bianco aus Trebbiano, Rosso aus

Sangiovese mit Zusätzen anderer Sorten sowie Vin Santo.

Oregon Bundesstaat der → USA an der Pazifikküste nördlich von → Kalifornien mit jungem und qualitativ hochwertigem Weinbau auf rund 3600 ha Rebfläche. Inzwischen sind fünf → AVAs eingerichtet, von denen das Willamette Valley zwischen Portland und Eugene die mit Abstand größte ist. Rogue Valley, Applegate Valley, Illinois Valley und Umpqua Valley liegen südlich davon und umfassen jeweils einige hundert Hektar. Der Weinbau in Oregon begann erst in den späten 1960er Jahren. Von Beginn an wurde weise und vorausschauend Pinot noir gepflanzt, der im kühlen kontinentalen Klima gut gedeiht, besser als Cabernet Sauvignon und Merlot. Das ausgeglichene Klima des Villamette Valley lockte viele Weinerzeuger aus Kalifornien und auch einige aus Frankreich an, so Joseph Drouhin aus dem Burgund. Auch der Schwager (französisch beau-frère) des wichtigsten Weinkritikers Amerikas, Robert → Parker, hat hier Weinbergsbesitz. Während früher hauptsächlich Weißweine wie Chardonnay und Riesling gepflanzt wurden, geht der Trend gegenwärtig deutlich zum Pinot noir als Rotwein. Heute entfallen rund 40 % der Anbaufläche auf diese dankbare Sorte, gefolgt von Grauem Burgunder, Chardonnay und Weißem Burgunder. Der Pinot noir aus Oregon wird in den USA von den Anhängern der → ABC-Bewegung regelrecht verehrt. Derzeit existieren rund 130 Weingüter. Bekannteste Erzeuger: Amity, Archery Summit, Argyll Winery, Beaux Frères Vineyard.

Organoleptische Prüfung Prüfung der Qualität von Wein nach Aussehen, Geruch und Geschmack durch menschliche Sinneswahrnehmung: sehen, riechen, schmecken.

Orléannais Das Gebiet um die französische Stadt Orléans an der → Loire; einst ein berühmtes Weinbaugebiet. Heute ist nicht mehr viel davon übrig geblieben, lediglich 100 ha Rebfläche, auf denen rund 550 000 l Wein (davon 17 % Weißwein) erzeugt werden. Diese kommen als VDQS-*Vins de l'Orléannais* in den Handel. Es wird viel Rosé aus den Sorten Pinot meunier, Pinot noir und etwas Cabernet (dort Breton genannt) erzeugt, der Weißwein wird aus Chardonnay (hier Auvernat blanc) vinifiziert.

Ormeasco di Pornassio Italienischer DOC-Rotwein von den ligurischen Hügeln oberhalb der Stadt Imperia. Gehört zur DOC → Riviera Ligure di Ponente und wird aus der Sorte Ormeasco (Dolcetto) unter Verwendung weiterer Rebsorten erzeugt. Bekannter Erzeuger: Lupi.

Ormes-de-Pez, Château Les Französisches *Cru bourgeois*-Weingut in der Appellation → Saint-Estèphe. Rund 30 ha Rebfläche mit 55 % Cabernet Sauvignon, 35 % Merlot und 10 % Cabernet franc.

Ornellaia Berühmtes italienisches Weingut in der Region → Toskana in → Bolgheri. Erzeugt auf rund 70 ha Rebfläche etwa 400 000 Flaschen Wein, vor allem das Flaggschiff DOC Ornellaia (rund 140 000 Flaschen). Dieser Wein wird aus mindestens 80 % Cabernet Sauvignon mit 15 % Merlot und etwas Cabernet franc erzeugt. Das Weingut ist jetzt im Besitz von → Mondavi unter Beteiligung von → Frescobaldi. Der Wein selbst wurde 1984 erstmals erzeugt und kam mit dem 1985er auf den Markt. Seitdem ist er neben → Tignanello und → Sassicaia der begehrteste Wein der Toskana. Im gleichen Weingut werden noch die IGT-Weine Masseto (überwiegend Merlot), Le Volte und der weiße Poggio alle Gazze erzeugt. Aufgrund seines abweichenden Rebsortenverhältnisses und seines anderen Ausbaus ist der Wein etwas weicher als der in der Nachbarschaft erzeugte Sassicaia.

Orta Nova Italienischer DOC-Rotwein

aus → Apulien, der aus der Sorte Sangiovese und gegebenenfalls einigen weiteren roten Sorten in sechs Gemeinden in der Umgebung von Foggia erzeugt wird; auch als Rosato (Roséwein).

Ortega → Neuzüchtung aus → Müller-Thurgau *x* → Siegerrebe mit intensivem Bukett. Stellt geringe Ansprüche an Böden und Lagen, bringt gleichzeitig hohe Mostgewichte bei früher Reife. Wegen ihrer qualitativen Defizite befindet sich die Sorte wie ihre meisten Schicksalsgenossen der → süßen Welle glücklicherweise auf dem Rückzug (noch rund 950 ha Rebfläche).

Ortenau Deutscher Weinbaubereich in → Baden mit rund 2600 ha Rebfläche, die zwischen Baden-Baden und Offenburg liegen. Die Böden bestehen überwiegend aus Granit- und Gneis-Urgestein, im Norden des Bereiches sind auch Quarzporphyr und Rotliegendes anzutreffen. Die Rebflächen liegen über die zur Oberrheinischen Tiefebene abfallenden Ausläufer des Nordschwarzwaldes verstreut und steigen bis auf 400 m Höhe an. Angebaut wird überwiegend Spätburgunder (rund 1000 ha), Riesling (750 ha) und Müller-Thurgau (500 ha), von denen die beiden ersten zu den besten Weinen Badens gehören können, darunter die Weißweine aus → Fremersberg, → Neuweier Steinbach und Varnhalt, die Weiß- wie Rotweine rund um → Bühl, Ortenberg und → Durbach und die Rotweine aus Waldulm. Der nördliche Teil des Bereichs ist zur → Großlage *Schloß Rodeck*, der südliche zur Großlage *Fürsteneck* zusammengefasst. Der Riesling heißt hier Klingelberger, der Traminer Clevner.

Ortenberg Deutscher Ort bei Offenburg im Weinbaugebiet → Baden mit annähernd 80 ha Rebfläche, der *Schloßberg* zusammen mit den Spitzenlagen → Durbachs zählt zu den besten Badens. Es wird vor allem Riesling, Traminer und Spätburgunder angebaut. Bekannter Erzeuger: Weingut Schloss Ortenberg.

Ortenberg, Weingut Schloss
Deutsches Weingut im Weinbaugebiet → Baden im Ort Ortenberg. Auf rund 42 ha Rebfläche werden jährlich etwa 250 000 Flaschen Wein erzeugt. Rebsorten: 30 % Riesling, 25 % Spätburgunder, ferner Müller-Thurgau und Chardonnay. Böden: Urgesteinsverwitterung. Bekannte Lagen: *Ortenberger Schlossberg*.

Orvieto Italienische Stadt in → Umbrien, eindrucksvoll auf einem Tuffsteinfelsen über dem Chianital gelegen und seit langem nicht nur für den gotischen Dom, sondern auch für seine Weißweine bekannt. Dieser war, solange er noch traditionell in den Tuffsteinkellern unter der Stadt vergoren wurde, meist von leichter, einschmeichelnder Süße (*abboccato, amabile*) und beschränkter Haltbarkeit. Heute ist der Wein meist trocken (*secco*) und selten aufregend. Orvieto kommt in hellen Bordeaux-Flaschen in den Handel, da die alten, kleinen strohumflochtenen Flaschen, die *Pulcianelle*, längst ausgestorben sind. Bekannte, über dem beklagenswerten Durchschnittsniveau liegende Erzeuger: Decugnano dei Barbi, Barberani, Le Velette, Petrurbani.

Österreich Kleines, aber qualitativ bedeutendes Weinbauland mit rund 49 000 ha Rebfläche, auf der etwa 270 Millionen l Wein erzeugt werden – das entspricht lediglich einem → Ertrag von rund 55 Hektolitern pro ha (zum Vergleich: In Deutschland sind es etwa 100). Österreich ist seit alters her mit Wein verbunden. Besonders in der österreichisch-ungarischen Donaumonarchie fanden die besten Weine aus dem heutigen → Südtirol, → Venetien, Friaul (→ Friuli-Venezia Giulia), → Ungarn, der → Tschechischen Republik, → Slowakei, → Sloweniens und → Kroatiens ihren Weg nach → Wien. Laut Statistik trinkt der Österreicher rund 34 l Wein im

Weinbaugebiete Österreichs

Niederösterreich
Wachau
Unter dem qualitativen Gesichtspunkt gebührt der kleinen Wachau dank ihrer Urgesteinsverwitterungsböden und ihrer Weißweine aus den Sorten Riesling und Grüner Veltliner qualitativ der erste Rang.
Kremstal
Überwiegend Weißweine, teilweise werden auf den meterdicken Lößterrassen auch Rotweine angebaut.
Kamptal
Auch im angrenzenden Kamptal werden überwiegend Weißweine kultiviert, vor allem der österreichische Klassiker Grüner Veltliner, auch Riesling.
→ *Traisental*
Überwiegend Weißweinsorten.
Donauland
Überwiegend weiße Sorten, zunehmend auch Rotwein.
→ *Weinviertel*
Das Reich des Grünen Veltliners.
→ *Carnuntum*
Vor allem weiße Sorten, doch neuerdings vermehrt auch Rotwein.
→ *Thermenregion*
Mehrheitlich Weißweine auch aus den Lokalsorten Rotgipfler und Zierfandler.

Wien
Überwiegend Weißweine, inzwischen auch Rotwein aus französischen Sorten.

Burgenland
→ *Neusiedlersee*
Der Trend geht hin zu Rotweinsorten, ansonsten die Klassiker der edelsüßen → Prädikatsweine von Auslese bis → Trockenbeerenauslese, → Strohwein und → Eiswein.
→ *Neusiedlersee-Hügelland*
Zunehmend Rotwein, doch immer auch die traditionellen edelsüßen Spezialitäten und als Besonderheit der edelsüße Ruster → Ausbruch.
Mittelburgenland
Hier gibt der → Blaufränkisch den Ton an, das Gebiet nennt sich auch Blaufränkischland.
Südburgenland
Überwiegend Rotwein aus den traditionellen Rebsorten, aber auch aus französischen Reben wie Cabernet Sauvignon und Merlot.

Steiermark
→ *Süd-Oststeiermark*
Bekannt für den Schilcher, einen Roséwein aus der Lokalsorte Bauer Wildbacher.
→ *Südsteiermark*
Hier wird eine Vielzahl an Weißweinen erzeugt von inzwischen auch außerhalb Österreichs bekannten Erzeugern. Beachtlicher Sauvignon blanc.
→ *Weststeiermark*
Im Prinzip eine reine Weißweinregion mit interessantem Sauvignon blanc.

Jahr. Doch es bleibt ein Ausfuhrüberschuss, der beweist, dass Österreich eines der qualitativ fortschrittlichsten Weinbauländer der Welt ist. Die Katharsis des → Weinskandals von 1985, der das Ansehen des österreichischen Weines ins Bodenlose stürzen ließ, war für den qualitativen Quantensprung Österreichs ein wichtiger Auslöser.

Geographie und Klima

Nur ein Teil des Alpenstaats ist von Bergen bekrönt – der flächenmäßig größere Teil ist hügelig oder eben und liegt unter 400 m Meereshöhe. In einem Radius von etwa 60 km um die Stadt Wien befinden sich fast alle Weinbaugebiete des Landes; lediglich die → Steiermark am südöstlichen Rand liegt weiter entfernt. Das kontinental kühle Klima profitiert vom Mikroklima der Donau und der weiten pannonischen Ebene, in deren Zentrum sich der flache → Neusiedlersee befindet. Während die Winter kalt sind (einige Winter der 1980er Jahre haben erhebliche Frostschäden hinterlassen und ganze Rebkulturen zerstört), profitiert der Weinbau im Sommer von reichlich einfallenden Kilokalorien. Die Sommer sind heiß und trocken und zählen zu den wärmsten im ganzen mitteleuropäischen Weinbau. Die Vegetationsperiode beträgt bis zu 250 Tage im Jahr. Die Böden variieren stark – von Schwemmsandböden mit flachen Lagen (Weinbaugebiet Neusiedlersee) über die Urgesteinsböden der → Wachau finden sich Bereiche mit einmaligen meterdicken Lößauflagen (→ Kremstal und → Kamptal), ferner sehr kalkreiche Böden (→ Neusiedlersee-Hügelland und → Mittelburgenland), oft auch Schiefer, Gneis und Lehm.

Rebsorten

Knapp 70 % der österreichischen Weine sind Weißweine und werden überwiegend aus der Paradesorte Grüner → Veltliner (verantwortlich für jeden dritten österreichischen Wein), → Welschriesling und → Müller-Thurgau bereitet. Der Rest wird aus Sorten wie (Rhein-)Riesling, Traminer, Weißer Burgunder, Morillon (Chardonnay), Muskat-Sylvaner (Sauvignon blanc), → Neuburger, Frühroter Veltliner, → Zierfandler, → Rotgipfler und → Muskat-Ottonel vinifiziert. Doch auch in Felix Austria geht der Trend eindeutig zum Rotwein: aus der roten Nationalrebsorte → Blaufränkisch, → Zweigelt, ferner → Portugieser, → St. Laurent, etwas Blauer Burgunder (Spätburgunder) und in der Steiermark der Blaue → Wildbacher. Zunehmend beschäftigen sich die Erzeuger mit französischen Rebsorten wie Cabernet Sauvignon und Cabernet franc, → Merlot, Chardonnay und Sauvignon; die beiden letztgenannten weißen Sorten werden nur in wenigen Gebieten traditionell angebaut (Steiermark und → Wachau).

Weinbaugebiete

Die österreichische Weinbaufläche ist in vier Weinbauregionen mit 16 Weinbaugebieten aufgeteilt. Nahezu 60 % der Fläche entfallen auf → Niederösterreich, ein Drittel auf das → Burgenland. Die Steiermark weist knapp 3500 ha auf und → Wien als eigenes Gebiet rund 750 ha.

Weinbaustrukturen

Strukturell basiert der österreichische Weinbau weitgehend auf Klein- und Kleinstbetrieben. Von den insgesamt gut 40 000 Erzeugern bewirtschaften über zwei Drittel eine Fläche von weniger als einem Hektar, rund 2500 Betriebe verfügen über eine Rebfläche von über 5 ha. Während ihr prozentualer Anteil in Wien und im Burgenland deutlich höher liegt, sinkt er in der Steiermark auf 1,5 % oder ganze 34 Betriebe ab. Der Konzentrationsprozess im österreichischen Weinbau wird sich in Zukunft fortsetzen; trotzdem wird der Großbetrieb aber weiterhin die Ausnahme bleiben.

Weingesetz

In Anlehnung an das deutsche Weingesetz ist die Produktion österreichischer Weine in die Kategorien → Qualitätswein und → Prädikatswein eingeteilt; ferner gibt es noch Tafelwein und Landwein, die aber insgesamt eine geringe Rolle spielen. Neben dem vorgeschriebenen → Mindestmostgewicht für die einzelnen Qualitätsstufen wird auch die Höhe des → Ertrags festgelegt, ein wesentlicher Grundstein für Weinqualität. Außerdem rechnet das österreichische Weingesetz die Kategorie Kabinett zu den Qualitätsweinen. Ferner gibt es die Kategorien Ausbruch und Strohwein.

Bewertung
Die Zeiten, da über österreichische Weine mit spritzigem → Heurigen, plumpsüßen Burgenländern, lieblichen Gumpoldskirchnern und anspruchslosen Allerweltsweinen aus Grünem Veltliner alles gesagt war, sind vorbei. Die Spitzengewächse der → Wachau, aus Wien, aus der Steiermark oder aus dem Burgenland zeigen, dass sie zu den bemerkenswertesten Weinen Europas zählen. Doch das Potenzial des österreichischen Weinbaus ist noch längst nicht ausgeschöpft. Besonders Burgenland, Weinviertel und Steiermark sind ausgesprochen dynamische Regionen mit Gütern, die kompromisslos auf Qualität setzen.

Österreicher Vereinzelt im → Rheingau und in → Franken noch gebräuchliche Bezeichnung für den → Silvaner. Ein Gedenkstein in der Lage *Würzburger Stein* weist darauf hin, dass dort im 18. Jahrhundert die Österreicherrebe erstmals gepflanzt wurde. Ob diese jedoch tatsächlich aus Österreich stammte, ist umstritten.

Ostertag, Domaine André Französisches Weingut in Epfig, → Elsass: Auf rund 11 ha Rebfläche werden in biologisch-dynamischer Wirtschaftsweise sehr hochwertige, konzentrierte und eigenwillige Weine (rund 70 000 Flaschen jährlich) erzeugt: Riesling, Gewürztraminer, (z. T. ungefilterter) Sylvaner, Tokay-Pinot-gris. André Ostertag teilt seine Weine in die Gruppen Frucht, Stein und Zeit und drückt auch auf poetische Weise das Prinzip → Terroir aus; einer der besten Denker und Weinmacher. Besitz in der *Grand Cru*-Lage *Muenchberg*.

Ostschweiz Schweizerisches Weinbaugebiet mit rund 2500 ha Rebfläche entlang des → Rheins und seiner Nebenflüsse einschließlich der Seen unter Ausnützung mikroklimatisch begünstigter Südhänge und Steillage. → Bündner Herrschaft und Rheintal profitieren vom Föhn. → Zürich, → Schaffhausen, → Aargau, → Graubünden, → Thurgau und → Sankt Gallen erzeugen vorwiegend Rotwein aus dem Blauen Burgunder (Pinot noir). Als Weißwein hat der Riesling *x* Sylvaner (Müller-Thurgau) größere Bedeutung, in Spitzenlagen der Tokayer genannte Pinot gris und zunehmend auch der Gewürztraminer.

Ostuni Zwei italienische DOC-Weine aus dem → Salento in → Apulien: ein weißer *Bianco di Ostuni*, der aus den Sorten Impigno und Francavilla, ferner Bianco d'Alessano und Verdeca erzeugt wird, sowie der Rotwein *Ottavianello di Ostuni*.

Othegraven, Weingut von Deutsches Weingut im Weinbaugebiet → Mosel-Saar-Ruwer in Kanzem (Saar). Auf rund 7 ha Rebfläche werden jährlich etwa 30 000 Flaschen Wein erzeugt. Rebsorten: 100 % Riesling. Bekannte Lage: *Kanzemer Altenberg*. Böden: Devonschiefer. Erzeugt auch hervorragenden Riesling-Sekt.

Ott, Domaine Französisches Weingut in Antibes, → Provence. Erzeugt werden traditionelle Rotweine.

Ottavianello di Ostuni Italienischer DOC-Rotwein aus der Umgebung von → Ostuni im → Salento im Süden Apuliens, der überwiegend aus Ottavianello (unter möglichem Zusatz von Negroamaro, Malvasia Nera, Notar Domenica und Sussumaniello) erzeugt wird. Hauptproduzent ist die lokale Winzergenossenschaft, ferner Accademia di Racemi (Manduria).

Oxidation Während der Weinbereitung kommt Most und Wein mit Sauerstoff in Berührung. Die sich daraus ergebenden Folgen sind zum Teil und bis zu einem bestimmten Grad positiv für den Wein und daher erwünscht. Vor allem Rotwein (aber auch einige Weißweine) werden überwiegend in Holzfässern ausgebaut: Die Lagerung in Holzfässern erlaubt die kontrollierte → Mikrooxidation durch die Poren des Holzes, ein Prozess, der die Polymerisation der Weine fördert und sie geschmacklich attraktiv macht. Weine, die in → Barriques gelagert werden, nehmen auf diesem Wege ein höheres Maß an Sauerstoff auf, weil bei ihnen das Verhältnis zwischen Inhalt und Oberfläche günstiger ist als bei großen bis sehr großen Fässern mit z. T. vielen tausend Litern Fassungsvermögen. Man spricht in dieser Hinsicht von einem oxidativen Ausbaustil – ganz im Gegensatz zu reduktiv ausgebauten Weinen (→ Ausbau) unter äußerst geringer Sauerstoffzufuhr durch den Einsatz von Edelstahltanks.

Hat ein Most oder Wein jedoch zu viel Luftkontakt, kann das sehr nachteilige Folgen haben oder gar zerstörerische Kräfte entfalten, z. B. wenn der durch Verdunstung entstehende Schwund nicht regelmäßig aufgefüllt wird (Ausnahmen: → Sherry und → Vin Jaune). Weist ein junger Weißwein bereits die Farbe eines Sherrys auf und riecht wie dieser, hat der Wein in der Regel durch ein zu hohes Maß an Sauerstoffzufuhr gelitten, und seine Fruchtigkeit ist ihm abhanden gekommen.

Ein anderer Aspekt der Oxidation ist die Flaschenreife: Auch während der oft jahrelangen Lagerung in Flaschen wirken auf den Wein Reifeprozesse ein, die durch die Zufuhr von Sauerstoff (diffundiert durch die Poren des Korks oder am Kork vorbei) oder durch den im Wein gebundenen Sauerstoff bzw. durch die Luftblase unterhalb des Korkens gespeist werden. Diese Flaschenreife ist z. B. bedeutend bei hochwertigen Rotweinen wie Barolo oder Bordeaux und edelsüßen Weißweinen. Während ein leicht oxidativer Ton einem Wein sehr gut anstehen kann, wird man dies von einem → oxidierten Wein nicht behaupten können.

Oxidiert Bezeichnung für einen Wein, der zu viel Berührung mit Luft gehabt hat, dadurch seine Frische verloren und eventuell seine Farbe verändert hat. Er ist müde geworden und erholt sich nie wieder. → Oxidativ

P

Paarl Zentrum und eines der besten Gebiete des südafrikanischen Weinbaus mit rund 20 000 ha Rebfläche; südlich grenzt es an das Weinbaugebiet → Stellenbosch, mit dem es von den kühlenden Einflüssen antarktischer Meeresströmungen und Klimaeinflüsse profitiert: Chardonnay sowie Rotweine mit höheren Säurewerten fallen elegant und differenziert aus. Der Weinbau wurde bereits im 17. Jahrhundert durch französische Hugenotten begründet. Heute befindet sich das Gebiet in einer Umstellungsphase von Weißwein auf Rotwein; auf dem Rückzug befinden sich die früher vermehrt produzierten Weine im Stile von Auslesen und Beerenauslesen (Special Late Harvest und Noble Late Harvest). Paarl ist Sitz der einflussreichen Vereinigten Südafrikanischen Winzergenossenschaft → KWV, von der der größte Teil der exportierten südafrikanischen Weine stammt; ferner befindet sich hier das Weingut Nederburg.

Paccot, Raymond (La Colombe) Schweizerisches Weingut im Weinbaugebiet → Waadtland, in Féchy am Genfer See. Raymond Paccot erzeugt → Terroirgeprägte Chasselas und Grauburgunder.

Pacherenc du Vic-Bilh Französischer AOC-Weißwein, der aus dem nördlich von Pau gelegenen Weinbaugebiet Madiran Südwestfrankreich, kommt. Auf rund 220 ha wird rund eine Million l meist recht süßer Weißwein aus den im Béarnais und Bordeaux üblichen Rebsorten Arrufiat, Petit und Gros Manseng, Courbu, Sauvignon, Sémillon vinifiziert. Der ungewöhnliche Name *Pacherenc* kommt von *pachet en renc* (»in Reihen gesetzt«), womit die moderne Pflanzmethode gemeint ist. Der Wein wächst auf tonigen Kalk- und Sandböden.

Pachino Schwerer italienischer Rotwein aus der Provinz Syrakus auf → Sizilien, der selten über den Ort seiner Erzeugung hinauskommt.

Padenghe Nahe dem Südwestufer des → Gardasees gelegener kleiner italienischer Ort im Gebiet des → Riviera del Garda Bresciano, wo hauptsächlich → Chiaretto (Rosé) erzeugt wird.

Pagadebit Die Weißweinsorte Pagadebit (ihr Name spielt auf ihren enormen → Ertrag an und bedeutet »Zahlt die Schulden«) wird nicht nur in Apulien (dort heißt sie Bombino bianco und ist eine der meistangebauten Rebsorten), sondern auch in der → Emilia-Romagna angebaut. Wie so oft in Italien wurde auch für diesen Wein eine eigene DOC namens Pagadebit di Romagna geschaffen, obwohl ihn kaum einer kennt und braucht.

Palacio de la Vega Spanisches Weingut im Weinbaugebiet → Navarra, ein strikter Modernist, der weiche, früh trinkreife Tempranillo, Cabernet Sauvignon und Merlot erzeugt.

Palästina → Israel

Palazzo Altesi Italienischer Rotwein (→ Supertoskaner) vom Weingut Altesino bei Montalcino in der → Toskana, der nicht den Regularien des → Brunello entspricht und deshalb als → IGT-Wein verkauft wird; rund 14 000 Flaschen überwiegend aus der Rebsorte Sangiovese.

Pale Cream Sherry Ein → Cream Sherry aus der Rebsorte → Pedro Ximénez, der nicht aus einem → Oloroso, sondern aus einem → Fino erzeugt wurde. Er ist zwar genauso süß, aber deutlich heller in der Farbe (pale: englisch für blass). Die Süßung erfolgt meist durch Gärungsunterbrechung oder Zugabe von → gespritetem Traubenmost. Bekannte Erzeuger: Gonzalez Byass und Dávila.

Paleo Rote und weiße italienische DOC-Weine aus der Toskana in der Appellation → Bolgheri, die vom Weingut Le Macchiole in der Gemeinde → Castagneto Carducci seit 1989 erzeugt werden. Beim Rotwein handelt es sich um einen Cabernet Sauvignon im Stil des benachbarten → Sassicaia.

Palette Französische AOC im Miniaturmaßstab für Rot-, Rosé- und Weißweine, die auf lediglich 36 ha Rebfläche erzeugt werden: rund 120 000 l im Jahr. Die Appellation liegt östlich von Aix-en-Provence in Südfrankreich. Der Weißwein wird überwiegend aus Clairette, der renommiertere Rot- und Roséwein überwiegend aus Mourvèdre, Grenache und Cinsaut erzeugt. Bekannte Erzeuger: Château Simone und Château Crémade.

Palma Cortada Außerordentlich seltener → Sherry, der sich nicht wie ein normaler → Oloroso entwickelt hat, zwar über sein Bukett verfügt, doch im Geschmack einem → Fino ähnelt.

Palmela Portugiesisches DOC-Weinbaugebiet im → Alentejo, angrenzend und überschneidend z. T. mit der DOC Setúbal. Auf annähernd 16 000 ha mit meist sandigen Böden werden insbesondere farb-, körper- und tanninreiche Rotweine aus der Rebsorte Periquita erzeugt, ferner Weißweine aus den Sorten Fernão Pires, Arinto, Moscatel de Setúbal, Rabo de Ovelha und Tamarez.

Palmer, Château Französisches *3ᵉ Cru classé*-Weingut in der Appellation → Cantenac-Margaux (Haut-Médoc), steht nach Überzeugung vieler Kenner im Rang eines *2ᵉ Crus*. 45 ha Rebfläche mit 50 % Cabernet Sauvignon, 40 % Merlot und je 5 % Cabernet franc bzw. Petit Verdot. Der 1961er sorgte für großes Aufsehen und begründete den Ruf des Weinguts. Zweitwein: *Ego de Palmer*.

Palo Cortado Ein hervorragender, doch sehr seltener → Sherry. Seiner ursprünglichen Anlage nach ein → Oloroso, der sich jedoch in Richtung eines → Amontillado weiterentwickelt hat; daher der Name, *abgebrochener Stock*; verbindet in der Regel den Geschmack des Oloroso mit dem Aroma des Amontillado. Er kommt in trockenen Abfüllungen in den Handel und weist ungefähr 17 bis 18 % Alkohol auf. Bekannte Erzeuger: Sanchez Romate und Dávila.

Palomino Spanische weiße Rebsorte, die im Gebiet von → Jerez etwa 95 % der Anbaufläche einnimmt. In der Region → Condado de Huelva ist sie als Listán bekannt. Aus ihr werden trockene → *Finos* bereitet. Insgesamt sind in Spanien rund 30 000 ha mit ihr bestockt, die Sorte ist auch in Argentinien, Südafrika, Australien und Kalifornien zu finden.

Palt → Furth

Palus Lateinisches Wort für Sumpf. Im Bordeaux-Gebiet zumeist Bezeichnung für den Schwemmlandboden an den Flüssen Gironde, Garonne und Dordogne. In der Regel sind diese Gebiete heute von der AOC ausgeschlossen, da ihre Weine als minderwertig gelten. Noch bis zum Beginn des 20. Jahrhunderts genossen die *Vins de palus* in Bordeaux jedoch einen guten Ruf wegen ihres Körper-, Farb- und Tanninreichtums.

Panades Englische Schreibweise für → Penedés, wie sie häufig auf Etiketten exportierter Flaschen erscheint.

Panier Verseur Französische Bezeichnung für → Dekantierkörbchen.

Pannobile Vereinigung von burgenländischen Spitzenwinzern im Weinbaugebiet Neusiedlersee, die unter der Bezeichnung Pannobile weiße und rote Cuvées bzw. → reinsortige Weine produzieren. Besonders die Rotweine gehören zu den besten des Gebietes. Mitglieder u. a.: Achs, Beck, Heinrich, Nittnaus.

Pannonhalma-Sokoróalja Ungarisches Weinbaugebiet an den Abhängen des Sokoró südöstlich von Györ in Westungarn gelegen, eines der kleinsten Ungarns. Das Klima ist kühl und reich an Niederschlägen. Die Böden bestehen aus Seesand und Lehm, Kiesel und Sand. Angebaut wird vor allem Riesling, Welschriesling, Muskat-ottonel und Traminer in den Weinbaugemeinden Écs, Nyúl, Györság, Ténуö und vor allem Pannonhalma. Bekannter Erzeuger: Hilltop Neszmély.

Panschen Ein Wein, dem verbotene Stoffe zugesetzt wurden, z. B. Aromastoffe, Farbstoffe, Wasser oder andere nicht zugelassene Weine, ist gepanscht. In der Regel geschieht dies, um die Menge zu vergrößern oder in betrügerischer Absicht eine höhere Qualität vorzutäuschen. Verstöße dieser Art lassen sich bei gezieltem Verdacht meist mittels chemischer Analyse nachweisen. → Weinskandal

Erzeuger, die heute noch die Gesundheit gefährdende Wein panschen, haben die Zeichen der Zeit eigentlich nicht richtig erkannt. Heute *fälscht* man Wein: Dabei beziehen Abfüller oder Erzeuger mit Sitz in Appellationen, die über ein gutes Image und entsprechend hohes Preisniveau verfügen (z. B. im Chianti), anonyme Billigware aus Regionen, die kein Image, aber sehr viel Wein besitzen (z. B. Apulien oder Emilia-Romagna). In einem simplen Umdeklarierungsverfahren *frisieren* sie diese Importe zu höherwertigeren Weinen um. Dazu ist in der Regel nicht viel mehr notwendig als Einträge in Kellerbüchern, die Lieferpapiere, die Prüfnummern und die sonstigen gesetzlich geregelten Angaben zu manipulieren – ein gesetzwidriges Vorgehen.

Das Panschen von Wein war früher deshalb so gefürchtet, weil es oft zu gesundheitlichen Schäden geführt hat. Solche Risiken gehen die Weinfälscher (Weinmafia) heute nicht mehr ein; sie machen sich stattdessen der Steuerhinterziehung, Verbrauchertäuschung, Handelsvergehen, Warenunterschiebung, Produktfälschung und organisierter Kriminalität schuldig. Panschen nachzuweisen ist relativ einfach, das Feststellen von Aspekten der Weinfälschung hingegen häufig schwierig bis unmöglich, weil die Analyse der Herkunft von Wein auch mit den ausgefeiltesten labortechnischen Verfahren (z. B. Isotopenanalyse der Farbstoffstruktur von Rotweinen aus unterschiedlichen Klimazonen) immer noch aufwendig und sehr teuer ist. Gefälscht werden nicht nur extrem teure Kultweine wie z. B. Sassicaia, sondern vor allem Weine mit einem guten Image und einem mittleren bis niedrigen Preisniveau, die oft Markenweincharakter haben und in Supermärkten und Discountern angeboten werden, z. B. Rioja, Chianti oder Prosecco di Valdobbiadene. Gerade in diesem Handelsbereich, wo es häufig um zehntel Cent hinter dem Komma geht und Millionen von Flaschen, wird mit besonders harten Bandagen gekämpft. Auffällig werden Weinfälscher, wenn ihr Herstellungspreis z. B. wegen Frost, Hagelsturm, Fäulnis oder Unreife und daraus resultierender Verknappung den Endverbraucherpreis im Regal der Billigdiscounter plötzlich übersteigt. Um im Geschäft zu bleiben und mit Gewinn liefern zu können, kaufen die Fälscher dann zur Kompensation Wein aus Billigregionen ein und deklarieren um. Dies tun sie, weil sie mit den Handelsgiganten langfristige Verträge mit festgeschriebenen Preisen aushandeln müssen, um ins

Sortiment aufgenommen zu werden. Damit beschäftigen sich dann, wenn es denn jemandem überhaupt auffällt, die Staatsanwaltschaften.

Pantelleria Zu Italien gehörende Insel südwestlich von → Sizilien in der Straße von Tunis, die vor allem für ihren vorzüglichen DOC → *Moscato di Pantelleria* bekannt ist, den es in verschiedenen Versionen vom lieblichen *naturale* (12,5 % Alkohol) bis zum sehr süßen → *Passito* (14 % Alkohol) sowie in → gespriteten Versionen als → *liquoroso* (bis zu 24 % Alkohol) und schließlich noch als → *Spumante* gibt.

Pape-Clément, Château Französisches *Cru classé*-Weingut in der Appellation → Pessac, vor den Toren von Bordeaux. Das Gutshaus wurde im Jahr 1300 von Bertrand de Goth, dem Erzbischof von Bordeaux und späteren Papst Clemens V., angelegt. Die Rebfläche umfasst rund 29 ha: 60 % Cabernet Sauvignon und 40 % Merlot. Der hier erzeugte Rotwein zählt zu den besten des Graves.

Pappig Ein plumper Wein mit einer unangenehmen, aufdringlichen, klebrigen Süße.

Paradiso, Fattoria Italienisches Weingut in der → Emilia-Romagna, in Bertinoro an den Ausläufern des Apennins.

Parfümiert Bezeichnung für einen Wein mit aufdringlichem, als unangenehm empfundenem → Aroma.

Parker, Robert Amerikas einflussreichster Weinkritiker und Herausgeber der Weinzeitschrift »Wine Advocat«. Der studierte Jurist bewertet Wein in der 100-Punkte-Skala, die sich am amerikanischen Schulnotensystem orientiert, wobei Parker durchaus in Fällen absoluter Bestleistungen 100 Punkte vergibt – Bewertungen unter 50 hingegen bisher noch nicht. Bereits ein Wert um 75 Punkte ist eine Grenze, die von ihm nicht unterschritten wird. In der Realität seiner Weinbewertung bleiben demnach etwa 75 Prozent der zur Verfügung stehenden Bewertungsmöglichkeiten ungenutzt. Oder aber – und das scheint wahrscheinlicher – das Objekt seiner Bewertung wird von vornherein so ausgewählt, dass es über jeden Zweifel erhaben ist, weil der Weinkritiker Parker sich ohnehin nur mit absoluter Spitzenqualität befasst: in der Regel, um seinen Lesern, die den Weinkauf vor allem als Kapitalanlage ansehen, die entscheidenden Hinweise zu geben.

Robert Parkers Weinbewertungen haben in der Weinwelt enormen Einfluss; je nach Beurteilung eines Weins kann beim betreffenden Winzer davon Wohl und Wehe abhängen. Seitdem Parkers Bewertungen für die Preisbildung des neuen Jahrgangs z. B. im Bordeaux letztlich ausschlaggebend ist, bestimmt er aufgrund der von ihm favorisierten Weinstilistik (deutliche Frucht, frühe Trinkreife, reifes Tannin) die Trends und damit die Weinstile der Region. Parkers Anhänger halten ihm zugute, er habe Europa gelehrt, was Reife ist – und durch sein demokratisches Selbstverständnis außerdem vielen Menschen das Tor zur Weinwelt geöffnet. Seine Kritiker hingegen werfen ihm vor, dass sein Einfluss zu groß sei, da zu viele Weingüter von seinem Urteil abhingen. In der Konsequenz befürchten sie eine zunehmende Uniformität der Weinwelt.

Parnay Französischer Ort an der → Loire östlich der Appellation Saumur. Die dort erzeugten Rot-, Rosé- und Weißweine kommen entweder als AOC *Saumur* (weiß) oder *Saumur-Champigny* (rot) in den Handel. Bekannter Erzeuger: Château de Parnay.

Paros Eine der → Ägäischen Inseln Griechenlands, von der seit einiger Zeit ein roter OPAP-Prädikatswein aus der Sorte Mandilari in den Handel kommt.

Parrina Italienische DOC-Weine aus der südlichen → Toskana (Maremma).

Der Weißwein wird aus Trebbiano (dort Procaino genannt), Ansonia und Chardonnay vinifiziert, der Rotwein – ein Chianti-Typ – überwiegend aus Sangiovese unter Zusatz anderer roter Sorten. Bekannter Erzeuger: Tenuta La Parrina.

Parsac-Saint-Emilion Seit 1973 Teil der Appellation → Montagne-Saint-Emilion, unter deren Bezeichnung die Weine von Parsac heute in den Handel kommen. 1993 wurde die Appellation Parsac-Saint-Emilion offiziell abgeschafft. Bekannter Erzeuger: Château de Musset.

Passe-Tout-Grains Einfache Rot- oder Roséweine des → Burgund. Ein → Verschnitt aus den Sorten Gamay und mindestens einem Drittel Pinot noir. Der Wein wird als *Bourgogne Passe-Tout-Grains* in den Handel gebracht.

Passito Italienische Weinbereitungsart, meist für → Likörweine aus teilrosinierten Trauben, wobei die Trocknung im Freien oder in einem speziellen Lagerraum erfolgen kann. Auch einige trockene italienische Weine werden durch teilweise Verwendung derartigen Traubenmaterials bereitet (→ Governo). Die meisten → Vin Santo, viele → Moscato- und → Malvasia-Weine (z. B. → Caluso und Passito di → Chambave) entstehen auf ähnliche Art.

Pasteurisierung Nach dem bedeutenden französischen Wissenschaftler Louis Pasteur benanntes Verfahren zur Sterilisierung von Getränken, das auch bei Weinen angewandt wird, indem man sie auf 55 bis 80° C erhitzt. Dadurch werden die im Wein enthaltenen Mikroorganismen abgetötet, zugleich aber auch bei guten Weinen natürliche Entwicklungs- und Verbesserungsmöglichkeiten unterbunden, die sich überhaupt erst durch ein gewisses Niveau an stabiler und gesunder Mikrobiologie einstellen können. Die Weine sind dann zwar steril, aber tot.

Pasto → Vino da Pasto

Paternina, Bodegas Federico Spanisches Weingut im → Rioja, eine der größten Bodegas, die im industriellen Maßstab arbeitet. Ohne eigenen Rebbesitz werden jährlich etwa 10 Millionen Flaschen Wein erzeugt, darunter die Basisweine Banda Azul, Viña Vial und der Spitzenwein Conde de los Andes Gran reserva.

Patras Stadt und Weinbauzentrum im nördlichen → Peloponnes, aus dessen Umgebung zwei bekannte griechische → Likörweine mit kontrollierter Ursprungsbezeichnung kommen, der → Mavrodaphne und der → Muskat von Patras, letzterer ein ölig-samtiger, dezent süßer, weißer Likörwein. Ferner ist Patras ein OPAP-Gebiet für einen der besten griechischen Weißweine, der aus der weißen Rebsorte Roditys erzeugt wird.

Patrimonio Französisches Weinbaugebiet an der Nordküste → Korsikas westlich von Bastia, eine der vier eigenständigen Appellationen der Insel. Auf rund 400 ha Rebfläche werden von etwa 30 Erzeugern vor allem Rot- und Roséweine (hauptsächlich aus dem korsischen Nielluccio, die dem Sangiovese verwandt sein soll) erzeugt sowie Weißwein (überwiegend aus → Vermentino). Die Jahresproduktion liegt bei rund 1,5 Millionen l Wein. Die Böden der meeresnahen Lagen sind kiesig und das Klima stark vom Mittelmeer geprägt. Zu den bekannten Erzeugern zählen: Domaine de Catarelli, Gentile, Leccia, Orenga de Gaffory und Domaine Leccia.

Pauillac Berühmte Kleinstadt rund 30 km nördlich von Bordeaux im → Haut-Médoc an der → Gironde, gleichzeitig Namensgeber einer bedeutenden Weinbauregion. Auf seinen rund 1100 ha Rebfläche des insgesamt rund 6 auf 4 km messenden Gebiets entstehen einige der größten Rotweine der Welt. Jährlich werden in der AOC Pauillac rund 6,5 Millionen l Rotwein aus den

Sorten Cabernet Sauvignon, Cabernet franc und Merlot erzeugt. Das Anbaugebiet verfügt über ausgesprochen gleichmäßige Wachstumsbedingungen: sowohl in Hinblick auf die kiesigen Böden der leicht geneigten Ebenen am linken Ufer der Gironde und das gleichmäßige Mikroklima. Die als *croupes* bezeichneten Kieskuppen haben hier eine Mächtigkeit von bis zu 30 Metern (bei Château Mouton-Rothschild). Die Weinberge profitieren von der Nähe der Gironde und vom gut drainierten Untergrund.

Ein guter Teil der im Pauillac liegenden Châteaux ist bei der → Klassifikation von 1855 als herausragend eingestuft worden. Die Weine von Pauillac sind klassische → Bordeaux-Weine – kraftvoll, tannin- und körperreich sowie von großem Bukett und sehr langlebig.

Crus classés

1er crus: Châteaux Lafite, Latour, Mouton-Rothschild
2e crus: Châteaux Pichon Longueville Comtesse de Lalande, Pichon-Longueville Baron
4e crus: Châteaux Duhart-Milon-Rothschild
5e crus: Châteaux d'Armailhacq (früher Mouton-Baronne-Philippe), Lynch-Bages, Grand-Puy-Lacoste, Clerc-Milon, Haut-Batailley, Haut-Bages-Libéral, Batailley, Grand-Puy-Ducasse, Croizet-Bages, Lynch-Moussas, Pédesclaux, Pontet-Canet

Pauly-Bergweiler, Weingut Deutsches Weingut im Weinbaugebiet → Mosel-Saar-Ruwer in Bernkastel-Kues. Auf rund 13 ha Rebfläche werden jährlich etwa 120 000 Flaschen Wein erzeugt. Rebsorten: 90 % Riesling. Bekannte Lagen: *Bernkasteler Lay, Erdener Treppchen* und *Prälat, Graacher Himmelreich, Wehlener Sonnenuhr, Ürziger Würzgarten*. Böden: Schieferverwitterung. Teilweise werden die Weine in großen Holzfässern ausgebaut.

Pavie, Château Französisches *Premier grand cru classé B*-Weingut im Bordeaux in der AOC → Saint-Emilion. Rund 37 ha Rebfläche mit 55 % Merlot, 25 % Cabernet franc, 20 % Cabernet Sauvignon. Château Pavie-Decesse (im gleichen Besitz) liegt in der Nachbarschaft auf dem Kalkplateau und erreicht wie Château Pavie-Macquin (beide als *Grand cru classé* eingestuft) nicht den Rang von Château Pavie.

Pavillon Rouge (Blanc) du Château Margaux Wie die Mehrzahl der anderen Spitzengüter im Weinbaugebiet Bordeaux erzeugt Château → Margaux einen → Zweitwein: den Pavillon *Rouge* du Château Margaux, außerdem den Pavillon *Blanc* du Château Margaux, einen reinsortigen Weißwein aus Sauvignon blanc.

Paysan Nicht mehr übliche Bezeichnungsstufe der → Bordeaux-Weine. Einst die niedrigste Ebene für Weine unterhalb der *Crus* → *bourgeois*. Diese werden heute durchweg als *autres Crus* bezeichnet.

Pécharmant Französische AOC für Rotwein im Département → Dordogne nördlich von Bergerac. Auf rund 375 ha Rebfläche werden jährlich etwa 1,7 Millionen l Rotwein aus den Sorten Merlot, Cabernet Sauvignon, Cabernet franc und Cot (Malbec) erzeugt. Der Wein wächst auf sandigem Ton und gilt allgemein als der beste Rotwein des Département Dordogne.

Pédesclaux, Château Französisches 5e *Cru classé*-Weingut im Bordeaux in der AOC → Pauillac (Haut-Médoc). Rund 20 ha Rebfläche mit 65 % Cabernet Sauvignon, 20 % Merlot und je 5 % Cabernet franc, Petit Verdot und Malbec. Zweitwein: *Grand-Duroc-Milon* und *Bellerose*.

Pedro Ximénez Spanische Rebsorte, die in → Montilla-Moriles und → Málaga weit verbreitet ist, in Spanien insgesamt mit rund 35 000 ha. Laut einer Legende soll sie im 16. Jahrhundert von einem deutschen Soldaten namens Peter Siemens (daher ihr Name) nach Spanien gebracht worden sein und vom echten Riesling oder Elbling abstammen. Die fäulnisanfällige Rebsorte ist die Hauptgrundlage für den Sherry. In Montilla-Moriles, wo sie überwiegend angebaut wird, liefert sie einen eleganten, trockenen → *Fino*, der den aus → Palomino oft an Körper und Charakter übertrifft und häufig lediglich 14–16 % Alkohol aufweist.

In Málaga und – mit wesentlich kleineren Anteilen – in → Jerez geschieht die Verarbeitung des Pedro Ximénez anders als sonst: Man trocknet ihn auf Strohmatten nach der Lese etwa zwei Wochen lang in der Sonne. Erst danach wird er vergoren und → gespritet, sodass der auf diese Weise entstehende Wein sehr süß und alkoholreich ist. Entweder kommt er dann nach entsprechender Alterung in der → Solera als so genannter PX-Wein (als Abkürzung für Pedro Ximénez) direkt in den Handel, oder man verwendet ihn als teuren Zuckerungszusatz für andere → Sherrys.

In Argentinien ist der Pedro Ximénez mit 20 000 ha Rebfläche eine der am meisten angebauten weißen Rebsorten.

Pelaverga Äußerst seltene italienische Rebsorte und der aus ihr im → Piemont bei Saluzzo und La Morra im → Barolo-Gebiet erzeugte transparente Rotwein. Das Charakteristische des Weins ist sein deutlicher Pfefferton, sein Nerv und schlanker Körper. Man sollte ihn jung trinken.

Peloponnes Mit gut 25 000 ha ist diese berühmte griechische Halbinsel nach → Zentralgriechenland und Euböa die drittgrößte Weinbauregion des Landes. Es werden eine Fülle verschiedenartiger Weine erzeugt, dazu gehören die an leichte Portweine erinnernden → Likörweine aus der Umgebung von → Patras und der rote → Nemea, der zu den besten griechischen Rotweinen zählt, die weißen Patras und → Mantinia. Zusätzlich werden auf 40 000 ha Rosinen (davon 85 % Korinthen und 15 % Sultaninen) erzeugt.

Pelure d'Oignon Französischer Ausdruck, der wörtlich *Zwiebelhaut* bedeutet. Bezogen auf Wein eine Bezeichnung für die rostbraune, an trockene Zwiebelschalen erinnernde Farbnuance, die bestimmte helle Rot- oder Roséweine bei längerer Lagerung annehmen, ein Hinweis auf fortgeschrittene → Oxidation. In der Regel dürften Weine mit P*elure d'oignon* zu lange gelagert worden sein und haben ihren Höhepunkt überschritten.

Peñafiel Spanische Kleinstadt östlich von Valladolid, am oberen Duero gelegen. Die dort erzeugten Weine gehören zu der qualitativ bedeutenden DO → Ribera del Duero.

Penedés Spanische DO in → Katalonien mit rund 27 000 ha Rebfläche und 180 Millionen l Wein Jahresproduktion südwestlich von Barcelona. Die Region misst rund 40 auf 40 km und reicht von der Küste bis ins Hinterland. Dort grenzt sie an die heiße Meseta-Hochebene. Während die Küstenregion von heißem mediterranem Klima geprägt ist, ist es in dem 600 bis 800 m hoch gelegenen Bergland deutlich kühler und eignet sich dadurch gut für Weißwein, der unter diesen Bedingungen höhere Säurewerte entwickelt. Traditionellerweise wird vor allem Macabeo, Xarel-lo und Parellada angebaut. Aus ihnen entstehen Grundweine für die Schaumweinproduktion, → Cava. Die drei Zonen:

- *Bajo Penedés*: reicht vom Mittelmeer bis in 250 m Höhe hinauf und liefert vor allem gespritete, likörartige Weißweine sowie zunehmend auch Rotweine. Rebsorten: Garnacha, Monastrell, Carinena (weiß) sowie Macabeo, Xarel-lo, Paradella.
- *Medio Penedés*: ein breites Tal, das etwa

500 m über dem Meer liegt. Hier werden überwiegend Grundweine für die Cava-Produktion erzeugt. Gutes Klima für dieselben Rebsorten wie in Bajo Penedés, zusätzlich werden auch Cabernet Sauvignon, Merlot und Tempranillo angebaut. • *Penedés Superior* liegt auf 500 bis 800 m Höhe. Hier ist es wesentlich kälter, und die besten Trauben für Weißweine stammen von hier. Rebsorten: Chardonnay, Pinot noir, Cabernet franc, Gewürztraminer und Riesling.

Bekannte Erzeuger: Miguel Torres, Jean Leon, Masia Bach, René Barbier, Albert i Noya, Alsina i Sardá, Can Feixes, Capita Vidal, Conde de Caralt, Marqués de Monistrol, Cavas Hill, Comp. Intern. de Grandes Vinos, Llopart Mir, Pinord, José Maria Sogas. Die wichtigsten Schaumweinproduzenten sind: Codorníu, Freixenet, Cavas Hill, Cavas Josep Masachs, Castellblanch und L'Aixertell.

Penfolds Winery Riesiges australisches Weinbauunternehmen, das in allen Weinbaugebieten Australiens Wein erzeugt. Auf rund 500 ha Rebfläche Eigenbesitz; durch Traubenzukauf werden eine Reihe von → Markenweinen im industriellen Maßstab erzeugt, so die BIN-707-Reihe. Neben Massenweinen macht sich Penfolds mit seinem Spitzenwein → Grange einen Namen. Gehört zum gigantischen → Southcorp-Konzern, der die Weinwelt Australiens dominiert.

Pentro d'Isernia Name für in der Provinz Isernia in → Molise erzeugte DOC-Rot-, Rosé- und Weißweine, die auf Hügellagen bis 600 m Höhe wachsen: Rotwein aus Montepulciano und Sangiovese, Weißwein aus Trebbiano und Bombino.

Per' è Palummo Auf → Ischia lokale Bezeichnung für den Piederosso und den überwiegend aus dieser Rebsorte bereiteten Rotwein, der zu den besten Weinen der Insel und → Kampaniens zählt. D'Ambra ist ein führender Erzeuger.

Père Caboche, Domaine du Französisches Weingut im → Châteauneuf-du-Pape. Erzeuger von elegantem Rotwein und gehaltvollem Weißwein.

Perelada Weinort an den östlichen Pyrenäenabhängen in Nordspanien, gehört zum DO-Gebiet → Ampurdán-Costa Brava. Erzeugt werden Rot-, Rosé- und Weißweine.

Pérez Pascuas, Bodegas Spanisches Weingut im Weinbaugebiet → Ribera del Duero. Auf rund 60 ha Rebfläche werden moderne, früh trinkbare Rotweine im → internationalen Stil als Crianza und Reserva erzeugt (Tempranillo mit Zusatz von Cabernet Sauvignon). Spitzenwein: Pérez Pascuas Gran Selección.

Pergola Erziehungsform für Weinreben. Hohe, in Dachform mit Draht bespannte Holzgerüste, an denen in manchen Gegenden Oberitaliens (→ Südtirol), Südwestfrankreichs und Nordspaniens die Rebstöcke erzogen werden, um die Trauben vor der Sonnenglut zu schützen. In Südtirol auch *Pergeln* genannt. Qualitativ gilt die Pergola nicht als optimal, da der → Ertrag nicht so gut kontrolliert werden kann und die Verschattung die Traubenreife in nördlichen Gefilden behindert. In Deutschland war sie früher weit verbreitet, ist aber so gut wie verschwunden.

Pergole torte, Le Weinlage bei Radda in → Chianti, im Besitz des Weinguts Montevertine, das dort einen → Supertoskaner erzeugt. Der Wein hat früher Aufsehen erregt, da er als Tafelwein verkauft wurde (er entsprach den damaligen Bestimmungen der DOC Chianti Classico nicht, weil bei seiner Erzeugung nicht die vorgeschriebenen Weißweintrauben verwendet wurden). Heute dürfte der Wein als Chianti Classico verkauft werden, doch die Erzeuger verzichten aus Gründen des Marketings darauf, da die Durchschnittspreis für Chianti Classico niedriger liegen als für den exklusiven Pergole forte.

Periquita Portugiesische Rebsorte, teilweise auch als Castelão Francês bezeichnet, die in fast allen portugiesischen Weinbaugebieten verbreitet ist und wegen ihrer intensiven Farbe, Frucht und Tannine geschätzt wird. Mitunter wird sie auch reinsortig ausgebaut.

Perlan Im Kanton → Genf gebräuchliche Bezeichnung für die Sorte → Chasselas und Weine aus ihr (→ Gutedel).

Perlant Französische Bezeichnung für einen ganz leicht perlenden Wein (geringer als beim → Perlwein), etwa wie ein → *Muscadet sur lie*. Diese Weine enthalten wenig → Kohlendioxid, das während der → Gärung entsteht und im Laufe der Lagerung sehr fein in den Wein eingebunden wird. Dadurch erhält der Wein eine gewisse Frische und Spritzigkeit.

Perle → Neuzüchtung aus → Gewürztraminer *x* → Müller-Thurgau: qualitativ minderwertige Rebsorte. Nur noch 90 ha Rebfläche, zum Glück mit abnehmender Tendenz.

Perll, Weingut August Deutsches Weingut im Weinbaugebiet → Mittelrhein im Ort Boppard. Auf rund 7 ha Rebfläche werden jährlich etwa 70 000 Flaschen Wein erzeugt. Rebsorten: 80 % Riesling. Böden: Devonschieferverwitterung. Bekannte Lage: *Bopparder Hamm*.

Perlwein Mit natürlicher → Kohlensäure oder durch → Imprägnierung mit Kohlensäure (*gazéifié*) leicht schäumend gemachter Wein mit einem Überdruck von 1 bis höchstens 2,5 bar in der Flasche (→ frizzante, → pétillant). Da Perlweine nicht der Sektsteuer unterliegen (1,– Euro pro 0,75-l-Flasche) sind sie günstiger als Sekt.

Pernand-Vergelesses Französischer Ort (Pernand) im → Burgund am nördlichen Ende der Côte de Beaune nahe dem berühmten Corton-Hang. *Vergelesses* ist der Name der berühmten *Premier cru*-Lage im Ortsgebiet. Die AOC Pernand-Vergelesses umfasst inklusive der als *Premier cru* klassifizierten Weinberge rund 138 ha Rebfläche, auf der jährlich etwa 400 000 l Rotwein aus Pinot noir und 180 000 l Weißwein aus Chardonnay erzeugt werden. Der Wein wächst am Hangfuß auf tonigen Kalkböden mit Kiesanteilen, in der Mitte auf Mergel- und Kalkboden, an der Spitze auf reinem Mergel. Es gibt folgende als *Premier cru* klassifizierte Lagen: *Creux de la Net, En Caradeux, Ile des Vergelesses* (gilt mit Abstand als die beste), *Les Fiochots, Vergelesses*. Bekannte Erzeuger: Chandon de Brailles, Bonneau de Martray, Dubreuil-Fontaine, Pavelot, André Thiély, Rapet.

Peronospora Als Blattfallkrankheit oder falscher → Mehltau bezeichnete Rebkrankheit, die, wenn sie nicht bekämpft wird, zu gravierenden Ertragsausfällen bis hin zum vollständigen Verlust der Ernte führen kann.

Perrière Vermutlich von französisch *Pierre* (Stein) abgeleitete Bezeichnung für steinige Weinbergslagen, von denen in → Burgund vier einen besonders herausragenden Namen besitzen: der → *Clos de la Perrière* in Fixin an der → Côte de Nuits; der *Perrière* in → Nuits-Saint-Georges mit einem der wenigen Weißweine; die als *Perrière* oder *Perrières* bezeichnete Climat (Lage) in → Meursault, die allgemein als die beste des Ortes gilt und einen der feinsten trockenen Weißweine liefert; und schließlich der → *Puligny-Montrachet Perrières*, dessen Wein als *Premier cru* eingestuft ist.

Pesquera Ein bekannter spanischer Rotwein, der von dem Weingut Alejandro Fernandez im Gebiet von → Ribera del Duero überwiegend aus Tinto fino (Tempranillo) auch als Reserva erzeugt wird. Gehört zu den führenden Weinen Spaniens.

Pessac Französische Stadt im → Bordeaux. Heute ein Stadtteil von → Bordeaux mit rund 55 000 Einwohnern, in dem es erfreulicherweise immer noch rund 80 ha Rebfläche gibt, die zu den besten der → Graves zählen (Appellation → Pessac-Léognan). Der berühmteste Wein aus Pessac kommt vom Château Haut-Brion. Aber auch das ältere Château Pape-Clément und das kleine Château Les Carmes-Haut-Brion genießen großes Ansehen. Als viertes gibt es noch das winzige Château Haut-Brana.

Pessac-Léognan Französische AOC für Rot- und Weißweine im → Bordeaux (Graves). Diese Appellation wurde 1987 eingeführt, um die besseren Weine von denen des weniger hoch angesehenen Graves unterscheiden zu können. Auf rund 1300 ha Rebfläche werden jährlich etwa 6,5 Millionen l Wein erzeugt, davon rund 23 % Weißwein aus den Rebsorten Sémillon, Sauvignon, Muscadelle. Die Rotweine werden aus Cabernet Sauvignon, Cabernet franc und Merlot vinifiziert. Insgesamt 10 Orte haben Anspruch auf den AOC-Status: Cadaujac, Canéjan, Gradignan, Léognan, Martillac, Mérignac, Pessac, Saint-Médard-d'Eyrans, Talence und Villenave-d'Ornon. Die Reben stehen auf mageren Böden, durchsetzt mit Kies, Ton, Sand und Kalk. Eine deutliche Hangneigung garantiert guten Wasserabzug.

Crus classés

Châteaux Bouscaut (rot und weiß)
Carbonnieux (rot und weiß)
Couhins (weiß)
Couhins-Lurton (weiß)
Fieuzal (rot)
Haut-Bailly (rot)
La Mission Haut-Brion (rot)
Latour-Haut-Brion (rot)
La Tour-Martillac (rot und weiß)
Laville-Hat-Brion (weiß)
Malartic-Lagravière (rot und weiß)
Olivier (rot und weiß)
Pape-Clément (rot)
Smith-Haut-Laffite (rot)
Domaine de Chevalier (rot und weiß)

Pétillant Französische Bezeichnung für einfache Schaumweine, entspricht deutschem → Perlwein und italienischem → Frizzante. Laut EU-Recht haben Weine dieser Art 1 bis 2,5 bar Überdruck in der Flasche. Sekt und → Champagner müssen dagegen mindestens 3 bar aufweisen und unterliegen in Deutschland der Sektsteuer (rund 1,– Euro pro 0,75-l-Flasche). Von den französischen AOC-Weinen dürfen der → Anjou (einschließlich → Rosé d'Anjou), → Touraine, → Saumur, → Montlouis und → Vouvray als *pétillant* in den Handel kommen. Bei ihnen handelt es sich meist um sehr einfache Weine.

Petit Französisch für *klein*. Ein *Petit vin* hat in der Regel wenig Charakter. In → Bordeaux gibt es etliche Weingüter mit dem Namensteil *Petit*, als berühmtestes Château → Petit-Village, bei denen man nicht von kleinen Weinen sprechen kann. Dies gilt nur für die als *Petits châteaux* bezeichneten Weine von qualitativ unbedeutenden Gütern.

Petit Chablis Französische AOC im → Burgund in der Chablis-Region; die unterste der Qualitätsebenen im → Chablis. Die Lagen des Petit Chablis umfassen rund 550 ha Rebfläche, auf denen etwa 3 Millionen l Weißwein aus Chardonnay erzeugt werden. Der Wein wächst auf den höher gelegenen Lagen rund um die Stadt Chablis, die für Spitzenweinbau allerdings weniger geeignet sind und oft auch erst seit wenigen Jahren existieren.

Seitdem Chablis ein Modegetränk geworden ist, hat er viel von seinem Charakter verloren, allem voran seine mineralische Tiefe. Die AOC Petit Chablis erzeugt meist einfachste Weine, die der Bezeichnung Chablis eigentlich nicht würdig sind.

Petit Verdot Einst eine klassische französische Rotweinsorte im → Médoc (Bordeaux-Gebiet), die – da sie neben Körper und Farbe vor allem hohe Tanningehalte aufwies – zur langsamen Reifeentwicklung und Langlebigkeit der Weine zusammen mit dem Cabernet Sauvignon entscheidend beitrug. Mit dem Wandel des Publikumsgeschmacks ist der Petit Verdot weitgehend verschwunden, zumal er angesichts seiner sehr späten Reife und seines unzuverlässigen Ertrags heute vielfach als nicht mehr »rentabel« gilt. Die Gunst der Zeit gilt dem weichen, schnell reifenden Merlot, sodass nur auf strikt qualitätsorientierten Gütern des Médoc der Petit Verdot heute noch eine Rolle spielt.

Petit-Village, Château Französisches Weingut in der AOC → Pomerol mit rund 11 ha Rebfläche: 80 % Merlot und je 10 % Cabernet franc und Cabernet Sauvignon. Gilt als ein herausragendes Weingut im Pomerol. Zweitwein: *Le Jardin de Petit-Village.*

Petite Sirah Eine inzwischen mit gut 1500 ha in → Kalifornien angepflanzte Rotweinsorte, deren Herkunft nicht restlos geklärt ist. Es gilt heute als ziemlich sicher, dass sie nicht mit der französischen → Syrah des → Rhônetals identisch ist. Doch ob es sich bei ihr um die als minderwertig geltende Rebsorte Duriff handelt (diese ist in Frankreich nicht mehr zulässig), ist nach wie vor unklar.

Petrolton Typisches Aromamerkmal bestimmter reifer Rieslinge; z. B. vom → Roten Hang. Erinnert entfernt an den Duft von Diesel oder Petroleum. Dieses Aroma ist Ergebnis einer jahrelangen Reife, bei der sich die verschiedenen Aromastoffe miteinander verketten und diesen Geruchseindruck hervorrufen.

Pétrus, Château Französisches Weingut im Bordeaux, die unbestrittene No. 1 in → Pomerol. Einer der größten Weine – und sicherlich der teuerste – unter den roten → Bordeaux, auf einer Stufe mit Lafite, Latour, Ausone, Cheval Blanc und den übrigen *Premiers crus.* 12 ha umfasst heute die Rebfläche von Pétrus, in der besten Lage von Pomerol, die ungewöhnlich tonhaltig ist – eine auf diese Rebfläche beschränkte geologische Besonderheit. Der Wein wird zu 95 % aus Merlot und 5 % Cabernet franc erzeugt (jährlich rund 60 000 Flaschen). Durch die privilegierte Lage, akribische Lese, Vinifikation und Ausbau entsteht ein erhabener, ein großer Wein.

Peyraguey → Clos-Haut-Peyraguey, Château und → Lafaurie-Peyraguey, Château.

Pez, Château de Französisches *Cru-* → *bourgeois* in → Saint-Estèphe (Haut-Médoc) mit 24 ha Rebfläche: 70 % Cabernet Sauvignon und je 15 % Merlot und Cabernet franc.

Peza Hervorragender griechischer roter Qualitätswein aus → Kreta, wo er mit rund 700 ha heute die größte Ausdehnung unter den OPAP-Weinen der Insel hat. Der Wein wird aus der autochthonen Rebsorte Kotsifali und der ägäischen Mandilari im Verhältnis 80 zu 20 erzeugt.

Pfaffstätten Österreichischer Weinbauort zwischen Gumpoldskirchen und Baden im Weinbaugebiet → Thermenregion mit rund 330 ha Rebfläche, die überwiegend mit den Rebsorten Neuburger, Rotgipfler, Zierfandler, Rheinriesling bestockt ist. Bekannte Erzeuger: Anton Österreicher und Robert Straßer.

Pfalz Zweitgrößtes deutsches Weinanbaugebiet mit rund 23 500 ha Rebfläche, auf der ungefähr ein Viertel der deutschen Weinproduktion erzeugt wird. Als Hauptrebsorte steht an erster Stelle der Riesling mit rund 21 %, gefolgt von Müller-Thurgau (15 %), Portugieser (11 %) und Dornfelder (10 %). Jährlich werden rund 230 Millionen l Wein erzeugt, davon rund 32 % Rotwein.

Geographie und Rebsorten

Die Pfalz erstreckt sich entlang den Ostabhängen des Haardtgebirges und liegt zwischen dem Weinbaugebiet Rheinhessen und dem Elsass. Im Norden beginnt es etwa auf der Höhe von Worms und endet im Süden an der französischen Grenze bei Wissembourg (→ Karte nach S. 480) im Süden. Das milde Klima der Pfalz wird durch die Lage im Rheingraben bestimmt: Die Höhenzüge der Haardt und des Odenwalds schützen die Senke gegen kalte Winde. Der weitaus größte Teil der Rebflächen steht auf den sanft geneigten Hängen der Haardt bis in die Ebene. Als schmales, rund 80 km langes Band erstreckt sich der Weinbau von Nord nach Süd, wobei er auf der einen Seite durch die Berge begrenzt wird, auf der anderen durch die frostgefährdeten Bereiche, in denen sich im Winter und Frühjahr die Kaltluft sammelt. Dieses Rebflächenband ist nie breiter als höchstens 10 km. Der Pfälzer Weinbau hat sich zwischen den 1960er und 1980er Jahren stark in die Ebenen zum Rhein hin ausgedehnt, wo die Böden fetter und das Klima aufgrund der Frostgefahr ungünstiger ist. Hier wird überwiegend Massenwein erzeugt.

Bedeutende Weinbauorte der Pfalz

Birkweiler	Leinsweiler
Deidesheim	Neustadt
Bad Dürkheim	Ruppertsberg
Forst	Schweigen
Gimmeldingen	Siebeldingen
Kallstadt	Ungstein
Königsbach	Wachenheim

Die Böden des Gebiets sind vielfältig: Löß, Buntsandsteinverwitterung, Mergel und Muschelkalk. Doch weniger aufgrund der Geologie als aufgrund des Klimas unterteilt sich das Gesamtgebiet in zwei Bereiche: → Mittelhaardt im Norden und Südliche → Weinstraße im Süden der Pfalz: Die Grenze liegt etwa in der Mitte bei Neustadt an der Weinstraße. Im Norden dominiert der Riesling als die am häufigsten angebaute Rebsorte, gefolgt von Müller-Thurgau. Im südlichen Teil ist der Rebsortenspiegel reichhaltiger: Müller-Thurgau, Weißer und Grauer Burgunder, Riesling, Gewürztraminer, Muskateller und Chardonnay sind die Weißweinsorten. Zunehmend wird dort auch Rotwein aus den Sorten Spätburgunder, Portugieser, Dornfelder und Sankt Laurent erzeugt, während die Anbaufläche der weißen → Neuzüchtungen erfreulicherweise insgesamt zurückgeht. Aufgrund der geringen Weinqualität ist der Anteil des Dornfelders mit rund 10 % (deutlich steigende Tendenz) kritisch zu beurteilen. Der Teufel Müller-Thurgau wird mit dem Beelzebub Dornfelder ausgetrieben – zumeist von kurzfristig denkenden Winzern unter Beratung der Weinbauschulen.

Weinstile

Die nördliche Mittelhaardt verfügt seit langer Zeit über renommierte Weingüter, die z. T. seit mehr als 150 Jahren Flaschenweine abfüllen und unter ihrem Namen vermarkten: Reichsrat von Buhl, Bürklin-Wolff und Bassermann-Jordan in Deidesheim sind seit langem die bekanntesten. Wichtigste Rebsorte dieser Betriebe war schon immer der Riesling, der sich hier deutlicher als in jedem anderen deutschen Weinbaugebiet durch Kraft und Volumen auszeichnet. In den letzten zehn Jahren sind jedoch eine Vielzahl aufstrebender Weingüter hinzugekommen. An der südlichen Weinstraße zwischen Neustadt und Elsass wird der Wein erst seit rund 20 Jahren von den Erzeugern selbst als Flaschenwein in den Handel gebracht – vorher wurde er traditionell als Fassware gehandelt oder im offenen Ausschank verkauft. Aufgrund der Uneinheitlichkeit der Mikroklimata, Böden und Rebsorten kann man an der südlichen Weinstraße nur schwer von einem repräsentativen Weinstil sprechen: Grundsätzlich lässt sich aber sagen, dass hier die Rotweine – vorzugsweise Spätburgunder und Sankt Laurent – am interessantesten ausfallen, neben Weißweinen wie Weißburgunder, Riesling, Gewürztraminer und Chardonnay, deren Qualität immer öfter andeutet, dass die südliche Pfalz zur Zeit nicht nur die dynamischste, sondern auch die spannendste Weinbauregion Deutschlands ist.

Pfeffingen, Weingut Deutsches Weingut im Weinbaugebiet → Pfalz in Bad Dürkheim. Auf rund 10 ha Rebfläche werden jährlich etwa 90 000 Flaschen Wein erzeugt. Rebsorten: 60 % Riesling, je 10 % Scheurebe und Spätburgunder, ferner Gewürztraminer. Böden: Kalkmergel und Löß. Bekannte Lagen: *Ungsteiner Herrenberg, Honigsäckel.*

Pflanzdichte → Ertrag

Pflanzrecht In der EU ist das Anlegen von neuen Rebflächen genehmigungspflichtig. Jeder Erzeuger, der bisher nicht als Rebflächen genutzte Areale mit Reben bestocken will, benötigt ein Pflanzrecht (ausgenommen sind Neuanlagen nach einigen Jahren der Brache – maximal etwa 10 Jahre, danach verfällt auch dort das Pflanzrecht). Genehmigungen für Neuanlagen werden allerdings nur selten erteilt. Wollen Winzer in der EU dennoch Rebflächen neu anlegen, so wählen sie meist einen anderen Weg – besonders in Italien: Dort erwerben Weinerzeuger in anderen Regionen Pflanzrechte, z. B. in Sizilien und Apulien, wo die Weinpreise am Boden sind und extrem viel Wein in der Regel direkt in der → Zwangsdestillation endet. Für jeden Hektar, der in aufstrebenden Weinbauregionen wie der Toskana (z. B. Montalcino, Maremma, Bolgheri) neu gepflanzt wird, muss im Gegenzug ein Hektar Rebfläche des Verkäufers gerodet werden (wobei dies allerdings eher selten geschieht).

Pfropfrebe Das Auftreten der → Reblaus (*Phylloxera*) in Europa bewirkte nahezu überall das Ende des wurzelechten, da nicht reblausresistenten Weinbaus mit → *Vinifera*-Sorten. Weil aus qualitativen und geschmacklichen Gründen ein Verzicht auf die *Vinifera*-Sorten jedoch nicht möglich war, pfropfte man diese auf die Wurzeln reblausresistenter amerikanischer Wildreben (meist *Berlandieri* und *Riparia*) auf. Die so veredelten Reben besitzen die Reblausresistenz der amerikanischen Unterlagsreben und tragen die wohlschmeckenden Früchte der *Vinifera*, wobei die Wahl der Unterlagssorten qualitätsentscheidend ist. In Deutschland (an Mosel-Saar-Ruwer) sowie anderen europäischen Ländern und in Übersee (z. B. Chile) gibt es noch in einigen wenigen Landstrichen wurzelechten Rebbau. Man vermutet, dass das Klima für die Reblaus dort zu kalt ist bzw. die kargen Böden Schutz bieten.

pH-Wert → Azidität

Phélan-Ségur, Château Französisches *Cru* → *bourgeois*-Weingut in der AOC → Saint-Estèphe (Haut-Médoc) mit rund 50 ha Rebfläche: 55 % Cabernet Sauvignon, 30 % Merlot, 10 % Cabernet franc und 5 % Petit Verdot.

Philip Togni Vineyard Kalifornisches Weingut in den USA im Weinbaugebiet → Napa Valley. Boutique-Winery mit nur rund 4 ha Rebfläche und etwa 15 000 Flaschen Produktion, vor allem Cabernet Sauvignon, ferner Cabernet franc und Petit Verdot. Togni war Ex-Kellermeister auf Château Lascombe im Bordeaux und macht extrem konzentrierten Cabernet Sauvignon. Gute Presse (→ Parker), minimale Produktion, hohe Preise.

Phillipoz, Frères Schweizer Weingut im Weinbaugebiet → Wallis. Kleiner, ehrgeiziger Betrieb, der sowohl konzentrierte Rotweine aus Cabernet franc und Syrah als auch hochkonzentrierte, beinahe salzige Petit Arvine erzeugt.

Phylloxera → Reblaus

Physiologische Reife → Reife

Piave Östlich von Treviso am unteren Piave gelegener großer DOC-Weinbaubereich für Rot- und Weißweine. Die Region mit ihren fruchtbaren Böden steht deutlich unter dem klimatischen Einfluss der Adria. Erzeugt werden überwiegend Massenweine mit hohen → Erträgen. An Rebsorten herrschen Cabernet Sauvignon, Merlot, Pinot nero, Raboso (für Rotweine) und Chardonnay, Tocai, Verduzzo, Pinot bianco und Pinot grigio (für Weißweine) vor und tragen den Zusatz *Piave*. Bekannte Erzeuger: Molon-Traverso und Canella.

Pichet Französische Bezeichnung für eine Kanne oder einen Krug, aus denen traditionellerweise in französischen Restaurants offene Weine ausgeschenkt werden.

Pichler Berühmtes österreichisches Weingut im Weinbaugebiet → Wachau. Auf rund 11 ha Rebfläche werden jährlich etwa 65 000 Flaschen Weißwein erzeugt. Rebsorten: je 50 % Grüner Veltliner und Riesling. Die Weine wachsen auf Urgesteinsböden. Bekannte Lagen: *Dürnsteiner Kellerberg, Loibner Berg, Steinertal.* Pichlers Weine sind die mächtigsten, monumentalsten der Wachau – nicht selten erreichen sie 15 % Alkohol (und auch mehr). Der Zusatz *M* auf dem Etikett steht für monumental.

Pichon-Longueville (Baron), Château de Berühmtes französisches 2e *Cru classé*-Weingut in der AOC → Pauillac (Haut-Médoc) mit rund 31 ha Rebfläche: 75 % Cabernet Sauvignon und 25 % Merlot. Liegt in unmittelbarer Nachbarschaft des legendären Château Latour. Zweitwein: *Les Tournelles de Longueville.*

Pichon-Longueville Comtesse de Lalande, Château Französisches 2e *Cru classé*-Weingut in der AOC → Pauillac. Anders als der traditionellere → Pichon-Longueville ist man auf *Lalande* bemüht, einen früh trinkbaren, aber dennoch langlebigen Wein zu erzeugen. Von allen klassifizierten Gewächsen Pauillacs weist er daher den niedrigsten Cabernet- und den höchsten Merlot-Anteil auf: 59 ha Rebfläche sind zu 45 % mit Cabernet Sauvignon, 35 % Merlot, 12 % Cabernet franc und 8 % Petit Verdot bestockt. Das Ergebnis ist ein hochwertiger, dem Zeitgeschmack entsprechender weicher Wein.

Picolit Italienischer edelsüßer Weißwein des Friaul. Traditionell einer der teuersten Weine Italiens, dessen Qualität seinem Ruf jedoch nur noch selten gerecht wird (er ist auch kein Château d'Yquem Italiens, wie viele Winzer gerne behaupten). Vielmehr handelt es sich um einen goldgelben Wein mit hohem Alkoholgehalt (15 bis 18 %), der trocken (selten) bis sehr süß sein kann, aber nur in wenigen Fällen wirklich groß. Der Wein wird aus der gleichnamigen Rebsorte Picolit erzeugt, die zu starkem → Verrieseln neigt, was zusammen mit dem Herstellungsverfahren aus halbgetrockneten Trauben zu extrem niedrigen Erträgen führt. Die Verbreitung der Sorte ist aus diesen Gründen recht gering, geht jedoch über die → Colli Orientali del Friuli hinaus, aus denen sie ursprünglich stammt und heute DOC-Status besitzt.

Picpoul Anderer Name für die Rebsorte → Folle blanche im Gebiet von Armagnac, wo sie einen dünnen und sehr säurebetonten Wein ergibt, aber einen ganz hervorragenden Branntwein liefert, jedoch immer mehr durch die → Ugni blanc – wie bereits im → Cognac-Gebiet geschehen – ersetzt wird. Zusätzlich gibt es den Piquepoul (oder Picpoul) gris, aus dem mit Zusatz von maximal 30 % Terret blanc und Clairette zwischen Montpellier und Béziers im → Languedoc ein leichter Weißwein mit dem VDQS-Prädikat erzeugt wird, der *Picpoul de Pinet.*

Pièce Französische Bezeichnung für ein Eichenfass, in dem in → Burgund und in der → Champagne Wein gelagert wird. In → Bordeaux gebraucht man dafür den Ausdruck → Barrique. An der → Côte d'Or enthält dieses Fass 228 l, im → Beaujolais-Gebiet 216 l und in der Champagne 205 l.

Piemont Diese italienische Region im Nordwesten des Landes mit der Hauptstadt Turin ist nicht nur für ihre berühmten weißen Alba-Trüffel berühmt, sondern vor allem als eine der qualitativ bedeutendsten Weinbauregionen Italiens. Auf rund 60 000 ha Rebfläche werden jährlich 330 Millionen l Wein (davon 69 % Rot- und Roséweine) erzeugt. Solange es um die Qualität geht, dürfte ihr vermutlich nur die → Toskana unter den 20 Regionen Italiens gleichkommen. Insgesamt werden 7 DOCG-Weine erzeugt: Asti Spumante bzw. Moscato d'Asti, Barbaresco, Barolo, Brachetto d'Ácqui, Gattinara, Ghemme, Gavi, sowie 39 DOC-Weine. 70 % der piemontesischen Weinproduktion besitzen DOC- bzw. DOCG-Status.

Geographie, Klima und Rebsorten

Das Klima des Piemonts ist deutlich durch die Lage am Alpenrand geprägt – dies deutet auch der Name an: Pie-Mont (am Fuß der Berge). Das Gebiet ist von den Höhenzügen der Alpen bzw. dem ligurischen Apennin eingegrenzt, wodurch die Witterung weniger mediterran, sondern kontinental geprägt und insgesamt eher ausgeglichen bis kühl ist: Im Sommer steigen die Temperaturen und sorgen für eine heiße Wachstumsphase, um im Herbst deutlich abzukühlen und in eine lange und wertvolle Reifephase überzugehen.

Der Weinbau findet beiderseits des oberen Po-Tals im Wesentlichen in vier Bereichen statt:

- Gebiet um Ivrea: → Erbaluce, → Caluso, → Carema,
- Provinzen Vercelli und Novara: → Gattinara, → Ghemme, → Lessona, → Bramaterra, → Sizzano, → Fara, → Boca,
- → Monferrato,
- → Langhe: dem qualitativ überragenden Bereich südwestlich der Po-Ebene in der Umgebung der Stadt Alba.

Am berühmtesten sind die Langhe und ihre bedeutenden Weinbauregionen südlich des Pos, fernab der endlosen Weite mit ihren Pappelplantagen, Mais- und Weizenfeldern und vielen Gewerbegebieten. In den entlegenen Hügeln entstehen 95 % aller erzeugten Weine. Besonders in den Hügellagen südlich von Alba liefert der Weinbau hochwertigste Weine. Dort reichen die Weinberge bis in eine Höhe von 500 m hinauf. Im Herbst bildet sich zwischen den Hügeln jener typische Nebel der Region (italienisch: Nebbia), der der Rebsorte → Nebbiolo wohl ihren Namen gegeben hat. Die Weine Piemonts sind von einem ganz eigenen Charakter, weil viele seiner Rebsorten in anderen Teilen Italiens nicht angebaut werden oder dort keine nennenswerten, geschweige denn ebenbürtige Qualitäten erbringen: Nebbiolo, Barbera, Dolcetto, Grignolino und Cortese. Qualitativ an der Spitze der Rotweine stehen → Barolo und → Barbaresco (beide DOCG). Darunter rangieren die übrigen, oft ausgezeichneten Nebbiolo-Weine (z. B. Nebbiolo d'Alba) bis zu den nordpiemontesischen Weinen (z. B. → Gattinara und → Ghemme, beide DOCG).

Schließlich kommt die breite Palette der Grignolino-, Dolcetto-, Barbera- und Freisa-Rotweine, unter denen sich exzellente Weine befinden können. Daneben gibt es weitere interessante Rotweine, z. T. aus fast vergessenen und nur noch auf wenigen Parzellen angebauten Rebsorten bzw. in ungewöhnlichen Verschnitten (→ Pelaverga).

Qualitativ eine wesentlich geringere

Rolle spielen die Weißweine, obgleich sie dem großen Publikum in Form des populären Asti → spumante wesentlich bekannter als die Rotweine sein dürften. Schließlich entfallen allein auf den → Moscato d'Asti – er ist nach dem → Chianti der mengenmäßig bedeutendste italienische DOCG-Wein – rund ein Siebtel der gesamten piemontesischen Weinernte. Auch der eindeutig überbezahlte Modewein → Gavi wie der → Arneis, → Favorita oder → Furmentin sind alle sind selten groß und können den vollkommen eigenständigen und faszinierenden Rotweinen nicht das Wasser reichen.

DOC Piemonte

Im ausgedehnten DOC-Gebiet um die Städte Alessandria, Asti und Cuneo werden eine Reihe von weißen und roten Rebsortenweinen aus den Sorten Barbera, Bonarda, Grignolino, Cortese sowie Chardonnay erzeugt, ferner → Spumante aus Chardonnay, Pinot bianco, Pinot grigio, Cortese und Pinot nero, welche den Namen dieser Global-DOC tragen dürfen.

Piemonte → Piemont

Pieropan Italienisches Weingut in der Region → Veneto, im Ort Soave – der mit Abstand führende Produzent der Region. Erzeugt auf rund 27 ha Rebfläche etwa 220 000 Flaschen Weißwein: DOC Soave Classico, Soave Classico *Vigneto La Rocca* bzw. *Calvarino* und einen süßen Recioto. Die Weine werden aus Garganega mit etwas Trebbiano di Soave bereitet und stellen das Beste dar, was es im Soave zu finden gibt.

Pierre-à-fusil Französische Bezeichnung für Feuersteingeschmack, wie er bei einigen → Sauvignon-Weinen der → Loire auftritt, aber auch bei anderen Weißweinen, z. B. Chablis und Chablais. Eine Feuersteinnote gilt als Qualitätsindiz und weist auf hohen Mineralanteil (→ Extraktstoffe) hin.

Pierre-Bise, Château de Französisches Weingut an der → Loire im Bereich → Anjou. Rund 35 ha Rebfläche, auf der vor allem Chenin blanc für die AOC → Coteaux de Layon angebaut wird. Erzeugt viele Lagen-Cuvées und auch AOC → Anjou-Villages.

Piesport Deutscher Ort an der Mosel im Weinbaugebiet Mosel-Saar-Ruwer. Mit rund 500 ha Rebfläche eine der größten und bekanntesten Gemeinden an der Mosel. Die besten Lagen befinden sich in einem steil ansteigenden und nach Süden geöffneten *Amphitheater* in einer Moselschleife und heißen *Goldtröpfchen*, *Domherr*, *Gärtchen* und *Schubertslay* (praktisch im Alleinbesitz der Vereinigten Hospitien); allesamt verfügen sie über Schieferböden und sind fast ausschließlich mit Riesling bepflanzt.

Ungeachtet seiner natürlichen Vorzüge hat der Ruf des Ortes erheblich gelitten, seit das gegenüberliegende, weitgehend flache Niederemmeler Ufer mehr und mehr mit Müller-Thurgau bestockt worden ist. Die von diesen ungünstigen Lagen sowie aus Nachbargemeinden stammenden Weine dürfen unter dem → Großlagennamen *Piesporter Michelsberg* verkauft werden, was leider dazu geführt hat, dass viele mit dem Namen Piesport nicht guten Riesling assoziieren, sondern klebrig-süße Trinkmarmelade. Trotzdem können die wahren Piesporter großartig sein. Zu den namhaftesten Erzeugern gehören neben den Trierer Gütern Kesselstatt, Bischöfliches Konvikt und Vereinigte Hospitien kleinere Weingüter wie Reinhold Haart, Johann Haart, Kurt Hain, Lehnert-Veit, Reuscher-Haart, Weller-Lehnert und Hofmann-Simon.

Pigato Norditalienische Weißweinrebe, aus der im westlichen → Ligurien, insbesondere in der Umgebung von Albenga bei Alassio, unter der DOC-Bezeichnung → *Riviera di Ponente* Weißweine erzeugt werden, die charaktervoll, gut abgestimmt und jung zu trinken sind und zu den besten Liguriens gehören. Bekannte Erzeuger: Luigi Anfossi, Lupi.

Pigeage Klassische Form der → Maischegärung bei Rotweinen. Dabei wird der während der Gärung aufsteigende so genannte Tresterhut (die Beerenschalen, in denen ein Großteil der Farb- und Gerbstoffe der Beeren enthalten ist) untergetaucht. Hierdurch wird ein Schalenkontakt des Weins möglich, und der sich bildende Alkohol kann die Farb- und Gerbstoffe herauslösen. Ursprünglich geschah dies mit den Füßen, doch wird dies Verfahren heute entweder von Hand durch den Gebrauch von Stangen oder Rührlöffeln zum Untertauchen angewendet. Es gibt heute auch Tanks (oder Holzbottiche) mit pneumatischen Stempeln, die diese Arbeit computergesteuert übernehmen. Die traditionelle Pigeage mit den Füßen wird heute teilweise noch im Portweingebiet angewendet, da sie zu Recht als sanfte und wirkungsvolle Methode angesehen wird.

Piglio Italienischer DOC-Rotwein aus der Rebsorte Cesanese, der östlich von Rom in → Latium erzeugt wird, der *Cesanese del Piglio.*

Pignatello Süditalienische Rebsorte, aus der in → Apulien und → Sizilien Rotwein erzeugt wird.

Pignoletto Italienische weiße Rebsorte, von der angenommen wird, dass sie mit dem → Welschriesling (Riesling italico) verwandt ist.

Pin, Château Le Französisches Kult-Weingut im → Pomerol. Auf rund 3 ha Rebfläche (90 % Merlot, 10 % Cabernet franc und Malbec) werden in privilegierter Lage sehr begehrte und entsprechend teure Weine erzeugt: nur rund 6000 Flaschen jährlich.

Pineau des Charentes Französischer gespriteter AOC-Likörwein aus weißen (55 %) oder roten Trauben, der im Gebiet Cognac erzeugt wird. Auf rund 83 000 ha Rebfläche werden etwa 10 Millionen l dieses süßen Weines produziert. Ein verbreiteter, in Frankreich recht populärer süßer → Apéritif. Im Unterschied zu anderen Weinen dieser Art verwendet man aber an der Charente nicht schlichten Branntwein, sondern natürlich → Cognac, um den Most stumm (→ muté) zu machen.

Pineau de la Loire Verbreitete weiße Rebsorte an der → Loire, mitunter fälschlich auch → Pinot geschrieben. Tatsächlich handelt es sich bei ihr um → Chenin blanc, der im → Anjou und der → Touraine häufig angepflanzt wird.

Pinerolese Italienische DOC für Rot- und Roséweine aus dem → Piemont. Die Weine wachsen in 32 Gemeinden in der Provinz Turin, darunter in Pinerolo, die der Appellation ihren Namen gegeben hat. Der Wein wird aus den roten Rebsorten Barbara, Bonarda, Freisa, Dolcetto, Doux d'Henri entweder reinsortig oder als *Rosso* in einer Rebsortenmischung erzeugt. Außerdem gibt es noch den Ramie, einen Rotwein aus den roten Rebsorten Avana, Averengo und Neretto.

Pingus → Hazienda Monasterio

Pinon, François Domaine Französisches Weingut an der → Loire im Bereich → Touraine (AOC → Vouvray). Erzeugt auf rund 14 ha Rebfläche trockene, halbtrockene und langlebige restsüße Vouvray, auch als Schaumwein.

Pinot Eine der bemerkenswertesten Rebenfamilien, die es im Weinbau gibt, von der herausragende Rot- und Weißweine abstammen. Die wichtigsten roten Sorten heißen → Pinot noir und → Pinot meunier, die weißen → Pinot blanc und → Pinot gris. → Chardonnay ähnelt zwar in Blatt, Traube und Weinstil der Pinot-Familie, ist jedoch nicht mit dieser verwandt. Ist nur von Pinot die Rede, ist damit zumeist der Pinot noir gemeint.

Pinot bianco Italienische Bezeichnung für den → Pinot blanc (Weißer Burgunder) und die aus ihm vor allem in → Südtirol, dem → Trentino, der → Emilia-Romagna, dem → Veneto und in → Friuli-Venezia Giulia bereiteten Weine. Die besten kommen aus → Colli Orientali del Friuli.

Pinot blanc Weiße Variante der Pinot-Familie (in Italien heißt er Pinot bianco), aus der etliche hervorragende Weißweine stammen. In Frankreich steht er weitgehend im Schatten des Chardonnay und gilt in → Burgund nur als untergeordnete Ergänzungssorte. Seine Hauptrolle in Frankreich, wo rund 1300 ha mit ihm bestockt sind, spielt er wohl im → Elsass.

In Deutschland ist er als → Weißburgunder bekannt und inzwischen mit rund 2800 ha Rebfläche vertreten (2,7 %), die sich bei steigender Tendenz vor allem in → Baden, der → Pfalz und in → Rheinhessen befinden. In Österreich steht er mit rund 2000 ha an vierter Stelle unter den Weißweinsorten und wird in der → Steiermark, in → Wien, der → Thermenregion und dem → Burgenland angebaut.

Pinot Chardonnay Ampelographisch nicht korrekte Bezeichnung für den → Chardonnay.

Pinot grigio Italienische Bezeichnung für den → Pinot gris (→ Grauburgunder). Eine heute in Norditalien weit verbreitete Rebsorte, die dort vor allem als Massenträger verwendet wird, um die ungebrochene Nachfrage nach diesem Modewein zu stillen. Der beste Pinot grigio kommt aus dem → Collio und den → Colli Orientali del Friuli. In → Südtirol bringt er ebenfalls trinkbare Weine hervor. Im → Valle d'Aosta ist die Sorte als → Malvoisie bekannt. Die besten Weine haben nichts mit jenem *Pinot grigio* gemein, der in Discountern vermarktet wird.

Pinot gris Eine Spielart in der qualitativ herausragenden → Pinot-Familie. In Deutschland als Grauer → Burgunder, nur noch sehr selten als → Ruländer, und im → Elsass als → Pinot Gris Tokay d'Alsace bezeichnet. Die reifen Trauben zeigen eine ins Graue spielende Rosafärbung und können sehr gute, alkoholstarke, weiche und fette Weine liefern. Deutschland hat sich inzwischen zum führenden Erzeuger hochwertiger Grauburgunder gemausert. Im Elsass ist er als *Grand Cru*-Sorte zugelassen und liefert oft leicht restsüße, opulente Weißweine. In der → Ostschweiz wird die Sorte als → Tokayer, im → Wallis und dem angrenzenden italienischen → Valle d'Aosta als → Malvoisie bezeichnet. In Österreich kommt der Graue Burgunder auf rund 400 ha Rebfläche vor, die sich zu drei Viertel im → Burgenland befinden. → Pinot grigio

Pinot meunier Rote Variante der → Pinot-Familie, die höhere → Erträge liefert und nicht so hochwertig ist wie der mit ihr verwandte → Pinot noir. Als → Meunier ist er in Frankreich weit verbreitet (dort vor allem in der → Champagne) und an der → Loire. Der Name stammt von der weißlichen Färbung der Blattunterseite, so als sei sie mit Mehl bestäubt (*meunier* bedeutet *Müller*). In Deutschland wird die Sorte auch Müllerrebe genannt, doch in → Württemberg, wo ihr eigentliches Verbreitungsgebiet liegt (83 % der insgesamt rund 2500 ha Rebfläche), wird sie als → Schwarzriesling bezeichnet und liefert überwiegend nur billigsten Wein, was weniger am genetischen Potenzial als vielmehr am Unvermögen der Erzeuger (in der Regel Genossenschaftskellereien) liegen mag.

Pinot nero Italienische Bezeichnung für die Spitzenrebsorte → Pinot noir, der auch in Norditalien vereinzelt angebaut wird, aber, von wenigen Ausnahmen in → Südtirol abgesehen, qualitativ nur selten der Rede wert ist.

Pinot noir Das wohl bedeutendste

Mitglied der → Pinot-Familie, aus der sämtliche großen Rotweine des → Burgund erzeugt werden: Ganz gleich, ob z. B. → Pommard, → Beaune, → Corton, → Romanée-Conti, → Musigny oder → Chambertin, überall zeichnet bei diesen → reinsortigen Weinen der Pinot noir zu hundert Prozent verantwortlich.

Als typische Sorte für kühlere Weinbauregionen ist er in der → Champagne verbreitet, findet sich im → Elsass und an der → Loire, besonders in der Umgebung von → Sancerre. In Frankreich steht er insgesamt auf rund 22 000 ha. Als Pinot nero wird er in Norditalien angebaut. In der → Ostschweiz heißt er Blauer Burgunder. In Österreich kommt er auf rund 250 ha Rebfläche vor, davon zwei Drittel in → Niederösterreich. In Deutschland heißt die Sorte → Spätburgunder und wird mit steigender Tendenz auf rund 8000 ha (rund 8 % der Anbaufläche) angebaut. Sie sorgt für die hochwertigen Rotweine aus → Baden, → Aßmannshausen, der → Südpfalz, → Württemberg und der → Ahr. Aber auch außerhalb Europas, in → Kalifornien, → Oregon und → Neuseeland, ist der Pinot noir ein erfolgreicher Newcomer.

Pinotage Südafrikanische → Neuzüchtung von 1925 aus → Pinot noir *x* → Cinsaut, am Kap mitunter fälschlich als → Hermitage bezeichnet. In letzter Zeit hat diese Sorte mit besseren Weinen von sich reden gemacht und zeigt, dass sie zu mehr in der Lage ist, als plumpen und süßen Rotwein zu ergeben.

Pipe Großes, an den Enden stark abgeflachtes → Fass, zumeist aus Eichenholz, in dem → Portwein gelagert und z. T. auch transportiert wird. Gewöhnlich hat es ein Fassungsvermögen von 534 l, während die → Madeira-Pipe erheblich kleiner ist und nur 418 l fasst.

Piper-Heidsieck Französisches → Champagnerhaus in → Reims mit einigen vorzüglichen Champagnern, insbesondere dem → *Brut Sauvage* und der Spitzencuvée *Florens-Louis*.

Pla de Bages Spanische DO mit rund 350 ha Rebfläche in → Katalonien, rund 70 km nordwestlich von Barcelona, ein 16 Gemeinden umfassendes Gebiet. Überwiegend werden im mediterranen Binnenklima mit vergleichsweise ausgeglichenen Temperaturen neben Picapoll und Macabeo auch Tempranillo, Cabernet Sauvignon, Chardonnay und Merlot angebaut. Meist werden Weißweine erzeugt.

Planalto Mirandês Die nordöstlichste portugiesische IPR-Weinbauregion in → Trás-os-Montes, jenseits des → Douro mit rund 5500 ha Rebfläche auf Granit- und Schieferböden. Es werden hauptsächlich Weißweine und Sektgrundweine aus den Rebsorten Gouveio, Malvasia Fina, Rabigato und Viosinho, aber auch Rotwein aus Bastardo, Mourisco Tinto, Tinta Amarela, Touriga Francesca, Touriga Nacional erzeugt.

Podensac Französischer Ort im Bordeaux, in den südlichen → Graves, dessen süße Weißweine zur AOC → Cérons zählen. Es werden jedoch, dem Zeitgeist entsprechend, zunehmend trockene Weißweine und Rotweine erzeugt, die als Graves-Weine in den Handel kommen. Bekannter Erzeuger: Château de Chantegrive.

Podere Italienisch für ein einfaches Bauerngehöft. Historisch waren diese lange Zeit im Besitz meist adeliger Lehnsherren, die »ihren« Bauern diese zum Wohnen zur Verfügung stellten, zusammen mit dem zugeteilten Land, das ebenfalls im Besitz des Lehnsherrn war. Als Gegenleistung mussten die Bauern die Hälfte ihrer Ernte abliefern: so genannte Halbpacht (italienisch »mezzadria«). Die Bezeichnung Podere findet sich heute auf vielen, meist toskanischen Weinetiketten. Diese Güter sind nicht selten im Besitz wohlhabender Aussteiger bzw. Nebenerwerbswinzer aus aller Herren Länder bzw. italienischer Regionen.

Poggio Antico Italienisches Weingut in der Region → Toskana im Montalcino. Erzeugt auf rund 33 ha Rebfläche etwa 90 000 Flaschen Wein, einer der führenden Erzeuger von → authentischem und elegantem DOCG Brunello di Montalcino. Neben dem Brunello (rund 65 000 Flaschen) wird der Spitzenwein Brunello Altero (rund 15 000 Flaschen) erzeugt.

Pointe Französische Bezeichnung für die Vertiefung am Boden von → Burgunder- und → Champagner-Flaschen.

Pointe, Château La Französisches Weingut im Bordeaux, AOC → Pomerol, mit rund 25 ha Rebfläche: 80 % Merlot und 20 % Cabernet Sauvignon.

Pojer & Sandri Italienisches Weingut in der Region → Trentino im Ort Faedo. Erzeugt auf rund 23 ha Rebfläche und unter Traubenzukauf etwa 200 000 Flaschen Wein. Spitzencuvées: Rosso Faye (Rotwein aus Cabernet Sauvignon, Cabernet franc, Merlot und etwas Lagrein), Faye (Weißwein aus Chardonnay und Pinot Bianco). Ferner Müller-Thurgau, Traminer, Pinot Nero, Chardonnay, Sauvignon blanc sowie Schaumwein.

Pol Roger Exquisites französisches → Champagnerhaus in → Epernay. Der einfache → Brut gehört zu den besten seiner Art. Auch die übrigen Champagner vom Rosé über den Blanc de Chardonnay bis zu den Spitzencuvées *PR* und *Sir Winston Churchill* sind komplex und differenziert.

Polen In früheren Jahrhunderten bis zurück ins Mittelalter gab es in Polen einen ausgedehnten Weinbau, von dem heute nichts mehr übrig geblieben ist als musealer Weinbau auf 100 ha Rebfläche um Zielona Gora (Grünberg). Dort werden Weißweine und einige Rosé- und Rotweine erzeugt.

Pollino Italienischer DOC-Rotwein aus dem Norden → Kalabriens, der an den Abhängen des Monte Pollino aus den Rebsorten Gaglioppo, Aglianico, Greco nero und einigen weißen Sorten erzeugt wird.

Pomerol Französische AOC für Rotwein im → Bordeaux. Einer der vier großen Rotweinbereiche von Bordeaux, aus dem einige der bedeutendsten Weine Frankreichs stammen. Pomerol ist der Name einer kleinen, etwa 1000 Einwohner zählenden Gemeinde, 30 km östlich von Bordeaux, deren Rebflächen durch eine Landstraße vom östlich anschließenden → Saint-Emilion getrennt sind.

Rund 800 ha Rebfläche stehen auf einem sanft ansteigenden Gelände in einer unspektakulären, hügellosen Landschaft (Jahresproduktion etwa 3,6 Millionen l Rotwein). Das Gebiet liegt nördlich der → Dordogne, wobei der Boden sich vom sandigen Süden und Westen zum stark kieshaltigen Nordosten hin verändert; der qualitativ bedeutendste Boden ist jedoch das nur rund 20 ha große so genannte Knopfloch des weltberühmten Château → Pétrus. Bedingt durch die unterschiedlichen Böden fallen die Weine recht uneinheitlich aus, obwohl sie mehrheitlich aus den allgemein üblichen Rebsorten Merlot und Cabernet franc erzeugt werden. In ihrem Grundcharakter sind sie deutlich vom roten Bordeaux anderer Bereiche zu unterscheiden: Sie zeichnen sich durch einen kräftigen Geschmack und jene eigentümliche Samtigkeit aus, die die Franzosen mit dem Wort *gras* (fett) ausdrücken. Sie reifen rascher als die Spitzengewächse des → Haut-Médoc, doch die besten Pomerols sind zweifellos Weine, die keinen Vergleich zu scheuen brauchen.

Anders als in den drei übrigen großen Rotweinbereichen des Bordeaux hat es in Pomerol nie eine → Klassifizierung gegeben. Angaben wie z. B. *Grand vin* oder *Cru exceptionnel,* die auf manchen Etiketten zu finden sind, haben keine offizielle Bedeutung. Unbestritten ist jedoch Château Pétrus der Spitzenreiter der Appellation, der – wenn es eine Klassifikation gäbe – wohl den Rang eines *Premier cru* hätte. In einer solchen fiktiven Rangfolge stünden:

- Unterhalb von Pétrus: Châteaux Trotanoy, L'Evangile, La Conseillante und Vieux Château Certan.
- Auf der fiktiven dritten Ebene rangieren: Châteaux La Fleur-Pétrus, Petit-Village, Certan-de-May und L'Eglise-Clinet.
- Die fiktive vierte Stufe nähmen ein: Châteaux Le Pin, Lafleur, La Fleur de Gay und Latour à Pomerol, darunter: La Grave à Pomerol, Gazin, Beauregard, Le Bon Pasteur und Clinet.
- Weitere gute Adressen sind: Clos L'Eglise, Le Gay, La Croix de Gay, Nénin, Certan-Giraud, La Pointe, Clos René, L'Enclos, La Cabanne, Rouget, Moulinet.

Pomino Italienische DOC-Rot- und Weißweine der Toskana aus der Umgebung von → Rùfina. Der Pomino bianco wird hauptsächlich aus → Pinot bianco und → Chardonnay erzeugt, der Pomino rosso (ein Chianti-Typ) aus → Sangiovese, dem bis zu 40 % Cabernet und Merlot (eventuell auch andere Sorten) beigegeben werden dürfen. Der Rotwein darf bei mindestens 11,5 % natürlichem Alkohol und nach dreijähriger Lagerung das Prädikat → *Riserva* führen. Außerdem wird unter dieser Bezeichnung → Vin Santo produziert.

Pommard Französischer Ort im → Burgund. Pommard liegt zwischen Beaune im Norden und Volnay im Süden. In dieser AOC wird einer der bekanntesten und beliebtesten roten Burgunder erzeugt, dessen Qualität seinem Ruf allerdings nicht immer gerecht wird. Auf rund 235 ha Rebfläche (davon 125 als *Premier cru* klassifizierte Weinberge; insgesamt sind es 28 Lagen) werden im Schnitt um die 1,4 Millionen l Rotwein aus der Sorte Pinot noir erzeugt, womit Pommard zu den ertragreichsten Gemeinden an der gesamten → Côte d'Or gehört. Die Weine wachsen in rund 280 m Höhe auf tonigem Kalkuntergrund. Die → Hospices de Beaune bringen jährlich einige → Cuvées aus Pommard zur Versteigerung: Dames de la Charité, Billardet, Suzanne-Chaudron und Raymond-Cyrot.

Bekannte Erzeuger: Château de Pommard, Pothier-Rieusset, Parent, Gaunoux, Billard-Gonnet sowie Mussy. Beste Lagen (*Premiers crus*): *Les Rugiens*, *Les Pézerolles* sowie *Les Epenots*.

Pommard, Château de Französisches Weingut im → Burgund im Ort Pommard. Rund 20 ha Rebfläche in nichtklassifizierten Lagen (Village-Weine). Baut die Weine in neuen → Barriques aus und filtert nicht.

Pommern Kleiner Weinbauort an der Mosel im Weinbaugebiet Mosel-Saar-Ruwer im Bereich → Zell/Untermosel mit rund 65 ha Rebfläche auf steilen Südlagen (Schieferböden), die fast ausschließlich mit Riesling bestockt sind. Als beste davon gelten *Sonnenuhr, Zeisel* und *Goldberg*. Bekannte Erzeuger: Weingut Leo Fuchs und Josefshof (Alois Schneiders).

Pommery Französisches → Champagnerhaus in → Reims, einer der größten Erzeuger. Bekannte Marken: → *Brut Royal* sowie *Brut Rosé* sowie die Spitzencuvée *Louise Pommery*.

Pontac-Montplaisir, Château Französisches Weingut im Bordeaux in den → Graves mit 14 ha Rebfläche, das Rotwein und Weißwein erzeugt: 60 % Cabernet Sauvignon, 40 % Merlot – sowie 30 % Sémillon für den Weißwein.

Pontet-Canet, Château Französisches 5e *Cru classé*-Weingut in der Appellation → Pauillac (Haut-Médoc) mit rund 75 ha Rebfläche: 72 % Cabernet Sauvignon, 20 % Merlot und 8 % Cabernet franc. Zweitwein: *Les Hauts de Pontet*.

Portalegre Nördlichster Unterbereich in der portugiesischen DOC Alentejo mit rund 600 ha Rebfläche östlich von Santarém. Es steht im Ruf, einen der feinsten portugiesischen Rotweine aus den Rebsorten Aragonez, Grand noir, Periquita und Trincadeira hervorzubringen. Darüber hinaus wird etwas Weißwein aus den Sorten Arinto, Galego, Roupeiro mit Zusätzen von Assário, Manteúdo und Fernão Pires erzeugt.

Portimão Kleines portugiesisches DOC-Gebiet in der → Algarve, dessen noch verbliebene rund 300 ha Rebfläche sich um den Fischerhafen Portimão befinden. Der Weißwein besteht vor allem aus den Sorten Crato Branco, der Rotwein aus Negra Mole und Periquita.

Porto Zweitgrößte Stadt Portugals, unweit der Mündung des → Douro, der einer der berühmtesten Likörweine der Welt seinen Namen verdankt: der → Portwein. Die Reben für den Port stehen weiter östlich im Dourotal; in Porto werden die Weine ausgebaut und gelagert. Nach dem portugiesischen Weingesetz durfte früher Portwein nur in → Vila Nova de Gaia, der Stadt auf dem Porto gegenüberliegenden Ufer, in den Handel gebracht werden, während heute auch die Winzergenossenschaften im Dourotal dieses Recht besitzen.

Porto-Vecchio Kleines französisches AOC-Gebiet im äußersten Süden von → Korsika, das mit → Ajaccio, → Patrimonio und → Sartène zu den besten der Insel gehört. Die erzeugten Rot- und Roséweine können beachtliche Rasse und Feinheit erreichen. Sie kommen als *Vin de Corse-Porto-Vecchio* in den Handel.

Portugal Von allen großen europäischen Weinbauländern darf Portugal für sich in Anspruch nehmen, das unbekannteste zu sein. Am bekanntesten sind noch der → Portwein oder → Madeira. Dies hat vor allem etwas mit seiner jahrhundertelangen Isolation zu tun: Im äußersten Westen Europas gelegen, abgeschirmt durch Höhenzüge vom iberischen »Festland«, konnte Portugal über Jahrhunderte praktisch nur über den Seeweg erreicht werden. Das hatte bedeutende Konsequenzen für den Weinbau: Nur hochwertige, stabile und relativ alkoholstarke Weine konnten den langen Seeweg ins übrige Europa überstehen – genau auf diesen Eigenschaften fußt der Ruhm von Madeira und Portwein.

Geographie, Klima und Rebsorten
Als langes und schmales Land am westlichen Ende der Iberischen Halbinsel ist das Klima vor allem vom Atlantik, im Süden auch vom Mittelmeer geprägt. Das im Inneren teilweise recht bergige Land bietet dem Weinbau besonders in höher gelegenen Gebieten deutlich kontinentales Klima. Im Süden ist das Klima extrem heiß und trocken und sehr gut für Korkeichen geeignet (Portugal ist einer der größten Korkproduzenten der Welt), weniger für den Weinbau. Daher konzentrieren sich die meisten Weinbaugebiete auf die kühleren und niederschlagsreicheren Gebiete in der Mitte und im Norden des Landes, besonders nördlich von Lissabon und um das Tal des Douro. Portugal hat, ebenfalls aufgrund seiner Abschirmung, eine ungeheure Vielfalt an Rebsorten zu bieten – wie sonst kaum in Europa, die eine Fülle interessanter, authentischer Weine ergeben, jedoch außerhalb Portugals immer noch weitgehend unbekannt sind. Viele dieser Weine sind noch nicht den Trends der modernen Weinwelt unterworfen worden und deshalb durchaus entdeckenswert.

Inzwischen gibt es neben Portwein und → Madeira 22 weitere → DOC-Gebiete:

- → Algarve: → Lagos, → Portimão, → Lagoa und → Tavira;
- im Landesinnern: Alentejo und Beira Interior;

Weinstile und Weingesetz

Neben den berühmten Likörweinen wie Madeira und Portwein werden Rotweine, Rosés und Weißweine erzeugt. Unter → Vinho generoso fallen die → Likörweine wie Portwein, Madeira, → Moscatel. → Vinho verde ist eine nordportugiesische Spezialität, während → Vinho maduro der normale Trinkwein ist.
Bereits im 18. Jahrhundert, genau im Jahre 1756, begannen Bestrebungen, den Portwein durch gesetzlich festgelegte Herkunfts- und Herstellungsbestimmungen vor betrügerischen Manipulationen zu schützen. Damit verfügt Portugal über das wohl älteste Weingesetz der Welt.

- in der Mitte um Lissabon: → Lourinha, Òbidos, → Alenquer, → Arruda, → Bucelas, → Carcavelos, → Colares, → Setúbal, → Palmela;
- im Norden: → Bairrada, → Dão, Távora Varosa, → Douro.

Ganz im Norden liegt das → IPR-Weinbaugebiet → Vinho Verde, neben dem es eine Fülle weiterer gibt, z. B. → Alcobaça, → Cartaxo, → Lafões, → Pinhel, → Borba, → Torres Vedras, → Santarém. Auf sie alle zusammen entfällt rund ein Viertel der Weinernte.

Die DOC-Gebiete bilden die qualitative Spitze der Weinbauregionen, gefolgt von den IPR-Gebieten. Die portugiesische Weinwelt ist immer noch im Zustand der Rechtsangleichung an das EU-Weinrecht, und so finden sich traditionelle Bezeichnungen wie → Reserva oder → Garrafeira. Zur Überwachung der Einhaltung dieser gesetzlichen Bestimmungen fungiert dabei das direkt dem Landwirtschaftsministerium unterstellte *Instituto da Vinha e do Vinho*.

Anbaufläche, Weinkonsum und Produktion

Portugal verfügt über rund 260 000 ha Rebfläche mit deutlich abnehmender Tendenz, auf der jährlich rund 670 Millionen l Wein erzeugt werden – mit erheblichen jährlichen Schwankungen. Nach der offiziellen Statistik trinkt der Portugiese mit über 50 l pro Kopf nicht viel weniger Wein als der Franzose und Italiener. Der portugiesische Exportschlager ist weiterhin Portwein, obwohl er mengenmäßig nur 2 bis 5 % der portugiesischen Weinerzeugung ausmacht, sowie der Roséwein. Bei Letzterem dominieren Markennamen wie → *Mateus* oder *Lancer's*, die in kaum einem Discounter fehlen, der deutschen Liebfrauenmilch vergleichbar. Tatsächlich wird auch in Portugal selbst viel Roséwein getrunken, jedoch in erheblich besserer Qualität. Die besten dieser *Vinhos maduros* aus dem → Douro-Gebiet, allen voran der legendäre → Barca Velha, der wohl beste portugiesische Rotwein, der → Montes Claros, Colares, Dão, Torres Vedras, der Quinta do Carmo aus Borba, können sowohl als Weiß- wie als Rotweine überzeugen.

Trotz einiger weniger verbreiteter Namen ist der portugiesische Weinbau auch heute noch in der Hand vieler kleiner Winzer. Über 80 % der portugiesischen Winzer erzeugen weniger als 10 000 l Wein im Jahr, rund ein Drittel haben sich in Winzergenossenschaften zusammengeschlossen.

Portugieser, Blauer Verbreitete rote Rebsorte, die vor allem in Deutschland und Österreich angebaut wird. Eine portugiesische Abstammung gilt als zweifelhaft, auch wenn ihr Name es nahe legt und sie selbst in Ungarn und anderenorts als → Oporto bezeichnet wird. Wahrscheinlich ist sie österreichischen Ursprungs, wo sie seit dem späten 18. Jahrhundert angepflanzt wurde.

Österreich
Auch heute noch spielt der Portugieser in der Rotweinerzeugung eine wichtige Rolle, selbst wenn sie inzwischen mit rund 3000 ha (rund 5 % der bestockten Rebfläche) nicht nur deutlich vom → Zweigelt, sondern auch knapp vom → Blaufränkisch überholt worden ist. Der Anbau konzentriert sich auf → Niederösterreich, und zwar im → Weinviertel (hier mit einem qualitativen Schwerpunkt im → Pulkautal um → Haugsdorf) und in der → Thermenregion, wo sie um Bad → Vöslau einen Flächenanteil von 40 % erreicht. Ferner wird sie in Ungarn, Slowenien, der Slowakei und minimal auch in England angebaut.

Deutschland
Eine größere Fläche als in Österreich nimmt der Blaue Portugieser heute in Deutschland ein, wo er nach dem qualitativ bedeutenderen → Spätburgunder auf Platz 2 der Rotweinsorten steht – mit rund 5000 ha (5 % der deutschen Gesamtrebfläche). Fast die Hälfte steht in der → Pfalz, ein Drittel in → Rheinhessen, während er in den klassischen Rotweingebieten → Württemberg und → Ahr nur eine Nebenrolle spielt.

In qualitativer Hinsicht hat der Portugieser seine Grenzen; zudem sind die Erträge meist zu hoch, so entstehen einfachste und dünne Weine. Doch bei Erzeugern, die auf Qualität setzen, kann er ansprechende Rotweine hervorbringen. Zu nennen sind in Deutschland zwei Erzeuger, die mit alten Portugieserstöcken hochwertige Rotweine erzeugen: Weingut Deutzerhof (Ahr) und Weingut Kühn (Klingenberg).

Portwein Portugiesischer → Likörwein. Einer der bekanntesten und besten Weine der Welt, ein meist süßer, → gespriteter Wein aus dem oberen → Douro-Tal in Nordportugal mit gesetzlich geschützter Herkunftsbezeichnung, der auf rund 24 000 ha erzeugt wird. Portwein wird in Portugal seit etwa 1450 erzeugt und erfreut sich seit Jahrhunderten auch außerhalb des Landes, besonders in England, größter Beliebtheit. In den letzten Jahren geriet der Portwein zunehmend außer Mode – eine gefährliche Entwicklung für diesen Weinstil.

Vinifikation
Portwein wird aus sehr reifen und damit zuckerreichen Trauben bereitet, meist aus Rotweintrauben, seltener aus Weißweinsorten. Die Gärung der Maische wird abgebrochen, indem der nur zum Teil vergorene Most in Fässer oder Tanks mit hochprozentigem Alkohol oder portugiesischem Branntwein im Verhältnis 1 zu 4 gepumpt wird. Auf diese Weise erhält man einen Wein mit 19 bis 21 % Alkohol, der immer noch sehr süß ist. Handelt es sich um einen roten Portwein, muss die Maische, solange sie noch gärt, gestampft werden, um die Farbstoffe zu extrahieren. Der Einsatz von Füßen hat sich dabei noch bis heute bewährt, da es die schonendste Methode ist, Farbstoffe aus den Beerenschalen schnell zu extrahieren, ohne störende Gerbstoffe herauszulösen. Inzwischen werden aber auch andere Methoden angewendet – vor allem bei einfachen Qualitäten.

Die Qualität des Endproduktes hängt weitgehend von den verwendeten Rebsorten (offiziell klassifiziert nach sehr gut bis durchschnittlich), ihrer Güte, der Lage (ebenfalls klassifiziert) und Güte der Rebflächen und natürlich der Pflege des jungen Weins ab. Meist wird der Wein von den Winzern und Kellereien im Dourotal an die rund 50 lizenzierten Weinexporteure in → Vila Nova de Gaia, gegenüber von → Porto verkauft, in deren Lagerhäusern der Portwein mindestens drei Jahre, manchmal auch mehrere Jahrzehnte oder auch über ein Jahrhundert lang in Fässern reift, bevor er auf den Markt kommt. Jährlich darf nicht mehr als ein Drittel des Lagerbestandes in den Handel gebracht werden.

Portweinarten

- Der beste ist der Jahrgangsportwein (*vintage port*), der aus Spitzenjahrgängen stammt, die von den → *Quintas* als solche deklariert werden. Diese Weine benötigen 15 bis 50 Jahre, bis sie ihre höchste Reife erreicht haben. Sie sind dann von ganz außerordentlicher Qualität und werden mit einem an Verehrung reichenden Respekt behandelt. Die Spitzenjährgänge der letzten Jahrzehnte sind 1945, 1947, 1948, 1950, 1955, 1958, 1960, 1963, 1966, 1970, 1975, 1977, 1980, 1983, 1985, 1987, 1989, 1992 und 1995. Für den eingefleischten Portweinliebhaber sind jedoch nur die zuerst genannten Jahrgänge bereits trinkreif. Aufgrund des in den Flaschen befindlichen starken → Depots müssen sie vor dem Genuss sehr sorgfältig dekantiert werden.
- *Late Bottled Vintage* ist ein Jahrgangsportwein aus einem nachträglich deklarierten Jahrgang, dessen Qualitäten man erst später erkannt hat und der daher länger im Fass gelegen hat als der bereits direkt nach seiner Ernte als Jahrgang deklarierte Wein.
- Weniger rar und teuer ist der *Port of Vintage Character*, ein Portwein mit Jahrgangscharakter, der nur aus besten Jahrgängen stammen sollte.
- Der meiste Portwein ist jedoch trinkfertig, wenn er in den Handel kommt. Die drei wichtigsten davon sind der *Ruby Port*, ein recht junger, fruchtiger Wein unterschiedlicher Qualität (je nach Erzeuger), der *Tawny Port*, länger gelagert, abgerundeter und reifer, und der einfachere *White Port*, ein ähnlich dem roten, jedoch aus weißen Trauben bereiteter Portwein.

Aufgrund stagnierender bzw. fallender Nachfrage gehen in den letzten Jahren immer mehr Erzeuger von Portweinen dazu über, auch trockene Rotweine zu produzieren. Bekannte Erzeuger: Andresen, Cálem, Dow, Ferreira, Fonseca, Graham, Martinez, Niepoort, Quinta do Noval, Taylor, Warre.

Potenzieller Alkoholgehalt Der Zuckergehalt der Trauben bei der Lese bestimmt den potenziellen Alkoholgehalt. Dieser liegt bei restsüßen Weinen über dem tatsächlichen Alkoholgehalt, da ein verbliebener Zuckerrest nicht vollständig in Alkohol umgewandelt wurde: So kann der tatsächliche Alkoholgehalt bei einer Trockenbeerenauslese z. B. 7 % betragen, während der potenzielle Alkoholgehalt bei über 25 % liegt. Die Differenz ist unvergorener Restzucker.

Pouget, Château Französisches *4e Cru classé*-Weingut in → Cantenac-Margaux (Haut-Médoc) mit 11 ha Rebfläche: 65 % Cabernet Sauvignon, 30 % Merlot und 5 % Cabernet franc.

Pouilly-Fuissé Französischer Weißwein aus dem südlichen → Burgund, aus der Rebsorte → Chardonnay. Auf rund 750 ha Rebfläche werden jährlich etwa 4,3 Millionen l Weißwein in den fünf Weinbauorten Pouilly, → Fuissé, → Solutré, → Chaintré und → Vergisson erzeugt. Die Reben wachsen auf rotbraunen Mergelböden mit Kalkgeröll, teilweise auch auf Jurakalk mit Schiefer. Als beste Lagen gelten jene in Solutré: *Les Boutières, Chailloux, Chanrues, Pras, Pelours, Rinces.* Der größte Teil der Weine geht an Händler, die so genannten → *Négociants* (z. B. Louis Latour). Bekannte Erzeuger: Château Fuissé, Château de France, Luquet und Forest. → Pouilly-Loché, → Pouilly-Vinzelles. Die Appellation kann leicht mit der von → Pouilly-Fumé verwechselt werden.

Pouilly-Fumé Französische AOC für Weißwein an der Loire. Auf rund 1000 ha Rebfläche werden jährlich etwa 7 Millionen l Weißwein aus der Rebsorte Sauvignon blanc erzeugt. Der Wein wird auch als Blanc-Fumé-de-Pouilly bezeichnet und stammt aus der Umgebung von → Pouilly-sur-Loire, einer der ausdrucksstärksten Sauvignon blanc-Weine überhaupt, der wegen seines extrem mineralischen → Feuersteinaromas den Namenszusatz *fumé* (Rauch) erhalten hat. Die Weine wachsen auf Böden mit hohem Kalkanteil (der so genannte *Cris*), Feuerstein und Kalkmergel. Bekannte Erzeuger: de Ladoucette (Spitzencuvée Baron de L), Didier Daguenau (Spitzencuvée Silex), Château du Nozet, Figeat, Château de Tracy, Jean Redde, Gitton, Chatelain, Masson-Blondelet, Bailly und Cordier. Die Appellation kann leicht mit der von → Pouilly-Fuissé verwechselt werden.

Pouilly-Loché Französische AOC im → Burgund für Weißweine aus der Rebsorte Chardonnay. Auf rund 30 ha Rebfläche werden jährlich etwa 150 000 l Weißwein erzeugt. Der Wein erinnert deutlich an Pouilly-Fuissé, der in der Nähe erzeugt wird, und wächst wie dieser auf rötlich-braunem Mergel mit Kalkgeröll. Bekannte Lage: *Les Mures.* Die Gegend wird dominiert durch den imposanten Felsen bei Solutré. Die Weine aus Loché dürfen auch als → Pouilly-Vinzelles in den Handel gebracht werden.

Pouilly-sur-Loire Französischer Ort im Nivernais in Mittelfrankreich, an der → Loire gelegen. In der gleichnamigen AOC werden auf rund 50 ha Rebfläche jährlich etwa 230 000 l Weißwein aus der Rebsorte Chasselas erzeugt. Die Weine sind nicht sonderlich aufregend und unterscheiden sich deutlich bzw. haben mit jenen aus der Rebsorte Sauvignon blanc nichts gemein, diese werden als → *Pouilly-Fumé* verkauft.

Pouilly-Vinzelles Französische AOC im südlichen → Burgund für Weißwein aus der Rebsorte Chardonnay. Auf etwa 50 ha Rebfläche werden jährlich rund 250 000 l Wein erzeugt, der auf rotbraunen Mergelböden mit Kalkgeröll, teilweise auch auf Jurakalk und Schiefer in 250 bis 350 m Höhe wächst. Die Lagen grenzen an die Nordspitze des Beaujolais an und befinden sich in relativ steilen Kesseln mit östlicher bis südöstlicher Ausrichtung. Die Weißweine der Appellation sind ausgezeichnet und denen von → Pouilly-Loché vergleichbar.

Poujeaux → Grand Poujeaux

Poujeaux, Château Französisches *Cru* → *bourgeois*-Weingut im Bordeaux in der AOC → Moulis (Haut-Médoc) mit rund 50 ha Rebfläche: 50 % Cabernet Sauvignon, 35 % Merlot, 8 % Cabernet franc und 7 % Petit Verdot. Der Rotwein ist gerbstoffreich und braucht bis zur Trinkreife viel Zeit. Gilt als einer der besten Weine der Region Moulis. Zweitweine: *La Salle de Poujeaux, Château Arnauld.*

Pourriture Noble → Edelfäule

Poysdorf Österreichischer Ort im Weinbaugebiet → Weinviertel mit rund 1500 ha Rebfläche, auf der rund 60 % Grüner Veltliner angepflanzt werden, zunehmend allerdings auch Rotweinsorten. Ein Teil dieser Weine wird zur Schaumweinerzeugung verwendet. Bekannte Erzeuger: Gunter Haimer, Karl Neustifter.

Prädikatswein Deutsche Kurzbezeichnung für → Qualitätsweine mit Prädikat, wie Kabinett, Spätlese, Auslese, Beerenauslese, Trockenbeerenauslese und Eiswein, für die höhere Anforderungen bezüglich des → Mostgewichts (Zuckergehalt der Trauben bei der Lese) gelten. In Österreich zählt die Kategorie Kabinett nicht zu den Qualitätsweinen, dafür gibt es zusätzlich die Prädikatsebene → Ausbruch.

Pramaggiore Ursprünglich eigenständiges DOC-Gebiet im → Veneto für den Merlot di Pramaggiore; heute Teil des seither bestehenden Gebietes → Lison-Pramaggiore mit insgesamt 9 DOC-Weinen.

Preignac Eine der fünf Gemeinden des

Sauternais mit rund 550 ha Rebfläche, aus denen einige der renommiertesten → Sauternes-Weine stammen. Bekannte Erzeuger: Châteaux de Suduiraut, de Malle.

Preis Wein wächst, das heißt, seine Entstehung ist an natürliche Bedingungen geknüpft, die von vielen Faktoren beeinflusst werden: die Höhe des → Ertrags, die → Produktionskosten, Anteil der Maschinen- bzw. Handarbeit. So lassen sich in Flachlagen, die maschinell bewirtschaftet werden können, Weine viel preiswerter produzieren als in → Steillagen bzw. historischen → Terrassenlagen, wo ein Vielfaches an Arbeit notwendig ist, die zumeist per Hand verrichtet werden muss. So sind die Produktionskosten in solchen unzugänglichen Lagen nicht selten drei- bis viermal höher als in der Ebene. Diese so genannten Gestehungskosten haben auf den Preis einen bedeutenden Einfluss: Ein Wein mit hohem Ertrag in der Ebene (z. B. aus dem Grave del Friuli) ist preiswerter als ein Wein mit niedrigem Ertrag aus einer Terrassenlage (z. B. Côte Rotie).

Darüber hinaus haben auch andere Faktoren maßgeblichen Einfluss auf den Preis: Handelt es sich um einen → Industriewein oder einen → handwerklich hergestellten Wein? Außerdem spielen folgende Einflussfaktoren eine Rolle wie z. B. Angebot und Nachfrage; Kosten für Marketing; der → Mythos oder das Image eines Weines; die Durchschnittspreise in einer Appellation; die Anzahl von Händlern oder Zwischenhändlern; Steuern (z. B. die in Deutschland erhobene Sektsteuer von rund einem Euro). → Markenweine für Discounter wie z. B. Mondavi Woodbridge oder Gallo Turning Leaf, haben meist einen Preis, der eher durch Kosten für das Marketing als für ihre Produktion beeinflusst wird.

Seltene, begehrte Weine können durchaus astronomische Preise erzielen, ebenso Weine in Kleinstauflage oder gereifte Weine aus Spitzenjahren führender Châteaux. Und auch der Preis sehr teurer → Markenweine wie z. B. Opus One, → Tignanello oder Grange ist meist ein fiktiver Preis, der aus Marketinggründen kalkuliert wird, um von dessen Ansehen billigere Markenweine (meist Industrieweine) profitieren zu lassen. Grundsätzlich lässt sich sagen, dass der Preis eines Weins nicht unmittelbar etwas mit seiner Qualität zu tun hat. Es gibt billige Weine, die gut trinkbar sind, und teure, die bei weitem nicht jedem schmecken. Ein höherer Preis ist also keine Garantie für gute Qualität, aber er kann ein Indiz dafür sein: Gute Weine lassen sich nur durch ein Mindestmaß an Handarbeit herstellen, die ihren Preis hat.

Preis-Leistungs-Verhältnis Im Weinmarketing häufig gebrauchtes (und oft missbrauchtes) Schlagwort, um Weine anzupreisen. Grundsätzlich erscheint es jedoch fragwürdig, Weine hinsichtlich ihrer »Leistung« zu charakterisieren. Eigentlich soll er Genuss bereiten. Dieser ist von → subjektiven Faktoren abhängig: Im Winter bereiten andere Weine Genuss als im Sommer. Daher sind kraftvolle, alkoholreiche und überkonzentrierte Weine nicht grundsätzlich besser als leichte, elegante. Auch das Essen und die eigene Stimmung hat großen Einfluss auf das Maß des Genusses. Abschließend bleibt festzustellen, dass sich der Genuss nicht in den Parameter Leistung zwängen lässt, auch wenn sich das viele Weinjournalisten, Sommeliers und Weinhändler wünschen.

Premeaux Kleiner französischer Ort in → Burgund mit rund 54 ha Rebfläche südlich von → Nuits-Saint-Georges, dessen Appellation er führt. Es ist der südlichste Ort der → Côte de Nuits mit klassifizierten Lagen. Die besten *Premiers crus*-Lagen befinden sich auf der Nuits zugewandten Seite des Ortes. Die bekanntesten sind: *Clos des Corvées, Clos des Forêts, Clos les Didier, Les Perdrix*; doch auch *Clos des Argillières, Clos Arlots, Clos de la Maréchale*. Die besten Weine von Premeaux sind denen von Nuits durchaus ebenbürtig. Bekannte Erzeuger: Belin, Confuron, Dubois, Faiveley, Gouachon, Mugneret, Vienot.

Premier cru → Cru

Premières Côtes de Bordeaux Französische AOC für Rotweine (über 90 %) und süße Weißweine in einem Bereich des → Bordeaux-Gebietes, der sich auf ungefähr 60 km Länge von Saint-Maixant bis Bassens auf dem rechten Ufer der → Garonne erstreckt. Auf rund 4000 ha Rebfläche werden jährlich etwa 17 Millionen l Wein erzeugt. Die Rebflächen liegen an den Abhängen des landschaftlich reizvollen, grünen Flusstals gegenüber denen von → Graves, → Cérons, → Barsac und → Sauternes. Die Rotweine werden aus den Rebsorten Merlot, Cabernet Sauvignon, Cabernet franc und Malbec erzeugt. Die wenigen, durchweg im Süden der Appellation erzeugten restsüßen Weißweine werden entweder als *Premières Côtes de Bordeaux* oder → *Cadillac* in den Handel gebracht.

Bei den Rotweinen dürfen die 37 Gemeinden des Gebietes ihren Namen der Appellation hinzufügen. Dieser Wein zählt zu den ansprechendsten und erfreulichsten unter den kleineren roten Bordeaux und steht guten *Crus* → *bourgeois* des Médoc qualitativ nicht nach. Bekannte Erzeuger: Camblanes, Quinsac (berühmt für seinen → Clairet), Capian, Tabanac, Haux, Domaine de Chastelet, Châteaux de Pic, de Chevilette, Lamothe de Haux, Lagarosse, de Plassan, Reynon, de la Closière, Plaisance, Grand Mouëys, de la Meulière. Die trockenen Weißweine der Region werden als einfacher *Bordeaux AC* verkauft.

Presse → Kelter

Preuses Eine der besten der acht *Grand cru*-Lagen von → Chablis mit 11 ha Rebfläche, deren in der Jugend recht harte Weine oft erst spät reifen.

Prieler, Weingut Österreichisches Weingut im Weinbaugebiet → Neusiedlersee-Hügelland. Auf rund 17 ha Rebfläche werden jährlich etwa 80 000 Flaschen Wein erzeugt. Rebsorten: vor allem Blaufränkisch (50 %) und Cabernet Sauvignon (15 %) sowie je 10 % Welschriesling, Weißburgunder und Chardonnay. Die Weine wachsen auf Glimmerschieferböden, Kalk oder sandigem Lehm. Prielers Weine gehören zu den besten Österreichs; sein Chardonnay aus dem Barrique zeichnet sich durch finessenreiche, glanzvolle Eleganz aus, ebenso der Pinot noir.

Prieuré-Lichine, Château Französisches *4ᵉ cru classé*-Weingut im Bordeaux, in der AOC Cantenac-Margeaux (Haut-Médoc) mit 57 ha Rebfläche: 60 % Cabernet Sauvignon, 30 % Merlot, 5 % Petit Verdot, 5 % Cabernet franc.

Primäraromen Aroma- und Duftmerkmal junger Weine. Diese können durch die → Gärung entstanden sein (Gäraromen) und/oder durch die Rebsortencharakteristik: Riesling – so wird gerne gesagt – duftet im jungen Stadium nach weißem Pfirsich; Gewürztraminer nach gelben Rosen; Silvaner nach reifer Birne; Chardonnay (besonders im Wüstenklima) nach Banane. Doch derartige Vereinfachungen täuschen darüber hinweg, dass es beim Wein eigentlich um die → Sekundäraromen geht. Wenn der fruchtige Duft nach ein bis zwei Jahren verflogen ist, tritt die Mineralität von Weißweinen deutlich in den Vordergrund. Hochwertige Weine zeigen erst im Alter ihre ganze Schönheit. Bei Rotweinen dauert dieser Vorgang länger. Wenn die → Gerbstoffe abgebaut sind, brillieren sie mit feinen Aromen, die durch die junge Frucht überdeckt wurden.

Primeur Nicht näher festgelegte Bezeichnung für einfache französische AOC-Weine, die ab dem dritten Donnerstag im November des Lesejahres in den Handel gebracht werden dürfen (→ Heuriger). Der mit Abstand bekannteste Wein ist der Beaujolais Primeur aus der Rebsorte → Gamay, der durch die → *Macération carbonique* besonders leicht, frisch und fruchtig ausfällt – meist Massenweine. *Primeur*-Weine (rot, rosé und weiß) werden auch aus vielen anderen Teilen Frankreichs angeboten: z. B. → Mâcon, → Coteaux du Lyonnais, → Côtes du Rhône, → Coteaux du Languedoc, → Côtes du Roussillon, → Gaillac und → Touraine.

Primitivo Italienische Rebsorte aus → Apulien, die in der Gegend von Bari angebaut wird. Während sie früher praktisch ausschließlich zum → Verschnitt mit anderen Sorten verwendet wurde, gibt es heute auch reinsortige Weine aus ihr, z. B. der DOC-Wein *Primitivo di* → *Gioia (del Colle)*, ein körper- und alkoholreicher Wein, der *Primitivo di Manduria*, ein meist mehr oder weniger süßer Likörwein, oder der *Primitivo Tarantino*. In letzter Zeit haben Rebforschungen ergeben, dass die kalifornische → Zinfandelrebe mit dem Primitivo nicht, wie lange Zeit angenommen, identisch ist, sondern vermutlich aus Albanien stammt.

Primizio Seit einiger Zeit eine italienische Variante des französischen → Primeur, eine meist belanglose bis ärgerliche Modeerscheinung.

Prinz von Hessen, Weingut Deutsches Weingut im Weinbaugebiet → Rheingau im Ort Johannisberg. Auf rund 50 ha Rebfläche werden jährlich etwa 300 000 Flaschen Wein erzeugt. Rebsorten: 90 % Riesling. Böden: Löß und Kies, Mergel, Quarzitverwitterung. Bekannte Lagen: *Winkeler Jesuitengarten* und *Hasensprung, Johannisberger Klaus*.

Priorato Spanische DO mit rund 1800 ha Rebfläche und 1,2 Millionen l Jahresproduktion in → Katalonien. Rund 15 km von West nach Ost und 5 km von Nord nach Süd. Einst Bezeichnung für einen süßen, körperreichen, rotbraunen → Likörwein (→ Vino generoso und → Rancio mit 14 bis 20 % Alkohol) aus der Umgebung von → Tarragona, der auf steilen Terrassen mit extrem geringen Erträgen geerntet wurde.

Klima, Geographie und Rebsorten
In der entlegenen Hochlandregion, die rund 15 km von der Küste entfernt liegt, werden im sommerheißen, trockenen und unwegsamen Hinterland von Tarragona (rund 30 km entfernt) auch heute noch beachtliche Likörweine der alten Machart erzeugt. Doch inzwischen macht die Region mit modernen Rotweinen von sich reden, die besten sind aus den Rebsorten Garnacha und Cariñena sowie Cabernet Sauvignon erzeugt: körperreich, gehaltvoll, dabei mit zunehmender Reife immer feiner und eleganter.

Die Rebflächen liegen zwischen 150 und 750 m hoch – meist an terrassierten Hängen. 11 Gemeinden umfasst die DO, deren Weine auf Schieferböden wachsen. Die steilen Hänge sind prädestiniert für die Erzeugung von Spitzenwein. Auch in den Talsohlen wachsen Weine auf Schiefer mit Quarzit-Anteilen. Bekannt ist die Gemeinde Grallatops, hier erzeugten Spitzenwinzer erstmals hochpreisige Weine, die das Priorat berühmt machten. Bekannte Erzeuger: Alvaro Palacios, Cellers de Scala-Die, Clos Mogador, Costers del Siurana, Masia Barril, Masia Duch, Mas Martinet, René Barbier, Rotllan Torra.

Probe Als Probe oder Weinprobe bezeichnet man das Probieren eines Weins – die Beurteilung seiner Qualität durch die Sinnesorgane im Rahmen einer organoleptischen Prüfung. Bei einer Wein-

probe geht es um zwei wesentliche Kriterien:
• subjektiver Geschmack (→ Subjektivität),
• objektive Beurteilung (→ Subjektivität).

Ein Weintrinker wird zuerst einmal der wichtigen Frage nachgehen: *Schmeckt der Wein – oder schmeckt er nicht?* Er wird sich also auf die rein subjektiven Kriteren der Weinprobe konzentrieren. Das ist natürlich und richtig – schließlich geht es vor allem darum, den Wein nach persönlichen, individuellen und letztlich intimen Geschmacksvorstellungen zu prüfen.

Doch dies ist oft nur der Anfang einer großen Faszination, irgendwann tauchen andere Fragen auf – insbesondere dann, wenn man sich tiefer mit dem Thema Wein beschäftigt: *Ist der Wein gut gemacht? Ist der Geruch typisch? Hat er Fehler?* Diese Fragen versuchen die Qualität eines Weins zu analysieren. Bei Weinproben dieser Art stehen die objektiven Kriterien im Mittelpunkt – nicht nur Fachleute, sondern jeder Weinliebhaber wird dabei versuchen, persönliche Vorlieben oder Abneigungen auszuklammern, soweit dies überhaupt möglich ist.

Für eine objektive Qualitätsbeurteilung eines Weins bedarf es Fachkenntnis, Erfahrung und ein »geschmackliches« Gedächtnis. Fachleute bedienen sich einer eigenen Sprache (die nicht immer zutreffend oder dem Laien verständlich ist) und analysieren einen Wein nach bestimmten Verfahrensweisen. Im Folgenden wird das Procedere einer Weinprobe näher erläutert, wobei besonderes Augenmerk auf die Verwendung geeigneter → Gläser gerichtet werden sollte.
• *Optische Probe*: Zuerst prüft man den Wein auf seine Farbe, wobei man das Probierglas schräg vor sich hält, um ihn auf seine Farbnuancen hin zu analysieren, die Aufschlüsse über seine Erzeugung, seinen Reifezustand und seine Alterungsfähigkeit geben können.
• *Geruchsprobe*: Als Zweites schwenkt man den Wein im Glas, um ihn stärkerer Luftzufuhr auszusetzen, wodurch seine Aromatik zur Entfaltung gebracht wird; außerdem lässt sich so der Duft und Geruch eines Weins leichter wahrnehmen. Dann riecht man lange und tief ins Glas hinein. Diese Geruchsprüfung (sie wird auch als Nase des Weins bezeichnet) gibt weiteren Aufschluss über Art, Herkunft, Alter und Qualität des Weins. Der Duft eines Weins ist neben dem Nachgeschmack wohl der wichtigste Aspekt und verrät sehr viel über den Charakter eines Weins. Zwischen dem Riechen sollte das Glas immer wieder geschwenkt werden.
• *Geschmacksprüfung*: Die dritte Prüfung erfolgt durch das Trinken. Man trinkt einen Schluck und bewegt ihn ein, zwei Sekunden im Mund hin und her. Das gleichzeitige Einatmen von Luft durch die Zähne (Schlürfen) erleichtert die Geschmackswahrnehmung erheblich. Der sich dem Schlucken anschließende Nachgeschmack oder Abgang des Weins verdeutlicht die Qualität: Je länger dieser Nachhall dauert, desto besser der Wein. Wer viel Wein probiert und einen klaren Kopf behalten möchte, der kann den Wein ausspucken (→ Spucken). Doch hat das Spucken den Nachteil, dass der Wein in seiner Gesamtheit nur teilweise wahrgenommen wird. Das Trinken ist und bleibt ein wesentlicher Aspekt des Weingenusses.

Aus der Summe dieser Prüfungen ergibt sich das Urteil über die Gesamtqualität. Bei aller Theorie und Bedeutung der Weinprobe sollte nicht vergessen werden, dass alle Weinkritiker Menschen sind und deshalb persönliche Zu- oder Abneigungen bzw. Erwartungen haben. Deshalb hier abschließend noch einige Anregungen: Es gibt Einflüsse, die die

Urteilsfähigkeit der Tester beeinflussen können. Auch wenn sie nicht auszuschalten sind, sollte man sich ihrer Bedeutung bewusst sein, um die Ergebnisse einer professionellen Degustation besser einordnen und bewerten zu können: Sind Frauen und Männer in der Jury zu gleichen Teilen berücksichtigt worden? Um welche Uhrzeit findet die Probe statt? Was haben die Teilnehmer vorher gegessen (Zwiebeln) oder getrunken (Kaffee)? Haben alle das Gleiche gegessen und getrunken? Wie hoch ist die Luftfeuchtigkeit? Gibt es eine zweite Probe, um die Ergebnisse zu bestätigen, zu untermauern, zu verwerfen?

Die Weinprobe zu Hause

Das Beste ist, zu Hause selber eine Weinprobe durchzuführen – möglichst mit mehreren Personen. Dazu kann man sich z. B. von einem Weingut verschiedene Probeweine zusenden lassen. Um vergleichen zu können, ist es in jedem Fall besser, möglichst alle verschiedenen Weine gleichzeitig zu probieren, nur so erschließen sich die Unterschiede. Drei verschiedene Weine sind gut, sechs ideal. Mehr sind natürlich möglich, aber erfordern etwas Erfahrung. Bei der Zusammenstellung der Probe ist die Reihenfolge wichtig:

- einfache Weine vor hochwertigen,
- Weißwein vor Rotwein,
- trockener Wein vor restsüßem,
- junger Wein vor altem

In der Praxis bedeutet dies, dass einfache trockene Weißweine (z. B. Riesling Kabinett trocken) vor hochwertige ebenfalls trockene Weißweinen (Riesling Spätlese trocken) probiert werden. Leichte Rotweine (Spätburgunder) werden vor schweren (Syrah) und ganz zum Schluß restsüßen Weinen (Riesling Auslese oder Beerenauslese) probiert. Grundsätzlich sollte man eine Probe so aufbauen, dass vergleichbare Weine getestet werden: z. B. entweder die gleiche Region, die gleiche Rebsorte, der gleiche Weinstil oder das gleiche Jahr.

Dient die Weinprobe dazu, eine Kaufentscheidung zu fällen, ist es durchaus sinnvoll, die angebrochenen Flaschen verschlossen im Kühlschrank aufzubewahren und die Weine ein bis zwei Tage später erneut durchzuprobieren – Weißweine wie auch Rotweine (wobei letztere vor der erneuten Probe temperiert werden sollten). Es ist ratsam, sich über die → Weinfunktion Gedanken zu machen: *Passt der Wein im Sommer besser? Passt er zum Essen? Ist er vielleicht im Winter gerade richtig?* Schließlich ist nicht jeder Wein immer und zu jeder Zeit ideal, daher sollte man beim Weinkauf nicht unterschätzen, bei welchem Anlass (Grillparty/Empfang/Picknick usw.) oder zu welchem Essen der Wein gereicht werden soll.

Probenheber Meist aus Glas oder Edelstahl gefertigtes Rohr zur Entnahme einer Weinprobe aus dem → Fass.

Probentasse Kleines Schälchen, im Französischen → *Tastevin* genannt, aus poliertem oder facettiertem Silber oder einem anderen Metall, das besonders in → Burgund verwendet wird, um Wein zu probieren.

Proschwitz, Weingut Schloss Deutsches Weingut im Weinbaugebiet → Sachsen bei Meißen. Auf rund 54 ha Rebfläche werden jährlich etwa 300 000 Flaschen Wein erzeugt. Rebsorten: 20 % Grauburgunder, 15 % Müller-Thurgau, je 10 % Riesling, Weiß- und Spätburgunder, ferner Traminer. Böden: Granit mit Lössauflage. Bekannte Lagen: *Schloss Proschwitz.*

Prosecco Italienische Weißweinrebsorte, die vor allem im → Veneto angebaut wird, und der gleichnamige, aus ihr bereitete liebliche oder trockene, in Italien sehr beliebte → Schaum- oder → Perlwein. Da sich Prosecco in den letzten Jahren einer immer zunehmenderen Beliebtheit erfreut und die Nachfrage sich mitunter kaum stillen lässt, vor allem wenn es echter DOC Prosecco di Valdobbiadene sein soll, kann es passieren, dass es mit der Qualität des Modeschaumweins nicht sehr weit her ist. Der hochwertigste kommt aus dem DOC-Anbaugebiet *Prosecco di Conegliano* bzw. *Prosecco di Valdobbiadene*. Bekannte Erzeuger: Adami, Bisol, Bortolin, Casalini, Col Vetoraz, Conte Collalto, Drusian, Bianchet, Zardetto, Carpené Malvolti.

Prosek → Dalmatien

Provence Historische Provinz Frankreichs mit der Hauptstadt Aix-en-Provence. Eine Region mit mediterranem Klima und wenig Niederschlägen, die sich auf Frühjahr und Herbst konzentrieren. Der Mistral (ein kalter Nordwind vor allem im Frühjahr und Herbst) ist eine echte Gefahr für den Weinbau, der deshalb in windgeschützten Berghängen betrieben wird. Die Provence ist eine der bedeutenden Weinlandschaften Frankreichs und vor allem ein Reich des nicht übermäßig alkoholreichen, stets kühl zu trinkenden Rosés. Als Weinbaugebiet umfasst die Provence heute (ganz oder teilweise) die Départements → Var, → Bouches du Rhône, → Vaucluse, Alpes de Haute Provence und Alpes Maritimes. Es werden die → AOC-Weine → Côtes de Provence (das Hauptanbaugebiet – mit überwiegend Rosé), → Bandol (Rotwein), → Palette (Rot- und Weißwein), der → Cassis (Weißwein), der sehr seltene → Bellet sowie → Coteaux d'Aix, Les Beaux de Provence, → Coteaux Varois und Coteaux de Pierrevert erzeugt. Schließlich kommen aus dem Département Var noch einige → Landweine. Die Tendenz geht neuerdings deutlich hin zu Rotweinen und Mikrochâteaus, die in geringer Auflage hochwertige Rotweine produzieren.

Prüf(ungs)nummer, Amtliche Jeder Wein, der in Deutschland als → Qualitätswein oder als → Qualitätswein mit Prädikat in den Handel gebracht werden soll, muss eine amtliche Qualitätsprüfung absolvieren. In den vorgeschriebenen Prüfstellen wird der Fass- oder Flaschenwein auf Aussehen, Geruch und Geschmack geprüft und chemisch analysiert (z. B. → Alkohol, → Zucker, → Säure, → Schwefel). Damit soll sichergestellt werden, dass die in Verkehr kommenden Weine den Vorschriften entsprechen und fehlerhafte oder gefälschte Weine nicht zum Verkauf gelangen. Ergeben sich keine Beanstandungen, erhält der Wein die amtliche Prüfnummer (kurz A. P.-Nr.), die auf dem → Etikett erscheinen muss (Entsprechendes gilt für → Qualitätsschaumweine). Die Prüfnummern bestehen im Wesentlichen aus drei Gruppen, einer Betriebsnummer (in Rheinland-Pfalz gehören dazu vorweg noch die Ziffer für die Prüfstelle und ein Ortskode), der Nummer des geprüften Gebindes und dem Jahr der Prüfung. Gibt es von dem gleichen Wein mehrere Abfüllungen in derselben Qualitäts- oder Prädikatsstufe, kann eine genaue Identifizierung nur über die beiden letzten Nummerngruppen erfolgen, sie ist aber keine Garantie für Qualität, da sie in über 95 % aller Fälle erteilt wird – und sei der Wein noch so dürftig.

Amtliche Qualitätsprüfungen finden auch in anderen Ländern statt, doch sind z. T. die Bedingungen anders, und Nummern erscheinen – außer in Österreich – nicht auf dem Etikett. → Organoleptische Prüfung

Prüm Jahrhundertealte, weit verzweigte deutsche Weinbaufamilie an der Mosel im Weinbaugebiet Mosel-Saar-Ruwer. Der Name verzweigt sich aufgrund von Erbteilungen und taucht bei vielen Erzeugernamen auf.

Prüm, Joh. Jos. Deutsches Spitzenweingut an der Mittelmosel in Wehlen. Das mit Abstand renommierteste Weingut der Prüm-Familie: rund 14 ha, ausschließlich Riesling (ca. 120 000 Flaschen pro Jahr). Bekannte Lagen: *Wehlener Sonnenuhr, Graacher Himmelreich, Zeltinger Sonnenuhr, Bernkasteler Lay*. Führender Erzeuger rest- und edelsüßer Rieslinge an der Mosel.

Prüm, S. A. Deutsches Weingut an der Mittelmosel in Wehlen: rund 16 ha Rebfläche, 90 % Riesling, 10 % Weißer Burgunder. Bekannte Lagen: *Wehlener Sonnenuhr, Graacher Himmelreich* und *Domprobst, Bernkasteler Lay* und *Graben*.

Prüm Erben, Dr. Weins Deutsches Weingut an der Mittelmosel in Wehlen: rund 4 ha Rebfläche, ausschließlich Riesling. Bekannte Lagen: *Wehlener Sonnenuhr, Ürziger Würzgarten, Erdener Prälat, Graacher Himmelreich* und *Domprobst*.

Prunotto Italienisches Weingut in der Region → Piemont, im Ort San Cassiano. Erzeugt auf rund 40 ha Rebfläche und unter Traubenzukauf etwa 800 000 Flaschen Wein, vor allem DOCG → Barolo (auch als Lagenweine), ferner die ganze Bandbreite piemontesischer Weiß- und Rotweine. Zählt zu den modernen Weinproduzenten, die ihre Weine auch im Barrique ausbauen. Im Besitz des italienischen Weingiganten Antinori.

Prünte (Schneckenkogler) Österreichisches Weingut im Weinbaugebiet → Südsteiermark. Auf rund 7 ha Rebfläche werden jährlich etwa 40 000 Flaschen Wein erzeugt, darunter Sauvignon blanc, Morillon (Chardonnay), Traminer, Weißburgunder und 5 % Rotweinsorten. Die Weine wachsen zum Teil auf extrem steilen Rebflächen und verfügen über 70 Jahre alten Rebbestand. Einer der führenden Erzeuger der Region mit herausragendem, mineralischem Sauvignon blanc. Spitzenweine: Levinum und Drigget.

Puerto de Santa Maria Spanische Stadt, die neben → Jerez de la Frontera und → Sanlúcar de Barrameda einer der Hauptorte des → Sherry-Gebietes ist. Sie liegt in der Nähe der Mündung des Rio Guadalete in den Atlantik. Zahlreiche berühmte → Bodegas haben hier Kellereien: Osborne, Carlos y Javier de Terry, Fernando A. de Terry, Luis Caballero, Miguel M. Gomez. Viele → Finos stammen von den Weinbergen nördlich der Stadt.

Puglia Italienische Schreibweise für → Apulien. Eine der größten italienischen Weinbauregionen.

Puiatti Italienisches Weingut in der Region → Friuli-Venezia Giulia (Friaul), im Ort Capriva del Friuli. Es werden sowohl DOC Collio als auch DOC Isonzo erzeugt, insgesamt rund 700 000 Flaschen Wein (vor allem durch Traubenzukauf). Aus Prinzip wird hier auf die Verwendung von Barriques verzichtet, um möglichst fruchtbetonte, reduktive Weine zu erzeugen.

Puisseguin-Saint-Emilion Französische AOC für Rotwein im → Bordeaux. Einer der so genannten → Satellitenbereiche von → Saint-Emilion mit rund 740 ha Rebfläche, auf der von rund 130 Weinerzeugern jährlich etwa 4 Millionen l Rotwein aus den Rebsorten Merlot, Cabernet franc und Cabernet Sauvignon erzeugt werden. Die Appellation liegt östlich von Saint-Emilion und ist bekannt für ihre stark merlothaltigen Rotweine. Die Weine wachsen auf tonigem Kalk, Sand und Lehm. Bekannte Erzeuger: Châteaux Beauséjour, Bel-Air, Guibeau, des Laurets, de Roques, Teillac, Teyssier.

Pulcinella Kleine, gedrungene, strohumflochtene Spezialflasche, in der einst der → Orvieto in den Handel kam. Heute kaum noch anzutreffen.

Puligny-Montrachet Berühmte französische Gemeinde an der → Côte de Beaune in → Burgund, zu der die berühmte *Grand cru*-Lage → *Montrachet* gehört, die zur Hälfte in der Gemeinde

Chassagne liegt. In der gleichnamigen AOC werden auf rund 260 ha Rebfläche rund 30 000 l Rotwein aus Pinot noir und 1,1 Millionen l Weißwein aus der Rebsorte Chardonnay erzeugt. Die Weine wachsen auf 270 bis 340 Meter Höhe in südlicher Ausrichtung auf 24 Einzellagen, von denen 14 als *Premier crus* klassifiziert sind. Als die besten gelten *Les Combettes, Les Folatières, Les Pucelles* und *Clavoillon*. Die Böden bestehen aus braunem Kalk, Kalkmergel und Ton und sind tiefgründig bis felsig.

Die Village-Weine aus nicht-klassifizierten Lagen wachsen in höheren Lagen. In Puligny liegen auch die berühmten *Grand cru*-Lagen → *Chevalier-Montrachet* (in Puligny), → *Bâtard-Montrachet* (zur Hälfte in Chassagne), → *Bienvenues-Bâtard-Montrachet* (Puligny) und → *Criots-Bâtard-Montrachet* (in Chassagne). Bekannte Erzeuger bzw. Händler: Leflaive, Louis Jadot, Louis Latour, Delagrange-Bachelet, Sauzet, Carillon, Magenta, Thévenin, Clerc, Chavy.

Pulkautal Österreichische Weinbauregion im Weinbaugebiet → Weinviertel (Niederösterreich). Während um Haugsdorf und Jetzelsdorf hauptsächlich Rotwein aus der Rebsorte Blauer Portugieser (neben anderen Sorten wie Zweigelt) erzeugt wird, dominiert der Weißwein, meist aus der Sorte Grüner Veltliner in Seefeld-Kadolz, Pernersdorf, Zellerndorf und Pulkau. Erwähnt sei noch die Gemeinde Hadres, die wegen ihrer sehenswerten Kellergasse berühmt ist.

Pünderich Deutscher Ort an der Mosel im Weinbaugebiet → Mosel-Saar-Ruwer mit rund 160 ha Rebfläche. Als beste Lagen gelten *Marienberg* und *Nonnengarten*. Bekannter Erzeuger: Clemens Busch.

Punkte Erst seit wenigen Jahren ist es üblich, dass Weinjournalisten und Kritiker die Qualität von Weinen in einer Punktebewertung wiedergeben. Diese Bewertung kommt dem Wunsch vieler Weintrinker nach, auf einfach nachvollziehbare Kriterien bei einer Kaufentscheidung zurückgreifen zu können. Je nach Land, Kritiker und Publikationsmedium werden dabei verschiedene Skalen angewendet:

- Bis zu 3 Symbole: meist wird diese in Form von Gläsern (→ Drei Gläser) oder Sonnen angegeben.
- Bis zu 5 Symbole: meist in Form von Sternen (→ Johnson).
- Das 20-Punkte-System: überwiegend in Europa angewendet, wobei drei Punkte für das Aussehen, fünf für das Aroma und neun für den Geschmack vergeben werden. Die Skala reicht in der Praxis von 9 bis 20, wobei auch halbe Punkte vergeben werden.
- Das 100-Punkte-System: in den USA etabliert und inzwischen nahezu weltweit installiert. Orientiert sich am amerikanischen Schulnotensystem, wobei der niedrigste Wert bei 50 (null) liegt. In der Praxis wird aber fast nie unter 75 Punkten bewertet, sodass die Skala eigentlich nur 25 Punkte (von 75 bis 100) umfasst. → Parker

Das ursprüngliche Motiv der Weinkritiker, mit ihren Weinbewertungen dem Konsumenten Sicherheit beim Weinkauf zu geben, rückt immer mehr in den Hintergrund. Der internationale Weinhandel (besonders im Bordeaux) ist inzwischen so gut wie abhängig von den Punkten, die die führenden Kritiker (z. B. Parker) und Medien wie z. B. der Weinfüher Vini d'Italia (→ Drei Gläser) oder die Zeitschrift *Wine Spectator* vergeben. Die Weinpreise werden oft erst nach der Bekanntgabe der Weinbewertungen führender Kritiker festgelegt. Dies hat z. T. zu erheblichen Spekulationen mit enormen Preissteigerungen in den letzten Jahren und einer Veränderung der → Weinstile hin zu → internationalen Weinen geführt: Wenn der Geschmack eines einzelnen, global einflussreichen Vorkosters maßgeblich für die Bewertung einer gesamten Weinregion wie das Bordeaux-Gebiet ist und die Konsumenten dem Urteil dieses Weinkritikers und dem von ihm favorisierten Weintyp (→ internationaler Wein) blind folgen, dann wird exakt dieser Weintyp von den Erzeugern produziert. Was bleibt ihnen anderes übrig?

Außerdem bleibt eine sehr wichtige Frage unbeantwortet: Die Kriterien für jede Weinbewertung basieren auf ausschließlich → subjektiven Eindrücken einer → Probe – und diese sind von vielen variablen Faktoren abhängig. Wie ist die Jury landsmannschaftlich zusammengesetzt? Zu welcher Tageszeit findet die Probe statt? Wie sind Luftfeuchtigkeit, Außentemperatur und Weintemperatur? Wie steht es um die physische Verfassung der einzelnen Verkoster? Wie wird die Bewertung ermittelt – ist sie ein Durchschnitt vieler oder probiert nur ein einzelner Verkoster? Haben die Verkoster Erfahrung mit den Probeweinen? Findet die Probe mit nüchternem Magen statt oder nach dem Essen? Wie viele Weine werden wie verkostet – offen oder blind?

Und selbst nach der Verkostung bleibt die Frage offen, wie lange das gefällte Urteil gilt. Schließlich verändern sich die Weine, sie reifen. Bereits nach wenigen Monaten kann das Urteil wieder ganz anders ausfallen – in der Regel aber schon am nächsten Tag, denn in Tester-Tests hat sich teilweise gezeigt, dass das zweite Ergebnis vollkommen anders ausfiel als das erste. Manche Kritiker haben nicht einmal den Wein wiedererkannt, den sie am Vortag noch mit einer Traumnote ausgezeichnet haben. Erstaunlich bleibt, dass trotz dieser offensichtlichen Unstimmigkeiten die Weinbewertungen enormen Einfluss auf den Weinmarkt haben. Letztlich bleibt dem einzelnen Weintrinker nicht erspart, sich sein eigenes Urteil über die Weinqualität zu bilden.

Pupillin → Arbois

Puttonyos Körbe oder Butten, die als traditionelle Maßeinheiten für den ungarischen → Tokaji Aszú verwandt werden. Je nach Anzahl der Butten (*Puttonyos*, rund 20 kg) mit gemahlenen und gestampften Trauben in → Trockenbeerenauslese-Qualität, der einem Göncer → Fass (136 l) Grundwein beigegeben wird, spricht man von Aszú 2 Puttonyos (zweibuttiger Aszú) bis Aszú 6 puttonyos, wobei der dreibuttige mindestens 60 g/l, der sechsbuttige mindestens 150 g/l → Restzucker enthalten muss. Je größer die Zahl der Butten, desto gehaltvoller, körperreicher und süßer ist also der Tokajer. Die Trauben werden heute nicht mehr in Körbe gestampft – das Verhältnis ist bereits in definierte Mengenverhältnisse umgerechnet und die Mengenverhältnisse entsprechend definiert.

PX Weiße spanische Rebsorte. → Pedro Ximénez

Pyrenees Australische Weinbauregion. → Victoria

Q

QbA → Qualitätswein bestimmter Anbaugebiete

Qualität Die Qualität eines Weins wird maßgeblich durch sein → Terroir bestimmt; der Geschmack ist das letzte persönliche Indiz für seine Qualität und wird stark durch → subjektive Faktoren beeinflusst.

Qualitätslikörwein EU-Kategorie für verschiedene Formen meist italienischer oder spanischer → Likörweine. In Spanien können süße Weine dieser Kategorie mit der zusätzlichen Bezeichnung einer Rebsorte oder als → Vino generoso de licor oder als Vino dulce in den Handel kommen.

Qualitätsschaumwein Deutscher → Schaumwein, der relativ geringe Mindestvoraussetzungen erfüllen muss und eine amtliche → Prüfnummer trägt; wird auch als Sekt bezeichnet. Die höchste Stufe heißt → Qualitätsschaumwein bestimmter Anbaugebiete.

Qualitätsschaumwein bestimmter Anbaugebiete In Deutschland höchste Qualitätsstufe des → Schaumweins (Sekt). Ein Qualitätsschaumwein b. A. muß zu 100 % aus Qualitätsweinen des genannten Anbaugebietes (z. B. Rheingau) stammen.

Qualitätssekt In Österreich übliche Bezeichnung für einen → Qualitätsschaumwein, entspricht in etwa dem deutschen → Sekt.

Qualitätswein (bestimmter Anbaugebiete) Nach dem deutschen Weingesetz bezeichnet dieser Begriff einen einfachen Qualitätswein (auch QbA oder Qualitätswein b. A. = eines bestimmten Anbaugebietes), der in der Hierarchie unterhalb der → Qualitätsweine mit Prädikat (Prädikatsweine: Kabinett, Spätlese, Auslese usw.) angesiedelt ist und oberhalb der → Tafel- und → Landweine rangiert. Je nach Gebiet und Rebsorte müssen die Trauben, aus denen Qualitätswein gewonnen wird, ein → Mindestmostgewicht von 50° bis 72° → Oechsle aufweisen, eine unter qualitativen Gesichtspunkten gesehen lächerliche Untergrenze, bei der man eigentlich nicht von Traubenreife sprechen kann. Qualitätsweine dürfen durch Zugabe von Zucker vor der Gärung → angereichert (chaptalisiert) werden, sodass der tatsächliche Alkoholgehalt in der Regel höher ist, als es das Mostgewicht ergeben würde. Dies dient dazu, die Weine fülliger zu machen. QbA-Weine müssen vor dem Verkauf geprüft werden, das heißt, sie werden einer analytischen Prüfung unterzogen und tragen auf dem Etikett eine Amtliche → Prüfnummer, die in der Regel erteilt wird: kein Grund, darauf stolz zu sein, denn weit über 90 % (nicht selten sogar 99 %) aller in Deutschland erzeugten Weine sind Qualitätsweine mit und ohne Prädikat.

In Österreich sind die Anforderungen z. T. höher. So muss der Most mindestens 15° → KMW (entspricht 73° Oechsle), 18 g/l zuckerfreien Extrakt aufgewiesen haben und bei Rotwein über 4 g, bei Weißwein über 4,5 g pro l Säure verfügen. Der Wein unterliegt einer staatlichen Prüfung. Ein gehobener Qualitätswein darf die Bezeichnung → Kabinett führen. Sowohl Qualitätswein als auch Kabinett dürfen in Österreich angereichert werden.

In der EU entsprechen französische AOC- und VDQS-Weine, italienische DOC- und DOCG-Weine, luxemburgische Weine mit der Marque nationale, griechische OPAP-bzw. OPE-Weine, spanische DO- und DOC-Weine und portugiesische DOC- und VQPRD-Weine rechtlich deutschen Qualitätsweinen bzw. Qualitätsweinen mit Prädikat.

Qualitätswein besonderer Reife und Lesart Laut österreichischem Weingesetz ein Wein der nachfolgenden Bezeichnungen: → Spätlese, → Auslese, → Eiswein, → Beerenauslese, → Ausbruch und → Trockenbeerenauslese. Das Schema entspricht in etwa dem der deutschen → Qualitätsweine mit Prädikat, mit dem Unterschied, dass der → Kabinettwein in Österreich zu den einfachen Qualitätsweinen gerechnet wird.

Qualitätswein mit Prädikat Nach dem deutschen Weingesetz oberste Qualitätsstufe, die in sechs Gruppen unterteilt ist: → Kabinett, → Spätlese, → Auslese, → Beerenauslese, → Trockenbeerenauslese und → Eiswein. Für diese Weine sind → Mindestmostgewichte (der Zuckergehalt der Trauben bei der Lese) festgesetzt (nach Anbaugebiet und Rebsorte verschieden). Prädikatsweine dürfen nicht mit Zucker → angereichert werden und müssen eine Amtliche → Prüfnummer tragen.

Quarts de Chaume Französische AOC für Weißweine an der Loire. Eine der beiden Lagen der → Coteaux du Layon mit eigener AOC (die andere ist → Bonnezeaux) im Gebiet von Anjou. In unvergleichlich günstiger Südlage befinden sich rund 33 ha Rebfläche, bepflanzt ausschließlich mit Chenin blanc, die sich drei Erzeuger (Lalanne, Laffourcade und Baumard) teilen. Ihr Wein – nur aus ausgelesenen, äußerst reifen Beeren und bei minimalen Hektarerträgen (maximal 2500 l pro ha) erzeugt – ist sehr nuancenreich und gehört zu den besten restsüßen Weißweinen der → Loire. Pro Jahr werden auf den flachgründigen Oberböden auf sandigem verwittertem Schiefer nur 65 000 l erzeugt.

Quatourze Zwischen → Corbières und La → Clape östlich von Narbonne liegender Weinbaubereich, der zu den → Coteaux du Languedoc gehört, und die von dort kommenden AOC-Weine (rot, rosé und weiß). Die Rotweine zählen zu den kraftvollsten der Gegend.

Queensland Australischer Bundesstaat hoch im Norden, in dem Wein vor allem für den Tourismus produziert wird. Das Klima ist aufgrund der relativen Nähe zum Äquator extrem heiß, und die Trauben werden sehr früh gelesen. Die beiden Weinbaugebiete sind Bernett Valley und Granite Belt.

Queue Altfranzösisches Hohlmaß, vom lateinischen *cupa* oder *culleus* abgeleitet, regional sehr unterschiedlichen Inhalts. Früher wurden die Hospices de Beaune-Weine bei den Versteigerungen in Queues zu 456 l zugeschlagen anstelle der heute üblichen → Pièces. *Queue tendre* oder *queue verte* werden noch z. T. als regionale Bezeichnung für die Rebsorte Colombard verwendet.

Quincy Französischer Weinbauort an der Cher, in der Nähe von Bourges in Mittelfrankreich. In der gleichnamigen AOC wird auf rund 170 ha Rebfläche rund 1 Million l Weißwein aus der Rebsorte Sauvignon blanc erzeugt – würzigen, trockener Weißwein, der an → Sancerre oder → Pouilly-Fumé erinnert. Bekannte Erzeuger: Jacques Rouze, Pipet, Sorbe, Rapin und Mardon.

Quinta Portugiesisch für Landgut, bezogen auf Weine ein Besitz, der meist Weinlagen und Gebäude umfasst. Entspricht in etwa dem französischen *château* oder *domaine* und dem italienischen *tenuta*. Einige Markenweine dürfen aus Gewohnheitsrecht immer noch als Quinta vermarktet werden.

Quintarelli Italienisches Weingut in der Region → Veneto in Negrar (Valpolicella). Erzeugt auf rund 12 ha Rebfläche teilweise unter Traubenzukauf etwa 40 000 Flaschen Wein: vor allem DOC Valpolicella Classico und → Amarone (reift z. T. zehn Jahre im großen Holzfass); ferner Recioto und ein roter Bordeaux-Blend namens *Alzero*. Sein wilder und ungezähmter Amarone sowie sein handgefertigter Valpolicella sind einzigartig.

R

Rabaud-Promis, Château Französisches *Premier cru* aus Bommes im → Sauternes mit 30 ha Rebfläche: rund 80 % Sémillon, 18 % Sauvignon, 2 % Muscadelle für edelsüßen Weißwein. Erzeugt einen körper- und alkoholreichen, recht süßen Sauternes.

Rablay-sur-Layon Eine der sechs Gemeinden der → Coteaux du Layon-Villages im Gebiet von → Anjou mit süßen Weißweinen von sehr hoher Qualität.

Raboso Italienische Rotwein-Rebsorte im Bereich des → Piave im → Veneto, deren Weine man früher nur zum Verschnitt einsetzte. Seit einiger Zeit werden aus ihr auch reinsortige Weine erzeugt, die sich durch intensive Farbe, Bukett und hohen Tanningehalt auszeichnen.

Radebeul Weinbaugebiet im Bereich Dresden, zwischen Meißen und Dresden im Anbaugebiet → Sachsen gelegen, von dessen Steillagen, insbesondere dem *Goldenen Wagen*, einige der wichtigsten Weine des Gebietes stammen. Bekannter Erzeuger: Staatsweingut Schloß Wackerbarth.

Rainwater Bezeichnung für einen sehr leichten, hellen → Madeira, praktisch ein halbtrockener → Verdelho. Um die Entstehung des Namens ranken sich mehrere Legenden. Rainwater Madeira sind selten geworden.

Ramandolo Italienischer DOCG-Weißwein, der in der Gemeinde Nimis (Provinz Udine) in der Region → Friuli (Friaul) aus der Rebsorte Verduzzo Friulano und evtl. 10 % anderen Rebsorten als restsüßer Weißwein bereitet wird.

Rampolla, Castello dei Italienisches Weingut in der Region → Toskana im Chianti Classico. Erzeugt auf rund 42 ha Rebfläche etwa 120 000 Flaschen Wein, darunter DOCG → Chianti Classico sowie die IGT-Weine (→ Supertoskaner) Vigna d'Alceo (Cabernet Sauvignon und Petit Verdot) und Sammarco (Cabernet Sauvignon und etwas Sangiovese).

Rancio Ein spezieller → Altersgeschmack, wie er durch Alterung und Oxidation über einen langen Zeitraum heute noch bei einigen französischen und spanischen → Likörweinen vorkommt, darunter den AOC-Weinen → Banyuls, Grand Roussillon, → Maury, → Rasteau und → Rivesaltes bzw. aus den spanischen Gebieten → Priorato, → Tarragona und → Terra Alta. Weine dieser Machart sind nicht sehr in Mode, können jedoch sehr fein und interessant ausfallen. Die Weine werden z. B. im Banyuls oder Maury traditionell in der Sonne gelagert, um den Rancio-Effekt zu verstärken. Das Ergebnis sind leicht maderisierte, karamellisierte, in der Süße geschmacklich ausgewogene Weine, die das Klima ebenso ausdrücken können wie das einzigartige → Terroir.

Randersacker Deutscher Ort am Main in der Nähe von Würzburg im Weinbaugebiet → Franken. Der Weinbau des Ortes gilt als einer der bedeutendsten Frankens und verfügt über rund 220 ha Rebfläche. Die bekannteste Lage heißt *Pfülben*, gefolgt von *Teufelskeller*, *Sonnenstuhl* und *Marsberg*. *Ewig Leben* hingegen ist ein → Großlagenname. Bekannte Erzeuger: Staatlicher Hofkeller, Bürgerspital, Juliusspital (alle Würzburg), Robert Schmitt, Bruno Schmitt, Schmitts Kinder und Störrlein.

Rasteau Französischer Ort an der südlichen → Rhône, nördlich von → Avignon. In der AOC Rasteau werden auf rund 40 ha Rebfläche jährlich rund 300 000 l überwiegend rote und einige weiße Likörweine erzeugt. Diese → gespriteten, süßen, bernsteinfarbenen Weine werden aus der Rebsorte Grenache noir produziert und erinnern in ihrer Art an einen leichten → Portwein. Vereinzelt werden sie heute noch nach 7- bis 10-jähriger Fasslagerung halb maderisiert als → Rancio angeboten. Die weißen Rasteau werden ebenfalls aus roten Trauben gekeltert, aber ohne Schalenkontakt vergoren. Die Reben stehen auf bis zu 300 m Höhe auf Mergelböden. Rasteau ist eine der 17 Gemeinden der → Côtes-du-Rhône-Villages, entsprechend heißen die Weine Côtes-du-Rhône-Villages-Rasteau. Zunehmend wird auch trockener Rotwein erzeugt.

Ratzenberger, Weingut Deutsches Weingut in Bacharach, Weinbaugebiet → Mittelrhein mit rund 9 ha Rebfläche und einer jährlichen Produktion von etwa 60 000 Flaschen Wein. Rebsorten: 75 % Riesling, 15 % Spätburgunder. Böden: Devonschieferverwitterung. Bekannte Lagen: *Bacharacher Posten, Wolfshöhle, Steeger St. Jost.*

Rauenthal Kleiner deutscher Ort im Weinbaugebiet → Rheingau, auf den Ausläufern des Taunus oberhalb von Eltville mit rund 100 ha Rebfläche, die nahezu ausschließlich mit Riesling bestockt sind. Die besten Lagen, allen voran der bekannte *Baiken* und die kaum geringeren *Nonnenstück* und *Wülfen* sowie *Rothenberg* und *Langenstück* gehören zu den wertvollsten Weinbergen der Region. Der *Rauenthaler Baiken* mit seiner starken Hangneigung, den gut drainierten Böden aus Sand und Taunusquarzit, der optimalen Südorientierung sowie der geschützten Lage in einem Seitental ist eine der bedeutendsten Weinlagen im Rheingau und in Deutschland. Bekannte Erzeuger: Langwerth von Simmern, Hessische Staatsweingüter, Schönborn, Schloß Reinhartshausen.

Der *Rauenthaler Steinmächer* ist hingegen eine → Großlagenbezeichnung für insgesamt acht Weinbaugemeinden zwischen → Wiesbaden und → Eltville. So gekennzeichnete Weine kommen selten aus Rauenthal und nur aus den minderwertigsten Lagen.

Rausan-Ségla, Château Berühmtes französisches 2e *Cru classé*-Rotweingut im Bordeaux, in der AOC → Margaux (Haut-Médoc) mit rund 42 ha Rebfläche: 63 % Cabernet Sauvignon, 30 % Merlot, 5 % Cabernet franc und 2 % → Petit Verdot. Zweitwein: *Ségla.*

Rausch Der Wein begleitet den Menschen seit Jahrtausenden, er ist in vielen Ländern fester Bestandteil der Kultur – oft sogar religiöses Getränk. Der Rausch spielt dabei stets eine Rolle. Die individuelle Empfindung des Rausches ist von Mensch zu Mensch anders und hängt von Tageszeit und Temperatur ab. Auch die Wahl des alkoholischen Getränks hat darauf Einfluss: Der Rausch beim Bierkonsum ist z. B. völlig anders als der des Weinkonsums.

Der Rausch hat nicht eigentlich etwas mit Trunkenheit zu tun; man kann sich an einem Wein berauschen, von dem man nur wenige Schlucke zu sich nimmt. Je hochwertiger ein Wein und größer sein Mythos, desto stärker kann die Rauschempfindung sein. Sich gezielt und in Maßen zu berauschen ist Zweck des moderaten Weingenusses – und daran ist eigentlich nichts auszusetzen. In manchen Kulturen ist der Alkohol jedoch tabuisiert (→ Prohibition) – so im Islam. Auch in manchen Kulturkreisen herrschen prohibitive Sanktionen in Bezug auf den Genuss von alkoholhaltigen Getränken wie Wein (z. B. in Skandinavien und Nordamerika). Alkoholismus, den die Prohibition ausschließen möchte, hat nichts mit Rausch zu tun, sondern ist eine Suchtform, die durch viele unterschiedliche Faktoren ausgelöst wird – nicht aber durch den Rausch.

Räuschling Einst in der Ostschweiz sehr verbreitete weiße Rebsorte (im Elsass früher als Knipperlé bekannt, dort jedoch inzwischen verschwunden). Heute im Kanton Zürich noch mit wenigen Hektar Rebfläche vertreten.

Rauzan-Gassies, Château Französisches *2e cru classé*-Weingut im Bordeaux, AOC → Margaux (Haut-Médoc), mit rund 30 ha Rebfläche: 40 % Cabernet Sauvignon, 40 % Merlot, 20 % Cabernet franc und etwas Petit Verdot für Rotwein. Gilt als überbewertet.

Rauzan-Ségla, Château → Rausan-Ségla, Château

Ravello Italienische Stadt am Golf von Sorrent oberhalb von Amalfi in → Kampanien, bekannt für die in seiner Umgebung erzeugten Rot-, Rosé- und Weißweine.

Raveneau, Jean-Marie Französisches Weingut in der AOC → Chablis (Burgund) im Ort Chablis. Rund 7 ha Rebfläche, davon Besitz in den *Grand Cru*-Lagen *Valmur, Les Clos, Blanchots*. Die Weine werden traditionell ein Jahr im Holzfass ausgebaut.

Rayas Sehr dunkle → Olorosos, die nicht die angestrebte Qualität von Fülle und Körper erreicht haben und daher weniger delikat sind, bezeichnet man als *Rayas*. Sie werden meist mit anderen Olorosos oder Cream Sherrys verschnitten.

Rayas, Château Berühmtes traditionelles Weingut an der südlichen → Rhône in → Châteauneuf-du-Pape. Rund 17 ha Rebfläche (davon 2 ha Weißwein), überwiegend Grenache, etwas Syrah; der Rotwein reift zwei bis drei Jahre in Holzfässern. Château Fonsalette ist ein Côte du Rhône desselben Weinguts; der Zweitwein heißt *Pignan* (überwiegend aus Syrah).

Raymond-Lafon, Château Französisches Weingut im → Sauternes, in unmittelbarer Nachbarschaft zum weltberühmten Château d'→ Yquem, dessen ehemaliger Manager dieses nicht klassifizierte Gut erworben und den süßen Weißwein auf sein heutiges Niveau geführt hat. Die Rebfläche umfasst rund 18 ha und ist zu 80 % mit Sémillon und 20 % Sauvignon bestockt.

Rayne-Vigneau, Château de *Premier Cru classé*-Weingut in Bommes im → Bordeaux, AOC Sauternes. Auf rund 65 ha Rebfläche werden aus 75 % Sémillon und 25 % Sauvignon edelsüße, alkoholreiche und elegante Weißweine (→ Sauternes) erzeugt. Zusätzlich wird ein trockener, feinfruchtiger und gehaltvoller Weißwein als *Rayne sec* in den Handel gebracht.

Rebe → Weinrebe

Rebeln Österreichischer Ausdruck für → abbeeren oder → entrappen.

Reberziehung Weinreben müssen im Weinberg gepflegt und beschnitten werden. Hierfür gibt es je nach Land, Region, Topographie und Appellation verschiedene Reberziehungssysteme wie z. B. → Pergolaerziehung, Lyra- oder Gobelet-Schnitt, → Guyot-System, Einzelpfahl- oder Drahtrahmenerziehung. Entscheidend sind klimatische Bedingungen: z. B. Frost, Wind, Sonne, Regen. In regenreichen, nördlichen Regionen ist eine gute Durchlüftung und entsprechende Laubwand wichtig, damit der Rebstock die einfallende Energie der → Sonne assimilieren kann und die Trauben gut durchlüftet werden (zum Abtrocknen nasser Trauben nach dem Regen). Im Süden ist die Laubfläche entsprechend kleiner, damit der Rebstock nicht zu viel Energie für das Wachstum vergeudet. → Rebschnitt

Rebholz, Weingut Deutsches Weingut im Weinbaugebiet → Pfalz im Ort Siebeldingen. Auf rund 13 ha Rebfläche werden jährlich etwa 75 000 Flaschen Wein erzeugt. Rebsorten: 40 % Riesling, 25 % Spätburgunder, je 20 % Grau- und Weißburgunder sowie Chardonnay, 10 % Gewürztraminer. Bekannte Lagen: *Siebeldinger im Sonnenschein, Albersweiler Latt, Birkweiler Kastanienbusch.* Böden: Buntsandsteinverwitterung Muschelkalk, Lößlehm. Führender Pfälzer Erzeuger von langlebigen, nicht → chaptalisierten Weiß- und Rotweinen mit sehr hohem Reifepotenzial. Die Weine brauchen viel Zeit, um sich zu entwickeln.

Rebhuhnauge → Œil de Perdrix

Reblaus Eine Pflanzenlaus und der wohl gefährlichste Feind der europäischen → *Vinifera*-Reben mit dem lateinischen Namen *Phylloxera vastatrix.* Das Insekt saugt in einem bestimmten Lebensstadium an den Rebwurzeln und ist Überträger von Krankheiten, die zum Absterben der Rebwurzeln führen. Im Osten der USA kommt die Reblaus zwar schon immer vor, doch konnten die dortigen Rebsorten im Zuge der Evolution eine Resistenz gegen die Folgen des Reblausbefalls entwickeln. Fatalerweise wurde das etwa 1 mm große Insekt unerkannt mit einigen Blindreben um 1860 von Amerika nach Europa eingeschleppt, wo es zunächst in Südfrankreich und dann in allen übrigen europäischen Weinbauländern in den folgenden Jahrzehnten Millionen ha Rebfläche vernichtete, da den europäischen *Vinifera*-Reben die Resistenz fehlte und sie schließlich eingingen.

Dass die Reblauskatastrophe dennoch nicht das Ende des europäischen Weinbaus einleitete, ist allein der Einführung von → Pfropfreben zu verdanken. Europäische *Vinifera*-Stöcke wurden auf amerikanische, reblausresistente Rebwurzeln der → *Vitis riparia, Vitis rupestris* oder *Vitis berlanderi* aufgepfropft. So wurde der bis 1880 existierende *wurzelechte* Rebbau zu einem Pfropf-Rebbau – praktisch überall auf der Welt. Lediglich in Chile, Teilen Australiens und an der Mosel hatte die Reblaus keinen Schaden anrichten können, da Klima und Böden der Verbreitung der Reblaus entgegenstanden. Besonders in Sandböden kann sie nicht Fuß fassen, da die Reblaus unterirdische Gänge anlegt, um sich von Stock zu Stock auszubreiten. Die richtige Wahl der amerikanischen Unterlagssorte ist vom Boden, der Rebsorte und Weinart abhängig und entscheidet damit auch über die spätere Weinqualität.

Rebpfahl Pfahl aus Holz, Metall oder Beton, der dem Rebstock als Stütze oder dem Draht, an dem die Rebe erzogen wird, als Befestigung dient. Heute werden überwiegend verzinkte Rebpfähle verwendet, an denen sich die Drähte leicht spannen lassen und die für das → Anheften der Zweige besonders geeignet und darüber hinaus sehr haltbar sind. Für das Landschaftsbild hingegen sind hölzerne Pfähle vorteilhaft.

Rebschnitt Notwendige Maßnahme im Weinbau zur Förderung und Erhaltung der Wuchskraft und Produktivität des Rebstocks. Der Rebschnitt wird während der Wintermonate in der Ruhephase des Weinstocks durchgeführt. Aufgrund regionaler, lokaler oder sortenspezifischer Gepflogenheiten haben sich eine Reihe unterschiedlicher Erziehungsarten (z. B. Pfahl-, Drahtrahmen-, Mehrschenkel-, Vertiko-, Hochkultur-, Weitraum-, Pergolaerziehung) herausgebildet, die die Form des Rebschnitts (z. B. Bogen-, Kordon-, Silvoz-, Guyot-, Gobeletschnitt) bestimmen. Welcher Schnitt auch immer praktiziert wird, entscheidend ist, ob Masse (→ Ertrag) oder Qualität erzeugt werden soll.

Im Wesentlichen entscheidet darüber, wie viele Augen (Knospen, aus denen sich im Vegetationsjahr Triebe entwickeln) pro Stock angeschnitten werden, d. h. dem Stock verbleiben. Bei strikter Qualitätsorientierung sind sechs bis acht Augen pro Stock angemessen. Derartige Rebflächen erbringen etwa zwischen 4000 bis 8000 l Wein pro ha – eine Größenordnung, in der sich qualitativ hochwertiger Wein erzeugen lässt. Wird beim Rebschnitt hingegen weniger konsequent vorgegangen, dann können durchaus über 10 000, 15 000 oder gar 20 000 l Wein pro ha geerntet werden (→ Dornfelder). Damit ist eine Qualitätsminderung nach dem → Menge-Güte-Gesetz allerdings unvermeidbar.

Rebsorte Die Wahl der Rebsorte ist entscheidend für die Weinqualität. Je nach Klima und Bodenbeschaffenheit (→ Terroir) kommt jeweils nur eine begrenzte Auswahl in Frage, denn nicht jede Rebsorte wächst überall. Im Laufe der Jahrhunderte haben sich besonders glückliche Verbindungen herausgestellt, die für bestimmte Weinstile verantwortlich sind. Dabei gibt es Weine, die traditionell → reinsortig, und solche, die ein → Verschnitt (Cuvée) aus mehreren Traubensorten sind. Einige Beispiele:

• *Burgund*: beim Rotwein hat sich die Rebsorte Pinot noir als ideal erwiesen, beim Weißwein der Chardonnay. Beide können auf den Kalkböden im kontinentalen Klima Burgunds einzigartige Weine hervorbringen.

• *Bordeaux*: Cabernet Sauvignon, Cabernet franc, Merlot sind die idealen Partner für die klimatischen Bedingungen dieser Weinbauregion mit atlantischem Klima, einer relativ südlichen Lage und ihren Böden (im Idealfall Kiesböden).

• *Champagne*: Im kühl-kontinentalen Mikroklima dieses nördlichen Anbaugebiets erbringen Chardonnay, Pinot noir sowie Pinot meunier die besten Ergebnisse auf den Kreideböden der Region.

• *Rheinwein/Mosel*: Hier ist es der Riesling, der im kühlen Klima extrem hochwertige Weine ergibt und auf einer Vielzahl von Böden wächst, z. B. auf Schieferböden, Tonschiefer oder auf sandigem Lehm.

In den vergangenen hundert Jahren hat es immer wieder Versuche gegeben, Alternativen zu diesen klassischen Rebsorten zu entwickeln. Derartige Kreuzungen werden als → Neuzüchtungen bezeichnet und haben sich qualitativ allesamt als wenig erfolgreich erwiesen. Der Müller-Thurgau wird in Deutschland zwar (noch) umfangreich angebaut, doch auch er ist von minderer Qualität. Eine der wenigen positiven Ausnahmen erfolgreicher Neuzüchtungen ist in Österreich der Zweigelt.

Bedeutender ist hingegen die Auswahl der richtigen → Klone: Hier kann durch ein entsprechendes Augenmerk auf die qualitätsfördernden Eigenschaften (z. B. geringer Ertrag, Lockerbeerigkeit, Austriebsbeginn) viel zur Weinqualität beigetragen werden. Ein Winzer wird sich also bei der Neuanlage eines Weinbergs viele Gedanken um die Auswahl der richtigen Rebsorte bzw. der Klone machen.

Rebstock → Weinrebe

Rebunterlage → Weinrebe

Rebzeilenabstand Im modernen Weinbau wird aufgrund der Mechanisierung der Weinbergsarbeit den regelmäßig in Zeilen gepflanzten Rebanlagen der Vorzug gegeben (nur noch bei besonders steilen Bergen bzw. historischen Terrassen ist die Einzelstockerziehung vorherrschend). Über den Rebzeilenabstand entscheidet die Spurbreite des Traktors. Spezielle Maschinen ermöglichen einen Rebzeilenabstand von unter zwei Metern. In der Regel liegt der Zeilenabstand heute zwischen 1,60 und 2 Metern. Für die Weinqualität entscheidend ist die → Pflanzdichte – wo die Rebzeilen einen weiteren Abstand haben, werden die Rebstöcke in den Zeilen dichter gepflanzt, um den Ertrag pro Rebstock zu senken und die Qualität zu steigern.

Rechnitz Österreichischer Ort im Weinbaugebiet → Südburgenland mit rund 125 ha Rebfläche. Der überwiegende Teil sind Weißweine, meist aus der Sorte Welschriesling, doch ist der Blaufränkisch auf dem Vormarsch. Bekannter Erzeuger: Josef Mandl.

Recioto Italienischer → Strohwein aus teilrosinierten Trauben, der ausgesprochen fruchtig und intensiv aromatisch sein kann. Die Trauben werden gelesen und anschließend über mehrere Wochen (meist bis in den Januar/Februar hinein) an gut durchlüfteten Orten (z. B. unter Dachböden) getrocknet, bis sich in den Trauben Zucker und andere Inhaltsstoffe konzentriert haben. Der berühmteste Wein dieser Art ist der DOC-Recioto della → Valpolicella, ein körper- und alkoholreicher süßer Rotwein, der an → Portwein erinnert. Heute wird dieser Wein allerdings in der Regel weitgehend durchgegoren und kommt unter der Bezeichnung DOC → Amarone della Valpolicella in den Handel – als einer der gehaltvollsten italienischen Rotweine mit einem Alkoholgehalt um 15 %.

Auch aus Weißweinen stellt man in Italien Recioto her, der bekannteste dürfte der DOCG-Recioto di → Soave sein, ein fruchtig intensiver Typ mit deutlicher Restsüße, der auch als Schaumwein angeboten wird. In der Nähe von Soave wird ein ähnlicher Wein erzeugt, der Recioto di → Gambellara.

Rectoire, Domaine de la Französisches Weingut im → Roussillon im Ort Banyuls. Erzeugt konzentrierte, feine Banyuls und Collioure (Cuvée Pascole).

Red Mountain AVA im US-Bundesstaat → Washington.

Redondo Portugiesische Subregion in der DOC → Alentejo zwischen Évora und der spanischen Grenze. Auf ca. 1500 ha Rebfläche werden hauptsächlich körperreiche Rotweine überwiegend aus der Sorte → Periquita und einige Weißweine vor allem aus Roupeiro und Rabo de Ovelha erzeugt. Sie werden meist durch die lokale Winzergenossenschaft in den Handel gebracht.

Reduktiv → Ausbau

Refosco Italienische Rebsorte aus dem → Friuli-Venezia Giulia (Friaul). Eigentlich *Refosco dal Peduncolo Rosso*, der rotstielige Refosco, eine traditionelle rote Rebsorte. Ihre besten Ergebnisse erreicht sie in den → Colli Orientali del Friuli, wo sie einen Rotwein von intensiver Farbe hervorbringen kann. Auch in → Aquileia, → Grave del Friuli und → Lison-Pramaggiore werden Refosco-Weine erzeugt.

Refraktometer Optisches Gerät, mit dem sich das → Mostgewicht (Zuckergehalt der Trauben) messen lässt. Ein unverzichtbares, handliches und einfach zu bedienendes Gerät, das es dem Winzer ermöglicht, bereits im Weinberg den aktuellen Reifezustand der Trauben festzustellen. Der Winzer tropft den gemischten Saft einiger Trauben auf das dafür vorgesehene, geschliffene Ende des Geräts, klappt eine Glasscheibe darauf und kann durch die Lichtbrechung im Innern des Geräts die Zuckergradation ablesen. Über die physiologische → Reife der Trauben sagt das Gerät indes nichts aus.

Regen Ohne Regen kein Wein. Regen zur richtigen Zeit ist eine unabdingbare Voraussetzung für den Weinbau. Auch wenn → Tröpfchenbewässerung in Dürrezeiten das Überleben des Rebstocks sicherstellen kann, ist sie nicht in allen Gebieten zugelassen. Regen ist in der Phase der Winterruhe, des Austriebs und des Wachstums notwendig und kann in dieser Zeit kaum Schaden anrichten, besonders in gut drainierten Hang- und Steillagen. In der frühen Phase der Reife etwa von Anfang August bis Anfang September ist Regen ebenfalls kein großes Problem. Erst danach kann starker oder dauerhafter Niederschlag zu starker Verdünnung in den → Beeren oder schlimmstenfalls zum Aufplatzen führen. Bei ausreichendem → Wind ist die Gefahr der Fäulnis begrenzt, doch wenn die Trauben bereits Fäulnis angesetzt haben, kann Regen in größerem Umfang schaden. Zur Zeit der → Weinlese ist Regen ein großes Problem, insbesondere wenn Wind fehlt und große Regenmengen niedergehen. Der Wassergehalt der Trauben kann innerhalb weniger Stunden so zunehmen, dass das Mostgewicht (der Zuckergehalt) rapide fällt.

Regent Deutsche Rotwein-Neuzüchtung. Zurzeit existieren rund 650 ha Rebfläche mit besorgniserregenden Zuwachsraten in den letzten Jahren. Ergibt zwar dunkle, aber schlichte und eindimensionale Rotweine – eine Spezialität für → Augentrinker.

Reggiano Italienische DOC für roten → Lambrusco in der → Emilia-Romagna und Spumante aus den weiß gekelterten Trauben des Lambrusco.

Régnié Französische AOC für Rotweine, einer der zehn *Cru* des → Beaujolais mit rund 550 ha Rebfläche um die Orte Régnié, Durette und Lantigné. Der Weinbaubereich liegt im Westen des Kerngebietes des Beaujolais zwischen den Appellationen → Morgon und → Brouilly. Der Wein wächst auf granithaltigen Böden. Bekannte Erzeuger: Aucœur und Dubœuf.

Reguengos Portugiesisches Weinbaugebiet mit rund 3500 ha Fläche in der DOC → Alentejo, südöstlich von → Évora angrenzend an die Gebiete von Redondo. Es werden farbintensive Rotweine vor allem aus den Sorten Periquita, Aragonez und einigen weiteren erzeugt. Zusätzlich werden einige Weißweine aus den Sorten Roupeiro und Rabo de Ovelha produziert. Die Weine stammen vor allem von der Winzergenossenschaft Reguengos de Monsarraz.

Reichensteiner Qualitativ wenig eindrucksvolle deutsche → Neuzüchtung aus → Müller-Thurgau *x* Madeleine angevine *x* Calabreser Fröhlich, die noch in geringem Umfang zu finden ist (rund 200 ha Rebfläche).

Reife Der Reifegrad der Trauben bei der Lese ist ein, wenn nicht gar der entscheidende qualitätsbestimmende Faktor überhaupt. Bei der Weinlese geht es um den schmalen Grat zwischen Unreife und Überreife. Bei der Rebsorte Cabernet Sauvignon zum Beispiel erkennt man Unreife an grünen Paprika-Aromen und harten Gerbstoffen, die sich auf den Zähnen festsetzen; bei Sauvignon blanc äußert sich Unreife durch einen unangenehmen, an Katzenpisse erinnernden Geruch.

Überreife bei Weintrauben äußert sich in Form von Fäulnis oder Essigbefall, wobei zwischen negativer Fäulnis (z. B. Grauschimmel) und positiver Fäulnis (→ Botrytis) zu unterscheiden ist. Grauschimmel und Essigbefall muss bei der Lese konsequent selektiert werden. Botrytis hingegen kann bei edelsüßen Weißweinen von Vorteil sein, da solche Trauben über einen hohen Zuckergehalt verfügen. Ansonsten muss auch die Botrytis (insbesondere bei Rotwein) konsequent entfernt werden.

Trauben verfügen über eine optimale physiologische Reife, wenn alle Beerenbestandteile (Schale, Kerne, Fruchtfleisch und Stiele) vollkommen ausgereift sind. Reife Trauben sind eine Grundvoraussetzung für den Qualitätsweinbau. Es ist der Winzer, der über den richtigen Lesezeitpunkt entscheidet und ggf. aufwendig selektioniert (das Aussortieren unreifer oder fauler Trauben). Manchmal entscheiden wenige Tage, mitunter sogar Stunden über den richtigen Lesezeitpunkt.

Im deutschen und österreichischen Weingesetz wird der Reifegrad der Trauben durch → Prädikate deklariert: Ein Kabinett wird aus weniger süßen Trauben bereitet als eine Spätlese. Die Trauben einer Spätlese wiederum haben weniger Zucker gebildet als eine Auslese. An der Spitze dieses Systems steht als süßestes Prädikat die Trockenbeerenauslese. Leider wird dabei ausschließlich der Faktor Zuckergehalt berücksichtigt, nicht der Faktor Fäulnis oder Ertrag. Faule Trauben enthalten oft mehr Zucker als gesunde: «Faule« Winzer, die nicht hartnäckig selektieren, erhalten dann zwar Weine mit viel Alkohol, die aber einen unangenehmen Medizinalton (Weißwein) bzw. einen braunen Farbstich (Rotwein) aufweisen. Es liegt also vor allem am Erzeuger, die Kategorien richtig zu interpretieren. Auch der Faktor der physiologischen Reife bleibt dabei völlig unberücksichtigt. Eine Traube kann zwar süß, aber dennoch unreif sein. In einem solchen Fall ist die Säure scharf, die Aromen sind nicht gut ausgebildet und die Gerbstoffe grün und kantig.

Reife bei einem trinkfertigen Wein zeigt an, dass die Dauer der → Flaschenreife hinreichend war, den Wein zu vervollkommnen. Ein reifer Wein befindet sich auf dem Höhepunkt seiner aromatischen und geschmacklichen Möglichkeiten. Wird dieser Zeitpunkt verpasst, überschreitet Wein seinen Höhepunkt: er → maderisiert.

Reims Französische Stadt in der → Champagne mit großartiger, hinreißend schöner Kathedrale und historische Krönungsstätte der französischen Könige (nur zwei französische Könige sind nicht in Reims gekrönt worden). Reims ist heute zusammen mit Epernay das Haupthandelszentrum für → Champagner. Ganze Stadtteile sind von einem insgesamt viele km langen unterirdischen Netz von Tunneln, Gewölben und Kellern durchzogen, die in den weißen Kalkboden gehauen worden sind und in denen der Champagner ausgebaut wird, reift und lagert.

Rein, Reintönig Bezeichnung für einen sauberen Wein, frei von Beeinträchtigungen des Geruchs oder Geschmacks.

Reinhartshausen, Schloss Deutsches Weingut in → Erbach im → Rheingau. Eines der größten privaten Weingüter des → Rheingaus mit 82 ha Rebfläche. Das Schloss selbst ist ein Hotel. Die Weinberge liegen in Erbach (*Marcobrunn*, *Siegelsberg*, *Hohenrain*, *Schlossberg* und *Rheinhell*) auf der Rheininsel Mariannenaue (keine wirklich gute Lage, doch allemal ein Kuriosum) und in Hattenheim (*Wisselbrunnen*, *Nußbrunnen*) und sind zu 90 % mit Riesling bestockt.

Reinsortig Bei der Vinifikation unterscheidet man zwischen Reinsortigkeit und → Verschnitt (Cuvée).

- Reinsortige Weine werden aus einer einzigen Rebsorte bereitet. Die bekanntesten Beispiele sind z. B. die Weine Burgunds (→ Bourgogne) aus der Rebsorte Pinot noir für Rotwein und Chardonnay für Weißwein. Weitere Beispiele: der Riesling, der Barolo (aus der Rebsorte Nebbiolo), Brunello (aus der Rebsorte Sangiovese) sowie Sancerre (aus der Rebsorte Sauvignon blanc). Je nach Appellation ist der Wein entweder nach der Rebsorte benannt oder nach der Region, aus der er stammt. Letzteres ist ein Indiz für → Terroir und einen definierten Weinstil.
- Verschnitte (Cuvées) hingegen sind Mischungen aus mehreren Rebsorten. Die bekanntesten Weine sind z. B. Bordeaux (überwiegend aus den Rebsorten

Cabernet Sauvignon, Cabernet franc und Merlot), Chianti (überwiegend aus Sangiovese, ferner Cannaiolo nero und Cabernet Sauvignon) und Rioja (aus den Rebsorten Tempranillo, Grenacha, Cabernet Sauvignon und anderen). Diese Weine werden fast immer getrennt gelesen und ausgebaut.

Ob sortenrein oder Cuvée, es handelt sich dabei um unterschiedliche Stile, nicht aber um Qualitätsunterschiede. Grundsätzlich lässt sich sagen, dass reinsortige Weine traditionell vor allem in kühlen Klimata, Cuvées hingegen eher in heißen erzeugt werden. Reinsortige Weine bringen eher die Unterschiede der Jahrgänge zum Vorschein, bei Cuvées wird durch den Einsatz unterschiedlich talentierter Rebsorten ein eher gleich bleibendes Geschmacksbild über Jahrgangsschwankungen hinweg angestrebt.

Reinzuchthefe → Gärung, → Hefe.

Rektifiziertes Traubenmostkonzentrat → Traubenmostkonzentrat

Remelluri, La Granja Kleines spanisches Weingut im Weinbaugebiet → Rioja. Es wird traditioneller Rioja mit langer Lebenserwartung erzeugt, der in besonders hohen Lagen wächst. Der Erzeuger verzichtet meist auf die Bezeichnungen Reserva und Gran reserva.

Remontage Moderne Vinifikationstechnik für die Rotweinproduktion; französischer Begriff für das Umpumpen von Rotwein – auf Deutsch Überschwallverfahren. Während der → Maischegärung roter Trauben kondensiert das sich während der Gärung bildende Kohlendioxid an den Beerenschalen und lässt diese aufsteigen; es bildet sich der so genannte Tresterhut. Dieser verhindert das Herauslösen von den in den Beerenschalen sitzenden Farb- und Gerbstoffen. Um diese optimal zu extrahieren und dem Wein ausreichenden Sauerstoffkontakt zu ermöglichen, wird bei der Vinifikation ein Teil der Flüssigkeit in regelmäßigen Abständen aus dem Gärbehälter abgezogen und von oben über den abgesackten und zerkrümelten Tresterhut gegeben. Der Flüssigkeitspegel steigt wieder, und der Gärprozess wird fortgesetzt, sodass die gleichmäßige Extraktion gewährleistet bleibt. Durch diese Umwälzung werden die Schalen gleichmäßig verteilt und der Wein ausreichend belüftet. Die Remontage wird in der Regel in geschlossenen Tanks durchgeführt.

Remstal-Stuttgart, Bereich Deutscher Weinbaubereich im Anbaugebiet → Württemberg. Rund 1700 ha Rebfläche mit Muschelkalk-, Keuper- und anderen Böden, auf denen knapp zur Hälfte Weißwein (Riesling, Müller-Thurgau, Kerner und Silvaner) erzeugt wird. Bei den Rotweinen dominiert eindeutig die Rebsorte Trollinger mit 75 % Flächenanteil. Einige der besten Weine Württembergs kommen aus diesem Bereich, so aus → Stuttgart, vor allem aus den Stadtteilen Bad → Cannstatt und → Untertürkheim sowie aus → Stetten.

Reno Italienische DOC für Weißweine in der → Emilia-Romagna aus den Sorten Albana, Trebbiano, Montú, Pignoletto, die entweder überwiegend reinsortig oder als Cuvée verarbeitet werden.

Reserva Im spanischen und portugiesischen Weinbau – anders als im französischen Weinrecht (→ Réserve) – Bezeichnung einer Qualitätsstufe für besonders ausgesuchte, vinifizierte und ausgebaute Qualitäten. Rotweine müssen eine Mindestlagerung von 36 Monaten, davon 12 im Eichenfass, bei Weiß- und Roséweinen analog 24 bzw. 6 Monate absolvieren. Diese Weine reifen langsamer und sind langlebiger als normale Abfüllungen wie → Vino de crianza oder → Vino añejo. Die Bezeichnung entspricht in etwa dem italienischen → Riserva. Eine noch höhere Qualitätsstufe wird im Spanischen als → Gran Reserva, bei portugiesischen Weinen als → Garrafeira deklariert. Alle diese Weine setzen einen qualitativ guten bis sehr guten Jahrgang voraus, was nicht immer der Fall ist.

Réserve Eine auf französischen Weinetiketten mitunter anzutreffende Bezeichnung (auch *Grande Réserve*). Anders als beim spanischen oder portugiesischen → Reserva oder dem italienischen → Riserva jedoch ohne rechtliche Bedeutung. Eine *Réserve* im Elsass sollte eine höhere Qualität anzeigen als die normale Abfüllung. Bei größeren Handelshäusern mit eigenem Weingut wird durch diese Bezeichnung die → Erzeugerabfüllung gekennzeichnet.

Ress, Weingut Deutsches Weingut im Weinbaugebiet → Rheingau im Ort Hattenheim. Auf rund 33 ha Rebfläche werden jährlich etwa 220 000 Flaschen Wein erzeugt. Rebsorten: 90 % Riesling, ferner Spätburgunder. Bekannte Lagen: *Hattenheimer Wisselbrunnen* und *Nußbrunnen*, *Oestricher Doosberg, Rüdesheimer Berg Schloßberg* und *Rottland*.

Restsüße Bei der → Gärung wird der in den Trauben enthaltene Zucker von den Hefen in Alkohol und CO_2 umgewandelt. Wenn der Zucker nicht ganz vergärt, behält der Wein einen Anteil an unvergorenem Restzucker – die Restsüße oder natürliche Restsüße. In Deutschland werden Weine bis 9 Gramm pro l Restzucker als → trocken bezeichnet. Die Gärung kann entweder ohne Zutun zum Stillstand kommen (die Hefen stellen dann ihre Gäraktivität von selbst ein; »der Wein bleibt stehen«) oder durch einen Gärstopp herbeigeführt werden (z. B. durch Filtration oder Abkühlung des Weins). Allerdings können Trauben so viel Zucker enthalten, dass die Hefen absterben, bevor sie allen im Most enthaltenen Zucker vollständig vergoren haben.

Laut deutschem Weingesetz darf dem Wein nach der Gärung unvergorener Traubenmost (die so genannte → Süßreserve) zugegeben werden. Solche im Nachhinein gesüßten Weine erreichen naturgemäß nicht die gleiche Qualität wie Weine mit natürlicher Restsüße; geschmacklich sind sie nur selten wirklich fein und elegant.

Restsüße kann man aber auch in einem Wein gezielt herbeiführen, indem man ein Ausgären des Mostes mittels Zugabe von hochprozentigem Alkohol (→ gespritet) ermöglicht – in Deutschland nicht erlaubt.

Restzucker → Restsüße

Retsina Griechischer Weißwein (seltener Rosé). Für viele der griechische Wein schlechthin, heute rechtlich ein Tafelwein, der aus → Attika (von dort stammt der beste), Viotias (Böotien) oder aus → Zentralgriechenland und Euböa kommt und unter dem Namen der Region oder dem eines enger eingegrenzten Anbaugebietes, etwa Retsina Pikermiou (Pikermi), in den Handel kommt. Er wird meist aus den Rebsorten Savatiano, seltener aus Roditys gewonnen, wobei ihm vor oder während der Gärung bis zu höchstens 1 kg/100 l Harz der Aleppopinie zugesetzt wird, ein in Griechenland seit Urzeiten übliches Verfahren, um einen → oxidativen Ton des Weins zu verhindern bzw. zu übertönen. Heute geht der Konsum des Retsina auch in Griechenland zurück, auch wenn der Retsina, trocken und stets kühl serviert, als eine Art → Apéritif angenehm ist. Der unerfahrene Weintrinker tut sich angesichts des Harzgeschmacks oft reichlich schwer mit diesem charaktervollen griechischen Original. Dabei können es ordentliche und ohne Frage sehr bekömmliche Weine sein, die an heißen Sommertagen besonders gut schmecken.

Retz Malerischer niederösterreichischer Ort im nördlichen → Weinviertel, nahe der tschechischen Grenze, um einen überdimensionalen Hauptplatz gelegen, doch noch berühmter für seine ausgedehnten unterirdischen, z. T. mehrstöckigen Keller. Rund 1000 ha sind um die Stadt mit Reben (überwiegend Grüner Veltliner) bestockt, von denen die Lagen *Altenberg, Züngel, Gollitsch* und *Sonnleiten* als die besten gelten. Bekannter Erzeuger: Landesweingut Retz.

Retz, Weinbaugebiet Bis 1985 eigenständiges Weinbaugebiet in → Niederösterreich; darauf mit dem bis dahin ebenfalls eigenständigen Gebiet → Falkenstein zum Weinbaugebiet → Weinviertel, dem größten in Österreich, zusammengefasst.

Reuilly Französischer Ort in Zentralfrankreich westlich von Bourges, in unmittelbarer Nachbarschaft von Quincy. In der AOC werden in sieben Gemeinden auf rund 130 ha Rebfläche etwa 850 000 l Rot-, Rosé- und Weißweine erzeugt (davon rund 60 % Weißwein). Die Roten werden aus den Sorten Pinot noir, die Rosés aus Pinot noir und Pinot gris und die Weißweine aus Sauvignon blanc erzeugt. Die Reben stehen auf kalkhaltigem Grund. Bekannter Erzeuger: Claude Lafond.

Rhein Unter dem Gesichtspunkt des Weins einer der großen Ströme Europas, vergleichbar der Donau, der Rhône, der Loire oder dem Douro. An über der Hälfte seines Laufs (vom schweizerischen Graubünden bis Bonn) wird in seiner direkten bzw. mittelbaren Nähe Weinbau betrieben. Herausragend sind die → Rheinfront um → Nierstein und der → Rheingau. Sechs der dreizehn deutschen Weinbaugebiete liegen entlang des Rheins: → Baden, Hessische → Bergstraße, → Pfalz, → Rheinhessen, Rheingau und der → Mittelrhein. Der Name Rhein ist auch Bestandteil der → Tafelweingebiete Oberrhein (für Baden), Rhein (für die übrigen fünf Anbaugebiete, einschließlich → Nahe und → Ahr), und unter den Landweinen bezeichnet ein »Rheinischer Landwein« einen Wein aus Rheinhessen. Schließlich steht der historische Begriff → Rheinwein auch für eine Unterscheidung und Abgrenzung zu den Moselweinen.

Für Klima und Geographie ist der Rhein mit seinen Nebenflüssen von großer Bedeutung (→ Topographie).

Rheinburgengau Ehemaliger Bereich des Anbaugebietes → Mittelrhein, entlang des → Rheins von der hessischen bis zur nordrhein-westfälischen Landesgrenze mit Ausnahme des linksrheinischen Gebietes von der Nahemündung bis → Bacharach, einschließlich der wenigen verbliebenen Rebflächen an der unteren Lahn. Seit 1990 mit dem früheren Bereich → Bacharach ein Teil des Bereichs → Loreley.

Rheinfront Der berühmteste und qualitativ bedeutendste Teil des Anbaugebietes → Rheinhessen. Er erstreckt sich von → Dienheim im Süden über → Oppenheim und → Nierstein bis → Nackenheim, wobei sich der qualitativ hochwertigste Abschnitt der Rheinfront – der → Rote Hang – zwischen Nierstein und Nackenheim befindet. Auf den z. T. extrem steil zum Rhein hin abfallenden Hängen mit seinen roten Tonschieferböden wird fast nur Riesling angepflanzt, dessen Weine zu den besten Deutschlands gehören und bereits vor mehr als hundert Jahren auch im Ausland ein hohes Ansehen genossen. Die dort erzeugten Weine sind aufgrund der sehr günstigen natürlichen Bedingungen denen des benachbarten rheinhessischen → Hügellandes qualitativ weit überlegen.

Rheingau Bedeutendes deutsches Weinbaugebiet im Süden des Bundeslands Hessen mit einem zwar historischen, aber wenig glücklichen Namen. Seine Lagen befinden sich an den sanften Ausläufern des Taunus, ist rund 60 km lang (mit Unterbrechungen) und bis zu 5 km vom Rhein entfernt.

Geographie und Klima

In seinem Lauf knickt der Rhein von Süden kommend zwischen Mainz und Rüdesheim ziemlich genau auf dem 50. Breitengrad ab und fließt auf einer Länge von etwa 25 km in ost-westlicher Richtung. In diesem Bereich befindet sich das Herz des Rheingaus, der sich noch ein Stück in Richtung Frankfurt am Main hinzieht, sodass ein weiterer Teil der Rebflächen des Rheingaus auch am Main liegt (in den Orten → Hochheim, Wicker sowie ein kleiner Weinberg in der Stadt Frankfurt). Die Rebflächen liegen sämtlich auf den nach Süden orientierten Hängen des Taunus bzw. seiner Ausläufer. So verfügen sie grundsätzlich über eine ideale Lage (wie ansonsten keine andere Weinbauregion am Rhein), wobei den Weinbauflächen auch das Mikroklima des Rheins zugute kommt; an manchen Stellen ist der Strom bis zu einem Kilometer breit. So fällt das Klima weniger kontinental aus, als es der nördliche Breitengrad vermuten lässt (→ Topographie). Nach dem Gesetz gehören auch die Weine von → Aßmannshausen und → Lorch zum Rheingau, obwohl sie bereits jenseits des Rheinknies im Rheintal liegen.

Die Böden des Rheingaus sind relativ einheitlich. Man unterscheidet im Wesentlichen zwischen drei Bodentypen:

• Taunusquarzit: in den höheren Lagen des östlichen und mittleren Rheingaus sowie in Lorch;

• sandiger Lehm und Löß (auch mit Mergel durchsetzt): in den tiefer gelegenen Lagen des östlichen und mittleren Rheingaus;

• Schiefer und Phyllitschiefer: ersterer in Rüdesheim am Rüdesheimer Berg und Lorch, letzterer in Aßmannshausen.

Rebfläche, Rebsorten und Weinstile

So herausragend der Rheingau unter dem Gesichtspunkt der Qualität ist, hinsichtlich seiner Größe gehört er mit seinen 3100 ha Rebfläche zu den kleinsten deutschen Anbaugebieten und rangiert an siebter Stelle (von 13). Knapp 2,5 % der deutschen Weinernte werden hier erzeugt – insgesamt etwa 20 Millionen l Wein pro Jahr, davon 85 % Weißwein. Der Durchschnittsertrag liegt bei 6700 l pro ha – das ist deutlich weniger als der deutsche Durchschnitt von rund 9500 l.

Unter den Rebsorten nimmt der Riesling mit knapp 80 % die unangefochtene Spitzenstellung ein, während auf den Spätburgunder rund 12,5 und auf den Müller-Thurgau lediglich 2 Prozent entfallen. Der Riesling dominiert fast überall, nur in Aßmannshausen befindet sich seit Jahrhunderten eine Spätburgunder-Enklave.

Damit ist einiges über die Weinstile des Rheingaus angedeutet: Mit *Aßmannshäuser* bezeichnete man früher den Rotwein (damit war stets Spätburgunder gemeint), während ein *Rüdesheimer, Marcobrunner, Steinberger, Johannisberger* oder *Hochheimer* immer Riesling meinte. Diese Bezeichnungen sind mit dem Weingesetz von 1971 verschwunden, nicht jedoch die Stilistik dieser Weine. Die Rieslinge aus dem östlichen und mittleren Rheingau sind – sofern sie von den tiefer gelegenen Lagen auf sandigen Lehmböden stammen – stets voller, kräftiger und im Alter erdiger als jene, die in Rüdesheim auf Schieferverwitterung wachsen. Diese sind eleganter und schillernder. Eine Ausnahme bilden die Weine aus Lorch: Hier finden sich dem Mittelrhein vergleichbare Boden- und Klimaverhältnisse.

Der Rheingauer Wein ist selbst in kleineren Jahrgängen kein Wein für den schnellen Konsum, sondern sollte wegen seiner markanten Säurestruktur und seiner Komplexität reifen. Je nach Jahrgang und Qualitätsstufe wird dieses bei trockenen Weinen 4 bis 6 Jahre dauern. Spätlesen, Auslesen und edelsüße Weine

Rheingau (→ Karte nach S. 96)
(Der Hinweis »teilweise« bezieht sich darauf, dass jeweils nur ein Teil der Rebfläche als Erstes Gewächs klassifiziert ist.)

Ort	*klassifizierte Lagen*
Hochheim	*Domdechaney, Kirchenstück, Hölle* (teilweise), *Königin Victoriaberg*
Wiesbaden	*Neroberg*
Walluf	*Walkenberg*
Martinsthal	*Langenberg* (teilweise)
Eltville	*Sonnenberg* (teilweise)
Rauenthal	*Baiken, Gehrn, Nonnenberg, Wülfen* (teilweise), *Rothenberg* (teilweise)
Kiedrich	*Gräfenberg*
Erbach	*Steinmorgen* (teilweise), *Hohenrain* (teilweise), *Siegelsberg, Marcobrunn*
Hattenheim	*Wisselbrunnen, Mannberg, Engelmannsberg* (teilweise), *Pfaffenberg*
Hallgarten	*Schönhell* (teilweise)
Oestrich	*Doosberg* (teilweise), *Lenchen* (teilweise)
Mittelheim	*St. Nikolaus* (teilweise)
Winkel	*Jesuitengarten* (teilweise), *Hasensprung* (teilweise)
Johannisberg	*Hölle* (teilweise), *Mittelhölle* (teilweise)
Geisenheim	*Kläuserweg* (teilweise), *Rothenberg* (teilweise)
Rüdesheim	*Fuchsberg* (teilweise), *Mäuerchen* (teilweise), *Rosengarten, Rüdesheimer, Berg Rottland, Roseneck, Schlossberg*
Aßmannshausen	*Höllenberg* (teilweise)
Einzellagen	*Schloß → Johannisberg* *Schloß → Vollrads* *→ Steinberg*

benötigen 8 bis 10 Jahre. Erst dann werden sie – und dies auf Jahre hin – ihre ganze Größe offenbaren.

Weinbaustrukturen

Der Rheingau ist ein relativ homogenes Weinbaugebiet, sowohl vom Terroir als auch vom Weinstil. Bis zur Säkularisation 1802 wurde der Spitzenweinbau unangefochten von den Klöstern beherrscht (Kloster Eberbach und Kloster Johannisberg) sowie von einigen Adelsgeschlechtern (z. B. von Greiffenclau – Schloß Vollrads, Freiherr Langwerth von Simmern, Graf zu Eltz). Nach 1802 ging der kirchliche Weinbergsbesitz in die Hand von Reichen, meist Adligen und Bürgern über (Fürst Metternich, Prinz zu Hessen, Prinz zu Preußen). Diese Häuser beherrschten bis in die 1980er Jahre die Szene. Ihre Spitzenstellung war unangefochten, auch wenn die Weinqualität ihrer Güter oft nur noch enttäuschend war. Erst nach der → süßen Welle gelang es einigen der bürgerlichen Klein- und Kleinstbetriebe, bessere Qualitäten zu erzeugen und erfolgreich zu vermark-

Erstes Gewächs

Im Jahr 2000 wurde im Rheingau als erstem deutschen Weinbaugebiet eine Klassifizierung eingeführt – das so genannte Erste Gewächs (wörtliche Übersetzung des französischen *Premier cru*). Diese Bezeichnung orientiert sich an französischen Klassifikationen und ähnelt der des Elsass. Insgesamt wurden 1132 ha Rebfläche als herausragend klassifiziert, das sind etwa 35 % der Gesamtrebfläche des Rheingaus. Dieser überaus hohe Prozentsatz ist nach Auffassung vieler Experten nicht zu rechtfertigen und wird dem Ruf des *Ersten Gewächses* wohl eher abträglich sein, da auch Mittelklasse-Lagen fast inflationär in den Rang eines Ersten Gewächses erhoben wurden. (Zum Vergleich: Im Burgund sind insgesamt nur rund 3 % der Rebfläche als *Grand cru* klassifiziert.) Hinzu kommt, dass unter dem Namen der klassifizierten Lagen auch Weine verkauft werden dürfen, die nicht zu den jeweils vorgeschriebenen Klassifikationsprüfungen eingereicht worden sind, sodass unter ein und demselben Lagennamen sowohl *Erste Gewächse* angeboten werden als auch nicht-klassifizierte Weine.

ten und die adligen »Supertanker« abzuhängen. Die Weingüter Breuer (Rüdesheim), Künstler (Hochheim), Wegeler (Oestrich) und Kesseler (Aßmannshausen) waren die ersten neuen Spitzenbetriebe, denen zu Beginn der 1990er Jahre Güter wie Leitz (Rüdesheim), Weil (Kiedrich) und Kühn (Oestrich) folgten.

Nach zahlreichen Pleiten verschwanden in dieser Phase berühmte Weingüter wie z. B. das Weingut Graf von Eltz, oder sie gingen in den Besitz von Banken über (z. B. Schloss Vollrads). In letzter Zeit beweisen allerdings auch die schwerfälligen »Supertanker«, dass sie mit den kleineren Erzeugern Schritt halten können; allerdings geht dieser Wettbewerb nicht selten einher mit dem Verlust von Individualität. Heute beherrscht im Rheingau die gezügelte, temperaturkontrollierte Vergärung in Edelstahl die Vinifikation (meist unter Einsatz von → Reinzuchthefen), wodurch die Weine zwar in der Jugend fruchtbetonter, doch auch uniformer werden (oft wird auch noch die volle Ausschöpfung der gesetzlichen Obergrenze von 9 g/l Restzucker für die Kategorie *trocken* in Anspruch genommen). Eine rühmliche Ausnahme bilden Betriebe wie z. B. Leitz, die konsequent auch auf große Holzfässer und spontane Gärung mit natürlichen Hefen setzen.

Bereiche, Lagen

Das gesamte Gebiet ist im Bereich → Johannisberg zusammengefasst. Der Rheingau verfügt wie keine andere deutsche Weinbauregion über eine Vielzahl an hervorragenden und seit Jahrhunderten renommierten Lagen. Die wichtigsten liegen zwischen Frankfurt im Osten und Lorch im Westen (→ dazu Tabelle)

Rheingauflöte Deutsche Flaschenform, die ausschließlich im → Rheingau verwendet wird. Die dunkelblau-grüne Flasche ist oben leicht gekröpft, und am Hals ist sie vielkantig. Diese Flaschenform sollte Ende der 1980er Jahre die seit Jahrhunderten gebräuchliche braune Schlegelflasche ablösen, um Gebietstypizität (→ Typisch) anzudeuten und der altbackenen Region einen modernen Anstrich zu geben. Doch hat sich die an eine bunte Flasche im Fruchtsaft-Design erinnernde Form nie richtig durchsetzen können. Zum Glück, denn eine bewährte, klare Flaschenform einer der bedeutendsten Weinbauregionen Deutschlands wäre zugunsten modischen Schnickschnacks verschwunden.

Rheinhessen Größtes deutsches Weinanbaugebiet zwischen Mainz und Worms im Bundesland Rheinland-Pfalz. Der Name Rheinhessen geht darauf zurück, dass das Weinbaugebiet bis 1945 zu Hessen-Darmstadt gehört hat. Im Norden und Osten vom Rhein begrenzt, ist es in die Bereiche Nierstein, Bingen und Wonnegau eingeteilt. Im Norden schließt das Weinbaugebiet Rheingau an, im Osten in einiger Entfernung die Hessische Bergstraße, im Westen das Weinbaugebiet Nahe und im Süden die Pfalz. Die größte Stadt des Gebiets ist die rheinland-pfälzische Landeshauptstadt Mainz.

Geographie und Klima

Im rund 30 × 50 km großen Weinbaugebiet liegen etwa 140 Weinbaugemeinden. Das Gebiet wird in zwei grundverschiedene Bereiche eingeteilt:

- Die am Rhein gelegenen Weinbaubereiche der Orte → Bingen, → Ingelheim, → Nackenheim, → Nierstein und → Oppenheim (die letzten drei liegen an der so genannten → Rheinfront) mit dem deutlich vom Rhein begünstigten Mikroklima.
- Die im Landesinnern gelegenen Bereiche zwischen Mainz im Norden, Bad Kreuznach im Westen und Worms im Süden im → Rheinhessischen Hügelland mit seinem eher kontinental geprägten Klima.

Am Rhein profitiert der Weinbau deutlich vom klimaregulierenden Strom, seiner geringeren Höhenlage und der zum Teil idealen Exposition (→ Topographie). Qualitativ führend sind aufgrund der besonderen Böden folgende Ortschaften mit den nachfolgend genannten Lagen:

- Bingen: *Scharlachberg* (überwiegend roter Tonschiefer)
- Ingelheim: *Sonnenberg, Pares und Horn* (Löß-, Lehm- und Muschelkalkböden)
- Nackenheim: *Rothenberg* (roter Tonschiefer)
- Nierstein: *Pettenthal, Brudersberg, Goldene Luft, Hipping, Glöck, Ölberg, Heiligenbaum* und *Orbel* (überwiegend roter Tonschiefer)
- Oppenheim: *Herrenberg* und *Sackträger* (Löß- und Lehmböden, teilweise Kalk)

Die Orte Bingen, Nackenheim und Nierstein verfügen über den berühmten roten Tonschiefer – ein rund 220 Millionen Jahre altes Gestein aus dem Perm, das sehr eisenhaltig ist und die Weine einzigartig prägt. Der steil zum Rhein hin abfallende Höhenzug zwischen Nackenheim und Nierstein wird wegen seiner auffälligen Färbung als → Roter Hang bezeichnet.

Im rheinhessischen Hügelland liegen die Weinbauflächen in einer relativ reizlosen Hügellandschaft verstreut und profitieren nicht von den idealen Klimabedingungen des Rheins. Es herrschen Löß-, Sand- und Lehmböden vor, teilweise sind Kalk- und Mergelböden anzutreffen. Bis auf wenige Ausnahmen liegen die Rebflächen auf Kuppen und sanften Hängen, wo in der Regel nur durchschnittliche Qualitäten geerntet werden. Ausnahmen bilden aufgrund der Topographie die folgenden Orte:

- → Flörsheim-Dalsheim: Im so genannten → Wonnegau liegen gut geschützt und überwiegend nach Süden orientiert in einem Taleinschnitt zahlreiche steile Lagen (z. T. terrassiert) wie z. B. *Hubacker*, ferner *Bürgel, Sauloch* und *Steig.*
- → Westhofen: gehört ebenfalls zum Wonnegau. Die Rebflächen liegen gut geschützt und überwiegend nach Süden orientiert im klimatischen Einfluss der Rheinebene, wie z. B. *Morstein, Aulerde* und *Kirchspiel.*
- → Worms: An der Grenze zur Pfalz be-

finden sich einige Rebflächen in Rheinnähe, unter anderem die berühmten Lagen *Liebfrauenstift, Kirchenstück.*

Rebflächen, Rebsorten und Weinstile

Mit rund 25 000 ha Rebfläche kommt jährlich über ein Viertel des deutschen Weines aus Rheinhessen, insgesamt sind es rund 240 Millionen l Wein pro Jahr (davon rund 79 % Weißwein). Der hohe Durchschnittsertrag liegt zwischen 9000 und 12 000 l pro ha und weist auf die Bedeutung des Gebietes als Massenweinlieferant hin. Als Rebsorte steht der Müller-Thurgau mit rund 20 % an der Spitze, gefolgt von Silvaner (11 %), Riesling (10 %), Dornfelder (8 %), Kerner (7,5 %) und Portugieser (7 %). Der Rest von etwa 40 % entfällt überwiegend auf → Neuzüchtungen wie Scheurebe, Bacchus, Faber, Huxelrebe und Morio-Muskat. Insgesamt nehmen Neuzüchtungen rund 70 % der rheinhessischen Rebfläche ein. Eine Qualitätsrangfolge sieht in etwa so aus:

- Die Weine der Rheinfront sind qualitativ mit großem Abstand führend. Hier wird vor allem Riesling angebaut, der auf dem roten Tonschiefer mit das Beste bringt, was in Deutschland an Wein zu finden ist: vom trockenen Qualitätswein bis hin zu edelsüßen Spät- und Auslesen.
- An zweiter Stelle sind die Weine des Wonnegaus zu nennen. Hier machen immer mehr Weingüter mit sehr guter Qualität von sich reden.
- Die Rotweinenklave Ingelheim besitzt ein hohes Qualitätspotenzial und eine bedeutende Weinbaugeschichte. Qualitativ herrscht zurzeit Unsicherheit: Angebaut werden Portugieser, Dornfelder und die pikante Domina. Man versucht sich eher am schwierigen und wenig überzeugenden Cabernet Sauvignon als am Spätburgunder.
- Etwas weiter abgeschlagen folgt das rheinhessische Hügelland. Aus der bunten und – wie es scheint – eher in Ausnahmefällen qualitätsorientierten Sortenvielfalt begegnet man noch immer vielen Neuzüchtungen wie Dornfelder, Regent, Morio-Muskat und Faber oder unglücklichen Versuchen mit Sauvignon blanc. Eine Hand voll ehrgeiziger Betriebe beweist allerdings, dass hier auch überzeugende Weißweine aus Silvaner, Riesling und Burgundersorten erzeugt werden können.

Weinbaustrukturen

Das rheinhessische Hügelland hat seit Generationen vor allem als Fassweinlieferant fungiert: → Kommissionäre aus Oppenheim, Worms und Mainz kauften die Weine fassweise auf und brachten sie unter dem Namen des Abfüllers in den Handel. So entstand auch der Markenwein → Liebfrauenmilch, ein ursprünglich hochwertiger, restsüßer Weißwein überwiegend aus Riesling. Der Fassweinmarkt befand sich bis zur Enteignung, Vertreibung oder Ermordung der jüdischen Bürger in dessen Hand. Nach 1933/34 gerieten die deutschen Weinbaugebiete in eine schwere Krise, da der Handel in der Folge des nationalsozialistischen Rassenwahns zusammenbrach. Von diesem Einschnitt konnte er sich auch nach dem Krieg nicht mehr richtig erholen. Seit 1970 fallen die Fassweinpreise kontinuierlich; darunter hatte und hat besonders Rheinhessen zu leiden. Genossenschaftliche Strukturen wie in Baden oder Württemberg hatten sich in Rheinhessen nicht gebildet, und so landete der Wein überwiegend in Verschnitten wie der unseligen »Liebfrauenmilch«, die im Zuge dieser Entwicklung qualitativ ins Bodenlose fiel. Hinzu kam, dass von 1960 bis 1990 die → süße Welle dazu führte, dass fast nur noch belangloser Wein aus Neuzüchtungen produziert wurde und zahllose Rübenäcker in Wein»berge« verwandelt wurden.

Am Roten Hang (um Nierstein) hat sich heute die Qualität der Weine deutlich verbessert; Betriebe wie Heyl zu Herrnsheim und J. u. H. A. Strub stehen für den Erfolg dieses Wandels. Auch Bingen, Oppenheim und Ingelheim scheinen aus dem Dornröschenschlaf zu erwachen, und im Wonnegau haben sich einzelne Erzeuger wie Keller (in Flörsheim-Dalsheim) und Wittmann (in Westhofen) ein hohes Ansehen erworben.

Rheinhessen-Silvaner Deutscher Wein aus der Rebsorte → Silvaner, den eine große Zahl von Erzeugern im Weinbaugebiet → Rheinhessen ohne Angabe von Gemeinden oder Lagen unter einem einheitlichen Etikett in den Handel bringt. Mit dieser Marketing-Idee versucht man dem Image des qualitativ durchaus hochwertigen Silvaners wieder auf die Sprünge zu helfen, der immer noch allzu oft als Verschnitt in der → Liebfrauenmilch endet.

Rheinpfalz Bis 1992 offizieller Name des Weinbaugebietes → Pfalz.

Rheinriesling In jenen Teilen Österreichs, in denen auch der → Welschriesling vertreten ist, wie auch z. T. in anderen Ländern (Norditalien: *Riesling renano*) Bezeichnung für den echten → Riesling.

Rheinwein Historischer, im Unterschied zum Moselwein gebrauchter Begriff, der vor allem die Rebsorte Riesling und einen mit ihr verbundenen einzigartigen → Weinstil bezeichnet. Rheinwein kennzeichnet – wie → Bordeaux oder Burgunder (→ Bourgogne) – eine ganze Gruppe von Weinen, die durch ein relativ kühles Klima geprägt sind, das fruchtbetonte, mineralische und durch eine kräftige Säure sehr haltbare Weine hervorbringt. Mit der Bezeichnung Rheinwein waren so unterschiedliche Weine wie *Forster Kirchenstück* oder *Erbacher Marcobrunn* gemeint, daher ist der Begriff zwar relativ unpräzise, aber dennoch auch heute noch hilfreich, um Weine diesen Stils im Ganzen zu bezeichnen. Der Rheinwein gehört zu den vier großen Klassikern der Weinwelt: Bordeaux, roter Burgunder, weißer Burgunder und – Rheinwein.

Rhoditis → Roditys

Rhodos Eine der größten griechischen Inseln in der Ägäis und zugleich Ursprungsbezeichnung für einige trockene rote und weiße Qualitätsweine (OPAP), die dort erzeugt werden. Am bekanntesten sind die aus Athiri bzw. Amorgiano erzeugten Weiß- bzw. Rotweine der einheimischen Winzergenossenschaft, die als *Soleil* bzw. *Chevalier de Rhodes* in den Handel kommen. Die Insel ist auch bekannt für ihren → Likörwein, den → Muskat von Rhodos.

Rhône Von der Quelle in der Schweiz bis zur Mündung ins Mittelmeer westlich von Marseille durchfließt die Rhône

Weinbaugebiete an der Rhône
(→ Karte nach S. 96)

Schweiz

→ Wallis
→ Waadt (→ Chablais, → Lavaux, La → Côte)
→ Genf

Frankreich (von Nord nach Süd)

→ Seyssel und → Bugey (zwischen Genf und Lyon)
→ Côte Rôtie
→ Condrieu
→ Château-Grillet
→ Crozes-Hermitage
→ Hermitage
→ Saint-Joseph
→ Cornas
→ Gigondas
→ Châteauneuf-du-Pape
→ Tavel
→ Lirac
→ Côtes-du-Rhône (übergeordnete Appellation)

eine große Zahl unterschiedlicher Weinbaugebiete in der Schweiz und in Frankreich, die sich entlang ihren Ufern erstrecken.

Weitere Weine, die zwar von der Rhône kommen, aber nicht als *Côtes du Rhône* bezeichnet werden, sind z. B.: → Clairette de Die, → Coteaux du Tricastin, → Côtes du Lubéron, → Côtes du Ventoux, → Clairette de Bellegarde, → Muscat de → Beaumes-de-Venise. Außerdem trägt ein französisches Département den Namen *Rhône*: Dort liegt die Großstadt → Lyon und der größte Teil des → Beaujolais-Gebietes mit insgesamt rund 21 500 ha Reben.

Rías Baixas Spanische DO im Westen Galiciens an der Atlantikküste in Nordwestspanien an der Grenze zu Portugal. Das Weinbaugebiet verfügt über rund 2000 ha Rebfläche mit etwa 7 Millionen l Weinproduktion pro Jahr.

Klima, Geographie und Rebsorten
Die Region ist benannt nach den fjordartigen Meeresbuchten, den *rias*. Klimatisch stehen diese deutlich unter atlantischem Einfluss, daher ist es verhältnismäßig kühl und regenreich mit der Gefahr von Pilzkrankheiten und zu hohen → Erträgen. Das Gebiet hat sich in den 1980er Jahren zu einem qualitativ herausragenden Weißweingebiet entwickelt. Namhafte → Rioja-Güter, darunter Marqués de Murrieta, La Rioja Alta und Lan, haben sich hier inzwischen niedergelassen und investiert. Das Gebiet besteht aus den folgenden Subzonen:

- Ribeira do Ulla im Norden und im Landesinnern,
- Val do Sanés (Valle del Salnés) nordwestlich von Pontevedra an der Küste,
- Soutomaior: kleines Gebiet an der Küste,
- Rosal (El Rosal) im Süden an der Küste im Miño-Tal gelegen,
- Condado do Tea (Condado del Tea) weiter östlich an Rosal anschließend, ebenfalls im Miño-Tal mit wärmerem Mikroklima.

Als qualitativ führend gilt Val do Sanés wegen seines für spanische Verhältnisse recht kühlen Klimas; kultiviert wird überwiegend → Albarinho. Die südlicheren Bereiche Rosal und Condado do Tea hingegen bringen säureärmere Weine hervor. Die besten Abfüllungen stammen heute zumeist zu 100 % Prozent aus Albarinho. Sie müssen mindestens 11,3 % Alkohol aufweisen und ähneln dem portugiesischen Vinho verde; allerdings liegt ihr Preis aufgrund der Nachfrage überraschend hoch. Bekannte Erzeuger: Bouza do Rei, Castro Martin, Das Eiras, Marqués de Vizhoja, Fillaboa, Salnesur, Pazo de Señorans, Valdamor.

Ribalta Portugiesischer Markenwein. Bezeichnung für rote → Garrafeira-Weine des Weinguts C. Vinhas im Weinbaugebiet → Torres Vedras. In der Regel liegen die Weine zehn Jahre in großen Fässern, bevor sie abgefüllt werden.

Ribatejo Portugiesisches DOC-Gebiet in der fruchtbaren Ebene am Tejo in Portugal nordöstlich von Lissabon. Ein ausgedehntes Weinbaugebiet zwischen der Estremadura und dem Alentejo, aus dem jährlich über 80 Millionen l Wein kommen (überwiegend Weißwein). Die Schwemmlandböden sorgen für ausgesprochen hohe Erträge (bis zu 10 000 l pro ha). Neben den Weißweinen aus den Rebsorten Ferñao Pires, Arinto und Talia (Ugni blanc) gibt es eine geringere Zahl an hochwertigen → Garrafeira-Weinen, die allerdings oft unter dem Namen des Erzeugers gehandelt werden. Bekannte Erzeuger: Carvalho, Ribeiro & Ferreiro und Cavas Velhas.

Ribeauvillé Französische Stadt im → Elsass, einer der bedeutendsten Weinorte mit rund 250 ha Rebfläche, die oberhalb der Gemeinde in Süd- und Südostlagen in einem engen Seitental liegt, das von drei Burgruinen bekrönt wird. Bekannt ist Ribeauvillé für seine Weine aus den *Grand cru*-Lagen *Geisberg, Kirchberg* und *Osterberg* – vor allem Riesling und Gewürztraminer. Bekannte Erzeuger: Trimbach, Bott Frères, Louis Sipp, Fuchs und Kientzler.

Ribeiro Spanisch für Uferland. Nordwestspanisches DO-Weinbaugebiet mit rund 3100 ha Rebfläche und rund 22 Millionen l Weinproduktion. Im Süden Galiciens an der portugiesischen Nordgrenze gelegen und rund 30 km vom Atlantik entfernt, zeichnet es sich durch ein feucht-mildes Klima aus. Erzeugt werden meist leichte Weiß- und Rotweine, vorwiegend aus den Rebsorten Treixadura und Caiño und weiteren zehn Sorten, die wenig Körper und Alkohol entwickeln. Die Weine sind denen des Rías Beixas ebenbürtig, aber preiswerter. Bekannte Erzeuger: Alanis, Alemparte, Portela, Vilerma, Rojo Campante und Rivera.

Ribera del Duero Spanische DO-Weinbauregion in Kastilien-Leon, im Landesinnern der Iberischen Halbinsel gelegen (150 km nördlich von Madrid). Das Weinbaugebiet ist rund 80 km lang und 20 km breit und liegt entlang des Flusses → Duero. Im Westen grenzt es an die Großstadt Valladolid. Auf den rund 12 000 ha Rebfläche wird ausschließlich Rotwein angebaut – jährlich rund 45 Millionen l.

Geographie und Klima

Das kontinental kühle Klima und der Anbau in mindestens 750 Meter Höhe prägen die Weine der Appellation. Die Temperaturschwankungen sind beträchtlich: Im Sommer kann es 35 Grad warm werden, während die Nachttemperaturen auf unter 10 Grad abfallen. Durch dieses Wärme/Kälte-Spiel wird die Vegetationsperiode verlängert, und die Weine gewinnen an Aroma. Auch Frostgefahr besteht in der hoch gelegenen Region. Die Böden enthalten überwiegend Kalk und sind rotbraun und weiß.

Rebsorten und Weinstile

Erzeugt werden nur Rotweine (sowie einige Rosés bzw. → Claretes, besonders in Cigales), wobei überwiegend der einheimische Tinto del país (auch Tinto fino, Tempranillo) verwendet wird, zum Teil mit Zusätzen von Garnacha-Sorten. Zunehmend werden auch Cabernet Sauvignon, Malbec und Merlot angepflanzt, um Weine im internationalen Stil zu erzeugen. Die besten Weine zählen zu den bemerkenswertesten spanischen Rotweinen überhaupt: eher moderat in Alkohol und Körper, mit dezenter Säure. Der berühmteste, nahezu legendäre Wein des Gebiets ist der → Vega Sicilia, das *Nonplusultra* des spanischen Rotweins. Bekannte Erzeuger: Mauro, Ismael Arroyo, Felix Callejo, Reyes, Dominio de Pingus (Peter Sisseck), Alejandro Fernández (Pesquera), Perez Pascuas, Peñalba López (Torremilanos), Antonio Barceló sowie Balbas.

Ribera del Guadiana Spanische DO-Weinbauregion in der Extremadura, im Landesinnern in der Nähe der portugiesischen Grenze rund 150 km nördlich der Mittelmeerküste gelegen. Auf rund 3500 ha Rebfläche werden jährlich etwa 8 Millionen l Wein erzeugt, der auf 300 bis 350 m Höhe auf fruchtbaren Kalkböden wächst. Die bekanntesten Weine werden aus Tempranillo, Garnacha und Macabeo erzeugt. Über drei Viertel der Produktion entfallen auf Weißwein, doch die Zukunft liegt im Rotwein. Bekannte Erzeuger: Castelar, Coloma, Medina, Romero, Cooperativa San Juan.

Ribera Sacra Spanische DO in Galicien mit rund 1600 ha Rebfläche und 1,5 Millionen l Wein Jahresproduktion. In der zerklüfteten Region im Landesinnern wachsen die Weine auf steilen Hängen in grünen und waldreichen Tälern mit Schieferhängen. Insgesamt ist das

Klima wegen der Nähe zum Atlantik verhältnismäßig kühl und feucht. Es gibt sechs Subzonen: Chantada, Ribeiras do Miño, Sober, Ribeira do Sil-Ourense, Quiroga-Bibei, Amandi. Zugelassen sind 16 Rebsorten, aus denen überwiegend reinsortige Weißweine produziert werden, zunehmend auch Rotweine. Bekannte Erzeuger: Moure, Priorato de Panton, Rectoral Amandi, Virxe dos Remedios.

Ribolla Uralte italienische Rebsorte mit einer weißen und roten Variante. Die weiße, *Ribolla gialla* – gilt als identisch mit der römischen *Evola* –, wird vor allem an den → Colli Orientali del Friuli und im → Collio angepflanzt, wo sie die besten Ergebnisse hervorbringt. Die rote *Ribolla nera*, aus der der inzwischen wieder gefragte → Schioppettino erzeugt wird, war kurz vor dem Aussterben, als die Rückbesinnung auf autochthone Sorten einsetzte – ein Trend, um den Verlust an Identität zu kompensieren, der mit der Modernisierung des italienischen Weinbaus einhergegangen ist. Lange Zeit wurden im Friaul nur internationale Sorten wie Chardonnay, Merlot und Cabernet gepflanzt.

Riceys → Rosé des Riceys.

Richeaume, Domaine Französisches Weingut in der → Provence im Ort Puyloubier. Rund 27 ha Rebfläche im Besitz des Deutschen Hoesch, die rund 42 000 Flaschen Wein ergeben. Der moderne Rotwein wird aus Cabernet Sauvignon und Syrah bereitet und reift zwei Jahre lang in Eichenfässern.

Richebourg Französische *Grand cru*-Lage in der Gemeinde → Vosne-Romanée im → Burgund und AOC für Rotweine aus der Rebsorte Pinot noir mit rund 8 ha Rebfläche, auf der jährlich etwa 27 000 l Rotwein erzeugt werden. Die Lage grenzt im Süden an *Romanée-Conti* und *La Romanée*, im Osten an → *Romanée-Saint-Vivant*. Der Wein aus der Lage *Richebourg* gilt als der voluminöseste von Vosne-Romanée und wächst auf nach Osten ausgerichteten, mit Ton und Kies durchsetzten Kalkböden. Bekannte Erzeuger: Domaine de la Romanée-Conti, Leroy, Meo-Camuzet, Charles Noëllat (im Besitz einer der beiden Teilhaber-Familien der Romanée-Conti-Domäne), Charles Viénot.

Richter, Weingut Max Ferdinand Deutsches Weingut im Weinbaugebiet → Mosel-Saar-Ruwer in Mülheim an der Mosel. Auf rund 15 ha Rebfläche werden jährlich etwa 120 000 Flaschen Wein erzeugt. Rebsorten: 90 % Riesling. Böden: Tonschiefer. Bekannte Lagen: *Brauneberger Juffer* und *Juffer-Sonnenuhr, Wehlener Sonnenuhr, Graacher Domprobst.* Traditioneller Erzeuger von in großen Holzfässern ausgebauten Rieslingen.

Ridge Vineyards → Kalifornisches Weingut in den USA im Weinbaugebiet Santa Cruz Mountains. Auf rund 100 ha eigener Rebfläche und durch Traubenzukauf werden etwa 750 000 Flaschen Wein erzeugt, vor allem Cabernet Sauvignon, Merlot, Chardonnay und Syrah. Gilt als einer der führenden Erzeuger der Region. Die Weine verfügen tendenziell über eine feine Säure, sodass ein guter Teil der Weine in den Export geht. Spitzenweine: *Monte Bello* aus Chardonnay bzw. Cabernet Sauvignon und *Lytton Springs* aus Zinfandel.

Riechen → Geruch

Ried Österreichische Bezeichnung für → Einzellage.

Rieslaner Deutsche Weißweinsorte, eine Kreuzung aus Silvaner *x* Riesling, die vor allem in Franken und in der Pfalz anzutreffen ist und eine der wenigen gelungenen Neuzüchtungen darstellt. Da sie wenig Ertrag bringt und beste Lagen benötigt, ist ihr Anbau beschränkt: zurzeit sind es rund 74 ha Rebfläche.

Riesling Eine der besten weißen Rebsorten, die vor allem in Deutschland kultiviert wird und vermutlich aus dem → Rheintal stammt. Zum ersten Mal wurde sie in der österreichischen → Wachau erwähnt; dort trägt seit der ersten Hälfte des 13. Jahrhunderts eine der Lagen → Weißenkirchens den Namen *Ritzling*.

Heute wird Riesling, abgesehen von Deutschland und Österreich, vor allem im → Elsass kultiviert, ferner in der Schweiz, in Norditalien, in Spanien, der Tschechischen Republik, der Slowakei und in Slowenien. In Übersee kommt er in Chile, Südafrika, Kalifornien und Australien vor. Vor allem im Cool Climate liefert er außergewöhnliche Weine. Sein Hauptcharakteristikum ist seine lange → Vegetationsperiode und seine Eigenart, in kühlem Klima viele Fruchtaromen und einen hohen Fruchtsäureanteil zu entwickeln, und bringt dadurch in Verbindung mit natürlicher → Restsüße außerordentliche Qualitäten hervor. Deshalb ist eine langsame und lange Reifezeit für diese anspruchsvolle Sorte so wichtig, besonders auf Schiefer- und Urgesteinsböden entstehen die ausdrucksstärksten Weine. Gegen Ende des 19. Jahrhunderts bis in die 1920er Jahre hinein zählten Rieslingweine zu den begehrtesten und teuersten der Welt.

Deutschland

In Deutschland sind rund 21 % der Rebfläche mit Riesling bepflanzt (etwa 21 500 ha), darunter alle ausgezeichneten Lagen im → Rheingau, → Mosel-Saar-Ruwer, → Rheinhessen (dort am → Roten Hang), → Mittelrhein, → Nahe, → Pfalz, → Franken sowie teilweise → Württemberg. In allen deutschen Anbaugebieten schlägt der Riesling andere Weißweinsorten qualitativ um Längen. Er wächst auf Schiefer, sandigem Lehm und Löß, rotem Tonschiefer, Kalk- und Mergelböden, Buntsandstein, Porphyr und Vulkangestein sowie auf Konglomeraten. Je nach Bodenverhältnissen zeigt er bei hoher Reife und geringen Erträgen ein hohes Maß an Mineralität.

Elsass

In Frankreich beschränkt sich der Rieslinganbau ausschließlich auf das Elsass; dort bringt er wahrhaft herausragende Weine hervor. Mit rund 20 % Flächenanteil ist er die am häufigsten gepflanzte Rebsorte, wobei Kalksteinböden und sandiger Lehm überwiegen. Er ist in fast allen *Grand cru*-Lagen des Elsass vertreten.

Österreich

Riesling wird in Österreich vor allem in der Wachau angebaut, aber auch im Kremstal und Kamptal. Insgesamt sind rund 1500 ha Rebfläche mit ihm bestockt, was etwa 2,5 % der österreichischen Rebfläche entspricht. Vor allem in den Orten der Wachau wie → Spitz, Weißenkirchen, → Dürnstein und → Loiben entstehen Top-Qualitäten; hier profitiert der Riesling von den typischen Urgesteinsböden der Region. Im Kremstal ist er sowohl in Stein zu finden als auch auf den meterdicken Lößterrassen des Weinbaugebiets. Auch im Kamptal sorgt er für hervorragende Weine. Ferner kommt er in Wien, der Steiermark und im Weinviertel vor.

Übersee

In Kalifornien und Australien war der Riesling eine Zeit lang die häufigste Rebsorte überhaupt, aus der in der Regel nur dünn-süße Massenweine fabriziert wurden. Seit Ausbruch des Chardonnay-Booms und seitdem das internationale Rotwein-Fieber grassiert, geht sein Anteil kontinuierlich zurück. Da das aride Klima dieser Regionen der Aromenentfaltung nicht besonders entgegenkommt und seinen Charakter eher verzerrt, ist der Rückzug des Rieslings dort kein wirklicher Verlust.

Synonyme

Der Riesling hat in vielen Ländern einen anderen Namen: z. B. Weißriesling, Rheinriesling, Riesling renano, Johannisberg Riesling. Hingegen sind → Welschriesling, Schwarzriesling, Frankenriesling, Mainriesling, Banater Riesling, Goldriesling und Grey Riesling kein echter Riesling; in Neuseeland wird Müller-Thurgau fälschlicherweise als Riesling bezeichnet.

Riesling Hochgewächs Deutsche Weinbezeichnung, 1986 für → Qualitätsweine eingeführt, die ausschließlich aus Riesling erzeugt werden dürfen und deren natürlicher Mindestalkoholgehalt mindestens um 1,5 % über den für das Anbaugebiet geltenden Mindestwerten liegt. (Im Prinzip stellt Riesling Hochgewächs eine Stufe zwischen Qualitätswein und Kabinett dar.) Ferner muss der Wein bei der Qualitätsweinprüfung mindestens 3 (von 5 möglichen) Punkten erreichen und den für die → Spätlese vorgeschriebenen Kontrollmaßnahmen unterliegen. Obwohl derartige Weine heute aus allen deutschen Anbaugebieten kommen können, sollte ihre Einführung eigentlich dem Steillagenweinbau von → Mosel-Saar-Ruwer und Mittelrhein förderlich sein. Der Erfolg dieser Idee (der im Übrigen an das italienische → Superiore-System erinnert) ist bescheiden, um nicht zu sagen völlig wirkungslos. Kein Wunder, denn sie fügt dem ohnehin schon undurchdringlichen Dschungel des Weingesetzes noch eine weitere Bezeichnungsvariante zu, die nicht nur wegen der Kriterien unverständich, sondern auch wegen des irreführenden Namens missverständlich ist.

Riesling x Sylvaner Bezeichnung für → Müller-Thurgau, besonders in der → (Ost-)Schweiz.

Rieussec, Château Französisches *Premier Cru classé*-Weingut im → Bordeaux in der Gemeinde Fargues im Bereich → Sauternes. Rund 54 ha Rebfläche mit 80 % Sémillon, 18 % Sauvignon und 2 % Muscadelle, aus denen einer der hochwertigsten edelsüßen Weißweine Frankreichs erzeugt wird. Zusätzlich wird ein trockener Wein »R« produziert sowie die Spitzencuvée Tête de Cuvée.

Rilly-la-Montagne Französischer Weinbaubereich in der → Champagne, südlich von Reims. Mit 94 % eingestuft, gegenüber den 100 % des nicht weit entfernten → Mailly. Angepflanzt werden die drei Rebsorten der Champagne: Pinot noir, Chardonnay und Pinot meunier.

Rinaldi, Giuseppe Italienisches Weingut in Monforte d'Alba, → Piemont, einer der führenden klassischen Erzeuger der Region. Erzeugt auf rund 8 ha Rebfläche etwa 25 000 Flaschen Wein, vor allem DOCG → Barolo (15 000 Flaschen; auch Lagenweine) – ein äußerst delikater und klassischer Wein.

Rio Maior Portugiesisches Weinbaugebiet in der DOC → Ribatejo, einst bekannt für langlebige → Garrafeira-Weine. Liegt nördlich des Gebietes von Cartaxo.

Rioja Spanischer DOC-Rotwein im Nordosten Spaniens, der auf rund 50 000 ha Rebfläche erzeugt wird; neben dem → Sherry der bekannteste Wein Spaniens, von dem jährlich rund 250 Millionen l produziert werden. Dieses renommierte Weinanbaugebiet in den nordspanischen Provinzen La Rioja, Alava und Navarra ist nach dem Rio Oja, einem Nebenfluss des Ebro, benannt

Klima und Geographie

Die Weinbauregion Rioja ist ein rund 100 km langes und rund 20 km breites Band, das sich von Nordwesten nach Südosten erstreckt und dem Flusslauf des Ebro folgt. Im Nordosten liegt die Stadt Haro, hier mündet der kleine Rio Oja in den Ebro. Im Südosten liegt die Stadt Alfaro an der Grenze der DOC. Mittelpunkt des Gebietes ist die Stadt Logroños.

Die Unterbereiche des Rioja:

- *Rioja Alavesa*: nordwestlich von Logroños,
- *Rioja Alta*: südwestlich von Logroños,
- *Rioja Baja*: östlich von Logroños.

Rioja Alavesa und Rioja Alta (die beiden sind nur aus Verwaltungsgründen voneinander getrennt) gelten als die beiden besten Bereiche, da die Rebflächen höher liegen (rund 400 bis 600 m und darüber) und das Klima feuchter ist. Im Rioja Baja hingegen fällt das Klima mediterraner, insgesamt trockener und heißer aus, sodass die Weine weniger fein geraten und im Ruf stehen, plump zu sein, sodass sie lange Zeit nur zum Verschnitt eingesetzt wurden. Dies erscheint paradox, da das Rioja Baja weiter im Landesinnern liegt und zu erwarten wäre, dass die dem Atlantik näheren Gebiete früher reifen. Doch das Klima der regenreicheren Weinberge von Rioja Alavesa und Rioja Alta im Ebrotal ist deutlich durch die kühlen und regenreichen Atlantikwinde geprägt, sodass die Trauben dort nur im Schutz der hohen Berge reifen können. Dadurch setzt die Traubenreife erheblich später ein als im Rioja Baja, wo die Weinlese im Durchschnitt vier Wochen früher beginnen kann. Die verkürzte Vegetationszeit in Rioja Baja führt zu alkoholreichen, weniger aromatischen Weinen.

Die Reben stehen in Rioja Alavesa und Rioja Alta überwiegend auf rotem Lehm und weißen Kalkböden bzw. gelben Schwemmlandböden. Der Weinbau findet überwiegend auf Terrassen statt, wobei die höheren Lagen aufgrund der späteren Reife die grundsätzlich besseren Weine ergeben.

Rebsorten und Weinstile

• In Rioja Alta und Rioja Alavesa dominiert die rote Sorte Tempranillo. Daraus werden die Weine oft im Verschnitt mit Garnacha, Graciano und Mazuelo, z. T. auch mit der weißen Viura erzeugt, wobei die einfacheren Abfüllungen oft mehr Garnacha enthalten als die gehobeneren Qualitäten, bei denen in der Regel Tempranillo den Ton angibt. In Rioja Baja steht die rote Garnacha im Vordergrund. Die Rotweine wurden traditionellerweise als anonymer Verschnitt verschiedener Herkunft hergestellt und waren durch die jahrelange Lagerung in Holzfässern relativ farbschwach, leicht vanillebetont und mit feinen Gerbstoffen ausgestattet. Dieser eher burgundische Rotweintyp war schlank, fein und elegant, bei geringerem Alkoholgehalt, und wurde traditionellerweise in Burgunderflaschen abgefüllt. Hingegen wurden die ebenfalls produzierten farbstärkeren, alkoholhaltigeren und tanninbetonten Rotweine lange Zeit in Bordeauxflaschen verkauft. Die Weine des Rioja können mit Leichtigkeit zwanzig Jahre und älter werden, manche Spitzenrioja sind selbst nach 50 Jahren noch ein Genuß. Doch auch hier geht der Trend zu dunklen, fruchtsüßen und alkoholreichen Modeweinen, die oft mit Cabernet Sauvignon verschnitten werden, um einen → internationalen Typ zu imitieren. Das ist bedauerlich, denn die charaktervollen eigenständigen Weine des Rioja geraten dadurch zwangsläufig in eine Identitätskrise.

• Neben dem bekannteren Rotwein werden auch Rosé- und Weißweine produziert. Der in vergleichsweise geringen Mengen erzeugte Weißwein des Rioja wurde früher aus der Qualitätssorte → Malvasia erzeugt, doch geht auch ihr Anbau leider stark zurück, weil ihre gehaltvollen und sich langsam entwickelnden Weine als nicht mehr zeitgemäß gelten. Inzwischen wird überwiegend die ausdrucksschwache, aber säurereiche Viura (→ Macabeo) angebaut sowie → Garnacha blanca. Während die Weißweine früher durch höhere Gärtemperaturen und lange Holzfasslagerung geprägt waren, sind heute viele durch Kaltvergärung leicht, fruchtig und ohne Individualität. Die besten weißen Rioja (sie sind schwer zu finden) verfügen über Eleganz und können bis zu zehn

Jahre altern. Da in dem Gebiet keine → Edelfäule auftritt, sind süße oder halbsüße (→ abocado) Weißweine selten. Sie werden meist durch Gärungsstopp oder Zusatz von Konzentraten erzeugt.

Geschichte des Rioja

Der Ruf des Rioja wurde durch die Marqueses Riscal und Murrieta begründet, die den Weinen der Region ab 1860 zu ihrem Ansehen verhalfen. Als gegen Ende des 19. Jahrhunderts die → Reblaus in Europa einfiel und die Rebflächen des Bordeaux verwüstete, zogen viele Bordeaux-Winzerfamilien in das damals von dem Schädling noch verschonte Ebro-Tal und ließen sich in den Orten → Haro und Logroños nieder, die auch heute noch die Hauptzentren des Rioja-Handels sind. Auf diesem Wege gelangten auch ihre Weinbaumethoden nach Spanien. Die damals neu geschaffene Bahnverbindung zum Atlantik ermöglichte es, die Weine bequem zur Küste zu transportieren und von dort ins rotweinlose Bordeaux-Gebiet zu verschiffen.

Weingesetzliche Bestimmungen

Für Rot- bzw. Roséwein ist ein Höchstertrag von 4200 l pro ha zulässig, bei Weißwein bis zu 6300 l. Der Most muss einen Mindestalkoholgehalt von 10 % erreichen, in der Regel enthalten die Weißweine einen durchschnittlichen Alkoholgehalt von 11 bis 12 % und die Rotweine 12 bis 13 %. Nur eingetragene → Bodegas waren lange Zeit zur Erzeugung von Rioja-Weinen zugelassen. Dies hat dazu geführt, dass Produktion und Handel auch heute noch weitgehend voneinander getrennt sind. Erst langsam rückten die Traubenproduktion und Weinverarbeitung zusammen, sodass sich die verschiedenen Terroirs der Region deutlicher herausbilden können.

Da die einzelnen Abfüllungen unterschiedlich reifen, kommt der Beachtung der Qualitätsstufe eine wesentliche Bedeutung zu. Traditionellerweise werden die Rotweine in Barricas (Barriques) gelagert, früher über Jahre hinweg gebrauchte 225 l fassende Holzfässer, die seit den 1970er Jahren zunehmend aus Neuholz sind. Analog zur Lagerzeit gliedern sich die Qualitätsstufen wie folgt:

→ *Consejo regulador* bezeichnet die unterste Stufe von Weinen ohne längere Fassreife auch *vino sin crianza:* Das bedeutet keinesfalls, dass diese Weine minderwertig sind.

→ *Vino de crianza* steht für die nächst höhere Stufe mit mindestens einjähriger Fasslagerung und einem Jahr Flaschenreife in den Kellern des Erzeugers. Diese Weine sollten im vierten bis achten Jahr getrunken werden.

→ *Reserva* steht ebenfalls für eine einjährige Fasslagerung mit anschließender zweijähriger Flaschenreife. Die Weine können bis zwanzig Jahre alt werden.

→ *Gran Reserva,* die höchste Stufe, die für eine mindestens zweijährige Fasslagerung und zusätzlich dreijährige Flaschenreife steht; der Wein kann bei entsprechender Qualität über zwanzig Jahre und darüber hinaus altern.

Bekannte Erzeuger: Murrieta, Bujanda, La Rioja Alta, Riscal, Montecillo, Lan, Beronia, Martínez Lacuesta, Olarra, Muga, Riojanas, Cantabria, Cáceres, Campo Viejo, P. Lopez Heredia (Tondonia), Cosecheros Alaveses, Carlos Serres, Franco Españolas sowie Remelluri.

Rioja Alta → Rioja

Rioja Alavesa → Rioja

Rioja Baja → Rioja

Ripassa Italienisches Vinifikationsverfahren im Gebiet des → Valpolicella im → Veneto. Dabei werden bei der Bereitung des Valpolicella die Schalen des aus getrockneten Trauben gewonnenen → Recioto dem fertigen Wein zugegeben.

Da diese Schalen meist noch einen Rest Zucker enthalten, wird hierdurch eine erneute Gärung eingeleitet, so dass der Valpolicella ein Mehr an Farbe, Aroma, Alkohol und Gerbstoffen erhält.

Riquewihr Französische Stadt im → Elsass, einer der besten Weinbauorte und zugleich einer der malerischsten Frankreichs mit mittelalterlicher Stadtmauer, Toren, Türmen und Fachwerkhäusern. Auf den Vogesenabhängen um Riquewihr stehen rund 280 ha Reben auf Sand- und Mergelböden, von denen der *Schoenenbourg* (die steilste Lage) und *Sporen* als *Grand cru* eingestuft und bekannt für Riesling und Gewürztraminer sind. Bekannte Erzeuger: Hugel, Preiss-Zimmer, Dopff & Irion, Vieux Dolder, Dopff au Moulin, Jung und Leisbach.

Riserva Italienische Weinbezeichnung. Anders als beim gesetzlich nicht spezifizierten französischen Begriff → Réserve regelt das italienische Weinrecht die Qualitätsbezeichnung *Riserva*. Hierbei handelt es sich um eine höhere Qualitätsstufe als bei normalen Abfüllungen, wie sie bei → Barolo, → Barbaresco, → Chianti Classico und vielen anderen italienischen DOC- und DOCG-Weinen vorgesehen ist. Sie kann in einigen Fällen auch als → Superiore bezeichnet sein. Bei anderen Weinen gibt es noch eine höhere Qualitätsstufe, die als *Riserva speciale* deklariert wird. In allen Fällen sind für dieses höhere Prädikat zusätzliche Qualitätsanforderungen sowie eine längere, von Gebiet zu Gebiet unterschiedliche Fass- und Flaschenlagerung (2 bis 4 Jahre) vorgeschrieben.

Rivaner Aus Luxemburg stammende, heute verstärkt in Deutschland verwendete Bezeichnung für den → Müller-Thurgau, geschickter Winkelzug, um das ramponierte Image dieser Neuzüchtung aufzuwerten.

Rivesaltes AOC für Rotweine sowie gespritete und süße Weißweine (85 %), die nördlich der südwestfranzösischen Stadt Perpignan im Département Pyrénées-Orientales im → Roussillon erzeugt werden. Auf rund 8100 ha Rebfläche werden jährlich etwa 11 Millionen l Wein aus Grenache noir, Grenache blanc und Grenache gris, Macabeu, Malvasier und Muscat-Sorten erzeugt. Der Wein ist süß und hat mindestens 15 % Alkohol, der rote ähnelt im Stil dem → Banyuls, ist aber weniger fein. Alter, oxidierter bzw. leicht maderisierter Rivesaltes kann die Bezeichnung → Rancio führen; es gibt bis zu 100 Jahre alte Rivesaltes in der Region. Die Trauben werden durch das mediterran-heiße Klima im Zusammenspiel mit dem vom Meer her wehenden Wind (dem Tramontane – er bläst über 250 Tage im Jahr) geprägt. Die Trauben werden durch die Verdunstung extrem konzentriert und fallen enorm zuckerreich aus.

Wenn der Wein nicht aus Banyuls und den umliegenden Küstenorten stammt und ausschließlich aus Muskat gewonnen wird, darf der Wein als AOC *Muscat de Rivesaltes* verkauft werden. Auf rund 5000 ha Rebfläche werden jährlich etwa 14 Millionen l weißer gespriteter Likörwein erzeugt. Rebsorten: Muscat d'Alexandrie und Muscat à petits grains. Die Trauben müssen bei der Lese einen Zuckergehalt von mindestens 252 g/l aufweisen. Beide Weine sind nicht in Mode, aber können großartig sein. Bekannter Erzeuger: Château Mossé.

Riviera del Garda Bresciano Italienische DOC-Bezeichnung für Rot- und Roséweine (→ Chiaretto) vom südwestlichen Gardasee in der Provinz → Brescia in der → Lombardei. Der Wein wird überwiegend aus der Rebsorte → Groppello erzeugt. Bekannter Produzent: Weingut Monte Cicogna (in Moniga del Garda). Ansonsten ist die Bezeichnung *Groppello della Riviera del Garda* üblich.

Riviera Ligure di Ponente Italienische DOC im westlichen → Ligurien für Weiß- und Roséwein, die um die Orte Albenga und Pornassio zwischen Imperia und Savona erzeugt werden. Rebsorten: Ormeasco und Rossese (Rotwein) sowie Pigato und Vermentino (Weißwein). Die Weine können auch als Albenga, Albenganese, Finale oder Finalese und Riviera dei Fiori in den Handel kommen.

Rivière, Château de la Französisches Weingut im → Bordeaux in der Appellation Fronsac. Dort das größte und eindrucksvollste Gut. Produziert kräftige Rotweine.

Roannais Gebiet in Frankreich in der Umgebung der Stadt Roanne (westlich von Lyon) im oberen Tal der Loire, in dem der → *Côte Roannaise* hergestellt wird.

Robola de Cephalonie Trockener griechischer OPAP-Weißwein von der Insel Kephalonia (dem nordwestlichen Peloponnes vorgelagert), der aus der Rebsorte Robola (griechisch *Rompola*) erzeugt wird.

Rocca delle Macìe Italienisches Weingut in der Region → Toskana im Chianti Classico. Erzeugt auf rund 300 ha Rebfläche etwa 5 Millionen Flaschen Wein, davon rund 1,5 Millionen Flaschen Chianti Classico. An der Spitze der Qualitätspyramide thront der IGT-Wein Roccato (aus Sangiovese und Cabernet Sauvignon – 40 000 Flaschen), ein moderner, → internationaler Wein aus dem Barrique.

Roché → Rouchet

Roche-aux-Moines, Savennières Französische Lage an der → Loire; eine der beiden Spitzenlagen von → Savennières (die andere ist der → *Coulée de Serrant*), die für Weißwein aus der Rebsorte Chenin blanc berühmt ist. Rund 7 ha Rebfläche bringen jährlich rund 60 000 l. Die Reben stehen auf verwittertem Schiefer und Sand. Der Weinberg führt seinen Namen seit 1285, damals wurde er dem Kloster Saint-Nicholas gestiftet. Bekannter Erzeuger: Domaine de la Bizolière.

Rochecorbon Französischer Ort im Bereich der Loire, eine der bedeutenderen Weinbaugemeinden der → Touraine in der AOC → Vouvray.

Rochefort-sur-Loire Bereich der AOC → Coteaux du Layon. Französische Appellation im → Loiregebiet südlich von Angers. Aus der Rebsorte Chenin blanc werden überwiegend süße Weißweine erzeugt, die als Coteaux du Layon-Rochefort in den Handel kommen, während trockene Weiß-, Rosé- oder Rotweine die Appellation → Anjou tragen. Einige Kilometer vom Ort entfernt befindet sich die wohl berühmteste Lage, der → *Quarts de Chaume*. Bekannter Erzeuger: Baumard.

Rochelles, Domaine des Französisches Weingut an der → Loire im Bereich → Anjou. Rund 50 ha Rebfläche, auf der vor allem Cabernet Sauvignon und Cabernet franc angebaut werden für AOC Anjou rouge. Führender Erzeuger der Region für Rotweine, darunter die Cuvée *Le Croix de Mission*.

Rochemorin, Château de Französisches Weingut im → Bordeaux, im Graves. Rund 66 ha Rebfläche mit 50 % Cabernet Sauvignon und Merlot für Rotwein und 80 % Sauvignon und 20 % Sémillon für Weißwein. Der Wein ist deutlich vom Barrique geprägt und kommt unter der Appellation → Pessac-Léognan in den Handel.

Roda, Bodegas Kleines spanisches Weingut im Weinbaugebiet → Rioja, das mit modernen und teuren Rotweinen auf sich aufmerksam macht: Roda I und der Spitzenwein Roda II sowie Cirsión.

Rodet, Antonin Französisches Weingut und Handelshaus im → Burgund im Ort Givry (→ Côte Chalonnaise) mit insgesamt rund 140 ha Rebfläche. Erzeugt vor allem Mercurey: rund 100 000 Flaschen Rotwein (Pinot noir) und 20 000 Flaschen Weißwein (Chardonnay) auf 26 ha: *Premier cru Clos de Roi.*

Roditys In Griechenland verbreitete Rebsorte mit verschiedenen Varianten (mitunter auch *Rhoditis* oder *Roditis* geschrieben). Aus der roten Roditys wird ein trockener Roséwein, aus der weißen der OPAP-Wein → Patras erzeugt.

Rodungsprämien EU-Subventionen zur Eindämmung der Wein-Überschussproduktion – seit 1988 laufendes Programm. Ein Mittel, um die Kosten der → Zwangsdestillation abzubauen.

Roederer, Louis Französisches Champagnerhaus in → Reims mit exzellentem Champagner vom einfachen → *Brut* über den *Brut Premier* bis zur Spitzencuvée *Cristal* –, einem der berühmtesten Champagner.

Roeri Italienische Hügellandschaft nordwestlich von Alba in → Piemont, die für den dort erzeugten weißen → Arneis dei Roeri sowie den → Bianco dei Roeri bekannt ist.

Roero Italienische DOC im → Piemont im Gebiet Roero für → Nebbiolo-Weine aus einigen Gemeinden der Provinz Cuneo. Rosso aus Nebbiolo (95 bis 98 %), der bei mindestens 12 % Alkohol als *Superiore* in den Handel gebracht werden darf. Bekannte Erzeuger: Deltetto, Correggia, Malavirà. Bianco: Reinsortiger Arneis aus der gleichnamigen Traube, auch als → Spumante.

Rohfäule Wenn die → Botrytis cinerea unreife Trauben befällt, führt dies zur gefürchteten Rohfäule, was den Verlust der Ernte nach sich zieht, wenn keine Gegenmaßnahmen eingeleitet werden. Der Winzer wünscht sie daher – wenn überhaupt – nur an reifen, weißen Trauben zu sehen, wo sie das Gegenteil bewirkt, nämlich die → Edelfäule.

Rohrendorf Österreichische Stadt im Weinbaugebiet → Kremstal, östlich von Krems gelegen. Rund 340 ha Rebfläche. Sitz des Weinimperiums von Lenz Moser. Bekannter Erzeuger: Sepp Moser.

Romanèche-Thorins Französischer Weinbaubereich im Gebiet des → Beaujolais. Ein Teil der dortigen Rebflächen gehört zur AOC → Moulin-à-Vent, zusammen mit Partien von → Chénas. Eine Reihe führender Handelshäuser und Erzeuger haben ihren Sitz in Romanèche: Dubœuf, R. Siffert, Château des Jacques und die Hospices.

Romanée, La Berühmte AOC *Grand cru*-Lage im → Burgund für Rotwein der Sorte Pinot noir. Lediglich 0,8 ha Rebfläche und damit die kleinste Weinlage Frankreichs mit eigener AOC. Sie liegt im Ort → Vosne-Romanée unmittelbar oberhalb der noch berühmteren Lage → Romanée-Conti. Jährlich werden um die 3100 l Rotwein erzeugt, der auf tonarmem, kieshaltigem Kalkboden wächst. Die Lage ist seit 1833 im Besitz der Familie Liger-Belair; der Wein wird exklusiv von Bouchard Père & Fils in den Handel gebracht. Nicht das gleiche Renommee genießt die *Premier cru*-Lage *La Romanée* in → Gevrey-Chambertin, die sich im Alleinbesitz des Domaine de Varoilles befindet.

Romanée-Conti Französische AOC für Rotwein im → Burgund. Auf der rund 1,8 ha großen *Grand cru*-Lage im Ort → Vosne-Romanée werden jährlich rund 5000 l Rotwein aus Pinot noir erzeugt. Der Wein wächst auf braunem, fettem Kalkboden. Der berühmteste aller roten Burgunder und für viele das *Nonplusultra* des Rotweins überhaupt; einer der seltensten und teuersten Rotweine der Welt, der in nummerierten Flaschen verkauft wird.

Der Name geht auf den Prinzen de Conti zurück, in dessen Besitz sich die Lage von 1760 bis zur Revolution 1789 befand. Bis ins 16. Jahrhundert gehörte sie zum Besitz der Mönche von Saint-Vivant. 1869 wurde sie von dem führenden Weingutsbesitzer der damaligen Zeit in Burgund, Duvault-Blochet, erworben, dem unmittelbaren Vorfahren eines der beiden heutigen Besitzer, Aubert de Villaine (der andere ist Lalou Bize-Leroy).

Die Lage ist heute der wichtigste Besitz der → Domaine de la Romanée-Conti.

Romanée-Conti, Domaine (kurz DRC) Berühmtes Weingut im → Burgund in → Vosne-Romanée. Diesem Weingut gehört die Crème de la Crème der besten Lagen Burgunds: neben einem Teil der Lage → Romanée-Conti die Lage *La* → *Tâche* (Alleinbesitz) sowie ein großer Teil von → *Richebourg* und bedeutender Besitz in *Les* → *Echézeaux* und *Les* → *Grands Echézeaux*. Zusätzlich besteht ein langfristiger Pachtvertrag über Teile von → *Romanée-Saint-Vivant* aus dem Besitz des Generals Marey-Monge und ein kleinerer Anteil am berühmten → *Montrachet*. Die Weine gehören heute zu den begehrtesten und bedeutendsten Burgundern.

Romanée-Saint-Vivant Französische AOC für Rotwein im → Burgund. Auf der rund 9 ha großen *Grand cru*-Lage im Ort → Vosne-Romanée werden jährlich rund 30 000 l Rotwein aus der Rebsorte Pinot noir erzeugt. Der Wein wächst auf braunem Kalkboden mit tonigem Mergel und Kies. Der Name der Lage wird von der Abtei Saint-Vivant abgeleitet, deren Mönchen der Weinberg 1232 von der Herzogin von Burgund als Stiftung überlassen wurde; die Ruine der Abtei liegt etwa 5 km westlich von Vosne. Bis zur Französischen Revolution blieb die Lage im Besitz der Mönche. Heute teilen sie sich mehrere Besitzer. Der *Romanée-St-Vivant* zählt zu den feinsten roten Burgundern und besten Rotweinen Frankreichs. Bekannte Erzeuger: Domaine de la → Romanée-Conti (rund 60 %), Louis Latour, Leroy (Madame Lalou Bize-Leroy) und Michel Voarick.

Rompola → Robola de Cephalonie

Ronco del Gnemiz Italienischer Ort in der DOC → Colli Orientali del Friuli und gleichnamiger Weinbaubetrieb. Bekannt für Cabernet Sauvignon und Cabernet franc aus dem Barrique.

Rondinella Gute italienische Rotweinsorte, die vor allem im → Veneto und in der → Lombardei angebaut wird und von der bis zu 40 % im → Valpolicella (auch → Amarone und → Recioto) und → Bardolino enthalten sind.

Rosato Italienische Bezeichnung für → Rosé, wie sie aus nahezu allen italienischen Regionen stammen, insbesondere aus → Apulien. Viele von ihnen besitzen DOC-Status.

Röschitz Österreichische Stadt im Weinbaugebiet → Weinviertel mit rund 340 ha Rebfläche. Über zwei Drittel der Rebfläche sind mit Grünem → Veltliner bepflanzt. Bekannte Erzeuger: Maurer, Gruber und Frischauf.

Rosé Ein Roséwein ist kein Verschnitt aus Rot- und Weißwein (dies wäre ein → Rotling oder → Schillerwein), sondern ein Produkt, das ausschließlich aus Rotweintrauben bereitet wird. Seine helle Farbe entsteht dadurch, dass die Maische nur kurz mit den Beerenschalen vergoren wird, in der sich hauptsächlich die Farbstoffe befinden. Bleibt der Wein während der Gärung länger mit den Schalen in Kontakt, entsteht ein Rotwein; wird der Most ganz ohne Schalen vergoren, entsteht ein → Weißherbst (oder → Blanc de noir). Rosés werden in fast allen Weinbauländern hergestellt.

• Einige der besten französischen Rosés bereitet man aus den Rebsorten → Grenache, → Pinot noir, Cabernet franc und → Gamay. Die bekanntesten sind z. B. Rosé de → Provence, Rosé d´Anjou, → Tavel, → Marsannay.

• Die besten italienischen Rosés werden

aus den Sorten → Lagrein, → Marzemino, → Montepulciano, Bombino nero hergestellt. Sie kommen z. B. vom → Gardasee (→ Chiaretto), aus dem → Trentino und → Südtirol oder aus → Apulien, ferner teilweise aus den → Abruzzen, → Kampanien, → Kalabrien und → Sizilien.

• Im Vergleich dazu sind deutsche Rosés meist leichter, hellfarbiger und oft säurebetonter. Sie werden auch als → Weißherbst vinifiziert, sofern sie aus einer einzigen Rebsorte stammen.

• In Österreich ist der → Schilcher aus der → Weststeiermark bekannt, in der → Westschweiz die Rosés (→ Süßdruck) aus der Blauburgundertraube, → Œil de Perdrix.

Roséweine sollten kühl bis sehr kühl und in der Regel jung getrunken werden.

Rosé d'Anjou Französische AOC für Roséweine im Gebiet der → Loire. Jährlich werden auf rund 2300 ha Rebfläche etwa 15 Millionen l Wein aus den Rebsorten Cabernet franc, Cabernet Sauvignon, Pineau d'Aunis, Gamay, Côt und Grolleau erzeugt. Der bekannteste und vielerorts beliebteste Wein aus → Anjou, zumeist ein recht anspruchsloser, süßlicher Roséwein.

Rosé de Béarn → Béarn

Rosé de Loire Französische AOC für Roséweine der → Loire. Auf rund 800 ha Rebfläche werden jährlich etwa 5 Millionen l Rosé aus den Rebsorten Cabernet franc, Cabernet Sauvignon, Pineau d'Aunic und Grolleau in den Appellationen → Anjou, → Saumur und der → Touraine erzeugt, die mindestens zu 30 % aus Cabernet franc bereitet sein müssen.

Rosé de Riceys Französische AOC für Roséweine im Süden der Champagne. Auf rund 100 ha Rebfläche werden etwa 47 000 l Rosé aus Pinot noir erzeugt. Meist wird der Wein in Tanks ausgebaut.

Rosemount Estate Australisches Weingut, das auf rund 1700 ha Rebfläche vor allem → Markenweine im industriellen Maßstab erzeugt: Shiraz, Cabernet Sauvignon, Merlot, Chardonnay und Sauvignon blanc.

Rosenhof, Weingut Österreichisches Weingut im Weinbaugebiet → Neusiedlersee. Auf rund 15 ha Rebfläche werden jährlich etwa 60 000 Flaschen Wein erzeugt. Auch hier geht der Trend hin zu Rotweinen, doch besonders die delikaten weißen Prädikatsweine überzeugen.

Rosette Französischer restsüßer Weißwein aus dem Département Dordogne, nördlich von → Bergerac, der vom Stil her einem → Montravel ähnelt und wie dieser aus den Rebsorten Sémillon, Sauvignon und Muscadelle mit einem Zuckergehalt im Wein zwischen 8 und 54 g/l erzeugt wird. Die Weine kommen meist als *Bergerac* in den Handel.

Rossara Name für die Rebsorte → Molinara, insbesondere im Gebiet des → Bardolino.

Rossatz Österreichischer Weinbauort im Weinbaugebiet → Wachau auf dem rechten Donauufer gegenüber von Dürnstein gelegen. Auf den Urgesteinsböden wird überwiegend Grüner → Veltliner und Riesling erzeugt. Bekannte Produzenten: Günter Mayer, Erich Polz, Heinrich Maier (beide aus Rührsdorf).

Rossese Italienische Rotwein-Rebsorte, in → Ligurien heimisch. Wenn der Rotwein aus der Umgebung von Albenga kommt, kann er das DOC-Prädikat Rossese della → Riviera di Ponente führen. Weiter westlich davon gibt es den → Rossese di Dolceacqua.

Rossese di Dolceacqua Italienischer DOC-Rotwein aus → Ligurien. Er stammt aus der autochthonen Rebsorte → Rossese, die besonders auf den Hügeln des westlichen Ligurien zwischen San Remo und der französischen Grenze gedeiht. Mit 13 % Alkohol auch als *Superiore.*

Rosso Italienisch für rot. *Vino rosso:* Rotwein.

Rosso Canosa Italienische DOC für Rotwein in → Apulien, im Norden der Terra di Bari. Wird aus den Rebsorten Uva di Troia, Montepulciano und Sangiovese erzeugt. Nach zwei Jahren Fasslagerung und bei mindestens 13 % Alkohol kann er als → *Riserva* in den Handel gebracht werden.

Rosso di Barletta Italienischer Rotwein aus → Apulien, der überwiegend aus der Rebsorte Uva di Troia in der Umgebung von Barletta in → Apulien erzeugt wird. Der Zusatz *Invecchiato* bedeutet zwei Jahre Alterung.

Rosso di Cerignola Italienische DOC für Rotwein aus → Apulien, der in der Provinz Foggia erzeugt wird. Rebsorten: Uva di Troia, Negro amaro, Sangiovese, Barbera, Montepulciano, Malbec und Trebbiano. Nach zwei Jahren im Holzfass und bei mindestens 13 % Alkohol darf er das Prädikat *Riserva* führen.

Rosso Cònero Italienische DOC für Rotwein in den → Marken, der in den Provinzen Ancona, Macerata und Ascoli Piceno überwiegend aus Montepulciano (auch Sangiovese) erzeugt wird (bei 12 % Alkohol als Superiore). Bekannte Erzeuger: Moroder, Lanari, Marchetti und Garofoli.

Rosso di Montalcino Italienischer DOC-Rotwein aus dem → Brunello-Gebiet in der → Toskana, der jedoch von seinen Anlagen nicht über die Voraussetzungen für eine lange Holzfasslagerung und eine anschließende mehrjährige Reifezeit verfügt. Er wird daher nur ein bis zwei Jahre im Fass gereift. Häufig ist er jedoch entweder tanninüberfrachtet oder zu eichenbetont vinifiziert und ausgebaut.

Rosso di Montepulciano Italienischer DOC-Rotwein aus → Montepulciano in der → Toskana. Es handelt sich um einen Vino Nobile mit kürzerer Fasslagerzeit. Bekannter Erzeuger: Le Casalte.

Rosso Piceno Italienische DOC für Rotwein in den → Marken, der in großen Teilen der Provinzen Ancona, Macerata und Ascoli Piceno aus → Sangiovese (60 %) und → Montepulciano (40 %) erzeugt wird. Als *Superiore* stammt er aus einer kleinen, genau festgelegten Anbaufläche im äußersten Süden des Gebiets mit einer mindestens einjährigen Lagerung. Bekannte Erzeuger: Villamagna und Rubicini Vincenzoelo.

Röstaromen → Barrique, → Kaffee

Roter Hang Teil des deutschen Weinbaugebietes → Rheinhessen. Ein steil zum Rhein hin abfallender Hang zwischen den Orten → Nackenheim und → Nierstein, der so genannten Rheinfront. Der dort erzeugte Riesling erreicht qualitativ die Spitze, da er auf dem mineralreichen, verwitterten roten Tonschiefer des Perms wächst, der rund 280 bis 225 Millionen Jahre alt ist.

Rotgipfler → Autochthone österreichische Weißweinrebe mit geringem → Ertrag, rund 100 ha Rebfläche praktisch ausschließlich in der → Thermenregion. Sie wird meist mit dem → Zierfandler verschnitten, und beide zusammen liefern die interessantesten Weine von → Gumpoldskirchen.

Rotgold, Badisch Deutscher → Rotling im Weinbaugebiet → Baden, der aus den Rebsorten Grauer → Burgunder und → Spätburgunder vinifiziert wird, eine Erfindung von Marketing-Strategen zur Vermarktung von Überschüssen an Grauem Burgunder.

Rotliegender → Roter Hang

Rotling Die ursprüngliche Form des → Roséweins, der ursprünglich als Verschnitt von weißen und roten Weinen oder im → gemischten Satz aus weißen und roten Trauben erzeugt wurde. Heute ist er als Ausnahme in → Württemberg zulässig, wo er die Bezeichnung → Schillerwein führen darf. Eine weitere Ausnahme vom in Deutschland sonst generellen Verbot des Rotlings ist der Badisch → Rotgold.

Roto-Fermentation Moderne Vinifikationstechnik für die Rotweinproduktion. Die Sehnsucht nach tiefdunklen Rotweinen hat zur Entwicklung von Gärbehältern geführt, die ein Maximum von Farbstoffen aus den Beerenschalen extrahieren. Im Gegensatz zur klassischen → Pigeage von Hand (das kräftige Durchmischen der Maische während der Gärung mit dem Stampfer aus Holz oder Metall – oder mit den Füßen) werden Gärbehälter aus Edelstahl eingesetzt, die im Betonmischer-Prinzip langsam um die eigene Achse rotieren und die Maische dabei mechanisch so bearbeiten, dass sich aus den Schalen schnell ein hohes Maß an Farbstoffen löst, sogar bei dünnschaligen und farbschwachen Beerensorten wie z. B. Nebbiolo oder Pinot noir. Durch die Anwendung der Roto-Fermentation werden unvermeidlicherweise aber auch übermäßig Tannine freigesetzt, die zwangsläufig in den Wein übergehen; die Weine fallen daher oft hart und adstringierend aus. Die Roto-Fermentation ist letztlich eine umstrittene Technik, die nach ihrem Höhepunkt zu Beginn der 1990er Jahre wieder auf dem Rückzug ist.

Rotwein Die Farbe des Rotweins entsteht in der Regel durch Vergären auf der Traubenmaische (also Most mit Beerenschalen, Fruchtfleisch und Kernen). Da bei fast allen roten Rebsorten der rote Farbstoff allein in der Schale der → Beeren enthalten ist, findet die Gärung mit den Schalen statt (→ Maischegärung) – im Gegensatz zum → Weißwein, der vor der Gärung gepresst wird. Der Rotwein wird erst nach der Gärung abgezogen und gekeltert (→ Vinifikation). Die wichtigsten Verfahren sind → Pigeage, → Remontage Macération carbonique und → Roto-Fermentation.

Nach einem anderen, im deutschen Weinbaugebiet Württemberg angewendeten Verfahren gewinnt man den Farbstoff durch Erhitzung der Maische (→ Maischeerhitzung) auf 50 bis 90 Grad Celsius und anschließendem Abkühlen. Der Most wird daraufhin gekeltert und vergoren. Da der Wein auf diese Weise einen deutlichen Erhitzungston annimmt, der an gekochte Früchte bzw. Marmelade erinnert, lassen sich auf diese Weise keine Spitzenweine erzeugen.

Rouchet → Ruchè di Castagnole Monferrato

Rouget, Château Französisches Weingut im Bordeaux, in der AOC → Pomerol mit rund 13 ha Rebfläche: 90 % Merlot und 10 % Cabernet franc.

Roussanne Auch als → Roussette bezeichnete weiße Rebsorte, die mit rund 1800 ha in Südostfrankreich, häufig zusammen mit Marsanne, angebaut wird, so in den Gebieten von → Hermitage, → Crozes-Hermitage, → Saint-Péray, → Châteauneuf-du-Pape. Sie liefert einen körperreichen Weißwein. Vereinzelt auch in der → Toskana und Australien (Château Tahbilk) anzutreffen.

Rousseau, Domaine Armand Französisches Weingut im → Burgund in Gevrey-Chambertin. Rund 10 ha Rebfläche, darunter 5 ha *Grand cru*-Lagen: *Rouchottes Chambertin, Chambertin* (1,5 ha), *Chambertin Clos de Bèze* (1 ha), *Clos de la Roche, Clos St. Jacques* (in Morey, 2 ha). Gilt als einer der führenden Erzeuger hochwertiger roter → Burgunder.

Roussette de Savoie Französische AOC für Weißwein aus der Rebsorte Altesse. Auf rund 145 ha Rebfläche werden jährlich etwa 190 000 l Wein bei Frangy und Monthoux sowie in Marestal erzeugt. In → Savoyen, speziell im Département Haut-Savoie, spielt die Rebsorte Altesse eine größere Rolle. Der Wein wächst dort in höheren Lagen auf tonigem Kalk und Geröll.

Roussillon Französische Provinz an der spanischen Grenze, am Mittelmeer gelegen mit der Hauptstadt Perpignan, zu der das heutige Département Pyrénées-Orientales und ein Teil der → Aude gehören. Hinsichtlich der Quantität ist Roussillon eines der großen europäischen Weinbaugebiete; allein aus Pyrénées-Orientales mit rund 25 000 ha Rebfläche kommen jährlich etwa 76 Millionen l Rot-, Rosé- und Weißweine.

Klima und Geographie

Die Region steht aufgrund der Nähe zum Mittelmeer deutlich unter mediterranem Klimaeinfluss. Kühlend ist in seiner unmittelbaren Nähe das Mittelmeer selbst (z. B. Banyuls und Collioure) bzw. die höher gelegenen Lagen. Es gibt 7 AOCs für trockene Weine und 6 für gespritete Süßweine. Insgesamt kommen rund 15 % davon als AOC → Côtes du Roussillon bzw. AOC Côtes du Roussillon-Villages, ein winziger Teil auch als AOC → Collioure in den Handel. Über ein Viertel der Erzeugung machen die gespriteten Süßweine aus (→ *vin doux naturel*), dessen ursprüngliche Heimat hier ist und die erst später in Portugal nachgeahmt wurden: → *Rivesaltes*, → *Banyuls* oder → *Maury* sind die bekanntesten von ihnen. Die große Masse dagegen wird entweder als anonymer Verschnitt- oder → Tafelwein verarbeitet oder als → Landwein verkauft: z. B. als *Vin de pays Catalan*, *Vin de pays des Coteaux de Genouillèdes*, *Vin de pays des Vals d'Agly*. Der Trend geht inzwischen weg von den schwer verkäuflichen Süßweinen und Tafelweinen hin zu hochwertigen Rotweinen, die manchmal als Vin de Pays verkauft werden, da sie reinsortig sind bzw. nicht dem Reglement der AOC entsprechen; meist werden sie mit der Macération carbonique erzeugt. Als Spitzenerzeuger mit hochwertigen Rotweinen gelten z. B. Domaine Gauby, Château Mossé, Domaine de la Schiste, Domaine de Chênes, Château de Jau, Domaine Joliette.

Roxheim Deutscher Ort im Weinbaugebiet → Nahe. Er liegt außerhalb des Nahetals und verfügt über rund 100 ha Rebfläche mit den Lagen *Höllenpfad* und *Mühlenberg*. Überwiegend wird Riesling erzeugt.

RS → Rheinhessen-Silvaner

Rubesco Bezeichnung für den roten → Torgiano aus → Umbrien.

Rubino di Cantavenna Italienischer DOC-Rotwein aus dem → Piemont, der auf den letzten Ausläufern der Monferrato-Hügel in der Provinz Alessandria erzeugt wird. Rebsorten: Barbera (überwiegend), ferner Grigniolino und Freisa.

Ruchè di Castagnole Monferrato Italienischer DOC-Rotwein im → Piemont, der nur noch an wenigen Stellen in der Provinz Asti aus der gleichnamigen Rebsorte erzeugt wird; auch als *Rouchet* oder *Rochè* bezeichnet.

Ruchottes Vom französischen Wort für *Bienenkorb* (*ruche*) abgeleiteter Begriff, mit dem zwei namhafte Lagen in → Burgund bezeichnet sind: der *Grandes Ruchottes* in → Chassagne- Montrachet, bekannt für seine feinen Weißweine, und der → *Ruchottes-Chambertin*, der als *Grand cru* eingestuft ist.

Ruchottes-Chambertin Französische AOC für Rotwein im → Burgund. Auf der rund 3 ha großen *Grand cru*-Lage in → Gevrey-Chambertin werden jährlich etwa 11 000 l Rotwein aus der Rebsorte Pinot noir erzeugt. Die Lage ist seit 1508 unter ihrem Namen bekannt und liegt in unmittelbarer Nachbarschaft des *Clos de Bèze* sowie *Mazis-Chambertin*. Die Weine wachsen auf flachgründigen, kiesigen Kalkböden und zählen zu den besten der Gemeinde; sie verfügen über große Kraft und Langlebigkeit. Bekannte Erzeuger: A. Rousseau (in dessen Alleinbesitz sich der ein ha große *Clos des Ruchottes* – als

Teil der Lage *Ruchottes-Chambertin* – befindet) sowie J. M. Roumier.

Ruck, Weingut Deutsches Weingut in Iphofen, Weinbaugebiet → Franken. Auf rund 12 ha Rebfläche werden jährlich etwa 90 000 Flaschen Wein erzeugt. Rebsorten: 40 % Silvaner, 15 % Müller-Thurgau, je 10 % Riesling und Grauburgunder. Böden: Gipskeuper, Buntsandstein. Bekannte Lagen: *Iphöfer Kronsberg, Julius-Echter-Berg, Rödelseer Schwanleite.*

Rüdesheim Deutsche Stadt im → Rheingau. Der berühmte Ort liegt direkt am Rhein und ist für seine Drosselgasse als Touristenfalle berühmt-berüchtigt. Vom Frühjahr bis Herbst schieben sich die Massen durch die kaum zwei m breite Gasse auf der Suche nach Unterhaltung, Schunkelmusik und Bier – manchmal auch nach einem Glas Wein. Rüdesheim ist der Inbegriff der Rheinromantik und Ausgangspunkt für atemberaubende Fahrten durch das enge Rheintal, das stromabwärts direkt hinter Rüdesheim beginnt.

Doch die Stadt hat mehr zu bieten als Touristenweine. Direkt hinter dem Ort erheben sich steil und beeindruckend die besten Lagen – der Rüdesheimer Berg mit seinen Einzellagen *Berg Rottland*, *Berg Roseneck*, *Berg Schloßberg*, die zum besten gehören, was Deutschland auf diesem Gebiet zu bieten hat. Hoch über dem Rhein wächst dort auf steilen Schieferböden Riesling und bringt die elegantesten Weine des Rheingaus hervor. Weiter östlich schließen sich flachere, tiefgründigere Böden aus Lehm- und Sandböden mit Taunusquarzit an: *Rosengarten* und *Bischofsberg* sind die herausragenden Lagen dieses Bereichs, dessen Weine breiter und kompakter ausfallen. Insgesamt verfügt Rüdesheim über rund 330 ha Rebfläche (rund 10 Prozent des Rheingaus). Bekannte Erzeuger: Weingut Leitz, Breuer, Kesseler (Aßmannshausen), Wegeler-Deinhard (Oestrich), Hessische Staatsweingüter (Eltville) und Schönborn (Hattenheim).

Rüdesheim heißt auch ein kleiner und in seiner Bedeutung keineswegs vergleichbarer Ort an der → Nahe, dessen *Rüdesheimer Rosengarten* ein → Großlagenwein ist, der qualitativ ungefähr dem entspricht, was den Touristen in der Drosselgasse eingeschenkt wird.

Rueda Spanisches DO-Weinbaugebiet in Kastilien, westlich von Ribera del Duero im Landesinnern am Duero gelegen; das Klima ist kontinental. Auf rund 6300 ha Rebfläche werden ausschließlich Weißweine als Rueda und Rueda Superior aus mindestens 25 % Verdejo (Rueda) bzw. mindestens 60 % Verdejo (Rueda Superior) erzeugt, eventuell mit Zusätzen von Viura und Palomino – insgesamt rund 14 Millionen l Wein jährlich. Die DO misst rund 40 auf 50 km. Im Norden bestehen die Böden aus Schwemmland und Kalk, im Süden aus sandigem Lehm und Kalkstein. Die besten Weine weisen um 12 % Alkohol auf und sind für den unmittelbaren Verbrauch bestimmt. Ferner werden leichte Likörweine, z. T. im Sherry-Stil, erzeugt: *Pálido Rueda* und *Dorado Rueda*; außerdem Schaumwein und Sauvignon blanc.

Bekannte Erzeuger: Vinos Blancos de Castilla (Marqués de Riscal), Bodegas de Crianza de Castilla la Vieja (→ Marqués de Griñón) und Los Curros. Die in dem Gebiet mitunter ebenfalls erzeugten Rotweine, überwiegend aus Tempranillo, kommen ohne DO-Prädikat in den Handel.

Ruffino Italienisches Weingut in der Region → Toskana, mit insgesamt 600 ha Rebfläche in der ganzen Region einer der bedeutendsten Erzeuger. Das Weingut ist auch im Besitz der Kellerei *Borgo Conventi* und von Weingütern in Montepulciano und Montalcino. Neben DOCG Chianti Classico (auch als Riserva Ducale – rund 600 000 Flaschen und Santedame) werden Brunello di Montalcino und Vino Nobile di Montepulciano erzeugt. Spitzenwein ist der Romitorio di Santedame, Cuvée aus Colorino und Sangiovese. Ruffino wird manchmal mit der DOC Chianti Rùfina verwechselt.

Rùfina Italienische Stadt in der → Toskana, 30 km nordöstlich von Florenz im Sieve-Tal gelegen. Aus seiner Umgebung kommt der DOCG-Rotwein → Chianti Rùfina. Bekannte Erzeuger: Selvapiana, di Vetrice, Poggio Reale (Spalletti), Basciano. Seit 1983 hat der hier ebenfalls erzeugte Pomino bianco DOC-Status, erweitert um einen Pomino rosso und einen Pomino Vin Santo. Man sollte Rùfina nicht mit → Ruffino, einem verbreiteten Markennamen für verschiedene Chianti, verwechseln.

Ruländer In Deutschland bis vor einigen Jahren üblicher Name für die Rebsorte → Grauburgunder (→ Pinot gris), der an den Kaufmann *Ruland* aus Speyer erinnert, der Anfang des 18. Jahrhunderts nachdrücklich zur Verbreitung dieser Sorte in Deutschland beigetragen hat. Vornehmlich in → Baden und dort insbesondere im Bereich → Kaiserstuhl-Tuniberg hat der Ruländer seine größte Verbreitung gefunden. Der als Ruländer verkaufte Grauburgunder ist vom Typus her meist → restsüß und erinnert an einen elsässischen Tokay Pinot gris. Mit den grundlegenden Veränderungen des badischen Weinbaus in den 1980er Jahren und dem Trend zu trockenem Wein, die zudem in → Barriques ausgebaut wurden, haben sich viele Erzeuger entschlossen, den ursprünglichen Namen Grauer Burgunder bzw. Grauburgunder zu verwenden, weil die Bezeichnung Ruländer süße Assoziationen auslöst.

Rully Französische AOC für Weiß- und Rotweine (35 %) im südlichen → Burgund an der → Côte Chalonnaise. Auf rund 330 ha Rebfläche werden jährlich etwa 1,5 Millionen l Wein aus den Rebsorten Pinot noir (Rotwein) und Chardonnay (Weißwein) erzeugt. Die Rebflächen mit ihren tonigen Kalkböden (ideal für Chardonnay) und braunem Kalkboden mit weniger Tonanteil (gut für Pinot noir) liegen etwa 200 bis 300 m hoch und umfassen 23 *Premier crus*. Als beste Lagen gelten: *Clos Sainte-Jacques*, *Chapitre*, *Grésigny* und *La Pucelle*. Der Weißwein hat einen sehr guten Ruf, während der gleichfalls erzeugte Rotwein meist leichter und weniger ausgeprägt in seinem Charakter ist. Bekannte Erzeuger: Domaine de la Folie, Delorme, Jacqesson, Rodet, René Brelière und Monassier.

Rumänien Nach dem Ende der kommunistischen Ostblock-Ära erwacht Rumänien, was den Wein angeht, nur langsam. Mit rund 250 000 ha Rebfläche und einer jährlichen Weinerzeugung von etwa 600 Millionen l Wein befriedigt das Land zunächst seinen durstigen Inlandsmarkt, pro Kopf trinken die Rumänen rund 23 l Wein pro Jahr.

Geographie und Klima

Der Weinbau steht teilweise unter mediterranem Klimaeinfluss, besonders in der Nähe zum Schwarzen Meer; teilweise ist das Klima jedoch auch deutlich kontinental. Der Weinbau konzentriert sich auf drei Zonen mit folgenden Weinbaubereichen:

- in der Siebenbürger Hochebene mit den drei Weinbaugebieten Siebenbürgen, Maramures, Crisana und Banat (kontinentales Klima);
- im Vorland der bis 2400 m hohen Karpaten mit den Weinbaubereichen Oltenien, Muntenien (Walachei) und Moldau (kontinentales Klima mit mediterranen Einflüssen);
- im Küstenbereich des Schwarzen Meeres: Dobrogea (mediterranes Klima).

Der Bereich Moldau ist berühmt als Heimat des süßen → Likörweins Cotnari im Stil eines Tokajer → Ausbruchweins (er war beinahe ausgestorben). Außerdem werden dort auch Rot-, Rosé- und Weißweine erzeugt. Das Gebiet Dobrudscha ist bekannt für seine Weine aus den Rebsorten Grauer Burgunder, Welschriesling, Cabernet Sauvignon und Cabernet franc sowie dem süßen Murfatlar, einen an den Cotnari heranreichenden Likörwein. Die Weine Siebenbürgens (Transsylvanien) zeichnen sich durch höhere Säurewerte und weniger Alkohol aus als die der südlicheren und wärmeren Gebiete.

Weingesetz und Weinbaustrukturen
Privaten Weinbau gibt es in Rumänien kaum noch, der weitaus größte Teil wird durch Genossenschaften und Staatsbetriebe bewirtschaftet. Rumänische Weine werden in die beiden Qualitätsstufen DOC und DOCG (für Spitzenqualitäten) eingeteilt. CMD bedeutet Spätlese und CMI Spätlese mit → Edelfäule. CIB hingegen ist eine Auslesequalität, die der einer Beerenauslese entspricht. Die für den Export bestimmten Abfüllungen sind in der Regel einfachster Art und preislich wie qualitativ zumeist auf den Massengeschmack abgestellt.

Ruppertsberg Deutscher Ort im Weinbaugebiet → Pfalz mit rund 370 ha Rebfläche. Verfügt nach → Deidesheim und → Forst über hervorragende Lagen für Riesling und Spätburgunder. Bekannte Lagen: *Reiterpfad, Hoheburg, Nußbien* und *Gaisböhl* (Alleinbesitz Bürklin-Wolf). Bekannte Erzeuger: Christmann, Bergdolt, Biffar, Bassermann-Jordan, Bürklin-Wolf, Wegeler-Deinhard, Georg Siben Erben und von Buhl.

Russland Russland muss man unter dem Gesichtspunkt des Weines nach wie vor im Zusammenhang mit der ehemaligen UdSSR sehen. In den Spitzenzeiten des sowjetischen Weinbaus um 1985 dehnte sich die Gesamtrebfläche auf 1,4 Millionen ha aus, wobei davon nur ein kleiner Teil auf russischem Territorium selbst lag. Die Produktionskapazitäten dieser Anbaufläche katapultierten das Riesenreich auf den 3. Platz unter den Weinproduzenten der Welt – hinter Italien und Frankreich. Trotzdem musste zusätzlich weiterer Wein aus anderen Ostblockländern importiert werden, etwa in der Größenordnung von 70 Millionen l pro Jahr.

Nach dem Zusammenbruch der Sowjetunion und den von Gorbatschow angeordneten Rodungen der Rebflächen im Rahmen seiner Anti-Alkoholprogramme stehen von den ehemals 1,4 Millionen ha nur noch 980 000 auf dem Gebiet der ehemaligen UdSSR. Auf Russland entfallen davon etwa 190 000 ha Rebfläche. Wie alle GUS-Staaten hat auch Russland mit den typischen Problemen post-totalitärer Staaten zu kämpfen; das gilt für allgemeine politische und wirtschaftliche Aspekte und betrifft natürlich auch den Weinbau: Investitionsunsicherheit, Mangel an Kellertechnik, fehlendes Know-how usw. Auch wenn man Russland nicht als klassisches Weinbauland bezeichnet, kann der Weinbau am Unterlauf des Don um Rostow, wie jener südlich von Krasnodar in den Bezirken Anapa, Noworossisk, in denen heute hochwertige → *Vinifera*-Sorten angepflanzt und einige beachtliche Weißweine erzeugt werden, auf eine lange Tradition zurückblicken. Weitere Weinbaugebiete befinden sich bei Stawropol im nördlichen Kaukasus-Vorland und am Kaspischen Meer.

Rust Österreichische Stadt am Neusiedlersee im Weinbaugebiet → Neusiedlersee-Hügelland. Rund 500 ha Rebfläche liegen um und westlich der Freistadt am Neusiedlersee, die als einer der wärmsten Orte Mitteleuropas gilt. Rust ist auch berühmt für seine Störche, die sich in jedem Jahr einfinden und eine große Brutkolonie bilden.

Zu 80 % werden Weißweine erzeugt, von denen zwei Drittel auf → Neuburger, Weißen → Burgunder, → Welschriesling und → Müller-Thurgau entfallen. Während die besten Weine mit 12 bis 13 % Alkohol trocken ausgebaut werden, gibt es darüber hinaus einen relativ hohen Anteil von → Beeren- und → Trockenbeerenauslesen. Körperreich und voluminös, verfügen die besten Ruster Weine über einen eindrucksvollen Charakter und können groß und zugleich fein sein. Seit Jahrhunderten ist der Ort für seinen berühmten Ruster → Ausbruch berühmt. Leider sinkt die Nachfrage stark, sodass immer mehr Erzeuger auf den Anbau von Rotwein setzen, der sich besser vermarkten lässt.

Bekannte Erzeuger: Peter Schandl, Just-Marienhof, Ernst Triebaumer, Wenzel, Holler (Weingut Elfenhof), Feiler-Artinger, Schröck, Seiler und Török.

Rust-Neusiedlersee, Weinbaugebiet Bis 1985 gebräuchliche Bezeichnung für die österreichische Weinbauregion → Burgenland. Seit 1985 sind an die Stelle von Rust-Neusiedlersee die drei Weinbaugebiete → Neusiedlersee, → Neusiedlersee-Hügelland und → Mittelburgenland getreten.

Rustenberg Südafrikanisches Weingut im Weinbaugebiet → Stellenbosch. Auf rund 70 ha Rebfläche werden etwa 250 000 Flaschen Wein erzeugt, vor allem Cabernet Sauvignon, Merlot, Chardonnay und Sauvignon blanc. Einer der führenden Erzeuger der Region. Berühmt ist sein Spitzenwein Peter Barlow, ein Bordeaux-Blend.

Rutherglen → Victoria

Rütteln Arbeitsschritt zur Erzeugung von → Schaumwein nach der → *Méthode champenoise*. Durch das Rütteln wird der Hefetrub vor dem → Degorgieren allmählich zum → Korken bzw. Flaschenhals herabbewegt. Während dies traditionellerweise über einige Wochen von Hand geschieht, wird das Rütteln heute zumeist maschinell in speziellen Gitterboxen durchgeführt. Handgerüttelte Flaschen erkennt man mitunter an einem Kreidestrich bzw. einer Farbmarkierung am Flaschenboden.

Rüttelpult Traditionell ein Holzgestell mit schräg eingesägten Löchern. Ein Rüttelpult besteht aus zwei Platten, die mit Scharnieren zusammengehalten werden und deren Aufstellwinkel verändert werden kann. Die Schaumweinflaschen werden mit dem Hals nach unten eingesteckt und anschließend gerüttelt – dabei wird das Rüttelpult von Mal zu Mal etwas steiler gestellt. Schaumweinhersteller ersetzen die Rüttelpulte durch maschinelle Rüttler in Gitterboxen mit jeweils mehreren hundert Flaschen Fassungsvermögen, die den Vorgang des manuellen → Rüttelns von einigen Wochen auf wenige Tage reduzieren.

Ruwer Deutscher Fluss, der im Hunsrück entspringt und am nordöstlichen Stadtrand von Trier in die Mosel mündet. Teil des Anbaugebietes → Mosel-Saar-Ruwer, zum Bereich → Saar-Ruwer gehörend. Bildet zusammen mit den Trierer und → Avelsbacher Lagen die → Großlage *Römerlay*. Ruwerweine können zu den besten deutschen Weißweinen zählen und ähneln ihrem Charakter nach denen der → Saar. Rund 350 ha Reben stehen an der Ruwer, überwiegend Riesling, die auf äußerst steilen Hängen meist nach Süden ausgerichtet auf schwarzen Schieferböden wachsen. Zwei Weingüter sind weithin bekannt: der → Eitelsbacher Karthäuserhof und → Maximin Grünhaus (von Schubert). Andere bekannte Erzeuger: Bischöfliche Weingüter (Trier) und Karlsmühle.

Ruzica → Dalmatien

S

Saale-Unstrut Nördlichstes deutsches Weinbaugebiet in den neuen Bundesländern. Mit rund 650 ha Rebfläche gehört es zu den kleinsten Anbaugebieten in Deutschland und ist das nördlichste Europas.

Geographie und Klima

Der Weinbau an Saale und Unstrut ist nur der kümmerliche Rest einer über tausendjährigen, einst bedeutenden Kultur, die sich heute in die mikroklimatisch begünstigten Lagen zurückgezogen hat. Der Weinbau findet in mehreren Teilbereichen statt:

- Hauptsächlich im Saaletal zwischen Weißenfels und Bad Kösen um → Naumburg;
- im angrenzenden Unstruttal zwischen Steigra und → Freyburg südlich von Halle;
- in einer Weinexklave am Süßen See westlich von Halle.

Das Weinbaugebiet hat einen Radius von etwa 30 km und liegt rund 40 km südwestlich von Leipzig in den Bundesländern Sachsen-Anhalt und zu einem kleinen Teil in Thüringen. Es ist in die Bereiche → Schloß Neuenburg und → Thüringen eingeteilt. Das Klima im Regenschatten des Harzes zählt zu den trockensten aller deutschen Weinbaugebiete (nur rund 500 Millimeter mittlere Niederschlagsmenge); es ist weitgehend kontinental geprägt mit oft kalten Wintern und hoher Spätfrostgefahr, die die Vegetationszeit auf durchschnittlich 155 Tage reduzieren und damit ein deutliches Risiko für Missernten bedeuten. Die Böden sind sehr unterschiedlich; während um Naumburg Buntsandstein vorherrscht, dominiert um Freyburg Muschelkalk.

Rebsorten und Weinstile

Wegen der besonderen klimatischen Bedingungen werden überwiegend früh- bis mittelreife Sorten angepflanzt, allen voran der Müller-Thurgau (23 %), gefolgt von Weißburgunder (12 %) und Silvaner (rund 9 %), ferner eine Vielzahl anderer Sorten wie Gutedel, Traminer und Riesling. 22 % entfallen auf rote Sorten. Die Weine werden überwiegend trocken ausgebaut, sind säurebetont und leicht. Die Erträge sind niedrig und schwanken zwischen 2000 und 6000 l pro ha.

Weinbaustrukturen

Klein- und Hobbywinzer (insgesamt gibt es nur 32 eingetragene Erzeuger) bewirtschaften rund 20 % der Rebfläche. Seit Beginn der 1990er Jahre haben einige private Weingüter mit viel Enthusiasmus, der von ihren Fans geteilt wird, auf sich aufmerksam gemacht. Rund zwei Drittel der Weinproduktion werden von der Winzergenossenschaft Freyburg-Unstrut erzeugt. Bekannte Erzeuger: Born, Deckert, Uwe Lützkendorf, Gussek, Thürkind und das Landesweingut Kloster Pforta. Bekannte Weinbauorte: Freyburg, Naumburg, Steigra, Dorndorf, Großjena und Burgscheidungen.

Saar Deutscher Zufluss der → Mosel, unter dem Gesichtspunkt des Weins der bedeutendste Nebenfluss und ein Teil des Anbaugebietes → Mosel-Saar-Ruwer.

Klima und Geographie

Da die Saar aufgrund des deutlich kontinentalen Klimas zu den kühlsten und sonnenärmsten Weinbaugebieten der Welt zählt, ist das Mikroklima von entscheidender Bedeutung: Nur in Lagen mit optimaler → Exposition und Hangneigung können die Trauben völlige Reife entwickeln (→ Topographie, → Sonne). Dann sind sie voller Frucht und bieten jene elegante Fruchtsäure, die typisch für die Saar ist. In guten und sehr guten Jahren vollbringen die Reben wahre Wunder und schenken den Weinen Zärtlichkeit und Komplexität, die sie zu den schillerndsten Weißweinen der Welt zählen lassen. Doch in kleinen Jahren können die Weine grün und herb ausfallen und werden dann vermehrt der Sektproduktion zugeführt.

An der Saar dominiert der Schiefer die Böden und trägt (neben dem Fluss Saar) seinen Teil zum Mikroklima bei: Das grau-schwarze Gestein speichert die Sonnenwärme und gibt sie nachts wieder an die Reben ab und begünstigt den Reifeverlauf der Trauben.

Rebsorten und Weinstile

Genau wie an der Mosel entstehen alle bedeutenden Saarweine aus der Rebsorte Riesling und haben ihren eigenen, ganz besonderen Charakter: oft packend und straff, fast stahlig, mit angenehm geringem Alkoholgehalt und einem faszinierenden Duft. Als Reaktion auf die animierende Fruchtsäure werden sie häufig restsüß ausgebaut; die hochwertigsten Rieslinge sind edelsüße, extrem langlebige Weine.

Weinbergslagen

Die berühmteste Lage der Saar ist der → *Scharzhofberg* (nicht zu verwechseln mit der → Großlage → *Scharzberg*). Hier entsteht derart ausdrucksstarker, in seinem Duft einzigartiger Riesling, dass er zu den begehrtesten der Welt gehört. Die Lagen *Oberemmeler Hütte*, *Ockfener Bockstein*, *Ayler Kupp*, *Wiltinger Kupp*, *Wiltinger Braune Kupp*, *Wiltinger Hölle* und *Kanzemer Altenberg* stehen ihm kaum nach. Als führende Weinbauorte gelten: → Wiltingen, → Ockfen, → Ayl, → Kanzem, → Oberemmel, → Wawern, → Serrig, → Niedermennig, → Filzen, → Saarburg, Pellingen, Irsch und Schoden.

Saar-Ruwer, Bereich Zusammen mit → Bernkastel der bedeutendste Bereich des → Anbaugebietes → Mosel-Saar-Ruwer, dessen rund 1400 ha Rebfläche in den Tälern und Seitentälern der unteren → Saar (mit ungefähr drei Viertel der Fläche) und der → Ruwer liegen. Der Bereich Saar-Ruwer weist mit 76 % den höchsten Rieslinganteil im ganzen Mosel-Saar-Ruwer-Gebiet auf. → Wiltingen mit dem legendären → Scharzhofberg, → Eitelsbach, → Maximin Grünhaus, → Oberemmel, → Ockfen, → Ayl, → Saarburg, → Serrig, → Kanzem und → Kasel sind die großen Namen des Bereichs.

Saarburg Deutsche Stadt an der Saar, im Weinbaugebiet Mosel-Saar-Ruwer. Rund 75 ha Rebfläche, die nahezu ausnahmslos mit Riesling bepflanzt sind. Als bedeutendste Lagen gelten *Rausch*, *Antoniusbrunnen*, *Bergschlößchen*, *Klosterberg* und *Kupp*. Die Weine zeichnen sich durch eine feine Frucht, delikate Säure und feine Eleganz aus. Bekannte Erzeuger: Forstmeister Geltz, Zilliken und Dr. Wagner.

Saarstein, Weingut Deutsches Weingut im Weinbaugebiet → Mosel-Saar-Ruwer im Ort Serrig (Saar). Auf rund 11 ha Rebfläche werden jährlich etwa 60 000 Flaschen Wein erzeugt. Rebsorten: 95 % Riesling. Böden: Schieferverwitterung. Bekannte Lagen: *Serriger Schloß Saarsteiner*.

Sables-Saint-Emilion Ehemalige französische → Satelliten-Appellation von → Saint-Emilion im Bordeaux (bis 1973), die in den sandigen Niederungen an der → Dordogne zwischen Saint-Emilion und → Libourne liegt. Die Weine kommen seither als *St-Emilion* bzw. *St-Emilion Grand cru* in den Handel, reichen allerdings an die großen Weine des Bordeaux nicht heran. Bekannter Erzeuger: Château Martinet.

Saccharomyces → Hefen, die die Gärung des → Mostes bewirken und dabei Zucker in Alkohol und Kohlendioxid verwandeln.

Sachsen Kleinstes und östlichstes deutsches Weinbaugebiet, zumeist an der Elbe rund um die Stadt Meißen und → Radebeul bis vor die Stadttore Dresdens gelegen, mit einer Rebfläche von rund 430 ha. Dabei handelt es sich um den Rest eines vor allem im Mittelalter sehr ausgedehnten Weinbaus, der in seiner Spitzenzeit um 1800 rund 1500 ha umfasste und heute auf 70 ha geschrumpft ist. Das Gebiet liegt im Bundesland Sachsen und ist in die Bereiche → Meißen, → Dresden und → Elstertal eingeteilt.

Geographie und Klima

Das Klima ist trocken und kontinental mit teilweise sehr kalten Wintern und erheblicher Spätfrostgefährdung sowie mitunter heißen Sommern. Qualität und Quantität unterliegen daher den wohl größten Schwankungen von allen deutschen Weinbaugebieten: geerntet werden zwischen 1500 und 7000 l pro ha. Die Böden sind sehr unterschiedlich und reichen von Verwitterungsgestein bei Pillnitz über Granit und Gneis mit Lößauflagen in den Steillagen von Meißen und Radebeul, Buntsandstein bei Zadel bis zu Lößlehm und Schwemmlandböden.

Rebsorten und Weinstile

Die dominierende Rebsorte ist mit 22 % der Anbaufläche der → Müller-Thurgau, während auf den Riesling 16 % und auf Weißen → Burgunder 13 % entfallen. Der Rotweinanteil liegt bei 13,5 %. Die Weine werden überwiegend → trocken ausgebaut und können von feinster Frucht geprägt sein. Außerhalb Sachsens sind sie allerdings schwer zu finden, denn die Sachsen trinken ihn praktisch allein; auch beim Wein sind sie Patrioten.

Weinbaustrukturen und Weinbergslagen

Die Weine werden zu einem Drittel von der sächsischen Winzergenossenschaft verarbeitet, sie hat rund 2000 Klein- und Hobbywinzer als Mitglieder! Der Rest stammt von privaten Erzeugern: Schloß Wackerbarth in Radebeul, Prinz zu Lippe (Schloß Proschwitz), Klaus Zimmerling, Vincenz Richter. Bekannte Weinbauorte mit den dazugehörigen Lagen: Proschwitz (*Katzensprung*), Seußlitz, Sörnewitz und Pillnitz (*Königlicher Weinberg*).

Saftig Bezeichnung für einen Wein mit Frische, Frucht, Fülle, angenehmer → Säure und oft → Restsüße.

Saggiavino Italienische Bezeichnung für → Probenheber.

Sagrantino di Montefalco → Montefalco

Saignée Französischer Ausdruck für die Vinifikation von Rosé, wörtlich bedeutet es »ausbluten«. Damit ist gemeint, dass eine gewisse Menge des Mosts frisch gemahlener roter Trauben z. T. nach kurzer Maischestandzeit, leicht abgepresst wird bzw. der Most einfach nur abläuft. Auf diese Weise wird das Verhältnis von Schale und Saft zugunsten eines erhöhten Schalenanteils erhöht. Der Wein wird in der anschließenden Maischegärung dunkler sowie reicher an Gerbstoffen und Aromen. Das Verfahren wird häufig im Burgund und Bordeaux angewendet. Der ablaufende Most (weiß oder Rosé) wird extra verarbeitet.

Saint-Amour Französische AOC im südlichen Burgund, nördlichster der zehn *Crus* des → Beaujolais, unmittelbar an Juliénas grenzend mit rund 310 ha Rebfläche, auf der jährlich etwa 1,8 Millionen l Rotwein aus der Rebsorte Gamay erzeugt werden. Der Wein von Saint-Amour wächst in rund 250 Meter Höhe auf Schiefer und von Granit durchsetzten Böden sowie tonigem Schwemmland mit Kies. Bekannte Lage: *Le Paradis*. Bekannte Erzeuger: A. Poitevin, Darrezes, Dom. des Billards, Chatelard und M. Saillant.

Saint-Aubin Französischer Ort an der Côte d'Or bei Montrachet in → Burgund. Auf den geneigten Hängen der AOC wachsen auf rund 150 ha Rebfläche Weiß- und Rotweine aus Pinot noir (rund 40 %) sowie Chardonnay, die wegen der relativ hoch gelegenen Rebflächen säurebetont-mineralisch ausfallen. Jährlich werden rund 290 000 l Rotwein und 480 000 l Weißwein erzeugt. Die Reben stehen auf tonhaltigen Böden (Chardonnay) und Kies und Kalk bzw. Mergel (Pinot noir).

Premier cru-Lagen

Les Frionnes
Les Murgers des Dents de Chien
En Remilly
Les Combes
Le Charmois
Derrière la Tour
En Créot
Bas de Vermarain
Sur Gamay
La Châtenière und Les Champlots
La Rochepot
Sur le Sentier du Clou
Le Puits
Derrière chez Edouard
Les Castets

Le Charmois gilt als beste Chardonnay-Lage, *En Créot, Les Castets, Sur le Sentier du Clou* und *Les Frionnes* als gute Lagen für Pinot noir. Bekannte Erzeuger: Roux, Clerget und Lamy.

Saint-Bris Französische AOC für Weißweine aus dem Weinbaubereich → Burgund – sie liegt zur Loire hin im Yonne-Tal zwischen Chablis und Sancerre. Dort werden auf rund 100 ha Rebfläche jährlich um die 690 000 l Wein aus der Rebsorte Sauvignon erzeugt. Die Reben stehen auf Kalkböden und Schwemmland im unteren Bereich; die oberen Hanglagen verfügen über die besseren Böden.

Saint-Chinian Südfranzösische AOC für Rosé- (rund 5 %) und Rotwein im Languedoc im Département Hérault an den Flüssen Orb und Vernazobre, westlich von Béziers. Auf rund 3000 ha Rebfläche in bezaubernder Landschaft werden jährlich etwa 13 Millionen l Wein aus den Rebsorten Grenache, Syrah, Mourvèdre, Carignan und Cinsaut erzeugt. Das Anbaugebiet liegt zwischen 100 und 200 m hoch, die Rebflächen sind zum Mittelmeer hin orientiert und bestehen im nördlichen Teil aus Schiefer, im südlichen aus Kalksteingeröll mit Tonanteilen. Bekannte Erzeuger: Simon, Borie, Comps, Fontcaude, Marquis des Mures, Dom. du Sacre Coeur.

Saint-Denis → Clos Saint-Denis

Saint-Emilion Französische AOC im → Bordeaux für Rotwein, eine der bedeutenden Appellationen der Dordogne rund 30 km östlich von → Bordeaux auf einem leicht hügeligen Plateau über dem Fluss. Bereits im 4. Jahrhundert war die Stadt Saint-Emilion für ihre Weine berühmt; heute bringt das Umland mit seinen rund 5700 ha mehr Wein unter seiner lokalen AOC hervor als jeder andere vergleichbare Bereich des Bordeaux-Gebietes. Das Gebiet ist von Ost nach West rund 12 km und von Nord nach Süd etwa 9 km lang.

Außerdem ist *Saint-Emilion* im Gebiet → Cognac ein Synonym für die Rebsorte → Ugni blanc oder → Trebbiano, die die → Folle blanche dort nahezu völlig verdrängt hat, weil sie ergiebiger ist.

Klima und Geographie

Aufgrund der Entfernung zum Atlantik und der bis zu 100 m hohen Lage sind die Klimaverhältnisse etwas kühler und die Reifeperiode dadurch um einige Tage kürzer. Die Böden sind sehr vielfältig: der beste Teil besteht aus Kalkstein im Untergrund, hinter Saint-Emilion kommt viel Kies und Sand vor. Im südlichen, flacheren Bereich dominieren Sand- und Schwemmlandböden.

Böden und Exposition der Weinbergslagen unterscheiden die Weine deutlich, es gibt drei Grundtypen:

- *Vins des côtes* von den Abhängen zur Dordogne;
- *Vins du plateau* vom unmittelbar hinter den Steilhängen gelegenen Hochplateau, das an Pomerol grenzt. Ist der Boden besonders kieshaltig, werden die Weine als *Vins des graves* bezeichnet (→ Graves-Saint-Emilion – nicht zu verwechseln mit der Region *Graves* an der Garonne);
- im erdgeschichtlich jüngeren Schwemmlandbereich der Dordogne-Ebene bestehen die Böden vorwiegend aus Sand.

Rebsorten und Weinstile

Das Reglement der AOC schreibt die Rebsorten Merlot, Cabernet franc, Cabernet Sauvignon, Malbec und Carmenère vor sowie einen natürlichen Alkoholgehalt von 10,5 bzw. 11 % für AOC Saint Emilion bzw. Saint Emilion Grand Cru. Aufgrund des kühleren Klimas würde der Cabernet Sauvignon nicht in jedem Jahr ohne größere Risiken vollkommen ausreifen – der Cabernet franc hingegen schon. Daher ist die Appellation zum Stammland des Cabernet franc geworden – im Gegensatz zum Pomerol, wo der Merlot häufig an die Stelle des Cabernet Sauvignon tritt. Entsprechend fallen die Weinstile aus:

Saint-Emilion-Weine unterscheiden sich von anderen roten Spitzenweinen durch einen in der Regel etwas geringeren Merlot-Anteil. Daher sind sie oft tanninbetont, tief und bereits in jungen Jahren ansprechend und reizvoll. Der Mittelklasse-Wein (einfacher *Grand cru*) weist häufig einen festen Kern auf und reift langsamer. Die Spitzenweine von Saint-Emilion (*Premier grand cru* und besserer *Grand cru*) stehen großen Médoc-Weinen in kaum etwas nach. Die etwa 830 verschiedenen Erzeuger von Rotweinen im Saint-Emilion kommen aus den Gemeinden:

- Saint-Emilion
- → Libourne südöstliche Peripherie
- Saint-Christophe-des-Bardes
- Saint-Laurent-des-Combes
- Saint-Hippolyte
- Saint-Etienne-de-Lisse
- Saint-Sulpice-de-Faleyrens
- Saint-Pey-d'Armens
- Vignonet.

Klassifikation und neueste Entwicklungen

Von den über 800 Erzeugern in Saint-Emilion sind einige hundert (flächenmäßig der größere Teil) klassifiziert, im Bordeaux sonst ungewöhnlich. Die Rangfolge wird alle Jahre aktualisiert und ggf. korrigiert. Jährlich werden rund 13 Millionen l einfacher AOC Saint-Emilion und 16 Millionen l Saint-Emilion *Grand cru* erzeugt.

- *Premier grands crus classés A:* an der Spitze der Qualitätspyramide thronen unangefochten zwei Châteaux (sie gelten als gleichrangig mit → Lafite, → Latour, → Margaux und → Mouton-Rothschild);
- *Premier grands crus classés B:* Spitzengruppe mit einem knappen Dutzend Erzeuger;
- *Grands crus classés:* Mittelbau mit 55 höherwertigen Weinen;
- *Grands crus:* Kategorie mit mehreren hundert Erzeugern;
- *Saint-Emilion* AOC: der Rest der Er-

Saint Emilion – Kassifizierung von 1996

Premier grands crus classés A

Château Ausone
(Vin des graves)
Château Cheval Blanc
(Vin des côtes)

Premier grands crus classés B

Château L'Angélus
(Vin des côtes)
Château Beauséjour-Duffau-Bécot
(Vin du plateau)
Château Beauséjour-Duffau-Lagarrosse
(Vin des côtes)
Château Belair
(Vin du plateau)
Château Canon
(Vin des graves)
Château Figeac
(Vin des graves)
Château Fourtet
(Vin du plateau)
Château La Gaffelière
(Vin des graves)
Château Magdelaine
(Vin du plateau)
Château Pavie
(Vin des côtes)
Château Trottevieille
(Vin du plateau)

Grands crus classés (insgesamt 55)

Château L'Arrosée
Château Balestard-la-Tonnelle
Château Bellevue
Château Bergat
Château Berliquet
Château Cadet-Bon
Château Cadet-Piola
Château Canon La Gaffeliére
Château Cap de Mourlin
Château Chauvin
Château Corbin
Château Corbin-Michotte
Château Curé-Bon
Château Dassault
Château Faurie de Souchard
Château Fonplégade
Château Fonroque
Château Guadet Saint Julien
Château Grand Mayne
Château Grand Pontet
Château Grandes Murailles
Château Haut Corbin
Château Haut Sarpe
Château La Clotte
Château La Clustière
Château La Couspaude
Château La Dominique
Château Lamarzelle
Château Laniote
Château Larcis Ducasse
Château Larmande
Château Laroque
Château Laroze
Château La Serre
Château La Tour Figeac
Château La Tour du Pin Figeac
Château Le Prieuré
Château Matras
Château Moulin du Cadet
Château Pavie Decesse
Château Petit Faurie de Soutard
Château Ripeau
Château Saint Georges Côte Pavie
Château Soutard
Château Tertre Daugay
Château Troplong-Mondot
Château Villemaurine
Château Yon Figeac
Clos des Jacobins
Clos de l'Oratoire
Clos Saint Martin
Couvent des Jacobins

zeuger, dessen Weine als einfacher Saint-Emilion verkauft werden.

Seit Beginn der 1990er Jahre geht der Trend in der AOC zu fruchtigeren, früher trinkreifen Weinen – nicht selten durch einen erhöhten Merlot-Anteil. In letzter Zeit machen immer mehr so genannte Micro-Châteaux von sich reden, die nur wenig, dafür aber exklusiven (und entsprechend teuren) Wein produzieren.

Satellitengemeinden
Die Appellation Saint-Emilion ist an ihrer Peripherie umgeben von weiteren AOCs, deren Weinbauflächen höher liegen und andere, meist ungünstigere Wachstumsbedingungen aufweisen. Manchmal erreichen sie das Niveau mittlerer St-Emilions und kommen unter ihrer jeweiligen Gemeindeappellation in den Handel.

Die so genannten Satellitengemeinden:

- → Lussac-Saint Emilion
- → Montagne-Saint Emilion
- → Puisseguin-Saint Emilion
- → Saint-Georges-Saint Emilion

Saint-Emilion Grand Cru → Saint-Emilion

Saint-Estèphe Französische AOC für Rotwein im → Bordeaux, nördlichste Appellation im → Haut-Médoc, unmittelbar an das südlichere → Pauillac grenzend.

Klima, Geographie und Rebsorten
Die Appellation ist rund 6 Quadratkilometer groß und steht unter dem mikroklimatischen Einfluss der Gironde. Die Rebflächen liegen auf höchstens 30 m über dem Meeresspiegel, wobei die besten Lagen zum Fluss hin orientiert sind und sich höchstens 2 km vom Ufer entfernt auf den angeschwemmten Kiesterrassen (z. T. mit Kalkmergel) befinden. Auf rund 1250 ha Rebfläche werden jährlich etwa 7 Millionen l Rotwein aus den Rebsorten Cabernet Sauvignon, Merlot, Cabernet franc und Petit Verdot erzeugt. Der Anteil an Cabernet Sauvignon ist hier aufgrund der längeren Vegetationsperiode und dem wärmeren Mikroklima besonders hoch.

Weinstile und Weingüter
Die Weine sind tanninreich, kraftvoll und in ihrer Jugend oft abweisend und unnahbar. Sie verfügen zunächst über weniger Eleganz als vergleichbare rote Bordeaux aus Margaux, Saint-Julien oder Pauillac und gelten daher oft als schwerer zu verstehen als anderer roter Bordeaux. Selbst heute noch – im Zeitalter der »Verweichlichung des Weins« – erfordern sie viel Reifezeit und offenbaren z. T. erst nach Jahrzehnten ihre ganze Größe. Obwohl Saint-Estèphe über weniger klassifizierte Gewächse verfügt als die drei anderen großen Médoc-Gemeinden, ist sie dennoch bekannt für ihre große Zahl exzellenter *Crus* → *bourgeois*. Berühmt ist die Appellation auch für die exzentrische Architektur des orientalisch-inspirierten Weinguts Cos d'Estournel.

Die Crus classés

- 2e cru classé: Château Cos d'Estournel
- 3e cru classé: Château Calon-Ségur
- 4e cru classé: Château Lafon-Rochet
- 5e cru classé: Château Cos Labory

Weitere bekannte Erzeuger: Châteaux de Pez, Haut-Marbuzet, Meyney, Phélan-Ségur, Les Ormes-de-Pez.

Saint-Georges, Château Französisches Weingut im Bordeaux in der AOC → Saint-Georges-Saint-Emilion – das größte und bedeutendste Weingut der Appellation mit einem prachtvollen Château aus dem 18. Jahrhundert und rund 50 ha Rebfläche: 50 % Merlot, 30 % Cabernet Sauvignon und je 10 % Cabernet franc und → Malbec für Rotwein, etlichen *Crus classés* von → Saint Emilion ebenbürtig.

Saint-Georges-Saint-Emilion Französische AOC im Bordeaux, ein so genannter → Satellit der AOC → Saint-Emilion. Die Weine der Appellation dürfen auch als Montagne-Saint-Emilion verkauft werden; von dieser Möglichkeit machen die meisten Erzeuger Gebrauch. Auf rund 170 ha Rebfläche werden jährlich etwa 1 Million l Rotwein aus den Rebsorten Merlot, Cabernet franc und Cabernet Sauvignon erzeugt. Die Reben stehen auf den südlich ausgerichteten Rebflächen mit tonigen Kalkböden, teilweise mit Kies durchsetzt. Einige Weine sind besser als die meisten, die als AOC Saint-Emilion in den Handel kommen. Bekannte Erzeuger: Châteaux Saint-Georges, Macquin-Saint-Georges, Samion, Tourteau, Tour-du-Pas-Saint-Georges, Bélair-Saint-Georges.

Saint-Joseph Französische AOC an der nördlichen Rhône, gegenüber der berühmten Appellation Hermitage. Auf rund 1000 ha Rebfläche werden jährlich um die 2,3 Millionen l Weiß- und überwiegend Rotweine (über 90 %) erzeugt. Die Rotweine werden aus der Sorte Syrah gewonnen, die Weißweine aus Marsanne und Roussanne. Der Wein wächst auf steilen, teilweise terrassierten Lagen aus Granitverwitterung, Gneis und Glimmerschiefer, die sich rund 60 km in nord-südlicher Richtung hinziehen; dadurch fällt der Wein sehr unterschiedlich aus. Im Norden grenzt die AOC mit ihren 26 Gemeinden an die Côte Rotie und Condrieu, im Süden an Cornas. Das Klima befindet sich im Übergang vom heißen, eindeutig mediterran geprägten Süden zum kontinental geprägten Norden. Die Weine aus Saint-Joseph erreichen zwar nicht die Größe eines Hermitage, können aber dennoch charaktervoll und komplex sein. Bekannte Erzeuger: Gripa, Coursodon, Chave, Chèze, Coursodon, Grippat, Faury, Jaboulet, Paret, Trollat, Marsanne, Cuminaille, Gaillard-Villard.

Saint-Julien Französische AOC für Rotweine in Bordeaux, im → Haut-Médoc. Die Appellation grenzt im Norden an Pauillac, im Süden an Cussac. Rund 900 ha Rebfläche, auf der jährlich rund 4,8 Millionen l Rotwein erzeugt werden.

Klima und Geographie

Die kleine AOC misst nur 4 × 5 km, davon sind immerhin rund 80 Prozent mit Reben bestockt. Das Klima ist deutlich durch die Mündung der Gironde beeinflusst; die besten Rebflächen liegen nur wenige Meter vom Wasser entfernt auf den 10 bis 20 m hohen Kiesplateaus, die vom Mikroklima des Flusses bevorzugt profitieren. Weitere Rebgärten liegen auf dem sanft geneigten Hang am Südrand der Appellation.

Rebsorten, Weinstile und Klassifikation

Wie im Bordeaux allgemein üblich werden überwiegend die Sorten Cabernet Sauvignon, Cabernet franc, Merlot, Petit Verdot und ein wenig Malbec angebaut. Analog zu den klimatischen Bedingungen gliedert sich die Klassifikation im Saint-Julien. Am Fluss und am Südhang liegen die klassifizierten Châteaux, im Innern der Appellation die nicht-klassifizierten. Die AOC verfügt zwar nicht über ein *Premier cru* Château, doch angesichts ihrer hohen Durchschnitts- und Spitzenqualitäten besitzt sie ein außerordentlich hohes Ansehen. Man bezeichnet den Wein von Saint-Julien gerne als den idealen roten Bordeaux. Im Allgemeinen ist er voller als ein Margaux, hat mehr Charme und Eleganz als ein Saint-Estèphe und reift früher als ein Pauillac. Doch auf dem Niveau seiner Spitzenweine ist er konzentriert, tief, komplex und langsam reifend – er braucht also drei Dinge: Zeit, Zeit und – Zeit.

Die Crus classés

- 2ᵉ cru classé: Châteaux Ducru-Beaucaillou, Gruaud-Larose, Léoville Las Cases, Léoville-Poyferré, Léoville-Barton
- 3ᵉ cru classé: Châteaux Lagrange, Langoa
- 4ᵉ cru classé: Châteaux Beychevelle,

Branaire-Ducru, Saint-Pierre, Talbot Als *primus inter pares* gilt heute allgemein der grandiose Château → Léoville-Las-Cases, dessen Weine sich durchweg ebenso wie jene von Châteaux → Ducru-Beaucaillou auf dem Niveau eines 1. Gewächses befinden. Weitere bekannte Erzeuger: Châteaux Moulin la Rose, Gloria, Bridane, Moulin-Riche und Peymartin.

Saint-Laurent Französische Gemeinde im Bordeaux, → Haut-Médoc, westlich von → Saint-Julien. Auf rund 400 ha Rebfläche werden aus den Rebsorten Cabernet Sauvignon, Merlot und Cabernet franc zwar keine klassifizierten Rotweine erzeugt, doch einige sehr zuverlässige Weingüter haben hier ihren Sitz: Châteaux Camensac, La Tour-Carnet, Belgrave, Caronne-Sainte-Gemme, Lanessan, Les Valets und Larose-Trintaudon.

Saint Laurent bzw. → Sankt Laurent (deutsche Schreibweise) wird manchmal auch eine rote Rebsorte genannt, die in Österreich und Deutschland (Württemberg, Pfalz, Rheinhessen) angebaut wird.

Saint-Macaire → Côtes-de-Bordeaux

Saint-Michel-de-Fronsac → Fronsac

Saint-Nicolas-de-Bourgueil Französische Stadt in der → Touraine an der → Loire und gleichnamige AOC, die in unmittelbarer Nachbarschaft von Bourgueil liegt. Auf rund 1000 ha Rebfläche werden jährlich etwa 5,7 Millionen l überwiegend Rotwein (und 3 % Rosé) aus den Rebsorten Cabernet franc plus maximal 10 % Cabernet Sauvignon erzeugt. Die eleganten und komplexen Rotweine zählen zu den besten der Loire und werden im Vergleich mit Bourgueil als leichter eingestuft. Die Weine wachsen auf Tuff, tonigem Kalk und Kies (mit Ton) auf den Schwemmlandufern der Loire und werden von den bewaldeten Höhenzügen gegen die kalten kontinentalen Winde geschützt. Bekannte Erzeuger: Domänen La Coudraye, Chevrette, Clos de L'Epaisse, Taluau, Mabileau und Lorieux.

Saint-Péray Französische Stadt im nördlichen → Rhônetal, auf dem westlichen Ufer des Flusses gegenüber von Valence gelegen. Auf etwa 60 ha Rebfläche werden jährlich etwa 150 000 l Weißwein (70 % davon als → Schaumwein nach der Méthode champenoise) aus den Rebsorten Marsanne und Roussanne erzeugt. Die Reben wachsen auf Granitverwitterung und tonigem Lehm mit Kalkanteilen. Die Appellation liegt ganz im Süden des nördlichen Rhônetals und steht deutlich unter mediterranem Klima-Einfluss.

Die Weine sind goldfarbener und körperreicher als Champagner, haben einen recht eigenen Geschmack und zählen zu den guten Schaumweinen Frankreichs. Als Stillwein ist er etwas leichter und weniger fein als ein Hermitage. Bekannte Erzeuger: Chaboud, Darona und Milliand.

Saint-Pierre, Château Französisches 4e *cru classé*-Weingut im Bordeaux in der AOC → Saint-Julien (Haut-Médoc). Rund 17 ha Rebfläche mit 70 % Cabernet Sauvignon, 20 % Merlot und 10 % Cabernet franc für Rotwein.

Saint-Pierre-Bontemps-et-Sevaistre, Château In früheren Zeiten mitunter benutzter Name von Château → Saint-Pierre.

Saint-Pourçain-sur-Sioule Kleine Weinbaugemeinde in Zentralfrankreich und Name für die in ihrer Umgebung erzeugten VDQS Rot-, Rosé- und Weißweine. Rund 530 ha Rebfläche bringen pro Jahr etwa 2,7 Millionen l Wein, davon 25 % Weißwein. Das Weinbaugebiet liegt im Departement Allier, an den Flüssen Sioule, Allier und Bouble. Die Rotweine werden aus Pinot noir und Gamay erzeugt, die Weißweine aus Chardonnay, Tressalier, Sauvignon und etwas Aligoté. Die Weine gehören zu den unbekannteren der Loire, sind ziemlich ausgefallen und schmecken jung recht gut.

Saint-Romain Französische AOC für Rot- und Weißwein im → Burgund, etwas abseits der eigentlichen Côte de Beaune gelegen. Auf knapp 90 ha werden Rotweine aus Pinot noir (pro Jahr rund 175 000 l) und Weißwein (rund 230 000 l) erzeugt. Die weißen sind frisch, die roten von etwas geringerem Rang. Lagen sind von Kalkklippen umgeben, die sie vor den kalten Winden schützen, die Rebstöcke stehen auf Kalkmergel mit Ton. Bekannte Lagen: Sous-le-Château, Sous-la-Velle, Sous Roche, La Combe Bazin, Le Jarron und en Poillange. Bekannte Erzeuger: René bzw. Roland Thévenin und A. Barolet.

Saint Saphorin Schweizer Ort im Weinbaugebiet → Waadtland im → Lavaux, idyllisch und herrlich am Nordufer des Genfer Sees zwischen Lausanne und Vevey gelegen. Aus dieser Appellation kommen einige der besten Schweizer Weißweine der Rebsorte → Chasselas, sowie ferner etwas Rotwein. Der → Faverges stammt von hier. Bekannte Erzeuger: Frères et fils Grognuz und Monachon.

Saint-Seurin-de-Cadourne Französischer Ort im Bordeaux, nördlichste Gemeinde der AOC Haut-Médoc, zu der die dort erzeugten Weine gehören, mit rund 450 ha Rebfläche. Im Süden an die AOC Saint-Estèphe grenzend, liegen die Rebflächen auf einem Kiesplateau über der Gironde in rund 20 Meter Höhe. Bekannte Erzeuger: Châteaux Sociando-Mallet, Coufran, Verdignan, Pontoise-Cabarrus, Bel-Orme-Tronquoy-de-Lalande und Saint-Paul.

Saint-Véran Französische AOC für Weißwein im → Burgund, im Süden des → Mâconnais. Dabei handelt es sich um Weißweine aus der Rebsorte Chardonnay, die an Pouilly-Fuissé erinnern. Im südlichen Teil der AOC wachsen die Reben auf Granit, während im nördlichen Teil Kalk bzw. Kalkmergel überwiegt. Der Wein kommt aus folgenden Gemeinden:

- Norden: Davayé, Prissé und Teile von → Solutré;
- Süden: 3 km entfernt die vier Gemeinden Chânes, Chasselas, Leynes und Saint-Vérand.

Insgesamt werden auf rund 550 ha Rebfläche jährlich um die 3,6 Millionen l Weißwein erzeugt. Bekannte Erzeuger: Duboeuf, Barbier, Grégoire, Duperron und Chagny.

Saint-Croix-du-Mont Französische AOC für süße und edelsüße Weißweine im → Bordeaux. Auf rund 450 ha Rebfläche werden jährlich rund 1,6 Millionen l Wein aus den Rebsorten Sèmillon, Sauvignon blanc und Muscadelle erzeugt, der auf Kalkböden z. T. mit Ton am rechten Ufer der Garonne wächst, gegenüber von → Sauternes. Sie müssen mindestens 12,5 % tatsächlichen Alkohol aufweisen, sind schwer, süß und in der Regel weniger exquisit als die Weine von Sauternes oder → Barsac. Aus der Umgebung kommen ferner trockene Weiß- wie auch Rotweine, die jedoch nur die Appellation Bordeaux führen dürfen. Bekannte Erzeuger: Châteaux Loubens, La Rame, de Tastes, Lamarque, Coulac, Bel Air, Hauret-Lalande.

Sainte-Foy-Bordeaux Französische AOC für Weiß- und Rotweine im Bordeaux. Dieses Weinbaugebiet ist eine Fortsetzung von Entre-deux-Mers und liegt an der Dordogne ganz im Osten des Bordelais. Auf rund 250 ha Rebfläche werden jährlich etwa 1,2 Millionen l trockene und süße Weißweine (17 %) sowie Rotwein erzeugt. Rebsorten: Merlot, Cabernet Sauvignon und Cabernet franc für Rotwein, Sémillon, Sauvignon blanc und Muscadelle für Weißwein. Die Reben stehen auf den höher gelegenen Schwemmlandplateaus, die sich aus Kies und Sand zusammensetzen. Bekannte

Erzeuger: Châteaux des Chapelains, Claire Abbaye, Pichaud-Solignac.

Salento Italienische Landschaft im Süden → Apuliens, die ehemals so bezeichnete *Terra di Otranto*, um die eindrucksvolle Barockstadt Lecce. Große Mengen des hier angebauten Weins gehen als anonymer Verschnittwein in den Norden, um den dort produzierten Weinen ein wenig auf die Sprünge zu helfen. Es werden aber auch Rotweine erzeugt, die den Salento zum beachtenswertesten Weinbaugebiet Apuliens machen, z. B.: → Patriglione, Notarpanaro, → Salice Salentino, → Leverano, → Brindisi und → Matino. Bekannte Erzeuger: Càntele, Cantina Sociale Leverano, Rosa del Golfo.

Sales, Château de Französisches Weingut im Bordeaux in der AOC Pomerol, das größte Weingut der Appellation mit rund 48 ha Rebfläche: 66 % Merlot und je 17 % Cabernet franc und Cabernet Sauvignon für Rotwein. *Zweitwein*: Château Chantalouette und du Delias.

Salice Salentino Italienischer Ort im → Salento im Süden → Apuliens, westlich von Lecce. Hauptsächlich wird DOC-Rot- und Roséwein, überwiegend aus der Sorte Negro amaro erzeugt, der kraftvoll und schwer bis breit und undifferenziert ausfällt. Die besten hingegen sind voller Charakter und durchaus fein, z. B. Five Roses von Leone De Castris. Bekannter Erzeuger: Cosimo Taurino.

Salina Italienische Insel nördlich von → Sizilien, zu den Liparischen Inseln gehörig, auf denen ein Großteil des → Malvasia delle Lipari erzeugt wird. Bekannter Produzent: Carlo Hauner.

Salvagnin Im schweizerischen Kanton → Waadt übliche Bezeichnung für Rotweine, die entweder aus Pinot noir oder Gamay oder aus einem Verschnitt von beiden stammen und sich zuvor einer Qualitätsprüfung unterziehen mussten.

Salwey, Weingut Deutsches Weingut im Weinbaugebiet → Baden im Ort Oberrotweil. Auf rund 20 ha Rebfläche werden jährlich etwa 150 000 Flaschen Wein erzeugt. Rebsorten: 45 % Spätburgunder, 25 % Grauburgunder, ferner Riesling, Weißburgunder, Silvaner. Bekannte Lagen: *Oberrotweiler Kirchberg* und *Eichberg*, *Glottertaler Eichberg*. Böden: Vulkanverwitterung, Lößlehm und Gneis. Führender Erzeuger von traditionellen Rot- und Weißweinen größtenteils aus dem großen Holzfass, teilweise auch aus dem Barrique.

Salzig Einer der vier Geschmackssinne auf der Zunge. Manche Weine können aufgrund ihres hohen Mineralgehalts (z. B. Petit Arvine im Schweizer Wallis) oder ihrer Vinifikation (z. B. Sherry oder Vin Jaune) salzig schmecken.

Samena Trockener griechischer Weißwein von der Insel → Samos.

Sämling Heute werden fast alle Rebsorten aus so genannten Blindreben erzogen, aus Teilen des Rebstocks, die Wurzeln schlagen (Triebstücke). Ein Sämling hingegen ist, wie schon der Name sagt, eine aus Samen gezogene Pflanze, wodurch ihre Herkunft nicht exakt feststellbar ist, es sei denn, die Aussaat und Aufzucht erfolgte unter strenger Kontrolle. Alle → Hybriden sind erstmals Sämlinge oder Mutanten gewesen ebenso wie alle → Neuzüchtungen. Danach werden sie nur noch vegetativ über das Holz weiter vermehrt.

Sämling 88 Österreichische Bezeichnung für die Rebsorte → Scheurebe.

Sambuca di Sicilia Italienische DOC für Rot-, Rosé- und Weißweine in → Sizilien (Provinz Agrigent) in der Gemeinde Sambuca. Die Weine wachsen in über 200 m Höhe und werden aus den Rebsorten Chardonnay, Ansonica Inzolia (50 bis 75 %), Catarratto bianco Ludico, Chardonnay und anderen weißen Sorten gekeltert. Chardonnay wird auch reinsortig ausgebaut. Für den Rosso sind Nero d'Avola, Calabrese (50 bis 75 %),

Nerello Mascalese, Sangiovese, Cabernet franc und Cabernet Sauvignon zugelassen. Cabernet Sauvignon wird auch reinsortig ausgebaut. Die Riserva muss ein Jahr reifen, davon ein halbes Jahr im Holzfass. Aus den Rotweintrauben wird ferner Rosato bereitet.

Samos Griechische Insel in der Ägäis, berühmt für ihren weißen, süßen Likörwein, den → Muskat von Samos. Daneben werden auch andere Weine erzeugt, so z. B. der Weißwein → Samena.

Sampigny-les-Maranges Weinbaugemeinde in Burgund am südlichen Ende der Côte d'Or, deren Rotweine unter die AOC → Maranges fallen, gemeinsam mit den Weinen von Cheilly-les-Maranges und Dezize-les-Maranges.

Samtig Bezeichnung für weiche Rotweine mit ausgeglichenem → Körper und Alkoholgehalt und geringem → Tannin. Dieser Typus ist zurzeit sehr in Mode, dadurch haben charaktervollere Rotweine das Nachsehen.

Samtrot Deutscher Rotwein, zur → Pinot-Familie gehörend. Eine Mutation aus → Schwarzriesling mit gutem Qualitätspotenzial. Seine Anbaufläche beschränkt sich in Deutschland fast ausschließlich auf das Weinbaugebiet → Württemberg. Bekannter Erzeuger: Weingut Graf Adelmann.

San Colombano al Lambro Italienische DOC für Rotwein aus den Sorten Croatina, Barbera und Uva rara in der Umgebung von San Colombana in der → Lombardei; Provinzen Mailand und Pavia.

San Francisco Bay Bucht im Westen der USA, in der heute rund 4,5 Millionen Menschen leben. Dank des einströmenden kühlen Pazifiks verfügt sie über ein mildes, ausgeglichenes Klima – die ideale klimatische Voraussetzung für den Weinbau im → Napa Valley, → Sonoma County, → Alameda County und → Santa Clara County.

San Gimignano Italienische DOC für Rotwein und Vin Santo in der Appellation San Gimignano (→ Vernacchia di San Gimignano, DOCG) in der → Toskana. Der Rosso ist ein → Chianti-Typ aus Sangiovese (50 %) und anderen Rotweinsorten. Die Riserva muss zwei Jahre reifen. Als Sangiovese muss der Wein mindestens 85 % dieser Rebsorte enthalten. Rosato wird aus den gleichen Trauben wie der Rosso bereitet. Die Spezialität *Vin Santo Occhio di Pernice* ist ein → Strohwein aus getrockneten Sangiovese-Trauben.

San Guido, Tenuta Berühmtes italienisches Weingut in der Region → Toskana in → Bolgheri. Erzeugt auf rund 60 ha Rebfläche etwa 170 000 Flaschen Wein, darunter an erster Stelle den berühmten → Sassicaia (rund 150 000 Flaschen) aus den Rebsorten Cabernet Sauvignon und Cabernet franc. Dieser → internationale Wein ist eine der großen Wein-Ikonen Italiens, sozusagen der Ferrari unter den → Supertoskanern.

San Juan Argentinische Provinz, nördlich von → Mendoza, und das zweitgrößte Weinbaugebiet des Landes mit rund 50 000 ha Rebfläche, von der etwa 20 % der argentinischen Weinerzeugung stammen. Das Klima des rund 650 m hoch gelegenen Gebiets ist sehr heiß und trocken (42 Grad im Sommer sind keine Seltenheit); ohne Bewässerung ist der Weinbau hier unmöglich. Erzeugt werden hauptsächlich Traubenkonzentrat, Branntwein und Likörwein; Hauptanbaugebiet ist das rund 100 km lange Tullum-Tal, dessen Weine praktisch nie das Land verlassen. Nur in einigen höher gelegenen Tälern wie dem Pedernal sind die Klimabedingungen für Qualitätsweinbau geeignet, hier wird kräftig investiert.

San Leonardo, Tenuta Italienisches Weingut im Süden des Weinbaugebiets → Trentino im Ort Borghetto all'Adige an der Grenze zum Veneto. Rund 17 ha

Rebfläche und 80 000 Flaschen Wein Jahresproduktion – einer der führenden Erzeuger im Trentino. Auf dem Weingut im Besitz von Conte Guerrieri-Gonzaga wurde am Ende des 1. Weltkriegs der österreichisch-italienische Waffenstillstandsvertrag ausgehandelt. Das Weingut ist berühmt für seine Rotweine aus den Rebsorten Cabernet und Merlot, die im engen Trentino-Tal unterhalb der fast senkrechten Steilwände auf fächerartig abgelagerten Schotterböden wachsen. Der Spitzenwein des Hauses, der San Leonardo (rund 50 000 Flaschen) wird aus Cabernet Sauvignon (60 %), Cabernet franc (30 %) und Merlot (10 %) vinifiziert. Traditionelle, haltbare Rotweine alten Stils; außerdem ein einfacher Merlot (25 000 Flaschen).

San Luis Obispo County Weinbaugebiet in den USA im mittleren und südlichen → Kalifornien nördlich von Los Angeles gelegen. Im Norden grenzt es an das Monterey County, im Süden an Santa Barbara County. Derzeit gibt es rund 7000 ha Rebfläche, auf der überwiegend Zinfandel, Cabernet Sauvignon und Chardonnay kultiviert werden. Die County verfügt über vier AVAs:

- *Paso Robles:* die bedeutendste in einem Hochtal gelegene Weinbauregion. Das Klima ist trocken und heiß.
- *Arroyo Grande:* in diesem teilweise bis zur Küste reichenden Weinbaugebiet ist es zum Pazifik hin kühler, zu den Bergen hin deutlich heißer. Der Weinbau spielt eine eher geringe Rolle.
- *Edna Valley:* kleines Weinbaugebiet nördlich von Aroyo Grande mit ausgeglichenerem Klima.
- *York Mountain:* kleinste AVA mit nur wenig Weinbau.

Bekannte Erzeuger: Eberle, Peachy Canyon, Wild Horse, Estrella River, Meridian und Edna Valley.

San Martino della Battaglia Italienische DOC in der → Lombardei (teilweise auch Venetien) in den Gemeinden Sirmione, Desenzano, Lonato und Pozzolengo (Provinzen Brescia sowie Verona). Rebsorten: Tocai Friulano.

San Severo Italienische DOC im Norden → Apuliens für Rot-, Rosé- und Weißweine. Erstere werden aus der Rebsorte Montepulciano (eventuell mit Zusatz von Sangiovese) erzeugt, letztere aus Bombino, Trebbiano, Malvasia und Verdeca. Bekannter Erzeuger: D'Alfonso del Sordo.

San Vito di Luzzi Italienische DOC für Rot-, Rosé- und Weißweine, die in → Kalabrien in der Stadt Luzzi (Provinz Cosenza) erzeugt werden. Rebsorten: Malvasia bianca, Greco bianco und einige andere für Weißwein sowie Gaglioppo, Malvasia nera, Greco Nero und Sangiovese für Rotwein – und wie so oft in Italien, eine Vielzahl autochthoner Rebsorten.

Sancerre Französische Stadt in Mittelfrankreich an der oberen → Loire rund 250 km vom Atlantik entfernt. Je eine AOC für Rot-, Rosé- und Weißweine, von denen letztere mit 75 % den Löwenanteil ausmacht. Auf rund 2400 ha werden etwa 15 Millionen l Wein pro Jahr erzeugt.

Klima und Geographie

Das »Wein-Geschwisterpaar« Sancerre und Puilly-Fumé liegen sich, getrennt von der Loire, schräg gegenüber. In Sancerre befinden sich die Rebflächen auf rund 200 bis 350 m Höhe. Dadurch ist das Klima deutlich kontinental geprägt, profitiert aber von atlantischen Einflüssen und der Loire (→ Topographie). Die besten Weinberge mit ihren Kalksteinböden und dem berühmten Flintstein (Feuerstein oder Silex) liegen oberhalb der Stadt Sancerre. Weiter westlich nimmt der Lehm- oder Kiesanteil der Böden zu, daher fallen die dortigen Weißweine weniger mineralisch aus.

Rebsorten und Weinstile

Der weiße Sancerre wird wie auch der

Pouilly-Fumé aus der Rebsorte Sauvignon blanc vinifiziert, die in dem idealen Terroir der Umgebung zeigen kann, was wirklich in ihr steckt. Das Ergebnis sind voll aromatische und stahlige Weine, die vor Mineral strotzen können und grasiggrüne Aromen von Cassis, Minze, Paprika und Heu verströmen. Von Spitzenerzeugern stammen volle, frische, säurebetonte, feinblumig-fruchtige Weißweine mit extremen Feuersteinakzenten. Der Sancerre reift im Allgemeinen früher als der Pouilly-Fumé und erreicht nach zwei bis drei Jahren sein geschmackliches Optimum – kann aber in besonderen Jahren viel älter werden. Der weiße Sancerre erfreut sich heute zunehmender Beliebtheit, die bei den Rebflächen in den vergangenen Jahren enorm ausgeweitet wurden. Von dort kommt netter fruchtiger Wein, der aber weder über mineralisches Feuersteinaroma noch über Tiefe und Kraft verfügt.

Der Wein wird in 14 Gemeinden erzeugt: In Bué, einschließlich Brie, wird einer der besten überhaupt produziert. Die Weine aus Sancerre (inkl. → Chavignol) sind fein, Ménétréol liefert eher die stahlige Variante. Bedeutend sind noch Crézancy, Verdigny und Sury-en-Vaux. Das Gebiet genießt auch für seine Ziegenkäse einen exquisiten Ruf, z. B. *Crottin de Chavignol*, der perfekt zu den rassigen Weißweinen der Gegend passt.

Zusätzlich werden noch Rot- und Roséwein aus Pinot noir erzeugt. Bekannte Erzeuger: Henri Bourgeois, Christian Salmon, Bailly-Reverdy, Comte Lafond (de Ladoucette), Archambault (sehr unterschiedliche Qualitäten), Lucien Crochet, Bernard Reverdy, Jean Vacheron, Lucien Picard, Dagueneau und Alphonse Mellot.

Sancocho In Spanien durch Erhitzen erzeugtes Traubenkonzentrat zur Herstellung von → Sherry, nicht so weit konzentriert (nur auf ein Drittel des ursprünglichen Mostes), deswegen heller und auch nicht so süß wie → Arrope.

Sandwein Österreichische Bezeichnung für Weine, die auf Sandböden wachsen, darunter die am → Neusiedlersee wachsenden Spitzenweine des Seewinkels im → Burgenland. Auch in Frankreich gibt es Sandwein: populär ist z. B. der meist schlicht als Sandwein bezeichnete Vin de pays des Sables du Golfe du Lion, der französische Landwein aus den sandigen Küstenregionen der Départements → Bouches-du-Rhône, → Gard und → Hérault. Diese einfachen Weine, weiß, rot und insbesondere rosé, stammen von den Domaines Viticoles des Salins du Midi, einem in Sète ansässigen Erzeugerbetrieb, der zu den größten Europas zählt und sie unter dem Namen *Listel* millionenfach vermarktet: Allerweltswein.

Sangiovese Italienische Rotwein-Rebsorte mit höchstem Qualitätspotenzial. Neben dem Nebbiolo *die* herausragende Sorte Italiens. Wörtlich übersetzt bedeutet Sangiovese »Blut des Jupiter« (Sangio Giovi). Als *Sangiovese piccolo* ist sie vor allem in Mittelitalien verbreitet und die am meisten angebaute rote Rebsorte des Landes. Rund 70 000 ha sind mit ihr bestockt – das entspricht rund 10 Prozent. Die Fläche ist allerdings in den letzten zehn Jahren um etwa 20 Prozent zurückgegangen. Ihre Heimat dürfte vermutlich die → Toskana sein – zudem wird sie in der Emilia-Romagna, den Marken, in Umbrien und Latium kultiviert. Der berühmteste italienische Wein, der → Chianti wird überwiegend aus Sangiovese bereitet – ebenso wie der → Sangiovese di Romagana, der → Rosso Piceno, der Sangiovese di Colli Pesaresi, der Sangiovese di → Aprilia in Latium und der → Solopaca Rosso in → Kampanien.

Vom Stil her bringt der Sangiovese säurebetonte, tanninherbe und weniger farbstarke Weine hervor, die ein hervorragendes Reifepotenzial besitzen. Auch einige → Supertoskaner werden aus reinsortigem bzw. größtenteils aus Sangiovese bereitet: z. B. der → Pergole und der → Sangioveto (von Badia a Coltibuono). Der Sangiovese hat mehrerer Spielarten, so z. B. *Sangiovese grosso*, aus dem der → Brunello di Montalcino bereitet, und *Prugnolo gentile*, der überwiegend für den → Vino Nobile di Montepulciano verwendet wird. Der Sangiovese hat darüber hinaus viele Synonyme, in der Maremma heißt er z. B. Morellino.

In der letzten Zeit wird die Kritik in Italien am Sangiovese immer lauter; es wird kolportiert, seine Genetik sei grundsätzlich problematisch, da er öfter als gewünscht nicht zur völligen Reife gelangt – besonders in den hoch gelegenen Weinlagen des Chianti classico (500 m), wo er seit Jahrhunderten kultiviert wird. Dass Faktoren wie Pflanzdichte, Ertrag, Lagen- und Bodenqualität, Mikroklima und Vinifikation die viel entscheidenderen Parameter sind, hört man in dieser Angelegenheit nur selten. Seine Kritiker schwören stattdessen auf Importreben wie Cabernet Sauvignon oder Merlot und möchten den Anteil des Sangiovese im Chianti Classico zu Gunsten von Cabernet Sauvignon und Merlot weiter senken, um den Wein weicher und mundkonform für den internationalen Durchschnittsgeschmack zu machen. Das ist natürlich eine Mogelpackung. Diese Kampagne soll dazu dienen, die Tür für die Liberalisierung der durch die Konsortien festgelegten Chianti-Regeln (noch) weiter aufzustoßen als bisher, um in Zukunft völlig freie Hand bei der Rebenwahl zu haben. Dies käme dem Ende dieser großartigen und eigenwilligen Rebsorte und ihres wichtigsten Weines gleich, der mehr als alle anderen das → Terroir Mittelitaliens verkörpert.

Sangiovese di Romagna Italienische DOC für Rotwein in der östlichen → Emilia-Romagna. ein Allerweltswein ohne größere Ansprüche, der – wenn er nicht als Billigwein in die Flasche gelangt – in großen Mengen im Fass verkauft wird. Dabei kann die Rebsorte bei entsprechender Pflege, Böden und Vinifikationsverfahren durchaus einiges leisten, und in der Tat gibt es Erzeuger, die in der Romagna einen ganz beachtlichen Rotwein aus ihr erzeugen, weit über den schlichten Durchschnitt hinaus und durchaus mehrere Jahre lager- und entwicklungsfähig. Bekannte Erzeuger: Giovanni Madonia, Tre Monti, Trerè, Uccellina, Zerbina.

Sangioveto Italienischer Rotwein (→ Supertoskaner) vom Weingut Badia a Coltibuono im Chianti Classico in der Toskana. Bei diesem Rotwein handelt es sich um einen alten Klon des → Sangiovese, der in → Barriques ausgebaut wird (rund 35 000 Flaschen jährlich).

Sangria Spanischer Sommer-Punsch aus Rotwein (in der Regel einfachster → Priorato), Zitronensaft, Orangensaft, Zucker, Sodawasser, Obst- und Eisstückchen. Mitunter wird die Bowle auch noch mit Beeren oder Zitrusfrüchten in Scheiben und verschiedenen Gewürzen sowie Weinbrand angereichert.

Sangue di Giuda Italienischer, leicht schäumender, manchmal etwas süßer Rotwein aus dem → Oltrepò Pavese in der südlichen → Lombardei. Wird in der Umgebung von Broni, aus der auch → Barbacarlo und → Buttafuoco kommen, erzeugt. Sangue di Giuda bedeutet *Judasblut*. Es wird aus den Rebsorten Croatina, Uva rara, Ughetta und Barbera erzeugt.

Sankt Andrä im Sausal Österreichischer Ort im malerischen Weinbaugebiet → Südsteiermark an den westlichen Ausläufern des → Sausal mit annähernd 30 ha Rebfläche. Für die Qualität seines Weinbaus spricht, dass sich hier der einstige Zehntkeller des fürsterzbischöflich-salzburgischen Schlosses Harrachegg befindet. Bekannter Erzeuger: Harrachegg-Hirschmugl.

Sankt Antony, Weingut Deutsches Weingut in Nierstein, Weinbaugebiet → Rheinhessen, im Besitz des MAN-Konzerns. Auf rund 23 Hektar Rebfläche werden jährlich etwa 200 000 Flaschen Wein erzeugt. Rebsorten: 65 % Riesling, ferner Weißburgunder und Grauburgunder. Böden: Roter Tonschiefer. Bekannte Lagen: *Niersteiner Oelberg, Pettental, Orbel* und *Hipping*.

Sankt Gallen Ostschweizer Kanton, dessen rund 220 ha Rebfläche sich auf drei Bereiche verteilen:

- unteres → Rheintal
- St. Galler Oberland
- kleinere Rebinseln insbesondere am Walensee und am St. Galler Teil des Zürichsees bei Rapperswil.

Von Bedeutung sind die Rebflächen von Thal, Berneck und Balgach, auch die Orte Rebstein, Marbach, Altstätten (Forst) u. a., während im Oberland Sargans, Bad Ragaz (*Freudenberg*) und Pfäfers (*Portaser* – 720 m hoch) die bekanntesten Weine liefern. Die St. Galler Weine sind überwiegend Rotweine aus der Rebsorte Blauburgunder (Pinot noir). Bekannte Erzeuger: Felixer am Oelberg, Emil Nüesch, Jakob Schmid.

Sankt Laurent Ausgezeichnete rote Rebsorte, die vor allem in Österreich, Tschechien und auch in Deutschland angebaut wird. Ihr Name leitet sich vom Datum der Verfärbung ihrer Trauben von Grün nach Blau/Rot ab. Der Farbwechsel tritt um den 10. August ein, dem Namenstag des heiligen Sankt Laurent. Obwohl sie den → Portugieser deutlich an Qualität übertrifft, sind in Deutschland nur 350 ha mit ihr bestockt. Doch der Anbau nimmt deutlich zu: in drei Jahren hat sich die Anbaufläche verdreifacht. In Österreich steht sie hingegen mit rund 1000 ha gegenwärtig an vierter Stelle unter den Rotweinsorten, und ihre besten Weine kommen zumeist aus der Umgebung des Weinbaugebietes → Neusiedlersee sowie aus Bad → Vöslau, → Langenlois und der → Wachau. Stilistisch gesehen liefert der Sankt Laurent relativ dunkle, feinsinnige, nicht vom Gerbstoff getragene Weine, die reinsortig sehr gut und auch als Cuvée-Bestandteil bei ihren Erzeugern sehr beliebt sind.

Sankt Magdalener (Santa Maddalena) Italienischer DOC-Rotwein der DOC-Alto Adige Santa Maddalena bei Bozen in Südtirol. Der Wein wird in atemberaubenden Lagen hoch über der Stadt angebaut – in bester Südlage. Das Terroir des Sankt Magdaleners (benannt nach dem Bozener Ortsteil) gehört zu den besten Norditaliens. Der Wein ist rubinrot, samtig und harmonisch – eine Cuvée aus den Rebsorten Groß-, Grau- und Kleinvernatsch (→ Vernatsch) sowie der kräftigeren Rebsorte → Lagrein.

Die Zeit, als der Wein aufgrund propagandistischer Taktik von Mussolini als »Größter Wein Italiens« gekrönt wurde (um damit die Bindung Südtirols an Italien zu festigen), sind vorbei. Heute steht er leider auf der Abschussliste der Rotweinverdichter, die nur dunkle, fruchtsüße und holzwürzige Rotweine als wahren Rotwein ansehen. Das alles hat der Sankt Magdalener nicht, er ist ganz anders und macht gerade deshalb Spaß beim Trinken. Bekannte Erzeuger: Franz Gojer, Kandlerhof, Kehlburg (Bellendorf), Klosterkellerei Muri-Gries (Bozen), Stiftskellerei Kloster Neustift, Kettmeir.

Sankt Margarethen Österreichischer Ort im Weinbaugebiet → Neusiedlersee-Hügelland. Rund 740 ha Rebfläche zwischen → Rust und → Eisenstadt.

Sankt Michael, Winzergenossenschaft Italienische Genossenschaft in der Region → Südtirol, im Ort Eppan – eine der führenden Winzergenossenschaften Südtirols. Erzeugt auf rund 300 ha Rebfläche etwa 1 Million Flaschen Wein: Sauvignon blanc, Chardonnay, Gewürztraminer, Pinot Grigio, Riesling, Pinot Bianco, Muskateller. Spitzenwein: St. Valentin.

Sankt Urbans-Hof, Weingut Deutsches Weingut im Weinbaugebiet → Mosel-Saar-Ruwer im Ort Leiwen. Auf rund 35 ha Rebfläche werden jährlich etwa 250 000 Flaschen Wein erzeugt. Rebsorten: 90 % Riesling. Böden: Devonschiefer. Bekannte Lagen: *Leiwener Laurentiuslay, Piesporter Goldtröpfchen, Ockfener Bockstein, Wiltinger Schlangengraben, Thörnischer Ritsch.* Erzeuger von modernen, fruchtbetonten, dabei jedoch mineralischen Rieslingen.

Sanlúcar de Barrameda Spanische Hafenstadt an der Mündung des Guadalquivir am Rande des → Sherry-Gebietes, von dessen Rebflächen auf besten → Albariza-Böden einer der besten Likörweine Spaniens kommt, der → Manzanilla. Führende Sherry-Häuser, darunter Antonio Barbadillo, Herederos de Argüeso, Hijos de R. Perez Marin, Vinicola Hidalgo haben hier ihren Sitz.

Sannio Italienische DOC in → Kampanien in der Provinz Benevento. Es werden Rot-, Rosé- und Weißweine erzeugt: Weißweine aus Trebbiano toscano (auch → Spumante und → Passito), Moscato, Greco (auch Passito), Fiano (auch Spumante), Lalanghina (auch Passito und Spumante), Rotweine aus Sangiovese, Aglianico, Barbera, Piedirosso und Sciascinoso (auch Spumante).

Sans Dosage Völlig → trockener Schaumwein ohne → *liqueur d'expédition* (Versanddosage), trockener als → *brut* und → *Extra brut.* Von manchen Herstellern auch als *Brut sauvage* oder → *Dosage zéro* bezeichnet.

Sant'Agata de' (dei) Goti Italienische DOC für Rot-, Rosé- und Weißweine in → Kampanien, die in der gleichnamigen Gemeinde (Provinz Benevento) erzeugt werden: Weißwein aus Falanghina (auch als Passito) und Greco, Rotwein aus Aglianico und Piedirosso (letzterer auch als Riserva mit zwei Jahren Reifezeit).

Sant' Anna di Isola Capo Rizzuto Italienische DOC für Rot- und Roséweine, die an der Ostküste → Kalabriens in der Umgebung von Crotone erzeugt werden. Rebsorten: Gaglioppo, Nerello, Malvasia nera und bianca, ferner Greco bianco. Der Name der DOC mag zwar liebevoll ausgewählt und exakt sein, trägt aber nicht gerade zur Verbreitung des Weins bei.

Sant' Antimo Italienische DOC für Rot-, Rosé- und Weißweine in der → Toskana, die im gleichnamigen Dorf bei Montalcino (Provinz Siena) erzeugt werden: Weißwein aus Chardonnay, Malvasia, Weißer und Grauer Burgunder, Sauvignon blanc, Trebbiano und anderen; Rotwein aus Cabernet franc, Cabernet Sauvignon, Canaiolo, Merlot, Pinot noir, Sangiovese, Aleatico, Merlot und anderen, teilweise auch als → Riserva (4 Jahre Lagerung) bzw. → Superiore. Auch Vin Santo (drei Jahre Fasslagerung), den es hier ebenfalls in der Rosé-Variante *Occhio di Pernice* gibt.

Santa Barbara County Weinbaugebiet an der Westküste der USA im Staat Kalifornien. Es liegt nördlich von Los Angeles im Landesinnern. In großem Stil hat man mit der Weinerzeugung erst in den 1970er Jahren begonnen. Heute gibt es rund 5000 ha Rebfläche, davon 70 % Chardonnay, Cabernet Sauvignon, Riesling und Pinot noir.

- Das Santa Ynez Valley, eine eigene AVA, genießt derzeit den besten Ruf, da das Klima durch die Morgennebel gemäßigter und die Vegetationsperiode länger ist als in den übrigen Bereichen. Daher erbringt dort auch der Pinot noir gute Qualitäten.
- Außerdem gibt es noch die AVA Santa

Maria Valley, bekannt für Pinot noir und Rhône-Rebsorten. Hier wird deutlich mehr Wein angebaut, vor allem in höher gelegenen Lagen. Aufgrund der Nähe zum Meer ist es eines der kühlsten kalifornischen Anbaugebiete.

Insgesamt und im Vergleich zu anderen Weinregionen der USA befindet sich der Weinbau Santa Barbaras noch im (vielversprechenden) Pionierstadium. Bekannte Erzeuger: ABC, Murray, Ojay Winery, Byron, Firestone, Foxen, Qupé, Zaca Mesa und Sanford.

Santa Clara County Weinbaugebiet in den USA südlich der → San Francisco Bay, einst das größte → Kaliforniens. Durch den Urbanisierungsdruck der Stadt San José und das Silicon Valley ist die Rebfläche heute auf lediglich 450 ha fast ausschließlich im südlichen Teil des Santa Clara Valley zusammengeschrumpft; dort wird in der AVA San Ysidro vorwiegend Chardonnay angebaut. Die bekannten alten Firmen Paul Masson, Almadén und Mirassou sind noch geblieben.

Santa Cruz County Weinbaugebiet in den USA. Kleines und relativ kühles kalifornisches Gebiet an der Küste südlich von → San Francisco gelegen. Seine besten Weine kommen zumeist aus der AVA Santa Cruz Mountains entlang der Grenze zum Santa Clara County und an deren Hängen sich auf beiden Seiten Weingüter angesiedelt haben. Es werden Pinot noir und auch einige Rhône-Rebsorten kultiviert. Bekannte Erzeuger: Bonny Doon (Randall Grahm), Ridge, Mount Eden, David Bruce, Santa Cruz Mountain, Felton-Empire, Roudon-Smith.

Santa Margherita di Belice Italienische DOC für Weiß- und Rotweine in → Sizilien, Provinz Agrigent. Der Wein wird in Santa Margherita di Belice und Montevago erzeugt, Weißwein aus den Sorten Ansonica, Grecanico, Catarratto bianco, Chardonnay, Rayana, Rotwein aus Nero d´Avola, Sangiovese, Merlot, Cabernet Sauvignon und Cabernet franc.

Santa Rita, Viña Zweitgrößtes Weingut in → Chile. Auf rund 2000 ha Rebfläche und durch Traubenzukauf werden etwa 70 Millionen Flaschen Wein pro Jahr erzeugt, vor allem Massenwein im industriellen Maßstab. Das Weingut liegt am Fuße der Anden und wurde 1880 gegründet. Angebaut werden vor allem Cabernet Sauvignon, Merlot, Sauvignon blanc und Chardonnay sowie eine Reihe weiterer Rebsorten. Spitzenweine: Reservados und Casa Real.

Santarém Portugiesische Weinbau-Subregion im Zentrum der DOC → Ribatejo um die Städte Santarém und → Rio Maior gelegen. Auf über 7000 ha wird hauptsächlich Rotwein aus den Rebsorten Periquita, Castelão Nacional, Preto Martinho und Trincadeira Preta erzeugt sowie etwas Weißwein aus Fernão Pires, Arinto, Rabo de Ovelha.

Santenay Französische AOC für Weiß- und Rotweine (90 %) im südlichen → Burgund. Die Appellation liegt an der Grenze zur Côte de Beaune, ganz im Süden. Auf rund 260 ha Rebfläche werden jährlich 1,4 Millionen l Rotwein aus Pinot noir und 170 000 l Weißwein aus Chardonnay erzeugt. Es handelt sich um volle Rotweine mit kräftiger Tanninstruktur, die robust und bodenständig ausfallen. Die Reben wachsen auf Kalkstein mit Mergel, braunem Kalkboden z. T. mit Kiesablagerungen. Die besten Lagen sind von magnesiumhaltigem Oolithkalk geprägt. Bekannte Erzeuger: Prosper Maufoux, Lequin-Roussot, Prieur-Brunet, Joseph bzw. Adrien Belland sowie Mestre.

Santorin Griechische Insel in der Ägäis – berühmt für ihre Weine, besonders für Likörweine, die auf den vulkanischen Böden wachsen.

Saône Französischer Fluss, nahezu

500 km lang, der in seinem Verlauf in → Burgund die → Côte d'Or, die → Côte Chalonnaise, das → Mâconnais und das → Beaujolais berührt, bevor er in Lyon in die Rhône mündet.

Premier cru-Lagen

Beauregard
Beaurepaire
Clos-de-Tavannes
Clos des Mouches
Clos Faubard
Clos Rousseau
Grand Clos Rousseau
La Comme
La Maladière
Les Gravières
Les Gravières – Clos-de-Tavannes
Passe-Temps

Sarda-Malet Französisches Weingut im → Roussillon in Perpignan. Rund 50 ha Rebfläche, erzeugt neben AOC → Rivesaltes vor allem AOC → Côtes du Roussillon. Der Spitzenwein ist Terroir Mailloles rouge sowie blanc. Gilt als einer der führenden Erzeuger in der Appellation. Die Weine werden mit natürlichen Hefen vergoren und ohne Filterung gefüllt.

Sardegna → Sardinien

Sardegna Semidano Italienische DOC für Weißwein, der auf ganz → Sardinien aus den Rebsorten Semidano und einigen anderen Lokalsorten erzeugt werden darf. Wird auch als Superiore (mit 13 % Alkohol) und als → Passito angeboten. Stammt der Wein aus Mogoro und acht Nachbargemeinden, darf diese Tatsache auf dem Etikett vermerkt werden.

Sardinien Italienische Mittelmeerinsel mit rund 43 000 ha Rebfläche (deutlich fallende Tendenz), auf der pro Jahr rund 80 bis 90 Millionen l Wein erzeugt werden, davon rund 46 % Weißwein.

Geographie und Klima
Südlich von Korsika gelegen, ist das Relief der Insel stark durch Höhenzüge und Berge geprägt, nur rund 20 % sind Flachland. Das Klima der Insel ist mediterran und außer in größeren Höhen oder Meeresnähe heiß und überwiegend trocken.

Rebsorten und Weinstile
Seit jeher gibt es auf Sardinien eine enorme Vielfalt an Rebsorten, die z. T → autochthon sind und sich auf der lange Zeit zurückgebliebenen und armen Insel haben halten können, ohne dem Druck von Importreben ausgesetzt zu sein: Bovale, Vermentino, Cannonau (Grenache), Carignano (Carignan), Girò, Cagnulari, Niederra, Malvasia, Monica, Nasco, Nuragus, Ratagliardo, Semidano, Vermentino und Vernaccia. Knapp 80 % des sardischen Weins enden als Tafel- oder Landweine. Neben dem einzigen DOCG-Wein, dem → Vermentino di Gallura im Norden der Insel, gibt es knapp 20 DOC- und rund 15 IGT-Weine. Sie weisen in der Regel einen hohen Alkoholgehalt auf (oft 13 mitunter auch bis 18 %). Z. T. werden vereinzelt noch → Likörweine produziert, wie die auf der Insel sehr beliebten, im → Campidano erzeugten Weine Nasco di Cagliari, Moscato di Cagliari, Malvasia di Bosa, Girò di Cagliari. Unter den Rotweinen ragen die → Cannonau-Weine hervor (lokale Bezeichnung für die Rebsorte Grenache), besonders der Cannonau di Sardegna, aber auch der Monica di Sardegna und der aus Cannonau und Monica (plus Bovale) erzeugte Mandrolisai, ferner der Carignano del Sulcis. Die meisten DOC-Weine haben unerhört hohe zulässige Hektarerträge, die selbst bei den Rotweinen bis zu 14 000 (!) l pro ha betragen dürfen. Aus diesem Grund verzichten viele gute Erzeuger auf die DOC-Bezeichnung, um nicht in ihren negativen Ruf zu geraten – und deklassieren ihren Wein lieber in die IGT-Kategorie.

Der sardische Wein wird überwiegend von Genossenschaften und Großkellereien hergestellt; die Produktion kleinerer Erzeuger verlässt nur selten die Insel.

Sarria, Bodega de Spanisches Weingut im Weinbaugebiet → Navarra. Auf rund 120 ha eigener Rebfläche werden jährlich etwa 700 000 Flaschen Wein (Jóvenes, Crianza, Reserva und Gran reserva und auch ein Cabernet Sauvignon) erzeugt, die zu den besten in Navarra gehören.

Sartène Französisches Weinbaugebiet (*Vin de Corse-Sartène*) im Südwesten der Insel → Korsika gelegen, das zur AOC Vin de Corse gehört und fast ausnahmslos Rotweine hervorbringt.

Sassella Italienischer DOCG-Wein im → Valtellina in der Region → Lombardei nahe der Schweizer Grenze. Einer der besten Valtellina superiore, der hauptsächlich aus der hier als Chiavennasca bezeichneten Rebsorte → Nebbiolo erzeugt wird. Die besten Weine sind konzentriert, charaktervoll, tanninreich und reifen langsam. Bekannte Erzeuger → Valtellina.

Sassicaia Italienischer DOC-Rotwein aus der Toskana. Lange Zeit ein legendärer Wein, der von einem rund 30 ha großen, auf drei Parzellen verteilten Rebgelände im Küstengebiet südlich von Livorno stammt. Der Wein wird rund 5 km vom Meer an den sanften Abhängen bei → Bolgheri in der Gemeinde → Castagneto Carducci erzeugt. Sein Erfinder, der Marchese Incisa della Rocchetta bepflanzte 1942 einen Hektar Rebfläche mit Cabernet Sauvignon. Zunächst nur als Liebhaberei gedacht, ließ das Ergebnis mit den Jahren immer mehr aufhorchen. 1968 übernahmen die verwandten Antinori aus Florenz die Vermarktung des Sassicaia, zunächst ganze 7300 Flaschen. Inzwischen wird die nicht gerade geringe Menge von rund 150 000 Flaschen produziert. Der Wein, der inzwischen mit einem Zusatz von 20 bis 25 % Cabernet franc vinifiziert wird, war einer der ersten → Supertoskaner.

Satelliten Bezeichnung für AOC-Gebiete, die direkt an die Kernappellationen (z. B. Pomerol oder Saint-Emilion) im Bordeaux angrenzen. Satelliten verfügen meist erst seit wenigen Jahren über eine eigene AOC bzw. ihre weinbaulichen Grundvoraussetzungen (Terroir), gelten aber nicht als ebenso hochrangig wie die klassischen Gebiete. Satelliten sind z. B. La Lande-de-Pomerol oder Lussac-Saint-Emilion.

Satigny Schweizerischer Weinbaubereich im → Waadtland mit rund 450 ha Rebfläche um die gleichnamige Ortschaft. Satigny ist die größte Weinbaugemeinde der Schweiz, liegt im Genfer → Mandement und ist Sitz der größten Kellerei des Landes, der *Vin Union-Genève*, die 80 % der gesamten kantonalen Weinerzeugung vermarktet. Angebaut werden hauptsächlich → Chasselas (Perlan) und Gamay.

Sattlerhof Österreichisches Weingut im Weinbaugebiet → Südsteiermark. Auf rund 20 ha Rebfläche werden jährlich etwa 120 000 Flaschen Wein erzeugt, vor allem elegante Weißweine.

Sauber Ein Wein ist sauber, wenn er gesund ist und keine unangenehmen Geruchs- oder Geschmacksempfindungen hervorruft – somit eine Grundvoraussetzung für jeden Wein, mehr aber auch nicht. Keinesfalls ein Lob oder Kompliment.

Sauer Einer der am häufigsten missbräuchlich verwendeten Begriffe zur Charakterisierung eines Weins. Für manche ist jeder Wein mit einem hohen Säuregehalt schlicht *sauer*. Tatsächlich wird man derartige Weine in der Regel zutreffender als trocken, vielleicht als säurebetont charakterisieren, denn in erster Linie kommt es auf die Art der Säure im Wein, auf seine Azidität an. → Säure,

→ Apfelsäure, → Weinsäure, → biologischer Säureabbau.

Sauer, Weingut Deutsches Weingut im Weinbaugebiet → Franken im Ort Escherndorf. Auf rund 10 ha Rebfläche werden jährlich etwa 75 000 Flaschen Wein erzeugt. Rebsorten: 35 % Müller-Thurgau, 30 % Silvaner, 10 % Riesling. Böden: Muschelkalk, Keuper und Lößlehm. Bekannte Lagen: *Escherndorfer Lump, Fürstenberg.*

Säuerung Das Gegenteil der → Entsäuerung, darf in den → Weinbauzonen CII, CIIIa und CIIIb in gewissen Grenzen praktiziert werden. Dabei darf dem Wein bis zu 1,5 g/l Weinsäure zugesetzt werden, um einen anderenfalls zu niedrigen Gesamtsäuregehalt zu korrigieren. In außergewöhnlichen Jahren darf dieses Verfahren auch in den Zonen CIa und CIb angewandt bzw. in den bereits genannten Zonen die zulässige Höchstmenge bis auf 2,5 g/l erhöht werden.

Saumur Französische AOC für Weiß- (30 %) und Rotwein im Weinbaubereich → Loire, rund 100 km vom Atlantik entfernt. Saumur ist eine der reizvollsten Städte an der → Loire, berühmt nicht zuletzt durch ihr eindrucksvolles Renaissanceschloss, das hoch über dem Strom thront. Die Stadt gilt wegen ihrer Schaumweinproduktion als das Reims der Loire und bildet den östlichen Abschluss des Weinbaugebiets Anjou-Saumur, nach Osten den Abschluss des Weinbaugebietes → Anjou.

Klima und Geographie

Klimatisch steht Saumur deutlich unter kontinental-atlantischem Einfluss, die Weine fallen aufgrund der Wachstumsbedingungen säurebetont aus – ideal für Grundweine zur Schaumweinproduktion. Der Boden besteht aus dem berühmten, weichen und leicht zu bearbeitenden Kalk- bzw. Kreidetuff. Die höheren Lagen verfügen über Sandböden. Die Weinberge liegen an den Abhängen zur Loire auf einer Länge von rund 15 km sowie bei St-Cyr-en-Bourg etwas ins Landesinnere hinein, wo der Wein leichter ausfällt.

Rebsorten und Weinstile

Unter önologischen Aspekten ist Saumur heute für zwei verschiedenartige Weine berühmt, einmal für → Schaumweine, zum anderen für rote → Stillweine.

- Der Schaumwein, *Saumur mousseux* oder *Saumur d'origine* – wie er auf den Etiketten meist genannt wird –, von dem jährlich rund 7,8 Millionen l auf 900 ha Rebfläche erzeugt werden, wird aus → Chenin blanc mit erlaubtem Zusatz von → Chardonnay und → Sauvignon und aus verschiedenen roten Sorten bereitet, die bis zu 60 % der Gesamtcuvée ausmachen dürfen. Diese Schaumweine können außerordentlich fein sein und gehören zu den besten französischen Schaumweinen außerhalb der → Champagne.
- Der zweite wichtige Wein aus Saumur ist ein Rotwein aus den Sorten Cabernet Sauvignon und Cabernet franc sowie Pineau d'Aunis, der als *Saumur* oder – aus einem kleineren Gebiet und qualitativ meist besser – als *Saumur-Champigny* in den Handel kommt. Der Wein ist ausgezeichnet, reift sehr gut und kann beachtlich fein und harmonisch sein.
- Zusätzlich wird auf rund 430 ha Rebfläche Weißwein erzeugt – der weiße *Saumur* oder *Coteaux de Saumur* – und in geringen Mengen ein leichter und frischer Rosé, der *Cabernet de Saumur.*

Bekannte Erzeuger für Schaumwein: Ackerman, Langlois-Château, Bouvet-Ladubay und Gratien & Meyer; bekannte Erzeuger für Rotwein: Aupy, Château de Chaintres, Dalheuiller, Duveau, Filliatreau, Fourrier, Pisani-Ferry, Villeneuve, Yvonne und Sauzay.

Säure Jeder Wein hat einen gewissen Säure*gehalt.* Ist dieser zu gering, schmeckt der Wein → schal und abgestanden. Ein → saurer Wein hat dagegen einen zu hohen → Säure*grad*. In der Regel kommen in Weinen Weinsäure, Milchsäure und Äpfelsäure vor. Aber nach Essig darf der Wein nicht schmecken oder riechen, also keine erkennbare → Essigsäure enthalten, wobei als Höchstgrenze für Weißwein 0,8 und für Rotwein 1,2 g/l Essigsäure definiert sind, sonst ist er verdorben.

Im Gegensatz zu der auch als flüchtige Säure bezeichneten Essigsäure, die in kleinen Mengen zumeist erst bei der Gärung entsteht, sind Apfel- und Weinsäuren natürlicherweise bereits in den Trauben enthalten. Diese nicht-flüchtigen Säuren ergeben zusammen die Gesamtsäure oder titrierbare Säure eines Weines, die in Deutschland je nach Rebsorte, Lage, Reifegrad und Jahrgang im Allgemeinen zwischen 6 und 12 g/l, in schwächeren Jahren zwischen 9 und 14 g/l (manchmal auch höher) im Most liegt. Dabei gilt: je weniger Säure, desto milder – je mehr, desto herber schmeckt der Wein.

Während der Gärung kommt es in der Regel zu einem gewissen Abbau von Säure, so dass die Gesamtsäure im Wein etwas zurückgeht. Weist der Wein der nördlichen → Weinbauzonen der EU, in denen eine → Entsäuerung zulässig ist, jedoch nur 4 oder 5 g/l Säure auf, so ist entweder eine Entsäuerung des Weins durch Kalk oder mittels eines anderen Verfahrens durchgeführt worden, oder der Wein hat einen biologischen → Säureabbau vollzogen (auch als 2. Gärung, → Malolaktische Gärung oder → Nachgärung bezeichnet). Dabei wird die strengere Äpfelsäure in mildere Milchsäure unter Freisetzung von → Kohlensäure umgewandelt, wodurch sich der Gesamtsäuregehalt reduziert. Die Malolaktische Gärung ist vor allem beim Rotwein praktisch überall üblich und dient zur qualitativen Verbesserung. Bei Weißweinen hängt es von der Rebsorte oder Art des Weins ab: nervige und von deutlicher Säure geprägte Weißweine vertragen den Säureabbau weniger gut.

Wenn ein Wein sauer schmeckt, sagt dies nichts über die Menge der in ihm enthaltenen Säuren, wohl aber etwas über deren Art aus. Dieser Wein hat dann einen hohen Säuregrad oder eine hohe Azidität.

Säureabbau, Biologischer Auch als malolaktische Gärung, → Nachgärung oder zweite Gärung bezeichnet. Es handelt sich um eine bakterielle Umwandlung von strengerer Apfelsäure in die milde Milchsäure, wobei Kohlendioxid freigesetzt wird. Findet meist bei steigenden Temperaturen statt – direkt nach der alkoholischen → Gärung oder im Frühjahr. Nicht bei jedem Wein ist der biologische Säureabbau angestrebt: Rotwein durchläuft praktisch immer den biologischen Säureabbau, Weißwein nur, wenn er dadurch gewinnt – z. B. im Barrique ausgebauter Chardonnay.

Säuregrad Wie säurebetont ein Wein ist, entscheidet die Art der → Säure, nicht ihre Menge.

Sausal Österreichischer Höhenzug im Weinbaugebiet → Südsteiermark, nordwestlich der Stadt → Leibnitz. Nach ihm hat das »Sausaler Weinbaugebiet« seinen Namen. Es stehen ungefähr 500 ha unter Reben, z. T. bis auf 650 Meter Höhe (damit zählt das Gebiet zu der höchsten Weinbauregion des Cool Climate). Bekannte Weinbauorte: Leibnitz, → Sankt Andrä im Sausal, Kitzeck und St. Nikolai.

Sauser In der Schweiz und Teilen Südwestdeutschlands gebräuchliche Bezeichnung (hier auch Suser) für → Federweißer bzw. → Sturm (in Österreich), ein in abklingender Gärung befindlicher trüber Traubenmost, der bis Ende November in

Verkehr gebracht werden darf und zusammen mit Zwiebelkuchen als Köstlichkeit gilt.

Saussignac Französische AOC für weiße Süßweine aus der Gegend um Bergerac. Der Wein wird auf rund 50 ha Rebfläche erzeugt: jährlich etwa 150 000 l aus den Rebsorten Sémillon, Sauvignon und Muscadelle. Der Wein erinnert an leichteren → Sauternes.

Sauternes Französische AOC für edelsüße Weißweine im → Bordeaux, in den südlichen Graves am Fluss Garonne. Die AOC umfasst neben Sauternes die drei Gemeinden → Preignac, → Bommes und → Fargues. In der Nachbarschaft liegt die AOC → Barsac mit Weinen von ähnlichem Charakter. Auf rund 1600 ha Rebfläche werden jährlich etwa 3,5 Millionen l (mit deutlichen Schwankungen) edelsüßer Weißwein erzeugt.

Klima und Geographie

Die AOC Sauternes liegt in den südlichen Graves, ganz im Süden des Bordeaux-Gebietes und hat einen Durchmesser von rund 6 km. Sie ist ein Paradebeispiel für → Terroir: im Norden verläuft das Flüsschen Ciron. An seiner Mündung in die Garonne bilden sich ab September Frühnebel, die sich im Verlauf des Herbstes immer länger halten und dafür sorgen, dass sich die Edelfäule mit dem Pilz → Botritis Cinera auf den Trauben ausbreitet und die Beeren zu rosinieren beginnen. Die Böden der Appellation setzen sich aus Kies im Untergrund mit Mergel und Kalkstein zusammen.

Rebsorten und Weinstile

Sauternes-Weine, d. h. Weine der Appellationen Sauternes und Barsac, sind das französische Gegenstück zu deutschen und österreichischen Beeren- und Trockenbeerenauslesen. Diese bedeutendsten edelsüßen Weine Frankreichs (→ *vins liquoreux*) werden aus den Rebsorten → Sémillon (70 bis 80 %) und → Sauvignon (20 bis 30 %) erzeugt, z. T. auch mit kleinen Anteilen von → Muscadelle. Die Trauben werden erst gelesen, wenn sie überreif, edelfaul und dadurch besonders konzentriert sind – manchmal zieht sich die Leseperiode über zwei Monate hin. In manchen Jahren stellt sich die Edelfäule nur unzureichend ein oder die Trauben werden von der Graufäule stark in Mitleidenschaft gezogen.

Im Idealfall ergibt die Ernte jedoch goldfarbene, mehr oder weniger süße Weine, cremig-samtig mit 14 % Alkohol und mehr. In der Regel werden sie in Barriques ausgebaut und kennzeichnen sich durch Röst- und Vanille-Aromen, die vom getoasteten Eichenholz der kleinen Fässer herrühren. Der Ertrag ist gering; 2500 l pro ha sind zwar erlaubt, doch bei den ehrgeizigen Gütern sind es selten mehr als 900 l.

Der sich wandelnde Publikumsgeschmack fördert die Erzeugung derartiger Weine kaum, so dass immer mehr Güter zusätzlich trockene Abfüllungen und auch Rotwein erzeugen. Diese müssen als einfacher AOC Bordeaux vermarktet werden. Vor 100 Jahren war dies noch völlig undenkbar: 1855 wurden nicht nur die Sauternes-Weine zusammen mit denen des → Médoc klassifiziert, sondern der größte Sauternes als *Premier cru supérieur* noch über die roten *Premiers crus* gestellt (→ Tabelle). Nicht ohne Grund – die Spitzenweine sind fast unsterblich, Jahrhunderte haltbar und flüssige Zeugen vergangener Epochen.

Auch heute noch sind die besten Sauternes ganz außergewöhnliche Weine, allen voran der *Grand seigneur*, der heute wie 1855 eine Klasse für sich darstellt: Château d'→ Yquem. Aber auch die übrigen, meist als *Premiers crus* klassifizierten Châteaux liefern großartigen Wein.

Cru classés Sauternes von 1855

Premier grand cru	*2e cru*
Château d'Yquem	Château d'Arche
	Château Broustet
1er cru	Château Caillou
Château Climens	Château Doisy-Daëne
Château Coutet	Château Doisy-Dubroca
Château Guiraud	Château Doisy-Védrines
Château Lafaurie-Peyraguey	Château Filhot
Château Clos-Haut-Peyraguey	Château Lamothe (Despujols)
Château Rayne-Vigneau	Château Lamothe-Guignard
Château Rabaud-Promis	Château de Malle
Château Sigalas-Rabaud	Château Myrat
Château Rieussee	Château Nairac
Château Suduiraut	Château Romer
Château La Tour Blanche	Château Romer du Hayot
	Château Suau

Sauzet, Domaine Etienne Französisches Weingut im → Burgund im Ort Meursault. Rund 10 ha Rebfläche, darunter *Premier Cru*-Lagen in Puligny-Montrachet. Erzeugt weiße Burgunder mit deutlichem Holzeinsatz (→ Barrique).

Savagnin → Autochthone französische Rebsorte im → Jura (Franche-Comté). Aus ihr wird der berühmte → Vin Jaune verarbeitet, bzw. sie wird auch → reinsortig oder zusammen mit Chardonnay im Côte de Jura verwendet. Eine Sorte mit geringem → Ertrag und großer Ausdruckskraft. Im Alter erinnern ihre Weine an Nüsse, sind mineralisch und erdig, dabei deutlich säurebetont. Kommt auch im Elsass vor, dort heißt sie Clevner de Heiligenstein.

Sauvignon blanc Eine ausgezeichnete, wenn auch zurzeit sehr modische weiße Rebsorte, die ursprünglich wohl aus dem französischen Südwesten stammt, wo sie noch heute eine führende Rolle unter den Weißweinsorten spielt. Der Sauvignon liebt das Cool Climate, ist also eine Rebsorte, die ihr geschmackliches Potenzial im kontinentalen Klima am besten zum Ausdruck bringt. Bei guter Reife sind die Weine durch grüne Heu-, Brennnessel- und Paprikaaromen zu erkennen. In wärmerem Klima tendiert sie hin zu Cassis, bei Unreife jedoch vergällt sie ihre Fans durch einen unverkennbaren Duft nach – Katzenpisse. Doch Letzteres ist in den traditionellen Anbaugebieten Frankreichs kaum der Fall. Dort zeigt die Rebsorte ihr ganzes Können und besticht in den besten Fällen durch spektakuläre Mineralität.

Traditionell ist sie in Frankreich in folgenden Weinen enthalten:

- Im weißen → Graves ist sie in der Regel die wichtigste Sorte.
- Bei den → Sauternes-Weinen steht sie in Verbindung mit → Sémillon an zweiter Stelle.
- → Pouilly-Fumé wird zu 100 % Prozent aus Sauvignon blanc bereitet, ebenso der
- → Sancerre.

Außerdem ist sie in vielen anderen Weinbauregionen Frankreichs anzutreffen, so z. B. im → Burgund im VDQS-

Wein Sauvignon de Saint-Bris und im → Languedoc. Zusammen kommt sie in Frankreich bei steigender Tendenz auf derzeit rund 13 000 ha Anbaufläche.

In Österreich steht sie auf rund 250 ha Rebfläche, die Rebsorte wird dort auch → Muskat-Sylvaner genannt. In Italien ist der Sauvignon ebenfalls zu finden, besonders in Norditalien: in → Südtirol, im → Collio und anderen Gebieten von → Friuli-Venezia Giulia, in den → Colli Berici und in den → Colli Bolognesi, → Colli di Parma und → Colli Piacentini. Auch in Deutschland wird der Sauvignon blanc angebaut. Ferner spielt die Sorte eine Rolle in Griechenland, Slowenien, Kroatien, Serbien, Rumänien und Ungarn. Doch ihre größte Bedeutung kommt ihr außerhalb Europas zu: In → Kalifornien wächst ihre Anbaufläche rasant, ebenso in Südamerika, Südafrika und Australien. In Neuseeland ist sie ein regelrechter Shooting-Star.

Savatiano Griechische Weißweinrebe, die dank ihrer Widerstandskraft gegen Trockenheit in ganz Griechenland mit rund 32 000 ha verbreitet, vor allem aber in → Attika anzutreffen ist und trockene, nicht sehr alkoholische Weine hervorbringt. Nicht nur der attische → Retsina wird weitgehend aus ihr bereitet, sondern auch eine Reihe moderner Weißweine einzelner Produzenten.

Savennières Französische AOC für Weißwein im Weinbaubereich → Loire. Das Gebiet liegt rund 80 km vom Atlantik entfernt vor den Toren der Stadt Angers. Es wird – ungewöhnlich für das Weinbaugebiet – trockener Weißwein erzeugt, während die Rotweine aus den Sorten Cabernet franc und Cabernet Sauvignon zur AOC → Anjou-Villages gehören. Die Weißweine werden aus der Rebsorte → Chenin blanc bereitet, wachsen auf 125 ha Rebfläche und ergeben jährlich rund 400 000 l. Böden: sandiger Schiefer.

Die beiden herausragenden Lagen besitzen eine eigene AOC, die auf dem Etikett zusammen mit *Savennières* genannt wird:

- der großartige → *Coulée-de-Serrant* (7 ha, im Alleinbesitz von Nicolas Joly)
- sowie der kaum geringere → *Roche-aux-Moines* (28 ha).

Die besten Weine sind rassig, kernig, von großem Charakter, langsam reifend und sehr langlebig. Bekannte Erzeuger: Der charismatische Nicolas Joly (Château de la Roche-aux-Moines) sowie Brincard (Domaine de la Bizolière), Bizard (Château d'Epiré), Soulez (Château de Chamboureau), Baumard und Roussier.

Savennières Coulée-de-Serrant → Coulée-de-Serrant, Savennières

Savennières Roche-aux-Moines → Roche-aux-Moines

Savigny-lès-Beaune Französische AOC für Weiß- (10 %) und Rotweine in → Burgund, nordwestlich von → Beaune in einem Seitental der → Côte d'Or gelegen. Auf rund 350 ha Rebfläche werden jährlich etwa 1,4 Millionen l Rotwein aus Pinot noir und etwa 170 000 l Weißwein aus Chardonnay erzeugt. Mit seiner Rebfläche gehört Savigny zu den größten Weinbaugemeinden der → Côte de Beaune. Der Wein wächst auf kiesigen, teilweise roten Kalkböden. In Richtung Beaune wird er sandiger und kieshaltiger mit Tonanteilen.

Bekannte *Premier cru*-Lagen: *Vergelesses*, *Marconnets*, *Dominode*, *Jarrons* und *Lavières* – insgesamt sind es knapp 20. Diese von dort kommenden Weine zählen zu den besten aus den weniger bekannten Gemeinden der Côte. Bekannte Erzeuger: Aymard de Nicolay, Barraud, Bize, Dubreuil, Ecard-Guyot, Guillemot und Seguin-Manuel.

Savoyen Französische Region und historische Provinz Frankreichs, heute in die Départements Savoie und Haut-Savoie südlich des Genfer Sees aufgeteilt. Im Osten grenzt sie an Italien, im Norden an die Schweiz. Insgesamt verfügt sie über rund 2000 ha Rebfläche, von der jährlich etwa 11,5 Millionen l Wein (überwiegend Weißwein) kommen.

Aufgrund seiner Lage am Alpenrand und der vorgelagerten Höhenzüge erstreckt sich der Weinbau auf die mikroklimatisch günstigen Täler bzw. auf Rebinseln am südlichen Ufer des Genfer Sees sowie auf die Hänge des Lac du Bourget.

- Der Großteil der Weine kommt als AOC → *Vin de Savoie* in den Handel – je nach lokaler Herkunft mit einem zusätzlichen Gemeindenamen wie z. B.: Abymes, Apremont, Arbin, Ayze, Chautagne, Chignin, Jongieux oder St-Jean-de-la-Porte.
- AOC → Roussette de Savoie
- AOC → Crépy
- AOC → Seyssel (oder *Seyssel* → *mousseux*).

In der Regel sind dies leichte Weine mit angenehmer Frucht. Die Rotweine werden meist aus Gamay oder Mondeuse und teilweise aus Pinot noir erzeugt, die Weißweine aus den Rebsorten Jacquère, Altesse (hier als Roussette bezeichnet), Roussanne (teilweise Bergeron genannt) und viel Chasselas – vor allem am französischen Ufer des Genfer Sees.

Savuto Italienische DOC in → Kalabrien für Rot- und Roséwein, der südlich von Cosenza erzeugt wird. Rebsorten: Gaglioppo, Greco nero, Nerello und Sangiovese sowie andere Sorten, darunter die weißen Malvasia und Perocino.

Saxenburg Südafrikanisches Weingut im Weinbaugebiet → Stellenbosch. Auf rund 80 ha Rebfläche werden etwa 250 000 Flaschen Wein pro Jahr erzeugt, vor allem Cabernet Sauvignon, Merlot, Shiraz, Pinotage und Chardonnay. Einer der führenden Erzeuger. Spitzenwein: *Private Collection.*

Schäfer, Weingut Johann Baptist Deutsches Weingut im Weinbaugebiet → Nahe im Ort Burg Layen. Auf rund 5 ha Rebfläche werden jährlich etwa 40 000 Flaschen Wein erzeugt. Rebsorten: 30 % Riesling, je 10 % Weiß- und Grauburgunder. Böden: Lehm mit Kies. Bekannte Lagen: *Dorsheimer Goldloch* und *Pittermännchen.*

Schäfer, Weingut Karl Deutsches Weingut im Weinbaugebiet → Pfalz im Ort Bad Dürkheim. Auf rund 16 ha Rebfläche werden jährlich etwa 80 000 Flaschen Wein erzeugt. Rebsorten: 90 % Riesling. Böden: Kalkiger Lehm mit Sand. Bekannte Lagen: *Dürkheimer Michelsberg* und *Spielberg, Wachenheimer Gerümpel.*

Schaffhausen Weinbauregion in der Ostschweiz, fast ausschließlich rechts des Rheins gelegen. Insgesamt stehen rund 500 ha unter Reben, davon rund 80 % Rotwein aus der Rebsorte Pinot noir. Traditionsgemäß werden folgende Bereiche unterschieden:

- → Klettgau (am bedeutendsten),
- → Hallau (rund 140 ha Rebfläche) mit Oberhallau (weitere 50 ha) sowie Wilchingen, Trasadingen, Osterfingen und Gächlingen,
- Oberklettgau um Löhningen (rund 25 ha Rebfläche),
- Schaffhausen,
- die Rebinseln *Munot, Heerenberg, Rheinhalde* und einige mehr (rund 15 ha),
- Eglisau rheinabwärts um Buchberg gelegen (im Kanton → Zürich mit rund 30 ha Rebfläche),
- → Stein am Rhein (*Chäferstei, Blaurock*; 30 ha Rebfläche).

Schal Verliert ein → Schaumwein seine moussierende Eigenschaft – sein Mousseux, ist er *schal.* Dasselbe gilt für einen Stillwein, der jede Frische vermissen lässt und daher ausdruckslos und matt schmeckt.

Schale-Saft-Verhältnis Je höher der Schalenanteil und je geringer der Saftanteil bei der → Maischegärung, desto dunkler und gerbstoffbetonter fallen die Rotweine aus. Das Schale-Saft-Verhältnis fällt besonders günstig bei Rebsorten mit besonders kleinen Beeren aus (viel Schale, wenig Saft). Das Verhältnis kann aber auch durch menschlichen Eingriff verändert werden: → Saignée.

Schandl, Peter Österreichisches Weingut im Weinbaugebiet → Neusiedlersee. Auf rund 16 ha Rebfläche werden jährlich etwa 60 000 Flaschen Wein erzeugt. Die Weine wachsen auf sandigem Lehm, Lößböden bzw. Kalkböden. Das Weingut ist vor allem wegen seiner edelsüßen Prädikatsweine berühmt – allen voran der Ruster Ausbruch. Diese zählen zu den Besten Österreichs. Empfehlenswerter Gutsausschank.

Scharzberg Seit 1971 → Großlagenname für alle Saarweine. Eine recht (bewusst?) irreführende Bezeichnung, die Assoziationen zu einer der berühmtesten deutschen Lagen, dem → Scharzhofberg auslöst. Unter der Bezeichnung *Wiltinger Scharzberg* werden Weine billigster Machart vertrieben.

Scharzhof, Weingut → Müller, Weingut Egon

Scharzhofberg Deutscher Weinberg im Weinbaugebiet Mosel-Saar-Ruwer, eine der großartigsten Weißweinlagen der Welt mit einer Rebfläche von 27 ha bei → Wiltingen an der → Saar. Auf extrem steilen, genau nach Süden exponierten Schieferhängen wird ausschließlich Riesling angebaut. Der Scharzhof selbst ist ein ehemaliges Klostergut und gehört seit 200 Jahren der Familie Egon Müller, die auch der bedeutendste Eigentümer im *Scharzhofberg* ist. Ferner teilen sich die Bischöflichen Weingüter (Hohe Domkirche Trier), Kesselstatt, die Vereinigten Hospitien, van Volxem und einige andere Besitzer diese Spitzenlage, die aber nicht an das Renommee der Abfüllungen von Egon Müller heranreichen.

Die Weine heißen schlicht *Scharzhofberger* und genießen den uneingeschränkten Respekt von Weinliebhabern im In- und Ausland. Legendär sind die *Scharzhofberger* der Jahre 1949, 1953, 1959, 1971, 1976, 1985 und 1990. Leicht, aber mit großer Geschmacksfülle, unglaublich differenziert, würzig, aromatisch, mineralisch – im Idealfall sind die großen *Scharzhofberger* vollendete Weine.

Schatzkammer Besonderer, meist abgeschlossener Raum in den Kellern mancher Weingüter, in denen besonders hochwertige Weine jahrelang gelagert werden – eine Art Archiv eines Weinguts, das der Dokumentation, weniger dem Verkauf dient. Besonders in deutschen Weingütern verbreitet, aber natürlich auch in anderen Ländern, sofern die Weine eine längere Lagerzeit überstehen können. Manche Weingüter verfügen über Schatzkammern, die mehrere Jahrhunderte zurückreichen.

Schaumwein Sammelbezeichnung für schäumende Weine (Sekt), unabhängig von dem Verfahren, mit dem sie hergestellt worden sind. Man unterscheidet:

- → Klassische Flaschengärung,
- Flaschengärung,
- → Méthode champenoise,
- → Transvasierverfahren,
- → Großraumgärung.

Durchweg wird Schaumwein mittels einer Gärung aus Grundweinen (bereits vergorenen Weinen) hergestellt. Durch Zusatz von Hefe und Zucker (Fülldosage) wird eine zweite Gärung initialisiert – diese kann in verschiedenen Medien erfolgen, wobei die Vergärung in der Flasche grundsätzlich die beste ist. Nach der zweiten Gärung muss ein Überdruck von mindestens 3 bar entstanden sein. Solch ein Schaumwein unterliegt in Deutschland dann der Sektsteuer (etwa ein Euro).

Von entscheidender Bedeutung ist die Qualität der Grundweine:

- In der → Champagne dürfen nur Weine aus dem Ursprungsgebiet verwendet werden, die sich dann nach entsprechender Lagerung auf der Hefe → Champagner nennen dürfen.
- In Deutschland ist die Bezeichnung Sekt üblich. Ein einfacher Sekt kann aus schlichten Grundweinen hergestellt worden sein und im Tank vergären; → Qualitätsschaumwein.

Schaumwein, der durch → Imprägnierung erzeugt wurde, muss als »Schaumwein mit zugesetzter Kohlensäure« deklariert werden. Je nach Herkunft und Wahl der Grundweine nennen sich die Schaumweine verschiedener Länder bzw. Regionen: → Cava (Spanien), Cremant (viele Regionen [AOC] in Frankreich außer der Champagne), → Spumante (Italien), Talento (Italien).

Schaumwein mit weniger Druck als 3 bar nennt sich → Perlwein bzw. → Frizzante (Italien) und unterliegt nicht der Sektsteuer.

Scheitermost Wein oder Most, der durch starken Druck der gescheiterten, aufgekrümelten → Trester gewonnen wird, auch Nachdruck (*vin de presse*) genannt. Geringe Qualität und starke Bitterstoffe.

Scheurebe Deutsche → Neuzüchtung aus Silvaner *x* Riesling (in Österreich auch als Sämling 88 bezeichnet). Eine der populärsten Neuzüchtungen, die inzwischen den Zenit ihrer Verbreitung überschritten hat, mit der aber immerhin noch rund 2500 ha in Deutschland bestockt sind, womit sie an 8. Stelle unter den Weißweinen steht. Ihre größte Verbreitung findet sie nach wie vor in → Rheinhessen (rund 1500 ha, etwa 6 % der Rebfläche) und in der Pfalz (rund 700 ha, rund 3 %). In Österreich hat die Scheurebe als einzige deutsche Neuzüchtung, abgesehen vom Müller-Thurgau, einige Anhänger gefunden, sodass hier rund 300 ha Rebfläche auf sie entfallen (überwiegend wird sie am → Neusiedlersee angebaut und für edelsüße Weine verwendet). Die Weine fallen durch ein intensives, an schwarze Johannisbeeren erinnerndes Bukett auf und können durchaus delikat sein.

Schiava Italienische Rotweinsorte, in Südtirol als → Vernatsch bezeichnet, in Deutschland im Weinbaugebiet → Württemberg als → Trollinger. Die Rebsorte ist auch im → Trentino weit verbreitet und wird bis hinunter zum Westufer des → Gardasees angebaut. Im Allgemeinen an der → Pergola kultiviert, liefert sie aufgrund ihrer großen Beeren mit viel Saft und wenig farbstoffhaltigen Schalen einen ziemlich hellen, gerbstoffarmen Wein, der jung getrunken das größte Vergnügen bereitet. Der → Sankt Magdalener, → Kalterersee und die Rotweine um → Bozen und → Meran werden aus ihr erzeugt. Von der Schiava gibt es vier Spielarten: die *Schiava gentile* (Edelvernatsch), die *Schiava grossa* (Großvernatsch, den eigentlichen württembergischen Trollinger), die *Schiava piccola* (Kleinvernatsch) und die *Schiava grigia* (Grauvernatsch). Die meisten aus ihnen erzeugten Weine sind ein Verschnitt dieser Spielarten. In Deutschland wird der Trollinger meist durch die qualitätsreduzierende Wirkung der → Maischeerhitzung regelrecht zerstört.

Schilcher Österreichische Roséspezialität aus der → Weststeiermark, die aus verschiedenen Spielarten der Rebsorte Blauer Wildbacher gewonnen wird. Kennzeichnend für diesen Wein ist seine Zwiebelfarbe, obwohl er vereinzelt auch ziegelrot sein kann, seine kernige Säure (Werte um 10 g/l sind nicht ungewöhnlich) und seine Fruchtigkeit in Bukett und Geschmack. Der Schilcher wird auch zu Sekt verarbeitet – dieser kann fruchtig und finessenreich ausfallen. Das

Schilchergebiet erstreckt sich auf nahezu 50 km von Ligist bis Eibiswald südwestlich von Graz. Die besten Schilcher stammen in der Regel aus der Umgebung von → Stainz und → Deutschlandsberg.

Schilfwein → Strohwein

Schillerwein Ein in → Württemberg durch Verschnitt von weißen und roten Trauben erzeugter → Rotling. Auch in der Schweiz darf für diese Weine die Bezeichnung *Schiller* verwandt werden, wenn der rote Bestandteil überwiegt. Die Weine sind bestenfalls von lokaler Bedeutung.

Schimmelgeschmack Bezeichnung für einen dumpfen, muffigen Geschmack im Wein, der durch stark von Fäulnis tangierte Trauben oder von unreinem Material hervorgerufen wird, mit dem Most und Wein in Berührung gekommen sind (Fass, Schläuche, Korken u. a.).

Schinznach Schweizerischer Ort im Weinbaugebiet → Aargau, zweitgrößte Weinbaugemeinde im Schenkenbergtal mit rund 30 ha Rebfläche. Eigentlich Schinznach-Dorf, doch die Weine, allgemein aus Riesling *x* Sylvaner (Müller-Thurgau) kommen als *Schinznacher* in den Handel. Sie gedeihen auf Jurakalkböden und verfügen über ein ausgeprägtes Muskataroma.

Schioppettino Italienischer Rotwein, der in den → Colli Orientali del Friuli (Friaul) aus der Rebsorte → Ribolla nera (Schioppettino) erzeugt wird.

Schiopetto, Mario Italienisches Weingut in der Region → Friuli-Venezia Giulia (Friaul), im Ort Capriva del Friuli (DOC Collio). Erzeugt auf rund 30 ha Rebfläche Eigenbesitz und unter Traubenzukauf etwa 450 000 Flaschen Wein. Das Weingut verfolgt einen betont technischen Weinstil und zählt zu den modernsten und technisch aufwendigst ausgestatteten Betrieben überhaupt. Entsprechend kühl fallen die Weine aus: Tocai Friulano, Blanc de Rosis (IGT Weißwein-Cuvée), Pinot Bianco, Sauvignon, Pinot Grigio, Ribolla, Müller-Thurgau, Chardonnay, Merlot, Cabernet franc, Riesling, Malvasia, Tocai Friulano.

Schloss Im Zusammenhang mit Wein handelt es sich um eine Bezeichnung für das gesamte Besitztum eines Weingutes, mit Gebäude und Rebflächen, ähnlich dem französischen → Château. Viele Lagen enthalten das Wort Schloss in einer kombinierten Form, z. B. → Schlossberg.

Schloß Gobelsburg Österreichisches Weingut im Weinbaugebiet → Kamptal. Auf rund 35 Hektar Rebfläche werden jährlich etwa 180 000 Flaschen Wein erzeugt, davon zu 25 % Rotwein. Rebsorten: 50 % Grüner Veltliner, 25 % Riesling. Die Weine wachsen auf Gneis und Schotterböden. Bekannte Lagen: *Zöbinger Heiligenstein* und *Ried Lamm.*

Schloß Neuenburg, Bereich Deutscher Weinbaubereich. Der größere von beiden zum Anbaugebiet → Saale-Unstrut gehörenden Bereiche mit allen in Sachsen-Anhalt gelegenen Flächen.

Schlossabzug Seit dem deutschen → Weingesetz von 1971 nicht mehr erlaubte Bezeichnung für bestimmte → Erzeugerabfüllungen; in Frankreich → Mis en bouteille au château. Seit 1993 darf jedoch bei entsprechenden Voraussetzungen die Bezeichnung → Gutsabfüllung gebraucht werden.

Schlossberg Häufiger Lagenname in Deutschland. Insgesamt gibt es über 80 verschiedene Lagen mit diesem Namensteil. Am bekanntesten sind *Rüdesheimer Berg Schloßberg, Zeltinger Schloßberg, Durbacher Schloßberg, Neipperger Schloßberg* und *Casteller Schloßberg.* Ferner ist *Schloßberg* bekannt als rund 60 ha große → *Grand Cru*-Lage bei → Kientzheim im → Elsass, von der vor allem Riesling kommt.

Schloßböckelheim Deutscher Ort im Weinbaugebiet → Nahe. Rund 90 ha

Rebfläche – hauptsächlich Riesling –, deren Spitzenlagen *Kupfergrube* und *Felsenberg* zu den besten Weinlagen der Nahe zählen. Die Rieslinge der übrigen Schloßböckelheimer Lagen, darunter *Königsfels* und *In den Felsen*, stehen diesen nur wenig nach. Bekannte Erzeuger: Dönhoff, Crusius.

Schmitt, Weingut Deutsches Weingut im Weinbaugebiet → Mosel-Saar-Ruwer im Ort Leiwen. Auf rund 15 ha Rebfläche werden jährlich etwa 120 000 Flaschen Wein erzeugt. Rebsorten: 90 % Riesling. Böden: Schieferverwitterung. Bekannte Lagen: *Neumagener Rosengärtchen*.

Schmitt, Weingut Robert (Im Besitz von Bruno Schmitt) Deutsches Weingut im Weinbaugebiet → Franken im Ort Randersacker. Rund 7 ha Rebfläche mit im Schnitt rund 60 000 Flaschen Jahresproduktion. Rebsorten: je 25 % Müller-Thurgau und Silvaner, 20 % Riesling. Böden: Muschelkalkverwitterung. Bekannte Lagen: *Randersackerer Pfülben, Sonnenstuhl*. Führender Erzeuger von traditionellen fränkischen Weinen – nicht → temperaturkontrolliert und durchgegoren.

Schmitts Kinder, Weingut Deutsches Weingut im Weinbaugebiet → Franken im Ort Randersacker. Auf rund 15 ha Rebfläche werden jährlich etwa 120 000 Flaschen Wein erzeugt. Rebsorten: 25 % Silvaner und Müller-Thurgau, 15 % Riesling, ferner Bacchus und Scheurebe. Böden: Muschelkalkverwitterung. Bekannte Lagen: *Randersackerer Pfülben, Sonnenstuhl, Marsberg*. Erzeuger von fruchtbetonten, lebendigen Weißweinen modernen, kühl vergorenen Stils.

Schneider, Weingut Deutsches Weingut im Weinbaugebiet → Baden im Ort Endingen. Auf rund 8 ha Rebfläche werden jährlich etwa 80 000 Flaschen Wein erzeugt. Rebsorten: 40 % Spätburgunder, 20 % Grauburgunder, ferner Müller-Thurgau, Riesling, Auxerrois.

Schomlau → Somló (bekannt auch für seine delikaten Nockerln).

Schönborn, Schloß Deutsches Weingut im Weinbaugebiet → Rheingau, eines der größten privaten Weingüter des Gebiets mit rund 50 ha Rebfläche, über 90 % Riesling. Viele bekannte Lagen: in Hochheim (*Domdechaney*, *Kirchenstück*), in Rauenthal (*Baiken*, *Wülfen*), in Erbach (→ *Marcobrunn*), in Hattenheim (*Nußbrunnen*, *Wisselbrunnen*, *Pfaffenberg* im Alleinbesitz), in Johannisberg (*Klaus*), in Geisenheim (*Rothenberg*, *Mäuerchen*), in Rüdesheim (*Berg Rottland*, *Berg Schloßberg*). Sitz der Domäne ist Hattenheim.

Schönen Seit Urzeiten bekannte, traditionelle Methode zur Klärung und heute vor allem zur Stabilisierung von Wein. Dem Wein werden im Fass oder Tank bestimmte Bestandteile zugegeben, die sich als Trub oder → Bodensatz absetzen – zusammen mit den im Wein schwebenden und diesen trübenden Partikeln. Dadurch wird der Wein geklärt und vor neuerlichen Eintrübungen und dem vorzeitigen Verderben geschützt. Als Zusatz werden die verschiedensten Substanzen benutzt, z. B. Eiweiß, Bentonit, Gelatine, früher auch Hausenblase (gereinigte und getrocknete Schwimmblase von Hausen, Stör oder Wels). In einigen Fällen finden auch Chemikalien Verwendung, wie etwa Kaliumferrocyanid bei der Blauschönung, wenn der Wein zu viel Eisen oder Kupfer enthält; in diesem Fall nimmt er dann vorübergehend eine hellblaue Farbe an (in Deutschland inzwischen untersagt). Fast alle Weine der Welt werden auf irgendeine Art geschönt, obwohl etliche Spitzenerzeuger auf derartige Methoden verzichten, denn das Schönen entfernt immer auch einen Teil der geschmacksrelevanten Aromastoffe.

Schoppenwein Bezeichnung in Deutschland für offene Weine, die meist in 0,2-l- oder 0,25-l-Gläsern ausgeschenkt werden (oft im traditionellen

Römer oder so genannten Schoppengläsern), sowie für Weine, die in Literflaschen verkauft werden. In beiden Fällen handelt es sich zumeist um einfachen Basiswein.

Schorle Erfrischungsgetränk aus (meist einfachem) Weiß- oder Rotwein und Mineralwasser (sauer oder süß, plus Eiswürfel). Frische, herbe Weine eignen sich am besten dazu.

Schozach Deutscher Ort im Weinbaugebiet → Württemberg, Teil von Ilsfeld, mit rund 80 ha Rebfläche und den Lagen *Roter Berg* und *Schelmenklinge*. Bekannte Erzeuger: Bentzel-Sturmfedersches Weingut sowie D. Wulle.

Schreckbichl (Italienisch Colterenzio) Italienische Winzergenossenschaft in der Region → Südtirol, im Ort Girlan (Eppan) – Vorreiter der Qualitätsrevolution in Südtirol. Erzeugt auf rund 350 ha Rebfläche etwa 900 000 Flaschen Wein in drei Qualitätsstufen – an der Spitze die Cornell-Reihe mit deutlichem Barrique-Einsatz. Rebsorten: Cabernet Sauvignon, Lagrein, Merlot, Pinot Nero, Vernatsch, Chardonnay, Sauvignon, Pinot bianco, Gewürztraminer, Pinot Grigio.

Schubert-Grünhaus, Gutsverwaltung von Berühmtes deutsches Weingut im Weinbaugebiet → Mosel-Saar-Ruwer im Ort Mertesdorf (Ruwer). Auf rund 34 ha Rebfläche werden jährlich etwa 200 000 Flaschen Wein erzeugt. Rebsorten: Fast 100 % Riesling. Bekannte Lagen: *Maximin Grünhäuser Abtsberg* und *Herrenberg* (Alleinbesitz). Böden: Blauer Devonschiefer, teilweise auch rötlicher Schiefer. Führender Erzeuger an der Ruwer, zählt zu den beständigsten Weinerzeugern in Deutschland. Die Weine werden traditionell in alten Holzfässern ausgebaut und zählen zum Schönsten, was sich aus Riesling machen lässt. Dieser Betrieb ist mehr als ein Weingut – es ist ein Fels in der Brandung – ein Monument.

Schützenhof Österreichisches Weingut im Weinbaugebiet → Südburgenland. Auf rund 10 ha Rebfläche werden jährlich etwa 60 000 Flaschen Wein erzeugt. Rebsorten: vor allem Blaufränkisch (50 %), ferner Zweigelt, Cabernet Sauvignon und Pinot noir. Die Weine wachsen auf Lehmböden. Spitzenwein: Cuvée Castellan (Blaufränkisch, Zweigelt, Cabernet Sauvignon, Merlot).

Schwaigern Deutscher Ort im Weinbaugebiet → Württemberg, westlich von → Heilbronn, Sitz des Weingutes von Neipperg. Die beste Lage des Ortes, *Schwaigerner Ruthe*, befindet sich im Alleinbesitz dieses Weinguts.

Schwanburg, Castel Italienisches Weingut in der Region → Südtirol, im Ort Nals – einer der führenden Produzenten in Südtirol. Erzeugt auf rund 28 ha Rebfläche allseits berühmte Cabernets (Spitzenwein: Castel Schwanburg aus alten Rebstöcken), außerdem Riesling, Müller-Thurgau, Sauvignon, Goldmuskateller, Rosenmuskateller, Vernatsch, Lagrein. Bianco Pallas: Cuvée aus verschiedenen Weißweinsorten. Hervorragende Kollektion feiner und eleganter Weine.

Schwarzfäule Krankheit auf Blättern, Trauben und Trieben, die besonders bei feuchter Witterung auftritt und von einem Pilz (*Guignardia bidwelli*) verursacht wird. Zu ihrer Bekämpfung verwendet man Kupfersulfat.

Schwarzriesling Rote Rebsorte, die nichts mit dem echten Riesling gemein hat und eigentlich → Pinot → Meunier heißt, zur Pinot-Familie gerechnet und in Deutschland offiziell unter dem Namen Müllerrebe geführt wird. Rund 90 % der Gesamtfläche von 2400 ha befinden sich im Weinbaugebiet Württemberg; der Rest verteilt sich im Wesentlichen auf → Baden und die → Pfalz, wo sie als Schwarzriesling populär ist. Dort wird sie meist als restsüßer Rotwein, der zuvor durch das Verfahren der → Maischeerhitzung malträtiert wurde, unters Volk gebracht und zu Kässpätzle und Kartoffelsalat aus Henkelgläsern geschlotzt. Manche Erzeuger (z. B. Weingut Dautel in Bönnigheim) geben sich Mühe und erzeugen wirklich hervorragende Weine.

Schwefel Ein Element, das im Weinbau in verschiedenen Formen Verwendung findet. Der Winzer besprüht oder bestäubt damit die Reben zum Schutz vor Pilzkrankheiten. Im Keller werden vielerorts die Fässer mit Schwefelgasen sterilisiert. Auch zur Haltbarmachung des Weins wird Schwefel seit alters her eingesetzt. Inzwischen haben auch die Erzeuger von → Bioweinen erkennen müssen, dass es nicht möglich ist, qualitativ herausragende Weine ohne Zusatz von Schwefel hervorzubringen. Je nach Jahrgang, Art, Qualitätsstufe, Süße u. a. müssen dem Wein in verschiedenen Stadien seiner Erzeugung oder Lagerung kleinste Mengen Schwefeldioxid (SO_2) beigegeben werden, um ihn gesund und lagerfähig zu erhalten, → Oxidation und die Entwicklung krankheitserregender Mikroorganismen zu verhindern und ihm eine optimal geschmackliche Entwicklung zu ermöglichen. Dies kann bislang ebensowenig ohne Schwefel wie durch ein Zuviel an Schwefel erreicht werden, d. h. die zugefügte Gesamtmenge an SO_2 muss so gering wie möglich gehalten werden und ist dann gesundheitlich völlig unbedenklich. Bestrebungen qualitätsbewusster Erzeuger wie auch der EU-Kommission gehen daher beständig dahin, den Schwefelgehalt im Wein weiter zu verringern. Gegenwärtig sind in der EU noch 160 mg pro l für Rot- bzw. 210 mg pro l für Weiß- und Roséweine an Gesamt-SO_2-Gehalt zulässig (bei → Diabetikerweinen jeweils maximal 150 mg pro l), wobei Weine mit mehr als 5 g/l → Restzucker je nach Qualitätsstufe zwischen 210 und 400 mg pro l enthalten dürfen. Entscheidend für die Lagerfähigkeit ist die Menge an freiem, d. h. wirksamem SO_2.

Schultern → Traubenschultern

Schweigen Deutsche Stadt in der → Pfalz an der Grenze zum → Elsass. Der Ort liegt im Bereich Südliche → Weinstraße und ist bekannt durch das monumentale »Deutsche Weintor« – ein kunstgeschichtliches Relikt aus faschistischer Zeit, das errichtet wurde, um von der Katastrophe abzulenken, die die Vernichtung des jüdischen Weinhandels in Deutschland ausgelöst hatte. Zusammen mit dem dazugehörigen Rechtenbach stehen rund 170 ha unter Reben. Besonders die Rotweine aus Spätburgunder verdienen Beachtung. Bekannte Erzeuger: Becker, Bernhard und Jülg.

Schweiz Der Weinbau in der Schweiz hat schon immer eine größere Rolle gespielt, als es den Anrainerstaaten der Alpenrepublik bewusst ist. Insgesamt rund 15 000 ha Rebfläche sind über die Kantone verstreut. Jährlich werden rund 120 Millionen l Wein erzeugt. Die Schweizer sind große Weinliebhaber – statistisch trinken sie pro Kopf und Jahr rund 40 l – und stolze Connaisseure schweizerischen Weins, was dazu führt, dass nur knapp 2 % ihres Weines ins Ausland gelangen.

Klima und Geographie

Das kontinentale Klima und die hohen Alpengipfel in der Mitte des Landes zwingen den Weinbau in mikroklimatisch begünstigte Lagen. Dabei sind drei verschiedene Anbauzonen zu unterscheiden, die zugleich auch die Sprach- und Kulturbereiche des Landes repräsentieren (→ Karte nach S. 96):

- *Deutschsprachige Ostschweiz*: An der Grenze zu Deutschland ist die Landschaft hügelig bis bergig und bietet dem Weinbau am Nordrand der Alpen entlang des Rheins gute Wachstumsbedingungen, die z. T. durch den Einfluss warmer Föhnwinde verstärkt werden. Das Mikroklima ist durch die Rheinebene sowie der Einflüsse des Bodensees und des Zürichsees günstig, so dass sich der Weinbau auf die Täler konzentriert. Er findet in der Regel an den begünstigten Süd-, Südost- und Südwesthängen der See- und Flusstäler statt und ist zumeist ein Flickenteppich aus zahlreichen verstreuten Rebparzellen. Lediglich im Kanton → Schaffhausen gibt es größere zusammenhängende Rebflächen.

• *Französische Westschweiz*: Hier befinden sich die beiden größten Weinbaugebiete der Schweiz: das → Wallis und das → Waadtland. Diese profitieren vom Klima der Rhône bzw. dem Genfer See. In den tiefen Taleinschnitten konzentriert sich der Weinbau auf die z. T. sehr steilen, terrassierten Hänge. Die Sonnenscheindauer beträgt im Wallis bis zu 2500 Stunden im Jahr, bei gleichzeitiger Trockenheit, so dass ein Teil der Rebflächen regelmäßig bewässert werden muss. Gleichzeitig sorgt der heiß-trockene Föhn für eine frühe Reife der Trauben. Die Reben klettern bis auf 750 m Höhe, teilweise sogar auf über 1000 m: so weit oben gedeiht der so genannte Gletscherwein. Das Wallis sowie die beiden weiteren Westschweizer Weinbaugebiete → Neuchâtel (Neuenburg) und → Genève (Genf) profitieren ebenfalls vom wärmeregulierenden Mikroklima der Seen. Wie ein langes, bananenförmiges Band reichen im Waadtland die Rebflächen von Genf bis Montreux und bilden mit Blick auf den Montblanc eine der reizvollsten Weinlandschaften der Welt.

• *Italienische Südschweiz*: In den Tälern des Luganer Sees und des Lago Maggiore wird ebenfalls Weinbau betrieben. Hier an der Südseite der Alpen gibt es mehr Niederschläge, so dass das Klima feuchtheiß, beinahe tropisch ist und sich deutlich von Wallis und Waadtland unterscheidet. Die Julitemperaturen können durchschnittlich 21 Grad erreichen. Im Tessin konzentriert sich der Weinbau auf einzelne, in die Hänge eingestreute Terrassen, die stark unter dem Urbanisierungsdruck der Region stehen: Als Baugrundstücke sind die weithin sichtbaren und oftmals bevorzugt pittoresk gelegenen Weinbergsflächen hoch begehrt.

Rebsorten und Weinstile

• Ostschweiz: hier befinden sich rund 17 % der Schweizer Rebflächen. Der größte Teil kommt aus den beiden Kantonen → Zürich (rund 650 ha Rebfläche) und Schaffhausen (rund 500 ha); die übrigen 54 % verteilen sich – sehr ungleichmäßig – auf die 15(!) restlichen Kantone der Ostschweiz, wo der Weinbau oft im Miniaturformat bzw. von leidenschaftlichen Hobbywinzern betrieben wird, die z. T. Außerordentliches zustande bringen. Sogar in der Schwyz und in Nidwalden gibt es einige engagierte Weinbauern. Bedeutung haben die Kantone Aargau (knapp 400 ha), Basel-Land (100 ha), Sankt Gallen (220 ha) sowie Thurgau (275 ha). Zu 70 % wird Blauburgunder (Pinot noir) angebaut, der Rest ist überwiegend Weißwein aus der Rebsorte Müller-Thurgau, der in der Schweiz Riesling *x* Sylvaner genannt wird. Die Rotweine können hervorragend sein und zeigen, dass beim Weinbau Ehrgeiz mindestens so wichtig ist wie gute klimatische Voraussetzungen.

• Westschweiz: Rund 85 % der Schweizer Rebflächen befinden sich hier.

Das → Wallis ist das größte Weinbaugebiet mit rund 5300 ha Rebfläche; die mehr als 20 000 Winzer bauen überwiegend Rotwein an. Weit verbreitet sind → autochthone Rebsorten, die die Jahrhunderte in den engen, abgeschlossenen Alpentälern überdauert haben, z. B. die Rebsorten Petite Arvine, Amigne, Humagne rouge, Heida, Rèze und Cornalin.

Der Kanton → Waadt mit 3900 ha ist in drei Weinbauregionen eingeteilt: La

Côte, Lavaux und Chablais. Hier dominiert die Weißweinsorte Chasselas (Gutedel) mit rund 75 % – ansonsten wird vor allem Pinot noir angebaut.

Auch in Genf (rund 1300 ha Rebfläche) steht der Chasselas an der Spitze des Sortenspiegels.

In Neuchâtel mit rund 600 ha werden vor allem Chasselas und Pinot noir angebaut – sie werden zu Weißwein bzw. zu Rosé verarbeitet.

• Im Tessin sind noch knapp 1000 ha Rebfläche zu finden, die von mehr als 3000 Winzern bewirtschaftet werden. Bis zu einer Höhe von rund 450 Metern wird zu 85 % Merlot angebaut, darüber Pinot noir. Weißwein wird nur zu rund 5 % erzeugt.

Schwer Bezeichnet nicht das spezifische Gewicht eines Weins, sondern einen körperreichen, säurearmen und wenig differenzierten Wein mit vergleichsweise hohem Alkoholgehalt.

Schwund → Auffüllen

Sciacca Italienische DOC in → Sizilien im gleichnamigen Ort und Caltabellotta in der Provinz Agrigent. Es werden Rot-, Rosé- und Weißweine erzeugt aus den Rebsorten Chardonnay, Catarratto, Grecanico, Inzolia (für Weißwein) und Sangiovese, Nero d'Avola, Merlot und Cabernet Sauvignon (für Rotwein).

Sec Französische Bezeichnung für → trocken, beim Wein das Gegenteil von süß. Bei → Schaumwein bezeichnet *sec* allerdings eine relativ süße Abfüllung.

Secco Italienische Bezeichnung für → trocken.

Seco In Spanien und Portugal gebräuchliche Bezeichnung für → trocken.

Seefeld-Kadolz Ort im niederösterreichischen Weinbaugebiet → Weinviertel nahe der tschechischen Grenze mit schöner Kellergasse. Die Gemeinde verfügt über rund 150 ha Rebfläche am Eingang des → Pulkautals. Erzeugt wird hauptsächlich Grüner Veltliner. Bekannter Erzeuger: Schloßkellerei Graf Hardegg.

Seeger, Weingut Deutsches Weingut im Weinbaugebiet → Baden im Ort Leimen. Auf rund 7 ha Rebfläche werden jährlich etwa 40 000 Flaschen Wein erzeugt. Rebsorten: 20 % Spätburgunder, 20 % Riesling, 15 % Weißburgunder, 12 % Müller-Thurgau. Böden: Lößlehm, Kalk- und Buntsandstein. Bekannte Lagen: *Heidelberger* und *Leimener Herrenberg*. Moderne, im Barrique ausgebaute Rotweine. Lohnenswerter Gutsausschank.

Seewein Sammelbezeichnung für die Weine vom Nordufer des → Bodensees, fast ausschließlich zum Weinbaugebiet → Baden gehörig.

Sekt In Deutschland gebräuchliche Bezeichnung für → Schaumwein. Laut Gesetz handelt es sich dabei um einen → Qualitätsschaumwein, der eine amtliche Prüfnummer tragen muss, in Österreich um so genannten Qualitätssekt.

Sekundäraromen Nachdem ein Wein seine → Primäraromen abgelegt hat, treten die wichtigen Sekundäraromen hervor, bevor er nach weiterer Lagerung → tertiäre Aromen zeigt. Diese zeigen bei hochwertigen Weinen die Mineralität (→ Terroir) und die Wachstumsbedingungen an: z. B. beim Sancerre den Duft nach Feuerstein oder beim Barolo den Duft nach Waldboden, Trüffel und Steinstaub. Die Sekundäraromen sind bei der Weinwerdung ein wichtiges Merkmal – wer Weine zu früh trinkt, wird diese nie erleben. Da der Trend hin zu jungen, fruchtbetonten Weinen geht, haben viele Weintrinker (und auch Weintester) leider oft kein Verständnis für sekundäre Aromen.

Selbach-Oster, Weingut Deutsches Weingut im Weinbaugebiet → Mosel-Saar-Ruwer im Ort Zeltingen. Auf rund 12 ha Rebfläche werden jährlich etwa 100 000 Flaschen Wein erzeugt. Rebsorten: 100 % Riesling. Böden: Blauer Devonschiefer. Bekannte Lagen: *Zeltinger Sonnenuhr, Wehlener Sonnenuhr.*

Selection Auch in Deutschland zugelassene Weinbezeichnung, deren Gebrauch keinerlei Aussage über die wirkliche Weinqualität macht.

Selection Grains Nobles Französische Bezeichnung für → Beerenauslese.

Selektionsarbeit Ein Wein wird nur so gut wie die Trauben, aus denen er gemacht wird. Um hochwertige Weine zu erzeugen, müssen fehlerhafte, mit Essigstich oder Graufäule befallene sowie unreife Trauben oder auch einzelne Beeren aussortiert werden. Bei hochwertigen → Qualitätsweinen mit Prädikat wie z. B. Auslese, Beerenauslese, Trockenbeerenauslese und Ausbruch müssen besonders reife Trauben selektiert werden – eine ungeheuer zeitaufwändige Arbeit, die mit hohen Kosten verbunden ist und sich im → Preis des Weins niederschlägt.

Selo de garantia, Selo de origem Portugiesische Kontrollbanderole. Weine aus portugiesischen DOC-Gebieten tragen dieses in der Regel über den Korken geklebte Siegel.

Selzen Deutscher Ort im Weinbaugebiet → Rheinhessen westlich von → Nierstein mit rund 130 ha Rebfläche. Die Gemeinde liegt im rheinhessischen → Hügelland. Bekannte Erzeuger: Weingut Ökonomierat Schätzel Erben.

Semidulce Spanische Bezeichnung für → lieblich.

Sémillon Französische Weißwein-Rebsorte mit ausgezeichneter Qualität. Traditionell wird sie im Südwesten Frankreichs – vor allem im Gebiet Bordeaux – angebaut, wo sie die besten Weine liefert, wenn sie mit der Weißweinsorte Sauvignon blanc zum weißen → Graves, → Entre-deux-mers und → Sauternes verschnitten wird. Rund 25 000 ha sind heute in Frankreich mit dieser Rebsorte bestockt (davon knapp 11 000 in Bordeaux). Reinsortig ausgebaut erbringt sie fette, alkoholreiche und säurearme Weißweine und kann in Verbindung mit dem säurebetonten Sauvignon blanc hervorragende Ergebnisse bringen. Die Anfälligkeit der Traube für Edelfäule macht sie ideal für die Erzeugung hochwertiger edelsüßer Weißweine wie Sauternes, Barsac und Montbazillac.

Auch außerhalb Europas hat diese Rebsorte Anklang gefunden, am meisten in Chile, wo sie mit rund 20 000 ha die führende weiße Sorte ist (und meist banalen Wein ergibt); auch in Argentinien ist sie wie in Kalifornien und Südafrika zu finden. In Australien wird sie vor allem im Hunter Valley kultiviert.

Separieren Technisches Hilfsmittel zur Klärung von Most oder Wein. Dieser wird nicht durch einen schonenden, langsamen Absetzvorgang (→ Vorklären) geklärt, sondern durch die Verwendung von so genannten Separatoren (Zentrifugen), bei denen Most (zum Entfernen von Trub) oder Wein (zum Entfernen von → Hefe) mit enormer Geschwindigkeit in Rotation gebracht wird, um auf diese Weise die Partikel zu entfernen. Separatoren können in kurzer Zeit große Mengen an Flüssigkeit gründlich klären, haben jedoch den entscheidenden Nachteil, dass Wein oder Most unter diesem Vorgang leidet. Handwerklich arbeitende Qualitätswinzer lehnen das Zentrifugieren deshalb als einen zu weit gehenden physikalischen Eingriff ab, weil dem Most oder Wein neben dem Trub auch weitere Inhaltsstoffe entzogen werden.

Serbien Das größte Weinbauland des ehemaligen Jugoslawien, dessen Weine vor allem im Inland getrunken werden – durchschnittlich rund 30 l pro Kopf und Jahr. Die politische Abschottung während der Milošević-Herrschaft hat zu einem kulturellen und wirtschaftlichen Verfall geführt, an dessen Folgen das Land noch lange leiden wird. Die Kosovo-Krise und die damit verbundenen Vertreibungen haben auch zu einem Niedergang des dortigen Weinbaus geführt; seitdem sind die billigen Rotweine des Amselfelds (überwiegend aus Pinot noir) kaum noch in deutschen Supermärkten zu finden. Der Weinbau verteilt sich über ganz Serbien, wobei sich in den Tälern von Donau, Morava und Timok mit ihren Nebenflüssen die wichtigsten Weinbauregionen befinden. Neben einheimischen Sorten werden in zunehmender Zahl französische Rotweinsorten wie Pinot noir, Merlot, Cabernet, Gamay u. a. angepflanzt.

Sercial Portugiesische Weißweinrebe, die englische Bezeichnung für *Cerceal*, die früher auf Madeira weit verbreitet war. Es handelt sich um eine interessante und ausgezeichnete spätreifende Sorte, die säurebetonte Weine hervorbringt und aus der in der Regel der beste trockene → Madeira bereitet wird.

Serègo Alighieri → Masi

Serradayres Portugiesische Weiß- und Rotweine, die von Carvalho, Ribeiro & Ferreira im Weinbaugebiet → Torres Vedras erzeugt werden.

Serrig Deutsche Stadt im Weinbaugebiet Mosel-Saar-Ruwer an der → Saar gelegen. Es ist die höchst gelegene und eine der kühlsten Weinbaugemeinden in der Region mit rund 100 ha Rebfläche, fast ausschließlich Riesling. Die Weine sind säurebetont und eignen sich daher auch hervorragend als Grundweine für die Sektproduktion. Bekannte Lagen: *Schloß Saarsteiner, Schloss Saarfelser Schlossberg, Antoniusberg* und *Vogelsang*. Bekannte Erzeuger: Weingut Herrenberg (Bert Simon) und Schloß Saarstein.

Setúbal Stadt und Halbinsel südöstlich von Lissabon in Portugal. Als DOC → Setúbal kommt ein gespriteter, süßer Likörwein von bis zu 22 % Alkohol in den Handel. Dieser besteht zu zwei Dritteln aus Moscatel de Setúbal (Alexandriner-Muskateller) und Moscatel Roxo (ein seltener roséfarbener Muskateller; wahrscheinlich Rosenmuskateller). Wenn der Anteil dieser Sorten mindestens 85 % ausmacht und dem Wein nach der Gärung frischer Moscatelmost mit Traubenschalen zugefügt und für 5 bis 6 Monate eingemaischt worden ist, darf er sich → Moscatel de Setúbal nennen. Bei Erfüllung der entsprechenden Anforderungen darf er nach 5 Jahren das Prädikat superior bzw. bei entsprechendem Mindestalter und Erfüllung der Qualitätsauflagen die Bezeichnung 10/20 anos de idade (10 bzw. 20 Jahre alt) führen. Bekannter Erzeuger: Fonseca. In Setúbal werden auch viel Rotwein und etwas Weißwein erzeugt (→ Pasmados, → Periquita), der z. T. mit der Ursprungsbezeichnung → Palmela in den Handel kommt.

Sèvre-et-Maine Französisches Weinbaugebiet im Bereich der Loiremündung. Es liegt südöstlich von → Nantes in der südlichen Bretagne und in den südwestlichen Teilen des angrenzenden Anjou. Der Wein kommt in der AOC → Muscadet de Sèvre et Maine in den Handel und gilt allgemein als der beste Muscadet. Das Gebiet gehört auch zum Anbaugebiet des Gros plant du pays nantais.

Seyssel Französisches AOC-Weinbaugebiet an der Rhône zwischen Genf und Lyon an der Grenze zu Savoyen. Auf rund 90 ha Rebfläche werden jährlich etwa 260 000 l Weißwein und rund 60 000 l Schaumwein aus den Rebsorten Altesse und Molette erzeugt, frische, leichte und trockene Weißweine, die auf Moränenböden an den sanften Hängen der Rhône wachsen und durch das kühle, kontinentale Voralpenklima geprägt sind. Besonders die Schaumweine (Seyssel Mousseux) der Region können außerordentlich gut sein.

Sfurzat Italienischer DOCG-Rotwein aus dem → Valtellina, überwiegend aus der Rebsorte Nebbiolo, auch als sforzato bezeichnet. Es handelt sich um einen trockenen, ähnlich dem → Amarone im Valpolicella bereiteten Wein aus leicht angetrockneten Trauben (→ Passito). Der Wein enthält mindestens 14,5 % Alkohol.

Sherry Spanischer → Likörwein, der in der Farbe von Hellgold bis zu einem dunklen Bernsteinton reichen kann. Sherry wird auf rund 17 000 ha im südspanischen → Andalusien erzeugt und gilt als der feinste und berühmteste Likörwein. Das Produktionsgebiet liegt an der Atlantikküste bei Cádiz um die Städte → Jerez de la Frontera, → Sanlúcar de Barrameda, → Puerto de Santa Maria, → Chiclana, → Chipiona, Rota und Trebujena. Der Name Sherry ist eine anglisierte Form des Namens der Stadt Jerez.

Böden und Rebsorten

Das Geheimnis des Sherry ist sein Boden, der in drei Kategorien eingeteilt ist:

- Der beste Boden ist der berühmte → Albariza, ein harter, blendend weißer Kreideboden, auf dem sich die bedeutendsten Lagen befinden, allen voran → *Carrascal*, → *Macharnudo*, *Anina* und *Balbaina*. Außer bei Inocente, einem Teil des Macharnudo, erscheinen diese Lagennamen praktisch nie auf Etiketten.
- Weniger bedeutend für die Qualität ist der → Barro, ein Lehmboden, brauner und fruchtbarer als die Albariza-Böden, der größeren Ertrag und einen körperreicheren Wein hervorbringt.
- Der dritte Boden ist der → Arena, der Sandboden, der zwar am ergiebigsten ist, doch Wein mit wenig Charakter liefert.

Rund 95 % der Rebfläche sind mit der Rebsorte → Palomino bestockt, aus dem alle trockenen Sherrys erzeugt werden. Die verbleibenden 5 % teilen sich → Pedro Ximénez, dessen Trauben nur noch selten auf traditionelle Weise zur Zuckerkonzentration in der Sonne getrocknet werden, sowie etwas → Moscatel.

Vinifikation

Die Lese erfolgt in der Regel Anfang September. Je nach Herkunft sind in der Regel 8000 bis 10 000 l pro ha als Höchstertrag zulässig, von denen jedoch nur der Most der leichten ersten Pressung, der → Vino de yema, für die Sherry-Erzeugung verwendet werden darf, während der Most der zweiten Pressung zu Brandy destilliert wird, weshalb praktisch alle großen Sherry-Häuser über eine oder mehrere Brandy-Marken verfügen und das Gebiet heute für den *Brandy de Jerez* zu einer gesonderten DO gehört.

Die Gärung findet heute in Edelstahltanks statt und nur noch zu einem kleinen Teil in 600-l-Fässern aus amerikanischer Eiche – gelagert wird Sherry in alten Fässern. Im Dezember ist der frischvergorene Wein klar und bereit zur Probe. Er hat dann eine helle, strohähnliche Farbe und ist absolut trocken. (Süße und dunkle Farbe entstehen erst später als Ergebnis bestimmter Bearbeitungsverfahren.) Jetzt erst beginnt die Zeit der eigentlichen Herstellung, denn Sherry ist wie Champagner oder Portwein ein Produkt, das seinen Charakter durch weitere Bearbeitung erhält.

Ausbau

Früher wurde nach der Gärung geprüft und entschieden, in welche der beiden großen Grundkategorien der neue Wein gehört: in die Gruppe der → Finos oder der → Olorosos; nach ihr richtete sich die weitere Behandlung. Im Zuge der Modernisierung der Sherry-Produktion ist der Zufall zu einer Form der Keller-Romantik geworden und gehört heute ebenso der Vergangenheit an wie ein Kellermeister, der bei Kerzenlicht hantiert. Meist wird schon vor der Gärung festgelegt, welche Chargen später zu welcher Qualität werden – so ist Prozess-Sicherheit gewährleistet.

Klarer, leichter Jungwein mit feinem Bukett und einiger → Flor-Hefe (diese

Sherry-Stile

Der Unterschied zwischen einem Fino und einem Oloroso ist nicht primär eine Qualitätsfrage. Vielmehr unterscheiden sich die abgefüllten und in den Handel gebrachten Sherrys in ihrem Grundcharakter nach Alter, Farbe, Bukett, Alkoholgehalt und Geschmacksrichtung.

- *Fino*: Ein heller (*pálido*) Sherry mit delikatem Bukett, trocken, mit 16 bis 16,5 % Alkohol.
- *Manzanilla*: Ein besonderer Fino aus Sanlúcar de Barrameda, zumeist heller, trockener und etwas leichter als der normale Fino, mit einem leicht salzigen Geschmack.
- *Amontillado*: Ein im Fass gealterter und weiter entwickelter Fino. Bernsteinfarben (*ámber*), intensives Bukett, im Geschmack nussartig, trocken, häufiger aber (vor allem im Export) halbtrocken (*Medium*, *semiseco*, *abocado*), im Alkoholgehalt meist etwas höher als der Fino, bis 18 %.
- *Oloroso*: Altgoldfarben (*oro viejo*) mit einem betont walnussartigem Bukett, körperreicher und geschmacksintensiver als ein Fino, voller Nuancen, meist trocken (im Export z. T. aber auch mehr oder weniger süß), meist mit dem höchsten Alkoholgehalt, bis 20 %.
- *Rayas*: Dunkel (*oscuro*), ein »obskurer« Sherry, praktisch ein nicht gelungener Oloroso, der als solcher kaum in den Handel kommt. Billige Amontillados werden leider häufig aus zweifelhaften Finos mit Zusätzen von Rayas erzeugt.
- *Palo Cortado*: Seitdem die Sherry-Erzeugung nicht mehr dem Zufall überlassen wird, außerordentlich selten. Vom Geschmack her ein Oloroso, der sich jedoch anders entwickelt hat und im Aroma einem Amontillado ähnelt, trocken, Alkoholgehalt meist 17 bis 18 %.
- *Palma Cortada*: Noch seltener als der Palo Cortado, der ebenfalls nicht die normale Entwicklung des Oloroso durchgemacht hat, zwar wie Oloroso riecht, aber wie Fino schmeckt.

Nach diesen Grundkategorien gibt es noch die so genannte Sekundärgruppe der → Dulces, süßer Sherry, der in der Küche gerne verwendet wird:

- *Cream*: Ein sehr süßer Oloroso, der gut ist, wenn er das Aroma seiner Traube zeigt, der Pedro Ximénez – meist jedoch mit *Mosto apagado*, süßem, gespritetem Traubenmost aufgesüßt.
- *Pale Cream*: Kein süßer Oloroso, sondern ein aufgesüßter Fino, der in der Farbe sehr viel heller als der Cream ist, ohne das Aroma des Oloroso, doch sehr weich.
- *Pedro Ximénez*: Dunkle, fast schwarze Farbe (*caoba*), sehr süß, weich und voll, mit einem an Rosinen erinnernden Geschmack.
- *Moscatel*: Außerordentlich selten, ebenfalls sehr süßer und mit der Zeit immer dunklerer Sherry aus der Moscateltraube.

setzt sich an der Oberfläche ab und schützt den Wein vor vollständiger Oxidation) wird zu Finos oder → Amontillados weiterverarbeitet (auch der Manzanilla gehört in der Regel in diese Kategorie). Dieser Wein kommt nun in andere Fässer, wird auf etwa 15,5 % Alkohol → gespritet und in der so genannten → Criadera zur weiteren Reifung gelagert. Körperreichere, schwerere Jungweine hingegen mit weniger Bukett, auf denen sich keine Flor-Hefe gebildet hat, werden zu Olorosos verarbeitet und auf 17 bis 18 % Alkohol gespritet.

Nach ein, zwei oder mehr Jahren Lagerung in den Criaderas kommen die

Weine in die → *Soleras* – eine meist übereinander angeordnete Gruppe von – in der Regel – drei oder vier Reihen von Fässern, in denen jeweils Sherrys der gleichen Art, aber verschiedenen Alters nach und nach und mit zunehmender Reife verschnitten werden. Solera leitet sich von *suelo* ab, dem spanischen Wort für Boden. Die Reihe mit den Fässern, die den reifsten Sherry enthalten, aus denen die Flaschenabfüllungen vorgenommen werden, ist die unterste, liegt also auf dem *suelo.* Zumeist wird im Laufe eines Jahres ein Viertel bis ein Drittel des Weines der untersten Fassreihe abgefüllt. Die Fässer werden immer wieder mit Wein aus der nächst höher liegenden Fassreihe aufgefüllt usw., ein Vorgang, der normalerweise alle drei bis vier Monate stattfindet. Da das Auffüllen auf diese Weise regelmäßig nach oben, bis zur Criadera weitergeht, enthält eine abgefüllte Flasche Sherry theoretisch Wein aus sechs bis zu einhundert (und gegebenenfalls mehr) Jahrgängen – es gibt also keinen Jahrgangs-Sherry. Wenn auf dem Etikett eine Angabe wie »Solera 1857« steht, bedeutet das nicht, dass in der Flasche ausschließlich Wein von 1857 ist, sondern er aus einer Soleragruppe stammt, die 1857 aufgelegt und in den nachfolgenden rund 150 Jahren immer wieder aufgefüllt wurde.

Shiraz In Australien gebräuchliche Bezeichnung für die Rebsorte → Syrah (mitunter auch Hermitage genannt). Die Rebsorte stammt ursprünglich aus dem Gebiet der Rhône in Frankreich. Die Australier haben einen im Gegensatz zu Frankreich grundverschiedenen Weinstil entwickelt: einen fetten, alkoholreichen, geschmacklich fruchtsüßen Typ mit weichen Gerbstoffen und fast immer mit deutlichem → Holzgeschmack (→ Barrique; → Eichenchips). Nur die wenigen handwerklich arbeitenden Spitzenerzeuger bringen auch elegante, geschliffene, fordernde Shiraz zustande. Die Rebsorte wird gerne auch mit Cabernet Sauvignon verschnitten. Der im Bereich → Neusüdwales angebaute White Shiraz ist in Wirklichkeit die italienische Sorte → Trebbiano.

Siebeldingen Deutsche Gemeinde im Weinbaugebiet → Pfalz an der südlichen → Weinstraße. Rund 165 ha Rebfläche mit weißen und roten Burgundern sowie Riesling und Gewürztraminer. Bekannte Lage: *Siebeldinger im Sonnenschein.* Bekannte Erzeuger: Weingut Ökonomierat Rebholz und Weingut Wilhelmshof.

Siebengebirge Deutsche Hügellandschaft am → Rhein südöstlich von Bonn und der zu Nordrhein-Westfalen gehörende nördlichste Bereich des Anbaugebietes → Mittelrhein. Nur 20 ha sind in und um Königswinter bestockt, dort werden vor allem Riesling und Müller-Thurgau erzeugt.

Siegendorf Österreichische Gemeinde mit rund 180 ha Rebfläche im burgenländischen Gebiet → Neusiedlersee-Hügelland. Es wird zu rund zwei Dritteln Rotwein erzeugt.

Siegerrebe Deutsche Neuzüchtung aus Madeleine angevine *x* Gewürztraminer. Eine parfümiert wirkende, qualitativ minderwertige (rückläufige) Rebsorte, die zurzeit noch auf 140 ha angebaut wird.

Sierre Schweizerische Stadt (dt. Siders) im Weinbaugebiet → Wallis, mit rund 600 ha Rebfläche. Zusammen mit dem Gebiet Leuk-Salgesch-Varen (weitere rund 350 ha) ist sie das Zentrum des Blauburgunders im Wallis und bekannt für gute Dôle und Pinot noir sowie einige vollmundige Malvoisies (Grauer Burgunder), z. T. auch als → Flétriweine.

Sigalas-Rabaud, Château Französisches *Premier Cru classé*-Weingut im Bordeaux in der Appellation → Sauternes. Rund 14 ha Rebfläche mit 93 % Sémillon und 7 % Sauvignon. Es wird ausschließlich edelsüßer Weißwein erzeugt – einer der besten Erzeuger des Sauternes. Zweitwein: *Le Cadet de Sigalas-Rabaud.*

Sigolsheim Französische Stadt mit rund 350 ha Rebfläche; eine der größten Weinbaugemeinden des → Elsass. Als führende Lagen gelten *Furstentum, Mambourg* und *Marckrain*, alle drei als Alsace grand cru eingestuft, während *Altenbourg* und *Vogelgarten* diesen Status nicht genießen. Mit rund 65 ha Rebfläche zählt der kalkreiche *Mambourg* zu den größten Grand Cru-Lagen des Elsass. Bekannte Erzeuger: Ringenbach-Moser, Piere Schillé & Fils sowie die große Winzergenossenschaft Pierre Sparr.

Sillery Französische Gemeinde in der → Champagne. Einer der 17 *Grand Cru*-Orte, die mit 100 % eingestuft sind. Die Rebflächen liegen an den → *Montagne de Reims* unterhalb von den gleichwertig eingestuften Orten Mailly und Verzenay. Es wird überwiegend Pinot noir angepflanzt.

Silikonpfropfen → Korken

Silvaner Auch Grüner Silvaner oder Sylvaner. Hochwertige Weißweinrebe, wahrscheinlich südeuropäischen (eventuell siebenbürgischen) Ursprungs, die in vielen Ländern angepflanzt wird. In Deutschland war sie um 1970 mit etwa 30 % die häufigste Rebsorte, doch danach hat ihr bislang ungebremster Rückgang eingesetzt: heute wird sie auf 6400 ha angebaut – das entspricht einem Anteil von rund 6 %. Damit rangiert sie an dritter Stelle unter den Weißweinreben und an vierter Stelle insgesamt. Die Gründe für ihren Rückgang hingen zunächst mit dem Vorstoß der → Neuzüchtungen zusammen, denen sie, obwohl qualitativ überlegen, wegen geringerer Erträge und geringeren Aromas weichen musste. Ihr weiter voran schreitender Rückgang vollzieht sich heute zugunsten der populären Rotweinsorten. In Deutschland konzentriert sich ihr Anbau auf Rheinhessen (rund 3000 ha, etwa 11 %) und auf Franken (1200 ha, rund 20 %). Vom Typ her ist Silvaner eine Rebsorte, die zwar ein weniger ausgeprägtes Fruchtspiel bringt, dafür aber ein exzellenter Terroir-Anzeiger ist, der es mit dem Chardonnay durchaus aufnehmen kann. Im Idealfall (alte Reben, geringe Erträge, Kalkböden) strotzt er vor Mineralität.

Auch in Österreich war der Silvaner einst stark verbreitet, doch ist er dort bis auf wenige Parzellen praktisch verschwunden.

Im → Elsass spielt der Silvaner (Sylvaner) immer noch eine große Rolle; hier endet er jedoch meist als Verschnittwein im einfachen → Edelzwicker, da er als Grand-Cru-Rebsorte nicht zugelassen ist, sodass ihn die meisten Erzeuger aus den besten Lagen herausreißen, um das Klassifikations-Prädikat nicht zu verlieren.

In der Schweiz ist er ebenfalls zu finden, dort wird er als → Johannisberg bezeichnet (bekannter Erzeuger: Mont d'Or), ferner kommt er in der Tschechischen Republik, der Slowakei, Kroatien und Slowenien vor.

Sine Qua Non Kalifornisches Weingut in den USA im Weinbaugebiet → Santa Barbara. Boutique-Winery mit rund 6 ha Rebfläche und 20 000 Flaschen Wein Jahresproduktion, vor allem Syrah, Pinot noir, Chardonnay und Grenache. Der Ex-Österreicher Manfred Kankl werkelt in einer Halle und produziert seit 1994 individuelle Kult-Weine. Geringe Produktion, verrücktes Marketing, gute Presse – hohe Preise.

Sion Stadt in der Schweiz – die Hauptstadt des Kantons → Wallis im Zentrum des gleichnamigen Weinbaugebiets. Sie liegt an der oberen → Rhône, in einem von steilen Felswänden begrenzten Tal. In der unmittelbaren Umgebung von Sion liegen knapp 1200 ha Rebfläche, von der etwa ein Viertel der Weinerzeugung des Kantons stammt. Dazu gehören roter → Dôle und die Weißweine → Fendant und → Johannisberg, aber auch Spezialitäten wie der weiße → Ermitage. Bei Sion hat auch die traditionsreiche Domaine du Mont d'Or ihren Sitz, deren steile und terrassierte Weinberge auf einem im Rhônetal herausragenden Fels liegen, perfekt nach Süden und Südwesten ausgerichtet.

Siran, Château Französisches *Cru* → *bourgeois*-Weingut im Bordeaux, Appellation → Margaux (Haut-Médoc). Rund 31 ha Rebfläche für Rotwein: 50 % Cabernet Sauvignon, 25 % Merlot, 15 % → Petit Verdot und 10 % Cabernet franc.

Sito Moresco Roter italienischer → Markenwein aus dem Piemont, eine Kreation von Angelo → Gaja aus den Rebsorten Nebbiolo (85 %), Barbera (5 %) und Merlot (10 %), ein moderner Wein, der im → Barrique ausgebaut wird.

Sizilien Italienische Mittelmeerinsel und zusammen mit Apulien eine der größten Wein erzeugenden Regionen Italiens.

Klima und Geographie

Aufgrund ihrer südlichen Lage ist die größte Insel des Mittelmeers (rund 200 km von West nach Ost und 150 km von Nord nach Süd) deutlich durch das mediterrane Klima mit geringen Niederschlägen geprägt. Die hohen Tagestemperaturen sorgen in den niedriger gelegenen Lagen für eine kurze Vegetationszeit, in höher gelegenen Lagen und in Meeresnähe sind die Temperaturen kühler, so dass die Reben durchaus in einer Höhe von bis zu 900 Metern wachsen. Hier – meist an Steilhängen – entstehen die besten Weine, deren Qualität erstaunlich sein kann. Das Innere der Insel ist stark zerklüftet – die Berge erreichen mit dem Ätna eine Höhe bis zu 3323 m.

Rebsorten und Weinstile

Nur 29 % der Anbaufläche entfallen auf Rotwein. Es dominiert die Rebsorte Cataratto (Italiens zweithäufigste Rebsorte), die ursprünglich für → Marsala verwendet wurde, aber heute meist als Tafelwein bzw. in der → Zwangsdestillation endet. Qualitativ hervorzuheben ist die Rotweinsorte Nero d'Avola. Ferner gibt es die z. T. autochthonen Rotweinsorten Perricone, Calabrese, Nerello Mascalese, Pignatello, Nerello Mantellato, Gaglioppo und Nocera, allerdings mit sehr unterschiedlichen Qualitätsschwerpunkten, außerdem die autochthonen Weißweinsorten: Cataratto, Inzolia, Grillo, Greciano, Carrcante, Minnella Bianca und Malvasia delle Lipari.

Zurzeit gibt es rund 20 DOC-Weine und sieben IGT-Weine. Am berühmtesten sind die DOC-Weine Marsala von der Westspitze Siziliens, der Malvasia delle Lipari sowie der Moscato di Pantelleria. Daneben entstehen in und um Sizilien eine Reihe weiterer → Likörweine, darunter Vecchio Samperi, Corvo Stravecchio di Sicilia, Moscato di Siracusa, Zucco und Albanello.

Jährlich werden auf rund 130 000 ha (fallende Tendenz) um die 700 bis 800 Millionen l erzeugt – der größte Teil endet allerdings als Tafelwein, Mostkonzentrat oder in der Zwangsdestillation, um die immensen Überschüsse Siziliens trocken zu legen. Als anonymes Verschnittmaterial wird sizilianischer Wein gerne zum »Produktionsausgleich« in nördlichen Anbaugebieten verwendet. In letzter Zeit gibt es immer mehr Investoren, die ein Augenmerk auf das Potenzial Siziliens geworfen haben und versuchen, z. T. höherwertige Qualitäten mit internationalen Rebsorten zu erzeugen (meist holzbetonte Markenweine).

Sizzano Italienischer DOC-Rotwein im Norden des → Piemont, der in der Provinz Novara aus der Rebsorte Spanna

(Nebbiolo) erzeugt wird. Erlaubt ist der Zusatz von bis zu 50 % Vespolina und Bonarda. Der Wein darf erst nach 3 Jahren Lagerung in den Handel gebracht werden.

Slowakei Kleiner mitteleuropäischer Staat mit rund 20 000 ha Rebfläche. Diese verteilt sich auf sieben klassifizierte Weinbaugebiete, die sich im Süden der Slowakei befinden, um Bratislava (Preßburg), in der Donau-Region und entlang der ungarischen bis zur ukrainischen Grenze, wo das Klima wärmer ist. Im Osten des Landes liegen drei Dörfer, die als eigenständiges Gebiet *Tokajská* mit etwa 60 ha Rebfläche die unmittelbare Fortsetzung des ungarischen Tokajer-Gebietes bilden und sehr ähnliche Weine erzeugen. Vorwiegend wird Weißwein, vor allem aus den Rebsorten Rheinriesling, Traminer, Welschriesling, Grüner Veltliner, Sauvignon und Burgundersorten angebaut.

Slowenien Flächenmäßig kleines, doch unter dem Gesichtspunkt der möglichen Qualität ein interessantes Weinbauland mit rund 19 000 ha Rebfläche, auf der jährlich etwa 69 Millionen l Wein produziert werden.

Klima und Geographie

Die Lage Sloweniens im Bereich der östlichen Alpen-Ausläufer beschert der Region im Landesinnern ein insgesamt kontinentales Klima, vor allem in den Weinbaubereichen im Osten des Landes, bei Maribor. Hier grenzt das Land an die österreichische Steiermark. Weiter östlich befinden sich berühmte Weinbauorte wie Ormoz und Ljutomer, deren Weine (vor allem des Podravski-Gebietes zwischen Mur und Drau) die Nachbarschaft zur Steiermark deutlich werden lassen. Als Rebsorten dominieren: Rheinriesling (Renski rizling), Welschriesling (Laski rizling), Sauvignon (Muskatni silvanec), Traminer, Weißer Burgunder und Pinot noir (Beli burgundac). Früher besaß diese Region einen außerordentlich guten Ruf für ihre Weine. Noch heute ist das Qualiätspotenzial dieser großen, zusammenhängenden Weinbauregion offensichtlich: Rund um den Ort Jerusalem wird die Landschaft von großen, terrassierten Weinbergshängen dominiert.

Ganz anders sind die Weine aus dem Primorski-Gebiet in Westslowenien unmittelbar an der italienischen Grenze zum Friaul mit den gleichen Rebsorten wie jenseits der Grenze: Ribolla, Piccolit, Refosco, Tocai, Merlot, Chardonnay und Cabernet Sauvignon.

Am schmalen Küstenstreifen Sloweniens ist das Klima mediterran – hier wachsen überwiegend Rotweine. Da die Slowenen große Weintrinker sind (mit 40 Litern pro Kopf und Jahr stehen sie an 6. Stelle weltweit), wird der Wein überwiegend im Binnenmarkt konsumiert. Der wirtschaftliche Aufschwung dieses Landes sorgt dafür, dass immer mehr Slowenen bereit sind, für hochwertige Weine mehr Geld auszugeben, so dass die Qualität in den nächsten Jahren deutlich steigen wird.

Smaragd Österreichische Weinbezeichnung im Weinbaugebiet → Wachau, die seit 1987 verwendet wird (früher hieß sie Honifogl). Smaragd bezeichnet in der → Wachau das höchste Qualitätsniveau für trockenen Wein mit einem natürlichen Mindestalkoholgehalt von 12 %. Diese Weine stammen aus den besten Rieden (Lagen) und werden nur in guten und besseren Jahrgängen erzeugt. Sie müssen geschmacklich → trocken sein (maximal 9 g/l Restzucker). In der Regel entsprechen diese Weine den deutschen Prädikaten für trockene → Spätlese- oder → Auslese-Qualität, doch dürfen diese Bezeichnungen nicht zusätzlich auf dem Etikett erscheinen. Die Weine unterliegen der Kontrolle durch den Verband → Vinea Wachau.

Smith-Haut-Lafitte, Château Französisches *Cru classé*-Weingut im Bordeaux, in der Appellation → Pessac-Léognan (Graves) im Ort Martillac. Rund 50 ha Rebfläche mit 70 % Cabernet Sauvignon, 20 % Merlot und 10 % Cabernet franc, aus denen Rotwein erzeugt wird, sowie 6 ha Rebfläche für Weißwein aus 100 % Sauvignon. *Zweitwein*: Les Hauts de Smith.

Soave Italienischer DOC-Weißwein im Weinbaugebiet → Veneto. Einer der interessanten Weißweine Italiens, dessen heutige Durchschnittsqualität leider allzu oft miserabel ist. Er wird in 11 Gemeinden östlich von → Verona am Südrand der Alpen aus den Rebsorten → Garganega mit bis zu 30 % Zusatz von → Trebbiano erzeugt. Die Reben werden oft an der → Pergola erzogen.

Geographie und Klima

Der hochwertige Weinbau im Soave konzentriert sich auf das Gebiet Soave classico, einen weithin sichtbar aus dem Flachland herausragenden 300 m hohen terrassierten Vulkankegel, der vollkommen mit Reben bedeckt ist. Am östlichen Fuß des Bergs mit seinen vulkanischen und Lößlehmböden liegt die mittelalterliche Stadt Soave, die in ihrer Nähe wachsenden Weine machen ihrem Namen alle Ehre. *Soave* bedeutet sanft, und genau so fällt ein guter Soave aus: weich, frisch, angenehm, mitunter mineralisch. Die höheren Lagen sind kühler und liefern die besten Weine, während in der heißen Ebene vor allem Massenwein produziert wird, der nichts mit seinem großen Namensvetter gemein hat. Meist endet solcher »Soave« in den Regalen der Billigdiscounter.

Zusätzlich wird im Soave ein leicht süßer DOC → Recioto di Soave aus besonders ausgewählten und vinifizierten Trauben erzeugt, der von dezenter Süße umspielt wird und sehr differenziert sein kann.

Bekannte Erzeuger: Pieropan, Anselmi, Ca' Rugate, Guerrieri Rizzardi und Gini.

Sociando-Mallet, Château Französisches *Cru* → *bourgeois*-Weingut im Bordeaux in der Appellation → Haut-Médoc. Rund um den Ort → Saint-Seurin-de-Cadourne liegen seine rund 26 ha Rebfläche mit 60 % Cabernet Sauvignon, 25 % Merlot, 10 % Cabernet franc und 5 % Petit Verdot. Der kompakte Rotwein gilt als klassisch, benötigt eine lange Reifezeit und kann sich mit klassifizierten Gewächsen messen. Zweitwein: *Demoiselles de Sociando*.

Solaia Italienischer Rotwein, der in der Toskana seit 1978 auf der Lage gleichen Namens im → Chianti Classico-Gebiet vom Weingut Antinori erzeugt wird – einer der ersten → Supertoskaner. Die Lage befindet sich in unmittelbarer Nachbarschaft zum Tignanello. Im Gegensatz zu diesem besteht der Solaia zu rund 75 % aus Cabernet Sauvignon, 5 % aus Cabernet franc sowie 20 % Sangiovese. Der holzbetonte, moderne Wein wird heute im Allgemeinen für 18 bis 22 Monate in Barriques ausgebaut; jährlich werden rund 60 000 Flaschen erzeugt.

Solera System von in der Regel drei und mehr übereinander gelagerten Fassreihen zum kontinuierlichen Verschnitt meist → gespriteter Weine, insbesondere von → Sherry, um Weine von gleichbleibender Art und Qualität zu erzeugen. In der Regel entnimmt man zur Flaschenfüllung pro Jahr ein Drittel aus der untersten Reihe, worauf diese abgezogene Menge aus der darüber liegenden Reihe nachgefüllt wird. Ein Wein dieser Art besteht daher notwendigerweise aus einer Vielzahl von Jahrgängen, denn angesichts dieses Systems kann es beim Sherry, anders als beim → Portwein, keinen Jahrgangswein geben.

Solopaca Italienische → DOC für Rot- und Weißwein aus → Kampanien, der in der Umgebung von Solopaca in der Provinz Benevento im nördlichen Teil, östlich von Caserta, erzeugt wird. Rebsorten: Sangiovese, Aglianico, Piedirosso und Sciascinoso (für Rotwein) und Trebbiano, Malvasia und Coda di Volpe (Weißwein).

Solutré Französische Gemeinde im → Burgund, eine der fünf Ortschaften des → Pouilly-Fuissé, aus dem etwas leichtere Weine kommen als aus den übrigen vier. Über dem Ort erhebt sich der Fels von Solutré, ein weithin sichtbares Wahrzeichen der Landschaft, das man oft auf Etiketten der Pouilly-Fuissé-Weine abgebildet findet. Einige Randparzellen können den von ihnen kommenden Wein allein als → Saint-Véran deklariert in den Handel bringen.

Solvana Italienische DOC für Rosé- und Rotweine, die in der → Toskana in der Provinz Grosseto erzeugt werden: der Rosso mindestens zu 50 % aus Sangiovese (auch als Superiore und Riserva mit insgesamt zweieinhalb Jahren Lagerung), Rosé ebenfalls mindestens 50 % Sangiovese; ferner Aleatico, Cabernet Sauvignon, Merlot und Sangiovese (alle auch als Superiore und Riserva).

Somló (Schomlau) Ungarisches Weinbaugebiet mit rund 500 ha Rebfläche das kleinste Weinbaugebiet des Landes. Es liegt rund 60 km von der österreichischen Grenze im Westen Ungarns, nördlich des Balaton-Sees. Es gibt viele Steillagen und → Terrassen auf den Abhängen des Somlóhegy (Schomlauer Berg) – ein Höhenzug aus ehemaligen Vulkanen. Diese Anhöhe mit basaltartigem Löß erhebt sich aus der flachen Landschaft. Weitere Rebflächen bestehen aus Lehmmergel, Sand und Kies. Früher kam von hier der nach dem → Tokajer beste ungarische Wein, und noch heute wird der hier erzeugte Weißwein meist → oxidativ ausgebaut. Somló ist ein Weißweingebiet: die Rebsorten *Somlói* → *Furmint* (Schomlauer Furmint) sowie Welschriesling, Furmint, Hárslevelü und Juhfak werden angebaut. Die Weine brauchen einige Jahre Reifezeit und sollten → dekantiert werden. Bekannte Erzeuger: Fazekas Weinkeller, Béla Fekete, Imre Györgykovács, István Inhauser, Tornai Kellerei, Lásló Halla, Kellerei Héjjas.

Sommelier Französische Bezeichnung für den Weinkellner. Früher war er nur in gehobenen französischen Restaurants üblich, heute in Restaurants überall auf der Welt, die gastronomischer und kulinarischer Kultur einen besonderen Stellenwert einräumen. In Deutschland ist es mittlerweile ein anerkanntes Berufsbild – es gibt mehrere miteinander konkurrierende Verbände, die Wein- und Getränke-Wissen in Lehrgängen vermitteln, an deren erfolgreichem Abschluss die Qualifikation Sommelier steht. Die meisten Sommeliers arbeiten nach ihrer Ausbildung jedoch nicht als Weinkellner, sondern als Weinhändler, Wein-Berater oder Freiberufler im Wein-Marketing.

Der klassische Sommelier hat die Aufgabe, den Gast bei der Getränkeauswahl zu beraten und im Restaurant für alle Getränkefragen (kurioserweise auch für Zigarren) zuständig zu sein. In seinem Verantwortungsbereich liegen Weinkeller, Weineinkauf, Pflege und Entwicklung der Weinkarte. Hat sich der Gast für einen Wein entschieden, präsentiert der Sommelier die ungeöffnete Flasche, damit sich der Gast überzeugen kann, dass es sich auch um den bestellten Wein handelt. Erst danach öffnet er ihn. Mit einem Probeschluck testet er dann, ob der Wein Kork hat oder sonst wie beeinträchtigt ist. Zusätzlich reicht er dem Gast einen Probeschluck, damit dieser den Wein ebenfalls prüfen kann – sofern dieser es wünscht. Leider hat es sich außerhalb Frankreichs eingebürgert, dass *nur* der Gast den Wein auf den Korkschmecker hin prüft – ein lästiges und widersprüchliches Ritual, denn warum sollte der Gast eine zentrale Aufgabe des Weinkellners übernehmen? Ist der Wein fehlerhaft, kann der Gast die Flasche zurückweisen und Ersatz verlangen. Der Sommelier ist auch für das Dekantieren des Weins zuständig. Außerdem wird der Sommelier dem Gast in sehr guten Restaurants den Wein (und auch das Wasser) nachschenken.

Sommerhausen, Weingut Deutsches Weingut im Weinbaugebiet → Franken im Ort Sommerhausen. Auf rund 20 ha Rebfläche werden jährlich etwa 150 000 Flaschen Wein erzeugt. Rebsorten: 25 % Silvaner, 20 % Riesling, 30 % Weiß- und Grauburgunder. Böden: Muschelkalk und Keuper.

Somontano Spanisches DO-Weinbaugebiet an den Ausläufern der Pyrenäen, nordöstlich von Zaragoza inmitten der Provinz Huesca. Das Gebiet in Aragonien liegt rund 50 km von der französischen Grenze entfernt und misst rund 50 km von Ost nach West und 30 km von Nord nach Süd. Auf rund 3000 ha Rebfläche werden jährlich rund 7 Millionen l Wein erzeugt.

Klima und Geographie

Aufgrund der Nähe der Pyrenäen und der Lage im Inland herrscht ausgeglichenes, mildes Klima. Die Weinberge in den ausgedehnten Flusstälern liegen auf rund 350 bis 650 Metern Höhe, die Böden bestehen aus Sandstein mit Ton sowie Kies und teilweise auch Kreide. Insgesamt sind die Wachstumsbedingungen sehr gut.

Rebsorten und Weinstile

Neben den traditionellen Rebsorten Macabeo, Moristel, Tempranillo und Garnacha werden in zunehmendem Maße auch moderne Sorten wie Chardonnay, Riesling, Cabernet Sauvignon und Merlot angepflanzt. Seitdem sich einige der verschlafenen Genossenschaften modernisiert haben, ist das Weinbaugebiet in den letzten Jahren mächtig in Bewegung geraten. Bekannte Erzeuger: Alto Aragon (vor allem Weißwein, aber auch etwas Rotwein), Borruel (14 ha Rebfläche mit modernen → Crianzas), CoVISa (600 ha, moderner Erzeuger), Monclús (12 ha Rebfläche), Bodegas Pirineos (1000 ha Genossenschaft mit riesigem Programm) und Vinas del Vero.

Sondrio Norditalienische Stadt in der Region → Lombardei unweit der Schweizer Grenze, Zentrum des Anbaugebietes des roten → Valtellina.

Sonnenbrand Jede → Beere ist von einer Haut – der Schale – umschlossen, die vielfältigen Beanspruchungen ausgesetzt ist: mechanische Belastungen wie Reibung durch Blätter, die vom Wind bewegt werden; Regenwasser, das an ihr abläuft oder durch Osmose in die Beeren eintreten und sie zum Platzen bringen kann (vor allem im Endstadium des Reifeprozesses im Herbst); Hagelkörner können Defekte verursachen (bis zum Totalausfall der Ernte). Auch die Sonne kann durch starke Strahlung die Beerenhaut schädigen – Sonnenbrand genannt –, was durch einen kleinen runden Fleck auf der sonnenzugewandten Seite des Traubenzylinders erkennbar ist. Durch zu hohe Temperaturen treten Schädigungen der Zellstruktur der Schale auf, die zu einem Einsinken, einer Schrumpfung, an den betroffenen Stellen führen. Starke Sonneneinstrahlung sorgt generell für eine stärkere Pigmentierung der Schale. Inwieweit Verbrennungserscheinungen der Qualität förderlich oder schädlich sind, ist wissenschaftlich nicht belegt. Der Geschmack von Wein aus Trauben, die einen Sonnenbrand haben, deutet eher darauf hin, dass es seinen Geschmack positiv beeinflusst. Bei zu hohen Temperaturen kann er sich in Form eines Geschmacks nach gekochten Früchten bemerkbar machen.

Sonnenlicht Die grundlegende Energiequelle für das Wachstum des Rebstocks, elementare Voraussetzung für reife Trauben – wie für alles Leben auf der Erde.

Photosynthese

Der Rebstock nutzt das Sonnenlicht, um aus dem in der Luft vorkommenden Kohlendioxid (CO_2) und Wasser, das er dem Boden entnimmt, Zucker zu produzieren. Doch benötigt er dazu keineswegs Dauersonnenschein und wolkenlosen Himmel, denn bereits 30 Prozent der durchschnittlichen Menge an Sonnenlichtintensität bei ungehinderter Einstrahlung lösen Lichtsättigung aus. Dann »schaltet« der Rebstock sozusagen um und setzt andere Stoffwechselprogramme in Gang. »Je mehr Sonne, desto besser der Wein« – lautet vermutlich das größte Missverständnis, das es beim Wein gibt. Selbst in Regionen, die allgemein nicht als Sonnenparadies angesehen werden, ist Qualitätsweinbau möglich. Neben der Sonnenscheindauer und der Intensität der Einstrahlung sind vor allem die (Durchschnitts-)Temperatur und die mit ihr verbundene Länge der → Vegetationsperiode entscheidend. Die Fähigkeit zum erfolgreichen Stoffwechsel setzt beim Rebstock nicht erst unter tropischer Hitze ein, er kann bereits auf wesentlich »kleinerer Flamme« relativ weit im Norden stattfinden und zu physiologisch vollreifen Trauben führen. Als nördliche Grenze des Qualitätsweinbaus wird gemeinhin der 50. Breitengrad angesehen (er verläuft in Deutschland exakt durch Mainz und das Weinbaugebiet Rheingau), es sei denn, die → mikroklimatischen Bedingungen sorgen für höhere Wärmesummen (z. B. an Saar und Mosel, die noch weiter nördlich liegen).

Wie gut ein Rebstock die ihm zur Verfügung stehende Sonnenlichtenergie nutzen kann, beeinflusst neben der geographischen Lage und den klimatischen Faktoren deshalb auch sehr stark die Arbeit des Winzers: z. B. der Rebzeilenabstand, die Erziehungsform, die Laubarbeit, die Beschattung der Traubenzone. (→ Topographie, → Terroir)

Wirkungsgrad

Entscheidend ist also nicht die maximale Sonnenenergie, die als Kilokalorien auf den Weinberg und seine Reben niedergeht, sondern der Wirkungsgrad, zu dem die Blätter fähig sind. So können z. B. schräg einfallende Sonnenstrahlen am Nachmittag von der Laubwand viel besser genutzt werden als mittags, wenn die Sonne im Zenit steht und die Strahlen senkrecht zu Boden gehen. Außerdem geht in nördlichen Breitengraden die Sonne früher auf und später unter, das heißt, der Rebstock hat viel Zeit, Photosynthese zu betreiben; davon profitieren die Traubenreife und Aromatik insgesamt.

Die → Vegetationsperiode in heißen Anbaugebieten ist in der Regel kürzer als in kühleren Regionen. Dieser Unterschied erklärt sich durch die unterschiedlichen Durchschnittstemperaturen: Im heißen Klima setzt die Traubenreife schneller ein, weil viel Sonnenschein hohe Temperaturen erzeugt; im Norden braucht die Rebe länger, um ein für Qualitätswein notwendiges Maß an Zucker zu bilden.

Damit ist aber nur wenig über die Qualität der Weine gesagt, denn zu viel Wärme – besonders in der Reifeperiode – kann zu entscheidenden Nachteilen führen: In heißen Regionen wachsen schnell gereifte Trauben, die oft säurearme und aromaschwache Weißweine bzw. gerbstoffreiche alkoholische Rotweine liefern. Bei den Roten entsteht in der kurzen Zeit so viel Zucker, dass ein sehr hoher, oft zu hoher Alkoholgehalt erreicht wird. Erntet der Winzer früher, um weniger Alkohol zu erhalten, ist der Wein dann nicht selten von unreifen und rohen Gerbstoffen geprägt. Dagegen konzentriert eine lange Vegetationsperiode mit Stoffwechsel auf niedrigerem Niveau mehr Aromastoffe und Mineralien in den Beeren. Besonders mineralisch geprägte Weißweine entstehen daher vor allem in kühlen Klimata.

Sonoma County Weinbaugebiet in den USA, rund 50 km nördlich von San Francisco, zwischen Napa County und der Pazifikküste in → Kalifornien gelegen. Qualitativ rangiert es nach dem → Napa Valley an zweiter Stelle in Kalifornien: rund 20 000 ha Rebfläche.

Klima und Geographie

Aufgrund der Nähe zum Pazifik verfügt Sonoma über eines der kühlsten Klimata Kaliforniens. Durch Nebel, die vom Pazifik aus in das Sonoma-Tal gelangen, liegen die Durchschnittstemperaturen deutlich niedriger als im Napa Valley. Es sind vor allem die südlichen Anbauzonen, die durch die kühlen Morgennebel geprägt sind.

Die AVAs, von Nord nach Süd:

• *Alexander Valley*: Die Rebflächen liegen weiter weg vom Pazifik in der Ebene – die Temperaturen sind höher und die kühlen Nebel werden durch Hügel abgehalten. Insgesamt sind die Weine (allen voran Cabernet Sauvignon) breiter, fetter. Bekannte Erzeuger: Jordan Vinery, Simi, Alexander Valley Winery, Geyser Peak.

• *Dry Creek Valley*: Die nördliche Verlängerung des Sonomatals ist flacher und wärmer – gut für Zinfandel an den besonnten Hängen und Sauvignon blanc in der Ebene. An Böden herrschen Konglomerate aus Kies und Ton vor. Bekannte Erzeuger: Duxoup, Dry Creek Vineyard, Quivira und Preston.

• *Knights Valley*: ein junges Anbaugebiet, das weiter im Landesinnern liegt und eher zu Napa gehört. Hier wird Cabernet Sauvignon angebaut. Es ist wärmer als das Alexander Valley, aber nicht so warm wie das Dry Creek Valley.

• *Northern Sonoma*: Eine AVA, die auf Druck eines der größten Weinproduzenten der Welt entstanden ist, die Gallo-Brüder. Es umfasst das gesamte Gebiet von Sonoma, dessen Wasser direkt in den Pazifik und nicht in die San Francisco Bay fließt (also den gesamten nördlichen Bereich). Praktisch für den Giganten Gallo; so kann er alle Weine der nördlichen Anbauzone miteinander vermischen, ohne den Anspruch auf die AVA und somit die Bezeichnung »Estate bottled« zu verlieren.

• *Russian River Valley*: Durch das Tal, das der kleine Fluss in die Pazifikberge westlich des Highways Nr. 1 eingeschnitten hat, dringen die kühlen Nebel in die Weinbaugebiete. Daher ist das Russian River ideal für Chardonnay, Sauvignon blanc und Pinot noir sowie Sekt-Grundweine. Einige der besten Pinot noir Nordkaliforniens stammen von hier. Rund 5500 ha Rebfläche. Bekannte Erzeuger: Dehlinger, De loach, Iron Horse, Strong, Selyem.

• *Chalk Hill*: ein kleiner Unterbereich im Russian River Valley. An den Hängen des Chalk Hills wachsen im unteren Bereich Chardonnay und Sauvignon blanc, im oberen nebelfreien Bereich hingegen Cabernet Sauvignon. Bekannter Erzeuger: Chalk Hill Winery.

• *Green Valley*: die kühlste Enklave im Sonoma – es werden Chardonnay und Sektgrundweine erzeugt. Bekannter Erzeuger: Iron Horse.

• *Sonoma Valley*: Die südlichere Anbauzone hat weniger Bedeutung, das Klima reicht von kühl im Süden (Einfluss der San Francisco Bay) bis zu heiß im Norden (durch das Fehlen der kühlen Nebel). Entsprechend breit fällt die Rebsortenpalette aus. Bekannte Erzeuger: Sebastini, St. Jean, Hanzell, Kenwood, Landmark und Laurel Glen.

• *Sonoma Mountain*: Im höheren (und wärmeren) Teil des Sonoma-Tals wachsen vor allem Rotweine wie Cabernet Sauvignon. Bekannter Erzeuger: Laurel Glen.

• *Sonoma Coast*: Im Norden Kaliforniens gelegen, reicht weit über das eigentliche Terroir des Sonoma hinaus und wurde ebenfalls auf Druck von Großerzeugern eingerichtet; letztlich ist es ein weinrechtliches Konstrukt ohne qualitative Bedeutung.

Sopron (Ödenburg) Das westlichste Weinbaugebiet Ungarns und zugleich eines der ältesten des Landes, das heute wie ein Keil am Südostende des Neusiedlersees in das österreichische → Burgenland hineinragt. Geographisch liegt es an den letzten Ausläufern der Alpen und profitiert im Sommer vom warmen pannonischen Klima des Neusiedlersees. Im Winter jedoch zählt es zu den kältesten und insgesamt zu den niederschlagsreichsten Gebieten Ungarns. Es hat viele Gemeinsamkeiten mit den angrenzenden Weinbaugebieten Österreichs – so auch die Rebsorten: auf rund 1100 ha Rebfläche wird zu rund zwei Dritteln → Blaufränkisch angepflanzt, der Soproni Kékfrankos. Weißweine sind dagegen selten und werden aus den Rebsorten → Welschriesling und Grüner → Veltliner erzeugt. Die Böden bestehen aus Glimmerschiefer, Kies, Kalkstein sowie Lößlehm. Bekannte Erzeuger: Weninger, Hilltop Neszmély, Luka.

Sori In der italienischen Provinz Piemont gebräuchliche Bezeichnung für nach Süden ausgerichtete Hanglagen besonderer Qualität. Findet sich auf vielen piemontesischen Etiketten, nachdem Angelo → Gaja 1967 erstmals einen Wein mit dem Namen *Sori San Lorenzo* abgefüllt hat.

Sorni Italienische DOC im → Trentino nördlich von Trento (Trient). Der Rotwein wird aus der Rebsorte Schiava (Vernatsch) mit Zusätzen von Teroldego und Lagrein bereitet, der Weißwein aus mindestens 70 % Nosiola (plus Müller-Thurgau, Silvaner und Pinot bianco).

Sortenrein Bezeichnung für Weine, die nur aus einer Rebsorte bereitet werden. In Deutschland wird der Begriff vom Weingesetz folgendermaßen geregelt: So darf z. B. Riesling als Sorte auf dem Etikett genannt werden, wenn mindestens 85 % des Flascheninhalts Riesling sind, die verbleibenden 15 % dürfen von anderen Sorten stammen. *Rechtlich* betrachtet ist der Begriff Sortenrein also nicht ganz richtig, denn er suggeriert, dass der Wein zu 100 % aus einer Rebsorte stammt. In der Praxis bestehen jedoch fast alle deutschen Weine tatsächlich hundertprozentig aus einer einzelnen Sorte.

Der Gegensatz zu sortenreinen Weinen ist die → Cuvée bzw. Assemblage. Reinsortige Weine sind übrigens nicht als hochwertiger anzusehen als Rebsortenmischungen. Grundsätzlich lässt sich sagen, dass im kühlen Klima traditionell überwiegend reinsortige Weine produziert werden (z. B. im Norden Frankreichs, in Deutschland und Norditalien), während im heißen Klima die mehrsortigen vorherrschen (z. B. Südfrankreich, Spanien und Mittel- bzw. Süditalien). Nicht immer wird jedoch die Rebsorte auf dem Etikett angegeben, auch wenn es sich um sortenreine Weine handelt. Je nach Land und Appellation werden reinsortige Weine mit Rebsortenangabe oder mit dem Namen des Ursprungsgebiets deklariert. Letzteres steht für das Prinzip des → Terroirs, denn die Herkunft eines Weines wird in manchen Ländern der Alten Welt höher eingestuft als die Rebsorte. So verschweigt ein französischer Burgunder die Rebsorte, gibt dafür aber reichlich Auskunft über seinen Entstehungsort bis hin zur Einzelparzelle. Auf den ersten Blick mag dies verwirrend erscheinen; schließlich würde die Angabe einer Rebsorte gerade dem unbedarften

Weingenießer den Einstieg in die Weinwelt um einiges erleichtern. Doch hat dieses Prinzip bei näherer Betrachtung seinen Sinn. Denn schließlich kann z. B. ein Chardonnay fast überall auf der Welt kultiviert werden, aber im Burgund hat er ein unverwechselbares Terroir, das nur von seiner Herkunft bestimmt und den dortigen einzigartigen Wachstumsbedingungen entsprechend definiert wird.

Je nach Land wird folgendermaßen vorgegangen:

- *Deutschland*: Bis zur Einführung des Weingesetzes von 1971 war es durchaus üblich, nur die Herkunft anzugeben, denn in Deutschland wurden traditionell vorwiegend sortenreine Weine aus deklarierten Einzellagen produziert. Bis 1971 wurde also z. B. bei einem Wein aus der berühmten Lage Erbacher Marcobrunnen auf die Angabe der Rebsorte (Riesling) verzichtet; der Wein konnte durchaus als Marcobrunn(er) etikettiert werden. Gleichermaßen wurde mit einem Steinberger oder Scharzhofberger verfahren. Der Aßmannshäuser stand automatisch für Rotwein der Rebsorte Spätburgunder, ohne dass diese auf dem Etikett genannt wurde. Heute jedoch wird bei reinsortigen Weinen immer die Rebsorte genannt – sie wird als wichtigste Angabe auf dem Etikett angesehen. Fehlt diese Angabe, so handelt es sich meist um Cuvées.
- *Österreich*: Ähnlich wie in Deutschland herrschen überwiegend reinsortige Weine vor, die als solche durch Angabe der Rebsorte deklariert werden.
- *Frankreich*: Im kühlen Klima der Loire, im → Burgund, im → Jura sowie im → Elsass dominieren die reinsortigen Weine. In diesen Appellationen wird, bis auf das Elsass, stets nur die Herkunftsbezeichnung angegeben, um das Terroir dieser Weine zu betonen. Ein weißer Bourgogne ist ein Weißwein, der zu 100 % aus der Rebsorte Chardonnay bereitet wird, ein Bourgogne rouge wird zu 100 % aus Pinot noir vinifiziert. Oftmals steht nur der Orts- oder Lagenname auf dem Etikett, niemals aber die Rebsorte (außer bei Billigweinen). Näheres siehe → Burgund.

  An der Loire steht die Appellation zugleich für die Rebsorte. So wird z. B. Sancerre und Puilly-Fumé aus der Rebsorte Sauvignon blanc bereitet, ein Vouvray aus Chenin blanc und ein Anjou aus Cabernet franc.

  Die Ausnahme ist das Elsass: Hier wird die Rebsorte stets deklariert, wenn es sich um einen reinsortigen Wein handelt, ganz egal aus welcher Lage oder welcher Gemeinde er stammt. Fehlt die Rebsorte, dann handelt es sich um eine Cuvée. Landweine (Vin de pays) sind oft Weine mit Rebsortenangabe.
- *Spanien*: Die Weine werden zumeist nach der Appellation (z. B. Rioja, Navarra) bezeichnet, und bei diesen handelt es sich fast immer um Cuvées. Reinsortige Weine werden erst in jüngerer Zeit produziert und als solche deklariert.
- *Italien*: In Norditalien werden traditionell viele reinsortige Weine produziert. Bei altbekannten Appellationen wie z. B. Barbaresco und Barolo handelt es sich um Weine, die zu 100 % aus der Rebsorte Nebbiolo vinifiziert werden; auch hier steht der Appellationsname zugleich für die Rebsorte. Andere reinsortige Weine werden im Anhang stets mit der Herkunft (Gemeindename, Regionsname, Provinzname) deklariert: z. B. ist ein Barbera d'Alba ein Wein aus der Region um Alba, der zu hundert Prozent aus der Rebsorte Barbera produziert wurde. Entsprechend ist ein Nebbiolo di Langhe ein hundertprozentiger Nebbiolo aus der piemontesischen Region Langhe.

  In Mittel- und Süditalien beherrschen hingegen Cuvées die Weinszene: Ein → Chianti ist in der Regel eine Rebsortenmischung aus mehreren Traubensorten wie traditionellem Sangiovese und Canaiolo, heute erlaubtem Cabernet und Merlot und früher auch Weißwein wie Trebbiano und Malvasia (inzwischen verboten). In der Gruppe der → IGT-Weine funktioniert das System folgendermaßen: Reinsortige Weine werden oft mit Rebsortenangabe deklariert – oder ein Phantasie- bzw. Markenname steht für einen Weintyp, den ein einzelner Produzent geschaffen hat.

• *USA und Übersee*: In der Neuen Welt hat sich noch keine detaillierte Kenntnis des Terroirs entwickelt. Daher werden die meisten Weine mit Angabe der Rebsorte deklariert, um ihren Charakter anzudeuten, sogar wenn es sich um Rebsortenmischungen handelt. Z. B. bedeutet die Bezeichnung Shiraz/Cabernet eine Mischung aus den beiden Rebsorten, ebenso Chardonnay/Chenin blanc.

Soussans Französische Gemeinde im Bordeaux, nördlich von Margaux gelegen. Gehört zur AOC → Margaux (Haut-Médoc). Rund 150 ha Rebfläche, überwiegend Cabernet Sauvignon, ferner Merlot und Cabernet franc. Bekannte Erzeuger: Châteaux Labégorce-Zédé, La Tour-de-Mons, Bel-Air-Marquis-d'Aligre, Tayac und Paveil-de-Luze.

Soutard, Château Französisches *Grand Cru classé*-Weingut im Bordeaux, AOC → Saint Emilion. Rund 19 ha Rebfläche mit 60 % Merlot und 40 % Cabernet franc. Zweitwein: *Clos de la Tonelle.*

South Australia → Südaustralien

Southcorp-Konzern Australischer Multikonzern, dem u. a. der Weingigant Southcorp-Wiens sowie Lindemans, Penfolds, Seppelt, Wynns, Coldstream gehört: der größte australische Weinproduzent und einer der zehn größten der Welt, der pro Jahr rund 170 Millionen Flaschen Wein, vor allem → Industriewein, erzeugt.

Spanien Ein Land mit über 3000jähriger Weinbaugeschichte und heute der größten Weinanbaufläche der Welt, nämlich rund 1,1 Millionen ha, die eine Produktionsmenge um die 3 bis 4 Milliarden l Wein pro Jahr ergeben – das entspricht einem Ertrag von rund 3000 l pro ha. In Deutschland sind es mehr als dreimal so viel: 10 000 l pro ha.

Klima und Geographie

Die Iberische Halbinsel erstreckt sich von den Pyrenäen bis vor die Küste Afrikas (der Kontinent ist nur 15 km entfernt). Das Klima ist im Süden und Südosten mediterran, im Norden atlantisch geprägt, während es im Landesinnern von wüstenartig aridem (im Süden) bis zu gemäßigt-kontinentalem Klima (im Pyrenäenvorland) reicht. Die Höhenzüge des Nordens schirmen den Großteil des Landes gegen kühle Regenwinde ab, so dass nur bestimmte Bereiche des Landes über genügend Wasser für den Weinbau verfügen. Entsprechend lässt sich das Land in drei Zonen einteilen (→ Karte nach S. 480):

• Im Norden ist das Klima gemäßigt mit vergleichsweise hohen Niederschlägen, die sich an den Pyrenäen abregnen. Hier befinden sich die Weinbaugebiete: → Rioja, → Ribera del Duero, → Rías Baixas, → Penedés, → León, → Navarra und → Rueda. Es wird Weiß- und Rotwein erzeugt.

• In Zentralspanien ist es sonnig, heiß und z. T. sehr trocken. Das extreme Klima der Hochebene auf 600 bis 1000 m, der *meseta*, schwankt zwischen großer Kälte im Winter (minus 20 Grad sind möglich) und Sommertemperaturen bis über 40 Grad mit regelrechter Dürre. Hier liegen die Weinbaugebiete → Valencia, La → Mancha, → Valdepeñas, → Alicante und → Jumilla. Aus dieser Gegend kommen traditionellerweise alkoholhaltige, mitunter recht plumpe Weine, aber seit neuestem (durch Kühltechnik) moderne, fruchtbetonte Rotweine.

• In der Hitze des Südens (bis zu 45

Grad) werden vor allem → Likörweine wie → Sherry, → Montilla-Moriles und → Málaga erzeugt. Hier ist es nicht ganz so trocken wie in Zentralspanien, da das atlantische Klima für etwas mehr Niederschläge sorgt.

Rebsorten und Weinstile

Die Pflanzdichte in den z. T. extrem trockenen Weinbaubereichen ist deutlich geringer als in sonstigen Anbaugebieten. Die riesige Weinbaufläche Spaniens bringt wegen des trockenen Klimas weitaus geringere Erträge (mitunter nur 1000 l pro ha – also ein Zehntel des deutschen Durchschnittsertrags) als Frankreich oder Italien. Die Zulassung der Bewässerung 1996 hat zu einem sprunghaften Anstieg der Erträge geführt; dies wird der Qualität allerdings nicht immer gut tun. Die am häufigsten angebaute Rebsorte ist die Airen, eine Weißweinsorte, die auch großer Dürre trotzt. Meist werden ihre Erträge für einfache Tafelweine oder in der Branntweinindustrie verarbeitet, wenn sie nicht in der → Zwangsdestillation zur Beseitigung der Überschüsse landen. An zweiter Stelle steht die Rebsorte Garnacha (Grenache), die vor allem im Norden des Landes (Navarra, Rioja Baja, Katalonien) angebaut und meist in Verbindung mit anderen Sorten verarbeitet wird. Ferner werden die Rotweinsorten Bobal und Monastrell (Mourvèdre) kultiviert, gefolgt von Tempranillo, der bedeutendsten Rebsorte Spaniens. Sie ist Hauptbestandteil vieler exzellenter spanischer Rotweine. Bei den Weißweinsorten spielen noch Palomino und Pedro Ximénez eine Rolle, die in den Sherry-Regionen kultiviert werden. Die → internationalen Rebsorten Cabernet Sauvignon, Merlot und Chardonnay sind auch in Spanien groß im Kommen; die meisten der modernen spanischen Weine enthalten entweder Anteile oder sind sogar reinsortig aus ihnen vinifiziert, um auf dem internationalen Markt mithalten zu können – bedauerlicherweise, denn die traditionellen Weine Spaniens zeigen, dass das Potenzial der autochthonen Rebsorten groß ist.

Die Vinifikationsbehälter spielen bei den traditionellen Weinen Spaniens eine große Rolle:

- Die auf antike Ursprünge zurückgehenden Tonamphoren, die *tinajas*, werden z. T. noch heute eingesetzt und zeugen von der großen Tradition Spaniens als Weinbauland.
- Traditionellerweise werden viele spanische Rotweine lange Zeit in kleinen Holzfässern gelagert – oft über mehrere Jahre – und nehmen dabei deutliche Gerbstoffe und Holzaromen auf. Gleichzeitig erhalten die Weine durch die langjährige Mikrooxidation einen bräunlichen bis orangefarbenen Rand. Die Angaben Crianza, Reserva und Gran Reserva geben darüber Auskunft, wie lange ein Wein im Fass gelagert wurde. Moderne Weingüter verwenden vermehrt neue Fässer, so genannte Barricas (Barriques), und verkürzen die Lagerzeit, um den Fruchtcharakter zu erhalten und den Einfluss von → Bretanomyces zu verringern, die den Weinen oft einen eigenwilligen, mitunter recht animalischen Charakter verleihen.
- → Sherry wird z. T. jahrzehntelang in Holzfässern gelagert – in den so genannten → Soleras. Entsprechend deutlich stellt sich der oxidative Charakter dieser spanischen Top-Spezialität dar.

Was die Likörweine angeht, so gehört → Fino Sherry oder Montilla-Moriles, ein → Manzanilla zu den köstlichsten Weinen seiner Art. Aber auch auf anderen Gebieten hat Spanien etwas zu bieten, etwa unter den Schaumweinen (→ Cava) aus Penedés, die – wenn es sich nicht um Massenerzeugnisse wie die Basis-Cuvées von Cordoniu und Freixenet handelt – außerordentlich sein können.

Guter Weißwein kommt ebenfalls aus Penedés und einigen anderen nordspanischen Gebieten. Herausragender sind aber in der Regel die Rotweine des Landes, die allmählich beginnen, außerhalb Spaniens Beachtung zu finden. Dies gilt vor allem für die roten Rioja-Weine, von denen einige → Bodegas inzwischen recht annehmbare Exemplare erzeugen. Inzwischen machen sich auch Spitzenrotweine aus Ribera del Duero, León, Navarra, dem → Priorato, → Terra Alta u. a. auch außerhalb Spaniens einen Namen. Der bekannteste spanische Rotwein ist → Vega Sicilia, im Vergleich zu anderen international angesehenen Weinen jedoch ein relativ unbekannter Rotwein.

Der spanische Erzeugermarkt wird vor allem von riesigen Genossenschaften und Großkellereien (Bodegas) beherrscht. Entsprechend gibt es viele Markenweine wie z. B. Faustino und Paternina (deren Qualität und Charakter jedoch oft weitaus besser sind als bei vergleichbaren Markenweinen aus Übersee). Mikro-Erzeuger sind in den letzten Jahren immer häufiger anzutreffen. Sie erregen mit ihren hochmodernen Weinen oft Aufsehen und tragen zur Anarchie innerhalb der DOCs bei. Meist wird ohnehin gepflanzt, was die Erzeuger für richtig halten und nicht, was das Gesetz erlaubt.

Weingesetz

Ein erheblicher Teil der spanischen Weine ist → Tafel- oder → Landwein, meist mit etwas höherem Alkoholgehalt und ausdrucksvoller, doch nur selten mit der Frische und dem Charme der besseren französischen → *vins de pays.* In wachsender Zahl kommen spanische Weine jedoch aus einem gesetzlich genau festgelegten Ursprungsgebiet mit bestimmten Regeln, den DO (Denominación de Origen). Diese regeln Rebsorten, Anbaumethoden, Vinifikationsverfahren und Qualitätsanforderungen, die durch den jeweils gebietseigenen → Consejo regulador überwacht werden. Alle spanischen DOs sind im Instituto Nacional de Denominaciones de Origen in Madrid zusammengefasst. Inzwischen gibt es 56 Gebiete mit eigener DO, die rund 50 % der spanischen Rebfläche ausmachen, und eine einzige DOCa (Denominación de Origen Calificada) für das Gebiet Rioja. Spanische Qualitätsweingebiete können wie La Mancha das Eineinhalbfache der gesamten deutschen Rebfläche umfassen, rund 140 000 ha, aber auch wie → Alella nur rund 400 ha klein sein. Daher soll angemerkt sein, dass diese Mega-Appellationen das Terroir nicht wirklich widerspiegeln können und dem Weingenießer nur selten eine Garantie für eine bestimmte Weinqualität geben.

- *Vino de Mesa*: Tafelwein – die niedrigste Qualitätsstufe,
- *Vino Comercial (VC)*: regionaler Landwein – Wein aus einer bestimmten Region,
- *Vino de la Tierra*: Landwein aus größeren Gebieten mit geringen Qualitätsanforderungen und ohne deutliche Gebietstypizität,
- *Denominación de Origen (DO)*: Weine mit kontrollierter Ursprungsbezeichnung, entspricht der DOC Italiens bzw. AOC Frankreichs,
- *Denominación de Origen Calificada (DOCa)*: Weine mit kontrollierter und garantierter Ursprungsbezeichnung, entspricht der DOCG Italiens – gilt bislang nur für das Weinbaugebiet La Rioja.

Jüngste Entwicklung

Spanien hat in den vergangenen Jahren eine ähnliche Entwicklung vollzogen wie Italien – nur schneller. Oft ging der Sprung von der Antike (Amphoren zur Vinifikation und Lagerung) direkt ins 21. Jahrhundert – mit Edelstahl und computergesteuerter Gärkühlung. Diese Entwicklung ist in vollem Gange und zeigt einerseits, dass dieser Fortschritt den Alltagsqualitäten Frische, Frucht und angenehme Säure beschert. Andererseits haben die Spitzenerzeuger die Preise sehr schnell angezogen und sind über das Ziel, mit Bordeaux gleichzuziehen, oft hinausgeschossen. Diese Entwicklung kam mit Hilfe von EU-Geldern und ausländischen Investoren in Schwung. Leider vollzieht sich jedoch dieser ehrgeizige Fortschritt zunehmend auf Kosten einer diversifizierten Weinlandschaft. Gerade bei den traditionellen spanischen Weinen ist dieser Verlust zu spüren, da sie für Individualität, Charakter und Qualität standen.

Spanna Italienische Rotweinsorte, vor allem in der Provinz Novara im Norden → Piemonts gebräuchlicher Name für die Rebsorte → Nebbiolo. Allerdings ist als *Spanna* angebotener IGT-Wein nicht immer reinsortiger Nebbiolo. Die Weine führender Erzeuger können 15 bis 20 Jahre altern.

Spätburgunder, Blauer In Deutschland üblicher Name für die Rebsorte → Pinot noir. Wird in Österreich und in der → Ostschweiz auch als Blauer Burgunder oder Blauburgunder bezeichnet. Die Sorte liefert in Deutschland und der Schweiz die besten Rotweine.

In Deutschland hat sich die Rebfläche – auch infolge des Rotweinbooms – in den letzten 30 Jahren nahezu verdreifacht. Heute ist sie mit 10 000 ha die mit Abstand führende rote Rebsorte (knapp 10 % der Rebfläche). In Baden wird sie auf rund 5300 ha kultiviert (mit rund 33 % die meistangebaute rote Rebsorte), an der Ahr dominiert sie mit 60 %. Hat man in Deutschland noch in den 1980er Jahren aus Spätburgunder durchweg eher süßliche Weine erzeugt, schwach in Farbe, Körper und Alkohol, so hat sich das Geschmacksbild heute dramatisch verändert. Oft sind daraus farb-, tannin- und körperreiche, gehaltvolle Rotweine erzeugt worden, die sich mit den berühmten roten Burgundern Frankreichs messen können. In der Ostschweiz wird die Sorte auf rund 1800 ha kultiviert, während in Österreich nur an die 400 ha mit ihr bestockt sind.

Spätlese Der Begriff hat zwei Bedeutungen: Einerseits meint er den *Zeitpunkt* der Traubenlese nach Abschluss der Hauptlese, diese war in Deutschland früher einmal anmeldepflichtig. Durch eine späte Lese wird eine höhere Reife der Trauben abgewartet, um höherwertige, gehaltvollere Weine (Spätlese, Auslese, Beerenauslese etc.) zu ernten.

Andererseits meint er die gesetzlich definierte Mostqualität innerhalb der so genannten → Qualitätsweine mit Prädikat (kurz Prädikatsweine genannt). Diese Kategorie Spätlese liegt über Kabinett und unterhalb der Auslese. Das Mindestmostgewicht für Riesling von → Mosel, → Ahr und → Mittelrhein muss laut Gesetz 76°, an der → Nahe 78° → Oechsle betragen. Die Moste dürfen nicht mit Zucker angereichert werden.

Da es im kühlen Klima z. B. an der Mosel passieren kann, dass die Moste nicht vollständig durchgären und stehenbleiben, gibt es dort traditionell auch restsüße Spätlesen. Viele Jahrzehnte lang stand der Begriff Spätlese vor allem für solche natürlich restsüßen Weine, die man auch durch Unterbrechung der Gärung mittels Kühlung oder Filterung erzeugen kann. Daher hat sich im Bewusstsein vieler Weintrinker die Vorstellung festgesetzt, Spätlesen wären immer süße Weine. Doch in den letzten Jahren werden immer mehr Spätlesen vorwiegend trocken ausgebaut, sodass ein Großteil des Traubenzuckers vergoren ist. Diese sind auf dem Etikett in der Regel mit dem Zusatz *trocken* versehen; fehlt dieser Hinweis, ist davon auszugehen, dass der Wein über eine höhere Restsüße verfügt.

Geschichtlich reicht die Spätlese ins

Jahr 1775 zurück. Damals begann die Weinlese auf Schloss Johannisberg im Weinbaugebiet Rheingau erst Wochen nach dem üblichen Termin (angeblich hat sich der Kurier des Fuldaer Bischofs mit dem alljährlichen Dekret zum offiziellen Lesebeginn verspätet). Durch diesen hinausgezögerten Lesebeginn waren die Trauben weit süßer als üblich, und die aus ihnen gewonnenen Weine lagen qualitativ weit über dem sonstigen Niveau. Seitdem hat sich der Begriff Spätlese etabliert. Es ist davon auszugehen, dass Spätlesen zu dieser Zeit meist trockene Weine gewesen sind. Erst in der zweiten Hälfte des 19. Jahrhunderts etablierten sich restsüße Spätlesen, wie wir sie heute kennen.

Eine österreichische Spätlese muss ein Ausgangsmostgewicht von mindestens 19° → KMW (entspricht 94° Oechsle) aufweisen, während eine eventuelle Restsüße nur durch Gärungsunterbrechung oder den Zusatz von angegorenem Most derselben Lesart (mit mindestens 5 % vol. tatsächlichem Alkohol) erreicht werden darf. Doch davon wird in Österreich praktisch nicht mehr Gebrauch gemacht, wie überhaupt die Spätlese als Weinkategorie in Österreich fast verschwunden ist.

Auch in anderen Ländern wird das Prinzip der späten Lese zur Erzeugung alkoholreicher und häufig natursüßer Weine angewendet. Im → Elsass werden diese Weine z. T. als *Vendange tardive*, in → Kalifornien als *Late harvest* gekennzeichnet.

Spätrot Aufgrund seiner rötlichen Herbstfärbung anderer Name für den österreichischen → Zierfandler.

Spindelpresse → Kelter

Spitz Österreichische Gemeinde im Weinbaugebiet → Wachau, an der Donau gelegen. Westlichster der führenden Weinbauorte der Appellation mit rund 200 ha Rebfläche, dessen Grüner Veltliner und Riesling in der Regel etwas schlanker ausfallen als die des donauabwärts gelegenen Weißenkirchen, dafür aber duftiger und eleganter. Das Klima ist hier deutlich kühler, da die kontinentalen Winde hier stärker einwirken und die Reifezeit hinauszögern – entsprechend aromatisch und säurebetont fallen die Weine aus. Die berühmteste Lage ist der optimal nach Süden exponierte *Tausendeimerberg (1000-Eimer-Berg)*, während der *Singerriedel* die beste Lage ist und zu den vier bedeutendsten der Wachau überhaupt zählt. Ihm stehen kaum nach *Hochrain, Rotes Tor* und *Achspoint*, die zu den hervorragendsten Weinbergen der Gemeinde zählen. Bekannte Erzeuger: Weingut Franz Hirtzberger, ferner Max Högl, Karl Lagler, Graben-Gritsch und die Freien Weingärtner Wachau.

Spreitzer, Weingut Deutsches Weingut im Weinbaugebiet → Rheingau im Ort Oestrich. Auf rund 10 ha Rebfläche werden jährlich etwa 80 000 Flaschen Wein erzeugt. Rebsorten: rund 90 % Riesling. Böden: Lehm und Löß. Bekannte Lagen: *Oestricher Lenchen, Doosberg, Jesuitengarten, Hattenheimer Wisselbrunnen.*

Spritzen Das Versprühen von organischen und anorganischen Chemikalien im Weinberg zur Bekämpfung von Rebkrankheiten oder -schädlingen, z. T. auch zur Düngung und zur Bekämpfung von Unkraut.

In den letzten Jahren nimmt in kühlen, regenreichen Weinbaugebieten der Einsatz von pilz- und fäulnishemmenden Substanzen (Fungiziden) zu, da diese die Ausbreitung der Botrytis verhindern. Dies ist der Preis, der für die verstärkte Nachfrage von Rotwein und trockenem Weißwein gezahlt wird, da die ansonsten notwendige Selektion im Weinberg zu deutlichen Mengenverlusten führen würde. Ein Weinbau ohne

Spritzmittel ist wünschenswert, wird aber ein Wunschtraum bleiben, denn auch biologisch oder biologisch-dynamisch arbeitende Winzer müssen spritzen, z. B. Schwefel- oder Kupferlösungen, um Rebkrankheiten und Ernteausfälle zu verhindern. In heißen Klimazonen ist die Fäulnisgefahr geringer, daher muss auch weniger gespritzt werden. Dies ist der Grund dafür, warum es in heißen Weinbauregionen verhältnismäßig viele biologisch arbeitende Winzer gibt (→ Biowein).

Spritzig Frische, junge Weine mit spürbarer, angenehmer → Säure (und mitunter etwas Kohlendioxid) nennt man spritzig.

Spucken Professionelle Verkoster spucken bei einer → Probe den Probeschluck aus, um einen klaren Kopf zu behalten. Zunge und Nase sind in der Lage, den Geschmack des Weins wahrzunehmen, ohne dass er hinuntergeschluckt wird. Die Weinqualität (Konzentration, Aromen, Inhaltsstoffe und ggf. Fehler) lässt sich so durchaus feststellen.

Trotzdem bleibt anzumerken, dass bei einer Probe von mehr als 40 Weinen – auch mit Spucken – die Wahrnehmungsfähigkeit unweigerlich abstumpft. Eigentlich müsste eine seriöse Weinbewertung ausnahmslos auf der Basis einer intensiven Analyse des Weins über einen längeren Zeitraum, z. B. beim Essen oder wiederholten Trinken des Weins erfolgen. Erst dann kann auch ein professioneller Verkoster die Gesamtheit eines Weins wirklich erfahren.

Spumante Italienisch für schäumend, daher Bezeichnung für → Schaumwein im Unterschied zu → Perlwein (frizzante). Die besten Spumante werden in Flaschengärung nach der → Méthode champenoise erzeugt und kommen zumeist aus der Umgebung von → Franciacorta, Asti, Valdobbiadene und Conegliano, aus Oltrepò Pavese, Trentino und Südtirol.

Squinzano Italienische DOC für Rot- und Roséweine in → Apulien aus der Umgebung von Squinzano und sechs weiteren Orten im Salento. Der Wein wird aus der Rebsorte Negro amaro, eventuell unter Zusatz von Malvasia nera und Sangiovese erzeugt. Nach zweijähriger Lagerung, davon 6 Monate im Holzfass, darf er als Riserva in den Handel kommen.

Staatliche Lehr- und Versuchsanstalt für Wein- und Obstbau Weinsberg
1866 gegründet mit Sitz in → Weinsberg, → Württemberg mit 44 ha Rebfläche; Alleinbesitz der Lagen: *Abstatter Burg Wildeck* und *Weinsberger Schemelsberg*.

Staatlicher Hofkeller, Weingut
Deutsches Weingut im Weinbaugebiet → Franken in → Würzburg. Auf rund 150 ha Rebfläche werden jährlich im Schnitt 900 000 Flaschen Wein erzeugt. Rebsorten: 25 % Riesling, je 20 % Silvaner und Müller-Thurgau. Bekannte Lagen: *Würzburger Stein, Innere Leiste, Randersackerer Pfülben*. Böden: Muschelkalkverwitterung, Gipskeuper, roter Sandstein. Beeindruckender Fasskeller unter der Würzburger Residenz, der noch heute genutzt wird – die Weißweine reifen überwiegend in großen Holzfässern.

Staatsweingüter, Hessische Deutsches Weingut im → Rheingau und an der Hessischen → Bergstraße in der Rechtsnachfolge von Kloster → Eberbach. Größte deutsche Weingutsverwaltung mit rund 200 ha Weinbergbesitz mit Sitz in Eltville, wo sich auch die Kellereianlagen befinden. Während die Domäne → Aßmannshausen nur Rot- und Roséweine aus der Rebsorte Spätburgunder erzeugt, werden in den Lagen von Rüdesheim, Hattenheim, Rauenthal, Steinberg, Hochheim und Bensheim-Heppenheim Weißweine von z. T. großer Qualität (überwiegend Riesling) erzeugt.

Ein Teil der Produktion wird alljährlich im Frühjahr und Herbst in Kloster Eberbach versteigert.

Stabilisieren Bezeichnung für eine Vielzahl von Eingriffen bei der Vinifikation (z. B. → Pasteurisierung und Ausfällen von → Weinstein), die zusammen mit dem → Schönen des Weins angewendet werden, um das mögliche Auftreten späterer Fehler zu verhindern. Ein korrekt vinifizierter und ausgebauter Wein bedarf dieser Behandlung nicht.

Stäfa Schweizerische Gemeinde des Kantons → Zürich am rechten Ufer des Zürichsees mit rund 35 ha Rebfläche. Bekannte Lagen: *Lattenberg*, *Risi-Uerikon* und *Sternenhalde*. Stäfa ist bekannt für seine Klevner (auch Clevner, Blauer → Burgunder) und den seltenen Weißwein → Räuschling. In besonderen Jahren werden aus Riesling *x* Sylvaner (→ Müller-Thurgau) und → Pinot gris (Grauer → Burgunder) Auslesen und Beerenauslesen erzeugt.

Stainz Österreichische Gemeinde im Weinbaugebiet → Steiermark, eines der Zentren in der → Weststeiermark für Schilcher, zusammen mit St. Stefan ob Stainz und Gundersdorf. Bekannter Erzeuger: Josef Fuchs-Maierhofer in Gundersdorf.

Starkenburg, Bereich Deutscher Weinbaubereich zwischen Zwingenberg und Heppenheim im Weinbaugebiet → Hessische Bergstraße an den Hängen des Odenwaldes gelegen.

Staufenberg, Schloß Deutsches Weingut im Weinbaugebiet → Baden in der → Ortenau im Besitz des Markgrafen von Baden. Rund 30 ha Rebfläche mit Alleinbesitz in der Spitzenlage *Durbacher Schloß Staufenberg*. 40 % sind mit Riesling, 35 % mit Spätburgunder bestockt.

Steen Südafrikanische Bezeichnung für die Rebsorte → Chenin blanc. Der Wein wird in der Regel alkoholreich und/oder mit Restsüße ausgebaut. Meist handelt es sich um Massenwein.

Steiermark Österreichisches Weinbaugebiet ganz im Südosten der Alpenrepublik mit den folgenden Weinbaubereichen:

- → Weststeiermark (rund 500 ha Rebfläche)
- → Südsteiermark (rund 2000 ha Rebfläche) der qualitativ bedeutendste Bereich
- → Südoststeiermark (rund 1200 ha Rebfläche).

Die Rebfläche insgesamt entspricht in etwa 7 % der österreichischen Weinbaufläche; damit ist die Steiermark nach Wien die zweitkleinste Weinbauregion des Landes.

Klima und Geographie

Der Weinbau ist sehr vielgestaltig und profitiert von seiner klimatischen Grenzlage zwischen Nord- und Südeuropa. Die Region liegt deutlich unter kontinentalem Klimaeinfluss und ist durch ihren südlichen Breitengrad sowie im Sommer von der Zufuhr milderer Adria-Luft und sehr viel Sonnenschein begünstigt (knapp 2000 Sonnenscheinstunden und damit annähernd so viel wie im Burgenland). Der Weinbau ist im Wesentlichen auf mehr oder weniger steile Südhänge weit verstreut und befindet sich zu einem hohen Prozentsatz in der Hand von Klein- und Kleinstbetrieben. Der Weinbau klettert bis in eine Höhe von 650 m, hierdurch verlängert sich die Reifeperiode, und die Weine fallen säurebetont, aromatisch und fruchtig aus. Vorwiegend wird Weißwein kultiviert.

Rebsorten und Weinstile

Welschriesling, Weißer Burgunder, Grauer Burgunder sind die vorherrschenden Rebsorten; auf sie entfällt rund die Hälfte der Gesamtrebfläche.

- Die Weststeiermark ist für ihren einzigartigen Schilcher bekannt.
- In der Südoststeiermark sind Sauvignon blanc, Chardonnay, Sauvignon

blanc, Rheinriesling und Gewürztraminer zu finden.

• Die Südsteiermark ist für Morillon (Chardonnay), Muskateller, Sauvignon und Rheinriesling bekannt;

Die besten steirischen Weine sind in Österreich sehr beliebt und inzwischen auf dem Wege, auch außerhalb des Landes eine größere Beachtung zu finden. In den letzten Jahren geht der Trend auch hier hin zu niedrigerer, gekühlter Gärtemperatur und dadurch fruchtbetonten Weinen sowie zu Rotweinen der Sorten Zweigelt und Cabernet Sauvignon.

Steigerwald Deutsche Weinbauregion im Weinbaugebiet → Franken, dessen östlichsten Bereich er mit rund 1300 ha Rebfläche darstellt. An den Westabhängen des Steigerwalds wächst auf Mergel- und Gipskeuperböden in klimatischer Grenzlage vor allem Weißwein: knapp 45 % Müller-Thurgau, 20 % Silvaner und etwas Riesling – allesamt typisch fränkische Weine, die im Idealfall deutliche Mineralität zeigen. Iphofen ist qualitativ die bedeutendste Gemeinde am Steigerwald, neben Castell und Rödelsee.

Steillagen Stark geneigte Hänge bzw. wirkliche Weinberge, die aufgrund ihrer Hangneigung vom Boden aus nicht mehr maschinell bearbeitet werden können, werden als Steillagen bezeichnet. Hierzu zählen auch historische → Terrassenlagen. → Topographie.

Stein Österreichische Gemeinde am Rand des Weinbaugebiets → Wachau, liegt zwischen der zum Weinbaugebiet Kremstal gehörenden Stadt Krems und Loiben unmittelbar an der Donau. Viele der besten Kremser Weine stammen aus Stein – die besten Lagen heißen: *Pfaffenberg*, *Geisberg*, *Hund*, *Goldberg*, *Kögl* und *Wieden*. Bekannte Erzeuger: Undhof (Fritz Salomon).

Im nahen Joching in der Wachau gibt es ferner die bekannte Lage *Stein am Rain*, die wegen ihres Grünen → Veltliner geschätzt wird. Auch in der Schweiz gibt es einen Weinbauort dieses Namens: *Stein am Rhein* im Kanton Schaffhausen, das für seine Blauburgunder bekannt ist.

In Würzburg schließlich ist *Stein* der Name einer sehr alten und berühmten Lage, von der bemerkenswerter Wein, insbesondere Riesling kommt, → Steinwein.

Stein, Weingut am Deutsches Weingut im Weinbaugebiet → Franken am Rand der Stadt Würzburg, direkt in der Lage *Würzburger Stein*. Auf rund 13 ha Rebfläche werden jährlich etwa 100 000 Flaschen Wein erzeugt. Rebsorten: je 25 % Silvaner und Müller-Thurgau, 20 % Riesling. Böden: Muschelkalk. Bekannte Lagen: *Stettener Stein, Würzburger Stein* und *Innere Leiste*.

Steinberg Deutsche Weinbergslage im → Rheingau oberhalb von Hattenheim. Ein berühmter, 32 ha großer Weinberg, der im 12. Jahrhundert von den Mönchen des Zisterzienserordens im Zusammenhang mit der Gründung von Kloster → Eberbach angelegt wurde. Die Mönche hatten zuvor bereits den → *Clos de Vougeot* in Burgund angelegt. Beides geschah unter der Anleitung des heiligen Bernard, und beide Weinberge sind mit einer heute noch bestehenden Umfassungsmauer umgeben. Zusammen mit Kloster Eberbach wurde der *Steinberg* 1803 säkularisiert und gehört heute zu den → Hessischen Staatsweingütern. Die Reben, praktisch ausschließlich Riesling, gedeihen auf sanft abfallenden Hängen oberhalb von → Hattenheim. Der Steinberger Wein gehört zu den bedeutendsten Weinen des ganzen Rheingaus. Der Boden besteht aus Taunusquarzit, Sand und Schiefereinlagerungen. Aufgrund der hohen Lage (bis zu 200 m) sind – ähnlich wie im Clos Vougeot – nicht alle Parzellen gleich gut. In besonderen Jahren wird ein so genannter Mauerwein erzeugt, der aus den direkt an der gut besonnten Umfassungsmauer wachsenden Trauben bereitet wird, die aufgrund der Reflexion eine besonders hohe Reife erlangen können. Die Weine vom Steinberg werden ohne Ortsnamen allein als *Steinberger* etikettiert.

Steinfeder Österreichische Bezeichnung im Weinbaugebiet → Wachau, benannt nach einer in der Wachau häufigen elfenbeinfarbigen Grasart, *stipa pennata* (in Deutschland auch als *Federgras* bezeichnet). Die Bezeichnung wird für Weine verwendet, die nicht → angereichert und trocken sind und über einen Alkoholgehalt zwischen 9,5 und 10,7 % verfügen (entspricht der Qualität unterhalb des → Kabinett). Die Weine unterliegen der Kontrolle durch den Gebietsschutzverband → Vinea Wachau. Dabei handelt es sich meist um die Rebsorten Grüner Veltliner oder Riesling, zumeist leicht, duftig und säurebetont.

Steinwein Bezeichnung für Weine aus der berühmten Lage *Würzburger Stein* – eine der bedeutendsten und ältesten Lagen im Weinbaugebiet → Franken. Ursprünglich stand der Begriff als Gattungsname für Würzburger Weine. Der Würzburger Stein ist ein langgestreckter Steilhang entlang der Mainschleife, direkt oberhalb der Residenzstadt Würzburg. Mit über 70 Prozent Gefälle ist dieser Weinberg so steil, dass er fast nur in Handarbeit bewirtschaftet werden kann. Bereits in einer Tiefe von 60 bis 70 cm beginnt der pure Fels aus Muschelkalk.

Um Weinfälschungen vorzubeugen, entschloss man sich 1726 den berühmten und begehrten Steinwein in eine Flasche mit unverwechselbarer Form abzufüllen, der damals noch mundgeblasenen → Bocksbeutelflasche. Mit Flaschenetiketten versehen, kamen diese in den Handel und gehören zu den ältesten Flaschenweinen der Welt. Bekannte Erzeuger: Staatlicher Hofkeller, Bürgerspital zum heiligen Geist, Juliusspital, Weingut am Stein.

Stellenbosch Zweitältestes südafrikanisches Weinbaugebiet mit rund 15 000 ha Rebfläche (rund 14 % der südafrikanischen Gesamtrebfläche), östlich von Kapstadt und nach Süden offen zur False Bay gelegen. Die 30 km von der Küste entfernte Region steht unter dem Einfluss maritimen Klimas. Der Süden eignet sich aufgrund der niedrigeren Temperaturen gut für die Erzeugung von Weißwein, der Norden für Rotwein. Eine große Zahl der bedeutenden Güter und Genossenschaften Südafrikas verfügt hier über Weinbergsbesitz, von denen einige der besten Weine des Landes kommen. Es werden hauptsächlich französische Rebsorten (Chenin blanc, Cabernet Sauvignon), aber auch die südafrikanische Neuzüchtung Pinotage angepflanzt. Bekannte Erzeuger: Clos Malverne, Neil Ellis, Laibach, Longridge, Meinert, Mulderbosch, Rustenberg, Somerbosch, Stellenzicht, Warwick, Thelema Mountain, Grangehurst, Vriesenhof, Kanonenkop und Saxenburg.

Stellenzicht Vineyards Südafrikanisches Weingut im Weinbaugebiet → Stellenbosch. Auf rund 140 ha Rebfläche werden etwa 1,2 Millionen Flaschen Wein erzeugt, vor allem Cabernet Sauvignon, Merlot, Shiraz, Pinotage, Chardonnay und Sauvignon blanc. Eines der ältesten Weingüter des Landes, gilt als exzellenter Shiraz-Erzeuger.

Sterilfiltrieren → Filtrieren

Sternwein Beliebte, spritzige Schweizer Weine insbesondere aus → Neuenburg und vom → Bielersee (lokal *Sternliwein* oder *Sternewy*), die durch biologischen → Säureabbau und nachfolgende zeitige Abfüllung natürliche (in einigen Fällen auch zugesetzte) Kohlensäure enthalten. Diese kann beim Einschenken im Glas aufsteigen; die sich dabei bildenden

Bläschen können einen sternförmigen Schaum bilden.

Stetten Deutsche Gemeinde im Weinbaugebiet → Württemberg, östlich von Stuttgart im Remstal gelegen. Rund 100 ha Rebfläche. Bekannte Lage: *Brotwasser* – diese rund 3 ha große Lage (Riesling) befindet sich seit über 500 Jahren (mit Unterbrechungen) im Alleinbesitz der Württembergischen Hofkammer. Außerdem: *Pulvermächer*. Bekannte Erzeuger: Aldinger (Fellbach) und Haidle (Kernen-Stetten).

Stich, Weingut Deutsches Weingut im Weinbaugebiet → Franken Bürgstadt. Auf rund 8 ha Rebfläche werden jährlich etwa 70 000 Flaschen Wein erzeugt. Rebsorten: 30 % Spätburgunder, 20 % Müller-Thurgau, 16 % Silvaner, ferner Spätburgunder und Frühburgunder. Böden: Buntsandstein, Muschelkalk. Bekannte Lagen: *Bürgstadter Centgrafenberg, Prichsenstadter Krone.*

Stierblut → Bikavér, → Eger

Stift Klosterneuburg Österreichisches Weingut im Weinbaugebiet → Donauland und Thermenregion. Auf insgesamt rund 100 ha Rebfläche und durch Traubenzukauf werden jährlich über 1 Million Flaschen Wein erzeugt. Rebsorten: 35 % Sankt Laurent, 15 % Grüner Veltliner, je 10 % Weißburgunder und Riesling, ferner Chardonnay. Berühmtes Weingut mit besten Lagen vor Wien. Die Basisweine bilden die Linie Classic, Domäne bezeichnet hingegen die besten Lagenweine. Die Reben wachsen auf Lehm- und Löß- sowie auf Schotterböden.

Stillwein Sammelbezeichnung für Wein, der im Gegensatz zu → Perl- oder → Schaumwein praktisch keine Kohlensäure enthält. Die Bezeichnung wird verwendet, um diese von den Schaumweinen zu unterscheiden.

Stock → Weinrebe

Stoff Reichtum eines Weins an → Extraktstoffen.

Straß im Straßertal Österreichische Gemeinde mit über 560 ha Rebfläche im Weinbaugebiet → Kamptal in Niederösterreich. Bekannte Lagen: *Gaisberg, Wechselberg* und *Stangl.* Bekannte Erzeuger: Topf, Osberger, Zottelöderer und Dolle.

Straußwirtschaft Für vier Monate im Jahr zulässige Ausschankerlaubnis für deutsche Winzer, um auf ihrem Betriebsgelände eigene Weine gaststättenähnlich ausschenken zu können (auch Besenwirtschaft genannt). Dazu dürfen einfache, in der Regel kalte Speisen angeboten werden. Die Tradition der Straußwirtschaften wird in vielen Weinbaugebieten Deutschlands gepflegt. Als Erkennungszeichen dient ein ausgehängter Kranz oder Strauß. Das österreichische Äquivalent zur Straußwirtschaft ist der → Heurige.

Strohwein Wein, der überwiegend oder völlig aus angetrockneten Trauben erzeugt wird, die nach der Lese und vor dem Abpressen auf Stroh- oder Schilfmatten, Holzgestellen, Drahtgeflechten oder in der Sonne bzw. unter dem Dach getrocknet werden, um den relativen Zuckeranteil in den Beeren mittels Wasserverdunstung zu konzentrieren. In Österreich, Frankreich (→ vin de paille), Italien (→ passito, → recioto), Spanien (→ Pedro Ximénez) üblich. Die Herstellung von Strohweinen ist in Deutschland verboten.

Strub, Weingut J. & H. A. Deutsches Weingut in Nierstein, Weinbaugebiet → Rheinhessen. Auf rund 19 ha Rebfläche werden jährlich etwa 100 000 Flaschen Wein erzeugt. Rebsorten: 75 % Riesling. Einer der führenden Erzeuger restsüßer Rieslinge in Nierstein. Bekannte Lagen: *Niersteiner Orbel, Oelberg, Pettental, Hipping.* Böden: Roter Tonschiefer.

Stückfass Deutsches → Fass, besonders im Rheingau verwendet, mit 1200 l Inhalt. Wird z. T. noch heute verwendet – meist zusammen mit dem → Halbstück (600 l) und dem Doppelstückfass (2400 l).

Studert-Prüm (Maximinhof)
Deutsches Weingut an der Mittelmosel in Wehlen: rund 5 ha Rebfläche, fast ausschließlich Riesling. Bekannte Lagen: *Wehlener Sonnenuhr, Graacher Himmelreich* und *Domprobst, Bernkasteler Graben.*

Sturm Österreichische Bezeichnung für → Federweißer (→ Sauser).

Stuttgart Hauptstadt des Bundeslandes Baden-Württemberg. Zugleich eine der größten Weinbaugemeinden des Landes im Weinbaugebiet → Württemberg mit rund 400 ha Rebfläche, einschließlich der Stadtteile. Direkt in der Stadt liegt die Lage *Mönchhalde* (im Alleinbesitz des Weingutes der Stadt Stuttgart), während sich bedeutende Lagen in den Stadtteilen Bad → Cannstatt, → Untertürkheim und Uhlbach befinden. Überwiegend wird die Rebsorte Trollinger, zu kleineren Teilen auch Riesling und Spätburgunder angepflanzt. Die Böden bestehen überwiegend aus Gipskeuper und Mergel.

Suau, Château Französisches *2ᵉ Cru classé*-Weingut im Bordeaux, AOC → Barsac mit rund 7 ha Rebfläche: 85 % Sémillon und 15 % Sauvignon. Es wird edelsüßer Weißwein erzeugt. Ein anderes, wesentlich größeres Gut gleichen Namens liegt in Capian im Bereich → Cadillac bzw. → Premières Côtes de Bordeaux.

Subjektivität Schmecken ist physiologisch betrachtet ein auf Sinneswahrnehmung beruhender Vorgang, an dem die Organe Zunge und Nase beteiligt sind. Da der menschliche Geschmacks- und Geruchssinn mit emotionalen Komponenten verknüpft ist, ist die Weinprobe, bei der der Geschmack eines Weines geprüft und auf eventuell vorhandene »Fehler« untersucht werden soll, ein grundsätzlich subjektiver Vorgang. Jeder Mensch entwickelt im Laufe seines Lebens, auf dem Wege vom ererbten zum erworbenen Geschmack, eigene Vorstellungen und Vorlieben in Bezug auf das, was guter Geschmack überhaupt ist. So gesehen ist ein objektives Urteil über den Geschmack eines Weines auf dem Wege des Schmeckens und Riechens unmöglich. Im Gegensatz dazu steht die Laboranalyse. Diese setzt an Stelle der subjektiven menschlichen Sinne Apparaturen als Messinstrumente ein, um Parameter wie zuckerfreier Extrakt, Säurewerte, Restsüße und Alkoholgehalt, flüchtige Säure u. a. objektiv zu messen. Allerdings geben diese Parameter keine Auskunft über die Weinqualität: Die menschliche Zunge ist also unersetzlich – und damit auch die Subjektivität.

Subskription Lateinisch für Unterschrift, meint ursprünglich den Kauf von Büchern vor der Drucklegung. Heute auch ein Verfahren des Weinkaufs, bevor dieser im allgemeinen Handel ist. Weinhändler oder Erzeuger offerieren ihren Kunden Weine, die entweder noch im Fass reifen oder bereits abgefüllt, aber noch nicht freigegeben sind, z. B. üblich bei den Spitzengewächsen des Bordeaux, wo vor dem Verkauf eine gewisse Fass- und Flaschenlagerung vorgeschrieben ist. Der Kunde kann den Wein zu einem Fixpreis ordern, in der Hoffnung, dass der spätere Handelspreis über dem Offertenangebot liegt (meistens um 5 bis 15 Prozent). Der Wein muss sofort bezahlt werden, die Auslieferung erfolgt einige Monate später.

Das Subskriptionsverfahren birgt einige Risiken in sich: Erstens kann der Wein eine geringere Qualität haben als erhofft, zweitens kann der Preis nach der Subskription fallen, drittens kann der Händler Konkurs machen und der Kunde erhält weder den Wein noch sein Geld zurück. Daher sollten Subskribenten nur bei seriösen Anbietern ordern.

Südafrika Bedeutendster Weinbaustaat Afrikas. Wein wird in Südafrika seit Beginn der weißen Kolonisation angebaut. Eines der berühmtesten südafrikanischen Weingüter, Groot Constantia, wurde bereits 1684 gegründet. Heute werden auf rund 115 000 ha gut 700 Millionen l Wein, davon rund 20 % Rotwein und 80 % Weißwein, erzeugt (die produzierte Weinmenge sank in den letzten zehn Jahren um mehr als 20 %).

Klima und Geographie

Die südafrikanischen Weinbauregionen liegen praktisch auf dem gleichen Breitengrad wie jene Australiens, Argentiniens und Chiles. Da der Weinbau in der südlichen Hemisphäre stattfindet, werden die Trauben von Februar bis April geerntet, der Austrieb der Rebstöcke beginnt etwa im November. Entsprechend sind die nördlich gelegenen Weinbaugebiete dieser Region in der Regel sonnenreicher und wärmer als die südlichen.

Das Klima Südafrikas wird vom Indischen und Atlantischen Ozean geprägt, der antarktisch beeinflusste Benguela-Strom sorgt am Kap für kühlere Temperaturen. Die Weinbauflächen liegen jeweils bis 200 km nördlich und östlich von Kapstadt höchstens 100 km weit im Landesinnern, da die Niederschlagsmengen und Klimabedingungen in Küstennähe für den Weinbau günstiger sind. Der Weinbau konzentriert sich in Halbmondform rund ums Kap der Guten Hoffnung (eine Ausnahme ist das Weinbaugebiet Oranje River im Landesinnern). Künstliche Bewässerung ist bis auf das Weinbaugebiet Constantia und Teile von Paarl und Stellenbosch so gut wie immer notwendig.

Rebsorten und Weinstile

Es werden durchweg westeuropäische, überwiegend französische Rebsorten angepflanzt, wobei unter den weißen Sorten der Chenin blanc traditionellerweise dominiert (knapp 30 %), auch wenn Chardonnay (5 %) und Sauvignon blanc (5 %) an Bedeutung gewinnen und unter den roten Sorten vor allem die Bordeaux-Sorten Cabernet Sauvignon (5 %), Cabernet und Merlot (2 %) favorisiert werden. Zunehmend wird auch Syrah (1,5 %) angebaut sowie die südafrikanische Neuzüchtung Pinotage (3,5 %). Den Rest (rund 30 %) machen Grenache, Cinsault, Riesling, Gewürztraminer und Sémillon aus. Ein großer Teil der überschüssigen Weinproduktion wird destilliert oder zu Mostkonzentraten verarbeitet, daraus erklären sich die Rebsortenanteile Sultana und Colombard (jeweils 10 %). Auch in Südafrika sind Chardonnay, Sauvignon blanc, Merlot und Cabernet Sauvignon auf dem Vormarsch.

Weinbaustrukturen

Südafrikas Weinbau befindet sich fest in der Hand von Genossenschaften. Sie verarbeiten rund 80 % der Ernte, doch nur rund 70 % der erzeugten Trauben werden tatsächlich zu Wein vergoren und gefüllt. Der Überschuss wird vom Dachverband der Winzergenossenschaften, der → KWV zu Industriealkohol zwangsdestilliert bzw. zu Mostkonzentraten verarbeitet. Die qualitative Spitze der Weinproduktion stellen die wenigen privaten Betriebe Südafrikas dar.

Weinbauregionen

In Südafrika gibt es rund 50 verschiedene Ursprungsgebiete. Die wichtigsten sind:

- → *Constantia*: liegt auf der Kap-Halbinsel, die in den Ozean hineinragt. Gemäßigtes Klima mit ausreichenden Niederschlägen. Böden: Lehmig, mit Sandsteinanteilen, Granitverwitterung. Nur rund 350 ha Rebfläche. Bekannte Erzeuger: Groot Constantia, Klein Constantia, Buitenverwachting und Steenberg.
- → *Stellenbosch*: malerisches Weinbaugebiet im Landesinnern mit wärmeren Temperaturen, die ideal für Rotweine sind. In höheren Lagen wachsen Weiß-

weine. Rund 15 % der Weinerzeugung des Landes.

- → *Paarl*: rund 20 % der Weinerzeugung. Warmes Klima, doch es dominieren Weißweine. Sitz der KMV, die Überschüsse zu port- und sherryartigen Weinen verarbeitet. Bekannte Erzeuger: Nederburg, Laborie, Fairview.
- *Franschhoeck*: viel Weinbau in der warmen Ebene, doch auch in höheren Lagen, wo zunehmend feinere Weine (Chardonnay, Sauvignon blanc, Pinot noir) produziert werden. Bekannte Erzeuger: Bellingham und La Motte.
- *Worcester*: fruchtbares Weinbaugebiet, in dem rund 20 % der Weine erzeugt werden, meist Massenproduktion.
- *Robertson*: trocken-heiße Region, in der fast nur Weißwein produziert wird (rund 10 % der Produktion)
- *Olifantsriver*: Massenweinproduktion
- *Oranje River*: hier werden seit den 1960er Jahren knapp 10 % der Weine erzeugt, fast ausschließlich Massenwein
- *Weitere Anbaugebiete*: Mossel Bay, Klein Karoo, Walker Bay und Elgin

Aktuelle Entwicklungen

Der südafrikanische Weinbau hat seit dem Ende der Apartheid einen qualitativ bedeutenden Aufschwung erlebt und ist heute dank der Einführung moderner Vinifikations- und Ausbaumethoden in der Lage, Weine auf einem hohen Niveau anzubieten, die den Vergleich mit anderen Weinen der Neuen Welt nicht zu scheuen brauchen. Die meisten Weine leiden jedoch unter einem massiven Einsatz von neuem Holz, das – wenn es nicht durch echte Barriques in den Wein kommt – durch den Zusatz von Eichenholzspänen erzeugt wird. Außerdem sind der Zusatz von Säure (meist Zitronensäure) oder Zucker erlaubt – und von diesen Möglichkeiten machen die südafrikanischen Großproduzenten ebenso gerne Gebrauch wie andere Erzeuger in der Neuen Welt. Grundsätzlich lässt sich jedoch sagen, dass mittlere Privatbetriebe in Südafrika relativ hohe Qualitäten zu vergleichsweise niedrigen Preisen erzeugen, ohne dass es sich dabei automatisch um anonyme Markenweine in Millionenauflage handelt, wie dies z. B. in Australien und Kalifornien oft der Fall ist.

Südamerika In Südamerika gibt es derzeit rund 450 000 ha Rebfläche, von der im Schnitt jährlich rund 2,3 Milliarden l Wein kommen. Etwa zwei Drittel der Erzeugung stammen aus Argentinien, an zweiter Stelle steht Chile, gefolgt von Brasilien, Uruguay, Mexiko, Peru und Bolivien. Lediglich Argentinien und Chile haben mit ihren Weinen namhaften Einzug in das Bewusstsein der europäischen und deutschen Weinfreunde gefunden. Südamerikanischer Wein wird nach wie vor in den jeweiligen Inlandsmärkten getrunken, nur relativ wenig geht in den Export (nicht einmal 4 % der argentinischen Weinerzeugung werden ausgeführt). Die Importe spielen eine noch geringere Rolle.

Südaustralien (South Australia) Bundesstaat im Süden des Kontinents mit der Hauptstadt → Adelaide, mit rund 50 % der Weinerzeugung und 40 % der Rebfläche die größte Weinbauregion Australiens. Rund 40 000 ha Rebfläche stehen heute im Südosten des Staates. Schwerpunkt der Produktion sind die riesigen Anbauflächen am Murray River, auf denen ein Großteil der australischen Massenweine wächst.

Südaustralien gliedert sich in die folgenden Bereiche:

- → *Barossa Valley* (einschließlich der Subregion Eden Valley): das bekannteste Weinbaugebiet des Staates rund 50 km nordöstlich von Adelaide. Hier im rund 30 km langen Weinbaugebiet wird viel Wein verarbeitet – rund 60 % der Produktion; die Trauben stammen zum Großteil aus anderen Gebieten. Die Rebfläche selbst geht zurück (rund 7500 ha).

Penfolds hat hier seinen Sitz und erzeugt seit den 1950er Jahren den vermutlich bekanntesten Wein des Landes, den Grange. Ferner Sitz von Orlando, Beringer Blass, Henschke, Seppelt, Yalumba und Peter Lehmann.

• → *Coonawarra*: das qualitativ bedeutendste Gebiet im äußersten Südosten des Kontinents. Die Weine wachsen auf einem 2,5 km breiten Streifen roter Erde, der berühmten eisenoxidhaltigen *Terra rossa*. Kühle Luft vom Ozean mildert die heißen Sommertemperaturen. Es werden Cabernet Sauvignon, Merlot und Shiraz angebaut.

• *McLaren Vale*: unmittelbar südlich von Adelaide; rund 45 Weinbaubetriebe. Hier wurden zum ersten Mal in Australien Reben gepflanzt (1838). Auch hier werden exzellente Weine erzeugt, die in den kühleren Talebenen wachsen, die von frischen Meeresbrisen profitieren: warme Luft und Sommer, aber kühle Lesezeit. Ideal für Weißweine und feineren Shiraz. Bekannte Erzeuger: D'Arenberg, Fox Creek, Rosemount, Wirra Wirra, Hardy, Claredon Hills und Chapel Hill.

• → *Clare Valley*: rund 130 km nördlich von Adelaide gelegen, eine sanfte Hügellandschaft mit roter und ockerfarbener Erde. Hier wird viel Riesling produziert, außerdem Cabernet und Shiraz. Bekannte Erzeuger: Pikes, Buring, Eaglehawk und Petaluma.

• *Adelaide Hills*: An den kühleren Abhängen des Mount Lofty wachsen bis in 400 m Höhe vor allem Weißweine, ferner Pinot noir und Merlot. Auch auf dem Mount Pleasant wird überwiegend Weißwein produziert, teilweise auch säurehaltige Grundweine für die Schaumweinproduktion. Es gibt die beiden Subregionen Piccadilly Valley und Lenswood.

• *Weitere Rebflächen*: in Padthaway-Keppoch (Massenweinproduktion), am Langhorne Creek und im zu Südaustralien gehörenden Teil des Murray Valley sowie den Riverlands (Massenweinproduktion).

Südbahn → Thermenregion

Südburgenland, Weinbaugebiet Österreichischer Weinbaubereich im Süden des Weinbaugebiets → Burgenland um die Stadt → Eisenberg gelegen. Rund 450 ha Rebfläche, das entspricht nur rund 2 % der burgenländischen Weinerzeugung. Weißwein wird aus den Rebsorten Welschriesling, Grüner Veltliner und Riesling erzeugt, der qualitativ bessere Rotwein meist aus der Rebsorte → Blaufränkisch, die rund 40 % der Rebfläche einnimmt. Mit österreichischem Humor und südburgenländischem Traditionsbewusstsein wird der so genannte Uhudler erzeugt – ein Wein aus amerikanischen Reben, die seit hundert Jahren in dem Gebiet zu Hause sind. Die wichtigsten Orte sind: Deutsch Schützen, Rechnitz und Eisenberg, ferner Hannersdorf, Heiligenbrunn, Kohfidisch und Jennersdorf. Bekannte Erzeuger: Schützenhof, Krutzler, Wiesler und Wachter.

Südoststeiermark Österreichischer Weinbaubereich im Südosten der → Steiermark, unmittelbar an der slowenischen Grenze gelegen, rund 1200 ha Rebfläche. Einige der interessantesten Weißweine Österreichs stammen von hier, zumeist aus Klöch, Kapfenstein, Straden, St. Anna am Aigen und Fehring. Angebaut werden vor allem Welschriesling, Weißer Burgunder, Rheinriesling und Sauvignon blanc sowie Gewürztraminer. Bekannte Erzeuger: Neumeister und Winkler-Hermaden.

Südschweiz Weinbaugebiet südlich der Alpen mit knapp 1000 ha Rebfläche, vor allem im → Tessin (Ticino) gelegen, sowie knapp 30 ha im Misox im südlichen → Graubünden. Zu 95 % werden rote Sorten angepflanzt, unter denen der Merlot überwiegt und auch qualitativ führend ist. Ferner werden Chasselas und Sémillon angebaut. Der noch vor wenigen Jahrzehnten umfangreiche → Hybridenanbau (dort Americano genannt) ist mit knapp 30 ha inzwischen so gut wie verschwunden. Der Weinbau der Region ist durch Urbanisierungstendenzen teilweise bedroht.

Südsteiermark Österreichischer Weinbaubereich im Weinbaugebiet → Steiermark mit rund 2000 ha Rebfläche, von der etwa die Hälfte der steirischen Weine kommt. Die führende Rebsorte ist Welschriesling, qualitativ bedeutender sind Muskateller, Morillon (Chardonnay), Weißer Burgunder, Traminer, Sauvignon blanc sowie Rheinriesling. Bei ihnen handelt es sich um Weine mit Frucht, Körper und charaktervoller Säure, die zu den besten Österreichs gehören können. Meist wachsen sie auf steilen Südlagen und verteilen sich im Wesentlichen auf zwei Bereiche, in deren Mitte die Weinstadt Leibnitz liegt:

- Das Gebiet → Sausal mit z. T. bis auf 700 m hohen Weinbergen, zu dem neben den Ausläufern von Leibnitz, Sankt Andrä i. S., Kitzeck und St. Nikolai gehören.
- Die südsteirische Weinstraße südlich von Leibnitz, unmittelbar an der slowenischen Grenze. Hier liegen die Orte Leutschach, Ehrenhausen, Gamlitz, Spielfeld und Berghausen.

Bekannte Erzeuger: Maitz, Polz, Tement, Gross, Harrachegg, Lackner-Tinnacher, Muster, Prünte, Sattlerhof, Silberberg, Skoff, Stadlmann, Elsnagg, Skringer, Steiner, Tscheppe und Neustifter.

Südtirol (Alto Adige) Autonome Provinz (zusammen mit Trentino) im Norden → Italiens, gleichzeitig Weinbaugebiet, das im Norden an Österreich, im Süden ans Weinbaugebiet → Trentino grenzt. Seit der römischen Antike sind die fruchtbaren Hügel und Täler des Tiroler Landes berühmt für ihre Weine. Heute stehen rund 3800 ha unter Reben, die vorwiegend an der das Landschaftsbild prägenden → Pergola erzogen werden. Die durchschnittliche Jahresproduktion beläuft sich auf etwa 45 Millionen l Wein, davon rund 70 % mit DOC-Status. Die Hälfte des Weins wird nach Deutschland, in die Schweiz und nach Österreich exportiert; 60 % der Produktion sind Rosé- und Rotwein, 40 % Weißwein.

Klima und Geographie

Das Klima der nördlichsten Provinz Italiens wird durch die Alpen geprägt. Der tiefe Taleinschnitt der beiden Hauptflüsse Etsch (Adige) und Eisack (Isarco) verfügt über für den Weinbau außerordentlich günstige Wachstumsbedingungen, sie formen ein trichterartiges Ypsilon: Im Frühjahr und Sommer drückt die mediterran-warme Luft aus der Po-Ebene in die beiden Täler hinein und sorgt für z. T. sehr hohe Temperaturen, die durch Föhn noch verstärkt werden können. Je nach Anbauhöhe (sie reicht von 200 bis über 1000 m) verlängert bzw. verkürzt sich die Vegetationsperiode. Die tieferen Flachlagen im Tal um Bozen herum (im Mündungsbereich der Eisack in die Etsch) verfügen über die höchsten Durchschnittstemperaturen und bringen gehaltvolle und dichte Rotweine hervor. Im Seitental der Eisack und der westlichen Etsch (Richtung Meran) liegen die Temperaturen niedriger und sind ideal für elegante, feine Weißweine, die zu den besten Italiens gehören. Im südlichen Verlauf der Etsch findet der Großteil des Weinbaus auf der westlichen Talseite statt: Hier befinden sich die Orte Nals, Adian, Kaltern, Tramin, Eppan, Kurtatsch und Magreid. Dieses rechte Ufer gilt zwar grundsätzlich als das bessere, doch zeigen so geniale Winzer wie Franz Haas mit seinen Weinen vom linken Ufer, dass dies nicht für alle Zeiten so bleiben muss.

Rebsorten und Weinstile

Hauptsächlich werden die roten Rebsorten Vernatsch (Schiava), Lagrein und Cabernet Sauvignon und Spätburgunder angebaut; bei den Weißen dominieren Weißer Burgunder, Chardonnay, Gewürztraminer, Muskateller, Sauvignon blanc, ferner Silvaner, Müller-Thurgau und Riesling. Im Eisacktal spielen auch Grüner Veltliner und Kerner eine Rolle – diese Weine finden für ihre frische, knackige, aromatische Art zunehmend beim italienischen Publikum Gefallen. Eine Besonderheit ist der Rosenmuskateller (Moscato rosa), der in geringen Mengen erzeugt wird und herrliche Süßweine mit einem faszinierenden Rosenbukett hervorbringt.

Weingesetz
Mit der Neuordnung der DOC-Regelung von 1993 kommen alle Südtiroler DOC-Weine mit Ausnahme jener des Etschtals und – falls gewünscht – des Kalterersees als *Alto Adige* oder *Südtiroler* in den Handel, darunter über 20 Rebsortenweine sowie der → Sankt Magdalener (eine Cuvée aus Vernatsch und Lagrein), der Terlaner (eine Weißburgunder-Cuvée), die Weine Bozens, Merans und der Eisacktaler.

Aktuelle Entwicklungen
Nachdem der Südtiroler Weinbau lange Jahre fest in der Hand der Genossenschaften lag und qualitativ nicht auf der Höhe war, hat sich in der jüngsten Vergangenheit ein wahrer Qualitätsschub ereignet, der durch Pioniere wie Alois Lageder initiiert wurde. Immer mehr kleinere Betriebe folgen dem Trend und zeigen mit ihren Weinen, wie hoch das Qualitätspotenzial Südtirols ist. Weingüter wie Hofstätter, Franz Haas, Tenuta Manincor, Kloster Neustift und Peter Pliger (Kuenhof) gehören zu den Aushängeschildern und beweisen Jahr für Jahr, dass Südtirol internationalen Spitzenwein erzeugt. Auch die Genossenschaften haben enormen Anteil an dieser Entwicklung; sie gehören zu den modernsten Europas und zeichnen sich durch erstklassiges Qualitätsmanagement aus, um das sie so manche Genossen nördlich der Alpen beneiden. Die Genossenschaften bezahlen ihre Mitglieder nur nach Traubenqualität und nicht mehr, wie sonst allgemein üblich, nach der Menge. Kritisch bleibt zu bemerken, dass der sich abzeichnende Trend zu holzlastigen Rotweinen auch Südtirol infiziert hat und die klaren Weißweine und delikaten Rotweine wie Sankt Magdalener oder gut gemachter Kalterersee Classico verdrängen, da mit solchen Weinen international angeblich kein Eindruck mehr zu machen ist.

Bekannte Erzeuger: Alois Lageder, Hofstätter, Franz Haas, Tenuta Manincor, Kloster Neustift und Peter Pliger (Kuenhof), Muri-Gries, Franz Goier, Castel Schwanburg, Peter Dipoli, Winzergenossenschaften Schreckbichl (Colterenzio), Erste und Neue sowie Eppan.

Suduiraut, Château Französisches *Premier Cru classé*-Weingut im Bordeaux in der AOC → Sauternes. Das Gut liegt in der Gemeinde → Preignac und verfügt über rund 70 ha Rebfläche mit 80 % Sémillon und 20 % Sauvignon und erzeugt einen der besten edelsüßen Weißweine im Sauternes.

Superiore Italienische Weinbezeichnung – Namenszusatz bei verschiedenen italienischen DOC-Weinen. Je nach Weinbauregion verweist die Bezeichnung Superiore auf einen höheren Zuckergehalt der Trauben bei der Lese und den daraus resultierenden leicht höheren Alkoholgehalt der erzeugten Weine, aber nicht automatisch auf den besseren Wein.

Supertoskaner Bezeichnung für italienische Rotweine mit IGT-Status (früher Tafelwein-Status) in der → Toskana. Diese entstehen aus bestem Traubenmaterial, in der Regel entspricht die Vinifikation aber nicht den Bestimmungen der jeweiligen DOC- bzw. DOCG-Regularien. Die Erzeuger verzichten daher auf diese Prädikate und den Namen der Appellation (meist Chianti, Chianti classico, Brunello oder Vino Nobile) und vermarkten sie als IGT-Weine unterhalb der vom Gesetzgeber als höherwertig angesehenen DOC-Ebene.

Marchese Antinori gilt als Erfinder des Supertoskaners. Er brachte 1970 erstmalig einen toskanischen Rotwein aus einer Einzellage im Chianti classico auf den Markt, den → Tignanello. Da die Reputation von DOC Chianti classico um diese Zeit eher schlecht war und die Durchschnittspreise niedrig, entschloss er sich dazu, seinen hochwertigen Tignanello nicht als Chianti zu füllen, sondern als Tafelwein. Diesen Wein konnte er um ein Vielfaches teurer verkaufen, als ihm dies unter dem miserablen Image eines Chianti classico möglich gewesen wäre. Außerdem brachte Antinori seinen Wein als Cuvée aus Sangiovese und Cabernet Sauvignon auf den Markt, was damals unter der Bezeichnung Chianti classico nicht erlaubt gewesen wäre. In den USA avancierte der Tignanello, der dort spontan und begeistert als *Supertuscan* (Supertoskaner) gefeiert wurde, zu einem Verkaufsschlager.

Der enorme Erfolg des Tignanello lockte in den vergangenen 30 Jahren viele andere Erzeuger auf den Plan, die dem Vorbild des Marchese folgten und reihenweise Supertoskaner auf den Markt brachten: Masseto, Solaia, Sammarco, Paleo, Le Pergole Torte, Ornellaia, Le Stanze, Etrusco, Barullo, Elegia, Sangioveto, Boscarelli, Flaccianello, Palazzo Altesi und, und und.

Heute hat fast jedes toskanische Weingut einen Supertoskaner im Programm, da deren Produktion zum guten Ton gehört. Inzwischen werden die Supertoskaner von den Erzeugern in der relativ neuen Kategorie IGT verkauft, da die Kategorie Tafelwein die Angabe eines Jahrgangs verbietet.

Sur lie → Vin sur lie

Süß Bezeichnung für einen Wein mit vergleichsweise hohem → Restzuckergehalt, höher als bei der problematischen Bezeichnung → lieblich. In der EU werden damit Weine über 45 g/l bezeichnet bzw. → Schaumweine mit mehr als 50 g/l Restzucker. In der Schweiz wird ein Wein, der mehr als 4 g/l Restsüße aufweist, als »leicht süß« deklariert (außer → Luxuswein). Die Bezeichnung entspricht in anderen Sprachen den Ausdrücken doce, dolce, doux, dulce, glykos, sweet. Beim Wein bezeichnet man das Gegenteil von süß als → trocken.

Süßdruck In der Schweiz gebräuchliche Bezeichnung für einen ca. 6 bis 10 Stunden mit der Maische vergorenen → Roséwein. Anschließend wird der noch restsüße Wein gepresst – daher der Name. Auf diese Weise ist er im Gegensatz zum fast weißen Schweizer → Weißherbst von hellroter Farbe und wird häufig als → Œil de perdrix bezeichnet.

Süße Bei einem Wein kann Süße ganz oder teilweise aus dem traubeneigenen Zucker stammen.

- Süße durch einen sehr hohen Zuckergehalt der Trauben: Bei einem guten → Sauternes oder einer → Beerenauslese rührt sie von dem in den Beeren enthaltenen Zucker her, die erst im überreifen Zustand gelesen werden. Der Zuckergehalt der Trauben ist so hoch, dass die Hefen während der → Gärung absterben, bevor sämtlicher Zucker in Alkohol umgewandelt werden konnte. Es verbleibt ein mehr oder weniger großer Rest an unvergorenem Zucker im Wein.
- Süße durch Zusatz von Alkohol: In bestimmten Weinbauregionen wird dem Wein während der Gärung reiner Alkohol zugesetzt (z. B. Portwein und Banyuls); dadurch verfügen solche Weine über eine gewisse Restsüße, da die Hefe-

zellen absterben und der Wein nicht weiter gärt.

• Süße durch Zusatz von Mostkonzentraten: Süßer → Sherry oder → Marsala hingegen verdanken ihre Süße dem Zusatz schwerer süßer, speziell für diesen Zweck hergestellter Weine oder Mostkonzentrate.

• Süße durch → Süßreserve: bei deutschen Weinen kann die Süße auch durch Zusatz von Süßreserve aus unvergorenem (in Österreich angegorenem) Traubenmost herrühren. Meist handelt es sich dabei um einfachere Weine, da die geschmackliche Qualität von Süßreserve den Weinen eine Bonbon-Note verleiht.

• Süße durch einen Rest unvergorenen Traubenzucker: Bei den besten süßen Weinen aus Deutschland (z. B. Riesling Kabinett von der Mosel), Frankreich (z. B. Vouvray moelleux) und Österreich (z. B. Auslese) basiert die Süße auf einem Rest an Traubenzucker, der im Wein verblieben ist, da die → Gärung durch Kühlung oder Filterung bewusst gestoppt oder durch natürliche Umstände zum Stillstand gekommen ist (→ Restsüße).

Süße Welle Während der 1970er bis Ende der 1980er Jahre wurden in Deutschland vor allem Weine mit → Restsüße erzeugt, die im Inlandsmarkt sehr erfolgreich waren. Meist handelte es sich um Weine aus → Neuzüchtungen, die mit viel → Süßreserve versetzt wurden. Inzwischen ist die Süße Welle endgültig abgeebbt, und die Winzer produzieren wieder trockene, zum Essen besser einsetzbare Weine oder aber wirklich einzigartige Weine mit natürlicher Restsüße und → Terroir. Allerdings bleibt kritisch anzumerken, dass der Trend im Stillen auch bei den trockenen Weinen wieder in Richtung süßliche Fruchtigkeit geht, in dem viele Erzeuger den gesetzlichen Rahmen von maximal 9 g/l voll ausschöpfen bzw. durch die Einführung der Kategorie Selection auf den halbtrockenen Bereich ausdehnen.

Süßreserve Bezeichnung für jenen Zusatz von unvergorenem (in Österreich angegorenem) Traubenmost, durch den Weine im Allgemeinen einen → Restzuckergehalt aufweisen und der ihnen eine liebliche bis süße Geschmacksrichtung gibt, wie dies bei manchen deutschen Weinen der Fall ist. Bei Tafel- und Qualitätsweinen darf diese Süßreserve durch Zusatz von → Zucker im gleichen Umfang wie der Grundwein angereichert werden. Die Süßreserve gilt rechtlich nicht als Verschnitt, sie wird aber auf die übrigen Fremdanteile im Wein (anderer Jahrgang, andere Sorten, andere Lage) insoweit angerechnet, als diese zusammen nicht bis zu 25 % ausmachen dürfen.

Es gibt eine ganze Reihe von Gründen, warum man dem Wein Süßreserve zusetzt, um kleine Fehler oder Schwächen im Wein zu kaschieren; um dem unkundigen Weintrinker die vorhandene → Säure milder erscheinen zu lassen; um eine höhere Traubenreife, Geschmacksfülle und Qualität des Weins zu suggerieren.

Viel höherwertiger als Weine mit Süßreserve sind solche mit natürlicher → Restsüße. Bei diesen steht ein natürlicher Teil an unvergorenem Restzucker, der nach dem Ende der Gärung im Wein verblieben ist, gerade säurebetonten Weinen außerordentlich gut zu Gesicht.

Swan Valley → Westaustralien (Western Australia)

Sweet Englische Bezeichnung für → süß.

Sylvaner → Silvaner

Syrah Qualitativ hervorragende Rotweinsorte, die schon in römischer Zeit nach Südostfrankreich gekommen sein soll, wo sie heute knapp 20 000 ha Rebfläche (mit steigender Tendenz) einnimmt. Sie liefert einen tieffarbenen, spätreifen, kompakten Wein mit hohem → Extrakt-

und → Tanningehalt und einem Duft nach Veilchen und schwarzem Pfeffer. Aus ihr stammen die eindrucksvollsten Rotweine des → Rhônetals, allen voran der → Côte Rôtie und der rote → Hermitage. In anderen Rotweinen des Südostens ist sie mit mehr oder weniger großen Verschnittanteilen enthalten, so im → Châteauneuf-du-Pape und dem Côte de Roussillon. Die Syrah ist heute besonders in Australien verbreitet, wo sie Shiraz oder Hermitage genannt wird. Bei der → Petite Sirah in Kalifornien handelt es sich um die qualitativ geringere Rebsorte Duriff.

Szamorodni (Samorodner) Ungarischer Weißwein aus dem → Tokay. Bezeichnung für → Tokajer, »wie er gewachsen ist«, d. h. ohne Selektionierung und getrennte Behandlung der überreifen Beeren. Er wird daher in jedem Fall einen → Botrytiston aufweisen. Je nach Jahrgang kann ein *Tokaji Szamorodni* trocken bis – in herausragenden Jahren – süß ausfallen. Mit rund 14 % Alkohol erinnert er als trockene Variante an leichten, trockenen Fino-→ Sherry. Dazu trägt vor allem die Art und Weise des Weinausbaus bei, weil der Szamorodni wie jeder Tokajer eine Zeit lang in nur zu vier Fünftel gefüllten Fässern gelagert wird, in denen sich dann ein Hefefilm bildet, der die Reifung und Veresterung des Weins fördert. Als süßer Wein in einem sehr guten Jahr kommt der Szamorodni einem dreibuttigen → Aszú nahe. In der Hierarchie der Tokajerweine steht er zwischen dem Grundwein, Tokaji Furmint oder Tokaji Hárslevelü, und dem Tokaji Aszú. Er kommt nach zweijähriger Fasslagerung in den Handel.

Száraz Ungarische Bezeichnung für → trocken.

Szekszárd Ungarische Stadt nordöstlich von Pécs, an dessen nach Osten zur Donau abfallenden Lößhängen seit der römischen Antike Weinbau betrieben wird. Heute stehen in den zum Weinbaugebiet Szekszárd westlich und südlich der Stadt gehörenden Rebflächen etwa 900 ha unter Reben, die überwiegend Rotwein hervorbringen. Früher wurde dieser überwiegend aus der Sorte → Kadarka erzeugt, ein gehaltvoller, samtig-vollmundiger Rotwein: der *Szekszárdi Kadarka*, von dem sich bereits Franz Schubert und Franz Liszt inspirieren ließen. Heute wird der Szekszárder Rotwein weitgehend aus den Rebsorten Blaufränkisch, Merlot und Cabernet erzeugt, auch mit → Edelfäule als süßer Wein (Nemes Kardar). Auf den steilen Süd- und Südosthängen, die aufgrund der Bodenverhältnisse deutlich durch Erosion gekennzeichnet sind, wachsen die besten Weine. Die Böden bestehen aus Löß, darunter Sand und Kies. Bekannte Erzeuger: Aliscavin, Dúszi, Heimann, Sárosdi, Takler, Vesztergombi und Peter Vida.

Szürkebarát Ungarische Bezeichnung für die Rebsorte Pinot gris (Grauer Burgunder), der auch Auvergnat gris genannt und als *Grauer Mönch* ins Deutsche übersetzt wird. Seine besten Abfüllungen kommen zumeist aus → Badacsony, wo sie in aller Regel halbtrocken bis süß ausgebaut werden.

T

Tâche, La Französische *Grand Cru*-Lage im → Burgund an der Côte d'Or im Teilbereich → Côte de Nuits; rund 6 ha Rebfläche mit einer Jahresproduktion von rund 17 000 l Rotwein. *La Tâche* gehört zur Gemeinde Vosne-Romanée und liegt südlich der Einzellage *La Grand Rue*. Sie befindet sich wie die noch berühmtere *Grand Cru*-Einzellage → *Romanée-Conti* im Besitz der Domaine Romanée-Conti. Der Wein – zu 100 % aus Pinot noir – wächst auf braunem, tiefgründigem Kalkboden und gehört zu den angesehensten Rotweinen Frankreichs.

Tacoronte-Acentejo Spanisches DO-Gebiet im Norden von Teneriffa – eine der fünf Insel-DOs mit knapp 1000 ha Rebfläche und 2,8 Millionen l Weinproduktion. In der Appellation rund um den Ort Tacoronte wird auf 200 bis 800 m Höhe vor allem Rotwein (90 % und 2 % Rosé) und in geringerem Umfang Weißwein (8 %) erzeugt. Die wichtigsten Rebsorten sind Malvasia, Moscatel, Verdello (Verdelho), Gual, Listán Negro, Negra Común und Negramoll. Es gibt über 40 moderne Erzeuger, die auf fruchtbaren Lehmböden mit Vulkangestein in Küstennähe und mageren Vulkanböden in den Höhenlagen Wein produzieren, der vor allem auf der Insel getrunken wird. Neuerdings werden auch Crianzas (einjährige Holzfasslagerung) erzeugt und Rotweine mit der Methode → Maceration carbonique (Kohlensäuregärung). Bekannte Erzeuger: Afecan, Flores und Monje.

Tadschikistan Republik in Zentralasien, zwischen Usbekistan und China. Wegen des Gebirgscharakters ist der Weinbau fast nur im äußersten Nordwesten des Landes möglich. Rund 20 000 ha sind mit Reben bestockt, von denen neben Tafeltrauben und Rosinen Weine kommen, darunter insbesondere Likörweine, die denen aus dem benachbarten Usbekistan ähnlich sind.

Tafeltrauben In der Regel große, kernlose Weintrauben, die für den Verzehr bestimmt sind und nicht für die Weinbereitung. Entweder werden diese als frisches Obst vermarktet oder zu Rosinen bzw. Korinthen und Sultaninen getrocknet. Einige für die Weinbereitung verwendete Traubensorten sind auch als Tafeltrauben geeignet, wobei diese Kerne enthalten und daher weniger Absatz finden, z. B. → Chasselas und Muskat d'Alexandria (→ Muskat).

Tafelwein Weinrechtliche Bezeichnung mit irreführendem Namen: Nach EU-Recht bildet Tafelwein die unterste Weinkategorie, unterhalb von → Landwein (Vin de Pays) und → Qualitätswein. Tafelweine müssen einen Mindestalkohol von 5 % (→ Weinbauzone A) bzw. 6 % (B) aufweisen. Solche Weine kommen durchweg angereichert in den Handel und dürfen keine Lagennamen führen; sie unterliegen keinerlei amtlicher Prüfung.

In Deutschland gibt es vier Tafelweingebiete: 1. Rhein und Mosel (Untergebiete Rhein, Mosel), 2. Main, 3. Neckar und 4. Oberrhein (Untergebiete Römertor, Burgengau).

Tafelweine (*vin de table, vino da tavola*) sind in der Regel anspruchslose, bestenfalls gefällige Weine, die in Deutschland kaum erzeugt werden: Seit 1985 nur in einer Größenordnung von unter 5 %. Doch diese Zahl hat nichts mit der tatsächlichen Qualität der Weine zu tun, eher wirft es ein Licht auf den in Deutschland inflationär gebrauchten Begriff Qualitätswein. In sehr seltenen Fällen können auch in Deutschland Spitzenweine als Tafelwein vermarktet werden, z. B. im Fall von nicht zugelassenen Rebsorten wie dem Frühburgunder an der Mosel. In Frankreich und Italien ist der Anteil an Tafelweinen erheblich höher. Die in Italien früher als Tafelweine (und heute als IGT-Weine) verkauften → Supertoskaner und andere hochwertige Weine sind Ausdruck zu starrer Bestimmungen für die Erzeugung von Qualitätsweine.

Tahblik Australisches Weingut im Weinbaugebiet → Victoria (Goulburn Valley). Auf rund 160 ha Rebfläche werden über 1 Million Flaschen Wein erzeugt. Der Shiraz ist außergewöhnlich, und die 1860-Vine-Shiraz aus alten Reben hervorragend. Extrem traditionell arbeitender Familienbetrieb.

Taillan, Château du → Dame-Blanche, Château La

Taille Bestimmte Partie des Pressmostes. In der Champagne werden die Trauben traditionellerweise dreimal gepresst: Die erste Pressung mit nur sanftem Druck bringt den besten, klarsten und fruchtigsten Most – die *Cuvée*. Die zweite Pressung mit höherem Druck trägt mehr Trub- und Gerbstoffe aus Schalen und Kernen in den Most: diese Qualität wird *Taille* genannt. In vielen Häusern gibt es noch eine dritte Pressung, *zweite Taille* genannt, um das Letzte aus dem Presskuchen herauszuholen. In erstklassigen Häusern wird ausschließlich aus der *Cuvée* Champagner hergestellt. Ein kleiner Anteil von erster Taille in der *Cuvée* kann dem Champagner jedoch auch uigute kommen – er fällt dann kräftiger und packender aus. Die zweite Taille geht oft an Billigchampagnerproduzenten, denen es nur auf den Namen Champagner ankommt und nicht auf Geschmack und Qualität. Diese liefern ihn vorzugsweise an Billigdiscounter-Ketten.

Tain l'Hermitage Französische Stadt an der → Rhône südlich von → Lyon, aus der der rote und weiße → Hermitage stammt.

Tain l'Hermitage, Caves de Französische Genossenschaft in → Tain l'Hermitage mit über 400 Mitgliedern, die ein Viertel der dortigen Weine in guter Qualität erzeugen.

Taittinger Französisches → Champagnerhaus in → Reims mit einigen hervorragenden Champagnern. Der Beste ist der sehr feine und elegante *Comte de Champagne Blanc de Blancs* → *millésimé*.

Talbot, Château Französisches *4e Cru classé*-Weingut im Bordeaux in der Appellation → Saint-Julien (Haut-Médoc). Rund 100 ha Rebfläche mit 70 % Cabernet Sauvignon, 20 % Merlot und je 5 % Cabernet franc und Petit Verdot. Erzeugt wird ein charaktervoller, langsam reifender roter → Bordeaux, sowie auf weiteren 6 ha ein Weißwein namens *Caillou Blanc du Château Talbot*.

Talence Französische Stadt im → Bordeaux, in den → Graves gelegen, heute praktisch Teil der Stadt Bordeaux. Angesichts der durchgängigen Urbanisierung ist der Weinbau in Talence bis auf 25 ha geschrumpft, doch diese bringen nach wie vor sehr angesehenen Wein hervor: Château La → Mission Haut-Brion, Château La → Tour Haut-Brion – ein klassifiziertes *Grand Cru* – sowie Château → Laville Haut-Brion, das einen weißen Graves liefert. Sie alle kommen heute unter der Appellation → Pessac-Léognan in den Handel.

Talento Italienische Bezeichnung für → klassische Flaschengärung → Schaumwein

Tank Großes, geschlossenes Behältnis, das zur Weinherstellung oder -lagerung dient. Angesichts der größeren Wirtschaftlichkeit und einfacheren Hygiene von Tanks verschwinden immer mehr Holzfässer aus den Weinkellern. Je nach Material unterscheidet man folgende Typen:

- *Glasfaser-Kunststofftanks (GFK-Tanks)*: Mitte der 1960er Jahre entwickelt, waren die preiswerten GFK-Tanks sehr beliebt. Der Kunststoff hat jedoch den entscheidenden Nachteil, dass er empfindlich auf Säuren reagiert. Weine, die über längere Zeit in GFK-Tanks lagern, nehmen Styrole auf, so dass der Wein im schlimmsten Fall einen schmeckbaren Styrol-Ton annimmt, der an Plastik erinnert. Seitdem die Preise für Edelstahltanks deutlich gefallen sind, spielen GFK-Tanks heute keine Rolle mehr und werden zunehmend ausgemustert.
- *Emailletanks*: Die bessere Alternative zu GFK. Echtes Emaille ist eine dünne Glasschicht, die gegen Säuren unempfindlich ist. Da Emaille stoßempfindlich ist und abplatzen kann, haben sich die teuren Emailletanks ebenfalls nicht etablieren können. Auch sie werden durch Edelstahltanks abgelöst.
- *Betontanks*: Anfang des 20. Jahrhunderts erstmalig eingesetzt, waren diese Tanks zeitweise sehr populär – besonders wenn es, wie bei Genossenschaften, um die Verarbeitung großer Mengen geht. Diese Tanks wurden fest in die Keller eingegossen und lassen sich heute nur mit großen Kosten wieder entfernen. Säurebetonte Weine können den Beton angreifen, weshalb Betontanks im Innern meist beschichtet sind: erst mit Kacheln (die Fugen sind hierbei ein entscheidender Schwachpunkt), seit den 1960er Jahren mit Kunststoffbeschichtungen. Diese enthalten jedoch Weichmacher bzw. chemische Verbindungen, die auf Dauer emittieren und ebenfalls leicht abplatzen können. Aus diesen Gründen wurden Betontanks seit den 1970er Jahren nicht mehr eingebaut. In letzter Zeit kommen bei Spitzenerzeugern kleinere, transportable Betontanks mit rund 2000 bis 5000 l Inhalt wieder in Mode, da diese aufgrund ihrer höheren Masse die Temperaturen konstant halten können, der Wein bei der Lagerung im Innern also geringeren Temperaturschwankungen ausgesetzt ist. Außerdem sind diese Tanks aus Spezialzement im Innern nicht beschichtet: Um die Betonoberfläche vor Zersetzung zu schützen, werden sie bei der Erstbelegung mit einfachen Weinen gefüllt, der dabei ausfällende Weinstein schützt den Zement.
- *Edelstahltanks*: rostfreier Edelstahl (V2A, oder besser V4A) wird immer öfter für Tanks verwendet. Diese lassen sich preiswert in allen Größen herstellen (von 50 bis 1,5 Millionen l), bieten dauerhaften Korrosionsschutz und sind kühlbar (Stahl leitet Kälte gut). Außerdem lassen sich Edelstahltanks leicht reinigen und sauber halten. Nachteil: Sie sind absolut inert, d. h., sie lassen keinerlei Mikrooxidation zu, die in ihnen vinifizierten Weine sind daher meist reduktiv (→ Ausbau) und verschlossen.

Erfreulicherweise nimmt in den letzten Jahren bei vielen Erzeugern die Einsicht zu, dass sich qualitativ überdurchschnittliche Weiß- und Rotweine am besten in Holzfässern erzeugen lassen.

Tannat Rote Rebsorte mit sehr hohem Tanningehalt. In Europa wird sie nur in Frankreich kultiviert, ist dort allerdings mit rund 2500 ha Rebfläche auf dem Rückzug. Tannat spielt im → Madiran als Hauptrebsorte seine bedeutendste Rolle (der bekannteste Wein ist der Château → Montus). In Übersee kommt Tannat vor allem in Uruguay vor und heißt dort auch Harriague. In Argentinien ist diese raubeinige Sorte ebenfalls bekannt.

Tannin Gerbstoff. Zu den Polyphenolen gehörende Gruppe organischer Verbindungen, die in Baumrinden, Holz, Wurzeln und den Stielen vieler Pflanzen vorkommen. Gerbstoffe trifft man im Lebensmittelbereich, z. B. bei starkem Tee, Rhabarber und unreifen Bananen. Auch Trauben enthalten Gerbstoffe, die in den Häuten der → Beeren, in den Kernen und den Stielen der Trauben (auch Rappen genannt) lokalisiert sind. Besonders bei roten Trauben ist der Polyphenolgehalt hoch, wobei der Anteil der in der Beerenhaut enthaltenen Gerbstoffe je nach Rebsorte sehr unterschiedlich ausfallen kann. Pinot noir z. B. hat dünne Beerenhäute und enthält daher weniger Gerbstoffe als z. B. der dickschalige Cabernet Sauvignon. Auch die Sorten Nebbiolo, Syrah oder Tannat enthalten viele Gerbstoffe. Die Önologie kennt heute über 30 unterschiedliche Tannine – manche sind für die Weinqualität von entscheidender Bedeutung, andere jedoch werden als ungünstig eingestuft. Grundsätzlich spielen Tannine bei Rotweinen eine weitaus größere Rolle als bei Weißweinen, da mit den Farbstoffen immer auch Gerbstoffe aus den Beerenhäuten extrahiert werden. Rotweine können in ihrer Jugend deshalb aggressiv und → adstringierend wirken, das heißt, sie hinterlassen im Mund einen zusammenziehenden Eindruck. Doch auch Weißweine enthalten Gerbstoffe und können durch sie reicher und komplexer ausfallen – hier kommt es auf die Feindosierung an: Gerade bei Champagner (→ Taille) ist ein niedriger Gerbstoffgehalt entscheidend, da diese durch das Mousseux geschmacklich verstärkt werden.

Es gibt zwei Einflussfaktoren, die hinsichtlich des Tannins für die Weinqualität von entscheidender Bedeutung sind:

- Die Arbeit im Weinberg: späte Lese und hohe physiologische → Reife sorgt für reifere und als weich empfundene Tannine. Unreife Gerbstoffe hingegen schmecken grün, aggressiv und pelzig.
- Die Art und Dauer der Vinifikation sowie die Weinlagerung: Bei Weißweinen ist die Höhe und Dauer des Pressdrucks entscheidend: Je behutsamer gepresst wird, desto besser für die Weinqualität. Rote Trauben werden in der Regel abgebeert, um die stark gerbstoffhaltigen Stiele zu entfernen. Die anschließende → Maischegärung ist verantwortlich für die Extraktion von Farb- und Gerbstoffen. Je länger diese dauert, desto dunkler fällt der Wein aus und umso höher sein Tanningehalt. Eine anschließende Holzfasslagerung sorgt, je nach Länge und Art bzw. Qualität des Holzes dafür, dass die Gerbstoffe weicher und runder werden und sich geschmacklich in den Wein einbinden, denn im Laufe der Zeit polymerisieren die Tannine, ihre Moleküle werden größer und sinken zu Boden. Eine anschließende, mehrjährige Flaschenlagerung kann bei stark gerbstoffhaltigen Weinen (z. B. Barolo, Brunello, hochwertige Bordeaux) sehr sinnvoll bzw. notwendig sein.

Ein Teil der im Wein enthaltenen Gerbstoffe kann auch durch den Einfluss des Eichenholzes bei der Fasslagerung in den Wein gelangen: Weine, die in neuen Eichenfässern lagern, nehmen zusätzlichen Gerbstoff auf, was ihre Qualität und Lagerfähigkeit erheblich verbessern kann. Im Verlauf des → Alterns wird ein Teil der Tannine abgebaut und als Depot ausgeschieden. Überdurchschnittliche Rotweine verfügen in ihrer Jugend oft über einen deutlichen Gerbstoffgehalt.

In den letzten Jahren geht der Trend eindeutig hin zu weichen, gerbstoffarmen Rotweinen, die bereits in der Jugend gut zu trinken sind. Diese fruchtigen und geschmacklich süß wirkenden Modeweine sind hochwertigen Rotweinen mit deutlichem Gerbstoffgehalt allerdings eindeutig unterlegen.

Tanninpulver Extrakt aus getrockneten und fein gemahlenen Beerenschalen. Wird eingesetzt, um Rotweine (künstlich) zu verstärken. Ein zulässiges, dennoch fragwürdiges Verfahren, da die dem Wein eigene, von seinem Wachstum vorgegebene Struktur massiv verändert wird.

Tarquinia Italienische DOC in → Latium in 15 Gemeinden rund um Rom sowie Viterbo. Erzeugt werden Rot-, Rosé- und Weißweine: der Bianco aus den Rebsorten Trebbiano, Malvasia, Pinot grigio und anderen (auch als Frizzante); der Rosso aus Sangiovese und Montepulciano, Cesanese und weiteren roten Rebsorten (auch als Rosato sowie Novello und Amabile). Kein Wein von überregionaler Bedeutung.

Tarragona Spanische Stadt südlich von Barcelona in Katalonien an der spanischen Mittelmeerküste. Früher berühmt für ihren *Tarragona clásico*, ein heute nur noch selten erzeugter roter oder weißer → Likörwein mit 16 bis 20 % Alkohol (→ *vino generoso*), der einem → Portwein ähnelt (auch »Port für den kleinen Mann« genannt). Heute wird viel anonymer Verschnittwein bzw. Grundwein für die Sektindustrie erzeugt. Tarragona ist heute eine DO mit einer Rebfläche von rund 18 500 ha, auf der etwa 45 Millionen l Wein erzeugt werden, mit folgenden Sub-Zonen:

- DO *Tarragon Campo* (rund 75 % der Rebfläche): Die Rebflächen liegen im Küstenbereich bis 200 m hoch. Der Boden besteht aus Schwemmland und Kalk. Das Klima ist mediterran, nur in unmittelbarer Küstennähe etwas kühler.
- *Falset*: Die Weinbauflächen liegen bis 450 m hoch. Die Böden bestehen aus Lehm, Kalk und Granit. Das Klima ist kontinental und für hochwertige Rotweine gut geeignet.

In Campo werden meist klassische gespritete süße Rot- und Massenweine sowie weiße Grundweine für die Sektindustrie erzeugt, in Falset mehr ambitionierter Rotwein. Die Weine können sich qualitativ nicht mit denen des benachbarten → Penedés oder den Spitzenrotweinen von → Rioja oder → Navarra messen. Zwei Randbereiche werden heute nicht mehr zu Tarragona gezählt: → Priorato und → Terra Alta. Bekannte Erzeuger: Cooperativa Capçanes, De Muller, Cooperative Falset, Beyme.

Tasmanien Auf dem 42. Breitengrad gelegene Insel und der kleinste Bundesstaat Australiens. Angesichts der südlichen – und da auf der Südhalbkugel gelegenen, somit recht kühlen – Lage begann der Weinbau Tasmaniens erst richtig in der 1970er Jahren. Heute gibt es rund 150 ha Rebfläche. Aufgrund starker Fröste, die die Vegetation empfindlich treffen können, findet der Weinbau hier in einer klimatischen Grenzsituation statt, auch wenn die durchschnittlichen Wärmewerte mit denen des nördlichen bis mittleren → Burgund vergleichbar sind. Es gibt zwei Weinbauschwerpunkte: im Norden um die Stadt Launceston und im Süden um Hobart. Die besten Weine Tasmaniens zeigen, was möglich ist: Chardonnay, Pinot noir, Cabernet Sauvignon und Riesling zeichnen sich durch eine feindifferenzierte Struktur, sehr klare Sortenart und mäßigen Alkohol aus.

Bekannte Erzeuger im Norden: Pipers Brook (bekannt für Chardonnay aus kühlen, meeresnahen Weinbergen). Im Süden: Moorilla Estate (hervorragender Cabernet Sauvignon), Clover Hill (Chardonnay und Schaumweine), Freycinet (Pinot noir).

Tastevin Im französischen → Burgund für Brauchtums-Weinproben verwendete metallene, häufig versilberte, flache Schale, die an einem Band befestigt, von den Teilnehmern um den Hals getragen wird (auf den ersten Blick ähnelt sie einem Aschenbecher). Für tief schürfende Proben sind Gläser besser geeignet, da das Aroma des Weins darin vollständiger wahrzunehmen ist. Die burgundische Weinbruderschaft, der *Confrérie du Tastevin* (mit Sitz im Château von → Vougeot), leitet ihren Namen von dem charmanten Schälchen ab.

Tastevinage Besondere Etikettierung bei bestimmten → Burgundern, die nach eingehender Probe von einem Ausschuss der *Confrérie du → Tastevin* ausgewählt wurden und nach Entrichtung einer Gebühr das besondere Etikett der Bruderschaft tragen, auf dem ebenfalls der Name des Abfüllers (Händler oder Erzeuger) erscheint. Die betreffenden Weine gelten als *tastevinés*. Allerdings ist dieser Hinweis keineswegs eine Garantie für gehobene Qualität.

Tattendorf Österreichische Gemeinde mit rund 220 ha Rebfläche im Weinbaugebiet → Thermenregion, Erzeugt wird überwiegend Rotwein, besonders aus der Rebsorte Sankt Laurent. Bekannte Erzeuger: Chorherrenstift Klosterneuburg, Auer, Johanneshof und Rebhof.

Tauberfranken Deutscher Weinbaubereich im Weinbaugebiet → Baden; im unteren Taubertal zwischen Bad Mergentheim und Wertheim am Main gelegener nördlichster Bereich des Anbaugebietes Baden, der bis Ende der 1980er Jahre Badisches Frankenland hieß. Die Reben stehen in der Regel in 200 bis 300 m Höhe auf Muschelkalkböden, während um Bronnbach und Wertheim Buntsandstein anzutreffen ist. Auf rund 700 ha Rebfläche werden überwiegend Müller-Thurgau, ferner Silvaner sowie Neuzüchtungen kultiviert. Für die Weine sind etwas geringere → Mindestmostgewichte vorgeschrieben als im übrigen Baden. Sie sind kernig und kräftig und haben mit den benachbarten Weinen → Frankens mehr gemeinsam als mit den badischen. Wie die Weine Frankens kommen sie in → Bocksbeuteln in den Handel. Bekannte Lage: *Kemelrain* (eine alte Klosterlage der einst bedeutenden Zisterzienserabtei Bronnbach), heute im Besitz des Fürstlich Löwensteinschen Weinguts. Haupterzeuger sind mit weitem Abstand die Winzergenossenschaften des Gebiets.

Taurasi Süditalienischer DOCG-Rotwein, der in → Kampanien auf dem so genannten *Agro Taurasino* in der Provinz Avellino südöstlich von Benevento erzeugt wird. Die zugelassenen Rebsorten sind Aglianico und insgesamt bis zu 30 % Zusatz von Piedirosso, Sangiovese und Barbera. Als Riserva erzeugt, kann er mit großer Haltbarkeit einer der besten Rotweine Süditaliens sein. Bekannter Erzeuger: Michele Mastroberardino.

Tavel Französische AOC für Roséweine – Frankreichs berühmtester und wahrscheinlich ältester Rosé. Er wird auf rund 900 ha Rebfläche aus den Rebsorten Grenache und Cinsaut mit mehr oder weniger großen Zusätzen von Clairette, Bourboulenc, Syrah, Mourvèdre, Picpoul und Carignan erzeugt; Jahresproduktion etwa 4,3 Millionen l. Die Rebflächen liegen um den Ort Tavel westlich von Avignon auf dem rechten Rhôneufer mit sandigen Böden, tonigem Schwemmland und Kieseln. Die Weine zeichnen sich durch eine hell- bis karmesinrote Farbe aus und sind mit rund 13 % relativ alkoholreich. Bekannte Erzeuger: Château d'Aquéria, Prieuré de Mantézargues, Domaine de la Forcadière, Le Vieux Moulin, Domaine de la Genestière, Château de Manissy, Domaine des Roches.

Tavernelle Italienischer IGT-Rotwein, ein → Supertoskaner, der seit 1982 vom Weingut Banfi in → Montalcino (Toskana) aus Cabernet Sauvignon erzeugt wird: → international, modern, in

→ Barriques ausgebaut – rund 120 000 Flaschen jährlich.

Tavira Kleines portugiesisches DOC-Weinbaugebiet, ganz im Süden des Landes an der spanischen Grenze. Auf rund 1500 ha werden im Küstenstreifen der Algarve Rotweine aus Periquita und Negra Mole und Weißwein aus Crato Branco erzeugt. Meist einfache Touristenweine.

Tavora-Varosa Rund 1900 ha großes nordportugiesisches DO-Weinbaugebiet direkt südlich des Douro nahe der historischen Stadt Lamego. Das hoch gelegene, relativ kühle Gebiet ist vor allem für seine Schaumweine aus den weißen Rebsorten Malvasia, Fernão Pires, Chardonnay, weißem Pinot bzw. den Rotweinsorten Alvarelhão, rotem Pinot, Tinta Roriz, Touriga Francesca bekannt. Daneben werden auch einige Weiß- und Rotweine erzeugt.

Tawny → Port

Taylor's (Taylor, Fladgate & Yeatman) Portugiesischer Portweinproduzent – eine der ältesten und angesehensten Firmen. Die Trauben stammen u. a. von der eigenen hoch gelegenen Quinta de Vargellas (über 200 ha Rebfläche). Traditioneller Erzeuger, der langlebige, volle und duftige Ports produziert: Late-bottled-Vintage, Tawny-Port mit Altersangabe sowie Einzellagen-Ports: *Terra Feita*.

Tedeschi, Fratelli Italienisches Weingut in der Region → Veneto im Ort Pedemonte (Valpolicella) – zählt zu den führenden Erzeugern im Valpolicella. Produziert auch durch Traubenzukauf jährlich rund 400 000 Flaschen Wein, vor allem DOC → Amarone (auch aus Einzellagen), außerdem Valpolicella Classico und Soave.

Teergeschmack Merkmal (im Französischen *goût de goudron* genannt) bestimmter, körperreicher Rotweine (z. B. → Barolo und → Amarone) aus großen Jahrgängen, die aus sehr reifen Trauben bereitet werden. Kein negativer, von vielen sogar geschätzter Charakterzug, der sich zumeist im Verlauf des → Alterns wieder verliert.

Teinturier (Französisch wörtlich *Färber*). Im Weinbau eine Bezeichnung für die verhältnismäßig seltenen roten Rebsorten, bei denen der Farbstoff nicht nur in der Beerenhaut, sondern auch im Fruchtfleisch enthalten ist. Meist haben Teinturier-Trauben roten oder gar purpurfarbenen Saft und werden dazu verwendet, farbschwachen Weinen eine intensivere Farbe zu verleihen. Sie sind oft → Neuzüchtungen bzw. → Hybriden; die Rebsorte → Alicante-Bouschet dürfte weltweit am häufigsten vorkommen, in Deutschland ist der Dornfelder als Färbertraube bekannt (und von vielen Weingenießern wegen dieser Eigenschaft gefürchtet).

Tement Österreichisches Weingut im Weinbaugebiet → Südsteiermark. Auf rund 40 ha Rebfläche werden jährlich etwa 300 000 Flaschen Wein erzeugt. Rebsorten: vor allem Welschriesling, Weißburgunder, Chardonnay (Morillon), Sauvignon blanc, Muskateller und Gewürztraminer. Die Weine wachsen auf Muschelkalkböden an steilen Süd- und Südosthängen. Tement wird immer wieder als führender Erzeuger genannt – besonders sein kristalliner Muskateller und Sauvignon blanc sind legendär; mittlerweile gibt es eine Reihe mindestens ebenbürtiger Betriebe in der Steiermark.

Temperatur Man unterscheidet Weinbergstemperatur, Lesetemperatur, Gärungstemperatur, Serviertemperatur.

Temperatur im Weinberg
Die Weinrebe ist eine Pflanze, die in gemäßigtem Klima wächst. Nördlich des 50. Breitengrades (verläuft direkt durch Mainz und den Rheingau) sind die klimatischen Bedingungen in der Regel zu kühl für Qualitätsweinbau – nur in be-

Traubenlese

Die Temperatur der Weintrauben bei der Lese ist von entscheidender Bedeutung: Kühlere Trauben liefern bessere Weine, da diese beim Transport nicht zu gären beginnen und auch einige Stunden Transport- oder Wartezeit ohne Gärung überstehen. In heißen Regionen, in denen die Weinlese z. T. bereits im August beginnt (z. B. Weißweine in Südwestfrankreich und der Toskana), wird am besten am frühen Morgen gelesen, damit die Trauben so kühl wie möglich sind. Bei Tagestemperaturen von 30 Grad würden die Trauben, nachdem sie abgeschnitten und in Transportbehälter geschüttet oder mit der Erntemaschine abgerüttelt worden sind und dabei oft aufplatzen und Saft verlieren, vorzeitig und unkontrolliert zu gären beginnen und ggf. Essigstich entwickeln. Es gibt Weingüter, die wegen der Kühle nachts lesen (besonders im Wüstenklima).

sonderen Mikroklimata (z. B. an Saar und Mosel) kann sie auch nördlich des 50. Breitengrades gedeihen. Doch auch im Süden sind ihr Grenzen gesetzt. In der nördlichen Hemisphäre kann sie südlich der nordafrikanischen Mittelmeerländer nicht mehr wachsen – dort ist es ihr zu heiß. Außerdem braucht sie eine Phase der Winterruhe, um sich zu regenerieren und neue Früchte tragen zu können.

• *Winter und Frühjahr*: Frost bis minus 15 bis 20 Grad Celsius können winterharte Sorten wie Riesling problemlos überstehen. Hat die Weinrebe im Frühjahr aber ausgetrieben, dann können Spätfröste eine echte Gefahr für sie bedeuten, bereits wenige Grade unter Null lassen die zarten Triebe erfrieren. Wenn es frostfrei bleibt, kann ein früher Austrieb einen Vorteil bedeuten, denn eine z. B. um zwei Wochen verlängerte Vegetationsperiode ermöglicht eine insgesamt längere Wachstums- und Reifezeit – das ist besonders wichtig in nördlich gelegenen Klimazonen.

• *Sommer*: In den Monaten Mai, Juni, Juli und August sind ausgeglichene Temperaturen gut. Große Hitze verursacht der Rebe Stress, das heißt, die Energie geht in lebenserhaltende Funktionen, nicht in die Bildung von Zucker in den Trauben (→ Sonne). Außerdem kann es passieren, dass die Beeren → Sonnenbrand bekommen und die Beerenhaut geschädigt wird. Ein verregneter Sommer mag für Urlaubsgebiete eine Katastrophe sein, für die Weinrebe stellt sie kein Problem dar, solange die Temperaturen im Durchschnitt nicht zu tief sinken.

• *Herbst*: Besonders wichtig ist die Frage der Temperaturen in der → Reifeperiode. Sind die Temperaturen hoch, dann bilden die Trauben zwar schnell und viel Zucker, oft fehlt es ihnen dafür aber an innerer Reife, an Aroma und Säure. Das heißt, die aus ihnen gewonnenen Weine sind zwar alkoholreich, doch nicht selten breit und ausdruckslos. Bei zu geringen Temperaturen bleiben die Trauben unreif, es fehlt dem Wein an Kraft, Geschmeidigkeit und Finesse. Rotweine fallen zudem auch noch aggressiv und pelzig aus, da sich nicht genügend reife → Tannine bilden konnten. Wichtig sind Temperaturschwankungen zwischen Tag und Nacht. Im Wärme-Kälte-Wechsel bilden sich Aromastoffe, und die als scharf und sauer empfundene Apfelsäure wird in den Beeren in die weichere, geschmacklich angenehmere Weinsäure umgewandelt. Milde Temperaturen, wenig Regen sowie Sonne in der Erntezeit

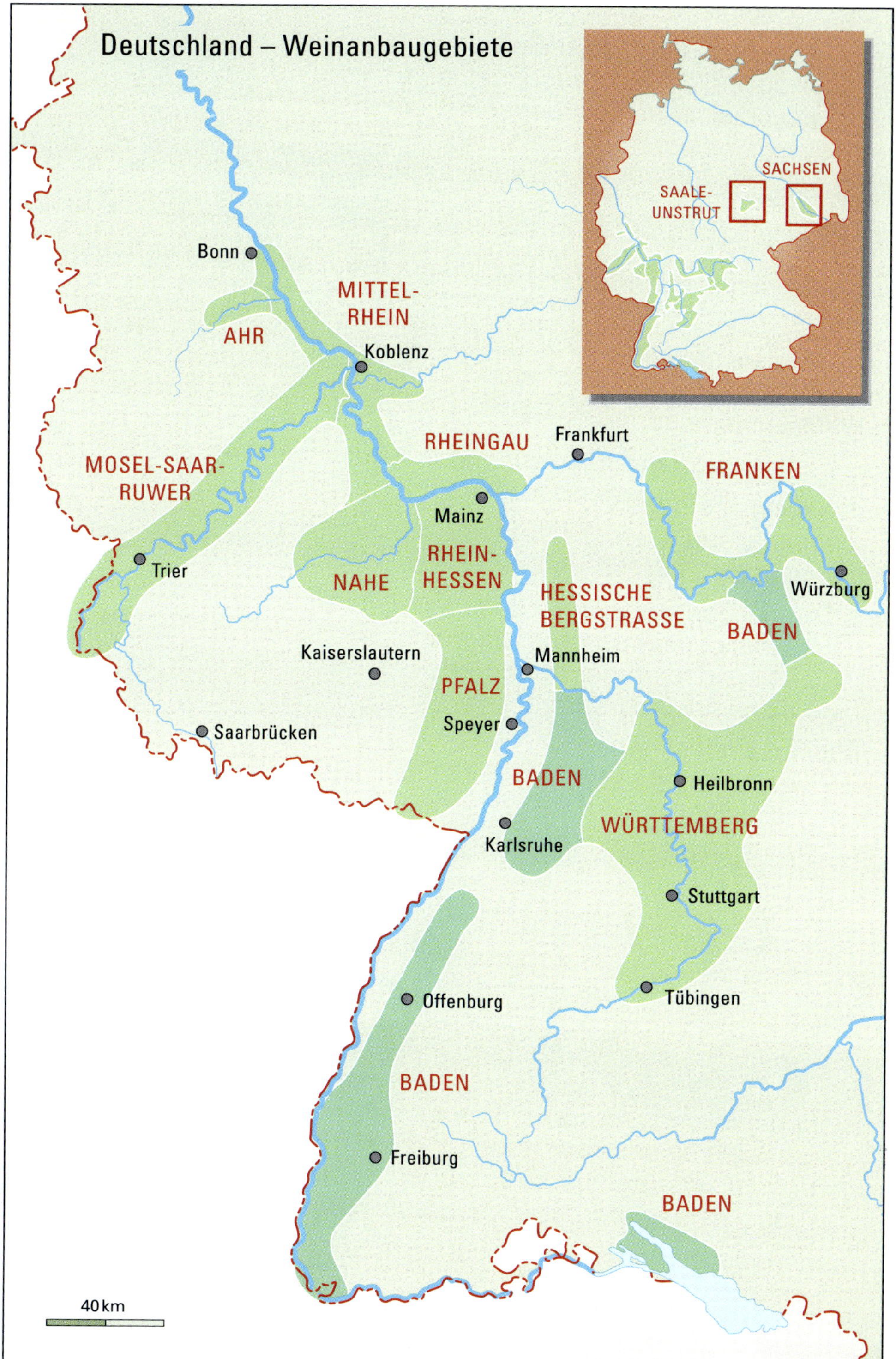

Deutschland – Weinanbaugebiete
SACHSEN
SAALE-UNSTRUT
Bonn
MITTEL-RHEIN
AHR
Koblenz
RHEINGAU
Frankfurt
MOSEL-SAAR-RUWER
FRANKEN
Mainz
RHEIN-HESSEN
Trier
NAHE
HESSISCHE BERGSTRASSE
Würzburg
BADEN
Kaiserslautern
Mannheim
PFALZ
Speyer
Saarbrücken
BADEN
Heilbronn
WÜRTTEMBERG
Karlsruhe
Stuttgart
Tübingen
Offenburg
BADEN
Freiburg
BADEN
40 km

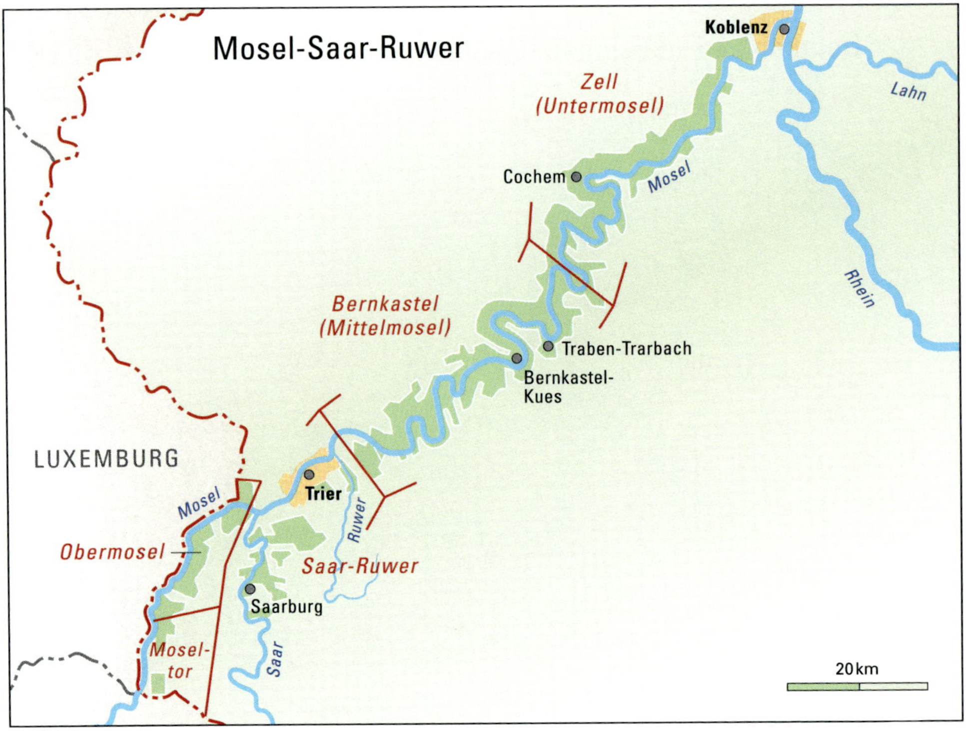
Mosel-Saar-Ruwer
Koblenz
Zell
(Untermosel)
Lahn
Cochem
Mosel
Rhein
Bernkastel
(Mittelmosel)
Traben-Trarbach
Bernkastel-
Kues
LUXEMBURG
Trier
Mosel
Ruwer
Obermosel
Saar-Ruwer
Saarburg
Mosel-
tor
Saar
20 km

Rheingau
Wiesbaden
Eltville
Hochheim
Mainz
Oestrich
Assmanns-
hausen
Rhein
Rüdesheim
Bingen
10 km

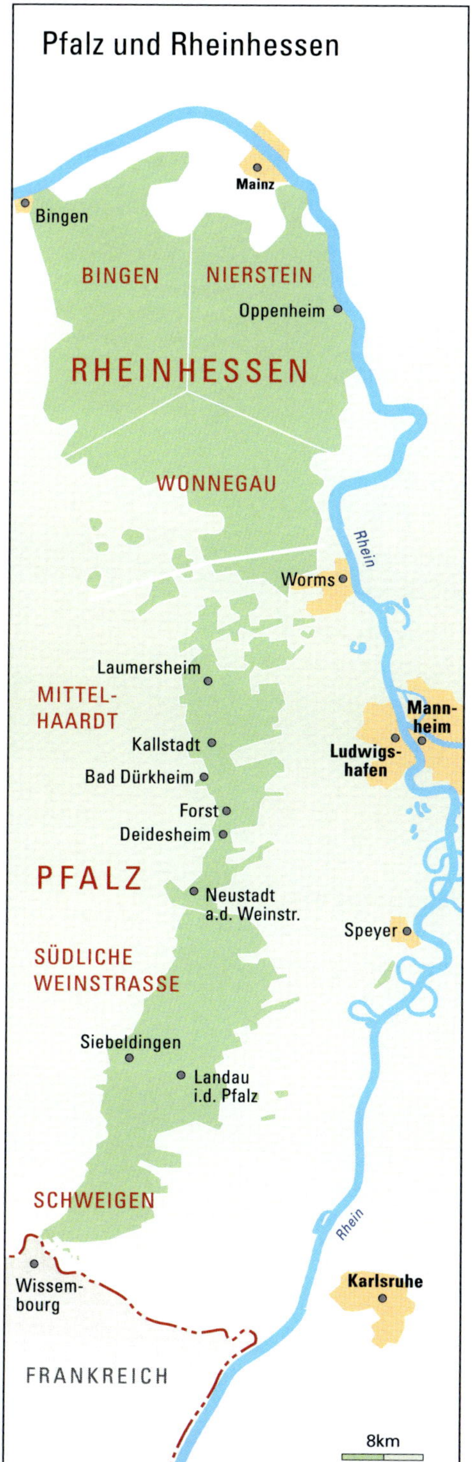
Pfalz und Rheinhessen
Mainz
Bingen
BINGEN
NIERSTEIN
Oppenheim
RHEINHESSEN
WONNEGAU
Rhein
Worms
Laumersheim
MITTEL-
HAARDT
Kallstadt
Bad Dürkheim
Mann-
heim
Ludwigs-
hafen
Forst
Deidesheim
PFALZ
Neustadt
a.d. Weinstr.
Speyer
SÜDLICHE
WEINSTRASSE
Siebeldingen
Landau
i.d. Pfalz
SCHWEIGEN
Rhein
Wissem-
bourg
Karlsruhe
FRANKREICH
8km

Baden
Rhein
Main
Main
Wertheim
Tauber-
franken
Ludwigshafen
Mannheim
Heidelberg
Neckar
Badische
Bergstraße
Kraichgau
Karlsruhe
Pforzheim
FRANKREICH
Rhein
Stras-
bourg
Ortenau
Offenburg
Breisgau
Ihringen
Kaiserstuhl-
Tuniberg
Freiburg
Bodensee
Markgräflerland
Rhein
Basel
SCHWEIZ
25km

Franken und Württemberg
Main
Frankfurt
FRANKEN
Aschaffenburg
Maindreieck
Maindreieck
Main
Würzburg
Kitzingen
Wertheim
Tauber
Tauberfranken
(zu Baden)
Steiger-
wald
Kocher-Jagst-Tauber
Heidelberg
Neckar
Jagst
Kocher
Heilbronn
WÜRTTEMBERG
Württembergisch
Unterland
Pforzheim
Stuttgart
Remstal-
Stuttgart
Tübingen
Neckar
10 km

Spanien – Weinanbaugebiete

Portugal – Weinanbaugebiete

Kalifornien
North Coast
1 Anderson Valley
2 Potter Valley
3 McDowell Valley
4 Clear Lake
5 Guenoc Valley
6 Dry Creek Valley
7 Alexander Valley
8 Knights Valley
9 Russian River Valley
10 Sonoma Valley
11 Napa Valley
12 Los Carneros
29 Solano County Green Valley
30 Suisun Valley
Central Coast
13 Livermore Valley
14 Santa Cruz Mountains
15 Santa Clara Valley
16 Mount Harlan
17 Chalone
18 Arroyo Seco
19 Santa Lucia Highlands
20 Carmel Valley
21 San Lucas
22 York Mountain
23 Paso Robles
24 Edna Valley
25 Arroyo Grande
26 Santa Maria Valley
27 Santa Ynez Valley
28 Temecula
Central Valley
31 Clarksburg
32 Lodi
Sierra Foothills
33 El Dorado
34 Shenandoah Valley
35 Fiddletown
Sacramento
USA
San Francisco
Monterey
Santa Barbara
PAZIFIK
Los Angeles
San Diego
MEXIKO
100 km

Australien – Weinanbaugebiete

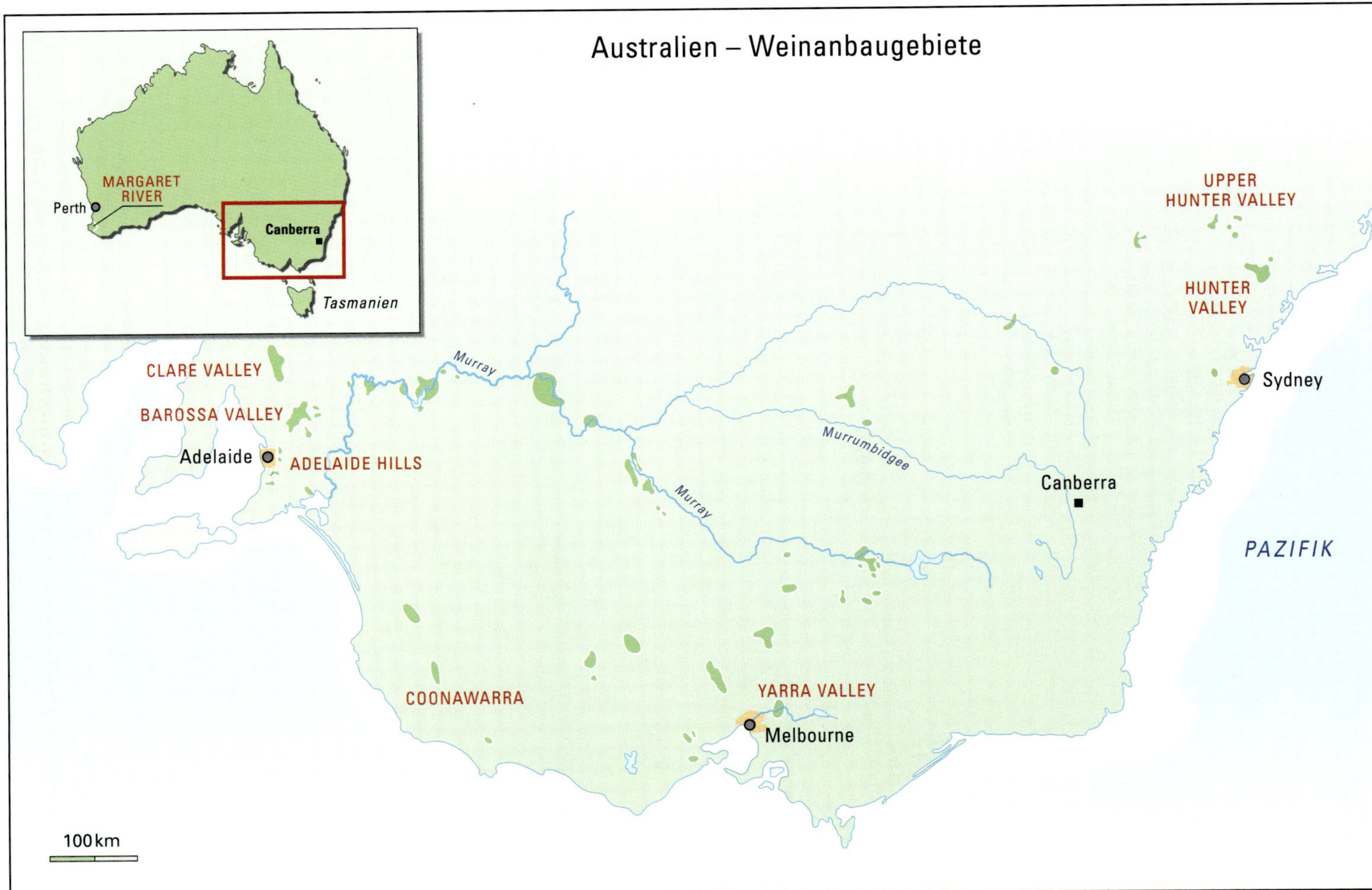

sind wichtig, damit die Trauben in der Schlussphase optimal stoffwechseln können: pro Tag ein Grad Oechsle Steigerung des Mostgewichts sind keine Ausnahme.

Gärtemperatur

Die Temperatur bei der → Gärung ist ebenfalls wichtig: Je kühler der Most, desto fruchtiger der Wein. Aus diesem Grund sind kühle → Keller besser als warme. Heutzutage wird die Gärtemperatur immer öfter per Computer gesteuert – anhand von definierten Gärkurven, die den Gärungsverlauf exakt vorgeben. Unter 10 Grad Celsius Gärtemperatur kann die Gärung zum Stillstand kommen, der Wein bleibt stehen. 18 bis 20 Grad Celsius sind moderate und gute Gärtemperaturen. Über 22 Grad Celsius können bestimmte empfindliche Frucht- und Gäraromen bereits verloren gehen. Über 30 Grad Celsius vergorene Weine neigen dazu, vor allem in der Jugend, flach und eindimensional zu schmecken, weil mit den heftig abgehenden Gärgasen viel aromatisches Potenzial in die Luft geblasen bzw. der Wein durch die Erwärmung insgesamt angegriffen und strapaziert wird.

Serviertemperatur

Weine sollten mit der richtigen Temperatur serviert und getrunken werden. Ein zu warmer Weißwein erscheint plump, ein zu kalter Rotwein eindimensional, hohl und stumpf. Grundsätzlich sollte man bedenken, dass Kälte das Geschmacksvolumen aller Speisen und Getränke unterdrückt. Außerdem ist die Umgebungstemperatur – die gefühlte und die tatsächliche Temperatur – wichtig. Im Winter können Weine durchaus etwas wärmer serviert werden als im Sommer; auch Rotweine können im Sommer durchaus eine leichte(!) Kühlung vertragen, da sich der Wein im Glas ohnehin schneller erwärmt, als es einem lieb ist. Eiskübel zur Weißweinkühlung sind nur in großer Sommerhitze angebracht, um Weine kalt zu halten bzw. schnell zu kühlen. Auf Dauer wird der Wein mit ihnen aber meist viel zu stark abgekühlt.

Die Faustregeln:

• Hervorragenden bis großen Rotweinen (vor allem alten und gereiften) bekommt eine Temperatur von 17 bis 20 Grad Celsius am besten.

• Einfachere Rotweine, vor allem jüngere, sollten kühler serviert werden: 15 bis 16 Grad Celsius sind meist ideal.

• Trockene Weißweine, Rosés und auch einige Rotweine wie z. B. → Beaujolais sollten gekühlt werden; zwischen 10 und 13 Grad Celsius.

• Schaumweine und restsüße Weine wie → Sauternes, aber auch → Fino Sherry sollten relativ kalt bei 6 bis 10 Grad Celsius getrunken werden. Deutsche → Beeren- und → Trockenbeerenauslesen sollten jedoch nicht unter 13 Grad Celsius gekühlt werden.

Ob er nun ein, zwei Grad Celsius wärmer oder kühler ist – grundsätzlich sollte man seinem persönlichen Gefühl für die richtige Temperatur vertrauen – Hauptsache, der Wein schmeckt.

Temperaturkontrolle Verfahren bei der Gärung von Weinen, die meist gekühlt, teilweise auch erwärmt werden. → Temperatur.

Tempier, Domaine Französisches Weingut in der → Provence im Ort Le Beausset. In der AOC → Bandol werden auf insgesamt rund 30 ha mit z. T. über 70 Jahre alten Reben vor allem aus der Rebsorte Mourvédre insgesamt kraftvolle, langlebige Rotweine erzeugt. Zählt zu den führenden Erzeugern in der Provence.

Templiers, Cellier du Zusammenschluss mehrerer französischer Winzergenossenschaften im Ort Banyuls (→ Roussillon), mit insgesamt über 2500 ha Rebfläche der bedeutendste Erzeuger in der Appellation, vor allem AOC Banyuls sowie Collioure.

Tempranillo Spanische Rotweinsorte, qualitativ die bedeutendste des Landes. Reift früher als Garnacha (Grenache) und ist relativ ertragreich. Mit nicht zu hohem Zucker-, d. h. Alkoholgehalt und guter Säure, ergibt sie fein-elegante, langlebige Weine. Tempranillo ist die Hauptrebsorte in → Rioja Alavesa und spielt die Hauptrolle in allen guten roten Rioja-Weinen, insbesondere in den Reserva-Qualitäten, wo sie mit rund 70 % am Rebsortenspiegel beteiligt ist (es gibt auch reinsortige Tempranillo-Weine). In → Katalonien ist Tempranillo ebenfalls verbreitet, heißt dort allerdings Ull de Llebre bzw. Ojo de Liebre. Ihre größte Verbreitung dürfte die Sorte in Mittelspanien, insbesondere in La → Mancha haben, wo sie den Namen Cencibel führt, während sie in → Ribera del Duero und in Westspanien die Bezeichnung Tinto fino führt. Einer der bedeutendsten Rotweine Spaniens wird aus ihr bereitet, der → Vega Sicilia. Insgesamt steht die Sorte in Spanien auf rund 40 000 ha Rebfläche. In Portugal ist Tempranillo unter dem Namen Tinta Roriz verbreitet; sie kommt auch in Argentinien vor.

Tendone Italienisches Rebenerziehungssystem, ähnlich der Pergola, vor allem in Süditalien verbreitet. Das System bringt starke Erträge und sorgt für eine starke Verschattung des Bodens, um die Feuchtigkeit des Erdreichs gegen Austrocknung zu schützen.

Tenuta vinicola Italienische Bezeichnung für → Weingut.

Terlan (Terlano) Italienische Gemeinde in der autonomen Provinz Südtirol: bekannter Weinort und Spargelanbaugebiet im reizvollen Tal der Etsch zwischen den Städten Bozen und Meran und berühmt für seine Weißweine, die zu den besten Italiens gehören. Einfach als *Terlaner* etikettierter Wein besteht zu mindestens 50 % aus Weißburgunder und Anteilen von bis zu sechs weiteren zugelassenen Rebsorten. Der Wein wird auch reinsortig aus den folgenden Rebsorten bereitet: Pinot bianco (Weißburgunder), Rheinriesling (Riesling renano), Chardonnay, Sauvignon blanc, Welschriesling (Riesling italico), Sylvaner und Müller-Thurgau. Diese Weine tragen das DOC-Prädikat Südtiroler Terlaner (Alto Adige Terlano), und in der Regel liefern die ersten drei Sorten die besten Weine. Bekannte Erzeuger: Muri-Gries, Winzergenossenschaft von Terlan.

Teroldego Rotaliano Italienische DOC für Rotwein aus der autochthonen Rebsorte Teroldego in der Region Trentino-Südtirol. Die Rebsorte Teroldego wächst auf dem Campo Rotaliano, der kieshaltigen Ebene des Etsch zwischen den trientinischen Orten Mezzolombardo und San Michele all'Adige, einschließlich dem Bereich der Gemeinde Mezzocorona und liefert den besten Rotwein des Trentinound ganz Nordostitaliens: duftig, vollmundig und samtig mit dezentem → Tannin. Bekannte Erzeuger: Foradori mit ihrem Spitzenwein Granato ist führend, ferner Barone de Cles sowie Zeni, de Tarczal und F.lli Endrizzi.

Terra Alta Spanischer DO Weinbaubereich in → Katalonien, unmittelbar an die Stadt Tarragona grenzend; rund 8200 ha Rebfläche mit 33 Millionen l Jahresproduktion. Es werden überwiegend Grundweine für die Champagnerproduktion hergestellt, ferner vielfach schwere Rot-, Rosé- und Weißweine aus den Rebsorten Cariñena und Garnacha bzw. Macabeo und Garnacha. Die Weinberge liegen in rund 400 Metern Höhe und bieten den Reben auf Kalkböden gute Wachstumsbedingungen. Die meisten Trauben landen allerdings in der → Cava-Produktion, nur wenige Erzeuger füllen eigene Flaschenweine ab. Bekannte Erzeuger: Pedro Rovira in Gandesa in der südlichen Terra Alta mit Weißwein und traditionellem gespriteten → Likörwein, ferner Forés.

Terrassen Historische Form des Weinbaus auf steilsten Hängen. Weinterrassen wurden früher in mühevoller Arbeit geschaffen, um den Weinbau auch in den Steilhängen zu ermöglichen. Terrassierte Weinhänge prägen nicht nur die Landschaft, sondern stellen ein bedeutendes kulturelles Erbe dar. In den 1960er und 1970er Jahren wurden solche Weinberge meist planiert und die Rebzeilen senkrecht zum Hang gepflanzt, was allerdings stärkere Erosion nach sich zieht. Durch die seit den 1950er Jahren durchgeführten Flurbereinigungen ist in Deutschland ein Großteil der historischen Terrassenlagen verschwunden. Dies hat zwar die weitere Existenz des Weinbaus ermöglicht, weil sich in den umgestalteten Hängen jetzt Maschinen wie Traktoren oder Seilzüge einsetzen lassen, jedoch auch zahlreiche wertvolle → Terroirs unwiederbringlich zerstört. Heute wird der Steillagen- und Terrassenweinbau glücklicherweise durch spezielle Programme und Subventionen gefördert, z. B. beim Errichten von so genannten Monorackbahnen (eingleisige Zahnradbahn mit Viertakt-Verbrennungsmotor zum Transport von Material, Trauben und Personal, die auf Stelzen in die Weinberge gebaut wird und ein enormes Steigungsvermögen besitzt). Nur noch knapp 2 % aller Rebflächen in Deutschland sind historische Terrassenlagen wie z. B. in Winningen (Mosel), Klingenberg (Main) oder in Esslingen (Neckar). Andere weltberühmte Terrassenlagen finden sich am Douro (Portugal), an der nördlichen Rhône (Côte Rotie) oder im Banyuls und Collioure (Roussillon).

Terrassenmosel Auf dem linken Moselufer, wenige Kilometer bevor der Fluss bei Koblenz in den Rhein mündet, befinden sich die Weinbergterrassen rund um Winningen. Sie gehören zu den schönsten ihrer Art in der Welt und sind als landschaftskulturelle und landwirtschaftliche Kulturform in einem Atemzug mit den Weinbergterrassen am Douro, an der nördlichen Rhône, an der Wachau und den Reisterrassen an den Hängen des Himalaya mit ihren ausgeklügelten Bewässerungskanälen zu nennen. Ihr gegenwärtig wortgewaltigster Fürsprecher und genialer Interpret des → Terroirs der Terrassen von *Uhlen* und *Röttgen* ist Reinhard Löwenstein vom Weingut → Heymann-Löwenstein in Winningen: Keiner findet Worte wie er für die Steine seiner Heimat, kaum einer bringt in seinen Weinen den Schiefer so zum Singen. Er hat mit seinem Engagement und kompromisslosen Einsatz für den Erhalt und die Wiederbelebung der Terrassen einen der wichtigsten Impulse in ihrer jahrhundertealten Geschichte geliefert, denn erstens wird die Region heute nicht mehr unschön Untermosel genannt, zweitens hat er einen eigenständigen Rieslingstil entwickelt, der von einer ganzen Generation von Weingenießern inzwischen als großartig anerkannt ist, und drittens stellt er als Lebemann, Kosmopolit und Homme de Lettres mit seinen Beiträgen – und seinem Riesling, die nicht nur Lichtjahre vom mediokren Niveau der allgemein üblichen Platitüden entfernt sind, unter Beweis, dass der Wein letztlich ein unbegrenztes Universum ist.

Terravin Im Kanton → Waadt in der Schweiz gebräuchliche Bezeichnung für gehobene weiße → Dorin-Weine (Chasselas), die eine Qualitätsprüfung bestanden haben.

Terre di Tufo Italienischer Markenwein, mehr oder weniger ein → Vernaccia di San Gimignano, der vom Weingut Teruzzi & Puthod aus den Rebsorten Vernaccia (75 %) sowie Vermentino und

Malvasia erzeugt und in Barriques ausgebaut wird. Jährlich rund 400 000 Flaschen.

Terre di Franciacorta Italienische Weinbauregion in der Provinz → Brescia, deren Schaumweine als die besten Erzeugnisse der Region gelten und in 21 Gemeinden südlich des Iseo-Sees erzeugt werden. Der DOCG Rotwein *Franciacorta* → *Rosso* wird aus → Cabernet franc, → Barbera, → Nebbiolo, → Merlot und gegebenenfalls kleineren Mengen lokaler Sorten erzeugt, während der bekanntere DOCG → Weißwein aus Weißem → Burgunder stammt und als DOCG Franciacorta Pinot in den Handel kommt. Für den bedeutenden Spumante, der nach dem Champagnerverfahren erzeugt wird, darf zusätzlich bis zu 15 % Pinot Grigio bzw. Pinot Nero verwandt werden. Bekannte Erzeuger: Ca' del Bosco, Cavalleri und Berlucchi.

Terroir Synonym für das komplexe Zusammenspiel natürlicher und menschlicher Faktoren bei der Weinentstehung – der bedeutendste Weinbegriff der Gegenwart. Der Begriff Terroir ist französischen Ursprungs und bedeutete im engeren Sinne den Geschmack des Bodens, auf dem ein Wein gewachsen ist und an dem man ihn erkennen kann (Gôut de Terroir). Heute hat sich die Bedeutung von Terroir deutlich erweitert und lässt sich charakterisieren durch die Einflussfaktoren:

• *Boden*: bedeutend nicht nur für das fruchtbare Gedeihen einer bestimmten Rebsorte (z. B. Kalkböden und Pinot noir im Burgund; Kiesboden und Cabernet Sauvignon im Haut-Médoc), sondern auch für die Mineralität und Aromatik eines Weines. Manche Weine schmecken deutlich nach dem Boden seiner Entstehung: z. B. Niersteiner Riesling nach rotem Tonschiefer, Puilly-Fumé nach Feuerstein, Banyuls nach schwarzem Schiefer. Die Erkenntnis, dass bestimmte Böden für bestimmte Weine ideal sind, hat sich über Jahrhunderte hinweg entwickelt und verfeinert.

• *Klima*: Je nach Klima und Mikroklima wird der Charakter eines Weins beeinflusst. Manche Rebsorten wachsen nur im Cool-Climate, andere im Hot-Climate. Mikroklimatische Bedingungen (z. B. ein enges windgeschütztes Tal in einer kühlen Region oder ein Weinberg auf einem Höhenrücken in einer heißen Region) können den Weinbau auf entscheidende Weise positiv prägen und extraordinäre Wachstumsbedingungen ermöglichen.

• *Lage*: Seit Jahrhunderten ist die Bedeutung bestimmter Lagen bekannt und häufig ein Garant für überdurchschnittliche Weinqualität. Einzellagen mit idealen Wachstumsbedingungen können manchmal nur wenige hundert Quadratmeter groß sein. Zum Beispiel: Talkessel, parabolspiegelartige Hanglagen, extreme Steilhänge, jahrhundertealte Weinbergsterrassen, exponierte, gut drainierte Kieskuppen oder Steilhänge direkt an der Meeresküste – bei diesen ist die Bedeutung ihrer Lage oft augenscheinlich erkennbar.

• *Genetik der Rebsorte*: Je nach Rebsorte, → Klon oder Spielart gibt es in manchen Regionen historisch gewachsene, mitunter uralte Verbindungen von genetischer Disposition und Bodenverhältnissen – der Teroldego im Trentino, die Brunello-Traube (eine Sangiovese-Spielart) im Montalcino, der Viognier im Condrieu an der Rhône oder der Frühburgunder in Bürgstadt am Main sind Beispiele dafür. Auch das Alter der Reben ist von großer Bedeutung für das Terroir.

• *Weinstil*: Dieser Faktor betrifft bereits den menschlichen Einfluss bei der Vinifikation, hier spielt die Natur nur noch eine untergeordnete Rolle. Der Weinstil ist von großer Bedeutung für den Terroirbegriff. Im kühlen Klima von Saar und Ruwer z. B. sind die Keller während der Erntezeit kalt, der Wein gärt langsam und kann als restsüßer Wein stehen bleiben. Im heißen Jerez forcieren die feine Mikrooxidation und die dort vorkommende Florhefe oxidative Weine. Im Jura ist es die autochthone Rebsorte Savagnin, deren Weine für 6 Jahre in Holzfässern lagern, um einen einzigartigen, trockenen Wein hervorzubringen – den Vin Jaune. In der Champagne ist es das Verfahren der zweiten Gärung von Grundweinen, die im extrem kühlen Klima entstehen und unverwechselbare Schaumweine ermöglichen. Im Sauternes schließlich ist es die regelmäßig auftretende Edelfäule, die großartige Süßweine hervorbringt. Sie müssen erst einige Jahre in Holzfässern reifen, bevor sie vom Terroir berichten dürfen.

• *Vielfalt*: Erst wenn in einer Appellation viele Erzeuger an einem ähnlich strukturierten Weinstil arbeiten, ihn zwar individuell interpretieren, doch dennoch nach einheitlichen Kriterien vorgehen, wird die Vielfalt des Terroirs deutlich. Das Piemont mit seinen Top-Regionen Barolo und Barbaresco macht dies eher deutlich als z. B. das Chianti classico, wo Individualität als wichtiger angesehen wird als das gemeinsame Ausprägen des Terroirs im Wein. Die letztgenannte Region ist weit davon entfernt, ihr (tatsächlich vorhandenes) Terroir abzubilden bzw. ist es nur eine relativ kleine Gruppe von Erzeugern, die daran arbeitet.

• *Winzer*: Ohne Winzer kann es keinen Weinbau geben. Er ist es, der die oben stehenden Voraussetzungen erkennt, weiterentwickelt und erhält. Seine Arbeit im Weinberg beeinflusst das Terroir durch die Erziehungsform, die Erträge, die Wahl der Rebsorte, den Erhalt der Rebkultur oder das Alter der Reben, sofern er bereit ist, sie altern zu lassen und geringere Erträge in Kauf zu nehmen (für echtes Terroir sollte er danach streben). Und er ist es, der im Keller die Weinwerdung entscheidend beeinflusst: die Wahl des Tanks oder Fasses (Beton, Stahl, Eichenholz, Akazie, Kastanie, Barrique); die Dauer der Gärung, der Fasslagerung, das Maß der (Mikro-)Oxidation, die Flaschenreife, die Zulassung natürlicher, spontan arbeitender Hefen oder das Antrocknen der Trauben vor der Verarbeitung.

An den oben genannten Einflussfaktoren lässt sich die Bedeutung des Terroirs ermessen. Daraus wiederum wird deutlich, dass es in Zukunft bei der Beurteilung von Wein und Weinqualität verstärkt um das Terroir gehen sollte, weniger darum, nach welchen Aromen und wie gut ein Wein schmeckt. Da das Terroir naturgemäß eine komplexe Angelegenheit ist, wird auch die Bedeutung differenzierter Kommunikation durch Journalisten und Kritiker wichtiger. Weinbewertungen in Form von Punkten können Terroir ebenso wenig vermitteln wie Geschmacksbeschreibungen.

Außerdem wird deutlich, dass Terroir etwas mit Entwicklung und Zeit zu tun hat: Terroir fällt keinem Winzer in den Schoß; die besten Terroirs sind über Jahrhunderte hinweg entwickelt und von einer Generation an die nächste vererbt worden, können aber auch sehr schnell untergehen. Daraus ergibt sich einerseits die Verpflichtung der Winzer, ihr Terroir zu erhalten und zu pflegen, andererseits wird auch deutlich, dass Terroir stärker mit der Alten Welt verbunden ist als mit der Neuen Weinwelt. In Übersee hat sich aufgrund der Kürze der jeweiligen Weinbaugeschichte noch kaum ein Terroir im engeren Sinne entwickeln können: Weingut Cosiño Macul im Maipotal in Chile oder Château Tahblik in Australien sind die seltenen Ausnahmen.

Auch wenn die Neue Welt großartige Weine zu erzeugen in der Lage ist, Terroir ist immer das Wechselspiel vieler Erzeuger, die alle das scheinbar Gleiche tun: ihre natürlichen Wachstumsbedingungen zu interpretieren. Fünf, zehn oder zwanzig gelungene Weine sind noch kein Terroir, dafür braucht es die Auswahl, um die Unterschiedlichkeit der natürlichen Wachstumsbedingungen zu erkennen.

Tertiäraromen Nachdem der Wein erst seine → primäre und später → sekundäre Entwicklungsphase hinter sich gelassen hat, geht der Wein in die tertiäre Phase über, bei der er am Ende (und manchmal auf dem Höhepunkt) seiner Entwicklung angekommen ist. Tertiäraromen sind Aromen der Flaschenreifung; durch oxidative Prozesse können sie sich z. B. beim Riesling in Form von völlig neuen Aromen bemerkbar machen und insgesamt ein Geschmacksbild liefern, das der Wein zuvor so nicht hatte. → Firne

Tertre, Château du Französisches 5e *Cru classé* im Bordeaux in der Appellation → Margaux (im Süden des Haut-Médoc). Rund 48 ha Rebfläche mit 85 % Cabernet Sauvignon, 10 % Merlot und 5 % Cabernet franc. Erzeugt elegante ausgeglichene Rotweine und steht qualitativ über dem ihm zugewiesenen Rang.

Tertre-Daugay, Château Französisches *Grand Cru classé*-Weingut in der AOC → Saint-Emilion mit 16 ha Rebfläche: 60 % Merlot, 30 % Cabernet franc und 10 % Cabernet Sauvignon.

Tertre-Rôteboef, Château Französisches *Grand Cru classé*-Weingut in der AOC → Saint-Emilion. Aus überwiegend Merlot wird ein sehr kraftvoller Rotwein erzeugt, der Kultstatus hat.

Tesch, Weingut Deutsches Weingut im Weinbaugebiet → Nahe im Ort Langenlonsheim. Auf rund 20 ha Rebfläche werden jährlich etwa 150 000 Flaschen Wein erzeugt. Rebsorten: 80 % Riesling; Spezialist für trockenen Riesling. Bekannte Lagen: *Laubenheimer Karthäuser, St. Remigiusberg* und *Krone, Langenlonsheimer Königsschild und Löhrer Berg*. Böden: Rote Sandsteinverwitterung, Lehm-Tonböden mit Kalk und Kies.

Tessin (Ticino) Im Süden der Schweiz gelegenes Weinbaugebiet, das in den vergangenen 100 Jahren den wohl spektakulärsten Rückgang des Weinbaus von allen Schweizer Kantonen erlebte. Von den knapp 7500 ha des Jahres 1876 sind noch ganze 960 ha übriggeblieben, die sich rund 4000 Winzer teilen, wobei die Rebfläche heute wieder leicht ansteigt. Ob der Abwärtstrend dauerhaft aufgehalten werden kann, ist ungewiß, denn viele Ursachen für den Schrumpfungsprozess bestehen weiter: Strukturschwäche (die durchschnittliche Rebfläche pro Winzer beträgt lediglich 0,1 ha), Wein wird praktisch nur zur Eigenversorgung und daher meist in bäuerlicher Mischkultur erzeugt, hohe Kosten, Urbanisierung und Straßenbau sowie Billigimporte aus Italien. Mit der Rebsorte Merlot und seiner konsequenten Förderung verbindet sich die Hoffnung auf einen Wiederaufstieg des Tessiner Weinbaus. Heute nimmt diese Rotweinsorte 85 % der Rebfläche ein, und die aus ihm erzeugten Rotweine gehören zu den Besten der Schweiz. 5 % der Rebfläche sind mit weißen Sorten bestockt.

Das Klima des Weinbaugebiets ist feucht-warm – ideal für Merlot. Der Weinbau konzentriert sich auf die terrassierten Hanglagen in den Haupt- und Seitentälern.

Nach dem Berg Monte Ceneri gliedert sich das Tessin in die Hauptweinbaugebiete:

- *Sottoceneri* (mit Luganese und Mendrisiotto als dem größten Tessiner Weinbaubereich überhaupt)
- *Sopraceneri* (das nördliche Tessin mit dem Schwerpunkt Locarno–Bellinzona).

Bekannte Erzeuger: Cantina il Cavaliere, Carlo Tamborini, Tenuta Trapöetti, La Cappellaccia und Rovio.

Tête Französisch für Kopf, im übertragenen Sinn auch Gipfel oder Spitze. Ein *vin de tête* oder eine *tête de cuvée* oder *tête de Cru* meint daher den besten Wein, den der Winzer oder das Weingut von einem Jahrgang erzeugt hat.

Texas Die texanische Erde bringt nicht nur Öl, sondern auch Wein hervor. Er kommt aus dem Südwesten des Staates, wo bei El Paso in 1000 bis 2000 Meter Höhe bereits hunderte ha mit verschiedenen Rebsorten bestockt sind. Der hohe Kapitaleinsatz, mit dem hier in einem relativ günstigen Klima bei entsprechenden Grundwasservorräten der Weinbau aus dem Boden gestampft wird, ist erstaunlich. Ob er letztlich von Erfolg gekrönt sein wird, ist eine offene Frage.

Thallern Österreichische Gemeinde, Ortsteil von → Gumpoldskirchen und mit dem Freigut Thallern Sitz des ältesten Weinguts des Landes. Es wurde 1141 von den Zisterziensermönchen nach dem Vorbild des → Clos de Vougeot, dem Mutterkloster des Ordens in Citeaux in Burgund, gegründet und befindet sich seitdem ununterbrochen im Besitz des Stiftes Heiligenkreuz. Das Weingut bewirtschaftet rund 30 ha Rebfläche mit folgenden herausragenden Lagen in Gumpoldskirchen: *Alte Ried, Hans-Michl, Hofbreite, Kräftacker, Pfennigacker, Pilzing, Ronald, Student* und *Wiege*. Rebsorten: Blauburgunder, Weißburgunder, Grauburgunder und Chardonnay sowie Rotgipfler, Zierfandler und St. Laurent.

Thanisch, Weingut Witwe Thanisch-Erben; Müller-Burggraef Deutsches Weingut im Weinbaugebiet Mosel-Saar-Ruwer → im Ort Bernkastel-Kues. Auf rund 9 ha Rebfläche werden jährlich etwa 60 000 Flaschen Wein erzeugt – die Weine aus der Spitzenlage Bernkasteler Doctor genießen das höchste Ansehen. Rebsorten: 92 % Riesling. Böden: Tonschieferverwitterung. Bekannte Lagen: *Bernkasteler Doctor. Ferner Wehlener Sonnenuhr, Brauneberger Juffer-Sonnenuhr.*

Thelema Mountain Südafrikanisches Weingut im Weinbaugebiet → Stellenbosch. Auf rund 50 ha Rebfläche in über 600 Metern Höhe werden etwa 450 000 Flaschen Wein erzeugt, vor allem Chardonnay, Sauvignon blanc, Cabernet Sauvignon und Merlot. Einer der bekanntesten und führenden Erzeuger.

Thénard, Domaine Französisches Weingut im → Burgund im Ort Givry (→ Côte Chalonnaise). Rund 20 ha Rebfläche, davon 2 ha in der *Grand Cru*-Lage *Le Montrachet*. Erzeugt auch rote *Premier Cru* in Givry.

Thermenregion Österreichisches Weinbaugebiet im Bundesland Niederösterreich unmittelbar südlich von Wien. Rund 3000 ha Rebfläche.

Klima und Geographie

Im sanften Vorland der Thermenalpen profitiert der wärmste Bereich Niederösterreichs vom Klima der ungarischen Tiefebene. Die Weinberge liegen an den letzten Ausläufern der Alpen in einem lang gestreckten Tal, das von diesen mikroklimatischen Bedingungen profitiert. Das Gebiet verfügt über sandige und kalkhaltige Schotter- und Schwemmlandböden – gute natürliche Voraussetzungen für die Rotweinerzeugung.

Rebsorten und Weinstile

Die typischen Rebsorten des nördlichen Teils um Gumpoldskirchen sind die autochthonen Weißweinsorten Zierfandler und Rotgipfler, die häufig zusammen ausgebaut und als Spätrot-Rotgipfler angeboten werden. Aber auch andere Weißweinsorten wie Neuburger, Weißburgunder, Chardonnay und Traminer werden angepflanzt, sie fallen körper- und alkoholreich aus, sind nicht immer völlig trocken, manchmal auch noch traditionell elegant im honigsüßen Bereich.

Südlich schließt sich der Bereich des

ehemaligen Weinbaugebietes Vöslau an, in dem vorwiegend Rotwein erzeugt wird, vor allem aus dem Blauen Portugieser sowie Zweigelt, St. Laurent und Blauburgunder (Spätburgunder). Ein aufstrebendes Weinbaugebiet mit einer Reihe von Erzeugern, die Aufsehen erregende Weine hervorbringen.

Bekannte Weinbauorte: Gumpoldskirchen sowie Thallern, Guntramsdorf, Traiskirchen, Pfaffstätten und Baden. Bekannte Lagen: *Weisser Stein, Kapellenweg, Schatzberg, Badener Berg, Vöslauer Hauerberg, Student, Pfennigacker, Ronald.*

Thessalien Griechische Weinbauregion in Mittelgriechenland, rund 5000 ha Rebfläche, aus der die OPAP-Weine Rapsani (rot) und Agchialos (weiß) kommen. Zusammen mit → Makedonien Zentrum der Tafeltraubenerzeugung in Griechenland.

Thouarcé Französische Gemeinde an der → Coteaux du Layon im Weinbaugebiet → Anjou. Beste Lage: *Bonnezeaux* mit eigener AOC. Aus der weißen Rebsorte Chenin blanc werden feinfruchtige, verhalten süße und elegante Weine erzeugt. Bekannte Erzeuger: Angeli, Dom. de Petit Val, Château de Fesle.

Thrazien Griechische Provinz und Weinbauregion im äußersten Nordosten des Landes, nach Epirus die kleinste Griechenlands mit nur rund 1200 ha Weinbaufläche. Auf weiteren 1200 ha werden Tafeltrauben erzeugt.

Thüngersheim Deutsche Gemeinde im Weinbaugebiet → Franken, etwa 15 km nördlich von Würzburg, unmittelbar am Main gelegen. Rund 220 ha Rebfläche in den bekannten Lagen *Johannisberg* und *Scharlachberg*. Bekannte Erzeuger: Staatlicher → Hofkeller, → Bürgerspital (beide Würzburg), Schwab sowie die örtliche Winzergenossenschaft. *Thüngersheimer Ravensburg* ist der Name der → Großlage für diese und vier weitere Lagen zwischen Retzbach und Veitshöchheim.

Thüringen, Bereich Deutscher Weinbaubereich im Bundesland Thüringen, dessen 13 ha Rebfläche zum Weinbaugebiet → Saale-Unstrut zählen.

Thurgau Ostschweizer Kanton am Bodensee, der fast so sehr von der Rebbaukrise mitgenommen wurde wie das Tessin. Der durchschnittliche Rebflächenbesitz liegt bei rund 1 ha, gegenwärtig sind rund 275 ha im Ertrag, auf zwei Dritteln davon wächst Blauburgunder (Spätburgunder), auf dem Rest nahezu ausschließlich Riesling *x* Sylvaner (Müller-Thurgau). Die Rotweine können ausgesprochen gut ausfallen und ähneln denen der benachbarten Kantone Schaffhausen und Zürich. Die Weinberge an den Hängen des Seerückens sind nach Süden hin exponiert und profitieren von Sonne und Föhn. Im Wesentlichen gibt es vier Weinbaubereiche: Frauenfeld und das östliche Thurtal mit Weinfelden und Ottoberg (*Bachtobel*), das westliche Thurtal mit Warth (*Kartause Ittingen*) und Uesslingen (*Iselisberg*), das Seebachtal mit Hüttwilen (*Stadtschryber, Guggenhüsli*), Nussbaumen und Herdern (*Kalchrain, Schloßgut Herdern*) und schließlich Untersee und Hochrhein mit Ermatingen, Schlattingen, Salenstein (*Arenenberg*). Herausragende Lage: *Trottenhalde* (bei Neuforn).

Ticino → Tessin

Tiefenbach Deutsche Gemeinde im Kraichgau im Weinbaugebiet → Baden, zum Bereich → Badische Bergstraße/Kraichgau zählend. Liegt südlich von Michelfeld und verfügt über rund 90 ha Rebfläche. Bekannter Erzeuger: Weingut Heitlinger.

Tignanello Italienischer Rotwein aus der → Toskana. Ein Wein, der in Italien den Stellenwert einer Ikone einnimmt: er wird verehrt und bewundert. Erfunden wurde dieser erste → Supertoskaner von Marchese → Antinori, der mit seinem Önologen Giacomo Tachis 1970 erstmalig einen toskanischen Rotwein auf den Markt brachte, der aus einer heute 54 ha großen Einzellage im Chianti classico stammt, die den Namen *Tignanello* trägt. Sie liegt in der Gemeinde Santa Cristina im Val di Pesa. Der Erfolg war anfangs enttäuschend, daher ging Antinori mit dem folgenden Jahrgang einen anderen Weg: Dieser Wein bestand aus 100 % Sangiovese und reifte in Barriques. Da er nicht den Regeln des Konsortiums entsprach (er enthielt den damals vorgeschriebenen Weißwein-Anteil der Rebsorten Trebbiano oder Malvasia nicht), brachte er ihn als Vino da Tavola (Tafelwein) ohne Herkunftsbezeichnung auf den Markt – nicht als Chianti classico – und setzte stattdessen den Namen Tignanello in Großbuchstaben auf das Etikett. Der Erfolg war sensationell: In den USA wurde dieser Wein als *Supertuscan* (→ Supertoskaner) gefeiert. Außerdem konnte Antinori den Tignanello um ein Vielfaches teurer verkaufen als Chianti classico. Ab 1975 wurde der Tignanello schließlich mit 15 Prozent Cabernet Sauvignon und Cabernet franc versetzt. Inzwischen verkauft das Antinori-Weinimperium jährlich mindestens 220 000 Flaschen von seinem Flaggschiff, der heute als IGT-Wein auf den Markt kommt. Der Tignanello ist zum Vorbild für eine ganze Reihe weiterer Supertoskaner geworden, die nun in der ganzen Region produziert werden. Der Begriff steht inzwischen für Weine, die für sich beanspruchen, weit über der Qualität des Appellationsdurchschnitts zu liegen.

Tigné Französisches Dorf im → Loire-Tal nahe der → Coteaux du Layon. Dort und in den Nachbardörfern werden überwiegend Rosés aus → Anjou erzeugt.

Tigné, Château de Französisches Weingut an der → Loire im Bereich → Anjou. Rund 50 ha Rebfläche, auf der vor allem Rotwein der AOC → Anjou erzeugt wird: Cabernet franc, der in gebrauchten → Barriques reift. Spitzencuvées: *Mozart* sowie *Cyrano*. Im Besitz von Gérard Dépardieu.

Tinaja Riesiger irdener, amphorenähnlicher Behälter mit ungefähr 1600 Litern Inhalt, in dem traditionellerweise in → Montilla-Moriles und → Valdepeñas der Wein vergoren und zunächst auch gelagert wird. Diese Behälter (früher aus Ton, heute aus Zement) sollen auf antike Vorbilder zurückgehen und werden in der Region seit Jahrhunderten verwendet. Sie werden inzwischen zunehmend durch moderne Vinifikationsbehälter verdrängt.

Tinta In Portugal und auf → Madeira gebräuchlicher Begriff (»Rot«) für eine Reihe von roten Rebsorten, die zur Erzeugung von → Portweinen sowie Rot- und Roséweinen verwendet werden. Zur Gruppe dieser Rebsorten gehören:

- Tinta Amarela: verbreitete, ertragsarme und körperreiche Sorte. Wird im → Ribatejo als Trincadeira Preta, in der → Algarve als Crato Preto und in der Estremadura als Mortágua bezeichnet,
- Tinta Miúda: seltene, edle Sorte in der Estremadura,
- Tinta Pinheira: in der → Bairrada und in → Dão, aber auch darüber hinaus weit verbreitet
- Tinta Roriz: → Tempranillo. Eine der edelsten portugiesischen Sorten in → Douro, im → Portwein, in Dão u. a. Gebieten verbreitet, darunter im → Alentejo, wo sie Aragonez genannt wird. Ob sie ursprünglich aus Portugal oder aus Spanien stammt, wo sie neben Tempranillo auch Tinto fino, Cencibel genannt wird, ist unklar;
- Tinta Caiada, Tinta Carvalha, Tinta Francisca, Tinta Madeira.

Tintilla Spanischer Rotwein, auch als *Tent* bezeichneter süßer, → gespriteter Likörwein aus der Tintilla de Rota, der heute allerdings nur noch in geringen Mengen um die südspanische Hafenstadt

Rota am Rande des Sherry-Gebietes erzeugt wird.

Tintillo Eigentlich »kleiner Rotwein«. Spanische Bezeichnung für einen blassfarbenen Rotwein, der an einen dunklen Rosé erinnert. → Clarete

Tirage Französische Bezeichnung für *Flaschenabfüllung*, also das Abfüllen des fertigen Weins aus dem Fass in Flaschen. In der → Champagne wird unter *tirage* die erste Flaschenabfüllung des jungen Grundweins verstanden einschließlich des Zusatzes von Zuckersirup und Hefe (*liqueur de tirage*), die zur zweiten Gärung in der Flasche und damit zum Schäumen des fertigen Champagners führen.

Toast → Toasting, → Barrique, → Kaffee, → Vanille

Toasting → Barriques werden von den Fassbauern (Tonnelieres) innen mit Feuer ausgebrannt: dieses Verfahren heißt Toasting. Der Verbrennungsgrad ist in die Stufen low, medium und high eingeteilt, von denen es auch Zwischenstufen, z. B. medium plus gibt. Das Toasting dient dazu, die Lohe (→ adstringierende Gerbsäure des Eichenholzes) am Übertritt in den Wein zu hindern (in der verkohlten Schicht wird sie zerstört). Toasting ist demnach eine Verhinderungsstrategie. Man nimmt dafür in Kauf, dass Röstaromen in den Wein geraten, die sich aber im Gegensatz zur Lohe nach einigen Jahren Flaschenlagerung in das Gesamtaroma des Weins einbinden. Allerdings glauben noch immer viele Weintrinker, der Sinn und Zweck des Barriques sei der Transfer von möglichst viel Toastgeschmack in den Wein. → Vanille

Tocai Italienische weiße Rebsorte, die im Nordosten des Landes zwischen → Gardasee und slowenischer Grenze verbreitet ist, aber nichts mit dem → Tokajer und seinen Reben gemein hat. Die besten der aus ihr erzeugten körperreichen Weißweine stammen aus dem Weinbaugebiet → Collio. Die Rebe kann jedoch auch im westlichen Slowenien und in fast allen übrigen Bereichen des Friauls, wo sie die am meisten angepflanzte weiße Rebsorte ist und sich durch deutliche Gerbstoffe auszeichnet, beachtliche Weine hervorbringen. Auch am Piave, im Gebiet von Lison-Pramaggiore wird sie angebaut, ebenso in der DOC Tocai di San Martino della Battaglia an der Grenze zur Lombardei.

Ungleich seltener als diese Rebsorte ist der Tocai rosso, der nichts mit dem weißen Tocai gemein hat und sehr vereinzelt im Veneto angepflanzt wird, wo er einen gefälligen, etwas gewöhnlichen Rotwein ergibt.

Tokaj-Hegyalja Ungarisches Weinbaugebiet im Nordosten des Landes, das insgesamt 28 Gemeinden und rund 4500 ha umfasst, aus dem der berühmteste aller ungarischen Weine kommt, der → Tokajer. Viele Betriebe befinden sich gegenwärtig in der Umstrukturierung, nicht selten mit erheblichen ausländischen Investitionen.

Tokajer Ungarischer Süßwein, der in dem Gebiet von → Tokaj-Hegyalja im Nordosten des Landes an der Grenze zur Slowakei und Ukraine erzeugt wird. Einer der traditionsreichsten und bedeutendsten edelsüßen Weine der Welt, der endlich wieder zu seiner früheren Bedeutung zurückfindet und von dem jährlich etwa 18 Millionen Liter erzeugt werden.

Geographie und Klima

Am Nordrand der großen ungarischen Ebene ragen viele Vulkankegel bis zu 500 m aus dem warmen Flachland heraus. Die beiden Flüsse Bodrog und Theiß vereinen sich an dessen südlichem Ende und sorgen im Herbst regelmäßig für Nebel, die sich im Schutz der Berge bilden können – ideale Bedingungen für Edelfäule (Botrytis Cinerea), die die

Trauben oft befällt. Die Böden bestehen entweder aus Löß oder sind vulkanischen Ursprungs (ähnlich dem deutschen Kaiserstuhl).

Rebsorten und Weinstile

Tokajer stammt zu rund zwei Dritteln aus der Rebsorte → Furmint, während für den Rest weitgehend die Rebsorte → Hárslevelü (Lindenblättrige) sowie etwas Gelber → Muskateller Verwendung finden. Der Wein wird wie → Fino → Sherry und → Vin jaune ausgebaut, jedoch eine Zeit lang in nur zu etwa vier Fünftel vollen Fässern, in denen sich dann ein Hefefilm bildet, ähnlich der → Florhefe, die den Weinen ihre besondere Geschmacksnote verleiht. Alle Tokajer zeichnen sich durch einzigartiges Aroma und eine bemerkenswerte Säure aus. Selbst die einfacheren von ihnen sind interessante Weine, während die besten zu den großen Weinen der Welt zählen.

Tokajer wird nach einem ganz besonderen Verfahren erzeugt, das sich über Jahrhunderte entwicket hat:

- *Tokaji* → *Szamorodni* (Tokajer Samorodner): der einfachste Tokajer. Ein Wein, »wie er gewachsen ist«, der je nach Jahrgang trocken oder mehr oder weniger süß sein kann, aber stets einen → Botrytiston aufweist und über etwa 15 % Alkohol verfügt.
- *Tokaji* → *Aszú* (Tokajer Aszú): ein höherrangiger Tokajer, dessen von der Edelfäule befallene Beeren aussortiert und in → Puttonyos (Bütten) von etwa 30 l Fassungsvermögen gefüllt werden. Die anderen Trauben für diesen Weintyp werden normal gepresst.

Die Qualität des späteren *Tokaji Aszú* und sein Süßegrad hängen nun von dem Verhältnis zwischen normalem Wein – wobei früher als bester Grundwein der des letzten Jahres galt – und der Anzahl von Bütten edelfaulen Lesegutes ab, d. h. wie viel Bütten Ausbruchteig einem Göncer Fass (136 l) Grundwein hinzugefügt und zusammen mit ihm vergoren werden. Je mehr Bütten es sind, desto feiner, süßer und bemerkenswerter ist der Wein. Die Zahl der Puttonyos liegt zwischen eins und sechs (am häufigsten sind drei-, vier- oder fünfbüttige Aszúweine). Für alle diese Stufen sind exakte Mindestwerte vorgeschrieben, so dass diese Weine in der Regel heute statt im 136-l-Fass entsprechend den vorgegebenen Parametern in größeren Einheiten erzeugt werden.

- *Tokaji* → *Eszencia* (Tokajer Essenz): der rarste und exzeptionellste aller Tokajer wird ausschließlich aus dem → Vorlauf der Bütten erzeugt. Eine Bütte ergibt nur 1 bis 1,5 l Essenz, die mindestens 250 g/l Zucker enthält. Der Zucker vergärt allerdings nur zu einem geringen Teil, so dass eine *Eszencia* nur 6 bis 10 % Alkohol enthält und ein extrem süßer, eleganter und nahezu unsterblicher Wein ist.
- *Tokaji* → *Aszú Eszencia*: dieser besitzt nicht ganz die Strahlkraft der Eszencia, rangiert aber über dem sechsbuttigen Aszú und hat in der Regel um 200 g/l Restzucker und 12 bis 14 % Alkohol.

Aus den gesetzlichen Bedingungen ergibt sich, dass im Gegensatz zum → Sauternes ein Tokajer nicht jedes Jahr erzeugt werden kann, da der Botrytisbefall die unumstößliche Voraussetzung ist. Im Allgemeinen geht man davon aus, dass von zehn Jahren drei mittlere und vier gute Jahre sind, während es in den verbleibenden drei keinen Tokajer gibt. Auch quantitativ unterscheidet sich der Tokajer vom Sauternes: Normale Jahre ergeben einen durchschnittlichen Ertrag von nur 500 Litern pro ha, gute Jahre hingegen im Schnitt 1000 l.

Tokay d'Alsace → Tokay Pinot gris

Tokay Pinot gris Französische Bezeichnung für die Rebsorte Pinot gris (Grauer → Burgunder). Im → Elsass wurde sie bis 1984 als Tokay d'Alsace deklariert. Meist handelt es sich bei ihnen um alkoholstarke Weine mit leichter Restsüße, die dem inzwischen seltenen deutschen → Ruländer ähneln. Ebenso wie der Tocai in Italien oder der Tokayer in der → Ostschweiz hat er nichts mit echtem Tokajer aus Ungarn gemein.

Tokayer In der → Ostschweiz gebräuchliche, irreführende Bezeichnung für den → Pinot gris oder Grauen → Burgunder, dessen Weine nichts mit dem echten ungarischen → Tokajer gemeinsam haben. → Tocai, → Tokay d'Alsace.

Tomar Unterregion im mittelportugiesischen DO-Weinbaugebiet → Ribatejo rund um die historische Stadt Tomar mit rund 2500 ha Rebfläche. In der lokalen Appellation werden je zur Hälfte Weißweine aus den Rebsorten Fernão Pires, Arinto, Malvasia, Rabo de Ovelha und Tália sowie Rotweine aus den Rebsorten Castelão Nacional, Baga, Periquita und Tinta Mole erzeugt.

Tonneau Im → Bordeaux-Gebiet übliche Bezeichnung für den Inhalt von vier → *barriques* (4 × 225 = 900 l). Obwohl es keine Fässer dieses Inhalts gibt, wird die erzeugte Menge traditionellerweise in *tonneaux* angegeben.

Topographie Die Gestalt der Weinbaufläche und deren Position ist von großer Bedeutung für das → Klima und damit für die Weinqualität. Manche Weinbauflächen verfügen über extreme Topographie – sie bestimmen das → Terroir des Weins entscheidend mit. Folgende topographische Einflussfaktoren prägen den Wein:

- *Hügel und Berge*: Je höher eine Weinbaufläche liegt, desto kühler die Durchschnittstemperatur: pro 100 m fällt sie im Jahresdurchschnitt um rund ein halbes Grad, d. h., 500 m verringern die Durchschnittstemperatur um entscheidende 2,5 Grad Celsius. Im kühlen Klima sind niedrige Lagen tendenziell wärmer und darum besser; in heißen Klimazonen hingegen liefern Berglagen in der Regel die besseren Weine, da es dort insgesamt kühler ist. Je kühler die Temperaturen, desto länger der Vegetationszeitraum, was der Aromatik der Trauben sehr zugute kommt – volle Reife vorausgesetzt.
- *Taleinschnitte*: Täler schützen meist vor Winden. Außerdem entwickelt sich Thermik, da Hänge besser zur Sonne exponiert sind und sich aufheizen können. Die warme Luft steigt auf und sorgt für höhere Durchschnittstemperaturen.
- *Frei stehende Erhebungen*: Diese profitieren von ihrer relativen Position in der Umgebung, z. B. der → Kaiserstuhl im Rheintal oder der Mont d'Or im Wallis.
- *Himmelsrichtung*: Südlagen erhalten die meiste Sonneneinstrahlung – im Idealfall ist diese Lage parabolartig gekrümmt, so dass sie vor kalten Winden geschützt ist. (Süd-)Ostlagen erhalten bereits am Morgen Sonne und sind in ihrem Rücken gegen die meist aus Westen kommenden Kaltwinde geschützt. (Süd-)Westlagen profitieren zwar abends von einer längeren Sonneneinstrahlung, gelten aber als nicht so gut.
- *Flüsse, Meere und Seen*: Wasser speichert Wärme und strahlt diese wieder ab bzw. reflektiert die Sonneneinstrahlung. Warmes Wasser sorgt für aufsteigende Winde und ständige Thermik. Der Rhein, Mosel, Rhône und die Gironde haben ebenso wie der Bodensee, Zürichsee und Neusiedlersee entscheidenden Einfluss auf das Klima. Flüsse mit vielen Windungen und Schleifen (→ Mäander) wie z. B. die Mosel bieten geschützte Lagen, die die Sonnenenergie wie Amphitheater aufnehmen und konzentrieren. Im heißen Klima, z. B. am Mittelmeer, kann das Wasser auch für Kühle, z. B. im → Banyuls und in → Bolgheri, bzw. für Nebel sorgen. In Kalifornien profitieren die Weinbaugebiete vom Einfluss der kalten Luft bzw. Nebel des Pazifiks (z. B.

→ Napa Valley und → Sonoma, besonders Russian River Valley).

Torgiano Kleiner italienischer Ort in → Umbrien bei Perugia mit eigener DOC für Rot-, Rosé- und Weißweine. Der Weißwein wird entweder reinsortig aus Chardonnay, Pinot grigio, Riesling italico oder als Bianco aus den Rebsorten Trebbiano mit Zusätzen von Grechetto, Malvasia und Verdello erzeugt und kommt als Torre di Giano in den Handel. Ferner umfasst die DOC einen Rotwein aus der Rebsorte Cabernet Sauvignon.

Der Torgiano rosso ist seit 1991 ein DOCG-Rotwein und wird aus den Rebsorten Sangiovese mit erlaubten Zusätzen von Canaiolo und zwei weiteren roten sowie auch der Weißweinsorte Trebbiano erzeugt. Als Rubesco riserva von der Lage *Monticchio* ist er von feiner Eleganz und gehört in guten Jahren zu den besten Rotweinen Umbriens. Bekannter Erzeuger: Lungarotti.

Toro Nordspanisches DO-Weinbaugebiet zwischen Zamora und Valladolid rund 200 km südlich der Atlantikküste. Auf gut 3400 ha Rebfläche werden jährlich rund 3 Millionen l Wein erzeugt, zumeist gehaltvolle und konzentrierte Rotweine aus der Tempranillo-Variante Tinta de Toro (mit Zusätzen von Garnacha und weiteren Sorten). Auch hier etablieren sich zunehmend Bordeaux-Sorten. Die Weinberge liegen 600 bis 750 m hoch. Die Rotweine fallen mit bis zu 14 % sehr alkoholreich aus und wachsen auf Schwemmland, Kalk und Lehm. Die weniger renommierten Weißweine stammen vor allem aus der Sorte Malvasia, zum Teil mit Zusatz von Verdejo und anderen Sorten. Bekannte Erzeuger: Vega Saúco, Bodegas Fariña, Nuestra Señora de las Viñas (in Morales – eine Kooperative mit etwa 130 Mitgliedern und 800 ha Fläche).

Torremilanos Roter Markenwein des Weinguts Peñalba López im Gebiet der DO → Ribera del Duero ausschließlich aus der Sorte Tempranillo.

Torres Die Familie Torres besitzt Spaniens größtes privates Weingut mit rund 900 ha Rebfläche in Penedès im Nordosten des Landes. Im Weltmaßstab betrachtet gehört der Name Torres zu den einflussreichsten und wird in einem Atemzug mit den Branchenriesen und Global Players Mondavi, Gallo (beide Kalifornien), → Antinori, Frescobaldi (beide Italien) und Rothschild (Frankreich) genannt. Zum Eigentum der Familie gehören auch Güter in Chile (220 ha, geleitet von Miguel A. Torres) und Kalifornien (56 ha, geführt von Torres' Schwester Marimar). Der Name Torres steht, was den Wein anbelangt, für das moderne Spanien. Der Innovation stets aufgeschlossen und neuen Ideen und Technologien zugewandt, haben seit 1870 auch harte Rückschläge durch den spanischen Bürgerkrieg (Zerstörung der Kellerei) das Gut an seinem kometenhaften Aufstieg nicht hindern können. Bereits in den 1950ern begann die Kellerei auf Flaschenwein umzustellen – für die damaligen spanischen Verhältnisse ein ungewöhnlicher Vorgang. Den nachhaltigsten Aufschwung erfuhr das Haus allerdings mit der Übernahme durch den heutigen Eigentümer und Präsidenten Miguel A. Torres, der ab 1959 durch sein Weinbaustudium in Frankreich in Dijon/Burgund zahlreiche Neuerungen im Betrieb etablierte und den Prozess der gigantischen Weinproduktion immer weiter optimierte (und auch industrialisierte). Heute geht rund ein Drittel der Produktion in den Export vor allem nach Nordeuropa und die USA.

Torres DO-Weinbaugebiet in Mittelportugal 50 km nördlich von Lissabon rund um die Stadt Torres Vedras mit etwa 20 000 ha Rebfläche. In der Appellation werden vor allem Weißweine überwiegend aus Fernão Pires, Arinto und Vital erzeugt, von denen die meisten durch die lokalen Winzergenossenschaften vertrieben werden, die zu den größten in Portugal gehören. In der Regel wird schlichter Massenwein produziert.

Toskana Mittelitalienische Region mit der Hauptstadt Florenz und eines der großen Weinbaugebiete Italiens mit rund 63 000 ha Rebfläche, die jährlich rund 255 Millionen l Wein (davon etwa 74 % Rotwein) hervorbringen. Der Anteil an DOC- und DOCG-Weinen liegt bei 45 %.

Klima und Geographie

Die Toskana ist eine vielfältige Weinbauregion – dies hat vor allem mit der starken zerklüfteten Geographie zu tun. Zwar liegt die Region relativ südlich und wird an ihren Rändern und in den Ebenen im Wesentlichen von mediterranem Klima beherrscht, doch die Hügel und Höhenzüge im Landesinnern sorgen dafür, dass die Durchschnittstemperaturen dort deutlich niedriger sind: Die Weinbauflächen klettern bis in eine Höhe von 550 Metern – dort ist das Klima kontinental-kühl und die Vegetationsperiode ungleich länger als im flachen Küstenbereich. Man unterscheidet folgende Weinbaubereiche:

- *Hügelzone*: Dort finden sich die DOCG-Weinbauregionen → Chianti Classico, → Brunello di Montalcino, → Vino Nobile di Montepulciano, → Carmigiano, → Vernacchia di San Gimignano;
- *Flachere Zonen im Landesinnern*: Chianti (mit allen weiteren Unterzonen außer Chianti classico);
- *Küstenzone*: Maremma mit der DOCs Morellino di Scansano, Bolgheri und Bolgheri Sassicaia.

Das Chianti classico südlich von Florenz wird durch relativ kontinentales Klima geprägt, die Weinberge um Montalcino hingegen liegen weiter südlich und verfügen über ein wärmeres Klima – besonders in den flacheren Lagen im Westen zum Mittelmeer hin. Auch Vino Nobile di Montepulciano liegt südlich – jedoch mehr im Landesinnern. Auch hier ist es insgesamt wärmer.

Das DOCG-Gebiet des Chianti sieht aus wie ein Flickenteppich, der sich über die ganze Toskana zieht, und reicht von Lucca im Norden bis in den Süden der Region – rund 200 km von Nord nach Süd.

Rebsorten und Weinstile

Die bedeutendste Rebsorte der Toskana ist Sangiovese. Wie keine andere Traube bringt er das → Terroir der Region zum Ausdruck und zeigt, wie vielfältig das Klima ist. In den Höhenlagen fällt der Wein mager-kraftvoll und in den flacheren Zonen körperreich und alkoholstark aus. Außerdem werden traditionell die roten Sorten Cannaiolo nero, Trebbiano und Malvasia angebaut – neben einer ganzen Reihe von modischen Importsorten wie Chardonnay, Cabernet Sauvignon, Merlot und Syrah. Aus Letzteren werden reinsortig die so genannten Supertoskaner vinifiziert oder sie werden als Verschnittbestandteil im Chianti und Chianti classico eingesetzt (mit z. T. gravierenden Folgen für die Authentizität und Typizität des wichtigsten italienischen Weines).

Die Küstenzone mit den Anbaugebieten Bolgheri und Maremma im Süden der Toskana hat mit weichen, gefälligen Rotweinen im internationalen Stil von sich reden gemacht. Inzwischen ist sie zu einem Eldorado für Weininvestoren geworden, die preiswert Land kaufen, um dort im heißen Küstenklima moderne Rotweine zu produzieren, die in der Regel als IGT-Weine im Stil eines Supertoskaners vinifiziert werden.

Weinrecht

Es gibt 6 DOCG- und 33 DOC-Weine in der Toskana sowie fünf IGT-Bereiche.

Am berühmtesten sind DOCG-Brunello di Montalcino, DOCG-Vino Nobile de Montepulciano und DOCG-Chianti. Allein vom Chianti werden jährlich insgesamt rund 110 Millionen Flaschen produziert – mengenmäßig handelt es sich damit um den größten italienischen Qualitätswein. Ein großer Teil der qualitativ hochwertigen, in der Toskana produzierten Rotweine wird von den Erzeugern jedoch als IGT-Wein vermarktet, um den Appellations-Bestimmungen aus dem Weg zu gehen – diese Weine werden kurz als → Supertoskaner bezeichnet. Darunter sind so illustre Markenweine wie z. B. Masseto, Solaia, Le Pergole Torte, Ornellaia, → Tignanello und Sangioveto. Diese prägen den Ruf der Toskana und ihren Weinstil inzwischen weit mehr als der traditionelle Chianti.

Tot Wie alles Lebendige muss auch der Wein einmal sterben. Tot ist ein Wein, wenn er alle Leben spendenden Inhaltsstoffe an die Zeit verloren hat. Durch Oxidation und Polymerisationsvorgänge verliert er sukzessive Bukett, Güte, Charakter und am Ende seine Vitalität.

Toul Nordostfranzösische Stadt am Oberlauf der Mosel, aus deren Umgebung einige leichte → *vins gris* kommen. Sie werden überwiegend aus den Rebsorten Gamay, Meunier und Pinot noir erzeugt und kommen als AOC → *Côtes de Toul* in den Handel.

Tour-Blanche, Château La Französisches *Premier Cru classé*-Weingut im Bordeaux in der AOC → Sauternes in Bommes. Wird teilweise als Weinbauschule genutzt. Rund 27 ha: 80 % Sémillon, 20 % Sauvignon und etwas Muscadelle. Es wird ein edelsüßer Sauternes erzeugt, ferner eine kleine Menge trockener Rotwein. Das Gut kann leicht mit anderen Bordeaux-Châteaux gleichen oder ähnlichen Namens verwechselt werden.

Tour-Carnet, Château La Französisches *4ᵉ Cru classé*-Weingut im Bordeaux, AOC → Saint-Laurent (Haut-Médoc). Rund 30 ha Rebfläche: 66 % Cabernet Sauvignon, 33 % Merlot, etwas Petit Verdot. Gilt als nicht ganz auf der Höhe.

Tour du Pin Figeac, Château La Französisches *Grand Cru classé*-Weingut im Bordeaux, Appellation → Saint-Emilion. Rund 10 ha Rebfläche. Traditionell arbeitender Betrieb.

Tour du Pin Figeac-Moueix, Château La Französisches *Grand Cru classé*-Weingut In der Appellation → Saint-Emilion, gehörte einst zu Château Figeac und Nachbargut von Château Cheval Blanc. 10 ha mit 60 % Merlot, 30 % Cabernet franc und je 5 % Cabernet Sauvignon und Malbec. Erzeugt kernigen und feinen Rotwein.

Tour-Figeac, Château La Französisches *Grand Cru classé*-Weingut im Bordeaux, Appellation → Saint-Emilion, ursprünglich Teil von Château → Figeac. Rund 14 ha Rebfläche: 60 % Merlot und 40 % Cabernet franc. Moderner Stil.

Tour Haut-Brion, Château La Französisches *Cru classé*-Weingut im Bordeaux, AOC → Pessac-Léognan (in Talence). Kleineres Schwestergut von Château La Mission Haut-Brion mit 5 ha Rebfläche: 80 % Cabernet Sauvignon, 20 % Merlot. Rotwein mit großer Tiefe und Eleganz, der zu den Besten im Graves zählt.

Tour-de-Mons, Château La Französisches *Cru* → *bourgeois*-Weingut im Bordeaux, Appellation Soussans-Margeaux (→ Haut-Médoc). mit 35 ha Rebfläche: 45 % Cabernet Sauvignon, 40 % Merlot, 10 % Cabernet franc und 5 % Petit Verdot. Seit 300 Jahren im Familienbesitz. Lange haltbare Rotweine.

Touraine Provinz Frankreichs an der Loire mit reizvoller Landschaft um die alte Stadt Tours, auch berühmt für ihre großartigen Loire-Schlösser. Innerhalb dieser Provinz gibt es eine Reihe von Appellationen – darunter die AOC Touraine:

• Die AOC Touraine umfasst Rot- (51 %), Rosé- (4 %) und Weiß- sowie Schaumwein (45 %). Jährlich werden auf rund 5300 ha Rebfläche etwa 35 Millionen l Wein erzeugt. An roten Rebsorten werden Gamay, Cabernet Sauvignon, Côt und Cabernet franc sowie als weiße Sorten Sauvignon und Chenin blanc kultiviert. Die westlichen Bereiche des Weinbaugebietes stehen unter atlantischem Klimaeinfluss; hier bringt die rote Sorte Cabernet franc gute Ergebnisse, während im Osten kontinentales Klima vorherrscht, das ideal für den weißen Sauvignon blanc ist. Die Reben wachsen überwiegend auf Schwemmlandböden.

Entsprechend dem Flusslauf lassen sich die übrigen Appellationen innerhalb der Provinz folgendermaßen zuordnen:

• Die besten Rotweine der Touraine gedeihen stromabwärts von Tours. Hier gibt es drei weitere Appellationen: AOC → Saint-Nicolas-de-Bourgueil, AOC → Bourgueil und AOC → Chinon

• Die besten Weiß- und Schaumweine werden stromaufwärts von Tours erzeugt. Berühmt sind hier die AOC → Vouvray und die AOC → Montlouis.

Touraine Azay-le-Rideau Französische AOC in der → Touraine, dem größten Weinbaugebiet an der Loire, für Rosé (60 %) und Weißwein (40 %). Die Stadt Azay-le-Rideau ist bekannt für eines der schönsten Renaissance-Schlösser an der Indre, einem Nebenfluss der Loire. Unter der Bezeichnung AOC Touraine-Azay-le-Rideau kommen etliche Weißweine in den Handel, die aus Chenin blanc erzeugt werden und geschmacklich an → Vouvray erinnern. Zusätzlich wird ein Rosé erzeugt, der überwiegend aus Grolleau sowie Anteilen von Gamay, Côt und Cabernet franc sowie Cabernet Sauvignon besteht. Der Wein wächst auf Ton, Kies und Kalk. Auf rund 45 ha Rebfläche werden jährlich etwa 250 000 l Wein erzeugt.

Touraine Mesland Französische AOC in der → Touraine zwischen Amboise und Blois mit rund 85 ha Rebfläche, auf der jährlich etwa 640 000 l Rot-, Rosé- und Weißweine (10 %) aus den Sorten Gamay, Cabernet franc, Cabernet Sauvignon und Malbec sowie Chenin blanc, Chardonnay und Sauvignon blanc für Weißwein erzeugt werden. Die Rebstöcke gedeihen auf tonigen Böden durchsetzt mit Feuerstein sowie tonigem Kalk mit Granitsand. Das kontinentale Klima erbringt Weine von kühlem Charakter. Bekannter Erzeuger: Château Gaillard.

Touraine Noble-Joué Französische AOC für Roséweine, die auf lediglich 25 ha Rebfläche erzeugt werden – jährlich etwa 120 000 l mit steigender Tendenz. Der Wein wird aus den Rebsorten Pinot meunier, Pinot gris, Malvoisie sowie Pinot noir erzeugt. Die Weine wachsen auf Ton mit Feuerstein sowie Kiesanteilen.

Touriga Nacional Nach allgemeiner Überzeugung die edelste Rotweinsorte Portugals, qualitativ bedeutender als → Tinta Roriz (Tempranillo), die im Nordosten des Landes verbreitet ist und wesentlichen Anteil an den Weinen des → Douro, einschließlich des → Portweins, hat. Beim → Dão überweigt der Touriga Nacional, ebenso im Gebiet → Lafões, wo die Rebsorte nur Tourigo genannt wird. Sie liefert vielschichtige, fruchtige, farb- und tanninreiche Weine.

Tourismus Die Reiselust spielt in der Verbreitung und Popularität des Weins eine große Rolle. Der Siegeszug des italienischen Weins in Deutschland wurde durch den verstärkt einsetzenden Tourismus in den 1950er Jahren ausgelöst: Erst Südtirol mit Kalterersee, dann Bardolino und Valpolicella, schließlich Chianti. Das waren die flüssigen Souvenirs der Heimkehrer, die nach und nach zu festen Bestandteilen in den deutschen Weinregalen wurden. Schließlich konnte man nicht jedes Mal nach Florenz fahren, um den Durst nach Italien und seiner Lebensart zu stillen. Ähnlich ging es später mit Spanien (Rioja) und Frankreich (Vin de Pays, Muscadet, Beaujolais). Mit dem Übersee-Tourismus fanden auch die entferntesten Weine aus Kalifornien, Australien und Südafrika ihren Weg nach Deutschland – stets zogen die neuen Reiseziele einen regelrechten Boom der Weine dieser Länder nach sich.

Traben-Trarbach Deutsche Stadt an der Mosel im Weinbaugebiet Mosel-Saar-Ruwer, flussabwärts hinter Bernkastel gelegen. Insgesamt rund 320 ha Rebfläche (einschließlich der Flächen im Stadtteil Wolf). Die besseren Lagen liegen moselabgewandt in Seitentälern südlich von Trarbach, darunter die Lagen *Hühnerberg* und *Ungsberg*.

Tradition Ein in der Weinwelt inflationär benutzter Begriff, der meistens im Zusammenhang mit Fortschritt verwendet wird. Für die Pflege des → Terroirs ist Tradition eine unabdingbare Voraussetzung. Großer Wein kann nicht allein in absolutem Fortschrittsglauben entstehen. Tradition kann aber auch Stagnation bedeuten – in einem solchen Fall läge dem Begriff allerdings ein Missverständnis zu Grunde, denn Tradition und Traditionsbewusstsein bedeutet immer auch Überlieferung und behutsame Weiterenticklung.

In Deutschland wird der Traditionsbegriff häufig verwendet, besonders wenn es um die verbale Kaschierung der fatalen Folgen durch die → Süße Welle in den 1960er bis 1980er Jahren geht. Echte Traditionsweingüter sind selten geworden – nicht nur in Deutschland, sondern überall auf der Welt, da mittlerweile der Druck des Marktes bestimmte Weineigenschaften (→ Typizität) fordert, die traditioneller Weinbereitung oft diametral entgegenstehen.

Erzeuger, die auf technologische Innovationen im Sinne aktueller Hightech-Vinifikation verzichten, und ihre Weine jenseits aller Modetrends machen, so wie sie es für richtig halten, sind Unterlassungspioniere, weil ihr Verzicht wiederum innovative Züge trägt. In Deutschland sind dies z. B.: Weingut Maximin Grünhaus (Ruwer)/Gutsverwaltung von Schubert, Ferdinand Richter (Mosel), Leitz (Rheingau), Bruno Schmitt (Franken) und Graf Neipperg (Württemberg). Andere berühmte Beispiele sind Château Latour (Pauillac), Biondi-Santi (Montalcino), Mizzon (Valpolicella) und Knoll (Wachau).

Traisen Deutsche Gemeinde im Weinbaugebiet → Nahe mit knapp 40 ha Rebfläche. Hierzu gehört auch die rund 2 ha kleine *Bastei* – eine einzigartige Südlage am Fuße eines 200 m senkrecht aufragenden Porphyrmassivs, die zu den besten Lagen in Deutschland gehört. Sie liefert eindrucksvolle Rieslinge von hervorragender Qualität. Bekannter Erzeuger: Crusius (Traisen).

Traiskirchen Österreichischer Ort, etwa 20 km südlich von Wien im Weinbaugebiet → Thermenregion zwischen Gumpoldskirchen und Baden gelegen. Auf rund 270 ha Rebfläche werden überwiegend Rotgipfler, Zierfandler und Neuburger angepflanzt. Bekannte Erzeuger: Karl Alphart, Johann Glanner, Ferdinand Schafler und Johann Stadlmann.

Tramin (Termeno) Italienische Stadt in der autonomen Provinz Südtirol, südlich des Kalterersees am rechten Ufer der Etsch gelegen. Berühmt für ihre → Gewürztraminer, dessen Rebsorte dem Ort seinen Namen gegeben haben soll. Bekannte Erzeuger: Walch, Hofstätter, Winzergenossenschaft Tramin, Castel Ringberg.

Traminer Weiße Rebsorte, die auch Roter Traminer genannt wird, wegen der leicht rötlichen Färbung ihrer Beerenhaut. In der Ortenau als Clevner bezeichnet. Gilt mit dem verwandten

→ Gewürztraminer als hervorragende Qualitätsrebe, mit denen zusammen in Deutschland noch 845 ha (0,8 % der Rebfläche) bestockt sind, vor allem in der → Pfalz und in → Baden. In Österreich kommt sie derzeit auf rund 600 ha Rebfläche, unterschiedlich verteilt über die verschiedenen Weinbauregionen. Im → Elsass (nur in der Spielart des Gewürztraminers) kommt sie auf rund 2400 ha und erbringt dort hervorragende Weine. Ferner ist sie in Norditalien, in Kalifornien, in Australien und in zahlreichen weiteren Ländern anzutreffen. Unter guten Wachstumsbedingungen und entsprechender Vinifikation liefern Traminer und Gewürztraminer außerordentlich charaktervolle Weine mit herrlich floralem Duft und Aroma, das an gelbe Rosen erinnert. Leider ist die Rebsorte aufgrund ihres unregelmäßigen Ertrags bei den Winzern nicht sehr beliebt, auch wenn sie zu den herausragenden Rebsorten des kühlen Klimas zählt.

Transparenz Weinmerkmal. Bezieht sich meist auf die → Farbe bei Rotweinen, die nicht undurchdringlich dunkel, sondern eher hell, durchscheinend, transparent erscheint (→ Augentrinker). Je nach Rebsorte fällt die Farbe der Weine unterschiedlich aus: z. B. verfügen die Rebsorten Spätburgunder (Pinot noir) oder Nebbiolo von Natur aus über eine geringere Farbstoffdichte und fallen daher heller aus als z. B. Cabernet Sauvignon oder Merlot.

Wichtiger als die Beschreibung der Farbe ist jedoch die Bedeutung des Begriffs bei der Geschmacksbeschreibung eines Weins: Wenn bei Weiß- oder Rotweinen die Aromen nicht dicht gepackt und undurchdringlich erscheinen, sondern gut geordnet aufeinanderfolgend, harmonisch balanciert und rundum angenehm, dann spricht man ebenfalls von Transparenz. Solche Weine weisen ein hohes Maß an → Eleganz aus.

Transvasierverfahren Moderne Technik bei der Herstellung von → Schaumwein. Das Verfahren darf rechtlich zwar als Flaschengärung bezeichnet werden; es fehlt jedoch der entscheidende Schritt der traditionellen Flaschengärung, bei der die Hefe *in* den Flaschen abgerüttelt wird und diese *einzeln* → degorgiert werden. Mit dem Verzicht auf das → Rütteln der Flaschen verkürzt sich das Herstellungsverfahren gegenüber der *Méthode champenoise* und *klassischer Flaschengärung* von neun bis zwölf Monate auf lediglich rund vier Monate. Der Wein gärt dabei zwar in Flaschen zu Schaumwein, wird danach aber in Großraumbehälter gefüllt und vor der endgültigen Flaschenfüllung filtriert. Das Resultat ist ein uniformer Wein, der sich durch den harten Eingriff der Filtration verändert und auch an Aromatik verliert. In Frankreich, wo für → Champagner und → Cremants Flaschengärung vorgeschrieben ist, wird dieses Verfahren meist bei den einfacheren Schaumweinen angewendet, während billige Schaumweine in Massenerzeugung ausschließlich durch → Großraum- oder Tankgärung hergestellt werden.

Die Begriffe traditionelle bzw. klassische Flaschengärung garantieren in Deutschland, dass der Sekt nicht im Transvasierverfahren hergestellt wurde, sondern jede Flasche einzeln gerüttelt und degorgiert worden und die gesamte Zeit in der Originalflasche verblieben ist.

Trás-os-Montes Portugiesische Provinz im äußersten Nordosten des Landes und großes Weinbaugebiet, östlich von → Vinho verde und nördlich des → Douro. In der bergigen Landschaft mit schiefer- und granithaltigen Bodenformationen entstehen sehr unterschiedliche Weine, zu 90 % Rot- und Roséweine (darunter der in Portugal sehr beliebte *Evel*). In der Regel fallen die

Weine gehaltvoller aus als der Vinho verde, ohne jedoch den Alkohol- und Körperreichtum der weiter südlich erzeugten Weine zu erreichen. Neben dem DOC-Gebiet Douro liegen die IPR-Gebiete → Valpaços, → Chaves und → Planalto Mirandês in der Region Trás-os-Montes.

Trauben Die Früchte der Weinrebe bestehen aus vielen kleinen → Beeren und dem sie verbindenden Holzgeäst, den so genannten Kämmen oder Rappen (enthalten viele → Tannine). Der aus Trauben gewonnene Saft wird entweder ohne Schalen und Kerne (Weißwein) oder mit diesen (Rotwein) verarbeitet. Die nach der Vinifikation zurückbleibenden Bestandteile Fruchtfleisch, Beerenhäute, Kerne und ggf. Stiele ergeben den so genannten Trester.

Traubenabbeermaschine Auch Entrappungsmühle genannt, ein Gerät zum Ablösen der Beeren von den Stielen vor der Gärung, wie sie heute zur Erzeugung hochwertiger Rotweine allgemein üblich ist.

Traubengeschmack Manche Weintrauben haben ein besonderes Aroma, das sie an den aus ihnen bereiteten Wein weitergeben, wie etwa die → Muskat-Sorten oder bukettreiche → Neuzüchtungen, z. B. Morio-Muskat.

Traubenmaische In der Traubenmühle werden die gegebenenfalls entrappten Beeren zu Maische gequetscht. Bei Weiß- und den meisten Roséweinen (→ Cerasuolo, → Süßdruck) wird die Maische sofort oder nach einigen Stunden abgepresst, um den Most ohne Schalen und Kerne gären zu lassen, während man die Maische zur Rotweinerzeugung komplett vergärt – oder sie erhitzt, dann presst und anschließend vergärt (→ Maischeerhitzung).

Traubenmost Aus Weintrauben gewonnener Most, der zur Weinbereitung bestimmt ist, d. h. entweder vergoren wird oder unvergoren und sterilisiert als → Süßreserve eingelagert oder zu → rektifiziertem Traubenmostkonzentrat verarbeitet wird. Während das Traubenmostkonzentrat mitvergoren wird, um den Alkoholgehalt des Weins zu erhöhen, dient die Süßreserve dazu, den → Restzuckergehalt des Weins nach abgeschlossener alkoholischer Gärung zu steigern. Wenn der Traubenmost hingegen zum unmittelbaren Genuss in unvergorenem Zustand bestimmt ist, bezeichnet man ihn als *Traubensaft*.

Traubenschultern Weintrauben bilden sich in der Regel kegelförmig nach unten konisch zulaufend aus. An ihrem oberen Ende am Stielansatz können sich die so genannten Schultern entwickeln, die jeweils eigene, kleine Traubenzylinder darstellen. Diese Traubenschultern reifen ungleichmäßiger als der so genannte Grundzylinder. Besonders qualitätsorientierte Winzer schneiden bei der Erzeugung von Rotweinen die Traubenschultern in der Verfärbungsphase (also vor der eigentlichen Reifezeit) ab, um nur absolut gleichmäßig reife Trauben zu ernten. Derartig aufwendige Handarbeit hat ihren → Preis.

Tre Bicchieri → Drei Gläser

Trebbiano Eine der ältesten und heute die am meisten angebaute Weißweinsorte Italiens, die in den Spielarten Trebbiano toscano, Trebbiano romagnolo, Trebbiano d´Abruzzo auf rund 75 000 ha kultiviert wird (in Frankreich heißt sie → Ugni blanc). Ihre größte Verbreitung hat sie in der → Emilia-Romagna, der → Toskana und in → Latium gefunden, doch trifft man sie auch in den meisten übrigen italienischen Regionen an. Reinsortig aus Trebbiano erzeugte Weine sind DOC Trebbiano d'Abruzzo und DOC Trebbiano di Romagna. Daneben gibt es weitere Trebbiano-Weine und eine ganze Palette von Weiß- und Rotweinen, in denen ein mehr oder weniger großer Anteil von Trebbiano (zwischen 10 und 90 %) enthalten ist; insgesamt ist sie in rund 100 DOC-Weinen als Zusatz (auch bei manchen Rotweinen) erlaubt.

Der Siegeszug des Trebbiano ist jedoch nicht auf die Qualität der aus ihm erzeugten Weine zurückzuführen, sondern auf die Tatsache, dass er im warmen Klima Italiens relativ säurereiche, wenn auch ansonsten zur Neutralität neigende, im Grunde genommen nichts sagende Weine liefert. Zudem ist er ausgesprochen produktiv – Erträge von 10 000 bis 15 000 l pro ha schafft er mit Leichtigkeit –, für viele Produzenten ein schlagendes Argument, die ihr Einkommen über die Quantität erwirtschaften. Würde man ihn auf Qualität erziehen und ausbauen, wären ohne Frage bessere Ergebnisse möglich.

Außerhalb Italiens findet man den Trebbiano im ganzen Süden Frankreichs, wo er als Ugni blanc bezeichnet wird, bis ins → Cognac-Gebiet, wo er → Saint-Emilion heißt (zusammen rund 120 000 ha Rebfläche). Auch außerhalb Europas wird er gepflanzt, so in Argentinien und Australien, dort wird er (irreführenderweise) auch als White Shiraz oder White Hermitage deklariert.

Trebbiano d'Abruzzo → Trebbiano

Trebbiano di Romagna Weitläufige DOC in der → Emiglia Romagna. → Trebbiano

Trentino Norditalienisches Weinbaugebiet um Trento (Trient), südlicher und italienischsprachiger Teil der autonomen Region Trentino-Alto Adige. Jährlich werden auf rund 9000 ha um die 80 Millionen l Wein erzeugt, davon 44 % Rotwein. 70 % der Weine werden als DOC-Weine vermarktet.

Klima und Geographie

Aufgrund seiner Lage im engen, von Norden nach Süden verlaufenden Etschtal konzentriert sich der Weinbau auf die Talsohle und die unteren Hänge jenes Tals, durch das jährlich Abermillionen Transitreisende auf der Brenner-Autobahn in den Süden strömen. Nähmen sie sich etwas mehr Zeit, könnten sie eine interessanteste und sehenswerteste Weinbauregion Italiens entdecken. Die mikroklimatischen Bedingungen sind außergewöhnlich. Das Tal zwischen den bis zu 2000 m aufragenden Bergen aus Porphyr speichert die von Süden eindringende Wärme und wirkt wie ein Warmlufttrichter gen Norden. Das Tal ist fruchtbar – manchmal zu fruchtbar, so dass enorme Hektarerträge möglich sind. Doch wer über die richtigen Lagen an den Steilwänden (→ Topographie) verfügt und die Ertragsmengen drosselt, kann hervorragende Qualitäten ernten. Sehenswert sind die Lagen im Seitental der Cembra – hier steigen die Rebflächen auf bis zu 800 m Höhe. Die dem Ort Mezzolombardo vorgelagerte Talebene wird Campo Rotaliano genannt, dort wächst die Rebsorte → Teroldego. Der Boden besteht dort aus feuersteinhaltigen Kiesböden, die die Etsch angeschwemmt hat. Der steile Bergrücken schützt diesen Bereich vor kalten Nordwinden. Hier ist die wohl beste Lage Trentinos zu finden.

Rebsorten und Weinstile

Die Vielfalt der Rebsorten im Trentino ist enorm. Neben den Modereben Cabernet Sauvignon, Cabernet franc und Chardonnay werden im Wesentlichen Vernatsch (Schiava), Pinot bianco (Weißburgunder), Pinot grigio (Grauburgunder) und Pinot nero (Spätburgunder) angebaut. Doch es gibt auch autochthone Rebsorten: an erster Stelle die potenziell hochwertige rote Sorte Teroldego (mit eigener DOC im Campo rotaliano), Marzemino (ein herber Geselle), der rote Lagrein sowie Nosiola (wird in geringen Mengen zu → Vin Santo verarbeitet). Ein Großteil der Traubenproduktion geht in die Schaumweinindustrie. Die vorherrschende Rebenerziehungsform ist die → Pergola – sie prägt das Landschaftsbild durchgängig.

Weinbaustrukturen
Das Trentino wird weinbaulich von großen Genossenschaften beherrscht, die gut drei Viertel des Weines herstellen: LaVis mit rund 800 ha produziert rund 1,7 Millionen Flaschen; CaVit rund 35 Millionen. Auch der Spumanteproduzent Ferrari (direkt an der Brenner-Autobahn) gehört zu den ganz Großen im Trentino. Auf der anderen Seite gibt es eine Hand voll aufstrebender Betriebe: Foradori steht qualitativ an der Spitze, gefolgt von Pojer und Sandri. Einer der klassischen Erzeuger im Trentino ist die Tenuta → San Leonardo – ein sehr traditionell arbeitender Betrieb. Weiterer bekannter Erzeuger: Letrari.

Weinrecht
Die Weine Trentinos kommen unter den Bezeichnungen Casteller (rot) oder Val d'Adige (rot und weiß) in den Verkauf. Ein erheblicher Teil der Produktion des Vernatsch darf weinrechtlich als Kalterersee verkauft werden, auch wenn das Gewässer, auf das sich diese Deklaration bezieht, rund 80 km weit entfernt ist. Nicht zu übersehen sind im Trentino riesige Lagerhäuser von Weinspeditionen, die die italienischen Flaschenweine nach Norden transportieren. Auch ein Heer von Tanklastzügen steht bereit, um Tafelwein aus Süditalien nach Norden zu verfrachten, die zuvor nicht selten zu DOC-Weinen umdeklariert wurden.

Trento Italienische DOC für Spumante (→ Schaumwein) in der Region → Trentino in 60 Gemeinden. Diese werden aus den Rebsorten Chardonnay, Pinot bianco, Pinot nero und Pinot meunier bereitet. Bekannter Erzeuger: Ferrari.

Trester Bezeichnung für die festen Bestandteile der Trauben, die nach der Kelterung zurückbleiben. Im Französischen *marc*. Aus diesen werden die Branntweine Tresterschnaps, Grappa bzw. Marc gewonnen.

Tresterwein Nachwein, der bereitet wird, indem man den wässrigen Auszug von Traubentrestern (→ Trester) mit Zucker versetzt und vergärt. Schlechteste Qualität für arme Winzer in Notzeiten, die diesen «Wein« als Haustrunk verwendeten.

Trévallon, Domaine de Französisches Weingut in den → Coteaux d'Aix (Les Baux) mit rund 16 ha in Saint-Etienne-du-Grès. Es wird ein moderner, Aufsehen erregender Rotwein aus Cabernet Sauvignon und Syrah erzeugt, der als einer der herausragenden in der → Provence zählt.

Trieb Stockwachstum eines Jahres, das in der Zeit der Winterruhe zusammen mit dem alten Holz beschnitten wird.

Triebaumer, Ernst Österreichisches Weingut im Weinbaugebiet → Neusiedlersee-Hügelland. Auf rund 17 ha Rebfläche werden jährlich etwa 70 000 Flaschen Wein erzeugt. Rebsorten: 50 % Blaufränkisch, je 10 % Cabernet Sauvignon und Merlot, außerdem Sauvignon blanc, Weißburgunder, Welschriesling und Traminer. Die Weine wachsen auf Kalk-Sandböden bzw. Glimmerschiefer. Dieser Betrieb brilliert vor allem mit seinen edelsüßen Prädikatsweinen, auch wenn die Rotweine den größten Teil der Produktion ausmachen.

Trier Deutsche Stadt an der Mosel im Weinbaugebiet → Mosel-Saar-Ruwer. Vor 2000 Jahren von den Römern gegründet und lange Zeit Zentrum des Weinbaus und -handels im → Mosel-Saar-Ruwer-Gebiet. Einschließlich seiner eingemeindeten Stadtteile verfügt Trier heute über rund 350 ha Rebfläche, von denen sich die bedeutendsten Lagen in den Stadtteilen → Eitelsbach und → Avelsbach (mit den dortigen Spitzenerzeugern von Maximin-Grünhaus/von Schubert und Karthäuserhof) befinden.

In der Stadt selbst sind etliche namhafte Erzeuger ansässig: von Kesselstadt, die Bischöflichen Weingüter, das → Friedrich-Wilhelm-Gymnasium, die Vereinigten Hospitien. Zweimal jährlich werden in Trier die besten (meist edelsüßen) Weine des Weinbaugebiets versteigert.

Trilogy Name mindestens zweier Rotweine. Der eine wird vom Weingut Flora Springs in St. Helena in → Kalifornien (Napa Valley) erzeugt: Cabernet Sauvignon, Merlot und Cabernet franc. Der andere wird in Südafrika vom Weingut Warwick in Muldersvlei (→ Stellenbosch) aus Cabernet Sauvignon, Merlot und Cabernet franc produziert.

Trimbach Französisches Weingut im → Elsass, im Ort Ribeauvillé. Rund 14 ha Rebfläche in mehreren Gemeinden. Bekannt für seinen Riesling aus der Einzellage *Clos Ste-Hune* (1,3 ha). Einer der traditionellen elsässischen Spitzenerzeuger.

Trimbach, Domaine Französisches Weingut im → Elsass, im Ort Ribeauvillé. Von rund 30 ha Rebfläche werden, auch durch Zukauf von Trauben, jährlich etwa 1 Million Flaschen Wein erzeugt. Besitz in den *Grand Cru*-Lagen *Mandelberg* sowie *Clos Ste-Hune.*

Trittenheim Deutsche Gemeinde an der Mosel im Weinbaugebiet → Mosel-Saar-Ruwer im Bereich Mittelmosel. Etwa 300 ha stehen unter Reben (überwiegend Riesling). Als mit Abstand beste Rebflächen des Ortes gelten die beiden jeweils nur einen halben ha großen Lagen *Felsenkopf* und *Leiterchen* (im Alleinbesitz von Weingut Milz). Die Lagen *Apotheke* und *Altärchen* sind ebenfalls herauszuheben. Bekannte Erzeuger: Milz, Kesselstatt, Bischöfliches Priesterseminar, Friedrich-Wilhelm-Gymnasium, Clüsserath-Eifel, Clüsserath-Weiler, Boch und Eifel.

Trocken Bei Weinen bezeichnet man das Gegenteil von süß nicht als sauer, sondern als trocken (ein zwar weltweit etablierter, aber durchaus missverständlicher Begriff). So deklarierte Weine dürfen in der Schweiz höchstens 4 g/l Restzucker aufweisen, wobei in der EU und seit 1993 auch in Österreich maximal 9 g/l zulässig sind. Ein trockener Schaumwein ist dagegen schon recht süß und weist nach dem Gesetz einen → Restzuckergehalt auf, der zwischen 17 bis 35 g/l liegt. Der Bezeichnung *trocken* entsprechen asciutto, dry, sec, secco, seco, xeros.

Trockene Weine sind qualitativ nicht schlechter als halbtrockene bzw. restsüße Weine.

Trockenbeerenauslese Höchste Stufe der deutschen und österreichischen → Qualitätsweine mit Prädikat (auch Prädikatsweine genannt). Sie werden aus edelfaulen Beeren (→ Botrytis) bereitet, die so lange am Rebstock verbleiben, bis sie nahezu zu Rosinen eingetrocknet sind. Ihr Mindestmostgewicht muss in Deutschland 150 bzw. 154° → Oechsle betragen, in Österreich einheitlich 30° → KMW (entspricht 150° Oechsle). So selten diese Weine auch sind, es kommen auch wesentlich höhere Mostgewichte bis zu 200° Oechsle und mehr vor. Trockenbeerenauslesen gibt es vor allem in hervorragenden Weinjahren. Sie müssen in aufwendiger Handarbeit hergestellt werden, da die einzelnen Beeren meist von Hand herausgelöst werden müssen. Die Beeren liefern dann winzige Mengen eines in Deutschland einzigartigen, eher alkoholarmen Elixiers mit oft nur 5 bis 8 % Alkohol und großen Mengen an unvergorenem traubeneigenen Zucker und einer brillanten Säure.

Trockenmauern Diese sind im → Terrassenweinbau ein wichtiges Element, da sie die Wärme speichern und nachts an die Reben wieder abgeben. Außerdem bilden sie wichtige ökologische Rückzugsräume.

Troia Italienische Rotweinsorte, angeblich von den Griechen in der Antike eingeführt. Bringt tieffarbenen, körper- und alkoholreichen Wein und ist vor allem in → Apulien weit verbreitet. Sie wird häufig mit anderen Sorten verschnittten. → Rosso Canosa, → Rosso di Cerignola.

Trollinger Führende Rotweinsorte Württembergs, die auf rund 2600 ha Rebfläche angebaut wird. In Deutschland konzentriert sich der Anbau fast ausschließlich auf Württemberg. Die Sorte stammt aus Südtirol (Tirolinger = Trollinger), wo sie als Großvernatsch bzw. → Schiava grossa bekannt ist und einfache, leichte Rotweine von in seltenen Fällen ansprechender Qualität liefert. Meist wird sie in Württemberg zu schwächlichen Weinen verarbeitet, weil der → Ertrag zu hoch ist und der Wein mittels → Maischeerhitzung behandelt wird (Fast der gesamte Trollinger Württembergs wird durch diese brutale Hightech-Vinifikation entfremdet). Einer der wenigen vertrauenswürdigen Erzeuger ist das Weingut Wöhrwag (Untertürkheim). Als Mutation der Rebsorte ist der → Muskattrollinger bekannt, ferner sind einige → Neuzüchtungen aus ihr hervorgegangen, darunter als verbreitetste der → Kerner.

Tronquoy-Lalande, Château Französisches *Cru* → *bourgeois*-Weingut im Bordeaux, Appellation → Saint-Estèphe (Haut-Médoc). Rund 16 ha Rebfläche: 50 % Merlot, 45 % Cabernet Sauvignon und 5 % Petit Verdot.

Tröpfchenbewässerung Bewässerungsmaßnahme im Weinberg. In Dürrezeiten kann es selbst der strapazierfähigen Rebe zu trocken werden. Als Erstes lassen die jungen Anlagen die Blätter hängen, weil ihr Wurzelwerk noch nicht tief genug in den Boden vorgedrungen und dadurch abhängig vom Oberflächenwasser ist: Es entsteht Trockenstress, der sich negativ auf das Pflanzenwachstum auswirkt und Spuren in der Qualität der Trauben hinterlässt. Um dem vorzubeugen, hat sich auch im Weinbau die Bewässerung mittels Schläuchen durchgesetzt, die an den Rebzeilen entlang ausgelegt werden und jeweils ein Loch an der Stelle besitzen, an der ein Rebstamm in den Boden übergeht. Dort tropft das Wasser dann direkt ins Erdreich. Relativ effektive Methode der Bewässerung, sparsamer als großräumige Beregnung, aber dennoch umstritten und in einigen Ländern, darunter Deutschland, verboten, bzw. nur in Ausnahmefällen (Ernteverlust und Steillagen) nach Genehmigung erlaubt. In den meisten Ländern wird regelmäßig bewässert, weil Weinbau dort sonst nicht möglich ist, z. B. in bestimmten Regionen Kaliforniens wie z. B. dem Central Valley.

Troplong-Mondot, Château Französisches *Grand cru classé*-Weingut im Bordeaux, Appellation → Saint-Emilion mit 30 ha Rebfläche an den Abhängen der so genannten Côtes: 65 % Merlot, je 15 % Cabernet Sauvignon und Cabernet franc sowie 5 % Malbec. Erzeugt sehr gute, konzentrierte Rotweine, die zu den Besten im Bordeaux gehören. *Zweitwein:* Mondot.

Trotanoy, Château Französisches Weingut im Bordeaux, AOC → Pomerol. Einer der besten Rotweine aus Pomerol, nach Château → Pétrus an zweiter Stelle. 11 ha Rebfläche, die ähnlich wie bei Pétrus zu 90 % mit Merlot, 9 % Cabernet franc und 1 % Malbec bestockt sind. Der Wein ist konzentriert und hat große Tiefe – mit bemerkenswerter Eleganz.

Trottevieille, Château Französisches *Premier grand cru classé B*-Weingut im Bordeaux, Appellation → Saint-Emilion. Rund 11 ha Rebfläche: 50 % Merlot, 40 % Cabernet franc und 10 % Cabernet Sauvignon.

Trub → Bodensatz

Trüb Als trüb bezeichnet man einen Wein, der nicht klar oder → glanzhell ist. Immer mehr Rotweinerzeuger gehen dazu über, ihre Rotweine nicht (oder kaum) zu filtern. Dies ist dann kein qualitätsminderndes Merkmal, sondern ein positives Zeichen, da wertvolle Aromastoffe im Wein erhalten geblieben sind.

Trullo Steinernes, einräumiges Rundhaus meist mit Kraggewölbe, wie es vor allem in → Apulien anzutreffen ist. Im 18. Jahrhundert tauchten Trulli, ohne dass die Zusammenhänge bislang hinreichend geklärt zu sein scheinen, auch in Teilen von → Rheinhessen auf, so in der Umgebung von → Flörsheim-Dalsheim.

Tsantalis In Thessaloniki ansässiger Großproduzent griechischer Weine mit in der Regel eher durchschnittlicher Qualität, die innerhalb wie außerhalb Griechenlands weit verbreitet sind. Es werden auch bessere Qualitäten erzeugt, so roter Cava Tsantalis und weißer Athos (aus Sauvignon blanc).

Tschechische Republik Alter, traditionsreicher Weinbau mit heute knapp 15 000 ha Rebfläche, von der jährlich in der Regel 100 bis 150 Millionen l Wein erzeugt werden. Der Weinbau konzentriert sich auf zwei Zonen:

- *Böhmen im Nordwesten:* lediglich rund 400 ha, von denen sich die bedeutendsten Rebflächen um → Melnik im Elbtal nördlich von Prag befinden, sowie in den Ausläufern von Prag und bei Most.
- → *Mähren im Südosten:* rund 15 000 ha zwischen Brünn und der Grenze zu Österreich und zur Slowakei. Die hier erzeugten Weine sind denen des angrenzenden österreichischen Weinviertels ähnlich. Die Weißweine stammen wie dort aus den Rebsorten Müller-Thurgau, Grüner Veltliner, Sauvignon blanc, Welschriesling, Weißburgunder und Neuburger. Der Rotweinanteil beträgt etwa 20 % und stammt vor allem aus den Rebsorten Sankt Laurent, ferner Blaufränkisch, Blauer Portugieser und Spätburgunder.

Tscheppe, Eduard Österreichisches Weingut im Weinbaugebiet → Südsteiermark. Auf rund 45 ha Rebfläche werden jährlich etwa 300 000 Flaschen Wein erzeugt. Die Weine wachsen auf Mergel und Muschelkalk und gehören zu den besten der Region.

Tuilé Französischer Fachausdruck für Rotweine, die eine ziegelrote Verfärbung aufweisen – ein Zeichen dafür, dass sie allmählich alt werden und nicht mehr lange halten.

Tunesien Auf heute noch 29 000 ha Rebfläche (mit fallender Tendenz) werden derzeit rund 40 Millionen l Wein erzeugt, der aus dem islamischen Land größtenteils exportiert wird. Der Weinbau wird durch den Staat wieder gefördert – es sind mehrere ausländische Investoren zugelassen.

Die Rebflächen sind im Wesentlichen im Nordosten des Landes konzentriert. Die kühlste Weinbauzone liegt am Mittelmeer rund um die Stadt Tunis, wo die verhältnismäßig kühle Meeresluft für niedrigere Temperaturen sorgt als im Landesinnern. Traditionell wird viel (süßer) Muscat produziert, Rotweine spielen eine untergeordnete Rolle. Die angepflanzten Rebsorten gleichen nahezu ausschließlich denen des französischen → Midi.

Tuniberg, Bereich Deutscher Weinbaubereich im Weinbaugebiet → Baden. Durch Abspaltung vom → Kaiserstuhl entstanden, rund 1000 ha Rebfläche und der einzige badische Bereich, in dem mehr rote Sorten (rund 600 ha Spätburgunder) als weiße angepflanzt sind.

Turckheim Französischer Weinbauort im südlichen → Elsass westlich von Colmar mit rund 180 ha Rebfläche, als deren beste Lage der *Alsace grand Cru Brand* (rund 55 ha) gilt. Bekannt ist der Ort für seinen Pinot noir, doch auch für Gewürztraminer, Riesling und Muscat. Etliche Weine von Turckheim werden von Gütern außerhalb des Ortes in den Handel gebracht. In Turckheim selbst sind folgende bekannte Erzeuger ansässig: Domaine Zind-Humbrecht, ferner Baur Petit-Fils, Auguste Hurst & Fils, Charles Schleret.

Türkei Eines der unbekannten Weinbauländer Europas. Dabei verfügt die Türkei über eine Rebfläche von derzeit rund 580 000 ha, deren weitaus überwiegender Teil allerdings der Tafeltrauben- sowie Rosinen- bzw. Korinthenproduktion dient. Die Weinproduktion beläuft sich auf um die 30 Millionen l pro Jahr. Der größte Teil des Weins (rund 40 %) wird in Thrakien, im Hinterland von Istanbul erzeugt – hier ist das Klima ausgeglichen mediterran. Neben europäischen Rebsorten wie Sémillon, Clairette und Pinot noir werden auch eine Reihe autochthone türkische Rebsorten kultiviert. Die Weinproduktion wird staatlich kontrolliert – ebenso wie Ex- und Import. Auch die führenden Weingüter sind in staatlicher Hand, was bei dem fehlenden Inlandsmarkt die Stagnation der weinbaulichen Entwicklung erklärt.

Turkmenistan Trockener und sommerheißer Wüstenstaat, in dem Weinbau nur in Ausnahmefällen möglich ist. Die rund 15 000 ha befinden sich größtenteils um Aschabad an der Grenze zum Iran. Neben Tafeltrauben und Rosinen werden vor allem Likörweine erzeugt.

Tursan Französische AOC an der Grenze der Départements Landes und Gers im Südwesten Frankreichs – als westliche Verlängerung der AOC Madiran. Auf rund 250 ha Rebfläche werden Rot-, Rosé- und Weißweine aus den Rebsorten Tannat, Cabernet Sauvignon, Cabernet franc und Pinenc erzeugt sowie Weißweine überwiegend aus der Rebsorte Baroque. Jährlich werden rund 1,3 Millionen l Wein produziert, der nur wenig über die lokalen Märkte hinaus bekannt ist.

Typisch, Typizität Begriff der Weinbewertung, der oft bei Weinbeschreibungen verwendet wird, aber letztlich fragwürdig ist. Typizität kann sich auf mehrere Eigenschaften beziehen, wird daher oft missverstanden bzw. missbräuchlich verwendet. Diese Eigenarten können sein: Rebsorten-, Regions-, Jahrgangs-, Weinguts-, Lagen- oder Appellationstypizität. Mit der Forderung nach Typizität ist immer eine bestimmte Erwartung an Weineigenschaften verbunden. Diese Erwartungen sind jedoch von Weintrinker zu Weintrinker verschieden (wobei die meisten Weintrinker und -kritiker darunter primär Rebsortentypizität verstehen).

Zwei Beispiele sollen zeigen, wie schwierig die Forderung nach Typizität ist: der eigentliche, typische → Chianti Classico mit heller Farbe, deutlicher Säure und Eleganz ist so gut wie ausgestorben. Meistens handelt es sich um holzbetonte, dunkle und säurearme Verschnitte mit einem hohen Cabernet Sauvignon- oder Merlot-Anteil im → internationalen Stil. Welcher der beiden ist typisch? Der selten gewordene authentische oder der moderne, massenhaft auftretende?

Beim Riesling von der Mosel stellt sich die Sache ebenfalls schwierig dar: Der eine erwartet eine klare Frucht, der andere vielleicht die Mineralität des Schiefers, wieder jemand anderes erwartet Leichtigkeit und belebende Säure oder schließlich den unverwechselbaren Ausdruck einer einzigartigen Lage.

Dies alles kann in einem Wein enthalten sein – oder auch nur Teile davon. Daher wäre es fatal, einen Wein, der bestimmte Merkmale aufweist, andere aber nicht, in das Schema der Typizität zu pressen. Von wirklich herausragenden → Terroir-Weinen Typizität hinsichtlich bestimmter Geschmacksmerkmale zu fordern, hieße ihre unverwechselbaren Eigenschaften zu negieren. Oder anders ausgedrückt: Ein großer Wein ist niemals typisch.

U

Überschwallverfahren → Remontage

Uelversheim Deutscher Ort im Weinbaugebiet → Rheinhessen im rheinhessischen Hügelland mit rund 190 Hektar Rebfläche. Bekannte Erzeuger: Kissinger, Stallmann-Hiestand.

Ugni blanc Weit verbreitete, äußerst ertragreiche Weißweinrebe, die in Italien als → Trebbiano bekannt ist. Der größte Teil ihrer Anbaufläche liegt im → Cognac-Gebiet (dort heißt sie Saint-Emilion und dient zur Branntweinproduktion); insgesamt ist sie in Frankreich nach dem → Carignan mit über 100 000 Hektar die häufigste Rebsorte. Der beste dürfte der in Südfrankreich bereitete → Cassis sein. Ugni blanc liefert bei hohen → Erträgen (diese können 15 000 l übersteigen) einen entsprechend dünnen, säurebetonten Wein, der bei rigoroser Begrenzung des Ertrags zumindest angenehm ausfallen kann. In der Mehrzahl der provenzalischen und korsischen Weißweine ist sie mit einem mehr oder weniger großen Anteil vertreten.

Ukraine Mit derzeit rund 170 000 Hektar und 270 Millionen l Wein pro Jahr eines der großen Weinbauländer Osteuropa. Das Land ist weitestgehend flach, das Klima durch das Schwarze Meer warm bis kontinental. Im Süden wird die Ukraine durch das Krimgebirge begrenzt, im Südwesten durch die Karpaten. Es gibt folgende vier sehr unterschiedliche Weinbaugebiete:

- Transkarpatengebiet (rund 7000 Hektar) an die Slowakei, das nordöstliche Ungarn und Rumänien grenzend,
- Odessa (rund 50 000 Hektar) an Moldawien angrenzend,
- Nikolajew (12 000 Hektar)
- das Gebiet südlich des Dnjepr bei Cherson (20 000 Hektar).
- die Krim: rund 50 000 Hektar Rebfläche mit mediterranem Klima. Von hier stammen die bekannten roten (und weißen) Schaumweine, hier befindet sich bei Jalta das bekannte Staatsgut und Weinbauinstitut von Massandra.

Der Weinbau ist stark maschinisiert, die hohen Erträge (bis zu 20 000 l pro Hektar) werden in der Regel in zentral gelegenen Kellereien verarbeitet und in großem Maßstab vermarktet. In Massandra auf der Krim befindet sich eine der bedeutendsten Weinsammlungen der Welt – begründet Ende des 19. Jahrhunderts vom russischen Zarenhaus.

Umbrien Mittelitalienische Region nördlich von Rom mit 16 000 Hektar Rebfläche, die jährlich knapp 90 Millionen l Wein (davon 55 % Rotwein) ergeben, von denen heute nur rund 20 % auf DOC-Weine entfallen.

Geographie und Klima

Die hügelige bis gebirgige Region liegt im Innern der italienischen Halbinsel und ist ohne Küstenzugang – sie wird im Osten von den bis zu 1500 Metern hohen Apenninausläufern begrenzt; entsprechend kontinental fällt das Klima aus. Im Norden, im Bereich des Trasimenischen Sees ist es etwas kühler, im Süden milder. Die Böden sind überwiegend kalk-lehmhaltig.

Rebsorten und Weinstile
Umbrien verfügt über eine Reihe von autochthonen Rebsorten, z. B. Grechetto, Verdello, Drupeggio, Procanico, Sagrantino und Ciliegiolo – neben weiter verbreiteten Rebsorten wie Sangiovese, Trebbiano und Malvasia. Der bekannteste aller umbrischen Weine ist der DOC → Orvieto aus der Rebsorte Trebbiano, der es allein auf rund 13 Millionen l bringt (rund zwei Drittel der DOC-Weinproduktion). Auch in den → Colli Altotiberini, den → Colli del Trasimeno und den → Colli Perugini werden große Mengen Weiß- wie Rotwein erzeugt.

Es gibt zwei DOCG Weine: → Montefalco Sagrantino und Torgiano Rosso Riserva sowie elf DOC- und sechs IGT-Weine.

Bekanntestes Weingut in Umbrien ist Lungarotti in Torgiano bei Perugia.

Umschlagen Negatives Weinmerkmal. Zeichen für eine bakterielle Erkrankung eines Weins, die sich in Zersetzung der Weinsäure und Bildung von flüchtigen Säuren (→ Essigsäure) und im Auftreten von → Kohlensäure äußern kann. Dadurch tritt eine Trübung des vormals klaren Weins ein. Eine derartige Trübung kann auch durch Ausscheidung chemischer Stoffe auftreten. In beiden Fällen ist der Wein »umgeschlagen« und praktisch ungenießbar geworden.

Umstadt, Bereich Deutscher Weinbaubereich im Weinbaugebiet → Hessische Bergstraße in der Nähe des Odenwalds. Der Rest eines früher ausgedehnten Weinbaus mit insgesamt 5 Rebinseln überwiegend in Groß- und Klein-Umstadt, ferner winzige Parzellen in Dietzenbach, Roßdorf und Brensbach (östlich von Darmstadt). Bekannter Erzeuger: Winzergenossenschaft Groß-Umstadt.

Ungarn Als noch vor über 100 Jahren der Ruf *Nullum vinum, nisi Hungaricum* zu vernehmen war, galt Ungarn als das größte Weinbauland Südosteuropas. Mit seinen heute noch verbliebenen 91 000 Hektar Rebfläche, auf der jährlich etwa 300 Millionen l Wein erzeugt werden, ist es längst von Rumänien und Griechenland überrundet und liegt nur noch knapp vor dem Nachbarland Österreich.

Klima und Geographie
Ungarns Klima ist deutlich kontinental, jedoch wird es wesentlich auch durch die Wärme spendende ungarische Tiefebene geprägt, die sich über weite Landesteile erstreckt. Auch der größte Binnensee Europas, der Plattensee (Balaton), sorgt für wärmeres Klima. Im Norden des Landes, an den Südhängen des Matra-Gebirges ist das Klima für den Weinbau ideal. Und ganz im Süden an der Grenze zu Serbien und Kroatien ist es im Mikroklima der Donau zwar heiß, doch nahezu ideal für einige der besten Rotweine des Landes.

Die Weinbauregionen Ungarns lassen sich wie folgt einteilen:

- Im Bereich der Flüsse Donau und Theiß liegt das flache Alföld mit den Weinbauregionen Kunság und Csongrád – hier herrschen Sandböden vor.
- Ein weiterer wichtiger Weinbaubereich ist das Balaton am Plattensee mit seinen fünf Weinbauregionen → Balatonfüred-Csopak, → Badacsony, Balaton-Felvidék, → Balatonmelléke und Balatonboglár – hier finden sich vulkanische Böden, Sandstein und Löß, ferner Schiefer. Das Mikroklima ist hier ideal – nicht nur für die scharenweise herbeiströmenden Touristen.
- Die Weinbereiche an den Ausläufern des Mátra-Gebirges an der Grenze zur Slowakei sind ebenfalls bedeutend: Mátraalja ist das zweitgrößte Weinbaugebiet Ungarns, daran grenzen die Weinbaugebiete → Eger, Bükkalja und schließlich ganz im Osten das berühmte Tokajergebiet → Tokaj-Hegyalja; Letzteres verfügt über vulkanische Böden und Löß.

- Ganz im Süden liegt die hervorragende Weinbauregion → Villany, ferner die Weinbaugebiete Mecsekalja und Szekszárd.

Rebsorten und Weinstile

Ungarn verfügt über eine Reihe von → autochthonen Rebsorten: → Furmint und → Hárslevelü (Lindenblättriger) sind die bedeutendsten weißen Rebsorten, besonders im Tokajer, ferner gibt es Olaszrizling (Welschriesling), → Leányka (Mädchentraube), Cirfandli (Zierfandler), Mézesfehér (weißer Honig), Juhfark, Kövidinka (oder Dinka) und → Kéknyelü (Blaustengler). An roten Rebsorten sind zu finden: Kékfrankos (Blaufränkisch), Kadarka, Nagyburgundi (Blauburgunder) und Zweigelt.

An internationalen Sorten werden angebaut: Chardonnay, Sauvignon blanc, Sémillon, Riesling, Gewürztraminer, Muskat, Silvaner, Grauburgunder, Portugieser, Cabernet Sauvignon, Cabernet franc und Merlot.

Ungarische Weine, besonders der → Tokajer, haben sich jahrhundertelang eines weltweiten Rufs erfreut. Heute sind sie zwar immer noch von zufriedenstellender, gelegentlich auch von ausgezeichneter Qualität, doch sind die Unterschiede zwischen engagierten Privatbetrieben, bemühten Genossenschaften, staatlichen Gütern und der Masse der durchschnittlichen Produzenten weit größer, als dies in Westeuropa gemeinhin der Fall ist. Besonders im privaten und oft auch im genossenschaftlichen Bereich sind diese Defizite deutlich spürbar. Dass ein großes Potenzial vorhanden ist, ist allein schon an den großen ausländischen Investitionen im ungarischen Weinbau in den letzten zehn Jahren erkennbar (so beteiligte sich der englische Weinkritiker und -autor Hugh Johnson beim Aufbau der Royal-Tokaj-Company als Financier). Insgesamt wird in den ungarischen Weinbau mehr investiert als in irgendeinem anderen Weinbauland des ehemaligen Ostblocks. Die Auswirkungen des Beitritts zur EU sind noch abzuwarten. Gegenwärtig hat Ungarn einen Kaufstopp für ungarische Weingüter und -berge verfügt, damit die Ressourcen nicht von kaufkräftigen Ausländern geplündert werden. Der ungarische Inlandsmarkt (die Ungarn trinken pro Kopf und Jahr rund 28 l Wein) ist ausgesprochen groß, das Nationalbewusstsein ebenfalls und die Kaufkraft nimmt von Jahr zu Jahr zu. Kein Wunder, dass die Nachfrage im Inland anzieht – davon profitiert der Weinbau, besonders die Qualitätserzeuger.

Weingesetz und Weinbezeichnung

Das ungarische Weinrecht wird gegenwärtig novelliert. 1997 wurde die Weinlandschaft neu geordnet und dem inzwischen erfolgten EU-Beitritt angepasst. Die Weine kommen meist unter dem Namen des Ortes oder des Weinbaugebietes (das auf den Etiketten anzutreffende »i« am Ende der Ortsnamen ist mit dem deutschen »er« zu übersetzen) als *Debröer* (→ *Debröi*), *Pécser* (*Pécsi*), *Gyöngyöser* (*Gyöngyösi*) oder *Erlauer* (*Egri*), *Badacsonyer* (*Badacsonyi*), *Szekszárder* (*Szekszárdi*), *Schomlauer* (*Somlói*), *Soproner* (*Soproni*), *Villányer* (*Villányi*) in den Handel, worauf zumeist die Angabe der Rebsorte folgt: z. B. Lindenblättriger (→ Hárslevelü), Tausendgut (Ezerjó), Blaustengler (→ Kéknyelü), Mädchentraube (→ Leányka). Eine Ausnahme bildet der → Bikavér (Stierblut) aus Eger, der allgemein als bester ungarischer Rotwein angesehen wird. Auch beim Tokajer ist, außer bei den Grundweinen, keine Rebsorte angegeben. Die höheren Qualitäten erscheinen vielmehr mit Angaben wie → Szamorodni, → Aszú (→ Puttonyos), → Aszú Eszencia und → Eszencia im Handel, die Aufschluss über seine Erzeugung und Qualitätsstufe geben.

Ungstein Bekannter Weinbauort an der Mittelhaardt im Weinbaugebiet → Pfalz, Teil der Stadt Bad Dürkheim, mit rund 160 Hektar Rebfläche, vor allem Riesling (rund 40 %) und Burgundersorten. Böden: überwiegend Kalkmergel mit Löß. Bekannte Lagen: *Herrenberg* und *Nußriegel*. Die Weine fallen kräftiger aus als die → Wachenheims. *Honigsäckel*, der bekannteste Name, ist die ortsübergreifende → Großlagenbezeichnung. Bekannte Erzeuger: Weingut Fuhrmann-Eymael, Pflüger, Bärenhof, Fitz-Ritter.

Unspezifischer Alterungston (Abkürzung: UTA) Duft- und Geschmacksmerkmal von vorzeitig gealterten, potenziell hochwertigen Weinen – meist bei Weißweinen anzutreffen, die nach wenigen Jahren Flaschenlagerung ihre Frische und Frucht verlieren und stattdessen einen dumpfen, alles überlagernden stumpfen Geruch aufweisen. UTA bleibt dauerhaft im Wein und ist besonders bei hochwertigen, lagerfähigen Weinen ein Ärgernis. Die Ursache für dieses Symptom ist noch ungeklärt. Man vermutet jedoch, dass Stress in der Wachstumsphase und/oder Nährstoffmangel ein Grund sein kann. UTA tritt manchmal nur in bestimmten Jahrgängen auf (in Deutschland ist z. B. 1997 ein Jahrgang mit überproportional vielen UTA-Weinen). Weine mit → Sekundäraromen hingegen haben keinen UTA, sondern machen eine normale und positive Entwicklung durch. Ihr Duft kann zwar ungewohnt bis merkwürdig erscheinen und an nasse Steine, Feuersteingeruch oder Petrolduft erinnern, doch ist dies im Gegensatz zu UTA ein positives Qualitätsmerkmal.

Unstrut Nebenfluss der Saale mit Weinbau in der Umgebung von → Freyburg, Teil des Anbaugebietes → Saale-Unstrut.

Unterhaardt Teil des deutschen Weinbaugebietes → Pfalz, zum Bereich → Mittelhaardt-Deutsche Weinstraße gehörend. Folgende Ortschaften und deren Lagen liegen in diesem Bereich: Zell (*Schwarzer Herrgott*), Bockenheim (*Klosterschaffnerei*, *Burggarten*), Dirmstein (*Jesuitenhofgarten*, *Mandelpfad*), Grünstadt (*Bergel*), Laumersheim, Großkarlbach.

Unterlagsrebe → Weinrebe

Unterland, Württembergisch → Württembergisch Unterland

Unterloiben → Loiben

Untermosel → Zell-Untermosel, Bereich

Untertürkheim Stadtteil der deutschen Metropole Stuttgart, eher als Produktionsstätte von Daimler-Benz bekannt, doch hier entstehen auch gute Weine. Die bedeutendsten Lagen sind: *Mönchberg*, *Altenberg*, *Herzogenberg* und *Gips*. Die Rebsorten Lemberger, Spätburgunder und Riesling bringen die besten Ergebnisse. Aber auch der Trollinger kann ordentlich ausfallen (besonders Weingut Wöhrwag). Bekannte Erzeuger: Württembergische Hofkammer, Wöhrwag, Weingut der Stadt Stuttgart, Gerhard Aldinger (Fellbach).

Urgesteinsriesling Als man noch nicht im heutigen Umfang Lagen etikettierte, in der → Wachau häufig anzutreffende Bezeichnung für Rieslingweine, die von den Urgesteinsböden einer oder meist mehrerer renommierter Steillagen stammen. Wenn man von dieser Bezeichnung Gebrauch machte, konnte man davon ausgehen, dass es sich um ein Spitzenerzeugnis des jeweiligen Weinguts handelte.

Uruguay Südamerikanischer Staat am Atlantik zwischen Brasilien im Norden und Argentinien im Süden gelegen. Das nach Argentinien, Chile und Brasilien viertgrößte Weinbauland Südamerikas verfügt heute über rund 10 000 Hektar Rebfläche (allerdings mit deutlich fallender Tendenz) überwiegend im Südwesten des Landes. Jährlich werden rund 100 Millionen l Wein erzeugt. Da Uruguay ein Land der Weintrinker ist, wird ein Großteil der Produktion im Land selbst konsumiert: rund 35 l pro Kopf und Jahr trinkt der Uruguayer.

Geographie und Klima

Durch die Nähe zum Atlantik fällt das Klima feuchter und kühler als in Argentinien aus, die Regenwahrscheinlichkeit zur Lesezeit ist hoch. Der größte Teil des Weins wächst in Meeresnähe in den südlichen Küstenregionen rund um Montevideo in der Bucht des Rio de la Plata. Dort finden sich z.T. hügelige Anbaugebiete mit oft lehmigen Schwemmlandböden. Canelones, San José, Florida, Montevideo, Colonia und Carmelo heißen die Hauptanbauregionen.

Rebsorten

Die wichtigsten Rebsorten sind Tannat (ursprünglich aus Südfrankreich – rund 30 % der Rebfläche), ferner Cabernet Sauvignon, Cabernet franc, Merlot, Syrah, Chardonnay, Riesling, Sauvignon und auch Gewürztraminer. Seit den letzten Jahren wird der Wein auch nach Deutschland exportiert. Bekannte Erzeuger: Castel Pujol, Irutia, Castillo Viejo, Juanico.

Ürzig Deutscher Ort im Weinbaugebiet → Mosel-Saar-Ruwer an der Mittelmosel mit knapp 60 Hektar Rebfläche, meist auf steiler Südlage über der Mosel. Der Boden besteht hier, nicht wie sonst an der Mosel ausschließlich aus schwarzem Schiefer, sondern auch aus ziegelroter Buntsandsteinverwitterung. Bekannte Lagen: *Würzgarten*, ferner der winzige *Goldwingert* (Alleinbesitz des Weinguts Berres). Bekannte Erzeuger: Dr. Loosen, Weins-Prüm, Bischöfliche Weingüter, Rich. Jos. Berres.

Usbekistan Zentralasiatische Republik auf dem gleichen Breitengrad wie Italien. Das Klima ist kontinental, aber durch Spätfröste und Dürre im Sommer gefährdet. Bewässerung ist fast überall notwendig. Auf den rund 100 000 Hektar Rebfläche werden hauptsächlich Tafeltrauben und Rosinen erzeugt. Ferner wird unter dem Namen *Usbekistan* ein roter Likörwein in den Verkehr gebracht, während in den höher gelegenen Regionen einige Weiß- und Rotweine sowie Grundweine für die Schaumweinherstellung entstehen.

USA (Vereinigte Staaten von Amerika) Rund 60 Jahre nach dem Ende der Prohibition sind die USA eines der großen Weinbauländer der Erde und stehen weltweit an vierter Stelle (auch bei der Erzeugung von Tafeltrauben und Rosinen stehen die USA weit oben). Die Rebfläche beläuft sich auf rund 410 000 Hektar (1990 waren es erst 300 000), auf denen jährlich etwa 2,3 Milliarden l Wein erzeugt werden. Fast 90 % der in den USA erzeugten Weine stammen aus → Kalifornien (rund 350 000 Hektar Rebfläche), während sich der Rest auf andere Bundesstaaten verteilt:

- → New York: rund 12 500 Hektar Rebfläche, etwa 140 Erzeuger,
- → Washington: rund 20 000 Hektar, 125 Erzeuger,
- → Oregon: 3600 Hektar, 120 Erzeuger,
- → Virginia: 580 Hektar, rund 60 Erzeuger,
- → Texas: rund 1300 Hektar, etwa 40 Erzeuger,
- → Ohio: 700 Hektar, rund 60 Erzeuger,
- Michigan: rund 5000 Hektar, 30 Erzeuger,
- sowie etwas Weinbau in Illinois, North Carolina, Indiana, Missouri, Georgia, Florida, New Mexico, Arizona und Colorado.

Die ungleiche Verteilung der Weinbauflächen in den USA ist Ausdruck der amerikanischen Geschichte – und der in Amerika beheimateten Rebkrankheiten. An der Ostküste haben die Siedler schon bald festgestellt, dass die dort auftretenden Rebkrankheiten wie Pierce'sche Krankheit, → Mehltau und → Reblaus

Weingesetz

In den einzelnen Staaten sind durch das Federal Bureau of Alcohol, Tobacco and Firearms Weinbaubereiche eingerichtet, die so genannten → American Viticultural Areas (AVA). Mehr als 25 Bundesstaaten verfügen inzwischen über eine oder mehrere AVAs. Der mit dem Namen einer AVA vermarktete Wein muss zumindest zu 75 % aus dem angegebenen Bereich stammen. Doch anders als bei den europäischen Ursprungsregelungen (z. B. AOC, DOC) schreiben die amerikanischen AVA-Regelungen weder Rebsorten noch Weinausbaumethoden und Weincharaktere vor. Außerdem sind bestimmte in der Alten Welt z. T. verbotene Weinbereitungsmethoden zugelassen, z. B. die Zugabe von Wasser, die nachträgliche Säuerung des Weins z. B. mit Zitronensäure, die Verwendung von Eichenchips (Oakchips) zur Imitierung des → Barrique-Aromas sowie die teilweise Entalkoholisierung. Gerade bei der Erzeugung von Massenweinen wird von diesen Methoden regelmäßig Gebrauch gemacht.

den importierten Europäerreben so zusetzten, dass diese schließlich abstarben; die aus Amerika stammenden Wildreben waren dagegen immun. Diese wurden mit Europäerreben gekreuzt, und als → amerikanische Hybridreben waren sie schließlich resistent, auch wenn die Trauben einen so genannten → Fuchston aufwiesen. In Kalifornien hingegen wurden von Anfang an Europäerreben gepflanzt, die dort gut wachsen konnten, da es dort keine amerikanischen Wildreben gab, die ihre Krankheiten hätten übertragen können. Aufgrund der besseren Wachstumsbedingungen und geschmacklichen Eigenschaften wurde Kalifornien schließlich zum weinbaulichen Zentrum der USA.

Die Folgen der Prohibition – in den Jahren von 1919 bis 1933 war der Alkoholkonsum in den USA verboten – waren eine Katastrophe für die gerade erblühte Weinwirtschaft Kaliforniens. Der Weinbau brach völlig zusammen, die Tafeltraubenproduktion erblühte. Auch nach Aufhebung der Prohibition 1933 konnte sich der Weinbau nicht mehr recht erholen – Bier, Brandy und Gin standen höher in der Gunst der langjährig mehr oder weniger abstinenten Bevölkerung. Im Grunde tat sich bis in die 1960er Jahre nicht viel im Qualitätsweinbau der USA. Erst zu Beginn der 1970er Jahre zeichnete sich der Beginn einer bevorstehenden Weinrevolution ab, die noch heute andauert und dafür sorgt, dass der riesige amerikanische Inlandsmarkt den Wein erst jetzt richtig entdeckt: Jährlich trinken die US-Amerikaner zwar nur rund 8 l pro Kopf, aber bei einer Bevölkerung von etwa 280 Millionen sind dies rund 2,3 Milliarden l Wein – praktisch die gesamte gegenwärtige amerikanische Weinproduktion.

UTA → Unspezifischer Alterungston

Utiel-Requena Spanisches DO-Weinbaugebiet in der Provinz → Valencia (Mittelspanien), rund 50 km von Valencia entfernt. Knapp 40 000 Hektar stehen unter Reben, auf denen rund 160 Millionen l Rot- und Roséweine erzeugt werden. Die Rebflächen liegen bis zu 900 m hoch. Das Klima zählt zu den extremsten Spaniens (es wird nur von La Mancha übertroffen): Die Temperaturen pendeln zwischen minus 15 Grad Celsius im Winter und über 40 Grad im Sommer. Die Böden setzen sich aus sandigem Lehm und Mergel zusammen.

Die vorherrschende Rebsorte ist Bobal (80 %), wird aber qualitativ von den ebenfalls angepflanzten Cencibel

(Tempranillo) und Garnacha übertroffen. Bei den Weißweinen dominieren Macabeo und Merseguera. Es werden auch Verschnittweine produziert, darunter der Doble pasta – ein Wein, der zweifach auf der Maische gärt und daher sehr viel Farbe und Extrakt besitzt. Die Weine haben meist einen mittleren Alkoholgehalt (um 12 %), werden auch als Crianza mit halbjähriger Fasslagerung erzeugt. Superior ist ein Prädikat für Weine höherer Qualität. Bekannte Erzeuger: Egli (Valencia), Beltrán (150 Hektar und Zukauf), Campo del Requena (Utiel), Cárceler (35 Hektar und Zukauf), Vivinal (Alboraya).

V

Vacqueyras Französische AOC an der südlichen Rhône für Rot- (95 %), Rosé- (4 %) und Weißweine (1 %). Die Appellation liegt 20 km nordöstlich von → Avignon und grenzt im Norden an die AOC Gigondas. Auf rund 1000 ha Rebfläche werden jährlich etwa 4 Millionen l Wein erzeugt. Die Rebsorten sind Grenache noir, Syrah, Mourvèdre, Cinsault (Rotwein) und Clairette, Grenache blanc und Roussanne für Weißwein.

Der Name Vacqueyras leitet sich angeblich vom lateinischen Vallea quadrenia (Tal der Steine) ab; und in der Tat sind die Böden der Appellation ähnlich wie im Châteauneuf-du-Pape mit großen Kieselsteinen übersät. Es handelt sich um die typischen Schwemmlandböden dieser im mediterranen Klima liegenden AOC, die der Fluss Ouvèze zurückgelassen hat. Die Rotweine zählen zu den besten an der südlichen Rhône. Bekannte Erzeuger: Domaine de la Fourmone, Jaboulet, Château de Montmirail, Château de Tours, Domaine de Archimbaud-Vache, Château des Roques, Domaine du Pont de Rieu, Domaine des Lambertins und Le Sang de Cailloux.

Vaillons 15 ha große *Premier cru*-Lage im französischen → Chablis. Die Weine (100 % Chardonnay) dieser Lage können auch unter dem Namen *Beugnons* in den Handel kommen.

Val d'Arbia Italienische DOC für Weißwein, der im Süden der → Toskana aus der Rebsorte Trebbiano mit 15–25 % Zusatz von Malvasia erzeugt wird. Das Anbaugebiet ist zwar riesig und reicht von Siena über das Chianti Classico hinaus – aber unter qualitativen Gesichtspunkten nicht sehr ergiebig.

Val di Cornia Italienische DOC für eine ganze Reihe von Weiß-, Rosé- und Rotweinen, die fast in der ganzen Toskana erzeugt werden. Bianco aus den Rebsorten Trebbiano mit Zusätzen aller vorkommenden Weißweinsorten; Rosso aus Sangiovese mit allerlei Zusätzen (bis zu 50 %); die Rebsorten des Rosato sind mit denen des Rosso identisch; Ansonia aus der gleichnamigen Rebsorte mit bis zu 15 % Zusätzen; Cabernet Sauvignon mit bis zu 15 % Zusätzen; Cilieglio aus der gleichnamigen Rebsorte; Sangiovese aus der gleichnamigen Rebsorte mit bis zu 15 % Zusätzen; Vermentino aus der gleichnamigen Rebsorte; Aleatico Passito aus der gleichnamigen Rebsorte; Suvereto aus Cabernet Sauvignon und Merlot (je 50 %) mit 26 Monaten Reifezeit; Suvereto Cabernet Sauvignon aus mindestens 85 % Cabernet Sauvignon mit weiteren möglichen Zusätzen; Suvereto Merlot aus mindestens 85 % Merlot plus weitere Zusätze; Suvereto Sangiovese aus Sangiovese mit bis zu 15 % weiteren Zusätzen.

Val Pocèvera Italienische DOC in → Ligurien für Rot-, Rosé- und Weißweine, die in der Provinz Genua in insgesamt sieben Gemeinden erzeugt werden: Bianco (aus Vermentino, Bianchetta Genovese, Albarola und weiteren Sorten); Rosso aus Dolcetto, Sangiovese, Ciliegiolo und Barbera; Rosato (wie Rosso); und die reinsortigen Varianten von

Bianchetta Genovese und Vermentino. Die Weißweine können auch als Passito und Spumante erzeugt werden. Weine von lediglich lokaler bis regionaler Bedeutung, die vor allem in Genua getrunken werden.

Valais → Wallis

Valbuena Spanischer Rotwein aus der berühmten Bodega → Vega Sicilia in der Provinz Valladolid, DO → Ribera del Duero. Dieser Wein, eine Art → Zweitwein von Vega Sicilia, wird aus den Rebsorten Cabernet Sauvignon, Malbec, Merlot, Tinto fino (Tempranillo) und der weißen Rebsorte Albillo bereitet. Er wird drei oder fünf Jahre gelagert und kommt dann mit Jahrgangsangabe als Valbuena 3. año oder Valbuena 5. año in den Handel.

Valcalepio Italienische DOC für Rot- und Weißweine, die in Bergamo und am Iseo-See erzeugt werden. Der Rote wird überwiegend aus Merlot gekeltert, ergänzt durch Cabernet Sauvignon, der Weiße aus Pinot bianco, ergänzt durch Pinot grigio. Die Weine sind selten überdurchschnittlich oder gar herausragend.

Valdadige, Val d' Adige → Etschtaler

Valdeorras Nordwestspanisches Weinbaugebiet in Galicien in der Provinz Orense mit rund 2700 ha Rebfläche und jährlich 4 Millionen l Weinproduktion. Es werden hauptsächlich Weißweine aus verschiedenen Rebsorten, z. T. reinsortig aus der Rebsorte Godello, sowie Rotweine, meist aus den Rebsorten Garnacha (auch Alicante genannt) oder Mencía erzeugt. Das »goldene Tal« liegt weit im Landesinnern und steht unter kontinentalem Klimaeinfluss – dies bedeutet heiße Sommer, kalter Herbst und langer Winter. Die Böden bestehen aus Schwemmland, Schiefer und Kalk und liegen rund 300 m hoch. In der Regel haben die Weine mehr Körper und Tiefe als die des benachbarten → Ribeiro und können sehr ansprechend sein. Bekannte Erzeuger: Cooperative Jesús Nazareno, Godeval, Rebolledo, Majlu, Medorras und Velasco.

Valdepeñas Südliche Enklave des großen mittelspanischen Weinbaugebiets La → Mancha mit eigener DO. Obgleich die DO Valdepeñas über einen historischen Ruf als Weinbaugebiet verfügt und im 19. Jahrhundert vereinzelt sogar mit → Burgund qualitativ auf eine Stufe gestellt wurde, wird hier der Wandel im spanischen Weinbau der Gegenwart besonders deutlich. Rund 30 000 ha Rebfläche mit 90 Millionen l Jahresproduktion. Fruchtbare Böden mit Kalk speichern das Wasser gut und lassen die Reben die sommerliche Trockenheit überstehen. Das Klima ist typisch für die → Meseta: extrem heiß und trocken im Sommer, extrem kalt im Winter.

Die Bemühungen gehen deutlich in Richtung leichte, fruchtig-aromatische Weine mit abgestimmter Säure, deren Alkoholgehalt in der Regel kaum über 12 % hinausgeht. Als Rebsorten werden die weiße Airén und die rote Cencibel (Tempranillo) angebaut; auch Chardonnay und Cabernet Sauvignon befinden sich hier inzwischen mehr als nur im Versuchsanbau (die offizielle Begründung). Nach wie vor werden viele der Rotweine und besonders die → Claretes aus einem Verschnitt von Airén und Cencibel hergestellt. Bekannte Erzeuger: Casa de la Viña, Espinosa, Félix Solis, Los Llanos, Luís Megía, Calatayud, Navarro y Hermanos, Pinato, Videva, Winzergenossenschaft La Invencible.

Valdichiana Italienische DOC für Rot-, Rosé- und Weißweine, die in der → Toskana von 14 Gemeinden im Chiana-Tal erzeugt werden (auch bekannt für das Chianina-Rind, von dem das delikate Bistecca Fiorentina stammt). Die Appellation umfasst folgende Weine: Bianco aus Trebbiano, Chardonnay, Grechetto, Rosso (aus Sangiovese plus weitere Rebsorten), Rosato (wie Rosso), Sangiovese sowie Vin Santo (Passito mit 3 Jahren Lagerung) und Vin Santo Riserva (4 Jahre Lagerung).

Valdobbiadene → Prosecco di Valdobbiadene

Valençay Französischer VDQS-Bereich für Rot-, Rosé- und Weißweine aus einem kleinen Weinbaugebiet um die Stadt gleichen Namens im zum → Loire-Gebiet gehörenden Teil der Region Berry (Département Indre). Rund 14 Gemeinden erzeugen jährlich auf rund 130 ha etwa 800 000 l Wein. Der Weißwein wird aus Sauvignon blanc und Chardonnay, der Rotwein aus den Rebsorten Gamay, Pinot noir, Côt, Cabernet franc und Cabernet Sauvignon erzeugt. Die Weine wachsen auf Tonböden mit Feuersteineinlagen, Kreidetuff sowie sandigen Erosionsböden und kommen häufig mit der Angabe einer Rebsorte in den Handel, können aber auch aus mehreren Sorten verschnitten sein. Bekannter Erzeuger: M. Gauthier.

Valencia Mittelspanisches, zur → Levante gehörendes Weinbaugebiet mit rund 17 500 ha Rebfläche und 60 Millionen l Jahresproduktion. Die Rebfläche ist auf vier, z. T. nicht unmittelbar miteinander verbundene Bereiche aufgeteilt:

- *Alto Turia*: relativ kühl, da über 600 m hoch gelegen, mit ausgeglichenem Klima durch die relative Meeresnähe. Bekannt für sehr feine und frische Weißweine aus der Rebsorte Merseguera.
- *Valentino*: umfasst 60 % der Gebietsrebfläche, liefert trockene Weiß- und Rotweine sowie einiges an → *vinos generosos*, meist aus Moscatel, Merseguera, Malvasía und Pedro Ximénez bzw. Garnacha. Die Rebflächen liegen in 200 bis 300 m Höhe auf Schwemmlandböden und Kalk.
- *Clariano*: im Süden gelegen, heißes Klima, da nur 350 m hoch und im Inland gelegen. Mit üppigen und alkoholreichen Weiß- und Rotweinen aus Merseguera und Malvasía bzw. Monastrell und Garnacha. Lehmige Unterböden.
- *Moscatel de Valencia*: südwestlich von Valencia gelegen, bekannt für seine süßen und alkoholreichen → Likörweine.

Bekannte Erzeuger: Egli, Belda, Gandía, Murviedro, Schenk, Torrevelisca, Vinival.

Valgella Italienische Unterbezeichnungen für Rotweine der DOCG → Valtellina superiore – einer der vier Bereiche des Valtellina. Die Reben gedeihen auf terrassierten Südabhängen der Dörfer Teglio und Chiuro östlich von Sondrio in der nördlichen → Lombardei. Die Weine aus der Rebsorte Nebbiolo können ungemein elegant und fein ausfallen. Bekannte Erzeuger: Pietro Motarelli und Nino Negri.

Vallagarina Italienischer Weinbaubereich im Seitental des Etsch in der Region → Trentino westlich von Rovereto. Eine Reihe von Weinen, die heute meist unter der DOC-Bezeichnung *Trentino* in den Handel kommen, stammen von dort. Das Lagarina-Tal ist die Heimat der Rebsorte Marzemino.

Valle d'Aosta Die mit Abstand kleinste italienische Region, eine eindrucksvolle Berglandschaft im äußersten Nordwesten des Landes im französisch-schweizerischen Grenzgebiet. Angesichts der Höhenlage ist Weinbau nur auf kleinen verstreuten Parzellen an einigen mikroklimatisch bevorzugten Hanglagen möglich (→ Topographie). Die Rebflächen sind von 1990 mit 1000 ha auf heute rund 650 ha geschrumpft. Jährlich werden lediglich 2,5 bis 3 Millionen l Wein (rund 80 % Rotwein) erzeugt, davon rund 500 000 l DOC-Weine. Diese oft eigenwilligen Weine sind nicht zu verachten. Allein das → Terroir der Region ist eindrucksvoll: Unzählige Terrassen mit jahrhundertealten Pergola-Systemen, die auf dicken, runden Steinsäulen lagern, klettern die steilen Berghänge hinauf, um jeden Quadratmeter auszunutzen. Die Rebflächen liegen zwischen 300 und 1200 m hoch, meist in windgeschützten Lagen.

Das Weinbaugebiet ist in sieben Unterregionen eingeteilt: → Donnas, Arnad-Montjovet, Chambave, Nus, Torrette, Arvier und Morgex-La Salle. Insgesamt gibt es rund 20 verschiedene Weine, die alle der DOC Valle d´Aosta zugerechnet werden. Die besten sind die Rotweine → Donnaz und → Enfer d'Arvier sowie die Weißweine → Blanc de Morgex et de la Salle (wächst in über 1000 m Höhe!), → Chambave, Nus, → Arnad-Montjovet, Torrette. Bekannte Erzeuger: Charrère, Crètes, Lo Triolet, Grosjean, Anselmet, Barrò, Coop de Donnas.

Valle de Güímar Spanische DO auf den Kanarischen Inseln im Südwesten von Teneriffa gelegen. Auf rund 550 ha Rebfläche werden jährlich etwa 900 000 l Wein erzeugt, der in seinem Charakter den übrigen der Kanarischen Inseln ähnelt.

Valle Isarco → Eisacktal

Valle de la Orotava Spanische DO auf den Kanarischen Inseln, in der Mitte von Teneriffa gelegen. Auf rund 430 ha Rebfläche werden jährlich etwa 900 000 l Wein erzeugt. Die Reben werden ringförmig an den Hängen des Vulkans in 200 bis 800 Metern Höhe auf Vulkansand und Lava angebaut.

Vallée de la Marne Nördlich der Stadt Epernay gelegener Weinbaubereich der → Champagne, dessen Grundweine aus der Rebsorte Pinot noir weicher und runder sind als jene der *Montagne de Reims*. → Ay, → Mareuil-sur-Ay, → Dizy, → Hautvillers sind die bekannten Orte dieses Bereichs.

Valmur Eine der acht französischen *Grand cru*-Spitzenlagen im → Chablis, rund 13 ha – ein Weißwein von bemerkenswerter Klasse aus 100 Prozent Chardonnay.

Valpaços Nordportugiesisches IPR-Weinbaugebiet nördlich des Douro, das auf rund 5000 ha teilweise langlebige Rotweine aus den Rebsorten Bastardo, Cornifesto, Mourisco Tinto, Tinta Amarela, Tinta Carvalha, Tinta Roriz, Touriga Francesca und Touriga Nacional hervorbringt; außerdem Weißweine vor allem aus den Rebsorten Codega, Fernão Pires, Verdelho (Gouveio) und Malvasia Fina.

Valpantena Unmittelbar nördlich von Verona gelegener kleiner DOC-Weinbaubereich im Pantena-Tal, gehört zur Weinbauregion → Valpolicella und liegt östlich der Kernzone des *Classico*-Gebietes. Die in diesem Bereich erzeugten Weine dürfen als *Valpolicella-Valpantena* in den Handel gebracht werden.

Valpolicella Wörtlich Tal der vielen Keller. Italienische Weinbauregion unmittelbar nördlich von → Verona in der Region → Veneto gelegen. Die Weinbauregion teilt sich in die folgenden Bereiche auf:

- DOC *Valpolicella*: reicht östlich vom Fluss Adige (Etsch) bis vor die Hügel von Soave und ist rund 34 km lang und 10 km breit. Der Südrand der DOC reicht bis an die Stadt Verona heran. Die Anbauzone erstreckt sich über insgesamt sechs Seitentäler, die den Ausläufern der Alpen vorgelagert sind, und schließt ebenfalls die flache und fruchtbare Ebene vor Verona mit ein. Von hier kommt zumeist enttäuschende Massenware, nur selten guter Wein. In den Seitentälern finden sich ambitioniertere Erzeuger, wie z. B. Romano → Dal Forno.
- DOC *Valpolicella Classico*: Die Kernzone misst nur 10 auf 9 km und konzentriert sich ausschließlich auf die terrassierten Hügel rund um die Orte → Negrar, Fumane, Marano, San Pietro in Cariano und Sant' Ambrogio di Valpolicella. Der Wein wächst hier auf herrlichen Kalkterrassen, z. T. auf vulkanischen Böden mit hohen Kalkanteilen.

Die Region profitiert vom Mikroklima der Täler (→ Topographie) sowie der Nähe des Gardasees (rund 10 km).
• Östlich davon befindet sich der → Valpantena-Bereich.

Rebsorten

Klassischer Valpolicella wird ungefähr zur Hälfte (40 bis 70 %) aus der Rebsorte → Corvina erzeugt, während die verbleibenden Anteile auf → Rondinella und etwas → Molinara entfallen (weitere kleine Anteile von Negrara, Barbera und Sangiovese sind zulässig). Zurzeit wird die Zulassung von Cabernet Sauvignon und Merlot diskutiert. Dies hätte verhängnisvolle Folgen für den einzigartigen Valpolicellatyp. Ein gut gemachter, junger und frischer Valpolicella zählt schließlich zu den köstlichsten Trinkweinen, die es gibt. Anspruchsvollere Qualitäten mit mindestens 12 % Alkohol und 15 Monaten Lagerzeit können als → *Superiore* in den Handel kommen. Schließlich wird Valpolicella auch als → Ripassa produziert: die Schalen des Recioto werden dem Valpolicella zugegeben, eine zweite Gärung setzt ein, der Wein wird dadurch intensiver und üppiger.

Berühmt ist die Region seit jeher durch ihren Rotwein aus teilweise getrockneten Trauben, dem → *Recioto*. Dieser kann zwischen 14 und 17 % Alkohol besitzen, körperreich und deutlich restsüß sein. Als trockener Wein (das ist heute die Regel) trägt er die zusätzliche Bezeichnung → *Amarone*, fraglos einer der besten Rotweine des Veneto und ganz Italiens. Bekannte Erzeuger: Quintarelli, Mizzon, Guerrieri-Rizzardi, Le Ragose, Masi, Boscaini, Zenato, Bussola Tommaso, Ca'del Monte, Campagnolo, Corte Rugolin, Corte Sant'Alda, Pasqua, Righetti, Allegrini, Tedeschi, Dal Forno.

Valsusa Italienische DOC für Rotwein im → Piemont, die westlich von Turin im Susa-Tal erzeugt werden. Die Rebsorten sind: Avanà, Barbera, Dolcetto, Neretto Cuneense und bis zu 40 % weitere Rebsorten.

Valtellina Italienisches Weinbaugebiet der → Lombardei im Addatal im äußersten Norden der Region nahe der Schweizer Grenze. Die Rotweine werden zu mindestens 70 % aus der Rebsorte → Nebbiolo (dort heißt er → Chiavennasca) erzeugt; Zusätze von Pinot nero, Merlot und drei weiteren lokalen Sorten sind zulässig. Es gibt zwei Kategorien:
• *Valtellina:* Italienische DOC für Weine meist mittlerer Qualität. Wird auch als Sforzato bzw. Sfurzat (siehe unten) erzeugt.
• *Valtellina → superiore*: Für diese italienische DOCG gelten strengere Produktionsbedingungen und zwei Jahre Lagerung, davon ein Jahr im Holzfass. Weine aus den vier Lagen-Bereichen → Sassella, → Grumello, → Inferno und → Valgella können auf dem Etikett genannt werden und müssen ebenfalls höhere Qualitätsanforderungen erfüllen; der Sassella gilt allgemein als der Beste. Die Weine können zum Elegantesten gehören, was in Norditalien erzeugt wird – in der Jugend zwar verschlossene, aber im Alter feine, gereifte Rotweine mit sublimen Aromen, die durch das nahezu ideale Mikroklima im dem engen und abgelegenen Alpental gefördert werden.

Schließlich wird noch ein trockener Rotwein aus teilrosinierten Trauben (→ Passito) erzeugt, der um 14,5 % Alkohol aufweist und als → Sfurzat (auch Sfursat, Sforzato) in den Handel kommt. Bekannte Erzeuger für den Gesamtbereich: Ar.Pe.Pe., Balgera, Bettini, Conti Sertoli Salis, La Torre, Mamete, Prevostini, Motalli Pietro, Nera, Nino Negri, Plozza, Rainoldi, Triacca.

Valwig Deutsche Gemeinde an der Mosel im Weinbaugebiet → Mosel-Saar-Ruwer. Liegt im Bereich → Zell/Untermosel und besitzt rund 50 ha steile Rebflächen (Schieferböden, fast exklusiv

Riesling). Bekannte Lagen: *Herrenberg*, *Palmberg* und *Schwarzenberg* – nach Süden exponiert.

Vanille Das Aroma der Vanilleschote – ein Gewürz. Der Duft von Vanille im Wein rührt nicht (oder äußerst selten) von den Trauben her, aus denen ein Wein gekeltert wurde. Vielmehr entsteht der Geruchseindruck Vanille, wenn Wein in neuen → Barriques gelagert oder – weil billiger – mit angerösteten → Eichenchips aromatisiert wird. Die Aromatik des mehr oder weniger gut abgelagerten und getoasteten Eichenholzes geht dabei an den Wein über und hinterlässt Spuren, die deutlich an Vanille erinnern. (Übrigens wird künstliches Vanillin auch aus dem Ausgangsprodukt Eichenholz gewonnen.) Betroffen sind oft Weine der Rebsorten Chardonnay aus Übersee, deren Vanille-Aroma als regelrecht penetrant empfunden werden kann. Vanillenoten im Wein sind nur dann gelungen und wünschenswert, wenn sie als dezente Adern im Duft- und Geschmacksbild von Weiß- und Rotweinen auftauchen und fein integriert sind.

Var Französisches Département an der Mittelmeerküste, das Kerngebiet der → Provence, mit knapp 35 000 ha Rebfläche, aus dem vor allem die AOC-Weine → Côtes de Provence, Coteaux Varois, → Bandol und ein kleiner, zwei Gemeinden (Artigues und Rians, Château → Vignelaure) umfassender Teil der AOC → Coteaux d'Aix kommen. Des Weiteren werden drei Landweine, darunter der *Vin de pays des Maures* erzeugt, während die Hälfte der jährlichen Erzeugung schlichter Tafelwein ist. Nur rund 7 % der Weine des Var sind Weißweine.

Vaucluse Département an der unteren → Rhône mit rund 50 000 ha Rebfläche. Von hier kommen die AOC Weine → Châteauneuf-du-Pape, → Gigondas, einige der besten → Côtes-du-Rhône-Villages, ferner → Rasteau, → Beaumes-de-Venise, → Côtes-de-Lubéron und → Côtes-du-Ventoux. Zwei Fünftel der Weine kommen als Land- bzw. Tafelweine in den Handel, rund 90 % aller Weine des Départements sind Rot- oder Roséweine.

Vaud → Waadt

Vaudésir Französische *Grand cru*-Lage im Burgund im Weinbaugebiet AOC → Chablis, eine der besten der acht *Grand crus*. Rund 14 ha Rebfläche. *La → Moutonne*, die achte Lage, ist eine rund 2,5 ha große Enklave im Vaudésir und erscheint allein unter ihrem eigenen Namen.

Vaudieu, Château de Weingut in → Châteauneuf-du-Pape, bekannt für einen modernen Rotwein, ohne den rauen Charakter des klassischen Châteauneuf.

VDP (Verband deutscher Prädikatsweingüter) Vereinigung deutscher Winzer, die aus dem Verband deutscher Naturweinversteigerer hervorgegangen ist. Diese Gruppe hatte sich zu Beginn des 20. Jahrhunderts mit der ursprünglichen Zielsetzung vereinigt, auf eine → Anreicherung ihrer Weine (der Zusatz von Zucker vor der Gärung zur Alkoholsteigerung) grundsätzlich zu verzichten. Von diesem Grundsatz ist der Verband inzwischen abgerückt; nur noch eine Hand voll Mitglieder verzichtet nach wie vor aus Prinzip rigoros auf die Anreicherung. Die anderen verkaufen ihre angereicherten Weine ohne Nennung von Prädikaten als → Qualitätswein, wie es das Weingesetz vorschreibt.

Für lange Jahre war der Verband eine Vereinigung vor allem von überwiegend adligen Rheingau- und Mosel-Winzern, die ihre Qualitätsweine mit Prädikat auf Versteigerungen anboten. Nach dem Abebben der → süßen Welle Ende der 1980er Jahre verschob sich die Programmatik innerhalb des VDP zugunsten allgemeiner Qualitätsweinerzeugung, und immer mehr Produzenten wurden Mitglied. Seitdem ist der Verband in den einzelnen Weinbaugebieten stark gewachsen, und es wird lebhaft über die künftigen Zielsetzungen diskutiert.

Ohne Frage hat der VDP bei der Förderung der Weinqualität große Verdienste erworben, doch scheinen in der gegenwärtigen Situation Wein-ethische Fragen immer mehr in den Hintergrund zu rücken. So war der Verband im Rheingau der Motor für die Entwicklung des → Ersten Gewächs, das jedoch in seiner vorliegenden Form fragwürdig erscheint. Auch in anderen Weinbauregionen arbeitet der VDP an → Klassifikationen. Allerdings ist die Einstellung des Verbands zur → Mostkonzentration, die dem Prädikatsweingedanken grundsätzlich widerspricht, noch immer unklar. Wie es scheint, rücken die kommerziellen Aspekte allgemeiner Verkaufsförderung bei der Verbandsarbeit verstärkt in den Vordergrund.

VdP → Vin de pays

VdT → Tafelwein

VDQS Untere Qualitätsstufe im französischen Weingesetz, Abkürzung für *vin délimité de qualité supérieure*. Gesetzliche Kategorie für etliche französische → Qualitätsweine, zu der einige wirklich gehobene Qualitäten gehören, obwohl diese Weine nicht (oder noch nicht) die renommiertere Bezeichnung → AOC (*Appellation contrôlée*) führen dürfen. Für sie gelten nichtsdestoweniger strenge Vorschriften. Nur Weine aus definierten Anbauflächen, vorgeschriebenen Rebsorten mit festgelegten Anbaumethoden, Hektarhöchsterträgen und Vinifikationsverfahren dürfen als VDQS-Weine verkauft werden. Die Weine werden von einem neutralen Gutachterausschuss geprüft.

Der VDQS-Status ist eine Art Übergangs- bzw. Bewährungsstufe, bevor eine Region zur AOC aufsteigen darf. Derzeit sind rund 25 VDQS-Weinbaubereiche definiert, rund 1 % der französischen Weinproduktion entfällt auf VDQS-Wein.

Vecchia Cantina di Montepulciano Italienisches Weingut in der Region → Toskana in Montepulciano – einer der großen Produzenten mit rund 900 ha Rebfläche, auf der etwa 3 Millionen Flaschen Wein erzeugt werden, darunter der DOCG Vino Nobile di Montepulciano (rund 1 Million Flaschen).

Vecchio Wörtlich *alt*. Qualitätsstufe bei einigen italienischen DOC-Weinen, für die höhere Qualitätsanforderungen und längere Ausbauzeiten als bei normalen Abfüllungen vorgeschrieben sind. Meist gibt es darüber noch eine höhere Stufe, die → Riserva.

Vecchio Samperi Süßer italienischer → Likörwein des Weinguts De Bartoli. Wird im → Marsala-Gebiet auf → Sizilien nach dem → Soleraverfahren erzeugt, das nicht den gesetzlichen Bestimmungen entspricht, so dass der Wein als IGT-Wein gehandelt werden muss. Ein hervorragender Wein mit rund 16 % Alkohol, gleichwertig mit den besten *Marsala vergine*.

Vega Sicilia Spanische Bodega und ihr legendärer DO-Wein, der in dem Gebiet → Ribera del Duero in der Provinz Valladolid erzeugt wird. *Vega Sicilia* ist nicht nur einer der berühmtesten und besten spanischen Rotweine, sondern darüber hinaus einer der größten Rotweine der Welt. Er wird aus Cabernet Sauvignon, Malbec, Merlot, Tinto fino (→ Tempranillo) und der weißen Rebsorte Albillo erzeugt. Nach dem ersten Jahr wird er in *Barriques* gelagert. Der Wein zeichnet sich durch Samtigkeit, gepaart mit bemerkenswerter Eleganz aus. Auf 140 ha Rebfläche werden jährlich rund 350 000 Flaschen erzeugt, die jedoch nicht immer als *Vega Sicilia* in den Handel kommen, denn in ungünstigen Jahren wie 1963 und

1971 wird überhaupt kein Wein erzeugt, während in mittleren Jahren der Wein »nur« 3 oder 5 Jahre gelagert wird und dann unter der Bezeichnung des Zweitweins als → *Valbuena 3. año* oder *Valbuena 5. año* in den Verkehr gebracht wird. Diese sind immer noch bemerkenswerte Weine. In guten und hervorragenden Jahren wird der Wein zehn Jahre und länger in Fässern gelagert, bevor er in Flaschen gefüllt wird. Er ist dann keineswegs hart oder holzig, sondern immer noch außergewöhnlich fruchtig, samtig, großartig und sehr langlebig. Zusätzlich wird noch als Verschnitt verschiedener Jahrgänge in geringen Mengen der *Reserva Especial* erzeugt. Ein *Vega Sicilia* ist immer ein außerordentlich rarer und kostbarer Wein.

Vegetationsperiode Die Zeitspanne, in der ein Rebstock austreibt, blüht, wächst und seine Früchte zur Reife bringt, also die gesamte Phase außer der Winterruhe. Beginn und Dauer der Vegetationsperiode hängen von den Klimabedingungen ab. In kühlem Klima beginnt die Vegetation zwar später, doch dafür kann sie sich länger hinziehen – dies ist für die Traubenreife von Bedeutung: Je länger die Reifeperiode der Trauben dauert, desto mehr Aromen können sich herausbilden.

In heißem Klima setzt die Vegetationsperiode zwar früher ein, jedoch ist die Zeit für die Traubenreife kürzer, so dass es bei manchen Sorten passieren kann, dass die Früchte zwar süß, aber doch nicht vollkommen physiologisch reif sind. Mikroklima und → Topographie üben einen entscheidenden Einfluss auf die Länge der Vegetationsperiode aus.

Velletri Italienische DOC für Weiß- und Rotweine in → Latium, die in den Provinzen Rom und Latina erzeugt werden. Der Rotwein wird aus den Rebsorten Sangiovese, Montepulciano und Cesanese gekeltert (als Riserva mit zwei Jahren Lagerung), der Weißwein aus Malvasia und Trebbiano (auch als → Passito und → Spumante).

Veltlin → Valtellina

Veltliner, Frühroter In Österreich angepflanzte Weißweinsorte (z. T. auch Malvasier genannt) unbekannter Herkunft, doch kein Verwandter des Grünen → Veltliners. Von den rund 800 ha dieser Sorte befinden sich etwa 80 % in → Niederösterreich. Der erzeugte Wein ist meist weich und rund, ohne die Spritzigkeit und den Charakter des Grünen Veltliners. Bekannter Erzeuger: Josef → Mantler.

Veltliner, Grüner Österreichische Weißweinsorte. Statistisch gesehen ist fast jede dritte Flasche österreichischer Wein ein Grüner Veltliner. Während die zweithäufigste Rebsorte des Landes (Müller-Thurgau) auf rund 5000 ha kommt, führt der Grüne Veltliner mit rund 19 000 ha die Sortenliste konkurrenzlos an. Obgleich er in → Niederösterreich etwa 40 % der Fläche einnimmt – in einigen Gemeinden des → Weinviertels beträgt sein Anteil zwischen 70 und 80 % –, kommt er im → Burgenland nur auf knapp 20 %, und in der → Steiermark ist er kaum vertreten. Seit Beginn der 1970er Jahre hat der Grüne Veltliner in Österreich seine Anbaufläche verdoppelt.

Die aus der Rebsorte Grüner Veltliner bereiteten Weine können je nach Jahrgang, → Klon, Böden, Weinbereitung sehr unterschiedlich ausfallen. Bei hohen → Erträgen ergibt der Grüne Veltliner einfache, nicht selten belanglose Weine. Wird der Ertrag jedoch reduziert und sind die Wachstumsbedingungen gut, dann ist die Rebsorte ein echter Anzeiger von Mineralität und → Terroir. Mittlere Qualität zeichnet sich durch das typische »Pfefferl« aus, einen pfeffrigen Geschmack. Obgleich der Grüne Veltliner in der Regel jung getrunken wird, haben die besten Weine ein außerordentliches Alterungspotenzial. So kann ein trockener Grüner Veltliner → Smaragd aus der Wachau problemlos 20 Jahre erreichen. Die Rebsorte wird in geringerem Umfang auch in der Tschechischen Republik, der Slowakei und in Ungarn angebaut.

Veltliner, Roter Aussterbende Weißweinsorte in Österreich mit noch rund 200 ha Rebfläche, fast ausnahmslos in → Niederösterreich. Qualitativ schwankend, können die Weine von belanglos bis charaktervoll, langsam reifend und lagerfähig ausfallen. Bekannter Erzeuger, der das Potenzial mit seinen enorm lagerfähigen Weinen beweist: Weingut Mantlerhof in Gedersdorf bei Krems (Weinbaugebiet → Kremstal).

Vendemmia Italienisch für → Weinlese bzw. Jahrgang.

Vendimia Spanisch für → Weinlese. Die Bezeichnung für Jahrgang lautet → Cosecha.

Veneto Das ehemalige Hinterland Venedigs und eine der vier großen Weinbauregionen Italiens mit rund 75 000 ha Rebfläche und um 900 Millionen l Jahreserzeugung, davon 41 % Rotwein.

Geographie und Klima

Die Region Venetien gehört zu den reichsten Italiens und umfasst Großstädte wie Verona, Vicenza, Padua, Venedig, Maestre und Ferrara. Das Gebiet erstreckt sich vom Südufer des Gardasees bis zur 130 km entfernten Adria. Insgesamt ist das Klima kontinental bis mediterran geprägt. Weinbau wird überall dort betrieben, wo das Gelände hügelig bis flach ist, wobei die hochwertigsten Anbauregionen sich im Vorland der Alpen befinden, von deren kühlendem Einfluss auf das Mikroklima sie profitieren. Die Weinbaubereiche lassen sich folgendermaßen beschreiben:

- Die hochwertigen nördlichen Voralpenbereiche mit den Weinbaugebieten: Bardolino und Lugana (Schwemmland und Kies), Valpolicella (Kalk- und vulkanische Böden), Soave (Vulkanböden).
- Die Bereiche in der riesigen fruchtbaren Po-Ebene mit ihren Schwemmlandböden: Piave, Meriana, Lison-Pramaggiore und Vicenza. Eine Ausnahme bilden die Colli Euganei und Colli Berici (gutes → Terroir, allerdings dünne Weine aufgrund zu hoher Erträge).
- Die nordwestlichen Bereiche Bregenze und Prosecco di Conegliano e Valdobbiadene: Hügelgebiete mit erosionsanfälligen Lehm- und Tonböden, teilweise Steillagen (z. B. Cartizze).

Rebsorten

Neben Rondinella, Molinara und Corvina (den Rebsorten des Valpolicella und Bardolino) werden Garganega (im Soave), Merlot, Cabernet Sauvignon, Tocai und Refosco und Burgundersorten (im Piave und in Lison-Pramaggiore) sowie Prosecco angebaut (in Valdobbiadene e Conegliano, aber auch in der fruchtbaren Ebene).

Weinstile

Einen guten Ruf haben die z. T. einzigartigen → Amarone und → Recioto im Valpolicella-Gebiet; einen schlechten Ruf haben die z. T. sehr guten Weine → Bardolino und → Valpolicella sowie Soave (hier gibt es nur eine Hand voll Spitzenerzeuger); einen mittelmäßigen Ruf haben die teilweise ganz angenehmen (wenn nicht zu süßen) Prosecco aus Valdobbiadene; einen schlechten Ruf haben die tatsächlich schlechten IGT-Prosecco aus der Ebene; gar keinen Ruf haben die zumeist uninteressanten Weine aus Piave sowie den Colli Euganei und Lison-Pramaggiore.

Der größte Teil der venetischen Weinproduktion dient der Erzeugung von Massenweinen, die als Fassware an z. T. gigantische Großkellereien verkauft werden: Merlot, Prosecco, Pinot grigio, Pinot bianco, Cabernet Sauvignon, Cabernet franc, Tafelweine.

Venica & Venica Italienisches Weingut in der Region → Friuli-Venezia Giulia (Friaul), im Ort Dolegna (Collio). Erzeugt auf rund 30 ha Rebfläche 250 000 Flaschen Wein. Ein Weingut, dass trotz seiner Erfolge auf dem Boden bleibt. Spitzenweine vor allem *Ronco delle Mele* (Sauvignon), *Bottaz* (Rotwein, Rebsorte Refosco), Perilla (Rotwein, Merlot). Konzentrierte Weißweine mit Eleganz.

Ventoux Fast 2000 m hoher Berg im unteren → Rhônetal im Département → Vaucluse, an dessen unteren Hängen Reben wachsen, darunter Rosés und Rotweine, die als → Côtes-du-Ventoux, einige auch als → Côtes-du-Rhône-Villages in den Handel kommen. Bessere Rotweine sind: → Gigondas sowie die hervorragenden (doch unmodernen) → Likörweine → Beaume-de-Venise und → Rasteau.

Verbessern → Anreichern, → Chaptalisieren

Verbicaro Italienische DOC für Rot-, Rosé- und Weißweine, die in der Provinz Cosenza in 5 Gemeinden erzeugt werden dürfen: Bianco (aus Greco bianco, Guarnaccia Bianca und anderen); Rosso (Gaglioppo, Greco nero und Malvasis bianca und andere) sowie Rosato (Rebsorten wie der Rosso).

Verdelho Eine der besten Rebsorten → Madeiras, aus der ein interessanter → gespriteter Wein bereitet wird, der normalerweise unter dem Rebsortennamen in den Handel kommt, z. T. auch als → Rainwater. Er ist meist nicht so trocken wie ein → Sercial, hat jedoch durchaus eigenen Charakter. Darüber hinaus zählt Verdelho in den meisten Qualitätsweinbaugebieten Nordportugals zu den empfohlenen Rebsorten, z. T. auch unter dem Namen Gouveio, wo sie hochwertige Weine mit mittlerer Säure und neutralem Geschmack liefert, und deshalb selten reinsortig gefüllt wird. In Spanien als Verdello bezeichnet und insbesondere auf den Kanaren anzutreffen.

Verdicchio Italienische Weißweinsorte, die vor allem in den → Marken verbreitet ist. Einer der besseren mittelitalienischen Weißweine. Die bekanntesten aus ihr erzeugten Weine sind:

• DOC Verdicchio dei → Castelli di Jesi: wird in der Provinz Ancona erzeugt. Die Weine dürfen auch als Riserva (zwei Jahre Lagerung), Spumante, Spumante Riserva (mit neun Monaten Hefelagerung) sowie als → Passito erzeugt werden. Stammt der Wein aus der Kernzone, darf er den Zusatz Classico führen.

• DOC Verdicchio di → Matelica: Varianten s. o.

Leider wird heute aus dieser Rebe sehr viel charakterloser Massenwein erzeugt und in die Pizzerien der Welt verschickt. Wirklich guter Verdicchio ist nur selten und dann eher außerhalb der bekannten DOC-Gebiete zu finden.

Verdiso Italienische Weißweinrebe, die in Norditalien in der Umgebung von → Conegliano im → Veneto angebaut wird: ein seltener, trockener und interessanter Weißwein.

Verduno Italienischer Rotwein, der im → Piemont z. T. in der Kernzone des Barolo in drei Gemeinden (unter anderem Verduno) aus der Rebsorte Pelaverga Piccolo mit bis zu 15 % Zusätzen anderer roter Sorten erzeugt wird.

Verduzzo Alte nordostitalienische Weißweinsorte, die im Friaul (→ Friuli-Venezia Giulia) in den Weinbauregionen → Colli Orientali del Friuli, → Grave del Friuli, → Isonzo, → Latisana und → Aquileia sowie im benachbarten → Lison-Pramaggiore und dem → Piave-Gebiet sehr verbreitet ist. Bei Ramandolo und einigen anderen Orten der Colli Orientali wird aus ihr ein süßer → Likörwein bereitet, der zwar berühmt und teuer ist, aber allzu oft enttäuschend – meist holzwürzig und schlecht alternd.

Vereinigte Staaten von Amerika → USA

Vergisson Eine der 5 Weinbaugemeinden von → Pouilly-Fuissé, die als weniger renommiert gilt. Bekannter Erzeuger: A. Forest.

Vermentino Italienische Weißweinrebe und der aus ihr erzeugte Wein. Die Rebsorte ist in → Ligurien und → Sardinien beheimatet. Es gibt folgende Appellationen:

- *DOCG Vermentino di Gallura*: Ein Weißwein im äußersten Norden der Insel Sardinien, der in 21 Gemeinden erzeugt werden darf, auch als → Spumante. Dies ist eine der DOCGs mit den höchsten → Erträgen pro ha: bis zu 13 000 l! Entsprechend dünn fallen die Weine aus.
- *DOC Vermentino di Sardegna*: darf auf der gesamten Insel produziert werden. Qualität: s. o.

Der Vermentino ist ebenfalls auf → Korsika verbreitet, wo er z. T. als → Malvoisie de Corse bezeichnet wird und den Hauptanteil bei den Weißweinen stellt, die unter der AOC → Vin de Corse in den Handel kommen.

Vermouth → Wermut

Vernaccia Italienische Weißweinrebe, aus der in verschiedenen Gegenden Italiens unterschiedliche Weine bereitet werden:

- *Vernaccia di San Gimignano*: der heute wohl bekannteste und verbreitetste DOCG-Weißwein kommt aus der Umgebung der mittelalterlichen Stadt San Gimignano in der → Toskana. Neben einer großen Menge belangloser Weine handelt es sich bei diesem seit 800 Jahren berühmten Vertreter um einen potenziell feinen Weißwein, der in der Toskana besser schmeckt als außerhalb. Er kann zu den besten mittelitalienischen Weißweinen gehören (darf auch als Schaumwein produziert werden). Bekannte Erzeuger: Riccardo Falchini, Montenidoli, Palagetto, Panizzi, Rampa di Fugnano, Teruzzi & Puthod, La Torre, Capezzano.
- *Vernaccia di Oristano*: italienischer DOC-Weißwein von der italienischen Mittelmeerinsel → Sardinien – aromatisch, alkoholstark: mit 15 bis 17 % Alkohol erinnert er – obwohl nicht → gespritet – manchmal an leichten Sherry. Darf auch als Superiore und Riserva (mit vier Jahren Reife) produziert werden.
- Auch in Umbrien, Molise und anderen italienischen Regionen erzeugt man aus der Vernaccia teils trockene Weißweine, teils süße → Likörweine.

Vernaccia di Serrapetrona: Italienische DOC für rote Schaumweine der Rebsorte Vernaccia Nera in der Region → Marken. Wird in zwei Gemeinden der Provinz Macerata erzeugt.

Vernatsch In Südtirol gebräuchlicher Name für die Rebsorte → Schiava, in Deutschland als → Trollinger (»Tirolinger«) bekannt.

Verrenberg Deutsche Spitzenlage im Weinbaugebiet → Württemberg in der Gemeinde Öhringen. Die bekannte Lage *Verrenberger Verrenberg* befindet sich im Alleinbesitz des Weinguts Fürst zu → Hohenlohe-Öhringen, das für seine trockenen Lemberger und Rieslinge bekannt ist.

Verrieseln Neigung bestimmter Rebsorten zum Verlust von Fruchtansätzen nach der Blüte. Geringes Verrieseln senkt zwar den → Ertrag, kann dafür jedoch die Qualität steigern. Ist die Verrieselung zu stark, bedeutet sie unter Umständen einen erheblichen Ernteverlust für den Winzer.

Verschnitt Verfahren der »Mischung« von Wein, Most oder Trauben. Es gibt die folgenden Arten von Verschnitten:

- *Lagenverschnitte*: Hier werden Weine unterschiedlicher Lagen zusammengefasst, meist um Basis-Cuvées zu erhalten.

In Deutschland geht in diesem Fall der Anspruch auf die Nennung einer Einzellage verloren, der Wein darf dann nur noch mit der (irreführenden) Nennung einer → Großlage verkauft werden.

• *Rebsortenverschnitte*: Dies ist die häufigste und am weitesten verbreitete Verschnittform (siehe unten). In Deutschland werden solche Weine meist mit Phantasienamen oder Markennamen (z. B. *Parzival* oder *Ex flammis orior* verkauft).

• *Verschnitte von Weinen verschiedener Ursprungsgebiete oder Länder*: fast immer für Massenweine im Angebot von Billigdiscountern – Tafelweine verschiedener Erzeugerländer werden ungeachtet ihrer Herkunft miteinander verschnitten. Diese werden dann als → Bag-in-box, Tetrapak oder Zwei-Liter-Flaschen verkauft.

Verschnitte gibt es aus verschiedenen Gründen:

• Um einen → Markenwein gleichbleibender Qualität Jahr für Jahr zu erzeugen, wie dies bei den meisten → Likör- und → Schaumweinen, die ohne Jahrgangsbezeichnung in den Handel kommen, der Fall ist, aber auch bei etlichen Stillweinen.

• Um einen besseren, komplexeren Wein zu erzeugen, der aus mehreren Komponenten besteht, die sich gegenseitig ergänzen oder steigern. Diese auch *Assemblage* oder *Cuvée* genannte Mischung ist bezeichnend nicht nur für die wichtigen Weine wie → Bordeaux, → Chianti, → Rioja, → Châteauneuf-du-Pape, sondern nahezu für fast alle südeuropäischen Weine.

Cuvées sind nicht schlechter als reinsortige Weine. Es handelt sich lediglich um zwei verschiedene Weinstile oder Philosophien, die beide Ausdruck des → Terroirs sein können. In manchen Regionen – meist mit kühlem Klima – sind traditionell eher reinsortige Weine die Regel (Deutschland, Österreich, Loire und Elsass); in anderen, vor allem in heißem Klima, eher Cuvées. In der Neuen Welt hat sich noch kein endgültiger, unverkennbarer und eigenständiger Weinstil entwickelt. Man neigt dort dazu, die Weine reinsortig auf den Markt zu bringen und die einzelne Rebsorte als stilistisches Merkmal herauszustellen.

Laut Gesetz müssen bei Qualitätsweinen (unter Nennung der geographischen Herkunft, der Rebsorte und des Jahrgangs) mindestens 85 % des Flascheninhalts exakt diesen Angaben entsprechen. Abgesehen von der Erzeugung von → Rotling ist in Deutschland das Verschneiden von weißen mit roten Traubensorten nicht zulässig. → Deckrotwein.

Versetzter Wein In Österreich Bezeichnung für Wein, »dessen Beschaffenheit auf besondere Behandlungsweisen oder auf die Verwendung von Zusätzen bei der Erzeugung, neben der durch die Weintrauben gegebenen Eigenart zurückzuführen ist« (laut Weingesetz). Darunter fallen → Perlweine und → Schaumweine ebenso wie → Likörweine, → Wermutweine u. a.

Versteigerungswein → Auktion

Vertikalprobe → Probe einer Reihe von gleichen Weinen desselben Jahrgangs. Die Vergleichbarkeit von Weinen ist bei Vertikalproben wichtig, damit nicht Äpfel mit Birnen verglichen werden, daher sollte grundsätzlich mindestens eines der folgenden Parameter berücksichtigt werden: die Region (Appellation), die Rebsorte oder die Lage. Beispielsweise zehn Jahrgänge von Château Margeaux; oder 1959, 1971, 1976, 1983 und 1995er deutscher Riesling Beerenauslesen; oder eine Reihe von Jahrgängen aus der Lage Erbacher Marcobrunn. Die Vertikalprobe kann verdeckt (d. h. als → Blindprobe ohne Kenntnis der Weinherkunft) erfolgen, oder auch offen. → Horizontalprobe.

Verzenay Französische Gemeinde in

der → Champagne. Einer der 17 *Grand cru*-Orte an der → *Montagne de Reims*. Obwohl die Rebsorte → Pinot noir traditionellerweise dominiert, gibt es in dieser Gegend auch etliche → Chardonnay-Anpflanzungen.

Vespolina Italienische Rotweinsorte, die im nördlichen → Piemont und im → Oltrepò Pavese (Region → Lombardei) angebaut wird. Meist wird sie mit anderen Rebsorten verschnitten, z. B. beim → Fara. Nur selten für sich allein ausgebaut, ergibt sie einen nicht zu körperreichen, tanninhaltigen Rotwein.

Vesuvio Italienische DOC für Weiß-, Rot- und Roséweine von den Abhängen des Vesuvs. Rebsorten: Coda di Volpe, Verdeca, Galanghina und Greco für die Weißweine, Piedirosso, Sciascinoso und Aglianico für die Rot- und Roséweine. Weine mit einem Gesamtalkohol von 12 % dürfen die herzergreifende Bezeichnung → *Lacryma Christi del Vesuvio* führen (ebenso Schaum- und Likörweine).

Veuve Clicquot-Ponsardin Französisches Champagnerhaus in → Reims mit einer Reihe beliebter Champagner. Spitzencuvée *La Grande Dame*. Seit einiger Zeit werden die Weine nicht mehr ihrem außergewöhnlichen Ruf gerecht.

Vicenca Italienische DOC für Rot-, Rosé- und Weißweine, die in der Region → Veneto in der Provinz Vicenza (und auch der Stadt Vicenza selbst) erzeugt werden: Bianco (aus mindestens 50 % Garganega, ferner Sauvignon, Pinot bianco und Pinot grigio, Chardonnay und Riesling) – auch als Frizzante, Spumante und Passito; Rosso (aus mindestens 50 % Merlot, Cabernet franc, Cabernet Sauvignon, Carmenére, Pinot nero und Raboso Veronese) – auch als Riserva mit 2 Jahren Reifezeit; Rosato (Rebsorten wie Rosso); Chardonnay, Garganego, Manzoni Bianco und Moscato, Pinot bianco auch als Spumante. Pinot grigio, Riesling; Sauvignon; Cabernet (aus Cabernet Sauvignon und Cabernet franc); Cabernet Sauvignon; Merlot; Pinot Nero – auch als Riserva und schließlich Raboso (aus der Rebsorte Raboso Veronese).

Victoria Südostaustralischer Bundesstaat mit der Hauptstadt Melbourne, der sich, was den Wein angeht, derzeit in einer Aufschwungphase befindet. Heute sind etwa 22 000 ha mit Reben bestockt. Hier werden rund 17 % der Weine Australiens erzeugt. Der Weinbau verteilt sich auf mehrere größere und eine Vielzahl kleinere Weinbaugebiete.

• *Yarra Valley*: Bedeutender Weinbaubereich im Osten von Melbourne (direkt an die Stadt grenzend). Das kühlere und feuchte Klima ist ideal für Pinot noir und für Grundweine der Schaumweinproduktion. Es werden Chardonnay, Cabernet Sauvignon und Shiraz angebaut. Die Weine wachsen z. T. auf Hängen in 50 bis 450 Metern Höhe. Der Boden besteht aus Sand und Tonlehm sowie roter Vulkanerde. Das weinbauliche Potenzial gilt als gut bis sehr gut. Bekannte Erzeuger: Mount Mary, Coldstream Hills, Yarra Yering, Diamond Valley, Yerinberg und de Bortoli.

Anbaugebiete

• *Mornington Peninsula*: Hier gibt es eine Vielzahl kleiner und kleinster Erzeuger. Rebsorten: Chardonnay, Pinot noir und Cabernet Sauvignon. Die Weine fallen im kühlen Klima angenehm leicht aus.

• *Geelong*: Kleines, nur rund 50 ha umfassendes Weinbaugebiet im Westen an der Küste gelegen. Moderates Klima, ideal für Chardonnay und Pinot noir, ferner Shiraz. Bekannte Erzeuger: Bannockburn, Scothman Hill.

• *Macedon Ranges*: Kühles, regenreiches Anbaugebiet rund 80 km nördlich von Melbourne. Vor allem Cabernet Sauvignon und Shiraz im Anbau. Bekannter Erzeuger: Craiglee.

• → *Goulburn Valley*: Bekannt durch das traditionsreiche, nach traditionellen Methoden arbeitende Weingut Tahbilk. Auch das Weingut Mitchelton ist erwähnenswert. Das Gebiet liegt rund 100 km nördlich von Melbourne.

• *Bendigo*: Rund 100 km nordwestlich von Melbourne gelegen. Warmes Inlandklima mit Rotweinanbau: Cabernet Sauvignon und Shiraz. Die Weine sind dicht und voluminös, der Shiraz hat deutliche Minzeanklänge. Bekannter Erzeuger: Balgownie.

• *Grampians (früher Great Western)*: Rund 150 km nordwestlich von Melbourne. Nachts sehr kühles Klima, daher vor allem Schaumweinproduktion. Bekannte Erzeuger: Seppelt, Taltarni. Aber auch Rotweine, die von der verlängerten Vegetationsperiode profitieren: Cabernet Sauvignon und Shiraz. Bekannte Erzeuger: Mount Langi Ghiran, ferner Best's, Seppelt. Gilt als sehr gutes Anbaugebiet; noch unterschätzt.

• *Pyrennes*: Rund 120 km nordwestlich von Melbourne. Im trocken-warmen Klima der Talebene wird vor allem Rotwein angebaut: Cabernet Sauvignon und Shiraz. Bekannte Erzeuger: Dalwhinnie, Redbank, Taltarni.

• *Rutherglen*: Am nordöstlichen Rand von Victoria gelegen, rund 300 km von Melbourne entfernt. Feuchtwarmes Klima am Murray River. Rotweine und Weine im alten Port-Stil, viel Massenwein.

• *Weitere Anbaugebiete in Victoria*: Sunbury, Heathcote, Central Victorian High Country, Glenrowan, Beetchworth, Alpine Valley, King Valley, Henty, Gippsland, Pericoota, Swan Hill und Murray Darling.

Vidigueira Rund 1700 ha großer südportugiesischer Weinbaubereich in der DO → Alentejo, zwischen Évora und Beja gelegen. Die Subzone ist vor allem für ihre Weißweine aus Antão Vaz, Manteúdo, Perrum, Rabo de Ovelha und Roupeiro bekannt. Es werden auch einige eher leichtere Rotweine aus Alfrocheiro, Moreto, Periquita, Tinta Grossa und Trincadeira erzeugt.

Vieille Vigne Französisch für Alte Reben. Ein Qualitätshinweis: Je älter die Reben, desto höherwertiger der Wein, da alte Reben lange Wurzeln haben, mit denen sie tiefere Wasserschichten erreichen und von Natur aus weniger → Ertrag haben, also Wein mit mehr → Konzentration ergeben. → Weinrebe.

Vietti Italienisches Weingut in der Region → Piemont, im Ort Castiglione Faletto – einer der führenden modernen Erzeuger der Region. Produziert auf rund 32 ha Rebfläche (davon 8 ha Eigenbesitz) etwa 120 000 Flaschen Wein, überwiegend DOCG → Barolo (auch Lagenweine) und alle anderen Weine Piemonts. Überzeugter Modernist, der viel Barrique einsetzt.

Vieux Château Certan Französisches Weingut im Bordeaux, Weinbaugebiet → Pomerol, das als die Nummer zwei des Gebietes nach dem Spitzenreiter Château → Pétrus gilt. Auf ähnlichem Niveau rangieren Châteaux Trotanoy, L'Evangile und La Conseillante. Auf rund 14 ha Rebfläche werden 50 % Merlot, 25 % Cabernet franc, 20 % Cabernet Sauvignon und 5 % Malbec angebaut, weicht damit deutlich vom übrigen Pomerol ab und gleicht damit eher dem Stil eines Haut-Brion. In ausgesprochenen Merlot-Jahrgängen hat es Vieux Certan schwer, mit den anderen Spitzen-Pomerols mitzuhalten, während es in Cabernet Sauvignon-Jahrgängen eher die Nase vorn hat. Ein gehaltvoller roter → Bordeaux, langsam reifend, weniger samtig, doch voller Ausdruckskraft.

Vieux Telegraphe, Domaine du Französisches Weingut an der südlichen → Rhône in → Châteauneuf-du-Pape. Rund 70 ha Rebfläche, die einen intensiven, kraftvollen und klassischen roten Châteauneuf-du-Pape ergeben: Rund 80 % Grenache, 10 % Cinsault und je 5 % Syrah und Mourvèdre. Die Rotweine vergären teilweise mit den Kämmen (Stielen).

Vigna Italienisch für Weinberg; darf ebenso wie *vigneto* bei DOC- und DOCG-Weinen zur Bezeichnung einer Einzellage verwendet werden, wenn die Lage im Weinbergsregister eingetragen ist und der Wein tatsächlich aus dieser Lage stammt.

Vigne Französische Bezeichnung für die Weinrebe bzw. eine individuelle Parzelle und deren Wein.

Vigne de l'Enfant Jésus → Grèves, Les

Vignelaure, Château Französisches Weingut in der Provence an den → Coteaux d'Aix, bekannt für seinen ökologischen Weinbau. Der Rotwein wird zu 60 % aus Cabernet Sauvignon, 30 % Syrah und 10 % Grenache erzeugt.

Vignoble Französischer Begriff für Weinberg oder die Gesamtheit mehrerer Weinberge (nicht für die → Einzellage), z. B. *Les Vignobles de Bordeaux* für die Gesamtheit der Bordeaux-Weine, aber auch *Le Vignoble de la France*.

Vila Nova de Gaia Portugiesische Stadt am Südufer des → Douro unmittelbar gegenüber der Bucht von → Porto gelegen. Früher der einzige Ort Portugals, in dem → Portwein gelagert, ausgebaut und weiterverkauft werden durfte. Viele berühmte Portweinproduzenten haben hier ihren Sitz und ihre Lagerhäuser, die Lodges, in denen die Portweine lagern.

Villa Cafaggio Italienisches Weingut in der Region → Toskana im Chianti Classico. Erzeugt auf rund 30 ha Rebfläche etwa 250 000 Flaschen Wein, darunter einen DOCG Chianti Classico (rund 200 000 Flaschen – auch als Riserva) sowie die IGT-Spitzenweine San Martino (Sangiovese) und Cortaccio (Cabernet Sauvignon und Sangiovese – rund 7000 Flaschen) im überwiegend → internationalen Stil.

Villafranca del Penedés Bedeutende spanische Stadt im Weinbaugebiet → Penedés. Von hier und seiner Umgebung, wozu auch das benachbarte San Sadurni de Noya gehört, kommen einige hervorragende Weißweine, z. T. ausgezeichnete Rot- und Roséweine und ca. 90 % der spanischen Schaumweine. So bekannte Bodegas wie Miguel → Torres, Pinord und Sogas haben dort ihren Sitz.

Villány-Siklós Südlichstes ungarisches Weinbaugebiet bei Pécs, nahe der kroatischen Grenze, mit mediterranen Klimaeinflüssen. Heute stehen etwa 1800 ha unter Reben. Vorherrschend sind Kalksteinböden mit hohen Auflagen von Löß und kalkhaltigem Lehm. Die Rebflächen liegen auf den südlichen und östlichen Hängen des Villány-Gebirges. Während auf den Villány umgebenden Südhängen Rotwein erzeugt wird, herrscht auf den nach Westen anschließenden Siklóser Hängen Weißwein vor (Olaszriesling, Hárslevelü, Traminer, Chardonnay), der in der Regel jedoch nicht das Format der Rotweine erreicht. Diese gelten heute als die bedeutendsten Rotweine Ungarns, und der Cabernet Sauvignon, Kékfrankos (Lemberger), Kékoporto (Portugieser), aber auch der Pinot noir, Kadarka u. a. Sorten verdienen Beachtung. Bekannte Erzeuger: Attila Gere, Weninger, Bock, Bajor, Günzer, Yvlyan, Wunderlich, Polgár und Ede Tiffán.

Villaudric → Côtes du Frontonnais

Villegeorge, Château Französisches *Cru* → *bourgeois*-Weingut im Bordeaux (→ Haut-Médoc) mit rund 10 ha Rebfläche: 60 % Merlot, 30 % Cabernet Sauvignon, 10 % Cabernet franc. Ein feiner und geschmeidiger Rotwein.

Villenave d'Ornon Weinbaugemeinde in den → Graves am südlichen Stadtrand von → Bordeaux. Heute gibt es kaum noch 50 ha Rebfläche, die sich im Wesentlichen die Châteaux → Couhins, → Couhins-Lurton, → Baret und → Pontac-Montplaisir teilen.

Vin de l'année Französische Bezeichnung (wörtlich *Wein des Jahres*) für einen Wein der letzten Ernte, der noch kein Jahr alt ist, unabhängig von seiner Qualität. → Heuriger, → Primeur.

Vin blanc Französisch für Weißwein.

Vin de Café Meist Rot- oder Roséwein von in der Regel anspruchsloser Qualität, der als *Vin de comptoir* oder → Schoppenwein in französischen Restaurants oder Bars offen ausgeschenkt wird.

Vin de Corse Französische AOC für Rot- (60 %), Rosé- (30 %) und Weißweine (10 %), die auf der Mittelmeerinsel Korsika erzeugt werden. Diese AOC umfasst den Großteil der auf der Insel erzeugten AOC-Weine. Die einzelnen Zonen liegen an der Küste verstreut, wobei die fruchtbare und flache Uferzone an der Ostküste mengenmäßig dominiert. Der Angabe Vin de Corse wird in der Regel die jeweilige Herkunft aus einem der sieben Bereiche angefügt: → Ajaccio, → Calvi, → Figari, → Patrimonio, → Porto-Vecchio, → Sartène und Coteaux du Cap Corse. Auf rund 180 ha Rebfläche werden jährlich etwa 7,8 Millionen l Wein erzeugt, der überwiegend auf Ton, Granitgrus, tonigem Kalk oder Tuff wächst. Die wichtigsten zugelassenen Rebsorten sind: Vermentinu (Malvoisie de Corse), Niellucciu, Sciacarellu, Grenache, Mourvèdre und Barbarossa.

Vin cuit Französischer Ausdruck für einen Wein mit dem Aroma und Geschmack eines Konzentrats, das vor der Gärung erhitzt (»gekocht«) worden ist, um durch Reduzierung seines Volumens Alkoholgehalt und Körper zu verstärken.

Vin délimité de qualité supérieure → VDQS

Vin doux naturel Ein etwas missverständlicher Begriff für eine Gruppe südfranzösischer Weine, vor allem aus dem → Midi, deren Süße nicht ganz so natürlich ist, wie der Name vermuten ließe. Zwar müssen ihre Moste vor jeder Anreicherung mindestens 252 g/l Zucker enthalten, doch sind die Weine grundsätzlich → gespritet, das heißt die Gärung wird vorzeitig durch den Zusatz von reinem → Alkohol beendet. Dadurch bleiben die Weine süß und verfügen über einen relativ hohen Alkoholgehalt (mindestens 15 % tatsächlichen und mindestens 21,5 % Gesamtalkoholgehalt; in der Regel liegt der tatsächliche Alkoholgehalt dieser Weine zwischen 16 und 17 %). In Frankreich werden jährlich um die 40 Millionen l dieser Art von Wein erzeugt. Bekannte Beispiele: → Rivesaltes, → Banyuls, → Maury, → Frontignan, → Beaumes-de-Venise, → Rasteau und Macvin.

Dabei handelt es sich um großartige Weine mit unverwechselbarem → Terroir, die leider nicht in Mode, aber doch voll und ganz Ausdruck der natürlichen Wachstumsbedingungen sind. Leider geht die Nachfrage dieser Weine permanent zurück, besonders wenn es sich um oxidativ ausgebaute Likörweine (→ *rancio*) handelt.

Man sollte diese, auch → Likörweine genannten Weine nicht mit dem grundsätzlich ungespriteten → *Vin liquoreux* aus → Sauternes oder von der → Loire bzw. den deutschen und österreichischen → Beeren- und → Trockenbeerenauslesen verwechseln.

Vin fin Wenig präziser Begriff in Frankreich für einen Wein gehobener Qualität, ähnlich wie → *grand vin*. Theoretisch könnte sich jeder Wein so nennen.

Vin de garde Französische Bezeichnung für einen lange lagerfähigen Wein, dessen Qualität durch Lagerung zunimmt. So gelten z. B. die 1961er, 1970er, 1975er, 1982er, 1986er, 1990er roten → Bordeaux als klassische *vins de garde*.

Vin gris In Frankreich gebräuchliche Bezeichnung für einige sehr helle Rosés, darunter jene, die in Ostfrankreich, vornehmlich in → Lothringen, aus blauen Trauben bereitet werden. Einige *vins gris* sind praktisch Weißweine mit einem kaum merklichen Stich ins Rosafarbene oder Bronzene.

Vin jaune Französischer Weißwein aus dem → Jura. Ausgefallener, ganz spezieller Wein, der an spanischen → Sherry erinnert und vornehmlich in der Umgebung von → Château-Chalon, doch auch in anderen Appellationen des Jura erzeugt wird.

Vin liquoreux Nicht → gespriteter, süßer Weißwein, einer deutschen oder österreichischen → Beeren- oder → Trockenbeerenauslese vergleichbar, der ein hohes Maß an natürlichem Traubenzucker oder → Liqueur enthält.

Vin mousseux → Mousseux

Vin mousseux gazéifié → Imprägnierung

Vin non mousseux Das Gegenteil des *vin → mousseux*, ein nicht moussierender, also ein ruhiger, ein → Stillwein.

Vin nouveau Französisch für den *neuen Wein*, der soeben erst oder kürzlich seine Gärung beendet hat. → Primeur, → Heuriger

Vin ordinaire Der einfache, belanglose Allerweltswein – eine gesetzlich nicht mehr verwendete Kategorie.

Vin de paille *Paille* bedeutet Stroh, und ein → Strohwein ist ein Wein, dessen Trauben auf Strohmatten oder Maschendrahtnetzen (manchmal in der Sonne, häufiger im Haus hängend oder auf Gestellen gelagert) getrocknet werden, bis sie teilweise oder ganz rosiniert sind. *Vins de paille* sind in der Regel süße, meist recht alkoholreiche Weine, die in Frankreich jedoch nur in sehr geringem Umfang erzeugt werden, so z. B. in → Hermitage und im → Jura. Die vergleichbare Gruppe von Weinen ist in Italien: Passito, Recioto, Amarone, Sfurzat. In Deutschland nicht zugelassen, in Österreich am Neusiedlersee gibt es auch eine Schilfwein-Variante.

Vin de pays In Deutschland Landwein, in Italien IGT (*vino con indicazione geografica tipica*). Anders als in diesen beiden Ländern stellt der *Vin de pays* in Frankreich heute mit rund 5 % und 300 Millionen l einen deutlichen Anteil an der nationalen Weinerzeugung. Dort gibt es heute rund 100 *Vins de pays* mit unterschiedlich großen Gebieten. Diese können mehrere Départements umfassen, wie die Zonen des *Vin de pays du Jardin de France*, *Vin de pays d'Oc* aber auch die des *Vin de pays des Comtés rhodaniens*, *Vin de pays des collines rhodaniennes*, *Vin de pays charentais*, *Vin de pays de Franche-Comté*. Sie können aber auch nur wenige ha umfassen wie das Gebiet *Vin de pays des Coteaux Charitois* an den Hängen oberhalb von La Charité sur Loire unweit von → Pouilly. Das Stammland des Vin de pays ist Südfrankreich – rund zwei Drittel kommen von dort. Französische Landweine dürfen nur aus bestimmten Rebsorten und mit einem Hektarhöchstertrag von 8000 bzw. 9000 l pro ha erzeugt werden. Sie müssen je nach Region mindestens 9 bis 11 % Alkohol aufweisen.

Vin rouge Französisch für Rotwein.

Vin Santo → Vino Santo

Vin de Savoie Französische AOC für Weine aus einem weitläufigen Gebiet in → Savoyen, dessen Weinbauinseln sich von Evian am Genfer See bis ins Isère-Tal südlich von Chambéry erstrecken. Auf rund 1700 ha Rebfläche werden je nach Geographie, Klima und Tradition sehr unterschiedliche Weine (zu 70 % Weißwein) erzeugt – jährlich rund 12 Millionen l. Sie wachsen im kontinentalen Klima und profitieren von den nach Süden ausgerichteten Weinbergen und vom Mikroklima der Seen und Flusstäler.

• Am französischen Ufer des Genfer Sees dominiert wie auf dem gegenüberliegenden Schweizer Ufer die Rebsorte → Chasselas, die einfache und daher jung zu trinkende Weißweine liefert, darunter den → Crépy. Bekannter Erzeuger: Château de Ripaille.

• In den übrigen Anbaugebieten werden die einheimische Rebsorte Jacquère mit neutralen, etwas derben Weinen und ein gutes Dutzend weiterer Sorten, darunter der Rebsorte Chardonnay, angebaut bzw. ein leichter, gefälliger Rotwein aus der Rebsorte Gamay und ein tanninreicher, leicht pfeffriger und alterungsbedürftiger Rotwein aus der Rebsorte Mondeuse erzeugt. Der Pinot noir ist seltener anzutreffen, doch kann er ausgezeichnete Ergebnisse hervorbringen.

17 Gemeinden dürfen ihren Namen auf dem Etikett angeben, von denen bei den Weißweinen Apremont, Abymes und Chignin die bekanntesten sind. Aus Chignin stammen die besten Weine aus den Rebsorten Altesse oder Roussanne die als Chignin Bergeron in den Handel kommen. In ihrer komplexen Art stehen sie dem → Roussette de Savoie kaum nach, während die Orte Jongieux, Chautagne, Saint-Jean-de-la-Porte und Arbin für Rotweine bekannt sind. Bekannte Erzeuger: Charles Gonnet, Domaine de l'Idylle, Eugène Carrel, Edmond Jacquin, Maison Mollex, G. Perret, Les Fils de René Quénard und Jean Perrier.

Vin sur lie Bezeichnung für Weißweine, die ohne abgestochen zu werden, unmittelbar von der Hefe auf die Flasche gefüllt werden. Sie behalten auf diese Weise einen ganz leichten, sehr angenehmen Hefegeschmack und etwas vom natürlichen → Kohlendioxid, wodurch sie eine gewisse Spritzigkeit erhalten. Die Weine verfügen dadurch über eine besondere Frische, wie man sie in Frankreich vor allem beim → Muscadet schätzt. Dieser kommt als *Muscadet sur lie* in den Handel.

Vin de Table → Tafelwein

Vino da tavola → Tafelwein

Viña Spanisch für Lage (auch als *Viñedo* bezeichnet), wird – wo entsprechende, festgelegte Gemarkungen fehlen – mitunter als Markenname für bestimmte Abfüllungen einer Bodega verwandt.

Vinagrinho Portugiesische Bezeichnung für den charakteristischen Geschmack bestimmter alter → Madeira oder → Portweine, der als Ergebnis partieller Oxidation und leichter Zunahme der flüchtigen → Säure auftritt und dem französischen → Rancio verwandt ist.

Viné Französischer Ausdruck für → gespritet.

Vinea Wachau 1984 gegründeter Verein als freiwilliger Zusammenschluss von Winzern und Weingütern in der → Wachau zur Garantie der Echtheit des von ihnen erzeugten und verkauften Weins und zur Steigerung seiner Qualität mittels Ertragsbegrenzung und Förderung der Qualitätssorten, vor allem des Rieslings. Der volle Name des Vereins lautet *Vinea Wachau Nobilis Districtus* und soll an den auf dem Siegel abgebildeten Leuthold I. von Kuenring (1243–1312) als den ersten großen Förderer des Wachauer Weinbaus erinnern. Der Verein, dem inzwischen nahezu alle namhaften Betriebe der Wachau angehören, hat eigene Weinkategorien eingeführt: → Steinfeder für leichten, nicht aufgezuckerten Qualitätswein zwischen 9,5 und 10,7 % Alkohol, → Federspiel für Wein im → Kabinettbereich (bis maximal 12,3 % Alkohol) und → Smaragd mit einem Mindestalkohol von 12 %. Alle diese Weine unterliegen der strengen Qualitätskontrolle seitens des Vereins und müssen → trocken ausgebaut sein; der Smaragd darf bei entsprechend hoher Reife ausnahmsweise maximal

9 g/l → Restsüße aufweisen, was in der Wachau noch bis 1993 als → halbtrocken galt.

Vinello Italienische Bezeichnung für *kleiner Wein* – mit wenig Körper und geringem Alkoholgehalt, auch für den → Tresterwein verwandt.

Vinho branco Portugiesisch für Weißwein.

Vinho do Douro → Douro

Vinho generoso Portugiesische Bezeichnung für bestimmte → gespritete Weine gehobener Qualität und spezifischer Herkunft.

Vinho maduro Der reife portugiesische Wein, ob rot, weiß oder rosé, im Gegensatz zum → Vinho verde.

Vinho regional Portugiesische Bezeichnung für → Landwein. Die Bezeichnung soll auch für Spitzenweine des jeweiligen Gebiets gelten, die aus nicht empfohlenen, da regionsuntypischen, internationalen Rebsorten erzeugt werden.

Vinho verde Portugiesisches IPR-Weinbaugebiet im äußersten Nordwesten des Landes an der spanischen Grenze, das größte des Landes, mit etwa 50 000 ha Rebfläche. In insgesamt 6 Bereiche unterteilt: → Monção, Lima, Braga, Penafiel, Basto und Amarante. Die Region steht deutlich unter dem kühlen Klimaeinfluss des Atlantiks. Dort wird der *Vinho verde*, der frische *grüne Wein* Portugals erzeugt, im Gegensatz zu den in anderen Landesteilen erzeugten → *Vinho maduro* und → *Vinho generoso*. Grün hat also nichts mit der Farbe des Weins zu tun. *Vinho verde* hat einen niedrigen Alkoholgehalt (in der Regel zwischen 8,5 und 9,5 %). Der Wein sollte jung getrunken werden und ist spritzig, säurebetont und lebendig. Aufgrund seines hohen Apfelsäureanteils weist der Wein nach der → Malolaktischen Gärung häufig einen z. T. hohen Grad an natürlicher Kohlensäure auf. Er wird aus einer ganzen Reihe von regionalen Rebsorten erzeugt, wobei der Monção lediglich aus der Rebsorte → Alvarinho bereitet wird. Diese Weine schmecken in der Region außerordentlich gut und erfrischend, sie verlieren jedoch ihren Charme, wenn sie die Region bzw. das heiße Klima verlassen. Der Rotwein ist außerordentlich farbkräftig, ansonsten frisch und kohlensäurehaltig. Noch zu Beginn der 1970er Jahre waren 90 % aller *Vinhos verdes* rot.

Vini del Piave → Piave

Vinifera Die bedeutendste von rund 35 Weinreben-Arten, die zur Gattung → *Vitis* gehören. Ungefähr 20 *Vitis*-Arten sind in Amerika, der Rest in Asien beheimatet. Ihre Ursprünge lassen sich bis in den Kaukasus zurückverfolgen. Doch allein die europäische *Vinifera* (die »Weinmachende«) ist für alle in der Welt bedeutenden – aus Weintrauben gewonnenen – Weine verantwortlich. Man kennt ungefähr 8000 Sorten der *Vinifera*-Art. → Hybriden

Vinifikation Alle die Weinbereitung umfassenden Maßnahmen im Keller einschließlich Traubenverarbeitung und Gärung, allerdings ohne den → Ausbau (die Weinlagerung und Reifung) des Weins in Tanks oder Fässern. Dabei unterscheidet sich die Weißwein- von der Rotwein-Vinifikation folgendermaßen:

- Beim Weißwein wird nur der Most (also der Saft der Trauben ohne Beerenschalen, Fruchtfleisch, Kerne und Stiele) verwendet, indem entweder die ganzen oder zuvor gemahlenen Trauben gepresst werden. Der abfließende Most kommt in einen Tank zum Absetzen, bevor er umgefüllt wird und zu gären beginnt. (Varianten → Weißwein)
- Beim Rotwein findet die Gärung mit der Maische (der Traubensaft mit Beerenschalen, Fruchtfleisch, Kernen und in Ausnahmen mit den Stielen) statt. Die überwiegend bis ausschließlich in den Beerenschalen vorhandenen Farbstoffe

werden hierdurch herausgelöst. Diese so genannte → Maischegärung dauert einige Tage bis Wochen (Ausnahme → Maischeerhitzung). Die am häufigsten angewendeten Verfahren der Maischegärung sind: → Pigeage, → Remontage und → Roto-Fermentation.

Vinillo Spanisch für *kleiner Wein*, ein Wein mit wenig Alkohol, Körper und Charakter. → Vinello.

Vino de aguja Spanisch für → Perlwein.

Vino añejo Auch als *vino viejo* bezeichneter spanischer → Qualitätswein, der mindestens drei Jahre gelagert wird, bevor er in den Verkehr kommt.

Vino bianco Italienisch für Weißwein, → Bianco.

Vino blanco Spanisch für Weißwein.

Vino corriente Der spanische Kurrantwein, entsprechend dem französischen → *vin ordinaire*, ein gewöhnlicher und alltäglicher Schoppenwein, der meist offen ausgeschenkt wird. Auch als *vino común* bezeichnet.

Vino de crianza Spanischer → Qualitätswein, der mindestens zwei Jahre Lagerzeit aufweisen muss, bevor er in den Verkehr gebracht werden darf, davon meist ein halbes bis ein Jahr im Holzfass (meistens Barrique).

Vino generoso Spanische Bezeichnung für → Likörwein.

Vino con Indicazione Geografica Tipica → IGT

Vino de lágrima Allein aus dem → Vorlauf, ohne mechanische Pressung, erzeugter Wein, meist süß.

Vino di lusso Italienischer Ausdruck für → *Luxuswein*, wozu u. a. → Schaum- und → gespritete → Likörweine gezählt werden.

Vino de mesa Spanische Bezeichnung für normalen Wein, der zum Essen gereicht wird.

Vino Nobile di Montepulciano Italienischer DOCG-Rotwein, der im Süden der → Toskana rund um die atemberaubend gelegene, weithin sichtbar aus der Ebene herausragende mittelalterliche Stadt Montepulciano erzeugt wird. Die Appellation misst rund 10 km im Quadrat.

Geographie und Klima

Der Vino Nobile, wie der Rotwein in Kurzform meist genannt wird, gehört zu den ältesten Weinen Italiens. Das → Terroir der DOCG gehört neben dem Chianti Classico zu den besten der Toskana und übertrifft das von Montalcino. Die Weine wachsen zwischen 250 und 500 Metern Höhe, profitieren also von den mikroklimatischen Vorzügen der → Topographie. Im Gegensatz zur DOCG um Montalcino (→ Brunello) sind hier die Rebflächen gleichmäßig hoch verteilt. Der Boden ist sandiger, teilweise enthält er Muschelkalk, und der südliche Breitengrad lässt den Sangiovese voll ausreifen.

Rebsorten

Der Wein wird im Wesentlichen aus der Sangiovese-Spielart Prugnolo gentile (→ Sangiovese grosso) mit Zusätzen von Canaiolo, Trebbiano, Malvasia und eventuell zwei weiteren Sorten erzeugt (wobei in der Praxis häufig auf die weißen Sorten verzichtet wird). Der Wein muss mindestens ein Jahr im Holzfass absolvieren, bevor er in den Handel gebracht werden darf (nach zwei Jahren Gesamtlagerzeit darf er als → *Riserva* deklariert werden).

Weinstile

Einige Güter erzeugen einen typischen Chianti-Stil: einen leichten, eleganten Wein, während andere den kraftvollen, dabei facettenreichen Wein bevorzugen, der in seiner Jugend säurebetont ausfallen kann. Die besten Vino Nobile gehören zu den herrlichsten traditionellen Rotweinen Italiens und eine erstklassige *Riserva* kann ihresgleichen suchen. Bekannte Erzeuger: Le Casalte, Boscarelli,

La Brecessca, Romeo, Talosa, Vecchia Cantina, Avignonesi.

Rosso di Montepulciano
Italienische DOC für Rotweine in den Grenzen der DOCG Vino Nobile di Montepulciano. Rebsorten: siehe oben. Weine, die kürzer als beim Vino Nobile gelagert werden und meist aus schwächeren Lagen bzw. weniger hochwertigem Lesegut bereitet werden, kommen als Rosso di Montepulciano in den Handel. Dies sind sozusagen die → Zweitweine der Region. Erzeuger: siehe oben.

Der Vino Nobile wird vom Namen her leicht mit → Montepulciano d'Abruzzo verwechselt.

Vino novello Das italienische Gegenstück zum französischen → *vin nouveau*, der nach Vergärung und kurzzeitigem Ausbau noch im Herbst des Erntejahres auf den Markt gebrachte Jungwein oder → Heurige. Letztlich mehr eine Modeerscheinung als ein ernst zu nehmender Wein.

Vino da pasto Italienische Bezeichnung für normale Weine zum Essen. In Spanien ist *Vino de pasto* ein gewöhnlicher, leichter und alltäglicher Wein.

Vino rosato → Rosato

Vino rosso Italienisch für Rotwein, → Rosso.

Vin Santo, Vinsanto Italienischer Süßwein, der vor allem in der → Toskana erzeugt, doch auch im → Trentino produziert wird. Man bereitet ihn aus luftgetrockneten, teilrosinierten Trauben (→ Passito), meist aus den Rebsorten Malvasia und Trebbiano. Er ist gold- bis bernsteinfarben, fast immer restsüß (es gibt auch einige trockene Varianten) und mit 15 bis 16 % recht hoch im Alkohol. Ein überaus samtig-weicher Wein, der laut Gesetz nach zweijähriger Lagerung in kleinen Fässern aus Kastanienholz, seltener Eichenholz, mit lediglich 50 l Inhalt in Flaschen gefüllt werden darf. Diese Fässer werden in nichtklimatisierten Räumen, meist direkt unter dem Dach gelagert. Das Fass wird mit Siegellack oder Zement verschlossen, und der enthaltene Wein verdunstet z. T., oxidiert dabei langsam, aber deutlich. Es entsteht ein nach Orangenschale, Nüssen und Blüten duftender Süßwein, der nur in relativ kleinen Mengen erzeugt wird. Folgende DOCs produzieren Vino Santo: Chianti, Valdichiana, Chianti Classico, Montepulciano, Sant'Antimo, Carmignano, Pomino, Orcia, Montescudaio, Montecucco, Montecarlo, Elba, Cortona, Colline Lucchesi, Colli dell'Ansconia Etruria Centrale, Capalbio, Candia dei Colli Apuani, Bolheri, Bianco dell'Empolese, Costa dell'Argentario.

Vino spumante → Spumante

Vino spumante gassificato → Imprägnierung

Vino da taglio Italienische Bezeichnung für → Verschnitt- oder Deckwein, meist ein tieffarbener und alkoholreicher Wein aus dem Süden des Landes, der häufig auf verschwiegenen Wegen nach Norden wandert, um dortigen Weinen (in schwachen Jahren) Farbe und Kraft zu verleihen, was nicht ungesetzlich sein muss.

Vino da tavola Italienisch für → Tafelwein. Nach dem Gesetz gibt es in Italien heute zwei verschiedene Tafelweine: der allgemeine, einfache, normale Tafelwein, der ca. 70 % der italienischen Weinerzeugung ausmachen dürfte, und der spezifische Tafelwein mit geographischer Herkunftsbezeichnung (*Vino da Tavola con Indicazione Geografica Tipica* – IGT). Letzterer bezeichnet eine administrative geographische Einheit (von Kommune bis Region, doch keine Lage) und darf die Rebsorte nennen, aus der er stammt. Diese Weine bedürfen staatlicher Approbation, bevor sie in den Handel gelangen. Vino da Tavola darf keine Jahrgangsangabe tragen.

Vino de la tierra Spanische Bezeichnung für → Landwein.
Vino tinto Spanisch für Rotwein. Im Spanischen werden z. T. auch *rojo* und *negro* (katalanisch *negre*) für die Farbe Rot in Bezug auf Wein verwendet.
Vino virgen In Spanien ein ohne Beerenschale und Stiele vergorener Wein.
Vino de yema Im Unterschied zum → *Vino de lágrima* ist dieser Typ ein leichter, feiner Wein aus nur wenig gepressten Trauben, dem man häufig etwas *vino de prensa* (Presswein) zugibt, dessen Tannin ihn gehaltvoller und langlebiger macht.
Vinos de Madrid Spanischer DO-Bereich für Weine, die südlich von Madrid im Umkreis von etwa 40 km erzeugt werden. Rund 30 Millionen l Wein werden jährlich auf etwa 12 000 ha Rebfläche erzeugt. Es gibt drei Bereiche:
• *Arganda*: Südlich von Madrid wachsen die Reben auf Lehm und- Mergelböden, Granit und Kalk. Die Rebflächen liegen 500 bis 800 m hoch.
• *Navalcarnero*: Im Südwesten von Madrid; Böden mit Sand und Schwemmlandlehm.
• *San Martín de Valdeiglesias*: Westlich der Stadt; braune Erde und Granitböden Während in Arganda die Weine am leichtesten und feinsten ausfallen – aus der Sorte Malvar entstehen die Weißweine, aus Tinto fino (→ Tempranillo) die Rotweine –, sind die Weine der anderen beiden Gebiete schwerer. Dort dominiert die → Garnacha, für die Weißweine aus San Martín de Valdeiglesias ist der Albillo zugelassen. Bekannte Erzeuger: Aigaco, Jesús Díaz e Hijos, Orusco, Benito.
Vins d'Entraygues-et-du-Fel Französischer VDQS-Bereich für Rot-, Rosé- und Weißweine, die auf lediglich 18 ha Rebfläche kultiviert werden. Die Anbauzone liegt an den steilen Hängen des zentralfranzösischen Cantal- und Aubrac-Gebirges und umfasst die Rebfläche von sechs Gemeinden. Die jährlich erzeugten 100 000 l werden mehr oder weniger lokal oder regional getrunken.
Vintage Englisch für Weinlese bzw. Jahrgang; ein Vintage-→ Champagner ist demnach ein Champagner mit Jahrgangsangabe.
Vinzelles Französischer Weinbauort im → Mâconnais im Burgund, aus dem der Wein → Pouilly-Vinzelles kommt.
Viognier Weißweinrebe im nördlichen → Rhônetal, die Wein von ausgeprägtem Charakter liefert: Heu, weiße Blumen, Kräuter und Birnenaromen – bei hohem Alkoholgehalt. Sie wird auch als *Vionnier* bezeichnet und ist die allein zulässige Rebsorte für den bemerkenswerten → Château-Grillet und den hervorragenden → Condrieu, während ihr Anteil im roten → Côte Rôtie bis zu 20 % betragen darf. Die Rebe gilt als launisch und ertragsschwach, trotzdem erfreut sie sich in den vergangenen Jahren eines enormen Aufschwungs. Inzwischen wird sie auf der ganzen Welt angebaut, vor allem in Übersee, wo sie leider nur einen schwachen Abglanz (zu fett, alkoholisch und oft brandig) im Vergleich zu den Originalen von der Rhône bringt.
Viré-Clessé Französische AOC für Weißweine im Süden Burgunds, nördlich von → Mâcon. Auf rund 500 ha Rebfläche werden jährlich etwa 2,2 Millionen l Weißwein der Rebsorte Chardonnay erzeugt. Der Bereich fasst zwei benachbarte Gemeinden zusammen: Viré und Clessé und ist somit eine Macon-Village Gemeindeappellation. Die Weine wachsen auf Kalkböden, Mergel mit Kalkschichten sowie Ton mit Feuersteinknollen. Die Weißweine gehören zu den besten unter den *Mâcon-Villages*. Die bekannteste Lage ist → *Clos du Chapitre* (im Besitz von Jacques Dépagneux).
Virginia Bundesstaat im Südosten der → USA, in dem es bescheidenen Weinbau gibt: 600 ha und 50 Erzeuger. Erste

Ergebnisse sind ermutigend. Bekannter Erzeuger: Meredyth.

Visperterminen Schweizer Ort im Weinbaugebiet → Wallis oberhalb des Vispertals. Rund 45 ha Rebfläche, die bis auf 1100 m Höhe hinaufreichen und zu den höchsten Weinbergen Europas gehören. Von ihnen kommt u. a. der bekannte weiße *Heida* (auch *Paien*, Savagnin blanc, → Traminer) sowie einiger → Pinot noir. Bekannte Erzeugerin: Marie-Louise Chappaz.

Vite alberata Nach italienischer Art (häufig auch in Nordportugal) an Bäumen erzogene Weinreben, wobei der Baum als *marito* (Ehemann) bezeichnet wird.

Viticulteur Französischer Ausdruck für Winzer, vor allem den selbständigen. Insofern nicht immer identisch mit *vigneron*, der auch den nicht selbständigen Weinbauern oder Pächter bezeichnen kann.

Vitis Gattung der Reben, zur Familie der Rebengewächse gehörend, mit Untergattungen und zahlreichen Arten. Von einigen → Hybriden abgesehen, stammen alle Weine von der in Europa beheimateten Art *Vitis* → *vinifera*.

Viura Aus Aragón stammende spanische Weißweinrebe (in Katalonien und Südfrankreich als Macabeo oder Macabeu bekannt), z. T. auch als Alcañon oder Alcañol bezeichnet, die heute die wichtigste weiße Rebsorte in La Rioja ist. Sie liefert einen fruchtig-duftigen Weißwein mit dezenter Säure und wird daher heute auch reinsortig ausgebaut, während sie in traditionellen Weinen mit dem ihr in der Regel an Ausdruckskraft überlegenen Malvasia und z. T. mit Garnacha blanca verschnitten wird. Auch rotem Rioja gibt man mitunter etwas Viura bei. Die Sorte ist ebenfalls in Navarra, Penedés und den meisten übrigen katalanischen Weinbaugebieten sowie in Rueda verbreitet.

Vocoret, Robert Domaine Französisches Weingut in der AOC → Chablis (Burgund) im Ort Chablis. Rund 30 ha Rebfläche, davon etwa 4 ha *Grand Cru*-Lagen und 13 ha *Premier Cru*. Die Weine werden traditionell im Holzfass ausgebaut.

Voerzio, Roberto Italienisches Weingut in der Region → Piemont, im Ort La Morra – einer der führenden modernen Erzeuger der Region. Produziert auf rund 12 ha Rebfläche etwa 35 000 Flaschen Wein, vor allem eine ganze Reihe von DOCG → Barolo aus unterschiedlichen Lagen.

Vogüé, Domaine Comté Georges de Französisches Weingut im → Burgund im Ort Gevrey-Chambertin. Rund 12 ha Rebfläche, erzeugt vor allem roten → Burgunder, aber auch etwas Weißwein (Musigny blanc), außerdem auf rund 6 ha den *Grand Cru Le Musigny*. Gilt als einer der besten Erzeuger im Burgund.

Volkach Deutscher Ort im Weinbaugebiet → Franken, am Main gelegen. Auf den steilen Lagen mit Muschelkalkböden wird überwiegend Müller-Thurgau, Silvaner und Riesling angebaut. Bekannte Lagen: *Karthäuser, Ratsherr, Katzenkopf*. Bekannte Erzeuger: Fürst (Bürgstadt), Müller, Graf von Schönborn, Kirch.

Voll Ein voller Wein ist ein körperreicher Wein; es ist also der → Körper maßgebend, nicht der → Alkohol – ein häufiges Missverständnis.

Vollrads, Schloss Deutsches Weingut im Weinbaugebiet → Rheingau. Das malerische Schloss stammt in seinen ältesten Teilen aus dem Anfang des 14. Jahrhunderts und ist heute ein stattliches Herrenhaus. Rund 50 ha Rebfläche mit 100 % Riesling liegen direkt um das Anwesen verstreut. Die Weine wachsen auf Lehm- und Lößböden. Die Weine kommen unter der Lagenbezeichnung und dem Namen *Schloss Vollrads* in den Handel. Nach dem Selbstmord des Besitzers befindet sich das Gut in der Hand einer

Bank, die sich erfolgreich um die Verbesserung der Weinqualität bemüht.

Volnay Berühmte französische Gemeinde und Weinbauregion für Rotwein an der → Côte de Beaune in → Burgund. Jährlich werden rund 1 Million l Rotwein der Sorte Pinot noir erzeugt, die – für die Region ungewöhnlich – in 250 Metern Höhe wachsen. Die Böden bestehen aus weißem Kalk (im Hangbereich), Kalk und Eisenoxid in der Hangmitte und kiesigen tiefgründigen Böden am Hangfuß. Die mit der Rebsorte Pinot noir bestockten Rebflächen sind zwei verschiedenen AOC-Bereichen zugeordnet:

- AOC Volnay: rund 100 ha Rebfläche der nicht klassifizierten Gemeindelagen.
- AOC Volnay *Premier crus*: Insgesamt sind 36 Einzellagen (Climats) mit diesem Status klassifiziert. Besonders herauszuheben sind: *Caillerets*, *Champans*, *Clos des Chênes*, *Clos des Ducs*, *Bousse d'Or*, *Les Angles*, *Taillepieds*. Die Lage *Volnay-Santenots* umfasst allein 29 ha und liegt zwar in Meursault, wird jedoch wegen des Stils ihrer Weine Volnay zugerechnet.

Insgesamt gelten die Rotweine aus Volnay, denen des nördlich angrenzenden (und bekannteren → Pommard) als qualitativ überlegen. Die im Gemeindegebiet erzeugten Weißweine der Rebsorte Chardonnay werden als AOC Meursault deklariert, so dass der Gemeindename Volnay ausschließlich mit Rotwein in Verbindung gebracht wird.

Volnays gute Jahrgänge zählen zu den femininsten roten Burgundern. Die Weine können in ihrer Jugend eine gewisse Strenge besitzen, gewinnen jedoch durch Reifung an Eleganz. Bekannte Erzeuger: Domaine de la Pousse d'Or, Marquis d'Angerville, Henri Boillot, Michel Lafarge, Joseph Matrot, Henri Delagrange, Clerget, Rossignol-Boillot und Hubert de Montille.

Vorklären Praxis bei der Erzeugung von Weißwein, bei der man den gepressten Most eine bestimmte Zeit lang (bis zu 24 Stunden) in einem Vorklärtank stehen lässt, damit Trub- und Schmutzteilchen zu Boden sinken und sich dort absetzen können. Das behutsame Vorklären wird heute, in der Regel aus Gründen der Zeitersparnis, zugunsten eines → Separierens des Mostes mit einer Zentrifuge oder eines Filters vielfach unterlassen; in der Regel wird dadurch die Qualität des späteren Weins negativ beeinflusst.

Vorlauf Ohne Anwendung mechanischen Drucks aus dem Vorentsafter oder der Kelter ablaufender Saft der Trauben, mitunter von besonders harmonischer Zusammensetzung, der getrennt vom Press- und → Scheitermost eingelagert wird (oder werden kann). Als Vorlauf wird im → Elsass in → Marlenheim ein bekannter Roséwein aus der Sorte → Pinot noir erzeugt. In → Bordeaux erzeugt man aus Vorlauf (das so genannte → *Saigner*-Verfahren) den → Clairet.

Vorlese Mitunter vor der eigentlichen Lese durchgeführte manuelle Auslese, um überzähliges, unreifes, gefährdetes oder faules Lesegut zu entfernen. Eine gewissenhafte Vorlese ist der späteren Weinqualität absolut zuträglich, wird auch bei maschineller Lese angewendet.

Vöslau, Bad Österreichische Stadt, die zusammen mit → Tattendorf das Zentrum der Rotweinerzeugung im Weinbaugebiet → Thermenregion ist. Zu ihrem Gebiet gehören rund 200 ha Rebfläche, die nahezu zur Hälfte mit der Rebsorte Blauer → Portugieser bestockt ist, doch geht die Tendenz hin zu Blaufränkisch und Zweigelt. Bekannte Erzeuger: Auer, Johanneshof, Rebhof, Schlumberger (vor allem Sekt).

Vosne-Romanée Französische Gemeinde im → Burgund (an der Côte de Beaune), die für ihre Rotweine berühmt ist und seit 1866 den Namen ihrer weltberühmten Einzellage *La Romanée* an den Namen des Ortes Vosne angehängt hat. Vielleicht ist dies die bemerkenswerteste Weinbaugemeinde Frankreichs, *obwohl* sie nur über rund 180 ha Rebfläche verfügt, die jährlich rund 700 000 l Rotwein der Sorte Pinot noir ergeben. Die Weine wachsen auf Kalk- und Kalkmergelböden, die bis zu einen m dick sind. Z. T. verfügen auch die Gemeindelagen über ähnliche Wachstumsbedingungen wie die *Grand cru*-Lagen. Die mit der Rebsorte Pinot noir bestockten Flächen der Gemeinde sind drei verschiedenen AOC-Kategorien zugeordnet:

• Die als *Grand crus* klassifizierten Einzellagen mit jeweils eigener AOC: → *Romanée-Conti, La* → *Romanée, La* → *Tâche*, → *Richebourg*, → *Romanée-St-Vivant, La* → *Grande Rue*. Zusammen rund 28 ha und alle nur mit dem Lagennamen etikettiert, ohne jede Erwähnung des Ortsnamens Vosne;

• AOC Vosne-Romanée *Premier cru*. Insgesamt ein gutes Dutzend Lagen (zusammen rund 55 ha Rebfläche) – die besten stehen den *Grand crus* in nichts nach: z. B. → *Malconsorts, Les Suchots, Beaux-Monts, En Orveaux, Clos des Réas* (Alleinbesitz von Jean Gros);

• AOC Volnay: unter dieser Gemeindeappellation mit rund 100 ha Rebfläche werden alle nicht klassifizierten Gemeindelagen zusammengefasst. Die Einzellage darf auf dem Etikett genannt werden.

Da es, wie man sagt, keine gewöhnlichen Weine in Vosne gibt, verfügen auch schlicht als *Vosne-Romanée* etikettierte Weine über gewisse Eigenschaften. Diese stellen, allgemein gesagt, eine Synthese der großen roten Burgunder dar: sie verbinden die Komplexität und Eleganz eines → *Chambertin* mit der kernigen und differenzierten Art eines → *Corton* und sind voll in Bukett und Körper, haben Tiefe, Konzentration und sind in allen Details von großer Eleganz. Bekannte Erzeuger: Domaine de la Romanée-Conti (DRC), ferner Henri Lamarche, René Engel, Jean Grivot, Château de Vosne-Romanée, Clos Frantin, Charles Noëllat, Michel Voarick und Jean Gros.

Vougeot Französische Gemeinde in → Burgund an der → Côte de Nuits, die nahezu unbekannt wäre, gäbe es nicht die weltberühmte, als *Grand cru* klassifizierte Lage → *Clos de Vougeot*, die mit Abstand bedeutendste des Ortes. Jährlich werden hier auf insgesamt rund 17 ha Rebfläche etwa 50 000 l Rotwein und 15 000 l Weißwein erzeugt. Die Rebflächen der Gemeinde sind drei verschiedenen AOC-Kategorien zugeordnet:

• Die als *Grand cru* klassifizierte Einzellage → *Clos de Vougeot* mit eigener AOC,

• AOC Vougeot *Premier cru*. Vier Einzellagen sind so klassifiziert: *Les Petits-Vougeots, Les Crâs, Clos de la* → *Perrière* (Alleinbesitz von Bertagna) und *Le Clos Blanc* (mit ausgezeichnetem Weißwein, im Alleinbesitz von Guyot);

• AOC Vougeot: der winzige Rest der nicht klassifizierten Gemeindelagen fällt darunter.

Vouvray Französische AOC für Weißwein, der auf dem Gebiet von acht Gemeinden im → Loiretal unmittelbar östlich von Tours erzeugt wird. Dies sind Vouvray, → Rochecorbon, Vernou, Sainte Radegonde, Chançay, Noizay, Reugny und ein Teil von Parçay-Meslay. Dieser berühmteste Weißwein der → Touraine wird ausschließlich aus der Rebsorte Chenin blanc erzeugt. Auf rund 2000 ha Rebfläche werden jährlich etwa 4,7 Millionen l Weißwein und 7 Millionen l Schaumwein produziert.

Vouvray kann sehr unterschiedlich ausfallen, je nach Jahrgang und Kellerbehandlung. Er kann fruchtig, absolut trocken und etwas herb oder intensiv in Farbe und Frucht und halbtrocken (*demisec*) oder voll, goldfarben und deutlich restsüß (*moelleux*) wie ein → Sauternes sein. Er kann perlend (*pétillant*), aber auch schäumend (*mousseux*) sein; dann gehört er zu den besten Schaumweinen Frankreichs.

Die Weine wachsen auf Tonböden mit hohem Feuersteinanteil, tonigem Kalk und Ton auf Kalktuffgestein am rechten Ufer der Loire sowie in den Tälern, die das Plateau östlich von Tours durchziehen. Das kontinentale Klima steht deutlich unter atlantischem Einfluss. Da Regen während der Lesezeit häufig ist, tritt die Botrytis regelmäßig auf. Je nach Grad der → Edelfäule wird der Wein restsüß oder trocken ausgebaut – daher die breite Palette an Weinstilen. Die Weine sind überaus haltbar und gehören zu den attraktivsten Weinen aus kühlen Klimata überhaupt, stilistisch dem Riesling vergleichbar. Bekannte Erzeuger: Marc Brédif, Poniatowski, Huet, Jarry, Château Montcontour sowie die Winzergenossenschaft in Vouvray.

VQPRD Auf den Etiketten französischer → AOC- und → VDQS-Weine bzw. italienischer → DOC-Weine häufig anzutreffende Abkürzung für *Vin de qualité produit dans des régions déterminées* = Qualitätswein eines bestimmten Anbaugebietes. Seit Ende der 1980er Jahre auch zunehmend für portugiesische Weine der IPR-Regionen verwandt für *vinhos de qualidade produzidos em região determinada.*

Vully Kleines Westschweizer Weinbaugebiet am Mont Vully zwischen Murten- und Neuenburgersee. Die knapp 140 ha große Rebfläche ist zwischen den Kantonen → Freiburg und → Waadt aufgeteilt (rund 100 ha sind freiburgisch, der Rest ist eine Exklave der Waadt). Zu über 80 % wird Weißwein, zumeist aus der Rebsorte Chasselas erzeugt, während unter den Rotweinen eindeutig → Pinot noir dominiert.

W

Waadt Westschweizer Kanton mit rund 3900 ha Rebfläche überwiegend am Ufer des Genfer Sees.

Geographie und Klima

Die weitestgehend sanft abfallenden Südhänge am Genfer See halten ideale mikroklimatische Voraussetzungen für den Weinbau bereit. Der See speichert Wärme, reflektiert → Sonnenlicht und das weite Tal liegt im Windschatten der Höhenzüge ringsum. Hier befinden sich die ausgedehntesten Rebflächen. Weitere sind über den gesamten Kanton verstreut bzw. liegen im Rhônetal. Im Einzelnen sind dies:

- Die → Côte: über die Hälfte der Anbaufläche entfällt auf die am Genfer See zwischen der Großstadt → Lausanne und Nyon optimal nach Südost und Süd orientierten Lagen. Bekannte Weinbauorte: Féchy, Aubonne, Bougy-Villars, Mont-sur-Rolle und Morges.
- Das → Lavaux: zwischen Lausanne und dem östlichen Ende des Genfer Sees bei Montreux. Das Terroir ist wesentlich besser als an der Côte. Die Rebhänge sind steil und überwiegend terrassiert, teilweise stürzen sie beinahe senkrecht ins Wasser. Etwa ein Viertel der Rebfläche befindet sich hier. Bekannte Orte: Chardonne, Rivaz und Epesses. Bekannte Lagen: Calamin (7 ha Rebfläche) und Dézaley.
- Der → Chablais: reicht vom Ostende des Genfer Sees hinter Montreux bei Villeneuve bis zur Grenze zum → Wallis. Hier finden sich berühmte Einzellagen, die auf Schotterböden vor den senkrecht aufsteigenden Alpen ideales Mikroklima vorfinden. Rund 500 ha Rebfläche. Bekannte Orte: Aigle, Yvorne und Vouvry.
- Das Bonvillars: ein Teilbereich am südlichen Ende des Neuenburger Sees sowie die Rebinsel Côtes de l'Orbe südlich des Neuenburger Sees. Insgesamt rund 260 ha Rebfläche.
- Mont → Vully: Rund 35 ha im waadtländischen Teil des Weinbaugebietes am Mont Vully.

Rebsorten und Weinstile

Hauptsorte ist Chasselas (hier Dorin genannt) für Weißwein – rund 70 % aller Weine entfallen auf sie. Ferner gibt es Grauburgunder, Pinot blanc (Weißburgunder) und Auxerrois. Der Rotweinanteil liegt bei 15 % Pinot noir und 12 % Gamay. Ein Verschnitt beider Sorten nennt sich → Salvagnin. Die Weine können durch zu hohe → Erträge von belanglos bis zu bei Spitzenerzeugern aufregend und einzigartig reichen. Manchmal leiden die Weißweine darunter, sehr stark entsäuert (→ malolaktische Gärung) zu sein und dadurch einen leichten Sauerkrautton aufzuweisen. Es gibt aber immer mehr ambitionierte Winzer, die zeigen, dass das → Terroir des Wallis einzigartige Weine hervorbringen kann.

Wachau Österreichisches Weinbaugebiet im Bundesland → Niederösterreich, einer der klangvollsten Namen im österreichischen Weinbau und eines der herausragenden Weißweingebiete Europas. Entlang der Donau zwischen Melk und → Krems gelegen, mit rund 1500 ha Rebfläche überwiegend in historischen

→ Terrassenlagen. Insgesamt rund 25 km lang, verfügt das Gebiet über 900 → Einzellagen (Rieden genannt).

Klima und Geographie

Die durch die Wachau → mäandernde Donau fließt im Wesentlichen in West-Ost-Richtung, so dass sich immer wieder geschützte, z. T. sehr steile Hanglagen mit perfekter Süd- und Südost-Orientierung ergeben und das Sonnenlicht durch das Wasser reflektiert wird (→ Topographie). Die Wachau steht noch unter Einfluss des warmen Klimas aus der ungarischen Tiefebene, doch die Kühle der Wälder auf den Höhenzügen oberhalb des tief eingeschnittenen Donautals bewirkt die Verlängerung der Vegetationsperiode mit Temperaturschwankungen zwischen Tag und Nacht im Herbst, so dass die Weine fruchtbetont und ungemein rassig wie elegant ausfallen. Die Böden bestehen aus Urgestein, Löß, Schiefer und Gneis, nach denen sich das Gebiet in drei Stufen einteilen lässt: An der Spitze stehen die Urgesteinsterrassen, gefolgt von den qualitativ weniger herausragenden Lößterrassen, während die meist ebenen, aus Schwemmland bestehenden Gemeindelagen das Schlusslicht bilden.

Rebsorten und Weinstile

Zu rund 40 % wird die Rebsorte Grüner Veltliner, zu 15 % Riesling (von dem die Wachauer gerne behaupten, er stamme aus ihrer Heimat) sowie Chardonnay, Weißburgunder und die roten Sorten St. Laurent und Pinot noir angebaut. Die langlebigen Grünen Veltliner vor allem von den besten Lagen gehören zu den eindrucksvollsten Weinen dieser Sorte und kommen aus den Orten → Loiben, → Dürnstein, → Spitz, → Weißenkirchen, → Wösendorf, → Joching, → Mautern und → Rossatz. Qualitativ übertroffen werden sie von den besten Rieslingen, die den eigentlichen Ruhm der Wachau als Spitzenweinbaugebiet begründet haben. Diese gehören mit den besten Rieslingen von → Rheingau und → Mosel zur Spitze. Die Weine können trotz eines Alkoholgehalts von bis zu 14 % immer noch elegant und angenehm leicht wirken. Die Wachauer Weine kommen heute zunehmend unter einer eigenen, durch die → Vinea Wachau geschaffenen Nomenklatur in den Handel als → Steinfeder, → Federspiel oder → Smaragd.

Wachenheim Deutsche Gemeinde im Weinbaugebiet → Pfalz mit rund 550 ha Rebfläche, die zu den besten Deutschlands gehört. Zu den herausragenden Lagen gehören *Goldbächel, Gerümpel, Rechbächel* (Alleinbesitz von Bürklin-Wolf), *Böhlig, Altenburg* (teilweise historische Terrassenlage), *Luginsland*. In den Spitzenlagen wird überwiegend Riesling angebaut. Bekannte Erzeuger: → Bürklin-Wolf, → Buhl, Georg Siben Erben, Karl Schaefer, Fitz-Ritter sowie Weingut Biffar.

Wackerbarth, Weingut Schloß Deutsches Weingut im Weinbaugebiet → Sachsen in Radebeul. Rund 100 ha Rebfläche mit 25 % Riesling, 17 % Müller-Thurgau, 11 % Kerner sowie Weiß- und Grauburgunder, Traminer. Böden: Gneisverwitterung, Ton, Kalk und Lehm. Bekannte Lagen: *Radebeuler Goldener Wagen, Deußlicher Heinrichsburg.*

Wädenswil Stadt am Zürichsee im Kanton → Zürich und Sitz der 1890 gegründeten, höchst angesehenen Eidgenössischen Forschungsanstalt und Ingenieurschule für Obst-, Wein- und Gartenbau mit angeschlossenem Technikum und ausgezeichneten Rebanlagen am Zürichsee. Erster Direktor war Prof. Hermann Müller, Züchter der nach ihm benannten → Müller-Thurgau-Rebe.

Wagner, Weingut Dr. Deutsches Weingut im Weinbaugebiet → Mosel-Saar-Ruwer in Saarburg (Saar). Auf rund 9 ha Rebfläche werden jährlich etwa 60 000 Flaschen Wein erzeugt. Rebsorten:

100 % Riesling. Böden: Schiefer. Bekannte Lagen: *Saarburger Kupp und Rausch, Ayler Kupp, Ockfener Bockstein.* Traditioneller Erzeuger von im Fass vergorenen und ausgebauten Weinen.

Wagram Österreichischer Höhenzug, östlich von Krems im Weinbaugebiet → Donauland. An seinen Ausläufern besteht dieser überwiegend aus Lößterrassen oder -abhängen, auf denen intensiver Weinbau betrieben wird. Bekannte Weinbauorte: Fels am Wagram (550 ha Rebfläche) und Kirchberg am Wagram (rund 440 ha Rebfläche). In Kirchberg befindet sich das Weingut Schloß Kirchberg von Fritz Salomon. Es dominiert die Rebsorte Grüner Veltliner, doch werden unter anderem auch Riesling und Weißburgunder sowie z. T. beachtenswerte Spätburgunder erzeugt. Die Lößböden bringen zumeist weiche, abgerundete Weine hervor.

Walch, Elena Italienisches Weingut in der Region → Südtirol, im Ort Tramin. Erzeugt auf rund 23 ha Rebfläche etwa 150 000 Flaschen Wein, vor allem die folgenden Rebsorten: Chardonnay, Gewürztraminer, Pinot Grigio, Pinot Bianco, Riesling, Sauvignon, Cabernet Sauvignon und Merlot. Weißwein-Cuvée *Beyond the clouds.* Spitzenweine: *Castel Ringberg* und *Kastelaz.* Moderne, überaus konzentrierte, teilweise holzbetonte Weine.

Waldmeister *Asperula odorata*, Maikraut – ein aromatisches Kraut schattiger Laubwälder zum Würzen des → Maiweins.

Waldulm Deutsche Gemeinde im Weinbaugebiet → Baden in der → Ortenau. Bekannte Lagen: *Pfarrberg,* der einst als die beste Lage für Spätburgunder in Baden galt. Nach dem 1971er Weingesetz sind fast alle Waldulmer Lagen dem jetzt 70 ha großen *Pfarrberg* zugeschlagen worden, was den Wert der Lage erheblich beeinträchtigt hat.

Walla Walla AVA im Bundesstaat → Washington der USA.

Wallhausen Deutsche Gemeinde an der → Nahe mit rund 400 ha Rebfläche, nordwestlich von Bad → Kreuznach gelegen. Bekannte Lagen: *Hasensprung, Johannisberg, Mühlenberg.*

Wallis Westschweizer Kanton (Valais) mit rund 5300 ha Rebfläche. Das größte Weinbaugebiet des Landes liegt rund 30 bis 50 km vom Genfer See entfernt und ist mit diesem durch das Rhônetal verbunden. Der Flusslauf hat eine ebensolche Bedeutung für das Wallis wie der Rhein im Rheingau. Im Ober- und Zentral-Wallis fließt die Rhône von Ost nach West, doch bei Montigny wendet sie um beinahe 90 Grad und verläuft praktisch von Süd nach Nord, ehe sie im Waadtland in den Genfer See mündet. Im Zentral- und Oberwallis sind die natürlichen Wachstumsbedingungen aufgrund der Südorientierung der Lagen erheblich besser.

Geographie und Klima

In die Höhenzüge der Alpen haben eiszeitliche Gletscher und die Rhône in Jahrmillionen ein tiefes Tal eingeschnitten, das zusammen mit dem Fluss für den Weinbau enorm vorteilhafte mikroklimatische Bedingungen bietet. Am Talboden herrscht trocken-heißes Klima mit deutlichem Vegetationsvorsprung und ist damit die trockenste Region der gesamten Schweiz – während die Walliser Berge das regenreichste Gebiet darstellen. Seit Jahrhunderten werden die Rebkulturen und Obstplantagen im Wallis mit Wasserkanälen bewässert, den »Bisses« oder »Suonen«, die das Wasser zu den atemberaubenden Terrassenlagen befördern, die an den Südhängen des engen Tals errichtet wurden. Die Rebstöcke stehen auf purem Fels mit geringer Verwitterungsauflage. Die Weinbaugebiete im Wallis gehören zu den bizarrsten der Welt vor einem steil aufsteigenden Alpenpanorama. Die Rebflächen:

• Das von Nord nach Süd verlaufende Rhônetal an der Grenze zum Waadtland nennt sich Val d'Entremont. Dieses so genannte Unterwallis in der Umgebung von → Martigny verfügt über rund 200 ha Rebfläche.

• Zwischen den Orten Martigny und Sierre im Zentralwallis fließt die Rhône von Ost nach West. Hier liegen rund 80 % der Walliser Rebfläche und bilden ein durchgehendes Weinbauareal auf den Abhängen des rechten Rhôneufers, das im Schnitt auf rund 600 Metern Höhe liegt.

Auf dem weniger günstigen linken Rhôneufer, der Nordseite zwischen Martigny und → Sierre, befinden sich noch einmal rund 600 ha Rebflächen verstreut.

• Flussaufwärts von Sierre, im so genannten Oberwallis, befinden sich etwa 150 ha Rebfläche, von denen die bekanntesten die bis auf 1100 m steigenden Rebberge von → Visperterminen sind.

Rebsorten und Weinstile

Das Zentrum des Walliser Weinbaus bildet die Kantonshauptstadt → Sion, aus deren Umgebung ungefähr ein Viertel des Walliser Weins kommt, weshalb man Sion auch als die Hauptstadt des → Fendant bezeichnet. Dieser Fendant (aus der Sorte → Chasselas) ist der populärste Walliser Weißwein; er macht über ein Drittel der Gesamterzeugung aus. Um die 10 % entfallen auf den zweiten wichtigen Weißwein des Wallis, die dort Johannisberg genannte Rebsorte → Silvaner. Der bedeutendste Rotwein des Wallis (und der bekannteste Schweizer Rotwein) ist der → Dôle (aus Spätburgunder und Gamay). Zusammen stellen diese drei Weine jährlich über 80 % der Weinerzeugung des Kantons. Der Rest entfällt auf einige äußerst interessante Spezialitäten, die z. T. von höchster Seltenheit und nirgendwo sonst anzutreffen sind, darunter die weißen Rebsorten Arvine und Amigne, der rote Humagne (es gibt auch einen noch selteneren weißen Humagne), der Heida (Traminer), Malvoisie (Grauburgunder), Ermitage und der heute fast verschwundene alte Landrote (Rouge du pays). Insgesamt zählt das Wallis über 50 → autochthone Rebsorten.

Hervorragend sind die fast salzigen Weine der Rebsorte Petit Arvine, die extrem mineralischen Fendants (Chasselas), die eindrucksvollen Syrah und delikaten Dôle.

Bekannte Erzeuger: Frères Phillipoz, Dom. du Mont d'Or, Varone, Chappaz, Zufferey, Coudray et Fils, Tourbillon, Rouvinez, Mettaz, Germanier, Fontannaz, Constantin, Carruzzo.

Walluf Deutsche Stadt im Weinbaugebiet → Rheingau am Rhein. Die Gemeindeteile Niederwalluf und Oberwalluf besitzen zusammen rund 100 ha Rebfläche. Der Ort gilt als die älteste Weinbaugemeinde des Rheingaus (erstmals um 800 erwähnt). Zu seinen besten Lagen zählen *Walkenberg*, ferner *Berg-Bildstock* und *Oberberg*. Die Weißweine, durchweg Riesling, sind typische, würzige Rheingauer Weine, sie wachsen auf tiefgründigem Lößlehm; es wird auch Spätburgunder angebaut. Bekannter Erzeuger: J. B. Becker.

Walporzheim Deutsche Stadt im Weinbaugebiet → Ahr mit rund 55 ha Rebfläche zwischen Ahrweiler und Marienthal. Die winzige, nur knapp 0,7 ha umfassende Einzellage *Gärkammer* (historische Terrassenlage mit Schieferböden – im Alleinbesitz von Weingut Adeneuer) und der rund 5 ha große *Kräuterberg* gelten allgemein als die Spitzenlagen des Gebiets. Bekannte Erzeuger: Adeneuer und Grimminger.

Walporzheim, Bereich Deutscher Weinbaubereich. Das gesamte Anbaugebiet der → Ahr ist im Bereich Walporzheim-Ahrtal zusammengefasst, der seinerseits wieder aus der einzigen → Großlage *Klosterberg* besteht. *Walporzheimer Klosterberg* ist also eine Bezeichnung, die legalerweise jeder Ahrwein führen kann, aber bei weitem keine Qualitätsgarantie ist.

Washington Bundesstaat der → USA an der Pazifikküste gelegen, ganz im Nordwesten an der kanadischen Grenze mit der regenreichsten amerikanischen Großstadt Seattle. Der Weinbau liegt fast ausschließlich im Landesinnern rund 250 km von der Pazifikküste entfernt und verfügt über rund 13 000 ha Rebfläche und etwa 130 Erzeuger. Washington ist damit der Bundesstaat mit der zweitgößten Rebfläche in den USA nach Kalifornien.

Geographie und Klima

Das kontinentale Klima profitiert vom Mikroklima im tief eingeschnittenen Tal des Columbia, des zweitgrößten Flusses der USA, und Yakima River. Die Sommer sind trocken und heiß, die Winter hingegen können arktisch kalt ausfallen und im Weinbau Schäden anrichten, besonders wenn die eiskalte Luft über die Höhenketten ins Tal einfällt. Von den Schwankungen der → Temperatur in der Vegetationsperiode zwischen Tag und Nacht profitiert die Aromatik der Weine. Es gibt drei bedeutende AVAs:

• AVA *Yakima Valley*: ein rund 80 km langer Weinbaubereich im Tal des Yakima mit rund 3000 ha Rebfläche. Die Temperaturen sind hier am kühlsten, so dass vor allem Chardonnay und auch Syrah angebaut wird und neuerdings mit Sangiovese, Nebbiolo und anderen Rebsorten experimentiert wird. Es werden vor allem Trauben produziert (die meisten Rebanlagen sind neu), die an Weinproduzenten verkauft werden. Bekannte Lage: *Red Willow*.

• AVA *Walla Walla*: rund 25 km im Durchmesser mit rund 1000 ha Rebfläche. In dieser wärmeren Region wird unterhalb der gut besonnten Abhänge der Blue Mountains vor allem Merlot, Cabernet Sauvignon und Syrah angebaut. Aufgrund der Temperaturschwankungen können die Weine außerordentlich elegant und feinfruchtig ausfallen. Bekannte Lagen: die warme *Wahluke Slope*, *Seven Hill*.

• AVA *Columbia River*: rund 9000 ha Rebfläche, die meist maschinell bearbeitet und geerntet werden. Bekannte Erzeuger: Château Ste Michelle, Columbia Crest, L'Ecole No 41, Andrew Will Winery, Quilceda Creek, Hedges, Hogue.

Wawern Deutsche Gemeinde in einem Seitental der → Saar im Weinbaugebiet Mosel-Saar-Ruwer. Der Ort liegt bei Kanzem und hat rund 40 ha Rebfläche – überwiegend Riesling. Zu seinen besten Lagen zählen *Herrenberger* (Alleinbesitz des lokalen Weinguts Dr. Fischer), *Jesuitenberg* und *Ritterpfad*. Bekannte Erzeuger: Le Gallais, Fischer, Schloß Saarstein.

Weegmüller, Weingut Deutsches Weingut im Weinbaugebiet → Pfalz in Neustadt-Haardt. Auf rund 15 ha Rebfläche werden jährlich etwa 120 000 Flaschen Wein erzeugt. Rebsorten: 60 % Riesling sowie je 5 % Scheurebe, Grau- und Weißburgunder, Gewürztraminer. Bekannte Lagen: *Haardter Herrenletten*, *Bürgergarten*, *Herzog*. Böden: Sandiger Lehm, teilweise mit Mergel. Erzeuger von außergewöhnlichem Gewürztraminer.

Wegeler, Geheimrat Deutsches Weingut mit langer Tradition als Weinerzeuger und -händler in den Weinbaugebieten → Rheingau, → Mosel und → Pfalz.

• Der Rheingauer Betrieb verfügt über 55 ha Rebfläche vor allem in → Rüdesheim, → Winkel und → Geisenheim. Spitzenlagen: *Rüdesheimer Berg Rottland*, *Schlossberg*, *Winkeler Jesuitengarten* und *Geisenheimer Rothenberg*. Die Weine (Riesling) wachsen auf Schieferverwitterung und Lößlehm.

• Der Betrieb an der Mosel verfügt über rund 17 ha, darunter ein namhafter Anteil am berühmten *Bernkasteler Doctor* sowie an der *Wehlener Sonnenuhr* und *Graacher Himmelreich*.

• Der Pfälzer Betrieb in Deidesheim hat rund 11 ha Rebfläche, u. a. in den Spitzenlagen *Forster Ungeheuer* und *Deidesheimer Herrgottsacker*.

Einem größeren Kreis bekannt geworden ist Wegeler 1983 mit seinem Markenwein »Geheimrat J«, einer hundertprozentigen Riesling-Spätlese aus seinen besten Lagen im Rheingau.

Wehlen Deutsche Gemeinde an der Mosel im Weinbaugebiet → Mosel-Saar-Ruwer, einer der berühmtesten Weinbauorte mit rund 160 ha Rebfläche, zwischen Bernkastel und Zeltingen gelegen. Noch zu Beginn des Jahrhunderts genoss Wehlen keinen herausragenden Ruf und rangierte hinter Brauneberg und Bernkastel. Die ganz erhebliche Qualitätsverbesserung der Wehlener Weine ist in entscheidendem Maße das Verdienst der Gutsbesitzerfamilie Prüm, deren Weine bei den halbjährigen Auktionen in Trier meist die höchsten Preise unter den Mittelmoselweinen erzielen.

Der Ort selbst liegt auf dem linken, hier südlichen Moselufer, gegenüber den steilen hohen Weinbergen (Schieferböden). In ihrer Mitte befindet sich auf einer fast senkrecht in die Höhe ragenden Schiefertafel eine Sonnenuhr, nach der der beste Wehlener Wein benannt ist. Die Rieslinge von der *Wehlener Sonnenuhr* finden in herausragenden Jahren nur wenig ihresgleichen. Andere gute Wehlener Lagen sind *Klosterberg* und *Klosterhofgut*. Bekannte Erzeuger: Johann-Joseph Prüm, Dr. Loosen, S. A. Prüm, Studert-Prüm, Weins-Prüm, Wegeler-Deinhard, St. Nikolaus Hospital, Dr. Pauly-Bergweiler, Heribert Kerpen, Hauth-Kerpen.

Wehrheim, Weingut Deutsches Weingut im Weinbaugebiet → Pfalz im Ort Birkweiler. Auf rund 12 ha Rebfläche werden jährlich etwa 80 000 Flaschen Wein erzeugt. Rebsorten: 40 % Riesling, 20 % Weißburgunder, 15 % Spätburgunder. Böden: Kalkiger Mergel, Keuper, Buntsandstein, Porphyr. Bekannte Lagen: *Birkweiler Kastanienbusch, Mandelberg, Rosenberg*.

Weil, Weingut Robert Berühmtes deutsches Weingut im Weinbaugebiet → Rheingau in Kiedrich. Auf rund 65 ha Rebfläche werden jährlich etwa 450 000 Flaschen Wein erzeugt. Rebsorten: rund 98 % Riesling, etwas Spätburgunder. Böden: Steinig-sandig, teilweise mit Löß. Bekannte Lagen: *Kiedricher Gräfenberg*. In der ultramodernen Kellerei werden die Rieslinge im Tank vergoren. Das Weingut ist das Aushängeschild des Rheingaus, gilt als einer der führenden Erzeuger der Region und ist Botschafter des deutschen Weinbaus in aller Welt: Erzeuger edelsüßer Rieslinge, die jährlich Spitzenpreise erzielen. Die einfacheren Qualitäten werden diesem Ruf nicht gerecht.

Weikersheim Deutsche Gemeinde im nördlichen Teil des Weinbaugebiets → Württemberg. Im Taubergrund gelegen mit rund 75 ha Rebfläche werden Weine im Typ → Frankens erzeugt. Als beste Lage gilt der *Schmecker*, ferner *Hardt* und *Karlsberg*. Bekannter Erzeuger: Fürst von Hohenlohe-Langenburg.

Wein Berauschendes Genussmittel (→ Rausch). Ein ausschließlich durch vollständige oder teilweise alkoholische Gärung von Weintrauben oder von Traubenmost erzeugtes rotes, weißes oder roséfarbenes Getränk.

• In der Schweiz muss Wein mindestens 8 % tatsächlichen Alkohol enthalten.

• In Deutschland sind für → Qualitätsweine 7 % tatsächlicher Alkohol vorgeschrieben, wobei bei → Eisweinen,

→ Beeren- und → Trockenbeerenauslesen bereits 5,5 % ausreichen.
- Bei österreichischen Qualitätsweinen muss Wein über mindestens 9,5 % Alkohol verfügen.

Nach den EU-Bestimmungen muss jeder Qualitätswein der → Weinbauzonen A und B mindestens 8,5 %, sonst mindestens 9 % Gesamtalkohol aufweisen.

Weinbach, Domaine → Faller, Domaine

Weinbaudomäne Kloster Marienthal, Staatliche Deutsches Weingut im Weinbaugebiet → Ahr mit rund 19 ha Rebfläche in Marienthal, Walporzheim und Ahrweiler. Zu 66 % wird Spätburgunder angepflanzt die Spitzenlagen: *Ahrweiler Rosenthal* und *Silberberg*, *Walporzheimer Kräuterberg* und *Marienthaler Klostergarten* (Alleinbesitz). Elegante Spätburgunder mittlerer bis guter Qualität. Der staatliche Betrieb steht in der Rechtsnachfolge des ehemaligen Augustinerinnen-Klosters Marienthal.

Weinbaudomäne Oppenheim, Staatliche Deutsches Weingut im Weinbaugebiet → Rheinhessen, entstanden als Versuchs- und Musterbetrieb mit angeschlossener Staatlicher Lehr- und Versuchsanstalt. Die Domäne besitzt rund 34 ha Rebfläche in → Nierstein (Spitzenlage *Glöck* im Alleinbesitz), → Nackenheim, → Oppenheim und → Bodenheim. Rund die Hälfte ist mit Riesling bestockt, ferner 12 % Silvaner.

Weinbaugebiet Allgemeine Bezeichnung für eine geographische Einheit, in der Wein erzeugt wird. In → Deutschland sind dies 13 Gebiete. Nach dem österreichischen Weingesetz ist ein Weinbaugebiet Teil einer Weinbauregion, in etwa den deutschen → Bereichen vergleichbar. Die gesamte österreichische Rebfläche ist in 15 Weinbaugebiete aufgeteilt: z. B. die österreichische Weinbauregion Steiermark in die Weinbaugebiete West-, Südsteiermark und Süd-Oststeiermark.

Weinbauregion Den deutschen bestimmten → Anbaugebieten vergleichbare geographische Herkunftsbezeichnung österreichischer Weine. Seit der Novellierung des österreichischen Weingesetzes von 1985 gibt es folgende vier Weinbauregionen: → Burgenland, → Niederösterreich, → Steiermark und → Wien, die meisten sind in Weinbaugebiete eingeteilt (→ Weinbaugebiet).

Weinbauzone Die gesamte Rebfläche der EU-Länder ist in insgesamt sieben Weinbauzonen nach Klimazonen eingeteilt, für die jeweils unterschiedliche Mindestanforderungen hinsichtlich des → Mostgewichts sowie Möglichkeiten des → Anreicherns und der → Entsäuerung bzw → Säuerung gelten.
- *Weinbauzone A:* Deutschland (ohne Baden; Weinbauzone B), die Beneluxländer und England;
- *Weinbauzone B:* Baden, Elsass, Lothringen, Champagne, Jura, Savoyen und das Loiretal sowie Österreich;
- *Weinbauzone Cla:* mittleres und südwestliches Frankreich, einschließlich Bordeaux, Burgund und nördliches Rhônetal und die nördlichen, höher gelegenen Teile der Provence sowie die Nordküste Spaniens, außerdem Portugal;
- *Weinbauzone Clb:* in Italien Valle d'Aosta, das Gebiet des Valtellina. Südtirol und das Trentino sowie die Provinz Belluno im nödlichen Veneto;
- *Weinbauzone CII:* der französische Midi, die untere Rhône und Provence außer der Küstenregion zwischen Marseille und St-Tropez sowie Nord- und Mittelitalien südlich der Zone Clb bis einschließlich der Regionen Kampanien und Molise und das nördliche Spanien südlich der Zone Cla bis zu den mittelspanischen Scheidegebirgen bzw. dem Unterlauf des Ebro;
- *Weinbauzone CIIIa:* die meist höher ge-

legenen Weinbaugebiete Nord- und Westgriechenlands sowie auf dem Peloponnes und Kreta.

- *Weinbauzone CIIIb:* Korsika, der Süden des Departements Var und der Südosten von Pyrénées-Orientales, in Italien Apulien, die Basilicata, Kalabrien, Sizilien und Sardinien, in Griechenland die verbleibenden wärmeren Gebiete der Ionischen und Ägäischen Inseln, außer Santorin, des Peloponnes, der größte Teil von Zentralgriechenland und Euböa sowie die Chalkidike, ferner das mittlere und südliche Spanien südlich der zur Weinbauzone CII gehörenden Gebiete.

Weinbereitung Gesamtheit aller Verfahren des Weinbaus und der Erzeugung von Wein aus Weintrauben. Man unterscheidet zwei Phasen:

- die der → Vinifikation von der Ankunft des Lesegutes über Kelterung (Pressung) und → Gärung bis zum ersten → Abstich,
- der anschließende Weinausbau bis zur Flaschenfüllung.

Weinberg Mit Reben bestockte Fläche. Nicht immer ist ein Weinberg steil – meist befinden sich die Rebflächen auf flachem Untergrund.

Weinbewertung → Punkte

Weinessig → Essig, → Essigsäure

Weinfunktion Ob ein Wein z. B. als alt, bitter, duftend, animalisch, wohlschmeckend, erfrischend, gut, schwach oder schlecht empfunden wird, hängt von der Funktion ab, die er zum Zeitpunkt seiner Konsumtion erfüllen soll. Wein wird niemals – unter welchen Umständen auch immer – funktionsfrei getrunken. Immer dient er einem Zweck: Als Aperitif, als Essensbegleiter, als Terrassenwein, als Kneippwein, als polyphenolhaltiger Gesundheitstrunk zur Stärkung der Herzkranzgefäße, als Rauschmittel, als Coup d'Amour etc. Wie erfolgreich er die an ihn gestellten Erwartungen in den unterschiedlichen Konstellationen erfüllt, hängt von der *Verzehrsituation* ebenso ab wie vom eigentlichen *Konsumanlass*. Nicht zuletzt weichen Testergebnisse und Weinbewertungen über die Güte von Wein genau aus diesem Grund so grotesk voneinander ab, weil prinzipiell unklar ist, wer, was, wann mit welchem Wein warum tut oder tun könnte. → Subjektivität.

Weingart, Weingut Deutsches Weingut im Weinbaugebiet → Mittelrhein im Ort Spay. Auf rund 10 ha Rebfläche werden jährlich etwa 90 000 Flaschen Wein erzeugt. Rebsorten: 95 % Riesling. Böden: Schieferverwitterung. Bekannte Lagen: *Bopparder Hamm*. Führender Erzeuger am Mittelrhein.

Weingesetz Wein gehört zu den wenigen landwirtschaftlichen Produkten, deren Produktion und Verkauf über die Lebensmittelverordnung hinaus gesetzlichen Regelungen (z. B. bezüglich Herkunft, Vinifikation, Bezeichnung und Qualitätsstufen) unterworfen ist. So gibt es in fast allen Weinbauländern entsprechende Gesetze, die mehr oder weniger strikte Qualitätsanforderungen definieren. Das deutsche Weingesetz regelt dabei bestimmte Qualitätsstandards, die auf Grundlage des → Mostgewichts (d. h. Zuckergehalt der Trauben zum Zeitpunkt der Lese, in Grad Oechsle angegeben) geregelt werden (→ Qualitätsweine bzw. → Qualitätsweine mit Prädikat). Doch das Weingesetz definiert nur die Mindestanforderungen, die das Schlimmste verhindern sollen, sind aber – für sich gesehen – noch keine Qualitätsgarantie.

Weinglas → Glas

Weingrün In Deutschland und überall dort, wo noch Holzfässer zur Weinbereitung eingesetzt werden, der spätere Wein jedoch keinen Holzgeschmack aufweisen soll, ein übliches Verfahren zum Entlohen neuer Fässer. Diese werden mit Säure und Lauge ausgebeizt und kräftig gewässert, um sie geschmacksneutral – *weingrün* – zu machen. → Barriques werden natürlich nicht *weingrün* gemacht, da sie ja gerade einen Holzton an den Wein abgeben sollen.

Weingut Besitztum, das Weinberg, Gebäude und Kellereien umfasst. Rund 12 500 von insgesamt rund 68 000 Weinbaubetrieben in Deutschland verfügen über eine Rebfläche von über 2 ha, gut 5800 über mehr als 5 ha.

Weininstitut, Deutsches (DWI) Zentrale Verbands- und Werbeinstitution für den deutschen Wein mit Sitz in Mainz; zuständig für Öffentlichkeitsarbeit und Absatzförderung des deutschen Weins im In- und Ausland. Wird von den Abgaben der Wein erzeugenden Betriebe in Deutschland finanziert.

Weinkommissionär Mittelsmann bei Weinan- und -verkäufen. Der Kommissionär vermittelt im eigenen Namen auf fremde Rechnung Wein, Most oder Trauben auf Provisionsbasis (4 bis 5 %), die gewöhnlich vom Käufer und Verkäufer je zur Hälfte getragen werden.

Weinland Zwischen der Stadt → Zürich, den Kantonsgrenzen von Schaffhausen und dem Thurgau gelegener Bereich des Kantons Zürich, in dem sich zwei Fünftel der Zürcher Rebfläche befinden. Im Zentrum des Bereichs liegt → Andelfingen.

Weinlese Bezeichnung für die Traubenernte (französisch *vendange*, englisch *vintage*, italienisch *vendemmia*, spanisch *vendimia*). Die Weinlese ist eine der entscheidenden, die Qualität beeinflussenden Maßnahmen, bei der es im Wesentlichen um das Abpassen des optimalen Zeitpunkts zwischen Unreife, Reife und Überreife geht, denn Wohlgeschmack und Haltbarkeit von Wein ist in erster Linie vom Zustand der Trauben abhängig. Folgendes ist wichtig:

- Die Trauben sollten zum Zeitpunkt der Trennung vom Rebstock möglichst kühl sein, weil Wärme sie und den unweigerlich austretenden zuckersüßen Saft sonst unmittelbar in Gärung übergehen lässt; deshalb möglichst frühe oder sogar nächtliche Lese, besonders in warmen Klimata.
- Unreife, essigfaule oder graufaule Trauben müssen aussortiert werden, denn gelangen sie erst einmal in den Leseeimer bzw. in die Vinifikation, kann ihnen kein Winzer mehr beikommen, nur noch die Chemie.
- Edelfaule Beeren (Botrytis) gesondert verarbeiten, um aus ihnen ggf. Spezialitäten wie → Trockenbeerenauslesen u. ä. zu bereiten.
- Vorsichtiger Transport des Leseguts und schnelle Verarbeitung.

Dieser kleine Katalog macht deutlich, worauf es ankommt. Deshalb ist das Personal, das die Lese vornimmt, der wichtigste Faktor. Desinteressierte Mitarbeiter, die alle Trauben ernten, ohne in Augenschein zu nehmen, in welchem Zustand sie sich befinden, können dem Wein irreversible Schäden zufügen.

Die Weinlese kann auch maschinell erfolgen. Doch eine Selektion nach den oben genannten Kriterien ist nur eingeschränkt möglich. Immer sind es die individuellen Jahrgangsbedingungen, die darüber bestimmen, ob der Einsatz der Erntemaschine sinnvoll ist. In Jahren ohne Fäulnis und gleichmäßiger Reife sprechen weniger Argumente gegen sie als in Jahren, in denen faule und ungleichmäßig reife Trauben anfallen können. In letzterem Fall kann es unerlässlich sein, eine manuelle → Vorlese durchzuführen, um die am schlimmsten befallenen Trauben auszusortieren. Grundsätzlich gilt jedoch, dass eine Ernte ohne Handarbeit praktisch unmöglich ist, wenn ein Wein fein und vollendet sein soll. Manche Spitzengüter unterziehen auch handgelesene Trauben, bevor sie für die Vinifikation freigegeben werden, auf dem Lesetisch einer zweiten Revision, um ausschließlich makellose Früchte zu verarbeiten.

Weinmacher → Winemaker

Weinpresse → Kelter

Weinprobe → Probe

Weinrebe Pflanze der Gattung → *vitis*, deren Früchte zu Wein verarbeitet werden können. Die Weinrebe gehört zu den größten Zucker bildenden Pflanzen; keine Frucht enthält mehr Zucker als reife Weintrauben. Traubenkerne, die den heute bekannten Weinreben ähneln, hat man in antiken ägyptischen Gräbern und in Wohnstätten der Bronzezeit gefunden. Nach dem Alten Testament war es Noah, der den ersten Rebstock pflanzte, doch reichen Weinbau und Weinerzeugung viel weiter in die Menschheitsgeschichte zurück, als die Bibel vermuten lässt.

Alle Weinreben gehören der Gattung *Vitis* an, von der es 35 verschiedene Arten gibt, die sämtlich in den gemäßigten Zonen beheimatet sind. Die bei weitem wichtigste Art unter ihnen ist *Vitis* → *vinifera*, die – von wenigen Ausnahmen abgesehen – allein für die Weinerzeugung in den Weinbauländern der Welt verantwortlich ist. Von ihr gibt es rund 8000 verschiedene Sorten, von denen etliche hundert im Weinbau eine mehr oder weniger wichtige Rolle spielen. Sie werden heute nahezu überall durch das Pflanzen so genannter → Pfropfreben, auch Veredelung genannt, weiter verbreitet, nicht durch Aussaat von Traubenkernen oder -samen (→ Sämling).

Die Teile der Pflanze

Der oberirdische Teil des Rebstocks besteht aus dem mehrjährigen Holz sowie den Trieben, die sich im Laufe des neuen Wachstumsjahres bilden. Diese Triebe tragen die Blätter, mit Hilfe derer die Pflanze Photosynthese betreibt (→ Sonne). Nach der Rebblüte entwickelt der Rebstock Fruchtansätze, aus denen sich die → Trauben entwickeln. Jede Traube besteht aus einer Vielzahl von → Beeren, die durch ein feines Geäst, die → Kämme (auch Rappen genannt) miteinander verbunden sind. Diese Beeren speichern im Verlauf des Vegetationsjahres Zucker. Solange die Pflanze Photosynthese betreiben kann (erkennbar an noch grünen Blättern), ist sie in der Lage, Zucker zu bilden, wobei die Phase in den letzten Wochen vor der Lese entscheidend ist. Im Idealfall kann die Weinrebe in dieser Periode pro Tag bis zu ein Grad → Öchsle an Zucker bilden. Diese → Konzentration wird zusätzlich noch durch natürliche Wachstumsbedingungen wie Sonne und Wind (steigert die Konzentration) oder Regen (verwässert die Konzentration) beeinflusst. Die Qualität der Trauben und des aus ihnen gekelterten Weines wird durch die Maßnahmen des Winzers im Weinberg wesentlich beeinflusst. Siehe auch → Weinlese.

Der nicht sichtbare Teil des Rebstocks, die Wurzeln, ist ebenfalls von großer Bedeutung. Im modernen Qualitätsweinbau besteht der unterirdische Teil (die so genannte Unterlagsrebe) der Pflanze aus gegen die → Reblaus resistenten → Amerikanerreben, auf die die europäische Weinrebe aufgepfropft wird. Dieser oberirdische Teil bildet Blätter und Früchte, während die Amerikanerrebe ausschließlich Wurzeln schlägt. Das → Alter des Rebstocks ist von entscheidender Bedeutung für die Weinqualität: Je älter der Weinstock, desto weniger Früchte trägt er, grundsätzlich gilt: Je geringer der → Ertrag (Erntemenge pro Stock), desto höher die Weinqualität.

Rebsorten

Die verschiedenen → Rebsorten haben unterschiedliche Eigenschaften und dienen entsprechend verschiedenen Verwendungszwecken. Einige liefern gute Tafeltrauben zum Essen und sind für die Weinbereitung praktisch nicht geeignet, weil sie nicht zuckerreich genug sind. Andere eignen sich besonders für die Eintrocknung zu Rosinen. Wiederum andere sind ungemein ergiebig und liefern lediglich Massenwein, während gerade die weniger ergiebigen Sorten für die Bereitung von höherrangigen, komplexen Weinen geeignet sind. Es gibt Reben, die in fast jedem Klima gedeihen, und andere, die ein ganz spezielles Klima und/oder bestimmte Bodenverhältnisse benötigen. Weltweit haben sich nur wenige → internationale Rebsorten durchgesetzt, die viele → autochthone Sorten verdrängen, allen voran: Chardonnay, Cabernet Sauvignon, Cabernet franc, Merlot, Sémillon und Syrah (Shiraz). Diese populären Sorten bilden allerdings nur einen winzigen Ausschnitt der faszinierenden Welt der Rebsorten.

Qualitätsbestimmende Faktoren
Die Weinrebe ist eine von Natur aus äußerst widerstandsfähige Pflanze, die unter schwierigsten Wachstumsbedingungen gedeihen kann: bei Trockenheit, auf wenig Mutterboden, steinigem Untergrund und großer Hitze. Unter guten Wachstumsbedingungen entwickelt sie eine enorme Wuchskraft. Im Qualitätsweinbau ist es notwendig, diese Wuchskraft einzudämmen, damit die Weinrebe ihre Energie nicht in das Laub schießt, sondern auf das Ausbilden möglichst gleichmäßig reifer Trauben konzentriert. Der → Rebschnitt und das → Erziehungssystem der Weinrebe ist von Region zu Region unterschiedlich. In trocken-heißen, sonnenreichen Regionen benötigt die Pflanze weniger Blätter als in milden und niederschlagsreichen Klimata. In besonders trockenen Regionen müssen die Rebkulturen → bewässert werden.

Die Rebe als Informationssammler
Die Weinrebe ist ein Speichermediun für alle Informationen, die sie im Laufe eines Vegetationsjahres in ihren Trauben anreichert. Neben den messbaren Faktoren wie Zucker, Säure, Gerbstoffe und Mineralien enthalten sie nicht analytisch messbare, doch schmeckbare Aromen. Alle Parameter wirken zusammen und bilden das Weinjahr geschmacklich ab: Sonnenscheindauer, Niederschlagsmenge, Bodenverhältnisse, Klima und → Mikroklima sowie die Eingriffe des Winzers durch Rebschnitt und Laubarbeit. Also alle positiven und negativen Ereignisse: z. B. trocknender Wind, der die Beeren zum Rosinieren bringt; Frost, der die Trauben gefrieren lässt; → Sonnenbrand, der die Beerenhäute schädigt; Regen in der Lesezeit, der für Edelfäule oder Essigstich sorgt; Hagel und Dürre – das alles ist im Wein gespeichert – für Jahre und Jahrzehnte, manchmal über Jahrhunderte hinweg.

Weinsammler Spezielle Gruppe der Weinliebhaber. Während der normale Weintrinker Weine erwirbt, um sie zu trinken, und dafür auch einige Jahre Reifezeit in Kauf nimmt, bis sich diese auf dem → Höhepunkt befinden, verfolgen Weinsammler ein anderes Ziel: Sie sammeln Wein wie andere Briefmarken, Porzellan oder Antiquitäten. Dabei haben sie nicht die Absicht, diese zu verbrauchen, sondern zu besitzen. Oft erwerben Weinsammler ihre Weine auf → Auktionen, um eine möglichst vollständige Kollektion ihr Eigen zu nennen, z. B. alle wichtigen Jahrgänge eines bestimmten Château oder eine Prädikatskategorie wie z. B. Eisweine oder Trockenbeerenauslesen. Gegenstand der Sammelleidenschaft sind also Weine mit großer Lagerfähigkeit. Der Weinsammler trinkt diese Weine jedoch in aller Regel nicht, da er auf diese Weise seine Kollektion zerstören würde. Wahre Weinliebhaber sind daher keine Weinsammler, da ihr Genuss in der Vorfreude liegt bzw. in der Erinnerung an einen bereits getrunkenen Wein.

Weinsäure Trauben enthalten viele verschiedene → Säuren: Apfelsäure, Zitronensäure, Essigsäure, Ketosäure; die häufigste ist die Weinsäure. Diese prägt den Geschmack von Wein, seine Bekömmlichkeit und Haltbarkeit in hohem Maße. Sie wird als weich und angenehm empfunden im Gegensatz zur Apfelsäure, die aggressiv wirkt. Daher sollten Trauben immer reif geerntet werden, denn bei später Lese ist der Anteil an Apfelsäure und Weinsäure hoch.

Weinsberg Deutsche Kleinstadt Im Weinbaugebiet → Württemberg östlich von Heilbronn, die einschließlich ihrer Stadtteile, darunter → Grantschen, über 280 ha Rebfläche verfügt. Als beste Lagen gelten *Ranzenberg* und *Schemelsberg* (im Alleinbesitz der Staatlichen → Lehr- und Versuchsanstalt für Wein- und Obstbau, die in Weinsberg ihren Sitz hat). Riesling und Trollinger sind die vorherrschenden Sorten. Bekannter Erzeuger: die Lehr- und Versuchsanstalt.

Weinsiegel Das deutsche Weinsiegel wird in Deutschland nach entsprechender Prüfung durch einen Ausschuss der Deutschen Landwirtschafts-Gesellschaft (DLG) vergeben, wobei ein gelbes Siegel → trocken signalisiert, ein grünes → halbtrocken und das rote → süß. Mit diesem Siegel werden die Flaschen etikettiert; sie sind jedoch kein Hinweis auf Qualität. Da fast alle zu solchen Prüfungen eingereichten Weine eine Urkunde (Siegel, Kammerpreismünze, Medaille etc.) erhalten, kann man von keiner besonderen Auszeichnung sprechen, sondern höchstens von gutem Durchschnitt.

Weinskandal Der Weinbetrug – Fälschen und Panschen in gewinnsüchtiger Absicht bei der Erzeugung von Wein und dem Handel mit ihm – ist ein trauriges und auch eines der ältesten Kapitel der Weingeschichte. Dazu gehört ebenso die Kunstweinherstellung wie der verbotswidrige Zusatz von Stoffen (etwa Diäthylenglykol, Flüssigzucker) oder Weinpanschereien, darunter die so genannte Germanisierung (das Deklarieren ausländischer Weine als deutsche Erzeugnisse) oder der illegale Verschnitt mit anderen Weinen und schließlich die Angabe falscher oder irreführender Hinweise auf dem Etikett. All das kommt immer wieder vor, und im Sinne des Verbraucherschutzes ist es die Aufgabe staatlicher Organe, gegen diese Betrügereien vorzugehen und sie zu unterbinden.

Weinsprache Fachsprache von Weinkritikern bzw. Weinliebhabern. Dabei handelt es sich auf der einen Seite um den verständlichen Wunsch nach einer allgemein gültigen Sprache, mit der diese untereinander kommunizieren können. So heißt es z. B. unter Weinkritikern allgemein, Weine der Rebsorte Riesling dufteten nach Aprikosen oder Weinbergspfirsichen; Sauvignon blanc erinnert an Holunder, Buchsbaum oder Brennessel; Pinot noir hingegen an Sauerkirschen und Mandeln; Cabernet Sauvignon schließlich an Cassis, Tabak und/oder Zedernholz.

Diese sprachlichen Festlegungen sind allerdings im gleichen Maße irreführend wie problematisch, da durch sie der Eindruck erzeugt wird, ein guter Wein *müsse* so riechen. Das ist natürlich Unsinn: ein großer Wein ist niemals → typisch. Außerdem werden alle anderen geschmacklichen → Assoziationen ausgeklammert: Empfindet ein Weintrinker beim Genuss z. B. eines Bordeaux, dieser hätte eine Duftnote nach Geranien bzw. verfüge über vegetabile Noten, so würde das noch im Rahmen der Weinsprache liegen; äußert er hingegen, der Wein wäre oval oder erinnere ihn an einen großen, roten Raum mit altem Sandsteinkamin, so läge seine Äußerung wahrscheinlich schon außerhalb der Akzeptanz. Dies ist insofern problematisch, da der Genuss (und um den geht es ja beim Weintrinken) eingeschränkt wird. Außerdem erzeugt die Weinsprache stets den Eindruck, als ginge es beim Wein in erster Linie (bis ausschließlich) um → Fruchtigkeit, nicht aber um andere, höhere Dinge wie Stein, Zeit und Raum.

Weinstein Eigentlich Kaliumhydrogentartrat, umgangssprachlich Weinstein für alle kristallinen Ausscheidungen im Wein (auch Calciumtartrat u. a.), die zumeist als farblose, mitunter weiß oder farbig erscheinende Kristalle oder feste Kruste beim Gären des Mostes ausgefällt werden. Bei abgefüllten Weinen setzt sich Weinstein in den Flaschen bei niedrigen Temperaturen am Boden ab (Weinsteinausfällung). Auf diese Weise bauen gute Weine ihre überschüssige Säure ab. Weinstein findet sich daher mitunter in Flaschen guter Weine, ohne dass dadurch die Qualität beeinträchtigt wird. Das Auftreten von Weinstein ist also kein Fehler, sondern eher ein Zeichen für Qualität. Immer mehr Güter gehen jedoch heute dazu über, den Weinstein durch starke Abkühlung vor der Flaschenabfüllung auszufällen.

Weinstil Ausdruck für die verbindenden Eigenarten von Weinen einer Weinbauregion. Diese haben sich meist im Laufe einer langen Entwicklung herausgebildet. So ist der Weinstil eines → Sherry ein grundsätzlich → oxidativer Stil; im → Sauternes ist es der Einfluss von → Botrytis; an der Mosel das Vorhandensein von → Restsüße bei gleichzeitig geringem Alkoholgehalt.

Diese unverwechselbaren, verbindenden Eigenarten einer Weinbauregion drücken sich in ihrem Weinstil aus; dieser wird sowohl durch natürliche Wachstumsbedingungen (z. B. Böden, Klima, Lage, Rebsorten) beeinflusst als auch durch menschliche Einflussfaktoren (z. B. Weinlagerung, Fasseinfluss, Oxidation, Aufspriten). Der Begriff → Terroir fasst alle diese Einflussfaktoren einschließlich des tradierten Weinstils zusammen.

Im Zeitalter der Globalisierung verliert sich jedoch die fest gefügte stilistische Ordnung der Weinwelt. Bis vor wenigen Jahrzehnten wurden auf dem internationalen Parkett nur Weine gehandelt, die ein hohes Ansehen besaßen und damit letztlich einen Wert repräsentierten. Dabei spielte u. a. eine Rolle, dass sich nur Wein transportieren ließ, der stabil genug war, lange Reisen unbeschadet zu überstehen, denn die Weinbereitungsmethoden waren noch nicht so perfektioniert wie in unseren Tagen. Zudem befand sich der Weinbau in Europa lange Zeit in der Hand des Adels und der Kirche, die ihren eigenen Wein in die Zentren geistlicher und weltlicher Kultur lieferte. Auf dem Wiener Kongress 1814–1815 wird man keinen Soave ausgeschenkt haben. Thomas Jefferson kaufte sich Chateau d'Yquem. Der russische Zar ließ sich den gesamten Jahrgang 1893er Marcobrunn aus dem Rheingau an seinen Hof nach St. Petersburg liefern. Diese und andere Weine waren Weine der feinen und gehobenen Gesellschaft und die Fixsterne der Weinwelt – und sind es zum Teil noch heute, und diese klassischen Weine zählten zu den wenigen, die bis nach dem Zweiten Weltkrieg global gehandelt wurden.

Inzwischen haben sich die gesellschaftlichen Eliten verändert, die Transport- und Vinifikationtechnologie hat Quantensprünge gemacht, neue Weinbauländer sind auf den Plan getreten, die Konsumgewohnheiten verändern sich radikal – kurz, die Konkurrenz belebt das Geschäft. So kommt es, dass der Weingenießer heute in jeder Weinhandlung, in jedem Supermarkt aus einer unüberschaubaren Fülle von Weinen aus aller Welt wählen muss, während er vor 30 Jahren nur ein eng begrenztes Angebot vorfand. Der Wein ist populär geworden, und es sind einige neue Stile dabei entstanden: die wichtigste önolo-

Weinklassiker

Roter Burgunder	(Rebsorte Pinot noir)
Weißer Burgunder	(Rebsorte Chardonnay)
Roter Bordeaux	(Rebsorten Cabernet Sauvignon, Cabernet franc, Merlot und andere)
Sauternes	(Edelsüßer Wein aus den Rebsorten Sémillon, Sauvignon blanc und andere)
Rheinwein	(aus der Rebsorte Riesling)
Champagner	(Schaumwein aus den Rebsorten Chardonnay, Pinot noir und Pinot meunier)
Port	(ein oxidativer, gespriteter → Likörwein)
Tokayer	(ein oxidativer Wein aus edelfaulen Trauben mit hoher Restsüße)
Sherry	(ein oxidativer, meist gespriteter Wein)

gische Reaktion auf die Globalisierung ist der → internationale Weinstil, der durch die Mitarbeit von → Önologen deutlich geprägt ist.

Weinstock → Weinrebe

Weinstraße Aus Gründen der Werbung und Öffentlichkeitsarbeit weisen heute viele Weinbaugebiete in nahezu allen Weinbauländern ›Weinstraßen‹ aus, die den Touristen angemessen durch ein Weinbaugebiet leiten sollen. Eine der ältesten ist in Deutschland sicherlich die Weinstraße der → Pfalz: Diese ›Deutsche Weinstraße‹ verläuft parallel zum Höhenzug der Haardt von Bockenheim an der → Unterhaardt bis nach → Schweigen an der französischen Grenze, wo sie am Deutschen Weintor endet. Ihre Entstehung ist jedoch kein Ruhmesblatt: Sie wurde in der Nazizeit Mitte der 1930er Jahre erfunden, mit mehreren Bauwerken im faschistischen Stil versehen (darunter das Deutsche Weintor), um das notleidende Weinbaugebiet Pfalz aufzuwerten, nachdem durch die Enteignung, Vertreibung und Ermordung der jüdischen Eliten der deutsche Weinhandel komplett zusammengebrochen war.

Weinstraße, Südliche, Bereich Südlicher der beiden Bereiche des Weinbaugebietes → Pfalz, früher als Oberhaardt bekannt, zwischen → Neustadt an der Weinstraße und der französischen Grenze bei → Schweigen gelegen, mit einer Ertragsrebfläche von rund 12 000 ha, was etwa der Hälfte der pfälzischen und mehr als der gesamten Rebfläche des Anbaugebietes → Mosel-Saar-Ruwer entspricht.

Das Klima der südlichen Pfalz profitiert vom südlichen Breitengrad und warmen Mikroklima des Rheingrabens. Während früher fast ausschließlich weiße Rebsorten gepflanzt wurden, davon drei Viertel → Neuzüchtungen, geht der Trend neuerdings deutlich in Richtung Rotweinsorten, darunter auch die minderwertige Neuzüchtung Dornfelder. Lange Zeit galten die Weine der Südlichen Weinstraße denen der nördlich davon gelegenen Mittelhaardt als unterlegen. Doch seit kurzem zeigen immer mehr Betriebe, dass im Süden der Pfalz hervorragende volle und aromatische Gewürztraminer, Muskateller, Weißburgunder, Grauburgunder, Spätburgunder und auch Sankt Laurent wachsen, die in Deutschland keinen Vergleich zu scheuen brauchen. Bedeutende Orte: → Birkweiler, → Leinsweiler, → Siebeldingen, → Schweigen und → Landau.

Weintrauben → Trauben

Weinviertel, Weinbaugebiet Größtes österreichisches Weinbaugebiet im Norden und Osten des Bundeslandes Niederösterreich mit rund 17 500 ha Rebfläche.

Geographie und Klima

Das Klima ist kontinental mit sehr trockenen, warmen Sommern, die vorherrschenden Böden sind Löß mit Schwarzerde. Die Rebflächen sind über ein Gebiet von 400 Quadratkilometern verteilt, das von Wien und der Donau im Süden bis zur tschechischen Grenze im Norden sowie von der slowakischen Grenze im Osten bis zum Weinbaugebiet Kamptal im Westen reicht. Der Weinbau konzentriert sich auf einzelne Weinbauinseln. Die Berge der Slowakei schirmen das Gebiet gegen kalte Nordwinde ab, so dass es unter Einfluss des wärmeren pannonischen Klimas gerät.

Rebsorten und Weinstile

Im westlichen Weinviertel wird der Grüne → Veltliner auf rund 40 % der Rebfläche angebaut, außerdem viel Rotwein, vor allem die Rebsorte Blauer → Portugieser (etwa 16 %), ferner rund 10 % → Müller-Thurgau. Die besten Weine sind fruchtig, haben eine feine Säurestruktur und sind angenehm zu trinken. Rund um Mailberg werden auf Löß und Lehmböden in einem geschützten Tal vor allem rote Sorten angebaut. Bekannte Weinbauorte: → Mailberg, → Pulkautal (mit → Seefeld-Kadolz, → Haugsdorf), → Retz, → Röschitz, → Leodagger.

Auch im östlichen Weinviertel dominiert der Grüne Veltliner mit rund 55 %, gegenüber den Rebsorten Welschriesling, Müller-Thurgau, Weißburgunder und Riesling, ferner rote Sorten, die eine Nebenrolle spielen. Auch hier fallen die Weine eher schlicht mit guter Säurestruktur aus. Bekannte Weinbauorte: → Falkenstein, → Mannersdorf, → Wilfersdorf, → Poysdorf, → Bockfließ, Wolkersdorf, Mistelbach und Zistersdorf.

Weißenkirchen Österreichische Gemeinde im Weinbaugebiet → Wachau. Rund 210 ha Rebfläche (ohne die Ortsteile → Joching, → Wösendorf und St. Michael, zusammen die alte ›Thalschaft Wachau‹). Auf den meist nach Süden exponierten Terrassenlagen *Klaus*, *Achleiten* und *Steinriegel* wachsen einige der besten österreichischen Rieslinge (der hier, insbesondere in der uralten Lage *Ritzling*, nach verbreiteter Überzeugung seinen eigentlichen Ursprung haben soll), sowie hervorragende Grüne Veltliner. Bekannte Erzeuger: Josef → Jamek aus dem benachbarten Joching, Franz Prager, Franz Zottl, Adolf Gattinger, Anton Schneeweiß, die Freien Weingärtner Wachau, Rudolf Pichler, Schmelz, Jäger.

Weißherbst Deutsche Bezeichnung für Roséweine, meist aus der Rebsorte → Spätburgunder (die Rebsorte muss auf dem Etikett angegeben sein), der wie Weißwein gekeltert und anschließend vergoren wurde und dadurch eine blassrote Farbe erhält. Am bekanntesten sind die Weißherbste aus → Baden, deren beste zumeist vom → Kaiserstuhl und vom → Bodensee aus der Gegend von Meersburg kommen. Meist handelt es sich beim Weißherbst um eine Art Resteverwertung, wenn weniger gute Trauben, die qualitativ nicht für die Rotweinbereitung geeignet sind (Edelfäule, geringere Reife), aussortiert und der Weißherbstbereitung zugeführt werden.

Badisch → Rotgold ist dagegen kein Weißherbst, sondern ein → Rotling. In der Schweiz unterscheidet man vom Weißherbst den → Süßdruck, der seine etwas kräftigere Farbe wie der italienische → Cerasuolo → dadurch erhält, dass er erst einige Stunden mit der Maische gärt, dann abgepresst und wie Weißwein zu Ende vergoren wird.

Weißriesling Im Weinbaugebiet Württemberg, im Unterschied zur häufig angebauten roten Rebsorte → Schwarzriesling, verwandte Bezeichnung für den echten → Riesling.

Weißwein Wein, der durch Vergären von aus weißen Trauben gewonnenem Most erzeugt wird.

Das Standardverfahren

Anders als beim → Rotwein werden die Trauben zunächst gepresst (gekeltert). Der daraus entstandene Most wird zumeist über Nacht vorgeklärt oder mit der Zentrifuge von Partikeln getrennt und dann zu Wein vergoren. Anschließend folgt der → Ausbau (die Weinreifung) des Weißweins in Fässern (großen Holzfässern bzw. → Barriques) oder → Tanks. Je nach Herkunft, Alter, Rebsorte und Herstellungsverfahren kann die Farbe eines Weißweins je nach Alter von sehr blassfarben (jung) über Grünschattierungen und alle Gelb- und Goldtöne bis zum dunklen Braun (alt) variieren.

Varianten

Manche Erzeuger wenden das Verfahren der Kaltmazeration an und lassen die z. T. gemahlenen Trauben einige Stunden auf den Beerenschalen stehen, um Aroma aus den Schalen zu extrahieren. Einige wenige Erzeuger wenden auch bei der Weißweinerzeugung die Maischegärung an, um aus den Schalen möglichst viele der Aromastoffe herauszulösen; vollkommen ausgereiftes Lesegut ist hier die Bedingung, sonst ist der Anteil an Bitterstoffen zu hoch.

Wellanschitz Österreichisches Weingut im Weinbaugebiet → Mittelburgenland. Auf rund 22 ha Rebfläche werden jährlich etwa 120 000 Flaschen Rotwein erzeugt. Rebsorten: vor allem Blaufränkisch (70 %), ferner Zweigelt, Cabernet Sauvignon, Pinot noir und Syrah. Die Weine wachsen auf Lehm und Lößböden, teilweise auch auf Kalk. Weine: Cuvée Fraternitas (Blaufränkisch und Cabernet Sauvignon) sowie aus den Lagen *Altes Weingebirge* und *Well* (jeweils Blaufränkisch).

Welschriesling Österreichische Rebsorte, mit rund 5000 ha Rebfläche die dritthäufigste Rebsorte des Landes. Ihre größte Verbreitung hat sie in → Niederösterreich und in der → Steiermark gefunden. Sie liefert in der Regel frische, säurebetonte Weine, auch wenn sie nicht das Format des Rieslings erreichen. Im Burgenland kann sie einige höchst delikate → Beeren- und → Trockenbeerenauslesen erbringen.

In Norditalien ist der Welschriesling unter dem Namen *Riesling italico* sehr verbreitet. Vor allem in → Südtirol, dem → Trentino, dem → Veneto, dem Friaul (→ Friuli-Venezia Giulia), der → Emilia-Romagna und dem → Oltrepò Pavese. Dort bringt er meist Massenweine hervor. Auch in Südosteuropa, besonders in Slowenien, Serbien, Ungarn, Rumänien, Bulgarien, der Tschechischen Republik und der Slowakei ist der Welschriesling sehr beliebt. Weltweit sind rund 50 000 ha mit dieser Rebsorte bestockt.

Weninger, Franz Österreichisches Weingut im Weinbaugebiet → Mittelburgenland. Auf rund 23 ha Rebfläche werden jährlich etwa 120 000 Flaschen Rotwein erzeugt. Rebsorten: vor allem Blaufränkisch (50 %), Merlot (30 %), Zweigelt (15 %), Cabernet Sauvignon (10 %). Die Weine wachsen auf eisenhaltigen Lehmböden in den Lagen *Dürrau* und *Hochäcker*. Weninger ist nicht nur an zwei Rotweinprojekten in Ungarn (Sopron und Villany) beteiligt, er gehört auch in Österreich zu den besten Rotweinerzeugern. Die Cuvée Veratina besteht aus 60 % Blaufränkisch sowie Merlot und Zweigelt, doch der Spitzenwein bleibt der Blaufränkisch aus der Einzellage *Dürrau*.

Werlé Erben, Weingut Deutsches Weingut in Forst, Weinbaugebiet → Pfalz. Auf rund 13 ha Rebfläche werden jährlich etwa 90 000 Flaschen Wein erzeugt. Rebsorten: 90 % Riesling. Bekannte Lagen: *Forster Kirchenstück, Jesuitengarten, Ungeheuer* sowie Lagen in Deidesheim. Erzeuger traditioneller Weine aus dem großen Holzfass.

Wermut Gespriteter und mit Kräutern und Gewürzen aromatisierter Wein. Wichtigste aromatisierende Zutat sind die Blüten einer südeuropäischen Beifußart (*Artemisia absinthium*), die ihm seinen typischen bitteren Geschmack verleihen. Wermut wird häufig als Aperitif oder zur Cocktail-Bereitung verwendet. Einer der besten Wermut-Weine ist der südfranzösische Noilly Prat – ein trockener, ungemein aromatischer und feiner Aperitif, der im Freien in Fässern im Sonnenlicht reift und sich auch ausgezeichnet in der Küche (z. B. für Saucen und Fischgerichte) verwenden lässt.

Westaustralien (Western Australia) Zunehmend an Bedeutung gewinnendes Weinbaugebiet mit rund 4500 ha Rebfläche (hat sich seit 1990 mehr als verdoppelt). Der Weinbaubereich liegt ganz im Südwesten des australischen Kontinents und reicht von der Stadt Perth bis nach Alany. Die Region misst etwa 450 km und zieht sich an der Küste entlang.

Geographie und Klima

Im Norden bei der Stadt Perth sind die Temperaturen heißer und für den Weinbau weniger geeignet. Weiter im Süden kühlen arktische Meeresströmungen das Klima deutlich ab. Hier ist es feuchter und kühler, so dass die Vegetationsperiode entscheidend verlängert wird. Die Region gliedert sich in die folgenden Subregionen:

Margaret River

Diese in den Indischen Ozean hineinragende »Nase« steht deutlich unter arktischen Klimaeinflüssen. Davon profitieren die beiden nördlichen Subregionen Yallingup und Willyabrup mit ihrem ausgeglicheneren Klima. Die trockenheißen Sommer sind für australische Verhältnisse hier vergleichsweise kühl. Seit den 1970er Jahren wird auf den roten Lehmböden Weinbau betrieben; vor allem Cabernet Sauvignon, aber auch Shiraz wird angebaut. Weiter im Süden, in den Regionen Wallcliff und Karridale, ist es deutlich kühler und damit ideal für Weißweine: Sémillon und Sauvignon blanc werden hier überwiegend angebaut und Grundweine für die Schaumweinproduktion erzeugt. Bekannte Erzeuger: Cape Mentelle, Cullen, Leeuwin, Moss Wood, Pierro, Château Xanadu.

Great Southern

Hier findet sich das kühlste und feuchteste Klima Australiens, gut für Pinot noir und Chardonnay. Great Southern hat einige weitere Subregionen, darunter die etwas wärmere Subregion Mount Barker, die für Riesling und Shiraz bekannt ist. Frankland steht (noch) für Traubenproduktion aus den Rebsorten Cabernet Sauvignon und Riesling. Insgesamt befindet sich dieses sehr junge Weinbaugebiet noch in der Entwicklung, es zeigt sich aber, dass hier eher Spitzenweine als Massenweine produziert werden. Bekannte Erzeuger: Howard Park, Karrivale.

Swan Valley

Flaches Anbaugebiet bei Perth. Sehr heißes und trockenes Klima, ideal für Massenweine.

Weitere Anbaugebiete

Perth Hills, Peel, Geographe, Blackwood Valley, Manjimup, Pemberton sind ebenfalls junge Weinbauregionen, deren Entwicklung noch nicht abzusehen ist.

Westhalten Französische Gemeinde im südlichen → Elsass, in der Nachbarschaft von Pfaffenheim, Rouffach und Soultzmatt, mit denen sie ihre drei → Alsace Grand cru-Lagen teilt: *Steinert, Vorbourg* und der steile *Zinnkoepflé*. Letztere misst rund 60 ha, davon gehören 27 zu Westhalten, der Rest zu Soultzmatt. Das Mikroklima ist ideal, Regen gibt es in der Region relativ wenig und die Weine wachsen auf Sandstein- und Granitböden. Bekannt ist der Ort für Pinot blanc und Tokay-Pinot gris, aber auch Gewürztraminer und Riesling liefern sehr gute Ergebnisse, neben interessanten Auxerrois und Sylvaner. Weitere Lagen: *Bollenberg* und *Strangenberg*. Bekannte Erzeuger: Diringer (Riesling und Gewürztraminer), Wischlen (Riesling und Tokay-Pinot gris), ferner die Winzergenossenschaft Westhalten.

Westschweiz Größte Weinbauregion der Schweiz im französischsprachigen Teil mit rund 11 500 ha Rebfläche, von der über 80 % aller Schweizer Weine kommen, allein nahezu die Hälfte davon aus dem → Wallis, dem mit Abstand größten Schweizer Weinbaukanton. Die von ihrer Rebfläche her beiden weiteren bedeutenden Kantone sind → Waadt und → Genf, während → Neuenburg, → Bielersee und → Freiburg zu den kleineren Gebieten gehören. Zu rund 50 % wird Weißwein erzeugt, der überwiegend aus der Rebsorte → Chasselas (Gutedel) stammt, darunter auch der berühmte Weißwein aus → Dézaley, während die anteilmäßig auf breiter Front zunehmenden Rotweine meist aus → Pinot noir und/oder aus → Gamay erzeugt werden.

Weststeiermark Kleinstes österreichisches Weinbaugebiet, eines von dreien der → Steiermark. Südwestlich von Graz gelegen, werden im kontinentalen Klima rund 450 ha Rebfläche bestellt. Es wird zu rund 80 % die → autochthone Rebsorte Blauer → Wildbacher angebaut, aus der ein fruchtig-säurebetonter Roséwein, der so genannte → Schilcher erzeugt wird. Die anderen Weine sind von geringerer Bedeutung. Bekannte Weinbauorte: → Deutschlandsberg, → Stainz (einschließlich St. Stefan ob Stainz und Gundersdorf), Ligist und Wildbach.

Wettolsheim Französische Gemeinde im → Elsass, in der Nähe von Colmar. Rund 200 ha Rebfläche auf Kalkstein und Granitböden. Bekannt für seine Rieslinge und Tokay-Pinot gris (Grauburgunder) sowie Gewürztraminer, die auf der 19 ha großen *Alsace Grand cru*-Lage *Steingrubler* wachsen. Bekannte Erzeuger: Buecher (15 ha Rebfläche), Dietrich, Ehrhart, Mann (12 ha), Stentz sowie Wunsch et Mann.

White Zinfandel Kalifornischer Rosé-Wein aus der Rebsorte Zinfandel, meist → halbtrocken bis → lieblich im Geschmack, gefällig, meist ein Massenwein.

Wien Nicht nur die Hauptstadt Österreichs, sondern auch eine der vier Weinbauregionen des Landes, zwar die kleinste, doch immerhin noch mit 731 ha, was etwa 1,3 % der Rebfläche Österreichs entspricht. Kaum eine zweite Hauptstadt der Welt ist traditionellerweise so mit Wein verbunden wie Wien. Wien und Wein gehören zusammen, und der → Heurige ist der Inbegriff des Wiener Weins und der Wiener Weinseligkeit geworden.

Geographie und Klima

Die Weinberge liegen ringförmig um das Stadtgebiet, wobei sich der Hauptteil der Rebfläche auf das rechte Donauufer im Nordwesten der Stadt in Donaunähe und auf den Süden konzentriert. Die Rebflächen liegen an nach Süden und Südosten exponierten Hängen und profitieren vom Mikroklima der Donau, pannonischen Einflüssen und dem Schutz der letzten, den Alpen vorgelagerten Höhenzügen. Auch auf dem linken Donauufer gibt es Weinbau.

Rebsorten und Weinstile

Neben der Rebsorte Grüner Veltliner werden Burgundersorten, Chardonnay, Welschriesling, Traminer und Riesling, aber auch Cabernet Sauvignon und Merlot angebaut. Der größte Teil wird in → Heurigen ausgeschenkt – nicht nur an Touristen, sondern auch an die zahlreichen weindurstigen Wiener, die ihrem

Stadtwein auf wunderbare Art die Treue halten.

Auf dem rechten Ufer sind die bekannten Wiener Stadtteile → Grinzing, → Heiligenstadt, → Nußdorf, Kahlenbergerdorf, Sievering zu nennen. Auf dem linken Donauufer sind es die weniger bekannten, aber wegen des Weins einen Besuch werten Ortsteile Stammersdorf, Strebersdorf und Jedlersdorf. Viele Winzer im Stadtgebiet streben unaufhörlich nach Höherem und zeigen, dass Wiener Wein nicht nur Heuriger ist. Bekannte Erzeuger: Franz Mayer, das → Chorherrenstift aus dem benachbarten Klosterneuburg, Wieninger, Bernreiter, Breyer, Petritsch, Schilling und Schmidt.

Wieninger Österreichisches Weingut im Weinbaugebiet → Wien. Auf rund 20 ha Rebfläche werden jährlich etwa 130 000 Flaschen Wein erzeugt. Rebsorten: vor allem Grüner Veltliner (15 %), Chardonnay (20 %) sowie Riesling, Pinot noir, Cabernet Sauvignon, Merlot und Zweigelt. Die Weine wachsen auf Muschelkalkböden bzw. sandigen Lößböden. Bekannte Lagen: *Nussberg*, *Herrenholz* und *Jungenberg*. Es wird auch ein → gemischter Satz (am *Nussberg*) erzeugt. Der Chardonnay reift im Barrique, ebenso die Rotweine. Der Gutsauschank gehört ebenso wie die Weine zu den besten Wiens bzw. Österreichs.

Wiesbaden Landeshauptstadt Hessens und Weinbaugemeinde im → Rheingau mit rund 120 ha Rebfläche (einschließlich der Stadtteile Schierstein, Frauenstein, Dotzheim, Mainz-Kostheim). Inmitten der Stadt befindet sich der bis zu 54° steile, 5 ha große *Neroberg* (im Alleinbesitz des städtischen Weinguts). Auf den schweren Böden werden vor allem in trockenen Jahren außergewöhnliche Weine produziert.

Wildbacher, Blauer Fast ausschließlich in der → Weststeiermark anzutreffende Rebsorte mit mehreren Spielarten (Früh-, Mittel- und Spätblauer), mit der rund 75 % der Rebfläche in der Weststeiermark bestockt sind. Aus ihr wird der zwiebelfarbene → Schilcher, der bedeutendste Wein des Gebiets erzeugt, der nur wenige Stunden auf der → Maische angegoren, dann abgepreßt und zu Ende vergoren wird. Ein jung zu trinkender, frischer, dabei oft deutlich säurebetonter Roséwein. → Deutschlandsberg, → Stainz. Die Rebsorte wird auch in einer großbeerigen, weniger säurebetonten Variante in den Hügeln westlich von Conegliano im Weinbaugebiet → Veneto angebaut.

Wilfersdorf Österreichische Gemeinde im Weinbaugebiet → Weinviertel, in der Nähe von Mistelbach gelegen, mit rund 40 ha Rebfläche, hauptsächlich Grüner Veltliner. Bekannter Erzeuger: Hofkellerei des Fürsten von Liechtenstein.

Willamette Valley → Oregon

Wiltingen Deutsche Gemeinde im Weinbaugebiet → Mosel-Saar-Ruwer an der Saar. Südwestlich von → Trier gelegen mit rund 310 ha Rebfläche, durchweg auf extrem steilen, meist genau nach Süden weisenden Schieferhängen (→ Topographie) gelegen, die nahezu ausschließlich mit Riesling bestockt sind. Berühmt für die Lage → *Scharzhofberg*, eine der bekanntesten und besten Weißweinlagen der Welt. Ferner *Wiltinger Kupp*, *Braune Kupp*, *Hölle* (Alleinbesitz der Vereinigten → Hospitien), *Braunfels*, *Gottesfuß*. In herausragenden Weinjahren werden die Spitzengewächse von keinem anderen Weißwein Deutschlands übertroffen und zeichnen sich durch eine feine Säure, einen zarten und ungeheuer nuancenreichen Körper, durch Statur, Finesse, Eleganz und Ausdruckskraft aus. Der führende Erzeuger ist der Scharzhof von Egon Müller direkt am Fuße des *Scharzhofbergs*, der jährlich hoch dotierte Spitzenweine erzeugt, die in aller Welt begehrt sind. Außerdem: Bischöfliche Weingüter Trier (mit einem hervorragenden Sekt aus dem Scharzhofberg), Kesselstatt, Vereinigte Hospitien, Edmund Reverchon, von Vilxem. Wiltinger Scharzberg ist die nichtssagende → Großlagenbezeichnung.

Wind Bedeutender Einflussfaktor auf die Traubenqualität im Weinberg. Wind kann sich negativ wie auch positiv auswirken. Kalter und/oder heftiger Wind (Sturm) kann zu Schäden an den Trieben und Blättern des Rebstocks führen und das Wachstum insgesamt behindern. In der Reifezeit hingegen kann Wind nasse Trauben abtrocknen und so die Entwicklung von → Fäulnis verhindern. Außerdem wirkt sich warmer Wind in der Reifeperiode positiv auf die → Konzentration von Inhaltsstoffen aus, da sich ein Rosinierungseffekt einstellt, indem ein Teil des in den → Beeren enthaltenen Wassers verdunstet. Erkennbar ist dies an leicht eingetrockneter Beerenhaut am Stielansatz.

Noch bedeutsamer allerdings sind die → mikroklimatischen Auswirkungen des Windes. Kalte Winde können Reife verhindern, sodass sich der Weinbau meist auf geschützte Lagen konzentriert, die im Windschatten liegen – besonders in Regionen mit → Cool-Climate ist dies wichtig. Heißer Wind hingegen bringt Vorteile mit sich. Im Folgenden einige Beispiele:

- *Föhn*: Im alpinen Rebbau spielt dieser warme Fallwind eine große Rolle. So profitieren die engen Täler Südtirols (Etsch- und Eisacktal) sowie das Wallis (Rhônetal), aber auch die Weinbaugebiete am Zürichsee vom Föhn.
- *Mistral*: Dieser kalte Wind kann im Rhônetal zu enormen Schäden führen und den Austrieb hinauszögern. Windgeschützte Lagen sind dort ein großer Vorteil.
- *Tramontan*: Der trocken-heiße Wind im Weinbaugebiet → Roussillon weht an über 200 Tagen im Jahr und fördert eine schnelle Traubenreife. Besonders hohe Lagen profitieren vom Mix aus kühlerem Mikroklima und heißem Wind, während in Flachlagen die Reife oft zu früh einsetzt.

Wine Advocate Newsletter von → Robert Parker jr., einem amerikanischer, weltweit einflussreichen Weinkritiker Darin veröffentlicht er seine Testergebnisse, gibt Einschätzungen und äußert sich zu Themen, die aus amerikanischer Sicht weinrelevant sind. Der Wine Advocate ist zu einer Art Börsenzeitung geworden, sein Gegenstand – der Wein – zum Spekulationsobjekt.

Wine Spectator Einflussreiche amerikanische Weinpublikation. → Punkte.

Winemaker Amerikanische Bezeichnung für den → Kellermeister; die Übersetzung Weinmacher wäre zutreffender. Natürlich lässt sich keine scharfe Grenze zwischen beiden Begriffen und Aufgabenfeldern ziehen, doch sind die Unterschiede deutlich erkennbar, wenn man z. B. kalifornische Weingüter mit denen der Alten Welt vergleicht, wo die natürlichen Wachstumsbedingungen eine größere Rolle spielen. Der Winemaker (meist ein studierter → Önologe) gestaltet die Weine, er prägt sie und drückt ihnen seinen Stempel auf. Ein Kellermeister im klassischen Sinne begleitet den Most nur und lässt ihn gewähren. Der Winemaker versucht auch in Kategorien des Marketings zu denken, während der Kellermeister eher der → Tradition verpflichtet ist und versucht, das → Terroir zum Ausdruck zu bringen.

Winery Englisch für → Weingut.

Winery Vineyards Kalifornisches Weingut in den USA im Weinbaugebiet → Napa Valley. Boutique-Winery mit nur rund 8 ha Rebfläche und 36 000 Flaschen Produktion, vor allem Cabernet

Sauvignon. Führender Erzeuger der Region, gute Presse, hohe Preise.

Winkel Deutsche Gemeinde im Weinbaugebiet Rheingau. Qualitativ in der Regel der bedeutendere Teil der heute zusammengelegten Weinbaugemeinde → Oestrich-Winkel mit rund 260 ha Rebfläche, als dessen bedeutendste Lage *Schloß* → *Vollrads* gilt und ohne den Zusatz ›Winkel‹ in den Handel kommt. Weitere namhafte Lagen sind: *Hasensprung*, *Jesuitengarten*, ferner *Dachsberg* und *Gutenberg*. Mit über 80 % dominiert der Riesling.

Bekannte Erzeuger: Johannishof (H. H. Eser), Wegeler-Deinhard, Schönborn, Querbach, Brentano, Prinz von Hessen.

Winkler-Hermaden Österreichisches Weingut im Weinbaugebiet → Südoststeiermark. Auf rund 20 ha Rebfläche werden jährlich etwa 175 000 Flaschen Wein erzeugt, davon rund 50 % Rotwein. Rebsorten: vor allem Zweigelt (40 %), Weißburgunder, Chardonnay (Morillon), Grauburgunder, Pinot noir, Sauvignon blanc und Traminer. Die Weine wachsen auf sandigem Lehm und vulkanischen Böden. Spitzenwein ist der Rotwein Olivin (Zweigelt). Einer der führenden Erzeuger der Region.

Winningen Deutsche Gemeinde im Weinbaugebiet → Mosel-Saar-Ruwer in der Nähe von Koblenz an der Mosel gelegen. Einer der ältesten und besten Weinbauorte an der → Terrassenmosel (Bereich Zell/Untermosel) mit rund 160 ha Rebfläche, als dessen beste Lagen *Uhlen* und *Röttgen* gelten, ferner *Brückstück* und *Hamm*. Eines der besten → Terroirs Deutschlands und der Welt mit atemberaubenden, historischen → Terrassen, die wie Schwalbennester übereinander gebaut sind und in jahrhundertelanger, mühevoller Handarbeit entstanden sind. Hier zeigt der Schiefer in all seinen Formen und Farben, was er kann: Faszinierend mineralische Rieslinge, besonders wenn sie vom Weingut Heymann-Löwenstein stammen. Bekannte Erzeuger: Heymann-Löwenstein, Knebel, ferner Richter, Fries.

Wintrich Deutsche Gemeinde im Weinbaugebiet → Mosel-Saar-Ruwer an der Mittelmosel, zwischen Piesport und Brauneberg gelegen. Rund 270 ha Rebfläche, überwiegend Riesling, mit den Lagen *Großer Herrgott*, *Ohligsberg*, *Geierslay*. Bekannter Erzeuger: Reinhold Haart (aus dem benachbarten Piesport).

Wintzenheim Französische Gemeinde im südlichen → Elsass, unmittelbar südwestlich von Colmar gelegen. Rund 160 ha Rebfläche. Die bekannteste Lage ist der *Hengst*, als → *Alsace grand cru* eingestuft: Kalksteinböden, die → Vendage Tardives vom Gewürztraminer hervorbringen, aber auch Riesling. Bekannte Erzeuger: Josmeyer (interessante Weine auch aus Chasselas, Auxerroir, Pinot blanc), Zind-Humbrecht und Staehlé.

Winzenheim Deutsche Gemeinde im Weinbaugebiet → Nahe, heute Stadtteil von Bad Kreuznach, mit gut 65 ha Rebfläche. Bekannte Lage: *Winzenheimer Roseneck*, besonders für Riesling.

Winzergenossenschaft Zusammenschluss von kleineren Winzern (meist Nebenerwerbs- oder Feierabendwinzern) zur Erzeugung und Vermarktung von Wein, um dadurch die Wirkungsfähigkeit von Großbetrieben zu erlangen. In Deutschland sind heute rund 40 000 Weinbaubetriebe (das sind zwei Drittel aller Betriebe) aufgrund des anhaltenden Konzentrationsprozesses im Weinbau Mitglieder in insgesamt über 250 Winzergenossenschaften. Etwa 150 Orts-, Gebietswinzergenossenschaften und → Zentralkellereien verfügen über eine eigene Kellerwirtschaft, deren größte wiederum die Zentralkellerei Badischer Winzergenossenschaften in Breisach ist, die über ein Verarbeitungsvolumen von

160 Millionen Litern Wein verfügt. Weitere Große sind: Württembergische Weingärtner-Zentralgenossenschaften, Gebietswinzergenossenschaft Franken, Zentralkellerei der Winzergenossenschaften Mosel-Saar-Ruwer. Während in einigen Anbaugebieten wie → Württemberg und → Baden fast 80 % der Weine durch Winzergenossenschaften vermarktet werden, sind es im Gebiet → Mosel-Saar-Ruwer kaum 20 % und in → Rheinhessen nicht einmal 8 %, so dass der Bundesdurchschnitt bei rund einem Drittel, knapp 35 000 ha liegt. Französisch *coopérative vinicole*, italienisch *cantina sociale.*

Qualitätsmanagement
Zur Zeit ihrer Gründung vor 100 bis 50 Jahren haben Winzergenossenschaften praktisch nur Fassweine produziert. Solange wie der Wein gute Preise erzielte, war die Weinqualität weniger bedeutend; entsprechend mittelmäßig waren die Weinqualitäten der Winzergenossenschaften über viele Jahrzehnte hinweg. Doch heute ist in Deutschland der Fassweinmarkt zusammengebrochen, die Preise liegen z. B. beim Riesling unter 60 Cent pro l, Müller-Thurgau und Silvaner sind in manchen Jahren unverkäuflich. Daher haben viele Winzergenossenschaften bereits vor Jahren begonnen, ihre Weine als Flaschenweine abzufüllen und zu vermarkten. Um auf dem international immer stärker umkämpften Weinmarkt mithalten zu können, genügt es heute längst nicht mehr, Weine in schicke Flaschen zu füllen. Einige wenige Winzergenossenschaften gehen seit geraumer Zeit neue Wege, um den höheren Qualitätsanforderungen gerecht zu werden. Strukturell und organisatorisch müssen sie dabei jedoch eine Vielzahl Partikularinteressen kleiner und kleinster Mitglieder unter einen Hut bringen, was angesichts einer Mitgliederzahl von nicht selten über 300 nicht ganz einfach ist. Dabei steht immer die Traubenqualität im Vordergrund: Entschied früher die Öchsle-Waage über den Traubenpreis (süße Trauben wurden oft besser bezahlt als weniger süße), so werden heute auch andere Parameter berücksichtigt:

- Gesundheit des Traubenguts: süße Trauben können zwar zuckerreich, aber auch faul sein;
- Lage: bessere Lagen werden besser bezahlt;
- Höhe des → Ertrags: Wer weniger erzeugt, erhält höherwertigere Trauben, für die mehr Geld gezahlt wird.

Bei diesem neuen Weg geht es immer um die Beratung der Mitglieder. Diese werden in Fragen des Rebschnitts, der grünen Lese (→ Ausdünnen; zur Ertragsbegrenzung), der Selektion unreifer und überreifer Trauben geschult und beraten. Die Arbeit im Weinberg wird kontrolliert und es werden jenen Mitgliedern Risikozuschläge gezahlt, die ihre Trauben später lesen, um höhere Qualität zu ernten. Außerdem werden die Parameter zur Messung der Traubenqualität erweitert: Statt nur das Mostgewicht (Zuckergehalt) zu analysieren, wird teilweise auch der Polyphenolgehalt gemessen (zur Bestimmung der physiologischen → Reife).

Auf diese Weise gelingt es Genossenschaften, bessere Qualität anzubieten. Dies ist oft nur mit großen finanziellen Kraftanstrengungen möglich, um in bessere Ausstattung der Kellereien zu investieren. Vorreiter dieser Entwicklung sind Genossenschaften in Österreich wie die Freien Weingärtner Wachau und in Norditalien wie die Winzergenossenschaften in St. Michael/Eppan, Kaltern und Schreckbichl (Colterenzio), aber auch Barbaresco. Deren Erfolge zeigen, dass Winzergenossenschaften exzellente Spitzenweine erzeugen können.

Winzer-Wy, Attestierter In der → Ostschweiz nach bestandener Geschmacksprüfung verliehene Schutzmarke für → Erzeugerabfüllungen lagen- und sortentypischer Weine, die in der Regel von gehobener Qualität sein sollten.

Wirsching, Weingut Deutsches Weingut im Weinbaugebiet Franken im Ort → Iphofen. Auf rund 70 ha Rebfläche werden jährlich etwa 550 000 Flaschen Wein erzeugt. Rebsorten: 40 % Silvaner, 20 % Riesling, je 10 % Müller-Thurgau und Scheurebe. Böden: Gipskeuper. Bekannte Lagen: *Iphöfer Julius-Echter-Berg, Kalb* und *Kronsberg*.

Wittmann, Weingut Deutsches Weingut im Weinbaugebiet → Rheinhessen im Ort Westhofen. Auf rund 20 ha Rebfläche werden jährlich etwa 150 000 Flaschen Wein erzeugt. Rebsorten: 40 % Riesling, je 25 % Weiß- und Grauburgunder, je 10 % Müller-Thurgau und Silvaner. Böden: Kalkstein, Tonmergel, Löß und Lehm. Bekannte Lagen: *Westhofener Aulerde, Morstein, Kirchspiel*. Einer der führenden Erzeuger in Rheinhessen.

Wohlmuth Österreichisches Weingut im Weinbaugebiet → Südsteiermark mit einer Jahresproduktion von rund 150 000 Flaschen Wein. Summus bildet die Spitze der Qualitätspyramide – diese Weine werden z. T. in Barriques ausgebaut. Rebsorten: vor allem Sauvignon blanc, Muskateller, Chardonnay, Welschriesling, Gewürztraminer, Riesling, Zweigelt und Blaufränkisch. Die Weine wachsen auf Urgestein und Schiefer. Im kühlen Klima der Region fällt der Sauvignon blanc besonders mineralisch aus.

Wöhrwag, Weingut Deutsches Weingut im Weinbaugebiet → Württemberg in Untertürkheim bei Stuttgart. Auf rund 17 ha Rebfläche werden jährlich etwa 150 000 Flaschen Wein erzeugt. Bemerkenswerter Trollinger (Rädler). Rebsorten: 40 % Riesling, 35 % Trollinger, je 10 % Lemberger und Spätburgunder. Böden: Mergel und Keuper. Bekannte Lagen: *Untertürkheimer Herzogenberg* (Alleinbesitz). Einer der führenden Erzeuger in Württemberg.

Wonnegau Deutscher Weinbaubereich im Weinbaugebiet → Rheinhessen, südlichster der drei Bereiche mit rund 7000 ha Rebfläche um Worms gelegen (in Rheinhessen an dritter Stelle). Müller-Thurgau und eine Reihe weiterer → Neuzüchtungen dominieren flächenmäßig, während die traditionsreichen Sorten wie Riesling, Silvaner und Spätburgunder qualitativ die Hauptrolle spielen. Als südlicher Ausläufer des rheinhessischen → Hügellands genießt der Bereich teilweise ein hervorragendes Mikroklima, besonders bei den Orten Flörsheim-Dalsheim und Westhofen. Dort gibt es zahlreiche historische Hanglagen mit Südorientierung, im Gegensatz zu den erst in den 1960er bis 1980er Jahren angelegten Bergkuppen. Früher war der Bereich Lieferant von → Fassweinen, heute werden immer mehr Flaschenweine abgefüllt und direkt vermarktet. Beste Lagen: *Westhofener Morstein, Kirchspiel* und *Aulerde* sowie *Dalsheimer Hubacker*. Bekannte Weinbauorte: → Bechtheim, → Flörsheim-Dalsheim, Westhofen. Bekannte Erzeuger: Wittmann, Gutzler und Keller.

Worms Deutsche Stadt am Rhein im Bundesland Rheinland-Pfalz, am Rand des Weinbaugebiets → Rheinhessen. Alte, historische Stadt, die wegen ihres Kaiserdoms und früher wegen der Weine der Lage → *Liebfrauenmilch* berühmt war – heute heißt diese 16 ha große Rebfläche *Liebfrauenstift-Kirchenstück* im engeren Stadtbereich von Worms. Bekannter Erzeuger: Gutzler (in Gundheim). Dank umfangreicher Eingemeindungen verfügt Worms inzwischen über rund 1300 ha Rebfläche und ist damit die drittgrößte deutsche Weinbaugemeinde.

Wösendorf Österreichische Gemeinde an der Donau im Weinbaugebiet → Wachau. Zusammen mit St. Michael verfügt sie über rund 150 ha Rebfläche, von denen *Hochrain*, *Kollmüntz*, *Schiedl* und *Ralais* als die besten Lagen gelten. Bekannte Erzeuger: Josef → Jamek aus Joching, Rudolf Pichler, Machherndl, Ernsthofer, Langmayer, Schwaiger.

Wuenheim Französische Gemeinde im südlichen → Elsass mit der Alsace *Grand Cru*-Lage *Ollwiller*. Bekannt für Riesling und Gewürztraminer. Bekannte Erzeuger: Château Ollwiller, Winzergenosssenschaft.

Württemberg Deutsches Weinbaugebiet im Südwesten Deutschlands im Bundesland Baden-Württemberg. Über 11 000 ha Rebfläche und somit viertgrößtes deutsches Weinbaugebiet mit 115 Millionen l Wein Jahresproduktion (entspricht rund 11 % der deutschen Mosternte).

Geographie und Klima

Das Weinanbaugebiet liegt deutlich unter kontinentalem Klimaeinfluss und ist mikroklimatisch weitaus weniger prädestiniert als das Nachbarland Baden (wo sich das warme und tiefe Rheintal klimatisch sehr positiv bemerkbar macht). Die Weinbauflächen liegen in Württemberg daher fast ausschließlich direkt an und in Flusstälern (→ Topographie): Neckar, Kocher, Jagst und Tauber. Die Weinberge liegen mit rund 200 bis 400 Metern relativ hoch. Meist handelt es sich um Hanglagen und historische → Terrassenlagen. Durch deren Südexposition ist der Weinbau in dem ansonsten kühlen und während der Vegetationsperiode regenreichen Klima möglich. Entsprechend wird Württemberg wie die übrigen deutschen Weinbaugebiete zur → Weinbauzone A gerechnet, die Anforderungen an den Qualitätsweinbau sind etwas niedriger als jenseits des Schwarzwalds. Die Rebflächen konzentrieren sich vor allem auf den Großraum Stuttgart bis Heilbronn in einem Radius von rund 40 km, allerdings beschränkt sich der württembergische Weinbau auf zahllose verstreute Weinbauinseln. Das Gebiet ist unterteilt in die fünf Bereiche:

- → Kocher-Jagst-Tauber: Hauptanbaugebiet im Norden,
- → Württembergisch Unterland: Hauptanbaugebiet in der Mitte,
- → Remstal-Stuttgart: Hauptanbaugebiet um Stuttgart im Süden,
- Oberer → Neckar: Kleinere Weininsel im Süden,
- Württembergischer → Bodensee: sehr kleine Weininsel ganz im Süden.

Rebsorten und Weinstile

Württemberg ist neben der ungleich kleineren → Ahr das einzige deutsche Weinbaugebiet mit über zwei Drittel Flächenanteil bei den roten Rebsorten. Diese sind in erster Linie → Trollinger (rund ein Viertel der Rebfläche), → Schwarzriesling (rund 17 %) und → Lemberger (11 %). Aber auch eine Sorte wie der → Samtrot wird praktisch nur in Württemberg angebaut, während der in der übrigen deutschen Rotweinerzeugung dominierende → Spätburgunder nur einen Flächenanteil von rund 7 % erreicht. Unter den weißen Sorten fehlen dagegen lokale Sorten. Hier führt der Riesling (25 %) eindeutig vor dem Kerner (5 %). Eine Besonderheit des württembergischen Weinbaus ist der nur hier erzeugte → Schillerwein, ein Rotling aus weißen und roten Rebsorten. In jüngster Zeit wird mit (fragwürdigen?) Neuzüchtungen aus Cabernet gearbeitet (z. B. Cabernet Dorsa und Cabernet Cubin).

Qualitativ spaltet sich die Region z. T. extrem: Während die große Masse der Weine sich aus dünnem Trollinger und Schwarzriesling (→ Maischeerhitzung) zusammensetzt, die meist mit → Süßreserve versetzt werden und einfachste Konsumweine ohne Anspruch darstellen, erzeugen ehrgeizige Winzer z. T. bewundernswerte Rotweine – oft als Cuvées: die Verbindung der Talente von Lember-

Württemberg – bedeutende Weinbauorte

→ Abstatt
→ Asperg
Bad → Cannstatt
→ Bönnigheim
→ Brackenheim
→ Flein
→ Grantschen
→ Gundelsheim
→ Gündelbach
→ Heilbronn
→ Kleinbottwar
→ Maulbronn
→ Mundelsheim
→ Neckarzimmern
→ Neipperg
→ Schozach
→ Schwaigern
→ Stetten
→ Stuttgart
→ Untertürkheim
→ Verrenberg
→ Weikersheim
→ Weinsberg.

ger und Spätburgunder zeigt dabei ebenso gute Resultate wie andere Rebsortenmischungen.

Weinbaustrukturen
Nahezu 85 % der Weine werden durch → Winzergenossenschaften verarbeitet und vermarktet. Dies prägt die Weinstile enorm und fördert den Einheitsgeschmack, da sich im gegenwärtigen Rotweinboom auch schwache Rotweine noch gut verkaufen lassen. Hinzu kommt, dass die Württemberger statistisch Deutschlands eifrigste Weintrinker sind und ihre Weine großenteils selbst trinken. Doch gerade in jüngerer Zeit gibt es neue Impulse, indem hier wie im benachbarten Baden führende Weingüter damit begonnen haben, neue Wege in der Weinerzeugung zu gehen, indem sie sich auf bewährte Qualitätssorten konzentrieren, die Erträge deutlich begrenzen, die Gärung sorgfältiger durchführen und die Weine wieder im Holzfass und z. T. im → Barrique ausbauen.

Württemberg Hofkammerkellerei, Weingut des Hauses Deutsches Weingut im Weinbaugebiet → Württemberg im Ort Ludwigsburg. Auf rund 40 ha Rebfläche werden jährlich etwa 400 000 Flaschen Wein erzeugt. Rebsorten: 50 % Riesling, 25 % Trollinger, 15 % Lemberger, 5 % Spätburgunder. Bekannte Lagen: *Stettener Brotwaser, Maulbronner Eifingenberg, Untertürkheimer Mönchberg.*

Württembergisch Unterland Bereich des deutschen Weinbaugebietes → Württemberg. Über 9000 Hektar Rebfläche – der mit Abstand größte Bereich des Anbaugebietes, aus dem gut 80 % der württembergischen Weine kommen. Während an den Hängen des Neckartals Muschelkalkböden vorherrschen, verfügen die abseits gelegenen Lagen zumeist über Keuperböden. Die Lagen sind zum Teil nicht flurbereinigte Terrassenlagen mit einzigartigen → Terroirs. Unter den Weißweinen dominiert der Riesling, der über ein Viertel der Gesamtrebfläche einnimmt und ebenso wie die – allerdings recht seltenen Traminer bzw. Gewürztraminer und Grauburgunder hervorragende Weine liefern kann. Bei den roten Sorten bringen Lemberger und Spätburgunder sehr gute Ergebnisse, bei Spitzenerzeugern auch der → Schwarzriesling. Der zu 20 % angebaute → Trollinger bringt meist einfachste Weine hervor (→ Maischeerhitzung). Die besten Lagen befinden sich vor allem in Bönnigheim, Grantschen, Heilbronn, Kleinbottwar, Neipperg, Schwaigern, Verrenberg und Weinsberg; ferner in Abstatt, Asperg, Brackenheim, Flein, Gündelbach, Gundelsheim, Maulbronn, Mundelsheim, Neckarzimmern und Schozach.

Würzburg Deutsche Großstadt im Bundesland Bayern, im Weinbaugebiet → Franken, am Main im Zentrum des Weinbaus gelegen. Rund 210 ha Rebfläche, vor allem in den Spitzenlagen des Gebietes. Zu den bedeutendsten → Lagen der Stadt gehören die steile Hanglage *Innere Leiste* und der berühmte → *Stein* (mit *Stein-Harfe*), direkt über der Altstadt gelegen, eine perfekt exponierte Lage, die vom Mikroklima des Flusses profitiert. Ferner gibt es noch die Lagen *Abtsleite* und *Pfaffenberg*, während der von der Marienfeste nach Osten zum Main abfallende *Schloßberg* zwar die meistfotografierte ist, jedoch nicht zu den besten Würzburger Lagen gehört. Neben Riesling und Silvaner werden heute klassische Sorten, darunter Weißburgunder und Grauburgunder auf den besten Parzellen angepflanzt; auch etwas Rotwein aus der Rebsorte Spätburgunder wird innerhalb der Stadtgrenzen erzeugt. Die drei fränkischen Großgüter, der Staatliche → Hofkeller, das → Bürgerspital und das → Juliusspital haben ihren Sitz in Würzburg, neben dem kleineren Weingut am Stein.

Wurzelecht → Reblauskatastrophe

Wurzeln des Rebstocks → Weinrebe

XYZ

Xampán Spanisierte Form von → Champagne, mit der früher spanische Schaumweine nach dem Champagnerverfahren bezeichnet wurden. Sie werden heute als → Cava etikettiert.

Xérès Altspanisch und französisch für → Jerez, → Sherry.

Xeros (xhrV) Griechisch für → trocken. Bezogen auf Wein heißt also *Oinos xeros* trockener Wein.

Y Trockener französischer Weißwein im → Sauternes des berühmten Weinguts Château d' → Yquem im → Bordeaux. Dieser wird wie der Buchstabe »Y« im Alphabet, im Französischen *Ygrec* gesprochen. Aufgrund der gesetzlichen Bestimmungen fällt er lediglich unter die AOC Bordeaux. Wie der eigentliche Château d'Yquem wird der trockene »Y« aus den Rebsorten → Sémillon und → Sauvignon erzeugt, und zwar aus jenen Trauben, die bei Abschluss der Lese nicht von → Botrytis befallen waren und daher für die Erzeugung des Yquem nicht verwandt werden. Der auf diese Weise erzeugte Wein ist sehr konzentriert, alkoholreich, langsam reifend und langlebig.

Yakima Valley AVA im Bundesstaat → Washington der USA

Yarra Valley → Victoria

Ycoden-Daute-Isora Spanisches DO Weinbaugebiet im Westen der Kanareninsel Teneriffa mit rund 550 ha Rebfläche und 900 000 l Wein Jahresproduktion. Die Weine wachsen auf Sandböden, Lehm und Vulkangestein in 200 bis 1000 Metern Höhe. Die DO ist die heißeste und niederschlagsreichste der Insel. Die Weiß- und Rotweine gelten als die besten Teneriffas. Rebsorten: Listán blanco (rund 70 % der Rebfläche), Listen negro (rund 20 %) sowie Negramoll (5 %) und Gual, Malvasía, Vijariego und Moscatel. Bekannte Erzeuger: Cueva des Rey (winzige Bodega mit nur 25 000 l Wein Jahresproduktion), La Palmita (2,5 ha – rund 50 000 l), Viña Donia, Viña La Guancha, Viñátigo.

Yecla Spanisches DO Weinbaugebiet in der mittelspanischen Provinz Murcia gelegen, mit einer Rebfläche von rund 12 000 ha Rebfläche und 12 Millionen l Wein Jahresproduktion. Rund 50 km von der Küste bzw. Alicante entfernt. Die Weinberge liegen auf 400 bis 700 Metern Höhe, das Klima ist ausgewogen kontinental, der Boden besteht aus Lehm und Kalk – insgesamt also gute bis sehr gute Voraussetzungen. An Rebsorten herrschen Monastrell und Garnacha vor, die mitunter sehr alkoholhaltig, wuchtig und schwer sein können, sowie einige Weißweine aus den Sorten Merseguera und Verdil. Bekannte Erzeuger: Bodegas Castaño (300 ha Rebfläche, auch Spitzenweine), Dominio da la Torres (170 ha Rebfläche), Cooperativa La Purisima (vermarktet rund 90 % der Erzeugung, etwa 10 Millionen l Wein), Ochoa.

Yon-Figeac, Château Französisches *Grand cru classé*-Weingut im → Bordeaux, AOC → Saint-Emilion mit rund 24 ha Rebfläche: 80 % → Merlot, 20 %

→ Cabernet franc, geschmeidige Rotweine.

Yonne Französisches Département, nördlichstes im → Burgund mit rund 6000 ha Rebfläche. Neben einer minimalen Erzeugung von Land- und Tafelweinen ist dies vor allem die Heimat des → Chablis. Ferner kommen von hier der AOC → Bourgogne- → Irancy, der AOC Bourgogne- → Côte d'Auxerre und der AOC → Sauvignon de Saint-Bris.

Yquem, Château d' Berühmtes französisches *Premier cru supérieur*-Weingut im → Bordeaux, in der AOC → Sauternes. Wurde bei der → Klassifizierung von 1855 qualitativ noch über die großen roten → Bordeaux eingestuft. Über seinen Rebflächen erhebt sich stolz wie eine mittelalterliche Festung das aus dem 15. Jahrhundert stammende Château, das vor rund 400 Jahren von der Sauvage-Familie erworben wurde, in die 200 Jahre später das gräfliche Geschlecht Lur-Saluces einheiratete, in deren Besitz sich das Gut bis 1998 befand.

Rund 100 ha stehen heute unter Reben, zu 80 % mit → Sémillon und zu 20 % mit → Sauvignon bestockt, doch da nur überreife, von der → Edelfäule befallene Beeren in je nach Jahrgang 4 bis 11 Lesegängen gelesen werden, ist der Ertrag äußerst gering. Im Schnitt gibt man 800 l pro ha für den Château d'Yquem an, der in manchen Jahren wie 1964, 1972, 1974 oder 1992 ganz ausfällt.

Durch die späte Lese und die Edelfäule (→ Botrytis) ist der Château d'Yquem ein alkoholreicher Wein (um 14 %), der je nach Jahrgang zwischen 80 und 120 g/l unvergorenen Zucker enthält. Er verfügt über einen cremigen Geschmack und hohe Fruchtigkeit. Seine unvergleichliche Größe offenbart der Wein erst nach Jahren und Jahrzehnten der Reife. Er kann dann von endloser Differenziertheit und praktisch vollkommen sein. Außerdem produziert das Gut noch den → »Y« – einen trockenen Weißwein.

Yvorne Gemeinde im Westschweizer Kanton → Waadt östlich des Genfer Sees. Liegt im Tal, das den Genfer See mit dem Zentralwallis verbindet. Neben → Aigle bedeutendster Weinbauort des → Chablais, mit einigen der kraftvollsten und ausgeglichensten Weißweine des Landes, die aus der Rebsorte → Chasselas erzeugt werden. Es werden auch Rotweine aus der Rebsorte → Pinot noir erzeugt. Die Weine wachsen vor den nahezu senkrecht aufsteigenden Felswänden in perfektem Mikroklima auf gut drainierten Schotterböden (→ Topographie).

Zaca Mesa Winery Kalifornisches Weingut in den USA im Weinbaugebiet → Santa Barbara. Auf rund 100 ha Rebfläche werden etwa 750 000 Flaschen Wein erzeugt: vor allem Syrah, Chardonnay, Viognier und andere Rebsorten. 1972 gegründet und eines der ersten Weingüter in der Region, AVA Santa Ynez Valley. Die Weinberge liegen in rund 500 Metern Höhe. Spitzenweine: Syrah aus Einzellagen.

Zagarolo Italienische DOC für Weißweine, die östlich von Rom in der Region → Latium um die Gemeinden Zagarolo und Gallicano erzeugt werden. Rebsorten: der in Italien ubiquitäre Mischsatz aus Malvasia und Trebbiano. Die Weine können trocken bis lieblich sein und dürfen bei 12,5 % Alkohol die Bezeichnung → *Superiore* führen.

Zapfen In der Schweiz übliche Bezeichnung für → Korken.

Zart Junge, frische, leichte Weine mit Charme können zart sein, wie z. B. feine → Moselweine, aber etwa auch einige → Margaux.

Zell Name zweier deutscher Orte: Einer von ihnen liegt an der Untermosel

(→ Terrassenmosel) im Weinbaugebiet → Mosel-Saar-Ruwer und ist bekannt für die *Zeller Schwarze Katz*, leider immer enttäuschend, da dies die Bezeichnung für eine rund 620 ha umfassende → Großlage ist, zu der neben Zell auch die Ortsteile Merl und Kaimt gehören.

Das andere Zell liegt an der → Unterhaardt im Weinbaugebiet → Pfalz. Seine beste Lage, von der durchaus einige beachtenswerte Weine kommen können, ist der *Zeller Schwarzer Herrgott*.

Zell/Untermosel, Bereich Deutscher Weinbaubereich im Weinbaugebiet → Mosel-Saar-Ruwer, nordöstlichster der fünf Bereiche des Anbaugebietes mit rund 1800 ha Rebfläche. überwiegend → Riesling (rund 60 %). Bekannte Weinbauorte: → Neef, → Pommern, → Valwig, → Winningen, deren Spitzenweine von hervorragender Qualität sind und höhere Wertschätzung verdienen, als ihnen derzeit entgegengebracht wird.

Zellenberg Malerische kleine Weinbaugemeinde im → Elsass unterhalb von → Riquewihr gelegen. Als beste Lagen gelten der teilweise zu Riquewihr gehörende *Schoenenbourg* und der *Froehn*, die als *Alsace Grand cru* eingestuft sind. Bekannte Erzeuger: Becker (rund 15 ha Rebfläche), Huttard, Rentz.

Zeltingen Deutscher Ort im Weinbaugebiet → Mosel-Saar-Ruwer an der Mosel gelegen. Einer der herausragenden Weinbauorte der → Mittelmosel mit rund 250 ha Rebfläche, meist in herrlicher steiler Südwestlage gelegen, von der *Sonnenuhr* und *Schloßberg* als die bedeutendsten gelten. Die von dort kommenden Weine zählen zusammen mit denen von → Brauneberg zu den körperreichsten der Mosel. Bekannte Erzeuger: Joh. Jos. → Prüm, Selbach-Oster, → Kesselstatt, → Friedrich-Wilhelm-Gymnasium, Dr. Pauly-Bergweiler, Leo Kappes.

Zenato, Italienisches Weingut in der Region → Veneto, in Peschiera del Garda. Erzeugt auf rund 40 ha Rebfläche Eigenbesitz sowie durch Traubenzukauf jährlich rund 1,5 Millionen Flaschen Wein, vor allem DOC Lugana, Chardonnay, Bardolino sowie Valpolicella Classico (auch als Ripassa, Recioto und Amarone).

Zentralgriechenland und Euböa Mit rund 28 000 ha Rebfläche größte Weinbauregion → Griechenlands, aus der über ein Viertel der gesamten Weinerzeugung des Landes kommt. Es ist das Gebiet der → Tafel- bzw. traditionellen Weine wie des berühmten → Retsina (80 bis 90 % der Keltertrauben in den Gebieten Attika, Viotias und Euböa werden zu Retsina verarbeitet) sowie der Chalkis fast ausschließlich aus der Rebsorte Savatiano, ebenso wie der OPAP-Wein → Kantza. Daneben werden eine Reihe Rotweine und → Markenweine, die zumeist aus Attika kommen, erzeugt.

Zentralkellerei Meist gigantische Verarbeitungsbetriebe in Deutschland, die die Produktion mehrerer → angegliederter Winzergenossenschaften verarbeiten. Im Weinbaugebiet → Baden befindet sich die größte deutsche Zentralkellerei: der Badische Winzerkeller mit rund 150 Millionen Litern Lagerkapazität (verarbeitet den Wein von über 100 Genossenschaften und damit knapp die Hälfte des in Baden erzeugten Weins). Im Weinbaugebiet Mosel-Saar-Ruwer befindet sich die Zentralkellerei Moselland, sie verarbeitet rund 40 % der Gesamterzeugung an Mosel-Saar-Ruwer.

Zierfandler In Österreich auch als Spätrot bezeichnete → autochthone weiße Rebsorte, deren rund 130 ha Rebfläche sich vor allem im Weinbaugebiet → Thermenregion in der Umgebung der Stadt Gumpoldskirchen (rund 100 ha) befinden, wo sie meist mit der Rebsorte → Rotgipfler verschnitten wird. Beide zusammen können ausgezeichnete Weine hervorbringen, doch ergibt der Zierfandler aus besten Lagen, reinsortig ausgebaut, einen sehr feinen, fruchtigen und rassigen Wein. Zierfandler wird u. a. auch in Ungarn angebaut.

Zilliken, Weingut Forstmeister Geltz Deutsches Weingut im Weinbaugebiet → Mosel-Saar-Ruwer im Ort Saarburg (Saar). Auf rund 10 ha Rebfläche werden jährlich etwa 60 000 Flaschen Wein erzeugt. Rebsorten: 100 % Riesling. Böden: Devonschiefer und Diabas. Bekannte Lagen: *Saarburger Rausch, Ockfener Bockstein*. Traditioneller Erzeuger langlebiger Rieslinge.

Zimmerling, Weingut Deutsches Weingut im Weinbaugebiet → Sachsen bei Dresden in Pillnitz. Auf rund 6 ha Rebfläche werden jährlich etwa 20 000 Flaschen Wein erzeugt. Rebsorten: je rund 20 % Riesling, Traminer und Grauburgunder. Böden: Sand und Lehm. Bekannte Lagen: *Pillnitzer Königlicher Weinberg*.

Zind-Humbrecht, Domaine Französisches Weingut in Wintzenheim, → Elsass. Auf rund 40 ha Rebfläche werden jährlich etwa 200 000 Flaschen Wein erzeugt. Einer der führenden klassischen Spitzenproduzenten im Elsass. Besitz in den *Grand Cru*-Lagen *Brandt* (Turckheim), *Goldert* (Gueberswihr – hier vor allem Gewürztraminer), *Hengst* (Wintzenheim) sowie *Rangen* (Thann).

Zinfandel Die verbreitetste rote Rebsorte → Kaliforniens. Die Sorte ist in vieler Hinsicht rätselhaft. Sicher ist nun, dass es sich bei ihr um eine → *Vinifera*-Art handelt, ohne dass jedoch endgültig geklärt ist, wie, wann und woher sie nach Kalifornien kam. Eine Zeit lang nahm man an, es wäre die aus Apulien stammende Rebsorte → Primitivo. Doch neueste Forschungen deuten darauf hin, dass der Zinfandel aus Albanien stammt, und zwar von einer Rebsorte, die mit dem Primitivo verwandt ist. Die Sorte vermag robuste, körperreiche Rotweine zu liefern, doch je nach Klimazone und Bodenart schwankt der Charakter. Einige Wineries erzeugen verschiedene Arten von Zinfandel-Weinen. Die besten von ihnen verbinden Kraft mit Eleganz. Eine insgesamt interessante Rebsorte, deren in den USA populäre Roséweine (als → White Zinfandel bezeichnet) aber meist Massenweine sind.

Zitsa Griechischer Weißwein. Ein trockener und fruchtig-aromatischer Weißwein, der in einem kleinen Gebiet in → Epirus im Nordwesten Griechenlands in rund 600 Metern Höhe aus der autochthonen Rebsorte Ntempina (auch Dembina oder Debina genannt) erzeugt wird. Dieser einzige OPAP-Wein in Epirus kommt sowohl als normaler Stillwein als auch als trockener → Perlwein in den Handel.

Zöbing Österreichischer Stadtteil von → Langenlois im österreichischen Weinbaugebiet → Kamptal mit rund 250 ha Rebfläche, deren berühmteste Lage *Heiligenstein* zu den besten Österreichs außerhalb der Wachau zählt und die hervorragendsten Rieslinge von Langenlois hervorbringt. Bekannte Erzeuger: Wilhelm → Bründlmayer, Jurtschitsch.

Zucco Süßer → Likörwein, der in der Provinz Palermo auf → Sizilien aus Cataratto und Inzolia erzeugt wird.

Zucker Der Saft reifer Trauben enthält etwa zu gleichen Teilen Traubenzucker (*Glucose*) und Fruchtzucker (*Fructose*), in Deutschland zusammen je nach Reifegrad und Rebsorte zwischen 120 und 250 g/l. In überreifen und edelfaulen Trauben ist mehr Fruchtzucker enthalten. Beide Zuckerarten werden ebenso wie der Rohrzucker (*Saccharose*), der → Tafel- und → Qualitätsweinen zur Erhöhung des Alkoholgehalts vor der Gärung zugesetzt bzw. mit dem die nach der Gärung zugesetzte → Süßreserve »verbessert« werden darf, durch Gärung in Alkohol verwandelt. Der im Wein verbleibende mehr oder minder große → Restzucker, ein Gemisch aus Trauben- und Fruchtzucker, wird als Invertzucker bezeichnet.

Zuckern → Anreichern, → Chaptalisieren

Zukunft Ein Wein hat Zukunft, wenn er seinen Höhepunkt erst in etlichen Jahren erreichen wird.

Zunge Wichtiges Körperorgan zur Wahrnehmung des Geschmacks. Die Zunge kann die vier Geschmacksrichtungen süß, sauer, salzig und bitter voneinander unterscheiden. Dabei konzentrieren sich die süßen Geschmackssensoren vor allem auf der Zungenspitze, diejenigen für Säure an der Seite der Zunge, bitter hingegen wird überwiegend an der Zungenwurzel am hinteren Gaumen wahrgenommen, während der salzige Geschmackseindruck überall auf der Zunge festgestellt wird. Außerdem stellt die Zunge noch Temperaturen und Konsistenzen, z. B. die Viskosität von Speisen und Getränken, fest. Dies kann bei sehr süßen, viskosen Weinen ebenfalls erfühlt werden. Wichtiger als die Zunge ist jedoch die Nase mit ihrem Empfinden für → Geruch.

Zürich Größter Weinbaukanton der deutschsprachigen → Ostschweiz mit rund 650 ha Rebfläche, die sich im Wesentlichen auf drei Bereiche verteilt:

- Das → Weinland mit dem Zentrum → Andelfingen und etwa die Hälfte der Rebfläche zwischen der Stadt Zürich und den nordöstlichen, an → Schaffhausen und den → Thurgau grenzenden Kantonsteilen;
- das Unterland nördlich von Zürich, einschließlich des rechtsrheinischen Eglisau und des Rafzerfeldes mit gut einem Fünftel der Rebfläche;
- das rechte Seeufer von Küsnacht bis → Stäfa, knapp ein Fünftel der Rebfläche.

Die verbleibenden Rebareale befinden sich innerhalb der Stadt Zürich und dem unmittelbar angrenzenden Limmattal sowie insbesondere in → Wädenswil auf dem linken Seeufer.

Über 60 % der Zürcher Rebfläche sind mit Rotweinsorten, praktisch ausnahmslos Blauburgunder (Spätburgunder) bestockt, während über 30 % auf weiße Sorten (bes. im Seebereich und dem Limmattal) entfallen, wobei der Riesling *x* Sylvaner (Müller-Thurgau) eindeutig dominiert. Einige Parzellen sind auch mit der autochthonen Rebsorte Räuschling bestockt sowie weiteren weißen Rebsorten. Mehr als die Hälfte der Erzeuger sind Nebenerwerbswinzer.

Bekannte Erzeuger: Müller (Dättlikon), Pircher, Weinkellerei Volg (Schaffhausen), Zahner (Truttikon), Zweifel (Zürich)

Zwangsdestillation Überschussproduktionen werden in der EU von staatlichen Stellen (und auch in anderen Staaten wie z. B. Südafrika; → KWV) vom Markt genommen, um diesen zu entlasten. Diese Weinmengen werden dann gebrannt und zu so genanntem Industriealkohol verarbeitet, d. h. der Alkohol wird vergällt und zu Spiritus oder Brennstoffen verarbeitet – er landet also nicht in der Trink-Branntweinproduktion. Dieses System ist paradox: zuerst werden Weintrauben produziert (das aufwändigste landwirtschaftliche Produkt überhaupt), teilweise mit Rübenzucker angereichert, um schließlich gebrannt zu werden – eine ungeheure Verschwendung von Ressourcen. Auf der einen Seite wird manchen Weinbauern in schwierigen Jahren damit zwar das Überleben gesichert, aber allzu sehr hat sich dieses System im Bewusstsein der Produzenten und Großkellereien sowie Genossenschaften eingeprägt. Diese wissen oft schon zu Jahresbeginn, dass ihre Übermengen zwangsdestilliert werden und produzieren viel zu hohe Erträge, manchmal über 20 000 l pro ha. Statt sich mit ihren Produkten dem freien Markt zu stellen, bauen sie gleich auf die Entschädigung.

Zweigelt Österreichische Rotweinsorte. Klosterneuburger → Neuzüchtung aus → Saint-Laurent x → Blaufränkisch (→ Lemberger). Heute mit rund 5500 ha Rebfläche nach Verbreitung die führende österreichische Rotweinsorte und inzwischen in allen österreichischen → Weinbauregionen anzutreffen, obgleich sie dazu neigt, Quantität auf Kosten der Qualität zu erzeugen. Bei entsprechender Ertragsbegrenzung ergibt sie gute Weine mit ansprechender Säure, die sich sehr gut als Cuvée in Verbindung mit Blaufränkisch eignen. Im Gegensatz zum minderwertigen und einsilbigen deutschen → Dornfelder zeigen die nach Pflaumen duftenden Weine, dass Zweigelt durchaus über ein Potenzial verfügt.

Zwicker → Edelzwicker

Zymase Fermentkomplex von über 20 einzelnen Fermenten (Enzymen), durch die Zucker in Alkohol und Kohlendioxid verwandelt wird. → Gärung

Zypern Staat und Insel im östlichen Mittelmeer, die Geburtsstätte der Aphrodite mit ununterbrochener, jahrtausendealter Weinbautradition. Heute stehen im bergigen Westen der Insel rund 19 000 ha unter Reben, die im Jahresdurchschnitt um die 55 Millionen l Wein ergeben.

Klima und Geographie

Der Weinbau konzentriert sich auf den Südosten der Insel an den Abhängen des bis zu 2000 m hohen Troodos-Gebirges. Hier in den grünen Tälern, in 300 bis 1400 Metern Höhe, sind die Niederschläge viel höher als sonst auf der Insel. Die Böden sind vulkanischen Ursprungs, teilweise auch aus Kalk. Das Klima ist mediterran, in Höhenlagen jedoch deutlich kühler (bis zu 10 Grad im Durchschnitt). Die Lese kann daher bis in den November dauern.

Rebsorten und Weinstile

Es werden vor allem drei Rebsorten angepflanzt: die rote Mavron, die weiße Xynisteri und der Alexandiner- → Muskat. Aus den ersten beiden werden sowohl trockene, robuste und tanninreiche Rotweine als auch einige Roséweine (→ Kokkineli) und trockene, alkoholreiche Weißweine erzeugt. Noch bekannter ist die Insel für ihre → Likörweine. Früher wurden viel → Sherry-artige Weine erzeugt, deren Absatz deutlich zurückgeht. Traditionell wird der aus Mavron und Xynisteri hergestellte, an einen leichten → Portwein erinnernde (15 %) *Commandaria*-Wein aus am Stock teilrosinierten Trauben erzeugt. Diese Spezialität darf auf rund 2000 ha in 14 Dörfern erzeugt werden und verfügt über eine eigene kontrollierte Ursprungsbezeichnung. Der Wein ist ausgespochen süß, langlebig und manchmal beinahe zähflüssig. Neuerdings wird mit Cabernet Sauvignon und anderen internationalen Rebsorten experimentiert.

Fast die gesamte Weinproduktion wird von vier großen Firmen betrieben, wobei die Kellereibetriebe meist in Hafennähe liegen.

Bibliographie

Folgende Publikationen wurden bei der Erstellung des Weinlexikons herangezogen und werden, wo angemerkt (*), von den Verfassern auch als weiterführende Literatur empfohlen:

Der Feinschmecker, *Wein Gourmet, Die besten Weingüter der neuen Welt.* München: Gräfe und Unzer 2000.

Duijker, Hubert, *Hugh Johnsons Weinreisen Elsaß.* München Hallwag 2000*.

Dumont, Cédric, *Kulinarisches Lexikon 1997.* Bern: Hallwag 2002*.

Eichelmann, Gerhard, *Deutschlands Weine 2004.* München: Hallwag 2002.

Enoteca Italiana (Hg.), *Lexikon der italienischen Weine.* München: Hallwag 2002.

Hachette (Hg.), *Guide Hachette 2003.* München: Hallwag 2002*.

Hachette (Hg.), *Lexikon der französischen Weine.* München: Hallwag 2002*.

Informationsdienst des Deutschen Weininstituts, *Deutsche Weine Statistik.* Mainz.

Johnson, Hugh, *Der große Johnson.* München: Hallwag 1997*.

Johnson, Hugh, *Der kleine Johnson für Weinkenner.* München: Hallwag 2001, 2002, 2003*.

Johnson, Hugh, Robinson, Jancis, *Der Weinatlas.* München: Hallwag 2002*.

Lange, Fabian und Cornelius, *Crashkurs Wein-Stile, Trends und Moden,* München: Hallung 2001*.

Lange, Fabian und Cornelius, *Keine Angst vor Wein.* München: Hallwag 2000*.

Lange, Fabian und Cornelius, *Mit einem Schuß Wein.* München: Hallwag 1998 (vergriffen)*.

Maroni, Luca, *Der Weinführer Italien.* München: Hugendubel 2001.

März, Andreas, *Merum – Fachzeitschrift für italienischen Wein.* Alle Ausgaben seit 1998*.

Priewe, Jens, *Wein – die neue Welt.* München: Zabert und Sandmann 1998.*

Radford, John, *Weinlandschaft Spanien.* Bern: Hallwag 1999*.

Reinartz, Prof. Michael (Hg.), *Gault Millau Wein & Bier Guide Österreich 2003.* Passau: Christian Verlag 2002.

Robinson, Jancis u. a., *Das Oxford Weinlexikon.* München: Hallwag 2003.

Rohály, Gábor, *Rohálys Weinführer Ungarn 2000.* Budapest: Akó Verlag 2000*.

Wilson, James E., *Terroir – Schlüssel zum Wein.* Bern: Hallwag 1999*.

Walter Schobert

Das Whiskylexikon

Band 15868

»Wasser des Lebens«, so nannten die Kelten ihren Whisky in frühen Zeiten und trieben die Verbreitung der Flüssigkeit kräftig voran. Der edle Stoff hat inzwischen auch hierzulande eine wachsende Anhängerschaft. In diesem Lexikon von Walter Schobert erfahren Sie alles, was es über Whisky zu erzählen gibt: seine Geschichte, seine Herstellung, die verschiedenen Destillen, die Ingredienzen, die unterschiedlichen Marken und Sorten – und wie man »the king of drinks« am besten genießt.

»Das Standardwerk des ›Malt-Papstes‹.«
Handelsblatt

Fischer Taschenbuch Verlag

fi 15868 / 1

Stuart Pigott

Schöne neue Weinwelt

Von den Auswirkungen der Globalisierung
auf die Kultur des Weines

Band 16041

Der bekannte Weinkenner Stuart Pigott führt in Zeiten der Globalisierung durch die Welt der Weine: von Berlin-Mitte über Graubünden bis ins australische Outback, von den Supermarkt- bis zu den Weltspitzenweinen. Pointiert, kritisch und unterhaltsam erzählt Pigott von den revolutionären Veränderungen, die sich in den letzten Jahren in der Weinwelt vollzogen haben.

»Einer der weltweit bedeutendsten Weinkritiker.«
Frankfurter Allgemeine Zeitung

Fischer Taschenbuch Verlag

fi 16041 / 1

Hannes Bertschi und Marcus Reckewitz

Von Absinth bis Zabaione

Wie Speisen und Getränke zu ihrem Namen kamen und andere kuriose Geschichten

Band 15589

Was hat ein ehemaliger polnischer König mit Eischaumgebäck am Hut? Warum heißt der Kaffee Kaffee? Was hat ein fünffacher Mord am Genfer See mit Absinth zu tun? Über 80 bezaubernde Legenden, verbriefte Wahrheiten, kuriose Anekdoten – ein anregendes Lesemenü, das Ihren Wissenshunger stillen wird.

»Ein ideales Mitbringsel
zur nächsten Dinner-Einladung.«
Der Feinschmecker

Fischer Taschenbuch Verlag

fi 15589 / 1